हिंदी
साहित्य
ज्ञानकोश

खंड -3

हिंदी साहित्य ज्ञानकोश

खंड -3

प्रधान संपादक

शंभुनाथ

संपादक मंडल

राधावल्लभ त्रिपाठी, जवरीमल्ल पारख, अवधेश प्रधान
अवधेश कुमार सिंह, अवधेश प्रसाद सिंह

भाषा संपादक

राजकिशोर

संयोजक

कुसुम खेमानी

शोध सहायक

दिनेश कुमार शर्मा (समन्वयक), पीयूषकांत,
श्रद्धांजलि सिंह, पूजा गुप्ता, उपेन्द्र शाह, निशांत

प्रकाशक

भारतीय भाषा परिषद

36ए, शेक्सपियर सरणी, कोलकाता - 700 017

एकमात्र वितरक

वाणी प्रकाशन

4695, 21-ए, दरियागंज, नयी दिल्ली 110 002

फ़ोन : +91 11 23273167 फ़ैक्स : +91 11 23275710

शाखाएँ

अशोक राजपथ, पटना 800 004, बिहार

कॉफ़ी हाउस कैम्पस, महात्मा गांधी मार्ग, इलाहाबाद 211 001, उत्तर प्रदेश

महात्मा गांधी अन्तरराष्ट्रीय हिन्दी विश्वविद्यालय, वर्धा 442 001, महाराष्ट्र

www.vaniprakashan.in
marketing@vaniprakashan.in
sales@vaniprakashan.in

HINDI SAHITYA JNANKOSH-3
Chief Editor : Shambhunath

ISBN : 978-81-940882-0-2
Kosh

प्रथम संस्करण

सात खंडों का सम्पूर्ण सेट : ₹ **5000**

सन्मार्ग प्रा.लि., कोलकाता में मुद्रित

वाणी प्रकाशन का लोगो मक़बूल फ़िदा हुसेन की कूची से

सौजन्य

विशम्भरदयाल सुरेका
मनोविकास ट्रस्ट
3/1, लाउडन स्ट्रीट
कोलकाता - 700 017

श्याम सुंदर कानोड़िया
शीला कानोड़िया फाउंडेशन
23 सी, आशुतोष चौधुरी एवेन्यू
कोलकाता - 700 019

राम अवतार गुप्त की स्मृति में
विवेक गुप्त
सन्मार्ग
160बी, चित्तरंजन एवेन्यू
कोलकाता - 700 073

भारतीय भाषा परिषद

प्रविष्टि सूची

खंड-3

ग

घ

च

छ

झ

ट

ठ

ड

॥ ग ॥

गंगा

गंगा भारतीय स्मृतियों और जीवन प्रवाह में शामिल ऐसी नदी है जो सदा पवित्र और सर्वहितकारी मानी गई। इसकी हरी-भरी घाटियों में एक महान सभ्यता पनपी, जिसके विविध रंग हैं। इसमें कुछ भी आश्चर्यजनक नहीं है कि भारत में नदियों का महत्व किसी भी देश से ज्यादा है। गंगा, यमुना, नर्मदा, कृष्णा, गोदावरी को देवियों के रूप में देखा गया है। उनमें गंगा सबसे पवित्र, आध्यात्मिक और तृप्तिकारक बताई गई है। महाभारत में है, 'देवताओं के लिए जो अमृत है, वही मनुष्यों के लिए गंगाजल है।' (अनुशासन पर्व)। गीता में कृष्ण ने कहा है, 'मैं नदियों में गंगा हूं।' यह इस नदी की श्रेष्ठता की घोषणा है। गंगा का पहला उल्लेख महाभारत में है, जहां उसकी कल्पना एक सदेह स्त्री के रूप में है। उससे शांतनु को प्रेम हो जाता है। वह देवव्रत को जन्म देकर लौट जाती है, जो आगे भीष्म के नाम से जाने गए।

गंगा मिथकीय कथाओं में डूबी नदी है। महाभारत के बाद की पौराणिक कथाओं में कहा गया है कि वह मेरु पर्वत पर शिव की जटा में उतरी। शिव की जटा एक पर्वतमाला-सी है। गंगोत्री से भागीरथी निकलती है और देवप्रयाग में अलकनंदा से मिलने के बाद गंगा बनती है। इसके पहले केदारनाथ से मंदाकिनी और बद्रीनाथ से अलकनंदा आकर रुद्रप्रयाग में मिल जाती है। गंगा कई स्रोतों से निकलकर बनी नदी है। भारतीय संस्कृति की तरह ही बहुस्रोतपरक, कई धाराओं में बहने वाली और स्थान के अनुसार कई नामों से पुकारी जाने वाली गंगा अंततः एक ही नदी है। स्थानीय माहात्म्य से आलोकित गंगा के तट ऋषियों, मुनियों और तपस्वियों के सिद्धि क्षेत्र रहे हैं। यह आम लोगों को भी मन की निर्मलता, बंधनों से मुक्ति और जीवन के निरंतर प्रवाह की अनुभूति कराती है। आज भी हिमालय में गंगा के मनोरम क्षेत्रों में तीर्थ, आश्रम और ध्यानकेंद्र हैं। यहां लोग योग साधना, शांति या पर्यटन के लिए आते हैं। गंगोत्री, ऋषिकेश, हरिद्वार, इलाहाबाद का संगम और बनारस होते हुए कोलकाता के निकट गंगासागर तक 2510 किलोमीटर की अपनी लंबी यात्रा में गंगा आज भी बह रही है। यह विश्व भर के लोगों के लिए एक आध्यात्मिक आकर्षण है, क्योंकि एक ऐसी सभ्यता की गवाह है जो अनगिनत आक्रमणों के बाद भी नष्ट नहीं की जा सकी।

वाराणसी में गंगा

कालिदास ने गंगा स्तवन करते हुए प्राकृतिक संपदा से भरे इसके किनारों के आनंदपूर्ण जीवन का चित्र खींचा है (गंगाष्टक)। वह 'मेघदूत' में अलकनंदा की सुंदरता के बारे में कहते हैं, 'अलकापुरी से निकली गंगा ऐसी लगती है मानो कामिनी के शरीर से सरकी हुई धवल साड़ी।' गंगा की तरफ सभी बड़े कवियों की दृष्टि गई। वह खासकर हिंदी संस्कृति से अविभाज्य है। विद्यापति का गंगा से अटूट प्रेम है, 'बड़ सुख सार पाओल तुअ तीरे। छोड़इत निकट नयन बह नीरे।' उनका नदी से गहरा रिश्ता है। वह पद के अंत में कहते हैं कि मेरे अंत काल में मुझे भूल मत जाना। कबीर को गंगा कम प्रिय नहीं है, 'कबीर मन निर्मल भया, जैसे गंगा नीर।' उनका जीवन काशी में बीता, जहां उन्होंने गंगा को पसंद किया, पर पंडितों का मखौल उड़ाया। तुलसी के सामने जब भी लोकमंगल की कोई बात होती

है, वह इसी तरह कहते हैं, 'सुरसरि सम सब कहँ हित होई।' उनका कथन है, 'गंग सकल मुद मंगल मूला। सब सुख करनि हरनि सब सूला।' गंगा सभी तरह के सुख देती है, सभी कष्ट दूर कर देती है! पंडितराज जगन्नाथ, भारतेंदु हरिश्चंद्र, जगन्नाथ प्रसाद रत्नाकर, प्रेमचंद सभी ने गंगा के सौंदर्य और गुण का अनुभव किया। दूर-दूर से थके-हारे और दुखी लोग गंगा किनारे आते रहे होंगे और इसके किनारों पर लंबे-लंबे समय तक रह कर सैकड़ों साल से सुख-शांति पाते रहे होंगे। एक ऐसी नदी को देखना उन सभी के लिए कितना जीवनदायी रहा होगा। उन सबने गंगा को कितना चाहा होगा जो आज पाखंड और प्रदूषण के बीच उदास है।

गंगा को दीपों से आलोकित किया जाता है। जगह-जगह गंगा-आरती होती है। यह परंपरा हरिद्वार की 'हर की पौड़ी' में सर्वप्रथम मदन मोहन मालवीय ने शुरू की थी। गंगा दशहरा में कई शहरों के गंगा तटों पर विशेष आरती होती है। अब यह एक सार्वजनिक उत्सव बन गया है। लेकिन गंगा की अपनी असाधारण शुद्धीकरण क्षमता के बावजूद उद्योगों से रोजाना 340 करोड़ लीटर अशोधित रासायनिक तत्व, 750 करोड़ लीटर गंदा जल, गंगा किनारे के 181 शहरों का 1100 करोड़ लीटर कचरा-अपशिष्ट और इधर बढ़े पूजा-पाठ के धार्मिक कचरों को गंगा संभाल नहीं पा रही है। गंगा के किनारे बसे छोटे-छोटे प्राचीन नगर अब बड़े औद्योगिक नगरों और महानगरों में बदल गए हैं। गंगा को पवित्र समझने की दृष्टि ने ही उसे दुनिया की सर्वाधिक प्रदूषित नदी में बदल दिया है।

विश्व बैंक की एक रिपोर्ट के अनुसार, उत्तर प्रदेश की 12 प्रतिशत बीमारियों की वजह गंगा का प्रदूषित जल है। गंगा एक्शन प्लान (1985, 2003) के बाद राष्ट्रीय गंगा नदी बेसिन प्राधिकरण की स्थापना 2009 में की गई। 2014-15 में 'नमामि गंगे' परियोजना 2,037 करोड़ रुपए के बजट के साथ शुरू हुई। इन योजनाओं का पैसा कितना गंगा सफाई के काम आया कितना नहीं, यह सहज ही देखा जा सकता है। सबसे महत्वपूर्ण बात है कि जिन लोगों ने गंगा को महज पाप धोने की मशीन बना दिया है, वे इसे गंदा करने से अपने को कैसे रोकें, कैसे जन-जागरूकता आए।

जवाहरलाल नेहरू ने एक जगह लिखा है, 'गंगा भारत की नदी है, जनता की प्रिय है। उससे लिपटी हैं भारत की जातीय स्मृतियां, उसकी आशाएं, उसके भय, उसके विजयगान, उसकी हार और जीत। गंगा भारत की प्राचीन सभ्यता की प्रतीक है, निशानी है। यह सदा बलवती है, सदा बहती रहे वही की वही गंगा।' (21 जून 1954 की वसीयत)। यह हर देशवासी की अपूर्ण कामना है, क्योंकि देश वही है, पर गंगा वही नहीं है।

शंभुनाथ

अधिक जानकारी के लिए :

1. **The Ganga in Myth and History : Steven G Darian :** 2001, 2. **Mother Ganges : India's Sacred River** : Puttick Elizabeth, 2008

गंगा-यमुना की सफाई

गंगा और यमुना भारत की पवित्रतम एवं महत्वपूर्ण नदियां मानी जाती हैं। वर्तमान समय में शहरीकरण और औद्योगिक विकास ने इन दोनों नदियों की स्वच्छता के समक्ष बड़ी चुनौती उपस्थित कर दी है। ये नदियां आज गाद, मटमैले पानी और सीवेज के गैर-उपचारित जल से जूझ रही हैं। गंगा नदी में पहला नाला गंगोत्री के बाद पड़ने वाले पहले शहर उत्तरकाशी में गिरता है। गंगा का जल ऋषिकेश में भी पीने लायक नहीं है। यमुना नदी भी कम गंदगी और कचरे से भरी नहीं है। ऐसे में सवाल उठता है कि विकास आखिर किस कीमत पर हो रहा है। वस्तुतः इस समय की सभी नदियों के अस्तित्व पर संकट मंडरा रहा है।

गंगा की वर्तमान स्थिति प्रदूषण के कारण चिंताजनक है। ऋषिकेश से हरिद्वार तक 248 बड़े आश्रम, होटल और धर्मशालाएं हैं, जिनकी गंदगी

गंगा में जाती है। एक अनुमान के अनुसार हिंदुओं द्वारा पवित्र मानी जाने वाली इस नदी में बीस लाख लोग प्रति दिन स्नान करते हैं। हिंदू धर्म में कहा जाता है कि यह नदी भगवान विष्णु के कमल चरणों से (वैष्णवों की मान्यता) अथवा शिव की जटाओं (शैवों की मान्यता) से बहती है। एक ओर गंगा को पवित्र माना जाता है, वहीं पारिस्थितिकी से संबंधित इसकी समस्याएं गंभीर हुई हैं। धर्म के नाम पर भी गंगा गंदी की जा रही है, पूजा-पाठ का सारा कचरा इसी में फेंका जाता है। गंगा रासायनिक कचरे, नाले के पानी और मानव और पशुओं की लाशों के अवशेषों से भरी हुई है। गंगा को साफ करने के लिए जो शोधन संयंत्र लगाए गए हैं, उनमें से अधिकतर बिगड़ी अवस्था में बताए जाते हैं। इसके अलावा गंगा का तापमान दो डिग्री सेल्सियस बढ़ गया है। गंगा जल की पारदर्शिता 1985 के 60 प्रतिशत से घटकर 29 फीसदी रह गई है।

गंगा की सफाई : उत्तर भारत के लगभग सभी प्रमुख शहर और उद्योग गंगा के किनारे हैं। यही बात उसके लिए अभिशाप है। लगभग तीन दशकों से गंगा की सफाई चल रही है। इसके किनारे परमाणु बिजलीघर से लेकर रासायनिक खाद तक के कारखाने लगे हैं। कानपुर का जाजमऊ इलाका अपने चमड़ा उद्योग के लिए प्रसिद्ध है। यहां पर गंगा का पानी इतना प्रदूषित है कि डुबकी लगाना तो दूर, सांस लेना तक दूभर है।

गंगा की दुर्दशा को लेकर अधिवक्ता एवं पर्यावरणविद एम सी मेहता ने 1985 में गंगा के किनारे लगे कारखानों और शहरों से निकलने वाली गंदगी को रोकने के लिए सुप्रीम कोर्ट में एक अपील दायर की थी। इसके परिणामस्वरूप 'गंगा एक्शन प्लान' (गैप) अस्तित्व में आया। गंगा तटों को स्वच्छ बनाने के लिए सांस्कृतिक स्तर पर भी प्रचार कार्य में करोड़ों रुपए फूंके गए। गंगा और यमुना के नाम पर सैकड़ों करोड़ रुपए डूबे।

उपर्युक्त योजना के तहत गंगा किनारे बसे शहरों और कारखानों में गंदे जहरीले पानी को साफ करने के प्लांट लगाए गए। इनसे गंगा के पानी में थोड़ा ही सुधार हुआ, क्योंकि गंगा में गंदगी के गिरने की प्रक्रिया यथावत है। इस तरह गंगा एक्शन प्लान का प्रथम चरण असफल रहा।

गंगा कार्य योजना गैप की सबसे बड़ी कमी यह है कि गंगा के प्रवाह की ओर ध्यान नहीं दिया गया। गंगा में आने वाले ग्लेशियर के जल को कानपुर में नहरों के सहारे निकाल दिया जाता है। फिर अविरल प्रवाह का सवाल ही नहीं उठता। 2009 में गंगा को राष्ट्रीय नदी घोषित किया गया।

'राष्ट्रीय गंगा नदी बेसिन प्राधिकरण' की स्थापना 2009 में की गई। इस संस्था द्वारा 'मिशन गंगा क्लीन' क्रियान्वित किया जाना शुरू हुआ। लक्ष्य है गंगा को 2020 तक स्वच्छ एवं प्रदूषणमुक्त करना। गंगा की स्वच्छता के लिए इसके प्रथम चरण में 900 करोड़ रुपए व्यय हुए थे। यदि गंगा स्वच्छता एवं सीवेज के जल को उपचारित करने में अब तक आबंटित धनराशि को देखें तो यह करीब 25,000 करोड़ रुपए है। गंगा एक्शन प्लान (गैप 2) के लिए 1993 और 1996 में पांच राज्यों के लिए स्वीकृति प्रदान की गई थी और 541 करोड़ रुपए आबंटित किए गए। इसमें से 505 करोड़ रुपए (केंद्र और राज्य सरकार मिलाकर) खर्च किए गए थे। 264 परियोजनाएं पूरी हो चुकी थीं। इस चरण में गंगा की सहायक नदियों को भी शामिल किया गया था।

गंगा की स्वच्छता एवं अविरल प्रवाह को लेकर 2014 में 'नमामि गंगे' की घोषणा हुई, जिसका बजट 2037 करोड़ रुपए का है। पर्यावरण एवं वन मंत्रालय ने 764 ऐसी औद्योगिक इकाइयों की पहचान की है, जो 50.1 करोड़ लीटर प्रदूषित जल हर दिन गंगा एवं उसकी सहायक नदियों में डाल रही हैं। राष्ट्रीय गंगा नदी बेसिन प्राधिकरण (एनजीआरबीए) के अंतर्गत इन इकाइयों का निरीक्षण हुआ है। 165 उद्योगों को निर्देश जारी किए गए हैं, जिनमें से 48 को बंद करने का निर्देश है।

यमुना की सफाई : यमुना की वर्तमान स्थिति एवं प्रदूषण को देखकर किसी भी व्यक्ति का हताश

होना स्वाभाविक है। दिल्ली में यह एक गंदे नाले में परिवर्तित हो गई है। यमुना नदी यमुनोत्री ग्लेशियर से निकलती है। यमुना गंगा को जल से सहयोग करने वाली बड़ी नदियों में एक है। यमुना नदी लगभग 1376 किमी क्षेत्र की यात्रा करती है और उत्तराखंड, हरियाणा, उत्तर प्रदेश एवं दिल्ली से होकर प्रवाहित होती है और इलाहाबाद में गंगा से मिल जाती है। हिंदू धर्मशास्त्र एवं मिथकीय दृष्टि से यमुना को सूर्य की संतान एवं यम की बहन माना जाता है। लोगों की ऐसी मान्यता है कि यमुना में स्नान करने से मृत्यु के भय से मुक्ति मिलती है।

यमुना उत्तराखंड से लेकर हरियाणा, दिल्ली तक को कृषि एवं व्यापारिक दृष्टि से संपन्न बनाती है। मगर कृषि में अत्यधिक उर्वरकों का प्रयोग एवं उद्योगों के अपशिष्ट यमुना को गंदला करते हैं। दिल्ली के सारे सीवेज यमुना में खुलते हैं। इन सब स्थितियों को देखते हुए भारत सरकार एवं जापान सरकार के संयुक्त प्रयास से 'यमुना एक्शन प्लान' अस्तित्व में आया। यह यमुना की स्वच्छता को लेकर है। इस कार्य के लिए जापान सरकार द्वारा जापान बैंक इंटरनेशनल कारपोरेशन द्वारा 17.7 बिलियन येन की वित्तीय सहायता उपलब्ध कराई गई है। भारत सरकार के वन एवं पर्यावरण मंत्रालय को यमुना स्वच्छता अभियान को लेकर प्रतिबद्धता दिखाना अभी बाकी है।

प्रथम यमुना स्वच्छता परियोजना पूरी होने पर यमुना एक्शन प्लान-II अस्तित्व में आया। यमुना एक्शन प्लान-II के अंतर्गत दिल्ली में यमुना की स्थिति को केंद्र में रखा जा रहा है। आंकड़े बताते हैं कि दिल्ली द्वारा 58 प्रतिशत कचरा यमुना में डाल दिया जाता है। शहर की 55 प्रतिशत जनता सीवर लाइन की जल आपूर्ति से जुड़ी है। गंदगी के स्वच्छीकरण की कोई सही व्यवस्था नहीं है। 1500 अनधिकृत बस्तियों का मल, डिटर्जेंट मिश्रित कचरा नदी में प्रवाहित किया जाता है। किसी भी स्वच्छता-संबंधी कार्ययोजना के लिए यह सबसे बड़ी चुनौती है।

1994 में सुप्रीम कोर्ट ने यमुना स्वच्छता संबंधी मुद्दों को संज्ञान में लिया था। 2001 से यमुना की विधिवत मानीटरिंग की जा रही है। 2011 में सरकार ने 1,357 करोड़ रुपए यमुना में जल स्वच्छीकरण प्लांट लगाने के लिए दिए थे।

दोनों नदियां सिर्फ सांस्कृतिक दृष्टि से ही नहीं, भौतिक दृष्टि से भी जीवन के लिए महत्वपूर्ण हैं। आम लोगों के मन में प्रश्न है, इतने अरब रुपए तरह-तरह से नदियों में नहीं तो कहां गए कि गंगा और यमुना अभी भी पहली-सी ही प्रदूषित हैं?

विपिन शर्मा अनहद

अधिक जानकारी के लिए :
1. **दफन होते दरिया** : पंकज चतुर्वेदी, 2. **भारत की नदियां** : राधाकांत भारती

गंगूबाई हंगल
(1913-2009)

हिंदुस्तानी शास्त्रीय संगीत के सर्वाधिक प्रतिष्ठित किराना घराने की एक महत्वपूर्ण आवाज के रूप में गंगूबाई हंगल की गणना होती है। उन्होंने शास्त्रीय संगीत की तालीम पंडित रामभाऊ कुंडगोलकर 'सवाई गंधर्व' से ली थी। पाटदार और गंभीर आवाज की धनी, गंगूबाई का गायन एक हद तक पुरुष कंठ के समीप का गायन माना जाता था। उन्होंने घरानेदारी की सीमा में रहकर शुद्ध शास्त्रीयता और परंपरा के निर्वाह को ही अपना व्याकरण बना रखा था। यदि आपको किसी राग की रागदारी का

गंगूबाई हंगल

बिल्कुल शुद्ध और शास्त्रीय पक्ष देखना हो, तो आप आसानी से गंगूबाई हंगल के किसी भी राग की अदायगी को पाठ्य पुस्तक की तरह देख सकते हैं। उन्होंने अपने घराने की चीजों को भी जस का तस अपनाया था, जिसमें राग शुद्ध और पूरिया कल्याण, पट-मंजरी, खंभावती, अहीर भैरव, चंद्रकौंस, हिंडोल, तोड़ी, कलावती, मालकौंस, केदार, भैरव, ललित, भूप, मियां मल्हार, बागेश्री और नायिकी कान्हड़ा की अद्‌भुत अदायगी को सुना जा सकता है।

यह भी जानना दिलचस्प है कि अपने गायन के सार्वजनिक प्रदर्शनों में भले ही गंगूबाई हंगल ने कभी ठुमरी गाने को वरीयता न दी हो, मगर वे जोहराबाई बागरेवाली की गायकी से बहुत प्रभावित थीं। उनकी सम्मोहित करने वाली गायकी और ठुमरी में गमक, तानों और पलटों का काम उन्हें अचंभित करता था, हालांकि स्वयं उनका गाना निहायत शांति का वातावरण रचता था, जिसमें ठुमरी जैसी चपलता न हो कर खयाल का धीर-गंभीर लालित्य झलकता था। उनके ज्यादातर प्रदर्शनों में राग-दर्शन का विधिवत अवकाश तो रहता ही था, समाप्ति सदैव किसी भजन के साथ ही होती थी, जो ज्यादातर राग निबद्ध होते थे। गंगूबाई हंगल के गायन की विशिष्ट बात यह है कि तार-सप्तक में बिना किसी दिक्कत के विचरण करने के बावजूद उनकी पुकार-तान में थोड़ा भी विचलन या ठहराव नहीं आता था। उनकी हर तान सीधी एवं स्पष्ट होती थी। उसकी गमक में भी कोई कमी या आर्द्रता न रहकर गायकी का ठोस शास्त्रीय रंग ही परिलक्षित होता था। एक तरह से गंगूबाई हंगल को हम किराना घराने के दूसरे समकालीन महान संगीतज्ञों—फिरोज दस्तूर, मल्लिकार्जून मंसूर और भीमसेन जोशी—के साथ एक पायदान पर खड़ा हुआ देख सकते हैं। उन्हें सांगीतिक उपलब्धियों के लिए देश के कई बड़े पुरस्कारों से सम्मानित किया गया था, जिनमें केंद्रीय संगीत नाटक अकादेमी पुरस्कार समेत भारत सरकार द्वारा दिया जाने वाला दूसरा सर्वोच्च नागरिक अलंकरण 'पद्मविभूषण' शामिल है।

यतींद्र मिश्र

गंधर्व

पौराणिक कथाओं में गंधर्वों को देवताओं की कोटि में रखा गया है। वे स्वर्ग के गायक और संगीत कला में निपुण माने गए हैं। वैदिक साहित्य में गंधर्वों की दो श्रेणियां हैं—स्वर्ग निवासी और अंतरिक्षवासी। गंधर्वों के स्वामी वरुण और कुबेर हैं। उपनिषद और ब्राह्मण ग्रंथों में देव गंधर्व तथा मनुष्य गंधर्व दो श्रेणियां हैं। गंधर्वों को विद्याधर नाम से भी जाना जाता है। बौद्ध साहित्य में गंधर्वों को अर्धदैविक जाति का माना गया है यानी निम्न कोटि के देवता। वे असुरों और नागों के समकक्ष बताए गए हैं। गंधर्व गण किन्नर, यक्ष एवं विद्याधरों की भांति अर्धदैवीय जीव थे, जिनसे प्रार्थना करने पर कई प्रकार की चीजें प्राप्त की जा सकती थीं। गंधर्व देवताओं के वश में होते थे और उनका इस्तेमाल योगी-योगिनियों की एकांत साधना को भंग करने के काम में होता था। यह भी माना जाता है कि वे ऊंचे पहाड़ों पर रहते थे।

यक्ष, नर, किन्नर, नाग, सुर-असुर आदि की भांति गंधर्व भी एक प्रजाति है। गंधर्व मुख्य रूप से गीत, संगीत, नृत्य और वाद्यविद्या में रमी रहनेवाली प्रजाति है। इसलिए गंधर्वों के संदर्भ में सर्वदा ललित कलाओं का उल्लेख होता रहा है। नाचने-गाने-बजाने वाली इस प्रजाति में सौंदर्य, प्रेम और समागम को बहुत महत्व दिया जाता है। विवाह के रूपों में युवा और सकाम स्त्री-पुरुषों द्वारा मंत्रादि के बिना भी किया जानेवाला स्वेच्छया गांधर्व विवाह श्रेष्ठ और शास्त्रसम्मत माना गया है। महाभारत के अनुसार इस संदर्भ में दुष्यंत एवं महर्षि कण्व के वचन इस प्रकार हैं :

विवाहानां हि रंभोरू गांधर्वः श्रेष्ठ उच्यते।
सकामायाः सकामेन निर्मन्त्रो रहसि स्मृतः ।।

भगवद्‌गीता में चित्ररथ का गंधर्व के रूप में उल्लेख है। कालिदास ने अपने 'रघुवंशम्' में प्रियदर्शन का गंधर्व के रूप में उल्लेख किया है। बाणभट्ट ने 'कादंबरी' में गंधर्व लोक की सुंदरता का मनोहारी वर्णन किया है। विशाखदत्त ने 'मुद्राराक्षस'

में यवन और गंधर्व प्रधानों का उल्लेख किया है। गांधर्व विवाह प्राचीन काल के मुक्त प्रेम का चिह्न है, जिसका उल्लेख कई जगहों पर है। इनसे संकेत मिलता है कि गंधर्व कल्पना और वास्तविकता का एक मिलाजुला रूप है। हजारी प्रसाद द्विवेदी ने 'अशोक के फूल' में बताया है कि गंधर्व यक्षों की ही भांति शांतिप्रिय जाति थी, जो हिमालय प्रदेश में निवास करती थी। सभी की गंधर्वों और यक्षों से सहज मैत्री थी। प्राचीन आर्य परंपरा में 'अशोक वृक्ष की पूजा इन्हीं गंधर्वों और यक्षों की देन है।' उन्होंने बताया है कि 'कंदर्प' (कामदेव) गंधर्व का ही पर्याय है। उनका अनुमान है कि उनका समाज 'पुनालुअन सोसाइटी' या शायद उससे भी अधिक आदिम स्तर पर था। ईसवी सन के आरंभ के आसपास 'शताब्दियों के परिचित यक्षों और गंधर्वों ने भारतीय धर्म-साधना को एकदम नवीन रूप में बदल दिया था।' (अशोक के फूल)।

यक्ष-यक्षिणी, स्त्री-पुरुष, देवी-देवता आदि की भांति गंधर्व एवं अप्सरा का युग्मक मान्य है। वरुण और वायुलोक के मध्य में गंधर्वलोक की कल्पना की जाती है, 'वरुणवाय्वोर्मध्ये गन्धर्वाप्सरसामावा'। गंधर्वों को देवता माना गया है, क्योंकि सोम और अग्नि की त्रयी में गंधर्व का भी उल्लेख है। उर्वशी और पुरूरवा को गंधर्वलोक का नागरिक बताया जाता है। जयशंकर प्रसाद ने 'श्रद्धा' के परिधान को मसृण गांधार देश के नील रोम वाले मेषों का चर्म बताकर कहीं-न-कहीं गंधर्वलोक का संकेत दिया है। श्रद्धा का सौंदर्य चित्रण लगभग अप्सराओं जैसा है। अमरावती में अर्जुन, विश्वावसु गंधर्व के पुत्र चित्रसेन को मित्र बनाकर उससे गांधर्व विद्या सीखता है, तो दूसरी ओर हा-हा-हू-हू करते हुए तम्बुर नामक गंधर्व का भी जिक्र आता है। देवयोनि से अलग संगीत-दक्ष गंधर्व परिसर को कुछ भारतीय चिंतक देवलोक का रेडलाइट एरिया कहने से नहीं चूकते। नृत्य, गीत, संगीत के अनुरागी गंधर्वों एवं अप्सराओं के नाचने-गाने का बहुधा उल्लेख मिलता है।

अष्टभुजा शुक्ल, मंजुरानी सिंह

गजल

गजल अरबी शब्द है। गजल शब्द गजाला से बना है। गजाला हिरनी को कहा जाता है। शिकारी जब हिरनी का शिकार करते थे और जब तीर हिरनी को लगता था, तो वह वेदना से कराह उठती थी। उस क्रंदन अथवा आर्तनाद को गजल कहा जाता था। नए समय में भी गजल उर्दू और हिंदी का महत्वपूर्ण काव्य रूप है। गूढ़ और सूक्ष्म विषय को कम से कम तथा सादा शब्दों में, काव्यात्मकता और शिल्पगत शर्तों को पूरा करती हुई रचना को गजल कहा जा सकता है। शिल्पगत शर्तों की जहां तक बात है, वह गजल का फॉर्म है। फॉर्म बाह्य तत्व है यानी काफिया-रदीफ, बहर इत्यादि। गजल सतह पर आसान दिखाई देने वाली परंतु एक जटिल विधा है।

गजल एक ऐसी विधा है, जिसमें विषयगत विविधता और व्यापकता की संभावना हमेशा बनी रहती है। तत्वज्ञान, मनोवैज्ञानिक सूक्ष्मताएं, तसव्वुफ और आध्यात्मिकता जैसे तत्व भी गजल का विषय हो सकते हैं। इस विधा का शिल्प कथ्य को ठोस और लचीला दोनों रूप प्रदान करता है। यह विरोधाभास ही दरहकीकत गजल की शक्ति है।

मौलाना अल्ताफ हुसैन हाली अपनी किताब 'मुकद्दमा-ए-उर्दू-शेरो-शायरी' में लिखते हैं, गजल में कोई खास विषय बयान नहीं किया जाता। गजल में विचार या तो खो जाते हैं या धुंधले पड़ जाते हैं। इसमें कोई मुकम्मल अनुभव के बजाय, अनुभवों के टुकड़े हासिल होते हैं।

कुल मिला कर गजल असंबद्ध कविता है। इस दृष्टि से देखें, तो हाली के विचार सही जान पड़ते हैं। दूसरा पहलू यह है कि अशआर की असंबद्धता गजल की ताकत है। स्वयं अल्ताफ हुसैन हाली ने 'मुसलसल गजलें' लिखीं, जिनमें एक निरंतर विचार गजल के अलग-अलग शे'रों में चलता रहता था, लेकिन उनका यह प्रयोग असफल रहा। गजलें असंबद्ध रूप में ही लिखी जाती रहीं।

फिराक गोरखपुरी ने हाली के एतराज का जवाब

अपनी पुस्तक 'गुफ्तगू' में इस प्रकार दिया है, 'गजल असंबद्ध कविता है—इस बात पर कुछ लोगों को आपत्ति है कि असंबद्ध अशआर को एक रचना (गजल) में क्यों रखा जाए? लेकिन अर्थ की दृष्टि से असंबद्ध अशआर भी एक ही काफिए-रदीफ में बंधे होने और एक ही बहर में रहने के कारण एक ध्वन्यात्मक वातावरण की रचना करते हैं।' इसी बात को फैज अहमद फैज इन शब्दों में कहते हैं, 'गजल में भावनाओं या विषयवस्तु की नहीं, मूड की इकाई (यूनिटी) या भावधारा होती है।' बात कुल मिला कर वही है कि गजल अपने असंबद्ध विचारों के बावजूद एक वातावरण का सृजन करती है। फिराक गोरखपुरी गजल के विषय में लिखते हैं, 'गजल के शे'रों का विषय सीमित नहीं होता। फिर भी, उसमें मुख्यतया करुणा, प्रेम और समर्पण के ही भाव प्रदर्शित किए जाते हैं। गजल में चूंकि एक ही शे'र में पूरी बात कह देनी होती है, इसलिए प्रतीकात्मकता का बहुत सहारा लिया जाता है। गौरतलब है कि एक-एक शब्द विभिन्न परिस्थितियों में असंख्य वस्तुओं का प्रतीक हो सकता है। इसलिए एक ही शे'र प्रतीक रूप में आध्यात्मिक, सामाजिक, राजनीतिक और व्यावहारिक जीवन में एक-सा लागू हो सकता है। इसी आधार पर दार्शनिक तथ्यों को कविता के साथ सामने लाने में गजल की परंपरा-सी बन गई है।'

गजल क्या है, मौलाना शिबली इस विषय को प्रतीकात्मक ढंग से स्पष्ट करते हैं, 'तस्वीर जितनी धुंधली होगी, उतनी दिलकश होगी।' इसका मतलब है, शे'र को समझने में थोड़ा वक्त लगे और जब अर्थ स्पष्ट हो जाए, तो पाठक या श्रोता इस अचानकपन से चौंक-सा जाए।

यहां धुंधली का अर्थ सांकेतिक और प्रतीकात्मक भी हो सकता है। गजल के प्रत्येक शेर में दो पंक्तियां होती हैं। दोनों पंक्तियां या मिसरे बहर, काफिया, रदीफ के अनुशासन में बंधे होते हैं। दो मिसरों में मुकम्मल बात कहना चुनौतीपूर्ण होता है। इसलिए विवरण छोड़ दिए जाते हैं। विवरण नज्म में होते हैं, गजल में अर्थ का चमत्कार होता है, जो प्रतीकों-बिंबों के अलावा काफिए से भी पैदा होता है।

वजीर आगा ने अपनी किताब 'उर्दू शायरी का मिजाज' में गजल को मूर्ति पूजा से पैदा हुई विधा कहा तो बवंडर खड़ा हो गया। वजीर आगा का तर्क है कि गजल में आशिक-माशूक का प्रेम कहीं-न-कहीं मूर्ति पूजा से प्रभावित है। आधुनिक गजल पर वजीर आगा की टिप्पणी ज्यादा तर्कसंगत प्रतीत नहीं होती, चूंकि स्त्री पात्र समकालीन गजल में केवल 'बुत' नहीं, इसके अतिरिक्त, समकालीन गजल का केंद्रीय विषय न तो प्रेम है, न आशिक-माशूक का प्रेमालाप। समसामयिक गजल में प्रेम के व्यापक और विस्तृत रूप मौजूद हैं। समसामयिक गजल जीवन के विभिन्न अंतर्विरोधों और मसाइल तक सफर तय कर चुकी है।

फिराक गोरखपुरी गजल के दुर्बल पक्ष को उजागर करने से नहीं चूकते। उनके अनुसार, 'आम तौर पर मुझे गजल में एक विवेकी बिखराव, एक रेगिस्तानी वीरानापन, शैली में कठोरता, निम्नस्तरीय

फिराक गोरखपुरी

परिज्ञान, विवेकशून्यता और ज्ञान की दृष्टि से इसके (गजल के) सामान्य कोटि के होने का अहसास होता था। एक उबाल, एक बेचैनी, अस्तित्व के साथ तालमेल की कमी और हिंदुस्तान की मासूम आत्मा से एक अजनबीपन का अहसास होता था। मैं यह भी गहराई से महसूस करता रहा हूं कि गजल में

घरेलू जीवन की पवित्रता और अनुभूतियों की बेहद कमी रही है।'

फिराक गोरखपुरी ने जिस गजल के प्रति अपनी खरी और बेबाक राय प्रस्तुत की है, वह दौर रवायती गजल का था, जब गजल में सबसे बड़ा विषय और सबसे बड़ा मसला इश्क था। गजल सीमित सरोकारों और सीमित नजरिए की सिंफ (विधा) बन चुकी थी। नए समय की आधुनिक गजल में घरेलू पवित्रता और रिश्तों का विस्तार भी देखा जा सकता है।

फिराक गोरखपुरी के विचारों से असहमत होते हुए वजीर आगा गजल के विषय में लिखते हैं, 'गजल मनुष्य की मानसिकता के क्रमिक विकास में उस स्थान की ओर संकेत करती है, जहां व्यक्ति में पहली बार विद्रोह, चिंतन और कल्पना सक्रिय होती है और वह समाज के पूर्ण से अलग हो कर, अपने अस्तित्व की घोषणा करता है। गजल का जन्म सभ्यता की उस अवस्था से हुआ है, जहां व्यक्ति समाज से अलग भी होता है और उसके अधीन भी। चुनांचे, गजल में, एक ही समय में, समाज से विद्रोह के और उसके अनुसरण के—दोनों साक्ष्य मिलते हैं।'

वजीर आगा ने गजल को गीत पर आधारित विधा बताया है। उनके अनुसार, 'अपने स्वभाव की दृष्टि से गजल गीत पर ही आधारित है। इसलिए इसमें गीत का विशुद्ध भावनात्मक पर्यावरण निश्चित रूप से विद्यमान रहता है। वास्तव में देखा जाए, तो गजल में कल्पना भावना का हाथ थाम कर उछाल लगाती है। यदि यह भावना से बिल्कुल अलग हो जाए, तो इसका मतलब होगा कि गजल ने अपनी बुनियाद को ही नकार दिया है। गजल में भावना और कल्पना के मिश्रण का बड़ा संबंध है। मौलाना शिबली, वजीर आगा और फिराक गोरखपुरी इस विषय पर सहमत दिखाई देते हैं कि गजल 'लिरिकल काव्य' है। इसमें कोई संदेह नहीं कि गजल एक अंतर्मुखी काव्य रूप है। गजल कहना कहीं-न-कहीं अपने भीतर दूसरी दुनिया का सृजन करना है।

यूसुफ हुसैन खां वैयक्तिकता के विषय में कहते हैं, 'गजल का एक विशेष गुण यह है कि इसमें हद दर्जे का अंतर्वेक्षण मिलता है।' वे आगे अपना विचार छंद के बंधन को लेकर व्यक्त करते हैं, 'छंद और तुक, मन और स्मृति को एक बिंदु पर केंद्रित कर देते हैं, ताकि मनोभाव, अपने आपको नियंत्रण के सांचे में ढाले और शे'र का जो बाह्य रूप प्रकट हो, वह उसकी द्वितीय प्रकृति मालूम न हो। यह खयाल ठीक नहीं है कि वजन और काफिया, जो गजल की बाह्य तकनीक से संबद्ध हैं, अभिव्यक्ति में रुकावट पैदा करते हैं।'

वजीर आगा गजल और नज्म के भेद को स्पष्ट करते हुए कहते हैं, 'गजल में कल्पना और विश्लेषण की उस क्रिया का अभाव है, जो नज्म में उभरती है। यह गजल का दोष नहीं, बल्कि उसके स्वरूप का एक भाव विशेष है और उसी में गजल का सारा सौंदर्य छुपा है।'

गजल विधा को अवैध प्रेम काव्य मानने के पसःमंजर माजदा असद ठोस तर्क पेश करती हैं, 'लगभग चौदह सौ साल पहले, अरब के सामंती समाज में बादशाहों और सामंतों की विरुदावलियां बखान करने के लिए अन्य काव्य रूप यथा 'तशबीब' या 'कसीदा' से प्रेम और श्रृंगार संबंधी शे'र निकाल कर एक जगह इकट्ठा कर देने के परिणामस्वरूप ही गजल का जन्म हुआ।'

गजल चाहे सामंती युग की इश्क जैसे सीमित विषय की विधा रही हो या श्रृंगारपरक विधा, हमारे समय तक आते-आते वह एक ऐसी विधा बन गई है, जिसमें समयगत सच्चाइयों तथा जनमानस के संघर्षों की व्यापक छवियां देखी जा सकती हैं। गौरतलब है, मीर जैसे कवियों ने गजल में हृदय की आंतरिक पीड़ा और गालिब ने चिंतन का पुट भरा।

मसूद हुसैन खां के अनुसार, गजल किसी दूसरे काव्य रूप की हरीफ (प्रतिद्वंद्वी) नहीं, क्योंकि इसका अपना कार्यक्षेत्र है। शौकत सब्जवारी के अनुसार, 'गजल में कहानी होती है और कहानी भी दिल की दुनिया की। दिल की दुनिया एक विस्तृत दुनिया है, जो बसती भी है और उजड़ती भी है। गजल इस अनोखी दुनिया की कहानी है।'

शौकत सब्जवारी गजल को दिल की दुनिया की कहानी के रूप में व्यक्त करते हैं, तो कादरी शायर की शख्सियत के असर की बात करते हैं, 'गजल वही है, जिस पर शायर की शख्सियत (व्यक्तित्व) असरअंदाज हो। यही चीज है, जो शायर को साहिबे-तर्ज (विशिष्ट पहचान से संपन्न) बनाती है।' कादरी साहब के विचार अपनी अहमियत रखते हैं। चूंकि गजल एक अंतर्मुखी काव्य है, इसके द्वारा कवि अपने अंतर्मन का विश्लेषण, विवेचन करता है और इस लिहाज से गजल में उसकी निजता का प्रभाव विद्यमान रहता है।

फिराक गोरखपुरी ने गजल के स्वरूप और गजल की प्रकृति को बड़े मानीखेज ढंग से विश्लेषित किया है, 'गजल में एक नुकीली एकाग्रता होती है, जो बाह्य जगत का अतिक्रमण करती हुई हमें एक अनिर्वचनीय अलौकिक जगत में ले जाती है।'

महाकवि मीर शे'र की तासीर (प्रभाव) को बड़ा गुण मानते हैं और रंगबयानी को भी जरूरी तत्व के रूप में लेते हैं यानी शे'र को कितनी कलात्मकता से व्यक्त किया गया, लेकिन मलीहमुद्दीन अहमद कहते हैं, 'अगर अस्लियत न हो और अनुभूति ठस हो, तो भारी-भरकम बिंब भी अशआर में कोई असर नहीं छोड़ते।' वे ये भी कहते हैं कि 'गजल एक तरह की कारीगरी है और शायर को तासीर पैदा करने के लिए कुशल कारीगर होना पड़ता है।'

उर्दू की जदीद गजल के दर खोलने वाले शायर नासिर काजमी गजल पर अपने अनुभव व्यक्त करते हैं, 'जब मैंने गौर किया तो जाना कि गजल के खिलाफ लोग नहीं थे, बल्कि गजल में 'कलीशे' की पुरानी डगर के खिलाफ थे। वे कहते थे—नई बात करो। जो गजलें मैंने कही हैं ये सोच कर कही हैं कि वे जमाने के तकाजों को पूरा करें और उनमें मेरे अस्र (कालखंड) की रूह हो।' वे यह भी कहते हैं कि गजल सिर्फ मिसरे लिखने का नाम नहीं। शायरी (गजल) तो नुक्त-ए-नजर (दृष्टिकोण) है—जिंदगी को देखने का और चीजों को देखने का और उनको एक खास मौजूं तरीके से बयान करने का नाम शायरी (गजल) है।

जदीद शायरी को नए तजुर्बों से व्यक्त करने वाले शायर मेहदी जाफर नई बात, नई धारा, नई तर्ज और नए दृष्टिकोण पर बल देते हैं। उनके अनुसार, 'एक खास चीज तकनीक है। मगर असल चीज है कोई नई धारा, कोई नई बात या कोई नजर या तर्ज। जिस तरह भरपूर गजल में कोई नया काफिया जुड़ा हो और वो अचानकपन के साथ जगमगाने लगे।'

शायर हसन कमाल गजल को जेहनी कैफियत का सबसे बेहतर प्रतिबिंब समझते हैं। वे कहते हैं, 'हम गजल को इंसान की जेहनी कैफियत का सबसे बेहतर अक्कास (प्रतिबिंब) समझते हैं। जिस तरह इंसानी जेहन में एक वक्त में कई बातें सोचता है और कई 'सम्त' (दिशाओं) में सफर करता है, गजल की कैफियत भी वही है। इसका हर शेर मुख्तलिफ जज्बात और मुख्तलिफ मुशाहिदात (अवलोकनों) का अक्कास (प्रतिबिंब) होता है।'

उर्दू के प्रतिष्ठित शायर निदा फाजली कंटेंट से ज्यादा गजल के कलापक्ष की वकालत करते हैं। वे कहते हैं, 'गजल मीनाकारी विधा है। इसमें कथ्य से ज्यादा 'कहन' का महत्व होता है।' नूरुल हसन हाशमी का विचार भी निदा फाजली के विचार से मिलता-जुलता प्रतीत होता है, 'गजल के लिए काव्य की उत्कृष्टता, सुंदर संगीतात्मक एवं रंगीन शब्दों में निहित है।' मुमताज हुसैन भी गजल में संगीतात्मकता जैसे तत्व को बहुत जरूरी मानते हैं, 'गजल और संगीत में चोली-दामन का साथ है। शे'र का सबसे बड़ा गुण उसकी संगीतात्मकता है।'

मौलाना शिबली गजल के प्रति सचेत करते हुए कहते हैं, 'मुहाकात (हूबहू वर्णन) तथा तखय्युल (कल्पनाशीलता) के बिना शे'र नहीं हो सकता। जिद्दते-अदा (अभिव्यंजना शैली) भी एक काव्य गुण है। एक बात सीधी कही जाए तो साधारण-सी बात है। उसी बात को अगर नौईयत और अनूठे अंदाज में व्यक्त किया जाए, तो गजल अर्थवान हो

उठती है। शे'र में ऐसी सलासत (सरलता), सफाई और रवानी होनी चाहिए कि गजल और मौसीकी (संगीत) की सीमाएं आपस में मिल जाएं।' कमोबेश यही बात गजल के विषय में मौलवी अब्दुल हक भी कहते हैं, 'काव्य में सादगी, सफाई, अभिव्यक्ति में ताजगी, रोजमर्रा का प्रयोग, भाव-उच्चता आदि गजल के प्रमुख गुण हैं।'

कुल मिला कर गजल एक सुसंस्कृत और सुसभ्य विधा है। विद्वानों, आलोचकों और शायरों ने अपने लेखकीय अनुभवों के जरिए गजल के बारे में विचार व्यक्त किए हैं। फैज गजल में 'मूड की इकाई' को जरूरी मानते हैं, तो फिराक (नए समय की गजल में) जीवन की पवित्रता और अनुभूतियों के विस्तार पर बल देते हैं, तो वजीर आगा गजल में समाज से प्रतिवाद और संवाद, दोनों अवस्थाओं को महसूस करते हैं। कादरी कहते हैं, गजल में शायर के व्यक्तित्व का प्रभाव लाजिमी है; तभी विशिष्ट पहचान बनती है। महाकवि मीर शे'र में तासीर, प्रभावशाली वातावरण और विषयवस्तु को जरूरी मानते हैं तो मलहीमुद्दीन इसी बात को और अधिक विस्तार देते हुए कहते हैं कि शायर को तासीर पैदा करने के लिए कुशल कारीगर होना पड़ता है। लेकिन उर्दू के जदीद शायर नासिर काजमी के अनुसार गजल वही है, जो जमाने के तकाजों को पूरा करे। यानी अपने समय का यथार्थ और संवेदन लाजिमी तौर से अभिव्यक्त हो। वे यह भी कहते हैं कि गजल सिर्फ मिसरे लिखने का नाम नहीं। यानी अशआर में 'दृष्टिकोण' भी हो और नयापन भी। नएपन पर बल मेहदी जाफर भी देते हैं और कहते हैं कि एक खास चीज तकनीक है, लेकिन नई धारा, नई बात या कोई नई तर्ज भी लाजिमी है।

ज्ञान प्रकाश विवेक

अधिक जानकारी के लिए :

1. **मुकद्दमा-ए-उर्दू-शेरो-शायरी** : अल्ताफ हुसैन 'हाली', 2. **उर्दू साहित्य का इतिहास :** यूसुफ हुसैन खां, 3. **उर्दू शायरी का मिजाज :** वजीर आगा, 4. **गुफ्तगू :** फिराक गोरखपुरी, 5. **सारे सुखन हमारे :** फैज अहमद फैज

गजल का शिल्प

गजल विधा सबसे पहले जिस तत्व से अपना आकार ग्रहण करती है, उसे बहर कहते हैं। बहर यानी छंद। बहर यानी शे'र का पैमाना। बहर यानी संतुलन। यानी गजल का अनुशासन। पूरी गजल में बहर का ही नहीं, एक निश्चित बहर का होना लाजिमी होता है। बहरें छोटी या बड़ी, मुश्किल और आसान, सभी तरह की होती हैं।

उर्दू के प्रसिद्ध और आधुनिक शायर नासिर काजमी ने अपने जीवन के अंतिम दिनों में 'पहली बारिश' शीर्षक से छोटी बहर की चौबीस गजलें लिखीं। वे गजलें छोटी बहर की गजलों का 'स्कूल' बन गईं। इसी प्रकार लंबी बहरों में भी अनेक प्रयोग होते रहे हैं। लंबी बहर की गजल का शे'र उदाहरण स्वरूप प्रस्तुत है—

तुम्हें चोरी करने का तजुरबा अभी कम है
कोई पकड़ न ले
मेरे घर की गीली जमीन है न निशान पांव
के छोड़ना

गजल के तमाम शे'र एक ही बहर में होते हैं। जिस बहर को गजलकार गजल कहने के लिए चुनता है उसका निर्वाह भी करता है। एक ही बहर में शे'र कहना और उस बहर की मात्राएं इत्यादि बारीक बातों का खयाल रखना अनिवार्य होता है। बहर में रह कर भी यदि शब्दों का प्रयोग सही ढंग से नहीं हुआ, तो शे'र बहर में नहीं रहेगा यानी बे-बहर हो जाएगा। बे-बहर शेर के लिए गजल में कोई स्थान नहीं होता। बे-बहर शे'र लिखना गजल की शास्त्रीय दृष्टि से किसी 'अपराध' से कम नहीं होता।

यह भी जरूरी है कि एक ही चुनी गई बहर में गजल के सभी शे'र लिखे जाएं। ऐसा नहीं कि एक शे'र बहरे हजज में हो, दूसरा बहरे कामिल में। इससे गजल का अनुशासन नष्ट होगा। लय भंग होगी। गौरतलब है कि गजल अनुशासन केंद्रित विधा है। यह बहर चुनने, बहर में मिसरे (पंक्तियों) के होने, शब्दों के चयन और काफिया-रदीफ तक,

हर कदम पर नुकीली एकाग्रता और अनुशासन की मांग करती है।

गजल का शिल्प सैकड़ों वर्षों से चला आ रहा है। यह शिल्प ही गजल का सौंदर्य है। यह शिल्प गजल की सीमा भी है। सीमा यानी शायर कई बार अपना संपूर्ण कथ्य या विचार एक निश्चित बहर के दो मिसरों (पंक्तियों) में व्यक्त नहीं कर पाता। जो व्यक्त होता है, बेशक, प्रबल भावना के साथ होता है, लेकिन कहीं कुछ छूट भी जाता है। रवायती शायरी के दौर में जब इश्क मुख्य विषय था, तब अभिव्यक्ति की इतनी जटिलताएं नहीं थीं। अब जब गजल के सम्मुख पूरा समाज अपनी तमाम विसंगतियों और विडंबनाओं के साथ खड़ा होता है, दो मिसरों में किसी विसंगति को अथवा किसी विडंबना को संपूर्ण रूप से व्यक्त कर पाना कई बार कठिन प्रतीत होता है।

गजल के कड़े अनुशासन और शिल्पगत जटिलता का विरोध करते हुए उर्दू के कुछ शायरों ने आजाद गजलें लिखने का प्रयास किया। यह प्रयोग पूरी तरह असफल रहा और चार सौ वर्षों का शिल्प बरकरार रहा। उसे तोड़ना संभव नहीं हुआ। यही वजह है कि गजल में शिल्पगत परिवर्तन बहुत ही कम हुए। जो परिवर्तन हुए, वे शैलीगत ही हुए यानी गजल का सारा चमत्कार अंदाजे-बयां में व्यक्त होने लगा।

गजल का शिल्प बेशक बहुत जटिल है। यह जटिलता बहुत बड़ा आकर्षण है। गजल बेशक दो मिसरों की आसान-सी विधा प्रतीत होती है, लेकिन अनुभवी गजलकार जानते हैं कि गजल की दिखाई देने वाली सरलता एक छल की तरह है। गजल की तह में जो गजलकार जितना अधिक उतरता है, उसका गजल संबंधी जटिलताओं से साक्षात्कार उतना अधिक होता है। संभवतः इसीलिए कवि शमशेर बहादुर सिंह गजलें लिखते-लिखते वापस कविता की तरफ लौट गए।

गजल कितनी बड़ी हो, इस बात को ले कर कोई पैमाना नहीं बना। इसमें कम से कम पांच और अधिक से अधिक इक्कीस शे'र होते हैं। पहले ऐसा ही हुआ करता था, लेकिन बहुत सारी नई बातें भी गजल में प्रविष्ट होती चली गईं। इधर किसी शायर ने ग्यारह सौ अशआर की गजल लिखी है, तो हिंदी के एक गजलकार ने इक्कीस सौ अशआर की गजल तहरीर की है। इक्कीस सौ अशआर की गजल, गजल होगी या खंड काव्य—इस प्रश्न का उठना स्वाभाविक है। प्रायः पांच, सात, नौ या ग्यारह अशआर की गजलें ही लिखी जाती रही हैं।

शास्त्रीयता और संरचना की दृष्टि से गजल का अर्थ है—शे'रों का ऐसा मज्मुआ या संग्रह, जिसमें मतला हो, मक्ता हो, काफिया-रदीफ हो और एक निश्चित बहर भी हो, जिसमें शे'र अभिव्यक्त किए जाएं।

मतला : गजल में कई बार दो मतले भी होते हैं। दूसरे मतले को मतला-ए-सानी (यानी दूसरा मतला) कहा जाता है। इसे हुस्न-ए-मतला भी कहते हैं। गौरतलब है, मतले में दोनों पंक्तियों का तुक समान रहता है।

जरूरी नहीं कि गजल शुरू करते हुए, मतला सबसे पहले लिखा जाए। कई बार मतला सबसे पहले शायर/गजलकार के जेहन में कौंधता है, बाकी गजल बाद में होती रहती है। इसके एकदम विपरीत भी होता है। गजल के शे'र हो जाते हैं, गजलकार मतले पर अटक जाता है। ऐसा इसलिए भी होता है कि अनुभवी गजलकार मतले को प्रभावशाली बनाने में बेहद मशक्कत करते हैं। गजल का आरंभ मतले से होता है और मतले का प्रभाव पूरी गजल पर पड़ता है। अगर मतला कमजोर हो, तो बाकी गजल को बेअसर कर देता है। कई बार शायर/गजलकार बिना मतले के भी गजल लिख देते हैं। मतला, लाख कोशिशों के बावजूद हो ही नहीं पाता। हो जाता है तो भी भाव और सौंदर्य से वंचित होता है। गजल विधा ही सौंदर्यबोध पैदा करने के लिए है। गजल में जब मतला नहीं होता, गजलकार खुद ही गजल में अधूरेपन का अहसास करता है। दुष्यंत की गजल के एक मतले को देखें कि यह कितना प्रभावशाली है।

कहां तो तय था चरागां हरेक दर के लिए
कहां चराग मयस्सर नहीं शहर के लिए

मक्ता : यह गजल का अंतिम शे'र होता है। इसमें शायर अपने तखल्लुस का प्रयोग किया करते थे। इसके दो कारण थे। पहला कारण यह कि गजल अपने आरंभिक दौर में 'वाचिक' रूप रखती थी। लिखित रूप या छपी हुई गजलों का जमाना बहुत बाद में आया। 'मुंहजबानी' सुनाई गई गजल के आखिर में जब मक्ता पढ़ा जाता, जिसमें शायर का उपनाम (तखल्लुस) होता, तो यह इस बात की तस्दीक होता कि यह गजल फलां शायर की है। उसी जमीन पर जब कोई दूसरा शायर शे'र कहता, तो सोच-समझकर, सूझबूझ के साथ तथा बेहद सचेत होकर कहता।

'मक्ता' गजल में इसलिए अहमियत रखता था कि इसमें शायर का तखल्लुस होता है। गालिब और मीर के अमर मक्ते उदाहरण के तौर पर प्रस्तुत हैं–

हैं और भी दुनिया में सुखनवर बहुत अच्छे
कहते हैं कि 'गालिब' का है अंदाज-ए बयां और

–गालिब

सिरहाने 'मीर' के आहिस्ता बोलो
अभी टुक रोते-रोते सो गया है

–मीर

हिंदी की गजलों में मक्ते का प्रयोग कम ही हुआ है। भारतेंदु हरिश्चंद्र और शमशेर ने कहीं-कहीं मक्ते का प्रयोग किया है। भारतेंदु ने 'रसा' तखल्लुस और शमशेर ने शमशेर के अतिरिक्त 'शम्स' तखल्लुस भी गजल के मक्तों में इस्तेमाल किया है। हिंदी के कुछ मंचीय गजलकारों ने अपने उपनाम का मक्ते में प्रयोग किया है, पर आमतौर पर हिंदी गजल में मक्ते की परंपरा नहीं के बराबर है।

गजल के आरंभ में मतला और अंत में मक्ता। लेकिन मध्य में जो शे'र होते हैं, वे गजल की रीढ़ होते हैं। ये भिन्न-भिन्न विचार-केंद्रित होते हैं। मतले में दोनों मिसरों की तुक समान रहती है, लेकिन जब गजल में शे'र की अभिव्यक्ति होती है, तो पहले मिसरे में तुक समान नहीं रहती, लेकिन दूसरे मिसरे में तुक का समान रहना अनिवार्य होता है।

शे'र : शब्दकोश में शे'र का अर्थ है जानी हुई चीज। अरबी-फारसी में शे'र को 'बैत' कहा जाता है। 'बैत' का अर्थ है–घर। मकान तामीर करने के लिए कुछ वस्तुओं की जरूरत पड़ती है। जब मकान बन जाता है, तो घर के लिए भी कुछ वस्तुओं की आवश्यकता होती है। सबसे बड़ी जरूरत भावना की होती है। मकान एक भौतिक संरचना है और घर भावनाओं से जुड़ी एक अदृश्य छवि। जब शे'र (घर) की बात होती है, बहर के अतिरिक्त सबसे पहले किसी विचार, कथ्य, फिक्र, इमेज की जरूरत होती है, यानी शेर के लिए 'जमीन' अगर दो मिसरे हों, बहर भी हो, शब्द भी हों, लेकिन कोई विचार, कोई कथ्य (यानी जमीन) ही न हो, तो शे'र कहां से पैदा होगा। इसलिए शे'र के लिए सबसे अहम 'विषयवस्तु' होती है।

जब कोई विचार (थॉट), कथ्य गजलकार के मन में उठता है, शे'र में व्यक्त करने के लिए दो पंक्तियां (मिसरे) होती हैं। पहली पंक्ति को 'मिसरा ऊला' तथा दूसरी पंक्ति को 'मिसरा सानी' कहा जाता है। मिसरा ऊला या मिसरा सानी के बजाय पहला मिसरा और दूसरा मिसरा भी कहा जा सकता है।

शे'र में दो मिसरे होते हैं और दोनों मिसरों के भी दो भाग होते हैं। मिसरे के पूर्वार्ध को सदर (मुख्य) तथा मिसरे के उत्तरार्ध को उरूज (तरफ) कहा जाता है। मतलब यह कि शे'र में व्यक्त किए जाने वाले कथ्य को मिसरे का पूर्वार्ध उद्घाटित करके, मिसरे के उत्तरार्ध की 'तरफ' बढ़ाता है।

इस तरह शे'र के दूसरे मिसरे (या दूसरी पंक्ति) के भी दो भाग होते हैं। पहले भाग को 'इब्तिदा' यानी शुरुआत तथा दूसरे भाग को जर्ब यानी 'समाप्ति की ओर' कहते हैं।

गजल (शे'र) के विषय में अल्लामा इख्लास देहलवी 'फन-ए-शायरी' में लिखते हैं, 'शायरों का दस्तूर यह है कि वे पहले दूसरा मिसरा नज्म (लिखना) करते हैं, फिर पहला। इसलिए दूसरे मिसरे के पहले भाग का नाम 'इब्तिदा' (प्रारंभ) और आखिरी का नाम जर्ब है–जिसका अर्थ है तरफ

या किनारा। दोनों के दरमियानी हिस्से का नाम है 'हशू'। इसका अर्थ है तकिए में रूई भरना। शे'र के लिए यह भी जरूरी है कि उसे कसदन (चिंतन) या फिर इरादतन (विचार) किसी वजन पर ढाला जाए। लिहाजा, जो कलाम इत्तेफाकिया (अनायास) मौजूं हो जाएं और खबर तक न हो कि ये कलाम मौजूं हैं, तो ऐसे कलाम को शे'र नहीं कहा जा सकता।'

अल्लामा इख्लास देहलवी ने शे'र के 'होने' के लिए बहुत महत्वपूर्ण विचार व्यक्त किए हैं। यानी शेर में कोई न कोई 'बात' जरूर होनी चाहिए। कई बार हिंदी गजलों में दो मिसरे (और एक शे'र) तो हो जाते हैं, लेकिन बात कुछ नहीं निकलती। बात दरअसल होती ही नहीं। ऐसे कथ्यहीन शे'र, गजल विधा के लिए प्रश्नचिह्न लगाते हैं। शे'र बेशक सादगी से व्यक्त किया गया हो, लेकिन वह किसी विचार, सूत्र, खयाल, स्मृति, इमेज की परिपक्व जमीन पर खड़ा हो। शे'र की अभिव्यक्ति में गजलकार का दायित्व बनता है कि उसने शे'र किस मकसद से कहा। यानी, शे'र की अभिव्यक्ति में कुछ घटित हो और कोई न कोई मकसद निहित हो।

काफिया : गजल में काफिये का विशेष महत्व होता है। इसे 'बेख' भी कहा जाता है। यानी शे'र की जड़।

काफिया शब्द 'फकू' से बना है, जिसका अर्थ है बार-बार या फिर-फिर। इसे सरल भाषा में यूं भी कह सकते हैं कि वह अल्फाज का समूह, जो बार-बार अशआर में आ कर, उनको गजल के सूत्र में बांधता है। शास्त्रीयता की दृष्टि से एक गजल एक जैसे काफियों का 'हार' होती है। काफिया को हिंदी में यमक अथवा अनुप्रास भी कहते हैं। काफिया, रदीफ से पहले आता है। तमाम काफिये (गजल में) एक ही लय से बंधे हुए आते हैं। यथा तारे, सितारे, किनारे, हमारे, खारे इत्यादि।

रदीफ : अरबी भाषा में रदीफ का अर्थ है अनुसरण करने वाला अथवा पीछे चलने वाला। प्रत्येक शे'र में काफिये के बाद जो शब्द अथवा शब्द समूह आता है, उसे रदीफ कहते हैं। गजल के अशआर में काफिये बदलते रहते हैं, लेकिन रदीफ ज्यों का त्यों चलता रहता है। उसमें कोई बदलाव नहीं होता।

गौरतलब है, गजल में रदीफ की अनुपस्थिति हो सकती है, लेकिन काफिये की हर्गिज नहीं। काफिये के बिना गजल हो ही नहीं सकती, जबकि बिना रदीफ के अनेक गजलें लिखी जाती रही हैं। यहां उदाहरण प्रस्तुत है—

हो गई है पीर पर्वत-सी पिघलनी चाहिए
इस हिमालय से कोई गंगा निकलनी चाहिए

आज यह दीवार परदों की तरह हिलने लगी
शर्त लेकिन थी कि ये बुनियाद हिलनी चाहिए

सिर्फ हंगामा खड़ा करना मेरा मकसद नहीं
मेरी कोशिश है कि ये सूरत बदलनी चाहिए

मेरे सीने में नहीं, तो तेरे सीने में सही
हो कहीं भी आग, लेकिन आग जलनी चाहिए।

दुष्यंत की उपर्युक्त गजल का प्रत्येक शे'र ठोस कथ्य की जमीन पर खड़ा है। इसके काफिये रदीफ की बात करते हैं—काफिये—पिघलनी, निकलनी, हिलनी, जलनी, बदलनी। रदीफ—चाहिए। गौरतलब है, काफिये गजल के प्रत्येक शे'र में बदलते रहे हैं, लेकिन रदीफ (चाहिए) हर शे'र में वही रहा है। गजलकार रदीफ के प्रति बेहद सतर्क रहते हैं। ऐसा जरूरी भी होता है।

विभिन्न विषयों के अशआर की गजल को फिराक गोरखपुरी ने 'गैलेक्सी ऑफ थॉट' कहा है। बेशक, विषय भिन्न होते हैं। इसके बावजूद अशआर में लय, नाद और संगीतात्मकता निहित रहती है। नूरुल हसन हाशमी इसका कारण मिसरों में छंद की समानता, तुकों की पुनरावृत्ति, रदीफ के कारण स्वर में एकात्मकता आदि को मानते हैं। बेशक, आरंभ में गजल का मुख्य विषय प्रेम रहा है, लेकिन इस विषय के अतिरिक्त भी अन्य विषयों पर गजलें/शेर लिखे गए हैं।

विषय के आधार पर गजल के दो प्रकार हैं—(1) **मुसलसल गजल :** एक ही विषय को केंद्र में रख कर पूरी गजल लिखी जाए, तो उसे 'मुसलसल गजल'

कहते हैं और (2) **गैर-मुसलसल गजल :** विभिन्न विषय केंद्रित अशआर की गजलें, जो सामान्यतः लिखी गई हैं और लिखी जा रही हैं। भाव रचना के आधार पर गजल के तीन भेद हैं—(1) **तगज्जुल :** इसमें सौंदर्य, प्रेम इत्यादि की अभिव्यक्ति होती है। (2) **तसव्वुफ :** इसमें तर्कशास्त्र, जीवन दर्शन, चिंतन की प्रधानता होती है। (3) **तफक्कुर :** इसमें समय-समाज को केंद्र में रखकर शे'र और गजलें लिखी जाती हैं। हिंदी में तफक्कुर की गजलें ही ज्यादा लिखी जा रही हैं। सामाजिकता इन गजलों का अहम विषय है।

बहर : बहर एक तरह का छंद है। बहरों के छंदशास्त्र को उर्दू में 'उरूज' कहा जाता है। हिंदी में विविध काव्य विधाओं के लिए सात सौ पचास किस्म के छंद हैं। उर्दू में गजल के लिए उन्नीस बहरें हैं। इनमें सात बहरें सालीम और बारह बहरें मुरक्कम हैं।

उर्दू में प्रत्येक गजल किसी न किसी बहर से बंधी होती है। जिस बहर में गजल होती है, उसी बहर में गजल का प्रत्येक शे'र होता है। किस बहर में गजल कही जानी है, इसका चयन गजलकार स्वयं करता है। एक बार चयन के पश्चात पूरी गजल उसी बहर में कहनी होती है। यह नहीं कि मतला (गजल का पहला शे'र) किसी बहर में, बाकी शे'र किसी अन्य बहर में हों।

उर्दू-फारसी में बेशक उन्नीस बहरें हैं, लेकिन उन्नीस की उन्नीस बहरों में गजलें नहीं कही जातीं। कुछ चुनिंदा बहरों में ही शायर/गजलकार गजलें लिखते हैं।

अल्लामा इख्लास देहलवी अपनी पुस्तक 'फन-ए-शायरी' में लिखते हैं कि उर्दू-फारसी में कुल उन्नीस बहरें प्रचलित हैं। इनमें पंद्रह बहरें जनाब खलील-बिन-आदम (731-786) द्वारा निर्मित हैं तथा अन्य चार बहरें अबुल हसन वजर चमनहार तथा मौलाना यूसुफ द्वारा निर्मित हैं। इन्हीं उन्नीस बहरों पर उर्दू-फारसी का संपूर्ण छंदशास्त्र (उरूज) आधारित है।

उर्दू-फारसी उरूज तथा पिंगलशास्त्र में आवाजों के दो प्रकार होते हैं—लघु तथा गुरु। फारसी में लघु-गुरु आवाजों के लिए साकिन (लघु) तथा मुतहर्रिक (गुरु) कहा गया है।

रुक्न : बहर के अरकान और अरकान के हर हिस्से को गण अथवा रुक्न कहते हैं।

अरकान : बहर जिन टुकड़ों से बनती है, उनको अरकान कहते हैं। रुक्न का बहुवचन अरकान है।

रुक्नों की संख्या : उर्दू शायरी में कुल नौ रुक्न प्रचलित हैं, जो इस प्रकार हैं—1. फाऊलुन, 2. फाइलुन, 3. मफाईलुन, 4. मुस्तफाईलुन, 5. मुतफाईलुन, 6. फाइलातुन, 7. मफऊलात, 8. फउल, 9. फेलुन।

बहरें दो प्रकार की होती हैं—(क) मुदरिफ बहरें, (ख) मुरक्कब बहरें। मुदरिफ बहरें सात हैं— 1. बहरे हजज, 2. बहरे रजज, 3. बहरे रमल, 4. बहरे वाफिर, 5. बहरे मुतदारिक, 6. बहरे मुतकारिब, 7. बहरे कामिल।

मुरक्कब बहरें बारह हैं—1. बहरे मुक्तजब, 2. बहरे मुंसरिह, 3. बहरे सरीअ, 4. बहरे खफीफ, 5. बहरे मुजतस, 6. बहरे मुजारअ, 7. बहरे बतीस, 8. बहरे जदीद, 9. बहरे तवील, 10. बहरे करीब, 11. बहरे मदीद, 12. बहरे मुशाकिल। इस प्रकार कुल 19 बहरें हैं, लेकिन प्रचलन में केवल बारह बहरें हैं। बहरे-जदीद, बहरे-तवील, बहरे-मुक्तजब, बहरे-करीब, बहरे-मदीद, बहरे मुशाकिल तथा बहरे-वाफिर—ऐसी बहरें हैं, जो कम प्रचलन में हैं।

बहरें एक प्रकार से गजल का बाह्य स्वरूप तय करती हैं। बहरों से गजल का शिल्प अथवा 'फॉर्म' बनता है, लेकिन गजल के लिए इतना ही काफी नहीं होता। यह तो हुआ गजल का शिल्प पक्ष। गजल का भाव पक्ष बहुत महत्वपूर्ण भूमिका निभाता है। यदि भाव ही नहीं होंगे, तो गजल कैसे होगी।

भावपक्ष : भावपक्ष के लिए कुछ प्रमुख बातों का ध्यान रखना लाजिमी है। प्रत्येक शे'र की एक परिपक्व विषयवस्तु हो, ताकि शे'र की रचना की

जा सके। प्रत्येक शे'र में कुछ घटित हो। यानी, दो मिसरे (एक शे'र) केवल विवरण देकर समाप्त न हो जाएं। प्रत्येक शे'र में शब्द बेशक साधारण हों, लेकिन अनुभूति की सघनता से वे असाधारण रूप अख्तियार करें। प्रत्येक शे'र में अर्थ की गूंज हो, जो शे'र के आखिर में आ कर असाधारण रूप से उद्घाटित हो। काफिया-रदीफ व्यर्थ न चले जाएं। हर शे'र में उनकी सार्थकता हो। प्रत्येक शे'र का अर्थ धीरे-धीरे खुले। शे'र बेशक राजनीति केंद्रित विषय पर हो, लेकिन वह न तो नारे की शक्ल अख्तियार करे, न उसमें सपाटबयानी हो। प्रत्येक शे'र में दोनों मिसरों का संबंध इतना अंतरंग हो कि दोनों मिसरे मिलकर कथ्य को पूर्णता प्रदान करें। प्रत्येक शे'र के दोनों मिसरे साफ, स्पष्ट और अर्थ की गूंज तथा शब्दों की लय पैदा करते हों। उनमें अधूरापन न हो तथा शब्दों का (मिसरों में) अपव्यय भी न हो। शे'र में कर्ता की कमी न खटके। शे'र में यदि कर्ता अथवा किरदार है, तो वह दोनों मिसरों में कहीं दिखाई भी देना चाहिए। शे'र में काल का विशेष ध्यान रखा जाना चाहिए। वर्तमान की बात वर्तमान में हो और भूतकाल के संदर्भ भूतकाल में हों। किसी भी शे'र में शब्दों की प्रयुक्ति ऐसी हो कि वह लोच और लय पैदा करें। वे ठुंसे हुए प्रतीत न हों। गजल का प्रत्येक शे'र ऐसे व्यक्त किया जाए कि वह तासीर (प्रभाव) पैदा करे। गजल के प्रत्येक शे'र में पूरी बात या विचार या कथ्य आ जाना चाहिए। यह नहीं कि आधी बात एक शे'र में बाकी आधी गजल के दूसरे शे'र में। उपमा (तश्बीह) और रूपक (इस्तआरा) को शे'र में ऐसे व्यक्त किया जाए कि शे'र का प्रभाव चमत्कारिक रूप से अधिक हो जाए, जैसे— नासिर काजमी की छोटी बहर की गजलें या फिर दुष्यंत के कई शे'र।

ज्ञान प्रकाश विवेक

अधिक जानकारी के लिए :

'अलाव', गजल विशेषांक : (संपा.) रामकुमार कृषक, 2015

गजल लेखन

गजल सरल दिखाई देने वाली एक पेचीदा विधा है। सरसरी तौर पर देखें, तो गजल की बाह्य संरचना बहुत आसान होती है। दो पंक्तियों (दो मिसरों) के एक शे'र में कोई बात, कोई विचार व्यक्त किया और हो गया शे'र। लेकिन गजल की बाहरी और भीतरी बारीकियों की समझ हासिल करने के बाद एक शे'र का हो जाना बहुत बड़ी बात होती है, क्योंकि वह शे'र कवि चेतना के अतिरिक्त शिल्पगत और भावगत अनेक यात्राओं से हो कर आता है।

हकीकत यह है कि दो मिसरों का एक शे'र (इन्हीं शे'रों से गजल बनती है) इतना अर्थपूर्ण तथा संवेदनलय से भरपूर होता है कि जैसे छोटे-से शे'र में संपूर्ण कहानी समा गई हो। जैसे कि शकेब जलाली का यह शे'र :

तूने कहा न था कि मैं कश्ती पे बोझ हूं
आंखों को अब न ढांप मुझे डूबता भी देख

शे'र क्या है, प्रेम का उत्कर्ष रूप, प्रेमी के स्वाभिमान और समर्पण की महागाथा है। प्रेमिका ने न जाने क्या सोच कर प्रेमी से कहा कि वह कश्ती (कश्ती जीवन का प्रतीक हो सकती है) में किसी बोझ की तरह है। प्रेमी ने तत्काल दरिया में छलांग लगा दी। प्रेमी जानता था कि अगाध प्रेम करने वाली प्रेमिका यह दृश्य नहीं देख पाएगी। हुआ भी ऐसा ही। प्रेमी ने छलांग लगाते हुए या कहें कि प्रेमिका के जीवन से रुखसत होते हुए कहा कि अब वह अपनी आंखों को न ढांपे और यह मंजर खुली आंखों से देखे। शे'र समाप्त हो जाता है, लेकिन उदास करने वाले बिंब और रूपक की रचना जेहन में रह जाती है। एक उम्दा शे'र का यही हासिल होता है।

उर्दू (और हिंदी में भी) ऐसी आकर्षित और सम्मोहित करती गजलों के कारण गजल लिखने वालों की नित नई आमद होती रहती है। इस जटिल, उलझन में डालने वाली, कड़े अनुशासन की मांग रखती, पहले मिसरे के आरंभ से दूसरे मिसरे के अंत यानी काफिया-रदीफ तक, सख्त इम्तेहान

में डालती विधा में प्रविष्ट होना बेहद सरल है, लेकिन मेयार पर खरे उतरते शे'र (गजलें) कहना बेहद कठिन।

गजल का फार्म या बाहरी ढांचा नए गजल लेखकों की जानकारी के लिए जरूरी है। किसी भी गजल की संरचना में एक निश्चित बहर होती है। बहर यानी निश्चित छंद में शे'र कहना। निश्चित बहर के चयन के पश्चात, गजल लेखक को उसी बहर में पाबंद रहना होता है। बहर के चयन के लिए वह बिल्कुल स्वतंत्र होता है। किस बहर में गजल लिखे यह उस पर निर्भर करता है, लेकिन एक बार बहर के चुनाव के बाद उसी बहर में शे'र कहना लाजिमी होता है। यह नहीं कि गजल के पांच शे'र पांच अलग-अलग बहरों में हों। शे'र दो पंक्तियों (दो मिसरों) से बनता है। दोनों मिसरों का आपस में तालमेल हो और दोनों मिसरे मिल कर गजल लेखक के भाव को व्यक्त करें। भाव जितना सघन होगा, उसकी अभिव्यक्ति उतनी गहरी होगी। शह्रयार के एक शे'र से यह बात स्पष्ट होती है :

सभी को गम है समंदर के खुश्क होने का
कि खेल खत्म हुआ कश्तियां डुबोने का

शह्रयार के इस शे'र में दो मिसरों का आपस में तालमेल देखिए, जैसे दोनों मिसरे एक-दूसरे में गुंथे हुए हों। दोनों मिल कर शायर के जज्बात को अभिव्यक्ति देते हैं। शे'र में शब्दों की लोच, अर्थ के संगीत के अतिरिक्त जीवन चिंतन भी शामिल है– कि खेल खत्म हुआ कश्तियां डुबोने का। जीवन भर हम अपनी कश्तियां ही तो डुबोते रहते हैं, लेकिन समंदर के खुश्क होने पर यह खेल भी खत्म हो जाता है।

गजल में पांच, सात, नौ या अधिक शे'र भी हो सकते हैं। गजल का पहला शे'र मतला कहलाता है। मतला यानी गजल का माथा। यह बिल्कुल जरूरी नहीं कि गजल के पहले शे'र को सबसे पहले सोचा जाए और सबसे पहले लिखा जाए। गजल लेखक अमूमन गजल के अन्य शे'र पहले सोच लेते हैं। मतला बाद में होता रहता है। मतला का महत्व गजल में सबसे ज्यादा इसलिए है कि इसमें दोनों मिसरों (दोनों पंक्तियों) का समान तुक रखना होता है। एक सशक्त मतले का असर पूरी गजल पर पड़ता है। मतला कमजोर हो, तो यह अहसास पहले से ही हो जाता है कि गजलकार की बाकी गजल कैसी होगी। मसलन :

'सुन चंपा सुन तारा/कोई जीता कोई हारा' जैसा मतला लिखा जाए, तो पूर्व अनुमान हो जाएगा कि गजल लेखक की बाकी गजल कहां ठहरेगी। उर्दू-हिंदी गजल में बहुत सशक्त गजलें और सशक्त मतले लिखे गए हैं। जैसे दुष्यंत कुमार की गजल का यह मतला :

कैसे मंजर सामने आने लगे हैं
गाते-गाते लोग चिल्लाने लगे हैं

उपर्युक्त गजल के मतले में दोनों मिसरों का समान तुक है 'आने' और 'चिल्लाने'।

गालिब की गजल का एक प्रसिद्ध मतला गौरतलब है :

दिल-ए-नादां तुझे हुआ क्या है
आखिर इस दर्द की दवा क्या है

इस मतले में 'हुआ' और 'दवा' समान तुक के मिसरे हैं। यह तुकों का मिलाप सिर्फ मतला में ही होता है। गजल के अन्य शे'र में तुक दूसरी पंक्ति में रहता है। मसलन दुष्यंत की गजल का मतला हम देख चुके हैं। उसी गजल का एक शे'र :

अब तो इस तालाब का पानी बदल दो
ये कँवल के फूल मुरझाने लगे हैं

यह शे'र गौरतलब है। दूसरी पंक्ति में तुक (मुरझाने) मिल रहा है। पहली पंक्ति तुक की दृष्टि से आजाद है।

गजल के शे'र (बहुवचन-अशआर) के विषय में कुछ और बातें विशेष महत्व रखती हैं। शे'र को स्पष्टता और सादगी से व्यक्त किया जाना चाहिए। उलझा हुआ और ऊबड़-खाबड़ शब्दों की संरचना से निर्मित शे'र बेअसर हो जाते हैं। शे'र के दो मिसरों में सारा खेल शब्दों का होता है। शब्द के पीछे अर्थ की सत्ता होती है। एक शानदार शे'र में शब्दों की लय और अर्थ की गूंज दोनों, समान रूप से सुनाई देती हैं।

कोई शे'र यूं ही नहीं हो जाता। वह बहुत सारी आवेगपूर्ण हलचल से हो कर गुजरता है। गजल लेखक का प्रयास रहता है कि वह अपनी बात अच्छे से अच्छे शब्दों में व्यक्त करे। गजल लेखक की यह कश्मकश, द्वंद्व और तनाव अव्यक्त-सा होता है। कई बार गजल का शे'र कुछ पल में व्यक्त हो जाता है। इसे 'आमद' का शे'र कहते हैं। कई बार गजल लेखक को अच्छा शे'र कहने के लिए प्रयास करना पड़ता है। ऐसे में व्यक्त हुए शे'र को आबुर्द कहते हैं।

सशक्त शे'र कहने के लिए गजल लेखक के दीर्घ अनुभव, गजल की बारीकियों का इल्म, आधुनिक बोध, नई सामाजिक, राजनीतिक और आर्थिक हलचलों के अतिरिक्त भाषागत मुहावरे की भी गहरी समझ होनी चाहिए। नासिर काजमी का एक शे'र प्रस्तुत है :

हमारे घर की दीवारों पे 'नासिर'
उदासी बाल खोले सो रही है

शे'र में सादगी है। शे'र को बहुत साफ लहजे में व्यक्त किया गया है। ये तत्व शे'र के लिए मानीखेज हैं, लेकिन इन तत्वों से भी ज्यादा मानीखेज बात है कि शायर ने नया मुहावरा पैदा किया है। उदासी शब्द अनेक गजलों में पहले इस्तेमाल हो चुका था, लेकिन नासिर 'उदासी बाल खोले सो रही है'–जैसी अभिव्यक्ति के जरिए चौंका-सा देते हैं। यहां हम उदासी को सिर्फ महसूस ही नहीं करते, उसे देखने भी लगते हैं। आसान और सादगीपूर्ण लबो-लहजे में कोई विशिष्ट बात कहना गजल के क्षेत्र में चमत्कार जैसा होता है।

जाहिर है, दो पंक्तियां यानी एक शे'र के दो मिसरे बिखरे-बिखरे नहीं रहते। वे अर्थ की दृष्टि से एक-दूसरे पर निर्भर करते हैं। पहले मिसरे से शुरू हुई 'बात' दूसरे मिसरे पर आ कर समाप्त होती है।

विषयवस्तु : शे'र में विषयवस्तु का खास महत्व होता है। यह विषयवस्तु ही तो होती है, जिस पर गजल लेखक अपने दो मिसरे (एक शे'र) तामीर करता है। विषयवस्तु को 'जमीन' भी कहा जाता है। यदि जमीन ही न हो, तो शे'र की संरचना कैसे होगी? इसलिए विषयवस्तु (कथ्य, विचार या अनुभव) के बिना शब्दों का जमघट बेशक होगा, शे'र नहीं हो पाएगा।

विषयवस्तु अथवा जमीन पर शे'र तामीर करना कम चुनौतीपूर्ण नहीं होता। एक ही समय में, शे'र कहते हुए, बहर, वजन, कथ्य, भाव, शब्दों की लोच, अर्थ की ध्वनियों के साथ-साथ यह भी ध्यान रखना लाजिमी होता है कि शे'र साफ-शफ्फाफ और स्पष्ट हो तथा दोनों पंक्तियां दरिया की रवानी जैसी हों।

आरंभिक दौर में गजल लेखन के सभी तत्वों को केंद्र में रखते हुए सशक्त शे'र कहना कठिन प्रतीत होता है, लेकिन बाद में अनुभव और अभ्यास और अध्ययन से यह कला (सलाहियत) अर्जित होने लगती है, लेकिन यह भी सच है कि हर नई गजल गजल लेखक के लिए चुनौती की तरह होती है। पता नहीं, वह किस शे'र पर कहां अटक जाए– किसी सही शब्द की खोज या सही काफिए की खोज या अनूठे अंदाजे-बयां के लिए।

अर्थ : शे'र में अर्थ का विशिष्ट स्थान है। आखिर गजलें और शे'र इसीलिए तो लिखे जाते हैं कि गद्य में सोची गई बात शे'र में आ कर नए अर्थ पैदा करे और शे'र का अर्थ भी एक साथ नहीं, धीरे-धीरे खुलता चला जाए और अंत में काफिए तक पहुंच कर अर्थ का विस्फोट-सा हो जाए और गूंज-सी पैदा हो।

अर्थ का रहस्य और उसकी खोज कितनी सघन होती है, उर्दू के सूफी शायर आसी गाजीपुरी का एक शे'र इस बात की पुष्टि करता है :

तुम्हीं सच-सच कहो वो कौन था शीरीं के पैकर में
कि मुश्ते-खाक की हसरत में कोई कोहकन क्यों हो

शायर ईश्वर से पूछ रहा है कि तुम सच-सच बताओ कि शीरीं के लिबास में (शीरीं की देह में) वह कौन था? वह कोई और नहीं, वह तुम ही (ईश्वर) थे। वरना मुट्ठी भर खाक (शीरीं के लिए कहा गया है) के लिए कोई (फरहाद) पहाड़ काटता है भला? इस शे'र की अनुभूति यदि घनी और गाढ़ी है, तो शे'र के रूप में इस भाव की अभिव्यक्ति भी उतनी ही संश्लिष्ट। शे'र का अर्थ धीरे-धीरे खुलता है और अंत पर आ कर शे'र हैरान-सा कर देता है। प्रेम की

प्रबल भावना को व्यक्त करने के लिए शायर ने न सिर्फ मिथकों का सहारा लिया है, बल्कि कथातत्व को भी दो मिसरों में अद्‌भुत रूप से तहरीर किया है। सारे तत्व मिल कर शे'र को 'बड़ा' बना देते हैं। कोई भी बड़ा शायर, अपने शे'र के दो मिसरों को व्यर्थ नहीं जाने देता और बड़े कारनामे कर गुजरता है।

शे'र में अर्थ का बहुत महत्व होता है। अर्थहीन शे'र और बेवजह लिखे गए शे'र (गजलें) शायरी में अभिव्यक्ति का बोझ और भीड़ बन कर रह जाते हैं, जैसे :

सांवला हूं शबाब से कह दो
मैं नशा हूं शराब से कह दो

ऐसे शेर न सिर्फ अर्थहीन होते हैं, बल्कि गजल जैसी विधा के लिए प्रश्नचिह्न भी खड़े करते हैं।

गजलों में और गजलों के अशआर में अर्थ का बहुत महत्व है। बेशक, लेकिन शब्दों की अहमियत कम नहीं होती। शब्द ही होते हैं, जो शे'र की दो बेजान पंक्तियों में जान डालते हैं और संवेग भरी हलचल पैदा करते हैं।

अन्य विधाओं में शब्दों की शायद इतनी अहमियत नहीं होती, जितनी कि गजल में होती है। गजल में शब्दों का प्रयोग बहुत एहतियात से किया जाता है। गजल में शब्द प्रयोग भी कला का दर्जा रखता है। इसे 'शब्द का बरतना' भी कहते हैं। गजल विधा में हर तत्व का अपना महत्व है, लेकिन शब्दों की अहमियत इसलिए ज्यादा है कि गजल में सारा खेल शब्दों का ही तो होता है। दुष्यंत कुमार के एक शे'र से बात अधिक स्पष्ट होती है :

कहां तो तय था चरागाँ हरेक दर के लिए
कहां चराग मयस्सर नहीं शहर के लिए

जिसे शब्दों का बरतना कहते हैं, वह इस शे'र में है। शब्दों की असलियत ने शे'र को बेशकीमती बना दिया है। शे'र की शुरुआत को देखें। दोनों मिसरों का आरंभ 'कहां' से होता है। कहां शब्द पहले मिसरे में है और यही कहां दूसरे मिसरे में भी रिपीट होता है। अक्सर देखा गया है कि पहले मिसरे में प्रयुक्त शब्द जब दूसरे मिसरे में भी आता है, तो अपनी ताकत कम कर बैठता है। लेकिन दुष्यंत के शे'र में जब दूसरी बार 'कहां' उपस्थित होता है, तो वह प्रबल भावना और इंटेंसिटी के साथ होता है। यही एक शब्द पूरे शे'र की 'आत्मा' बन जाता है। कहां में प्रश्नवाचकता उतनी नहीं है, जितनी व्याकुलता है। दूसरे मिसरे में 'कहां' के बाद एक 'स्पेस' है। यही स्पेस 'जोन ऑफ साइलेंस' है, जो बेचैनी को और अधिक तीक्ष्ण कर देता है।

शब्दों को बरतने का सलीका इस शे'र में भी देखा जा सकता है :

कल नुमाइश में मिला था चीथड़े कपड़ों में वो
मैंने पूछा नाम तो बोला कि हिंदुस्तान है

पूरा शे'र शब्दों की लय से पैदा हुआ हो जैसे। दुष्यंत का उपर्युक्त शे'र बिल्कुल नए समय का शे'र इसलिए नहीं है कि इसमें कथ्यगत नवीनता है। यह शे'र इसलिए भी नया और कालजयी है कि शब्दों का चयन बड़े सलीके और संवेदना से हुआ है। यही रूपक की रचना है। एक पात्र है चीथड़ों में लिपटा हुआ। वह कवि को मिलता है और नाम पूछने पर अपना नाम 'हिंदुस्तान' बताता है।

ऐसे शे'र नए गजल लेखकों के लिए किसी पाठशाला की तरह होते हैं। यहां दोनों मिसरे साफ तहरीर की तरह हैं। रवानी गजब की और शब्दों में लोच शानदार। सबसे बड़ी बात अर्थ को आखिर तक छुपाए रखने का हुनर। आखिर में पात्र अपना नाम हिंदुस्तान बताता है, तो यह शे'र सामाजिक, राजनीतिक और आर्थिक क्षेत्र में किस कदर हस्तक्षेप करता है।

गजल में मतला, शे'र, शब्द चयन और अर्थ के विस्तार तथा अर्थ को अंत तक छुपाए रखने की चर्चा हो चुकी है।

बहर : बहर गजल के छंद को कहते हैं, जिसमें गजलें लिखी जाती हैं। किसी भी गजल लेखक के लिए बहर तथा काफिया-रदीफ चुनने की स्वतंत्रता होती है। यानी, गजलकार के लिए यह छूट है कि वह किसी भी बहर में गजल लिखे, लेकिन नए गजल लेखकों को आसान बहरें चुननी चाहिए; बल्कि शुरुआती दौर

में दो-तीन या चार बहरों में ही गजलें लिखते रहने से जब अभ्यास हो जाए, तो बाद में अन्य बहरों में भी हाथ आजमाया जा सकता है।

गजल की मुख्यतः उन्नीस बहरें हैं। इन बहरों में कुछ ऐसी बहरें भी हैं, जो अरबी-फारसी में तो प्रचलित हैं, हिंदी में भी हैं :

बहरे रमल—हिंदी में हरिगीतिका छंद कहते हैं

बहरे मुतदारिक—हिंदी में त्रिभंगा छंद कहते हैं

बहरे मुतकारिक—हिंदी में भुजंग प्रयास छंद कहते हैं

बहरे सरीअ - हिंदी में चौपाई छंद कहा जाता है

नए गजल लेखक के लिए इन बहरों को समझना और इन्हें आजमाते हुए गजलें लिखना आसान काम नहीं है। एक जमाना पहले इस मुश्किल को उस्ताद शायर हल कर देते थे। तब, उस्ताद-शागिर्द परंपरा थी। शागिर्द गजलें लिखता। उस्ताद उन गजलों की तक्तीअ (मात्रा/वजन की गणना) करते और तब शागिर्द इस आत्मविश्वास से अपनी गजलें सुनाता कि उसकी गजलें फलां उस्ताद की 'इस्लाह' से होकर गुजरी हैं।

अब वह परंपरा समाप्त हो चुकी है। हिंदी गजल में ऐसी परंपरा कभी नहीं थी। इसलिए हिंदी गजल में अक्सर त्रुटियां रह जाती हैं। शास्त्रीयता की दृष्टि से भी हिंदी गजलो को संशय की दृष्टि से देखा जाता है। यहां छंद संबंधी कमियां रह ही जाती हैं। व्याकरण की दृष्टि से भी ये गजलें स्खलित रहती हैं। सभी गजलों के साथ ऐसा नहीं होता, लेकिन बहुत सारी गजलों के साथ, व्याकरणिक दोष रहते हैं, जैसे : 'अभिमान जुगनुओं का मिटाओ किसी तरह'। जुगनू का अभिमान, कितना गलत प्रतीक है! जुगनू विनम्रता का प्रतीक होता है। आगे 'जहां दो कौड़ियों के दाम पर भगवान बिकता है।' में गलत मुहावरा है—दो कौड़ियां। हमेशा से प्रचलन में रहा है दो कौड़ी, जैसे—दो कौड़ी का आदमी। दो कौड़ी की फिल्म। नए गजल लेखकों के लिए ये बातें सचेत करने के लिए हैं। छोटी-सी गलती से शे'र में बड़ा विकार पैदा हो जाता है। आरंभिक दौर में यदि इन गलतियों के प्रति गजल लेखक लापरवाह बना रहता है, तो बाद में यही उसकी गजल रचना का स्वभाव बन जाता है। फारसी का एक शे'र इस सिलसिले में गौरतलब है :

खिश्त अव्वल ये कुनद मेमार कज
ता-सुरैया ये कुनद मीनार कज

यदि राजमिस्त्री ने नींव की पहली ईंट टेढ़ी रख दी, तो मीनार चाहे कितनी ऊंची बनती चली जाए, वह टेढ़ी की टेढ़ी रहेगी।

इसलिए सही मुहावरे, सही शब्द गजलों में प्रयोग किए जाएं। गजल की अन्य सभी जानकारियां भी हासिल कर लेनी चाहिए। गजल के क्लासिक शायरों की शायरी (गजलें) का अध्ययन भी करना चाहिए—उन्होंने किस मिसरे की बंदिश कैसे की; किस खयाल और फिक्र को किस तरह शे'र में व्यक्त किया। क्लासिक शायरों के अतिरिक्त उर्दू के जदीद (आधुनिक) गजलकारों/शायरों की गजलों के पढ़ते रहने से बहर, छंद का इल्म होने लगता है। नए गजल लेखक अभ्यास के लिए उनकी गजलों की जमीन पर अपनी गजलें लिखने का अभ्यास करें। यह महज प्रयास और अनुभव हासिल करने तक है। गजल में मौलिकता और अंदाजे-बयां सबसे जरूरी शर्त है। किसी बड़े शायर की गजलों से प्रभावित हो कर तो गजलें लिखी जा सकती हैं, लेकिन पूरे का पूरे खयाल/विचार/फिक्र या मफहूम को किसी अन्य शे'र से हासिल कर लेना किसी अपराध से कम नहीं होता।

गजल विधा में प्रविष्ट होना बेहद सरल है। विधाएं सभी के लिए होती हैं, लेकिन ज्यों-ज्यों गजल विधा के विषय में बारीकियों का पता चलता है तथा अन्य अनुभव हासिल होते हैं, इस विधा की जटिलता और उलझन का पता चलता है। गजल जटिल विधा हो, लेकिन गजल लिखने वाले कभी कम नहीं हुए। यह गजल विधा का आकर्षण ही है कि अनेक कहानीकार और कवि भी गजल लिखने की कोशिश करते रहते हैं।

नए और पुराने गजल लेखकों के लिए यह बात समझना बहुत जरूरी है कि वे बहरें नहीं लिखते,

गजलें लिखते हैं। चुनांचे, पहले गजल लिख ली जाए। लिखते-लिखते अहसास होने लग जाता है कि वे कहीं बहर से बाहर तो नहीं जा रहे। इसलिए हर मिसरे को लिखते वक्त बोला जाए। कई-कई बार बोलने से उसकी रवानी, लोच का तो पता चलता ही है, कोई शब्द खटक रहा होता है, तो उसे भी बदला जा सकता है। नए गजल लिखने वालों को यह बात भी समझ लेनी चाहिए कि वे हिंदी गजल या उर्दू गजल नहीं लिख रहे, गजल लिख रहे हैं; या कहें कि 'हिंदुस्तानी गजल' लिख रहे हैं। गौरतलब है, शुद्ध हिंदी गजल लिखने वाले गजल लेखकों की गजल में हिंदी तो होती है, गजल नहीं होती।

गजल बहुत खूबसूरत, सुसभ्य और आकर्षित करने वाली विधा है। अर्थ इसकी जान है और संगीतात्मकता इसकी रूह! यह डर पैदा करने वाली विधा नहीं है। अभ्यास और गजल की बारीकियों की शिनाख्त हो जाने के बाद, गजल लेखक आगे निकल जाते हैं, तकनीक पीछे पड़ी रह जाती है।

नए गजल लेखक के लिए यह जरूरी है कि वह आसान बहरों और आसान काफियों का चयन करे। मसलन सितारे, इशारे, हमारे, तुम्हारे, नारे, पुकारे, किनारे इत्यादि आसान काफिए हैं।

दुष्यंत जैसे मँजे हुए गजलकार ने भी अपनी गजल में काफिए का गलत प्रयोग किया। देखें :

आज सड़कों पर लिखे हैं सैकड़ों नारे न देख
घर अंधेरा देख तू आकाश के तारे न देख
वे सहारे भी नहीं अब जंग लड़नी है तुझे
कट चुके जो हाथ उन हाथों में तलवारें न देख

'नारे' और 'तारे' के साथ 'तलवारें' काफिए का प्रयोग गलत ही नहीं, सवाल भी पैदा करता है कि इतने बड़े कवि ने ऐसी गलती कैसे की? नए गजल लेखकों को इस बात का भी ध्यान रखना चाहिए कि काफिए हमेशा दिलकश, आकर्षक, अर्थपूर्ण और तर्कसंगत हों। कई बार काफिये सही होने के बावजूद खटकते रहते हैं।

तासीर : कई बार गजल या गजल का शे'र अनुशासन में पूर्ण होने के बावजूद, प्रभावित नहीं कर पाता। जो तासीर शे'र में होनी चाहिए, वह नहीं आ पाती। उदाहरण के तौर पर दो शे'र प्रस्तुत हैं :

अंधियारा उजियारा लिख
आँसू लिख अंगारा लिख

दूसरा शे'र दुष्यंत कुमार का है :

तू किसी रेल-सी गुजरती है
मैं किसी पुल-सा थरथराता हूं

गजल लेखक स्वयं अनुमान लगा सकते हैं कि किस शे'र में तासीर है और किसमें नहीं है। पहले शे'र के दो मिसरों को शब्दों से भर दिया गया है। शे'र में जो घनत्व, इंटेंसिटी, सोच, फिक्र और संज्ञान होना चाहिए, वह नहीं है। शे'र में रचनात्मकता नहीं है, वह केवल 'उत्पाद' है। इधर की गजलों में इस प्रकार के अशआर की भरमार है, जहां केवल विवरण होता है, शब्द होते हैं, स्टेटमेंट होती है, लेकिन शेरियत नहीं होती।

दुष्यंत कुमार

दुष्यंत के शे'र में तासीर है और शेरियत भी। यह शे'र पढ़ते हुए 'दिखाई' भी देता है। शे'र समाप्त होने के बावजूद, समाप्त नहीं होता। रेल का गुजरना जेहन में कौंधता है, तो पुल का थरथराना भी। यहां एक बिंब उभरता है और ऐन उसी वक्त रूपक की

भी रचना होती है। यह शे'र बड़ी कलात्मकता से नए समय के संबंधों की अभिव्यक्ति बनता है।

मिजाज : मिजाज न दिखाई देने वाला ऐसा तत्व है, जिसकी गजल में उपस्थिति लाजिमी समझी गई है। गजल में मिजाज पैदा करना, गजल की रूह तक पहुंचने जैसा होता है। यह (मिजाज) एक अमूर्त तत्व है। इसकी व्याख्या करना कठिन है। लेकिन इसे उदाहरण से समझा जा सकता है। दो शे'र प्रस्तुत हैं :

अक्सर निर्जल एकादशियां जीती मां
मेरी चिंता में जलती संझबाती है

* *

एक मद्दत से मेरी मां नहीं सोई 'ताबिश'
मैंने इक बार कहा था मुझे डर लगता है

उपर्युक्त दोनों शे'रों में मां का कष्ट, दुख, वेदना और मां की ममता प्रबल भावना के साथ व्यक्त हुई है, लेकिन जहां तक मिजाज की बात है, वह दूसरे शे'र में है। पहले शे'र में शायद गीत का मिजाज है।

सपाटबयानी और स्थूलता : सामाजिक यथार्थ अथवा व्यवस्था का विरोध करते हुए गजलकार इतने उद्विग्न, व्यग्र और आवेश में आ जाते हैं कि गजल के चरित्र और उसकी नाजुकी का खयाल नहीं रखते। गजलें बेहद सपाट और स्थूल हो जाती हैं। सपाटबयानी गजल में ऐब समझी जाती है। एक शे'र है :

'अदम' इस सभ्यता के पारा देने को नहीं कुछ अब
ये जो संतप्त मानव के लिए पेशाब लाती है

स्थूल और सपाट शे'र इसी तरह खटकते हैं। मौजूदा तहजीब पर तंज के लिए सैकड़ों तरीके हो सकते हैं। 'पेशाब' शब्द यहां गैरमुनासिब और गैर-शायराना लफ्ज है। गजल में फक्कड़पन तो चलता है, सपाटता बिल्कुल नहीं चलती।

शब्द की मितव्ययिता : शे'र में शब्दों की फिजूलखर्ची नहीं होनी चाहिए। एक शे'र में विचार व्यक्त करने के लिए दो छोटी-सी पंक्तियां होती हैं। इसलिए उनमें एक-एक शब्द सोच-समझ कर आना चाहिए। कई बार गजल लेखक शे'र में मात्राओं को पूरा करने के लिए अनावश्यक शब्द भी ठूंसते हैं। जैसे :

मैं अपने गीत गाता हूं तो लगता है कि इनमें भी
तुम्हारे ही भजन की खुशबुएं मौजूद रहती हैं

इस शे'र में 'अपने' तथा 'ही' शब्द बेवजह इस्तेमाल किए गए हैं। शे'र यूं भी हो सकता है :

मैं जब भी गीत गाता हूं तो लगता है कि इनमें भी
तुम्हारी जिंदगी की खुशबुएं मौजूद रहती हैं

शब्दों में लोच : गजल में शब्दों का चयन बड़ी सावधानी से करना चाहिए। शब्दों में लोच न हो तो शे'र अनाकर्षक और तगज्जुल से खारिज हो जाता है।

विचार/विषयवस्तु : प्रत्येक शे'र में कुछ न कुछ घटित होना चाहिए। वरना शे'र के दो मिसरे बेजान-सी तहरीर बनकर रह जाएंगे। जैसे :

सारी उम्र यूं ही नापी
खा पी खा पी बस खा पी

दो शब्द आपस में ऐसे टकराएं कि बोलते हुए दिक्कत पैदा हो, जैसे : 'क्या कसम है तेरे मिलने की कि खा मैं भी न सकूं' (गालिब), तो इसे तनाफुर कहते हैं। यह भी एक ऐब है।

गजल लेखक जब गजलें लिखने लगता है और गजलों का अध्ययन भी करता रहता है, तो उसे कई बारीकियों का पता चलता है। वह अपनी खामियां खुद दुरुस्त करता रहता है।

गजल एक संश्लिष्ट, लेकिन बेहद लोकप्रिय विधा है। इसके बेहतरीन शे'र अवाम को न सिर्फ याद रह जाते हैं, बल्कि उन्हें माकूल वक्त पर बोला, सुना और लिखा जाता है। गजल ऐसी विधा है, जिसमें हद दर्जे की अपील है और जिसे उद्धृत किया जा सकता है। गजल लिखना अपने समय, समाज का ही नहीं, अपना संज्ञान लेना भी है। यह विधा संपूर्ण एकाग्रता की मांग रखती है।

ज्ञान प्रकाश विवेक

गढ़वाली

उत्तराखंड के गढ़वाल क्षेत्र की बोली गढ़वाली है। हरदेव बाहरी के अनुसार, कूर्मांचल की पश्चिमी सीमा से यमुना तक का प्रदेश केदारखंड के नाम से विख्यात था। पंद्रहवीं शती में पवार राजपूतों ने और बाद में बंगाल के पाल राजाओं ने यहां राज्य किया। ठाकुरों की बावन गढ़ियों में विभक्त हो जाने के कारण इसका नाम गढ़वाल या बावनी पड़ा। फिर गढ़वाल के आधार पर यहां की बोली गढ़वाली कही जाने लगी। इसकी लिपि नागरी है। गढ़वाली उत्तराखंड के उत्तरकाशी, चमोली गढ़वाल, टिहरी गढ़वाल, देहरादून, पौड़ी गढ़वाल, रुद्रप्रयाग तथा हरिद्वार जिलों में बोली जाती है। टिहरी गढ़वाल की बोली आदर्श मानी गई है। गढ़वाली की बहुत-सी उपबोलियां हैं, जिनमें श्रीनगरिया, राठी, लोहब्या, बधानी, दसौलया, नगपुरिया, सलानी, गंगापारिया आदि प्रमुख हैं। ग्रियर्सन के भाषा सर्वेक्षण के अनुसार, इसे बोलने वालों की संख्या 6,70,824 के लगभग थी। 2001 की जनगणना के अनुसार इसे बोलने वालों की संख्या 22,67,314 है।

गढ़वाली की 'क' वर्गीय ध्वनियां कंठ और काकल के बीच बोली जाती हैं। यहां की 'च' वर्गीय ध्वनियां अधिक संघर्षी हैं। इसका 'ल' दंताग्र है। गढ़वाली में 'ङ' और 'ञ' का अभाव है। इसकी जगह 'गँ', 'यँ' प्रचलन में है। इसका 'ढ़' का उच्चारण 'ड़ह' की भांति होता है। इसमें कहीं-कहीं 'ह' का लोप, 'स' का 'छ' और 'ल' का 'ळ' हो जाता है। र, ड, ल, ळ ध्वनियों की परस्पर अदली-बदली होती रहती है। इसमें अल्पप्राणीकरण तथा महाप्राणीकरण दोनों के उदाहरण मिल जाते हैं।

गढ़वाली में कर्ता के साथ न, नअ, ने, ल परसर्ग लगता है। कर्म और संप्रदान के लिए अनेक परसर्ग हैं, जैसे क, कअ, कूं, कू, कौं, कैं, तैं, तईं, सैं, छनी, सणी, सिणी, हणी, खुणी, सिणीं, छनै, अ। करण तथा अपादान के परसर्ग सि, सी, मान, न, से, ल, ऐइ, आउ, आऊ, ती, बिटे, बटि, ते, न आदि हैं। अधिकरण में मा, मां, मुं, मथे, मंजे, मंग, मि, म्, हिं, हि, पर, उब्बो, इ, तलक, तनैं, मथे आदि परसर्ग लगते हैं। इसमें अनुनासिककरण की प्रवृत्ति विशेष रूप से उल्लेखनीय है, जैसे प्यांर, पैंसा, सांत आदि। इसके सर्वनाम ब्रजभाषा से मिलते-जुलते हैं। हिंदी के 'आन' और 'नी' स्त्री प्रत्यय गढ़वाली में 'आण' और 'णी' के रूप में प्रयुक्त होते हैं, जैसे जेठाण, मास्टरणी आदि। गढ़वाली में विशेषण प्रायः ओकारांत होते हैं, जैसे स्वाणो (सुंदर), कालो (काला) आदि। वर्तमान सहायक क्रियाएं छौं, छन और छै हैं। भूत काल में छयो, छों, थौ, थी, था का प्रचलन है। भविष्यत काल में लो चलता है। गढ़वाली में पंजाबी के समान वर्तमान काल की रचना में 'द' रूप की प्रधानता है।

गढ़वाली का लोक साहित्य समृद्ध है। गढ़वाल के लोकगीतों में देशप्रेम विषयक गीतों की संख्या काफी है। इनमें मुगलों तथा गोरखाओं के आक्रमण का वर्णन है। गढ़वाली इतिहास में 'गोरख्याणी' प्रसिद्ध है। भारत के स्वतंत्रता आंदोलन में गढ़वालियों की भूमिका रही है। अंग्रेजों के विरुद्ध लड़ने वाले ऐसे शूरवीरों में एक सुमन हैं जिनके नाम पर गढ़वाली में अनेक लोकगीत प्रचलित हैं। इसके अतिरिक्त यहां के त्योहारों, जैसे बग्वाल (दीपावली), इगास, रिखबग्वाल आदि के अवसर पर लोक गीत गाए जाते हैं। मण्डाण यहां का प्रमुख लोक नृत्य है जिसमें औजी, ढोल-दमंऊ बजाने के साथ-साथ लोकगीत भी गाए जाते हैं। गढ़वाली लोक गीतों में धार्मिक गीत, संस्कार गीत, ऋतु गीत, कृषि गीत, पर्व गीत, और मेलों के गीत प्रमुख हैं। लोक गीतों के अतिरिक्त गढ़वाल में लोक कथाओं तथा लोक गाथाओं का भी समृद्ध भंडार है। यहां की लोक गाथाएं पवाड़ा और जागर दो रूपों में मिलती हैं। पवाड़ा में वीर गाथाएं मिलती हैं और जागर में देवताओं के सम्मोहक गीत मिलते हैं। यहां की लोक कथाएं उपदेशात्मक हैं और मनोरंजक भी। कुछ लोक कथाएं देवताओं से संबंधित हैं तथा कुछ भूत-प्रेतों से।

गढ़वाली लोकगीतों पर काम करने वाले विद्वानों में हरिदत्त भट्ट 'शैलेश' तथा मोहनलाल बाबुलकर प्रमुख हैं। गोविंद चातक ने गढ़वाली लोक गीतों का सांस्कृतिक

अध्ययन किया है। 'गढ़वाली- हिंदी कहावत कोश' का संपादन चंद्रशेखर आजाद ने किया है। गढ़वाली लोक नृत्य पर शिवानंद नौटियाल ने काम किया है। अबोध बंधु बहुगुणा ने गढ़वाली व्याकरण की रचना की है।

गढ़वाली : कै आदमी का द्वी नौन्याल छया। वै को जेठो नौन्याल खेत मा छयो।

हिंदी : एक आदमी के दो लड़के थे। उसका बड़ा लड़का खेत में था।

राजेंद्र प्रसाद सिंह

गण

गण आधुनिक ही नहीं, प्राचीन गणतंत्र की भी बुनियाद रहे हैं। यह ठेठ भारतीय भाषा परिवार का शब्द है, जिसका उल्लेख 'ऋग्वेद में छियालीस बार, अथर्ववेद में नौ बार और ब्राह्मण ग्रंथों में अनेक बार हुआ है।' (प्राचीन भारत में राजनीतिक विचार एवं संस्थाएं, रामशरण शर्मा)। वैदिक ग्रंथों में मरुतों के गण का उल्लेख है। सभा और सेना के अर्थ में भी गण प्रयुक्त हुआ है। महाभारत में 'गण' शब्द आया है। काशी प्रसाद जायसवाल ने अपनी प्रसिद्ध पुस्तक 'हिंदू पालिटि' में प्राचीन साहित्य में आए उल्लेखों के आधार पर भारत में गणराज्य के प्राचीन अस्तित्व का संकेत दिया है। मार्क्स ने दुनिया की जिन जगहों पर 'आदिम साम्यवाद' देखा था, उनमें प्रमुख रूप से एक भारत भी है, हालांकि मैकडनल और कीथ ने इस धारणा का खंडन किया कि वैदिक समाज में संपत्ति पर सामूहिक अधिकार था। रामविलास शर्मा की धारणा है, 'व्यक्तिगत संपत्ति का चलन प्राचीन काल की बहुत बड़ी सामाजिक क्रांति थी।' (भारतीय संस्कृति और हिंदी प्रदेश)। उन्हें ऋग्वेद में उत्तराधिकार, परिवार और दंपति की धारणाओं में व्यक्तिगत संपत्ति के चिह्न दिखाई दिए।

बीसवीं सदी के आरंभ से इस प्रश्न पर काफी विवाद रहा है कि भारत में गणतंत्र से राजतंत्र निकला, राजतंत्र को हटा कर गणराज्य कायम हुए या जैसा मेगस्थनीज ने कहा है कि 'गणतांत्रिक व्यवस्था तीन बार जाती और आती रही।' रामशरण शर्मा का मत है, 'ऐसा प्रतीत होता है कि गणपति के पद के राजन में परिवर्तित होने के बाद जनजातीय गणतंत्र ही राजतंत्रात्मक अवस्था में पहुंच गया। इस तथ्य की पुष्टि मानव वैज्ञानिक साक्ष्यों से भी होती है।' खुद रामशरण शर्मा ने ये तथ्य भी रखे हैं, 'गण का अर्थ जनजाति नहीं...उनका वर्णन बार-बार कृषकों के रूप में हुआ है...प्रारंभिक काल में स्त्रियां भी गण में रहती थीं, इसलिए परवर्ती काल में वे गणिका के रूप में ज्ञात हुईं...वैदिक गण में वर्णभेद नहीं था, वर्ण व्यवस्था नहीं थी...इस प्रकार का जनजातीय संगठन आर्यों में बीच प्रचलित था। दूसरी ओर... गण का संबंध शिव से जुड़ा देखने को मिलता है, शिव को गणाध्यक्ष कहा गया है।'

यदि एक नहीं अनगिनत गण थे और वे पशुपालन से कृषि संस्कृति की ओर बढ़ रहे थे तो गण की धारणा को आत्मसंकुचित जनजातीय कबीलों में सीमित करके देखना गलत हो सकता है, क्योंकि ऐसी धारणाएं पश्चिमी नृवैज्ञानिकों के असर से बनती हैं। पश्चिमी नृवैज्ञानिक प्राचीन भारतीय समाज को गतिशील रूप में नहीं देखते, जबकि डी आर भंडारकर और रामविलास शर्मा जैसे विद्वानों ने माना है कि प्राचीन समय में वैश्यों में वाणिज्यिक गण (यानी श्रेणियां) विद्यमान थे और उनमें धन की असमानता थी, अर्थात सामाजिक विकास के एक लक्षण व्यक्तिगत संपत्ति का अस्तित्व था।

रोमिला थापर की मान्यता है, 'गणतंत्रों का उद्‌भव वैदिक जनों से हुआ था और उन्होंने राजतंत्रों की अपेक्षा कहीं अधिक जन-परंपराओं को सुरक्षित रखा।' (भारत का प्राचीन इतिहास) इसका अर्थ है कि गण गणतंत्र बनाते थे, भले यह टूट जाता हो। राजतंत्र में गण की प्रतिष्ठा कम हो गई और लोक परंपराओं पर वर्ण व्यवस्था का वर्चस्व बढ़ गया। इसका यह अर्थ नहीं है कि लोक परंपराएं किसी समय में हमेशा के लिए निश्चिह्न होंगी।

काशी प्रसाद जायसवाल का दृष्टिकोण है कि

धार्मिक संघ राजनीतिक संघों के ढर्रे पर बनाए गए थे। प्राचीन जैन वस्तुतः संघ गण थे और महावीर गणी थे। बुद्ध के समय राज्य और समाज के पुराने रूप को मिटा कर गणतंत्र स्थापित करने के कुछ प्रयास हुए जो 'समत्व' पर आधारित प्राचीन अतीत के गौरव की वापसी का प्रयत्न थे। प्राचीन राजनीतिक संस्थाओं के रूप विदथ, सभा और समिति के साथ 'गण' का बार-बार उल्लेख आज जैसे गणतंत्र का चिह्न नहीं था। निश्चय ही गणेश के रूप में गणपति को भी एक मिथकीय आकांक्षा समझना चाहिए। 'विदथ' की तरह 'सभा' और 'गण' के दौर में पुरुष के साथ स्त्रियां भाग नहीं ले पाती थीं, हालांकि यह तथ्य भी है कि जिस गणिका आम्रपाली से मिलने खुद बुद्ध गए थे, वह कितनी प्रभावशाली रही होगी। प्राचीन गणों में पूर्ण गणतंत्र के चिह्न न हों, पर इसके संकेत मिलते हैं कि वे सिर्फ युद्ध ही नहीं करते रहते थे। वे कृषि और वाणिज्य भी करते थे। उनमें गणतंत्र के बीज थे। 'सभा' में विचार विमर्श होता था, न्याय होता था। यह सब 'गण' में नहीं होता होगा, यह मानना कठिन है। रामशरण शर्मा तथा कुछ अन्य इतिहासकारों ने भारत के प्राचीन गणतंत्रों को ज्यादा महत्व नहीं दिया और उन्हें 'विकृत गणतंत्र' माना, पर यह तभी कहा जा सकता है जब आज की विकसित सभ्यता में भारत या किसी भी देश में अविकृत गणतंत्र स्थापित हो चुका हो।

शंभुनाथ

अधिक जानकारी के लिए :

1. **प्राचीन भारत में राजनीतिक विचार एवं संस्थाएं** : रामशरण शर्मा, 2. **भारतीय संस्कृति और हिंदी प्रदेश** : रामविलास शर्मा

गणगौर

गणगौर राजस्थान के लोगों का एक मुख्य पर्व है, जो होली के बाद चैत्र के पहले दिन से शुरू हो जाता है और अठारह दिनों तक चलता है। यह त्योहार वसंत, कृषि की फसल और सौभाग्य से भी जुड़ा है और पिछले सौ सालों से ज्यादा लोकप्रिय होता गया है।

गण से अभिप्राय है शिव और गौरी हैं पार्वती। इस अवसर पर मिट्टी से ईसर और गौरी की मूर्तियां बनायी जाती हैं। इनका खूब साज-शृंगार किया जाता है। जिस वर्ष विवाह होता है, उस वर्ष लड़कियों के गणगौर पूजा और व्रत अवश्य करने की परंपरा है। कुंआरी लड़कियां अच्छे वर की आकांक्षा से और विवाहित स्त्रियां पति की दीर्घायु तथा सुख-समृद्धि के लिए गणगौर पूजा करती हैं। स्त्रियां परंपरागत राजस्थानी पोशाक पहनती हैं, लोकगीत गाती हैं और उनके साथ राजस्थानी संस्कृति के सभी रंग उमड़ आते हैं। नए कपड़े, घेवर और दूसरे अच्छे पकवान। अब नई धुनों पर लोकनृत्य का प्रचलन है। अंतिम तीन दिन विशेष आकर्षण और तैयारियों से भरे होते हैं। आखिरी दिन 'गोरल ये तू आवड़ देख तन बाई रोवा याद करअ' जैसे गीतों और शोभा यात्रा के साथ गौरी पार्वती या गवरजा माता को नम आंखों से विदा दी जाती है। सभी स्त्रियां नदी, तालाब या कुएं में ईसर-गणगौर का विसर्जन कर देती हैं, मानो घर से बेटी विदा हो गई।

गणगौर के बाद त्योहारों का सिलसिला लंबे समय तक थम जाता है, 'तीज त्योहार बावड़ी ले डूबी गणगौर।' राजस्थान के अलावा देश के विभिन्न नगरों में स्त्रियां उमंग, उत्साह और धूमधाम से गणगौर उत्सव मनाती हैं। इसके जरिए लोग सामूहिक रूप से अपनी जड़ों से जुड़े रहते हैं।

दिनेश कुमार शर्मा

गणेश

गणेश पार्वती और शिव के पुत्र माने जाते हैं। विवाह, गृह प्रवेश, कोई व्यवसाय शुरू करने या कोई भी नया काम शुरू करने से पहले गणेश

गणेश

की आराधना की जाती है, ताकि कोई विघ्न न पड़े। इसलिए वे सिद्धि और मंगल के देवता हैं। ये विघ्ननाशक, सिद्धिविनायक आदि नामों से भी जाने जाते हैं। इनका सिर हाथी का है, पेट बड़ा (लंबोदर) है और एक दांत टूटा है।

कथा है, गणेश के जन्म के समय सभी लोकों के देवता उन्हें देखने आते हैं। उनमें शनि भी थे। न चाहने पर भी पार्वती के अनुरोध पर जब शनि ने गणेश को देखा, तत्क्षण उनके प्रकोप से बच्चे का सिर कटकर अलग हो गया। विष्णु दौड़े आए। उन्होंने एक सोए हाथी का सिर काटकर गणेश के धड़ से जोड़ दिया। इस तरह शैव और वैष्णव धाराओं के बीच एक संयोग स्थापित हुआ।

ब्रह्मवैवर्त्तपुराण के अनुसार एक बार सूर्य ने माली और सुमाली नाम के शिव भक्तों का वध करना चाहा तो शिव ने सूर्य पर त्रिशूल से आघात किया। सूर्य के अचेत होने पर सृष्टि में अंधकार छा गया। सूर्य के पिता महर्षि कश्यप ने शिव को अभिशाप दिया, जिससे उनके पुत्र का मस्तक शरीर से अलग हो गया। एक कथा में गणेश ने अपनी मां पार्वती के आदेश से शिव को उनके पास जाने से रोका जिसके कारण पिता से युद्ध में उनका सिर त्रिशूल से कटा। शिव-पार्वती जब सोए हुए थे, परशुराम को मिलने से रोकने पर उनके कुठाराघात से उनका एक दांत टूटा। स्कंदपुराण के अनुसार सिंदूर नाम के एक दैत्य ने पार्वती के गर्भ में प्रवेश कर इसके आठवें महीने में गणेश का सिर कतर दिया, पर जीवन क्षति नहीं हुई। जन्म के बाद नारद के कहने पर गणेश ने खुद अपना मस्तक खोजा और वह न मिलने पर गजासुर का सिर काट कर अपने शरीर से जोड़ दिया। एक कथा में इंद्र के ऐरावत हाथी का सिर जोड़ा गया। इसी तरह कुछ अन्य चमत्कारपूर्ण कथाएं गणेश के मस्तक, अस्त्रोपचार आदि से जुड़ी हैं। इनसे इतना जरूर पता चलता है कि प्राचीन अरण्य जीवन के सबसे ऐश्वर्यशाली राजसी पशु हाथी को लोगों ने अपने जीवन और पूजा में कितना महत्वपूर्ण स्थान दिया था।

बाल्यावस्था में गणेश और कार्तिक दोनों भाइयों के बीच दौड़ की एक रोचक कथा है। दोनों से कहा गया कि देखें त्रिभुवन में दौड़ लगाकर माता-पिता के पास पहले कौन पहुंचता है। कार्तिक अपने वाहन मयूर पर तेजी से निकल पड़े। गणेश का वाहन चूहा था। क्या करते, सिर्फ अपने माता-पिता की प्रदक्षिणा करके आराम से बैठ गए। इसका संदेश है जहां माता-पिता हैं, संतान के लिए वहीं त्रिभुवन है। एक तरफ हाथी जैसे विशाल पशु का सिर, दूसरी तरफ वाहन चूहा—यह कंट्रास्ट भी कुछ कहता है। गणेश बुद्धि के देवता माने जाते हैं। चूहा खोजी होकर भी निम्न बौद्धिक प्रवृत्तियों का प्रतीक है जिन पर गणेश का नियंत्रण स्थापित होता है।

गणेश को गणपति भी कहा जाता है। इसका अर्थ है वे शिव के गणों, भूत-पिशाचों और जो हाशिए के बिल्कुल साधारण जन हैं, उनके देवता हैं। उनकी प्रतिष्ठा विष्णु धारा में हुई, जब महाभारत में वह व्यास द्वारा लिपिकार चुने गए। इस सांस्कृतिक सम्मिश्रण से उनकी प्रतिष्ठा छोटे दायरे से बाहर निकलकर एक बड़े भारतीय समाज में निरंतर स्थापित होती

गई। वे हर हिंदू घर में पूजे जाने लगे। यहां तक कि देश की सीमा रेखा पार कर थाईलैंड में 'फिखानेत' के नाम से पूजे जाने लगे। यह शब्द विघ्नेश से बना होगा। म्यांमार में उनका नाम 'प्रेइन्ने' है। श्रीलंका में बौद्ध उन्हें 'गनदेवीयो' कहते हैं। जापान में वे 'शोतेन' कहे जाते हैं। जापानी उनकी आराधना में इन संस्कृत शब्दों का उच्चारण करते हैं, 'ॐ क्री गियाकु उन सोयाका'। जापान के बौद्धों के बीच वे तांत्रिक परंपरा से गए होंगे।

हिंदुओं के बीच गणेश चतुर्थी (भाद्र शुक्ल पक्ष) एक बड़ा पर्व है जो महाराष्ट्र में बंगाल की दुर्गा पूजा की तरह ही धूमधाम से मनाया जाता है। उनकी विभिन्न अंग भंगिमाएं आकर्षित करती हैं। इतिहास से पता चलता है, शिवाजी धूमधाम से गणेश की आराधना करते थे। सार्वजनिक उत्सव के रूप में गणेश पूजा 1892 में पुणे शहर में शुरू हुई। इसके बाद बालगंगाधर तिलक ने 1894 में इसे महाराष्ट्र भर में व्यापक गणेश उत्सव का रूप दिया जिससे राष्ट्रीय भावना जुड़ी हुई थी।

नए युग में 'गणपति बप्पा मोरया' से महाराष्ट्र के शहर एक दूसरे ढंग का उन्माद प्रदर्शित करते हैं, जिसमें मनोरंजन का भाव भी होता है। फिल्मों में गणेशोत्सव के उत्तेजनापूर्ण दृश्यों ने गणेश को विदेशों में भी लोकप्रिय बनाया है। अब सुपारी, कांच आदि तरह-तरह की चीजों से गणेश की अनोखी कलात्मक भंगिमाओं के साथ छोटी-छोटी सुंदर मूर्तियां बनने लगी हैं जो महंगी कारों में भी ड्राइवर के सामने लगी होती हैं।

शंभुनाथ

गणेश शंकर विद्यार्थी

(1890-1931)

गणेश शंकर विद्यार्थी राष्ट्रीय आंदोलन के ऐसे युवा नेताओं में थे, जिनका भगत सिंह जैसे क्रांतिकारी से लेकर शीर्षस्थ कांग्रेसी नेता तक सम्मान करते थे। उनका जन्म 26 अक्टूबर 1890 को उत्तर प्रदेश के फतेहपुर जिले में हुआ था। 1907 में वे आगे पढ़ने के लिए ग्वालियर से इलाहाबाद आ गए। पढ़ाई पूरी न कर पाने के कारण वे कानपुर में छोटी-मोटी नौकरी करने लगे। उनके भीतर एक पैदाइशी लेखक और पत्रकार था, इसलिए उन्होंने 'कर्मयोगी' और 'स्वराज्य' नामक पत्रिकाओं में लिखना शुरू कर दिया। उनकी प्रतिभा से प्रभावित होकर उन्हें महावीर प्रसाद द्विवेदी द्वारा संपादित विख्यात पत्रिका 'सरस्वती' का उपसंपादक नियुक्त कर दिया गया। उन्होंने अपने जीवन की सादगी और अध्ययनशीलता से संपर्क में आने वालों को हमेशा ही प्रभावित किया।

वे 1913 में इलाहाबाद से कानपुर चले गए। वहां उन्होंने 'प्रताप' नामक साप्ताहिक पत्र का संपादन शुरू किया। उन्होंने लिखा है, 'मैं हर तरह के उत्पीड़न और अन्याय का विरोधी हूं, ऐसा जमींदार करते हों, सरकारी अधिकारी करते हों, ऊंची जाति वाले करते हों या फिर पूंजीपति लोग। ईश्वर मुझे शक्ति दे कि मैं जीवन के अंतिम क्षण तक इस संघर्ष में लगा रह सकूं।' यही गणेश शंकर विद्यार्थी की विचारधारा का सार है। इसी लक्ष्य की पूर्ति के लिए वे अपने पत्र 'प्रताप' के माध्यम से संघर्षरत रहे। वे सिद्धांतों में ही नहीं, व्यवहार में भी अपने सामाजिक सरोकारों से जुड़े थे।

गणेश शंकर विद्यार्थी

विद्यार्थी जी केवल बौद्धिक प्राणी नहीं थे। उन्होंने रायबरेली में किसानों और कानपुर में मजदूरों के बीच काम किया। सक्रिय राजनीति और पत्रकारिता के बीच कठिन संतुलन बनाए रखने में वे हमेशा सफल रहे। उनके पत्र पर बार-बार जुर्माना लगता। वे कई बार गिरफ्तार किए गए। 1916 में वह जवाहरलाल नेहरू और महात्मा गांधी से मिले थे और आजीवन कांग्रेस के समर्पित सिपाही बने रहे थे। उन्होंने 'होम रूल' आंदोलन में सक्रिय भागीदारी की। वे प्रांतीय पोलिटिकल कॉन्फ्रेंस के अध्यक्ष चुने गए। 1925 में वे आल इंडियन कांग्रेस कमेटी की स्वागत समिति के अध्यक्ष बनाए गए। 1926 से 1929 तक वे उत्तर प्रदेश की लेजिस्लेटिव कौंसिल के सदस्य थे। 1930 में उन्हें उत्तर प्रदेश की कांग्रेस कमेटी का अध्यक्ष बनाया गया।

1931 में कानपुर में सांप्रदायिक दंगे हुए। गणेश शंकर विद्यार्थी बेचैन हो गए। वे हिंदुओं और मुसलमानों के बीच सामान्य रूप से लोकप्रिय थे। वे लगातार सांप्रदायिकता के विरोध में लिख रहे थे। भगत सिंह ने उनके साथ बहुमूल्य समय बिताया था। गणेश शंकर दूसरे क्रांतिकारियों की भी मदद करते रहे थे। कानपुर में सांम्प्रदायिक दंगे से विचलित होकर वे दंगा रोकने के लिए जान की परवाह किए बिना कूद पड़े और 25 मार्च 1931 को एक दंगाई ने उन्हें मार दिया।

लाल बहादुर वर्मा

अधिक जानकारी के लिए :

गणेश शंकर विद्यार्थी और हिंदी पत्रकारिता : समकालीन सृजन, 1991

गद्य कविता

गद्य कविता क्या कविता की एक नई शैली है? क्या वह छंद और प्रगीतात्मकता या यहां तक कि मुक्त छंद का भी प्रत्याख्यान है? क्या गीत या नवगीत की तरह ही कविता के सामने गद्य कविता जैसे किसी अलग विशेषण की कोई आवश्यकता थी, जिस बाध्यता के चलते यह अलग श्रेणी बनाई गई? गद्य कविता कहते ही ऐसे अनेक सवाल हमारे सामने आते हैं। रवींद्रनाथ का एक लेख है–'गद्यकाव्य'। यह लेख 1939 में लिखा गया था। 'लिपिका'और 'शेषेर कविता' जैसी गद्य कविताएं रवींद्रनाथ पहले लिख चुके थे। उन्हें उम्मीद थी कि एक दिन 'नए के स्वागत का पथ प्रशस्त' होगा। हालांकि यह प्रश्न भी बना हुआ था, 'गद्य का रूप लेकर काव्य आत्मरक्षा कर सकता है या नहीं?' उन्हें लगता था, 'इतने दिनों तक काव्य को जिस रूप में देखा गया है और उसे देखने के साथ आनंद का जो संबंध है, गद्यकाव्य में उसका व्यतिक्रम होता है।'

गद्यकाव्य का गद्य दैनंदिन व्यवहार में आने वाले गद्य से भिन्न है, 'गद्य को काव्य के प्रवर्तन के लिए शिल्पित किया जाता है। तब वह काव्य की गति में ऐसी कुछ अभिव्यक्ति पाता है जो गद्य के दैनंदिन व्यवहार से परे है। गद्य है इसलिए उसके भीतर अति माधुर्य, अति लालित्य की मादकता नहीं रह सकती। कोमल और कठोर के मिलने से एक संयत ढंग का भाईचारा पैदा होता है।' लेकिन अधिकांश गद्य कविताओं, विशेष रूप से हिंदी की गद्य कविताओं को देखते हुए प्रश्न उठता है कि क्या ये कविताएं किसी तरह का कोई व्यतिक्रम पैदा करती हैं? क्या उनमें कोमल और कठोर का कोई सम्मिलित रूप प्रकट होता है? त्रिलोचन के सानेट (इसके बावजूद कि वे रोला या हरिगीतिका छंद में लिखे गए हैं) और रघुवीर सहाय की कविताएं गद्य कविता के अच्छे उदाहरण हो सकते हैं। रवींद्रनाथ ने इसी लेख में गद्य कविता की चाल को अलगाते हुए लिखा था, 'अनियमित उच्छृंखल गति नहीं, संयत पदक्षेप।'

स्पष्ट है कि गद्य कविता में अनियमितता और उच्छृंखलता के लिए कोई जगह नहीं है। आवेगों की रास खिंची हुई, कोई उतार-चढ़ाव नहीं। अगर ऐसा होता है तो कविता का स्वभाव और स्वतंत्रता कितनी सीमित होगी, यह विचारणीय है। निराला ने गद्य को कभी संग्राम की भाषा कहा था। यह कुछ अजीब लगता है कि कविता से युग्म बनाते ही गद्य एक आत्मसुरक्षा (डिफेंस) की मुद्रा अख्तियार कर ले। वह कविता की गति को संयत पदक्षेप में बदल दे।

'समास' (संपादक : अशोक वाजपेयी) के अंक चार के संपादकीय में गद्य पर विचार करते हुए गद्य कविता पर भी एक टिप्पणी है, 'जिसे हम गद्य कविता कहते हैं यदि आज वह लिखी जा रही है तो इसका कारण शायद यही है कि ऐसी कविता को संघटित करने वाली लय असल में लयहीनता है। उसने इस लयहीनता को स्वीकार किया है। उसमें यह चेतना है कि उसके वाक्यों को आपस में जोड़नेवाला कोई सिद्धांत नहीं है—कोई भी ऐसा सिद्धांत जिसके आधार में कोई उम्मीद, कोई स्वप्न, कोई सुनिश्चित या अनुमेय भविष्य हो। मतलब यह कि यह लयहीनता मनुष्य को बांधनेवाली या इसका एहसास देनेवाली तमाम प्रविधियों—विचारधाराएं, इतिहास और यूटोपिया—के खत्म होने से पैदा हुई हैं।' 'समास' के संपादकीय में व्यक्त स्थितियों को कारण मानें तो गद्य कविता एक ऐसे समय का उत्पाद है जिसमें न कोई भविष्य है, न उम्मीद है और न कोई स्वप्न है। संग्रामी गद्य और अनियमित उच्छृंखल काव्य गति के युग्म से तैयार हुआ यह रसायन बहुत भयावह है।

हम अलग से गद्य कविता जैसा पद क्यों इस्तेमाल करना चाहते हैं? छंदों को उनके नाम से पुकारे जाने का चलन रहा है, लेकिन उनका अपना निश्चित व्याकरण है। गद्य कविता का ऐसा कोई व्याकरण नहीं है, न हो सकता है। देखा जाए तो हर कविता गद्य में ही लिखी जाती है। भाषा का मूल स्वभाव ही गद्य है। हर कवि अपने तईं, अपने अनुभव और स्वभाव के अनुरूप अपनी कविता में एक बेहतर गद्य को ही तो अर्जित करने की कोशिश करता है। लगता है कि गद्य और कविता का संबंध अविभाज्य है। इसलिए कविता का एक हाथ हमें बांधता है और दूसरा स्वतंत्र करता है। हर कविता ही एक गद्य कविता है। लेकिन गद्य कविता कहने से लिखी हुई इबारत का जो पैटर्न दिमाग में उभरता है, वह कोई नई चीज नहीं है। ब्राडस्की इसे साहित्य के समग्र अवबोध की जगह एकध्रुवीय धारणा कह कर खारिज कर देते हैं।

कवि की नितांत निजी बेचैनी या कई बार कविता की अंतर्वस्तु ही गद्य कविता की ओर जाने को विवश कर देती है। सुकांत भट्टाचार्य की एक पंक्ति है, 'भूख के राज में दुनिया गद्यमय है।' जीवन के कुछ कठोर दृश्य और सत्य या आख्यान गद्य कविता की ओर जाने को बाध्य कर सकते हैं। कविता 1990 के बाद ज्यादा आख्यानपरक हुई है और ज्यादा गद्यात्मक भी।

कभी-कभी लगता है कि लय एक ऐसी एकरसता पैदा कर देती है, जिससे ऊब पैदा होती है। इस लय में व्यतिक्रम जरूरी लगता है। लय की सघन निरंतरता कई बार कविता में सांस लेने की जगह को कम करने लगती है। गाहे-बगाहे गद्य कविता की ओर जाने के ऐसे कई व्यक्तिगत कारण कवि के पास हो सकते हैं।

गद्य कविता कविता के मंत्र हो जाने के विपरीत है। वह हमारी वाचालता, हमारी बतकही के ज्यादा निकट हो सकती है। भविष्य की कविता की कल्पना अक्सर या तो मंत्र हो जाने में की गई है या गद्य हो जाने में।

राजेश जोशी

गरीबी और मानवाधिकार

गरीबी मनुष्य के पास सामान्य मानव अधिकार पहुंचने नहीं देती, जबकि मानव अधिकारों का मुख्य लक्ष्य है—गरीब से गरीब और सामान्य से सामान्य तक पहुंचना। संयुक्त राष्ट्र के अनुसार, 'मूलतः विकल्पों और अवसरों का अभाव ही गरीबी

है।' कोई व्यक्ति दैनिक जरूरतों के संसाधनों को प्राप्त करने में अपने को असमर्थ पाता है और इसका मूल कारण आर्थिक है तो यह गरीबी है। गरीबों के पास संसाधनों का इतना अभाव होता है कि वे अपना एवं अपने परिवार को भरपेट भोजन उपलब्ध नहीं करा पाते और न ही कपड़ों का ठीक से इंतजाम कर पाते हैं। वे बच्चों को शिक्षा के लिए स्कूल नहीं भेज पाते और न इलाज के लिए डाक्टर के पास जा पाते हैं। गरीब को खेती के लिए जमीन का अभाव होता है और आजीविका के लिए रोजगार का। अर्थात जीवित रहने की न्यूनतम जरूरतें पूरी न कर पाने के कारण कोई गरीब होता है। भारत सरकार के योजना आयोग की परिभाषा (2011) के अनुसार, शहरी क्षेत्र में प्रतिदिन 33.30 रुपए और ग्रामीण क्षेत्र में 27.20 रुपए से कम आय वाले लोगों को गरीबी रेखा से नीचे माना गया। मानव अधिकार की धारणाओं के अनुसार गरीब भी इसी संसार के मनुष्य हैं। उन्हें भी स्वस्थ मनुष्य की तरह जीवित रहने का उतना ही अधिकार है जितना आर्थिक रूप से संपन्न लोगों को। वास्तव में प्रकृति इतने संसाधन उपलब्ध कराती है कि कोई गरीब न हो। पर कुछ मनुष्य अपनी भोगलिप्सा के कारण उन संसाधनों पर कब्जा कर अपनी सुख और सुविधा के लिए उनका असमान वितरण करते हैं।

असमानता से पीड़ित लोगों के लिए मानवाधिकारों की गारंटी संयुक्त राष्ट्र द्वारा दी गई है। रघुराम राजन समिति की 2013 की रिपोर्ट के अनुसार भारत के 10 राज्यों को 'सर्वाधिक पिछड़े' (उड़ीसा सर्वाधिक पिछड़ा राज्य), 11 राज्यों को 'कम विकसित' और 7 राज्यों को 'अपेक्षाकृत विकसित' माना गया है।

भारत में गरीबी के मुख्य कारण बताए गए हैं– (1) गर्म जलवायु, (2) जनसंख्या में वृद्धि, (3) भूमि का असमान वितरण, कम उत्पादन, उद्योगीकरण की वजह से ग्रामोद्योग का पराभव और रोजगार का अभाव, (4) शिक्षा का अभाव और रूढ़िवाद। भारत के 60 प्रतिशत लोग 2015 तक खुले में शौच करते रहे हैं। इस देश के 35 प्रतिशत परिवारों को साफ पेयजल सुलभ नहीं है। अनुसूचित जातियों और जनजातियों में गरीबों की संख्या ज्यादा है, उनकी स्थिति धीमी गति से बेहतर हो रही है। भारत में बड़ी संख्या में लोग शहरों की सड़कों और फुटपाथों पर रहते हैं। गरीबी के कारण बच्चे मजदूरी करते हैं, जिससे सर्व शिक्षा अभियान सफल नहीं हो पाता। कुछ बच्चों को मजबूरी के कारण बीच में पढ़ाई छोड़ देनी पड़ती है। यौन शोषण, बच्चों और स्त्रियों की तस्करी, जबरन भिक्षावृत्ति आदि गरीबी के अन्य नतीजे हैं।

गरीबी में रह रहे लोगों को केंद्र में रखकर राज्यों को उनके दायित्वों की ओर इंगित करते हुए ऐसी योजनाओं को प्रभाव में लाने के लिए कहा गया है, जिनसे गरीबों के प्रति राज्य की भूमिका अधिक सुनिश्चित और सार्थक हो। इसे ध्यान में रखते हुए गरीबों के ये मानवाधिकार सुनिश्चित किए गए हैं : समुचित भोजन का अधिकार, आर्थिक शोषण से मुक्ति का अधिकार, स्वास्थ्य तथा स्वस्थ परिवेश का अधिकार, आवास का अधिकार, स्वच्छ पेयजल का अधिकार, शिक्षा का अधिकार, सतत जीवन निर्वाह एवं सुनिश्चित जीवन स्तर का अधिकार, मानवीय गरिमा एवं सामाजिक सेवाएं प्राप्त करने का अधिकार, व्यक्तिगत अभिवृद्धि एवं विकास का अधिकार, न्याय के लिए समान पहुंच का अधिकार, सामाजिक भेदभाव के विरुद्ध अधिकार, राजनीतिक भागीदारी का अधिकार और स्वतंत्र जीवन यापन का अधिकार।

संयुक्त राष्ट्र संघ ने 17 अक्टूबर 1987 को पेरिस में अंतरराष्ट्रीय गरीबी उन्मूलन कार्यक्रम की शुरुआत की थी। इसके पांच साल बाद 22 दिसंबर 1992 को एक प्रस्ताव पारित कर 17 अक्टूबर को 'गरीबी उन्मूलन दिवस' घोषित किया था। इसके दो साल पहले 1990 में विश्व बैंक ने अंतरराष्ट्रीय गरीबी रेखा प्रतिदिन 1.25 डालर तय की थी। इस हिसाब से 2010 में भारत की 32.7 प्रतिशत आबादी गरीबी रेखा से नीचे जीवन यापन कर रही थी। 2014 में संयुक्त राष्ट्र विकास कार्यक्रम (UNDP) की मानव विकास रिपोर्ट में मानव विकास सूचकांक के अधार पर 187 देशों में भारत का 135वां स्थान है, जो सीधे

मानवाधिकारों के व्यापक हनन से जुड़ा है। इससे पहले संयुक्त राष्ट्र संघ की फूड एजेंसी के वर्ल्ड फूड प्रोग्राम (2007) के आकलन के अनुसार विश्व भर में प्रतिदिन 18,000 बच्चे भूख और कुपोषण के कारण मर रहे हैं। भारत के बच्चों में 50 फीसदी कुपोषित हैं।

भारत की अर्थव्यवस्था विश्व की ग्यारहवीं सबसे बड़ी अर्थव्यवस्था मानी जाती है। पर विश्व के कुल 92.5 करोड़ भूखे या आधा पेट खाए लोगों में 45.6 करोड़ भारत में रहते हैं। अमर्त्य सेन और ज्यां ड्रेज ने 'हंगर एंड पब्लिक ऐक्शन' में कहा है–'भूख से मृत्यु हो जाने पर किसी भी विधि में कोई समाधान नहीं है।' अतः गरीबी वह बीमारी है जिसकी कोख से कहीं अपराध, कहीं भ्रष्टाचार, कहीं हिंसा और कहीं लालच पनपता है। इन स्थितियों का सामना करने के लिए दीर्घकालिक योजनाओं के एक समुच्चय की आवश्यकता महसूस की जाती है। इस दिशा में पहल करते हुए सितंबर 2000 में आयोजित 'संयुक्त राष्ट्र सहस्राब्दी शिखर सम्मेलन' में संयुक्त राष्ट्र के सभी सदस्यों ने गरीबी और भुखमरी को मिटाने के लिए 'संयुक्त राष्ट्र सहस्राब्दी विकास लक्ष्य' तय किया जिसका उद्देश्य 2015 तक इस लक्ष्य को प्राप्त कर लेना था। पर आज भी गरीबी और भुखमरी विकराल रूप में उपस्थित हैं, जिनका सामना खाद्य सुरक्षा, रोजगार गारंटी, सर्वशिक्षा, फसल बीमा आदि कार्यक्रमों द्वारा करने की कोशिश बाजार अर्थव्यवस्था के बावजूद लोकतंत्र के दबाव में की जा रही है।

निशांत

गरुड़

गरुड़ को विष्णु का वाहन तथा पक्षियों का राजा कहा गया है। उसे शाल्मलि द्वीप का निवासी और अमृत का रक्षक कहा गया है। गरुड़ की मां का नाम विनता और पिता का नाम कश्यप था। विनता और उनकी छोटी बहन कद्रू के बीच विवाद हुआ, जिसमें विनता हार गई और उसे शर्त के मुताबिक कद्रू की दासी बनना पड़ा। विनता गरुड़ की माता थी और कद्रू सर्पों की, दोनों के बीच द्वंद्व गरुड़-सर्प की पुरानी शत्रुता का ही मिथकीय रूप है। गरुड़ ने सर्पों के यहां बंदी अपनी मां की आजादी के लिए स्वर्ग की दौड़ लगाई और इंद्र के पास से अमृत का घड़ा लाकर कद्रू के पुत्रों (सर्पों) को सौंप दिया। उधर जब अमृत चखने से पहले सर्प स्नान के लिए गए हुए थे, इंद्र छलपूर्वक अमृत का घड़ा वापस ले गए। विनता आजाद हो गई और सर्पों को एक बूंद भी अमृत नहीं मिला।

कथाओं में गरुड़ के मुख का रंग श्वेत, डैने लाल तथा शरीर सुनहला है। गरुड़ का एक पुत्र संपाति है। महाभारत के अनुसार एक कथा में वे कृष्ण को इंद्रपुरी ले गए थे और पारिजात लाते समय आक्रमण होने पर ऐरावत को परास्त कर कृष्ण को द्वारका ले आए थे।

रामचरितमानस में तुलसीदास ने गरुड़ को शक्ति, भक्ति, शील, ज्ञान और विनय जैसे गुणों से आपूरित कर महिमामंडित किया है। उत्तरकांड में है, 'गरुड़ महाग्यानी गुन रासी। हरि सेवक अति निकट निवासी।' अपने ज्ञान, भक्ति और गुणों के कारण गरुड़ विष्णु के वाहन का पद प्राप्त करते हैं। वे पक्षीराज माने जाते हैं। उनके मन में एक बार राम के ईश्वरत्व के प्रति संशय पैदा होता है, जिसे वे नारद के सामने व्यक्त करते हैं। नारद उन्हें संशय के समाधान के लिए राम के भक्त काकभुशुंडि के पास भेज देते हैं, 'गयउ गरुड़ जहँ बसइ भुसुंडा। मति अकुंठ भगति अखंडा।' काकभुशुंडि अपनी भक्ति की गहराई से गरुड़ का संशय दूर करते हैं और गरुड़ उन्हें अपना गुरु स्वीकार कर लेते हैं। मानस की राम कथा के चार वक्ता-श्रोताओं में एक हैं काकभुशुंडि और गरुड़।

कुछ विद्वानों के मत से गरुड़ उकाब पक्षी है, जो अपने बल के कारण पक्षीराज कहलाता है। प्राचीन पश्चिमी जातियां उकाब को 'जोब' कहती थीं। रूस, आस्ट्रिया, जर्मनी आदि देशों की ध्वजाओं पर यह चिह्न अभी भी मिलता है। भारतीय पौराणिक कथाओं में गरुड़ विष्णु का वाहन बनना इस शर्त के साथ स्वीकार करता है कि वह विष्णु के ऊपर रहे। विष्णु ने वरदान

दिया कि उसकी छवि हमेशा उनकी पताका में रहेगी। गरुड़ को पौराणिक कथाओं में मिला महत्व इसका संकेत है कि प्राचीन जातियां जिन प्राकृतिक शक्तियों की पूजा-आराधना करती थीं, उनमें एक पक्षीराज गरुड़ भी था। यह देवरूप के करीब था।

वासुदेवशरण अग्रवाल का विचार है कि गरुड़ का उपाख्यान मूलतः वैदिक साहित्य का अंग है, जो बाद में महाभारत में शामिल कर लिया गया। 'इस गरुड़ोपाख्यान से यह भी स्पष्ट होता है कि मूल वैदिक देव इंद्र के स्थान पर नारायण-विष्णु की उपासना महाभारत काल में प्रचलित होने लगी थी। विष्णु को इंद्र का छोटा भाई उपेंद्र और उसके वाहन गरुड़ को भी इंद्र के भाई मानकर एक प्रकार से इंद्र, विष्णु और गरुड़—इन तीनों में समन्वय स्थापित किया गया।' (भारत-सावित्री)।

मंजुरानी सिंह

अधिक जानकारी के लिए :
1. **महाभारत :** आदि पर्व, अध्याय 2, 2. **भारत-सावित्री** : वासुदेवशरण अग्रवाल, 3. **Pauranic Encyclopedia :** Vettam Mani

गर्भपात का अधिकार

गर्भपात के अधिकार (Right to Abortion) का मूल मुद्दा यह है कि अपने शरीर पर स्त्री का अधिकार है या नहीं है। अधिकतर स्त्रीवादियों का मानना है कि चूंकि यह स्त्री की बुनियादी स्वतंत्रता है कि वह अपने शरीर के साथ क्या करे और क्या न करे, इसलिए गर्भपात का निर्णय करने का अधिकार उसे ही है। परंपरा से यह अधिकार पुरुषों का रहा है, जिसका अर्थ यह है कि स्त्री की देह उससे अलग कोई वस्तु है जिस पर पुरुषों का पूरा अधिकार है। अतः यह पुरुष ही तय कर सकता है कि गर्भपात किया जाए या नहीं। इसी पुरुषवादी सोच के कारण प्रायः सभी देशों में गर्भपात पर कानूनी पाबंदी रही है। इससे कहीं भी गर्भपात की घटनाएं रुकी नहीं हैं। यह जरूर हुआ है कि गैरकानूनी और गोपनीय गतिविधि हो जाने के कारण गर्भपात के तरीके अपरिष्कृत बने रहे, जिससे अनेक स्त्रियों की मृत्यु तक हो जाती है।

शुरू की स्त्रीवादियों ने गर्भपात के मुद्दे पर ज्यादा विचार नहीं किया था, क्योंकि वे स्त्री के राजनीतिक और सामाजिक अधिकारों तथा पुरुष से बराबरी के हक के लिए लड़ रही थीं। चिकित्सा विज्ञान की प्रगति और स्त्री की जागरूकता में वृद्धि के बाद गर्भपात के अधिकार का मुद्दा उठा, जो 1970 के दशक में एक गरमागरम बहस हो गई। इस अधिकार के बारे में स्त्रीवादी एकमत नहीं हैं, लेकिन इसके विरोधियों की संख्या बहुत कम है। अधिकतर का मानना है कि इस मामले में स्त्री को चुनने (च्वायस) का अधिकार होना चाहिए, यह भी वही तय कर सकती है कि गर्भ के किस महीने या हफ्ते तक उसे गिराया जा सकता है। इस वर्ग की स्त्रीवादियों को चयनवादी (प्रो-च्वायस) कहा जाता है। जीवनवादी (प्रो-लाइफ) उन्हें कहते हैं, जिनका मानना है कि भ्रूण एक जीवित इकाई है, इसलिए गर्भपात मानव हत्या के बराबर है। लेकिन ऐसा मानने वालों में स्त्रीवादी कम हैं, चर्च के लोग तथा राजनीतिक-सामाजिक कार्यकर्ता अधिक हैं।

इस विषय पर दार्शनिक और नैतिक बहस जारी है। बहस का विषय यह है कि स्त्री के गर्भ में पल रहा भ्रूण मनुष्य है या नहीं और अगर मनुष्य है तो किस हद तक है या उसमें जीवन कब आता है। तर्क दिया जाता है कि जब भ्रूण में जीवन आ जाता है, तब वह मनुष्य हो जाता है और उसके मानव अधिकार हो जाते हैं, जिनकी रक्षा करने की जिम्मेदारी उस शरीर के स्वामी की है, जिसके भीतर वह पल रहा है। यह भी सही है कि वह पूरा मनुष्य नहीं है, मनुष्य होने की एक संभावना मात्र है। जिसके शरीर में वह पल रहा है, उसकी इच्छा की अनदेखी हम किस आधार पर कर सकते हैं? स्त्री ने स्वेच्छा से गर्भ धारण किया है, अतः उसे यह चुनने का अधिकार है कि वह अपने गर्भ के साथ क्या करे। कोई अन्य एजेंसी—पति, कानून, अदालत, राजनीति, समाज आदि—अपना निर्णय उस पर आरोपित नहीं कर सकती। अधिकांश देशों में इस

पर सहमति है कि (1) जब गर्भवती स्त्री केजीवन को खतरा हो, तब गर्भपात की अनुमति दी जा सकती है, और (2) अगर बलात्कार (कुछ देशों में, इसमें पति द्वारा बलात्कार भी शामिल है) के कारण गर्भ ठहर जाता है, तो स्त्री को उसे गिराने या नहीं गिराने का अधिकार है। जिन देशों में गर्भपात कानूनी है, वहां यह कानून द्वारा तय कर दिया गया है कि किस अवधि तक का गर्भ गिराया जा सकता है।

भारत में वयस्क स्त्री को गर्भपात का अधिकार है। इसके लिए उसे किसी और व्यक्ति की सहमति की आवश्यकता नहीं है। बारह हफ्तों तक के गर्भ को इन दो स्थितियों में गिराया जा सकता है : (1) यदि गर्भ को जारी रखने से गर्भवती स्त्री के शारीरिक या मानसिक स्वास्थ्य को गंभीर क्षति पहुंचने की आशंका है और (2) यदि शिशु को जन्म दिया गया, तो उसमें शारीरिक या मानसिक असामान्यता आने का पर्याप्त खतरा हो।

राजकिशोर

अधिक जानकारी के लिए :
The Politics of Abortion and Birth Control in Historical Perspective : Donald T Critchlov, 1996

गांधारी

गांधारी गांधार देश के राजा सुबल की कन्या थी। गांधार की राजकुमारी होने के कारण उसका नाम गांधारी पड़ा। वह हस्तिनापुर राजकुल के धृतराष्ट्र की पत्नी और दुर्योधन सहित सौ कौरव पुत्रों की माता थी। वह शिव की भक्त थी और उनकी आराधना से सौ पुत्रों की मां होने का वरदान मिला था। उनकी एक बेटी दुशाला थी, जिसका विवाह जयद्रथ से हुआ था। धृतराष्ट्र की एक सेविका सौवली से उनका युयुत्सु नाम से एक पुत्र था, जो धर्मपरायण और पांडवों का शुभचिंतक था। पति धृतराष्ट्र के अंधा होने के कारण विवाह के बाद ही गांधारी ने भी अपनी आंखों पर पट्टी बांध ली और आजन्म बांधे रही।

गांधारी का भाई शकुनि इस बात से बड़ा क्षुब्ध था कि उसकी बहन के लिए शक्तिशाली भीष्म उनके पिता के सामने एक नेत्रहीन व्यक्ति का प्रस्ताव लेकर आए हैं। शकुनि ने उसी दिन प्रण कर लिया कि वह हस्तिनापुर में लोगों को कभी सुख-शांति से नहीं रहने देगा। महाभारत युद्ध के लिए जो परिस्थितियां जिम्मेदार थीं, उनके निर्माण में गांधारी के भाई शकुनि की बड़ी भूमिका थी।

गांधारी पतिव्रता होने के साथ निर्भीक और न्यायप्रिय स्त्री थी। जुए में युधिष्ठिर के हार जाने पर जब उसके पुत्रों ने भरी सभा में पांडवों की पत्नी द्रौपदी पर अत्याचार शुरू किया, तो उसने दुखी होकर इसका विरोध किया। धृतराष्ट्र ने दुर्योधन की बातों में आ कर पांडवों को दुबारा जुए के लिए आमंत्रित किया, तब भी उसने विरोध करते हुए अपने पति से कहा कि वे जुआ न होने दें, इससे कुल गौरव का नाश होगा। वह इस मौके पर दुर्योधन के व्यवहार से नाखुश और आशंकाओं से घिरी थी। उसे दुर्योधन के जन्म के समय शकुनि की कही गई अपशकुन की बातें याद आ रही थीं।

महाभारत युद्ध से पहले कृष्ण संधि के लिए शांतिदूत बनकर हस्तिनापुर गए थे। उन्होंने दुर्योधन के समक्ष प्रस्ताव रखा था कि यदि पांडवों को पांच गांव दे दिए जाएं तब भी वे संतुष्ट हो जाएंगे। दुर्योधन ने जब यह प्रस्ताव ठुकरा दिया, गांधारी ने दुर्योधन को समझाया था कि वह कृष्ण, भीष्म, द्रोणाचार्य और विदुर की बातें मान ले। उसकी शिक्षा थी, 'इंद्रियां जिसके वश में हैं, उसके पास ही राज्यलक्ष्मी चिरकाल तक सुरक्षित रहती है।' दुर्योधन ने गांधारी के उपदेश पर ध्यान नहीं दिया। महाभारत में गांधारी अपने पुत्र-प्रेम के बावजूद एक उदात्त चरित्र की स्त्री है।

महाभारत युद्ध में जब कौरव पक्ष के सभी बड़े वीर मारे गए, केवल दुर्योधन ही जीवित बचा था, गांधारी ने दुर्योधन से कहा कि वह स्नान के बाद उसके पास नंगा होकर आए। गांधारी को पातिव्रत्य के कारण शिव से वरदान मिला था कि वह जिस किसी को भी अपने नेत्रों की पट्टी खोलकर नग्नावस्था में देखेगी, उसका शरीर वज्र का हो जाएगा। दुर्योधन

गंगा में स्नान के बाद गांधारी के पास नंगा उपस्थित होने वाला था कि मार्ग में कृष्ण मिल गए। उन्होंने दुर्योधन को बहका दिया कि तुम्हें लज्जा नहीं आती, इतना बड़ा हो जाने के बाद भी गांधारी के समक्ष नग्न होकर जाओगे। दुर्योधन ने अपनी जंघा पर पत्ते लपेट लिए और गांधारी के समक्ष उपस्थित हुआ। गांधारी ने जब पट्टी खोलकर अपनी आंखों से उसे देखा तो उसकी दिव्य दृष्टि से जंघा छोड़कर दुर्योधन के शरीर का बाकी हिस्सा वज्र का हो गया। महाभारत के अंत में अपने प्रण के अनुसार भीम ने गदा से दुर्योधन की जांघ पर प्रहार कर उसका वध किया था।

महाभारत के युद्ध में दुर्योधन जब अंतिम सांसें ले रहा था, गांधारी उसके पास लाई गई। रणक्षेत्र में हर तरफ शवों के समीप स्त्रियां विलाप कर रही थीं। उनमें उत्तरा (अभिमन्यु की पत्नी) और दुशाला (गांधारी की बेटी) भी थीं। हर युद्ध में अप्रत्यक्ष निशाना स्त्रियां ही होती हैं। गांधारी का मन दुख और क्षोभ से भरा था। पांडवों को कृष्ण ने सामने से हटा दिया था। गांधारी के तपोबल और क्रोध से निकले शाप को श्रीकृष्ण को शिरोधार्य करना पड़ा जिसके कारण यदुवंश का भी पारस्परिक कलह के कारण विनाश हुआ और कृष्ण को वन में व्याघ्र के तीर से मरना पड़ा। महाभारत में विजय पाने के बाद पांडव धृतराष्ट्र की आज्ञा लेकर गांधारी के दर्शन करने गए। गांधारी उन्हें शाप देने के लिए उद्यत हुई, किंतु व्यास ने उसकी मनःस्थिति जानकर उसे समझाया कि कौरवों के प्रतिदिन प्रणाम करने पर वह आशीष देती थी, 'जहां धर्म है, वहीं जय है, फिर धर्म के जीतने पर उन्हें इस प्रकार क्रुद्ध नहीं होना चाहिए।' गांधारी ने कहा कि भीम ने दुर्योधन के साथ अधर्म युद्ध किया था। उसने गदा से नाभि के नीचे प्रहार किया। भीम ने अपने इस अपराध के लिए क्षमा मांगी, साथ ही याद दिलाया कि दुर्योधन ने भी जुआ, द्रौपदी का वस्त्रहरण आदि मामलों में अधर्म का ही सहारा लिया था।

महाभारत की घटनाएं वैसे ही घटीं, जैसा इसके रचयिता व्यास ने चाहा। कृष्ण को गांधारी का शाप ही महाभारत का मूल संदेश है, 'कलह से हमारा विनाश हुआ, कलह से तुम्हारा भी विनाश होगा।' गांधारी ने रणक्षेत्र में मार्मिक स्वर में कृष्ण से कहा था, 'तुम चाहते तो यह युद्ध रोक सकते थे।'

युधिष्ठिर के राज्याभिषेक के बाद गांधारी कुछ समय तक पांडवों के साथ थी। फिर अपने पति धृतराष्ट्र के साथ तपस्या के लिए वन में चली गई। साथ में विदुर भी थे। अपने पति के साथ ही गांधारी ने अपने शरीर को दावाग्नि में भस्म कर डाला। एक तरह से कौरव, पांडव, यदुवंश और कृष्ण सभी महाभारत की भेंट चढ़ गए—कोई नहीं बचा।

सुमिता गुप्ता

गांधी विचार

महात्मा गांधी (1869-1948) की विचार पद्धति को कई बार 'गांधीवाद' कहा जाता है। कुछ चिंतकों का मानना है कि यह नाम देना उसकी व्यापकता को कम करना है। गांधी मुक्त चिंतक और क्रांतिकारी लोकनायक थे। वे किसी 'वाद' में नहीं बंधे। उन्होंने अपने चिंतन-मनन से यह सत्य कमाया था कि 'सब धर्मों का लक्ष्य एक ही है।' उन्होंने भारत की उस पुरानी परंपरा की ओर ध्यान खींचा, जो सभी धर्मों का आदर करना सिखाती है। इस परंपरा में शील, सदाचार, नैतिकता, करुणा, दया, सहिष्णुता आदि गुणों का महत्व रहा है। उन्हें इस बात की चिंता थी कि अपने पुरखों की विरासत को हम पश्चिमवाद के चक्रव्यूह में फंस कर विस्मृत न कर बैठें। गांधी ने हिंदू धर्म को अव्याख्येय मानते हुए कहा 'यद्यपि मैं एक सनातनी हिंदू हूं, तो भी मैं हिंदू धर्म की व्याख्या नहीं कर सकता।' एक सामान्य मनुष्य की तरह उन्होंने इतना भर कहा, 'हिंदू धर्म सब धर्मों को सब तरह से आदर का पात्र समझता है।' उनका विश्वास था कि अहिंसा हमें अन्य धर्मों के प्रति वैसा ही आदर करना सिखाती है, जो हम अपने धर्म के प्रति करते हैं।

गांधी सच्चे अर्थों में औपनिवेशिक शासन के विरोधी राष्ट्रभक्त थे और भारत के सभ्यतामूलक विमर्श के एक मुख्य कर्णधार। आधुनिक राजनीति

में सत्य, अहिंसा, अपरिग्रह, स्वराज, स्वदेशी, सत्याग्रह, सर्वोदय, ट्रस्टीशिप, सविनय अवज्ञा तथा अंत्योदय जैसी अनेक अवधारणाओं के विश्वविख्यात भाष्यकार गांधी ही थे। वह कहा करते थे, 'मेरा जीवन ही मेरा संदेश है।' वे व्यापक लोक जागरण लाने वाली क्रांतिकारी पत्रकारिता के जनक थे और सहज प्रतिभा के लेखक। उन्होंने प्रणालीबद्ध चिंतन नहीं किया, लेकिन उनके चिंतन ने पिछली शताब्दियों में विश्व भर को प्रेरित-प्रभावित किया। उनकी सर्वाधिक प्रख्यात कृति 'हिंद स्वराज' (1909) उनके मौलिक विचारों की ऐसी कृति है, जिसने ब्रिटिश साम्राज्यवाद को हिला कर रख दिया था। जवाहरलाल नेहरू इस पुस्तक को कूड़े में फेंकने लायक पुस्तक कहते थे, लेकिन अनगिनत भारतीय बुद्धिजीवियों ने 'हिंद स्वराज' का गीता की तरह पाठ किया। मूल गुजराती में लिखी इस कृति में संवाद शैली में आधुनिक पश्चिमी सभ्यता की प्रखर आलोचना है।

गांधी के विचारों पर रस्किन, थोरो, टॉल्सटॉय के साथ बाइबिल का भी गहरा प्रभाव है। उनका वैष्णव मानस वेद, उपनिषद, गीता, कुरान के योग से निर्मित हुआ था। इन सभी मूल्यों को ले कर उन्होंने एक ऐसा सामाजिक, आर्थिक, नैतिक, धार्मिक कार्यक्रम तैयार किया, जो जीवन के बहुमुखी आयामों को स्पर्श करता है। वे ऐसे लोगों को भी मान्य हो सके हैं, जिनकी सहमति गांधी दर्शन से नहीं थी। समाजवादी चिंतकों ने अपने को गांधीवाद से जोड़ कर गांधीवादी समाजवाद की सृष्टि कर डाली। वामपंथियों को भी इनका महत्व अंततः स्वीकार करना पड़ा। अनीश्वरवादी-अराजकतावादियों ने गांधी को 'नैतिक अराजकतावादी' कह कर उन्हें अपने चिंतन में स्थान दिया। दरअसल गांधी के चिंतन की प्रकृति ऐसी रही है कि रेडिकल चिंतक भी गांधी के विद्रोही रूप को नमन करने लगे। गांधी की महात्मा छवि ऐसी है कि उसे किसी एक सांचे में फिट नहीं किया जा सका। इस देश में बुद्ध के बाद गांधी की वैचारिकता का एक अलग इतिहास है।

अहिंसा गांधी का आविष्कार नहीं है, व्याख्या है, लेकिन उसका प्रयोग उन्होंने साम्राज्यवाद-विरोधी आंदोलन के रूप में इतनी सफलता से किया कि यह उनका आविष्कार लगता है। सुधीरचंद्र ने 'गांधी : एक असंभव संभावना' में उनके चिंतन का नया भाष्य किया। अहिंसा का बीज भाव गांधी की पूरी धार्मिक-सांस्कृतिक पृष्ठभूमि से निहित है जो यूरोपीय ज्ञानोदय की विचारधाराओं से कहीं टकराती है तथा कहीं उनका संस्कार करती है। गांधी तथा टॉल्सटॉय का पत्र व्यवहार–विशेषकर 1909-1910 तक का पत्र व्यवहार–साक्षी है कि टॉल्सटॉय फ्रांसीसी राजक्रांति के नारों की असफलता तथा विज्ञानवाद के दुरुपयोग से गांधी को सावधान कर रहे थे। दोनों मित्र मानते थे कि विज्ञान जीवन को समझने का अपने में पूरा नजरिया नहीं है। अहिंसा गांधी का विचार भी है और रणनीति भी, जो मानती है कि उदारतावादी राजनीति चिंतन मानवतावाद की ओर निरंतर अभिमुख हो कर ही मानव का कल्याण कर सकता है। उन्होंने अनुभव से यह सत्य कमाया था कि हिंसावादी राजनीति का दूर-दूर तक कोई भविष्य नहीं है; यह जन भागीदारी को प्रश्रय नहीं दे सकती।

गांधी को डर था कि नवोदित भारतीय राष्ट्रवाद मध्यवर्गीय शिक्षित वकीलों की बहस बन कर हवा में न उड़ जाए। यह उच्च वर्ग के अभिजन के चंगुल में फंसा रह गया, तो बहुत बुरा होगा। यह उनकी दूरदर्शिता थी कि भारत के स्वाधीनता संग्राम को उन्होंने जनांदोलनों की राजनीति के रूप में चलाया। कांग्रेस पार्टी नरम-गरम दल की दुविधा में फंसी हुई थी, उसे दक्षिण अफ्रीका से लौटने के बाद गांधी ने एक देश सुधारक आंदोलन के रूप में खड़ा किया। उन्होंने सत्याग्रही को नैतिक शक्ति का प्रतिमान तथा उदाहरण बनाया। उनका मन था कि अंग्रेज देश से चले जाएं तथा उपनिवेशवादियों की छाया से भी भारतीय जनता दूर रहे। भारत अंग्रेजों की गुलाम मानसिकता से मुक्त हो कर अपनी दिशा स्वयं तय करे। गांधी पश्चिमी सभ्यता को शैतानी सभ्यता कहने को विवश थे, क्योंकि अंग्रेज दुनिया में लूट मचाए हुए थे। आधुनिक सभ्यता द्वारा प्रकृति के शोषण और यंत्र की गुलामी का गांधी ने खंडन किया। इस सभ्यता में पैठी हिंसा, अमर्यादित स्वतंत्रता और

पशुता की प्रवृत्ति से बचना उनकी दृष्टि में जरूरी था।

गांधी मानते थे कि मानव में राक्षस और देवता दोनों का एक साथ निवास है और दोनों प्रवृत्तियों की तीव्रता भी समान है। मानव को अपने अंदर के राक्षसत्व को दबा कर देवत्व का विकास करना चाहिए। मानव निरंतर अभ्यास तथा श्रम से देवत्व प्राप्त करने में सक्षम हो सकता है। उसकी इसी क्षमता में उसकी वास्तविक गरिमा है। आधुनिक सभ्यता मनुष्य की धनलोलुपता, इंद्रियपरायणता और स्वार्थपरता पर टिकी हुई है। विशालकाय उद्योग बड़े पैमाने पर उत्पादित वस्तुओं को खपाते हैं, मुनाफा कमाते हैं। पश्चिम उदारतावाद की बात करता है, लेकिन उसके दिखाने के दांत और हैं, खाने के और। आधुनिक सभ्यता की अतिशय 'तर्कशीलता' को भी गांधी चिंतन में स्थान नहीं मिला, क्योंकि सामान्यतः वह सीमित अनुभव पर आधारित एक अपरिपक्व अवस्था होती है।

गांधी का मानना था कि तर्क से असत्य को भी सत्य साबित किया जा सकता है, जबकि सत्य का अनुभव आत्मज्ञान से होता है। व्यक्ति वस्तुतः बौद्धिकता एवं नैतिकता दोनों का समुच्चय है। इन दोनों का पारदर्शी विभाजन असंभव है। इसलिए विश्वास का मूल स्रोत बौद्धिकता नहीं है, प्रेम है। मानवता की परिपूर्णता क्षमा और प्रेम में है। इसके अभाव में मानव का विकास एकांगी हो जाता है। कोरा इंद्रियवाद पशुता में धकेल देता है। यह उदात्त मानवीय लक्ष्यों की ओर चित्त को प्रवृत्त नहीं करता। गांधी की दृष्टि में उद्योगीकरण आधुनिक सभ्यता की धुरी है, लेकिन यह धुरी आदमी को भौतिकवाद में गर्क कर देती है। उद्योगवाद क्षेत्रीय असंतुलन को जन्म देता है। उपभोग का मनोविज्ञान मानव की स्वाधीन चेतना को क्षतिग्रस्त कर उसे विकृतियों से भर देता है। इस तरह, गांधी को लगा था कि उद्योगीकरण किसी न किसी तरह हमेशा उपनिवेशीकरण की ओर ले जाता है। मार्क्स के चिंतन में उपनिवेशवाद का विरोध है, पर उसमें केंद्रीकृत उत्पादन-पद्धति की समस्याओं पर विचार नहीं किया गया है। गांधी वस्तुतः आधुनिकता और मशीनों के विरोधी न थे लेकिन वे स्वदेशी को महत्व देते थे और विकास की ग्राम आधारित इकाइयों पर जोर देते थे।

गांधी ने आधुनिक सभ्यता को बढ़ावा देने में यंत्रों की भूमिका पर कई कोणों से विचार किया है। वे सिलाई मशीन तथा चर्खे की उपयोगिता पर डटे हुए थे। वे मशीनों का विरोध इसलिए करते थे कि ये मानवीय श्रम का बड़े पैमाने पर विस्थापन करती हैं। भिखू पारेख ने गांधी के विचार दर्शन का निचोड़ प्रस्तुत करते हुए कहा है कि गांधी यंत्र के प्रयोग से उत्पन्न शोषण का विरोध करते हैं। वे समय और श्रम की बचत के महत्व से बेखबर नहीं थे। यंत्रों का प्रयोग विशेषीकृत ज्ञान की मांग करता है। यह ज्ञान 'आत्मकेंद्रित अहंवाद' का पोषण करता है। मशीनों का प्रयोग मानव को काहिल बनाता है, वह उन पर निर्भर होता जाता है।

गांधी की मशीन संबंधी धारणा को मशीन-विरोध तक खींचा नहीं जा सकता, 'अगर मशीनों का लोप हो जाए तो मैं दुख नहीं मनाऊंगा, न इसे कोई घोर संकट की बात कहूंगा, लेकिन मशीनों का नाश मेरा ध्येय नहीं है।... मशीनें तो रहेंगी क्योंकि शरीर की तरह ये अपरिहार्य हैं।...मेरी आपत्ति मशीनों से नहीं, बल्कि मशीनों के प्रति दीवाना हो जाने से है।...मशीनों के प्रति मेरे विरोध के बारे में लोगों को बहुत गलतफहमी है। मैं हर मशीन का विरोधी नहीं हूं। मैं केवल उन्हीं मशीनों का विरोधी हूं जो श्रमिकों को विस्थापित करके उन्हें बेरोजगार बना देती हैं।' (महात्मा गांधी के विचार)। ये 1921 से 1946 के बीच 'यंग इंडिया' में व्यक्त किए गए गांधी विचार हैं। इसका अर्थ है वे यांत्रिकता, खुदगर्जी और बेरोजगारी के विरोधी थे, मशीनों या औद्योगिक सभ्यता मात्र के नहीं। वह व्यापारिक नैतिकता की मांग करते थे, जो एक मुश्किल चीज थी, पर यह मांग गलत नहीं थी।

गांधी के अनुसार, अल्पमत तथा बहुमत के आधार पर सत्य को परिभाषित नहीं किया जा सकता। उन्होंने संसदीय लोकतंत्र की विकृतियों की बखिया-उधेड़ आलोचना की है, इसका अर्थ है, वे सच्चा लोकतंत्र चाहते थे। जिस गांधी को चर्चिल भारत का अधनंगा फकीर कहते थे, वह गांधी पश्चिम की आधुनिक सभ्यता

की नंगई से भयभीत था। वह सभ्यता हिंसा के अनेक रूपों में प्रकट होती रही है, लोकतंत्र को दूषित करती है, मानववाद और आधुनिकता की आड़ में आदमी को खुदगर्ज बनाती है, शस्त्रों की होड़ बढ़ाती है और मानवीय साहचर्य को विकृत कर देती है।

गांधी स्त्री शक्ति की गरिमा के व्याख्याकार थे। वे मानते थे कि स्त्री को समाज में आदर नहीं मिलता है, तो 'स्वराज' की बात ही बेतुकी हो जाती है। उन्होंने स्वराज की लड़ाई में स्त्रियों को आगे बढ़ाया और उन्हें अहिंसक संघर्ष का प्रतिमान माना। सत्याग्रह का एक अर्थ प्रतिवाद करते हुए सहन क्षमता में है, जो शक्ति स्त्रियों में होती है। गांधी ने कहा, 'इस देश की सही शिक्षा यह होगी कि स्त्री को अपने पति से 'न' कहने की कला सिखाई जाए और यह बताया जाए कि अपने पति की कठपुतली या उसके हाथों की गुड़िया बन कर रहना उसके कर्तव्य का अंग नहीं है।... अपनी मौज-मस्तियों की गुलामी और पति की गुलामी छोड़ो।' (महात्मा गांधी के विचार)। उन्होंने निर्भयता के साथ कहा, पश्चिम की आधुनिक सभ्यता स्त्री की स्थिति को बदतर बनाती है, उसे उपभोग्या बनाती है।

गांधी को कभी पुनरुत्थानवादी, कभी प्रतिक्रियावादी और कभी मुस्लिम-परस्त कहा गया है, जबकि वे भारतीय सांस्कृतिक नवजागरण की श्रेष्ठतम अभिव्यक्ति थे। मानवता ने उनकी दुर्बल काया में अपनी विपुल शक्ति का दर्शन पहली बार किया था। अल्बर्ट आइंस्टीन ने गांधी के लिए कहा था, 'वे एक ऐसे विजयी योद्धा थे, जिसने बल-प्रयोग का सदैव उपहास किया।' उन्होंने यह भी कहा था कि आनेवाली पीढ़ियां इस बात पर विश्वास नहीं करेंगी कि धरती पर गांधी जैसा मानव भी जन्मा था।

गांधी के इन नए प्रयोगों से आधुनिक हिंदी साहित्य में मैथिलीशरण गुप्त, सियारामशरण गुप्त, छायावाद के कवि, उत्तर-छायावाद के कवि विशेषकर माखनलाल चतुर्वेदी, बालकृष्ण शर्मा 'नवीन', सुभद्रा कुमारी चौहान, बच्चन, रामधारी सिंह 'दिनकर', भगवतीचरण वर्मा तथा प्रेमचंद जैसे कथाकार हिंदी साहित्य को मिले हैं।

हिंदी में गांधी के व्यक्तित्व और विचार के अनेक पक्ष प्रकट हुए। यह कहा गया कि राजनीति के क्षेत्र में जो गांधीवाद है, सृजन के क्षेत्र में वही छायावाद है। रामनरेश त्रिपाठी ने 'पथिक' काव्य में गांधी के कर्म सौंदर्य की प्रतिष्ठा की है। प्रेमचंद के 'रंगभूमि' उपन्यास का सूरदास उनका सृजनात्मक प्रतिरूप बताया गया। भवानी प्रसाद मिश्र ने गांधी पर कई कविताएं लिखीं (गांधी पंचशती)। नागार्जुन ने गांधीवाद का विरोध करते हुए भी अपनी कई कविताओं में गांधी की प्रशंसा की। गिरिराज किशोर ने 'पहला गिरमिटिया' उपन्यास लिख कर दक्षिण अफ्रीका में किए गए उनके संघर्ष को याद किया।

कृष्णदत्त पालीवाल

अधिक जानकारी के लिए :
1. **महात्मा गांधी :** प्यारेलाल और सुशीला नायर, 2. **गांधी और भारत : केंद्र में एक सदी :** गियान्नी सोफ्री, 3. **The Essential Gandhi** : Louis Fischer

गाथा

गाने के अर्थ वाली 'गै' धातु में 'थन' प्रत्यय लगा कर गाथ शब्द बना और इससे स्त्रीलिंग में गाथा शब्द बना। इसका अर्थ गीत या छंद है। प्राकृत भाषा के एक विशेष गेय छंद को गाथा या गाहा कहा गया है, जो संस्कृत के पिंगल शास्त्र में निरूपित आर्या छंद के समान है। हाल के नाम से प्रसिद्ध 'गाहासतसइ' (गाथासप्तशती) प्राकृत गाथाओं के प्राचीन संकलनों में एक है। गाथा का प्राचीन उल्लेख अथर्ववेद में इस प्रकार मिलता है, 'सृष्टि के आरंभ में परम पुरुष उत्पन्न हुआ, उसका अनुगमन इतिहास, पुराण, गाथा और नाराशंसी ने किया। जो इस बात को जान लेता है वह इतिहास, पुराण, गाथा और नाराशंसी का प्रिय धाम बन जाता है।' (अथर्ववेद 15.6.11.12)।

इससे प्रतीत होता है कि वैदिक मंत्रों की रचना के साथ-साथ वैदिक काल में इतिहास, पुराण, गाथा, नाराशंसी—इन लोकप्रिय साहित्य विधाओं की भी रचना होती आ रही थी। इनका निदर्शन वैदिक

संहिताओं और ब्राह्मण ग्रंथों में प्राप्त होता है। ऐतरेय ब्राह्मण के शुनःशेप आख्यान में गद्य के साथ बीच-बीच में गाथाओं का प्रयोग है। गाथाओं का गान वैदिक यज्ञ के अनुष्ठान में भी होता था। शतपथ ब्राह्मण तथा आश्वलायन गृह्यसूत्र में भी गाथा और नाराशंसी का उल्लेख है।

गाथाओं में वीर पुरुषों की अत्युक्तिपूर्ण प्रशंसाएं होती थीं। इसलिए मैत्रायणी संहिता (1.11.8) तथा काठक संहिता (14.5) में तो गाथाओं को मिथ्या भी कहा गया है।

महाभारत में गाथाओं के अनेक उदाहरण या उद्धरण प्राप्त होते हैं। इससे समाज में उनके लोकप्रिय होने का संकेत मिलता है। कुछ स्थानों पर गाथा बनाने वाले या गाथा गाने वाले व्यक्ति, कवि या गायक का नाम भी महाभारत में निर्दिष्ट है। कहीं-कहीं गाथा और इतिहास शब्दों का पर्याय के रूप में प्रयोग है। गाथा का उल्लेख सामगायन, पुराण प्रवचन और स्वाध्याय के प्रसंगों में हुआ है।

वैदिक साहित्य के बाद बौद्ध साहित्य तथा बौद्ध धर्मोपदेश की प्राचीन परंपरा में भी गाथाओं का प्रचुर उपयोग होता था। जातक कथाओं में बीच-बीच में गाथाओं का प्रयोग है। थेरगाथा तथा थेरीगाथा बौद्ध वाङ्मय में प्रतिष्ठित हैं। महाकवि अश्वघोष के नाम से 'गण्डीस्तोत्रगाथा' नामक स्तोत्रकाव्य भी बौद्ध परंपरा में प्रचलित है।

शार्गदेव के अनुसार मार्ग ताल के साथ गाए जाने वाले 14 प्रकारों के गीतों में गाथा एक है (संगीतरत्नाकर, 5.53.55)। इसमें चौदह प्रकार के गीत बताए गए हैं, जिनका प्रयोग शिव की स्तुति में होता रहा है।

राधावल्लभ त्रिपाठी

गाथा गीत

गाथा गीत (Ballad) एक काव्य रूप है, जिसके आरंभिक इतिहास का संबंध यूरोपीय पुनर्जागरण से है। लोक साहित्य की मौखिक परंपरा में इसकी मौजूदगी पहले से भी मानी जा सकती है। पुनर्जागरण काल में इसकी अचानक बढ़ी लोकप्रियता के पीछे कारण था लोक परंपराओं के नायकों एवं मूल्यों की निरंतरता को आधुनिक संस्कृति में बचाए रखना।

भारत में गाथागीत अंग्रेजों के भारत आने के पहले से थे। इसके प्रमाण शीरी-फरहाद, लैला-मजनूं तथा हीर-रांझा के साथ-साथ शिवकथा, सत्यवान-सावित्री, राजा हरिश्चंद्र, रूप-वसंत जैसी लोकगाथाओं को गीति रूप में गाने की परंपरा में आज भी दिखाई देते हैं, पर नृत्य शैली में इनकी आधुनिक प्रस्तुतियां नहीं हो पाईं।

यूरोपीय बैलेड एक खास तरह का गाथागीत है। यह लोकभाषा में रचित कथा को गीत-संगीत के रूप में प्रस्तुत करता है तथा नृत्य के द्वारा इसे अधिक प्रभावपूर्ण बना देता है। गीति संरचना के तौर पर इसके लिए इस्तेमाल में आने वाले इसके छंद में तुकांत की लयात्मक आवृत्ति होती है। दो या उससे अधिक पदों में रचे जाने वाले इन गीतों में चार, छह या कई दफा उससे ज्यादा पंक्तियां हो सकती हैं। स्थायी की बार-बार आवृत्ति और अंतराओं में सभी या दूसरी-तीसरी पंक्ति में तुक का प्रयोग होता है। लेकिन इसकी रचना विशुद्ध काव्य के तौर पर भी होती है जहां यह ध्यान रखा जाता है कि उसका ढांचा कुछ हद तक गीत से मिलता-जुलता हो।

बैलेड मुख्यतः रोमानी और श्रृंगारिक होते हैं, लेकिन अन्य बहुत-से विषयों का भी उनमें समावेश दिखाई देता है। इनमें धार्मिक, सामाजिक, राजनीतिक आदि सभी तरह के विषय होते हैं। कई दफा चुटकुलों तक का प्रयोग कर लिया जाता है। हालांकि बैलेड मुख्यतः गंभीर या त्रासद अंत वाले होते हैं, इनमें लोक प्रचलित विद्रोही स्वर की अभिव्यक्ति देखी जाती है। नियमों, कानूनों, प्रतिबंधों के प्रति मानवीय भावों और ओजस्विता से भरे प्रतिरोध अक्सर बैलेड की विषय वस्तु का हिस्सा होते हैं। यात्राएं, दुःसाहस और प्रेमाख्यानों की परंपरा भी बहुत-से बैलेडों की विषय वस्तु बनी है। अधिकांश बैलेड निम्न वर्ग के पात्रों को ज्यादा प्रस्तुत करते हैं, हालांकि मध्य तथा कुलीन वर्गों के पात्रों का भी इनमें समावेश हुआ है।

यूरोपीय पुनर्जागरण के परवर्ती काल में यूरोप जैसे-जैसे पूरी दुनिया में अपनी औपनिवेशिक सत्ता का विस्तार करता गया, उसके बैलेड भी अन्य देशों के स्थानीय पर्यावरण से मिश्रित होकर थोड़ी भिन्न सांस्कृतिक और रचनात्मक भूमि पर अभिव्यक्ति पाने लगे। नतीजतन, उत्तरी अमेरिका में 'मूलनिवासियों के अलग बैलेड रूप' का उदय हुआ। वहां बड़ी तादाद में काम करने वाले अफ्रीकी श्रमिकों के संपर्क में यूरोप और अफ्रीकी संस्कृतियों के सम्मिश्रण से 'नील बैलेड' की शक्ल में एक नया रूप सामने आया। यही स्थिति जैज बैलेड के संदर्भ में है। ऑस्ट्रेलिया में बैलेड के ओपेरा रूप का अधिक प्रचलन हुआ। ओपेरा बैलेड यूरोप, न्यूजीलैंड एवं रूस जैसे देशों में भी विशेष तौर पर लोकप्रिय हुआ।

बैलेड की बढ़ती लोकप्रियता के परिणाम-स्वरूप यूरोप के स्वच्छंदतावादी दौर में मुख्यधारा के काव्य में भी 'साहित्यिक बैलेड' की रचना होने लगी, परंतु उसका आकार उत्तर-स्वच्छंदतावादी काल में घटता गया। उत्तरी अमेरिका में नवगीति के उदय से वहां के साहित्यिक क्षेत्रों में बैलेड की ओर पुनः वापसी देखी जा सकती है। अपने साहित्यिक रूप में बैलेड उतनी सरल भाषा वाला काव्य नहीं रह जाता, जैसा लोक में दिखाई देता है। फिर भी मुख्यधारा काव्य में वह तुलनात्मक रूप से सरल, सहज और हृदयग्राह्य होता है, वह लोक में प्रचलित अतिभावुक रूप के विरोध में संतुलित स्वस्थ भावाभिव्यक्ति का उदाहरण है।

यूरोप के कुछ विशेष प्रचलित साहित्यिक बैलेड ये हैं—ऑल द वर्ल्ड इज अ स्टेज, (विलियम शेक्सपियर), प्रोलॉग (अल्फ्रेड टेनीसन), बैलेड ऑफ द मून (लोर्का), मास्क (एजरा पाउंड), नेवर फॉर सोसाइटी (एमिली डिकन्सन), एंडीमियन (जॉन कीट्स) और एंशिएंट मेरीनर (कॉलरिज)। भारत के महानगरों में खास शैलियों के यूरोपीय और रूसी बैलेड आते रहे हैं और वे लोकप्रिय भी हुए हैं। बर्फ पर स्केटिंग करते हुए भी बैलेड नृत्य हुए हैं।

विनोद शाही

अधिक जानकारी के लिए :
1. **The British Literary Ballads Archive**, 2. **The New Harvard Dictionary of Music** : Don Michael Randel, 1944, 3. **A Short History of Western Music** : Arthur Jacobs, 1972, 4. **The Ballad** : Alan Norman Bold, 1979, 5. **The Ancient Ballads of India** : Pranab Bandopadhyay, 1976, 6. **Indian Ballad and other poems** : William Waterfield, 1868

गाथा सप्तशती

प्राकृत भाषा के गीति पदों में हाल रचित गाथा सप्तशती का सर्वाधिक महत्व है। हाल का एक अन्य नाम सातवाहन भी था। संस्कृत के प्रसिद्ध गद्यकार बाणभट्ट ने 'हर्षचरित' की उत्थानिका में इस कृति का कोश या सुभाषित कोश और इसके कर्ता का सातवाहन के नाम से उल्लेख किया है। इससे यह अनुमान लगाया जा सकता है कि मूलतः यह कृति चुने हुए प्राकृत पद्यों का एक संग्रह था। धीरे-धीरे इसमें सात सौ गाथाओं का समावेश हो गया और यह रचना सतसई के नाम से विख्यात हो गई, लेकिन इसके रचनाकार का नाम वही यानी हाल या सातवाहन ही ख्यात रहा। यह लोकोक्ति रही है कि हाल ने एक कोटि गाथाओं में से सात सौ अलंकारपूर्ण गाथाओं को चुन कर निबद्ध किया। 'गाथा सतसई' की रचना का काल अनिश्चित है, पर बाणभट्ट के उल्लेख से इतना निश्चयपूर्वक कहा जा सकता है कि गाथाकोश के रूप में इसका संकलन ईसा की सातवीं शती से पूर्व हो चुका था। हाल कृत सतसई की अनेक टीकाओं में पीतांबर और भुवनपाल कृत दो टीकाएं विशेष प्रसिद्ध हैं। इनमें तीन सौ से ऊपर गाथाओं में कर्ताओं का भी उल्लेख पाया जाता है, जिनमें पालित्तक, प्रवरसेन, सर्वसेन, पोट्टिम, कुमारिल आदि कवियों के नाम पाए जाते हैं।

'गाथा सप्तशती' की रचना महाराष्ट्री प्राकृत में हुई है। जैसा कि पहले भी उल्लेख किया जा चुका है, इस रचना में उल्लिखित सभी गाथाएं किसी एक रचनाकार की नहीं हैं। हाल ने स्वयं लिखा है, लाखों

गाथाओं में से सात सौ ऐसी उक्तियां चुनकर रख दी हैं, जो उन्हें अत्यंत सुंदर एवं रस-भाव से भरी प्रतीत हुईं। सप्तशती का प्रत्येक पद्य अपने आप में स्वतंत्र है, यह मुक्तक काव्य का प्राचीनतम उदाहरण है।

कालिदास और भवभूति की उदात्त रचनाओं से सराबोर पाठकों के लिए गाथा सप्तशती की कविता एक नए आस्वाद से भरी-पूरी नजर आती है। रचना का आधार लोक जीवन है। सरल ग्राम्य जीवन से परिपूर्ण इन रचनाओं में नगरीय जीवन से अलग भावनाओं की अभिव्यक्ति हुई है। श्रृंगार, प्रकृति और नीति इन तीन स्वरों का रचना में सुंदर और प्रभावी संयोजन किया गया है। प्राकृतिक दृश्यों का वर्णन करते समय उपमा का सधा प्रयोग रचना की अन्यतम विशेषता है। कहीं मरकत की सूई से बिंधे मोती के समान, तरुण की नोक पर चमकते जल-बिंदु को मृग चाट रहे हैं, कहीं काले मेघों के प्राण की भांति बिजली धुक-धुक कांप रही है, कहीं कुमुद दलों पर निश्चल भाव से बैठे काले भौंरे अंधकार की ग्रंथियों के सदृश प्रतीत हो रहे हैं। नीति और सूक्ति संबंधित वर्णन अनुपम हैं। जैसे, संसार में बहरों और अंधों का समय सुख से बीतता है, क्योंकि बहरे कटु शब्द नहीं सुनते और अंधे दुष्टों की समृद्धि नहीं देख पाते। कृपण के लिए उसका धन उतना ही निष्फल है, जितनी ग्रीष्म की कड़ी धूप से व्याकुल पथिक के लिए अपनी छाया। टेढ़ों और सीधों का साथ कहीं निभ सकता है? तभी तो टेढ़ा धनुष सीधे और गुणग्राही बाणों को दूर फेंक देता है। ग्रामीण जीवन का वर्णन करते समय कवि ने बेहद मार्मिक दृष्टि का परिचय दिया है। मूसलाधार बारिश हो रही है, झोंपड़ी में टप-टप पानी टपक रहा है। कृषक-पत्नी अपने प्यारे बच्चे को बचाने के लिए उस पर झुककर पानी की बूंदें अपने सिर पर ले रही है; कवि कहता है—उसे नहीं मालूम कि इस प्रकार वह अपने नयनों से झरते नीर से उसे भिगो रही है।

प्रणय दृश्य सप्तशती की सर्वाधिक महत्वपूर्ण उपलब्धि हैं। उल्लेखनीय यह है कि इन चित्रणों का संबंध ग्रामीण परिवेश से है। अनेक चित्र दांपत्य प्रणय के हैं। रसोई बनाते समय कहीं पत्नी के कालिख लगे हाथ से मुंह पर काला धब्बा लग गया, उसे देख मुस्कुराता हुआ पति कह उठा—वाह! अब तो तुम्हारे मुख और चंद्रमा में जरा भी अंतर नहीं रहा। एक अन्योक्ति है :

ईषत्कोषविकासं यावन्नाप्रोति मालतीकलिका।
मकरन्दपानलोलुप मधुकर किं तावदेव मर्दयसि।।

उपर्युक्त पद्य का भाव लेकर रीतिकालीन कवि बिहारी ने ब्रजभाषा में रचित अपनी सतसई में लिखा :

नहिं पराग नहिं मधुर मधु नहिं विकास यहि काल।
अली कली ही सों बंध्यो आगे कौन हवाल।।

हाल सतसई के आदर्श पर गोवर्धनाचार्य ने संस्कृत में 'आर्या सतसई' का लेखन किया। हिंदी की सतसई परंपरा भी मूलतः गाथा सप्तशती से ही प्रेरित है।

निरंजन सहाय

अधिक जानकारी के लिए :
हाल और उनकी गाथा सप्तशती : हरिराम आचार्य

गायकी घराने

प्राचीन भारतीय गायकों में कुछ ऐसे प्रसिद्ध गायक हुए हैं, जिन्होंने अपनी प्रतिभा से एक विशेष प्रकार की गायन-शैली को जन्म देकर उसे अपने पुत्रों तथा शिष्यों को सिखाया। उनकी उस शैली का अनुकरण उनके शिष्य तथा कुटुंबी अब तक करते चले आ रहे हैं। उन गायन-शैलियों को ही घराने का नाम दिया जाता है। अनेक घरानों के राग-स्वर प्रायः एक-से हैं, किंतु उनके गाने या स्वरों को प्रयुक्त करने का ढंग विशिष्ट होने से वह गायकी अलग से पहचानी जाती है।

शास्त्रीय गायकी को दो बड़े धक्के लगे थे, पहला 1857 में और दूसरा 1947 में। 1857 के बाद यह शाही संरक्षण से वंचित हो गई। 1947 में काफी लोग पाकिस्तान, मुख्यतः कराची, चले गए। फिर भी हिंदुस्तानी संगीत की दुनिया में हिंदू और मुसलमान कलाकार एक-दूसरे से इतने घनिष्ठ रूप से जुड़े थे कि विभाजन के समय कई मुस्लिम कलाकार प्रेम की वजह से भारत में ही रह गए थे।

हिंदुस्तानी संगीत में गायकों-वादकों के मुख्य पांच घराने हैं—(1) ग्वालियर घराना, (2) जयपुर अतरौली घराना, (3) किराना घराना, (4) आगरा घराना और (5) दिल्ली घराना। इन घरानों का संक्षिप्त परिचय इस प्रकार है :

ग्वालियर घराना : इस घराने के जन्मदाता प्रसिद्ध संगीतज्ञ नत्थन पीरबख्श माने जाते हैं। उनकी वंश-परंपरा में उनके पोते हद्दू खाँ, हस्सू खाँ, नत्थू खाँ ये तीनों भाई प्रसिद्ध खयाल-गायक होने के साथ ही ग्वालियर के दरबारी गायक भी थे। इस परंपरा के महाराष्ट्रीय शिष्य बालकृष्णबुआ इचल करंजीकर, वासुदेव जोशी तथा बाबा दीक्षित थे। बालकृष्ण बुआ के शिष्य थे—विष्णुदिगंबर पलुस्कर। पलुस्कर जी ने बंबई पहुंचकर ग्वालियर घराने की गायकी का प्रचार किया, जिसके फलस्वरूप ओंकारनाथ ठाकुर, विनायकराव पटवर्धन, नारायणराव व्यास आदि प्रसिद्ध गायक हुए।

नत्थू खां के कोई संतान न होने के कारण उन्होंने निसार हुसैन को गोद ले लिया। निसार हुसैन ने अपने परिश्रम और प्रतिभा से गायन कला में अच्छी प्रसिद्धि पाई। निसार हुसैन की शिष्य-परंपरा में शंकर पंडित, रामकृष्ण वझे बुआ, भाऊराव, कृष्णराव पंडित, राजाभैया पूछवाले आदि गायक विशेष उल्लेखनीय हैं।

जयपुर अतरौली घराना : इस घराने के जन्मदाता 'मनरंग' बताए जाते हैं। उनके वंशज मुहम्मद अली खां हुए और मुहम्मद अली खां के पुत्र हाशिक अली खां हुए। आगे चलकर इस घराने के दो उप-घराने हो गए—(1) पटियाला घराना और (2) अल्लादिया खां घराना। पटियाला रियासत में पनपने के कारण पटियाला घराना या पंजाब घराना कहलाया। इसकी उत्पत्ति तानरस खां से बताई गई है जिनके शिष्यों में कालू मियां, अलीबख्श, नबीबख्श और फतेहअली का नाम लिया जाता है। अलीबख्श और फतेहअली की जोड़ी 'अलिया-फत्तू' की जोड़ी के नाम से प्रसिद्ध हुई। उस्ताद बड़े गुलाम अली खां ने पटियाला घराने का नाम रोशन किया; वो अलीबख्श के पुत्र और फतेहअली के वंशज थे। पटियाला घराने में बड़े गुलाम अली के शिष्यों में प्रमुख हैं उनके पुत्र मुनव्वर अली खां, प्रसून बनर्जी, मीरा बनर्जी और पाकिस्तान के गजल गायक गुलाम अली। बड़े गुलाम अली को अपने चाचा काले खां से पहले सारंगी और फिर खयाल गायन की शिक्षा मिली थी। बड़े गुलाम अली खां पटियाला घराने के प्रतिनिधि संगीतकार माने जाते हैं।

अल्लादिया खां ने जयपुर घराने की विशेषताओं के साथ-साथ कुछ और विशेषताएं पैदा करके अपनी गायन शैली को आकर्षक बनाया। अल्लादिया खां के तीन पुत्र थे—बड़े खां, मंजी खां और भुर्जी खां। जयपुर अतरौली घराने के अद्वितीय गायक मल्लिकार्जुन मंसूर मंजी खां और भुर्जी खां के शिष्य थे। केसरबाई केरकर और किशोरी अमोणकर जयपुर अतरौली घराने की प्रमुख गायिकाएं हैं।

दिल्ली घराना : मुगल बादशाहों के पतन के पश्चात तानरस खां द्वारा इस घराने की स्थापना हुई बताई जाती है। तानरस खां के पुत्र उमराव खां ने इस घराने को बढ़ाया। हाल में इस घराने के प्रतिनिधि उस्ताद चांद खां थे। दिल्ली घराना के प्रमुख कलाकारों में सिद्धार खां, बुगरा खां, घसीट खां, कल्लू खां, सिताब खां, गुलाब खां, नजरअली खां, मुहम्मद खां, बोलीबख्श खां, छोटे काले खां, नत्थू खां और नत्थू खां की शिष्य परंपरा में केशवचंद्र बनर्जी, डमरूपाणि भट्टाचार्य, हबीबुद्दीन और हरेंद्र किशोर रायचौधुरी शामिल हैं।

किराना घराना : किराना घराने की जन्मभूमि पश्चिमी उत्तर प्रदेश के शामली जिले का कैराना है। इस घराने से जुड़े रहने वाले गायकों में भीमसेन जोशी, बेगम अख्तर, मुहम्मद रफी आदि प्रमुख रहे हैं। इस घराने का संबंध प्रसिद्ध बीनकार बंदे अली खां से बताया जाता है। अब्दुल करीम खां तथा अब्दुल वहीद खां ने इस घराने की ख्याति बढ़ाई और इसे प्रतिष्ठित किया। अब्दुल करीम खां साहब की आवाज की अपनी एक अनोखी शैली थी, जिसका

अनुभव वर्तमान संगीतप्रेमी उनके रिकॉर्डों द्वारा अब भी कर सकते हैं। सवाई गंधर्व, सुरेशबाबू आदि इसी घराने के कलाकार थे। नए समय में किराना घराने के प्रतिनिधियों में गंगूबाई हंगल, उस्ताद रजबअली खां, उस्ताद अमीर खां, रोशनआरा बेगम, हीराबाई बड़ोदेकर आदि के नाम भी उल्लेखनीय हैं। किनारा घराने के कलाकार कर्नाटक संगीत के भी संपर्क में आए और कुछ महाराष्ट्र में जा कर बसे।

आगरा घराना : अलखदास-मलूकदास से इस घराने की उत्पत्ति बताई जाती है। इस घराने के प्रवर्तक हाजी सुजान (तानसेन के दामाद) भी माने जाते हैं। आगे चलकर खुदाबख्श 'घग्गे' द्वारा इस घराने का प्रचार हुआ। आगरा घराने की बहुत-सी बातें ग्वालियर घराने से मेल खाती हैं। इसका एक कारण यह है कि खुदाबख्श ने ग्वालियर वाले नत्थन पीरबख्श से खयाल गायकी की तालीम पाई थी। बाद में वे आगरा चले गए। आगरा घराने में उस्ताद फैयाज खां का नाम विशेष उल्लेखनीय है। ये गुलाम अब्बास के धेवते थे। इन्होंने इस घराने का नाम खूब रोशन किया।

आगरा घराना के प्रमुख कलाकारों में अलखदास, मलूकदास, हाजी सुजान, सरसरंग, श्यामरंग, जग्गू खां, सस्सू खां, गुलाब खां, खुदाबख्श, नत्थन खां, गुलामअब्बास खां, कल्लन खां, फैयाज खां, तसद्दुक हुसैन, मुहम्मद खां, अब्दुल्ला खां, विलायत हुसैन, बन्ने खां आदि शामिल हैं।

सेनिया घराने के उस्ताद अलाउद्दीन खाँ और डागर घराने के उस्ताद जिया मोहिउद्दीन डागर बीसवीं सदी के महानतम गुरुओं में हैं। इन्होंने अनेक बेजोड़ शिष्य तैयार कर भारतीय संगीत परंपरा को समृद्ध किया। उस्ताद जिया मोहिउद्दीन डागर की शिष्य परंपरा में उस्ताद फरीदुद्दीन डागर, ऋत्विक सान्याल, पुष्पराज कोष्टी, बहाउद्दीन डागर जैसे गायक-वादक शामिल हैं। उस्ताद अलाउद्दीन खां की शिष्य परंपरा में अली अकबर खां, पन्नालाल घोष, अन्नपूर्णा देवी, निखिल बनर्जी, रविशंकर, अन्नपूर्णा देवी के शिष्य हरिप्रसाद चौरसिया जैसे कई और भी कलाकार शामिल हैं।

पखावज या मृदंग वादकों के घराने : इस क्षेत्र में रामपुर के नाना साहब पानसे का घराना प्रसिद्ध है। नाना साहब पानसे के शिष्य सखाराम पंत, अंबादास पंत, संजय पंत, आगले आदि प्रमुख वादक रहे हैं। दतिया के कुदौसिंह के घराने में भवानी सिंह, अयोध्या प्रसाद, शंभू प्रसाद और मदन मोहन हैं। दादा जोरावर सिंह, शुकदेव, पर्वत, माधो सिंह ग्वालियर के मृदंग घराने के प्रतिनिधि वादक हैं। रामाशीष पाठक दरभंगा घराने के प्रतिनिधि कलाकार हैं। इसके अतिरिक्त बांदा घराना, बनारस घराना, अवधी घराना, श्रीनाथद्वारा आदि घराने पखावज वादन के प्रसिद्ध घराने हैं।

तबला वादकों के घराने : तबला वादन के क्षेत्र में वाराणसी के चार घराने हैं। पहले में रामदास सहाय, दुर्गा सहाय, शारदा सहाय, कंठे महाराज, किशन महाराज आदि हैं। दूसरे में दीनू मिसिर, सुरेशचंद्र राय, हरेंद्र किशोर रायचौधरी, प्रताप मिश्र, शिव सुंदर आदि हैं। तृतीय में बूंदी मिश्र, दुर्गा मिश्र आदि शामिल हैं। फर्रुखाबाद घराने के हाजी विलायत अली, करमतुल्ला खां, मसिदुल्ला खां, ज्ञान प्रकाश घोष, अनिल राय चौधरी, शंख चटर्जी आदि प्रथम घराने के हैं। काले खां, मुनीर खां, अमीर खां, निखिल घोष, अहमद जान थिरकवा द्वितीय घराने के हैं। लखनऊ घराने के हैं सिद्धार खां, मम्मान खां, आबिद हुसैन, कृष्ण कुमार गांगुली, शिशिरमोहन भट्टाचार्य आदि। अजराड़ा घराने के अल्लादिया खान और जाकिर हुसैन हैं। इनके अतिरिक्त पंजाब घराना, दिल्ली घराना, मेवाती घराना, मोल्लाबख्श आदि घराने तबला वादन के लिए जाने जाते हैं।

संगीता गुंदेचा

अधिक जानकारी के लिए :

1. **हिंदुस्तानी संगीत पद्धति** : विष्णु नारायण भातखंडे, 2. **A Listeners' Guide To Hindustani Music** : Sandeep Bagchee, 2006, 3. **Tellings and Texts : Music, Literature and Performance in North India** : F Orsini and Butler Schofield K, 2015

गायत्री

भारतीय वाङ्मय में गायत्री को महामंत्र के रूप में प्रतिष्ठा प्राप्त है। इसके आधार पर वर्तमान में भी एक अलग संप्रदाय बन गया है जिसे लोग गायत्री परिवार के रूप में जानते हैं। वैसे यह एक वैदिक मंत्र है। ऐसा विश्वास प्रचलित रहा है कि यह मंत्र स्वयं ब्रह्मा के मुख से निकला है। मंत्र है, 'ऊं भूर्भुवः स्वः तत्सवितुर्वरेन्यम भर्गो देवस्य धीमहि धियो यो नः प्रचोदयात्।'

छांदोग्य उपनिषद में वाणी को गायत्री का रूप बताया गया है और कहा गया है, 'मानो पृथ्वी ही गायत्री है। पृथ्वी पर ही सब कुछ है और यह सबकी रक्षा करती है। कोई इसका अतिक्रमण नहीं कर सकता। अतः जो पृथ्वी की उपासना/मंगल करता है, गायत्री उसकी रक्षा करती है।' (3.12.2)। 'गय' का अर्थ प्राण है। अतः प्राणों का त्राण करने वाली को भी गायत्री कहा गया है। गायत्री को वाणी मानने के कारण वेदों की जननी और गायत्री मंत्र को सबसे बड़ा मंत्र कहा गया है।

गायत्री को वेद माता भी कहा गया है। यह यजुर्वेद के मंत्र और ऋग्वेद के छंद से मिलकर बना है। इस मंत्र में सविता की उपासना की गई है, इसलिए इसे सावित्री भी कहा जाता है। सविता के मुख से निःसृत होने के कारण भी इसे सावित्री कहा गया है। माना जाता है कि इसी मंत्र के जाप से विश्वामित्र को ब्राह्मणत्व या ब्रह्मर्षि का स्वरूप प्राप्त हुआ था।

ऋग्वेद के सात छंदों में से एक गायत्री छंद है। इस छंद में आठ-आठ अक्षरों के तीन चरण होते हैं। इसके ऋषि विश्वामित्र हैं और देवता सविता यानी सूर्य हैं। जब यह मंत्र ब्रह्मा के मुख से व्यक्त हो रहा था तब अग्नि भी इसके साथ था, इस आधार पर इसे अग्निमुखी भी कहा जाता है। गायत्री परिवार से संबंध रखने वाले आचार्य इस मंत्र की बहुत विस्तृत व्याख्या करते हैं। वे बतलाते हैं कि यह भारतीय संस्कृति की जननी है। इसकी कई उपासना विधियां भी बतलाई गई हैं।

गायत्री मंत्र भूः, भुवः तथा स्वः इन तीन लोकों के उल्लेख के जरिए वैश्विक दृष्टि प्रस्तुत करता है। इसमें चेतना के निरंतर परिष्कार तथा ऊर्ध्वमुखी विकास की प्रेरणा निहित है।

गायत्री से संबंधित एक कथा ब्रह्मा की दूसरी पत्नी होने से जुड़ी हुई है। सरस्वती की अनुपस्थिति में गायत्री को ब्रह्मा ने अपनी पत्नी बना लिया था, लेकिन गायत्री ने सरस्वती को वचन दिया कि उसका स्थान सरस्वती के बाद ही रहेगा।

जीवन सिंह

गायत्री चक्रवर्ती स्पिवाक

(जन्म 1942-)

गायत्री चक्रवर्ती स्पिवाक (Gayatri Chakravorty Spivak) जानी-मानी उत्तर-उपनिवेशवादी आलोचक, सिद्धांतकार तथा अनुवादक हैं। 1942 में कोलकाता में जन्मी स्पिवाक के अध्ययन तथा शोध के मुख्य क्षेत्र स्त्रीवाद, मार्क्सवाद, विसंरचना तथा वैश्वीकरण हैं। उनकी पद्धति तुलनात्मक साहित्यिक तथा अंतरअनुशासनात्मक है, हालांकि वे कहती हैं कि मैं इतनी विद्वान नहीं हूं कि अंतरअनुशासनात्मक अध्ययन के योग्य बन सकूं, पर मैं नियम तोड़ सकती हूं।

स्पिवाक ने अपना शोध कार्य प्रमुख विसंरचनावादी

गायत्री चक्रवर्ती स्पिवाक

आलोचक पॉल डी मान के निर्देशन में आयरिश कवि विलियम बटलर येट्स पर किया था। उनकी प्रसिद्धि फ्रांसीसी चिंतक जॉक देरिदा की किताब 'ऑफ ग्रामेटोलॉजी' के फ्रेंच से अंग्रेजी अनुवाद से हुई, जो 1976 में छपी थी। इस अनुवाद तथा उसकी भूमिका से उन्होंने अंग्रेजी-अमेरिकी अकादमिक विश्व में विसंरचना (विखंडन) पर बहस की शुरुआत की। विसंरचना को परिभाषित करते हुए उन्होंने कहा कि जिसकी आपको चाहे जरूरत न हो सकती हो, पर सतत मीमांसा विसंरचना कही जाएगी। उन्होंने माना कि वे विसंरचना से जो सीखती हैं, वह शायद सनक भरा हो, पर 'वह मेरे लिए लगाम का काम करता है।' उन्होंने रणजीत गुहा के साथ सबाल्टर्न स्टडीज ग्रुप के लिए 'सिलेक्टेड सबाल्टर्न स्टडीज' (1982) शीर्षक से पाठ्यग्रंथ तैयार किया, जिसकी पूर्व-भूमिका एडवर्ड सईद ने लिखी थी।

महाश्वेता देवी के कथा साहित्य का अंग्रेजी अनुवाद तथा उसका आलोचनात्मक अध्ययन करते हुए 'देशी मुखबिर' की चर्चा कर उन्होंने उत्तरऔपनिवेशिक अध्ययन को नई दिशा दी। भारतीय स्त्रियों के संघर्षों तथा उनकी कहानियों को ध्यान में न ले पाने को उन्होंने पश्चिमी तथा भारतीय विद्वत वर्ग की विफलता माना। इन मुद्दों को उनकी जटिलताओं के साथ उजागर करते हुए उन्होंने कई प्रमुख किताबें लिखीं, जिनमें 'इन अदर वर्ल्ड्स : ऐसेज इन कल्चरल पॉलिटिक्स' (1987), 'आउटसाइड द टीचिंग मशीन' (1993), 'ए क्रीटिक ऑफ पोस्टकोलोनियल रीजन : टुवर्ड्स ए हिस्ट्री ऑफ द वैनिशिंग प्रेजेंट' (1999), 'डेथ ऑफ ए डिस्पिलिन' (2003) तथा 'अदर एशियाज' (2005) प्रमुख हैं। सांस्कृतिक सिद्धांतकार के रूप में 2008 में ज्यूडिथ बटलर के साथ 'हू सिंग्स द नेशन स्टेट?' किताब लिखी, जिसमें नेशन-स्टेट को वर्तमान समय में संक्रांति से गुजरता हुआ अस्थायी स्थान (लोकस) मानते हुए कई सवाल खड़े किए : आज के समय में हम किसी राष्ट्र से जुड़े होने की भावना कैसे बचाए रख सकते हैं? नेशन-स्टेट का भविष्य क्या है? आज सत्ता किसके पास है और उसका कौन उपयोग कर रहा है? क्या हमें अभी भी अधिकार का अधिकार है? स्पेनिश में अमेरिकी राष्ट्रगीत गाने का क्या औचित्य है? उन्होंने अपने सवालों से उत्तरउपनिवेशवादी अध्ययन को विस्तृत कर साहित्यिक अध्ययन के क्षेत्र में बड़ा योगदान किया।

स्पिवाक विशेषतः उपनिवेशवाद की विरासत को चुनौती देने वाले समकालीन सांस्कृतिक तथा आलोचनात्मक सिद्धांतों के लिए जानी जाती हैं। उनके अध्ययन में पश्चिमी वर्चस्ववादी संस्कृति द्वारा हाशिए पर फेंके गए समाजों तथा वर्गों जैसे— नवप्रवासी, मजदूर तथा कामकाजी स्त्रियां आदि के विमर्श मुख्य रूप से शामिल होते हैं। एक प्रकार से उन्होंने साम्राज्यवाद तथा पश्चिमी स्त्री-विमर्श की मीमांसा कर उत्तरउपनिवेशवादी विमर्श को नई दिशा दी है। स्पिवाक ने मिशेल फूको, डिल्यूज तथा मार्क्स द्वारा निरूपित 'रिप्रजेंटेशन' की पद्धति का विखंडन किया और 'कैन द सबाल्टर्न स्पीक?' में पश्चिमी साम्राज्यवादी शक्तियों पर सवाल करते हुए पश्चिमी चिंतन परंपरा की सीमाओं को उजागर किया। उन्होंने 'सबाल्टर्न' की धारणा इटली के अंतोनियो ग्राम्शी के 1929-35 के जेल जीवन से संबद्ध 'प्रिजन नोट बुक्स' से ली। उनके नोटबुक्स में सबाल्टर्न का अर्थ यूरोपीय समाज का किसान वर्ग है, जिसकी आवाज को बुर्जुआ सत्ता संरचनाओं द्वारा अनसुना कर दिया गया था। इसका उपनिवेशितों की दुनिया के लिए बाद में रणजीत गुहा, होमी के भाभा और गायत्री स्पिवाक के द्वारा इस्तेमाल किया गया।

उपनिवेशवाद में सती प्रथा पर प्रतिबंध का अध्ययन करते हुए उन्होंने प्रजाति तथा सत्ता के डाइनामिक्स की परतों के बीच छिपी खामोशियों को खोला। उनके अनुसार, सती के विमर्शों में अंग्रेज उपनिवेशकों तथा हिंदू पुरुष सुधारकों के इस तरह के वर्णन मिलते हैं कि सती प्रथा ने किस प्रकार स्त्रियों पर अत्याचार किए, पर सती होने वाली स्त्रियों की आवाजें खामोशी में दफन होती गई हैं और इस प्रकार सवाल किया कि उपाश्रित या सबाल्टर्न क्या बोल भी सकता है या उसे बोलने भी दिया जाता है? उनके अनुसार, सती को केवल उपनिवेशी

अभिलेखागारों में पाया जा सकता है। सती उन्मूलन को आधुनिकता और सभ्य होने का प्रमाण बताकर सत्ता पर काबिज अंग्रेज अपने को 'विकसित' और 'मानवीय' दिखाते हैं, यह उनके 'साम्राज्यवाद के सुधारवादी सभ्यताकरण का एजेंडा' था। स्पिवाक कहती हैं कि भारतीय स्त्रियों को स्त्री-विमर्श के पश्चिमी संस्करण से बहुत सहायता नहीं मिलती। अतः उन्हें अपनी आवाज खुद बुलंद करने और सुना सकने की सामर्थ्य से युक्त होना होगा।

उनका मानना है कि पश्चिमी विद्वत वर्ग ने अपनी विद्वत्ता की वैधता तथा उसकी पारदर्शिता को स्वयंसिद्ध तथा प्रामाणिक मानते हुए सबाल्टर्न अनुभव को धुंधला बना दिया है। फूको, डिल्यूज जैसे वामपंथी बुद्धिजीवी पश्चिमी यूरोप-केंद्र थीम का प्रारंभ करते हैं, पर उसके निरूपण की समस्या से मुकर जाते हैं। यूरोपकेंद्रीयता के कारण ये बुद्धिजीवी यूरोप द्वारा बनाए गए सबाल्टर्न 'अन्य' को अनाम तथा गूंगा या मौन सिद्ध कर देते हैं।

नस्ल, जाति और लैंगिक भेद—इन तीन कारणों से वर्चस्वी सत्ता संरचना के सामने सबाल्टर्न की स्थिति अपनी आवाज खो देने जैसी हो जाती है। यह बात खासकर स्त्रियों के संबंध में ज्यादा गहरे संकट को सामने लाती है। इसे स्पष्ट करते हुए बताया गया है—आवाज खो देने का संकट 'भाषा में अभिव्यक्ति' को तो नहीं रोकता, पर वर्चस्वी सत्ता संरचनाओं में सबाल्टर्न अनसुना रह जाता है। इसलिए कह सकते हैं कि 'वह दरअसल बोलता ही नहीं है!'

गायत्री चक्रवर्ती स्पिवाक पश्चिमी स्त्रियों की चर्चा कर उन्हें भी साहित्यिक सिद्धांत के अध्ययन के दायरे में ले आईं। एक व्यावहारिक मार्क्सवादी, स्त्रीवादी तथा विसंरचनावादी आलोचक की तरह 1999 में लिखी 'ए क्रीटिक ऑफ पोस्टकोलोनियल रीजन' में उन्होंने दिखाया कि किस प्रकार यूरोपीय तत्वमीमांसा (मेटाफिजिक्स) की प्रमुख रचनाएं (जिनमें कांट तथा हेगेल के ग्रंथ भी शामिल हैं) सबाल्टर्न को न केवल अपनी चर्चाओं से बाहर कर देती हैं, बल्कि गैर-यूरोपीयों को मानवीय विषय के रूप में योग्य स्थान न पाने देने के लिए सक्रिय भूमिका निभाती हैं।

स्पिवाक भारतीय मूल की, तीसरी दुनिया की पहली अश्वेत महिला हैं जिन्हें उनके कार्य की मौलिकता और व्यापकता को देखते हुए कोलंबिया विश्वविद्यालय में बतौर प्रोफेसर स्थान मिला। उनके अकादमिक कार्यों के अलावा पश्चिम बंगाल में प्राइमरी शिक्षा के लिए भी उन्होंने उल्लेखनीय कार्य किया, जो उन्हें सक्रिय सामाजिक कार्यकर्ता के रूप में स्थापित करता है। उनके मौलिक चिंतन के लिए उन्हें 2012 में क्योटो सम्मान तथा 2013 में पद्मभूषण मिल चुका है। फ्रांसीसी से विवाह के बाद उनके नाम के साथ 'स्पिवाक' जुड़ गया था। कुछ समय बाद संबंध विच्छेद हो जाने के बाद भी उन्होंने इसे अपने नाम से अलग नहीं किया। उन्होंने अपने सबाल्टर्न विमर्श में स्त्रियों की मानसिकता पर यह चिंता जाहिर की है कि वे अपना दायित्व निभाने के लिए पुरुषों पर क्यों निर्भर करती हैं। स्त्री और पुरुष का एक-दूसरे के सम्मान का रक्षक होने का दावा दोनों में वस्तुतः 'लघुता-महत्ता में विभाजित चेतना' की ओर ही ले जाता है और इसे बहाना बनाकर पितृसत्ता के नैतिक मूल्यों और हिंसा को पनपने का अवसर मिलता है। (शैला पटेल को दिया गया साक्षात्कार) वे अंततः इस नतीजे तक पहुंचती हैं कि स्त्री के रूप में जो 'अन्य दुनिया' दिखाई देती है, वह उत्तरऔपनिवेशिक हालात में भी वस्तुतः सबाल्टर्न दुर्दशा के दोहरे ताप को भुगतती है। तीसरी दुनिया के उपनिवेशित देश ऐसी ही 'सबाल्टर्न वाणीविहीनता' के शिकार थे। इस दुनिया में स्त्री अधिक 'अधम' स्थिति की वजह से सबाल्टर्न गूंगेपन से घिरी मालूम पड़ती है। इस चिंतन के जरिए स्पिवाक जहां अपने समय के अन्य चिंतकों एडवर्ड सईद, एजाज अहमद, रणजीत गुहा, होमी जे भाभा आदि के साथ संवाद करती हैं, वहीं वे सबाल्टर्नवादी स्त्री-विमर्श के अपने मूल अध्ययन क्षेत्र का विस्तार भी करती हैं। वे 'सौंदर्यशास्त्रीय शिक्षा' और इसमें 'सौंदर्यबोधात्मक कल्पना' की आजादी की ठोस परिभाषा देती हैं। वे समस्या सुलझाने वालों के तौर पर नहीं, बल्कि समस्याएं सुलझाने वालों को अग्रसर करने में ज्यादा सक्रिय नजर आती हैं।

स्पिवाक की आलोचकीय भाषा पर दुर्बोधता का आरोप लगाया जाता रहा है। ज्यूडिथ बटलर ने यह कहकर उनका बचाव किया कि अनगिनत कार्यकर्ताओं तथा विद्वानों की चिंता तथा चिंतन की गूंज के कारण स्पिवाक की भाषा ऐसी लगती है। टेरी ईगल्टन ने उनकी भाषा को अगम्य माना है, पर साथ में यह भी जोड़ा है कि उन्होंने अपने आलोचना कर्म के द्वारा अकादमिक विश्व में अपने किसी भी सैद्धांतिक सहयोगी की तुलना में स्त्रीवादी तथा उत्तरउपनिवेशवादी अध्ययन द्वारा अधिक दूरगामी राजनीतिक हितों को साधने में ज्यादा मदद की है।

अवधेश कुमार सिंह, विनोद शाही

अधिक जानकारी के लिए :
1. **Can the Subaltern Speak?** : Gayatri Chakravorty Spivak, 2. **Location of Culture :** Homi J Bhabha, 3. **Nationalism and the Imagination** : Gayatri Chakravorty Spivak

मिर्जा गालिब

गालिब
(1797-1869)

गालिब उर्दू गजल की परंपरा के सबसे महत्वपूर्ण शायर हैं। गालिब का पूरा नाम असदुल्लाह बेग खां था, लेकिन प्रसिद्धि असदुल्लाह खां नाम को मिली। 'असद' और 'गालिब' इनके तखल्लुस (उपनाम, वह नाम जिसका प्रयोग शायर द्वारा गजल इत्यादि में अपनी पहचान दर्शाने के लिए किया जाता है) हैं। इनकी रचनाओं में ये दोनों ही नाम मिलते हैं। पहले वे 'असद' उपनाम का प्रयोग करते थे, बाद में 'गालिब' का करने लगे। 'गालिब' का शब्दकोशीय अर्थ है—शक्तिशाली, जबरदस्त, विजेता जबकि 'असद' का अर्थ है—सिंह, शेर। 'असदुल्लाह' का अर्थ हुआ—अल्लाह का शेर। यह हजरत अली की एक उपाधि भी है।

गालिब का जन्म 27 दिसम्बर 1797 को अकबराबाद (आगरा) में हुआ था। उल्लेखों से पता चलता है कि वे अपनी नौजवानी में दिल्ली के सुंदर लोगों में गिने जाते थे—चंपई रंग, लंबा कद, चौड़ी पेशानी, किताबी चेहरा, ऊंची नाक, गालों की हड्डियां उभारी हुईं, बादामी आंखें, घनी लंबी पलकें और लंबे कान। कद लंबा होने के कारण बुढ़ापे में कमर जरा झुक गई और गालिब छड़ी लेकर चलने लगे। इसकी मूठ पर 'असदुल्लिाहिलगालिब' लिखा होता था। जब तक दाढ़ी पकी नहीं थी, तब तक दाढ़ी बढ़ने नहीं दी, लेकिन पकने के बाद छोटी-छोटी दाढ़ी रख ली और सर अक्सर घुटा हुआ रखने लगे। लगभग 55 वर्ष तक दिल्ली निवास के दौरान गालिब सदैव किराए के ही मकान में रहे, कभी कासिम जान की गली तो कभी बल्लीमारान की हवेली आदि। गालिब शिआ थे कि सुन्नी, इस पर लंबी बहसें हुई हैं।

जब तक गालिब ननिहाल में थे, पैसे की कमी न हुई। ससुराल आने पर भी कई जगह से आर्थिक सहायता मिलती थी। धीरे-धीरे सब बंद होती गई। इन्हें कई बार अपमान सहना पड़ा। इनको मिलने वाले वजीफों और पेंशनों को ले कर कई मुकदमे

चले। प्रायः गालिब की हार हुई। जितने दुर्धर्ष तरीके से गालिब ने जिंदगी का सामना किया, उस आधार पर इन्हें 'महाप्राण' कहने में अतिशयोक्ति न होगी। अपने स्वाभिमान के कारण कभी कोई नौकरी नहीं की। देहली कॉलेज में फारसी अध्यापक का पद ठुकराने का वाकिया दिलचस्प है। अंतिम मुगल बादशाह बहादुर शाह 'जफर' के शायरी-उस्ताद शेख इब्राहीम 'जौक' (1789-1854) की मृत्यु के बाद गालिब उनकी गजलों पर इस्लाह (शोधन-संशोधन) करते थे। उन्होंने 'मलिकश्शुअरा' (कवि-सम्राट) की उपाधि धारण की थी। उन्हें 'दबीरुल-मुल्क' और 'नज्मुद्दौला' की उपाधियां भी प्राप्त हुईं। मिर्जा गालिब जब बहादुर शाह जफर के दरबारी बने, तभी 1857 का महाविद्रोह हुआ। इसका उल्लेख 'दस्तम्बू' (1858) में हुआ है। गालिब इस विद्रोह के समर्थक न थे, लेकिन इसकी मुखालफत में भी सामने नहीं आए थे। इस वजह से बाद में उनकी पेंशन बंद हो गई, जो विद्रोह के कुचले जाने के कुछ सालों बाद दुबारा शुरू हुई। गालिब के लगभग 200 शागिर्द थे, जिनमें यूसुफ अली खां 'नाजिम', बेताब, तौफीक, तफ्ता, जका, हाली, शेफ्ता, नैयर रख्शां, आरिफ, सालिक, हकीर, मजरूह आदि प्रमुख हैं। जीवन के अंतिम दिनों में गालिब बहुत बीमार रहा करते थे। अंतिम दिनों में इनके खास शागिर्द 'हाली' इनके निकट थे।

गालिब ने फारसी और उर्दू में उच्च कोटि के गद्य और पद्य का सृजन किया। फारसी गद्य की कृतियां हैं—पंज-आहंग (1849), मेह्रे-नीमरोज (1854), दस्तम्बू (1858), कातए-बुरहान (1862), दुरुपफ्शे-कावियानी (1865)। फारसी पद्य की रचनाएं हैं—दीवाने-फारसी, सब्दे-चीन (1867), मुतफर्रिकाते-गालिब (1949) आदि। उर्दू गद्य और पद्य की कृतियां हैं—1. दीवाने-गालिब (भाग एक : 1841, भाग दो : 1847, भाग तीन : 1861, भाग चार : 1862, भाग पांच : 1863), कादिरनामा (1864), नामा-ए-गालिब (1865), तेगे-तेज (1867), निकाते-गालिब, रुक्कआते-गालिब (1867), ऊदे-हिंदी (1869)। कुछ अन्य लोगों ने भी गालिब की रचनाओं (गद्य-पद्य) तथा पत्रों के संकलन प्रकाशित किए, जैसे—उर्दू-ए-मुअल्ला, (संपादक : हाली), मकातीबे-गालिब और इंतरवाने-गालिब।

गालिब की मौलिक कृतियों के अतिरिक्त इनके जीवन-वृत्त तथा इनके कृतित्व को दृष्टि में रखते हुए कई पुस्तकें लिखी गईं। इनमें से कुछ के लेखकों ने गालिब को देखा-सुना था, जबकि कुछ लेखकों ने मात्र प्राप्त साक्ष्यों के आधार पर विवेचन-विश्लेषण किया है। प्रत्यक्षदर्शियों में मुहम्मद हुसैन 'आजाद' की 'आबे-हयात' (1878) तथा अल्ताफ हुसैन 'हाली' की 'यादगारे-गालिब' (1897) प्रमुख हैं। साक्ष्यों के आधार पर जीवनी लिखनेवालों में मालिकराम ('जिक्रे-गालिब', 'फसाना-ए-गालिब') प्रमुख हैं। समग्र रूप से 'दीवाने-गालिब' को संपादित करनेवालों में रामपुर रजा लाइब्रेरी के संचालक इम्तियाज अली 'अर्शी' का नाम विशेष रूप से उल्लेखनीय है। इन्होंने 'दीवाने-गालिब' (1958) का तीन भागों में संपादन किया।

गालिब की शायरी की उम्र दो सौ बरस से ऊपर होने को है, मगर वह आज भी प्रासंगिक बनी हुई है। गालिब के समकालीन और कई परवर्ती शायर उर्दू की क्लासिकल कोटि में स्थान पाकर अध्ययन-अध्यापन और शोध इत्यादि तक सीमित हो चुके हैं, मगर गालिब की कुछ विशेषताएं ऐसी हैं जो इन्हें सार्वकालिक और सार्वभौमिक बनाती हैं। उनमें प्रमुख हैं—अंदाजे बयां, दुश्वारपसंदी या मुश्किलपसंदी, रहस्यमयता, बहुअर्थिता, व्यंग्य, दार्शनिकता आदि। गालिब की बिंदुवार काव्यगत विशेषताएं हैं—(क) उन्होंने अपने युग से पूर्व चली आ रही उर्दू शायरी की परंपरा में कई मौलिक बदलाव किए, जिसके दूरगामी परिणाम हुए। (ख) परंपरागत रूप से चले आ रहे आशिक के चरित्र को सुदृढ़ किया और उसे धूर्तता-लंपटता से मुक्त करके अभिमान की हद तक स्वाभिमानी बनाया, (ग) उन्होंने इश्क और दर्शन का अपने तरीके से एक अद्भुत मिश्रण प्रस्तुत किया, जो उर्दू गजल के लिए बिल्कुल नया था। (घ) गालिब की शायरी में मनुष्य जाति की श्रेष्ठता और महानता का जयघोष है। (ङ) उन्होंने उर्दू गजल को शे'र कहने के लिए नए-नए विषय दिए, जिन पर इनसे पहले शे'र

नहीं कहे जाते थे। (च) उन्होंने उर्दू गजल के सतही विषयों को भी एक नई अर्थवत्ता प्रदान कर उन्हें मानव-जीवन के अभिन्न और अनिवार्य अंग के रूप में प्रस्तुत किया। (छ) गालिब ने इश्क और हुस्न से संबंधित शायद ही किसी पक्ष को छोड़ा हो; साथ ही जीवन के हर हालात के अनुसार शे'र इनके यहां मिल जायेंगे। (ज) गालिब ने उर्दू गजल की भाषा का एक आदर्श, एक मानदंड, एक परिमार्जित रूप स्थापित किया; इनके यहां अधिकांश अर्थगत चमत्कार भाषाई चमत्कार के कारण हैं। (झ) अपने अंतर्विरोधों के बावजूद गालिब की शायरी और लेखन में आधुनिकतावादी सोच की स्पष्ट छाप देखी जा सकती है। गालिब के प्रासंगिक बने रहने की खास वजह शायद यही है।

गालिब का काफी लेखन हिंदी में लिप्यंतरित या अनूदित होकर प्रकाशित हो चुका है। वे हिंदी पाठकों के बीच उतने ही लोकप्रिय हैं, जितने उर्दू पाठकों के बीच।

दीपक रूहानी

अधिक जानकारी के लिए :
1. **आबे-हयात** : मुहम्मद हुसैन 'आजाद', 2. **यादगारे-गालिब** : अल्ताफ हुसैन 'हाली', 3. **गालिब : जीवनी और संकलन** : प्रकाश पंडित (संपा.), 4. **Ghalib : A Critical Appreciation of His Life and Urdu Poetry** : Abdul Lateef

गिजुभाई बधेका
(1885-1939)

बच्चों की शिक्षा कैसी हो और उन्हें कैसे शिक्षित किया जाए, यह गिरिजाशंकर भगमान बधेका की चिंता के केंद्र में था। वे गिजुभाई के नाम से जाने गए। उन्होंने वकालत छोड़कर 1916 में गुजरात के भावनगर में दक्षिणमूर्ति नाम के छात्रावास में उप-अधीक्षक की नौकरी कर ली। यहां उन्होंने बच्चों को मशीन बनते हुए देखा। बच्चों की कल्पनाशीलता, विचारशीलता, बचपन को मारनेवाली शिक्षण पद्धति के खिलाफ वे उठ खड़े हुए और रवींद्रनाथ की परंपरा में 1920 में वहां 'बालमंदिर' की स्थापना की। इस शिक्षण संस्थान का मंत्र था, 'बालदेवो भव'। यह एक प्राक-प्राथमिक विद्यालय था। बच्चों के प्रति प्रेम, ममत्व भाव, उनकी पूर्ण स्वतंत्रता का यहां पूरा खयाल रखा जाता था। उन्हें पाठ्य पुस्तकों की जगह लोककथाओं, नाटकों, गीतों, नृत्य, चित्रकारी, कहानियों के द्वारा अनौपचारिक ढंग से कुछ सिखाने पर जोर दिया जाता था। गिजुभाई उबाऊ, नीरस पाठ्यपुस्तकों, रटंत विद्या के घोर विरोधी थे। बच्चों को शिक्षा देने के मामले पर वह गांधी जी से भी भिड़ गए थे। उन्होंने गांधी जी द्वारा बच्चों के लिए दी गई बाल पोथी को अनुपयोगी माना। गांधी जी ने गिजुभाई से प्रभावित होकर बाल पोथी के प्रकाशन-वितरण पर रोक लगा दी।

बच्चों के बीच गिजुभाई 'बच्चों के गांधी' और 'मूंछों वाली मां' के नाम से प्रसिद्ध थे। उन्होंने बच्चों के लिए सौ से अधिक पुस्तकें लिखीं, बच्चों के संग गीत गाए, नृत्य किया और नाटकों में भाग लिया। बच्चों के साथ बच्चा बनकर, उनकी नजरों से संसार को देखना शुरू किया। बच्चों के नाटकों में संवाद रटाने के स्थान पर उनको अपनी बात कहने की छूट होती थी। उनकी कहानी 'दिवास्वप्न' बाल शिक्षा के घोषणापत्र की तरह है। उनकी शिक्षा व्यवस्था में बच्चे शारीरिक और

गिजुभाई बधेका

मानसिक प्रताड़ना से मुक्त होकर शिक्षा ग्रहण करते हैं। 1925 में ताराबाई मोदक के साथ मिलकर अपनी मातृभाषा गुजराती में उन्होंने 'शिक्षण' पत्रिका निकाली, जिसमें शिक्षा के क्षेत्र में आमूलचूल परिवर्तन की बात की। इसी साल दक्षिणमूर्ति अध्यापक मंदिर की स्थापना की, जिसका उद्देश्य अध्यापकों को प्रशिक्षित करना था। वे शिक्षकों को बच्चों के मित्र के रूप में देखना पसंद करते थे। वे चाहते थे कि बच्चे उत्साह और रुचि के साथ विद्यालय आएं, डर और जिम्मेदारियों के बोझ तले दबकर नहीं। वे बच्चों से ज्यादा शिक्षकों और बच्चों के माता-पिता को पढ़ाने के तौर-तरीकों को समझाने में कामयाब हुए।

निशांत

गिरिजा देवी
(1929-2017)

ठुमरी गायिकी का पर्याय मानी जाने वाली गिरिजा देवी ने बनारस की 'पूरब-अंग' की गायकी को एक नई ओजस्विता दिलाई है। बनारसी ढंग से पुकार तान लगाने में उन्होंने न सिर्फ एक सुनहरा अध्याय जोड़ा है, अपितु अपने गुरु श्रीचंद मिश्र एवं सरयू प्रसाद मिश्र से सेनिया घराने की कुछ खास एवं ऐसी दुर्लभ बारीकियां सीखने में भी अग्रसर हुईं, जिन्हें अक्सर गुरु परंपरा में सिखाने से बचा जाता रहा है।

गिरिजा देवी

यह देखना दिलचस्प है कि गिरिजा देवी ने इस दिशा में आगे बढ़कर गुल, बैत, नक्श, धरू, छंद-प्रबंध, रुबाई और कौल-कलवाना जैसी चीजों को भी पूरी निपुणता से आत्मसात किया है।

सत्तर के दशक तक बनारस की ठुमरी के दोनों प्रमुख अंगों 'बोल बांट की ठुमरी' और 'बोल बनाव की ठुमरी' में गिरिजा सिद्धहस्त हो चुकी थीं। यह गायन के प्रति उनके अद्‌भुत समर्पण का कमाल था कि उनकी समकालीनों—बागेश्वरी देवी एवं निर्मला देवी—की गायकी पर गिरिजा देवी की छाप देखने को मिलती है। बनारस में 'चतुर्मुखी गायन' की अपूर्व प्रतिष्ठा रही है, जिसमें चार विशिष्ट गायन प्रकार—'ध्रुवपद-धमार', 'खयाल-टप खयाल', 'तराना-टप्पा' एवं 'ठुमरी-कजरी' गाए-बजाए जाते हैं। गिरिजा देवी इस चतुर्मुखी गायन की प्रतिनिधि कलाकार हैं। इनके अलावा भी लोकगीतों के अंतर्गत आने वाले संस्कार गीतों एवं सोहर-बन्ना जैसी लोकप्रिय एवं घरेलू विधाओं को भी उन्होंने पूरी गंभीरता से सीखा था।

उस जमाने में जब पौने चार और साढ़े सात ट्रैक पर बजने वाले स्पूल कैसेटों के बरक्स एलपी रेकॉर्ड बाजार में आ गए थे, खयाल और ध्रुपद के आगे ठुमरी, दादरा, कजरी एवं चैती को वरीयता नहीं मिलती थी। इन उपशास्त्रीय प्रकारों को 'पक्का गाना' की श्रेणी से दूर रखा जाता था। उस समय एकमात्र सिद्धेश्वरी देवी को छोड़ कर इन विधाओं को मुख्यधारा का अंग बनाने में गिरिजा देवी ने ही अप्रत्याशित कार्य किए। जो कजरी, चैती इससे पहले लोक बोलियों और हिंदी की परवर्ती परंपरा में गाई जाती थी, गिरिजा देवी ने उसमें साहित्य से पद लेकर गाना शुरू किया। उन्होंने भारतेंदु हरिश्चंद्र जैसे कवियों के कजरी के पदों को गाकर संगीत की दुनिया में प्रतिष्ठित करने में अद्‌भुत भूमिका निभाई।

गिरिजा देवी की एक खास बात, जो उन्हें सार्वकालिक महत्व का बनाती है, यह है कि दुर्लभ रागों की अदायगी से उन्होंने कभी परहेज नहीं किया। वे जानती थीं कि सेनिया घराने का मतलब पीलू, खमाज, झिंझोटी, तिलक-कामोद, पहाड़ी एवं कौशिक

ध्वनि जैसा राग होता है। बावजूद इसके अपनी ठुमरी गायकी में इन रागों की उपस्थिति के साथ-साथ कुछ कम प्रचलित रागों, मसलन-सिंदुरा, गांधारी बहार, देव-गांधार, परज गारा, जनसम्मोहिनी, नंद एवं भीमपलासी आदि का प्रयोग किया। एक ओर खयाल गाते समय केदार, भैरव, भैरवी, बागेश्री, मालकौंस और जयजयवंती जैसे रागों को उन्होंने अपने कंठ से संवारा, वहीं दूसरी ओर कजरी और बारामासा गीतों में अधिसंख्य मिश्र गारा, मिश्र खमाज, मिश्र कलावती, मिश्र काफी, मिश्र पीलू, मिश्र अड़ाना, मिश्र जोगिया, मिश्र मुल्तानी का प्रयोग ठेठ अंदाज में निभाया।

उनके दीर्घकालिक सांगीतिक अवदान के लिए उन्हें केंद्रीय संगीत नाटक अकादेमी पुरस्कार, तानसेन सम्मान, उस्ताद हाफिज अली खां पुरस्कार, पद्म भूषण सहित केंद्रीय संगीत नाटक अकादेमी की महत्तर सदस्यता प्रदान की गई है। बनारस की पांच प्रमुख उप-शास्त्रीय गायिकाओं—विद्याधरी, बड़ी मोतीबाई, रसूलनबाई, सिद्धेश्वरी देवी और निर्मला देवी की यशस्वी परंपरा में गिरिजा देवी अंतिम सार्थक उपस्थिति हैं, जिनके होने से ठुमरी का आंगन आज भी अपनी पूरी गरिमा के साथ सुरक्षित है।

यतींद्र मिश्र

गिल्ज डिलेज

(1925-1995)

गिल्ज डिलेज (Giltz Delueze) बीसवीं सदी के सर्वाधिक मौलिक चिंतकों में एक माने जाते हैं। वह मूलतः दार्शनिक हैं, पर उन्होंने समाजशास्त्र, राजनीति, कला, साहित्य, सिनेमा, भाषाविज्ञान और मनोविज्ञान-मनोविश्लेषण जैसे अन्य ज्ञानानुशासनों के क्षेत्र में भी महत्वपूर्ण काम किया है। उन्हें बीसवीं सदी के संरचनावादी और उत्तर-संरचनावादी विमर्शों का विकास करने का श्रेय दिया जाता है।

गिल्ज डिलेज

एक फ्रांसीसी दार्शनिक के तौर पर डिलेज का अकादमिक व्यक्तित्व बहुत बड़ा था, पर निजी व्यक्तित्व के तल पर वे निजता से जुड़ी गोपनीयता की खासी हिफाजत करते थे। मिशेल फूको के साथ उनके मैत्रीपूर्ण संबंध थे, पर इनकी कई धारणाओं से वे अपनी असहमति डटकर प्रकट करते थे। स्वास्थ्य के काफी खराब हो जाने पर दमे से परेशान होकर एक दिन उन्होंने अचानक खुद को अपने अपार्टमेंट की खिड़की से बाहर कूदकर 'स्वेच्छया मृत्यु' के हवाले कर दिया था। वह अपने चिंतन में बौद्ध दर्शन के काफी करीब थे। उनका चिंतन आत्म के समाधिगत अंतर्विकास की संभावनाओं को स्वीकार करता है।

चिंतन का विकास : गिल्ज डिलेज की शुरुआती दौर की किताबें सातवें दशक में सामने आई थीं। इनमें उन्होंने फ्रेडरिक नीत्शे और स्पिनोजा की बड़ी अंतर्दृष्टिपूर्ण व्याख्याएं प्रस्तुत की थीं। उन्होंने दर्शन की मूलभूत धारणाओं को कसौटी के रूप में इस्तेमाल किया था। आठवां दशक डिलेज के चिंतन के शिखर की तरह सामने आया। इसकी शुरुआत हुई उनकी शाहकार मानी जाने वाली किताब 'एंटी-ईडीपस' से, जो 'अ थाउजेंड प्लेट्यूज' के रूप में अपने चरम उत्कर्ष तक पहुंच गया। यहां एक बात खास तौर पर गौर करने लायक है। डिलेज ने नीत्शे से शुरुआत की थी। वे अपने चिंतन के विकास के तौर पर 'एंटीक्राइस्ट' जैसी विवादास्पद पुस्तक तक पहुंचे थे। डिलेज के चिंतन के इस सफर में 'एंटी ईडीपस' की एक अनुगूंज मिल सकती है।

डिलेज अपने जीवन काल के आखिरी दौर में समाज और राजनीति के मुद्दों की ओर आए। इस संदर्भ में उनकी एक महत्वपूर्ण किताब 'इंपीरियलिज्म एंड सब्जेक्टिविटी' है। यह किताब उनकी पहले प्रकाशित हो चुकी किताबों 'कैपिटलिज्म एंड स्किजोफ्रेनिया' तथा 'रेजीम्स ऑफ मैडनेस' का विस्तार है। यहां यह बात दर्ज की जा सकती है कि पूंजीवाद के मनोविखंडन और विक्षेपण पर डिलेज की तरह फ्रेडरिक जेमसन से लेकर फूको तक कई अन्य नव-वाम चिंतकों ने ध्यान दिया है। पर साम्राज्यवाद और पश्चिमी अंतर्व्यक्तित्व के आपसी रिश्तों को एक सिद्धांत के रूप में प्रस्तुत करने के लिए डिलेज की तरह बहुत कम लोग आगे आए हैं। संभवतः साम्राज्यवाद वह अंधक्षेत्र है, जहां ध्यान जाने पर पश्चिमी क्षेत्र के बाहर कुछ भी दिखाई देना बंद हो जाता है। इस लिहाज से डिलेज पठनीय और विचारणीय हो जाते हैं, क्योंकि वे अपनी इस किताब में साम्राज्यवादी क्षेत्रीयकरण को भी अपने सिद्धांत की वस्तु बनाने की हद तक आगे बढ़ गए हैं। इस मामले को भारत-पाक-बांग्लादेश के पुनर्क्षेत्रीयकरण के संदर्भ में देखा जा सकता है।

अवधारणाएं : डिलेज के चिंतन को दार्शनिक धरातल पर कोई एक नाम देना चाहें तो कह सकते हैं कि वे अतिक्रमणात्मक अनुभववाद के दार्शनिक थे। वे एक ओर अध्यात्म के क्षेत्र में तर्क-मीमांसा की राह बनाते हैं तो दूसरी तरफ अपने अनुभव के यथार्थ को ठोस समाज-राजनीतिक चिंतन का रूप देते हैं। तथापि वे खुद को ज्यां पाल सार्त्र के अनुभववाद के संरचनावादी अंतर्गठन से नहीं बांधते। सार्त्र से प्रभावित होने के बावजूद वे उनसे आगे जाते हैं। वे संरचनावादी इकाइयों को बहुलतावादी जटिलताओं से जोड़ देते हैं तथा इस रूप में सार्त्र से अलहदा हो जाते हैं।

संरचनावाद और विज्ञान का रिश्ता यथार्थ के कोटिकरण एवं साधारणीकरण को आधार बनाता है। यह वस्तुओं की समानताओं के आधार पर साझापन तय करता है और सामान्यीकरण करता है। डिलेज इसकी आलोचना करते हुए सामान्य समानताओं की जगह तुलनात्मक समानताओं की बात उठाते हैं, जिनके मूल में विभेद होता है। डिलेज की निगाह में चीजों का पारस्परिक विभेद सार्वभौम तथ्य है। एक जैसी चीजों को समान या एक कोटिगत चीजें नहीं कहा जा सकता। चीजें समय एवं स्थान के आधार पर विभेदधर्मी होती हैं और एक जैसी भी। यह एकजैसापन चीजों की विभेदधर्मी संरचनाओं की आवृत्ति का सूचक है। इस तरह एक-जैसी चीजों के रूप में विभेदमूलक आवृत्ति है। एक जैसी चीजों की विभेद-मूलक आवृत्तियों के अपवाद भी हैं। इस प्रकार सभी बोधगम्य यथार्थ संरचनाएं, जटिल, विविधताधर्मी और विभेदमूलक होती हैं। इस तरह डिलेज उत्तर-संरचना के क्षेत्र में दाखिल होते हैं। वे एक तरह से हीगेल की आलोचना प्रस्तुत कर जाते हैं।

हीगेल संरचनावादी तरीके से यथार्थ की कोटि यां निर्धारित करके जिस विश्व को संरचित करता है, वह विश्व की पहले से मौजूद अवधारणा के निषेध की ताकत से बना है। उसे पुनः खारिज करके यथार्थ के नए बोध के साथ लौटना पड़ता है, इसे निषेध के निषेध का सिद्धांत कहते हैं। डिलेज इस सिद्धांत का खंडन करते हैं। वह यथार्थ को वस्तुओं के परस्पर संबद्ध अंतःप्रवाह की तरह देखते हैं, जो विभेद और आवृत्ति के द्वारा विकास पाता है। इस प्रकार डार्विन से लेकर हीगेल तक विकास का जो रूप मिलता है, डिलेज उसका खंडन करके अपना एक नया सिद्धांत प्रस्तुत करते हैं, जिसे वह अंतःविकास कहते हैं।

डार्विन जैसे लोग विकास को उद्‌विकास (एवोल्यूशन) के रूप में देखने के लिए तयशुदा कोटियों का सहारा लेते हैं। डिलेज उन्हें चीजों की सिर्फ मात्रात्मक भिन्नताओं का लेखा-जोखा कहते हैं। वह मात्रा और गुण की दो कोटियां बनाते हैं। डिलेज का गुण से वही अभिप्राय है, जिसे भारतीय दर्शन में पदार्थ का धर्म कहा गया है। यह डिलेज के अनुसार वह वस्तु है, जो पदार्थ के विखंडन पर भी उससे जुदा नहीं होती। इस प्रकार पदार्थ अपने

स्रोत या मूल धड़ के साथ परस्पर संबद्ध प्रवाह में रहते हैं। इसे दर्शन की मदद से ही जानना संभव है। विज्ञान और दर्शन के अलावा जानने का एक और तरीका है, जो कला एवं साहित्य के लोग अपनाते हैं। डिलेज इसे चीजों का संवेदनात्मक और भावात्मक बोध कहते हैं। अपनी इस व्याख्या को वे मनोविज्ञान और मनोविश्लेषण तक ले जाते हैं। वे इसे अस्मिता के बोध की तरह भी पेश करते हैं। अस्मिताओं को वे विभेद धर्म के भावबोधक संजनन की तरह देखते हैं।

डिलेज काम को मनोवैज्ञानिक और समाज-राजनीतिक रूप में अपना काम करते हुए देखते हैं। समाज-राजनीतिक रूप में काम सामाजिक समूहों और संस्थाओं का व्यवस्थापन करता है। वह केवल स्त्री-पुरुष के बीच मौजूद रिश्तों का पर्याय नहीं होता, बल्कि उसे छोटे-बड़े के विभेद को स्थापित करने वाली वर्चस्ववादी व्यवस्था के रूप में भी अपना काम करते हुए देखा जा सकता है। उस रूप में वह कई दफा वर्चस्वी द्वारा अर्थों के 'बलात्कार' का विकृत सामाजिक व्यवहार बन जाता है। फूको जिसे सामाजिक व्यवस्थाओं द्वारा मानव देह के ज्ञानसत्तामूलक दमन के रूप में देखता है, उसे डिलेज पदार्थों में मौजूद स्वभावगत कामेच्छाओं के स्वस्थ या विकृत रूपों की तरह व्याख्यायित करते हैं।

वह मनोविज्ञान से दर्शन की ओर आते हुए काम को क्षतिपूर्ति से जुड़ी इच्छा मात्र न मानकर मनुष्य की आत्मसंभावना की एक प्रक्रिया के रूप में देखते हैं। मनुष्य अपने भीतर 'अन्य', 'समूह' एवं 'सभी' को पा सकता है, डिलेज तादात्म्य के बिंदु तक जाते हैं और इसे 'पावरमूलक वृद्धि' कहते हैं, जहां मनुष्य अपने भीतर अपने गुणफलों जैसा हो जाता है।

कुछ विचार :

1. 'धारणा ईंट की तरह होती है। आप इसका इस्तेमाल वितर्क-विमर्श की कचहरी बनाने के लिए कर सकते हैं और खिड़की से बाहर फेंकने के लिए भी।'
2. 'अगर आप किसी अन्य के सपने के द्वारा पकड़ लिए गए हैं, तो आपका बलात्कार हुआ है।'
3. 'हमें अबूझ को दुनिया में लाना चाहिए।'
4. 'मनुष्य की लज्जा का कारण यह है कि लिखने के लिए उसके पास बेहतर कारण नहीं है।'
5. 'सभी राजनीतिक दर्शनों की बुनियादी समस्या है कि मनुष्य दूसरों का गुलाम होने के लिए इतनी विमूढ़ता से क्यों लड़ता है–जैसे कि उसी में उसकी मुक्ति छिपी हो?'
6. 'हमारा स्व दो तरह की गुणनशीलताओं के बीच एक दहलीज, द्वार या संभावना की तरह है।'

विनोद शाही

गीत

गीत छंद में रची गई गेय कविता है। महादेवी वर्मा ने कहा है, 'व्यक्तिगत सीमा में तीव्र सुख-दुखात्मक अनुभूति का वह शब्द रूप गीत है, जो अपनी ध्वन्यात्मकता में गेय हो सके।' (दीपशिखा)। अब उन कविताओं को गीत माना जाने लगा है, जिनमें सूक्ष्म अनुभूति हो और उन्हें गाने से एकांतिक

हरिवंश राय बच्चन

आनंद की प्राप्ति हो। गीत में कल्पना को जगाने की बड़ी शक्ति होती है। गीतों की परंपरा क्षेमेंद्र, जयदेव, विद्यापति, कबीर, सूर, तुलसी, प्रसाद, निराला, पंत, महादेवी वर्मा, हरिवंश राय बच्चन, गोपाल सिंह नेपाली, शंभूनाथ सिंह, नीरज आदि से पोषित होती हुई आज तक चली आ रही है। अच्छे गीत उन्होंने लिखे, जिनका कविता और संगीत दोनों पर पूर्ण अधिकार था। रवींद्रनाथ के गीत गाने की विशेष पद्धति विकसित हुई, जिसे रवींद्र संगीत कहा जाने लगा। हिंदी में रवींद्र संगीत की तरह निराला संगीत, प्रसाद संगीत या छायावादी संगीत जैसी परंपरा विकसित नहीं हो सकी।

गीत का प्रमुख गुण है अनुभूति की तीव्रता। इसमें बाह्य और अभ्यंतर का ही नहीं, अनुभूति और शब्द लय का भी योग होता है। यह एक व्यक्ति द्वारा गाया जा सकता है और कई व्यक्तियों के द्वारा भी। पहले के गीत पद-विन्यास एवं चरणों की समुचित योजना पर आधारित थे। आधुनिक युग के गीत शास्त्रीय राग-रागनियों पर आधारित नहीं हैं। फिल्मों के गीत लोकप्रिय धुनों का आधार लेकर चले, बल्कि कई बार शब्द पर संगीत की प्रधानता देखी गई।

स्वाधीनता संग्राम से लेकर नए जन-आंदोलनों तक गीतों की एक धारा वह भी है जो कभी देशभक्ति की भावना का वहन करती है तो कभी क्रांति भावना का। नर्मदा बांध के विरोध में, उत्तराखंड राज्य निर्माण के समर्थन में, आपातकाल के प्रतिवाद में या मजदूरों-किसानों के आंदोलनों में प्रायः गीत जन-गीत का रूप ले लेते हैं। नरेंद्र शर्मा, शंकर शैलेंद्र, सर्वेश्वर दयाल सक्सेना, रमेश रंजक, गोरख पांडेय, रामकुमार कृषक आदि के जनगीत उदाहरण के रूप में लिए जा सकते हैं।

गोपाल सिंह नेपाली

आत्मानुभूति को अभिव्यक्त करने की अपार क्षमता गीत में है। काव्य का सबसे प्रभावशाली रूप गीत है, क्योंकि इसमें भावावेग की सामयिक अभिव्यंजना संभव है। हर युग में गीत उपजा और फला-फूला है। गिरिजा कुमार माथुर की एक पंक्ति है, 'मेरे गीत किन्हीं गालों पर रुके हुए दो आंसू कन हैं।' हम पाते हैं कि गीतों का सामाजिक प्रभाव आज भी बहुत ज्यादा है।

सरोज सिंह

गीता

गीता महाभारत के भीष्म पर्व का एक हिस्सा (23-40) है। अर्जुन को युद्ध क्षेत्र में प्रतिपक्ष के अपने सगे-संबंधियों को देखकर वैराग्य हो गया है, यह देखकर कृष्ण जो ज्ञान देते हैं, वह 'गीता' है। महाभारत में 18 पर्व हैं और गीता में 18 अध्याय। यह महाभारत की कथा का दार्शनिक अंश है। कहा जाता है, युद्ध क्षेत्र के प्रारंभिक वर्णन में पहले थोड़ी-सी महत्वपूर्ण बातें कही गई होंगी। बाद में कृष्ण के ईश्वर रूप के प्रचार के उद्देश्य से उन्हें विस्तार देते हुए 'श्रीमद्‌भागवत-उपनिषद' बनी, जो संक्षेप में 'गीता' के रूप में विख्यात हुई। उसका अर्थ है 'भगवान द्वारा गाई गई उपनिषद'। 'गीता' का अर्थ है 'गाई गई'। यह आगे चलकर न सिर्फ पूरे महाभारत से अधिक महत्वपूर्ण हो गई, बल्कि एक स्वतंत्र ग्रंथ और प्राचीन भारतीय ज्ञान के निचोड़ के रूप में देखी जाने लगी। विलियम जोंस ने 'गीता' का सर्वप्रथम अंग्रेजी अनुवाद कराया था और अतिरंजना में यहां तक कह

दिया था कि इससे पहले का सारा भारतीय साहित्य बेकार है। दुनिया में हिंदू धर्म और दर्शन को जानने के लिए 'गीता' एक संदर्भ ग्रंथ मानी जाने लगी। इसकी एक प्रमुख वजह यह है कि भारत के प्राचीन विवादों का समाहार करने वाले ग्रंथ के रूप में यह सामने आई।

कई रामायणें हैं तो कई गीताएं भी हैं। एक अनुगीता है, एक उत्तरगीता है। यह गीता का असर है कि प्रायः हर पौराणिक ग्रंथ का एक हिस्सा गीता है। 'गीता' पढ़ने से ही लगेगा कि इसमें वैदिक साहित्य, बौद्ध दर्शन, सांख्य, भक्ति कई जगहों के दार्शनिक तत्व हैं। यह तथ्य दरअसल भारतीय परंपरा की बहुस्रोतपरकता की ओर संकेत करता है। इसका यह अर्थ नहीं है कि कोई केंद्रवाद नहीं है। अर्जुन ने कृष्ण से कहा, 'मुझे दो-चार मार्ग बतलाकर उलझन में मत डालिए। निश्चयपूर्वक एक ही मार्ग बताइए जो श्रेयस्कर हो।' (3.2)। कृष्ण आत्मगौरवान्वयन के साथ कर्ता मनुष्य को नगण्य बताते हुए कहते हैं, 'निमित्तमात्रं भव सव्यसाचिन्' (11.33) अर्थात अर्जुन, तुम बस निमित्त भर हो। कृष्ण अपने को सर्वोच्च, पूर्ण, सार्वकालिक घोषित करते हैं, जो मनुष्य की भूमिका को कम करने वाला अपनी तरह का आध्यात्मिक केंद्रवाद है।

गीता में इस विवाद का समाधान है कि ज्ञान अच्छा है या कर्म। दो विपरीत अतिवादी रास्ते बन गए थे—संन्यास और भोगवाद। 'गीता' का मिथकीय भाषा में मुख्य संदेश है कर्म के बिना ज्ञान का कोई अर्थ नहीं है। मनुष्य के लिए उचित है कि हाथ-पांव ढीले करके बैठा न रहे और न मन में तरह-तरह के मनसूबे पालता रहे। वह बिना अहंकार, राग-द्वेष के, अपने लिए नहीं, दूसरों के लिए कर्म करे और स्वधर्म समझकर करे। 'गीता' यह भी स्पष्ट करती है कि सिर्फ बुद्धि खटाकर अपने स्वार्थ के लिए किया जाने वाला कर्म ओछे दर्जे का होता है, क्योंकि ऐसे आदमी की दृष्टि सिर्फ फल पर, अपने फायदे पर टिकी होती है। इस तरह अपने फायदे-नुकसान से ऊपर उठकर लोक के लिए सोचना ही ज्ञान की सही दिशा है, बुद्धि (सूचना) को ही ज्ञान नहीं मान लेना चाहिए। 'गीता' की ये बातें उदासीन, आत्मविहीन या खुदगर्ज लोगों के लिए हैं।

गीता के संदेश की उपेक्षा करके इसकी अनगिनत सांप्रदायिक व्याख्याएं हुई थीं। उनमें कुछ संन्यास की ओर ले जाती थीं और कुछ पौराणिक रहस्यीकरण की ओर। शंकराचार्य की संन्यास की ओर ले जाने वाली व्याख्या से अलग रास्ता चुनकर रामानुजाचार्य ने ही अपनी टीका में सबसे पहले असरदार ढंग से कहा, 'संसार भ्रम नहीं है, बल्कि सत्य और वास्तविक है। ज्ञानी मनुष्य वह है जो सच्चे कर्म में ज्ञान को देखता है। उसके लिए ज्ञान और कर्म दोनों आवश्यक हैं।' (भगवद्‌गीता, एस राधाकृष्णन)। भारत में सैकड़ों साल से संन्यास, वैराग्य, एकांतवास, आलस्य, तंत्र-मंत्र, संप्रदाय, अहंकार, आत्मदमन, जैसी चीजें थीं। कई बार व्यक्तियों का मन जीवन से उचट जाता था, वे साधु-संन्यासी बन जाते थे। गीता ने हस्तक्षेप करके ज्ञान के साथ कर्म करने का संदेश दिया। कृष्ण कहते हैं, 'मैं कई नई बातें कह रहा हूं। कर्ममय ज्ञान और ज्ञानमय कर्म की जो महान परंपरा छिन्न-भिन्न हो गई है, उसे ही फिर से बताना पड़ रहा है' (4, 1-3)। फिर भी 'गीता' की बुनियादी भावना धर्मशास्त्रीय उलझनों में ही फँसी रहती और वह लोक में प्रचारित नहीं होती, यदि भक्ति आंदोलन उस भावना को थाम नहीं लेता। भक्त कवि साधारण तबके से आए थे। उनमें कई श्रमजीवी थे। वे आम तौर पर मानते थे कि ऊंची श्रेणी के कर्म वे हैं, जो अपने स्वार्थ के लिए नहीं बल्कि लोकमंगल के लिए किए जाते हैं।

नवजागरण के दौर में वेद, उपनिषद और एक हद तक बौद्ध धर्म ही इसके मुख्य प्राचीन प्रेरणास्रोत थे, पर राष्ट्रीय स्वाधीनता संग्राम के समय 'गीता' कर्म को महत्व देने के कारण एक बार फिर चर्चा के केंद्र में आई। इस पर बाल गंगाधर तिलक, महात्मा गांधी और एस राधाकृष्णन ने नई स्थितियों में विस्तार से लिखा। उनके लिए यह महज धार्मिक पाठ न था। उनके लिखने की सिर्फ यह वजह नहीं थी कि लोगों में प्राचीन वैराग्य अभी भी राजनीतिक उदासीनता,

आम आलस्य या कामचोरी के रूप में बड़े पैमाने पर है। एक बड़ी वजह यह थी कि बीसवीं सदी में मनुष्य का आत्मबोध, उसका ज्ञान किसी बिंदु पर काफी संकुचित और प्रदूषित हो रहा था।

तिलक ने मांडले जेल में 'गीता रहस्य' लिखा था। उन्होंने 'गीता' की पहले की टीकाओं को हटाकर स्वविवेक से इसकी अलग व्याख्या की थी, 'गीता निवृत्तिप्रधान नहीं, वह तो कर्म प्रधान है।' 'गीता' में एक जगह है, 'हे अर्जुन, जो पापयोनि में हों वे भी और स्त्रियां, वैश्य तथा शूद्र जो मेरा आश्रय ग्रहण करते हैं, वे परमगति पाते हैं' (9-32)। स्त्री और शूद्र के प्रति धर्मशास्त्रों में भेदभावमूलक धारणाएं सदियों से व्यक्त की जाती रही हैं। महाभारत में स्त्री और दलित दोनों को लेकर पिछड़ा सोच है, हालांकि इस तरह की बात भी कही गई है कि जातियों के मिश्रण के कारण लोगों की जाति का पता लगाना बहुत कठिन है, 'संकारात्सर्ववर्णानां दुष्परीक्ष्येति मे मतिः।' इसके बावजूद कर्ण के साथ भेदभाव का उदाहरण है। 'गीता' में एक खुलापन है, पर अहम्मन्यता लिए हुए। इसे उस जमाने में प्रचलित नजरिए के रूप में देखना चाहिए, किसी शाश्वत चुनौती-विहीन सिद्धांत के रूप में नहीं।

तिलक के समय में सुधारवाद का जोर था। इसका एक अर्थ था, स्त्री और दलित के प्रति दृष्टिकोण में परिवर्तन। तिलक के भीतर एक पुनरुत्थानवादी रुझान था। फिर भी समग्रतः वह आगे की तरफ देख रहे थे। उपर्युक्त विवादास्पद श्लोक पर उनकी टिप्पणी है, 'पापयोनि शब्द को स्वतंत्र न मानकर कुछ टीकाकार कहते हैं कि वह स्त्रियों, वैश्यों और शूद्रों पर भी लागू है, क्योंकि पहले कुछ न कुछ पाप किए बिना किसी भी स्त्री, वैश्य तथा शूद्र का जन्म नहीं होता। हमारी राय में यह अर्थ ठीक नहीं है। 'पापयोनि' शब्द से उस जाति का ज्ञान होता है, जिसे आजकल 'जरायमपेशा' कहते हैं। इस श्लोक का सिद्धांत यह है कि इस जाति के व्यक्तियों को भी भगवद्‌भक्ति की शक्ति मिलती है। स्त्री, वैश्य तथा शूद्र इस वर्ग के नहीं हैं।' (गीता रहस्य) बीसवीं सदी धर्म, साहित्य और मिथकों की नई व्याख्या का जमाना था। मुख्य बात है कि राष्ट्रवादी तिलक गीता को कर्मयोगशास्त्र के रूप में देखते हैं। वे धार्मिक होते हुए भी उदारवादी और समावेशी हैं।

गांधी ने 'गीता' की व्याख्या यरवदा जेल में की थी। इस ग्रंथ के प्रति उनका रुख जितना आलोचनात्मक है, उतना ही आत्मीय। वह 'गीता' को माता कहते हुए स्पष्ट कर देते हैं, '1888-89 में जब गीता का प्रथम दर्शन हुआ, तभी मुझे ऐसा लगा कि यह ऐतिहासिक ग्रंथ नहीं है, वरन इनमें भौतिक युद्ध के वर्णन के बहाने प्रत्येक मनुष्य के हृदय के भीतर निरंतर होते रहने वाले द्वंद्व या युद्ध का वर्णन है। गीता के कृष्ण मूर्तिमान शुद्ध संपूर्ण ज्ञान हैं। परंतु काल्पनिक हैं।' (गीता माता)। गांधी ने भारत के अतीत को बुद्धिवादी और राष्ट्रीय आंखों से देखा था। उन्होंने सबसे सरल भाषा में गीता का सार बताया, 'सच्चा कुरुक्षेत्र हमारा शरीर है। यही कुरुक्षेत्र भी है और धर्मक्षेत्र भी। इस क्षेत्र में कुछ न कुछ लड़ाई तो नित्य चलती ही रहती है और ऐसी अधिकांश लड़ाइयां 'मेरा-तेरा' को लेकर होती हैं। अपने-पराए के भेदभाव से पैदा होती हैं। इसलिए 'मेरे-तेरे' का भेद भूलना चाहिए या यों कहिए कि राग-द्वेष को तजना चाहिए। 'गीता' और सभी धर्मग्रंथ पुकार-पुकार कर यही कहते हैं।' (वही)। वह कहने से नहीं हिचकते, 'सारी गीता का सार (शुरू के तीन) अध्यायों में ही आ जाता है।' इसके बाद बातें दुहराई गई हैं। यह 'रेशनल क्रिटीक' है। गांधी ने 'गीता' के अवरहस्यीकरण के काम को आगे बढ़ाया, जो तिलक ने शुरू किया था। दोनों ने यह काम जेल में रहते हुए किया, जो उल्लेखनीय है। उनके लिए 'गीता' निराशा से मुक्त करने वाला, जीवन का आश्वासन और 'मेरा-तेरा' से ऊपर उठकर कर्म की प्रेरणा देने वाला ग्रंथ है।

उसी दौर में 'ब्रेव न्यू वर्ल्ड' के लेखक एल्डुअस हक्सले ने 'गीता' पर टिप्पणी की, 'गीता शाश्वत दर्शन के कभी भी रचे गए स्पष्ट और सबसे सर्वांग-

संपूर्ण सारांशों में एक है। इसलिए न केवल भारतीयों के लिए अपितु संपूर्ण मानव जाति के लिए इसका इतना स्थायी मूल्य है। संभवतः भगवद्गीता शाश्वत दर्शन का सबसे अच्छा सुसंगत आध्यात्मिक विवरण है।' (प्रणवानंद और क्रिस्टोफर इशर्वुड द्वारा लिखित 'भगवद्गीता' की भूमिका) पश्चिमी बुद्धिजीवी 'ऋग्वेद' के बाद 'गीता' की ओर ज्यादा आकर्षित हुए। कई विदेशी गीता के जरिए कृष्ण भक्त हुए। प्रसिद्ध अमेरिकी भौतिक विज्ञानी रॉबर्ट ओप्पेनहीमर (1904-64) ने प्रयोग के लिए हो रहे अपने समय के आणविक विस्फोटों को देखकर एक समय गीता के कृष्ण के उदाहरण से कहा था, 'अब मैं साक्षात मृत्यु हूं, सृष्टि का विध्वंसकर्ता।' आज एक नहीं तो दूसरे तरीके से हर कोई यह अनुभव कर सकता है।

एस राधाकृष्णन ने अपनी एक व्याख्या में 'गीता' के एक खास पहलू को उभारा है, जिसकी ओर लोगों का ध्यान नहीं गया है। ज्ञानी व्यक्तियों को चाहिए, 'वह किसी भी प्रकार की धार्मिक आस्था को दुर्बल न करें। अपरिष्कृत दृष्टिकोण में भी कुछ ऐसी वस्तु विद्यमान है जिसके द्वारा उन लोगों को सच्चा जीवन बिताने में सहायता मिलती है, जो सच्चा जीवन बिताना चाहते हैं। धर्म के बारे में हमारे दृष्टिकोण स्वयं हमारे द्वारा चुने गए नहीं होते, उनका निर्धारण हमारे पूर्वजों, हमारे पालन-पोषण और सामान्य परिवेश द्वारा होता है। हमें उसके विषय में तिरस्कार से चर्चा नहीं करनी चाहिए। हमें तब तक बासी पानी नही फेंकना चाहिए, जब तक ताजा पानी न मिल जाए। यह कोई आश्चर्य की बात नहीं है कि धर्म अंधकारपूर्ण और आदिम अंधविश्वासों से भरा हुआ है।' (भगवद्गीता)

'गीता' में कृष्ण बार-बार कहते हैं, तुम सब कुछ छोड़कर मुझे ही जानो और परमात्मा मानो। लेकिन इसमें एक कथन है, 'न बुद्धिभेदजनयेत्' (3.26) जिसमें एक भिन्न संकेत भी है कि धर्म के अन्य रूपों में आस्था रखने वालों का तिरस्कार न करो। ज्ञानी दूसरों का उद्धार करने की अधीरता में उन्हें उनके अपने विश्वासों, निर्दोष आनंदों, उनके गीतों, नृत्यों, सहभोजों और उत्सवों से वंचित न करे। यह संभव है कि जिन आस्थाओं को ज्ञान के दंभ में अपरिष्कृत समझा जा रहा हो, उनमें लोग सच्चा जीवन जी रहे हों और परिष्कृत मानी जा रही आस्था में ढोंग भरता जा रहा हो।

शंभुनाथ

अधिक जानकारी के लिए :

1. **श्रीमद्भागवद्गीता** : एस राधाकृष्णन, 2. **गीता रहस्य** : बाल गंगाधर तिलक, 3. **गीता माता** : महात्मा गांधी

गीता प्रेस

गीता प्रेस हिंदू धर्मशास्त्रों की पुस्तकों का विश्वविख्यात प्रकाशन संस्थान है। इसकी स्थापना 1923 में जयदयाल गोयंदका और घनश्याम दास जालान ने की थी। यह उत्तर प्रदेश के गोरखपुर शहर में स्थित है। कम मूल्य पर रामायण, महाभारत, उपनिषद, गीता बाजार में ला कर घर-घर पहुंचाने के अपने लक्ष्य को पूरा करने में यह संस्थान सक्रिय रहा है। धार्मिक साहित्य के प्रकाशन के साथ इस प्रतिष्ठान की एक मासिक पत्रिका 'कल्याण' है। इसका प्रकाशन 1926 में हनुमान प्रसाद पोद्दार के संपादन और संरक्षण में प्रारंभ हुआ था। इसे किसी समय बड़ी लोकप्रियता हासिल हुई थी। यह अब तक चल रही है। 'कल्याण' के प्रथम अंक में रवींद्रनाथ टैगोर और मोहनदास कर्मचंद गांधी ने लिखा था। बाद में एस राधाकृष्णन, चक्रवर्ती राजगोपालाचारी, क्षितिमोहन सेन, सुनीति कुमार चटर्जी आदि ने भी लेखकीय सहयोग दिया था। अंग्रेजी मासिक 'कल्याण कल्पतरु' गीता प्रेस की दूसरी पत्रिका है।

हिंदुओं में आत्मविश्वास जगाने के लिए गीता प्रेस और 'कल्याण' ने हिंदुओं के देवी-देवताओं की गौरवमय गाथा का आकर्षक रंगीन चित्रों के साथ प्रकाशन किया। गीता प्रेस और इसकी पत्रिका 'कल्याण' वर्णाश्रम के समर्थक के रूप में उभरे। इनका विश्वास था कि 'वर्णाश्रम और गो-सेवा' ही

हिंदू धर्म को बचा सकते हैं। गीता प्रेस ने जवाहरलाल नेहरू और अंबेडकर के 'हिंदू कोड बिल' का प्रबल विरोध किया था क्योंकि इसमें हिंदुओं के लिए एक विवाह, संपत्ति में पुत्र के साथ विधवा स्त्री और विधवा पुत्रवधू के अधिकार का प्रावधान था। गीता प्रेस और 'कल्याण' के इस विरोध के साथ मदनमोहन मालवीय आदि भी खड़े हो गए थे। गीता प्रेस न केवल हिंदी में बल्कि भारत की कई भाषाओं में गीता, रामायण और महाभारत का प्रकाशन और विपणन करता है। इससे जुड़े अन्य संस्थान हैं : (1) गीता भवन, ऋषिकेश, (2) ऋषिकुल-ब्रह्मचर्य आश्रम, चुरू, (3) आयुर्वेद संस्थान, ऋषिकेश, (4) गीता प्रेस सेवा दल, (5) हस्तनिर्मित वस्त्र विभाग और (6) भारतीय ग्रामोद्योग वस्त्र भंडार, मुंबई। कोलकाता में इसका प्रमुख केंद्र गोविंद भवन है।

उदयराज सिंह

अधिक जानकारी के लिए :
Gita Press and the Making of Hindu India : Akshay Mukul

गीति काव्य

अंग्रेजी 'लिरिक' (Lyric) को हिंदी में गीति काव्य कहते हैं। गीति काव्य कवि के जीवन के उन तीव्रतम क्षणों की स्वतःस्फूर्त अभिव्यंजना है, जिनमें अनुभूति का वैशिष्ट्य, भाव की पूर्णता एवं सौंदर्यात्मक प्रभाव की इकाई संगीतात्मक रूप में व्यक्त होती है। गीति काव्य संगीतमय होता है। इसमें संगीत का निर्माण शास्त्रीय आधार पर नहीं होता। इसमें मनोवेगों की तीव्रता अपनी चरम अवस्था में पहुंचकर गीतात्मक हो जाती है। मनोवेगों की तीव्रता के कारण ही गीति काव्य संगीतात्मक हो उठता है। इसमें संगीत की सृष्टि के लिए छंद की सहयोगी भूमिका होती है, अर्थात गीति काव्य छंद में ही होता है। इसमें अनुभूति और अभिव्यक्ति का अन्योन्याश्रित संबंध देखने को मिलता है। इसका संबंध जितना हृदय से है, उतना बुद्धि से नहीं। बौद्धिकता अनुभूति में ही घुली रहती है।

हेगेल ने कहा है, 'गीति काव्य की आधारभूमि ऐसे कार्य का विस्तार बिल्कुल नहीं है, जिससे बाहरी संसार अपने सारे ऐश्वर्य के साथ झलकता है, बल्कि इसमें एक ही दशा में पड़ी हुई कवि की आत्मा व्यक्तिगत रूप में प्रतिबिंबित होती है। इसका एकमात्र उद्देश्य शुद्ध कलात्मक ढंग से आंतरिक जीवन के रहस्यों, उसकी आशाओं, उसके आनंद, उसकी वेदना, उसके प्रलाप और उन्माद को व्यक्त करना है।' (इनसाइक्लोपीडिया ब्रिटेनिका-XVII) इसका अर्थ है कि गीति काव्य काव्यात्मक एवं व्यक्तिगत शैली में जीवन के आंतरिक संघर्ष, उसकी आशा-निराशा, हर्ष-शोक तथा सुख-दुखमयी अनुभूतियों की अभिव्यंजना है। इसमें केवल कवि हृदय की भावना साकार रूप ग्रहण करती है। इसमें उसी का व्यक्तित्व झलकता है। इसमें कवि की आत्मा अखिल विश्व की आत्मा के साथ एकाकार हो अपना प्रकाशन करती है। उसकी आत्माभिव्यंजना व्यक्तिगत होते हुए भी सार्वजनीन होती है। गीति काव्य में गीतकार की अनुभूति की व्यक्तिगत अभिव्यंजना होती है, फिर भी इसके स्वरूप की सार्वभौमिकता पाठक में कवि की जैसी ही अनुभूति जाग्रत कर देती है।

गीति काव्य के दो भेद किए जा सकते हैं– आत्मनिष्ठ (सब्जेक्टिव), अनात्मनिष्ठ (ऑब्जेक्टिव)। पहले में कवि प्रत्यक्ष रूप से अपने भावों की अभिव्यंजना करता है और दूसरे में किसी कल्पित पात्र की भावाभिव्यक्ति होती है। जैसे 'मेघदूत' में कालिदास की नहीं, उनके द्वारा कल्पित विरही यक्ष की प्रेम-जनित उत्कंठा व्यक्त हुई है।

आत्मनिष्ठ गीति काव्य में अभिव्यंजना की शैली आत्मकथात्मक होती है। इसमें कवि अपने हृदय को खोलने, अपनी अंतर्व्यथा को बाहर प्रकट करने के लिए किसी अन्य माध्यम को नहीं अपनाता। वह अपनी भावनाओं को 'अपनी' कहकर ही प्रस्तुत करता है, जिससे पाठक की भावना उसकी भावना का सीधे स्पर्श कर लेती है। इस तरह गीति काव्य में कवि का 'मैं' ही वह माध्यम है, जिससे वह

संसार को देखता है। उसकी आत्माभिव्यंजना का स्वरूप दो प्रकार का होता है। एक, कवि वस्तु पर अपनी भावनाओं का आरोपण करता है और इनके सुखात्मक-दुखात्मक स्वरूप के अनुसार ही वस्तु को रंग देता है। दूसरे प्रकार की आत्माभिव्यंजना में कवि सीधे अपने हर्ष-शोक, सुख-दुख, आशा-निराशा, वेदना-क्षोभ की अभिव्यंजना करता है। इस तरह पहले में दृश्य वस्तु के माध्यम से और दूसरे में बिना किसी माध्यम के कवि की भावनाओं का स्पर्श होता है।

प्रसाद 'लहर' की कविताओं में भावनाओं को प्रकट करने के लिए प्रकृति को माध्यम बनाते हैं, 'जहां सांझ सी जीवन छाया, ढीले अपनी कोमल काया' वहीं महादेवी वर्मा बिना किसी माध्यम के 'सांध्यगीत' में अपनी भावना व्यक्त करती हैं, 'मैं नीर भरी दुख की बदली।' गीति काव्य में जीवन की निराशा, असफलता, वेदना आदि अवसाद भरी अनुभूतियां जितनी अधिक प्रभावशाली होती हैं उतनी आशा, हर्ष, उल्लास जैसी सुखमय अनुभूतियां नहीं। गीति काव्य को प्रधान रूप से चतुर्दशपदी (सॉनेट), संबोधनगीति (ओड), शोकगीत (एलेजी), गीत (सांग), पत्रगीति (एपिस्टल) आदि में बांटा गया है। यद्यपि गीति काव्य की इन विधाओं का अंग्रेजी काव्य परंपरा में अपना विशिष्ट स्वरूप और सौंदर्य है लेकिन प्रसाद, पंत, निराला, महादेवी, दिनकर, बच्चन, नरेंद्र शर्मा, केदारनाथ अग्रवाल और त्रिलोचन ने हिंदी कविता में इन्हें अपनी जातीय रूप रचना में ढाल लिया है और कई बार अपनी छाप लगा दी है। उदाहरण के लिए प्रसाद और त्रिलोचन की चतुर्दशपदियां, निराला की 'यमुना के प्रति', 'मित्र के प्रति' और पंत की 'भावी पत्नी के प्रति' जैसी संबोधनगीति (ओड) और निराला का 'सरोजस्मृति' जैसा शोकगीत (एलेजी) देखा जा सकता है।

ब्रजकिशोर झा

अधिक जानकारी के लिए :

1. **गीति काव्य का विकास :** लालधर त्रिपाठी, 2. **Lyric :** David Lindley

गुजराती

गुजराती भारत के पश्चिमी भाग में स्थित गुजरात राज्य की राजभाषा है, जो भारत की 22 राष्ट्रीय भाषाओं में एक है। 2011 की जनगणना के अनुसार गुजराती बोलने वालों की संख्या 5,54,92,554 है। गुजरात या गुजराती शब्द की व्युत्पत्ति 'गुर्जर' से मानी जाती है, जिसके संबंध में मान्यता है कि यह जाति उस जगह फैली हुई थी, जो पहले गुज्जरत्ता या गुर्जरत्रा कहलाती थी। गुर्जरों का साम्राज्य भी छठीं से बारहवीं सदी तक स्थापित था। इसलिए इस प्रदेश को गुर्जर प्रदेश या गुर्जरभूमि कहा गया। आगे चलकर इसका नाम गुजरात पड़ा और इस प्रदेश की प्रमुख भाषा गुजराती कहलाई। गुजराती अपने क्षेत्र के अनुरूप काठियावाड़ी, सूरती, गम्थी, सिंधी, कच्छी आदि उपबोलियों में बंटी हुई है।

गुजरात

धर्म, जाति, जातीयता, व्यवसाय, शिक्षा और वर्ग में भिन्नता के कारण यहां एक जटिल बोलीगत भिन्नता पाई जाती है। गुजरात के उत्तर-पश्चिम में सिंधी, उत्तर में राजस्थानी की बोलियां तथा उत्तर-पूर्व से दक्षिण-पूर्व तक भीली और दक्षिण में मराठी बोली जाती है। भील क्षेत्र में गुजराती से प्रभावित अहीरी, गमती, चारणी, चौघ्री, नाइक्की, नोरी, पारधी, बारेल, बावरी, पंचमहाल, झाबुआ क्षेत्रीय, राजपीपला क्षेत्रीय, मावची, राठवी, रणी आदि बोलियां बोली जाती हैं। यहां सौराष्ट्री, उत्तरी गुजराती और दक्षिणी गुजराती भी

हैं। यहां दो स्पष्ट जातीय बोलियां पारसी गुजराती और बोहरी गुजराती भी प्रचलित हैं। डांगी, कूकड़ा आदि आदिवासी लोगों की बोलियां हैं। यहां हिंदी, राजस्थानी, मारवाड़ी, मराठी, अंग्रेजी, उर्दू आदि भाषाओं का भी प्रचलन है। हिंदी यहां की दूसरी राजभाषा है।

भू-प्रदेश : गुजरात राज्य का निर्माण 1 मई 1960 को महाराष्ट्र से अलग करके किया गया था। भौगोलिक दृष्टि से गुजरात में कच्छ, सौराष्ट्र और गुजरात तीन क्षेत्र हैं। कच्छ का कुल क्षेत्रफल 44,185.4 वर्ग किलोमीटर है, जिसमें से लगभग 23,310 वर्ग किलोमीटर में रन का रेगिस्तान है, जो उत्तर में काफी बड़ा और पूर्व एवं दक्षिण में अपेक्षाकृत छोटा है। गुजरात का भौगोलिक विस्तार 20.1 एवं 24.7 उत्तरी अक्षांश और 68.4 एवं 74.4 डिग्री पूर्वी देशांतर के बीच फैला है। गुजरात का क्षेत्रफल 1,96,024 किलोमीटर और इसकी आबादी 2011 की जनगणना के अनुसार 6,04,39,692 है, जिसमें पुरुषों की संख्या 3,14,91,260 और स्त्रियों की संख्या 2,89,48,432 है। इसके उत्तर एवं उत्तर-पूर्व में क्रमशः राजस्थान और मध्य प्रदेश राज्य हैं। दक्षिण में महाराष्ट्र और दादर एवं नगर-हवेली तथा पश्चिमी-दक्षिणी सीमा पर अरब सागर है। इसकी उत्तरी-पश्चिमी सीमा पर पाकिस्तान है। गुजरात की राजधानी गांधीनगर है। अन्य बड़े शहरों में अहमदाबाद, वडोदरा, सूरत, राजकोट, भुज, जूनागढ़, जामनगर आदि शामिल हैं।

गुजरात में अनेक जातियां एवं उपजातियां निवास करती हैं, जिनमें जत, खारवा, रबारी, जाडेजा, सुमरा, मीर, लंघा, भील, कोली, काठी, मेर, कोटिला, मियाणा, मुमना, वहोरा, सीदी, छीपा, वाघेर, मोलेसलाम आदि शामिल हैं। यहां लगभग अट्ठाईस आदिवासी जातियां हैं। इस प्रदेश की जनसंख्या का लगभग पांचवां हिस्सा अनुसूचित जाति और जनजातियों का है। यहां का डेंग जिला पूर्णतः आदिवासी बहुल है। यहां की प्रमुख जनजातियों में वाल्मीकि, कोली, डबला, नायकदा, मच्छि-खरवा आदि शामिल हैं।

पर्यावरण : गुजरात भौगोलिक विविधताओं से भरा है। यहां कच्छ में नमक का दलदल, विशाल समुद्र तट, सापूतारा एवं गिरनार की पहाड़ियां फैली हैं। गुजरात में मुख्य मौसम गर्मी, बरसात और सर्दियां हैं। मार्च से मई तक गर्मी रहती है, जिसमें न्यूनतम तापमान 25 डिग्री और अधिकतम तापमान 45 डिग्री होता है। सर्दी नवंबर से फरवरी के बीच रहती है जब न्यूनतम तापमान 15 डिग्री और अधिकतम 35 डिग्री तक होता है। बरसात के मौसम में वर्षा होती है। मानसून जून से अक्टूबर तक रहता है, जिसमें 93.2 से.मी. तक वर्षा होती है। पश्चिमी घाट के उत्तरी विस्तार के कारण वर्षायुक्त मानसूनी हवाओं से अत्यधिक वर्षा होती है। इसके तटीय क्षेत्र की जलवायु में लगभग समानता है। गुजरात में वनक्षेत्र मात्र 10 प्रतिशत है, जिससे वर्षा कम होती है। राज्य के दक्षिणी जिलों में नमी तथा मरुभूमि वाले क्षेत्रों में उष्णता रहती है। यहां की प्रमुख नदियों में नर्मदा, ताप्ती, मही, साबरमती, अंबिका, आजी, हाथमती, रंगमती, फल्कु, भोगावो, भादर आदि हैं। दक्षिणी गुजरात का पूर्वी हिस्सा पहाड़ी है।

इतिहास : गुजरात का इतिहास काफी पुराना माना जाता है। गिरनार पहाड़ी के शिलालेखों से पता चलता है कि मौर्य राजवंश के राजाओं ने ईसा पूर्व 250 में यहां अपना साम्राज्य स्थापित किया था। उसके बाद शक राजवंश ने 130 से 390 ईसवी के बीच शासन किया, जिसमें सम्राट रुद्रदमन विशेष रूप से उल्लेखनीय हैं। 300 से 400 ईसवी के बीच यहां गुप्त वंश का शासन था। इसके बाद 470 से लेकर 942 तक मैत्रक एवं अनुमैत्रक वंशों का शासन रहा, जिसके दौरान 640 में ह्वेनसांग यहां आया था। उसके बाद चौवुरा, सोलंकी एवं बघेला राजवंशों ने इस प्रदेश पर राज किया। माना जाता है कि गुर्जर सोलंकी वंश के ही थे, क्योंकि प्रतिहार, परमार एवं सोलंकी राजवंशीय गुर्जर थे। इन राजवंशों ने लगभग 575 वर्षों तक इस क्षेत्र पर शासन किया था। गुजरात पर 900 से लेकर 1243 तक सोलंकी वंश का शासन था। चालुक्य (सोलंकी) राजाओं का शासन काल गुजरात में प्रगति और समृद्धि का युग था। सोलंकी

गुजरात के अंतिम हिंदू शासक थे, जिन्हें अलाउद्दीन खिलजी ने 1297 में अपदस्थ कर यहां अपना शासन स्थापित किया। मुस्लिम शासक लगभग 400 वर्षों तक यहां शासन करते रहे। अहमद प्रथम ने 1411 में अपना साम्राज्य स्थापित किया। मुगल शासक अकबर ने 1570 में गुजरात पर अधिकार कर लिया। मुगलों का शासन यहां दो सौ वर्षों तक कायम था। अठारहवीं शताब्दी में छत्रपति शिवाजी ने गुजरात को जीतकर अपने अधीन कर लिया।

1818 में गुजरात के विभिन्न हिस्सों पर ब्रिटिशों का शासन स्थापित हुआ। ब्रिटिश काल में यहां 217 रियासतें थीं।

देश की आजादी के बाद यह राज्य कई क्षेत्रों में विभाजित हो गया। केवल सौराष्ट्र तथा कच्छ बंबई राज्य के अंग बने। 1 मई 1960 को बंबई को विभाजित कर महाराष्ट्र और गुजरात दो नए राज्यों का निर्माण किया गया।

भाषा एवं बोलियां : शौरसेनी अपभ्रंश से उत्पन्न गुजराती भाषा आधुनिक भारतीय आर्य भाषाओं के दक्षिण-पश्चिमी समूह से संबंधित है। इतालवी विद्वान तेस्सीतोरी ने प्राचीन गुजराती को जूनी पश्चिमी राजस्थानी से निकला माना है। गुजराती भाषा और साहित्य के विद्वान नरसिंह राव देवटिया ने इसे गुर्जर अपभ्रंश माना है। उमाशंकर जोशी ने इसे मारू गुर्जर और भाषाविद पी बी पंडित ने इसे पश्चिमी शाखा से विकसित माना है।

गुजराती भाषा की अपनी लिपि है, जो देवनागरी का ही एक भिन्न रूप है। इसकी वर्णमाला एवं अक्षरों की आकृति देवनागरी के लगभग समान है। इसकी विशेषता यह है कि इसमें शिरोरेखा नहीं होती। गुजराती की वर्तनी की एकरूपता के लिए महात्मा गांधी एवं काका कालेलकर ने काफी कार्य किया। गुजरात विद्यापीठ के माध्यम से 'जोडणी कोश' का निर्माण करवाकर कई समस्याओं का समाधान किया गया।

ध्वनि की दृष्टि से गुजराती हिंदी से भिन्न है। ध्वनियों का उच्चारण संसक्त रूप में होता है। इसमें 'आ' के अतिरिक्त कोई दीर्घ स्वर नहीं है। दीर्घ ए और ओ भी ह्रस्व उच्चरित होते हैं। संस्कृत-प्राकृत का द्वित्व या संयुक्त व्यंजन ह्रस्व होकर उससे पूर्व स्वर का क्षतिपूरक दीर्घीकरण होता है, जैसे पृष्ठ–पीठुं, धृष्ट–धीठ, चक्र–चाक, मुष्टिका–मूठी आदि। बोलचाल की गुजराती में क ख ग का उच्चारण च छ ज के रूप में होता है, जैसे लाग्यो-लाज्यो। च छ का उच्चारण स होता है, जैसे पांच–पांस, ऊंच–ऊंसा। स का उच्चारण ह होता है, जैसे सूरज–हूरज। ह का उच्चारण अ होता है, जैसे हुता–ऊतो, जिसका हिंदी अर्थ है—था। दंत्य और मूर्धन्य व्यंजन परस्पर परिवर्तित हो जाते हैं, जैसे थोरो–थोडो, दीथो–दीधो।

गुजराती में वचन दो और लिंग तीन हैं। नपुंसक लिंग का ऊं रूप दोनों में है, जैसे छोकरो (लड़का), छोकरी (लड़की), जोकरूं (बच्चा, लड़का-लड़की दोनों)।

हिंदी के परसर्ग 'का के की' गुजराती में 'नो नी ना' हो जाता है, 'को' के स्थान पर 'ने', 'से' के स्थान पर 'थी', 'में' के स्थान पर 'मां' और 'के लिए' की जगह 'माटे' का प्रयोग होता है। हिंदी सर्वनाम गुजराती में बदलकर मैं-हूं, हम–अमें, तू-तूं, तुम-तमे, वह-तमे, ते, यह-ए हो जाता है। सहायक क्रिया भूतकाल में छुं, छे के रूप में, भविष्यत काल में श के रूप में प्रयुक्त होती है, जैसे मैं करूंगा—हूं करीश, वह करेगा—ते करशो। संज्ञार्थक क्रिया वुं रूप में, जैसे मारवु, करवुं और पूर्वकालिक क्रिया मारी, मारीने (मारकर) के रूप में प्रयुक्त होती है। उदाहरणार्थ—हिंदी के 'एक आदमी के दो बेटे थे' वाक्य का गुजराती में अनुवाद होगा—'एक माणस ने बे दीकरा हता।' विशेषण में हिंदी की तरह विकार होते हैं, जैसे सारो छोकरो (अच्छा लड़का), सारी छोकरी (अच्छी लड़की)।

गुजराती की प्रकृति ओकारांत है, जैसे घोड़ा–घोड़ो, कुत्ता–कूतरो, चेहरा–चेहरो आदि। शब्दों में बलाघात का प्रमुख स्थान है। गुजराती भाषा की एक खास विशेषता यह है कि इसकी प्रणाली में जटिल सामंजस्य है। इसमें कर्मवाच्यों की अधिकता है और

कृदंतों के कारण जटिल वाक्य विन्यास होता है, किंतु गुजराती में सरलता भी है और लिंग के कारण क्रिया का रूप नहीं बदलता, जैसे राम आवे छे–राम आता है। सीता आवे छे–सीता आती है।

गुजराती भाषा पर संस्कृत, प्राकृत और दसवीं शताब्दी के बीच उत्तरी और पश्चिमी भारत में बोली जाने वाली अपभ्रंश के अलावा फारसी, अरबी, तुर्की, पुर्तगाली और अंग्रेजी भाषा का प्रभाव भी है।

साहित्य : गुजराती भाषा का इतिहास लगभग एक हजार वर्ष पुराना है। सबसे पहले आचार्य हेमचंद्र के सिद्ध हेम व्याकरण में इसके प्रारंभिक लक्षण प्रकट हुए हैं। इसके बाद सोमप्रभाचार्य, मेरुतुंगाचार्य, नयसुंदर जैसे अनेक कवियों द्वारा मुक्तक रचे गए। बाद में रासो एवं फागु साहित्य इस भाषा में लिखा गया।

गद्य साहित्य तेरहवीं सदी से लेकर अठारहवीं सदी तक लगातार प्रवहमान था। कथा साहित्य में प्रमुख रूप से जैन साहित्यकारों का योगदान है, जिन्होंने रासो नामक साहित्यिक विधा द्वारा धर्मोपदेश दिया है।

गुजराती भाषा का रास युग पंद्रहवीं सदी में नरसिंह मेहता की रचनाओं से आरंभ हुआ। नरसिंह मेहता को गुजराती का आदिकवि माना जाता है। उनकी रचनाओं में विष्णु भक्ति एवं कृष्ण भक्ति की प्रधानता पाई जाती है। कवि भालण ने संस्कृत की रचनाओं को गुजराती में गेय रूप में प्रस्तुत किया, जिन्हें आख्यान कहा गया। नाकर, विष्णुदास आदि ने आख्यान के स्वरूप को विकसित किया।

कहा जाता है कि 1536 में मीरा आ कर यहां रहीं और नरसी मेहता की तरह उनके गीत भी यहां के लोगों के कंठहार बने। मध्यकालीन गुजराती साहित्य की भक्तिधारा में दयाराम, प्रेमानंद, रघुनाथदास, प्रीतम आदि भक्त कवियों ने अपने काव्यों एवं आख्यानों के माध्यम से कृष्ण भक्ति के भावों को व्यक्त किया है। ऐसे आख्यानों में 'उषाहरण', 'दशमस्कंध', 'रुक्मिणीहरण', 'अजामिलाख्यान', 'ध्रुवाख्यान', 'सुदामाख्यान', 'प्रह्लादाख्यान' आदि हैं। वल्लभ भट्ट ने भी कृष्ण के जीवन से संबंधित अनेक श्रृंगारिक पदों की रचना की है।

सतरहवीं सदी में वेदांती कवि आखा ने ज्ञानमूलक कविताएं लिखीं। इसी समय प्रेमानंद द्वारा रचा गया नलाख्यान तथा ओखाहरण गुजरात के घर-घर में प्रचलित हुआ।

अठारहवीं सदी में वल्लभ भट्ट ने मातृ-स्तवन के गरबे रचे, आरतियां रचीं, जिन्हें आज भी नवरात्रों में गाया जाता है। गणपति, मधुसूदन व्यास, शामल जैसे कवियों ने अनेक लोककथाओं को पद्य कथाओं में परिवर्तित किया। गणपति द्वारा 1518 में रचित ढाई हजार दोहों का 'माधवानल-कामकंदला दोग्घक प्रबंध' गुजराती की एक उत्कृष्ट रचना है। नंद बत्तीसी, सिंहासन बत्तीसी, पंच दंड, विक्रम और बैताल जैसी अनेक परंपरागत लोककथाओं को कवि शामल भट्ट ने पद्य में रचा।

इस प्रकार मध्यकालीन गुजराती साहित्य कभी वैष्णव भक्तिधारा में प्रवाहित हुआ तो कभी कृष्ण धारा में। यह प्रवाह समय-समय पर अनेक रूपों में परिवर्तित हुआ। कभी छोटे पदों में, तो कभी स्तुति के रूप में, कभी बारहमासी के रूप में, तो कभी थाल में, कभी श्रृंगार प्रधान काव्यों में तो कभी भजन के रूप में सामने आया।

मध्यकालीन गुजराती साहित्य की धारा में एक ओर भक्ति का प्रचलन था, दूसरी ओर ज्ञान की गंगा भी प्रवहमान थी। मध्यकालीन कवियों में शंकराचार्य के अद्वैतवाद एवं मायावाद का आकर्षण भी काफी था। अखा मध्यकाल के प्रमुख ज्ञानमार्गी कवि माने जाते हैं।

कथा साहित्य में 'हंसावती की कहानी', 'रूपचंद कुंवररास' आदि हैं। असाईत, भीम, नयसुंदर, कुशल लाभ, वछराज, नरपति, शामल आदि मध्यकाल के प्रसिद्ध कथाकार हैं।

मध्यकाल में वीर काव्यों का भी प्रचलन था। पद्मनाभ का 'रणमलछंद' इस काल का प्रसिद्ध वीरताप्रधान चरित्र काव्य है।

अंग्रेजों के आगमन के पश्चात गुजरात में

एक नए प्रबोधन युग का आरंभ हुआ। उपन्यास, निबंध, लघु कथा, स्वदेशप्रेम के काव्य, प्रकृतिकाव्य, प्रेमकाव्य जैसी अनेक साहित्यिक विधाएं अस्तित्व में आईं। नए दौर के साहित्यकारों एवं लेखकों में नर्मदाशंकर दलपतराम, गोवर्धनराय त्रिपाठी आदि प्रमुख हैं, जिन्होंने देशभक्ति के काव्य के साथ-साथ नाटक, उपन्यास, निबंध एवं पिंगल संबंधित किताबें लिखीं एवं रूपक काव्यों की रचना की। अनेक पत्र-पत्रिकाओं का भी प्रकाशन इस काल में हुआ।

नर्मद, दलपतराम आदि की कृतियों में समाज सुधार की झलक दिखाई देती है। नवलराम एवं महीपतराम ने जीवन चरित्र लिखे, तो नंदशंकर, महीपतराम एवं गोवर्धनराम ने उपन्यासों की रचना की। नाटक, निबंध एवं आलोचना के क्षेत्र में नवलराम, मणिलाल, रणछोड़लाल उदयराम, रमणभाई एवं न्हानालाल, मनसुखराम, नरसिंहराव, बलवंतराय ठाकोर आदि के नाम उल्लेखनीय हैं। गुजरात के समाज सुधार आंदोलन में गोवर्धनराम के उपन्यास 'सरस्वतीचंद्र' ने एक प्रमुख भूमिका निभाई। दौलतराम ने व्यापार, कला-कौशल के विकास और आर्थिक गतिशीलता पर विशेष जोर दिया। गुजरात में स्त्री स्वाधीनता की आवाजें उठी हैं। उन्नीसवीं शताब्दी में स्थापित स्वामीनारायण संप्रदाय ने हिंदू धर्म के ढांचे में सुधार के कार्य किए, यद्यापि इसमें जातिवाद की समस्या को महत्व नहीं दिया गया।

साहित्य के क्षेत्र गें एक वैचारिक युग आया, जिसे मंथन युग के नाम से भी जाना जाता है। मंथन काल का समय बीसवीं सदी के आरंभ से लेकर गांधी युग तक माना जाता है। इस काल में रमणभाई ने अपनी कृति 'राईनो पर्वत' में सामाजिक सुधार को अपना विषय बनाया।

गुजरात के पटल पर गांधी के आगमन से साहित्य के प्रवाह को एक नया मोड़ मिला। अधिकांशतः साहित्य के केंद्रबिंदु के रूप में गांधी की विचारधारा आ गई। गांधी जी ने गुजराती भाषा को संस्कृत की जटिल बेड़ियों से मुक्त करते हुए उसे सरल एवं सर्वग्राह्य बनाया और विभिन्न विषयों राजनीति, धर्म, समाज, व्यक्ति, मानवता, समाज सुधार के साथ युग की समस्याओं पर भी अपने विचार प्रकट किए।

गुजराती साहित्य को समृद्ध बनाने का काफी श्रेय अहमदाबाद में स्थापित 'गुजरात विद्यापीठ' को है। इसके माध्यम से युवा वर्ग को राष्ट्रीय मूल्यों से परिचित करवाया गया, समग्र गुजरात में एक नए युग का सूत्रपात हुआ। इस समय लगभग सभी साहित्यिक विधाओं में यथार्थ की भावभूमि पर रचनाएं की गईं, जिनमें समाज के सबसे निम्न वर्ग की बात सुनी गई और उसकी वाणी व्यक्त की गई।

काकासाहेब कालेलकर, मशरूवाला, रामनारायण पाठक, रसिकलाल पारिख, उमाशंकर जोशी, सुंदरम, करसनदास माणेक, भोगीलाल गांधी आदि इस युग के प्रमुख रचनाकार थे। इनके अलावा नरहरिभाई पारिख, बबलभाई मेहता, जुगतराम दवे, मगनभाई देसाई, गोपालभाई पटेल, नगीनदास पारेख, झवेरचंद मेघाणी, सुंदरजी बोटाई, मनसुखलाल झवेरी आदि ने भी गांधी विचारधारा को आगे बढ़ाया। गांधी जी के सहयोगी महादेवभाई देसाई ने शरतचंद्र, रवींद्रनाथ टैगोर आदि की रचनाओं का अनुवाद किया तथा संत फ्रांसिस, सरदार पटेल, मौलाना आजाद आदि के जीवन चरित्र का वर्णन किया।

वर्तमान समय के कवियों में रमणीक अरालवाला, प्रह्लाद पारेख, प्रेमशंकर भट्ट, नाथालाल दवे आदि कहानीकारों में पन्नालाल पटेल, गुलाबदास ब्रोकर, ईश्वर पेटलीकर, चुनीलाल मड़ीया, नाट्यकारों में चंद्रबदन चीमनलाल मेहता, इंदुलाल गांधी, जयंती दलाल, गोबिंदभाई आमीन आदि उपन्यासकारों में सोपान, गुणवंतराय आचार्य, पन्नालाल आदि हास्य-व्यंग्य लेखकों में ज्योतींद्र दवे और धनसुख लाल आदि, आलोचना साहित्य में विष्णुप्रसाद द्विवेदी, रामनारायण पाठक, विश्वनाथ भट्ट, विजय वैद्य, अनंतराय रावल, मनसुखलाल झवेरी, डोलरराय माकड, यशवंत शुक्ल और दलित लेखकों में दलपत राम आदि प्रमुख हस्ताक्षर हैं।

साहित्यिक उपलब्धियां : गुजराती साहित्य में नरसी मेहता सोलहवीं शताब्दी की श्रेष्ठतम विभूति थे। वैष्णव धर्म के सारतत्वों का संकलन कर अपनी अंतर्दृष्टि एवं मानवीयता का परिचय देने वाले तथा 'वैष्णव जन तो तैणे कहिए जे पीड़ पराई जाणे रे' जैसी विचारधारा को प्रस्तुत करने वाले उस महान भक्त कवि का गुजराती साहित्य में वही स्थान है जो हिंदी में सूरदास का है। विषयवस्तु की दृष्टि से उनकी रचनाएं दो वर्गों में विभाजित की जाती हैं—वैयक्तिक जीवन से संबंधित रचनाएं, जिनमें हारमाला तथा सामलदासनो विवाह शामिल हैं तथा कृष्णभक्ति से ओतप्रोत रचनाएं, जिनमें सूरत संग्राम, गोविंदगमन, चातुरीछब्बीसी, चातुरी षोडशी, दाणलीला, सुदामाचरित, राससहस्रपदी, शृंगारमाला, बाललीला आदि शामिल हैं।

प्रेमानंद भट्ट (1649-1714) गुजराती साहित्य में आख्यान के रचयिता के रूप में प्रसिद्ध हैं। प्रेमानंद के काव्य में गुजरात की आत्मा अभिव्यक्त हुई है। प्राचीन पौराणिक कथाओं को गुजराती भाषा के माध्यम से जनता तक पहुंचाने की दिशा में उन्होंने जो कार्य किया है वह अद्वितीय है। उनका जन्म वडोदरा के पास हुआ था। दशम स्कंध उनकी प्रमुख रचना है, जिसके तिरपनवें अध्याय के एक सौ पैंसठवें कड़वे तक की रचना उन्होंने की है और बाकी भाग की रचना उनके शिष्य सुंदर ने की है। उनकी अन्य रचनाएं हैं रुक्मिणीरहण, रुक्मिणीहरण ना सलोको, बाललीला, ब्रजवेलि, दाणलीला, भ्रमरगीता, भ्रमरपचीसी, मास, सुदामाचरित आदि। गुजरात में विविध ऋतुओं में अवसरों एवं तिथियों पर उनकी अनेक रचनाओं का नियमित पाठ किया जाता है, जिससे उनकी लोकप्रियता सिद्ध होती है।

दयाराम (1767-1852) मध्यकालीन गुजराती भक्ति काव्य परंपरा के अंतिम महत्वपूर्ण कवि थे। उन्होंने पूरे भारत का भ्रमण किया था और मथुरा-वृंदावन की कृष्ण भक्ति तथा अष्टछाप के कवियों की रचनाओं से प्रभावित हुए थे। उन्होंने 'अनुभवमंजरी' नामक अपनी रचना में स्वयं को नंददास का अवतार माना है। वे संगीतज्ञ भी थे और उन्होंने गोपी-प्रेम से परिप्लावित अनेक पदों की रचना की है। उनका गरबी साहित्य गुजरात में विशेष लोकप्रिय एवं समादृत है। वे बहुभाषाविज्ञ थे और उन्होंने गुजराती के अतिरिक्त संस्कृत, मराठी, पंजाबी, ब्रज, उर्दू में रचनाएं की हैं।

कन्हैयालाल माणिकलाल मुंशी (1887-1971) आधुनिक गुजराती साहित्य के मूर्धन्य साहित्यकार के साथ-साथ एक महान स्वतंत्रता सेनानी, राजनेता, कानून विशेषज्ञ और शिक्षाविद थे। उन्होंने गुजराती के अतिरिक्त हिंदी में प्रचुर साहित्य लिखा और अनेक पत्र-पत्रिकाओं का संपादन किया। गुजरात के भड़ोच में जन्मे कन्हैयालाल माणिकलाल मुंशी का जीवन देश, समाज और साहित्य को समर्पित था। उन्होंने प्रारंभ से ही औपनिवेशिक शासन के विरुद्ध संघर्ष का पथ अपनाया था और भारत की गौरवशाली सांस्कृतिक, बौद्धिक तथा आध्यात्मिक धरोहर को प्रस्तुत करने का संकल्प लिया था। वकालत के रूप में अपनी जीविका शुरू करने के बावजूद उनके मन में सदैव देश एवं समाज की सेवा के प्रति अनुराग रहा। वे एक महान शिक्षाविद थे और समाज में शैक्षिक विकास के प्रति विशेष सजग थे। इस उद्देश्य की पूर्ति हेतु उन्होंने कई संस्थानों की स्थापना की, जिनमें भारतीय विद्या भवन, भारतीय कृषि संस्थान एवं कई अन्य संस्थान शामिल हैं।

कन्हैयालाल माणिकलाल मुंशी ने अपने उपन्यासों द्वारा गुजरात के गौरवशाली अतीत का वर्णन किया। उन्होंने अपने नाटकों द्वारा पौराणिक आदर्शों को दिखाया। प्रसिद्ध कहानीकार धूमकेतु ने ग्राम्य जीवन पर आधारित कहानियों की रचना की। अंबालाल पुराणी, पूजालाल दलवाडी एवं सुंदरम ने कवि एवं विचारक के रूप में अपनी पहचान बनाई।

लोकजीवन : गुजरात का लोकजीवन विविधताओं से भरा हुआ है। अनेक जातियों-जनजातियों का प्रदेश होने के कारण यहां भाषा और बोलियां ही नहीं, रीति-रिवाजों, धर्म-परंपराओं, संस्कार,

कलाओं, वस्त्राभूषण, उत्सव-मेलों, कथाओं एवं गीतों, सामाजिक एवं धार्मिक परंपराओं, ताल एवं वाद्यों, भोजन एवं खानपान आदि में पर्याप्त भिन्नताएं पाई जाती हैं।

गुजरात में प्रसिद्ध गुजराती थाली में भात, दाल, रोटी, भाखरी, दही, कढ़ी, छाछ, सब्जी, अचार, भरवां, साग को शामिल कर अनोखा व्यंजन प्रस्तुत किया जाता है, जो पूरे गुजरात में प्रसिद्ध है। गुजरात के एक प्रसिद्ध भोजन में बाजरे का रोटला शामिल माना जाता है। इसके साथ ही मिठाई, नमकीन एवं मसालेदार खाद्य पदार्थों को अधिक पसंद किया जाता है। रात के भोजन में भाखरी-सब्जी और खिचड़ी अधिक प्रचलित हैं। गुजराती नाश्ते में ढोकला, आमा भजियां, खमण, पातरा, खांडवी महत्वपूर्ण अंग हैं। मिठाइयों में लड्डू, शीरो, मावे से बनी अनेक प्रकार की मिठाइयां शामिल हैं।

गुजरात के पारंपरिक पोशाकों में पुरुषों की पगड़ी, लंबी आस्तीन का कुर्ता, चूड़ीदार पायजामा, खास किस्म का बंडी तथा स्त्रियों का रंग-बिरंगा घाघरा और चोली, कढ़ाईदार सलवार, पटोला साड़ियां, बांधणी आदि हैं। आभूषणों में माथे पर बांधे जानेवाला दामणी, कान का कंकरवा, गले के हार, चोली-बंडी पर जंजीर के साथ गुंथे फूलवाले बटन, अंगुलियों के छल्ले, पैरों में झांझर, बिछुए तथा जंजीर आदि गुजरात की विशेष पहचान हैं।

नृत्य एवं लोकनाट्य : गुजरात का 'गरबा' तथा डांडिया एवं 'रास' नृत्य पूरे भारत में प्रसिद्ध है। प्रदेश का भवई लोकनाट्य काफी लोकप्रिय है। गुजरात की अधिकांश लोक संस्कृति और लोकगीत हिंदू धार्मिक साहित्य तथा पुराणों में वर्णित भगवान कृष्ण से जुड़ी किंवदंतियों से संबंधित हैं। लग्न गीत, संस्कार गीत, विविध रंजक एवं बोधपरक सूक्तियां यहां विशेष रूप से पाई जाती हैं।

गुजरात के लोक नृत्य में गरबा, गरबी और रास प्रमुख हैं। गरबा गुजरात के मातृ-स्तवन का प्रमुख रूप है। दीपक हवा से बुझ न जाए, इसलिए

उसे छेदों वाली छोटी मटकी में रखा जाता है। मटकी के भीतर रखे जाने के कारण ही उसे गर्भ-दीप कहा गया, जिससे गरबो शब्द व्युत्पन्न हुआ। नवरात्रि में घर-घर में गरबो में नौ दिनों तक सुबह-शाम दीपक रखे जाते हैं, जिसे लेकर कुंआरी कन्याएं सांझ में घर-घर जा कर गीत गाती हैं और हरेक घर से इस दीपक में तेल या घी डाला जाता है। इनके साथ बालक भी घोघो ले जाते हैं। घोघो में मंदिर जैसे मेहराबदार होते हैं जो आगे से खुले होते हैं और उसमें दीपक रखे होते हैं। कन्याएं गरबा गाती हैं और लड़के घोघो के गीत गाते हैं। इनके साथ जो लोक नृत्य किए जाते हैं उन्हें गरबो नृत्य कहा जाता है। इसमें गोलाकार होकर ताली बजाते हुए गीत गाए जाते हैं। यदि हाथ में दांडिया लेकर गीत गाए जाते हैं तो उसे रास कहा जाता है। रास गुजरात के समूह लोक नृत्य का एक प्रमुख रूप है। कहीं-कहीं दांडिया की जगह डंडा, ढाल, तलवार, मटकी, जलती मशाल लेकर भी रास गाया जाता है। जाति, वर्ग और प्रदेश के अनुसार रास के विविध प्रकार हैं। एक अन्य प्रकार का लोक नृत्य टीपणी है। यह श्रमहारी नृत्य कहलाता है। टीपणी (जमीन को ठोंकने वाला उपकरण) लेकर मजदूर लोग यह नृत्य करते हैं। अन्य लोक नृत्यों में टिटोड़ी, हमची, हींच, घोड़ो, गेर, हूडो, विंछुड़ो, चाल वतावो, अचको-मचको आदि प्रमुख हैं। इनके गायन में विभिन्न वाद्यों का प्रयोग किया जाता है।

गुजरात के लोक वाद्यों में तंतु वाद्य, घन वाद्य, अवन वाद्य और तुषीर वाद्य ये चार मुख्य प्रकार हैं। सारंगी, इकतारा आदि का प्रयोग संत वाणी के

गायन में किया जाता है। कोबरिया के पाट में भोपा लोग सांग, सारंगी, शंख, वांसली, मंजीरा के साथ मस्त होकर कथा नृत्य करते हैं।

कला एवं शिल्प : गुजरात अपनी कला व शिल्प की वस्तुओं के लिए भी प्रसिद्ध है। यहां की वास्तुकला अपनी शैली और अलंकारिकता के लिए विख्यात है। पारंपरिक हस्तशिल्प, स्थापत्य शिल्प आदि की दृष्टि से प्रदेश काफी समृद्ध है। मुस्लिम शासन के दौरान एक अलग ही तरीके की भारतीय-इस्लामी शैली विकसित हुई। इनमें जामनगर की बांधनी (बंधाई और रंगाई की तकनीक), पाटन का उत्कृष्ट रेशमी वस्त्र पटोला, इदर के खिलौने, पालनपुर का इत्र, कोनोदर का हस्तशिल्प का काम और अहमदाबाद व सूरत के लघु मंदिरों का काष्ठशिल्प तथा पौराणिक मूर्तियां शामिल हैं। रुद्र महालय, सिद्धपुर, मातृमूर्ति पावागढ़, गलतेश्वर, द्वारिकानाथ का मंदिर, शत्रुंजय पालीताना के जैन मंदिर के स्थापत्य तथा सीदी सैयद मस्जिद की जालियां, पाटन की काष्ठकला इत्यादि कला एवं शिल्प के उत्कृष्ट नमूने हैं।

गुजरात भारत में लकड़ी की नक्काशी का मुख्य केंद्र रहा है। निर्माण सामग्री के रूप में जिस समय पत्थर का इस्तेमाल अधिक सुविधाजनक और विश्वसनीय था, इस समय भी गुजरात के लोगों ने मंदिरों के मंडप तथा आवासीय भवनों के अग्रभागों, द्वारों, स्तंभों, झरोखों, दीवारगीरों और जालीदार खिड़कियों के निर्माण में लकड़ी का प्रयोग किया। मुगल काल में गुजरात की लकड़ी की नक्काशी में देशी एवं मुगल शैलियों का सुंदर संयोजन दिखाई देता है। सोलहवीं सदी के उत्तरार्ध एवं सतरहवीं सदी के जैन काष्ठ मंडपों पर जैन पौराणिक कथाएं एवं समकालीन जीवन के दृश्य तथा काल्पनिक बेल-बूटे, पशु-पक्षी एवं ज्यामितीय आकृतियां उत्कीर्ण की गई हैं। आकृति, मूर्तिकला अत्यंत जीवंत एवं लयात्मक है।

यहां के लोगों द्वारा फर्श और दीवारों के लीपने-पोतने में अपनाई गई कलात्मकता, दीवारों पर बनाए गए मनमोहक चित्र, कपड़ों की किस्में, वस्त्रों पर सुंदर रंगीन चित्रकारी, अनेक प्रकार के धातु एवं मिट्टी के पात्र, मोती के काम, कौड़ी के काम, कांबी, कडलां, झांझर, वाणी, नखली, डोणियां जैसे आभूषण, क्षेत्र विशेष की पहचान कराने वाली विभिन्न प्रकार की पगड़ियां यहां की लोक संस्कृति के अद्‌भुत नमूने हैं।

पर्व-त्योहार : गुजरात अपने त्योहारों और सांस्कृतिक उत्सवों के लिए विश्व प्रसिद्ध है। गुजरात में समय-समय पर मनाए जानेवाले उत्सव, पर्व, तीज-त्योहार अपने आप में एक सांस्कृतिक गरिमा को समाए हुए हैं। यहां दीपावली, नवरात्रि, उत्तरायण, होली, मकर संक्रांति, गणेश चतुर्थी आदि पर्व मनाए जाते हैं। नवरात्रि में आयोजित गरबा एवं उत्तरायण अर्थात–मकर संक्रांति में आयोजित अहमदाबाद का पतंग उत्सव अंतरराष्ट्रीय स्तर पर प्रसिद्ध है।

मेले : गुजरात में उत्सव, पर्व एवं मेले एक-दूसरे से जुड़े हुए हैं। एक अनुमान के अनुसार गुजरात में प्रमुख मेलों की संख्या लगभग 192 है। महेसाणा, सूरत, राजकोट, अहमदाबाद, बनासकांठा, कच्छ, वलासाड़, गांधीनगर, आहवा आदि मेलें की दृष्टि से प्रसिद्ध स्थान हैं। धार्मिक मेले अधिकतर श्रावण मास में लगते हैं। कच्छ के मरुप्रदेश में आयोजित होने वाला कच्छ महोत्सव बहुत ही प्रसिद्ध है। इसके अतिरिक्त गुजरात के तरणेतर गांव में तरणेतर मेला लगता है। भगवान कृष्ण द्वारा रुक्मणी से विवाह के उपलक्ष्य में पोरबंदर के पास माधवपुर में माधवराय मेला लगता है। उत्तरी गुजरात के बांसकांठा जिले में हर वर्ष अंबा जी मेला आयोजित किया जाता है। राज्य का सबसे बड़ा वार्षिक मेला द्वारका और डाकोर में

मकर संक्रांति : पतंगबाजी

भगवान कृष्ण के जन्मदिवस जन्माष्टमी के अवसर पर आयोजित होता है। इसके अलावा गुजरात में मकर सक्रांति, नवरात्रि, डांगी दरबार, शामलाजी मेले तथा भावनाथ मेले का भी आयोजन किया जाता हैं।

शिक्षा : गुजरात शिक्षा की दृष्टि काफी उन्नत है। यहां साक्षरता दर 79.31 प्रतिशत है। गुजरात माध्यमिक एवं उच्च माध्यमिक शिक्षा परिषद द्वारा शिक्षा की पूरी व्यवस्था की गई है। 500 या इससे ज्यादा जनसंख्या वाले लगभग सभी गांवों में सात से ग्यारह वर्ष के सभी बच्चों के लिए प्राथमिक पाठशालाएं खोली जा चुकी हैं। आदिवासी बच्चों को कला और शिल्प की शिक्षा देने के लिए विशेष विद्यालय चलाए जाते हैं। यहां अनेक माध्यमिक और उच्चतर विद्यालयों के साथ-साथ तेरह विश्वविद्यालय और उच्च शिक्षा के लिए बड़ी संख्या में शिक्षण संस्थान हैं। महाराजा सायाजीराव यूनिवर्सिटी ऑफ बड़ौदा गुजरात का प्रमुख विश्वविद्यालय है। इसके अतिरिक्त गुजरात विश्वविद्यालय, सरदार पटेल विश्वविद्यालय, अहमदाबाद विश्वविद्यालय, वीर नर्मद दक्षिण गुजरात विश्वविद्यालय, धर्मसिंह देसाई यूनिवर्सिटी और हेमचंद्र उत्तर गुजरात विश्वविद्यालय यहां के प्रमुख विश्वविद्यालयों में हैं। अभियांत्रिकी महाविद्यालयों और तकनीकी विद्यालयों द्वारा तकनीकी शिक्षा उपलब्ध कराई जाती है। शोध संस्थानों में अहमदाबाद में फिजिकल रिसर्च लेबोरेटरी, टेक्सटाइल इंडस्ट्रीज रिसर्च एशोसिएशन, सेठ भोलाभाई जेसिंगभाई इंस्टिट्यूट ऑफ लर्निंग ऐंड रिसर्च, द इंडियन इंस्टिट्यूट ऑफ मैनेजमेंट, द नेशनल इंस्टिट्यूट ऑफ डिजाइन और द सरदार पटेल इंस्टिट्यूट ऑफ इकोनॉमिक ऐंड सोशल रिसर्च, वडोदरा में ओरिएंटल इंस्टिट्यूट तथा भावनगर में सेंट्रल साल्ट ऐंड मॅरीन केमिकल रिसर्च इंस्टिट्यूट शामिल हैं।

कृषि एवं उद्योग : गुजरात के लगभग दो करोड़ हेक्टेयर क्षेत्र में से करीब एक करोड़ हेक्टेयर में कृषि की जाती है। अहमदाबाद, खेड़ा, वडोदरा, सूरत और वल्सर के मैदानी क्षेत्र कृषि की दृष्टि से उर्वर हैं और अत्यधिक उद्योगीकृत हैं। यहां की मुख्य खाद्य फसलों में चावल, गेहूं, बाजरा, मकई, मटर, हरा चना आदि शामिल हैं। गुजरात कपास, तंबाकू और मूंगफली का उत्पादन करने वाला देश का प्रमुख राज्य है और कपड़ा, तेल और साबुन जैसे महत्वपूर्ण उद्योगों के लिए कच्चा माल उपलब्ध कराता है। यहां की अन्य महत्वपूर्ण नकदी फसलें हैं—इसबगुल और बाजरा। गुजरात के वनों में सागवान, शीशम, गोंद, खैर, वेंगाई पादौक, मालाबार सीमल, हलदरियो, सादाद, बांस आदि वृक्ष तथा हरड़, बहेड़ा, लाख, आंवला, गुंदर आदि औषधियां पाई जाती हैं।

डेयरी फार्म की दृष्टि से गुजरात काफी आगे है। अमूल मिल्क को-आपरेटिव फेडरेशन पूरे देश में विख्यात है, जो एशिया की सबसे बड़ी डेयरी है। यहां पाए जाने वाले पशुओं में गाय, भैंस, भेंड़, बकरी प्रमुख हैं।

राज्य में औद्योगिक ढांचे में धीरे-धीरे विविधता आती जा रही है और यहां रसायन, पेट्रो-रसायन, उर्वरक, इंजीनियरिंग, इलेक्ट्रॉनिक्स आदि उद्योगों का विकास हो रहा है। 2004 के अंत में राज्य में पंजीकृत चालू फैक्टरियों की संख्या 21,536 थी, जिनमें औसतन 9.27 लाख दैनिक श्रमिकों को रोजगार मिला हुआ था। मार्च 2005 तक राज्य में 2.99 लाख लघु औद्योगिक इकाइयों का पंजीकरण हो चुका था। गुजरात औद्योगिक विकास निगम को ढांचागत सुविधाओं के साथ औद्योगिक संपदाओं के विकास की भूमिका सौंपी गई है। 'वाहइब्रेंट गुजरात' की धारणा सामने आई। 2012 के ग्लोबल प्रास्परिटी इंडेक्स के अनुसार गुजरात को भारत का सबसे विकसित राज्य माना गया। गुजरात में 2.5 लाख करोड़ के मूल्य के 'सेज' के लिए 104 एमओयू पर हस्ताक्षर हुए। नर्मदा नदी पर बनाया गया सरदार बांध अपने आप में एक अजूबा है। अहमदाबाद एवं सूरत यहां के प्रमुख व्यापारिक क्षेत्र माने जाते हैं। अहमदाबाद में व्याप्त वस्त्र उद्योग एवं सूरत का हीरा उद्योग काफी प्रसिद्ध है।

पर्यटन स्थल : राज्य की प्रसिद्ध धार्मिक एवं ऐतिहासिक जगहों में सोमनाथ एवं द्वारका के जग प्रसिद्ध प्राचीन मंदिर, गिरनार, शत्रुंजय, चोटीला, पावागढ़, सिद्धपुर का रुद्रमाल पालीताना, अंबाजी भद्रेश्वर, शामलाजी, तरंगा जैसे धार्मिक स्थलों के अलावा महात्मा गांधी की जन्मभूमि पोरबंदर तथा पुरातत्व और वास्तुकला की दृष्टि से उल्लेखनीय पाटन, सिद्धपुर, घुरनली, दभेई, बडनगर, मोधेरा, लोथल और अहमदाबाद जैसे स्थान भी हैं। अहमदपुर, मांडवी, चारबाड़ उभारत और तीथल के सुंदर समुद्री तट, सतपुड़ा पर्वतीय स्थल, गिर वनों के शेरों का अभयारण्य और कच्छ में जंगली गधों का अभयारण्य भी पर्यटकों के आकर्षण के केद्र हैं।

सोमनाथ मंदिर

कच्छ का रण अनूठा स्थल है। गुजरात के राष्ट्रीय उद्यानों और वन्य जीव अभयारण्यों में 40 से अधिक जानवरों की प्रजातियां पाई जाती हैं। गिर राष्ट्रीय उद्यान, वंस्दा नेशनल पार्क, वेरावादर कृष्णमृग राष्ट्रीय उद्यान, नारायण सरोवर वन्य जीव अभयारण्य, थोल झील पक्षी अभयारण्य दर्शनीय स्थल हैं।

यातायात : गुजरात सड़क मार्ग, रेल मार्ग एवं वायु मार्ग से अच्छी तरह जुड़ा हुआ है। यहां सड़कों की लंबाई लगभग 85,000 किलोमीटर है। गुजरात राज्य सड़क परिवहन निगम यहां बस सेवाएं प्रदान करने वाली सबसे बड़ी संस्था है, जो पूरे राज्य को एवं पड़ोसी राज्यों को भी गुजरात से जोड़ती है। इंटरसिटी बस सेवाएं भी गुजरात के विभिन्न शहरों को मध्य प्रदेश, महाराष्ट्र तथा राजस्थान से जोड़ती हैं।

राज्य के अहमदाबाद स्थित मुख्य हवाई अड्डे से मुंबई, दिल्ली और अन्य नगरों के लिए दैनिक विमान सेवा उपलब्ध है। अहमदाबाद हवाई अड्डे को अब अंतरराष्ट्रीय हवाई अड्डे का दर्जा मिल गया है। अन्य हवाई अड्डे वडोदरा, भावनगर, भुज, सूरत, जामनगर, कांडला, केशोद, पोरबंदर और राजकोट में हैं।

गुजरात का सबसे व्यस्त रेलवे स्टेशन वडोदरा जंक्शन है। यहां से हर रोज 150 से भी ज्यादा रेलगाड़ियां भारत के लगभग हर एक कोने में जाती हैं। वडोदरा के अलावा गुजरात के बड़े स्टेशनों में अहमदाबाद, सूरत, राजकोट, भुज और भावनगर हैं। गुजरात भारतीय रेल के पश्चिम रेलवे जोन में पड़ता है।

भारत में 1600 किमी के सबसे लंबे समुद्री तट वाला गुजरात राज्य है। गुजरात में कुल 40 बंदरगाह हैं। काण्डला राज्य का प्रमुख बंदरगाह है। अन्य प्रमुख बंदरगाहों में नवलखी, मगडल्ला, पीपावाव, बेडी पोर्ट, पोरबंदर, वेरावल, मुद्रा पोर्ट शामिल हैं।

भरत मेहता

गुटनिरपेक्ष आंदोलन

गुटनिरपेक्षता का अर्थ है, हर तरह के गुटों से निरपेक्ष रहना। लेकिन गुटनिरपेक्ष आंदोलन (Nonaligned Movement) का एक विशिष्ट ऐतिहासिक संदर्भ है। द्वितीय विश्वयुद्ध के बाद अमेरिका और उसके सहयोगी देशों और सोवियत संघ और उसके मित्र देशों के बीच जो तनाव पैदा हुआ और बढ़ता गया, उसे शीत युद्ध कहा गया है। यह तनाव जब अधिक बढ़ गया तब अमेरिका ने कई देशों के साथ मिलकर सैनिक गठबंधन बनाए, इनमें नाटो (NATO) सर्वप्रमुख था, जो पश्चिमी यूरोप के देशों से मिलकर बना था। सोवियत संघ ने पूर्वी यूरोप के देशों के साथ मिलकर वारसा संधि की, जो एक तरह का सैनिक गठबंधन ही था। इन सैनिक गठबंधनों ने विश्व में युद्ध जैसे हालात पैदा कर दिए

और ऐसा प्रतीत हुआ कि युद्ध कभी भी हो सकता है। इन देशों विशेषतः अमेरिका और सोवियत संघ के बीच हथियारों की होड़ चल पड़ी। लेकिन इन सैनिक गुटों के बाहर भी बहुत-से देश थे जो इन देशों के बीच पैदा हो रहे तनाव और हथियारों की होड़ को विश्व शांति और विकास के लिए सही नहीं समझते थे। इन देशों ने, जो किसी गुट में शामिल नहीं थे, विश्व शांति और पारस्परिक सद्भावना के लिए मिल कर काम करने का फैसला लिया। इनकी यह कोशिश ही गुटनिरपेक्षता के तौर पर जानी गई। इसकी पहलकदमी करने वालों में भारत के प्रथम प्रधानमंत्री जवाहरलाल नेहरू, युगोस्लाविया के राष्ट्रपति मार्शल टीटो, मिस्र के राष्ट्रपति गमाल अब्दुल नासिर, इंडोनेशिया के राष्ट्रपति सुकर्णो और घाना के राष्ट्रपति एन्क्रुमा प्रमुख थे।

गुटनिरपेक्ष आंदोलन ने ब्रेलग्रेड में 1961 में एक संगठन का रूप धारण किया। गुटनिरपेक्षता की अवधारणा रखने का श्रेय जवाहरलाल नेहरू और उपर्युक्त नेताओं को जाता है। इस पद का सर्वप्रथम प्रयोग संयुक्त राष्ट्र संघ में भारत के प्रतिनिधि वी के कृष्ण मेनन ने 1953 में किया था। नेहरू ने 1954 में कोलंबो में अपने एक व्याख्यान में इस अवधारणा को प्रस्तुत किया। उन्होंने अपने व्याख्यान में गुनिरपेक्षता के पांच सिद्धांतों का उल्लेख किया जो पंचशील के नाम से जाने जाते हैं। पंचशील के इन पांच सिद्धांतों को सर्वप्रथम चीन के राष्ट्रपति चाउ एन लाई ने 1953 में एशियाई देशों के संदर्भ में प्रस्तुत किया था, यह भी माना जाता है। पंचशील के सिद्धांत निम्नलिखित हैं :

1. एक-दूसरे की भौगोलिक सीमा और संप्रभुता का सम्मान करेंगे।
2. एक-दूसरे की सीमाओं का अतिक्रमण नहीं करेंगे।
3. एक-दूसरे के आंतरिक मामलों में हस्तक्षेप नहीं करेंगे।
4. समानता के आधार पर पारस्परिक लाभ के लिए काम करेंगे।
5. शांतिपूर्ण सह-अस्तित्व बनाए रखेंगे।

गुटनिरपेक्ष देशों का संगठन 1961 में अस्तित्व में आया लेकिन गुटनिरपेक्ष देशों की गतिविधियां 1949 में ही आरंभ हो गई थीं जब उसी वर्ष दिल्ली में गुटनिरपेक्ष देशों का पहला सम्मेलन आयोजित हुआ था। 1955 में इंडोनेशिया के बांडुंग में दूसरा सम्मेलन हुआ। इस सम्मेलन में कई देशों के राष्ट्राध्यक्षों ने शिरकत की और 'विश्वशांति और सहयोग के प्रोत्साहन के लिए घोषणा' को स्वीकार किया गया। 1961 के सितंबर माह में बेलग्रेड में हुए गुटनिरपेक्ष देशों के राष्ट्राध्यक्षों के सम्मेलन में इसे 'गुटनिरपेक्ष आंदोलन' नाम दिया गया।

गुटनिरपेक्ष देशों के इस आंदोलन को अमेरिकी शिविर और सोवियत शिविर दोनों की आलोचना का सामना करना पड़ा। फिर भी इन देशों ने तटस्थता की अपनी नीति को बनाए रखा। बांडुंग सम्मेलन में कुछ आधारभूत सिद्धांतों को स्वीकार किया गया जिन्हें स्वीकार करने पर ही देशों को गुटनिरपेक्ष सिद्धांत में शामिल होने का अधिकार मिलता था। इन्हें बांडुंग सिद्धांत नाम दिया गया। इनमें से कुछ प्रमुख सिद्धांत निम्नलिखित हैं : 1. मूलभूत मानवाधिकारों और संयुक्त राष्ट्र के चार्टर के उद्देश्यों और सिद्धांतों के प्रति सम्मान, 2. समस्त देशों की सीमाओं और संप्रभुता का सम्मान, 3. राष्ट्रीय स्वतंत्रता के लिए आंदोलनों को मान्यता, 4. जातियों और राष्ट्रों की समानता को मान्यता, 5. दूसरे देशों के आंतरिक मामलों में हस्तक्षेप नहीं करना, 6. संयुक्त राष्ट्र के चार्टर के अनुरूप प्रत्येक राष्ट्र को अपनी रक्षा करने के अधिकार का सम्मान, 7. किसी भी देश के विरुद्ध आक्रमण करने और उसकी सीमाओं और राजनीतिक स्वतंत्रता के विरुद्ध बल का प्रयोग करने से अपने को रोकना, 8. आंतरिक विवादों को शांतिपूर्ण तरीके से निपटाना, 9. पारस्परिक हितों और सहयोग को बढ़ावा देना, 10. न्याय और अंतरराष्ट्रीय दायित्वों का सम्मान करना।

गुटनिरपेक्ष आंदोलन कई कतिपय कमजोरियों के बावजूद लगभग चार दशकों तक प्रभावी रहा। लेकिन सोवियत संघ के बिखराव (1990) के बाद,

दो-ध्रुवीय ताकतों के बीच का शीतयुद्ध समाप्त हो गया। तब तक गुटनिरपेक्ष देशों के नौ शिखर सम्मेलन हो चुके थे। दसवां शिखर सम्मेलन 1992 में इंडोनेशिया की राजधानी जकार्ता में हुआ। कोलंबिया के कार्टेजिन शहर में अनुष्ठित ग्यारहवें शिखर सम्मेलन में 109 देशों के प्रतिनिधियों ने हिस्सा लिया। इस सम्मेलन में अमेरिका की साम्राज्यवादी नीतियों का विरोध किया गया। लीबिया, युगोस्लाविया तथा क्यूबा में अमेरिकी हस्तक्षेप की निंदा की गई।

गुटनिरपेक्ष आंदोलन अपनी कमजोरियों से ग्रस्त था। इसकी कमजोरी का कारण इसके सदस्य राष्ट्रों का प्रशासनिक, राजनयिक, आर्थिक, वित्तीय, सांस्थानिक एवं राजनीतिक रूप से कमजोर होना था। अफ्रीका के गृह युद्ध, ईरान-इराक के बीच युद्ध (1980-1988) एवं फिलिस्तीनी मुद्दे पर यह कमजोरी साफ उजागर हुई। भारत-पाकिस्तान के बीच लगातार कलह को रोकने में भी यह अक्षम था। गुटनिरपेक्ष आंदोलन की उपलब्धि इसके संस्थापक नेतृत्व की साहसपूर्ण पहलकदमी में निहित थी, जिसने मानवता की भलाई के नजरिए से दुनिया की शांति एवं सुरक्षा के बारे में सोचा। इसने नए-नए राष्ट्रों के प्रतिनिधियों को विविध मुद्दों पर खुली बहस का मंच मुहैया किया, ज्यादा समतामूलक एवं मानवीय व्यवहार के मानदंडों वाली धारणाओं की रूपरेखा प्रस्तुत की। यही कारण है कि शीतयुद्ध के खात्मे के बाद भी गुटनिरपेक्ष आंदोलन का वजूद बना हुआ है। बदलते वक्त के साथ इसकी भूमिका बदल रही है। 2012 में सोलहवें शिखर सम्मेलन (तेहरान, ईरान) में शामिल होने वाले सदस्यों की संस्था बढ़कर 120 हो गई, जो गुटनिरपेक्ष आंदोलन की आवश्यकता का ही परिचायक है।

महेश जायसवाल

अधिक जानकारी के लिए :

1. **The Principles of Non-Alignment :** (Ed.) Hans Kochler, 1982, 2. **India and Non-Aligned Movement :** H M Wajid Ali, 3. **The Non-Aligned Movement : The Origins of Third World Alliance :** Peter Willetts 4. **The Non-Aligned Movement and the Cold War :** (Ed.) Natasa Miskovic, Harald Fischer-Tine and Nada Boskovska

गुड फ्राइडे

गुड फ्राइडे ईसा मसीह के सलीब पर चढ़ने के शहीदी दिवस के रूप में मनाया जाता है। वेदना से भरे इस शुक्रवार को लोग चर्च में विशेष तौर पर प्रार्थना करते हैं। यह ईस्टर पर्व का पहला दिन होता है। ईस्टर उसी सप्ताह में रविवार को मनाया जाता है, जब ईसा मसीह दो दिनों बाद पुनः जी उठे थे। ईस्टर मंडे उत्सव का अंतिम दिन होता है, ईसा के पुनरुत्थान के साथ। यह आनंदोत्सव के दिन होते हैं। किसी पर्व का इतिहास कितना भी वेदनामय क्यों न हो, मनुष्य उसके उत्सव के रूप में मनाकर अपनी इच्छाशक्ति और उल्लास को व्यक्त करता है। गुड फ्राइडे को होली फ्राइडे, ब्लैक फ्राइडे, ग्रेट फ्राइडे, गाड्स फ्राइडे भी कहा जाता है।

ईस्टर का उत्सव शुरू में 'पैगान' देवी की आराधना से जुड़ा था और आदि इयास्त्र पर्व था। इयास्त्र के वाहन को 'मून हेयर' कहा जाता था। हिंदी में चंद्रमा का एक नाम शशधर है—खरगोश। जर्मन लोगों का विश्वास था, जो अच्छे बच्चे होते हैं उनके पास खरगोश ईस्टर से पहले सोने का एक अंडा रख जाता है। अंडा भी निरंतर जन्म का प्रतीक है। ईस्टर के दिन अंडे का रंग लाल कर दिया जाता है, यह

ईसा मसीह

ईसा के रक्त का चिह्न है। इसे 'ईस्टर एग' कहा जाता है। रूस में समाधियों के ऊपर रक्त के रंग का अंडा रखा जाता है, जो पुनर्जीवन का प्रतीक है। संडे के बाद मंडे दरअसल 'मून डे' है। ईस्टर मंडे को अमेरिकी राष्ट्रपति व्हाइट हाउस में ईस्टर एग लुढ़काने की परंपरा निभाते आए है, बच्चे उत्साह से यह खेल देखते हैं। यह कठोर शीत के बाद वसंत से शुरू होता है और सभी को लगता है कि जैसे नए जीवन का पुनरुत्थान हुआ है।

माना जाता है कि ईस्टर के रविवार को ईसा मसीह ने जी उठने के बाद चालीस दिनों तक अपने अनुयायियों को दीक्षा दी। इस उत्सव में प्रार्थनाओं की श्रृंखला होती है, फिर क्रॉस की पूजा की जाती है। इसके बाद पवित्र भोज के रूप में 'ब्रेड तोड़ने की रस्म' अदा की जाती है। मान्यता है कि ब्रेड खाने और दाख रस पीने से प्रभु के साथ निकट का संबंध स्थापित होता है। यह उत्सव विश्व के कई देशों में मनाया जाता है। वरमूडा में पतंग उड़ाई जाती है जो ईशू के स्वर्गारोहण का प्रतीक है। कुछ देशों में शोभायात्रा निकालते हैं। कहीं-कहीं कुछ व्यक्ति प्रतिबंध के बावजूद ईसा की तरह अपने शरीर को लहूलुहान कर लेते हैं। दुनिया के विभिन्न देशों में गुड फ्राइडे और ईस्टर का उत्सव तरह-तरह से मनाया जाता है। फिर भी ईसाई यह नहीं भूलते कि ईसा सलीब पर चढ़ने के बाद किस यंत्रणा से गुजरे थे।

प्रीति सिंधी

गुरजाडा वेंकट अप्पाराव
(1861-1915)

गुरजाडा वेंकट अप्पाराव दक्षिण भारत के नवजागरण में वीरेश लिंगम के बाद सर्वाधिक महत्वपूर्ण भूमिका निभाते हैं। वे तेलुगु साहित्य में आधुनिकता के पथ-प्रदर्शक हैं। अपनी प्रारंभिक शिक्षा पूरी कर गुरजाडा ने जीवन का अधिकांश समय विजयनगरम राज्य की सेवा में लगा दिया। 1888 तक अप्पाराव पर अंग्रेजी साहित्य का इतना प्रभाव था कि वे ब्रिटिश पत्रकार या अंग्रेजी लेखक बनना चाहते थे, लेकिन अपने समाज की जड़ता के खिलाफ लड़ने के लिए उन्होंने अंततः मातृभाषा को माध्यम बनाया। उनकी बाल विवाह विरोधी कविता है–'पूर्णाम्मा'। इसमें वे एक अश्रुपूर्ण कहानी सुनाते हैं। 'देशभक्ति' नामक खंड काव्य में उन्होंने नवमानवतावाद के गीत गाए हैं।

सामाजिक चेतना की दृष्टि से 1897 में प्रकाशित 'कन्याशुल्कम्' नाटक इनकी महत्वपूर्ण कृति है। इसका पहला प्रदर्शन 1892 में हुआ था। इसमें बाल विधवाओं की दयनीय स्थिति का कारुणिक चित्र है। तेलुगु साहित्यिक इतिहास में वेश्या जीवन की यह पहली प्रस्तुति है। यह नाटक साहित्यिक आनंद के लिए नहीं बल्कि सामाजिक बुराइयों के खिलाफ अपनी मुहिम को व्यापक बनाने के लिए लिखा गया था।

अप्पाराव का लेखन अपनी व्यंग्यधर्मिता के कारण अलग से पहचाना जा सकता है। कट्टर सनातनियों पर व्यंग्य करते हुए उन्होंने लिखा है, 'सनातनी हिंदुओं में सामान्यतः एक विश्वास प्रचलित है कि इस संसार में कोई भी चीज नई नहीं है।

गुरजाडा वेंकट अप्पाराव

आजकल के बौनों की आंखों में चकाचौंध पैदा करने वाले आविष्कार, चाहे वे जितने ही विस्मयकारी हों, नए-नए विचार चाहे वे जितने ही मौलिक प्रतीत हों, उनके बारे में हमारे पूर्वजों को सब मालूम था!' अतीत को सर्वश्रेष्ठ मानने वाली वर्तमान-विरोधी ऐसी चेतना नवजागरण के प्रवाह में वस्तुतः बाधक थी।

अतीतजीवी समय में अतीत से सार्थक संवाद जरूरी होता है, पर उससे चिपकना नुकसानदेह है। अप्पाराव घोषणा करते हैं, 'थोड़ा सा भला और बहुत सारा बुरा/ यही है हमारा अतीत/ इसलिए पीछे मत देखो/ मंद मंद मत चलो/ आगे बढ़ो/ एक बार पिछड़ गए तो पीछे ही रह गए।'

'तुम्हारा नाम क्या है' और 'बड़ी मस्जिद' जैसी महत्वपूर्ण कहानियों के द्वारा अप्पाराव धार्मिक कट्टरता के स्थान पर सांप्रदायिक सद्भाव पर जोर देते हैं। उनके सपनों का भारत है, 'हाथ मिलाकर कदम बढ़ाकर/ चलते हैं सब सहचर बनकर/ भाई-भाई बनकर रहते/ चलते-फिरते हंसते गाते/ संप्रदाय, मत, धर्म अलग हो/ उससे क्या—जब मन सम्मत हो/... श्रमजीवी का श्रमजल पा कर/ बढ़कर देगा सबकुछ तरुवर।'

1911 में अप्पाराव ने 'आंध्र साहित्य परिषद' की स्थापना की। उन्होंने 'मत्याल सरांलु' (स्ट्रिंग्स ऑफ पर्ल्स) और 'नीलगिरी पतलु' (सांग्स ऑफ नीलगिरी) जैसी कृतियों के द्वारा तेलुगु कविता को नई दिशा दी। ब्रह्म समाज से प्रभावित मानवतावादी चिंतक रघुपति वेंकटरत्नम नायडू के साथ मिलकर गुरजाडा अप्पाराव ने सामाजिक सुधार का सवाल उठाकर धार्मिक उत्सवों में 'नाच' की प्रथा का विरोध किया। उनके अनुसार, 'सामाजिक सुधार का अर्थ है, मानव शरीर तथा मन की अक्षमता और तुच्छता, अश्लीलता और अशोभनीयता का तिरस्कार और किसी भी सूरत में इनसे समझौता न करना।' 1908 के मद्रास कांग्रेस में अप्पाराव के प्रयास से समाज सुधार के सवाल को केंद्रीय महत्व मिला। गुरजाडा अप्पाराव ने जीवन भर मिशन भाव से वैज्ञानिक चिंतन, धर्मनिरपेक्षता और राष्ट्रीय एकता के समर्थन और अतीतजीविता के विरोध को अपनी संपूर्ण शक्ति से सामाजिक सोच का हिस्सा बनाने की कोशिश की।

समीर कुमार पाठक

अधिक जानकारी के लिए :
1. **कन्याशुल्कम् :** गुरजाडा अप्पाराव, 2. **गुरजाडा अप्पाराव :** वी आर नार्ल, साहित्य अकादमी, 1980, 3. **भारतीय साहित्य रत्नमाला :** प्रकाशन विभाग, 1972

गुरु

गुरु गीता के अनुसार 'गु' का अर्थ है अंधकार और 'रु' का अर्थ है उसे दूर करने वाला, अर्थात जो अज्ञान रूपी अंधकार को दूर करके ज्ञान रूपी प्रकाश का उन्मेष करता है वह गुरु है। विवेकानंद ने 'भक्तियोग' में बताया है, 'जिस व्यक्ति की आत्मा से दूसरी आत्मा में शक्ति का संचार होता है वह गुरु कहलाता है और जिसकी आत्मा में यह शक्ति संचारित होती है उसे शिष्य कहते हैं।' गुरु वही हो सकता है जिसमें शक्ति का संचार करने की शक्ति हो और शिष्य भी वही हो सकता है जिसमें इसे ग्रहण करने की योग्यता हो।

कठोपनिषद में कहा गया है—'आश्चर्यो वक्ता कुशलोऽस्य लब्धा' अर्थात वास्तविक गुरु में अपूर्व योग्यता होनी चाहिए और शिष्य को भी कुशल होना चाहिए। गुरु यदि योग्य न हो और शिष्य भी अकुशल हो तो दोनों का पतन होना तय है। 'अंधेनैव नीयमाना यशांधा' अर्थात अंधे के नेतृत्व में चलने वाले अंधे की जो स्थिति होती है। (वही स्थिति अयोग्य गुरु के अकुशल शिष्य की हो जाती है)। मुंडकोपनिषद् के इस दृष्टांत को बौद्ध सिद्ध और हिंदी भक्त कवियों की परंपरा ने भी दुहराया है—'अंधां अंध कढाव तिम विण्णिवि कूव पडेइ' (सरहपा), अथवा 'अंधे अंधा ठेलिया दुन्दूं कूप परंत' (कबीर)। जब गुरु और शिष्य 'दोनों ही अद्भुत और असाधारण होते हैं तभी अद्भुत आध्यात्मिक जागृति होती है, अन्यथा नहीं।' कृष्ण और अर्जुन ऐसे ही गुरु और शिष्य थे। जब अर्जुन ने अत्यंत व्याकुल हृदय से प्रार्थना की

(शिष्यस्तेऽहं शाधि मां त्वां प्रपन्नम्, गीता 2.7) तब कृष्ण ने गीता का ज्ञानोपदेश किया।

रामकृष्ण परमहंस के अनुसार, सच्चिदानंद ही गुरु या परम गुरु है। मानव गुरु के भीतर उसी की शक्ति उतरती है या वह अवतार लेकर लोक शिक्षा के द्वारा युग के प्रश्नों का समाधान करता है। कृष्ण, बुद्ध, ईसा ऐसे ही अवतारी गुरु थे। एक विचार यह भी है कि शुद्ध मन ही गुरु हो जाता है। अवधूत दत्तात्रेय ने किसी गुरु की प्रत्यक्ष सहायता के बिना अपनी मनःशक्ति द्वारा धरती से सहिष्णुता की, वायु से अनासक्ति की, आकाश से निर्बंधता की और इस तरह चौबीस गुरुओं से स्वतः शिक्षा ग्रहण की। बुद्ध ने निर्वाण के समय अपने शिष्यों से कहा–अप्प दीपो भव (अपना दीपक या पथ-प्रदर्शक आप बनो)। ईसा ने जिसे भी चंगा किया या रूपांतरित किया, उससे कहा–तुम्हारे विश्वास ने ही तुम्हें पूर्ण किया है।

हजारी प्रसाद द्विवेदी ने बताया कि कुछ गुरु शिलाधर्मी होते हैं, वे अपने व्यक्तित्व से शिष्यों को दबा देते हैं, उनका स्वाभाविक विकास नहीं होने देते लेकिन सच्चे गुरु आकाशधर्मा होते हैं, वे अपने प्रकाश की छाया में सबको अपना स्वाभाविक विकास करने का अवसर, प्रोत्साहन और सहायता देते हैं। रामानंद ऐसे ही गुरु थे। द्विवेदी जी के शब्दों में, मध्य युग के महागुरु। उन्होंने ब्राह्मण-अब्राह्मण, शिक्षित-अशिक्षित, स्त्री-पुरुष सभी को रुचि और योग्यता के अनुसार सगुण या निर्गुण भक्ति मार्ग पर बढ़ने की प्रेरणा दी। कभी-कभी शिष्य भी गुरु की आध्यात्मिक सहायता करता है। प्रसिद्ध है कि मत्स्येंद्रनाथ को उनके शिष्य गोरक्षनाथ ने उबारा था (जाग मछंदर गोरख आया)। निर्गुण और सगुण दोनों धाराओं में जिन प्रमुख तत्वों की मान्यता है, उनमें एक गुरु तत्व है। कबीर की साखियों में 'गुरुदेव कौ अंग' प्रसिद्ध है जिसमें कबीर ने गुरु की महिमा खुलकर गाई है।

रामकृष्ण कहते थे, गुरु और इष्ट एक है। कबीर ने कहा था–गुरु-गोविंद एक हैं। कबीर ने भगवान से भी पहले गुरु की वंदना का निश्चय किया क्योंकि गुरु ने ही भगवान की पहचान कराई–'गुरु गोविंद दोऊ खड़े काके लागूं पांय, बलिहारी गुरु आपणें गोविंद दियो बताय।' संतों ने प्रायः गुरु को सतगुर या सतगुरु कहा है–'संतो, भक्ति सतोगुरु मानी' या 'सतगुर सवांन को सगा'। 'सतगुरु की महिमा अनत, अनत किया उपकार, लोचन अनंत उघाड़िया अनंत मिलावन हार।' सतगुरु ने इतना उपकार किया, मैं उन्हें क्या देकर संतुष्ट करूं, यह मन में ही रह गया। गुरु के प्रति श्रद्धा और प्रेम में कबीर की कोई तुलना नहीं। उनके गुरु रामानंद की भी गुरु महिमा पर कुछ पंक्तियां मिलती हैं–'सतिगुरु में बलिहारी तोर, जिनि सकल विकल भ्रम काटे मोर।' गुरु नानक की बानी में गुरु का गुणगान है, उनके द्वारा प्रवर्तित सिख धर्म की पहचान दस गुरुओं से है। अंतिम गुरु दशमेश गुरु गोविंद सिंह के अनुसार, कोई व्यक्ति चाहे जिस वर्ण या कुल का हो, गुरु के घर में आ कर उसका दूसरा जन्म होता है, वह सिक्ख (शिष्य) हो जाता है और उसकी पदवी 'सिंह' हो जाती है–'गुरु पर जन्म तुम्हारे होय, पिछले जाति बरन सब खोय। चार बरन के एको भाई, धरम खालसा पदवी पाई। हिंदू तुरक तो आहि निआरा, सिंह वजब अब तुमने धारा।' कई परवर्ती संतों ने सदियों पहले के महापुरुषों को अपना गुरु घोषित किया, जैसे संत गरीब दास ने कबीर को और संत चरणदास ने शुकदेव को।

सूफियों में गुरु की तरह पीर या मुर्शिद की महिमा है। जायसी ने 'पद्मावत' की कथा में निहित रूपक का जो रहस्य खोला है, उसके अनुसार चित्तौड़ तन का, राजा रत्नसेन मन का, सिंहल द्वीप हृदय का, पद्मिनी बुद्धि का और हिरामन सुआ गुरु का प्रतीक है–'सुआ गुरु जोइ पंथ देखावा, बिन गुरु जगत को निरगुन पावा!' अमीर खुसरो ने हजरत निजामुद्दीन औलिया के गुन गाए हैं तो पुष्टिमार्गी भक्तों ने बल्लभाचार्य के। तुलसीदास ने गुरु का नाम नहीं लिया, लेकिन रामचरितमानस का आरंभ गुरु की वंदना से किया है जो शब्द-विन्यास, लय और अलंकरण में अद्भुत है और उस पर 'गुरुगीता' के अनेक श्लोकों की छाया है। उस पर तुलसीदास

ने कला की छाप छोड़ दी है–'बंदऊ गुरु पद पदुम परागा, सुरुचि सुबास सरस अनुरागा, अमिअ मूरिमय चूरन चारू, समन सकल अब रुज परिवारू।' या 'गुरु पद रज मृदु मंजुल अंजन, नयन अमिअ दृग दोष निभंजन।' रामचरितमानस के अंत में काकभुशुंडि के पूर्व जन्म की कथा है जिसमें उन्हें शिव ने अजगर योनि में जन्म लेने का शाप इसलिए दिया था क्योंकि उन्होंने अपने गुरु का अपमान किया था।

सच्चे गुरु की पहचान बहुत जरूरी है, वरना भावुकता में किसी ढोंगी को गुरु बना लेने का परिणाम विनाशकारी हो सकता है। मानस के आरंभ में राजा प्रतापभानु की कथा है, जिसमें एक कपटी मुनि पर अंधविश्वासपूर्वक गुरुभक्ति और भरोसा रखने से राजा का सर्वनाश हो जाता है। रावण कपटी मुनि का वेश धर कर सीता का अपहरण करता है। कालनेमि कपटी साधु के वेश में हनुमान को छलना चाहता है लेकिन हनुमान उसका छल विफल कर देते हैं। आधुनिक साहित्य में नए जीवन संदर्भों के कारण गुरु तत्व जैसे प्राचीन विषय के लिए कोई गुंजाइश नहीं रह गई। हजारी प्रसाद द्विवेदी के उपन्यास 'बाणभट्ट की आत्मकथा' में अघोर भैरव ने घोषणा की कि 'किसी' से मत डरो, गुरु से भी नहीं।

अवधेश प्रधान

गुरु नानक
(1469-1539)

गुरु नानक सिख धर्म के प्रवर्त्तक और पहले गुरु थे। उनका जन्म तलवंडी राय भोय (ननकाणा साहिब, पाकिस्तान) के बेदी कुल में हुआ था। पिता मेहता कालू चंद (कल्याण दास) थे और माता तृप्ता। परिवार में एक बड़ी बहन थी नानकी।

नानक बचपन से आध्यात्मिक प्रवृत्ति के थे। उन्होंने हरदयाल से संस्कृत और मौलवी कुतुबुद्दीन से फारसी की सामान्य शिक्षा पाई। उनकी पढ़ने और सांसारिक कामों में अरुचि थी। वे अंतर्मुखी, शांत, परंतु विद्रोही स्वभाव के थे। उन्होंने जनेऊ पहनने से इनकार कर दिया, खेती-बाड़ी और पारिवारिक कार्यों में उदासीनता दिखाई। पिता की नजर में वह निखट्टू थे। उन्होंने नानक को व्यापार के लिए बीस रुपए दिए। नानक निकले सौदा लेने, पर भूखे साधु-संन्यासियों को लंगर छका दिया। जवाब-तलब करने पर बोले, सच्चा सौदा किया है। पिता ने गुस्से में थप्पड़ मारा और उन्हें बहन नानकी के पास सुल्तानपुर लोधी भेज दिया।

वहां उन्हें जीजा जयराम की मदद से सरकारी गल्ले की दुकान में अनाज तौलने का काम मिला। अनाज तौलते वक्त एक दिन तेरह की संख्या गिनते ही भगवान में रम गए और तेरा-तेरा कहते तराजू भर-भर बांटते गए। नवाब तक शिकायत पहुंची। जांच हुई, पर हिसाब ठीक निकला। नौकरी नहीं गई, पर सच की खोज के लिए मन की शांति चली गई। घर वालों ने नानक को ठीक करने के लिए सुलक्खणी देवी से उनका विवाह कर दिया। उनके दो बेटे श्रीचंद तथा लखमीचंद हुए। नानक 13 साल नौकरी करते रहे, परंतु धुन वही लगी रही।

एक दिन सुल्तानपुर लोधी के समीप वेईं नदी में स्नान करने जो उतरे, तो कहा जाता है, समाधि लग गई–'नानक डूब गया', हर तरफ हल्ला हो गया। तीन दिन लापता रहने के बाद बोधिप्राप्त

गुरु नानक

नया नानक निकला। वह नौकरी छोड़ कर अनुभूत ईश्वरीय ज्ञान को आम लोगों तक, उन्हीं की बोली में प्रचारित करने लगे–'किरत करो, नाम जपो, वंड (बाँट कर) छको।' उन्होंने हिंदू को सच्चा हिंदू, मुसलमान को सच्चा मुसलमान बनने के लिए सच्चे आचरण पर जोर दिया। झूठे कर्मकांडों, धार्मिक आडंबर-अंधविश्वासों और कुरीतियों का खंडन किया। मेहनत की कमाई खाने वाले बढ़ई लालो की रोटी से दूध और अन्यायी जमींदार की पूड़ियों से खून निकलता दिखाकर नानक ने तत्कालीन शासन-व्यवस्था में पल रही रिश्वतखोरी और शोषण के खिलाफ अपनी रचनाओं में भी आवाज बुलंद की, 'कूड़ फिरे परधान वे लालो'। अर्थात–हे लालो! झूठ ही मुखिया बन गया है।

अपने मत का प्रचार करने के लिए गुरु नानक अपने दो शिष्यों, बाला (हिंदू) और मरदाना (मुसलमान मरासी) के साथ जगह-जगह घूमते 'एक ओंकार सति नामु' की अलख जगाने लगे। उन पर धुरगी, ईश्वरीय बानी उतरती तो वे गायन करते, मरदाना रबाब से संगत करता और बाला उनकी वाणी लिपिबद्ध कर लेता। उनकी प्रमुख रचनाओं में जपुजी साहिब, आशा दी वार, सिद्धगोसद दक्खिणी ओंकार, मल्हार ते माझ दी वार, पट्टी और बारहमाह हैं। उनके कुल 974 सबद 19 रागों में, गुरुग्रंथ साहिब में संकलित हैं।

गुरु नानक अपने जीवन के 22 वर्ष देशाटन करते रहे। धर्म प्रचार के लिए लंबी यात्राओं (उदासी) पर निकल जाते। पहली उदासी में हिंदू तीर्थों की यात्रा करके लोगों को खोखले कर्मकांडों से आगाह किया। दूसरी उदासी में वह सिंहल द्वीप (श्रीलंका) तक गए। तीसरी उदासी में जम्मू-कश्मीर, लेह-लद्दाख, तिब्बत, नेपाल तक की यात्राएं कीं। ओजस्वी व्यक्तित्व और सच्चे आचरण के सिद्धांतों से जहां जाते नानक पंथी तैयार हो जाते। नेपाल के तत्कालीन नरेश ने जमीन दान दी। काठमांडू में नानक मठ स्थापित है। चौथी उदासी में मक्का-मदीना, बगदाद आदि इस्लाम के मजहबी केंद्रों में गए। उनका मूल मंत्र है, 'एक ओंकार सतिनाम, करता पुरुख, निरभौ, निखैर, अकालमूरत, अजूनि सैभं, गुरपरसाद, जप।' यह वेदोपनिषदों का सार प्रतीत हो सकता है।

उनके जीवन का अंतिम पड़ाव करतारपुर था। यहीं वह 18 वर्ष खेती करते हुए अपनी नेक कमाई से लंगर लगाते रहे। अपनी 70 वर्ष की जीवनावधि में उन्होंने वहलोल, सिकंदर लोधी, इब्राहम लोधी, बाबर तथा हुमायूं जैसे शासकों का काल देखा। उनका स्त्री-जाति पर एक सबद है 'सो क्यों मंदा आखियै जित जम्मे राजन', अर्थात–उसे क्यों बुरा कहें जो राजाओं को जन्म देती है। यह सबद आगे चलकर सिख धर्म में स्त्री-पुरुष की बराबरी का आधार बना। गुरु नानक ने गुरु गद्दी अपने बेटों को न देकर अपने योग्यतम सिख भाई लहणा को दी।

जसबीर चावला

अधिक जानकारी के लिए :

1. Knowing Guru Nanak : Shrikant Prasoon, 2007, 2. **Sri Guru Nanak Dev** : Donald Dawe, 2015

गुरु गोविंद सिंह
(1666-1708)

गुरु गोविंद सिंह सिखों के दसवें और अंतिम गुरु थे और गुरु तेग बहादुर के पुत्र थे। गुरु तेग बहादुर की दिल्ली के चांदनी चौक में हत्या के बाद गोविंद राय (सिंह) गुरु बनाए गए। उनकी उपलब्धियों में सिख पंथ को व्यवस्थित रूप से 'सिख खालसा' और 'गुरु ग्रंथ साहिब' को गुरु नानक के पंथ के अंतिम गुरु के रूप में स्थापित करना मुख्य हैं।

'गुरु ग्रंथ साहिब' में गुरु गोविंद सिंह की कोई रचना शामिल नहीं है। उनकी रचनाएं 'दशम ग्रंथ' में संकलित हैं। इनमें 'चंडी वार' उनकी प्रमुख रचना है जो मुख्य रूप से युद्ध के समय सिखों द्वारा पढ़ी जाती थी। इसमें वीरता का वर्णन है।

गुरु गोविंद सिंह ने भारतीय अस्मिता, विरासत और मूल्यों की रक्षा और समाज को नए सिरे से तैयार

गुरु गोविंद सिंह

करने के लिए खालसा पंथ अपनाया था। इसका अर्थ है खरा पंथ, जिसे आजाद पंथ भी माना गया। खालसा का एक अन्य अर्थ है सीधे ईश्वर से जुड़ा पंथ। इसमें समाज और राजसत्ता के बीच द्वंद्व नहीं देखा जाता। गुरु गोविंद सिंह सभी प्राणियों को आध्यात्मिक स्तर पर परमात्मा का ही रूप मानते थे। 'अकाल उस्तत' में उन्होंने कहा है, जैसे एक अग्नि से करोड़ों अग्नि स्फुलिंग उत्पन्न होकर अलग-अलग खिलते हैं, लेकिन सभी ही अग्नि हैं, उसी तरह जीवों की भी स्थिति है। उन्होंने सभी को मानव रूप में मानकर उनकी एकता में विश्वास व्यक्त किया, 'हिंदू तुरक कोऊ सफजी इमाम शाफी। मानस की जात सबै एकै पहचानबो।'

यह 13 अप्रैल 1699 को वैशाखी का दिन था। गुरु गोविंद सिंह भीड़ के सामने नंगी तलवार लेकर आए और भीड़ से पूछा, कौन पंथ के लिए बलिदान देगा? पहली और दूसरी आवाज पर कोई नहीं आया, पर तीसरी आवाज पर एक व्यक्ति खड़ा हुआ—दया राम (लाहौर का खत्री)। गुरु उसे लेकर टेंट में गए और सिर कटने की आवाज (वास्तव में बकरे को काटा गया था) आई। नंगी तलवार लेकर गुरु चार और लोगों धरम दास (जाट, होशियारपुर), मुखम चांद (द्वारिका का धोबी), हिम्मत (जगन्नाथ पुरी का पानी ढोने वाला) तथा साहिब चांद (बीदर, कर्नाटक का नाई) को साथ ले गए। थोड़ी देर बाद वे पांचों को लेकर सबके सामने आए और इनको पंच प्यारे घोषित किया। सभी को 'सिंह' कहा गया और पांच 'ककार' बनाए गए—कच्छा, कंघी, कृपाण, कड़ा, केश। इस तरह जातिविहीन खालसा पंथ की नींव रखी गई। इसके बाद वे खुद भी खालसा पंथ में अमृत (बताशा और पानी) पीकर शामिल हुए और कहलाए गुरु गोविंद सिंह। गुरु ने एक लाइन पढ़ी, 'वाहे गुरुजी दा खालसा, वाहे गुरु जी दी फतह।' खालसा पंथ की यह पंक्ति आज भी दुहराई जाती है।

खालसा पंथ में स्त्री-पुरुष बराबर होते हैं, कोई पर्दा प्रथा नहीं, कोई सती नहीं, कोई कन्या-भ्रूण हत्या नहीं, सिर्फ झटका मांस का सेवन आदि। स्त्रियों के लिए कौर और पुरुषों के लिए सिंह लिखने का निर्देश है। सिख अपने को न हिंदू कहेंगे न मुसलमान। न कोई आडंबर होगा, न कोई जाति और न ही कोई नशा, न दिखावा होगा और न ही शादी के बाहर कोई प्रेम संबंध। इस तरह गुरु गोविंद सिंह ने एक व्यवस्थित पंथ की स्थापना करके इतिहास रच दिया। उन्होंने कहा है, 'सवा लाख से एक लड़ाऊं, चिड़ियों सों मैं बाज तड़ाऊं, तबे गोविंद सिंह नाम कहाऊं।' यद्यपि सभी सिख गुरुओं ने थोड़े-बहुत पद, भजन आदि बनाए हैं, पर गुरु गोविंद सिंह काव्य के अच्छे ज्ञाता और ग्रंथकार थे।

सिखों में शास्त्रज्ञान का अभाव गुरु गोविंद सिंह को बहुत खटका था। उन्होंने कई सिखों को व्याकरण, साहित्य, दर्शन आदि के अध्ययन के लिए काशी भेजा। हिंदी में कई साहित्यिक ग्रंथों की रचना की, जिनमें प्रमुख हैं—'सुनीतिप्रकाश', 'सर्वलोहप्रकाश', 'प्रेमसुमार्ग', 'बुद्धिसागर' और 'चंडी चरित्र' (चंडी दी वार)। खालसा पंथ की स्थापना के बाद राजे-महाराजे और मुगल बादशाह सभी शासकों के बीच तीव्र प्रतिक्रिया हुई। 1705 में औरंगजेब के सैनिकों के सहयोग से आनंदपुर को घेर लिया गया और शर्त लगा दी गई कि सिख आनंदपुर छोड़ कर चले जाएं या मुस्लिम बन जाएं तो घेरेबंदी उठा ली जाएगी। गुरु गोविंद सिंह ने आनंदपुर साहिब छोड़ने का फैसला किया। फिर भी उन पर हमला हुआ और उनके दो

पुत्र युद्ध में पकड़े गए और उन्हें जिंदा दीवार में चुन दिया गया। 1708 में अपने जीवन के अंतिम समय में उन्होंने सिखों के अंतिम गुरु के रूप में 'गुरुग्रंथ साहिब' की प्रतिष्ठा कर दी। इसे ही आध्यात्मिक प्रकाश पुंज करार दिया।

जितेंद्र जितांशु

अधिक जानकारी के लिए :

1. **The Sikh Gurus and the Sikh Society : A Study in Social Analysis** : A N Roy, 1975,
2. **Guru Gobind Singh : A Biographical Study** : J S Garewal, 1967

गुरुग्रंथ साहिब

गुरुग्रंथ साहिब सिख धर्म का सर्वमान्य धर्मग्रंथ है, जिसमें गुरु नानक आदि छह सिख गुरुओं के साथ कबीर, रैदास आदि उन्नीस संतों (भगतों), ग्यारह भट्टों की वाणियां और रचनाएं संकलित हैं। सिखों के पांचवें गुरु अर्जुनदेव ने भाई गुरुदास के सहयोग से 1430 पृष्ठों के इस विशाल संग्रह को 1601 से शुरू करके 1604 में पूरा करवाया। दसवें गुरु गोविंद सिंह ने 1708 में इस आदि ग्रंथ को 'गुरुग्रंथ साहिब' नाम देकर 'गुरु' के पद पर आसीन कर दिया। उन्होंने इसमें नवें गुरु तेगबहादुर की वाणियों को भी जोड़ दिया था। उनकी अपनी वाणी 'दशम ग्रंथ' के नाम से अलग से संकलित है।

तीसरे गुरु अमरदास अपनी रचना 'अनंदु' की तेईसवीं और चौबीसवीं पउड़ी में कह गए थे कि सिखों को गुरु के सच्चे पदों का ही पाठ करना चाहिए, लेकिन गुरु अर्जुनदेव का बड़ा भाई प्रिथिया नकली पदों की रचना करके उन्हें नानक के नाम से प्रचारित कर रहा था। इसलिए गुरु अर्जुनदेव ने गुरुओं की सच्ची वाणी का संग्रह करने की जरूरत महसूस की। वह अमरदास जी के पुत्र बाबा मोहनजी को प्रसन्न करके उनके पास सुरक्षित गुरुवाणी को ले आए। मुगल सत्ता के कोप और भितरघाती शक्तियों के मिले-जुले संघर्ष के बीच उन्होंने बड़ी लगन से गुरुवाणी का चयन करवाया, इसमें अपनी वाणी भी शामिल की और अनेक पूर्ववर्ती और समकालीन संतों-भक्तों की वाणी और भट्टों की रचनाएं जुटाकर, स्वयं बोल-बोलकर तीन वर्षों तक भाई गुरुदास से लिखवाया। अपने 43 वर्षों के संघर्षमय जीवन में गुरु अर्जुनदेव ने एक से बढ़कर एक महान कार्य किए, उनमें 'गुरुग्रंथ साहिब' सिख धर्म और भारतीय साहित्य-संस्कृति को उनकी सबसे बड़ी देन है।

गुरुग्रंथ साहिब में तीन प्रकार की वाणी संकलित हैं–गुरुवाणी, भक्तवाणी और भट्टवाणी। गुरुवाणी में गुरु नानक, गुरु अंगद, गुरु अमरदास, गुरु रामदास, गुरु अर्जुनदेव और गुरु तेगबहादुर की कुल 3896 वाणियां संकलित हैं। इसमें सबसे अधिक वाणियां गुरु अर्जुनदेव की 2218, फिर गुरु नानक की 974, गुरु अमरदास की 907, गुरु रामदास की 619, गुरु तेगबहादुर की 116 और सबसे कम गुरु अंगद की 62 वाणियां हैं। भक्तवाणी में जिन 19 भक्तों की कुल 607 वाणियां संकलित हैं, उनमें सबसे अधिक कबीर की 541 (292 पद और 249 सलोकु यानी साखियां), शेख फरीद के 130 श्लोक, नामदेव के 60 पद, रैदास के 40 पद, रामानंद, पीपा, सेन की एक-एक और धन्ना की 2 वाणियां शामिल हैं। भट्टवाणी में कल्ह, सहार, जाल्य, कीरत, भिक्खा आदि पंजाब के 11 भट्ट कवियों की 123 रचनाएं (सवैए) संकलित हैं।

गुरुग्रंथ साहिब 33 भागों में विभक्त है। पहले भाग (कुल 13 पन्ने) में 'जपुजी' (गुरु नानक), 'रहरासि' और 'सोहिला' (गुरु नानक, गुरु रामदास और गुरु अर्जुनदेव के शब्द) हैं, दूसरे भाग (पन्ना 14 से 1352 तक) में 31 रागों में गुरुओं और संतों के पद (शब्द) संकलित हैं और तीसरे भाग (पन्ना 1353 से 1430 तक) में फरीद, कबीर और गुरु साहिबान के श्लोक (दोहे) और 11 भट्टों के सवैए शामिल हैं। 31 रागों के नाम इस प्रकार हैं–1. सिरि रागु, 2. रागु माझ, 3. रागु गउड़ी, 4. रागु आसा, 5. रागु गूजरी, 6. रागु देवगंधारी, 7. रागु बिहागड़ा, 8. रागु वडहंस, 9. रागु सोरठि, 10. रागु धनासरी, 11. रागु जैतासिरि, 12. रागु टोड़ी, 13. रागु बैराड़ी, 14. रागु

तिलंगु, 15. रागु सूही, 16. रागु बिलावलु, 17. रागु गौड़, 18. रागु रामकली, 19. रागु नट नाराइन, 20. रागु माली गउड़ा, 21. रागु मारन, 22. रागु तुआरी, 23. रागु केदारा, 24. रागु भैरउ, 25. रागु वसंतु, 26. रागु सारंगु, 27. रागु मलार, 28. रागु कानड़ा, 29. रागु कलिआन, 30. रागु प्रभाती और 31. रागु जैजैवंती।

गुरुग्रंथ साहिब सिख गुरुओं की उदार धर्मदृष्टि का प्रमाण है। उसमें अनेक संत परंपराओं का संगम हुआ है। गुरु अंगददेव शाक्त मत से आए थे, गुरु अमरदास वैष्णव मत से। गुरु अर्जुनदेव ने सिख गुरुओं के साथ-साथ कबीर आदि संतों की वाणियों का संग्रह कर और गुरु गोविंद सिंह ने इस संग्रह को गुरु का दर्जा देकर संतों की पूर्ववर्ती परंपरा से अपना घनिष्ठ संबंध जोड़ा। यह उनके सम्यक, विवेक सम्मत, स्वस्थ परंपरा बोध का प्रमाण है। गुरुग्रंथ साहिब के आध्यात्मिक संदेश में ईश्वर की एकता (एकम् ओंकार), गुरु महिमा (गुरु परसादि), नाम स्मरण, सर्वात्मवाद, बाह्याचार के बजाय अंतर्शुद्धि और शुद्धाचार पर जोर है। ओंकार द्वारा संकेतित कर्ता पुरुष अकाल मूर्ति है, अयोनिज (अजूनी), स्वयंभू (सैभं), निर्भय, निर्वैर (निरभउ, निरबैर) और त्रिकालसत्य है (आदि सच जुगादि सच है भी नानक सच होसी भी सच)। जीव का अहं (हउमै) उसे अकाल पुरुष से दूर करता है, इसलिए उसे निरहंकार और गुरु का अनुगत (गुरुमुख) रहकर नाम स्मरण करते हुए अपने कर्तव्य का पालन करना चाहिए।

गुरुवाणी में निवृत्ति के बजाय प्रवृत्ति का, संन्यास के बजाय गृहस्थी में रहते हुए ज्ञान-भक्ति-कर्म समन्वित धर्म का आख्यान किया गया है। किरत करो, नाम जपो, बंड छको (बाँटकर खाओ) —यह सिख मत का लोकप्रिय संदेश बन गया। जात-पांत के बजाय संगत, पंगत और लंगर की सामूहिकता ने सिख समुदाय को एक सामाजिक शक्ति के रूप में संगठित होने की प्रेरणा दी। निम्न जातियों के साथ-साथ स्त्रियों को भी आत्मगौरव प्रदान किया। गुरुवाणी में प्रतिपादित भक्ति ने पूरे समाज में शक्ति की प्रतिष्ठा की।

गुरुग्रंथ साहिब का साहित्यिक महत्व भी असीम है। 1604 के बाद इसके पाठ में कभी कोई छेड़छाड़ नहीं हुई। इसलिए पाठ की प्रामाणिकता को देखते हुए संत साहित्य का संपादन और शोध करने वाले विद्वानों के लिए वह अत्यंत उपयोगी प्रमाणित हुआ है। उसमें संकलित वाणियों की काव्य भाषा में ब्रजभाषा, खड़ी बोली, पंजाबी और लहँदा का मिश्रण है, फिर भी उसे गुरमुखी लिपि में लिपिबद्ध हिंदी का अपना साहित्य भी बेखटके कहा जा सकता है। बाद के गुरुओं की वाणी में क्रमशः ब्रजभाषापन बढ़ता गया है। विभिन्न प्रकार के छंदों और काव्य प्रकारों के प्रयोग ने भी गुरुग्रंथ साहिब को साहित्यिक रूप से समृद्ध किया है। गुरुनानक के शिष्य मरदाना से गुरुवाणी को गाने की जो परंपरा चली, उसने भारतीय संगीत को भी समृद्ध किया।

अवधेश प्रधान

अधिक जानकारी के लिए :

1. **गुरुग्रंथ साहिब** : एक परिचय, धर्मपाल मैनी, 2. **गुरुग्रंथ दर्शन** : जयराम मिश्र, 3. **गुरुग्रंथ साहिब : एक सांस्कृतिक सर्वेक्षण** : मनमोहन सहगल, 4. **सिख गुरुओं का पुण्य स्मरण** : हजारी प्रसाद द्विवेदी

गुरुशरण सिंह
(1929-2011)

गुरुशरण सिंह पंजाब के मशहूर नाटककार थे। वह पंजाब में इप्टा के संस्थापकों में थे। नाट्य आंदोलन को संगठित और संस्थागत रूप देने के लिए उन्होंने 1964 में 'अमृतसर नाटक कलाकेंद्र' का गठन किया। वे विज्ञान के विद्यार्थी थे। सीमेंट टेक्नोलॉजी से एमएससी किया। पंजाब में जब भाखड़ा नांगल बांध बन रहा था, उन दिनों वे इसकी प्रयोगशाला में अधिकारी के रूप में कार्यरत थे। वहां राष्ट्रीय त्योहारों को छोड़कर किसी भी दिन सरकारी छुट्टी नहीं दी

जाती थी। उन्हीं दिनों लोहड़ी का त्योहार आया जो पंजाब का एक महत्वपूर्ण त्योहार है। मजदूरों ने इस त्योहार पर छुट्टी की मांग की और प्रबंधकों द्वारा इंकार किए जाने पर मजदूरों ने हड़ताल कर दी।

गुरुशरण सिंह ने भाखड़ा नांगल बांध बना रहे मजदूरों की भावनाओं को आधार बनाकर एक नाटक 'लोहड़ी दी हड़ताल' तैयार किया था। यह नाटक लोकप्रिय हुआ। इसमें गुरुशरण सिंह ने स्वयं भी एक कलाकार की भूमिका निभाई। अंततः प्रबंधकों को झुकना पड़ा। मजदूरों की मांग मान ली गई। इसने नाटक और कला की ताकत से गुरुशरण सिंह को परिचित कराया। इस घटना ने उन्हें नाटक लिखने, नाटक करने वालों का ग्रुप बनाने, दूसरों के लिखे नाटकों को करने या कहानियों का नाट्य रूपांतर आदि के लिए प्रेरित किया। वे मार्क्सवादी थे और युवावस्था में ही कम्युनिस्ट पार्टी के सदस्य बन गए थे।

गुरु नानक देव के 500वें जन्म दिन पर

गुरुशरण सिंह

गुरुशरण सिंह ने नानक के प्रगतिशील विचारों को आधार बनाकर अपने मित्र गुरुदयाल सिंह सोढ़ी के नाटक 'जिन सच्च पल्ले होय' प्रस्तुत किया। पंजाब के करीब 1600 गांवों में इसका मंचन हुआ। भगत सिंह के जीवन और विचारधारा पर आधारित गुरुशरण सिंह का नाटक 'इंकलाब जिंदाबाद' भी इतना ही लोकप्रिय हुआ था। उनके नाटकों में लोकनाट्य रूपों का प्रयोग देखने को मिलता है। वे मंच नाटक और नुक्कड़ नाटक के विभाजन को कृत्रिम मानते थे। इस तरह के विभाजन के फलसफे को नाटककारों और रंगकर्मियों की कमजोरी कहते थे।

गुरुशरण सिंह ऐसे रंगकर्मियों में थे जिन्होंने सत्ता के दमन को झेलते हुए सांस्कृतिक आंदोलन को आगे बढ़ाया। उन्हें इमरजेंसी के दौरान दो बार गिरफ्तार किया गया। उन्हें अपनी प्रतिबद्धता की कीमत नौकरी गंवाकर चुकानी पड़ी। अस्सी के दशक में पंजाब के जो हिंसक हालात थे, गुरुशरण सिंह आतंकवादियों की धमकियों की परवाह किए बिना अपना काम करते रहे। वे अपनी मासिक पत्रिका 'समता' में आतंकवाद के विरोध में लगातार लिखते रहे। उन्हीं दिनों आतंकवाद के विरोध में उनका चर्चित नाटक 'बाबा बोलता है' आया। गुरुशरण सिंह ने करीब पचास के आसपास नाटक लिखे, उनका मंचन किया। 'जंगीराम की हवेली', 'पंजाब दी कोलाज', 'हवाई गोले', 'हर एक को जीने का हक चाहिए', 'इक्कीसवीं सदी', 'तमाशा', 'गड्ढा' आदि उनके चर्चित नाटक रहे हैं। एक पंजाबी फिल्म 'मन जीत जग जीत' के लिए उन्होंने पटकथा लिखी।

भले ही उनके सांस्कृतिक कर्म का क्षेत्र पंजाब रहा हो, पर उनका दृष्टिकोण व्यापक और राष्ट्रीय था। वे एक ऐसे जन सांस्कृतिक आंदोलन के पक्षधर थे जो अपनी रचनात्मक ऊर्जा संघर्षशील जनता से ग्रहण करता है।

कौशल किशोर

गुलाम मोहम्मद शेख
(1937-)

गुलाम मोहम्मद शेख विश्व प्रसिद्ध चित्रकार, लेखक और कला समालोचक हैं। उन्होंने बड़ौदा के कला संकाय और लंदन के रॉयल कॉलेज ऑफ आर्ट में चित्रकला का अध्ययन किया था। उनके चित्रों में परंपरा और यथार्थ का मेल है। उनमें एक तरफ इटली के अतियथार्थवाद के तत्व मिलते हैं, दूसरी तरफ सूफी बिंब भी। उनकी

गुलाम मोहम्मद शेख

चित्रकारी बेहद जीवंत है। पृथ्वी और आकाश की घटनाओं को उन्होंने रंगों में उकेरा है। उनके चित्र हमें चिंता से काव्यात्मक सम्मोहन और दिवास्वप्नों की ओर ले जाते हैं। वे रंगों के जरिये स्वप्न को नए यथार्थ में बदल देते हैं। उनके चित्रों के भीतर चित्र देखे जा सकते हैं। वे बहुस्तरीय होते हैं। उनमें ऐसे रोमांटिक बिंब हैं जो उत्तेजना पैदा करते हैं। उनके चित्रों के बारे में कहा गया है कि सृष्टि के पुनःसृजन में ये संवाद करने वाले चित्र हैं। उन्हें कालिदास सम्मान और पद्मविभूषण मिला है।

धर्मेंद्र राय

गूगल ट्रांसलेट

गूगल ने दुनिया भर की भाषाओं के बीच आपस में अनुवाद के लिए विशाल निःशुल्क ऑनलाइन मशीन अनुवाद प्रणाली का विकास किया है। लगभग 80 भाषाओं के बीच आपस में अनुवाद करने में सक्षम इस सेवा का प्रयोग एक वेबसाइट (translate.google.com) पर जा कर किया जा सकता है। एंड्रायड या आइओएस मोबाइल युक्तियों पर गूगल ट्रांसलेट (google translate) का प्रयोग करने के लिए एप्लीकेशन भी उपलब्ध हैं।

हिंदी के संदर्भ में इसकी विशेषताएं हैं—अंग्रेजी से हिंदी और हिंदी से अंग्रेजी में अनुवाद करने की क्षमता, अनुवाद की गति बहुत तेज, छोटे वाक्यों के अनुवाद की शुद्धता 80 प्रतिशत तक। बड़े वाक्यों की 55 से 60 प्रतिशत, अनुवाद किए हुए टेक्स्ट के उच्चारण की सुविधा भी। इसमें तत्काल अनुवाद (रियलटाइम ट्रांसलेशन) सुविधा मौजूद है, अर्थात जिस समय उपयोक्ता स्रोत भाषा में पाठ टाइप कर रहा होता है, ठीक उसी समय लक्ष्य भाषा में वही पाठ अनूदित हो रहा होता है। गूगल ट्रांसलेट पर अनुवाद के लिए फाइलों को अपलोड करने की सुविधा नहीं है।

उल्लेखनीय है कि यह अनुवाद सेवा वर्तनी के नियमों के आधार पर अनुवाद नहीं करती बल्कि सांख्यिकीय विश्लेषण के आधार पर यह काम करती है। इसमें मानवीय प्रयत्न की भी पर्याप्त जरूरत पड़ती है।

बालेंदु शर्मा दाधीच

गूगल हिंदी इनपुट

रोमन कीबोर्ड के जरिए देवनागरी लिपि में टाइप करने के लिए गूगल ने यह इनपुट मेथड एडिटर पेश किया है। इस पद्धति को ट्रांसलिटरेशन कहते हैं, जिसमें रोमन में Ram टाइप करने पर देवनागरी में 'राम' अंकित हो जाता है। इसके ऑनलाइन और ऑफलाइन दोनों संस्करण उपलब्ध हैं। यह आइएमई एंड्रॉयड आधारित मोबाइल युक्तियों पर भी डाउनलोड किया जा सकता है।

गूगल के आईएमई की खास बात यह है कि यह कृत्रिम मेधा (आर्टीफीशियल इंटेलीजेंस) से युक्त है। इसलिए उपयोक्ता की पसंद–नापसंद को अपनी कार्यप्रणाली में जोड़ता रहता है और आगे के काम में उसका खयाल रखता है। दूसरे, टाइपिंग के दौरान यह संभावित शब्द भी सुझाता चलता है। ऑफलाइन संस्करण में कैरेक्टर मैप जैसा 'कैरेक्टर पिकर' भी उपलब्ध है। अगर कोई अक्षर सही ढंग से टाइप नहीं हुआ तो उसे 'कैरेक्टर पिकर' से लिया जा सकता है।

गूगल इंडिक आइएमई सुविधा को google.com/transliterate/indic नामक वेबसाइट पर ऑनलाइन भी इस्तेमाल किया जा सकता है, हालांकि स्थायी रूप से प्रयोग करने के लिए इसे कंप्यूटर में संस्थापित करना एक बेहतर विकल्प है। गूगल का हिंदी इनपुट नामक हिंदी आईएमई google.com/ime/transliteration से डाउनलोड किया जा सकता है।

एंड्रॉयड आधारित टैबलेट और स्मार्टफोन पर गूगल हिंदी इनपुट का प्रयोग करने के लिए प्ले स्टोर से एप्लीकेशन डाउनलोड कर मोबाइल युक्ति की भाषा संबंधी सेटिंग्स में गूगल हिंदी इनपुट कीबोर्ड को सक्रिय करने की आवश्यकता होती है।

बालेंदु शर्मा दाधीच

गूजरी

गूजरी भारतीय आर्य भाषा समूह की सदस्य है और राजस्थानी हिंदी की अवर्गीकृत या अवशिष्ट भाषाओं के अंतर्गत मानी गई है। इसके गोगरी, गोजरी, गुज्जरी आदि नाम भेद हैं। कुछ विद्वान गूजरी को उत्तर-पूर्वी राजस्थानी की मेवाती लोकभाषा की उपबोली मानते हैं। इसका क्षेत्र जम्मू-कश्मीर भी है। ऐतिहासिक दृष्टि से गूजरी हिंदी का वह रूप है जो हिंदी क्षेत्र के सैनिकों, फकीरों और व्यापारियों के साथ राजस्थान-गुजरात के सीमावर्ती इलाकों में विकसित हुआ।

इसका फैलाव छोटे-छोटे क्षेत्रों और जनजाति समूहों के रूप में देश और देश के बाहर के कई राज्यों में देखा जा सकता है। यह जम्मू-कश्मीर के कुकेरनाग, कुन्नाग, त्राल, डोरू, पहलगांव, शोपियां, कुलगांव, हंदवाड़ा, करनाह, कुपवाड़ा और उरी में तथा पाक अधिकृत कश्मीर के सीमावर्ती क्षेत्रों में, उत्तरांचल, हिमाचल प्रदेश, पंजाब, हरियाणा से लेकर राजस्थान-गुजरात के भारतीय सीमावर्ती क्षेत्र और राजस्थान-गुजरात के सीमा पार पाकिस्तानी क्षेत्र में और अफगानिस्तान के कुछ क्षेत्रों में बोली जाती है। गूजरी के अनेक शब्द तुर्की भाषा से निकले हैं। भारत में गूजरी भाषी समुदाय की जनसंख्या अपुष्ट सूत्रों के आधार पर दो करोड़ से अधिक आंकी गई है। लेकिन 2001 की जनगणना के अनुसार यह आंकड़ा 7,62,332 है। जम्मू-कश्मीर में इसकी विधिसम्मत पहचान भी है, जहां सरकार ने इसे अपने संविधान की छठी अनुसूची में जगह दी है।

गूजरी की भाषिक और साहित्यिक पहचान का इतिहास पुराना है। अमीर खुसरो ने अपने समय की 18 प्रमुख भाषाओं में गूजरी का उल्लेख किया है। ग्रियर्सन के भाषा सर्वेक्षण में भारतीय भाषाओं और साहित्य में गूजरी के व्यापक प्रभाव को स्वीकार करते हुए इस पर एक पूरा खंड केंद्रित है। ऑक्सफोर्ड विश्वविद्यालय ने सन 1905 में गूजरी भाषा का पहला व्याकरण प्रकाशित किया था। भारतीय भाषा संस्थान,

मैसूर ने भी गूजरी भाषा के विभिन्न भाषावैज्ञानिक पक्षों को लेकर पुस्तकें प्रकाशित की हैं।

गूजरी का महत्व अमीर खुसरो की मध्यदेशी और दक्खिनी हिंदी के बीच की ऐतिहासिक कड़ी के रूप में भी है। भारतीय उपमहाद्वीप में अनेक सूफी संतों ने अपने काव्य संदेश में गूजरी भाषा का इस्तेमाल किया है। इनमें संत नूरुद्दीन, सतगुरु (1094), अमीर शाह मिरान जी (1094), शाहभजन (1397-1508), काजी मसूद दरियाई (1419-1545), अली जीवन गुलाम धानी (1665), बुरहानुद्दीन जानम (1572), कुतुब महमूद चिश्ती (1539-1614), कुतुब शाह (1556-1611), मौलाना अफजल पानी पत्ती (1625), अमीन गुजराती (1657), मीरान जी हासमी (1688) आदि प्रमुख हैं। ये सूफी संत कवि भारत भर में अपने अद्वितीय सामाजिक-सांस्कृतिक समन्वय और सद्भावना के लिए जाने जाते हैं। गूजरी में रचित इनकी काव्य रचनाएं आपसी भाईचारे, शांति और सांप्रदायिक सद्भाव के संदेश के साथ अपने आपमें भारतीय सुलहकुल की एक बेहतर मिसाल कायम करती हैं।

गूजरी लोकभाषा ने भारतीय साहित्य में मसनवी, लोकगाथा, लोकगीत जैसी विधाओं के साथ-साथ धार्मिक साहित्य के भंडार को भी समृद्ध किया है। इसके अलावा दैनिक जीवन और ज्ञान-विज्ञान के विभिन्न क्षेत्रों पर केंद्रित विश्वकोश, शब्दकोश, व्याकरण के साथ-साथ पर्याप्त वर्णनात्मक तथा आलोचनात्मक ज्ञान सामग्री (पुस्तकें) भी मौजूद है। भारतीय साहित्य अकादमी द्वारा गूजरी को भारत की एक प्रमुख साहित्यिक भाषा के रूप में मान्यता देते हुए इसमें पुरस्कारों की व्यवस्था है।

गूजरी की लोकप्रियता मनोरंजन-प्रसारण माध्यमों में भी है। वर्तमान में आकाशवाणी और दूरदर्शन केंद्रों द्वारा गूजरी में अनेक कार्यक्रम प्रसारित किए जाते हैं। रेडियो कश्मीर के जम्मू, श्रीनगर और पुंछ केंद्रों के साथ-साथ रेडियो पाकिस्तान के सात केंद्रों और पीटीवी से भी गूजरी में विभिन्न कार्यक्रम देखे-सुने जा सकते हैं।

गूजरी भाषा और साहित्य के संवर्धन के लिए काम करने वाले प्रमुख संगठन हैं– जनजातीय अनुसंधान और सांस्कृतिक पीठ, पुंछ (जम्मू एवं कश्मीर), गूजर देश चैरिटेबल ट्रस्ट (जम्मू), अंजुमन गुज्जरान (श्रीनगर), जम्मू एंड कश्मीर अंजुमन तरक्की-ए-गूजरी अदब (राजौरी), भारतीय गूजर परिषद (उत्तर प्रदेश) अंजुमन गूजरी जुबान-ओ-अदब, त्राल (कश्मीर), ऑर्गनाइजेशन ऑफ हिमालयन गुज्जर (पुंछ), अदबी संगत वंगत (कश्मीर), अदबी मजलिस गूजरी (जम्मू), सरवारी मेमोरियल गूजरी सोसायटी (जम्मू), गुज्जर राइटर्स एसोसिएशन (उरी बारामुला), गूजरी अंजुमन (बाड़गांव), गुज्जर मंच (कठुआ), बज्म-ए-अदब कलाकोठे (राजोरी), गूजरी डेवलपमेंट सेंटर (कारंथ, कुपवाड़ा), हलक-ए-गूजरी (गिलगित)।

अनुपम श्रीवास्तव

गेरासिम लेबिदेफ
(1749-1817)

गेरासिम लेबिदेफ (Gerasim Stepanovich Lebedev) प्रसिद्ध भाषाविद, भारतविद्या विशेषज्ञ, भारत में प्रोसेनियम नाट्य मंडल के जन्मदाता और संगीतकार थे। लेबिदेफ रूस के रहने वाले थे। वह ब्रिटिश काल में भारत की राजधानी कोलकाता में दस साल (1787-1797) तक रहे थे। उन्होंने भारतीय भाषाओं का गहरा अध्ययन किया था और इनके बारे में कई किताबें लिखीं, जिनमें 'शुद्ध और मिश्रित पूरबी भारतीय भाषाओं का व्याकरण' (1801) प्रमुख है। उन्होंने भारत का पहला प्रोसेनियम नाट्य मंच स्थापित किया। बांग्ला के शिक्षक गोलकनाथ से उन्होंने संस्कृत, हिंदी और बांग्ला भाषाएं सीखीं। उन्होंने कोलकाता में कई संगीत कार्यक्रम किए। उनके द्वारा मंचित नाट्य हैं 'प्रेम सबसे अच्छा वैद्य है' और 'छद्मवेश'। ये भारत में संगीत के साथ मंचित

गेरासिम लेबिदेफ

पहले नाटक थे। इसका संगीत खुद लेबिदेफ ने दिया था। दोनों ही नाटक बेहद सफल थे। मगर ब्रिटिश हलके में इस सफलता से उपजी ईर्ष्या ने उनके नाट्यगृह को जलाने जैसा गर्हित काम किया। लेबिदेफ रूस लौट गए, लेकिन भारत से उनका लगाव बना रहा।

लेबिदेफ के भारत-संबंधी लेख ने भारतविद्या की नींव डाली और रूस-भारत की सांस्कृतिक एकता को मजबूत किया। रूस लौटने के बाद इन्होंने सेंट पिटर्सबर्ग में हिंदी और बांग्ला लिपि में छपने वाली किताबों के लिए प्रेस खोला जो उस समय यूरोप में इस तरह का इकलौता प्रेस था। 27 नवंबर 2009 को इनके सम्मान में एक स्मृति चिह्न कोलकाता के एजरा स्ट्रीट में इनके द्वारा स्थापित बांग्ला थियेटर में स्थापित किया गया। इनका भारत में संगीत और नाटक के विकास में अप्रतिम योगदान है।

जयप्रकाश

अधिक जानकारी के लिए :
Gerasim Stepanovich Lebedev : Hayat Mamud, 1885

गैब्रियल गार्सिया मार्खेज
(1927-2014)

गैब्रियल गार्सिया मार्खेज (Gabriel Garcia Marquez) कोलंबिया के नोबल पुरस्कार प्राप्त लेखक थे। स्पेनी भाषा में लिखने वाले मार्खेज के लेखन को जादुई यथार्थवाद के नाम से जाना जाता है। इसका अर्थ यह था कि वह वास्तविकता को परिचित कराने के लिए यानी सत्य पर छाए भ्रमजाल को छिन्न-भिन्न करने के लिए अपने देश के लोकविश्वासों, अतिकथनों और जन मान्यताओं का प्रयोग करते थे। इसमें समय की एकरेखीय नहीं बल्कि चक्रीय प्रवृत्ति, घट नाओं का सृजनात्मक दोहराव, चरित्रों की हैरतअंगेज समानता या पहेलीनुमा वर्णनों का उपयोग करके भी जटिल यथार्थ को अभिव्यक्त किया जाता है। उनके लेखन को यथार्थवाद की अन्य श्रेणियों जैसे—आलोचनात्मक यथार्थवाद, समाजवादी यथार्थवाद या आंचलिक यथार्थवाद के माध्यम से नहीं समझा जा सकता था और इसीलिए उसे जादुई यथार्थवाद के नाम से संबोधित किया गया। लैटिन अमेरिकी देशों में तानाशाहों की सत्ता, ड्रगमाफियाओं के अपराधों, बड़ी कंपनियों की लूटपाट और बर्बर नरसंहारों की

गैब्रियल गार्सिया मार्खेज

सामाजिक दशा के बीच इस शैली के यथार्थवाद ने वास्तविकता का अधिक सफल संप्रेषण करने में सफलता प्राप्त की है।

जादुई यथार्थवाद में पाठक की चेतना मिथकों, मौखिक परंपरा से आई कथाओं और अतिलौकिक चित्रण के माध्यम से यथार्थ की विषमता को ग्रहण करती है। इसे अभिव्यक्ति की देसी और मौलिक शैली के रूप में देखा जाता है और पाश्चात्य शैलियों के अनुकरण के विरोध की तरह भी पहचाना जाता है।

मार्खेज का जन्म कोलंबिया में कैरेबियन तट पर बसे छोटे-से गांव अराकतका में हुआ था जहां उनके पिता टेलीग्राफ ऑपरेटर की नौकरी करने गए थे। वहीं उनके पिता ने एक स्थानीय अभिजात परिवार की लड़की से प्रेम विवाह किया पर लड़की के परिवार को यह विवाह नापसंद होने के कारण उन्हें उस गांव को छोड़कर दूसरी जगह जाना पड़ा। लेकिन मार्खेज के जीवन के आरंभिक वर्ष अराकतका में ही बीते और उनके नाना कर्नल निकोलस मार्खेज, जो सेना में कर्नल थे, उदारवादी विचारों के थे और उनका काफी सम्मान था। उन्होंने कोलंबिया में 1899 से 1902 के बीच चले 'वार ऑफ थाउसेंड डेज' के नाम से प्रसिद्ध रूढ़िवादियों व उदारपंथियों के बीच के लंबे युद्ध में हिस्सा लिया था जिस युद्ध ने कोलंबिया की अर्थव्यवस्था को लगभग कंगाल बना दिया था। मार्खेज के लेखन को समझने, उसकी पृष्ठभूमि से परिचित होने के लिए उन पर ननिहाल के इन प्रभावों का विश्लेषण करना अनिवार्य है क्योंकि अराकतका गांव कोलंबिया में चले युद्ध और कर्नल के पद से सेवानिवृत्त हुए नाना से जुड़े किस्सों का उन पर गहरा असर बाद तक दिखता रहा। मार्खेज के जन्म के समय भी कोलंबिया में काफी राजनीतिक अस्थिरता थी। गृहयुद्ध की स्थितियां गंभीर हो चली थीं। केले व खनन व्यवसाय में मजदूरों की हड़तालें होने पर उन्हें बर्बरता से कुचला जाता था और सैकड़ों जानें चली जाती थीं। इन सब घटनाओं का, जिन्हें मार्खेज को अन्य लोगों से सुनने का मौका मिलता था, उनके मन पर गहरा असर पड़ता था। उनके उपन्यासों जैसे 'वन हंड्रेड ईयर्स ऑफ साल्टियूड' (1967), 'लव इन द टाइम ऑफ कालरा' (1985) या 'नो वन राइट्स टू कर्नल' (1961) में इन सभी घटनाओं की साफ अनुगूंजें मौजूद हैं। अपने आरंभिक वर्ष अराकतका में व्यतीत करने के बाद मार्खेज ने अपनी पढ़ाई कोलंबिया की राजधानी बगोटा के पास स्थित एक संस्थान में की। लगभग 20 वर्ष के आसपास उन्होंने लघु कहानियां लिखना आरंभ कर दिया। आरंभ में उनकी कहानियों पर फ्रांज काफ्का, विलियम फाकनर और अर्नेस्ट हैमिंग्वे की छायाएं दिखती थीं।

मार्खेज ने कानून की पढ़ाई की चुनी थी, पर लेखकीय अंतःवृत्तियों ने शीघ्र ही उन्हें पत्रकारिता की ओर मोड़ दिया। कोलंबिया के प्रसिद्ध पत्र 'अल हेराल्डो' में उन्होंने चार वर्ष तक स्तंभ लेखन का कार्य किया और बाद में एक पत्र के संवाददाता की हैसियत से यूरोप चले गए और जिनेवा, रोम और पेरिस में रहे। यूरोप प्रवास के दौरान ही उन्हें स्वयं के भीतर एक लैटिन अमेरिकन लेखक की उपस्थिति का तीव्र बोध भी हुआ। पेरिस में उन्हें काफी आर्थिक संघर्षों का सामना भी करना पड़ा पर वहीं रहते हुए उन्होंने अपना उपन्यास 'नो वन राइट्स टू द कर्नल' भी लिखा जो 1961 में प्रकाशित हुआ। इस उपन्यास में भी लैटिन अमेरिकी अस्मिता बनाम यूरोपीय अस्मिता का द्वंद्व दिखता है। एक स्थान पर घटनाओं का वर्णनकर्ता (नैरेटर) कहता है–'यूरोपीय जन के लिए दक्षिण अमेरिका के लोग मूंछ वाले, गिटार बजाने वाले और बंदूक लेकर चलने वाले लोगों से अधिक कुछ नहीं...वे असल समस्याओं को समझ ही नहीं सकते हैं।'

1959 में ऐतिहासिक क्यूबा क्रांति ने, जिसमें फिदेल कास्त्रो ने तानाशाह जनरल बतिस्ता का तख्ता पलट दिया, अन्य लेखकों-बुद्धिजीवियों की तरह मार्खेज के मस्तिष्क पर भी सकारात्मक प्रभाव डाला। इसके बाद लंबे समय तक वह मेक्सिको सिटी में ही बस गए और फिल्मों के लिए पटकथाएं लिखीं। मैक्सिको सिटी में ही अपने स्टूडियो में डेढ़ साल के एकांतवास में उन्होंने रोजाना 8-10 घंटे तक काम कर अपना प्रसिद्ध उपन्यास 'एकांत के सौ वर्ष'

पूरा किया जिसने उन्हें संसार के चोटी के लेखकों में स्थान दिलाया। यह उपन्यास 1967 में अर्जेंटीना में प्रकाशित हुआ और उसके बारे में माना गया कि गुस्ताव फ्लाबेयर के 'मादाम बावरी' के बाद यह दूसरा ऐसा उपन्यास था जिसने प्रकाशन के तत्काल बाद व्यापक लोकप्रियता अर्जित कर ली और साढ़े तीन साल में इसकी 5 लाख प्रतियां बिक गईं।

'एकांत के सौ वर्ष' में कर्नल औरिलिएनो ब्योंडिया और काल्पनिक मोकोंदो नामक गांव का जिक्र है। कर्नल और उसकी वंश परंपरा के माध्यम से पूरे उपन्यास में कथानक की रचना की गई है। ढेर सारे मिलते-जुलते नामों और चरित्रों की भारी भीड़ के कारण लोगों को उपन्यास बोझिल भी लगा पर बोझिलता के आरोप को झेलकर भी इस उपन्यास का शुमार विश्व प्रसिद्ध अमर कृतियों में है।

मार्खेज का लेखन केवल उनकी कल्पनाओं या फैंटेसी का लेखन नहीं है बल्कि पूरी बीसवीं सदी में कोलंबिया जैसे बिखरे, टूटे और गरीबी से त्रस्त देश की चेतना को व्यक्त करने वाला लेखन है। उनके पात्रों का अकेलापन और संघर्ष आंतरिक युद्धों के बीच गुजर रहे सामान्य नागरिक की स्थिति का सूचक है। ये सामान्य लोग राजनीतिक कलह में पिस रहे हैं और शीतयुद्ध के सबसे भयंकर दुष्परिणामों को झेल रहे हैं। उस समय सेना के जनरल, राजनेता और संघर्षशील योद्धा ही सामाजिक जीवन में प्रमुख थे और मार्खेज इन्हें कथापात्र बनाते हुए भी हिंसाग्रस्त देश की विडंबना का उद्‌घाटन करते हैं।

वैभव सिंह

अधिक जानकारी के लिए :
1. Bibiliographic Guide to Gabriel Garcia Marquez : Nelly Gonzales, 1994, **2. Gabriel Garcia Marquez :** Harold Bloom (Ed.), 2007

गैर-सरकारी संगठन

गैर-सरकारी संगठन को एनजीओ (NGO) भी कहा जाता है। यह राजनीतिक वृत्त के बाहर सक्रिय ऐसा नागरिक संगठन है, जिसका परिचालन आम तौर पर लाभ के लिए नहीं किया जाता। यह स्थानीय, राष्ट्रीय या अंतरराष्ट्रीय स्तर पर संगठित हो सकता है। हर एनजीओ किसी न किसी सामाजिक समूह को केंद्र में रखकर अपने विशेष उद्देश्य का निर्धारण करता है, जैसे बच्चों की शिक्षा और स्वास्थ्य, मानव अधिकारों का संरक्षण, पर्यावरण, स्त्री अधिकार, अल्पसंख्यकों या दलितों की उन्नति, मानव संसाधन विकास, मानवाधिकार, गांव की स्वच्छता, कानूनी सलाह आदि। कुछ गैर-सरकारी संगठन धार्मिक शिक्षा के लिए काम करते हैं। मोटे तौर पर एनजीओ सरकार द्वारा संचालित योजनाओं का लाभ जनता तक पहुंचाने के लिए मध्यस्थ, सूचना प्रदाता और निगरानी रखने वाले की भूमिका का निर्वहन करते हैं। इसके अलावा ये योजनाओं के निर्माण के समय निर्माताओं को अपनी विशेषज्ञता भी उपलब्ध कराते हैं। ऐसे संगठनों का वित्तपोषण विभिन्न फंडिंग एजेंसियों, व्यापारिक समूहों, प्रतिष्ठानों या व्यक्तियों द्वारा दिए गए चंदे से होता है, जिसकी राशि सैकड़ों अरब रुपयों तक पहुंच गई है। सरकार भी शिक्षा, स्वास्थ्य, संस्कृति और कला-साहित्य के लिए इन्हें अनुदान देती है।

एनजीओ पद का उपयोग सबसे पहले संयुक्त राष्ट्र संघ के निर्माण के समय 1945 में हुआ था। संयुक्त राष्ट्र संघ स्वयं में ही एक अंतर-सरकारी संगठन है, जिसने तमाम अंतरराष्ट्रीय गैर-सरकारी एजेंसियों को अपनी सभाओं और विभिन्न देशों में पर्यवेक्षक की भूमिका प्रदान की थी और उन्हें गैर-सरकारी संगठन का नाम दिया था। उनमें स्वास्थ्य सेवाओं के लिए रेड क्रॉस भी एक था। 1946 में गठित यूनेस्को ने शिक्षा, विज्ञान तथा वैज्ञानिक चेतना के क्षेत्र में काम करने वाले संगठनों को साथ लेकर कार्य करना आरंभ किया। कालांतर में इस तरह का प्रयोग व्यापक स्तर पर हुआ। आज संयुक्त राष्ट्र की परिभाषा के अनुसार, किसी भी प्रकार का निजी संगठन, जो सरकार के नियंत्रण से स्वतंत्र हो और लाभ के उद्देश्य से संचालित न हो, अपराध में संलग्न न हो और एक विपक्षी राजनीतिक दल न हो, गैर-सरकारी

संगठन कहा जा सकता है। इस तरह दुनिया भर में गैर-सरकारी संगठन बड़ी संख्या में कार्यरत हैं।

गैर-सरकारी संगठनों में व्यापक उभार 1991 के बाद, खासकर आर्थिक सुधारों के दौर में आया। कुछ आलोचकों द्वारा ये नव-उदारवादी अर्थव्यवस्था के एक अंग के रूप में अधिक देखे जाते हैं, लोकोपकार से प्रेरित कम। यह भी लक्षित किया गया है कि गैर-सरकारी संगठन सामाजिक विभाजन का काम करते हैं, सामाजिक न्याय का वातावरण बनाने की जगह जनता को निःशक्त करते हैं और सत्ता व्यवस्था की स्थिरता चाहते हैं। कुछ ऐसे हैं, जो पश्चिमी शक्तियों की विदेशी नीति के पक्ष में विकासशील देशों को प्रभावित करने का काम करते हैं। वे बुद्धिसम्मत ढंग से काम करने की जगह पक्षधर होते हैं और उनकी सांगठनिक स्वायत्तता दिखावा होती है।

वे स्वयं नागरिकों के किसी समूह का अचानक किस तरह प्रतिनिधि या मसीहा बन जाते हैं, यह कई बार रहस्यमय होता है। एनजीओ की संख्या जिस गति से बढ़ रही है, यह लक्षित करना मुश्किल नहीं है कि कई के लिए यह महज धंधा है और ऐसे व्यक्ति इनके माध्यम से अच्छी कमाई करते हैं। इन आलोचनाओं के बावजूद पिछड़े और विकासशील देशों में ही नहीं, विकसित देशों में भी सरकार द्वारा जन सेवाओं की कटौती की वजह से एनजीओ एक बड़ी भूमिका निभा रहे हैं। अमेरिका में 15 लाख से अधिक गैर-सरकारी संगठन हैं। भारत में गैर-सरकारी संगठनों की संख्या 20 लाख से ऊपर है। ये सामाजिक न्याय, दीर्घ मियादी विकास और मानवाधिकारों के लिए काम कर रहे हैं। विचारकों का एक दल मानता है कि ऐसे संगठन वैकल्पिक राजनीति की पृष्ठभूमि बनाने में भी एक बड़ी भूमिका निभा सकते हैं। ngos india.com पर भारत के गैर-सरकारी संगठनों से संबंधित सूचनाएं हैं और यदि कोई व्यक्ति नया गैर-सरकारी संगठन बनाना चाहता है तो इसकी जानकारी भी उपलब्ध है।

अशोक कुमार पांडेय

अधिक जानकारी के लिए :

1. **NGO : A new History of Transnational Civil Society** : T Davies, 2014, 2. **Non Governmental Organisation** : M Velusamy

गोदना

गोदना (Tattoo) के बारे में लोकजीवन में कहावत है–'गहना गुरिया लगिहैं काई, गोदना के दाम संघरियै जाई।' अर्थात धातुओं के गहनों पर तो काई की परत भी चढ़कर उन्हें मलिन कर सकती है, लेकिन गोदना शरीर का ऐसा आभूषण है, जिसे न कभी उतारना पड़ता है और न उतारा जा सकता है। यह देहांत तक साथ निभाने वाला सबसे चमकीला और मूल्यवान आभूषण है। स्पष्ट है कि गोदने की अमिट छाप में जो अलंकारप्रियता है, वह धातुओं के बहुमूल्य गहने न बनवा पाने वालों के परम संतोष और सांवर-गोरिया की चेतना वाले लोकजीवन की गहरी मैत्री की अभिव्यक्ति है।

लोक मान्यता यह भी है कि गोदना गुदे हुए आदमी को यमराज छू नहीं सकता। उसकी मुक्ति अवश्यंभावी है। इसलिए स्त्री और पुरुष–दोनों अपनी-अपनी रुचि के अनुसार अपने अंगों पर फूल, पत्ती, चिड़िया, हाथी, घोड़ा, पान या पीपल का पत्ता, रेल, राम, ॐ नमः शिवाय और स्त्रियां कभी-कभी अपने पति के नाम भी छपवाती रही हैं। युवतियां प्रायः विवाह के बाद और गौना के पहले इस आजीवन गहने को धारण करती हैं।

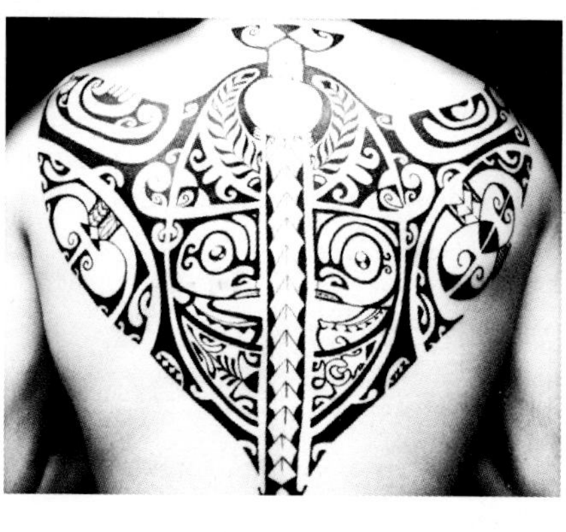

चूड़ी पहनाने वाले मनिहार या मनिहारिन की तरह गोदना गोदने वाले स्त्री-पुरुष दोनों होते हैं। काम के अनुसार वे थोड़ा-बहुत वैद्य और साक्षर भी होते हैं। गोदना बहुत सलीके की अल्पना है, लेकिन इसकी प्रक्रिया एक पीड़ाजन्य अनुभव है। इसके गीत हैं–

तनिका गोदहु गोदनवा संभारी हो गोदनहारी।
गोदना गोदि गइल गोदनहरी, गोदना बड़ा पिराला ना।

बुंदेलखंड के महाकवि ईसुरी की पंक्तियां इस संदर्भ में द्रष्टव्य हैं–

गोदौ गुदनन की गुदनारी, सबरी देय हमारी।
गालन पै गोविंद गोद दो, कर में कुंज बिहारी।
बंहयन भौत भरी बनमाली, गरे धरौं गिरधारी।

आजकल शहरों के नौजवान लड़के-लड़कियों में 'टैटू' का शौक है। वे बांह में या गर्दन पर या मन मुताबिक कहीं भी ड्रैगन, बबर शेर, गुंथे हुए नाग-नागिन का जोड़ा, स्पाइडरमैन या कोई कॉमिक हीरो, तीर-बिंधा दिल या तितली स्थायी या अस्थायी तौर पर बनवाते हैं। अस्थायी 'टैटू' इच्छानुसार हटा लिए जाते हैं।

प्राचीन काल में रोमन समाज में गुलामों और ग्लैडिएटरों की पहचान के लिए उनके अंगों पर चिह्न या अंक गुदवाया जाता था। आधुनिक युग में नाजियों के यातना-शिविरों में कैदियों की बांहों पर उनकी संख्या गोदी गई थी। घाव, चोट या ऑपरेशन के दाग छिपाने के लिए 'टैटू' का प्रसाधनपरक उपयोग भी हुआ।

अष्टभुजा शुक्ल

अधिक जानकारी के लिए :
1. **The History of Tattooing and its Significance** : Wilfrid Dyson Hambley, 1925, 2. **The World of Tattoo** : **An Illustrated History** : Maartern Hessel Van Danter, 2005

गोपबंधु दास

(1877-1928)

उत्कलमणि नाम से प्रसिद्ध गोपबंधु दास एक सक्रिय समाज सुधारक, संवेदनशील कवि और राष्ट्रभक्त थे। एक बार इनका बेटा बीमार था, उस समय वे ओडिशा में बाढ़पीड़ितों की सेवा में लगे थे। उनका कहना था कि बेटे की देखभाल के लिए तो पूरा परिवार है, हजारों पीड़ितों की सेवा करना उनका प्रथम कर्तव्य है। वे यह काम कर में थे, तभी बेटे की मृत्यु हो गई।

कटक के रिवेंशा कॉलेज में पढ़ते समय ही उन्होंने 'कर्तव्यबोधिनी समिति' की स्थापना की। वे किशोरों और युवाओं के बीच राष्ट्रीयता का प्रचार करना चाहते थे। कलकत्ता विश्वविद्यालय से उन्होंने कानून की डिग्री प्राप्त की। इसी समय इनकी पत्नी की मृत्यु हो गई। इसके पहले वे तीन बेटों को खो चुके थे। बेटी का भार अपने बड़े भाई को सौंपकर और पैतृक संपत्ति उन्हें देकर गोपबंधु पूरी तरह से समाज सेवा में लग गए।

वे सामाजिक विकृतियों, कुसंस्कारों और रूढ़ियों को दूर करने के लिए शिक्षा को जरूरी मानते थे। उन्होंने 1909 में ओडिशा में 'सत्यवादी वन विद्यालय' की स्थापना की, जहां खुले आकाश के नीचे वृक्षों की छाया में विद्यार्थियों को नई शैली में बाह्य और आंतरिक दोनों रूप से शिक्षित किया जाता था। इसके अलावा, 'सत्यवादी प्रेस', 'अनाथालय', 'विधवाश्रम' आदि भी स्थापित किया। उन्होंने नारी शिक्षा के संबंध में

गोपबंधु दास

लिखा, 'गांवों, देहातों में स्त्री शिक्षा के बारे में लोगों की दिलचस्पी नहीं है। ओड़िशा के लोग सोचते हैं कि उच्च शिक्षा के बिना नौकरी नहीं मिलेगी, इसलिए प्राथमिक शिक्षा का भी कोई महत्व नहीं है।' (सत्यवादी)। दहेज के बारे में उन्होंने कहा, 'शास्त्रों में दहेज का उल्लेख नहीं है। यह नव्य सभ्यता की एक नई सर्जना है। अंग्रेजी शिक्षा इसका प्रवर्तक है। अंग्रेजी शिक्षा पाने वालों को ऐशो-आराम में रहने का मौका मिलता था। उन्हें सरकारी नौकरी मिलती थी और मान-सम्मान था। ऐसे पात्रों को अपना दामाद बनाने के लिए कई कन्याओं के माता-पिता लालायित रहते थे। बाद में यह स्पर्धा बन गई। समाज में शिक्षा का नहीं, धन का आदर बढ़ने लगा।' (मुकुट, 1916)। वह जातीय चेतना में पुकार उठते थे, 'क्या उत्कलीय सदा के लिए पिछड़े रह जाएंगे?'

वे कहते थे, 'विखंडित होने पर भी ओड़िया जाति जीवित है। बंगाल के हों या पंजाब के, मारवाड़ के हों या मद्रास के, हिंदू हों, या मुसलमान, आर्य हों या आदिवासी, जिसने भी उत्कल के साथ अपना समस्त स्वत्व और स्वार्थ मिला दिया हो, ओडिशा उसका है।' (उत्कल सम्मेलन में अध्यक्षीय भाषण, 1919)। गोपबंधु उदारवादी जातीय चेतना के एक बड़े प्रवक्ता थे। उन्होंने अपने चार अन्य मित्रों नीलकंठ दास, गोदावरीश मिश्र, कृपासिंधु मिश्र और आचार्य हरिहर के साथ मिलकर 'पंचसखा' दल बनाया और विद्यार्थियों के बीच राष्ट्रभावना का प्रचार किया। वे साप्ताहिक समाचार पत्र 'द समाज' का संपादन करते थे, जो ओडिशा का लोकप्रिय पत्र था। वे लोकप्रिय कवि भी थे। उनकी पुस्तकें हैं—अवकाश चिंता, बंदीर आत्मकथा, धर्मपद आदि। उन्होंने ओडिशा का राष्ट्रीय गौरव बढ़ाया।

गीता दूबे

गोपाल कृष्ण गोखले
(1866-1915)

गोपाल कृष्ण गोखले स्वाधीनता संघर्ष में भाग लेने वाले सबसे विनम्र, सहृदय और उदार चेतना के नेता थे। वे गांधी के मित्र थे और प्रेरक गुरु भी। अर्थशास्त्र के गंभीर अध्येता गोखले वैज्ञानिक और तकनीकी शिक्षा के पक्षधर थे। वे जनतंत्र के समर्थक और कांग्रेस के सबसे नरमपंथी नेता माने जाते थे।

उनका जन्म 9 मई 1866 को रत्नागिरि जिले में हुआ था। कम उम्र में माता-पिता का देहांत हो जाने के कारण वे बहुत गरीबी में पले-बढ़े। विलियम वर्ड्सवर्थ के पोते उनके अंग्रेजी के प्राध्यापक थे, जिनसे उन्होंने अंग्रेजी में व्याख्यान देना और कविता-पाठ में दक्षता प्राप्त की थी। तिलक और रानाडे ने उन्हें राजनीतिक दीक्षा दी और 1889 में 23 वर्ष की उम्र में उन्होंने कांग्रेस की सदस्यता ग्रहण की। 1895 में पुणे में कांग्रेस के ग्यारहवें अधिवेशन में उन्होंने जोरदार वक्तव्य दिया। इससे वे एक राष्ट्रीय व्यक्तित्व के रूप में उभरे। उन्होंने अपने वक्तव्य में किसानों के प्रश्न को केंद्रीय स्थान देते हुए कहा, ये 'दो रोटी के लिए भोर से लेकर सांझ तक कठिन परिश्रम करने वाले, शासकों के दरबार में सुनवाई न पाने वाले, भगवान तथा मनुष्य द्वारा लादे गए बोझ को चुपचाप सहन करने वाले भूख से व्याकुल दुर्बल और झुर्रीदार शरीर वाले भारतीय किसान हैं।' देशवासियों की निर्धनता और पीड़ा ने उन्हें देश-सेवा की ओर प्रेरित किया।

गोपाल कृष्ण गोखले

1896 में जब गांधी भारत आए थे, तब उन्होंने दक्षिण अफ्रीका के भारतवासियों पर हो रहे निर्मम अत्याचार पर एक पुस्तिका लिखी थी, जिसे उन्होंने अंग्रेजी और हिंदी में छपवाया था। इसे पढ़कर गोखले बहुत प्रभावित हुए थे। बाद में इन दोनों के बीच लगातार पत्राचार होता रहा। वे आजन्म गांधी को सही मार्गदर्शन देते रहे। अपनी आत्मकथा में गांधी ने फीरोजशाह मेहता की तुलना हिमालय, तिलक की समुद्र और गोखले की गंगा से की है। उन्होंने लिखा है कि हिमालय पर चढ़ना या समुद्र की थाह लेना उनके लिए मुश्किल था, इसलिए उन्हें गोखले रूपी गंगा में स्नान करना स्वाभाविक लगा।

1902 में गोखले इंपीरियल लेजिस्लेटिव काउंसिल के सदस्य चुने गए। वे संवैधानिक मर्यादा का पालन करने के कारण अद्वितीय संसदीय व्यक्ति माने गए। वे अपने सार्वजनिक जीवन एवं विचारों में पूर्ण आदर्शवादी तथा मर्यादावादी होते हुए भी स्पष्ट वक्ता थे। उन्होंने कभी जातिवाद को नहीं अपनाया। वे संतुलित विचारों के नेता थे। वे देश की वैज्ञानिक प्रगति को जरूरी मानते थे।

गोखले ने निर्धन भारतीय जनता के आर्थिक उत्थान को अपना लक्ष्य बनाया। इसके लिए उन्होंने 1905 में 'सर्वेंट्स ऑफ इंडिया' नामक संस्था बनाई। इस संस्था को बाद में ठक्कर बापा ने एक व्यापक स्वरूप दिया। इसने आदिवासी लोगों के लिए काफी काम किया। अकाल और बाढ़ पीड़ितों की सहायता और स्त्री शिक्षा पर जोर देते हुए गोखले की यह संस्था लगातार काम करती रही।

कांग्रेस के 1906 के कोलकाता अधिवेशन में नरम दल और गरम दल के बीच तीखा मतभेद उभर कर आया। गरम दल वाले कांग्रेस के स्वदेशी के प्रति ढुलमुल रवैए एवं स्वतंत्रता प्राप्ति के तरीकों से असंतुष्ट थे। गोखले के नेतृत्व में नरमपंथी इस बात से सहमत थे कि स्वराज्य ही अंतिम लक्ष्य है, लेकिन उसे संवैधानिक तरीकों से ही वे प्राप्त करना चाहते थे, इसके लिए वे संघर्ष करने के पक्ष में नहीं थे। 1907 में सूरत कांग्रेस में नरमपंथियों के प्रभावशाली होने के कारण रासबिहारी घोष को अध्यक्ष चुना गया। गरम दल वालों ने इसका विरोध किया और कांग्रेस दो हिस्सों में बंट गई।

1907 में गोखले के भाई का देहांत हो गया। इनका स्वास्थ्य भी गिर रहा था। कांग्रेस को नेतृत्व देने के लिए वे अकेले रह गए थे। उन्होंने कांग्रेस का नया संविधान बनाया। गरम दल के नेताओं की स्वीकृति से एक नई निर्वाचन प्रणाली तैयार की गई। 1908 में तिलक को म्यामार के मांडले जेल में रखा गया था। लाला लाजपत राय को अमेरिका में निर्वासित कर दिया गया था। विपिनचंद्र पाल को छह महीने की सजा हुई। सजामुक्त होने पर वे लंदन में रहने लगे। सूरत अधिवेशन के बाद गोखले अकेले पड़ गए थे। दरअसल, वे कांग्रेस पार्टी के साथ-साथ जन-समर्थन खो चुके थे। यह भारतीय राजनीति में नरमपंथी युग के समापन का काल था।

1909 में वायसराय लॉर्ड मिंटो और भारत के सेक्रेटरी ऑफ स्टेट लॉर्ड मार्ले के नाम पर प्रचलित मिंटो-मार्ले सुधारों के रूप में माने जाने वाले संवैधानिक सुधारों के प्रतिपादन में गोखले ने महत्वपूर्ण भूमिका निभाई, किंतु यह निराशाजनक था। इससे भारतीयों को उचित प्रजातांत्रिक ढांचा नहीं मिला, साथ ही हिंदू-मुस्लिम एकता का ढांचा भी बिखर गया। गोखले को इस बात से कष्ट पहुंचा कि मुस्लिम समुदाय अपने आपको एक पृथक इकाई समझता है। फिर भी गोखले की वर्षों की मेहनत बेकार नहीं गई। अब योग्य भारतीय उच्चतम पदों पर आसीन हो सकते थे तथा सार्वजनिक समस्याओं पर निर्णय लेने के लिए सरकार के साथ जुड़ सकते थे। गवर्नर जनरल की कार्यकारी समिति में एक सीट भारतीयों के लिए आरक्षित कर दी गई थी।

गांधी के निमंत्रण पर गोखले 1912 में दक्षिण अफ्रीका गए। ऐसा पहली बार हुआ था जब भारत का एक बड़ा नेता प्रवासी भारतीयों की परिस्थितियों को जानने के लिए भारत से बाहर गया। नवंबर 1912 में वे भारत लौटे। इसी वर्ष दिसंबर में रॉयल कमीशन की नियुक्ति हुई, जिसका एक सदस्य गोखले थे। यह

भारत में प्रशासनिक सेवाओं के बारे में जांच करने के लिए बनाई गई थी।

गोखले को मधुमेह एवं दमा की बीमारी थी। यही कारण है कि 49 वर्ष की अवस्था में 19 फरवरी 1915 की रात्रि में उनका देहावसान हो गया। महात्मा गांधी ने उन्हें श्रद्धांजलि देते हुए कहा था, 'मुझे भारत में एक पूर्ण सत्यवादी-आदर्श पुरुष की तलाश थी। मुझे वह आदर्श पुरुष गोखले के रूप में मिला। भारत के प्रति उन्हें सच्चा प्रेम और वास्तविक श्रद्धा थी। वह देश की सेवा करने के लिए अपने सारे सुखों और स्वार्थ से परे थे।'

भारत यायावर

अधिक जानकारी के लिए :
1. Tilak and Gokhale : Revolution and Reform in the Making of Modern India : Stanley Wolpert, 1962, **2. Gopal Krishna Gokhale :** J S Hoyland (1933)

गोपाल गणेश आगरकर
(1856-1895)

गोपाल गणेश आगरकर

गोपाल गणेश आगरकर (Gopal Ganesh Agarkar) महाराष्ट्र के समाज सुधारक, शिक्षाविद और चिंतक थे। लोकमान्य तिलक के सहयोगी गोपाल गणेश आगरकर का जन्म चितपावन ब्राह्मण परिवार में हुआ था। उच्च शिक्षा के मार्ग में गरीबी और तंगी को उनकी निष्ठा के सामने घुटने टेकने पड़े थे। वह सड़क के लैंप पोस्ट के नीचे बैठकर पढ़ते थे, एक ही कमीज होती थी और यात्रा के लिए ट्रेन या कार में न चढ़ना उनका स्वभाव बन गया था। अपने खर्च के लिए उन्हें कभी किसी डॉक्टर के सहायक तो कभी आयकर कार्यालय में नौसिखिए के रूप में काम करना पड़ता था। अखबारों में लेख लिखते, यहां तक कि कई बार मधुकरी जैसे कार्य भी उन्हें करने पड़े। अध्ययन के दौरान ही बाल गंगाधर तिलक से संपर्क हुआ, तभी से मातृभूमि की सेवा करने की भावना ने दोनों को करीब ला दिया। तिलक के साथ मिलकर आगरकर ने अंग्रेजी अखबार 'मराठा' और मराठी अखबार 'केसरी' का प्रकाशन शुरू किया। आगरकर 'केसरी' के प्रथम संपादक थे। बाद में इन लोगों ने 'दक्कन शिक्षा समाज' बनाया। इस समाज के तत्वावधान में 1885 में फर्गुसन कॉलेज की स्थापना हुई। आगरकर पहले प्रोफेसर और बाद में जीवन पर्यंत इसके प्रिंसिपल थे। 'केसरी' के प्रथम अंक में अपना उद्देश्य स्पष्ट करते हुए आगरकर कहते हैं–'इस पत्र में अन्य समाचार पत्रों की तरह रोजमर्रा के विषयों का उल्लेख तो होगा ही इसके अलावा लोक पारिस्थितिक निबंध, नए ग्रंथों की समालोचना उसी तरह ब्रिटिश शासन प्रणाली की समीक्षा का सार जैसे अनेक विषय समाविष्ट किए जाएंगे। प्रत्येक विषय का जो भी विवेचन किया जाएगा, वह निष्पक्ष होगा और हमें जो उचित और सच प्रतीत होगा उस पर आधारित होगा।'

आगरकर के युग में दो परस्पर विरोधी विचारधाराएं थीं। एक तरफ, आधुनिक विज्ञान का प्रवेश हो रहा था और यूरोपीय संस्कृति का स्वागत किया जा रहा था तो दूसरी तरफ नए ज्ञान-विज्ञान के कारण पनप रही एक बिल्कुल भिन्न संस्कृति का विरोध भी हो रहा था। दो संस्कृतियों के संघर्ष में आगरकर ने नई संस्कृति, वैज्ञानिक प्रगति और लौकिक दृष्टिकोण का समर्थन किया। उन्होंने यह

भी कहा कि सभी पाश्चात्य बातों की नकल करना गुलामी का द्योतक है। जिस प्रकार रास्ते पर हड्डी का कोई टुकड़ा पड़ा हुआ दिख जाने पर जानवरों के झुंड के झुंड उस पर टूट पड़ते हैं, उसी तरह लोगों को एक बार यह मालूम हो जाए कि कोई पद किसी विभाग में खाली हो गया है तो उसके लिए सर्टिफिकेट और अर्जी लेकर साहेब के बंगले के चक्कर काटने शुरू कर दिए जाते हैं। शराब पिलाना, चुगली करना, जूते साफ करना, बच्चे खेलाना और इससे भी अधिक निंदनीय काम करने से भी चापलूस लोग पीछे नहीं हटते। ऐसे ही प्रखर लेखन के कारण आगरकर और तिलक को चार महीनों की जेल की सजा हुई।

आगरकर ने सजा भुगतने के बाद 'डोगरी की जेल में हमारे एक सौ दिन' नामक एक छोटी-सी पुस्तिका लिखी जिसमें जेल में बिताए जीवन, समाज की स्थिति और शासन प्रणाली के शोचनीय चित्रण हैं। वे लिखते हैं, 'जिसके पास पैसों की कमी नहीं होगी उसे दुनिया की वर्तमान परिस्थितियों में सच को झूठ और झूठ को सच साबित करने में खास कठिनाई नहीं होगी।'

आगरकर ने 1887 में 'केसरी' के संपादक पद से इस्तीफा दे दिया। उन्होंने 1888 में 'सुधारक' नाम से एक स्वतंत्र नया साप्ताहिक पत्र निकालना शुरू किया। अपनी इस पत्रिका के माध्यम से वह अपने विचार अधिक प्रखर रूप से समाज के सामने रखने लगे। आगरकर अपनी पत्रिका का मानदंड बताते हैं, 'निडर होकर किसी भी समाचार को छापना, किसी की झूठी बातों में आ कर कितनी भी प्रतिकूल परिस्थिति क्यों न हो, अपनी कलम को न झुकाना, किसी के प्रलोभन में न आना।'

उन्होंने अपने समय में हो रहे धर्मांतरण पर लिखा, 'धर्म परिवर्तन से दरिद्रता का मूल प्रश्न हल नहीं होता और कट्टरता भी दूर नहीं होती, फिर धर्मांतरण किसलिए।' उन्होंने जातिभेद से समाज और देश को हो रहे नुकसान पर लिखा, 'जातियों के कारण अपना देशाभिमान संकुचित हुआ है। जातिवाद के कारण ज्ञान, कला, शास्त्र आदि जहां के तहां कैद होकर रह गए हैं।'

गोपाल गणेश आगरकर ने राष्ट्रीय स्वतंत्रता का महत्व बताते हुए कहा था, 'राजकीय स्वतंत्रता खोना अत्यंत खेदजनक है। इसके खोने का मतलब शरीर से प्राणों का ही निकल जाने जैसा है। सभी इंद्रियों का शरीर से निर्जीव हो जाना है।' आगरकर के महत्व पर प्रकाश डालते हुए स मा गर्गे लिखते हैं, 'वे उत्तम शिक्षक थे। उत्तम संपादक भी थे और आधुनिक से आधुनिक विचारों से समाज को नई दिशा देने का तहेदिल से काम करने वाले समाज सुधारक भी थे।'

राजनीति में तिलक की अपेक्षा आगरकर ज्यादा व्यावहारिक और मध्यम मार्गी थे। वह चाहते थे कि सामाजिक क्रांति पहले होनी चाहिए ताकि सभी प्रकार की अवांछित सामाजिक कुरीतियां और प्रथाएं जैसे बाल विवाह, अछूत प्रथा, जाति प्रथा और विधवाओं की आत्महत्या जैसी घटनाएं समाप्त हो जाएं और तब आजादी पाने की मुहिम छेड़ी जाए। तिलक की प्राथमिकता 'स्वराज' थी। आगरकर ने व्यक्ति स्वातंत्र्य, बुद्धिवाद और सामाजिक न्याय की बातों पर 'सुधारक' में लेख लिखे और अपने सिद्धांतों का प्रचार किया। विधवाओं के मुंडन और धार्मिक कूपमंडूकता के विरुद्ध भी अपना अभियान चलाया। 'सुधारक' अंग्रेजी और मराठी दोनों भाषाओं में प्रकाशित होता था।

आगरकर पर जॉन स्टुअर्ट मिल और हर्बर्ट स्पेंसर के विचारों का प्रभाव था। वह मनुष्य निर्मित विधि-विधानों के न्यूनतम हस्तक्षेप के समर्थक थे। वे राजनीतिक और सामाजिक परिप्रेक्ष्य में समानता, सहमति और स्वतंत्रता को महत्व देते थे और बौद्धिक तर्क को समाज के स्वास्थ्य के लिए शुभ मानते थे। अंधविश्वासियों का घोर विरोध उन्हें सहना पड़ा था, यहां तक कि आगरकर ने जीवित रहते हुए अपनी शव-यात्रा देख ली थी।

उदयराज

अधिक जानकारी के लिए :
गोपाल गणेश आगरकर : एस एम गर्गे

गोपीनाथ कविराज
(1887-1978)

पंडित गोपीनाथ कविराज का जन्म सन 1887 में ढाका जिले के धामराई नामक गांव में हुआ था जो अब बांग्लादेश में है। बनारस में शिक्षा के बाद 1914 में बनारस क्वींस संस्कृत कॉलेज के सरस्वती भवन पुस्तकालय के अध्यक्ष नियुक्त हुए। वे पुस्तकालय के साथ-साथ शोध निर्देशन का कार्य भी करते थे। ऐसे शोधार्थियों में बाहर से आने वाले विद्वान भी होते थे। वे प्रारंभ से ही यू पी हिस्टोरिकल सोसायटी के जर्नल में लिखते रहे। उनके प्रयास से ही 'सरस्वती भवन स्टडी' और 'सरस्वती भवन टेक्स्ट' की स्थापना हुई। वे दोनों के मुख्य संपादक थे। उन्होंने बहुत-से प्राचीन और विशिष्ट ग्रंथों का संपादन किया। 1923 से 1937 तक वे बनारस क्वींस संस्कृत कॉलेज के प्रिंसिपल पद पर कार्यरत थे। उनके प्रकांड पांडित्य से प्रभावित होकर भारत सरकार ने 1934 में उन्हें 'महामहोपाध्याय' की उपाधि से विभूषित किया। उन्होंने अनेक प्रशासनिक पदों को सुशोभित किया। वे उद्‌भट विद्वान होने के साथ-साथ एक गंभीर साधक थे। आध्यात्मिक साधना में उनके पथ प्रदर्शक गुरु थे परमहंस विशुद्धानंद। 1937 में गुरु के तिरोभाव के बाद कविराज जी ने अपने गुरुदेव के नाम से 'विशुद्धानंद' नामक ग्रंथ पांच खंडों में प्रकाशित किया।

गोपीनाथ कविराज

गोपीनाथ कविराज तंत्र, योग, दर्शन और धर्मसाधना के दिग्गज विद्वान थे। उनकी प्रसिद्ध कृतियां हैं–'भारतीय संस्कृति और साधना' (दो खंड), 'तांत्रिक वाङ्मय में शाक्त दृष्टि', 'तांत्रिक साहित्य' (विवरणात्मक ग्रंथ सूची), श्री कृष्ण प्रसंग, स्वसंवेदना, पत्रावली, काशी की सारस्वत साधना, अखंड महायोगेर पथे आदि। जीवन के उत्तरकाल में वे मां आनंदमयी के प्रति अत्यंत श्रद्धाशील थे और काशी में भदैनी स्थित उनके आश्रम में निवास करते थे। 1964 में वह पद्मविभूषण की उपाधि लेने एक बार दिल्ली गए, वरना हमेशा काशी में ही रहकर लेखन, अनुसंधान, अध्ययन, अध्यापन और शोधनिर्देशन करते रहे। 1964 में उन्हें 'तांत्रिक वाङ्मय में शाक्त दृष्टि' पर साहित्य अकादेमी का पुरस्कार मिला। 1971 में उन्हें साहित्य अकादेमी फेलोशिप भी प्रदान की गई।

सरोज सिंह

अधिक जानकारी के लिए :

1. **मनीषी की लोकयात्रा :** भगवती प्रसाद सिंह, 2. **गोपीनाथ कविराज** : गोविंदचंद्र पांडे

गोपीनाथ बारदोलई
(1890-1950)

गोपीनाथ बारदोलई (Gopinath Bardoloi) गांधी और उनकी अहिंसा नीति के समर्थक थे। वे इंडियन नेशनल कांग्रेस की शाखा असम कांग्रेस से जुड़े और स्वतंत्रता आंदोलन में हिस्सा लेने लगे। 1922 में असहयोग आंदोलन में हिस्सा लेने के कारण वह एक वर्ष तक जेल में थे। 1929

गोपीनाथ बारदोलई

में सरकारी विद्यालयों में राजनीतिक गतिविधियों पर रोक का सरकारी आदेश आया, बारदोलई ने ऐसे विद्यालयों के बहिष्कार का आंदोलन किया, पर वह शिक्षा का महत्व समझते थे। 1930 से 1933 तक राजनीति से अलग रहकर सामाजिक कार्यों में लगे थे। वह असम के लिए लगातार एक अलग विश्वविद्यालय और हाई कोर्ट की मांग कर रहे थे। 1938 में वह असम के मुख्यमंत्री बनाए गए। उन्होंने असम में अफीम पर प्रतिबंध लगाने का ऐतिहासिक काम किया। दूसरी बार फरवरी 1946 में मुख्यमंत्री बने और पुनः आजाद भारत में भी।

1946-47 के दौरान असम को अविभाजित बनाए रखने में गोपीनाथ की अहम भूमिका थी। उन्होंने ब्रिटिश कैबिनेट मिशन का विरोध कर न सिर्फ असम के एक हिस्से को पूर्वी पाकिस्तान में सम्मिलित होने से बचाया, बल्कि हिंदू-मुसलमान के दंगे को भड़कने से रोका। उन्हें आधुनिक असम का निर्माता कहा जाता है।

उनके कार्यकाल में शिक्षा के अलावा कला और संस्कृति जगत भी विकसित हुआ। उन्होंने असम की पिछड़ी जातियों और कबीलों में सम्मान के साथ जीने का आत्मविश्वास जगाया था।

अंजना वर्मा

गोपीनाथ मोहंती
(1914-1991)

गोपीनाथ मोहंती उड़िया साहित्य के प्रतिनिधि साहित्यकारों में एक हैं। 1935 में वह ओडिशा प्रशासनिक सेवा में गए। 1969 में सेवानिवृत्त होकर वह अमेरिका में केलिफोर्निया की स्टेट युनिवर्सिटी में समाज विज्ञान के प्रोफेसर हुए। उन्होंने ओडिशा के आदिवासी लोगों के जीवन, संस्कृति और संघर्ष को अपनी रचना का विषय बनाया। उन्होंने टालस्टॉय के 'वार एंड पीस' तथा रवींद्रनाथ ठाकुर के 'योगायोग' का उड़िया भाषा में अनुवाद किया था। उनका पहला उपन्यास 'मन गहिरारा चसा' 1940 में छपा था। उनके अन्य उपन्यास हैं 'डाड़ी बूढ़ा' (1944), 'परजा' (1945), 'अमृत संतान' (1947) आदि। 'माटी-मटाला' (1964) उनका सर्वाधिक लोकप्रिय उपन्यास है। उन्हें साहित्य अकादेमी, ज्ञानपीठ पुरस्कार और सोवियत लैंड नेहरू पुरस्कार सहित कई सम्मान मिले।

सोमा बंद्योपाध्याय

गोपीनाथ मोहंती

गोवर्धन राम त्रिपाठी
(1855-1907)

गोवर्धन राम त्रिपाठी उन्नीसवीं सदी के गुजरात के साहित्यिक-सांस्कृतिक नवजागरण के अग्रदूत थे। उनसे गुजराती साहित्य के एक नए युग की शुरुआत होती है। उन्होंने मुंबई में वकालत की पढ़ाई के साथ भाषा, संस्कृति और साहित्य का भी अध्ययन किया। आर्थिक स्थिति बिगड़ने के कारण उन्होंने अपनी इच्छा के विरुद्ध 1879 से 1883 तक भावनगर के दीवान के निजी सचिव का काम किया। वह बाद में मुंबई में वकालत करने लगे। वह 43 वर्ष की आयु में अपने घर नाडियाद लौट आए और आजीवन साहित्य की रचना करते रहे।

गोवर्धन राम त्रिपाठी ने सामाजिक कुरीतियों को खत्म करने के लिए सामाजिक सुधार पर जोर दिया। उनकी सबसे महत्वपूर्ण रचना 'सरस्वतीचंद्र' है। यह उपन्यास 1800 पृष्ठों का है जो चार खंडों में है। इसे लिखने में पूरे 17 साल लग गए थे। यह उपन्यास गुजरात के शिक्षित मध्यवर्ग की सबसे लोकप्रिय पुस्तक बन गई थी। इसमें पश्चिम और पूर्व का द्वंद्व व्यक्त हुआ है। इस पुस्तक ने युवकों को प्रभावित किया था।

गोवर्धन राम त्रिपाठी

गोवर्धन राम त्रिपाठी के लिए साहित्य का उद्देश्य राष्ट्र और लोगों की चेतना में परिवर्तन लाना था। वह ऊंचे उद्देश्य के लिए जीवन अर्पित करने के पक्ष में थे। उन्होंने लिखा था, 'मैं कुछ ऐसा बनाना या बनते देखना चाहता हूं जिससे शिक्षित और अशिक्षित लोगों की पीढ़ी निकम्मी न रह कर ज्यादा ताकतवर और ओजस्वी हो सके।' गोवर्धन राम की एक अन्य प्रमुख रचना 'लीलावती जीवन काल' है जो उन्होंने अपनी पुत्री की मृत्यु के शोक में लिखी थी। गोवर्धन राम का स्त्रियों के प्रति दृष्टिकोण परंपरागत था। वह स्त्रियों की शिक्षा के खिलाफ थे। उनके लिए स्त्री जीवन का उद्देश्य आदर्श गृहिणी बनने और त्याग के अलावा कुछ नहीं था। इस तरह उनके सुधारवादी विचारों में विरोधाभास था। फिर भी गोवर्धन राम ने गुजराती साहित्य को कई पीढ़ियों तक प्रभावित किया। उनके दो दशकों के समय को गुजराती साहित्य में 'पंडित युग' के नाम से जाना जाता है।

धर्मेंद्र राय

गोविंद बल्लभ पंत
(1887-1961)

उत्तर प्रदेश के पहले मुख्यमंत्री गोविंद बल्लभ पंत मूलतः महाराष्ट्र के कल्हड़ परिवार से संबंधित थे। सरकारी नौकरी में रहने के कारण पिता के तबादले होते रहते थे, अतः उनका लालन-पालन नाना बद्री दत्त जोशी ने किया था। गोविंद के व्यक्तित्व और राजनीतिक विचारों पर नाना का प्रभाव स्वाभाविक था। इन्होंने इलाहाबाद विश्वविद्यालय से कानून की उपाधि हासिल की और 1910 में अल्मोड़ा लौटकर वकालत शुरू की। यहां पंत ने 'प्रेम सभा' नामक एक

गोविंद बल्लभ पंत

संस्था खोली, जिसका उद्देश्य जनता में शिक्षा और साहित्य के प्रति जागरूकता पैदा करना था। वह 1914 से ब्रिटिश राज के खिलाफ खुल कर सक्रिय हुए।

गांधी जी के आह्वान पर 1921 में असहयोग आंदोलन में हिस्सा लेकर गोविंद बल्लभ पंत राजनीति में उतरे। उसी समय नैनीताल से स्वराज पार्टी के सदस्य के रूप में लेजिस्लेटिव काउंसिल के सदस्य चुन लिए गए। 9 अगस्त 1925 को काकोरी कांड को अंजाम देने वाले युवकों के मुकदमे की पैरवी करने वाले वकीलों में गोविंद बल्लभ पंत भी थे। 1927 में राम प्रसाद बिस्मिल और उनके साथियों को फांसी से बचाने के लिए मदन मोहन मालवीय के साथ पंत ने वायसराय को पत्र लिखा था, किंतु गांधी जी की असहमति के कारण सफल नहीं हो सके थे। 1928 में साइमन कमीशन के बहिष्कार और 1930 में नमक सत्याग्रह में भाग लेने के कारण इन्हें सप्ताह भर जेल में रहना पड़ा था। 1933 में प्रतिबंधित प्रादेशिक कांग्रेस की सभा में उपस्थित होने के कारण हर्षदेव बहुगुणा के साथ सात महीने की जेल की सजा काटी। द्वितीय विश्व युद्ध के समय अंग्रेजों का साथ देने या स्थिति का लाभ उठाने के सवाल पर गांधी और सुभाष के बीच द्वंद्व में गोविंद बल्लभ पंत ने एक निर्णायक भूमिका निभाई थी। कांग्रेस में पंत की योग्यता पर सर्वसम्मति थी। अतः जब भी कांग्रेस को अवसर मिला, पंत को लेजिस्लेटिव असेंबली के लिए चुना गया। 1940 का सत्याग्रह हो या 1942 का भारत छोड़ो आंदोलन, पंत ने सभी में हमेशा ही बढ़-चढ़ कर हिस्सा लिया और जेल की सजा भोगी। 1945 में जवाहरलाल नेहरू की सफल पैरवी से कांग्रेस के अन्य नेताओं के साथ पंत को तीन वर्षों की जेल से मुक्ति मिली थी।

आजादी के बाद गोविंद बल्लभ पंत को सर्वसम्मति से तीसरी बार उत्तर प्रदेश राज्य का मुख्यमंत्री चुना गया था। उन्होंने तीसरे मुख्यमंत्रित्व काल में (26 जनवरी 1950 से 27 दिसंबर 1954 तक) जमींदारी प्रथा को खत्म कर दिया। सरदार पटेल की मौत के बाद भारत सरकार ने पंत को गृह मंत्रालय का दायित्व सौंपा। इस पद पर वह 1955 से लेकर मृत्यु पर्यंत (7 मार्च 1961 तक) थे। उन्होंने आजाद भारत में भाषा के आधार पर राज्यों के विभाजन की प्रक्रिया में महत्वपूर्ण भूमिका अदा की थी। केंद्र सरकार और कुछ राज्यों में हिंदी को कार्यालयी भाषा के रूप में स्थापित करने में भी उनकी अहम भूमिका रही। 1955 में उन्हें भारत रत्न की उपाधि से सम्मानित किया गया था। उन्होंने अपनी लेखनी का प्रयोग समाज की अंतःवेदना को उकेरने और उसका उपचार सुझाने में किया। उनके नाम पर कई संस्थान हैं, जिनमें गोविंद बल्लभ पंत कृषि और प्रौद्योगिकी विश्वविद्यालय (पंतनगर, उत्तराखंड), गोविंद बल्लभ पंत अभियांत्रिकी महाविद्यालय (पौढ़ी गढ़वाल, उत्तराखंड) और गोविंद बल्लभ पंत सामाजिक विज्ञान शोध संस्थान (झूंसी, इलाहाबाद) मुख्य हैं।

उदयराज

गोविंद सदाशिव घुर्ये
(1893-1984)

गोविंद सदाशिव घुर्ये प्राचीन सांस्कृतिक परंपराओं और भारतीय समाज का गहरा विश्लेषण करने वाले विद्वान थे। उन्होंने भारतीय जातियों और जनजातियों का मानवशास्त्रीय दृष्टि से विश्लेषण किया था। 1953 में उनकी किताब 'इंडियन साधुज' आई जो भारतीय समाज में साधुओं के जीवन और भूमिका पर केंद्रित थी। उनकी धारणा थी कि शंकराचार्य तथा अन्य शैव, वैष्णव साधुओं ने ही हिंदुओं तथा हिंदू धर्म का मार्ग प्रशस्त किया। वह विवेकानंद, दयानंद सरस्वती और अरविंद घोष को इस परंपरा में स्थान देते थे। उन्होंने साधुओं के किसी भी नकारात्मक रूप का उल्लेख नहीं किया। उनका सोच ब्राह्मणों और आर्य संस्कृति पर केंद्रित था। वह मुसलमानों को ऐसा धार्मिक समुदाय मानते थे जिनसे किसी प्रकार का सांस्कृतिक आदान-प्रदान संभव नहीं था। वह मुसलमानों से यह अपेक्षा रखते थे कि वे अपने आपको हिंदुओं में पूर्णतः विलीन कर दें और किसी अधिकार की मांग न करें। वह इंग्लैंड के मानवशास्त्री डब्ल्यू एच आर रिवर्स से विशेष तौर पर प्रभावित थे। उन्होंने 'कास्ट एंड रेस इन इंडिया' नामक पुस्तक लिखी, जिसमें विभिन्न जातियों का तुलनात्मक अध्ययन किया। वह इस निष्कर्ष पर पहुंचे कि भारतीय जाति व्यवस्था जैसी संरचना विश्व के अन्य देशों में भी मौजूद है। नातेदारी और जाति संरचना के संबंधों पर उन्होंने विशेष बल दिया। वह प्राच्यविदों के इस मत से सहमत थे कि इंडो-आर्यन प्रजाति ढाई हजार ईसवी पूर्व आई थी, गंगा के मैदानी भागों में इनका विकास हुआ था और यहीं से जाति व्यवस्था का जन्म हुआ था। घुर्ये मानते थे कि जाति व्यवस्था से सामूहिकता, सामाजिक एकीकरण और समष्टि का भाव पैदा होता है। वह इस व्यवस्था के कट्टर समर्थक थे।

गोविंद सदाशिव घुर्ये

हिंदू जाति व्यवस्था और वैदिक विश्वासों के प्रति गहरे झुकाव वाले घुर्ये जनजातियों के सांस्कृतिक-सामाजिक पक्ष का अध्ययन करते हुए इस निष्कर्ष पहुंचे कि अगर भारतीय जनजातियों का हिंदू समाज में पूरी तरह विलय हो जाए तो उनका पिछड़ापन दूर हो जाएगा।

1962 में प्रकाशित 'एनाटमी ऑफ अर्बन कम्युनिटी' नामक अपनी पुस्तक में उन्होंने लिखा कि भारत में शहरीकरण ग्रामीण अर्थव्यवस्था की देन है। गांवों में पैदा अनाज के संरक्षण के लिए बड़ी मंडियों की आवश्यकता पड़ी, जिसके फलस्वरूप शहरों का निर्माण हुआ। आगे चलकर प्रशासन व्यवस्था, न्याय, पुलिस आदि संस्थाएं स्थापित हुईं। शहर उत्पादन के क्षेत्र बने और गांव कच्चे माल का पैदावार करने वाले भर रह गए। शहर प्रधान होते गए और गांव गौण।

गोविंद सदाशिव घुर्ये एक विचारक के रूप में उच्च वर्णों के प्रभुत्व वाले हिंदू राष्ट्रवाद के नजदीक थे। वह बहुलतावादी भारतीय समाज के नए विकास और दलित, आदिवासी और स्त्री–हाशिए की इन आवाजों से दूरी रखते थे।

धर्मेंद्र राय

अधिक जानकारी के लिए :

The Legacy of G S Ghurye : A Centennial Festschrift : A R Momin, (Ed), 1996

गौड़ीय संप्रदाय

कृष्णभक्ति शाखा से संबंध रखने वाले इस संप्रदाय का संबंध मुख्य रूप से बंगाल से है। कृष्णभक्ति धारा के सर्वाधिक महत्वपूर्ण संप्रदाय वल्लभ संप्रदाय के समय ही इस धारा का भी प्रादुर्भाव हुआ। इस धारा के प्रवर्तक चैतन्य महाप्रभु हैं, लिहाजा इसे चैतन्य संप्रदाय से भी संबोधित किया जाता है।

चैतन्य महाप्रभु का जन्म सन 1485 में बंगाल के नवद्वीप नामक स्थान में हुआ था। उनके जन्म के समय बंगाल में शाक्तों की बहुलता थी। बहुधा लोग काली और मनसा देवी की उपासना करते थे। जनश्रुति के मुताबिक जब वे अपने पिता का पिंडदान करने बिहार के गया नामक स्थान पर गए, तब वहां उनकी मुलाकात परम वैष्णव ईश्वरपुरी से हुई। उनके सान्निध्य ने ही चैतन्य महाप्रभु को वैष्णव भक्ति की दिशा दी। बाईस वर्ष की उम्र होते-होते चैतन्य महाप्रभु की ख्याति विष्णुभक्त विद्वान के रूप में हो गई। कालांतर में उन्होंने गृहस्थ जीवन छोड़ दिया और अपनी माता और पत्नी को त्यागकर संन्यास ले लिया। उन्होंने रामेश्वरम, वृंदावन आदि तीर्थों की यात्रा की। वे अपनी सुरीली आवाज में कृष्ण के भजन गाते थे और भावविभोर हो नृत्य करते थे। उनके भजनों-प्रवचनों को सुनकर अनेक भक्त उनके अनुयायी हो गए। उन्होंने भक्ति और कीर्तन की जिस परंपरा को जन्म दिया, उसी से गौडीय संप्रदाय का उद्भव हुआ। वृंदावन से उन्होंने श्री नित्यानंद और अद्वैत आचार्य को वैष्णव धर्म के प्रचार के लिए बंगाल भेजा। उनके छह शिष्य वृंदावन में धर्म प्रचार का काम करते थे, जिनमें रूप गोस्वामी, सनातन गोस्वामी और जीव गोस्वामी का नाम खास तौर पर उल्लेखनीय है। ये तीनों महात्मा अष्टछाप के कवियों के समकालीन थे। नाभादास ने अपने भक्तमाल में चैतन्य महाप्रभु समेत इन तीनों महात्माओं का जिक्र किया है। जीव गोस्वामी ने वृंदावन में श्री राधादामोदर मंदिर की स्थापना की। गोपाल भट्ट ने भी राधारमण जी का मंदिर निर्माण करवाया। इन दोनों मंदिरों का अस्तित्व अभी भी है। भक्तमाल में गोपाल भट्ट समेत अन्य चैतन्य संप्रदायी (गौड़ीय संप्रदायी) भक्तों के नामों का उल्लेख है। चैतन्य महाप्रभु का निधन 1533 में हुआ।

गौड़ीय संप्रदाय में राधाकृष्ण के युगल रूप, नाम भक्ति और लीला कीर्तन का प्रचलन चैतन्य महाप्रभु के जीवन काल में ही हो गया। वे मौखिक उपदेश के द्वारा अपने सिद्धांत की व्याख्या करते रहे और संप्रदाय का संदेश देते रहे, लेकिन उन्होंने किसी ग्रंथ की रचना नहीं की। रूप गोस्वामी ने भक्ति शास्त्र पर तीन संस्कृत ग्रंथों का लेखन किया—भक्तिरसामृत सिंधु, उज्ज्वलनीलमणि और लघुभागवतामृत। सनातन गोस्वामी ने श्रीमद्भागवत दशम् स्कंध की टीका तथा वृहत्भागवतामृत नामक दो ग्रंथों का प्रणयन किया। जीव गोस्वामी ने उक्त ग्रंथों की व्याख्या के अलावा दशम भागवत की टीका, षट् संदर्भ तथा गोपाल चंपू नामक ग्रंथ लिखे। इन सभी ग्रंथों से गौड़ीय संप्रदाय की भक्ति पद्धति का पता चलता है।

तात्विक दृष्टि से गौड़ीय संप्रदाय को अचिंत्य-भेदाभेदवादी संप्रदाय कह सकते हैं। इस मत के अनुसार परमतत्व एक है, जो सच्चिदानंदस्वरूप अनंत शक्ति से संपन्न तथा अनादि है। जैसे रूप-रसादि गुणों के आश्रय एक पदार्थ दूध का अलग-अलग इंद्रियों द्वारा अलग-अलग रूप में बोध होता है, उसी प्रकार एक ही परमतत्व का उपासना-भेद से अलग-अलग तरह से अनुभव किया जा सकता है। तत्ववेत्ता एक अद्वितीय तत्व को ही ब्रह्म, परमात्मा

और भगवान कहते हैं। परमतत्व की अनंत शक्ति अचिंत्य है। अचिंत्य शक्ति का आश्रय यह परमब्रह्म परस्पर विरुद्ध शक्ति का आश्रय भी है। यह परमतत्व स्वयं श्रीकृष्ण ही हैं। भगवान श्रीकृष्ण की अनंत शक्ति जब प्रकट है, तब उसे भगवान कहते हैं, जब उनकी अनंत शक्ति अप्रकट है, उन्हीं में प्रच्छन्न रहती है, तब उन्हें ब्रह्म कहते हैं और जब उनकी अनंत शक्ति प्रकट और कुछ अप्रकट होती है, तब उन्हें परमात्मा कहते हैं।

संप्रदाय की मान्यताओं के अनुसार जीव भगवान की अंतरंग तथा बहिरंग दोनों के बीच की तटस्थ शक्ति से संबंध रखता है। चैतन्य गौड़ीय संप्रदाय रागानुगा भक्ति का पक्षधर है।

निरंजन सहाय

गौतम बुद्ध

गौतम बुद्ध

(छठी शती ईसा पूर्व)

गौतम बुद्ध बौद्ध धर्म के प्रवर्तक थे। वह बचपन में सिद्धार्थ के नाम से जाने जाते थे। उनका जन्म वर्तमान नेपाल स्थित लुंबिनी में पांचवीं सदी ईसा पूर्व माना गया है। शाक्य वंश के राजा शुद्धोधन उनके पिता थे। उनकी माता माया देवी की मृत्यु सिद्धार्थ के जन्म के कुछ ही दिनों बाद हो गई थी। इसलिए शुद्धोधन की दूसरी रानी ने उनका लालन-पालन कपिलवस्तु में किया। सिद्धार्थ के जन्म से पहले माया देवी ने एक पवित्र स्वप्न देखा था कि उसकी कोख से एक दिव्य महापुरुष का जन्म होगा। सिद्धार्थ के जन्मोत्सव के समय एक साधु आसीत ने बताया कि यह कुमार आगे चलकर संबुद्ध होगा और प्राणियों में सर्वश्रेष्ठ माना जाएगा। ऐसा कहते समय उसकी आंखों से आंसू निकल आए। उसने कारण बताया, वह इतना वृद्ध हो चुके हैं कि इनकी दिव्य वाणी का श्रवण नहीं कर पाएंगे। बचपन से ही सिद्धार्थ में इतनी दया और करुणा थी कि वह एक बार चचेरे भाई देवदत्त द्वारा तीर से बिद्ध हंस की सेवा-शुश्रूषा में लग गए थे।

गौतम बुद्ध की मृत्यु ईसा से लगभग 485 साल पहले हुई थी, पर दुनिया में इतिहास-काल का आधार बुद्ध का परिनिर्वाण (485 ईसा पूर्व) नहीं बना। इतिहास के समय को बुद्ध पूर्व और बुद्ध के बाद नहीं कहा गया, जबकि बौद्ध धर्म एक समय ईसाई धर्म से ज्यादा फैला हुआ था। औपनिवेशिक रास्ते से ईसाई प्रचार और यूरोपकेंद्रिक सोच की वजह से दुनिया में काल को 'ईसा पूर्व' और 'ईसवी' में रखकर देखा गया। एशिया से साम्राज्यवादी कुचक्र करके उसका गौरव छीन लिया गया। यह भी एक यथार्थ है कि जिस धरती पर बुद्ध हुए थे, वहां के देश खून-खराबे में ज्यादा डूब गए।

मिथकों के देश में बुद्ध का जन्म ऐतिहासिक सत्य होते हुए भी मिथकीय कोहरे में लिपटा है। कई सुत्तों में उनके जीवन की कुछ महत्वपूर्ण घटनाएं हैं, पर पहला ठोस वृत्तांत अश्वघोष के 'बुद्धचरित' (100 ईसवी) में है। सम्राट अशोक द्वारा स्थापित अशोक स्तंभ से बुद्ध की ऐतिहासिकता का पता

चलता है। कुछ बातें 'ललित विस्तार सुत्त' और कुछ बातें श्रीलंका की थेरवदा परंपरा की निदान कथा में मिलती हैं, जिसे बुद्धघोष ने पांचवीं सदी में संकलित किया था। जातक कथाओं में बोधिसत्व के रूप में उनके पिछले जन्मों की कथाएं हैं, लेकिन निकाय एवं आगम के प्रारंभिक पाठों में न उनके चमत्कारों का जिक्र है और न उन्हें लोकोत्तर माना गया है। कुछ धारणाओं के अनुसार, पहले कई बार जन्म के बाद शुद्धोधन और मायादेवी से बोधिसत्व के रूप में यह उनका आखिरी जन्म था। उनके जन्म की कथाएं अनोखी हैं। कथाएं सत्य नहीं होतीं, पर कथाओं के बिना सत्य जाना भी नहीं जा सकता।

बुद्ध के आखिरी जन्म से पता चलता है कि ब्राह्मणों के धर्म के समानांतर लंबे समय से चली आ रही एक खास ज्ञान परंपरा के वह शिखर उपदेशक थे, जो लोकप्रिय हुए। वह अपनी परंपरा में पहले नहीं थे, पर सबसे महत्वपूर्ण थे। 'बुद्धचरित' में शाक्यों के बारे में लिखा है कि वे बड़े गोरे और सुंदर लोग होते थे। स्त्रियों के चेहरे चंद्रमा की तरह ऐसे गोल थे कि उनसे कमल भी लज्जित हो जाए।

ज्ञान का सिर्फ यह अर्थ नहीं है कि हम कला और उद्यम में कितने प्रवीण हैं या स्वयं को दार्शनिक या सामाजिक रूप से कितना जानते हैं। इसका एक महत्वपूर्ण विषय मनुष्य और मनुष्य के बीच संबंध है। बुद्ध ने वे दीवारें तोड़ दीं जो मनुष्य और मनुष्य के बीच खड़ी की गई थीं और सम्यक-असम्यक, उचित-अनुचित का ज्ञान दिया। ग्रीक दार्शनिक अरस्तू का ज्ञान हमें प्रश्न-उत्तर में मिलता है। बुद्ध के ज्ञान की भी एक बड़ी खूबी है कि यह प्रश्न-उत्तर में है। यह प्रश्न करने से नहीं रोकता।

बुद्ध ने जब उद्यान भ्रमण के समय वृद्ध, बीमार और मृत व्यक्तियों को देखा, उनके भीतर प्रश्न पैदा हुए। उनके भीतर प्रश्न पैदा न हों, इसके लिए राजसत्ता की ओर से कैसे प्रयत्न किए गए थे, इसका चित्र अश्वघोष ने 'बुद्धचरित' में खींचा है, 'हिमालय की तलहटी में जैसे हाथी अपनी हथिनियों के समूह के साथ घूमता है, वे सुंदर स्त्रियां सिद्धार्थ को वैसे ही अपने आसपास घुमा रही थीं।... उनमें से कुछ सुंदरियों ने शराब के नशे में कामातुर होकर अपने उन्नत वक्ष के नुकीले अग्र का स्पर्श कराने के लिए सिद्धार्थ की छाती को अपनी ओर खींच लिया। कुछ ने नशे में अभिनय करते हुए लता की तरह मृदु हाथों से उसका आलिंगन दिया।... एक सिद्धार्थ से कहने लगी, 'हे आर्य, इसी समय मेरा भोग कीजिए।' नृत्यांगनाओं के सहवास के बाद आधी रात में जब सिद्धार्थ ने तितर-बितर वस्त्रों से दूर, निद्रा में पड़े उनके बेसुध शरीर देखे, उन्हें यथार्थ दिखा। वृद्ध, बीमार और मृत्यु को देखकर और यौवन के कामुक प्रदर्शन को देखकर और चारों तरफ हिंसा देखकर सिद्धार्थ को लगा होगा, जीवन का कोई बड़ा मकसद होना चाहिए। इसलिए लगभग ढाई हजार साल पहले वह सिद्धार्थ से बुद्ध बने, दुनिया के यथार्थों के आगे बेबस होने की जगह।

हम बुद्ध की मूर्तियों में जब भी उनके घुंघराले बाल, ध्यानमग्न शांत चेहरा और एक धीरता से भरी कोमलता देखते होंगे, कभी नहीं सोच पाते होंगे कि इस व्यक्ति ने कभी हिंदू पुरोहितों की क्रूर रूढ़िवादी धार्मिक व्यवस्था को निर्भयतापूर्वक चुनौती देने का अटूट साहस किया था। आज के बौद्ध मंदिरों में काषाय वस्त्र पहने भिक्षुओं के जोर की आवाज में प्रार्थना गान, उपदेश और रंगीन कंटीले झंडों के बीच उनकी परिक्रमा से कभी समझा नहीं जा सकता कि बुद्ध कैसे थे। उन्होंने ज्ञान का विस्फोट किया था, जो शांतिपूर्ण होते हुए भी इतना प्रहारक था कि कर्मकांड और वर्चस्व पर आधारित उस युग की धार्मिक व्यवस्था हिल गई थी। उन्होंने असरदार तरीके से शाश्वत की जगह परिवर्तन को सत्य कहा, वर्ण व्यवस्था का विरोध किया, कर्मकांड को चुनौती दी, धार्मिक पाखंड का विरोध किया और आप्त वचन की जगह मनुष्य के आत्मविवेक का महत्व उजागर किया। उन्होंने अहिंसा, करुणा और मैत्री को जीवन का चरम सिद्धांत घोषित करते हुए संस्कृत की जगह लोकभाषा पालि को महत्व दिया।

संस्कृत साहित्य मुख्यतः कृषि जीवन से जुड़े लोगों से संबंधित था, जबकि पालि साहित्य नगरों में रचा गया था। बौद्ध धर्म मुख्यतः नगरों में पनपा था, जहां के लोग व्यापार से जुड़े थे। जैन धर्म भी व्यापारियों से जुड़ा धर्म था। स्वाभाविक है कि व्यापार से जुड़े धर्मों में उदारवाद होगा, हिंसा की जगह अहिंसा और मैत्री की प्रतिष्ठा होगी। इन धर्मों की श्रमण परंपरा में शांति, मैत्री और करुणा का विशेष महत्व है।

बुद्ध के समय को देखकर कहा जा सकता है कि भारत में धर्म की परस्पर टकराती व्याख्याएं थीं, कई धार्मिक संप्रदाय थे। बुद्ध ज्ञान के लिए कई धर्म-शिक्षकों के पास गए थे, पर उन्हें संतोष नहीं हुआ। उनकी आलोचनात्मकता के मार्ग ने खुद ही उन्हें सत्य तक पहुंचाया। इससे 'आलोचनात्मक दृष्टि' का महत्व स्पष्ट होता है। बुद्ध ने कालाम ऋषि के आश्रम में जाने से लेकर हठयोग, उपवास कई रास्तों को आजमाया। वह स्वयं से लड़े। उनके मन में जो संग्राम रहा है, वह महत्वपूर्ण है। अंततः उन्हें ज्ञान अकेले में एक पीपल वृक्ष के तले मिला, जो बोधिवृक्ष के रूप में जाना गया। इस प्रसंग से यह तस्वीर सामने आती है कि धर्म में वैयक्तिक अनुभव का महत्व था। उस जमाने में खुले दिमाग से सोचना और बहस करना संभव था और विविधता थी। पश्चिमी दिमाग धार्मिक आस्था में विविधता को अराजकता के रूप में देखता है, जबकि यह सांस्कृतिक लोकतंत्र का चिह्न है।

बुद्ध के नए चिंतन का बोध धम्मपद के इस कथन से होता है, 'हम वह हैं जो हम सोचते हैं। सब कुछ जो हम हैं हमारे सोचने से प्रगट होता है, अपने विचारों से ही हम संसार रचते हैं।' उन्होंने दुख और ईश्वर दोनों को पहचाना। उन्होंने दुख के विस्तृत स्वरूप को पहचाना, 'भिक्खुओ, दुख आर्य सत्य है। जन्म दुख है, मरण दुख है, अप्रिय संयोग दुख है, प्रिय का वियोग दुख है, वांछित की अप्राप्ति दुख है।' बुद्ध से पहले दुख को इतनी दार्शनिक केंद्रीयता कभी प्राप्त नहीं हुई थी। यह बात उनके धर्म को गैर-ईश्वरीय और मानवकेंद्रिक बनाती है। बुद्ध यह भी कहते हैं, 'दुख निरोध आर्य सत्य है'।

गौतम बुद्ध ने अपने समय के धार्मिक पाखंडों की आलोचना की थी। उन्होंने स्वर्ग-नरक की धारणा का विरोध किया था। उनका विरोध किया, जो अनेक प्रकार से यज्ञ, तप तथा यातनादायक नियमों द्वारा स्वर्ग हासिल करना चाहते हैं। उनके मन में भोग की लालसा होती है, इसलिए वे शरीर सुखाते हैं, तपस्या करते हैं। शरीर को यातना देने वाला धर्म न स्वर्ग दे सकता है, न ज्ञान और न मुक्ति। गौतम बुद्ध के समय धर्म के ऐसे कई रूप प्रचलित थे। उन्होंने अपने समय में जो 'प्रचलित' था उसका विरोध किया, उन्होंने हर पाखंड का विरोध किया। 'धम्मपद' में एक उदाहरण से स्पष्ट किया गया है कि मकड़ी जिस तरह अपने ही बनाए जाल में फंस जाती है, उसी प्रकार मानव अपने राग के संसार में फंस जाता है। धीर पुरुष राग के जाल को छिन्न-भिन्न करके, आकांक्षारहित होकर दुखों से मुक्त हो जाता है। सुख से कौन सोता है? जो काम और वासना से रहित हो, जिसने अपनी आसक्तियों को चूर-चूर कर दिया हो, जिसके हृदय में अभय हो और जिसने चित्त में शांति प्राप्ति कर ली है, वही सुख से सोता है। बुद्ध ने नकली सुख को छोड़कर असली सुख को पहचानने का आह्वान किया। उन्होंने राग से मुक्त शांत चित्त को एक ऐसे युग में आदर्श घोषित किया, जब निरंकुश राजाओं की बढ़ी-चढ़ी हिंसा के मूल में असीमित वासनाएं, भोगेच्छाएं और प्रभुत्व की लालसाएं थीं।

गौतम बुद्ध ने हिंसा को चुनौती देते हुए आत्मतप, करुणा और मित्रता का महत्व बतलाया, 'जो जीवों को सताता है, वह कभी पापमुक्त नहीं हो सकता। केवल वही व्यक्ति जो सभी जीवों के प्रति अहिंसा का भाव रखता है, पापमुक्त माना जा सकता है' (धम्मात्मा वग्गे, 15)। यह बुद्ध का ही असर है कि भारत में पशु भी बंधुओं की तरह देखे जाने लगे एवं पशु हिंसा कम हुई।

बौद्ध धर्म ने दार्शनिक भूमिका के अलावा

एक सुधारवादी भूमिका भी निभाई थी, यद्यपि वह पुनर्जन्मवाद की अवधारणा से मुक्त नहीं था। तब भी यह साधारण बात नहीं है कि उसने वर्ण व्यवस्था का विरोध किया। उसने चांडालों को भी निर्वाण प्राप्त करने के योग्य बतलाया। बौद्ध धर्म में ज्ञान दान के मामले में कोई भेदभाव नहीं है। बुद्ध कहते हैं कि जिस प्रकार राजा को सारा राजस्व सिर्फ अपने हित में नहीं लगाना चाहिए, उसी प्रकार श्रमण का ज्ञान पर एकाधिकार उचित नहीं है। चांडाल भी शिक्षक बन सकता है। एक जातक कथा के अनुसार, एक ब्राह्मण ने चांडाल से जादू सीखा, किंतु लज्जावश उसे गुरु नहीं मानने के कारण वह जादू भूल गया। सुत्त निपात (9.6.26) में कहा गया है कि न कोई जन्म से शूद्र होता है और न कोई जन्म से ब्राह्मण होता है। बुद्ध जाति की जगह गुण और कर्म का महत्व स्थापित करते हैं।

बुद्ध के वचन बहुत-से रूपों, भाषाओं और जहां-जहां भी वह गए या उनके जाने की कल्पना की गई, वहां की मिथकीय संरचना में मिलते हैं। उनके वचनों में केंद्रीय बात यह है कि दुख के विस्तृत रूप को पहचाना गया है। उनमें भोगवाद और वैराग्य में आत्मयंत्रणा को लेकर चिंता है और जीवन के दो परस्पर विरोधी छोरों या अतिवाद की जगह 'मध्यम मार्ग' का प्रतिपादन है। बुद्ध वस्तुतः शरीर, वचन और मन से 'दुश्चरिता' से मुक्त होने को कहते हैं। उनका अनात्मवाद खुदगर्जी और मानसिक जड़ता से मुक्ति है। उनका प्रतीत्यसमुत्पाद है, इस दुनिया को बदलो। दोनों को मिलाकर अर्थ है, अपने 'भीतर' और 'बाहर' दोनों को बदलो। अपने आत्मजगत का और समूची दुनिया का ही फिर से निर्माण करो। निश्चय ही आज इसका वही तात्पर्य नहीं है, जो बुद्ध के समय था।

बुद्ध का पुनर्जन्म में विश्वास जरूर बना रहता है, पर वह शेष जड़ चिंतन पर दृढ़ता से प्रहार करते हुए अपने खास दार्शनिक ढंग से वस्तुतः नकली सुखों से अलग रहने का संदेश देते हैं। वह निर्माण का मार्ग दिखाते हुए भी कर्म, विद्या, शील और प्रज्ञा को महत्व देते हैं। वह कहते हैं, अपना दीप खुद बनो। उन्होंने रोहिणी नदी के जल बंटवारे के मामले में शाक्य और कोलियों के बीच संभावित युद्ध अपने बुद्धि कौशल से शांत किया। अजातशत्रु से अच्छा संबंध होते हुए भी जनतांत्रिक गुणों की वजह से लिच्छिवियों की तारीफ की और वैशाली का पक्ष लिया। एथेंस में 500 ईसा पूर्व लोकतंत्र था, लगभग इसी समय बुद्ध के काल में भी था। यह बुद्ध का अनात्मवाद था जो व्यक्तिगत संबंध और नातेदारी से ऊपर उठकर न्याय के पक्ष में खड़े होने की प्रेरणा देता था। उन्होंने ही सबसे पहले 'हृदय परिवर्तन' के सिद्धांत का प्रयोग किया। वह दुनिया में अहिंसा के पहले प्रचारक बने। एक समय जब भारत पतन की ओर बढ़ रहा था, उन्होंने आगे आ कर सभ्यता का नया मार्ग खोजा। कहना न होगा, बुद्ध को जिस वृक्ष के नीचे ज्ञान मिला था, उसमें वह झूला डालकर बैठ नहीं गए थे।

जिस बौद्ध धर्म ने सनातन समझे जाने वाले धर्मशास्त्रों को चुनौती दी थी और मानवता के अपने संदेश से यूरोप में ईसाई धर्म को प्रभावित किया था, उस बौद्ध धर्म का भारतीय जीवन पर भी व्यापक प्रभाव पड़ा था। आखिरकार पालि में रचे गए साहित्य का एक महत्वपूर्ण हिस्सा संस्कृत में अनूदित होने की वजह से ही बच पाया। इसके अलावा, हिंदू धर्म के भीतर भी धर्मशास्त्र के पाखंडों की विविध रूप में आलोचना शुरू हो गई। शंकर को 'प्रच्छन्न बौद्ध' कहा गया। भक्ति आंदोलन पर बौद्ध दर्शन की 'तार्किक आलोचनात्मकता' का असर है। आधुनिक जमाने में छायावादी कवि प्रसाद और महादेवी वर्मा जड़ धार्मिक व्यवस्था से विरोधिता की वजह से ही बुद्ध की ओर आकर्षित थे। इस तरह भारतीय संस्कृति को आंदोलित करने में बुद्ध की एक बड़ी भूमिका है।

शंभुनाथ

अधिक जानकारी के लिए :
1. **Buddha :** Karen Armstrong, 2000, **2. A History of Sanskrit Literature :** Arthur Anthony Macdonnel, 1900, **3. Buddhism in India :** Gail Omvedt, 2003

गौरीशंकर हीराचंद ओझा
(1863-1947)

गौरीशंकर हीराचंद ओझा एक विख्यात इतिहासवेत्ता, पुरातत्ववेत्ता और भाषावैज्ञानिक थे। भारतीय अतीत का मूल्यांकन करते हुए प्राच्य विद्याविद जब भारत की एक खास वैश्विक छवि निर्मित कर रहे थे, ऐसे समय में उन्होंने इतिहास, संस्कृति, समाज, भाषा और लिपि के विभिन्न पक्षों का अध्ययन करते हुए कई महत्वपूर्ण पुस्तकें लिखीं। उनकी शिक्षा मुंबई में हुई थी। उन्हें इतिहास, पुरातत्व और प्राचीन लिपियों में विशेषज्ञता प्राप्त थी। वे राजस्थान के राजकीय पुरातत्व विभाग, उदयपुर के अध्यक्ष नियुक्त हुए। 1908 में वे 'राजपूताना म्यूजियम' के क्यूरेटर बने और इस पद पर 1938 तक कार्य करते रहे।

'सोलंकियों का इतिहास' (1907), 'सिरोही राज्य का इतिहास' (1911) और 'राजपूताना का इतिहास' (1926) उनके महत्वपूर्ण इतिहास ग्रंथ हैं। उन्होंने कर्नल जेम्स टॉड का जीवनचरित्र लिखा, जिसमें कर्नल टॉड को बड़े आदर के साथ याद किया। 1928 में उन्होंने

गौरीशंकर हीराचंद ओझा

हिंदुस्तानी एकेडेमी, इलाहाबाद की व्याख्यानमाला के अंतर्गत अनेक व्याख्यान दिए जो बाद में 'मध्यकालीन संस्कृति' नाम से पुस्तकाकार प्रकाशित हुए।

1894 में उनकी प्रकाशित पुस्तक 'भारतीय प्राचीन लिपिमाला' प्राचीन शिलालेखों तथा अन्य ऐतिहासिक स्रोतों की लिपि पर आधारित उनके द्वारा लिखी गई पहली महत्वपूर्ण पुस्तक है। इसमें वह लिखते हैं, 'मनुष्य की बुद्धि के सबसे बड़े महत्व के दो कार्य भारतीय ब्राह्मी लिपि और वर्तमान शैली के अंकों की कल्पना है। बीसवीं शताब्दी में भी हम संसार की बड़ी उन्नतिशील जातियों की लिपियों की तरफ देखते हैं तो उनमें उन्नति की गंध भी नहीं पाई जाती। कहीं ध्वनि और अक्षरों में साम्य नहीं है जिनसे एक ही चिह्न से एक से अधिक ध्वनियां प्रकट होती हैं और कहीं एक ही ध्वनि के लिए एक से अधिक चिह्नों का व्यवहार होता है।' उनकी दृष्टि से, 'भारतवर्ष की लिपि हजारों वर्षों पहले इतनी उच्च कोटि तक पहुंच गई थी कि उसकी उत्तमता की समानता संसार की कोई दूसरी लिपि अब तक नहीं कर सकती। इसमें ध्वनि और लिखित अक्षर का संबंध ठीक वैसा ही है जैसा कि फोनोग्राफ की ध्वनि और उसकी चूड़ियों के बीच है। इसमें जैसा बोला जाए वैसा ही लिखा जाता है और जैसा लिखा जाए वैसा ही पढ़ा जाता है तथा वर्णक्रम वैज्ञानिक रीति से स्थिर किया गया है। यह उत्तमता किसी भी लिपि में नहीं है।' भारतीय अंक प्रणाली की प्रशंसा करते हुए वे स्पष्ट करते हैं कि भारतीय अंकों ने ही दुनिया को गणना करने की प्रणाली दी है, 'यहां वालों ने ही वर्तमान अंक क्रम निकाला जिसमें 1 से 9 तक के नौ अंक और खाली स्थानसूचक शून्य है। इन दस चिह्नों से अंक विद्या का पूरा व्यवहार चल सकता है। भारतवर्ष से ही यह अंक क्रम संसार भर ने सीखा और वर्तमान समय में गणित और उससे संबंध रखने वाले सभी शास्त्रों में जो उन्नति हुई है वह इसी क्रम के कारण से ही है।' अपनी स्थापनाओं के आलोक में उन्होंने क्रमवार भारतवर्ष की प्राचीन लिपियों और अंकों का प्रामाणिक और तथ्यपूर्ण अध्ययन किया है।

वह पश्चिमी चिंतन की एकांगी धारणाओं को खारिज करते हुए यह भी लिखते हैं, 'उपनिषद्, आरण्यक, ब्राह्मण और तैत्तिरीय संहिता के समय तक व्याकरण के होने का पता चलता है। यदि उस समय लिखने का प्रचार न होता तो व्याकरण और उसके पारिभाषिक शब्दों की चर्चा भी न होती, क्योंकि जो जातियां लिखना नहीं जानतीं वे छंदोबद्ध गीत और भजन अवश्य गाती हैं, कथाएं कहती हैं परंतु उनको स्वर, व्यंजन, घोष, संधि, एकवचन, बहुवचन, लिंग आदि व्याकरण के पारिभाषिक शब्दों का ज्ञान सर्वथा नहीं होता।' (वही)। वे अपने मत की पुष्टि के लिए पाश्चात्य विद्वानों जैसे एडवर्ड थॉमस, डोसन, कनिंघम, लासन आदि विद्वानों के मत—ब्राह्मी लिपि भारतवासियों की अपनी निर्मिति है न कि विदेशियों की—का हवाला देते हुए प्रमाणित करते हैं कि ब्राह्मी तथा अन्य लिपियों का विकास भारत में ही हुआ है।

गौरीशंकर हीराचंद अपनी मान्यताओं के साथ बार-बार अंग्रेजी राज और प्राच्यविद्याविदों की सराहना भी करते हैं कि हिंदुस्तान में अंग्रेजों का राज होने पर फिर विद्या के सूर्य का उदय हुआ और प्राचीन वस्तुओं का मान होने लगा।

अनुराग कुमार

अधिक जानकारी के लिए :

1. **मध्यकालीन भारतीय संस्कृति** : गौरीशंकर हीराचंद ओझा, 2. **History of Rajputana (Two volumes)** : Gaurishankar Heerachand Ojha, 1926

ग्रंथ सूची

1961 में पेरिस में यूनेस्को के सहयोग से हुई 'इफला'—'इंटरनेशनल फेडरेशन ऑफ लाइब्रेरी एसोसिएशन' के सम्मेलन में ग्रंथ सूची (Bibliography) की यह परिभाषा स्वीकृत की गई है, 'वह कृति (या प्रकाशन) जिसमें ग्रंथों की सूची दी गई हो। ये ग्रंथ किसी एक विषय से संबंधित हों, किसी एक समय में प्रकाशित हुए हों या किसी एक स्थान से प्रकाशित हुए हों।' इस शब्द का प्रयोग 'ग्रंथों का भौतिक पदार्थों के रूप में अध्ययन' के अर्थ में भी किया जाता है।

ग्रंथ सूची सूचीपत्र (Catalogue) का एक रूप है, दोनों शब्द पर्यायवाची नहीं हैं। सूचीपत्र से किसी एक पुस्तकालय या संग्रहालय में उपलब्ध संपूर्ण साहित्य का ज्ञान होता है। सूचीपत्र किसी प्रकाशक द्वारा प्रकाशित ग्रंथों की सूची भी हो सकता है अथवा किसी पुस्तक विक्रेता द्वारा बेचे जाने वाली पुस्तकों की सूची भी। ग्रंथ सूची का क्षेत्र यद्यपि सीमित रहता है, तथापि उसकी सीमा एक ओर यदि न्यूनतम हो सकती है तो दूसरी ओर अतिविस्तृत भी। ग्रंथ सूची लेखक के अलावा एक निश्चित काल तक भी सीमित रह सकती है। इसके विपरीत यदि कोई चाहे तो संसार की सभी भाषाओं में अनुवादित और प्रकाशित किसी लेखक से संबंधित संपूर्ण साहित्य को ग्रंथ सूची में सम्मिलित कर सकता है। ऐसी स्थिति में ग्रंथ सूची की सीमा बढ़ जाती है।

ग्रंथ सूची कई प्रकार की हो सकती है, पर इसके मुख्य रूप निम्नलिखित हैं :

(1) राष्ट्रीय ग्रंथ सूची—अर्थात किसी देश में प्रकाशित समस्त साहित्य की सूची।

(2) पुस्तकालय सूचीपत्र—यह विषय कालांतर में ग्रंथ सूची का महत्व प्राप्त कर लेता है।

(3) विषय ग्रंथ सूची—यह किसी एक विषय से संबद्ध होती है। यह समसामयिक ग्रंथों की हो सकती है तथा पूर्वकालीन ग्रंथों की भी। यह संपूर्ण हो सकती है या केवल कुछ चुने हुए महत्वपूर्ण ग्रंथों की भी। इसमें शामिल ग्रंथों के विवरण के साथ ग्रंथों की विषय-वस्तु के संबंध में संक्षिप्त टिप्पणियां हो सकती हैं तथा नहीं भी। इसका प्रकाशन छोटी पुस्तिका (Monograph) के रूप में और स्वतंत्र ग्रंथ के रूप में भी हो सकता है तथा पत्र-पत्रिकाओं के रूप में निर्धारित समय पर होता रह सकता है।

(4) सहायक ग्रंथ सूची—विश्वविद्यालयों की पाठ्य पुस्तकों तथा वैज्ञानिक ग्रंथों के कुछ परिच्छेदों के अंत में और कुछ महत्वपूर्ण अनुसंधानपरक ग्रंथों के अंत में कभी-कभी परिशिष्ट के रूप में भी लेखक

'सहायक ग्रंथ सूची', 'अन्य साहित्य', 'पठनीय साहित्य' या 'उपयोगी साहित्य' जैसे शीर्षक दे कर कुछ ग्रंथों की सूची देते हैं। कुछ पत्र-पत्रिकाओं में प्रकाशित महत्वपूर्ण लेखों के अंत में भी कभी-कभी इस प्रकार की सूची दी रहती है। इसी प्रकार विश्वकोशों में लेखों के अंत में भी सहायक ग्रंथसूची दी होती है, इन्हें भी ग्रंथ सूची का ही एक रूप मानना चाहिए।

(5) ग्रंथ सूचियों की ग्रंथ सूची–किस-किस लेखक की, किस-किस विषय की एवं किस-किस प्रकार की ग्रंथ सूचियां उपलब्ध हैं, यह जानने के लिए अब 'ग्रंथ सूचियों की ग्रंथ सूची' (Bibliography of Bibliographies) की ओर विद्वानों का ध्यान गया है। इस संबंध में 'ए वर्ल्ड बिब्लिओग्राफी ऑफ बिब्लिओग्राफीज' विशेष रूप से उल्लेखनीय है। इस विशाल ग्रंथ में लगभग 90,000 ग्रंथ सूचियों का सटिप्पण विवरण है।

(6) साहित्य निदेशिका–ग्रंथ सूची का एक नया रूप साहित्य निदेशिका है। इसमें किसी एक विषय के प्रकाशित-अप्रकाशित महत्वपूर्ण साहित्य का परिचय होता है।

ग्रंथ सूची के संकलन में सर्वाधिक महत्वपूर्ण बात यह है कि उसका उद्देश्य स्पष्ट होना चाहिए, क्योंकि ग्रंथ सूची में शामिल किए जाने वाले ग्रंथों का क्रम उसके उद्देश्य पर निर्भर रहता है।

महेंद्र राजा जैन

अधिक जानकारी के लिए :
1. **A New Introduction to Bibliography** : Philip Gaskell, 2000, 2. **Descriptive Bibliography** : Tony Belanger, 2003

ग्राफिक कला

पत्थर अथवा लकड़ी के समतल टुकड़े पर अक्षरों अथवा चित्रों की खुदाई कर, उस पर रंग लेप कर, कपड़ों या ताड़पत्रों पर अक्षरों और चित्रों की प्रतिकृति उतारने की कला पुरानी है। हाफ टोन ब्लॉक के आविष्कार ने चित्रों की छपाई की गुणवत्ता कई गुना बढ़ा दी। इसने चित्रकला और ग्राफिक कला के अंतर को नगण्य बना दिया। साधारणतया लकड़ी और विविध धातुओं से बने ब्लॉकों (खुदी हुई आकृतियों) प्लेटों, लिथोग्राफ, ऑफसेट आदि का इस्तेमाल कर प्रतिकृति प्रस्तुत करने वाली कला को ग्राफिक कला (Graphics) अथवा प्रतिकृति बनाने की कला कहते हैं। किताब, चित्र, अखबार की छपाई के आधुनिक तरीके भी ग्राफिक्स के अंतर्गत माने जाने लगे हैं। तकनीक के अत्याधुनिक विकास ने जेरोक्स और लेजर जैसे वैद्युतिक यंत्रों की सहायता से आला दर्जे की ग्राफिक कला को संभव बनाया है।

दूसरे महायुद्ध के बाद ग्राफिक कला द्वारा छापे गए चित्रों में एक नई प्रवृत्ति का उदय हुआ था। कलाकारों के मूल चित्रों की कीमत ज्यादा होती है। अतः उत्कृष्ट ग्राफिक छपाई से प्रतिकृति कम कीमत में मिल जाती है। ग्राफिक्स के क्षेत्र में लाइनो कट (Lino cut) तकनीक सबसे कम मेहनत और कम खर्च में चित्र की प्रतिकृति का आसान तरीका है। भारत में इचिंग, सिल्क स्क्रीन और लिथोग्राफी में नियमित काम करने वाले चित्रकारों में मुकुल डे, रमेन चंद्र एवं चित्त प्रसाद और यदा-कदा प्रयोग करने वालों में नंदलाल बसु, विनोद बिहारी मुखोपाध्याय, रामकिंकर बैज के नाम प्रमुख हैं। इनके बाद की पीढ़ी में ग्राफिक्स का प्रयोग करने वाले चित्रकारों में जगमोहन चोपड़ा, के जी सुब्रह्मण्यम, सोमनाथ होर, अमिताभ बनर्जी, सनत कर के नाम उल्लेखनीय हैं।

महेश जायसवाल

अधिक जानकारी के लिए :
Graphic Style : From Victorian to New Century : Steven Heller, Seymour Chwast, 2011

ग्राम भारत

गांधी जी ने कहा था, 'भारत उसके शहरों में नहीं बसता, बल्कि उसके सात लाख गांवों

में बसता है।' 1936 में उनके इस वक्तव्य के कई दशकों बाद हजारों गांव शहरों के अंग बन गए हैं। फिर भी गांव हैं और वहां भी भारत है। पहले भी शहरी लोग ज्यादा जानने की जहमत नहीं उठाते थे कि ग्रामवासी कैसा भोजन खाते हैं, कितना खाते हैं, क्या पहनते हैं और किस तरह जीते हैं। इधर भी उनको लेकर आम चिंता नजर नहीं आती। कुछ गांवों को गोद लेने और उन्हें आदर्श गांव बनाने का प्रतीकात्मक कर्मकांड संपन्न होता है या कुछ सामयिक राहतें बांटी जाती हैं, पर सब कुछ गांव की दरिद्रता मिटाने के लक्ष्य से काफी दूर है—ऊंट के मुंह में जीरा। गरीबी रेखा जिस तरह तय की जाती है, वह भी विवाद से परे नहीं होता। गुजरात में रहकर शोध करने वाले ब्रेमैन ने एक तरह से बताया है कि भारत के 75 प्रतिशत लोग गरीब हैं जिनमें 25 प्रतिशत कंगाल हैं। जाहिर है, जहां 75 प्रतिशत लोग गरीब होंगे उनकी गरीबी के कई स्तर होंगे।

2015 में भारत सरकार ने 'अर्थ-सामाजिक और जातिगत गणना' की रिपोर्ट प्रकाशित की है। इसके अनुसार, शहर और गांव को मिलाकर भारत में कुल परिवारों की संख्या 24.9 करोड़ है। इनमें ग्रामीण परिवारों की संख्या 17.91 करोड़ है। विभिन्न अर्थ-सामाजिक सुविधाओं से वंचित परिवार हैं : 10.69 करोड़। एक कमरे के मिट्टी या कच्ची दीवार के अस्थायी छत वाले घर में रहने वाले परिवारों की संख्या 2.37 करोड़ है। ऐसे परिवार जिनमें 18 से लेकर 59 साल तक का कोई वयस्क व्यक्ति नहीं है : संख्या 65.15 लाख। ऐसे परिवार जिनमें वयस्क पुरुष नहीं हैं और सिर्फ महिलाएं अपना घर-संसार चलाती हैं : संख्या 68.9 लाख। ऐसे परिवार जिनमें विकलांग व्यक्ति को छोड़कर कोई वयस्क व्यक्ति नहीं है : संख्या 3.16 लाख। अनुसूचित जाति-जनजाति के परिवार : संख्या 3.86 करोड़। जिन परिवारों में कोई साक्षर नहीं है : संख्या 4.21 करोड़। भूमिहीन परिवार जो शारीरिक श्रम करके भोजन जुटाते हैं : संख्या 5.37 करोड़। गांव में खेती का काम करने वाले परिवार : संख्या 5.39 करोड़। गांव में दैनिक मजदूरी करने वाले परिवार : संख्या 9.16 करोड़। पूरे समय या आंशिक रूप से गृहकार्य करने वाले लोग : संख्या 44.84 लाख। कचरे से उपयोगी चीजें चुनकर जीवन यापन करने वाले परिवार : संख्या 4.08 लाख। छोटे उद्योग-धंधों में लगे परिवार : संख्या 28.87 लाख। भिक्षावृत्ति पर निर्भर परिवार : संख्या 6.68 लाख। सरकारी, गैर-सरकारी या राष्ट्रीयकृत संस्थाओं में काम करने वाले परिवार : संख्या 2.50 करोड़।

संयुक्त राष्ट्र के खाद्य एवं कृषि संगठन की रिपोर्ट के अनुसार, भारत दुनिया में सबसे अधिक भुखमरी के शिकार देशों में एक है। एक अन्य आंकड़े के अनुसार समूची दुनिया में पैदा होने वाला 1239 करोड़ क्विंटल खाद्यान्न, जो करीब 47 लाख करोड़ रुपयों का है, बर्बाद होता है। भारत में भी हर साल करोड़ों टन अनाज बर्बाद होता है।

कहा जाता है कि गरीबी के लिए मुख्य रूप से दोषी खुद गरीब है। वर्ल्ड बैंक का कहना है, गरीब दोषी हैं, क्योंकि वे बचत नहीं करते। गरीब अभावों में जीता है। उसकी संपूर्ण मानसिकता अभाव के दखल में रहती है। कई अनुसंधानों से यह बात सामने आई है कि अभाव पीड़ित मनुष्य दूसरों की तुलना में ज्यादा गलतियां करता है। इनमें लड़कियों की यौनिक भूलें भी हैं। अभाव में आदमी कई गलत निर्णय लेता है।

वह हमेशा एक मानसिक दबाव में होता है। वह जानते हुए भी ऐसी जगहों से कर्ज लेता है, जहां सूद की दर ज्यादा है। वह अभाव की मानसिकता में कई दुखों को खुद बुलाता है, उसकी गरीबी एक अनवरत यंत्रणा बन जाती है। इससे निकलने का रास्ता उसे नहीं सूझता, उसके पास पैसा नहीं होता, सो वह बचत कैसे करे।

ग्राम भारत के ज्यादातर लोग अभाव और यंत्रणा की दुनिया में सांस लेते रहे हैं। गांव में उनके लिए काम नहीं हैं, शहर में उन्हें सामान्यतः अब जगह नहीं मिलती। अमीर नहीं चाहते कि उनके आसपास गांव के लोग या गरीब दिखें। शहरों ने अपने सुंदरीकरण की प्रक्रिया में गरीबों को शहर से बाहर के इलाकों में ठेल दिया है, जहां कोई काम नहीं है। वे काफी भटक कर वापस गांव चले जाते हैं, जिसे ब्रेमेन ने 'सर्कुलर माइग्रेशन' कहा है। यह एक अंतहीन प्रक्रिया है। वे अक्षम के अक्षम रह जाते हैं। शिक्षा कार्यक्रम के बजट में कटौती के कारण उनके कौशल का विकास संभव नहीं होता है, जबकि विकास को वस्तुतः उनकी मुक्ति का एकमात्र रास्ता बताया जाता है।

दिनेश कुमार शर्मा

अधिक जानकारी के लिए :
Scarecity : The True Cost of Not Having Enough : Sendil Mulainathan, 2015

ग्रामगीत

गीतों के स्रोत वास्तव में मानव हृदय की गहरी भावनाएं हैं। यद्यपि गीत विचारहीन नहीं होते, किंतु उनकी आवृत्ति में जो स्पंदन धड़कते हैं, वे विचारों की नीरस और तार्किक कौंध की तुलना में लोकव्यापी होते हैं। लोक हृदय के संवेगों की लयात्मक अभिव्यक्ति का ही एक नाम है ग्रामगीत (Village Song)। जाहिर-सी बात है कि ग्रामगीत की पृष्ठभूमि में जीवन के राग-विराग, शोक-संताप, बेबसी और उत्फुल्लता—सब के सब समाए होते हैं, जिन्हें गा कर ग्राम्य जीवन अपना मानसिक विरेचन करता है। इसीलिए जन्म, विवाह, पर्व, परिवार, श्रम, संस्कार, ऋतु रंग, सभी अपनी बोली-बानी के गीतों में ढल कर जीवन रस को प्रगाढ़ बनाते रहते हैं। अनेक धुनों, सुरों, लयों, तर्जों और जिंदगी के बहुविध तजुर्बों से निकले ग्रामगीतों का मर्म कल्पना और यथार्थ के जिस धरातल पर टिका होता है, उसमें न केवल आदिमता, बल्कि कालक्रमानुसार नवाचार भी शामिल होते जाते हैं। यहां निज व्यवसाय से जुड़ी जातियों के अपने गीत हैं, रोपाई और सोहनी से जुड़े गीत हैं, स्त्री वर्ग के गीतों के खजाने हैं, तो समाज और राजनीति भी इन गीतों की परिधि से अछूते नहीं हैं।

विडंबना यह है कि ग्रामगीतों की गहन मार्मिक संवेदना तकनीक, बाजारवाद और फिल्मी नकल की दिनों-दिन जैसी भेंट चढ़ती जा रही है, उससे भावनाओं की जगह भोंडापन, आर्द्रता की जगह ओछापन, प्यार की जगह अश्लीलता और सामूहिक लोक स्मृति की जगह व्यक्तिगत पेशेवरानापन घेरते जा रहे हैं। इस दृष्टि से निरंतर सूखते और विद्रूप होते जा रहे लोक कंठ की संरक्षा के लिए दर-दर भटक कर ग्रामगीतों के संचयन में रामनरेश त्रिपाठी, देवेंद्र सत्यार्थी आदि के अभियान ऐतिहासिक हैं। जिन ग्रामगीतों में सगुन विचारने के लिए कर्कश कंठ वाले कागा से भी 'अरज करने' की रागिनी रही हो, उनका इस तरह सूखते जाना समाज की छाती में किसी तपेदिक से कम नहीं।

धोबी समाज के गीत की एक बानगी है—'मोटि-मोटि रोटिया पकायो बरेठिन! भोरवैं चले के परी घाट।' इस टेक में सुबह से ही खटने की जैसी व्यंजना है और उस श्रम के अनुरूप मकुनी (मटर और गेहूं का मिला-जुला आटा) की मोटी रोटी की जैसी बुभुक्षा है और बरेठिन (बरेठा यानी धोबी की पत्नी) में संबोधन का जैसा दांपत्य रस है, उसमें जीवन की बहुत-सी कुंजियां छिपी हैं। इसी तरह धान की सोहनी और रोपाई में मजदूरिनों का—'बाबा सोहनी करावे लैं कवन देसवा?' के साथ 'सिया जी कै अंचरा बिसरलो न जाई रे, जइसै पुरइनिया कै पात लहराई रे' में विरही राम को सीता का लहरता हुआ आंचल याद आता है। आंचल हवा से हिलते हुए पुरइन के पात के समान है। यहां प्रकृति, संस्कृति, स्मृति और प्रेम सब

एक साथ मौजूद हैं। इन ग्रामगीतों में खेतिहर समाज के जीवनोल्लास, आमंत्रण और समूचा परिवेश भी झलक मारता है। एक उदाहरण है :

मकई के खेतवां बहार मोरे गोइयां रे
असरेखवा कै पानी, मकई हो गइलीं सयानी
बहे झुर-झुर तिलरी बयार, मोरे गोइयां रे

हकीकत में, लोक गीतों में स्त्री का योगदान अविस्मरणीय है। उसके सुरीले और करुण कंठ में समाज की प्रतिध्वनि लंबे समय से गूंजती आई है। उसके गीतों में प्रेम संबंध, पारिवारिक संबंध, पारंपरिक संबंध और जातीय पराधीनता की कई धाराएं फूटती हैं। उनमें चेतन को जड़ और जड़ को चेतन में बदल देने वाले मर्म मौजूद हैं। स्त्री गीतों की बहुरंगी शैली में 'नकटा' के कुछेक दृष्टांत इस प्रकार हैं :

1

सुधि राख्यो मोरे राजा महलिया कै
धीरे-धीरे राजा पल्ला खोल्यो
चूरा न टूटे किंवड़िया कै
धीरे-धीरे राजा पलंग पर चढ़ियो
पाटी न टूटे पलंगिया कै
धीरे-धीरे राजा चोलिया मोरि खोल्यो
चोली फाटे न मोरी रेशमिया कै

2

रस बुंदी रसीली नारि, मोहन की गलियां
आन के बीरन के बीरन न कहियो
जे भेंटत के मुस्काय, मोहन की गलियां
अपने बीरन के बीरन कहियो
जे भेंटत के भीजे रूमाल, मोहन की गलियां
आन के सइयां के सइयां न कहियो
जे चोरी आवै, चोरी जाय, मोहन की गलियां
अपने सइयां के सइयां कहियो
जे सांझे आवै, भोरे जाय, मोहन की गलियां

ग्रामगीतों, नृत्यों, कहावतों, चित्रों, कथाओं आदि का अध्ययन कृषकों की मानसिक बुनावट और आशा-आकांक्षाओं को समझने में मदद देता है। खासकर ग्रामगीत जीवन की गलियों और गलों से निकले, मिट्टी के सोंधेपन से प्रस्फुटित, निसर्ग भावों के वाहक के रूप में निरंतर रचे और गाए जाते रहे इनमें अपने समय के अवयव भी घुलते-मिलते रहे हैं। बदलते हुए समय एवं समाज के सापेक्ष किसी जमाने में चुनावी चहल-पहल के बीच लोक गायक भी उतरते रहे हैं। समर्थन के साथ-साथ आलोचना का पुट लिए हुए ऐसी अभिव्यक्तियों को ग्रामगीतों की कोटि में बेहिचक शामिल किया जा सकता है। चाहे वे 'कांगरेसिया विदेशिया समान सजनी' के फॉर्म में उचारे गए हों अथवा निम्न स्वर में :

अइसन आइल बा जमाना, अरे बाप रे बाप!
गेंदा देवी, राजकिशोरी, उठीं सुचेता अइया
एहि देसवा में सूखा परिगै, धनवा ह्वइ गै पइया
मकई ह्वइ गै साबूदाना, अरे बाप रे बाप!

आशय यह है कि मेले-ठेले, कथा-वार्ता, पर्व-तीर्थ, चूल्हा-चौका, संध्या-भोर और जीवन के लगभग हर पद-क्रम को गा लेने की छलछलाई हुई संवेदना से ग्राम्य समाज सराबोर होता है। रोम-रोम, रग-रग और पग-पग में अनुस्यूत, विभिन्न अंचलों में पसरे, ग्रामगीतों का संचयन अत्यावश्यक है, ताकि घनघोर तकनीकी के विभ्रम से हम मनुष्य की मूल रागात्मक विविधताओं को बचा सकें।

अष्टभुजा शुक्ल

अधिक जानकारी के लिए :

1. **कविता कौमुदी (ग्रामगीत)** : रामनरेश त्रिपाठी, 2. **जंतसार** : राम नारायण तिवारी, 3. **हिंदी साहित्य का वृहद इतिहास**, भाग-16 : नागरी प्रचारिणी सभा, 4. **लोक और लोक का स्वर** : विद्यानिवास मिश्र, 5. **ग्रामगीत की सामाजिक व्याख्या** : श्रीकृष्ण दास

ग्रामीण कथा-साहित्य

हिंदी कथा साहित्य का मुख्य आधार गांव रहा है। शहर आ बसे लेखकों में से कइयों ने अपने उपन्यासों और कहानियों का कथ्य गांवों से लिया। जयशंकर प्रसाद ने बनारस में रहते हुए भी अपनी पहली कहानी का शीर्षक दिया : 'ग्राम।' चंद्रधर

शर्मा गुलेरी की अद्वितीय कहानी 'उसने कहा था' के लगभग सभी पात्र गंवई मन-मिजाज के कारण ही जीवंत हैं। गांव का संपूर्ण चित्र हमें प्रेमचंद के कथा साहित्य में देखने को मिलेगा। खुद गांव में रहते हुए प्रेमचंद ने गांव की गरीबी बहुत करीब से देखी थी। गांवों में ऊंच-नीच की भावना, छुआछूत, अनमेल विवाह, अशिक्षा, अंधविश्वास, सरकारी दमन, सामंतों और जमींदारों की विलासिता, लूट-खसोट इत्यादि पर उनकी पैनी दृष्टि थी।

अगर हमें भारतीय ग्राम जीवन को जानना-समझना है तो प्रेमचंद के कथा साहित्य का अनिवार्य रूप से अध्ययन करना होगा। 'पंच परमेश्वर', 'अलग्योझा', 'रामलीला', 'दो बैलों की कथा', 'ईदगाह', 'सद्‌गति', 'ठाकुर का कुआं', 'सवा सेर गेहूं', 'पूस की रात', 'दूध का दाम', 'कफन', जैसी अनेक कहानियां हैं, जिनमें गांव अपनी तमाम अच्छाइयों-बुराइयों के साथ मौजूद है। हिंदी में आज स्त्री-विमर्श, दलित विमर्श आदि को आधार बनाकर जितने बड़े पैमाने पर कहानियों और उपन्यासों की रचना हो रही है, उसका आधार प्रेमचंद ही तैयार कर गए थे। वे किसानों और मजदूरों की एकता के पक्षधर थे। उनका कहना था कि किसान, मजदूर, स्त्रियां आर्थिक रूप से आत्मनिर्भर न होंगे, तब तक राजनीतिक आजादी का महत्व नहीं होगा।

प्रेमचंद के बाद गांव की समस्याओं को निराला ने अपने कथा साहित्य का आधार बनाया। उन्होंने 'अलका' और 'निरुपमा' उपन्यासों में स्त्री की संघर्ष-गाथा को बहुत सहज और प्रभावशाली ढंग से प्रस्तुत किया है। 'चतुरी चमार' दलित जीवन के संघर्ष की अविस्मरणीय कहानी है। ग्राम जीवन पर आधारित इस दौर की कहानियों में विश्वंभर नाथ शर्मा कौशिक की 'ताई' और सुदर्शन की 'हार की जीत' का उल्लेख जरूरी है। हृदय परिवर्तन की कहानी 'हार की जीत' हिंदी कथा साहित्य की एक उपलब्धि है। आजादी की लड़ाई में शामिल नवयुवकों के त्याग और साहस का चित्र खड़ा करने वाली पांडेय बेचन शर्मा उग्र की कहानी 'उसकी मां' का भी अपना एक स्थान है। शिवपूजन सहाय ने 'देहाती दुनिया' उपन्यास के द्वारा ग्राम जीवन की कई विशिष्टताओं को उद्‌घाटित किया है। राहुल सांकृत्यायन ने 'वोल्गा से गंगा' में मानव सभ्यता के विकास की कथा कही है। उनकी इस कथा में ग्राम जीवन की हर स्थिति का तर्कसंगत वर्णन मिलता है। 'सतमी के बच्चे' में उन्होंने अपनी आंखों देखा गांव का दर्द बयान किया है।

जैनेंद्र और अज्ञेय ने ग्राम जीवन पर कुछ रचनाएं की हैं, लेकिन उनके यहां गांव अपने उस भरे-पूरे रूप में नहीं आता, जिस तरह प्रेमचंद के कथा साहित्य में आता है। रांगेय राघव ने अपने उपन्यासों में जरूर उन उपेक्षित जातियों के यथार्थ चित्र दिए हैं, जो जमींदारों द्वारा सताई जाती थीं। इस दृष्टि से 'कब तक पुकारूं' उनकी उल्लेखनीय रचना है। आजादी के बाद हिंदी कथा लेखन में गांव अपने बदले तेवर के साथ आया। फणीश्वर नाथ रेणु का 'मैला आंचल' हिंदी के ग्रामीण कथा-साहित्य में एक मील का पत्थर है जिसने आंचलिक कथा लेखन को एक आंदोलन का रूप दिया। 'परती परिकथा' उसी की एक कड़ी है।

रेणु ने 'तीसरी कसम', 'लाल पान का बेगम', 'रसप्रिया', 'नैना जोगन', 'पंचलाइट' जैसी कहानियां लिखीं, जो अपने कथ्य और शिल्प के अनूठेपन के चलते क्लासिक का दर्जा पा चुकी हैं। रेणु ने ग्रामीण जीवन के अभाव और पीड़ा के साथ-साथ उसकी अंतर्निहित रोमांटिक रागात्मकता को भी बड़े मनोयोग से उभारा और अवसर तथा प्रसंग के अनुसार प्रतिरोध की चेतना के भी चित्र दिए। आजादी के बाद नेहरू की पंचवर्षीय योजना से उपजी आशा का और यथार्थ की विसंगतियों के आगे उसकी व्यर्थता का भी चित्र देकर उन्होंने तत्कालीन राजनीतिक द्विधा का आभास दिया। नागार्जुन के यहां किसानों की और विशेष रूप से स्त्रियों की प्रतिरोध-चेतना अत्यंत प्रखर और मुखर हैं। नागार्जुन ने 'रतिनाथ की चाची', 'बलचनमा', 'बाबा बटेसरनाथ' और 'वरुण के बेटे' जैसे उपन्यासों की रचना कर प्रेमचंद की परंपरा को आगे बढ़ाया।

इन सभी ने यह दिखाने की कोशिश की कि बिना किसी बड़े परिवर्तन के गांव की जिंदगी में अपेक्षित सुधार नहीं हो सकता।

शिवप्रसाद सिंह ने अपने कथा लेखन की शुरुआत गांव की जिंदगी के चित्रण से की। 'कर्मनाशा की हार', 'इन्हें भी इंतजार है', 'नन्हों' उनकी बहुचर्चित कहानियां हैं। 'अलग-अलग वैतरणी' उपन्यास से उन्हें स्वातंत्र्योत्तर हिंदी कथा लेखन में प्रतिष्ठा मिली। गांव में विकसित हो रहे नए मानवीय संबंधों के साथ-साथ मध्य और निम्नवर्ग की समस्याओं को शिवप्रसाद सिंह ने स्थान दिया। सामंती प्रवृत्तियां गांवों में अब किस तरह कमजोर पड़ रही हैं, शिक्षा के प्रसार से गांव के लोगों में किस प्रकार नई चेतना आ रही है, इन चीजों पर शिवप्रसाद सिंह की नजर गई। राही मासूम रजा का 'आधा गांव' देश विभाजन की त्रासदी के साथ मुस्लिम जीवन के यथार्थ का चित्रण करने वाला उपन्यास है। छोटी-छोटी बातों को लेकर आपसी खींचतान, अंधविश्वास, अशिक्षा, बेरोजगारी जैसी समस्याओं को राही मासूम रजा बहुत प्रभावशाली ढंग से अपने उपन्यास में उठाते हैं। उपन्यास पढ़ने से लगता है कि धर्म भले ही अलग-अलग हों, हिंदुओं और मुसलमानों की समस्याएं अलग-अलग नहीं है।

जगदीशचंद्र ने 'धरती धन न अपना' और 'नरककुंड में वास' लिखकर हिंदी कथा साहित्य में अपनी विशिष्ट पहचान बनाई। 'गोदान' के होरी जैसा ही 'धरती धन न अपना' का काली विषम सामाजिक और आर्थिक समस्याओं से संघर्ष करते हुए एक नायक के रूप में सामने आता है। सामंती दमन और जातिगत दंश का सामना, वह जिस साहस के साथ करता है, उससे पता चलता है कि हमारे देश में ऐसे भी गांव हैं, ऐसे भी लोग हैं, जो देश की मुख्य धारा से कटे हुए हैं।

महिला कथाकारों में छठे दशक यानी सन 1950-60 के दौर में जिन्होंने अपनी महत्वपूर्ण पहचान बनाई, उनमें कृष्णा सोबती ऐसी कथाकार हैं, जिनका 'जिंदगीनामा' उपन्यास चर्चित हुआ। इसमें पंजाब के

शिवप्रसाद सिंह

ग्राम जीवन की संस्कृति अपनी पूरी ऐतिहासिकता के साथ प्रस्तुत है। भाषिक संरचना और शिल्प की दृष्टि से यह एक उल्लेखनीय रचना है। हिंदी भाषा के शब्द भंडार को समृद्ध करने में इसके महत्व को रेखांकित किया गया है। इससे हिंदी कथा साहित्य का परिवेश भी विस्तृत हुआ। मन्नू भंडारी मुख्य रूप से शहरी जीवन के स्त्री संघर्ष की कथाकार हैं, लेकिन अपने बहुचर्चित उपन्यास 'महाभोज' में एक दलित युवक की त्रासदी का जिस प्रभावशाली ढंग से उन्होंने वर्णन किया है, वह स्वतंत्रता के बाद के हमारे समाज की कलई खोल देता है। 'रानी मां का चबूतरा' में मन्नू भंडारी ने समूचे गांव द्वारा उपेक्षित एक जुझारू स्त्री की कहानी लिखी है।

शानी का 'काला जल' एक महत्वपूर्ण उपन्यास है, जिसमें ग्रामीण पृष्ठभूमि के मुसलमानों का जीवन यथार्थ है। श्रीलाल शुक्ल की अविस्मरणीय रचना 'राग दरबारी' ने अपनी विलक्षण भाषा और व्यंग्य कला से एक बहुत बड़ा पाठक वर्ग तैयार किया। इसमें आजादी के बाद के ग्रामीण जीवन में जो विसंगतियां सामने आईं, उनका एक अलग खास अंदाज में वर्णन है। ग्राम जीवन को उसकी प्रकृति और सहजता के साथ मार्कंडेय ने प्रस्तुत किया है

रामदरश मिश्र

अपनी 'भूदान', 'पान फूल' और 'गुलरा के बाबा' जैसी कहानियों और 'अग्निबीज' उपन्यास में। पहाड़ के गांव का मार्मिक चित्र हमें शेखर जोशी की कहानी 'कोसी का घटवार' में मिलता है। इस कड़ी में शैलेश मटियानी का भी नाम शामिल है। अमरकांत की 'डिप्टी कलेक्टरी' कहानी और 'इन्हीं हथियारों से' उपन्यास में गांव की हलचल है। निम्न वर्ग की स्त्री को उसी के 'अपने' कहे जाने वाले लोग किस प्रकार प्रताड़ित करते हैं, दूधनाथ सिंह ने 'धर्मक्षेत्रे कुरुक्षेत्रे' कहानी में दिखाया है। भैरव प्रसाद गुप्त 'गंगा मैया' और 'सत्ती मैया का चौरा' में गांव के लोगों के जीवन की रूढ़ियों, अंधविश्वासों और पुरानी सोच को दिखाया गया है। गांव के जीवन को पूरी तन्मयता के साथ चित्रित करने वाले कथाकारों में रामदरश मिश्र हैं। गांव की संस्कृति का पूरा चित्र उनके उपन्यास 'जल टूटता हुआ' में है। विवेकी राय ने पूर्वी उत्तर प्रदेश के ग्रामीण जीवन पर 'सोना माटी', 'लोक ऋण', 'समर शेष है' और 'बबूल' जैसे उपन्यास लिखे। ग्रामीण जीवन पर आधारित कथा लेखन में सक्रिय मिथिलेश्वर का नाम अग्रणी है। 'हरिहर काका', 'जमुनी', 'बाबूजी' उनकी चर्चित कहानियां हैं, तो 'झुनिया', 'सुरंग में सुबह', 'प्रेम न बाड़ी ऊपजै' तथा 'माटी कहे कुम्हार से' उपन्यासों के द्वारा उन्होंने काफी ख्याति अर्जित की है। मैत्रेयी पुष्पा ने बुंदेलखंड की संस्कृति और जनजातियों की समस्याओं को केंद्र में रखकर 'इदन्नमम', 'अल्मा कबूतरी', 'झूलानट' जैसे महत्वपूर्ण उपन्यासों की रचना की है। पहाड़ के गांव की असलियत विद्यासागर नौटियाल की कहानी 'फट जा पंचधार' में है।

गांव के जीवन की सहजता, सहनशीलता और सहयोग की भावना समाप्त हो रही है और हिंसक मनोवृत्ति बढ़ रही है, यह उदय प्रकाश की 'टेपचू', 'तिरिछ' और 'मोहनदास' कहानी में देखा जा सकता है। शिवमूर्ति की 'तिरिया चरित्तर' निम्नवर्ग की स्त्री की एक करुण कहानी है। उन्होंने 'अकाल दंड', 'कसाईबाड़ा', 'भरतनाट्यम', 'केशर कस्तूरी' जैसी अविस्मरणीय कहानियां लिखीं। भिखारी ठाकुर के जीवन पर संजीव के 'सूत्रधार' उपन्यास और 'प्रेरणास्रोत' कहानी में ग्राम जीवन की विभिन्न स्थितियों को देखा जा सकता है। देवेंद्र की एक

विवेकी राय

मिथिलेश्वर

मार्मिक कहानी है 'क्षमा करो हे वत्स'। ग्रामजीवन में भी किस तरह अपहरण और हत्या जैसे जघन्य अपराध बढ़ रहे हैं, इसके साथ ही आज की राजनीति से मानवीय मूल्य कैसे गायब हो रहे हैं, इसका प्रभावशाली चित्रण इस कहानी में है। रणेंद्र के 'ग्लोबल गांव के देवता' से पता चलता है कि हमारे देश में जन जातियों का समाज तथाकथित विकास के नाम पर उजाड़ा जा रहा है। महेश कटारे ने 'कुआं' और 'छछिया भर छाछ' लिखकर गांव के लोगों में मौजूद आंतरिक वैमनस्य का यथार्थ उजागर किया है।

युवा कथाकार गांव के जीवन को उसकी वास्तविकता के साथ प्रभावशाली ढंग से सामने लाने में दिलचस्पी ले रहे हैं। जो अविस्मरणीय रचनाएं प्रकाशित हुई हैं, उनमें सत्यनारायण पटेल की 'भेम का भेरु मांगता कुल्हाड़ी ईमान,' उमाशंकर चौधरी की 'अयोध्या बाबू सनक गए हैं', चंदन पांडेय की 'परिदंगी है कि नाकामयाब है', अरुण असफल की 'पांच का सिक्का', कुणाल सिंह की 'साइकिल', मोहम्मद आरिफ की 'मियां', अल्पना मिश्र की 'मिड डे मील', ओमप्रकाश वाल्मीकि की 'शवयात्रा', राकेश कुमार सिंह की 'हांका', मदन मोहन की 'चंपा', जयनंदन की 'विषबेल', पूरन हार्डी की 'बुड़ान' आदि मुख्य हैं। इन रचनाओं में स्त्री का संघर्ष, दलित जीवन की विसंगतियां, जाति और धर्म पर आधारित आपसी टकराव तथा सत्ता-व्यवस्था का दमन प्रमुखता से व्यक्त हुआ है। काशीनाथ सिंह की 'रेहन पर रग्घू' गांव में रहने वाले एक बूढ़े आदमी के जीवन की त्रासदी को चित्रित करने वाला ऐसा उपन्यास है, जिसमें हम आज के गांव की पूरी तस्वीर देख सकते हैं।

हिंदी में नई पीढ़ी गांव को किस प्रकार अपनी रचना के केंद्र में ला रही है, इसका प्रमाण है– सुभाषचंद्र कुशवाहा द्वारा संपादित पुस्तक 'कथा में गांव।' हिंदी प्रदेश के लगभग सभी क्षेत्रों से ली गई कुल 19 कहानियों के इस संग्रह से पता चलता है कि नए रचनाकार गांव की समस्याओं के प्रति कितने जागरूक हैं। राकेश रंजन ने गांव के निम्न वर्ग की स्थिति को लेकर एक उपन्यास लिखा है–'मल्लू मठफोड़वा।' अपनी भाषा की विशिष्टता के कारण यह उपन्यास प्रभावित करता है। अनंत कुमार सिंह का एक उपन्यास है 'ताकि हरियाली बची रहे।' गांव की प्राकृतिक संपदा का दोहन करने में छोटे-बड़े माफिया तंत्र कितने सक्रिय हैं, इसे इस उपन्यास में देखा जा सकता है। इसी तरह अनिल यादव की कहानी 'लोक गायक का विरहा' भी उल्लेखनीय है।

इधर साहित्य तेजी से शहर केंद्रिक हुआ है, फिर भी कथा साहित्य में किसान विमर्श फिर उभर रहा है।

बलिराज पांडेय

अधिक जानकारी के लिए :
1. **भारतीय ग्राम : सांस्थानिक परिवर्तन और आर्थिक विकास :** पूरन चंद्र जोशी, 2. **स्वातंत्र्योत्तर हिंदी कथा साहित्य और ग्राम जीवन :** विवेकी राय, 1974 3. **हिंदी उपन्यास : एक अंतर्यात्रा :** रामदरश मिश्र, 1992

ग्रीक कॉमेडी

प्राचीन ग्रीक कॉमेडी (Greek Comedy) को मदिरा और हर्षोल्लास के देवता डायोनिसस का उत्सव माना जाता था। यह ग्रीक शब्द Komodia से बना, जिसका अर्थ है डायोनिसस

की अभ्यर्थना में नृत्य-गीत, हास-परिहास, अशालीन चुटकुले, कटाक्ष आदि। शोभायात्रा के समय लोग हंसी-मजाक करते थे। वे अमर्यादित टिप्पणियां कर सकते थे। यह हास्यप्रिय लोगों का व्यापार था। माना जाता है कि कॉमेडी की परंपरा त्रासदी से ज्यादा पुरानी है। इस प्रथा को सिसली के एपीकारमस (540-450 ईसा पूर्व) ने साहित्यिक रूप दिया। ग्रीस में कॉमेडी की प्रतियोगिता भी होती थी। कोरस की तरह ही कॉमेडी का आयोजन धनी-मानी व्यक्तियों के सहयोग से होता था।

ग्रीक कॉमेडी का विकास और संस्कार कई चरणों में हुआ। इसका नाटक में उपयोग होता था। अरस्तू के अनुसार, क्रेटीस एथेंस का पहला कॉमेडी लेखक था। कॉमेडी प्रधान नाटकों में कोरस का स्थान ज्यादा नहीं था। ग्रीक नाटकों में कॉमेडी के व्यापक प्रयोग से एथेंस के जीवन के खुलेपन और उत्सव की प्रवृत्ति का बोध हो जाता है। बेढंगे हाव-भाव के साथ बेतुकी चीजों का उपहास उस जमाने की एक मुख्य प्रवृत्ति थी। यह एक कला के रूप में प्रतिष्ठित थी। दर्शकों को हंसाते हुए राजनीतिक व्यक्तियों की दुर्बलताओं पर कटाक्ष करना एक तरह से गणतंत्र का चिह्न था। कॉमेडी सामाजिक विसंगतियों की आलोचना का माध्यम थी। इससे सामाजिक संस्थाओं और परंपराओं पर व्यंग्य किए जाते थे। कॉमेडी का लक्ष्य जीवन को उद्घाटित करना था। कई बार देवता भी कटाक्ष के शिकार बनते थे। ग्रीक कॉमेडी के रचनाकारों में एंटीफेनीज, यूबूलस और एलेक्सीज को ज्यादा सफलता मिली थी और वे लोकप्रिय थे।

कॉमेडी में अभिनेता मुखौटे लगाते थे। संभवतः ये मुखौटे उस जमाने के प्रसिद्ध व्यक्तियों के होते हों। कलश चित्रों से पता चला है कि वे मुखौटे बदसूरत और भोंडे होते थे। कई कॉमेडी नाटकों और चुटकुलों के विषय सेक्स से जुड़े होते थे। ग्रीक कॉमेडी के विकास क्रम में एक ऐसा चरण आया, जब अमर्यादित हास्य और फूहड़ता को नियंत्रित किया गया और व्यक्तिगत कटाक्ष बंद हो गए। इस तरह की कॉमेडी में साहित्यिक शिल्प उन्नत अवस्था में पहुंच गया। उसके साथ एक सुगठित कथानक होता था। मिथकों की जगह जीवन के यथार्थ ज्यादा व्यक्त होने लगे। सादगी भी आई। उस युग के ऐसे ग्रीक नाटकों के कुछ अंश ही उपलब्ध हैं। इनसे पता चलता है कि 'नई कॉमेडी' युग में मिनांडर सबसे प्रसिद्ध नाटककार था।

निशांत

अधिक जानकारी के लिए :

1. **Theories of Theatre : A Historical and Critical Survey from the Greeks to the Present :** Marvin Carlson, 1993

ग्रीक मिथकशास्त्र

प्राचीन ग्रीक संस्कृति काफी उन्नत और कल्पनाशील थी। माना जाता है कि ग्रीस में 250 ईसा पूर्व में लगभग 1000 नगर और सामाजिक आयोजन होते थे। ऋग्वेदिक काल के आसपास ही ग्रीस में भी देवताओं और देवियों की वहां के अपने सांस्कृतिक जीवन के अनुसार कल्पना की गई, जो धार्मिक विश्वास का अंग बन गए। ग्रीक देवता और नाटक ग्रीस के प्राचीन धर्म, संस्कृति और साहित्य के मुख्य अंग थे। वे हिंदू देव-देवियों की तरह ही सगुण मूर्तिरूप थे। ग्रीक सभ्यता-संस्कृति का वेद एथेंस था, जो 500 ई.पू. में कल्पना, चिंतन और गणतांत्रिक व्यवस्था के शिखर पर था। प्राचीन ग्रीक साहित्य की रचना यहीं हुई। इससे पता चलता है कि लोगों की देवताओं के प्रति श्रद्धा थी और उनसे संबंधित उत्सव हर्षोल्लास से मनाए जाते थे। पांचवीं सदी ईसा पूर्व में एथेंस के नगर-राज्यों के धार्मिक अनुष्ठान, देवताओं की मान्यता और उनके मिथकीय आख्यानों के महाकाव्य या नाटक के रूप में पुनः सृजन की देन है।

ग्रीक मिथकशास्त्र की उपलब्धियां हैं : ग्रीक मिथकों का ज्ञान प्राचीन ग्रीक साहित्य से होता है। प्राचीनतम ग्रीक साहित्य होमर का 'इलियड' और 'ओडिसी' है। ट्रोजन युद्ध की कथा वहां वैसे ही

प्रसिद्ध थी, जैसे भारत में रामायण के युद्ध की कथा। महाकवि होमर के ही लगभग समकालीन कवि हेसिऑड था। ग्रीक मिथकशास्त्र में दुनिया भर के मिथकशास्त्रों की तरह सृष्टि की उत्पत्ति, देवताओं के जीवन, मानव युग के आरंभ और दुखों-कष्टों-विघ्नों से भरे मानव जीवन के संघर्षों और सफलताओं के मिथकीय बिंब हैं। प्राचीन ग्रीक मिथक होमर युग के गीतों, ईसा पूर्व पांचवीं सदी के नाटकों और रोमन साम्राज्य के जमाने के प्लूनार्थ जैसे लेखकों की रचनाओं में सुरक्षित हैं। आठवीं सदी ईसा पूर्व के पुरातात्विक अवशेषों में ग्रीक देवताओं और नायकों की छवियां मिली हैं। इन छवियों में हेराक्लीज के कारनामों और ट्रोजन युद्ध के दृश्य भी हैं। ग्रीक मिथकों का रोमन साम्राज्य की कला, साहित्य और संस्कृति पर असर पड़ा ही, इसने संपूर्ण यूरोपीय संस्कृति को प्रभावित किया और आधुनिक साहित्य और कलाओं में भी उनका व्यापक पुनःसृजन हुआ।

ग्रीक मिथकशास्त्र भारतीय मिथकों की तरह ही समय के अनुसार बदलता रहा है। वह इन्हीं की तरह अविश्वसनीय चमत्कारपूर्ण घटनाओं से भरा है। इसके बावजूद दुनिया भर के मिथक जिस तरह सृष्टि की उत्पत्ति, संस्कृति के विकास और मनुष्य की सभ्यतागत जययात्रा की कथा कहते हैं, उसी तरह ग्रीक मिथक भी। एक धारणा है कि कृषि युग में प्रवेश करने वाली आदिम जातियां सर्वात्मवादी थीं। वे प्रकृति के हर रूप में आत्माओं को देखती थीं। इन आत्माओं ने ही मानव आकृति में देवताओं का रूप धारण कर लिया। इन पर आधारित साहित्यिक कथाएं बन गईं।

ग्रीक मिथकशास्त्र के विकास की व्याख्या करने वाले विद्वानों ने इसे तीन युगों में विभाजित करके देखा है–(1) सृष्टि की उत्पत्ति और देवताओं का युग, (2) देवता और नश्वर मनुष्य जाति का सम्मिलित युग और (3) महानायकों का युग, जिसकी आखिरी घटना में ट्रोजन युद्ध है। इसके बाद के महानायकों की निजंधरी कथाओं के समय को चौथा युग माना गया।

सृष्टि की उत्पत्ति संबंधी ग्रीक कथा में चारों तरफ की भीषण उथल-पुथल के बीच पृथ्वी की उत्पत्ति हुई। उसके साथ कुछ दैवी तत्व जन्मे। इरोस पैदा हुआ, जो प्रेम का देवता है। इसके साथ तारतरूस (गहरा खड्ड), निक्स (रात्रि) और रिबस (अंधकार) उत्पन्न हुए। पृथ्वी ने आकाश, समुद्र और पहाड़ की सृष्टि की। क्रोनस जन्मा, जिसका बेटा जीयस था। देवताओं का राजा बनने के लिए बाप-बेटे क्रोनस और जीयस में युद्ध हुआ, जिस तरह वैदिक देवताओं में होड़ थी। ग्रीक देव परिवार में ऐसा युद्ध और हत्याएं आम हैं। जीयस देवताओं का राजा बना। उसके सिर से एथीना जन्मी, जो युद्ध के अलावा बुद्धि और कौशल की देवी है। एथेंस की ऊंची पहाड़ी पर एथीना का मंदिर है।

ग्रीक मिथकशास्त्र की ऐसी सभी कथाएं प्राचीन काव्य रूप में थीं। एक ग्रीक मिथकीय चरित्र आर्फेउस वस्तुतः कवि और गायक ही था, जो मृत्यु के पंजे से पत्नी को छुड़ाकर अपने साथ ले चलता है, पर उसे निरंतर गाते ही रहना है। वह पीछे मुड़कर देख नहीं सकता। प्रमथ्यु देवताओं के यहां से अग्नि चुरा कर मनुष्य जाति को सौंपता है। जीयस की आज्ञा से वह काकेफस पर्वत पर अनोखा दंड पाता है। गिद्ध उसके वक्षस्थल का मांस खाते हैं और उसे असह्य निरंतर यंत्रणा से गुजरना पड़ता है। महानायक सिसिफस ने अपनी वीरता से मृत्यु को कैद कर लिया तो उसे भी देवताओं का दंड मिला। ऐसे कई ग्रीक मिथक हैं, जो आधुनिक पश्चिमी साहित्य में नए अर्थ लेकर आए।

ग्रीक मिथक

ग्रीक मिथकशास्त्र में कई देवताओं और देवियों का चक्र आता है। टाइटन को हटा कर ओलंपियन आए, जिस तरह वैदिक देवताओं की जगह ब्रह्मा, विष्णु और शिव ने ली। ग्रीक देवराज जीयस और उसकी प्रेयसी लीटो का बेटा अपोलो था। जीयस की प्रेयसी लीटो पर उसकी पत्नी हेटा का भारी कोप बरसा। लीटो को कष्ट सहना पड़ा, फिर भी अपोलो उसके गर्भ से जनमा। अपोलो ने अपने अपार तेज से सर्पदैत्य पायथन को मारा। अपोलो को सूर्य माना जाता है, प्रकाश का देवता। उसके बाण सूर्य की किरणें हैं। इसी तरह एक अन्य प्रसिद्ध देवता डायोनिसिस है, जो प्रेमावेग, मदिरा और हर्षोल्लास का देवता है। यह भी जीयस का पुत्र था। वह शीतकाल में सोने के लिए पाताल लोक चला जाता था और गर्मी में लौटता था। इसलिए वह कृषि और अन्न का देवता भी माना गया। डायोनिसिस देवता की शोभा यात्रा में लिंग की मूर्ति निकलती थी, जिसका संबंध प्रजनन से है। कहीं उसे बैल की खाल पहने दिखाया गया है। डायोनिसिस का लोकप्रिय रूप कोमलता से भरे नवयुवक का है, जिसके सिर पर अंगूर लताओं का मुकुट है। अपोलो और डायोनिसस एक शरीर के दो सिरों पर होकर भी प्रवृत्तियों की दृष्टि से एक ही पिता की संतान हैं। डायोनिसस के एक हाथ में लता से लिपटा एक दंड है और शरीर पर लोहित अधोवस्त्र। वह प्रकृति की सृजनकारी और विध्वंसक दोनों तरह की ताकतों का प्रतिरूप है। इस तरह का द्वैत या विरोधाभास राम, कृष्ण और शिव जैसे देवताओं में भी है—प्रेम और हिंसा दोनों में शामिल ऐसे सभी मिथकों में आदिम हिंसा की आग है और बुद्धिजन्य व्यापारों का अतिक्रमण कर प्रेम की अखंड लीला, गहन मानवीय अंतर्दृष्टि और सभ्यता की अंतःशक्ति भी।

ग्रीक मिथकशास्त्र में दैत्य-देवता, पारिवारिक हिंसा, कामुकता, षड्यंत्र, अपहरण, युद्धोन्माद, अगम्यगमन और इन सबके साथ जीवन की उच्च शिक्षाएं—वे सारी चीजें हैं जो प्राचीन समाज में थीं। ग्रीक मिथकशास्त्र में अभिशप्त ईडिपस की कथा है, जो थीबत के राजा लायेस और रानी जोकास्ता का बेटा था। उसके पैदा होते ही भविष्यवाणी हुई कि वह अपने पिता की हत्या करके अपनी मां से शादी करेगा। लायेस ने शिशु ईडिपस को एक पहाड़ पर फिंकवा दिया। उसे एक चरवाहे ने बचाया और अपने राजा पालीबस के पास ले गया, वहीं ईडिपस पला और बड़ा हुआ। वह एक दिन रास्ते में लायेस से मिला, उससे झगड़ा हुआ और ईडिपस ने अपने पिता को मार डाला। उसे नहीं पता था कि लायेस उसका पिता है। उसने अनजाने जोकास्ता से शादी भी कर ली, जो थीब्स को अभिशाप से मुक्त करने के बदले मिला इनाम था। उसने अपनी मां से चार संतानें पैदा कीं। इस पाप के कारण थीब्ज में महामारी फैली। वास्तविक स्थिति जानने पर जोकास्ता ने आत्महत्या कर ली और ईडिपस ने अपनी आंखें निकाल लीं। वह जंगलों में भटकता रहा।

इसी तरह एक कथा इलेक्ट्रा की है, जो एगामेम्नन की बेटी थी। उसकी मां क्लाइटीमनेस्ट्रा ने अपने प्रेमी से मिलकर अपने पति की हत्या कर दी और वह बेटे ओरस्टीज को भी मार डालने वाली थी। इलेक्ट्रा के मन में पिता से प्रेम था। वह अपने भाई को बचाती है और उसे मां से पिता की हत्या का बदला लेने के लिए उकसाती है। उसके मन में अपनी मां और उसके प्रेमी के प्रति घृणा पैदा हो गई थी। भाई पहले मां के प्रेमी ईजिस्थस का वध करता है। मां का वध करने में पहले हिचकिचाता है, पर इलेक्ट्रा के उकसाने पर उसका भी वध कर देता है। यह वध धरती के लोगों और देवताओं द्वारा उचित ठहराया जाता है। फ्रायड ने इन दो ग्रीक मिथकों के आधार पर मां के प्रति बेटे के अति आकर्षण इंडिपस मनोग्रंथि और पिता के प्रति बेटी के अति आकर्षण को इलेक्ट्रा मनोग्रंथि कहा। लिबिडो की इस स्थिरता के कारण बेटा मां और बेटी पिता से अधिक प्यार पाना चाहती है जो यौनाकर्षण का एक रूप है। ऐसी मनोग्रंथियां पिता के प्रति बेटे का और मां के प्रति बेटी का द्वेष से पैदा होता है और इससे व्यक्ति की कार्यशक्ति बाधित होती है।

ग्रीक मिथकशास्त्र को प्राचीन विकासशील मानव संस्कृति की महान उपलब्धि माना गया है। अरस्तू के क्लासिकल युग में उसकी नैतिकता पर प्रश्न उठे। प्लेटो ने यहां तक कहा कि मिथक खतरनाक होते हैं। होमर को नकारा गया और कवियों को गणतंत्र से बाहर कर दिया गया। 400 ईसा पूर्व में इयुहेमरस पहली व्यक्ति था, जिसने प्लेटो की धारणा का खंडन किया। उसने मिथकों को रूपक कथाएं कह कर सराहा। उसने ग्रीक मिथकशास्त्र की रूपकात्मक व्याख्या करके यह बताने की कोशिश की कि देवता मनुष्य ही थे, जिन्होंने प्रागैतिहासिक काल में बुराइयों से संघर्ष और अपने महान कार्य की वजह से आत्मिक ऊंचाई हासिल की और देवता मान लिए गए। इसके अलावा, कई ग्रीक नाट्यकारों जैसे ईस्किलस, सोफोक्लीज, यूरोपिडीज जैसे महान नाटककार हुए। सिर्फ दर्शन ही नहीं, नगरोन्नयन, लोकतांत्रिक व्यवस्था, स्थापत्य, चिकित्सा, शिक्षा, संस्कृति आदि क्षेत्रों में भी एथेंस उन्नति के शिखर पर पहुंच गया। यह समृद्धि पांचवीं सदी ईसा पूर्व से पांचवीं सदी तक अर्थात लगभग हजार साल बनी रह गई। इसके बाद रोमन साम्राज्य का पतन होते ही यूरोप का अंधकार काल शुरू होता है।

यूरोपीय रिनेसां के काल में विज्ञान और यथार्थ का विरोधी कह कर ग्रीक मिथकशास्त्र की पुनः भर्त्सना शुरू हुई। इस युग में ग्यांबतिस्ता विको (1668-1744) पहला व्यक्ति था जिसने अपनी पुस्तक 'साएन्जा नुओरा' (द न्यू साइंस) लिखकर उसके महत्व की पहचान की। उसने अठारहवीं सदी में बताया कि मिथक अयथार्थ विवरण नहीं है और न ये रूपकात्मक हैं। ये वस्तुतः उस खास युग में यूरोप की सामूहिक मानसिकता को प्रतिध्वनित करते हैं। उसने ग्रीक मिथकशास्त्र को सांस्कृतिक विज्ञान के नजरिये से देखने पर जोर दिया और कहा कि इससे आरंभिक मानव समाज के धर्म, कानून, नैतिकता और जनजीवन के संबंध में जानकारियां मिलती हैं। पश्चिम के स्वच्छंदतावादियों को विको के विचार पसंद आए, क्योंकि उनके अंदर अति-भौतिकवाद की ओर उन्मुख होती सभ्यता से असंतोष था। विको अति-बुद्धिवाद का विरोध करता था, उसे प्राचीन ग्रीक महाकवियों होमर और हेसियड को ध्यान में रख कर 'काव्यात्मक बुद्धि' ज्यादा जंचती थी।

शंभुनाथ

अधिक जानकारी के लिए :
1. The Greek Myths : Robert Greeves, 1984, **2. The Cambridge Companion to Greek Mythology :** Roger D Woodard, 2007

ग्रीनपीस आंदोलन

ग्रीनपीस एक गैर-सरकारी पर्यावरणीय संगठन है जिसकी स्थापना बीसवीं सदी के सत्तर के दशक में वैंकूवर (कनाडा) में की गई थी। तात्कालिक रूप से यह कुछ अमेरिकी और कनाडाई प्रदर्शनकारियों द्वारा अलास्का में नाभिकीय हथियारों के परीक्षण का विरोध करने के लक्ष्य से बनाया गया था, लेकिन बाद में इसके सरोकार व्यापक रूप से पर्यावरण की सुरक्षा से जुड़ते चले गए। आज चार दशक से भी अधिक समय से कार्य करते हुए

ग्रीनपीस के चालीस से भी अधिक देशों में क्षेत्रीय कार्यालय मौजूद हैं और इसका मुख्यालय 'ग्रीनपीस इंटरनेशनल' एम्सटर्डम में है। ग्रीनपीस के दुनिया

भर में फैले लगभग 2,500 कर्मचारी और लगभग 15,000 स्वयंसेवक हैं। लगभग सभी देशों में फैले समर्थकों के अनुदान से इसका कार्य चलता है। यह वैश्विक तापन, निर्वनीकरण, आनुवंशिक (जेनेटिक) इंजीनियरिंग और नाभिकीय ऊर्जा जैसे पर्यावरणीय मुद्दों पर विशेष फोकस करता है ताकि पृथ्वी पर जीवन और विविधता सुरक्षित रहे। अपने लक्ष्यों को प्राप्त करने केलिए यह प्रत्यक्ष कार्रवाई, लॉबीइंग और अनुसंधान जैसे साधनों का सहारा लेता है। वैश्विक स्तर पर इसने पर्यावरणीय मुद्दों के प्रति जनता में चेतना का व्यापक प्रचार-प्रसार किया है।

स्वयं ग्रीनपीस के मुताबिक इसके लक्ष्य इस प्रकार हैं : जलवायु परिवर्तन केखिलाफ कार्य करना, व्यावसायिक रूप से मछली (खास तौर से व्हेल) मारने को रोकना, ताकि समुद्र और सामुद्रिक भंडार सुरक्षित रहें, दुनिया केबचे हुए पुराने जंगलों की रक्षा करना जिन पर बहुत सारे जीव-जंतु, वनस्पतियां और मनुष्य निर्भर हैं; नाभिकीय हथियारों का खात्मा कर निःशस्त्रीकरण और शांति की दिशा में योगदान देना, विनिर्माण और रासायनिक उद्योगों के वर्तमान दौर में पर्यावरण को खतरनाक और विषैले रसायनों से मुक्त करना तथा धारणीय कृषि का विकास करने के लिए सामाजिक और पारिस्थितिक रूप से जिम्मेदार खेती को बढ़ावा देना।

ओजोन परत के क्षरण को रोकने के लिए ग्रीनपीस पिछली सदी के नब्बे के दशक में संपन्न मांट्रियल प्रोटोकॉल में एक प्रमुख प्रतिभागी रहा और इसने क्लोरो-फ़्लोरो कार्बन से मुक्त एक रेफ्रीजिरेटिंग तकनीक 'ग्रीनफ्रीज' का विकास किया। पृथ्वी की ओजोन परत के संरक्षण में असाधारण योगदान के लिए संयुक्त राष्ट्र पर्यावरण कार्यक्रम ने 1997 में ग्रीनपीस को पुरस्कार भी दिया। ग्रीनपीस उद्योगीकृत देशों से आह्वान करता है कि वे ग्रीनहाउस गैसों के अपने उत्सर्जन में कम से कम चालीस फीसदी की कटौती करें।

अकाल पीड़ित जांबिया में जब अमेरिका ने जीएम (जेनेटिकली मॉडिफ़ाइड, यानी आनुवंशिक रूप से परिष्कृत) खाद्यान्न की आपूर्ति शुरू की थी, तो ग्रीनपीस ने इसका विरोध किया था। इसी प्रकार ग्रीनपीस ने विटामिन ए की प्रचुरता वाले गोल्डेन राइस का यह कहकर विरोध किया कि कुपोषण को दूर करने के लिए हमें ऐसी फसलों पर अधिक ध्यान देने की ज़रूरत है जिनमें विटामिन और अन्य तत्व प्राकृतिक रूप से पाए जाते हों, न कि गोल्डेन राइस जैसी फसलों पर जो आनुवंशिक इंजीनियरिंग द्वारा कृत्रिम रूप से परिष्कृत की गई हैं।

ग्रीनपीस ने निजी और सार्वजनिक दोनों क्षेत्रों पर खासा असर डाला है। अपने लक्ष्यों और काम करने के तरीकों को लेकर यह अक्सर विवादों में भी रहा है और इसकी प्रत्यक्ष कार्रवाइयों के कारण इसके कार्यकर्ताओं के खिलाफ कानूनी कार्रवाइयां भी की गई हैं। 2010 से 2014 के बीच आस्ट्रेलिया और फिलीपींस जैसे कुछ देशों में कई ऐसे मामले आए जहां ग्रीनपीस कार्यकर्ताओं द्वारा जीएम फसलों के परीक्षण के लिए प्रयुक्त हो रहे प्रायोगिक खेतों को नष्ट कर दिया गया। 2011 में दुनिया के कुछ अत्यंत जाने-माने फैशन परिधानों के ब्रांडों के विरुद्ध ग्रीनपीस ने एक चर्चित रिपोर्ट इसलिए जारी की, क्योंकि ये ब्रांड विषैले (टॉक्सिक) कचरों को चीन समेत कुछ अन्य देशों की नदियों में फेंककर जल प्रदूषण फैला रहे थे।

पत्रकारों और विद्वानों के एक वर्ग का आरोप है कि ग्रीनपीस विज्ञान के बजाय राजनीति से प्रेरित होकर काम करता है और इसमें शायद ही कोई ऐसा निदेशक हुआ हो जिसने औपचारिक रूप से विज्ञान पढ़ा-लिखा या जाना-समझा हो। यह भी कहा गया कि जिस नाभिकीय ऊर्जा का ग्रीनपीस इतना विरोध करता है, असल में वह नाभिकीय ऊर्जा वर्तमान समय की मांग है, क्योंकि अब जीवाष्म ईंधन घट रहे हैं और ग्रीनहाउस गैसों के उत्सर्जन के कारण जलवायु पर खतरा बढ़ता ही जा रहा है। कुछ बड़ी बहुराष्ट्रीय कंपनियों द्वारा ग्रीनपीस के खिलाफ कानूनी मुकदमे भी किए गए कि इसने उनकी साख को धक्का पहुंचाकर उनके लाभ को दुष्प्रभावित किया

है। ऐसे आरोप भी लगे कि कुछ विकसित देशों की सरकारों ने कुछ विशाल बहुराष्ट्रीय कंपनियों को इस शर्त पर रियायतें देने का वादा किया कि वे ग्रीनपीस के खिलाफ कानूनी कार्रवाई करें। ग्रीनपीस पर यह आरोप भी है कि इसके कुल फंड का आधा भाग तो इसके संसार भर में फैले कर्मचारियों के वेतन और अन्य संरचनाओं में ही खर्च हो जाता है।

भारत में ग्रीनपीस की शुरुआत 2001 में हुई है। भारतीय कानून के अंतर्गत यह एक पंजीकृत संस्था है और दिल्ली, मुंबई, बेंगलुरु, पटना, कोलकाता, पुणे, हैदराबाद और चेन्नई में कार्यालय हैं। भारत में लगभग 17 करोड़ रुपए अनुदान के रूप में प्राप्त होते हैं। ग्रीनपीस पर्यावरण संबंधी अभियान चलाता रहता है। हमारे देश में इसका कार्य चार बड़े अभियानों पर केंद्रित है : जलवायु परिवर्तन को रोकना, टिकाऊ कृषि, महासागरों की रक्षा और नाभिकीय मुद्दे। वर्षों से काम करते हुए भारत में ग्रीनपीस ने देशव्यापी समर्थक पैदा कर अपना आधार मजबूत किया है। लेकिन 2014 में मोदी सरकार के सत्ता में आने के बाद से ग्रीनपीस आंदोलन के सामने कई तरह की मुश्किलें पैदा हुई हैं। ग्रीनपीस से जुड़ी प्रिया पिल्लई को विदेश यात्रा से रोका गया। उन पर यह भी आरोप लगाया गया कि वह विदेशी मुद्रा संबंधी कानूनों का उल्लंघन करती है। इसके आधार पर सरकार ने उनके बैंक खातों को प्रतिबंधित कर दिया था। कोर्ट के आदेश से ही यह प्रतिबंध हटा। ग्रीनपीस की गतिविधियों को विकास के मार्ग में अवरोध की तरह देखा जाता है जबकि बहुतों की दृष्टि में यह पर्यावरण की रक्षा का एक गैर-राजनीतिक आंदोलन है।

प्रांजल धर

अधिक जानकारी के लिए :

1. **Environmental Activism : An World Civic Politics :** Paul Wapner, 2. **Environment Ethics and the Corporation :** Grant Ledger wood & Ariene Idol Broadhurst, 2000, 3. **Ideas and Actions in the Green Movement :** Brain Dohesy, 2002

ग्लोबल खुला समाज

भूमंडलीकरण (Globlization) का अर्थ सूचना तथा संप्रेषण प्रौद्योगिकी तथा आवागमन के साधनों में आई क्रांति से विश्व की अर्थव्यवस्था का एकीकरण (इंट्रीगेशन) है। हमारे लिए उसकी प्रक्रियाओं, विचारधारा तथा मानसिकता को समझना जरूरी है। 2000 में इंटरनेशनल मॉनेटरी फंड (आईएमएफ) ने इसके चार मुख्य पहलुओं की चर्चा की : व्यापार और लेनदेन, पूंजी और निवेश, प्रवासन तथा लोगों का आवागमन तथा ज्ञान का विस्तरण। इससे आए परिवर्तनों पर चिंतकों तथा

समाज विज्ञानियों ने गहन विचार किया है। वर्ष 1945 में कार्ल पॉप्पर ने दो खंडों में अपनी पुस्तक 'दी ओपेन सोसाइटी एंड इट्स इनेमिज' प्रकाशित की, तब से ही 'खुला समाज' पर बहस चालू है। भूमंडलीकरण के दौर में भूमंडलीय खुला समाज की अवधारणा को लेकर बहस चल रही है। इस बहस को आगे बढ़ाने में जॉर्ज सोरोस का बड़ा हाथ है। उन्होंने अनेक लेख लिखे हैं और इस अवधारणा को आगे बढ़ाने के लिए संस्थागत दृष्टि से सक्रिय हैं। महशूर वित्तपति जॉर्ज सोरोस कार्ल पॉप्पर के कर्मठ अनुयायी हैं।

सोरोस का मानना है कि आज हम एक भूमंडलीय अर्थव्यवस्था में रह रहे हैं, जिसके अंतर्गत न केवल वस्तुओं और सेवाओं की एक जगह से दूसरी जगह या यूं कहें कि एक देश से दूसरे देश में निर्बाध आवागमन जारी है; साथ ही

विचारों और पूंजी के आवागमन के मार्ग में भी कोई रुकावट नहीं है।

ग्लोबल खुला समाज एक नई अवधारणा है। इसमें निहित है कि दुनिया में बंदिशें और पाबंदियां रही हैं, जिन्हें ग्लोबल समाज अब खत्म कर रहा है। इन पाबंदियों और बंदिशों के राजनीतिक आयाम भी रहे हैं। 1991 में सोवियत संघ के विघटन की प्रक्रिया पूरी होने के बाद दुनिया में समाजवादी विचारधारा की छत्रछाया की स्थिति समाप्त हो गई। सोवियत संघ के अंतिम राष्ट्रपति मिखाइल गोर्बाच्योव ने ग्लास्नोस्त और पेरेस्त्रोइका का नारा दिया था। रूसी भाषा के शब्द ग्लास्नोस्त का अर्थ खुलापन और पेरेस्त्रोइका का अर्थ आर्थिक ढांचे का पुनर्गठन है। भूमंडलीकरण की परियोजना ने 'खुलापन' और 'पुनर्गठन' के संदर्भों को पूरी तरह बदल दिया। दुनिया में ग्लोबल खुला समाज की अवधारणा एक नई जमीन पर सूत्रबद्ध हुई।

भूमंडलीकरण ने राष्ट्रों के बीच दुनिया के बंटे होने के बावजूद एक ऐसी ग्लोबल व्यवस्था बनाने की योजना तैयार की, जिसमें देशों एवं राष्ट्रों की सीमाओं का प्रभाव न हो। इनकी सीमाएं सैन्य स्तर तक सीमित रह जाएं। इससे पूंजीवाद को स्वीकार करने के साथ दुनिया भर में बड़ी पूंजी और वर्चस्ववाली संस्कृतियों की आवाजाही तेज हुई। संचार क्रांति ने इस गति को तेज करने में अहम भूमिका अदा की।

दुनिया में अब एक ऐसा समाज तैयार हो चुका है, जहां व्यापार की खुली छूट है। एक से दूसरे देश में व्यापार, संस्कृति और सूचनाओं की अबाध आवाजाही हो रही है। इस मायने में लोग खुलापन महसूस करने लगे हैं। नई व्यवस्था में राष्ट्र की सरकारों का हस्तक्षेप न्यूनतम है, बल्कि एक बाधा के रूप में इसकी पहचान की गई है। इस अवधारणा की व्यावहारिक अभिव्यक्ति यह है कि साधनों से लैस समाज ही खुलेपन की भावना को महसूस कर सकता है।

ग्लोबल खुले समाज की संकल्पना वैश्वीकरण की नीतियों के लागू किए जाने के बाद बनने वाले समाज के रूप में की जाती है। उपनिवेशवाद का दौर गुजर जाने के बाद औद्योगिक उत्पादन में वर्चस्व रखने वाले देशों के सामने विपुल मात्रा में उत्पादित माल के लिए नए बाजारों की तलाश का संकट दिखता रहा है। उपनिवेशवाद से उबरे राष्ट्रों में शासन, समाज, राजनीति, अर्थव्यवस्था और संस्कृति के क्षेत्रों में स्वायत्तता की स्थिति महसूस की जाने लगी थी। इसे खंडित कर वित्तीय पूंजी की निर्बाध आवाजाही कायम करने के लिए वैश्वीकरण की व्यवस्था की गई। इसके परिणामस्वरूप ग्लोबल खुला समाज अस्तित्व में आया। उदारीकरण से आशय उस अर्थव्यवस्था में उदारता की स्थिति लाना है, जिसमें बंदिशें और पाबंदियां रहीं, अर्थात नियमों और कानूनों के साथ राजनीतिक दर्शन में ढील देना, बड़ी वित्तीय पूंजीवाली बहुराष्ट्रीय कंपनियों को घरेलू क्षेत्र में व्यापारिक और उत्पादन इकाइयां लगाने के लिए प्रोत्साहित करना। इस अवधारणा में सार्वजनिक क्षेत्रों के विघटन और निजीकरण के रास्ते को खुलेपन का पर्याय माना जाता है। इसी शैली में आम समाज भी मुक्त अर्थव्यवस्था, निजीकरण और नियमों, कानूनों और राजनीतिक दर्शन में ढील की रोशनी में ग्लोबल खुले समाज में रूपांतरित होने लगा।

बाजार ने समाज को उपभोक्तावादी समाज में तब्दील कर दिया। व्यक्ति, परिवार, धर्म, राष्ट्र और मानवीय संबंध की जमीन पर जवाबदेहियों से मुक्त हो उठा। समाज के नियम-कायदे ढीले पड़ने लगे, परंपराएं टूटने लगीं और एक मुक्त परिवेश बनना शुरू हुआ। अब मनुष्य, वर्ग, आम लोग, नागरिक जैसी अवधारणा कमजोर होती गईं। इंटरनेट, टेलीविजन जैसे शक्तिशाली माध्य के सहारे ग्लोबल हो रहे समाज के सामने बाजार ने मनुष्य की आवश्यकताओं को नए तरीके से पारिभाषित किया।

वैश्वीकरण का प्रभाव विकसित और विकासशील देशों के समाज में अलग-अलग तरीके से देखा गया। इसलिए ग्लोबल खुले समाज का अर्थ विकसित और विकासशील में विकसित, विकासशील और विकासहीन समूहों और समुदायों के संदर्भ में अलग-अलग दिखाई देता है।

द्वितीय विश्वयुद्ध के बाद से ही वित्तीय बाजारों का

भूमंडलीकरण तेजी से आगे बढ़ा, जिससे विनिमय दरों, ब्याज की दरों और स्टॉक एक्सचेंजों में शेयरों और बांडों की कीमतें परस्पर जुड़ने लगीं। परिणामस्वरूप वित्तीय बाजारों के चरित्र में बदलाव आना आरंभ हो गया।

वैश्वीकरण का दुनिया के विभिन्न भागों के श्रम विभाजन पर असर पड़ा। एक देश में होने वाले अभिनव परिवर्तनों ने दूसरे देशों को भी प्रभावित करना आरंभ कर दिया। पूंजी और लोग पहले की अपेक्षा अधिक आसानी से एक देश से दूसरे देश में आने-जाने लगे। कहना न होगा कि श्रम की अपेक्षा पूंजी कहीं अधिक तेजी और बिना किसी खास रुकावट के आने-जाने लगी; साथ ही हमारे भूमंडलीय समाज में रिवाजों, परंपराओं और धार्मिक भिन्नताओं के बावजूद नवीनतम विचारों का आवागमन होने लगा। वस्तुओं, सेवाओं, पूंजी और श्रम के अलावा नए विचारों का प्रवाह जोर पकड़ने लगा।

जहां तक खुले समाज का प्रश्न है, उसमें जनतंत्र का दबदबा निरंतर बढ़ता गया है। न्याय, कानून का शासन, अल्पसंख्यकों का मानव अधिकारों, सत्ता का विकेंद्रीकरण और बाजार अर्थव्यवस्था का दबदबा बढ़ता गया है। फिर भी बहुत-से लोग इसे स्वीकार नहीं करते हैं। आने वाले दिनों में भूमंडलीय खुले समाज को ज्यादा से ज्यादा लोग अंगीकार कर सकते हैं।

गिरीश मिश्र, अनिल चमड़िया

अधिक जानकारी के लिए :

1. **Bound Together : How Traders, Preachers to Warrior and Adventuress Shaped Globlization** : Nayan Chanda, 2007, 2. **Secking Social Justice Through Globalization** : Gavin Uniching, 2001, 3. **Development as Freedom** : Amartya Sen, 1999

ग्लोबल युवा

शिक्षा, व्यापार, खेल और मनोरंजन के संसार में राष्ट्रीय सीमा का महत्व नहीं रह जाने से दुनिया के युवाओं का एक ग्लोबल मानस बन रहा है। दुनिया के युवा विभिन्न स्तरों पर फोरम बनाकर न सिर्फ इंटरनेट पर ज्यादा से ज्यादा जुड़ते जा रहे हैं, बल्कि ऐसे युवाओं को अब दुनिया के किसी देश में शिक्षा, व्यापार या रोजगार के लिए जाने में दिक्कत नहीं है। अब उनके दिमाग में 'राष्ट्र' की जगह 'विश्व' लेता जा रहा था। स्वाभाविक है कि वे अपनी मातृभाषा खोते हुए अब अंग्रेजी को अपनी जीवन भाषा बना रहे हैं। वे भीड़ भरे और राजनीतिक शोर से गूंजते धीमे शहरों की जगह स्मार्ट सिटी पसंद करते हैं।

वैश्वीकरण के युग में इन्हें ही प्यार से 'परिवर्तन का हिरावल दस्ता' या 'बदलाव के सिपाही' कहा जाता है। ग्लोबल युवा (Global Youth) 1960-80 के दशक की तरह व्यवस्था से विद्रोह करने वाले नहीं, व्यवस्था का संचालन-पोषण करने वाले युवा हैं। अब उनके पास नई सूझ-बूझ और सत्ता है। उनका व्यापक असर आम मध्यवर्गीय युवाओं पर है, वे इनके लिए रोल मॉडल हैं।

युवा आज की दुनिया को बदल रहे हैं या आज की दुनिया युवा को बदल रही है? संभव है, दोनों बातें सच हों। दुनिया भर में ऐसे युवा देखे जा सकते हैं जो एक जैसा खा-पी रहे हैं, एक जैसा नाच-गा रहे हैं, एक जैसा पहन-घूम रहे हैं। वे भले भिन्न ढंग के रोजगार में हों, 'हमजात युवा'-से हैं। उनकी शक्ल-सूरत, आदतें और जीवन शैली एक ही सभ्यता द्वारा ढाली गई हैं, जो कारपोरेट घरानों की हैं। इस सभ्यता ने युवाओं के लिए 'संबंधों' की जगह 'अवसरों' को प्रधान बना दिया है। माता-पिता

भी चाहते हैं कि उनके बच्चे उनकी जैसी जिंदगी से बंधे न रहकर आसमान की ऊंचाइयां छुएं। उनकी जिंदगी भिन्न, आकाश-सी खुली हो।

दुनिया का हर आधुनिक शहर रोजी-रोजगार के लिए आए प्रवासी लोगों से बना है। एक अर्थशास्त्री स्टीवेन शेपर्ड ने अनुमान लगाया है, 'विकासशील देशों के शहरों का कुल निर्मित इलाका वर्तमान में दो लाख वर्ग किलोमीटर है, वह 2030 तक आबादी बढ़ने के कारण 6 लाख वर्ग किलोमीटर हो जाएगा।' (अर्बन रेवोल्यूशन, जेब ब्रुगमॉन)। यह शहर क्रांति है जो युवाओं की देन है। स्मार्ट शहरों में दुनिया भर के युवा प्रवासी हैं, जो विभिन्न देशों से आ रहे हैं। उनके लिए 'स्थान' से ज्यादा 'समय' महत्वपूर्ण है। ग्लोबल युवाओं के दिमाग से 'स्थान का आयाम' गायब है, क्योंकि 'ऑनलाइन' सब कुछ है। वे ऐसे प्रवासी हैं जो लौटने की जगह सदा के लिए खो देते हैं, भले अंततः सिर्फ दो प्राणी ही साथ रह जाएं या कई बार वे अकेले हों। संभव है वे दुनिया के शहर बदलते, तेज गति से भागते हुए अपने पास भी ठीक से टिक न पाएं।

भारत ने 2022 तक 50 करोड़ युवाओं को प्रशिक्षण देने की योजना तैयार की है। इसका अर्थ है परंपरागत शिक्षा की जगह उनमें तकनीकी दक्षता पैदा करना ताकि वे वैश्विक प्रतिस्पर्धा में जगह बना सकें और सुयोग्य लोगों की घरेलू जरूरतों को बेहतर ढंग से पूरा कर सकें। आज जब कृषि क्षेत्र की जगह औद्योगिक उत्पादन और विभिन्न सेवा क्षेत्रों का नई अर्थव्यवस्था की वजह से विस्तार हुआ है और देश एक संक्रमण काल में है, युवाओं को वैश्विक स्तर पर कुशल बनाने का फैसला महत्वपूर्ण है। फिर भी उनमें से कुछ ही युवा विदेशों के प्रतिष्ठित विश्वविद्यालयों में जा पाएंगे और अधिकांश विदेशी विश्वविद्यालयों से संपर्कित स्थानीय शैक्षणिक प्रतिष्ठानों में शिक्षा और कौशल अर्जित करेंगे। नए शैक्षिक कार्यक्रमों में इंजीनियरिंग, मेडिसिन और वैज्ञानिक-तकनीकी विषयों के अलावा शहरी शिक्षा, सार्वजनिक नीति, सामाजिक कार्य, बिजनेस एंड इंटरप्रेन्योरशिप, विदेश सेवा, सुरक्षा अध्ययन, वैश्विक सुशासन, डिजिटल कूट नीति, संगठनात्मक आचरण, वैश्विक ऊर्जा रुझान, भरोसा जीतने की कला तथा ऐसी ही कई प्रकार की व्यावहारिक शिक्षण और प्रशिक्षण योजनाएं हैं। ये उन्हें सुयोग्य बनाकर ढांचागत विकास, सांगठनिक कुशलता और मानव संसाधन विकास जैसे क्षेत्रों के कार्यक्रम से जुड़ने का मौका देंगी। नए शैक्षिक कार्यक्रम सिर्फ उपाधियां बांटने का काम नहीं करते, बल्कि ये शिक्षार्थियों में खुद के बारे में बेहतर ढंग से सोचने की क्षमता पैदा करते हैं।

ग्लोबल युवा अपनी दक्षता की वजह से कहीं स्थायी रोजगार में न होने के बावजूद अपनी जिंदगी में कभी अनिश्चितता का अनुभव नहीं करते। वे ऊंचे वेतन के साथ यह भी देखते हैं कि उन्हें कम चुनौती भरे काम या कम काम तो नहीं सौंपे जा रहे हैं, क्योंकि इस वजह से उन्हें बेहतर मौकों के लिए कुछ नया सीखने को नहीं मिलेगा। आम युवा ज्यादा और चुनौती भरे काम पसंद नहीं करते। वे स्थायी सरकारी नौकरी के बाद काम करना बिल्कुल नहीं चाहते। इसके विपरीत वैश्विक दक्षता पाए ग्लोबल युवा ज्यादा काम या चुनौती भरे काम न मिलने पर बेहतर अनुभव और लंबी छलांग के लिए ऐसी दूसरी कंपनियों में चले जाते हैं जहां उन्हें कुछ नया सीखने को मिलता है।

माना जाता है कि ग्लोबल व्यवस्था में 2025 तक 25 फीसदी कामकाजी युवा आबादी भारत की होगी। यह देश एक बड़ी शक्ति बनने की ओर अग्रसर है। इसलिए युवाओं को हर संभव क्षेत्र में प्रशिक्षित करना जरूरी होता जाएगा, ताकि उनकी क्षमताओं का पूरा लाभ उठाया जा सके। नई अर्थव्यवस्था युवाओं से तकनीकी कुशलता ही नहीं, एक नई मानसिकता (माइंड सेट) की भी मांग करती है ताकि वे विभिन्न संस्कृतियों और पृष्ठभूमियों के व्यक्तियों से सहज संवाद कर सकें और पेशागत लक्ष्यों को पूरा करने के लिए विभिन्न इलाकों में सहजता से आवाजाही कर सकें। परंपरागत शिक्षा से प्रशिक्षण के एकदम भिन्न माहौल में आने पर अक्सर विभिन्न देशों, धर्मों, जातियों और संस्कृतियों के नौजवान एक-

दूसरे से मिलते हैं। उनके संपर्क, संवाद और नेटवर्क का दायरा बढ़ता है, जिससे स्वयमेव रूढ़ियों और वर्जनाओं से मुक्त एक नए समाज का विस्तार होता है। हालांकि उन्हें इसकी भी व्यावहारिक शिक्षा दी जाती है कि वे जिस पृष्ठभूमि से आए हैं, उससे भी कैसे अपने को जोड़े रखें, इसके बावजूद नए माहौल में प्रधानता एक ग्लोबल संस्कृति की होती जाती है, जिसमें सभी मूल्य उपयोगिता के आधार पर बनते हैं।

ग्लोबल स्तर पर दक्ष होने के लिए युवाओं को दिया जाने वाला प्रशिक्षण भविष्य में उनकी भारी पेशेवर सफलता की गुंजाइश बढ़ा देता है। उनमें नई विश्व अर्थव्यवस्था को सकारात्मक दृष्टि से देखने की दृष्टि में मजबूती आती है। वे शिक्षा के दौरान ही साथी सहपाठियों का एक बड़ा नेटवर्क पा जाते हैं। उनका एक भिन्न समाज बन जाता है। बाकी लोगों को वे सिर्फ इस निगाह से देखते हैं कि वे उनकी सेवाओं के खरीददार हैं या नहीं। वे देखते हैं कि कैसे नई अर्थव्यवस्था के अवसरों और तकनीकी के बल पर दुनिया की भौतिक-प्राकृतिक संपदा का अधिकतम दोहन कर सकते हैं।

भारत एक ऐसा देश है जिसका अब एक हिस्सा विकसित, दूसरा हिस्सा विकासशील और तीसरा हिस्सा बेहद पिछड़ा कहा जाता है। अब विकसित, विकासशील और पिछड़ा का विभाजन दुनिया के देशों के स्तर पर ही नहीं है, बल्कि अब यह हर देश की अपनी ही आंतरिक अर्थव्यवस्था में बुरे ढंग से उपस्थित है। इसलिए भारत में ग्लोबल युवा के साथ-साथ विभिन्न बौद्धिक-सांस्कृतिक स्तरों पर भारी संख्या में लोकल युवा हैं, जिनकी पहुंच विभिन्न वजहों से वैश्विक दक्षता देने वाले भारी पूंजी के शिक्षा केंद्रों में नहीं हो सकती। इसलिए माना जाता है कि इतनी विभिन्नता वाले देश में कुछ खास ढंग के कौशलों से ही काम नहीं चल सकता, कौशल बढ़ाने का सुयोग विभिन्न स्तरों पर देना होगा।

शंभुनाथ

अधिक जानकारी के लिए :
Globalization and Youth : Vanessa, Joao Costa and Max, 2007

ग्लोबल शहर

शहर सैकड़ों साल से व्यावसायिक और भौतिक प्रगति के केंद्र के रूप में देखे जाते रहे हैं। ये चिंतन और वैचारिक आंदोलनों के केंद्र रहे हैं। यहां स्वाधीनता और समानता की आवाजें उठी हैं। शहरों में कलाओं तथा साहित्य ने भी प्रगति की। ग्लोबल शहर (Global City) की पहचान अब भिन्नता लिए हुए है, यह स्मार्ट सिटी है। यहां विरासत के चिह्न, आंदोलन के दृश्य, मेले-उत्सव वगैरह नहीं होते। सस्किया सासेन ने भूमंडलीय शहरों के संबंध में लिखा है, 'ग्लोबल शहरों पर नजर डालने से पता चलता है कि अब यहां संगठित श्रमजीवी वर्ग का कोई चिह्न नहीं है और न अब पहले जैसे पूंजीपति हैं जो आत्मप्रतिनिधित्व का मौका पाते थे, सांस्कृतिक गतिविधियों में लगे रहते थे और सामाजिक तौर पर अपनी सत्ता प्रदर्शित करते थे। ग्लोबल शहर बड़े भ्रामक होते हैं–निजताओं में सीमित, डिजिटल और बहुत गतिशील।' (द ग्लोबल सिटी : न्यूयार्क, लंदन, तोक्यो, 2001) दुनिया सूचना क्रांतियों के कारण बदलती जा रही है और पुराने महानगरों तक रुकी हुई नहीं है। इसलिए पुराने महानगरों के करीब ऐसे शहर बन रहे हैं जहां साधारण लोग नहीं दिखते। आम शहरों की तरह यहां न पैदल चहल-पहल होती है और न इसका अपना कोई स्थानीय कला-सांस्कृतिक चरित्र है।

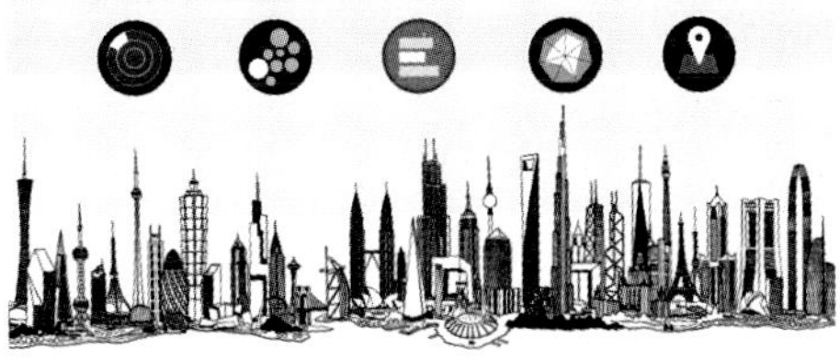

ग्लोबल शहर दुनिया भर में एक ही तरह के रूप और गतिविधियों वाले हैं–पुराने से भिन्न ऊंचे नई आकृति वाले भवन, चौड़ी सड़कें, खुली जगह और जनरवहीन। यहां पहुंचने पर लग सकता है कि जैसे हम अपने देश के बाहर हों। हर तरफ दौड़ती

गाड़ियां और तीव्र यातायात व्यवस्था। ऐसे शहर में कारपोरेट मुख्यालय, काल सेंटर, सुपरमॉल, सुंदर आवासीय परिसर, और वैश्विक-आर्थिक रणनीतिकारों के जमावड़े, अंतरराष्ट्रीय घटनाएं जैसी चीजें होती हैं जो वैश्विक वित्तीय गतिशीलता की देन हैं। यहां लोग अड्डा मारते नहीं दिख सकते और न बागीचे में प्रेम करते। सभी व्यस्त होते हैं। कहीं भी लोग ठहाके लगाते नजर नहीं आते।

ग्लोबल शहरों में बड़े दफ्तरों के अलावा कैफे, बुटीक, नाइट क्लब और बड़े होटल होते हैं, जिनके आसपास बस्तियों या पुराने मकानों का नामोनिशान नहीं होता। इको पार्क नजर आते हैं। आइलैंड पर सुंदर कलाकृतियां नजर आती हैं। ऐसे शहरों में प्रवासी भारतीयों को लक्ष्य में रखकर बने विलासितापूर्ण आवासीय परिसर होते हैं। दुनिया के ऊंचे अमीर लोग ऐसी जगहों की खोज में होते हैं, जहां वे सुरक्षित रूप से अपनी कमाई रीयल इस्टेट के व्यवसाय में लगा सकें। ग्लोबल शहर इसका मौका देता है।

भारत में ग्लोबल शहरों का उदय और पुराने महानगरों को स्मार्ट, सुंदरताओं से भरपूर तथा गतिशील बनाने की कोशिश—एक साथ दोनों घटनाएं लक्षित की जा सकती हैं। यह भी अनुभव किया जा रहा है कि बड़े शहरों में रहने के लिए खर्च बढ़ गए होते हैं। भोजन, कपड़े, यातायात और फ्लैट महंगे होते हैं। ग्लोबल शहर के भवनों में खाली पड़े हिस्से कम नहीं हैं। सबसे ज्यादा चिंताजनक यह है कि नए शहर में विचार के लिए जगह नहीं है और अब सब कुछ आर्थिक गतिविधियां हैं। भारत में नए राज्यों के गठन के बाद राजधानियों के रूप में नए शहर बने या पुराने शहरों का ग्लोबल शहर का अनुसरण करते हुए नव-नगरीकरण हुआ। झारखंड बनने के बाद रांची, उत्तराखंड बनने के साथ देहरादून, छत्तीसगढ़ बनने पर रायपुर का उदाहरण है। छत्तीसगढ़ की नई राजधानी अब नया रायपुर या अमरावती है। तेलंगाना की नई राजधानी है। गुजरात में अहमदाबाद के नजदीक गांधीनगर खड़ा हुआ और फैलता गया। नई राजधानियां अब बड़े और खुले क्षेत्र में चौड़ी सड़कों, ऊंचे नई विदेशीय आकृतियों के भवनों, सचिवालयों, सरकारी दफ्तरों, बिजनेस हबों, बड़े मॉल, पार्क, विलासितापूर्ण आवासीय परिसरों आदि के साथ दूसरी जगहों से धन खींच कर कल्पनातीत खर्च करके बन रही हैं। नए ढंग के सुख-सुविधाएं देकर शासन-व्यवस्था में कोई बड़ा फर्क आ जाता हो, ऐसे अनुभव सामने नहीं आए। नए ग्लोबल शहरों की रफ्तार और चमक-दमक देखकर सुखद विस्मय का बोध हो सकता है, पर इसके पीछे किए गए खर्च और उजाड़ को देखकर चिंताएं व्यक्त की गई है।

नगरीकरण के नए दौर में विस्थापन और पेड़ों की कटाई को दुनिया भर में चिंता के विषय के रूप में देखा गया है। कई गांव खाली हो जाते हैं। बड़े पैमाने पर कृषक या आदिवासियों को विकास के लिए अपनी भूमि छोड़नी पड़ती है। सुंदरीकरण की योजनाओं ने पुराने महानगरों में बस्तियों को अपने निशाने पर लिया है। गृहविहीन लोगों के सोने की जगहें खत्म हुई हैं। जलाशय खो या सिकुड़ गए हैं। ऐसी सारी घटनाएं विकास को समावेशी की जगह इकहरा बनाती हैं। ग्लोबल शहर में संपन्न लोगों की सुविधाओं की चिंता ही ज्यादा होती हैं।

शंभुनाथ

अधिक जानकारी के लिए :
1. **The New Blackwell Companion to the City** : (Ed.) Gary Bridge and Sophie Watson, 2011, 2. **The Global City : New York, London, Tokyo** : Saskia Sassan 2001, 3. **Spaces of Global Cultures : Architecture, Urbanism, Identity** : Anthony D King, 2004, 4. **Justice, Nature and Geography of Difference** : David Harvey, 1996, 5. **Inside the Transforming Urban Asia : Processes, Policies and Public Actions** : (Ed.) Darshani Mahadevia, 2008

॥ घ ॥

घटना विन्यास

आख्यान के भीतर प्रायः घटनाओं की मौजूदगी होती है। अपने नियत स्थान पर विशेष भूमिका निभाती घटना इसलिए ध्यान खींचती है कि उसका एक सिरा विकसित हो रहे आख्यान से जुड़ा होता है, और दूसरा सिरा पात्रों या चरित्रों के व्यवहार को इंगित करता है। साथ ही, क्योंकि आख्यान में संगति होती है, घटनाएं अपने निश्चित स्थान पर ही अर्थ को विस्तार एवं संकेंद्रण या फोकस प्रदान करती हैं। अपने स्थान से घटनाएं हटीं नहीं कि वे संगति को हानि पहुंचाने लगती हैं और आख्यान के चरित्र को बाधित करती हैं। दूसरी तरफ, संगति के भीतर सक्रिय रहकर घटनाएं आख्यान के संदेश को प्रभाव और गहराई प्रदान करती हैं।

लेकिन घटना विन्यास में बने-बनाए ढांचे पर बल रहता है। यही कारण है कि उसे प्रकृतवाद की सीमाओं से ग्रस्त भी कहा जा सकता है। विन्यास में यह अर्थ निहित है कि वह लेखक द्वारा तैयार किया गया क्रम या तानाबाना है। चूंकि उसमें लेखकीय समग्रता और योजना का ही मुख्य प्रभाव है, इसलिए वह पहले से निर्धारित और निश्चित फैसले की आकृति है। इसे मानें तो यह भी स्वीकार करना होगा कि ऐसा निर्धारण अनुशासन पर अधिक विश्वास करता है और रचनाशीलता को पनपने का मौका कम देता है।

कई बार घटना विन्यास में लेखक का आग्रह अनुभव को वैचारिक बंधन से जकड़ लेता है, इसी से प्रकृतवादी नजरिया अपनी ताकत ग्रहण करता है। एम एच अबरैंस ने इस पक्ष पर विचार करते हुए कहा है, 'प्रकृतवाद विशेष सामग्री के विशेष चुनाव को तरजीह देता है और उसकी मदद से वह संप्रेषण के विशेष तरीके का आविष्कार करता है।' (ए ग्लोसरी ऑफ लिटरेरी टर्म्स)। हम अपनी तरफ से इस संदर्भ में सोचें तो पाएंगे कि घटना विन्यास एक विशेष तरीका है, जिसके इस्तेमाल से लेखक यथार्थ को पकड़ता है। विन्यास के लिए जब क्रम और संगति जैसे शब्दों को चुना जाता है तो इसकी वजह यह है कि यहां घटनाओं के बीच का संबंध प्रमुख माना गया है।

घटना विन्यास पर दिया जाने वाला बल रूपवाद को भी बढ़ावा देता है, बल्कि वह रूपवाद के नियमों से ही परिचालित है। एबरैंस इसे उत्तर-डार्विनवादी प्राणी विज्ञान से जोड़ते हैं (वही)। इसके अनुसार घटना वह वस्तु है जो पहले ही घट चुकी है, इस कारण उसका विश्लेषण और आकलन संभव है। साथ ही हर घटना का एक विकास क्रम और इतिहास भी होता है।

उन्नीसवीं सदी में वैज्ञानिकता के विकास ने अकस्मात इंद्रियजनित बोध को प्रधानता दी, जिससे सीख लेकर रचनाकारों ने भी कल्पना पर लगाम लगाना जरूरी समझा और केवल उस परिघटना को प्रस्तुत करने का बीड़ा उठाया जो दिखाई या सुनाई देती थी, या स्पष्ट रूप से महसूस होती थी। घटना विन्यास के विपरीत एक सामाजिक अनुभव वह है जो एक मनुष्य को न सिर्फ अपने निकट के मनुष्य से जोड़ता है, बल्कि उन तमाम लोगों के पास भी खड़ा करता है जिनका अस्तित्व उससे पहले था। यह उन अन्यों से भी जोड़ता है जो भविष्य में उत्पन्न होंगे। घटना विन्यास की रूपवादी सीमा असल में मनुष्य व्यवहार की स्वतंत्रता और संभावना में बाधक सिद्ध होती है। यह मनुष्य को बतलाती है कि किसी स्थिति के बीच लिए गए निर्णय का बंधन असल में मनुष्य की नियति है। यह दृष्टि सामाजिक क्रिया और व्यवहार को अपने समय का गणित स्वीकारने के लिए विवश करती है। जहां घटना विन्यास का महत्व इस चीज में है कि वह लेखक-पाठक को अपने वर्तमान के रूबरू खड़ा करता है, वहीं दोष यह है कि रचनाकार इसे अपना कर अपनी आंतरिक अर्थवत्ता और ऊर्जा से अलग हो जाता है।

आनंद प्रकाश

अधिक जानकारी के लिए :

A Glossary of Literary Terms : M H Abrams, 1957

घटोत्कच

घटोत्कच भीम की एक पत्नी हिडिंबा से उत्पन्न पुत्र है। (महाभारत, आदि पर्व)। उसका सिर घड़े के समान था, जन्म के समय उसके सिर पर बाल नहीं थे। इन विशेषताओं के कारण उसका नाम घटोत्कच पड़ा। वह महाभारत युद्ध में एक बड़ी

घटोत्कच

भूमिका निभाता है। घटोत्कच और हिडिंबा वैवाहिक समझौता पूरा होने के बाद पांडवों से अलग हो गए थे। महाभारत के अनुसार, युद्ध के दौरान कुंती ने घटोत्कच से कहा था, 'तुम पांडवों के सबसे बड़े पुत्र हो। तुम्हें इन्हें समर्थन देना है।' अतः वह पांडवों के पक्ष से लड़ा, उसने कौरव पक्ष के कई वीरों को धराशायी कर दिया। वह जब अपनी प्रचंड शक्ति से कौरव पक्ष पर साक्षात मृत्यु बन कर टूट पड़ा, तब कर्ण को दुर्योधन के कहने पर मुकाबले के लिए आना पड़ा। घटोत्कच ने कर्ण जैसे महावीर से युद्ध किया। घटोत्कच की संहार शक्ति को देखकर दुर्योधन के जोर देने पर कर्ण को अपने उस दिव्य अस्त्र वैजयंती शक्ति (एकाघ्नि) का प्रयोग करना पड़ा, जो उसने अर्जुन को मारने के लिए रख छोड़ा था (द्रोण पर्व)। घटोत्कच का महाभारत युद्ध में इस्तेमाल हुआ और यहीं से यह युद्ध पांडवों के पक्ष में घूम गया।

संजय जायसवाल

अधिक जानकारी के लिए :
Pauranic Encyclopedia : Vettam Mani

घासी दास
(1756-1836)

तत्कालीन मध्य प्रदेश के रायपुर जिले (अब छत्तीसगढ़) के गिरोढा गांव में जन्मे घासी दास ने सतनाम संप्रदाय को मध्य प्रदेश में प्रतिष्ठित किया। उनसे पहले उत्तर भारत में जगजीवन दास ने इस प्रकार का मत चलाया था। मुगलों के खिलाफ 1672 का सतनामी विद्रोह इतिहास प्रसिद्ध है।

घासी दास चर्मकार जाति के थे। वह बचपन से अपनी जाति-बिरादरी के साथ बरते जाने वाले व्यवहार से खिन्न रहा करते थे। एक दिन एक बड़ी मछली द्वारा छोटी मछली को अपना आहार बनाते हुए देखकर उनके मन में समाज से वैराग्य जाग गया। वे समाज को जागरूक करने और सही दिशा देने के लिए प्रयत्नशील हो उठे। मां-बाप ने डर कर उनका विवाह करा दिया। विवाह से भी उनकी विरक्ति कम न हुई। वह 1820 के आस-पास अपने भाई को साथ लेकर पुरी की यात्रा पर निकले। रास्ते में

घासी दास

उन्हें ज्ञान की प्राप्ति हुई, जिसे सतनाम (सत्यनाम) कहकर वह वापस घर आ गए। घर आ कर संन्यास ग्रहण किया और जंगल में छह महीने की कठोर तपस्या करके 'सतनाम' अपनाने का उपदेश देते हुए भंडारपुरी को अपनी कर्मस्थली बनाया। यहीं से थोड़ी दूरी पर ऐतिहासिक तैलसी ग्राम में पहली बार सतनाम धर्म की दीक्षा की शुरुआत की। फिर तो दुर्ग, दांतेवाड़ा, रायपुर, बिलासपुर, बस्तर, अमरकंटक, जबलपुर, बालाघाट, मंडला, शिवनी, छिंदवाड़ा, उमरिया आदि जिलों में घूम-घूमकर 'सतनाम' संप्रदाय का प्रचार-प्रसार होने लगा। 'सतनाम' संप्रदाय में चर्मकार और निम्न जाति के लोग संगठित हुए। निचली जातियों के संगठित होने से अगड़ी जातियों को परेशानियां होने लगीं। वे उन्हें ज्यादा सताने लगे। इससे बचने के लिए घासी दास ने एक धार्मिक सेना का निर्माण किया। यह धार्मिक आंदोलन आगे चलकर सामाजिक-राजनीतिक सुधार आंदोलन में तब्दील हो गया। उन्होंने मनुष्य की एकता, ईश्वर की एकता अर्थात एकेश्वरवाद पर बल दिया। कहा, सभी मनुष्य समान हैं, ईश्वर एक है और उसका नाम सतनाम (सत्यनाम) है। वे मूर्तिपूजा के विरोधी और निराकार के उपासक थे। उनके जीवन उपदेशों में कबीर और बुद्ध का अद्‌भुत मिश्रण था। वे अपने अनुभागियों से कहते थे, सत्य बोलो, चोरी-जुआ-नशा न करो, अंधविश्वास और मंदिरों से दूर रहो, मांस और मदिरा से दूर रहो। उन्होंने सतनाम पंथी गीत और नृत्य का प्रचलन किया और पिछड़ी-निचली जातियों में आत्म-सम्मान का भाव जगाया। छत्तीसगढ़ में गुरु घासी दास के नाम पर 1983 में एक केंद्रीय विश्वविद्यालय की स्थापना की गई है।

निशांत

अधिक जानकारी के लिए :

Untouchable Pasts : Religion, Identity, and Power Among a Central Indian Community : Saurabh Dube, 2001

घुमंतूजन

घुमंतूजन के लिए इंग्लिश में नोमैड (Nomad) शब्द का प्रयोग होता है। नोमैड शब्द यूनानी भाषा का शब्द है जिसका अर्थ है शिकार के लिए अथवा चरागाह के लिए घूमना। मतलब जो लोग विभिन्न स्थानों पर जीवनयापन करते हैं, भोजन-पानी की खोज में सदा एक स्थान से दूसरे स्थान पर घूमते रहते हैं, जिनका कोई स्थायी ठिकाना नहीं होता। इन्हें यायावर, खानाबदोश या रोमा भी कहते हैं। टुंड्रा, बर्फीले तथा रेगिस्तानी इलाकों, जहां बंजर भूमि होती है, वहां के लोग भी घुमंतूजन होते हैं। कुछ खास व्यवसायों से जुड़े लोग भी इस तरह का जीवनयापन करते हैं। आधुनिक युग में कुछ व्यक्ति यह जीवनशैली शौक से अपनाते हैं।

घुमंतूजनों में कोई शिकार करता है, कोई पशु पालन। कुछ जंगल से जड़ी-बूटी, फल-फूल इकट्ठा करते हैं। कुछ पशु-पक्षी पकड़ कर बेचने का काम करते हैं। इतिहास के आरंभ में मनुष्य जीवनयापन के लिए एक स्थान से दूसरे स्थान घूमता रहता था, लेकिन मानव सभ्यता के इतिहास में कृषि की शुरुआत ने घुमंतूपन को काफी हद तक सीमित कर दिया।

अधिकतर घुमंतूजन छोलदारियों गें जीवन व्यतीत करते हैं, कुछ समय के बाद अपना डेरा-डंडा उठा कर चल देते हैं। ये लोग अधिकतर समूह में यात्रा करते हैं। समूह रक्त-संबंध और विवाह के रिश्तों पर बने होते हैं। आमतौर पर वयस्क पुरुषों का समूह फैसले लेता है। कई बार इसमें मुखिया भी होते हैं। घुमक्कड़ जातियां आमतौर पर आदिवासियों के तौर पर भी जानी जाती हैं। ये जहां जाती हैं, अपने जानवर संग लिए जाती हैं। इलाके के अनुसार अक्सर इनके साथ भेड़-बकरी, कुत्ता, तोता-मैना, सांप-नेवला, भालू-बंदर और कहीं-कहीं भैंस-याक और गधा-ऊंट भी रहते हैं।

घुमंतूजन पूरी दुनिया में पाए जाते हैं। सब देशों में इनके लिए अलग-अलग संज्ञाओं का प्रयोग होता

है। मंगोलिया के नोमैड पहले मंगोलिया, मंचूरिया और साइबेरिया में ही घूमते-फिरते थे। बारहवीं सदी में चंगेज खां ने उन्हें एकत्र किया और मंगोल साम्राज्य की नींव डाली। उसने बाद में भारत सहित एशिया के कई देशों पर आक्रमण तथा शासन किया।

आज घुमंतूजनों ने भी आधुनिक उपकरणों को अपना लिया है। इनके पास ट्रांजिस्टर रेडियो, घड़ी, मोबाइल फोन देखे जाते हैं। बीसवीं सदी के पचास और साठ के दशक में खाड़ी के देशों में तेल निकलने के कारण वहां के बेदायूं लोगों के घुमक्कड़ जीवन में सबसे अधिक परिवर्तन आया। उनके घूमने-फिरने के स्थान संकुचित हो गए। साथ ही बेहतर जीवन की सुविधाओं के आकर्षण में इन लोगों ने अपना परंपरागत जीवन छोड़ कर एक स्थान पर रहने का निश्चय किया। ये विभिन्न देशों में बस गए। एक समय था जब अरब जनसंख्या का 10 प्रतिशत बेदायूं लोग थे, आज यह घट कर एक प्रतिशत रह गया है।

अफगानिस्तान के खानाबदोश मुख्य रूप से चलनी, ड्रम, पिंजड़े बनाने का काम करते हैं। इनकी औरतें गांवों में ले जा कर सामान बेचती हैं। ये पशु व्यापार भी करते हैं। कुछ लोग संपेरे-मदारी का काम करते हैं। अधिकांश बलूची खानाबदोश संगीतकार और नर्तक होते हैं। तुर्क खानाबदोश पालना-झूला बनाते-बेचते हैं या ये जल्लाद, मछेरे, लोहार-बढ़ई का काम करते हैं। ये झाड़ू, सूप बनाते हैं या संगीत सुनाते हैं।

भारत में गड़रिया, लोहार और बंजारा घुमक्कड़ जातियां हैं। इनके अलावा भी कुछ घुमक्कड़ जातियां हैं। इनके समुदाय जाति आधारित होते हैं। तारगला अथवा नायक गुजरात के लोकनर्तक हैं, जो गांव-गांव जा कर भवाई नृत्य-नाटक करते हैं।

भारत की घुमक्कड़ जातियों में कोई वन्य सामग्री बेचता है, कोई करतब-कलाबाजी दिखाता है (नट), कोई सांप (सपेरा), भालू-बंदर (कलंदर) का नाच दिखा कर अपना पेट भरता है। कोई गोदना गोदता है, कोई सिल-लोढ़ा, झाड़ू-डलिया बनाता है, कोई औषधि बेचता है। कोई पक्षी पकड़ कर बेचता है। मिरासी लोग गीत-संगीत में संगत करते हैं। ज्योतिष, भविष्य बताना, कहानी-गाना कह कर भी कुछ घुमंतू लोग अपना जीवनयापन करते हैं। गड़ेरिया, लोहार, जिनका मूल स्थान राजस्थान माना जाता है, लंबे समय तक एक स्थान पर नहीं रहते। उनका मुख्य रोजगार लोहे के औजार बनाकर बेचना है।

उत्तर प्रदेश, गढ़वाल, कुमाऊं के भोटिया पशुपालक घुमक्कड़ हैं। ये भेड़-बकरी पालते हैं। सिक्किम के भूटिया यही करते हैं। जम्मू-कश्मीर के बक्कारवाल तथा महाराष्ट्र, मध्य प्रदेश के धांगर, हिमाचल प्रदेश के गादी तथा उत्तर प्रदेश के गड़ेरिया लोगों का यही पेशा है।

ब्रिटिश सरकार ने 1871 में कानून बना कर करीब 200 बंजारा समुदायों को जरायमपेशा घोषित कर दिया था। आज भी इस काले कानून की छाया इन पर है। कुछ घुमक्कड़ समुदाय चोरी को अपना पेशा मानकर करते हैं। 2006 में भारत सरकार ने घुमंतूजनों के लिए एक कमीशन बना कर इनके विकास की योजना तैयार करने का काम प्रांरभ किया है।

घुमंतू लोगों के जीवन से प्रेरित कई साहित्यिक कार्य उपलब्ध हैं। रांगेय राघव का प्रख्यात उपन्यास 'कब तक पुकारूं' नटों के घुमंतू जीवन पर आधारित है। मैत्रेयी पुष्पा ने इनके जीवन पर साहित्य रचा है। अंग्रेजी में इन पर काफी साहित्य उपलब्ध है। नोमैड को लेकर कई फिल्में बनी हैं। राजा रवि वर्मा ने भारतीय खानाबदोशों के चित्र बनाए हैं।

विजय शर्मा

अधिक जानकारी के लिए :

1. **Nomad and Commisars : Margolia Revisited :** Owen Lattimors, 1962, 2. **The Empire of the Steppes : A History of Centra Asia :** Rene Grousset, 1970

घेटो

घेटो (Ghetto)का अर्थ है किसी शहर का वह हिस्सा, जहां अल्पसंख्यक लोग बड़ी संख्या में रहते हैं या उन्हें सामाजिक, आर्थिक, राजनीतिक या

कानूनी कारणों से एक ही जगह पर रहने के लिए विवश किया जाता है। 'घेटो' इटली की भाषा का शब्द है। वैसे शब्दकोश इसकी उत्पत्ति कई अन्य शब्दों से दिखाता है। इटली में घेटो शब्द का प्रयोग घूरे के लिए होता है, जहां औद्योगिक भट्ठी की राख और कचड़ा फेंका जाता है। जर्मनी में जब हिटलर का शासन स्थापित हुआ तो उसके शासन के दौरान अल्पसंख्यक यहूदियों को मुख्य आबादी से हटाकर ऐसी जगहों पर, जहां आवास के लिए आवश्यक सुविधाओं का प्रायः अभाव हो, रहने के लिए मजबूर किया गया। ऐसे स्थानों को ही घेटो के नाम से पहचाना गया। कुछ लोग घेटो शब्द की व्युत्पत्ति हिब्रू भाषा के 'गेट' से मानते हैं जिसका प्रयोग तलाक अथवा विलग दस्तावेज के लिए किया जाता है।

परंपरागत रूप से प्रवासी यहूदी शहर में एक स्थान पर रहते थे, इसे 'ज्यूइश क्वार्टर' अथवा 'ज्यूइश घेटो' कहा जाता था। बाद में यूरोप में अधिकारी उन्हें बाकी आबादी से दूर शहर के बाहर रखने लगे। ईसाई यहूदियों को अजनबी मानते थे, क्योंकि उनके धार्मिक विश्वास भिन्न थे। उन्हें कठोर नियमों से जकड़ कर खुद से दूर रखते थे। यूरोप के कई शहरों में यहूदी घेटो हुआ करते थे। अक्सर घेटो में भयंकर गरीबी होती थी। वहां की सड़कें संकरी और घनी आबादी वाली होतीं, इनमें पानी के निकास की कोई अच्छी योजना न होती। घेटो की एक अन्य विशेषता हत्या, लूट, मारपीट भी है। मगर वेनिस के घेटो अमीर तथा खुशहाल यहूदियों का निवास स्थान थे। लेकिन ऐसे स्थान अपवाद रूप में ही थे।

हिटलर के नाजी काल में यहूदी बस्तियों को दूसरों से अलग करने के लिए घेटो की दीवालों को ऊंचा कर दिया गया था और यहूदियों के घेटो के बाहर निकलने पर पाबंदी लगा दी गई थी। नाजियों द्वारा स्थापित घेटो में जगह-जगह से पकड़ कर लाए गए यहूदियों को रखा जाता था, नाजी कभी-कभी इन घेटो में जिप्सियों को भी रखते थे। इस काल में यहूदी बृहत्तर समाज के सामाजिक, आर्थिक, राजनीतिक जीवन से बिल्कुल बाहर कर दिए गए। द्वितीय विश्व युद्ध के समय 21 जून 1943 को हेनरिक हिमलर ने पूर्व के सारे घेटो को नष्ट करने का आदेश जारी किया। उसने आदेश दिया कि इन घेटो को यातना कैंप में परिवर्तित कर दिया जाए।

यहूदी जहां भी भाग कर गए वे अपने लोगों के नजदीक रहते। सुरक्षा की दृष्टि से यह आवश्यक था। अतः कई देशों में घेटो का निर्माण हुआ। आजकल घेटो शब्द का प्रयोग शहर के निम्न स्तर के जीवन के लिए किया जाता है, खासकर उन इलाकों के लिए जहां गरीबी है और अपराध बहुतायत से होते हैं। द्वितीय विश्वयुद्ध के बाद भी कई देशों में, जहां धार्मिक, जातीय, भाषाई या नस्लीय अल्पसंख्यक रहते हैं, इन्हें बाहरी दबावों के कारण अपनी सुरक्षा के लिए एक ही स्थान पर साथ-साथ रहना पड़ता है। भारत जैसे देश में भी धार्मिक अल्पसंख्यक विशेषतः मुसलमानों, दलितों और गरीब मजदूर बस्तियों की स्थिति 'घेटो' से बहुत बेहतर नहीं होती, भले ही उन पर वैसा राजनीतिक और वैधानिक नियंत्रण नहीं होता जैसा हिटलर की जर्मनी में यहूदियों के साथ था। संयुक्त राज्य अमेरिका में भी अफ्रीकी मूल के लोगों को 'घेटो' जैसी स्थितियों में रहने के लिए मजबूर किया गया था।

विजय शर्मा

अधिक जानकारी के लिए :
People Without History : India's Muslim Ghetoes : I Siddiqee

घोष-अघोष

स्वरतंत्रियों के स्थान के हिसाब से स्वरों के दो भेद हैं–घोष और अघोष। सभी भाषाओं में स्वर घोष हैं, अर्थात उच्चारण की स्वरतंत्रियां एक-दूसरे के निकट होती हैं जैसे–अ, आ, इ, ई, उ, ऊ आदि। कुछ विशेष स्थितियों में अघोष स्वर उच्चरित होते हैं। इनमें उच्चारण के समय स्वरतंत्रियां एक-दूसरे के निकट नहीं होती हैं, बल्कि उनके बीच से निकलने वाली हवा स्वरतंत्रियों से घर्षण करती हुई निकलती है। ऐसे स्वर को फुसफुसाहट वाला स्वर भी कहते हैं, जैसे–'यह' में 'अ' स्वर।

वर्षा मिश्र

|| च ||

चंडीगढ़

चंडीगढ़ भारत का एक केंद्रशासित क्षेत्र है, जो पंजाब और हरियाणा राज्य की राजधानी भी है। भारत के उत्तर-पश्चिम में हिमालय की शिवालिक पर्वतमाला की तराई में बसा यह संघराज्य क्षेत्र भारत के सबसे खूबसूरत और नियोजित शहरों में एक है। इसका गठन 1 नवंबर 1966 को हुआ। इसका क्षेत्रफल लगभग 114 वर्ग किलोमीटर है, जो 30.75 डिग्री उत्तरी अक्षांश से

76.79 डिग्री पूर्वी देशांतर के बीच स्थित है। इसकी सीमाएं पूर्व में हरियाणा, उत्तर, पश्चिम और दक्षिण में पंजाब से मिलती हैं। इस प्रदेश को प्रसिद्ध फ्रांसीसी वास्तुकार ली कोर्बूजिये ने अभिकल्पित किया था। इस शहर का नाम चंडी मंदिर और गढ़ किले के कारण पड़ा, जो एक-दूसरे के निकट स्थित हैं। इन दोनों के मेल से यह शहर चंडीगढ़ कहलाया। जुलाई 2016 में यूनेस्को द्वारा चंडीगढ़ के कैपिटल कंप्लेक्स को विश्व धरोहर के रूप में घोषित किया गया। चंडीगढ़ भारत का प्रथम धूम्रपानरहित शहर है।

चंडीगढ़ के निकटवर्ती जिलों में पंजाब के मोहाली, पटियाला तथा रूपनगर जिले और हरियाणा के पंचकुला और अंबाला जिले आते हैं। 2011 की जन गणना के अनुसार चंडीगढ़ की जनसंख्या 1,055,450 है, जिनमें पुरुष 55 प्रतिशत एवं महिलाए 45 प्रतिशत हैं। हिंदी, पंजाबी एवं हरियाणवी यहां की प्रमुख भाषाएं हैं। तमिल भाषी लोग भी य हां बड़ी संख्या में हैं। शहर के लोगों का एक छोटा भाग उर्दू बोलता है। राजभाषा के रूप में हिंदी के साथ-साथ अंग्रेजी का प्रयोग भी होता है। चंडीगढ़ ऐसा शहर है जहाँ हिंग्लिश का सबसे अधिक प्रयोग किया जा रहा है।

इतिहास : पंजाब राज्य को भारत और पाकिस्तान में दो भागों में बांट दिया गया था। राज्य की पुरानी राजधानी लाहौर पाकिस्तान में चली गई थी। भारतीय क्षेत्र के पंजाब को एक नई राजधानी की आवश्यकता पड़ी। इसलिए एक नई योजनाबद्ध राजधानी के निर्माण का निश्चय किया गया तथा 1952 में इस शहर की नींव रखी गई।

1952 से 1966 तक यह शहर पंजाब की राजधानी था। नवंबर 1966 को पंजाब के हिंदी-भाषी पूर्वी भाग को काटकर हरियाणा राज्य का गठन किया गया और पंजाबी-भाषी पश्चिमी भाग को वर्तमान पंजाब ही रहने दिया गया। चंडीगढ़ शहर दोनों के बीच सीमा पर स्थित था, जिसे दोनों राज्यों की संयुक्त राजधानी और साथ ही संघ शासित क्षेत्र भी घोषित किया गया।

पर्यावरण : चंडीगढ़ की जलवायु उप-उष्णकटिबंधीय है, जहाँ ग्रीष्म काल काफी गर्म, शीतकाल में काफी ठंड और बरसात में काफी वर्षा होती है। तापमान में बड़ा अंतर होता है, जो-1 डिग्री सेंटीग्रेड से 46 डिग्री सेंटीग्रेड तक हो जाता है। नवंबर से मध्य मार्च के बीच यहां ठंड रहती है, जिसमें औसत तापमान (अधिकतम) 5 डिग्री सेंटीग्रेड से 14 डिग्री सेंटीग्रेड एवं न्यूनतम तापमान-1 डिग्री सेंटीग्रेड से 5 डिग्री सेंटीग्रेड तक होता है। मध्य फरवरी से मध्य मार्च तक वसंत ऋतु में मौसम सुहावना रहता है, जिसमें अधिकतम तापमान 13 डिग्री सेंटीग्रेड से 20 डिग्री सेंटीग्रेड और न्यूनतम तापमान 5 डिग्री सेंटीग्रेड से 12 डिग्री सेंटीग्रेड

के बीच रहता है। ग्रीष्म काल मध्य मई से मध्य जून तक रहता है, जब तापमान 44 डिग्री सेंटीग्रेड तक चला जाता है। यहां मानसून के दौरान औसत वार्षिक वर्षा 1110.7 मिमी होती है।

चंडीगढ़ बरगद और यूकेलिप्टस के बगीचों से भरा हुआ है। अशोक, कैसिया, शहतूत और अन्य वृक्ष भी यहां की शोभा बढ़ाते हैं। शहर को घेरे हुए एक बड़ा वन्य क्षेत्र है। शहर में एक शुक अभयारण्य भी है, जिसमें पक्षियों की अनेक प्रजातियां हैं।

संस्कृति : चंडीगढ़ में विभिन्न संस्कृतियों का मेल है। यहां के लोग खुशमिजाज, जीवंत एवं सहज प्रकृति के हैं। यहां के लोगों में सहानुभूति, सहयोग, करुणा और मानव प्रेम है। चंडीगढ़ के विवाह समारोह अनोखे

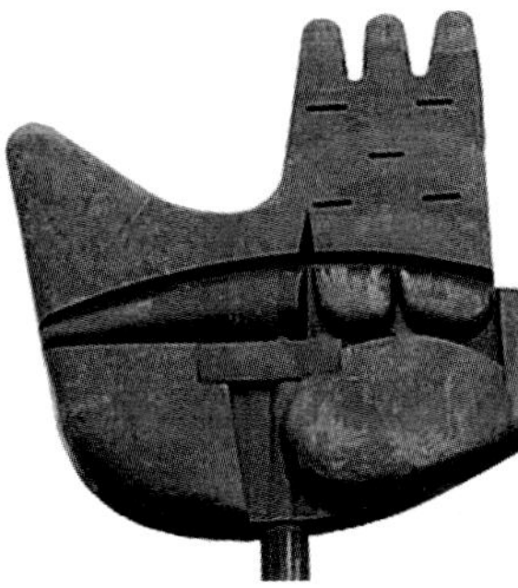

होते हैं। कई प्रकार के भोजन के साथ नाच-गाने का शौक यहां के लोगों को कई दूसरे राज्यों से अलग बना देता है। भांगड़ा लोकनृत्य सर्वाधिक प्रसिद्ध है। सामान्यतः पंजाबी पुरुष एवं महिलाएं सलवार-कमीज और ओढ़नी का व्यवहार करते हैं जो इस समय साड़ी की जगह स्त्रियों का एक अखिल भारतीय पहनावा हो गया है।

यहां के मुख्य भोजन में तंदूरी रोटी, मकई की रोटी, पंजाबी लाछा परांठे, सरसों का साग, दाल मखानी, पंजाबी छोले, पंजाबी तड़का, पालक–पनीर, बैगन का भर्ता, दही, मसालेदार सब्जी, बटर-चिकन एवं अन्य मांसाहारी खाद्यपदार्थ आदि शामिल हैं। *पंजाब दी लस्सी* विशेष पेय है।

पर्व-त्योहार : चंडीगढ़ के बैसाखी, वसंत पंचमी एवं तीज प्रमुख त्योहार हैं। बैसाखी मौसमी त्योहार है, जो प्रति वर्ष अप्रैल महीने की 13 तारीख को मनाया जाता है। तीज का त्योहार सावन की पूर्णिमा से शुरू होता है। तीज का त्योहार यहां के हिंदू, सिख ही नहीं अपितु मुसलमान भी शौक से मनाते हैं। मुसलमान अपनी बेटियों के लिए इस त्योहार पर उपहार भेजते हैं, जिसे 'संधारी' कहते हैं। लोहड़ी यहां का प्रमुख त्योहार है। यह जनवरी महीने की 12-13 तारीख को मनाया जाता है। लोहड़ी के दिन लोग उत्साह से भांगड़ा करते हैं और शाम होते ही सूखी लकड़ियां जलाकर नाचते-गाते हैं।

लोहड़ी के अगले दिन माघी का त्योहार मनाया जाता है। सिखों में माघी का त्योहार या माघी का मेला धूम-धाम से मनाया जाता है।

होला मोहल्ला सिक्खों का बहुचर्चित पर्व है, जो वसंत ऋतु में होली के अगले दिन आनंदपुर साहिब में मनाया जाता है। गुरुपर्व के त्योहार पर कीर्तन, प्रार्थना आदि के द्वारा सिख गुरुओं के प्रति श्रद्धांजलि अर्पित की जाती है। उसके बाद कड़ाह प्रसाद बांटा जाता है और लंगर का आयोजन किया जाता है।

तीयन यहां का नृत्य उत्सव है, जिसे महिलाओं द्वारा सावन महीने में मनाया जाता है। इस अवसर पर गिद्दा का आयोजन मनोहारी होता है। दूसरा महत्वपूर्ण त्योहार करवा चौथ है, जिसमें महिलाएं अपने पति की दीर्घायु के लिए मंगल कामना करती हैं और उपवास रखती हैं।

शिक्षा : चंडीगढ़ की औसत साक्षरता दर 86.77 प्रतिशत है, जिसमें पुरुष साक्षरता दर 90.81 प्रतिशत एवं स्त्री साक्षरता दर 81.88 प्रतिशत है। चंडीगढ़ समस्त उत्तर भारत में एक प्रमुख शिक्षा केंद्र के रूप में जाना जाता है। चंडीगढ़ प्रशासन के आंकड़ों के अनुसार यहां 107 सरकारी विद्यालय हैं। इसके अलावा सेंट स्टिफन स्कूल, सेंट अने कनवेंट स्कूल, कार्मेल कनवेंट स्कूल जैसे प्रसिद्ध कनवेंट स्कूल संचालित हैं। संस्थानों में गवर्नमेंट कॉलेज फॉर मेन, गवर्नमेंट कॉलेज फॉर वीमेन, डीएवी स्कूल, गुरुनानक खालसा हाई स्कूल, श्री गोविंदसिंह हाई स्कूल,

जीजीडीएसडी कॉलेज, गवर्नमेंट कॉलेज ऑफ कॉमर्स एंड बिजनेस एडमिनिस्ट्रेशन, पंजाब विश्वविद्यालय, चंडीगढ़ विश्वविद्यालय, पीइसी यूनिवर्सिटी ऑफ टेक्नोलॉजी, पंजाब इंजीनियरिंग कॉलेज, चंडीगढ़ कॉलेज ऑफ इंजीनियरिंग एंड टेक्नोलॉजी, डीएवी कॉलेज, पोस्टग्रेजुएट इंस्टिट्यूट ऑफ मेडिकल एजुकेशन एंड रिसर्च, गवर्नमेंट मेडिकल कॉलेज एंड हॉस्पीटल, इंडो-ग्लोबल कॉलेज, यूइआई ग्लोबल यूनिवर्सिटी बिजनेस स्कूल जैसे कई स्कूल एवं कॉलेज शामिल हैं।

कृषि एवं उद्योग : चंडीगढ़ में 1966 में खेती लायक जमीन 5441 हेक्टेयर थी, जो शहरीकरण के कारण 2005-06 में घटकर 1300 हेक्टेयर रह गई थी। चंडीगढ़ की जीविका का मुख्य आधार व्यापार एवं व्यवसाय है।

चंडीगढ़ के प्रमुख औद्योगिक संस्थानों में भारत सरकार के ऑर्डेनेंस केबल फैक्टरी के अलावा लगभग 15 मध्यम एवं बड़े आकार के उद्योग, दो सार्वजनिक क्षेत्र के उपक्रम, 2500 से अधिक लघु एवं कुटीर उद्योग हैं, जहाँ कागज निर्माण से लेकर मूल धातु एवं मिश्रणों तथा मशीनों का निर्माण होता है। अन्य उद्योगों में खाद्य उत्पाद, शौचालय का सामान, ऑटो पार्ट, मशीन के यंत्र, औषधि एवं इलेक्ट्रिक का सामान बनाने वाले कारखानें शामिल हैं।

भवनों में पंजाब एवं हरियाणा उच्च न्यायालय, विधानसभा और सचिवालय, शहीद स्मारक, स्मृति उपवन, शांति कुंज आदि इमारतें समकालीन वास्तु शल्प के बेहतरीन उदाहरण हैं। यहां का 'ओपन हैंड' स्मारक कला का उत्तम नमूना है।

पर्यटन : चंडीगढ़ आने वाले पर्यटक रॉक गार्डन जाना नहीं भूलते। पर्यटक यहां की मूर्तियों, मंदिरों, महलों, झरनों आदि को देखकर अचरज में पड़ जाते हैं।

जाकिर हुसैन रोज गार्डन एशिया का सबसे बड़ा रोज गार्डन है। यहां गुलाब की 1600 से भी अधिक किस्में देखी जा सकती हैं।

मानव निर्मित सुखना झील 3 वर्ग किमी. के क्षेत्र में फैली हुई है। सुखना वन्यजीव अभयारण्य लगभग 2600 हेक्टेयर में फैला है, जिसमें बड़ी संख्या में वन्यजीव और वनस्पतियां पाई जाती हैं।

चंडीगढ़ में अनेक संग्रहालय हैं। अंतरराष्ट्रीय डॉल्स म्यूजियम में दुनिया भर की गुड़ियाओं और कठपुतलियों को रखा गया है।

अन्य जगहों में श्री चैतन्य गौड़ीय मठ, बटरफ्लाई पार्क, जापानी गार्डेन, नादा साहिब, ली कोर्बूजियर सेंटर आदि शामिल हैं।

यातायात : चंडीगढ़ सड़क, रेल एवं वायु मार्ग से पूरे देश एवं विदेशों से जुड़ा हुआ है। यहां के राष्ट्रीय राजमार्ग 21 और 22 उसे देश के अन्य हिस्सों से सड़क मार्ग द्वारा जोड़ते हैं। दिल्ली, जयपुर, ग्वालियर, जम्मू, शिमला, कुल्लू, कसौली, मनाली, अमृतसर, जालंधर, लुधियाना, हरिद्वार, देहरादून आदि शहरों से यहां के लिए नियमित बस सेवाएं हैं। चंडीगढ़ एयरपोर्ट सिटी सेंटर से करीब 11 किमी की दूरी पर दिल्ली मार्ग पर है। चंडीगढ़ रेलवे स्टेशन शहर को देश के अन्य हिस्सों से रेलमार्ग द्वारा जोड़ता है।

अवधेश प्रसाद सिंह

अधिक जानकारी के लिए :
Le Corbueier – Pirrre Jeanneret Chandigarh, India : Patrick Seguin, 2014

चंडीदास

(पंद्रहवीं सदी)

जयदेव ने कृष्ण भक्ति परंपरा में जिस राधाभाव की शुरुआत की, उसी को आगे चलकर लोकभाषाओं में प्रतिष्ठित करने वाले कवियों में मैथिली कवि विद्यापति के साथ बांग्ला कवि चंडीदास का नाम आता है। उन्होंने बांग्ला में राधा-कृष्ण भक्ति के लगभग बारह सौ गीतों की रचना की। वैष्णव कवि चंडीदास बांग्ला के सूरदास कहे जाते हैं। उनके पद गाते हुए चैतन्य देव मूर्च्छित हो जाते थे। रवींद्रनाथ के बाल मन पर उनकी मधुर पदावली का गहरा प्रभाव था।

चंडीदास के संबंध में ऐतिहासिक साक्ष्य का अभाव है। इस नाम के चार कवि हैं। संभवतः चौदहवीं सदी में इनका जन्म पश्चिम बंगाल के बीरभूम जिले में हुआ था। माना जाता है कि ये धोबी जाति की रामा नाम की एक स्त्री के प्रति आसक्त थे। रामा भी कवयित्री थी। रामा के प्रति प्रेम के कारण इन्हें जातिच्युत होना पड़ा था।

चंडीदास की भक्ति में परकीया भाव को महत्व मिला है। जयदेव और विद्यापति के विपरीत इनकी राधा सुकुमार और कोमल-हृदय है। चंडीदास की राधा के प्रेम में न श्रृंगारमयता है, न विलास प्रवणता। हजारी प्रसाद द्विवेदी के शब्दों में चंडीदास की प्रेम-विह्वला राधा मानो प्रेम के उस शुद्ध सात्विक अंश से बनाई गई है जिसमें केवल आत्मसमर्पण का वेग है। चंडीदास की कविताएं अपनी भाव प्रवणता और माधुर्य के कारण जानी जाती हैं। मध्ययुग के ऐसे परिवेश में जहां आमतौर पर दृष्टि परलोकवादी है, चंडीदास की मानवतावादी दृष्टि विशेष रूप से लक्षणीय है। उनकी प्रसिद्ध पंक्ति है, 'सबार ओपरे मानुष सत्य, ताहार ओपरे नाहिं'। यह महाभारत की इस उक्ति की याद दिलाती है, 'न हि मानुषात् श्रेष्ठतां हि किंचित्'।

सुनीता गुप्ता

चंद्रगुप्त द्वितीय

(चौथी-पांचवीं सदी)

समुद्रगुप्त के पुत्र का नाम चंद्रगुप्त द्वितीय था। उसे विक्रमादित्य के नाम से भी जाना जाता है। उसका शासन काल 375 से 415 ईसवी माना जाता है। समुद्रगुप्त की मृत्यु के बाद उसका बड़ा पुत्र रामगुप्त गद्दी पर बैठा। इसका उल्लेख लगभग दो शताब्दी बाद विशाखदत्त द्वारा लिखे गए नाटक 'देवीचंद्रगुप्तम्' में मिलता है। रामगुप्त युद्ध में शकों के हाथों पराजित हो जाता है और वह शकों को अपनी पत्नी ध्रुवदेवी देने के लिए तैयार हो जाता है। जब इस समझौते की सूचना चंद्रगुप्त द्वितीय को मिलती है, जो रामगुप्त का छोटा भाई है, तो वह स्वयं रानी ध्रुवदेवी का वेश धारण कर शक राजा के कक्ष में पहुंच जाता है और उसे मार डालता है। इस घटना से रामगुप्त चंद्रगुप्त से नाराज हो जाता है। लेकिन जनता का समर्थन चंद्रगुप्त को मिलता है। चंद्रगुप्त रामगुप्त को मार कर स्वयं शासक बन जाता है। वह ध्रुवदेवी से विवाह भी कर लेता है। इस पूरी घटना को लेकर जयशंकर प्रसाद ने 'ध्रुवस्वामिनी' नाटक लिखा था। इस घटना का उल्लेख 'नाट्य दर्पण' में भी है।

चंद्रगुप्त ने शकों के विरुद्ध सफल अभियान चलाए और उन्हें परास्त करने में कामयाब रहा। शकों पर विजय के उपलक्ष्य में चंद्रगुप्त ने चांदी के विशेष सिक्के जारी किए थे। रोमिला थापर के अनुसार, चंद्रगुप्त द्वितीय, जिसने 'विक्रमादित्य' (पराक्रम का सूर्य) की उपाधि ग्रहण की थी, अपने युद्धों के लिए ही नहीं बल्कि अन्य कार्यों के लिए भी इतिहास में प्रसिद्ध है। उसके साम्राज्य का विस्तार भारत की पश्चिमी सीमा तक था। पाटलिपुत्र इस विशाल राज्य की राजधानी थी। उज्जैन इसकी दूसरी राजधानी थी। दकन के राजपरिवारों के साथ वैवाहिक संबंध स्थापित हुआ था, जिससे सामाजिक संबंधों में दृढ़ता आई।

चीनी बौद्ध यात्री फाहियान ने बौद्ध पांडुलिपियों और पाठों का संग्रह करने तथा बौद्ध विहारों में उनका अध्ययन करने के लिए 405 से 411 ईसवी तक भारत का भ्रमण किया था। उसने चंद्रगुप्त द्वितीय के शासन की राजनीतिक, सामाजिक और धार्मिक परिस्थितियों का विवरण प्रस्तुत किया है। उसने चंद्रगुप्त के शासन की अभ्यर्थना की है।

चंद्रगुप्त द्वितीय के समय को भारतीय इतिहास का स्वर्ण युग कहा जाता है। उसने शासन की एक इकाई के रूप में राजधानी के अलावा प्रदेश, प्रांत और ग्रामों के स्तर पर शासन व्यवस्था स्थापित की थी। चीनी यात्री फाहियान के वर्णन के अनुसार लोग राजा की भूमि जोतते थे। लगान के रूप में उपज का कुछ अंश राजा को देते थे और अपनी इच्छा से एक

जगह की भूमि छोड़ कर दूसरी जगह रह सकते थे। अपराधों के लिए अर्थ-दंड था। राज्याधिकारियों को वेतन मिलता था। लोग धनी और उदार थे। वे अच्छे कार्य करने में स्पर्धा करते थे। उस समय भूमि-कर न था और जाति व्यवस्था कठोर नहीं थी। राजा की ओर से दान और चिकित्सा पर खर्च किया जाता था। धर्मशालाएं और चिकित्सालय बनवाए गए थे। यह एक सुखी समय था।

चंद्रगुप्त द्वितीय के शासन काल की एक बड़ी खूबी यह है कि इस काल में विद्वानों और कलाकारों का बड़ा सम्मान था। अपने दरबार में कवियों, विद्वानों और कलाकारों को चंद्रगुप्त द्वितीय ने सम्मानजनक जगहों पर बिठा रखा था। उनमें कालिदास, अमर सिंह, शपनक, धन्वंतरि, वररुचि, वराहमिहिर, घटकपरा, शंकु और वेतालभद्र थे, जिन्हें नवरत्न के नाम से जाना जाता था। कालिदास इन सबमें प्रमुख थे जिन्होंने 'अभिज्ञान शाकुंतलम्' सहित कई अमर कृतियों से संस्कृत साहित्य को समृद्ध किया। भारतीय इतिहास में चंद्रगुप्त द्वितीय का समय वह समय था, जब राज्य की ओर से कलाकारों और लेखकों को वेतन मिलता था।

चंद्रगुप्त द्वितीय सनातन परंपरा के प्रति निष्ठावान होते हुए बौद्ध और जैन धर्मों के प्रति उदार था। इनके नाम पर कई शिलालेख और स्तंभ हैं। चंद्रगुप्त द्वितीय ने अपने पिता समुद्रगुप्त की तरह ही राज्य बढ़ाने के लिए युद्ध और विवाह दोनों नीतियों को अपनाया था।

विक्रमादित्य एक ऐसी उपाधि है जो कई अन्य राजाओं के साथ भी लगाई गई थी। विक्रम संवत, जो ईसवी सन से 57 साल पूर्व शुरू हुआ था, उसका संभवतः चंद्रगुप्त द्वितीय से संबंध नहीं है जिसका शासन 375 ईसवी में आरंभ हुआ था। राजा विक्रमादित्य के नाम से संस्कृत में 'वेताल पंचविंशति' (बैताल पचीसी) और 'सिंहासन द्वात्रिमशिका' (सिंहासन बतीसी) ग्रंथ मिलते हैं, लेकिन इनका संबंध राजा भोज के साथ माना जाता है। उसने भी विक्रमादित्य की उपाधि धारण की थी।

विजय शर्मा, उदयराज

अधिक जानकारी के लिए :

1. **भारत का इतिहास :** रोमिला थापर, 2. **गुप्त काल का सांस्कृतिक इतिहास :** भगवतशरण उपाध्याय, 3. **ध्रुवस्वामिनी** (नाटक) : जयशंकर प्रसाद

चंद्रगुप्त मौर्य

(चौथी सदी ईसा पूर्व)

मौर्य साम्राज्य की स्थापना चंद्रगुप्त मौर्य ने की थी। नंद वंश के शासक को पराजित करने के बाद वह 322 ईसा पूर्व में मगध साम्राज्य का शासक बना। चंद्रगुप्त ने 298 ईसा पूर्व तक शासन किया। इसके बाद शासन की बागडोर अपने पुत्र बिंदुसार को सौंप दी। जैन स्रोतों के अनुसार, चंद्रगुप्त मौर्य ने जैन धर्म अंगीकार कर लिया था। चाणक्य (कौटिल्य) उसका गुरु था। चाणक्य की सहायता से चंद्रगुप्त ने नंद वंश को पराजित किया। चाणक्य पहले तक्षशिला में शिक्षक था। बाद में वह चंद्रगुप्त का मंत्री और सलाहकार बना। चाणक्य का 'अर्थशास्त्र' राजनीतिशास्त्र और अर्थनीति की एक प्रमुख पुस्तक है। गद्दी पर बैठने के बाद चंद्रगुप्त ने तेजी से अपने राज्य का विस्तार किया। उसने 305 ईसा पूर्व में सेल्यूकस को हरा कर मौर्य साम्राज्य की सीमा पर्शिया तक पहुंचा दी। बाद में चंद्रगुप्त तथा सेल्यूकस में संधि हुई। संधि के अनुसार, चंद्रगुप्त को कंभोज, गांधार, कांधार तथा बलूचिस्तान का इलाका प्राप्त हुआ। चंद्रगुप्त ने सेल्यूकस को 500 हाथी दिए।

चंद्रगुप्त का यूनान से अच्छा राजनयिक संबंध था। कहा जाता है कि मेगस्थनीज चंद्रगुप्त के दरबार में यूनान का राजदूत बनकर गया था। उसने भारत में दूर-दूर तक की यात्रा की। उसके पास एक बड़ी हाथी-सेना, घुड़सवार और पैदल सेना थी।

प्रशासनिक कुशलता, शांति एवं सुरक्षा के कारण चंद्रगुप्त के शासन काल में कृषि की उन्नति हुई, आंतरिक तथा बाह्य व्यापार खूब विकसित हुआ। सामाजिक सद्भाव, धार्मिक सहिष्णुता इस काल की

अन्य विशेषताएं थीं। ज्ञान-विज्ञान की उन्नति इस काल में हुई। संस्कृत, मागधी तथा प्राकृत उस समय की प्रमुख भाषाएं थीं।

यूनानी लेखन में चंद्रगुप्त का नाम 'सैंड्रोकोटेस' है। प्रचलित धारणा के अनुसार, चंद्रगुप्त को मौर्या नामक दासी का पुत्र कहा जाता है, जबकि बौद्ध साहित्य 'महापरिनिर्बान सुत्त' में चंद्रगुप्त को क्षत्रिय कुल का कहा गया है। विशाखदत्त के नाटक 'मुद्राराक्षस' से चंद्रगुप्त के विषय में जानकारी प्राप्त होती है। इसमें चंद्रगुप्त को राजकुल का कहा गया है। उसका संबंध नंद वंश से दिखाया गया है। सम्राट चंद्रगुप्त ने 24 साल तक सफलतापूर्वक राज्य किया। उसके बाद 298 ईसा पूर्व में उसका पुत्र बिंदुसार गद्दी पर बैठा।

हिंदी में जयशंकर प्रसाद ने चंद्रगुप्त के जीवन पर ऐतिहासिक नाटक 'चंद्रगुप्त' लिखा है, जो उनके श्रेष्ठ नाटकों में एक है।

विजय शर्मा

अधिक जानकारी के लिए :
1. **चंद्रगुप्त (नाटक) :** जयशंकर प्रसाद, 2. **भारत का इतिहास** : रोमिला थापर, 1965

चंद्रशेखर आजाद
(1906-1931)

चंद्रशेखर आजाद का जन्म 23 जुलाई 1906 को उत्तर प्रदेश के उन्नाव जिले में बदरका गांव में हुआ था। उनके पिता सीताराम तिवारी मध्य भारत की अलिराजपुर रियासत में एक मामूली नौकरी करते थे। माता जगरानी देवी की प्रेरणा से वे बचपन में ही शिक्षा के लिए काशी चले गए थे। यहां संस्कृत का अध्ययन करने लगे। चंद्रशेखर बेहद संवेदनशील और साहसी युवा थे। अमृतसर के जलियांवाला बाग में हुए नरसंहार ने भगत सिंह की तरह उन्हें भी विचलित कर दिया था। प्रथम असहयोग आंदोलन में वे शामिल हुए थे और गिरफ्तार होने के बाद जब मजिस्ट्रेट ने उनसे उनका नाम पूछा था तो उन्होंने अपना नाम 'आजाद' बताया था। वह तभी से चंद्रशेखर आजाद कहे जाने लगे। उनका व्यक्तित्व मिथकीय बनता गया। उनके जवाब से नाराज होकर मजिस्ट्रेट ने उन्हें बेंत से पिटवाया था तो हर बेंत लगने पर आजाद 'भारत माता की जय' बोलते रहे।

आजाद क्रांतिकारियों में सबसे हृष्ट-पुष्ट और आकर्षक व्यक्तित्व वाले थे। जिस समय चौरी-चौरा कांड के बाद गांधी जी ने असहयोग आंदोलन वापस ले लिया, उस समय असंख्य लोगों की तरह आजाद का भी महात्मा गांधी की रणनीति से मोहभंग हो गया। इसके बाद वे लगातार सशस्त्र क्रांति की ओर आकर्षित होते गए। क्रांति के लिए पैसा जुटाने के उद्देश्य से 1926 में डाली गई काकोरी ट्रेन डकैती में वे शामिल थे। उसी वर्ष वाइसराय की ट्रेन उड़ा देने के प्रयास में भी वे शामिल रहे और जल्द ही उन्हें हिंदुस्तान सोशलिस्ट रिपब्लिकन आर्मी का सेनाध्यक्ष मान लिया गया।

उनका जीवन इतना नैतिक और अनुशासित

चंद्रशेखर आजाद

था कि कम पढ़े-लिखे होने के बावजूद उनका नेतृत्व सभी क्रांतिकारियों को सहज ही स्वीकार्य था। भगत सिंह तथा भगवती चरण वोरा जैसे बौद्धिक और पढ़े-लिखे क्रांतिकारी भी चंद्रशेखर आजाद का सहज नेतृत्व स्वीकारते थे। इन लोगों के संपर्क में आजाद ने भी अध्ययन-चिंतन-मनन शुरू कर दिया था। वे सोवियत संघ जाने के बारे में भी सोचने लगे थे। जब हिंदुस्तान रिपब्लिकन आर्मी ने समाजवाद का रास्ता अपना कर दिल्ली के पुराने किले में अपना नामकरण हिंदुस्तान सोशलिस्ट रिपब्लिकन एसोसिएशन किया तो चंद्रशेखर आजाद उससे पूरी तरह सहमत थे। वे भगत सिंह को बहुत प्यार करते थे।

लाला लाजपत राय की मृत्यु का बदला लेने के लिए पुलिस अधिकारी स्कॉट की हत्या के प्रयास में जब सांडर्स की हत्या हो गई तो सारे देश में क्रांतिकारियों की धरपकड़ शुरू हुई। चंद्रशेखर लगातार कहते रहते थे कि ब्रिटिश सरकार उन्हें जिंदा नहीं पकड़ सकती। वे वेश बदलकर विभिन्न जगहों पर रहते हुए क्रांतिकारी गतिविधियों का संचालन करते रहे। केंद्रीय असेंबली में बम फेंकने के बाद भगत सिंह और बटुकेश्वर दत्त की गिरफ्तारी हो गई। धीरे-धीरे बहुत-से क्रांतिकारी गिरफ्तार हो गए। आजाद नहीं पकड़े जा सके। वे कानपुर, इलाहाबाद में युवाओं और विद्यार्थियों को संगठित करने में लगे रहे। 27 फरवरी 1931 को वे इलाहाबाद के अल्फ्रेड पार्क में (अब चंद्रशेखर आजाद के नाम से प्रसिद्ध) अन्य साथियों से मिलने पहुंचे थे। तब तक एक विश्वासघाती मुखबिर ने अपना काम कर दिया था। एक पेड़ के पीछे छिपे चंद्रशेखर आजाद ने देखा कि वे बुरी तरह घिर गए हैं और पुलिस उनकी ओर बढ़ती आ रही है। भागने का कोई रास्ता न देख उन्होंने तीन पुलिस वालों को मार गिराया और गिरफ्तार होकर तरह-तरह के उत्पीड़न और अपमान झेलने से बचने के लिए अपने को गोली मार ली। इस तरह उनके जीवन की तरह उनकी मृत्यु भी असाधारण रही।

लाल बहादुर वर्मा

अधिक जानकारी के लिए :

1. **क्रांति की लपटें :** चंद्रमणि ब्रह्मदत्त, 2. **Chandrashekhar Azad : An Immortal Revolutionary of India** : Rana Bhagwan Singh, 2005

चंद्रिका प्रसाद जिज्ञासु
(1889-1974)

चंद्रिका प्रसाद जिज्ञासु ने 1960 में दलित साहित्य छापने के लिए 'बहुजन कल्याण प्रकाशन' नाम से प्रेस लगाया था जो एक महत्वपूर्ण घटना है। दलितों-पिछड़ी जातियों में एक बार फिर से नई चेतना भरने, नया सोच विकसित करने, उन्हें अपने अधिकारों के प्रति जागरूक करने, अंबेडकर और बुद्ध की तरफ दलितों को आकर्षित करने और उन्हें ठीक से जानने के लिए घूम-घूमकर व्याख्यान देने के अलावा छोटी-छोटी पुस्तिकाएं लिखकर उन्होंने जन-जन तक पहुंचाया। उनके द्वारा लिखित-संपादित पुस्तकों की संख्या सौ से ज्यादा है। उनकी पुस्तकों को पढ़कर दलित-पिछड़े वर्ग के काफी लोग अपने

चंद्रिका प्रसाद जिज्ञासु

अधिकारों के प्रति जागरूक हुए, आत्मसम्मान की भावना से लैस हुए।

कलवार जाति में जन्मे जिज्ञासु के पिता जियालाल अमेरिकन मिशन स्कूल, आदतगंज के हेडमास्टर थे। अध्यवसाय के जरिए जिज्ञासु ने हिंदी, संस्कृत, फारसी के अलावा उर्दू, बांग्ला, अरबी, पश्तो भाषाओं का भी ज्ञान प्राप्त किया। उन्होंने बांग्ला के कई उपन्यासों और उर्दू के कई ग्रंथों का हिंदी में अनुवाद किया था। अंबेडकर की महत्वपूर्ण पुस्तक 'पार्टीशन ऑफ इंडिया एंड पाकिस्तान' का पहला हिंदी अनुवाद (1972) प्रकाशित करने का श्रेय जिज्ञासु को है। वे प्रेस के मालिक-संपादक ही नहीं थे, नए लेखकों को तैयार करने में भी आगे थे। उनके लेखन ने रामस्वरूप वर्मा, अमृत लाल नागर और राहुल सांकृत्यायन तक को प्रभावित किया था। शुरुआती लेखन में वे राष्ट्रवादी थे और कांग्रेस से प्रभावित भी। उनकी 'राष्ट्रीय डंका' और 'आजादी' शीर्षक कविताएं अंग्रेजी सरकार द्वारा जब्त की गई थीं और उन्हें गिरफ्तार भी किया गया था। बाद में उनका कांग्रेस से मोहभंग हो गया। वे बौद्ध दर्शन और अंबेडकर की तरफ आकर्षित हुए। दलित इतिहास और संस्कृति की उनकी गहरी समझ ने दलित चिंतकों में उन्हें आगे ला खड़ा किया। जिज्ञासु ने 'कलवार संदेश' और 'हैहय क्षत्रिय' नाम से लंबे समय तक पत्रिकाएं निकालीं, जिससे कलवार जाति के लोग संस्कृतीकरण की प्रक्रिया में अपने को हैहय क्षत्रिय मानने लगे।

निशांत

चंपू

गद्य और पद्य के समान अनुपात में मिश्रण को चंपू काव्य कहते हैं। चंपू काव्य मिश्र श्रव्य काव्य का रूप है। विश्वनाथ ने कहा है, 'गद्यपद्यमयं काव्यं चम्पूरित्यभिधीयते' (साहित्य दर्पण, 6.336) अर्थात चंपू काव्य कथानकबद्ध गद्य-पद्य मिश्रित काव्य रूप है। यह कथा, आख्यायिका आदि से भिन्न है, क्योंकि कथा आदि में पद्यों का प्रयोग उपदेश अथवा नीतिकथन के रूप में किया जाता है, लेकिन चंपू में गद्य और पद्य प्रायः समान अनुपात में होते हैं। पद्य भी गद्य भाग की तरह कथानक से जुड़े होते हैं। चंपू उस गद्य-पद्य मिश्रित विरुदावली से भी भिन्न होता है, जिसमें किसी राजा की प्रशस्ति होती है। चंपू में गद्य और पद्य का वैसा ही सुंदर पारस्परिक संबंध होता है, जैसा वाद्य के साथ से गीत का।

चंपू काव्य में वस्तु-विवेचन की अपेक्षा वर्णन-विस्तार होता है। इसका नायक देवता-गंधर्व-मनुष्य से लेकर पशु-पक्षी तक हो सकता है। इसमें नायक एकाधिक भी हो सकते हैं, लेकिन नायिका का होना जरूरी नहीं है। चंपू में गीतों का प्रयोग होता है। इसमें श्रृंगार, वीर और शांत रस की प्रधानता होती है। महाकाव्य की तरह ही चंपू काव्य में भी मंगलाचरण, खलनिंदा और सज्जनों की स्तुति होती है।

कहा गया है कि चंपू काव्य के बीज अथर्ववेद में हैं। गद्य-पद्य का मिश्रण संस्कृत साहित्य में पुरानी परिघटना है। फिर भी काव्य शैली के रूप में चंपू उतना पुराना नहीं माना जाता। चंपू काव्य का पहला उदाहरण त्रिविक्रम भट्ट का 'नलचंपू' है। यह 'दमयंती कथा' के नाम से प्रसिद्ध है। इसमें चंपू का वैशिष्ट्य दिखता है। जैन कवि सोमप्रभसूरि का 'यशस्तिलक चंपू' है। भोजराज ने राम के चरित का अवलंबन कर के 'रामायण चंपू', अनंतभट्ट ने 'भारत चंपू' और शेष श्रीकृष्ण ने 'पारिजातहरण चंपू' लिखे जो प्रसिद्ध हुए। कवि कर्णपूर का 'आनंदवृंदावन चंपू' तथा जीव गोस्वामी का 'गोपाल चंपू' सरस काव्य हैं। द्रविड़ भाषाओं में चंपू काव्य आज भी लोकप्रिय है। हिंदी में चंपू काव्य का अभाव है। मैथिलीशरण गुप्त का 'यशोधरा' आधुनिक युग का चंपू काव्य माना जाता है।

ब्रजकिशोर झा

चंबयाली

चंबयाली भूतपूर्व चंबा रियासत की बोली है। इसके दक्षिण में कांगड़ा जिला पड़ता है।

उत्तर-पूर्व में और पूर्व में एक ओर चंबा-लाहुल का क्षेत्र स्थित है, जहां की भाषा तिब्बती-बर्मी परिवार की है तथा दूसरी ओर जम्मू-कश्मीर का लद्दाख क्षेत्र है। इसके पश्चिम में भटियाली बोली का क्षेत्र है, जो डोगरी भाषा का रूप है। इसके उत्तर-पश्चिम में भद्रवाही क्षेत्र है, जहां की बोली पहाड़ी भाषा से संबंधित है। इससे आगे फिर डोगरी भाषी क्षेत्र है। बाहरी हिमालय पर्वत की धौलाधार की एक शाखा इसे कांगड़ा जिले से अलग करती है।

कांगड़ा की ओर व्यास जल क्षेत्र तथा दूसरी ओर रावी जल क्षेत्र पड़ता है। इससे आगे मध्य हिमालय पर्वत शाखा अर्थात पांगी पर्वत शृंखला पड़ती है। दोनों पर्वत शृंखलाओं के बीच की रावी नदी घाटी तीन वादियों में विभक्त है—चंबा, भरमौर और चुराह। रावी नदी घाटी से आगे पांगी पर्वत शृंखला के दूसरी ओर चिनाब नदी का क्षेत्र पड़ता है, जिसे पांगी क्षेत्र कहते हैं। पांगी वादी दो भागों में विभक्त है : दक्षिण-पूर्व में चंबा-लाहुल और उत्तर-पश्चिम में पांगी क्षेत्र। चंबा-लाहुल की भाषा तिब्बती-बर्मी परिवार की है और पांगी की भारत-आर्य परिवार की। इस तरह स्थानीय नामों के आधार पर चंबयाली बोली के अंतर्गत उपर्युक्त चार उप-बोलियां हैं—चंबयाली विशेष, भरमौरी, चुराही तथा पंगवाली।

धौलाधार और पांगीधर के बीच रावी नदी का मुख्य भाग चंबयाली बोली का मूल क्षेत्र है। चंबयाली में वे सभी विशेषताएं हैं, जो पहाड़ी भाषा में निहित हैं, परंतु इसमें कुछ ऐसे लक्षण विद्यमान हैं जो पहाड़ी भाषा की अन्य बोलियों में नहीं पाए जाते। इसका मुख्य कारण सीमावर्ती कश्मीरी, डोगरी तथा पंजाबी भाषाओं का प्रभाव है। इस विभिन्नता में एक है, संप्रदान कारक का 'जो' प्रत्यय कर्म कारक का प्रत्यय भी है। यह प्रत्यय भारतीय भाषाओं में केवल सिंधी में पाया जाता है। वहां यह संप्रदान का नहीं, बल्कि संबंध कारक का प्रत्यय है। इस प्रकार चंबयाली के संज्ञा शब्दों के तिर्यक रूपों में भी भिन्नता है। जहां उपर्युक्त (मंडियाली को छोड़ कर) पहाड़ी बोलियों में बहुवचन का तिर्यक रूप वही होता है जो एकवचन का, वहां चंबयाली में एकवचन और बहुवचन के तिर्यक रूप अलग-अलग पाए जाते हैं। जैसे—शेष बोलियों में घोरा-ले का अर्थ 'घर को' और 'घरों को' दोनों समान है, परंतु चंबयाली में एकवचन में घर को और बहुवचन में घरां को होता है। इसी तरह ध्वनि क्षेत्र में भी कुछ भिन्नताएं पाई जाती हैं, जिनमें मुख्य यह है कि चंबयाली में 'अ' को 'औ' अथवा 'ओ' में बदलने की प्रवृत्ति नहीं है।

उदाहरण—इक्की आदमी रे दो पुत्र थिए। उन्हां मंझा निक्के पुत्रे बाबा कने गलाया 'बाबा, जे घर-बारी रा हेसा मेरा है, से मिंजो दे।' ता उनी आपणी लटी-पटी उन्हां-जो बंडी दिती।

श्रीराम शर्मा

चमत्कारवाद

जो चमत्कृत करे वह चमत्कार है, 'चमत्कारोति इति चमत्कार'। कला और साहित्य के संदर्भ में माना गया है कि उसमें कोई तो ऐसी विलक्षणता होनी चाहिए, जो चमत्कृत करे और आनंद दे। रामचंद्र शुक्ल ने लिखा है, 'काव्य के संबंध में चमत्कार, अनूठापन आदि शब्द बहुत दिनों से लाए जाते हैं। चमत्कार से तात्पर्य उक्ति के चमत्कार से है जिसके अंतर्गत वर्ण विन्यास की विशेषता (अनुप्रास), शब्दों की क्रीड़ा (श्लेष, यमक, आदि), वाक्य की वक्रता या वचनभंगी (विरोधाभास, असंगति आदि) तथा अप्रस्तुत वस्तुओं का अद्‌भुतत्व अथवा प्रस्तुत वस्तुओं के साथ उनके सादृश्य के संबंध में दूरारूढ़ कल्पना (उत्प्रेक्षा, अतिशयोक्ति आदि) जैसी बातें आती हैं।' (रस मीमांसा)। आचार्य शुक्ल के अनुसार, सच्चे कवि किसी भाव या विचार के सौंदर्य को बढ़ाने के लिए ही चमत्कार का आश्रय लेते हैं, जबकि चमत्कारवादी इसे ही काव्य का नित्य लक्षण मानते हैं। इस तरह मुख्य सवाल अक्सर यह उठा है कि चमत्कार साधन है या लक्ष्य। चमत्कार जब

साधन से आगे बढ़ कर लक्ष्य बन जाता है तो यह चमत्कारवाद हो जाता है।

पहले के और बीसवीं सदी के कवियों में दोनों तरह के उदाहरण मिलते हैं। बिहारी के इस दोहे में चमत्कार के साथ रसोद्रेक भी है–'दृग उरझत टूटत कुटुम जुरत चतुर चित प्रीति। परति गांठ दुरजन हिय दई नई यह रीति।' इसे प्रकृत चमत्कार कहा जा सकता है। उन्हीं के इस दोहे में रसोद्रेक नहीं होने के कारण सिर्फ चौंकाने वाला साधारण चमत्कार है–'इत आवत चलि जात उत चली छसातक हाथ। चढ़ीं हिंडोरै सैं रहे लगी उसासन साथ।' एक नायिका इतनी विरह-विदग्ध है कि सांस लेते ही कभी छह-सात हाथ आगे और कभी छह-सात हाथ पीछे चली जाती है, मानो झूला झूल रही हो!

आधुनिक कवियों में से धूमिल के उदाहरण देखें। राजनीति पर कटाक्ष करते हुए वह लिखते हैं, 'जनता क्या है?/ एक भेड़ है/ जो दूसरों की ठंड के लिए/ ऊन की फसल ढो रही है।' (पटकथा)। या 'मेरा गुस्सा–/ जनमत पर चढ़ी हुई नदी में/ एक सड़ा हुआ काठ है।' (शांति पाठ)। इसमें प्रकृत चमत्कार है। साधारण चमत्कार या चमत्कारवाद का उदाहरण देखें, 'उसने जाना कि हर लड़की/ तीसरे गर्भपात के बाद/ धर्मशाला हो जाती है और कविता/ हर तीसरे पाठ के बाद।' (संसद से सड़क तक)। प्रकृत चमत्कार उक्ति का अर्थ समझने में बाधक नहीं होता। दूसरी बात, यह पाठक या दर्शक को सिर्फ चौंकाने के लिए नहीं होता। साधारण चमत्कार या चमत्कारवाद शब्द-कौतुक या दृश्य-कौतुक भर होगा, उसके पीछे कोई मानवीय भाव न होगा।

बिरेश कुमार

चरक संहिता

चरक संहिता आयुर्वेद का उपलब्ध प्राचीन ग्रंथ है जिसमें वैज्ञानिक दृष्टि से रोगों के उपचार की युक्तियां बताई गई हैं। इसका रचनाकाल 600 ईसा पूर्व से 100 ईसा पूर्व माना जाता है। इसमें लिखा गया है कि आत्रेय ने सर्वप्रथम चिकित्सा विद्या संबंधित उपदेश दिए और अग्निवेश ने इन्हें शास्त्र का रूप दिया। चरक ने इसका संपादन किया। इसलिए इस ग्रंथ का नाम चरक संहिता हो गया। इसका मतलब है कि यह ग्रंथ कई सौ साल के अनुभवों, पर्यवेक्षणों और प्रयोगों का प्राचीन वैज्ञानिक निचोड़ है, हालांकि इसमें आगे चलकर धार्मिक विश्वास का भी मिश्रण हो गया।

चरक संहिता आठ भागों और 120 अध्यायों में विभक्त है। यह आयुर्वेद की प्रधान कृति है। कुछ विद्वानों के अनुसार इसका रचनाकाल उपनिषदों के बाद और बुद्ध से पहले का है। चरक ने कहा है, 'जो चिकित्सक अपने ज्ञान का दीपक लेकर रोगी के शरीर को नहीं समझता, वह रोग कैसे ठीक करेगा।' चरक संहिता के साथ सुश्रुत संहिता भी वैज्ञानिक ढंग से चिकित्सा की शुरुआत करने वाला भारतीय ग्रंथ माना गया है। सुश्रुत संहिता शल्य चिकित्सा का आदि ग्रंथ है। नीम हकीमी को अस्वीकृत करना, अंधविश्वास से समझौता नहीं करना और वैज्ञानिक आत्मविश्वास के साथ अपने वर्तमान ज्ञान की सीमाओं की ओर संकेत करना इन ग्रंथों को वैज्ञानिक दृष्टि से महत्वपूर्ण बना देता है। आज इनके मूल सिद्धांतों को देखकर किसी को विस्मय हो सकता है।

यह स्वाभाविक है कि चरक संहिता में प्रकृति और चिकित्सा विज्ञान से संबंधित प्रारंभिक ज्ञान है। फिर भी यह विभिन्न रोगों के लक्षण और कारण, द्रव्यों की प्रकृति और गुणों, शरीर-रचना और भ्रूण विज्ञान, रोगों के निदान, औषधिशास्त्र आदि विषयों पर अपनी सीमा में समस्याओं और समाधानों को वैज्ञानिक ढंग से प्रतिपादित करता है। इसमें औषधि के रूप में काम आनेवाली 600 से अधिक जड़ी-बूटियों का उल्लेख है। कई तरह के खनिज धातुओं, अल्कोहल जैसे पदार्थों के गुणों का विवरण है। यह कहा गया है कि 'बुद्धिमान औषधिविद के लिए संपूर्ण संसार ही शिक्षक है।' इसके अनुसार पर्यावरणीय पदार्थों और शारीरिक पदार्थों के बीच सही संबंध ही स्वास्थ्य का लक्षण है।

चरक संहिता में चिकित्सा के लिए वस्तुतः

दैवी सिद्धांत की जगह युक्ति सिद्धांत की प्रधानता है। सुश्रुत सिद्धांत में शल्य चिकित्सा में काम में लाए जाने वाले उपकरणों का वर्णन है और अच्छे सर्जन के संबंध में कहा गया है, 'सबसे अच्छा उपकरण तो स्वयं शल्य चिकित्सक का हाथ है।' यह बात आधुनिक सर्जन के संबंध में भी कही जा सकती है। चरक ने एक युक्तिसंगत बात कही है, 'मनुष्य प्रकृति की उपज है, वह प्रकृति का सार है।' यही बात सुश्रुत संहिता में भी कही गई है, 'मनुष्य शरीर की रचना विभिन्न पदार्थों द्वारा होती है।... जीवन और कुछ नहीं, भोजन का जीवन में रूपांतरण है। इस शरीर रचना में सिर्फ भोजन ही सम्मिलित नहीं है, बल्कि इसमें जीवन, प्रतिभा, बुद्धि भी भोजन की तरह शामिल है।' इसमें मृत्यु को देह के प्रकृति में समाहित होने के रूप में देखा गया है। चरक ने यह भी कहा है कि एक चिकित्सक या औषधिविद को रोगियों का उपचार निःस्वार्थ रूप से निष्ठा के साथ करनी चाहिए, 'औषधिविदों में वह श्रेष्ठ है जो न धन के लिए और न भोग-विलास के उद्देश्य से बल्कि मानवीय करुणा से प्रेरित होकर चिकित्सा कर्म में संलग्न होता है।' आज के डाक्टरों के लिए भी यह नैतिक सबक महत्वपूर्ण है।

चरक संहिता में स्पष्ट रूप से कहा गया है कि रोगों का कारण दैवी नहीं है, भौतिक है। फिर भी इस ग्रंथ में अंधविश्वास मौजूद है, 'ईशनिंदा, पापपूर्ण काम और पिछले जन्म में किए गए कुकर्मों आदि से कुष्ठ रोग होता है।' इसका उपचार क्या है, 'उमा और महादेव की पूर्ण निष्ठा से पूजा करते हुए जगत जननी माता भवानी की आराधना करना।' इसका मतलब है कि मौखिक परंपरा में चली आ रही चरक संहिता में कुछ ने दैवी अंधविश्वास घुसा दिए, प्रक्षिप्त अंश जोड़ दिए और एक वैज्ञानिक ग्रंथ को अंध-धारणाओं से जोड़ दिया। इस ग्रंथ में बहस है। एक संवाद में मरीचि कहता है, 'यदि ये सारी बातें सही भी हों तो इन्हें औषधिशास्त्र में लाने, देखने और जानने की क्या आवश्यकता है?' चरक संहिता में आयुर्वेद के तहत जगह-जगह बताया गया है, जीवन के लिए क्या अच्छा और क्या बुरा है, क्या सुखद और क्या दुखद है, क्या पुष्टिकर और क्या अपुष्टिकर है। लेकिन आगे चलकर वैज्ञानिक युक्तियों को पीछे छोड़कर आत्मा और ब्रह्म ही परम सत्य बन गए। हद तो तब हुई, जब स्मृतिकारों ने जिनके हाथों का भोजन लेने के लिए सवर्णों को मना किया, उनमें शूद्र, कारीगर, अपराधी और चोर के साथ औषधविद और शल्य चिकित्सक को भी रख दिया। इस तरह भारतीय धरती के वैज्ञानिक बीजों पर अंधविश्वास का वज्रपात हुआ।

शंभुनाथ

चर्यापद

बौद्ध-सिद्ध साहित्य के दो प्रमुख काव्य रूप हैं—दोहाकोश और चर्यापद। बौद्ध धर्म की महायान शाखा में बोधिचित्त के लिए की जाने वाली छह पारमिताओं की साधना को चर्या कहते हैं। इसका उद्देश्य प्रज्ञा और उपाय का अद्वय है। बौद्ध तांत्रिक चर्या के समय गाए जाने वाले पद 'चर्यापद' हैं। चर्यापद विभिन्न सिद्धों द्वारा रचे गए हैं और एक साथ संग्रहीत हैं। 1907 में हरप्रसाद शास्त्री को नेपाल में सिद्धों के 50 चर्यापदों के साथ 'सरोरुहव्रज' और 'दोहाकोश' संस्कृत टीका सहित मिला था। इसका प्रकाशन 1917 में बंगीय साहित्य परिषद द्वारा 'बौद्ध गान ओ दोहा' के नाम से हुआ। इसमें हरप्रसाद शास्त्री ने 50 चर्यापदों के संपादन की बात की है, किंतु मूल ताड़पत्रीय हस्तलेख के पांच पत्र लुप्त हो जाने के कारण चर्यापद संख्या 25, 28 तथा 48 इसमें नहीं हैं। उन्होंने इन चर्यापदों की भाषा बारहवीं सदी बताई और इस संग्रह का नाम 'चर्याचर्यविनिश्चय' रखा। राखालदास बनर्जी ने इसकी भाषा का परीक्षण कर बाद में अपने संपादित ग्रंथ 'श्रीकृष्ण संकीर्तन' की भूमिका में इसे चौदहवीं सदी से पूर्व का मानने से इन्कार कर दिया।

चर्यापद के नामकरण को लेकर काफी

विवाद है। विधुशेखर शास्त्री ने हरप्रसाद शास्त्री के 'चर्याचर्यविनिश्चय' नाम से असहमति जताते हुए इसका नाम मुनिदत्त रचित टीका के आरंभिक श्लोक 'श्री लूयीचरणादि सिद्ध रचितेप्याश्चर्यचयचिये' के आधार पर 'आश्चर्यचर्याचय' रखा। प्रबोध चंद्र बागची का कहना है कि तिब्बती रूपांतर में 'चर्यागीतिकोषवृत्ति' नाम है, इसलिए इसे 'चर्यागीतिकोष' कहना उचित है। बाद में सुकुमार सेन ने भी इसे 'चर्यापद' न कहकर 'चर्यागीति' कहा। सुनीति कुमार चटर्जी ने 'चर्यापद' में बांग्ला भाषा के प्राचीन चिह्न देखे। हिंदी में चर्यापदों के संग्रह, संपादन और अध्ययन का कार्य मुख्य रूप से राहुल सांकृत्यायन ने किया। राहुल जी ने सरहपा, शवरपा, लुईपा, भुसुकपा, कण्हपा तथा शांतिपा आदि के पदों को उद्‌धृत करते हुए इनकी भाषा पुरानी मगही-हिंदी मानी। परशुराम चतुर्वेदी ने प्रबोध चंद्र बागची द्वारा प्रस्तुत सामग्री का उपयोग कर अपनी पुस्तक 'बौद्धसिद्धों के चर्यापद' में 50 चर्यापदों का संग्रह किया। चर्यापदों के विभिन्न संकलनों के अध्ययन से निश्चित हो जाता है कि चर्यापदों की संख्या पचास ही नहीं है। कई रचनाएं खो गईं अथवा उनका संग्रह न हो सका या उन पर टीका नहीं लिखी जा सकी। शशिभूषण दासगुप्त ने प्रायः 250 हस्तलिखित चर्यागीतों का पता लगाकर उनमें से 100 गीतों का चयन किया, पर उन पदों में अधिकांश विकृत और बाद के लिखे सिद्ध हुए। ये पद नेपाली लिपि में थे, जिनमें से कुछ की भाषा ब्रजबुलि है। इससे अनुमान लगाया गया है कि 84 सिद्धों की परंपरा समाप्त हो जाने के बाद भी लगभग सोलहवीं सदी तक नेपाल में चर्यापद लेखन की परंपरा बनी रही होगी।

चर्यापद के प्राचीनतम रचनाकार लुईपा हैं। अन्य सिद्धों में सरहपा, शबरपा, कानुपा, भुसुकपा, शांतिपा आदि हैं। शहीदुल्ला इनकी भाषा में मागधी अपभ्रंश और सुनीति कुमार चटर्जी शौरसेनी अपभ्रंश का असर देखते हैं। चर्यापद की भाषा में पूर्वीपन भी रेखांकित किया गया है, इसलिए हिंदी से उनका संबंध जोड़ा गया है।

चर्यापद की भाषा संधा भाषा है, जो दृष्टकूटों या उलटबांसियों जैसी शैली में है। इसके दुहरे अर्थ हैं। चर्यापदों में सिद्धों की अनुभूति तथा रहस्यभावना व्यक्त हुई है। इनमें योगसाधना और तंत्राचार के चमत्कारपूर्ण वर्णन हैं। इसके अलावा योगी और योगिनियों (भैरव-भैरवी या मुद्रा) का सम्मिलन है। इन पदों में साधक की मानसिक अवस्थाओं के वर्णन के साथ राग और आनंद के प्रस्फुटन और बोधिचित्त की विभिन्न स्थितियों का वर्णन प्रतीक शैली में है। इनमें पुराने कर्मकांड और रूढ़ियों का अंश भी है। चर्यागीतों में विभिन्न राग-रागिनियों का प्रयोग हुआ है। 18 रागों का उल्लेख है। इन गीतों में सिद्धों ने उपमा, रूपक और संकेतों में अपनी साधनात्मक अवधारणाएं प्रस्तुत की हैं। इन गीतों में शृंगार और उत्साह के अलावा वीभत्स की भी व्यंजना है। सिद्धों द्वारा साधनापरक अनुष्ठानों के समय गाए जाने वाले गीत गीतिशैली एवं प्रतीकात्मक भाषा में हैं। ये संत कवियों का प्रेरणास्रोत रहे हैं। चर्यापद भले साहित्यिक दृष्टि से कलात्मक न हों, ये भाषा, सामाजिक विकास और काव्य परंपरा की दृष्टि से महत्वपूर्ण हैं। संतों की उलटबांसियां इन्हीं की परंपरा में देखी गई हैं। सुनीति कुमार चटर्जी ने इन गीतों में प्रयुक्त छंदों का संबंध बांग्ला के पयार छंद (संस्कृत का पादाकुलक छंद) से जोड़ा है।

कुसुम राय

अधिक जानकारी के लिए :

1. **नाथ संप्रदाय** : हजारी प्रसाद द्विवेदी, 2. **संत काव्य के प्रेरणास्रोत** : परशुराम चतुर्वेदी, 3. **बौद्ध सिद्धों के चर्यापद** : परशुराम चतुर्वेदी

चाणक्य

(350-275 ईसा पूर्व)

चाणक्य एक विद्वान अर्थशास्त्री, दार्शनिक और कूटनीतिज्ञ के रूप में भारतीय इतिहास में जाने जाते हैं। उन्हें कौटिल्य भी कहा जाता है। उनका एक और नाम विष्णुगुप्त है। माना जाता है कि उन्होंने

नंद वंश का नाश करके चंद्रगुप्त को राजा बनाया। विष्णु पुराण, भागवत आदि के अलावा बौद्ध ग्रंथों में भी उनका जिक्र आया है। कुछ विद्वान उन्हें मगध का तो कुछ तक्षशिला का मानते हैं। चाणक्य राजनीतिक हस्ती होते हुए भी कुटिया में रहते थे। दूरदर्शन पर उन पर बना धारावाहिक 1990 में दिखाया गया

चाणक्य

था। उनकी बुद्धि की प्रखरता, वाक चातुरी, विद्वत्ता और नीति कुशलता उनके ग्रंथ 'अर्थशास्त्र' से स्पष्ट होती है। कहा जाता है कि सिकंदर के आक्रमण के कारण भारत के छोटे-छोटे राज्यों में विभक्त होने की वजह से जो पराजय हुई, इससे दुखित होकर ही उन्होंने राजनीति के क्षेत्र में पदार्पण किया। कुछ का मानना है कि महापद्मनंद ने उन्हें अपनी दानशाला में अपमानित किया था। इससे कुपित होकर उन्होंने अपनी शिखा खोलकर नंद वंश के विनाश की प्रतिज्ञा की थी और राजनीति की तरफ मुड़े थे।

चाणक्य नंद को पराजित करने वाले चंद्रगुप्त के मंत्री और राजनीतिक सलाहकार थे। यह राजनीतिज्ञ और बुद्धिजीवी के मर्यादापूर्वक साहचर्य का अनूठा उदाहरण है। चाणक्य या कौटिल्य की कितनी कृतियां हैं, स्पष्ट नहीं है। उनके 'अर्थशास्त्र' की चर्चा ही मुख्य रूप से होती है। संस्कृत का यह ग्रंथ राजनीति ही नहीं, अर्थशास्त्र और समाज व्यवस्था की विवेचना के संदर्भ में भी विलक्षण है।

चाणक्य ने राज्य की उत्पत्ति के संबंध में संकेत दिया कि 'मत्स्य न्याय' से तंग आ कर राज्य की अवधारणा बनी। राजा उपज के रूप में कर के बदले शांति और सुरक्षा दे। चाणक्य ने 'सप्तांग सिद्धांत' का समर्थन करते हुए बताया कि राज्य के लिए क्या जरूरी है–1. राजा, 2. मंत्री, 3. जनपद (भूमि और जनता), 4. दुर्ग, 5. राजकोष, 6. दंड (सेना) और 7. मित्र। चाणक्य सहज और कृत्रिम मित्र में फर्क करते हैं। उनके 'सप्तांग सिद्धांत' में आज से दो हजार साल पहले के राज्य के 'सावयव स्वरूप' का बोध होता है। चाणक्य ने राजतंत्र-व्यवस्था का स्वरूप स्पष्ट किया है, पर जनता के पक्ष से शांति, न्याय और प्राकृतिक आपदाओं–व्यापारिक लूट से सुरक्षा के संबंध में भी काफी बातें कही हैं। उनका मानना है, 'प्रजा की खुशी में ही राजा की भलाई है। प्रजा के लिए जो कुछ लाभकारी है, उसे देखने में ही राजा का लाभ है।' (देखिए 'कौटिल्य अर्थशास्त्र')।

संस्कृत में विशाखदत्त ने अपने नाटक 'मुद्राराक्षस' में चाणक्य का बड़ा प्रभावशाली रूप अंकित किया है। हिंदी में भारतेंदु हरिश्चंद्र ने उसका पहला अनुवाद किया और जयशंकर प्रसाद ने 'चंद्रगुप्त' नाटक में पुरानी कथा को नया कलात्मक रूप दिया। रामविलास शर्मा ने 'भारतीय संस्कृति और हिंदी प्रदेश' के पहले खंड में कौटिल्य के अर्थशास्त्र की सामंतविरोधी दिशा रेखांकित की है।

राजेश मिश्र

चातुर्मास्य

मुख्यतः वर्षाकाल के चार महीनों का समुच्चय चातुर्मास्य कहलाता है। इस अवधि में प्रायः बादलों के कारण सूर्य नहीं उग पाता। अतः पृथ्वी पर भी एक प्रकार का धुंधलापन व्याप्त रहता है।

पानी-पानी, कीचड़-कादो, तृण-संकुल, कीट-पतंग और नदी-नालों के उफान से आवागमन बाधित या शिथिल हो जाता है। इसलिए इन दिनों उत्सवमूलक विधान प्रायः आयोजित नहीं होते। शास्त्रों के अनुसार चातुर्मास्य की अवधि आषाढ़ शुक्ल एकादशी से कार्तिक शुक्ल की एकादशी तक मान्य है जिसे पौराणिक भाषा में हरिशयनी एकादशी से देवोत्थान एकादशी तक कहा गया है। वाराहपुराण के अनुसार शुक्ल एकादशी से सोये विष्णु को कार्तिक की देवोत्थान एकादशी के दिन यह अर्चना करके जगाया जाता है—

उत्तिष्ठोतिष्ठ गोविंद त्यज निंद्रा जगत्यते
त्वयि सुप्ते जगन्नाथ जगत सुप्तं भवेदिदम्।
उत्थिते चेष्ठते सर्वमुक्तिष्ठोतिष्ठ माधव
गता मेघा वियच्चैव निर्मलं निर्मला दिशः ।।

अर्थात हे जगन्नाथ! आपके सो जाने से यह संसार सो गया है। अतः हे जगत्पति! निद्रा त्याग कर उठिए, क्योंकि अब मेघों के अपवर्जन से आकाश और दिशाएं प्रसन्न-निर्मल हो चुकी हैं।

ऋतु की प्रकृति के नाते इन चार महीनों में व्रत का विधान है, जिसमें आहार की दृष्टि से कुछ खाद्य निषिद्ध या त्याज्य हैं। सूर्य दर्शन के बिना तो आहार ही त्याज्य है। अतः अनवरत बदली के दिनों में व्रती को दीर्घकालिक उपवास का पालन करना पड़ता है। गांधी जी ने आत्मकथा में अपनी गां के कठिन चातुर्मास्य व्रत का उल्लेख किया है। चातुर्मास्यव्रतधारी को पथ्यानुसार सावन में शाक-सब्जी, भादों में दही, आश्विन में दूध और कार्तिक में दलहन वर्जित है। कृमि की अतिव्याप्ति ही शायद इसका मूल कारण हो। जो भी स्थिति हो, वर्जनाएं इस प्रकार हैं —

श्रावणे वर्जयेच्छाकं, दधिं भाद्रपदे त्यजेत्।
आश्विने तु त्यजेत्, दुग्धं, कार्तिके द्विदलम्
त्यजेत्।।

ऐसा कहा जाता है कि महात्मा बुद्ध भी विहार में चातुर्मास्य व्रत का पालन करते हुए शेष आठ महीने घूम-घूमकर धर्मोपदेश किया करते थे। लोग इसे चौमास या चौमासा कहते हैं। वैष्णव, शैव, शाक्त, तांत्रिक, बौद्ध, जैन सभी धर्मों में चातुर्मास्य की मान्यता है।

अष्टभुजा शुक्ल

चारण

चारण शब्द का कई अर्थों में प्रयोग हुआ है—तीर्थयात्री, भाट, भांड़ा, कुशीलव (कीर्तिगायक), गुप्तचर, बंदीजन, राजपूताना की एक जाति, मागध सूत आदि। साधारणतः चारण एक कलाजीवी जाति रही है, जिसकी आजीविका उपहार और दान से चलती थी। चारण अपने आश्रयदाताओं की उदारता और वीरता की अतिशयोक्तिपूर्ण प्रशंसा करते थे और उन्हें खुश करके दान प्राप्त करते थे। वे अपने आश्रयदाता के वंश एवं चरित्र को ऊंचा दिखाते हुए उनके शौर्य, पराक्रम और वैभव का बढ़ा-चढ़ाकर बखान करते थे। युद्ध के समय ओजपूर्ण वाणी से प्रोत्साहित करने के लिए चारणों की आवश्यकता बढ़ गई। रूपवती स्त्री के लिए युद्ध होते थे। कई बार महज अहंकार और शौर्य प्रदर्शन के लिए युद्ध होते थे। चारण अपने आश्रयदाता राजा के बारे में झूठी बातें लिखकर गाते थे। इस तरह के एक विशेष काव्य-रूप का चलन हो गया था।

हर्षवर्धन के बाद सातवीं सदी के उत्तरार्ध में देश में केंदीय शासन के स्थान पर कई छोटे-छोटे राज्यों की स्थापना होने के बाद इन राज्यों के शासकों की पारस्परिक प्रतिद्वंद्विता के साथ मिथ्या अभिमान की भावना भी पनपने लगी थी। कवि इनकी प्रशस्ति में लिखने लगे। कई चारण हमेशा दरबार में न रहकर घुमंतू जीवन भी बिताते थे। उन्हें पाणर कहा जाता था। वे वाद्ययंत्र के साथ गाते, नाचते और अभिनय करते थे। उनके साथ स्त्रियां भी भागीदार होती थीं। स्त्रियां अपने पतियों के साथ और कई बार उनसे अलग स्वतंत्र रूप में भी गायन और प्रदर्शन करती थीं। आज भी उत्तर भारत के कुछ जनपदों में यह परंपरा है।

चारणों में जो कथावाचक थे, वे सूत कहलाते थे। जो गायक और कवि होते थे, उन्हें मागध कहा जाता था। सूत और मागध पहले समाज में बहुत सम्मानित थे, बाद में इनकी प्रतिष्ठा में ह्रास हुआ। चारणों का पंद्रहवीं सदी से राजपूताने से विशेष संबंध दिखाई देता है। राज दरबारों में शास्त्रार्थों की धूम और पांडित्य के चमत्कार पर पुरस्कार का विधान ढीला पड़ जाने के बाद चारण काव्य का दौर आया था। राजा की युद्धप्रियता, पराक्रम और शत्रु की कन्या के अपहरण का अत्युक्तिपूर्ण आलाप करके या युद्ध क्षेत्र में वीरों में अपने उत्साहपूर्ण गीतों से उमंग भरकर चारण कवि राज-सम्मान पाता था। मोतीलाल मेनारिया ने लिखा है कि प्रभुभक्ति चारण-भाट जाति के खून में है और रासो ग्रंथ उसी भावना की अभिव्यक्ति हैं। नरोत्तम स्वामी ने स्पष्ट किया है कि भाटों की भाषा पिंगल थी तो राजस्थानी चारणों की भाषा डिंगल थी। बाद में यह भेद मिट गया, चारण भी पिंगल में लिखने लगे। चंद्रधर शर्मा गुलेरी ने 'चारणों और भाटों का झगड़ा' शीर्षक लेख में 1585 के बारहट लक्खा के परवाने का उल्लेख करते हुए चारणों के कुलगुरु शक्तिदान की चर्चा की है, जो उज्जैन के थे। चारण काव्य में वीर और श्रृंगार रसों का मिश्रण पाया जाता है।

कुसुम राय

चारु मजुमदार
(1918-1972)

चारु मजुमदार भारत में कम्युनिस्ट आंदोलन के नक्सलपंथ कहे जाने वाले हिस्से के नेता थे। उनका जन्म 1918 में पश्चिम बंगाल के सिलीगुड़ी नामक जिले में हुआ था। उनके पिता एक प्रगतिशील जमींदार थे और राष्ट्रीय आंदोलन में सक्रिय रहे थे। चारु ने बीस साल की उम्र में पढ़ाई छोड़कर मजदूरों को संगठित करना शुरू कर दिया था। वे बीड़ी मजदूरों और चाय बागान में काम करने वाले सबसे अधिक शोषित-उत्पीड़ित मजदूरों को संगठित करने में लगे रहे। 1943 में जब भीषण अकाल पड़ा, उन्होंने अकालग्रस्त लोगों की मदद की ही, कई बार फसलों पर जबरन कब्जा करने का नेतृत्व किया। फिर वह भारतीय किसानों के एक महत्वपूर्ण 'तेभागा' आंदोलन में शामिल हो गए और कम्युनिस्ट पार्टी पर प्रतिबंध लगने पर उन्हें जेल जाना पड़ा।

बीसवीं शताब्दी के 60 के दशक में कानू सान्याल के साथ मिलकर उन्होंने मार्क्सवादी कम्युनिस्ट पार्टी में एक असंतुष्ट वाम ग्रुप तैयार किया। उनका मानना था कि भारत भी चीन की तरह 'अर्ध-सामंती और अर्ध-औपनिवेशिक' देश है और भारत में भी चीन की तरह सशस्त्र क्रांति अनिवार्य है। उन्होंने 'चीन का रास्ता हमारा रास्ता' प्रतिपादित करते हुए कुछ लेख लिखे जिन्हें नक्सल आंदोलन में 'आठ ऐतिहासिक दस्तावेज' कहा जाता है। 1967 में नक्सलबाड़ी में जमींदारों पर आक्रमण होने शुरू हो गए। कृषकों के इस संघर्ष को नक्सलबाड़ी आंदोलन के नाम से जाना गया।

चारु मजुमदार ने भारत के कुछ दूसरे

चारु मजुमदार

असंतुष्ट कम्युनिस्टों के साथ मिलकर 'ऑल इंडिया कोआर्डिनेशन कमेटी ऑफ कम्युनिस्ट रिवोल्यूशनरीज' का गठन किया। 1969 में कलकत्ते में भारतीय कम्युनिस्ट पार्टी (मार्क्सवादी-लेनिनवादी) का गठन हुआ और चारु मजुमदार उसके जनरल सेक्रेटरी बन गए। देश में कई जगहों पर किसानों और युवाओं ने सशस्त्र संघर्ष का बिगुल बजा दिया। चीन के रेडियो पीकिंग ने इसे 'वसंत का वज्रनाद' (स्प्रिंग थंडर) घोषित कर दिया। कुछ लोगों को लगने लगा कि भारत में भी चीन की तरह क्रांति आसन्न है। 1967 में बंगाल के नक्सलबाड़ी गांव में जो आंदोलन जमींदारों के खिलाफ शुरू हुआ था, 1969 में श्रीकाकुलम और 1971 में बिहार के भोजपुर में पहुंच गया। इसके सभी लोग चारु मजुमदार की लाइन के समर्थक थे। इस आंदोलन से जुड़े कुछ नेता 'संशोधनवादी' घोषित करके छांटे भी गए। दूसरी तरफ इस आंदोलन का राज्य द्वारा व्यापक दमन हुआ। 4 जुलाई 1970 को आंध्र प्रदेश में प्रगतिशील लेखकों से अलग होकर पहली बार रिवोल्यूशनरी राइटर्स एसोसिएशन (RWA) बना जिसका अध्यक्ष श्री श्री को बनाया गया। 16 जुलाई 1972 को चारु मजुमदार गिरफ्तार कर लिए गए। कुछ ही दिनों बाद पुलिस हिरासत में उनकी मृत्यु हो गई और लाश परिवार को नहीं सौंपी गई।

भारत-चीन युद्ध के समय जब पहली बार कम्युनिस्ट पार्टी का विभाजन हुआ था तो उसे 'क्षैतिज विभाजन' कहा गया था। इसका मतलब यह था कि सारे देश में पार्टी नीचे से ऊपर तक सीपीआई और सीपीएम के रूप में विभाजित हो गई थी। पर जब सीपीआईएम और सीपीआई एम-एल का विभाजन हुआ तो यह लंबवत हुआ। यानी देश के कुछ इलाकों में ही नक्सलवादी पार्टी गठित हुई। इसके शीर्षस्थ नेता जिला स्तर के नेता थे। यानी चारु मजुमदार के नेतृत्व में जो नक्सलपंथी संगठित हुए थे वे उत्साही और समर्पित बहुत थे, पर राजनीतिक अदूरदर्शिता और जल्दबाजी की वजह से कई गुटों में विभाजित होते चले गए। इनके बीच विभाजन अधिकांशतः रणनीतिक और कार्यनीतिक मुद्दों को लेकर था। नक्सलपंथ कई गुटों में विभाजित होने के बावजूद सारतः चारु मजुमदार की माओवादी विचारधारा का ही अनुयायी रहा है। कई नक्सलपंथी गुट चारु के आलोचक हो चुके थे। पर नक्सलबाड़ी में शुरू हुए एक समय के उत्साहवर्धक क्रांतिकारी आंदोलन के प्रवर्तक के रूप में चारु मजुमदार का नाम सबसे पहले लिया जाता है।

लाल बहादुर वर्मा

अधिक जानकारी के लिए :

Naxalbari and After : Samar Sen, Debabrata Panda, Ashish Lahiri (Ed) , 1978

चार्वाक

चार्वाक अनीश्वरवादी, नास्तिक और भौतिकवादी थे। उनके नाम से चार्वाक दर्शन प्रसिद्ध है। वे सिर्फ प्रत्यक्ष प्रमाण को मानते थे और पारलौकिक सत्ताओं को नकारते थे। इसलिए चार्वाक दर्शन वेद-बाह्य दर्शन है। वेद-बाह्य दर्शन कुल छह हैं—चार्वाक, माध्यमिक, योगाचार, सौत्रांतिक, वैभाषिक और आर्हत। इन सभी ने वेद की सत्ता को नकारा। चार्वाक दर्शन वैदिक दर्शनों से भिन्न है। लेकिन कुछ लोग इस नास्तिक और भौतिकवादी दर्शन को वैदिक धर्म के भीतर का आंदोलन मानते हैं। चार्वाक को वेद विरोधी और अनीश्वरवादी दर्शनों—आजीविका, जैन धर्म तथा बौद्ध धर्म—का पूर्व आधार माना जाता है। चार्वाक ने अन्य दर्शनों से भिन्न रास्ता पकड़कर आप्तवचन, अनुमान और उपमान को तात्विकता का आधार मानने से इन्कार कर दिया था। उनके मत से पृथ्वी, जल, अग्नि और वायु चार तत्व हैं, जिनसे सब कुछ बना है। यह देह भी बनी है। उनके मत में आकाश तत्व की स्थिति नहीं है। इन भौतिक तत्वों के विशेष प्रकार के संयोजन से चैतन्य उत्पन्न होता है जिसे लोग आत्मा कहते हैं। शरीर जब नष्ट हो जाता है तो चैतन्य भी समाप्त हो जाता है। इस प्रकार जीव इन भौतिक पदार्थों से

उत्पन्न होकर अंत में इन्हीं में नष्ट होता है। आगे-पीछे इसका कोई महत्व नहीं है। इसलिए देह से परे आत्मा के होने का कोई प्रमाण नहीं मिलता। चार्वाक के मत से स्त्री, पुत्र और अपने परिजनों से मिलने और उनके द्वारा दिए गए सुख ही सुख कहलाते हैं। संसार में खाना, पीना और सुख से रहना चाहिए। इस दर्शन में कहा गया है, 'यावज्जीवेत सुखम् जीवेत ऋणं कृत्वा घृतं पीवेत, भस्मीभूतस्य देहस्य पुनरागमन कुतः।' अर्थात जब तक जियो, सुख से जियो अगर अपने पास साधन नहीं है तो दूसरे से उधार लेकर मौज करना चाहिए, श्मशान में शरीर के जलने के बाद शरीर को किसने वापस आते देखा है?

बौद्ध मत की तरह चार्वाक दर्शन में आकाश तत्व को न मानने का कारण है। हम जिस प्रकार गंध, रस, रूप और स्पर्श का सीधे अनुभव करते हुए उनके समवायियों का भी अनुभव करते हैं, आकाश तत्व का वैसा अनुभव नहीं होता। लेकिन चार महाभूतों का मूल कारण क्या है, इस प्रश्न का उत्तर चार्वाकों के पास नहीं है। चार्वाकों के अनुसार, चैतन्य शरीर का गुण या धर्म है। अतः यह शरीर ही आत्मा है। इसकी सिद्धि के तीन प्रकार हैं—तर्क, अनुभव और आयुर्वेद।

'सर्वदर्शन संग्रह' में चार्वाक का मत मिलता है। पद्मपुराण में लिखा है कि असुरों को बहकाने के लिए वृहस्पति ने वेद विरुद्ध मत प्रकट किया था। नास्तिक मत के बारे में विष्णुपुराण में लिखा है कि जब धर्म बल से दैत्य बहुत प्रबल हो गए तब देवताओं ने विष्णु से विनती की। विष्णु ने अपने शरीर से मायामोह नामक एक पुरुष पैदा किया जिसने नर्मदा तट पर दिगंबर रूप में जाकर तप करते हुए असुरों को बहका कर धर्म मार्ग से हटाया। मायामोह ने असुरों को जो उपदेश दिया था वह सर्वदर्शन संग्रह में दिए हुए चार्वाक मत से मिलता है। लिंगपुराण में त्रिपुर विनाश के प्रसंग में भी शिव द्वारा प्रेरित एक दिगंबर मुनि द्वारा असुरों को बहकाने की कथा मिलती है। वाल्मीकि रामायण के अयोध्या कांड में महर्षि जाबालि ने राम को वनवास छोड़ अयोध्या लौट जाने के लिए जो उपदेश दिया है, वह भी चार्वाक मत से मिलता है। इन सब से सिद्ध होता है कि नास्तिक मत बहुत प्राचीन है। जब वैदिक कर्मकांडों की प्रचुरता लोगों को खटकने लगी उसी समय चार्वाक मत का उदय समझा जाना चाहिए। महाभारत में भी चार्वाक या लोकायत दर्शन की चर्चा है। लेकिन इसका कोई मूल ग्रंथ उपलब्ध नहीं है। अपने समय की धर्म सत्ताओं के खिलाफ बोलने के कारण संभव है इनके ग्रंथों को नष्ट कर दिया गया हो और चार्वाक को कथाओं में खलनायकों की तरह पेश किया गया हो। इसलिए चार्वाक के विचार वहीं मिलते हैं, जहां उनका खंडन है।

चार्वाक केवल प्रत्यक्ष को मानते हैं। इसलिए प्रत्यक्ष दिखने वाला राजा ही ईश्वर है। वह अपने राज्य का और प्रजा का नियंता होता है। ज्ञान मीमांसा में विषय के वास्तविक ज्ञान अर्थात प्रमेय के लिए प्रमाण की आवश्यकता होती है। विषय तथा इंद्रियों के सान्निध्य से उत्पन्न ज्ञान प्रत्यक्ष ज्ञान है। इंद्रियों द्वारा सामने दिखाई पड़ने वाला संसार ही प्रमेय है। इसके अलावा अन्य पदार्थ असत हैं। जो वस्तु अनुभवजन्य नहीं, उसके लिए अन्य प्रमाण की आवश्यकता नहीं है। अनुमान की तो बिल्कुल नहीं, क्योंकि अनुमान से केवल संभावना का पता चलता है। निश्चयात्मक ज्ञान केवल प्रत्यक्ष से होता है। दूर हरे-भरे वृक्षों को देखकर वहां पक्षियों का कोलाहल सुनकर उधर से आने वाली ठंडी हवा के झोंके से हम वहां पानी होने की संभावना मानते हैं। लेकिन जल की उपस्थिति वहां जाकर देखने से ही निश्चित होती है।

चार्वाक धर्म, अर्थ, काम और मोक्ष इस पुरुषार्थ चतुष्टय में से अर्थ और काम को ही परम पुरुषार्थ मानते हैं। उनके अनुसार, धर्म नाम की वस्तु को मानना मूर्खता है, क्योंकि जब इस संसार के अलावा स्वर्ग-नरक हैं ही नहीं तो धर्म के फल को स्वर्ग में भोगने की बात अनर्गल है। कपोलकल्पित स्वर्ग का सुख भोगने के लिए यज्ञ-हवन करना धर्म नहीं है, बल्कि उसमें पशुओं की बलि हिंसा ही है। इस कारण यह अधर्म है। हवन करने से शरीर को कष्ट मिलता

है। इसलिए जो कार्य शरीर को सुख पहुंचाए, जिससे इंद्रियों की तृप्ति और मन को आनंद हो वह करना चाहिए। चार्वाक की मोक्ष कल्पना भी तत्वमीमांसा और ज्ञानमीमांसा से प्रभावित है। जब तक शरीर है, मनुष्य कष्ट पाता है। यही नरक है। इन कष्टों से मुक्ति तब मिलती है जब शरीर चैतन्य से मुक्त हो जाता है, अर्थात मर जाता है। यह मरना ही मोक्ष है, क्योंकि मरे हुए शरीर को किसी कष्ट का अनुभव नहीं होता।

चार्वाक को लोकायत दर्शन कहा गया है। लोकायत का अर्थ है, जन सामान्य में प्रिय होना। अतः चार्वाक लोकायत दर्शन उस दर्शन को कहा जाता है, जो जन सामान्य में स्वभावतः प्रिय है। सभी गंभीर शास्त्रीय विषयों का व्यावहारिक और लौकिक पक्ष ही चार्वाक दर्शन है। कुल मिलाकर जीवन के प्रति सहज दृष्टि ही चार्वाक दर्शन है।

उदयराज

अधिक जानकारी के लिए :
भारतीय दर्शन में क्या जीवंत है और मृत : देवीप्रसाद चट्टोपाध्याय

चिंतन

चिंतन एक उच्च मानसिक क्रिया है जो विचारों, बिंबों और प्रतीकों की सहायता से संपन्न होती है। यह कोई समस्या उठा कर विभिन्न विचारों या घटनाओं के पारस्परिक संबंध की खोज है। चिंतन के लिए आवश्यक है समस्या का बोध, समस्या से संबंधित पूर्वानुभवों का स्मरण और इसका हल निकालने के लिए 'प्रयत्न और त्रुटि' की प्रक्रिया में किसी तर्कसम्मत समाधान की खोज।

सामान्य चिंतन का संबंध प्रत्यक्षबोध से है। व्यक्ति कुछ देखता है, अनुभव करता है और इसके बाद पूर्वानुभवों के आधार पर चिंतन करके एक सरल निष्कर्ष निकाल लेता है। विकसित चिंतन अवधारणाओं का निर्माण है जो अमूर्तन और सामान्यीकरण के द्वारा होता है। चिंतन करते समय वस्तुएं नहीं, अवधारणाएं ही सामने रहती हैं। कोई समस्या या घटना सामने आने पर विचारों का तांता लग जाता है। समस्या के कई रूप और कई समाधान क्रमशः मन में आते हैं। यह प्रक्रिया द्वंद्वात्मक हो सकती है और सामंजस्यपरक भी। जो समाधान गलत मालूम होता है, उसे व्यक्ति छोड़ता है और जो सही लगता है, उसे चुनता है। वह पूर्वानुभवों के अलावा वर्तमान समग्र वातावरण से उपलब्ध सूचनाओं का भी विश्लेषण करता है।

चिंतन कभी अनियमित और विशृंखलित ढंग से नहीं किया जा सकता। यह प्रयत्न से किसी निष्कर्ष तक पहुंचाने के लिए निश्चित दिशा में ही संभव है। इस प्रक्रिया में कभी एक पद्धति या नियम का अनुसरण किया जाता है और कभी किसी अन्य पद्धति और नियम का। चिंतन पुरानी पद्धति और नियम से बंधा हो सकता है और स्वतंत्र चिंतन भी संभव है। आत्मचिंतन भी होता है, सामाजिक चिंतन भी। चिंतन की प्रक्रिया में किसी समाधान तक पहुंचना और नहीं पहुंच कर प्रक्रिया में रह जाना दोनों संभव है। चिंतन हमेशा एक बौद्धिक और मानसिक मामला है, पर यह भाषा के जरिए ही संपन्न होता है जो सामाजिक अनुभवों या प्रतीकों, रूपकों, बिंबों और एक विस्तृत संकेत-व्यवस्था के साथ होती है। चिंतन का चरित्र पूर्वानुभवों और अवधारणाओं के अलावा विकासशील भाषिक व्यवस्था पर भी निर्भर करता है, क्योंकि चिंतन भाषा में ही संभव है।

दिनेश कुमार शर्मा

चिंतामणि

(सतरहवीं सदी)

कानपुर जिले के तिकवां गांव के रत्नाकर त्रिपाठी के चार पुत्र थे और चारों कवि थे। इन चारों में सबसे बड़े चिंतामणि थे, जिनका जन्म 1609 में हुआ था। इनके छोटे भाई भूषण, मतिराम और जटाशंकर थे। भूषण और मतिराम ने उच्च कोटि के कवियों में अपना स्थान अर्जित किया है।

चिंतामणि द्वारा रचित कुल छह ग्रंथ माने जाते हैं—काव्य विवेक, कविकुल कल्पतरु, काव्य-प्रकाश, रसमंजरी, छंद-विचार-पिंगल और रामायण। 'कविकुल कल्पतरु' अनेक दृष्टियों से महत्वपूर्ण ग्रंथ माना जाता है जो 'काव्य प्रकाश' के आधार पर लिखा गया है। इसमें कुल आठ प्रकरण हैं और 133 पद्य हैं। कुछ स्थलों पर गद्य का आश्रय लिया गया है। पहले प्रकरण में काव्यभेद, काव्यलक्षण और काव्य-पुरुष रूपक की चर्चा की गई है और अंतिम पद्यों में गुण-निरूपण है। दूसरे-तीसरे प्रकरण में शब्दालंकार और अर्थालंकार का निरूपण, चौथे में दोष-निरूपण है। पांचवें प्रकरण के तीन भाग हैं—प्रथम भाग में शब्दार्थ निरूपण, दूसरे भाग से ग्रंथ की समाप्ति तक ध्वनि निरूपण है। इसमें संदेह नहीं है कि चिंतामणि ने लक्षण ग्रंथों की रचना में अपने प्राचीन कवियों की रचनाओं को आधार बनाया है, लेकिन उनके उदाहरणों में सच्चे कवि हृदय की झलक देखने को मिलती है।

हिंदी के आचार्यों में काव्य का लक्षण 'काव्यपुरुष' के रूपक के माध्यम से प्रस्तुत करने का श्रेय चिंतामणि को जाता है। इन्होंने ध्वनि प्रकरण में ही रस का निरूपण किया है और इसे व्यंग्य पर आधारित माना है। 'कविकुल कल्पतरु' में शब्दशक्ति की चर्चा स्पष्ट रूप से की गई है, जिसमें लक्षणा एवं व्यंजना की चर्चा तो है पर अभिधा पर प्रकाश नहीं डाला गया है। उन्होंने विश्वनाथ का अनुकरण करते हुए रस ध्वनि के अंतर्गत ही नायक-नायिका भेद का भी निरूपण किया है। चिंतामणि ने रस को ध्वनि का अंग माना है और रस को काव्य का 'नवीन' कहते हुए शब्दार्थ, अलंकार आदि काव्यांगों को रस का साधन माना है। ध्वनिवादियों की तरह उन्होंने माना है कि रस वाचक न होकर व्यंग्य कहता है। इन्होंने कथावस्तु के आधार पर एवं श्रृंगार रस संबंध के आधार पर नायकों को और जाति, अवस्था, धर्म एवं गुण के आधार पर नायिका को विभक्त किया है।

चिंतामणि ने काव्यशास्त्रीय सिद्धांतों की चर्चा संस्कृत ग्रंथों से सामग्री लेकर की है। उनकी शैली गंभीर, विषयानुकूल और व्यवस्थित होने के कारण विषय को स्पष्ट करती है। चिंतामणि मम्मट के आदर्श को लेकर चलने वाले प्रथम आचार्य हैं जिनमें विवेचन की गंभीरता है। इन्होंने प्रमुख रीतिकालीन आचार्यों के लिए मार्ग प्रशस्त किया।

किरण सिंह

चित्र सज्जा

प्रकाश्य सामग्री के साथ छपने वाले चित्र को चित्र सज्जा (Illustration) कहा जाता है। ये चित्र प्रकाश्य विषय वस्तु को आधार बनाकर या उसके साथ सामंजस्य बैठाकर बनाए जाते हैं ताकि पाठकों को विषय समझने में सुविधा हो। इस तरह के चित्रों में कभी भाव, कभी पात्र, कभी परिवेश और कभी घटना या कोई सौंदर्यात्मक अनुभव प्रधान होता है। कई बार पहले से बनाए हुए विषयानुकूल चित्र को भी बतौर इलस्ट्रेशन इस्तेमाल कर लिया जाता है।

आधुनिक शिल्पकला की इस विधि का एक ऐतिहासिक परिप्रेक्ष्य है। मनुष्य ने प्राचीन काल में अपने मन की बात कहने के लिए चित्रों का सहारा लिया था। वह गुफाओं की दीवारों पर सूर्य, चांद, नदी, तारे, जीव-जंतुओं का चित्र बनाता था। बाद में मिस्र की हियरो ग्लाइफ या चित्रलिपि में इसका विस्तार हुआ। विश्व की विभिन्न सभ्यताओं में विभिन्न रूपों में इसका विस्तार होने लगा। ईसा पूर्व दूसरी सदी में चीन में कागज का आविष्कार हुआ, फिर भी भाषा के माध्यम से बहुत-सी अभिव्यक्तियां संभव नहीं थीं। किताबों या मंदिरों में शब्दों के साथ-साथ बड़े-बड़े चित्रों के माध्यम से बाइबिल की कहानियां कही जाती थीं। यूरोप में पंद्रहवीं सदी की शुरुआत में छापेखाने के आविष्कार के बाद 'गुटेनबर्ग की बाइबिल' छपी, जिसे पृथ्वी पर पहली पूरी किताब होने का खिताब मिला हुआ है। इसके पन्नों में छपे हुए शब्दों के साथ कुछ अद्भुत चित्र, नक्शे और साधु-संतों के चित्र हैं। चित्रों के नीचे किसी चित्रकार का नाम नहीं है, लेकिन ये चित्रकार ही दुनिया के प्रथम 'इलस्ट्रेटर' या 'चित्र सज्जाकार' हैं।

परवर्ती काल में पूरे यूरोप में शिक्षा का प्रसार हुआ तो पुस्तक प्रकाशन का व्यवसाय फलने–फूलने के साथ व्यावसायिक चित्रकारों का उदय हुआ।

भारत में सिंधु घाटी की सभ्यता से ही मुहरों आदि पर चित्र मिलने लगते हैं, जिनमें एक चित्र पशुपति का है। कई गुफाओं में भी चित्र मिले हैं। उनमें एक भीमबैठका (मध्य प्रदेश) भी है, जो अति प्राचीन है। 'चौरपंचशिका' की पांडुलिपि में 'विल्लन' एवं 'चंपावती' के रोमांस के चित्र हैं।

अठारहवीं-उन्नीसवीं सदी से विश्व भर की पुस्तकों, समाचारपत्रों एवं पत्रिकाओं में चित्रों की बाढ़ आ गई। भारत में छपे बाइबिल के ग्रंथों में चित्र आने शुरू हुए। इसके बाद अंग्रेज कलाकारों द्वारा निर्मित धर्म, कृषक जीवन और शहरों के चित्र पत्र-पत्रिकाओं में छपने लगे। बीसवीं सदी में कैमरे के आ जाने से अखबारों एवं पत्रिकाओं में चित्रात्मक सजावट की दुनिया ही बदल गई। कैमरे के चित्रों का उपयोग इलस्ट्रेशन के रूप में होने लगा। अब चित्र पहले से ज्यादा आकर्षक होने लगे। इन्हें छापना भी ज्यादा सहज और कम खर्चीला होने लगा। इस युग में कॉमिक चरित्रों, कार्टून, पत्र-पत्रिकाओं के मुखपृष्ठ, किताबों के आवरण एवं भीतर के पृष्ठों आदि के लिए चित्रकारों की मांग बढ़ गई। बड़े–बड़े प्रकाशन गृहों ने अपने स्थायी इलस्ट्रेटर रखने शुरू कर दिए। आज दुनिया में इलस्ट्रेटरों की भारी मांग है, जिन्हें पेज डिजाइनर और वेब डिजाइनर कहा जाता है।

आजकल टीवी धारावाहिकों, बच्चों की फिल्मों और वीडियो खेलों को रोचक बनाने के लिए ऐसे कलाकारों की जरूरत बढ़ती जा रही है। बच्चों की समझ और विकास को बेहतर बनाने में चित्रकार (इलस्ट्रेटर) की महत्वपूर्ण भूमिका होती है। खासकर बाल पत्रिकाएं चंदामामा, बालहंस, नंदन, चकमक तथा चाचा चौधरी, पिंकी नागराज आदि कॉमिक्स और छोटा भीम, निंजा, मोटू–पतलू, जंगल बुक (मांगली) आदि धारावाहिक या महाभारत, रामायण, टिनटिन आदि फिल्में सर्वश्रेष्ठ इलस्ट्रेशन का उदाहरण हैं। आज इलस्ट्रेशन के बिना किसी पुस्तक या समाचार पत्र–पत्रिका की कल्पना नहीं की जा सकती।

चित्र सज्जा एक स्वतंत्र विधा है। यह एक रचनात्मक कार्य है। इसमें प्रतिभा का कमाल दिखता है। जो कलाकार जितना कल्पनाशील और भावप्रवण होगा तथा उसके हाथ जितने सधे होंगे, कम समय में वह उतनी ही सुंदर चित्र सज्जा कर सकेगा। हिंदी में पंचतंत्र की कहानियों आदि में इलस्ट्रेशन बनता रहा है। सरस्वती, मतवाला आदि साहित्यिक पत्रिकाओं से चित्र सज्जा एक नई ऊंचाई पाती है। महादेवी वर्मा की 'यामा' और 'दीपशिखा' तथा अज्ञेय के कविता संग्रह 'सुनहले शैवाल' में कविता के साथ कई सुंदर चित्र मिलते हैं, जो उन कवियों के मनोजगत को व्यक्त करने वाले हैं। आज ग्राफिक्स और कथाचित्रों में चित्र सज्जा की मांग बढ़ी हुई है।

निशांत

अधिक जानकारी के लिए :

Smart Visibility in Visualization : Ivan Viola & Meister E Grdler, 2005

चित्रकथा

चित्रों के जरिए जो कथा कही जाती है, वह चित्रकथा (Comics) है। यह पत्र-पत्रिकाओं में देखने को मिलती है। ढेरों कॉमिक्स चित्रकथाएं ही हैं। चित्रों से कथा में सजीवता और रोचकता आती है। इनके साथ संवाद या वर्णन के रूप में छोटे-छोटे वाक्य होते हैं। बच्चों को चित्रकथा पसंद है। उनके सांस्कृतिक इतिहास से परिचित कराने के लिए चित्रकथा एक महत्वपूर्ण माध्यम है। चित्र मानव अभिव्यक्ति के आदिम साक्षी हैं। संसार के विभिन्न अंचलों से प्राप्त प्रागैतिहासिक चित्र मानव जाति की आदिम जीवनयात्रा की कथा कहते हैं। अजंता के भित्तिचित्रों में गौतम बुद्ध के जीवन की कथा है। तिब्बत के चैत्य भवनों की बड़ी-बड़ी भित्तियों को भी बुद्ध की जीवन कथाओं से अलंकृत किया गया है। मुगल काल की अनेक कथाओं में चित्र हैं। 'हमजानामा' चित्रावली इसका एक उदाहरण

है। राजस्थानी राजपूत चित्रों में श्रीमद्भागवत एवं रामायण की कथाओं का अंकन हुआ है। बुंदेला शैली के चित्रों में नायिका-भेद संबंधी विषय हैं। चित्रकारों ने भारत के प्राचीन महाकाव्यों, लोककथाओं, पौराणिक कथाओं और ऐतिहासिक प्रसंगों को ही नहीं, आधुनिक जीवन को भी रंगीन चित्रों और कई बार कार्टूनों के माध्यम से व्यक्त किया। चित्रकथा कथा को दृश्यात्मक बना देती है, जो बच्चों को विशेष रूप से प्रिय है। इस क्षेत्र में हिंदी में 'अमर चित्रकथा' शृंखला ने विशेष लोकप्रियता हासिल की। कई बार चित्र कथाओं की यह कहकर आलोचना की जाती है कि ये इकहरे, सरलीकृत और यांत्रिक ढंग से सांस्कृतिक इतिहास को प्रस्तुत करती हैं और कई बार प्राचीन कथाओं का विकृत रूप भी देखने को मिलता है।

सरोज सिंह

चित्रगुप्त

चित्रगुप्त यमराज के मंत्री कहे गए हैं। पौराणिक कथाओं में इनका कार्य मनुष्य के मरने पर उसके द्वारा जीवित अवस्था में किए गए कार्यों का लेखा-जोखा प्रस्तुत करना बताया गया है। यह कार्य चित्रगुप्त यम के आदेश पर करते हैं। यम के 14 भेद हैं जिनमें एक चित्रगुप्त है। शिवधर्मोत्तर में बताया गया है कि चित्रगुप्त नरक में पड़े जीवों को उनके दुष्कर्मों की याद दिला कर उन्हें पश्चात्ताप के लिए प्रेरित करते हैं। स्कंदपुराण में चित्रगुप्त को यमराज का लेखक बनाने की कथा आई है। शुद्ध हृदय वाले चित्र नामक किसी व्यक्ति की सुदीर्घ काल की प्रार्थना से प्रसन्न होकर सूर्य ने उसे वर मांगने को कहा। चित्र ने वर मांगा कि उसकी बुद्धि उत्कृष्ट हो जाए, सभी कार्यों में उसे प्रौढ़ता प्राप्त हो जाए। सूर्य के प्रभाव से चित्र सर्वज्ञ हो गए। चतुर यमराज ने यह देखकर निश्चय किया कि यदि यह व्यक्ति मेरा लेखक बन जाए तो मेरे सारे कार्य सफल हो जाएंगे। एक बार चित्र अग्नितीर्थ में स्नान के लिए ज्यों ही जल में उतरे यम के सेवकों ने उन्हें सशरीर यमलोक पहुंचा दिया। अब चित्र का नाम चित्रगुप्त अथवा चित्रादित्य हो गया। वे यम की सेवा में लग गए। भविष्यपुराण के अनुसार समस्त विश्व की सृष्टि के बाद ध्यानस्थ ब्रह्मा के शरीर से श्याम वर्ण का पुरुष उत्पन्न हुआ जिसके हाथ में कलम, दवात तथा छेदनी थी। ब्रह्मा ने उसे कायस्थ कह कर उसका नाम चित्रगुप्त रखा। इसी कारण चित्रगुप्त कायस्थ समाज के पूर्वपुरुष आराध्य देव भी कहे गए हैं। उत्तर भारत में कुछ जगहों पर चित्रगुप्त के मंदिर हैं।

बलराम शुक्ल

अधिक जानकारी के लिए :

1. **Puranic Chronology** : D R Mankad, 1951,
2. **Ancient Indian Historical Tradition, Oxford University Press**

चित्रांगदा

मणिपुर नरेश चित्रवाहन की पुत्री चित्रांगदा बाद में विख्यात पांडव धनुर्धारी अर्जुन की पत्नी बनी। वनवास हो जाने की परिस्थितियों में अर्जुन ने जब चित्रांगदा को देखा तो वे उसके रूप पर मोहित हो गए। उन्होंने उसके पिता से विवाह का प्रस्ताव किया तो राजा ने शर्त लगाई कि उसकी जो भी संतान होगी उसी के पास रहेगी। इस प्रस्ताव को अर्जुन ने स्वीकार कर लिया। दोनों का विवाह हो गया जिससे बभ्रुवाहन जैसे वीर और तेजस्वी पुत्र का जन्म हुआ। अर्जुन उन दोनों को मणिपुर में ही चित्रांगदा के पिता के पास छोड़कर स्वयं वनवास अवधि पूरा हो जाने पर इंद्रप्रस्थ लौट गए। बाद में युधिष्ठिर के राजा बन जाने पर उन्होंने राजसूय यज्ञ किया। इस यज्ञ में घोड़े की रक्षा करते हुए स्वयं अर्जुन मणिपुर आए। वहां उनके घोड़े को बभ्रुवाहन ने रोक लिया, जिसे अर्जुन ने चुनौती मानकर अपने पुत्र से ही युद्ध किया। बभ्रुवाहन ने उनको मूर्च्छित कर दिया, तब स्वयं चित्रांगदा ने उनका उपचार किया जिससे उनकी मूर्च्छा दूर हुई।

रवींद्रनाथ ने महाभारत के इस सरल आख्यान को लेकर 1891 में 'चित्रांगदा' शीर्षक से अपने सर्वश्रेष्ठ गीति नाट्य की रचना की, जो कृष्ण कृपलानी के शब्दों में, 'एक अनिंद्य कलाकृति है और अपने आप में एक प्रतिमान है।' गीतिपरक भावातिरेक और गहन मनोवैज्ञानिक अंतर्दृष्टि से संपन्न इस गीतिनाट्य का अंग्रेजी अनुवाद 'चित्रा' नाम से प्रकाशित हुआ। रवींद्रनाथ ने इस नृत्य-नाटिका का न केवल स्वयं पूर्वाभ्यास कराया, बल्कि कलकत्ता और उत्तर भारत के अन्य नगरों में भी मंचीय प्रस्तुति की। हिंदी में उसका अनुवाद सबसे पहले गोपाल राम गहमरी ने किया। उन्होंने 'बभ्रुवाहन' शीर्षक एक बांग्ला नाटक का भी हिंदी में अनुवाद किया था।

जीवन सिंह

चिपको आंदोलन

1973 में उत्तराखंड के एक छोटे-से गांव में शुरू हुआ पेड़ों और वनों को बचाने का 'चिपको आंदोलन' देशव्यापी आंदोलन बन गया था। इसे पर्यावरण रक्षा का एक प्रमुख आंदोलन माना गया। इसमें किसानों ने वृक्षों की कटाई का विरोध किया था और अपने परंपरागत अधिकारों के लिए आवाज उठाई थी।

वन विनाश का इतिहास पुराना है। अंग्रेजी राज में जब हिमालय में सड़कें भी नहीं बनी थीं, तब से बड़े-बड़े पेड़ और जंगल के जंगल काटकर नदियों की धारा में बहाकर नीचे मैदानों में पहुंचाए जाते थे। इन्हीं से अन्य कामों के अलावा देश में रेल की पटरियां भी बिछाई गई थीं। इस वन विनाश का तब भी आज की तरह वहां के गांवों, लोगों और पर्यावरण पर बुरा प्रभाव पड़ा था। लोगों का असंतोष तब भी समय-समय पर उभरता था, जिसे दबा दिया जाता था। ऐसे भी लोकगीत मिलते हैं, जिनमें हिमालय की उदासी का वर्णन है, 'मेरी ही लकड़ी से तुमने बंदूक बनाई है, अब उसी से तुम मेरी संतानों को डराते हो।'

आजादी के बाद भी हिमालय का विनाश नहीं थमा, लेकिन 1960 में चीन से जुड़े हिस्सों में सीमा विवाद और युद्ध के बादल छाने लगे थे। विनोबा ने तब अपने एक भाषण में कहा था कि चीन के पास फौज है और एक विचार भी। उस फौज का सामना हमारी फौज कर सकती है, लेकिन उस विचार का सामना कौन करेगा? उनके इस संकेत पर सर्वोदय के अनेक कार्यकर्ताओं ने इन सीमांत जिलों में जयप्रकाश के नेतृत्व में गांधी विचारधारा के प्रचार का काम उठाया था। उन्हीं में से एक थे चंडीप्रसाद भट्ट। वे चमोली जिले में एक छोटी-सी निजी बस कंपनी में नौकरी करते थे। उन्होंने अपने क्षेत्र के नवयुवकों को वन उद्योग-आधारित सम्मानजनक रोजगार देने के खयाल से 'दशौली ग्राम स्वराज्य संघ' नाम की संस्था बनाई थी, लेकिन वन विभाग से ग्रामोद्योग के लिए साधन जुटाना कठिन साबित हुआ। इन नवयुवकों के सहजीवन का प्रयोग कठिन से कठिन होता गया। 11-12 साल तक धीरज के साथ किया गया यह काम संस्मरण में बदल चुका था।

इस समिति को कृषि औजार बनाने के लिए लकड़ी दे-देकर सरकार ने खेल-कूद का सामान बनाने वाली एक बड़ी कंपनी को पेड़ काटकर ले जाने का ठेका दिया। इस छोटे-से गांव गोपेश्वर में उन दिनों कोई होटल नहीं था। दशौली ग्राम स्वराज्य संघ का अतिथि गृह एक छोटे-से कमरे का था। कंपनी के ठेकेदार जब यहां पेड़ काटने के लिए आए तो मोटर स्टैंड से उन्हें इसी अतिथि गृह की सूचना दी गई। यहीं उन्हें प्रेम से ठहरा लिया गया, लेकिन कल जब वे पेड़ काटने जाएंगे तो क्या होगा? चंडीप्रसाद भट्ट के मुंह से आवेश में अचानक निकला कि जाओ उन मेहमानों से कह दो

कि हम उन्हें ये पेड़ नहीं काटने देंगे। हम इन पेड़ों से चिपक जाएंगे। पहले हमारी पीठ पर कुल्हाड़ी मारना, इसके बाद पेड़ों को काट ले जाना। इस तरह 27 मार्च, 1973 को चिपको आंदोलन का जन्म हुआ।

वन-संघर्ष ने बाद में वन-रचना का रूप लिया। यह भी अनेक स्थानों में फैला। 'दूधातोली लोक विकास संस्थान' नामक एक छोटी-सी संस्था ने पौड़ी गढ़वाल के क्षेत्र में इतने बड़े-बड़े वन खड़े किए कि संयुक्त राष्ट्र संघ के खाद्य और कृषि संगठन ने भी अपने दल इस जगह पर अध्ययन के लिए भेजे। अनेक गांवों के आस-पास बनते जा रहे इन सघन वनों में अब वन्य जीवन भी वापस आने लगा है। इन वनों में दूधातोली संस्थान ने अनगिनत स्वयंसेवकों के साथ मिलकर कुछ हजार छोटे तालाब भी बनाए हैं। इन्हें यहां ताल की तरह चाल और खाल नामों से भी जाना जाता है। घने वनों के भीतर पानी का यह संपन्न खजाना अब इन वनों को आग से भी बचाता है।

कृतज्ञ समाज ने देश और विदेश में भी प्रकृति संरक्षण के इन सब कामों को तरह-तरह के सम्मानों से पुरस्कृत किया। चंडीप्रसाद भट्ट को 1982 में 'रमन मैगसेसे पुरस्कार' मिला तो सुंदरलाल बहुगुणा को नोबेल पुरस्कार का विकल्प माने गए 'राइट लाइवलीहुड' पुरस्कार से सम्मानित किया गया था। दूधातोली के सच्चिदानंद भारती को मध्य प्रदेश शासन द्वारा दिया जाने वाला सबसे बड़ा पुरस्कार 'महात्मा गांधी सम्मान' मिला। 2014 में भारत सरकार ने चंडीप्रसाद भट्ट को गांधी शांति पुरस्कार दिया। प्रकृति को विनाश से बचाने तथा संवारने के लिए चले इस अहिंसक आंदोलन का महत्व है।

अनुपम मिश्र

चीन में हिंदी

चीन में हिंदी भाषा शिक्षण की विधिवत शुरुआत 1942 में युनान प्रांत के 'स्कूल ऑफ ओरियंटल लैंग्वेजेज एंड लिटरेचर' में दो वर्षीय पाठ्यक्रम के रूप में हुई। यह विभाग 1945 में स्थानांतरित होकर छोंग छिन में आ गया। एक बार फिर स्थान परिवर्तन हुआ और अंततः 1949 में चीन की राजधानी स्थित पीकिंग विश्वविद्यालय के 'विदेशी भाषा विद्यापीठ' में हिंदी शिक्षण का कार्य शुरू हुआ जो कुछ व्यवधानों के बावजूद आज भी चल रहा है।

1960 से लेकर 1979 तक का समय चीनी समाज के लिए कठिन समय था। सांस्कृतिक क्रांति के उस दौर में हिंदी शिक्षण की निरंतरता टूट गई थी। 1991 से 1999 का समय चीन में खुलेपन और परिवर्तनों का दौर माना जाता है। इस समय कई सालों से रुकी हिंदी शिक्षण की परंपरा एक बार पुनः जीवंत हो उठी। 2006 में पीकिंग विश्वविद्यालय में भारत अध्ययन केंद्र की स्थापना हुई है। इस केंद्र के बन जाने से अब पीकिंग विश्वविद्यालय में हिंदी को सर्वसुलभ भाषा की श्रेणी में स्थान मिल गया है।

पीकिंग विश्वविद्यालय में हिंदी शिक्षण का कार्य शुरू करने वाले प्रोफेसर यिन होंगयुएन थे। इनके महत्वपूर्ण कार्यों में 'हिंदी-चीनी शब्दकोश', 'हिंदी व्याकरण' एवं अन्य हिंदी पाठ्य पुस्तकों के साथ वृंदावन लाल वर्मा के 'झांसी की रानी' तथा इलाचंद्र जोशी के 'संन्यासी' एवं 'जहाज का पंछी' जैसे उपन्यासों का चीनी भाषा में अनुवाद भी है। प्रोफेसर ल्यू आन ऊ चीन में प्रेमचंद साहित्य के विशेषज्ञ माने जाते हैं। इन्होंने प्रेमचंद की लगभग 80 कहानियों का चीनी में अनुवाद किया। चीन के तीसरे प्रसिद्ध हिंदी विद्वान चिन तिंग हान हैं जिन्होंने तुलसीदास के महाकाव्य 'रामचरितमानस' का चीनी भाषा में पद्यानुवाद किया है। इसके अतिरिक्त उनका 'हिंदी-चीनी मुहावरा कोश' भी महत्वपूर्ण है। उन्होंने प्रेमचंद के उपन्यास 'निर्मला' का भी अनुवाद किया। पीकिंग विश्वविद्यालय में हिंदी विभाग के अध्यक्ष के रूप में च्यांग चिंगखुए ने महत्वपूर्ण कार्य किया है। वहां बीए, एमए और पीएचडी स्तर के विद्यार्थी हैं। 2007 में पीकिंग विश्वविद्यालय के हिंदी विभाग से एक सद्भावना

दल केंद्रीय हिंदी संस्थान, आगरा में चीन में हिंदी शिक्षा के विकास के उद्देश्य से विचार-विमर्श के लिए आया था। भारत के कुछ विश्वविद्यालयों में चीनी छात्र भी हिंदी पढ़ने आते हैं।

सुरेश ऋतुपर्ण

चीनी क्रांति

चीन में एक बार 1911 में किंग वंश के शासन को समाप्त करके चीनी गणतंत्र की स्थापना करते हुए बुर्जुआ क्रांति हुई थी और 1949 में दूसरी बार नवजनवादी क्रांति, लेकिन चीनी क्रांति की जब बात की जाती है, तो उसका मतलब माओ के नेतृत्व में हुई 1949 की क्रांति है।

चीन दुनिया की प्राचीनतम सभ्यताओं में से एक है। प्राचीन काल में ही चीन के कन्फूसियस और लाओ त्से जैसे विचारकों ने और चीनी भाषा ने पूर्वी एशिया के एक बहुत बड़े भू-भाग को एक सूत्र में बांध दिया था। बाद में चीनी समाज के एक बड़े हिस्से ने बौद्ध धर्म स्वीकार कर लिया, पर बिना अपनी परंपराओं को पूरी तरह छोड़े। यद्यपि चीन छोटे-छोटे सामंती सरदारों द्वारा शासित था, पर एक ढीले-ढाले साम्राज्य में भी बंधा हुआ था। चीन में एक पारंपरिक समाज फूलता-फलता रहा है। पर जड़ता बढ़ने लगी थी। पश्चिमी चीन के नगरों में आधुनिकता का प्रारंभ होने पर मध्यवर्ग पैदा हुआ और भारत की ही तरह चीन में भी यूरोप की तरह के परिवर्तनों

के लिए उद्विग्नता बढ़ने लगी। चीन में छोटे-मोटे विद्रोह शुरू हुए और 'बॉक्सर आंदोलन' ने आधुनिक राष्ट्रवादी चेतना की दस्तक दे दी।

चीनी लोग मुख्यतः जापान और पश्चिमी अमेरिका जाकर आधुनिक चेतना से लैस होने लगे थे। इन्हीं चीनियों में एक थे, जापान से डॉक्टरी की शिक्षा लेकर लौटे सन यात सेन। उन्होंने पहले जापान में चीनियों को संगठित किया, फिर चीन आ कर एक छोटे-मोटे मध्यवर्ग के प्रतिनिधि बन गए। एक तरह से नवजागरण की पृष्ठभूमि तैयार हुई। सन यात सेन ने बाहरी शक्तियों से मुकाबला करने से पहले चीन की प्रतिक्रियावादी राजनीति का अंत करना जरूरी समझा। परिणामस्वरूप 1911 में चीन में एक ऐसी क्रांति हुई, जिसने राजतंत्र का अंत कर दिया। चीन में सन यात सेन के नेतृत्व में एक आधुनिक गणतंत्र का निर्माण शुरू हुआ। सन यात सेन की मृत्यु के बाद दूरदर्शी और समर्पित नेतृत्व के अभाव में गणतंत्र लड़खड़ाने लगा।

प्रथम विश्व युद्ध के बाद चीन की दूसरी क्रांति की नींव रखी गई। 1921 में चीन की कम्युनिस्ट पार्टी का गठन हुआ। 1917 की रूसी क्रांति का असर चीन पर पड़ा था। माओ त्से तुंग और लिउ शाओ ची के नेतृत्व में पीकिंग (अब बीजिंग) नानकिंग और कैन्टन में कम्युनिस्ट पार्टियां गठित हो गईं। समस्या यह थी कि चीन में उद्योगीकरण बहुत कम हुआ था। इसलिए मजदूरों की संख्या सीमित थी। नवोदित मध्य वर्ग और पूंजीपति वर्ग भी राष्ट्रीय चेतना से पूरी तरह लैस नहीं था। चीन की स्थिति विचित्र थी। वह न पूरी तरह सामंती रह गया था और न पूंजीवादी बन पाया था। ऐसे में माओ त्से तुंग ने प्रतिपादित किया कि चीन एक 'अर्धसामंती-अर्धऔपनिवेशिक' देश है। इस विश्लेषण के बाद रणनीतिक परिवर्तन करना आवश्यक हो गया। माओ ने रणनीति बनाई कि चीन में क्रांति के लिए आधार किसान ही बन सकते हैं। दूसरी ओर, पूंजीपतियों के भी एक वर्ग को साथ लेना जरूरी होगा। उन्होंने पूंजीपतियों को राष्ट्रवादी और दलाल दो कोटियों में अलग-अलग करके देखा। इस

तरह एक चतुर्वर्गीय समीकरण संश्रय कायम किया, जो किसान, मजदूर, मध्य वर्ग और राष्ट्रीय पूंजीपति वर्ग को लेकर बना था।

इस बीच पड़ोसी जापान का विस्तारवाद समस्या बनने लगा। प्रथम विश्व युद्ध का एक विजेता जापान औपनिवेशिक विस्तार के लिए उतावला होने लगा। उसकी निगाह विघटित चीन पर थी। उन्नीसवीं सदी के अंत में उसने चीन को पहली बार पराजित किया था। अब वह और अधिक शक्तिशाली था। उसकी घुसपैठ बढ़ने लगी थी। उसने मंचूरिया पर कब्जा कर मौचूकुओ नाम से एक पूरी तरह दास उपनिवेश कायम कर लिया था। चीन की कम्युनिस्ट पार्टी का आंतरिक संघर्ष भ्रष्ट च्यांग काई शेक की सरकार से चल रहा था। 1937 में चीनी राष्ट्रवादी पार्टी 'क्युमिन्तांग' और 'कम्युनिस्ट' पार्टी के बीच जापान के हमले का मुकाबला करने के लिए आपस में समझौता हुआ। इस दौरान कम्युनिस्ट पार्टी का प्रभाव पूरे देश में फैल गया।

च्यांग काई शेक ने विश्वासघात करते हुए दक्षिण-पश्चिम चीन में कम्युनिस्टों को घेर कर उन्हें समाप्त कर देने की कोशिश की। इसी समय माओ ने 'जनता पर भरोसा' की नीति के साथ गुरिल्ला युद्ध की 'टैक्टिक्स' अपनाते हुए, सरकारी फौज को छकाते हुए, 'लांग मार्च' करते हुए उत्तर-पश्चिम की हजारों मील लंबी यात्रा की। इसके बारे में अमरीकी पत्रकार एडगर स्नो ने अपनी पुस्तक 'रेड स्टार ओवर चाइना' में विस्तार से प्रकाश डाला है। माओ ने इस दौरान तीन महत्वपूर्ण सिद्धांत विकसित किए : 1. छापामार युद्ध, 2. अंतर्विरोध को पहचानना, 3. सिद्धांत को व्यवहार में लागू करना।

जब द्वितीय विश्व युद्ध शुरू हुआ, जापान का चीन पर हमला तेज होता गया। ऐसे में पश्चिमी देशों की मदद से चीन की सरकार जापान का प्रतिरोध करने को मजबूर थी। ऐसी स्थिति में कम्युनिस्ट फौजों को थोड़ी राहत मिली और कम्युनिस्ट पार्टी की 'मॉस लाइन' का प्रभाव बढ़ता गया। द्वितीय विश्व युद्ध जब समाप्त हुआ, तो जापान पूरी तरह परास्त और ध्वस्त हो चुका था। उसका अब चीन पर कोई दबाव नहीं था, पर अमेरिकी सरकार चीनी सरकार को पूरी तरह अपने प्रभाव में रखना चाहती थी। इस समय तक चीन में कम्युनिस्ट पार्टी और चीन की सरकार दो ध्रुवों पर खड़े थे। एक ओर कम्युनिस्ट पार्टी ने अपना भारी जनाधार तैयार कर लिया था, तो दूसरी ओर चीन की सरकार नीचे से ऊपर तक भ्रष्ट थी और उस पर अमेरिका की दलाली का आरोप भी उजागर हो रहा था।

चीन में एक भारी गृह युद्ध शुरू हो गया। इसमें चीन की सरकार बाहरी मदद के बावजूद पराजित होती चली गई, क्योंकि वह जनता का विश्वास खो चुकी थी। सरकारी सेना बहुत बड़ी थी, पर ज्यादा प्रशिक्षित सैनिक चीन-जापान युद्ध में मारे गए थे। उसे अमेरिका से मिली भारी सहायता के बावजूद मुंह की खानी पड़ी थी। विवरणों से ज्ञात होता है कि 1949 में दोनों तरफ से लगभग दस-दस लाख सैनिक लड़े। फर्क यह है कि कम्युनिस्ट पार्टी के सैनिकों के साथ व्यापक जन समर्थन था। अंततः 1949 में कम्युनिस्ट पार्टी का चीन की धरती पर पूरी तरह कब्जा हो गया। च्यांग काई शेक को अपने सैनिकों और वफादार लोगों के साथ चीन के पूरब में स्थित फॉरमोसा (ताइवान) द्वीप पर भाग कर अमरीकी संरक्षण में शरण लेनी पड़ी। इस तरह 1 अक्टूबर 1949 को चीन में दूसरी क्रांति संपन्न हुई और चीन 'पीपुल्स रिपब्लिक ऑफ चाइना' बना। यह रूसी क्रांति से भिन्न परिघटना थी और उसका विकास भी भिन्न तरीके से हुआ था।

चीन की क्रांति मार्क्स के सिद्धांतों पर आधारित थी, पर वह रूसी राह पर अग्रसर नहीं थी। इसलिए उसे सोवियत यूनियन की भरपूर सहायता नहीं मिली। उल्टे, दोनों पार्टियों के बीच कई मतभेद उभर आए। चीन की कम्युनिस्ट सरकार ने चीन में सतत क्रांति के लिए अपनी अलग राह तलाशी। पिछड़े हुए चीन को जल्दी प्रगति करनी थी। अमेरिका के विरोध के कारण उसे बाहर से सहायता मिलने को कौन कहे, अधिकांश देशों की कूटनीतिक मान्यता भी नहीं प्राप्त

थी। ऐसे में, चीन ने 'लंबी छलांग' (ग्रेट लीप फॉर्वर्ड) की नीति अपनाकर एकदम नए प्रयोग किए। जैसे– इस्पात का बड़े पैमाने पर उत्पादन न कर पाने पर घर-घर में भट्ठियां चलाने का प्रयोग किया गया, जो सफल नहीं हुआ। फिर भी चीन भारी जन सहयोग के कारण आत्मनिर्भर सफलता की ओर बढ़ता गया। जैसे, चीन की बड़ी-बड़ी नदियों पर बिना बड़ी मशीनों के जन सहयोग से बांध बना लिए गए। पहले ही दशक में चीन काफी हद तक आत्मनिर्भर हो चला था।

चीनी क्रांति बाहर के दबावों की अपेक्षा आंतरिक फूट और मतभेद से ज्यादा ग्रस्त थी। पहला मतभेद चीनी पार्टी के संस्थापकों में से एक ल्यु शाओ ची से हुआ, फिर एक समय उत्तराधिकारी घोषित किए गए लिन पिओ से हुआ और अंत में तेंग सिआओ पिंग से हुआ। कहा जाता है कि वैश्वीकरण के युग में चीन ने क्रांति का रास्ता छोड़कर सुधार का रास्ता अपना लिया। दूसरी तरफ, चीन आज दुनिया की सबसे बड़ी अर्थव्यवस्थाओं में से एक है। चीनी क्रांति की प्रारंभिक विडंबना आज तक बनी हुई है। राजनीतिक रूप से चीन कम्युनिस्ट व्यवस्था द्वारा संचालित है, पर अर्थव्यवस्था का पूंजीवादीकरण हो रहा है।

लालबहादुर वर्मा

अधिक जानकारी के लिए :
Origins of the Chinese Revolution (1915-1949) :
Lucien Blanco, 1971

चुराही

चुराह तहसील में स्थित स्यूल नदी की घाटी चुराही बोली का मूल क्षेत्र है। गादी से भी चुराही अपनी मां-बोली चंबयाली के अधिक निकट है और चंबयाली से अधिक भिन्नता नहीं दिखाती। ध्वनि क्षेत्र में चुराही में स्वरों के निकट आने से ध्वनियों में सामान्य नियम से कुछ भिन्न परिवर्तन होता है, जैसे 'खाता' से स्त्रीलिंग 'खाती' न बनकर 'ई' के कारण 'खैती' बनता है। इसी तरह खाणा से खैणी आदि। इसके अतिरिक्त चुराही में संप्रदान कर्म का प्रत्यय चंबयाली के 'जो' के स्थान पर 'नी' होता है, जैसे तेसनी (उसको)।

पांगी की पंगवाली बोली कश्मीरी भाषा से बहुत प्रभावित है। इसकी शब्दावली में ऐसे शब्दों की बहुलता है, जो पहाड़ी की अन्य बोलियों में साधारणतः पाए नहीं जाते, जैसे आसी (मुंह), दैस (सूर्य), झेड़ी (कहां), गीह (घर, संस्कृत गृह), ही (पिछले कल), लिंड (बैल), मगर (सिर) आदि। परंतु ऐसे शब्द भी हैं, जो ठेठ पहाड़ी हैं, जैसे भरोटू (बोझ), बुन्ह (नीचे), धाम (महफिल), जोली (पहाड़ी–जोई, पत्नी), घरैत (पति), गोरा (गाए), जौसण (पहाड़ी–जौण, चंद्रमा) आदि। पंगवाली में श्रुति के बहुत-से उदाहरण मिलते हैं, जो पहाड़ी की मुख्य विशेषताओं में से है। पंगवाली में 'र' का लोप प्रायः हो जाता है, जैसे हेना (पहाड़ी), हेरना (देखना), माना (मरना), कना (करना), हाना (हारना) आदि।

श्रीराम शर्मा

चेतना

संस्कृत की 'चित्' धातु में 'युच्' और 'टाप्' प्रत्यय (चित्+युच्+टाप्) से मिलकर बने स्त्रीलिंग शब्द 'चेतना' का अर्थ है–संज्ञा, होश-हवास, ज्ञान, बोध, बुद्धि, विवेक, समझ, जीवन, सजीवता, मनोवृत्ति, अनुभूति या चेतना, स्मृति, याद आदि। यह वह सत्ता अथवा शक्ति है जो ज्ञान का मूल आधार है और जिसका बोध अंतर्निरीक्षण के द्वारा ही संभव होता है। 'चेतना' अंग्रेजी के 'कॉन्शसनेस' (Consciousness) के समतुल्य प्रयुक्त होने वाला शब्द है।

मनुष्य में चेतना का निर्माण तीनों प्रक्रियाओं से होकर गुजरने पर होता है। अनुभूत बोध से उत्पन्न वेदना कर्मशील व्यक्ति को संवेदना के धरातल पर ऊपर उठाकर समष्टि के संदर्भ से जोड़ती है। इस आधार पर व्यक्ति ज्ञान, वेदना और चेष्टा के तीन चरणों से गुजर कर चेतना तक पहुंचते हुए पूर्णता को प्राप्त करता है। जे एन सिन्हा ने लिखा है, 'जब

व्यक्ति की चेतना में बाह्य भौतिक जगत की सक्रिय घटनाओं का प्रभाव पड़ता है तो मानव मस्तिष्क में अनेक मानसिक क्रियाओं की अनुभूति, हर्ष, लज्जा, शोक, क्रोध, घृणा, जुगुप्सा, ग्लानि, कुंठा और आक्रोश आदि का उद्‌भव और विकास होता है। चेतना के घटक का दूसरा तत्व यह वेदना है जिसमें उपर्युक्त सभी चेतना की विविधताएं उपस्थित रहती हैं। जब मानव अपनी मानसिक प्रक्रियाओं द्वारा अपने से भिन्न वस्तु जगत के प्रति निर्णय लेता है तो वही चेष्टा है जो चेतना की अंतिम परिणति है।'

चेतना व्यक्ति के बाह्य और आंतरिक, सभी प्रकार के जीवन चक्रों का बोध और हस्तक्षेप कराने वाली शक्ति है। चेतना व्यक्ति के मन की दुर्बलताओं का नाश करके उसके जीवन का विकास करती है, दूसरों के कल्याण का मार्ग प्रशस्त करती है। परंतु यदि चेतना प्रबल रूप से व्यक्ति-केंद्रित हो जाए तो वह व्यक्ति और देश-समाज के विनाश का कारण तक बन जाती है। इसलिए चेतना का 'स्व-केंद्रित' के स्थान पर 'पर-केंद्रित' होना मानव जाति के कल्याण का आधार सिद्ध होता है। कहा जा सकता है कि देश-समाज की उन्नति और विकास के मूल में 'चेतना' का विस्तार ही निहित है।

चेतना के अन्य गुणों का भी उल्लेख किया जाता है। हरि शर्मा का कहना है, 'मानव की अकर्मण्य भावना को धोना, समाज के प्रति उत्तरदायी बनना, हर प्रकार के अन्याय और अमानवीय क्रूरता का विरोध करना, विपक्षी ताकतों के खिलाफ एकजुट होना, सदियों से शोषण-ग्रस्त जीवन का परिष्कार करना, प्रतिपक्षी सत्ता की जनता विरोधी दमनकारी कुचक्रपूर्ण नीतियों को अनावृत्त करना, वर्तमान असंगतियों के विरुद्ध लड़ते हुए उनसे निस्तार पाने के लिए संघर्ष करना तथा सुखी जीवन और मानव मुक्ति की भावना को प्रतिपादित करना चेतना के अन्य अनिवार्य गुण हैं। चेतना संघर्षोन्मुख, हर प्रकार के अन्याय का प्रतिकार करने वाली, अपने समूह के हितों की रक्षा करने वाली, लोकतंत्र के भीतर प्रवेश कर उसकी विद्रूपताओं को उघाड़ने वाली, मानव हित चाहने वाली क्रियाशील, परिवर्तनशील, समयानुरूप अभिव्यक्ति चाहने वाली युग-धारा है।' वास्तव में, मानव जीवन के कल्याणकारी पक्षों की पक्षधर चेतना के मूल में मानव मात्र के कल्याण की कामना के निमित्त बनने वाले समस्त गुण-तत्व शामिल हैं।

'चेतना' का साहित्य में प्रतिफलन होता रहता है। बल्कि स्थिति यहां तक रही है कि 'चेतना' के कारण पश्चिम साहित्य जगत में 'चेतना प्रवाह' (Stream of Consciousness) जैसे कथा शिल्प का उपन्यास में विकास हुआ। इस शिल्प का कहानी-कविता लेखन में भी इस्तेमाल किया गया है। 'चेतना प्रवाह' में निर्वैयक्तिक भाव से प्रमुख अथवा अन्य पात्रों के मानस-सागर का प्रतिबिंबन होता है। मानस में घटित अनुभूतियां अथवा भाव-विचार आदि साहित्य के कथानक का आधार बनते हैं।

साहित्य में सर्वप्रथम फ्रांसीसी उपन्यासकार एदुआर द्युआरदैं ने 'चेतना प्रवाह' के शिल्प को स्थान दिया था। यह भी माना जाता है कि इस शिल्प के बीज अठारहवीं सदी में अंग्रेजी उपन्यासकार स्टर्न के उपन्यास 'ट्रिस्टम शैंडी' में मिलते हैं। अंग्रेजी उपन्यासकार जेम्स ज्वॉयस और वर्जीनिया वुल्फ को इस शिल्प-विधि में उपन्यास रचने की विशेष महारत हासिल थी। हेनरी जेम्स ने भी अपने उपन्यास साहित्य में इसका उपयोग किया है। हिंदी साहित्य जगत में सच्चिदानंद हीरानंद वात्स्यायन 'अज्ञेय' ने अपने उपन्यास 'शेखर : एक जीवनी' में इसी शिल्प का प्रयोग किया है।

हरीश कुमार सेठी

अधिक जानकारी के लिए :

1. **लोक चेतना और हिंदी कविता** : हरि शर्मा, 2. **मनोविज्ञान** : जे एन सिन्हा, 3. **मानविकी पारिभाषिक कोश** : नगेंद्र, 4. **हिंदी आलोचना के बीज शब्द** : बच्चन सिंह

चेतना प्रवाह

मनुष्य के चित्त में लगातार चलते रहने वाले 'स्वगत संभाषण' को पश्चिमी मनोविज्ञान में

चेतना प्रवाह (Stream of Consiousness) कहा गया है और इसका एक धारणा के रूप में इस्तेमाल हुआ है, पर उसमें असंख्य संभावनाओं की ओर खुलेपन की बात नहीं थी। आंतरिक चित्त वृत्ति प्रवाह को चेतना के विशुद्ध रूप को ढकने वाले आवरण के रूप में देखा जाता था। विलियम जेम्स इस धारणा को इसके मौजूदा अर्थ में इस्तेमाल करने वाले पहले मनोवैज्ञानिक थे। उन्हें अमेरिकी मनोविज्ञान का पितामह कहा जाता है। उन्होंने हेमिल्टन के इस संदर्भ में व्यक्त सिद्धांतों का विरोध करते हुए इस धारणा को सुस्थिर किया। हेमिल्टन को लगता था कि मनुष्य के चित्त में विचारों का जो प्रवाह लगातार चलता दिखाई देता है, उसके पीछे कोई न कोई तार्किक कारण-कार्य शृंखला काम करती है, हालांकि उन्होंने यह भी इंगित किया था कि बाहरी जगत से संबद्ध विचारों की तार्किक शृंखला चित्त के भीतर, अपनी तार्किक शृंखला को तोड़कर भी अन्य विचारों की ओर मुड़ सकती है।

1860 में हेमिल्टन की सामने आई इस तर्कवादिता का विरोध विलियम जेम्स ने 1890 में किया। उन्होंने स्पष्ट किया कि चित्त में विचारों का प्रवाह एक नदी की धारा की तरह अधिक होता है। उसमें विचारों की तरंगों के उठने-गिरने में कोई क्रम संगति इस तरह की नहीं होती कि उसे इकहरे रूप में खोजा जा सके। वह एक जटिल प्रवाह की तरह असंख्य संभावनाओं की ओर खुला रहता है।

कुछ पश्चिमी मनोवैज्ञानिकों ने विलियम जेम्स की उपर्युक्त धारणा का विरोध किया। ऐसे विद्वानों में सूसन ब्लैकमोर अग्रणी हैं। उन्होंने स्पष्ट किया कि चेतना अलग वस्तु है और चेतना प्रवाह के रूप में जो गतिविधि भीतर चलती है, वह वस्तुतः भ्रम है। सूसन इस भ्रम से उबरने के लिए ध्यान को विधि के रूप में इस्तेमाल करने की बात करती हैं। उल्लेखनीय है कि महायान चिंतन में विचार प्रवाह को नदी की धारा के रूप में ही व्याख्यायित किया गया था। अतः विलियम जेम्स की इस धारणा के स्रोत को महायान में खोजा जा सकता है।

'चेतना प्रवाह' धारणा के कुछ अन्य स्रोत भी हैं। कुछ पश्चिमी दार्शनिकों ने भी चित्त के अंतःप्रवाह को समझने का प्रयास किया था, जैसे—थॉमस हॉब्स, (लेबियाथन, 1651), हसरेल और हीडेगर।

हसरेल और हीडेगर गुरु-शिष्य परंपरा के रूप में 'चेतना' अथवा 'चित्तवृत्ति जगत' की गहन व्याख्या प्रस्तुत करते हैं। हसरेल ने इस बात को दार्शनिक रूप में स्पष्ट किया था कि मनुष्य के चित्त में उत्पन्न होने वाली वृत्तियां स्वयं को अपने आंतरिक नियमों के आधार पर संचालित करती हैं। अतः बाहरी जगत से संबद्ध अनुभवमूलक तार्किकता या वस्तुनिष्ठता को 'चेतना प्रवाह' का निर्धारक नहीं माना जा सकता। चेतना प्रवाह को हसरेल ने 'स्व के अभिप्रेत' (सब्जेक्टिव इंटेशनेलिटी) की तरह देखा। वस्तुनिष्ठ ज्ञान में 'अभिप्रेत' नहीं होता जबकि चेतना प्रवाह को गठित करने वाला तत्व ही स्व का अभिप्रेत है। उन्होंने इसे 'चित्त का विज्ञान' नाम दिया।

हसरेल और हीडेगर के बाद चेतना प्रवाह की व्याख्या 'दैहिक दार्शनिक मनोविज्ञान' की तरह होने लगी। यह समझने की कोशिश हुई कि क्या चित्त के इस चेतनामूलक अंतर्गठन को चित्तगत 'लाक्षणिक तत्व' ही तो नहीं रच रहे हैं? इन्हें 'क्वालिया' कहा गया। सवाल है कि कैसे सभी मनुष्य दूसरों की कही बातों को उनके अनुभव से खुद गुजरे बिना समझ लेते हैं। इसका अर्थ है कि सब के चित्त खास तरह के लक्षणों वाले तत्वों से बने होते हैं जो सभी को एक तरह के अनुभव क्षेत्र में हिस्सेदार बनाते हैं। जैसे लाल रंग क्या है, इसे आप दिखा कर ही दूसरों को समझा सकते हैं, ऐसा नहीं है। जैसे 'गूंगे के गुड़' की बातें चलती हैं, जो 'देख्यां ही परमाण' तक ले जाती हैं। जो देखता है वह वही और वैसा ही देखता है, जैसा पहले सबने देखा है, इस अनुभवगत साम्य को 'क्वालिया' की मदद से समझने की कोशिश हो रही है। चेतना प्रवाह अब 'क्वालिया के लाक्षणिक प्रवाह' के रूप में नई व्याख्या पा रहा है।

साहित्य में चेतना प्रवाह एक 'कथन शैली'

या 'कथन पद्धति' के रूप में आया है। यह पात्रों की मनोदशा, जिस रूप में वह होती है—असंबद्ध और बिखरी हुई, उसी रूप में अभिव्यक्ति प्रदान करने से जुड़ी पद्धति है। बीसवीं सदी के पश्चिमी उपन्यास में इस पद्धति का सफल प्रयोग हुआ है। खास तौर पर विश्वयुद्धों के कारण यूरोप में जो आंतरिक बिखराव देखने में आता है, उसकी बेहतर अभिव्यक्ति के लिए कथन की यह पद्धति असरदार साबित हुई है।

दूसरा कारण यह भी रहा है कि उस दौर में यूरोप अस्तित्ववाद से खासा प्रभावित था। इसकी वजह भी वही थी। अस्तित्ववाद विश्वयुद्धों के असर से पैदा हुई मूल्यहीनता और पतनशीलता से मनुष्य के अंतर्जगत को उबारने के लिए बहुत अर्थपूर्ण संभावनाओं से युक्त दर्शन था। तीसरा कारण है, उस दौर के यूरोप में बढ़ता कलावादी रुझान। यथार्थवादी सोच उस दौर में खास संकटग्रस्त हो गया था। इन कारणों से चेतना प्रवाह की ओर बढ़ता रुझान बीसवीं सदी के पश्चिमी उपन्यास के व्यक्तित्व को समझने की एक कसौटी बनकर सामने आता है। इस दौर के प्रतिनिधि चेतना प्रवाह से जुड़े साहित्य के कुछ उदाहरण हैं : (1) 1918 में पहला सफल प्रयोग सिंक्लेयर के 'द इगोइस्ट' में हुआ, (2) डोरोथी रिचर्डसन के 'पिलग्रिमेज' में यह है, (3) 1922 में प्रकाशित जेम्स ज्वायस के उपन्यास 'यूलीसिस' में इसकी सफलता ने एक नया इतिहास रचा, (4) वर्जीनिया वुल्फ के लगभग पूरे साहित्य में चेतना प्रवाह का सफल प्रयोग है, पर 'मिसिज डेलोवे' की चर्चा अधिक होती है, (5) मार्सल प्रूस्त का लगभग पूरा साहित्य इसी धारा में है, (6) 1929 में प्रकाशित विलियम फॉकनर के उपन्यास 'द साउंड एंड द फ्यूरी' ने भी इसी धारा में इतिहास में अपनी ऊंची जगह बनाई, (7) डेविड लॉज के उपन्यास 'द ब्रिटिश म्यूजियम इज फॉलिंग डाउन' में चेतना प्रवाह विधि है।

उपर्युक्त उपन्यासों में से कुछ उद्धरण नीचे दिए जा रहे हैं :

(एक) लियोनाल्डो जवान है, जैसे किसी दर्पण के भीतर के दर्पण में उसने अपने जीवन में पीछे लौटने का रास्ता खोज लिया है। वह खुद को देख रहा है, जब वह छोटा बच्चा था। (यूलीसिस, जेम्स ज्वायस)।

(दो) कैसी अद्‌भुत है लार्क चिड़िया। अद्‌भुत है हवा में उसकी नीचे को ली गई डुबकी। ऐसा ही हमेशा मुझे नजर आया। तब भी जब झिर्रियों से आती उसके चहकने की मद्धिम आवाज मैं सुन पाई। मैंने वह फ्रांसीसी खिड़की जोर से खोल दी और खुली हवाओं में डुबकी लगाने लगी। (मिसिज डेलोवे, वर्जीनिया वुल्फ)।

दोनों उद्धरणों में पात्र, अपने समय में रहते हुए, पीछे के समय में लौट रहे हैं और उन अनुभवों को फिर से जीने लग गए, जो बरसों पहले से ताल्लुक रखते हैं। दूसरे उद्धरण में फ्रांसीसी खिड़की खोलने का अर्थ है, एक अधेड़ महिला का उस जीवन काल में लौटना जब वह अठारह बरस की थी।

हिंदी में चेतना प्रवाह पद्धति का इस्तेमाल अज्ञेय के उपन्यास 'शेखर एक जीवनी' में है। निर्मल वर्मा की कुछ कहानियों में भी इसके उदाहरण मिलते हैं, जैसे 'डेढ़ इंच ऊपर', 'परिंदे' और 'लंदन की एक रात'। मुक्तिबोध की लंबी कविता 'अंधेरे में' चेतना प्रवाह शैली का एक महत्वपूर्ण उदाहरण है।

विनोद शाही

अधिक जानकारी के लिए :

1. **The Principles of Psychology** : William James, 2. **The Five Aggregate Models of Mind** : N D Karunamani, 3. **The Theatre of Conciousness** : Bernard Bars

चैटिंग

चेखव की एक कहानी 'दुख' में एक गाड़ीवान को मृत्यु शोक के बावजूद गरीबी के कारण दैनिक कमाई के लिए घोड़ागाड़ी निकालनी पड़ती है। उस पर तरह-तरह के लोग बैठते हैं, उतर जाते हैं। उसके दुख का कोई साझा नहीं करता। अंत में

वह घोड़े से बात करता है। वैश्वीकरण के जमाने में विश्व भले गांव बना हो, इस गांव में ज्यादातर लोग किसी से बात करने के लिए तरसते हैं। अब जान-पहचान वालों की तुलना में अजनबी बात करने के लिए ज्यादा उपयुक्त लगते हैं। एक समय कहवाघर, चायखाने, चौपाल और अन्य अनगिनत जगहें थीं, जहां लोग अड्डा लगाते थे। ऐसी जगहें अब उजाड़ हैं। देखा जा रहा है कि नए युग में इंटरनेट आपस में बढ़ी संवादहीनता और अकेलेपन के बीच दूसरों के बात करने का सशक्त साधन बनता गया है। इंटरनेट पर अलग बैठे होने पर भी दूसरों से बात करने या गप मारने को चैटिंग (Chatting) कहते हैं।

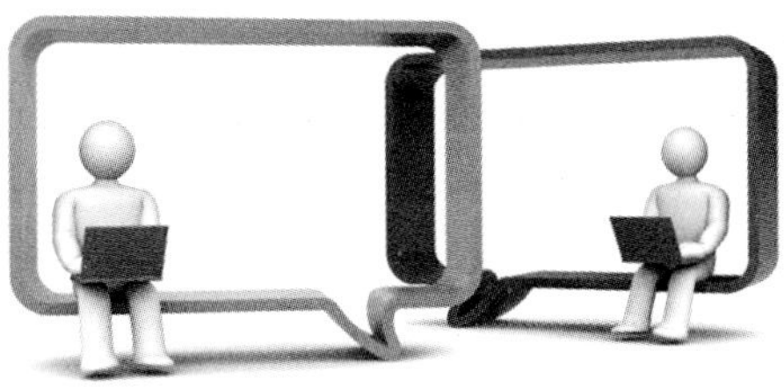

इंटरनेट पर कई चैट साइट या गपस्थल है, जहां एकसाथ कई व्यक्ति बात कर सकते हैं, भले वे दूर देशों में बैठे हों। वे कुछ विषयों पर चर्चा करते हैं और अंतरंगता से भरी बातें भी। चैट चलता रह सकता है या इसका समय मुकर्रर रहता है। अब चैट के साथ एक-दूसरे की तस्वीर भी देखी जा सकती है। चैट के लिए अपनी रुचि का व्यक्ति खोजने के लिए हर प्रकार की सेवाएं उपलब्ध हैं। ऑनलाइन होइए, कई बेबसाइटें हैं। परिचय भेजिए, पसंद के व्यक्ति से बात करने का समय तय कर लीजिए। चैटिंग परिचित लोगों के बीच भी होती है। इसके लोकप्रिय होने की कई वजहें हैं। उनमें मुख्य हैं—बढ़ता अकेलापन और अपनों से दूरियां। दूसरी तरफ, जीवन के कामकाज इतने बढ़ गए हैं कि अब पहले की तरह किसी से कहीं जा कर मिलने और सामाजिकता में ह्रास आया है। बाजार व्यवस्था और सूचना क्रांति ने जीवन की गति बढ़ा दी है, पर भावनाएं छीन ली हैं, चैटिंग इस कमी को कुछ हद तक दूर करता है। चैटिंग में धोखाधड़ी की गुंजाइश भी रहती है, लेकिन यह समस्या तो हर जगह है।

दिनेश कुमार शर्मा

चैतन्य महाप्रभु
(1486-1534)

चैतन्य महाप्रभु का जन्म पश्चिम बंगाल के नवद्वीप गांव में हुआ था। इनके बचपन का नाम विश्वंभर था, किंतु लोग उन्हें निमाई और गौरांग, गौर हरि आदि कहकर पुकारते थे। उन्होंने छोटी उम्र में ही षड्दर्शन, न्याय, तर्क, व्याकरण आदि का अध्ययन पूरा कर लिया था—उनके पांडित्य की खबर चारों तरफ फैल गई। वह जब 1509 में अपने पिता का श्राद्ध करने गया गए, वहां इनकी मुलाकात ईश्वरी पुरी संत से हुई। पुरी ने उन्हें कृष्ण का जाप करने को कहा। उनके जीवन में तभी से आमूल

चैतन्य महाप्रभु

परिवर्तन आ गया। वे कृष्ण भक्ति में लीन हो गए। इनसे प्रेरित होकर असंख्य अनुयायी बनते गए। 'हरे कृष्ण, हरे कृष्ण, कृष्ण-कृष्ण, हरे-हरे। हरे राम, हरे राम, राम-राम, हरे-हरे', 18 शब्दों का यह कीर्तन मंत्र चैतन्य महाप्रभु की देन है।

चैतन्य महाप्रभु ने नीलांचल (पुरी), दक्षिण भारत के श्रीरंग क्षेत्र, सेतुबंध रामेश्वरम आदि स्थानों पर अपनी भक्ति के केंद्र बनाए। 1515 में विजयदशमी के दिन वह वृंदावन गए जहां पहुंचने का उन्होंने जंगल का कष्टमय रास्ता चुना। वह कार्तिक पूर्णिमा को वृंदावन पहुंचे। आज भी वृंदावन में कार्तिक पूर्णमा के दिन गौरांग का आगमनोत्सव मनाया जाता है।

चैतन्य महाप्रभु ने प्रयाग, काशी, हरिद्वार, शृंगेरी (कर्नाटक), कामकोटि पीठ (तमिलनाडु), द्वारिका आदि स्थानों पर भगवन्नाम कीर्तन का प्रचार किया। उनके जीवन का अंतिम समय जगन्नाथपुरी में बीता था।

चैतन्य महाप्रभु की भक्ति में सामाजिक सुधार की चेतना और एक व्यापक मानवतावाद था। उनकी मान्यता थी कि प्रेम, भक्ति और बराबरी के माध्यम से ही ईश्वर की अनुभूति हो सकती है। उन्होंने कुष्ठ रोगियों, दलितों, निराश्रितों को गले लगाया और समाज में पारस्परिक सद्भाव जगाने का प्रयास किया। वह यह भी चाहते थे कि हिंदू-मुस्लिम एकता बनी रहे। उन्होंने जातिगत भेद को नहीं माना। वे गौड़ीय संप्रदाय के प्रथम आचार्य माने जाते हैं जिसके गौड़ीय मठ स्थान-स्थान पर बने हैं। उनकी 'शिक्षाष्टक' के अलावा अन्य कृतियां उपलब्ध नहीं होतीं। चैतन्य महाप्रभु ने अपनी भक्ति में मुक्ति का यह सामंजस्यवादी सूत्र भी दिया, 'कृष्ण केशव, कृष्ण केशव, कृष्ण केशव पाहिमाम्/ राम राघव, राम राघव, राम राघव रक्षमाम्।'

बंगाल मुख्यतः शाक्त प्रभाव का क्षेत्र रहा है। चैतन्य महाप्रभु ने नवद्वीप को केंद्र बनाकर कृष्ण भक्ति का प्रचार किया। नवद्वीप आ कर ही एक अमेरिकी भक्त प्रभुपाद ने कृष्ण भक्ति को आधार बनाकर विश्व में घूम कर आध्यात्मिक चेतना का प्रसार किया और 'इस्कॉन' (ISKCON = श्रीकृष्ण भावनामृत संघ) बनाया। इसके मंदिर नवद्वीप के निकट मायापुर के अलावा दुनिया के कई बड़े शहरों में हैं और एक बड़ी संपत्ति के साथ इसके विदेशी भक्तों की एक बड़ी संख्या है।

राजेश मिश्र

अधिक जानकारी के लिए :

1.**चैतन्य महाप्रभु** : अमृत लाल नागर, 2. **श्री चैतन्य चरितावली** : प्रभुदत्त ब्रह्मचारी

चौथा खंभा

चौथा खंभा, यानी स्वतंत्र प्रेस की व्युत्पत्ति का इतिहास बहुत रोचक है। जब इंग्लैंड में संसदीय लोकतंत्र शैशवावस्था में था, माना जाता था कि राज्य के तीन प्रमुख आधार स्तंभ हैं—चर्च, कुलीन वर्ग और सर्वहारा। उन दिनों पत्रकारिता विकसित हो रही थी। इसके बावजूद उसका असर कम नहीं था। थॉमस कार्लाइल ने अपनी पुस्तक 'हीरो एंड हीरो वरशिप इन हिस्ट्री' में लिखा है कि 1787 में जब इस पर लोक सभा (हाउस ऑफ कॉमंस) में बहस होने वाली थी कि प्रेस को सदन की रिपोर्टिंग करने दी जाए या नहीं, तब एडमंड बर्क ने संसद को संबोधित करते हुए कहा था, 'संसद के तीन स्तंभ हैं, लेकिन उधर रिपोर्टरों की गैलरी में चौथा खंभा बैठा हुआ है जो इन तीनों से ज्यादा महत्वपूर्ण है।'

बर्क ने उपर्युक्त बात कही थी, इसकी पुष्टि नहीं हो पाई है। लेकिन यह प्रमाणित है कि बाद में हेनरी ब्रउगम और थॉमस मैकाले ने प्रेस के लिए चौथा

खंभा का इस्तेमाल किया था। शुरू में इस पद का उपयोग प्रेस पर व्यंग्य और प्रहार करने के लिए होता था, क्योंकि तब के अखबार ब्रिटिश सांसदों की पोल खोल रहे थे और सरकार की आलोचना कर रहे थे। आशय यह था कि प्रेस की भी अपनी सत्ता हो गई है। अगर हम कोशगत अर्थ पर जाएं, तो प्रेस राज्य का ही एक अंग—चौथा अंग—माना जाएगा। लगभग तीन शताब्दियों से यह खंभा, सामान्यतः व्यवस्था के आलोचक की भूमिका निभा रहा है। वह राज्य का ऐसा खंभा है जिसकी निगरानी में बाकी तीनों खंभे काम करते हैं। यह सत्ता का अंतःनिष्ठ प्रतिपक्ष है। स्वतंत्र प्रेस को लोकतंत्र में इस बात की गारंटी माना जाता है कि सरकार की कमियां या भूलें ज्यादा दिनों तक छिपी नहीं रह सकतीं। इस कारण, प्रेस सत्ता का शत्रु नहीं बन जाता, हालांकि बहुत-से पत्रकार और अखबार इसी को अपना मिशन मानते हैं। पिछले कई दशकों में प्रेस की निष्पक्षता पर भी सवाल उठाए गए हैं। भारत में भी, जैसा कि 'पेड न्यूज' से जाहिर है, प्रेस की साख खतरे में है, लेकिन अभी भी खबर का मुख्य माध्यम प्रेस ही है।

राजकिशोर

चौंसठ कलाएं

शब्दकल्पद्रुम कोश में कला का एक अर्थ मूलधन पर लगने वाला ब्याज है। इसके अन्य अर्थ हैं—वाद्य, नृत्य, नाट्य और आलेख्य, धूम की रेखा तथा 30 काष्ठाओं का समयमान। इस कोश में चंद्रमा की निम्नलिखित 16 कलाएं भी गिनाई गई हैं—अमृता, मानदा, विश्वा, तृष्टि, पुष्टि, रति, धृति, शशिनी, चंद्रिका, कांति, ज्योत्स्ना, श्री, प्रीति, अगदा, पूर्णा तथा पूर्णामृता। वैजयंती कोश में कला और शिल्प को समानार्थक माना गया है (3.9.8)। वैदिक वाङ्मय में कला शब्द का प्रयोग सोलहवें भाग के अर्थ में हुआ है। शतपथ ब्राह्मण में प्रजापति को षोडश कलाओं वाला कहा गया है (7.2.2.17)। शरीर की आठ कलाएं बताते हुए पुरुष को षोडश कलाओं वाला कहा गया है (10.4.1.6 तथा 13.2.2.37)। जैमिनीय उपनिषद में ब्रह्म की 16 कलाओं का विवरण है। कला शब्द का प्रयोग गीत, वाद्य, नृत्य आदि कलाओं के अर्थ में सर्वप्रथम रामायण में मिलता है। मेघदूत में यक्षिणी के लिए कहा गया है, 'प्राचीमूले तनुमिव कलामात्राशेषां हिमांशोः।'

कलाओं की संख्या तथा विभाजन : ललितविस्तर, जातकमाला, कल्पसूत्रा, औपातिक सूत्रा, कामसूत्र, शुक्रनीतिसार में कलाओं की संख्या तथा सूची दी गई है। कला की अवधारणा यहां शिल्प की वैदिक अवधारणा से भिन्न नहीं है। ललितविस्तर में 86 तथा जैन आगमों में 72 कलाएं परिगणित की गई हैं। कामसूत्र तथा शुक्रनीतिसार में 64 कलाएं निरूपित हैं।

कलाओं में क्रिया के द्वारा परस्पर भेद किया जा सकता है। कलाएं जीविका के साधन हैं, इसके आधार पर कलाकारों की जातियां बनी हैं। शुक्रनीति में 64 कलाएं इस प्रकार परिगणित हैं : 1. हावभाव के साथ नाचना या नृत्य कला, 2. अनेक प्रकार के वाद्ययंत्रों का ज्ञान (वादन कला), 3. स्त्री तथा पुरुष को सुंदर रीति से वस्त्राभूषण पहनाना (वस्त्रालंकार-प्रसाधन-कला), 4. अनेक प्रकार के रूप प्रकट करने की विधि को जानना (रूप-प्रकाशन कला), 5. बिछौने को भलीभांति लगाकर उस पर पुष्प आदि को सुंदर गूंथ या सजाकर रखने की कला, 6. द्यूत आदि अनेक क्रीड़ाओं द्वारा मनोरंजन करने की कला, 7. अनेक प्रकार का आसन करके रति (मैथुन) करने का ज्ञान, 8. मकरंद से आसवादि मादक द्रव्य तथा मद्यादि बनाने की कला, 9. छिपे हुए शल्य को सुखपूर्वक निकालने तथा शिराओं पर उत्पन्न हुए व्रण को शस्त्र से चीरने की कला, 10. हींग आदि द्रव्यों तथा लवणादि रसों के संयोग से अन्नादि को पकाने की कला, 11. वृक्षादि के फलने, लगाने तथा रक्षा करके बड़ा करने की कला, 12. पत्थरों को तोड़ने तथा स्वर्णादि धातुओं को गलाने और उनको भस्म

करने की कला, 13. जितने गुड़ादि हैं उनको बनाने की कला, 14. स्वर्णादि धातुओं तथा औषधियों के मिलाने तथा प्रयोग करने की कला, 15. स्वर्णादि धातुओं को एकत्र मिल जाने के बाद पुनः पृथक करने की कला, 16. धात्वादिकों के अपूर्व रीति से संयोग करने की कला, 17. क्षार निकालने की कला, 18. पैर आदि को पैंतरे के साथ रखते हुए निशाना साध कर शस्त्रों के चलाने की कला, 19. संधि स्थानों पर प्रहार करना तथा पकड़कर खींचना आदि भेदों के साथ मल्लयुद्ध करने की कला, 20. निशाना लगाकर अस्त्र चलाने की कला, 21. युद्ध के बाजों के संकेत से व्यूह रचना आदि करने की कला, 22. हाथियों, घोड़ों तथा रथों को विशेष रूप से चलाने के द्वारा युद्ध का आयोजन करने की कला, 23. अनेक प्रकार के पद्मासनादि आसनों तथा मत्स्य-कूर्मादि मुद्राओं द्वारा देवताओं की संतुष्ट करने की कला, 24. रथ हांकने की कला, 25. हाथी तथा घोड़े की चाल सिखाने की कला, 26-29. मिट्टी, काष्ठ, पत्थर तथा धातु के बर्तन आदि को सुंदर रीति से बनाने की कला, 30. चित्र आदि को सुंदर ढंग से लिखना, 31. तालाब, बावड़ी, राजभवन तथा भूमि को समतल बनाने की क्रिया की कला, 32. घड़ी आदि अनेक यंत्रों को बनाने की कला, 33. अनेक प्रकार के बाजों को बनाने की कला, 34. हीन, मध्यम तथा उत्तम रूप से मिलाए हुए रंग आदि के द्वारा वस्त्रादि रंगने की कला, 35. जल, वायु और अग्नि के संयोग और निरोध के द्वारा वाष्प यंत्र बनाकर उससे कार्य करने की कला, 36. नौका, रथ आदि सवारियां करने की कला, 37. सूत्र आदि से रस्सी तैयार करने की कला, 38. अनेक सूत्रों के संयोग से कपड़ा बुनने की कला, 39. रत्नों में छिद्र करना तथा उसके अच्छे-बुरे परिणामों को जानने की कला, 40. स्वर्णादि धातुओं को भलीभांति परखने की कला, 41. कृत्रिम सोना तथा रत्नादि बनाने की कला, 42. स्वर्णादि का आभूषण बनाना तथा स्वर्णादि पर पानी चढ़ाने की कला, 43. चमड़ों को मृदु बनाने की कला, 44. पशुओं के चमड़ों को उनके शरीर से अलग करने की कला, 45. दूध दुहने से लेकर घी बनाने तक की क्रियाओं को जानने की कला, 46. कंचुक आदि वस्त्रों को सीने की कला, 47. जल में बाहु आदि से तैरने की कला, 48. गृह के धातु के बर्तनों के साफ करने की कला, 49. वस्त्र भलीभांति साफ करने की कला, 50. बाल बनाने की कला, 51. तिल और मांस आदि से तेल निकालने की कला, 52. हल चलाने की और वृक्ष आदि पर चढ़ने की कला, 53. मनोनुकूल सेवा करने की कला, 54. बांस तथा तृण आदि के पात्र बनाने की कला, 55. कांच के पात्रादि बनाने की कला, 56. जलों के द्वारा सींचना और जल को आवश्यकतानुसार लाने और निकालने की कला, 57. लौह के अस्त्र-शस्त्रादि बनाने की कला, 58. हाथी, घोड़े तथा ऊंटों की पीठ पर रखने योग्य गद्दी-जीन आदि बनाने की कला, 59. शिशु की रक्षा करने, गोदी में धारण करने तथा क्रीड़ा कराने की कला, 60. अपराधी लोगों को उचित मारने-पीटने की कला, 61. अनेक देशों की वर्णमालाओं को सुंदर रीति से लिख देने की कला, 62. तांबूल की रक्षा आदि की कला, 63. कलाओं के निष्पादन में शीघ्रता (आदान) और 64. कलाओं के निष्पादन में देरी (प्रतिदान)।

कामसूत्र में आ कर कला शब्द का वही अर्थ हो जाता है जो वैदिक साहित्य में शिल्प का है। कामसूत्र में शास्त्रों की चौंसठ कलाएं इस प्रकार गिनाई गई हैं : 1. गाना, 2. बाजा बजाना, 3. नाचना, 4. चित्रकारी, 5. भोजपत्र के पत्रों को तिलक की आकृति में काटना, 6. पूजन के लिए चावल और रंग-बिरंगे फन्नलों के सजाना, 7. घर या कमरों को फन्नल से सजाना, 8. शरीर, कपड़ों और दांतों पर रंग चढ़ाना, 9. मणि भूमि का कर्म-फर्श पर मणियों को बिछाना, 10. शैया की रचना कला, 11. पानी को इस तरह बजाना कि उससे मुरज नाम के बाजे की ध्वनि निकले, 12. जलक्रीड़ा करते समय कलात्मक ढंग से छींटे मारना, 13. विभिन्न औषधियों, मंत्रों और तंत्रों के प्रयोग, 14. विभिन्न प्रकार से मालाएं गूंथना, 15. अपने या दूसरों को वस्त्रालंकार से सजाना, 16. हाथी दांत, शंख से अलंकारों को सजाना,

17. कई द्रव्यों को मिलाकर सुगंध तैयार करना, 18. आभूषणों में मणियां जड़ना, 19. इंद्रजाल (जादू) की क्रीड़ाएं करना, 20. कौचुमारयोग (कौचुमार तंत्र में बताए गए बाजीकरण प्रयोग, सौंदर्य वृद्धि के उपाय), 21. हाथ की सफाई, 22. विभिन्न ढंग से साग, तरकारी और भोजन बनाने का कौशल, 23. पेय पदार्थों को बनाने का कौशल, 24. सीना, पिरोना, जाली बुनना, 25. हाथ के सूत से पशु-पक्षियों, मंदिरों, मकानों के चित्र बना लेना, 26. वीणा, डमरू तथा अन्य बाजे बजाना, 27. पहेलियां पूछने व बूझने की कला, 28. अंत्याक्षरी प्रतियोगिता का कौशल, 29. ऐसे श्लोक कहना जिनके उच्चारण और अर्थ दोनों कठिन हों, 30. पुस्तक बांचने की कला, 31. नाटकों द्वारा ऐतिहासिक कथाओं का ज्ञान, 32. कविता द्वारा समस्या पूर्ति, 33. बेंत और सरकंडे आदि की वस्तुएं बनाना, 34. सोने-चांदी के बर्तनों और गहनों पर मीनाकारी, पच्चीकारी, 35. बढ़ईगीरी, 36. गृह-निर्माण कला, 37. मणियों और रत्नों की परीक्षा, 38. धातुओं को मिलाना, शोधन, 39. मणियों को रंगना और उन्हें खदान से निकालना, 40. वृक्षों और लताओं की चिकित्सा, उन्हें इच्छानुसार छोटा, बड़ा बना लेने की कला, 41. भेड़ा, मुर्गा और लावकों को लड़ाना एवं छुड़ाना, 42. तोता-मैना को पढ़ाना, 43. शरीर और सिर की मालिश की कला, 44. सांकेतिक अक्षरों के अर्थ जान लेना, 45. गुप्त भाषा विज्ञान, 46. विभिन्न देशों की भाषाओं का ज्ञान, 47. फन्नलों से रथ, गाड़ी आदि बनाना, 48. शकुन विचार, 49. स्वयं चालित यंत्रों को बनाना, 50. स्मरण शक्ति बढ़ाने की कला, 51. किसी सुने हुए या पढ़े हुए श्लोक को ज्यों का त्यों दुहरा देना, 52. विक्षिप्त अक्षरों से श्लोक बनाना, 53-55. शब्दकोशों और छंदों का ज्ञान, 56. काव्यालंकार का ज्ञान, 57. बहुरुपियापन, 58. छोटे कपड़े को इस तरह पहनना कि वह बड़ा दिखाई पड़े और बड़ा छोटा दिखाई पड़े, 59. विभिन्न प्रकार की द्यूत क्रीड़ाओं की कला, 60. क्रीड़ा, 61. बच्चों के विभिन्न खेलों का ज्ञान, 62. विनय सिखाने वाली विद्या, आचारशास्त्र का ज्ञान, 63. विजय दिलाने वाली विद्याएं, कौटलीय अर्थशास्त्र, 64. व्यायाम विद्या।

नाट्यशास्त्र के अनुसार कला, पात और लय ये घन-वाद्य के तीन गुण हैं (31.1)। अभिनवगुप्त के अनुसार काल का परिच्छेद करने वाला तत्व कला है। भरत कहते हैं कि कला की लौकिक अवधारणा से हमारे शास्त्र की अवधारणा भिन्न है। नाट्यशास्त्र की परंपरा के आधार पर अलंकारशास्त्र में कविता के क्षेत्र में कलाओं के विनियोग पर विचार किया गया। भामह ने 'काव्यालंकार' में भरत के द्वारा नाट्य में विभिन्न ज्ञानों, विद्याओं, शिल्पों एवं कलाओं के विनियोग का अनुसरण किया है। उन्होंने कलाश्रय और शास्त्राश्रय इन दो श्रेणी के काव्यों का उल्लेख किया है। वामन ने गीत, नृत्य, चित्र आदि को कला माना है। उनके अनुसार, कलाओं के तत्व को समझे बिना काव्य में कला की वस्तु का वर्णन नहीं हो सकता। कला शब्द का अर्थापकर्ष होकर चातुरी, धूर्तता आदि के अर्थ में भी संक्रमण हुआ। क्षेमेंद्र (दसवीं सदी) ने अपने कलाविलास नामक काव्य में विभिन्न कलाओं के द्वारा लोगों को ठगने वाले धूर्तों का चरित्र विस्तार से बताया है तथा इस दृष्टि से कला के असंख्य प्रकार भी गिनाए हैं। शैव दर्शन में कला जीव के पांच कंचुकों में से एक कही गई है। कला किसी भी कर्म या रचना में प्रवृत्त होना है। अभिनवगुप्त ने कहा है कि कला ही अपने संस्पर्श से अणु के भीतर कुछ कर सकने की शक्ति का आधान करती है (तंत्रालोक, 1.139)।

राधावल्लभ त्रिपाठी

|| छ ||

छंद

छंद (Meter) वस्तुतः संगीत का तत्व है। यह भाषा में लय के रूप में होता है, जो बलाघात, विराम और उच्च-निम्न स्वर से निर्मित होती है। लय एक अनियमित चीज है। जब वह नियमित हो जाती है, यानी नियमित इकाइयों में उसकी आवृत्ति होती है, तब वह छंद बन जाती है। कहा जा सकता है कि संगीत की लय अथवा छंद की जान गति है। शब्द कोश में यों ही पड़े रहते हैं, लेकिन जब भाषा में लयात्मक रूप में प्रयुक्त होते हैं, तो ये गतिशील होकर नए प्रभाव की सृष्टि करते हैं। लट्टू निष्क्रिय पड़ा रहता है लेकिन जब उसमें गति ला दी जाती है, तो वह नाचने लगता है। भाषा में लय से युक्त होकर शब्द उसी तरह नाचते हैं। श्रेष्ठ कवि अपनी कविता की भाषा में शब्दों की गति को कभी शिथिल नहीं पड़ने देते। यह गति जहां हैं, चीजें एक शक्ति और प्रभाव से युक्त हैं। छंद की शक्ति उन्हें काफी बदल देती हैं और वे अपने से काफी बड़े लक्ष्य को प्राप्त करने का साधन या हेतु बन जाती हैं।

विभिन्न युगों के कवियों की भाषाई लय में जो फर्क है, उसका कारण यह है कि वे अपनी कविता में संगीत को कहीं बाहर से नहीं ले आते, अपने परिवेश से ही संगीत प्राप्त कर उसे कविता में नियोजित करते हैं। इस प्रसंग में इलियट ने एक जरूरी बात कही है कि यह मानना गलत है कि सारी कविता को लयात्मक होना चाहिए। वस्तुतः लय शब्दों के संगीत का महज एक रचनात्मक तत्व है। कुछ कविताएं गाने के लिए बनी होती हैं, जबकि आधुनिक काल की अधिकांश कविताएं पढ़ने के लिए बनी हुई हैं। मधुमक्खियों के गुंजार और पुराने अशोक वृक्ष पर पंडुक की कराह के अलावा ढेर सारी चीजें बोलने के लिए हैं। छंद में ध्वनियों के बेमेल मिश्रण के अलावा कठोर बेमेल ध्वनियों का भी स्थान है, जैसे किसी लंबी रचना में अधिक और कम तनाव वाले स्थलों के बीच संक्रमण स्थल होने चाहिए, जिनसे घटते-बढ़ते संवेगों को लय प्रदान की जा सके। हिंदी से उदाहरण लें, तो तुलसीदास, निराला और मुक्तिबोध ये तीनों श्रेष्ठ कवि अपनी कविता से इस बात की पुष्टि करते हैं।

इलियट की एक अन्य बात गौरतलब है कि यह समझना ठीक नहीं है कि कोई शब्द अधिक सांगीतिक होता है और कोई कम। उनका कहना है कि शब्द का संगीत उनके पारस्परिक मिलन पर निर्भर करता है। कविता के संगीत का मामला उसकी एक-दो पंक्तियों का नहीं, पूरी कविता का मामला है, यानी उसकी संरचना का। छंद के संबंध में एक या दो और बातें ज्ञातव्य हैं। वह भाव का अनुसरण करता है। इसका एक प्रमाण यह भी है कि वह भावों और विचारों के अनुसार ढलकर ही उनके मेल का संगीत उत्पन्न करने लगता है। उदाहरण के लिए—प्रसाद की 'कामायनी' के प्रथम सर्ग को देखना चाहिए, जो आल्हा छंद में रचित है, जिसका शास्त्रीय नाम वीर छंद है। इस तरह एक भाव वर्णन के लिए नियत छंद दूसरे भाव के वर्णन में सहायक हो जाता है। दूसरी बात यह कि जैसे कविता में छंद के द्वारा अनुभूति और विचार सृजित और उपबृंहित हो सकते हैं, वैसे ही उसके द्वारा कविता बरबाद भी की जा सकती है।

छंद तुकांत होते हैं और अतुकांत भी। लय, छंद और तुक, ये सभी संगीत के अवयव हैं। वर्णिक छंद प्रायः अतुकांत होते हैं। उदाहरण के तौर पर कालिदास की तीनों कृतियों 'कुमारसंभव', 'रघुवंश' और 'मेघदूत' को ही नहीं, हरिऔध के 'प्रियप्रवास' को भी देखा जा सकता है। इसके विपरीत मात्रिक छंद प्रायः तुकांत होते हैं। यह बात जयदेव के 'गीतगोविंद' से लेकर हिंदी की आधुनिक कविता तक देखी जाती है। हिंदी के किसी कवि ने अपनी कविता में कभी-कभी मात्रिक छंद का प्रयोग किया है,

पर उसे अतुकांत रखा है। नागार्जुन का 'भस्मांकुर' तुकांत बरवै छंद में रचित है, पर अनेक स्थलों पर अतुकांत है। दिनकर ने 'उर्वशी' में सार छंद का तुकांत और अतुकांत दोनों रूपों में प्रयोग किया है। इसी तरह मैथिलीशरण गुप्त के 'साकेत' के नवम सर्ग का आरंभिक 'दो वंशों में प्रकट करके पावनी लोक-लीला/ सौ पुत्रों से अधिक जिनकी पुत्रियां पूतशीला' वाला जनक की स्तुति से संबंधित छंद वर्णिक छंद में रचित है, लेकिन तुकांत है।

नंदकिशोर नवल

अधिक जानकारी के लिए :
काव्यशास्त्र : भगीरथ मिश्र

छंद भेद

छंदशास्त्रियों ने छंद को दो वर्गों में विभक्त किया है : वर्णिक छंद और मात्रिक छंद।

वर्णिक छंद उन्हें कहा जाता है, जिनमें वर्णों की संख्या निर्धारित होती है और गणों के आधार पर लक्षण पुष्ट किए जाते हैं। यति का स्थान भी निर्धारित रहता है। मल्लिका, मंदाक्रांता, वंशस्थ आदि वर्णिक छंद हैं। वर्णिक छंद के तीन उपभेद किए गए हैं : (क) समवर्णिक, (ख) अर्धसम वर्णिक और (ग) विषमवर्णिक। जिस वर्णिक छंद में चारों चरणों में समान वर्णों और समान क्रम से गणों की स्थापना की जाती है, वहां समवर्णिक छंद होता है। अर्ध समवर्णिक छंद में प्रथम और तृतीय चरणों तथा द्वितीय और चतुर्थ चरणों में समान वर्णों एवं समान गणानुक्रम का विधान है। इस प्रकार के छंदों में न पूर्णतया समानता होती है और न ही पूर्णतया असमानता। अतः इन्हें अर्ध समवर्णिक छंद कहते हैं। विषम वर्णिक छंद के चारों चरणों में वर्णों एवं गणों के क्रम की समानता नहीं होती। दो चरण समान हैं, पर शेष दो चरण असमान, तब भी विषम वर्णिक छंद ही होगा, क्योंकि इसमें भी चरणों के असम वर्ग अर्थात तीन वर्ग हो जाते हैं।

हरिणाक्षिणी शशिमुखी तू शिखरि दशना प्रियंवदा
।। ऽ ।ऽ ।।।ऽ । ।।। ।।ऽ ।ऽ ।ऽ
भिरै कटि सुगमना मधुरा कुल कामिनी कसक दायिनी बनी
ऽ। ।। ।।।ऽ ।। ऽ ।। ऽ ।ऽ ।।। ऽ ।ऽ ।ऽ

चारों चरणों की भिन्न-भिन्न रूप से स्थापना होने के कारण यह विषम वर्णिक छंद है।

मात्रिक छंद का नियोजन वर्ण या गणों के आधार पर न होकर मात्राओं के आधार पर होता है। इसमें गुरु की दो मात्राएं एवं लघु की एक मात्रा होती है। वर्णिक छंदों की भांति इसके भी तीन वर्ग किए गए हैं : (क) सममात्रिक छंद (ख) अर्ध-सममात्रिक छंद तथा (ग) विषम मात्रिक छंद। सममात्रिक छंद वे होते हैं, जिनके चारों चरणों में समान मात्राओं का विन्यास हो और संबद्ध मात्रिक छंद के यति, गुरु, लघु, गण आदि के नियमों का चारों चरणों में पालन किया जाता है। अर्ध–सममात्रिक छंद में भी पहले और तीसरे चरण में समान मात्राओं एवं यति का नियम होता है तथा द्वितीय एवं चतुर्थ चरणों में पहले और तीसरे चरण से भिन्न समान मात्राएं एवं यति स्थान होते हैं। दोहा, सोरठा आदि छंद अर्ध-सममात्रिक छंद हैं। जिस छंद के चारों चरणों में कुल मात्राएं पृथक–पृथक हों, वहां विषम मात्रिक छंद होता है। कभी-कभी दो चरण समान मात्रिक हो जाते हैं या रखे जाते हैं।

छंद के उपर्युक्त भेदों के अलावा गाथा एवं दंडक नाम से छंद के दो और भेद होते हैं। गाथा छंद उसे कहते हैं, जिसमें तीन या छह चरण होते हैं। इसके अलावा प्रत्येक चरण की मात्रा या वर्ण संख्या में समानता नहीं पाई जाती। यहां लघु–गुरु का क्रम भी विलक्षण होता है। कुछ गाथाएं नौ–नौ चरणों की होती हैं। पालि-प्राकृत आदि भाषाओं में गाथा को ही गाहा कहा जाता है। वर्णिक छंदों में एकाक्षरात्मक छंद से लेकर छब्बीस अक्षरों तक के छंद के नाम छंदशास्त्रियों ने निर्धारित किए हैं तथा छब्बीस से अधिक अक्षरों वाले छंदों को उन्होंने दंडक छंद कहा है।

प्रमुख छंद

दोहा : यह अर्ध सममात्रिक छंद है। इस छंद के

विषम चरणों (प्रथम और तृतीय) में 13 मात्राएं और सम चरणों (द्वितीय और चतुर्थ) में 11 मात्राएं होती हैं। यति चरण के अंत में होती है। विषम चरणों के आदि में जगण नहीं होना चाहिए। सम चरणों के अंत में लघु होना चाहिए। तुक सम चरणों में होना चाहिए। जैसे,

ऽऽ ।। ऽऽ ।ऽ, ऽऽ ऽ।। ऽ।

मेरी भव बाधा हरौ, राधा नागरि सोइ।

ऽ ।। ऽ ऽऽ ।ऽ, ऽ। ।।। ।। ऽ।

जा तन की झांईं परे, स्यामु हरित दुति होइ।।

हिंदी में यह छंद भक्ति और रीति काल के कवियों द्वारा प्रयुक्त हुआ है। सूर, तुलसी मीरा आदि ने अपने पदों में इसका उपयोग किया है। दोहा मुक्तक काव्य का प्रधान छंद है। इसमें संक्षिप्त और तीखी भावव्यंजना तथा प्रभावशाली लघु चित्रों को प्रस्तुत करने की अपूर्व क्षमता है। तुलसीदास के 'रामचरितमानस' और जायसी के 'पद्मावत' में प्रबंध काव्य शैली में इसका प्रयोग हुआ है। कई आधुनिक कवियों ने भी इस छंद का प्रभावशाली प्रयोग किया है।

चौपाई : यह सममात्रिक छंद है। इसके प्रत्येक चरण में 16 मात्राएं होती हैं। चरण के अंत में जगण (।ऽ।) और तगण (ऽऽ।) का आना वर्जित है। तुक पहले चरण में दूसरे से और तीसरे की चौथे से मिलता है। यति प्रत्येक चरण के अंत में होती है। अंत में दो गुरु अच्छे माने जाते हैं। जैसे,

ऽ।। ।। ।। ।।। ।ऽऽ, ।।। ।ऽ। ।।। ।।ऽऽ

बंदउँ गुरु पद पदुम परागा, सुरुचि सुबास सरस अनुरागा।

।।। ऽ।।। ऽ।। ऽऽ ।।। ।।। ।। ।। ।।ऽऽ

अमिय मूरिमय चूरन चारू, समन सकल भव रुज परिवारू।।

तुलसीदास ने 'रामचरितमानस' में इसका सफल प्रयोग किया है। चंदबरदाई, जायसी, सुंदरदास, नंददास इत्यादि ने इसके नियमों के पालन में शिथिलता दिखाई है। कथा-काव्यों में इस छंद की लोकप्रियता का मुख्य कारण यह है कि इसमें सभी रसों का निर्वाह हो जाता है। वीरकाव्य में कवियों में केशव, गोरेलाल, सूदन, जोधराज, गुलाब, जटमल आदि ने चौपाई का प्रसंगानुकूल प्रयोग किया है। प्रेमाश्रयी शाखा के कवियों में कुतुबन, जायसी, उसमान आदि ने इस छंद को दोहे के साथ अपनाया है। सूरदास ने 'सूरसागर' में कथात्मक अंशों को जोड़ने के लिए इसका प्रयोग किया है। बच्चन, नागार्जुन, त्रिलोचन, रामविलास शर्मा की कविताओं में इसका प्रयोग नई धज के साथ हुआ है।

सोरठा : यह अर्ध सममात्रिक छंद है। यह दोहे का उलटा है अर्थात दोहे के द्वितीय चरण को प्रथम और प्रथम को द्वितीय तथा तृतीय को चतुर्थ और चतुर्थ को तृतीय कर देने से सोरठा बन जाता है। इस छंद के विषम चरणों में 11 और सम चरणों में 13 मात्राएं होती हैं। तुक प्रथम और तृतीय चरणों में होता है। उदाहरणार्थ :

।। ऽ।।ऽ ऽ।, ऽ। ।ऽऽ ।।।ऽ

सुनि केवट कै बैन, प्रेम लपेटे अटपटे

।।ऽ ।।ऽऽ, ।।। ऽ।ऽ ।।। ।।

बिहँसे करुनाऐन, चितइ जानकी लखन तन।

रोला : यह सममात्रिक छंद है। इसके प्रत्येक चरण में 24 मात्राएं होती हैं। प्रत्येक चरण में 11 और 13 मात्राओं पर यति अधिक प्रचलित है। प्रत्येक चरण के अंत में दो गुरु या दो लघु वर्ण होते हैं। दो-दो चरणों में तुक आवश्यक है। जैसे,

ऽ।। ऽ ऽ ।ऽ ।ऽ।। ऽ।। ऽ।।

मूलन ही की जहां, अधोगति केसव माइय।
होत हुतासन धूम, नगर एकै गलिनाइय।
दुर्गति दुर्जन ही जो, कुटिल गति सरितन ही में।
औ फल को अभिलाष, प्रकट कुल कवि के जी में।

हिंदी में इस छंद का प्रयोग चंदबरदाई, सूरदास, नंददास, केशव, सूदन, रघुराज आदि ने किया है। यह छंद प्रत्येक रस में प्रयुक्त हो सकता है। नंददास की 'रासपंचाध्यायी', 'सिद्धान्त पंचाध्यायी', 'रुक्मिणीमंगल' में और रत्नाकर के 'गंगाकारण' में इसका सफल प्रयोग हुआ है। त्रिलोचन ने अपने सॉनेटों में इसका सफल प्रयोग किया है।

कुंडलिया : यह विषममात्रिक संयुक्त छंद है। दोहा

और रोला छंदों को मिलाने से यह छंद बनता है। इस छंद में छह चरण होते हैं। छंद के प्रथम चरण की रचना दोहे में प्रथम और द्वितीय चरण को मिलाकर होती है। फिर, दोहे के तृतीय और चतुर्थ चरण को मिलाने से इसका द्वितीय चरण बनता है। अंत में, रोले के चरण क्रमशः इसके तृतीय, चतुर्थ, पंचम और षष्ठ चरण बनते हैं। दोहे का चौथा चरण रोला के प्रथम चरण में दुहराया जाता है और दोहे के प्रारंभ का शब्द रोले के अंत में आता है। यतियां दोहे और रोले वाली ही रहती हैं। इस प्रकार इसकी प्रत्येक पंक्ति में 24-24 मात्राएं होती हैं। जैसे,

ıııı ııı ı ऽıऽ, ऽı ıऽ ऽ ऽı

कृतघन कबहु न मानहीं, कोटि करौ जो कोय।
सरबस आगे राखिए, तऊ न अपने होय।
तऊ न अपने होय, भले की भली न मानै।
काम काढ़ि चुप रहे, फेरि, तिहि नहिं, पहिचाने।
कह गिरधर कविराय, रहत नित ही निर्भय मन।
मित्र शत्रु नहिं एक, दाम के लालच कृतघन।

हिंदी में गिरधर की कुंडलियां काफी लोकप्रिय रही हैं। उनके अतिरिक्त केशव (रामचंद्रिका), जटमल (गोरा बादल), सूदन (सुजान चरित) आदि ने इस छंद का प्रयोग किया है। यह छंद वीर रस तथा उपदेश के लिए अधिक उपयुक्त है।

सवैया : यह एक वर्णिक समवृत्त छंद है। इसके एक चरण में 22 से लेकर 26 तक अक्षर होते हैं। इसके कई भेद हैं। इसके प्रत्येक चरण में सात भगण (ऽ।।) और अंत में दो गुरु वर्ण होते हैं। चारों चरण तुकांत होते हैं। रीति काल में विभिन्न प्रकार के सवैए लिखे गए थे। संस्कृत में ये समस्त भेद वृत्तात्मक हैं। परंतु कुछ विद्वान हिंदी के सवैया छंद को मुक्तक वर्णिक के रूप में समझते हैं। कवित्त की भांति सवैया भी लयमूलक ही है। रीति काल की मुक्तक शैली में कवित्त और सवैया का महत्वपूर्ण योग है। वैसे, भक्ति काल में कवित्त और सवैया दोनों ही छंदों का प्रयोग तुलसीदास ने 'कवितावली' में किया था। भगणात्मक, जगणात्मक तथा सगणात्मक सवैए की लय क्षिप्र गति से चलती है और यगण, तगण तथा रगणात्मक सवैये की लय मंद होती है। यह छंद मुक्तक काव्य के बहुत अनुकूल है और इसका प्रयोग श्रृंगार रस तथा भक्ति भावना की अभिव्यक्ति के लिए बहुत उत्कृष्ट रूप में हुआ है। रीतिकालीन कवियों ने श्रृंगार रस के विभिन्न अंगों (विभाव, अनुभाव, आलम्बन, उद्दीपन, संचारी, नायक–नायिका भेद आदि) के लिए इसका चित्रात्मक तथा भावात्मक प्रयोग किया है। रसखान, घनानंद, आलम जैसे प्रेमी-भक्त कवियों ने भक्ति भावना के आवेग और उद्वेग की सफल अभिव्यक्ति सवैया छंद में की है। भूषण ने वीर रस के लिए इस छंद का प्रयोग किया है, किंतु वीर रस इसकी प्रकृति के बहुत अनुकूल नहीं है।

आधुनिक कवियों में भारतेंदु हरिश्चंद्र, लक्ष्मण सिंह, नाथूराम शर्मा 'शंकर' आदि ने इस छंद का प्रयोग किया है। जगदीश गुप्त ने इस छंद में नई लक्षणा शक्ति का समावेश किया है। त्रिलोचन ने इसे मुक्त छंद की तरह साधा है।

सवैया के कई प्रकार हैं–(1) उपजाति सवैया, (2) मत्तगयंग सवैया, (3) सुमुखि सवैया (4) दुर्मिल सवैया, (5) किरीट सवैया, (6) गंगोदक या लक्षी सवैया, (7) मुक्तहरा सवैया, (8) वाम सवैया, (9) अरसात सवैया, (10) सुंदरी सवैया, (11) अरविंद सवैया, (12) गानिनी सवैया, (13) महाभुंजगप्रयात सवैया, (14) सुखी सवैया इत्यादि। तुलसी, केशव तथा रसलीन ने इसका बहुतायत से प्रयोग किया है। रसखान तो सवैयों के ही लिए प्रसिद्ध हैं।

मनहरण कवित्त : जिस पद्य के प्रत्येक चरण में 31 वर्ण हों, किंतु अंत में गुरु अवश्य हो तथा क्रमशः पंद्रहवें और सोलहवें वर्णों पर यति हो, वहां मनहरण कवित्त छंद होता है। यदि प्रत्येक आठवें वर्ण और पदांत में यति आ जाती है तो छंद और खिल उठता है और उसमें लय और प्रवाह और अधिक आ जाता है।

सरोज सुमन वह, प्यारा–प्यारा खिलता-सा,
हृदय लुभाती यति पंद्रह सोलह से।

उपर्युक्त पंक्ति में कुल इकतीस वर्ण हैं।

क्रमशः पंद्रह और सोलह पर यति है। दूसरी ओर प्रत्येक आठवें वर्ण और पदांत में भी यति है। इस नवीन वृत्त का प्रयोग केशव ने किया है। भानु ने पांच सगण (।।ऽ) के वृत्त का भी नाम मनहरण कहा है।

हरिगीतिका छंद : जिस पद्य के प्रत्येक चरण में अठाईस मात्राएं हों, जिन्हें पहले चार पंचकल फिर एक षट्कल और फिर गुरु में सजाया गया हो तथा अंत में रगण हो, वहां हरिगीतिका छंद होता है। इसके प्रत्येक चरण में क्रमशः सोलहवीं और बारहवीं मात्रा पर यति होती है। जैसे,

ऽ।ऽ ।।।। ऽ। ।।ऽ, ।। ऽ। ऽऽ। ऽ

अन्याय सहकर बैठ रहना, यह महा दुष्कर्म है,
न्यायार्थ अपने बंधु को भी, दंड देना धर्म है।
इस बात पर ही पांडवों का, कौरवों से रण हुआ,
जो भव्य भारतवर्ष के, कल्पांत का कारण हुआ।

भिखारीदास ने 28 मात्रा के चरण वाले छंद को गीतिका कहा है। हिंदी के कवियों ने इस छंद के प्रयोग में कुछ स्वतंत्रता ली है। कभी-कभी यति 14, 14 पर लगाई गई है। संभवतः कवियों ने 'हरिगीतिका' मात्रा के चार बार प्रयोग से चार चरण मानकर ऐसा किया। केशव और रघुराज सिंह ने इसका प्रयोग किया है। इस छंद का प्रयोग 'पृथ्वीराज रासो' में वीर रस तथा श्रृंगार रस के कई स्थलों पर हुआ है। तुलसीदास का यह प्रिय छंद है। इस छंद का प्रयोग सभी रसों के लिए समान रूप से हो सकता है। सुंदरदास तथा भूषण ने गीतिका छंद का प्रयोग किया है। आधुनिक युग में मैथिलीशरण गुप्त ने हरिगीतिका का सफल प्रयोग किया; 'जयद्रथ वध' और 'भारत भारती' जैसी उनकी रचनाएं इसी छंद में हैं।

छप्पय : यह छंद रोला एवं उल्लाला नामक दो छंदों को मिलाकर बनता है। इसमें छह चरण होते हैं। पहले चार चरण रोला छंद के तथा अंतिम दो चरण उल्लाला छंद के होते हैं। यह एक विषम मात्रिक छंद है। जैसे,

ऽऽ।। ।।ऽ। ।।। ।। ।। ऽ।।ऽ

नीलांबर परिधान, हरित पट पर सुंदर है,
सूर्य चंद्र युग मुकुट मेखला रत्नाकर है।
नदियां हेम प्रवाह, फूल तारे मंडल हैं,
बंदीजन खगवृंद, शेषफन सिंहासन है।

।।ऽ ।।ऽ। ।ऽ।ऽ ।।ऽऽ।। ऽ। ऽ

करते अभिषेक पयोद हैं, बलिहारी इस वेश की
हे मातृभूमि! तू सत्य ही, सगुण मूर्ति सर्वेश की।

छप्पय अपभ्रंश और हिंदी के कवियों का प्रिय छंद रहा है। चंदबरदाई ने 'पृथ्वीराजरासो', तुलसीदास ने 'कवितावली', केशव ने 'रामचंद्रिका', नाभादास ने 'भक्तमाल' और भूषण ने 'शिवराज भूषण' में इस छंद का प्रयोग किया है। मतिराम और भूषण भी इस छंद का प्रयोग करते हैं। इस छंद के आरंभ में प्रयुक्त रोला में गति का चढ़ाव है और अंत में उल्लाला में उतार है। इसी वजह से युद्ध आदि के वर्णन में भावों का उतार–चढ़ाव दिखाने के लिए इस छंद का प्रयोग किया जाता है।

उल्लाला : यह अर्ध सममात्रिक छंद है। उल्लाला छंद दो प्रकार का होता है। एक ओर यह सममात्रिक छंद है। दूसरी ओर, यह अर्ध-सममात्रिक छंद है। यहां सममात्रिक छंद के रूप में इसका लक्षण प्रस्तुत है। जिस पद्य के प्रत्येक चरण में तेरह-तेरह मात्राएं तथा त्रिकल और पंचकल का विधान हो, वहां उल्लाला छंद होता है। उल्लाला द्विखंडक रूप में चौदह-चौदह मात्राओं का भी होता है। प्रत्येक खंड में अठाईस मात्राएं हो जाती हैं। पद्य के प्रथम खंड में अठाईस मात्राएं होती हैं तथा तीन चतुष्कल, एक त्रिकल, फिर एक चतुष्कल और अंत में त्रिकल आते हैं। वस्तुतः यह अर्थ समउल्लाला का ही लक्षण है और छप्पय के अंत में आता है।

गीतिका-1 **:** यह सममात्रिक छंद है। इसके प्रत्येक चरण में 26 मात्राएं होती हैं। 14 एवं 12 पर यति तथा अंत में लघु-गुरु का विधान है। भानु तथा भिखारीदास ने इसका उल्लेख किया है। इसके अंत में यदि गुरु-लघु (ऽ।) है तो गीता छंद हो जाता

है। स्पष्टत: यह गौण अंतर है। इसका प्रयोग हिंदी में चंदबरदाई, केशवदास तथा भूषण ने किया है। भूषण ने हरिगीतिका के नाम से गीता छंद का प्रयोग किया है, 'मनिमय महल सिवराज के, इमि रायगढ़ में राजहीं' (शिवराज भूषण)।

गीतिका-2 : गीतिका-2 वर्णिक छंदों में समवृत्त का एक भेद है। हिंदी में इसके मात्रिक रूप को हरिगीतिका कहते हैं, पर प्राचीन परंपरा के अनुसार केशव ने इसे वृत्तरूप में प्रयुक्त किया है। स, ज, भ, र, स, ल, ग के योग से यह वृत्त बनता है (।।ऽ, ।ऽ।, ।ऽ।, ऽ।।, ऽ।ऽ, ।।ऽ, ।ऽ)। 'प्राकृत पैंगलम' में इस छंद का नाम गीता दिया गया है। जैसे, 'कोउ आजु राज समाज में बल सम्भु को धनु कर्षि है। पुनि श्रौण के परिमाण तनि सो चित्त में अति हर्षि है। वह राज होइ कि रंक केशवदास सो सुख पाइ है। नृपकन्यका यह तासु के उर पुष्प मालहिं नाइ है।' आधुनिक काल में गुप्त जी ने 'किसान' (देशत्याग) और 'रंग में भंग' में इस छंद का प्रयोग किया है।

बरवै : यह एक अर्धसममात्रिक छंद है। इसके पहले और तीसरे चरण में 12-12 तथा दूसरे और चौथे चरण में 7-7 मात्राएं होती हैं, जैसे,

।।। ।ऽ ऽ ।। ।। ऽ ।। ऽ।

अवधि शिला का उस पर, था गुरु भार

तिल तिल काट रही थी, दृग जल धार।

बरवै छंद अवधी का बहुप्रचलित छंद है। यह अवधी में जितना सरल, मधुर और बहुअर्थव्यंजक होता है, उतनी खड़ी बोली, ब्रज और भोजपुरी में नहीं। इस छंद का नाम प्राकृत एवं अप्रभ्रंश में प्रयुक्त होने वाले छंदों में नहीं मिलता। भिखारीदास ने इस छंद का प्रयोग नहीं किया है। इससे प्रतीत होता है कि यह छंद लोकगीतों के रूप में प्रचलित था, जिसे बाद में शिष्ट साहित्य में अपनाया गया। हिंदी में तुलसीदास ने इसी छंद में अपनी प्रसिद्ध कृति 'बरवै रामायण' लिखी है। रहीम ने भी अपने 'बरवै नायिका-भेद' में इसका बहुत सजीव प्रयोग किया है। सुंदरदास ने 'पूर्वाभास बरवै', रघुराज सिंह ने 'रामस्वयंवर' तथा सेवक ने 'नखशिख' में इसका प्रयोग किया है। प्रचलित छंदों में यह लघुतम छंद है। आधुनिक काल में गुप्त जी ने इस छंद का बहुत सफल प्रयोग किया है। निराला के 'बादल राग' में भी इसकी गूंज सुनाई देती है, 'झूम झूम मृदु गरज गरज घन घोर, राग अमर। अंबर में भर निज रोर!'

द्रुतविलंबित : यह वर्णिक समवृत्त छंद है जिसके प्रत्येक चरण में नगण, भगण, भगण, रगण के क्रम से कुल 12 वर्ण होते हैं। 'प्राकृत पैगलम्' में इसे सुंदरी और नाट्यशास्त्र में हरिणीप्लुता नाम दिया गया है। हिंदी में केशव, हरिऔध तथा मैथिलीशरण गुप्त ने इस छंद का प्रयोग किया है। जैसे,

न जिसमें कुछ पौरुष हो यहां,

सफलता वह पा सकता कहां?

मालिनी : यह भी वर्णिक समवृत्त छंद है, जिसके प्रत्येक चरण में नगण, मगण, भगण, यगण, यगण के क्रम में कुल 15 वर्ण होते हैं तथा 7-8 वर्णों पर यति होती है। भरत ने इसका नाम नांदीमुख दिया है। हिंदी साहित्य में इसका प्रयोग केशवदास, रहीम और सूदन ने किया है। आधुनिक कवियों में हरिऔध, मैथिलीशरण गुप्त आदि ने किया है। जैसे, 'पल-पल जिसके मैं पंथ को देखती थी, निशिदिन जिसके ही ध्यान में थी बिताती।' चंद ने इस छंद को तोड़कर नवीनता प्रदान की है और इसका नाम 'काव्यजाती' रखा है। उनके प्रयोग के अनुसार, नया छंद न न ऽऽ और र र ऽ में विभक्त जान पड़ता है। यह परिवर्तन यति के प्रयोग पर बल दिए जाने से हुआ है। चंद ने यति का प्रयोग किया था, पर दीनदयाल गिरि तथा सूदन ने इन यतियों पर तुक का प्रयोग भी किया है।

मंदाक्रांता : इस वर्णिक समवृत्त छंद के प्रत्येक चरण में मगण, भगण, नगण, तगण, तगण और दो गुरु के क्रम से 17 वर्ण होते हैं तथा 10-7 वर्णों पर यति होती है। हेमचंद्र के 'छंदोनुशासन' तथा 'पिंगल छंद:सूत्र' के अनुसार, म, भ, न, त, त, ग - ग के योग से यह वृत्त बनता है। कालिदास ने मेघदूत में इस छंद का अमर प्रयोग किया है। आधुनिक युग

में हरिऔध, मैथिलीशरण गुप्त आदि ने इस छंद का प्रभावशाली प्रयोग किया है। यह छंद अपनी मंद-मंथर गति के कारण वियोग-शृंगार के अनुकूल है। जैसे, 'फूली डालें सुकुसुममयी तीय की देख आंखें। आ जाती है मुरलिधर की मोहिनी मूर्ति आगे'।

स्वागता (सम छंद) : स्वागता छंद में रगण, नगण, भगण और दो गुरु के क्रम से कुल 11 वर्ण होते हैं। जैसे, 'जो कभी सुखद था वही आज, हो रहा दुखद सा वही साज। हो गया विरह से मन ऐसा, दग्ध है विकल भी तन वैसा।'

रथोद्धता छंद (सम छंद) : इस छंद के प्रत्येक चरण में रगण, नगण, रगण, लघु तथा गुरु का प्रयोग होता है। यह कुल 11 वर्णों का छंद है। जैसे, 'भारतीयजन! वेद भारती, ध्यान दे सुनहु वो पुकारती। दोषहीन समता सदा गहो, छोड़ दो विषमता सुखी रहो।'

भुजंगी : इस छंद की वर्ण संख्या 11 है। प्रत्येक चरण में क्रम से तीन यगण, एक लघु और एक गुरु होता है। यथा-'सखी सत्य क्या मैं घुली जा रही? मिलूं चांदनी में बुरा क्या यही? नहीं चाहते किंतु वे चांदनी, तपोमग्न हैं आज मेरे धनी।' इस छंद का हिंदी में प्रयोग कम हुआ है। मैथिलीशरण गुप्त ने 'साकेत' और 'स्वर्गीय संगीत' में इस छंद का प्रयोग किया है।

शालिनी : यह ग्यारह वर्णों का छंद है। इसके प्रत्येक चरण में ग्यारह-ग्यारह वर्ण होते हैं। उन्हें क्रमशः मगण, तगण, तगण और दो गुरुओं में विन्यस्त किया जाता है। इसके प्रत्येक चरण के अंत में यति होती है। यथा-'क्या क्या होगा साथ में क्या बताऊं? है ही क्या, हा आज जो मैं जताऊं? तो भी तुली, पुस्तिका और वीणा, चौथी मैं हूं, पांचवीं तू प्रवीणा।'

इंद्रवज्रा : इस छंद में कुल ग्यारह वर्ण होते हैं। इसके प्रत्येक चरण में ग्यारह वर्णों को क्रमशः तगण, तगण, जगण और दो गुरुओं में विन्यस्त किया जाता है। प्रत्येक चरण के अंत में यति का विधान है। जैसे, 'तू मंगला मंगलकारिणी है, सद्भक्त के धाम विहारिणी है। माता! सदा पूर्ण पिता समेता, कीजै हमारे चित में निकेता।' यह संस्कृत में विशेष प्रचलित छंद रहा है। वाल्मीकि, व्यास, अश्वघोष, कालिदास, माघ, श्रीहर्ष आदि ने इस छंद का प्रयोग किया है। हिंदी में केशव ने इसका प्रयोग किया है।

उपेंद्रवज्रा : इस छंद के प्रत्येक चरण में ग्यारह वर्ण होते हैं। इसमें क्रमशः जगण, तगण, जगण और दो गुरु स्थापित किए जाते हैं। इसके प्रत्येक चरण के अंत में यति होती है। जैसे, 'पखारते हैं पदपद्म कोई, चढ़ा रहे हैं फल-पुष्प कोई। करा रहे हैं पयपान कोई, उतारते श्रीधर आरती हैं।' इंद्रवज्रा के प्रथम वर्ण को लघु करने से यह वृत्त बनता है। इंद्रवज्रा और उपेंद्रवज्रा को कई लोगों ने एक ही माना है, क्योंकि दोनों की लय समान है। 'रामचंद्रिका' और 'साकेत' में इस छंद का प्रयोग हुआ है। प्रसिद्ध प्रार्थना 'त्वमेव माता च पिता त्वमेव' इसी छंद में है।

उपजाति-1 (समछंद) **:** इंद्रवज्रा और उपेंद्रवज्रा का मिश्रण उपजाति है। वस्तुतः इंद्रवज्रा और उपेंद्रवज्रा में केवल प्रथम वर्ण में भेद है, इंद्रवज्रा का प्रथम वर्ण गुरु होता है और उपेंद्रवज्रा का लघु। दोनों को मिला देने पर उपजाति छंद बनता है। मिश्रण का कोई नियम नहीं है। दोनों के दो-दो चरण हों, या एक का एक चरण और दूसरे के तीन चरण हों। दोनों का मिश्रण आवश्यक है। उपजाति के 14 भेद हैं, जिनका वर्णन 'प्राकृत पैंगलम्' और भानु के 'छंद-प्रभाकर' में है। रीति काल में केशव ने और आधुनिक काल में मैथिलीशरण गुप्त ने इस छंद का प्रयोग किया है।

उपजाति-2 **:** यह वर्णिक छंदों में मिश्रित वृत्त का भेद है। केशव ने तोटक और मनोरमा के योग से एक नवीन उपजाति का प्रयोग किया है। इसे अर्द्धसम न कहकर मिश्रित छंद कहा जाता है, क्योंकि दोनों छंदों के दो-दो चरण एक साथ प्रयुक्त होते हैं। जैसे, 'सिगरे रणमंडल माझ गए, अवलोकत ही अति भीत गए। दुहु बालन को अति अद्‌भुत विक्रम, अवलोकि भयो मुनि के मन संभ्रम'।

वंशस्थ (सम छंद) **:** जिस पद्य के प्रत्येक चरण में क्रमशः जगण, तगण, जगण और रगण हो, वहां

वंशस्थ छंद होता है। जैसे–'दिनांत था, थे दिननाथ डूबते, सधेनु आते गुरु ग्वाल बाल थे। दिगंत में गो रज थी समुत्थिता, विषाण नाना बजते सवेणु थे।' (हरिऔध)।

भुजंगप्रयात (सम छंद) **:** भुजंगप्रयात के प्रत्येक चरण में चार यगण होते हैं। यह 12 वर्णों का छंद है। चार यगणों से यह वृत्त बनता है (ISS, ISS, ISS, ISS)। यह संस्कृत का प्रचलित छंद है। हिंदी में 'रामचंद्रिका', 'सिद्धार्थ', 'साकेत' एवं कामताप्रसाद गुरु के 'जन्मभूमि' काव्य में इस वृत्त का प्रयोग हुआ है। मानस में भी तुलसी ने उत्तरकांड में (शिव की) वंदना में (नमामीशमीशान निर्वाणरूपम् –रुद्राष्टक) इसी छंद का प्रयोग किया है।

बसंततिलका (समछंद) **:** यह चौदह वर्णों का छंद है। इसके प्रत्येक चरण में तगण, भगण, दो जगण और दो गुरु होते हैं। आठवें तथा अंतिम वर्ण पर यति होती है। हिंदी में तुलसी दास, केशव, हरिऔध, मैथिलीशरण गुप्त तथा अनूप शर्मा ने भी इस छंद का प्रयोग अपनी रचनाओं में किया है। उदाहरण,

बात बड़ी सरस थे कहते बिहारी,
छोटे बड़े सकल का हित चाहते थे।
अत्यंत प्यार संग थे मिलते सबों से।
वे थे सहायक बड़े दुख के दिनों के।

शार्दूल विक्रीड़ित (सम छंद) **:** इस छंद में क्रम से मगण, सगण, जगण, सगण, दो तगण तथा एक गुरु होता है। कुल वर्ण 19 हैं। यहां 12 और 7 वर्णों पर विराम रहता है।

हिंदी में केशव ने 'रामचंद्रिका' में, तुलसी ने 'रामचरितमानस' के बाल, अयोध्या, अरण्य, किष्किंधा, सुंदर तथा लंका कांड के आरंभ में, हरिऔध ने 'प्रियप्रवास' तथा मैथिलीशरण गुप्त ने 'पत्रावली' में इस छंद का प्रयोग किया है।

शिखरिणी : इस छंद में यगण, मगण, नगण, सगण, भगण लघु तथा गुरु के क्रम से 17 वर्ण होते हैं। पाद के छठे वर्ण पर यति होती है। जैसे, पुष्पदंत के 'शिव महिम्नस्तोत्र' और शंकराचार्य की 'सौंदर्यलहरी' में इस छंद का प्रयोग है। हिंदी में हरिऔध और मैथिलीशरण गुप्त ने इसका प्रयोग किया है।

तोटक : इस छंद के प्रत्येक चरण में बारह वर्ण होते हैं। वे क्रमशः चार सगणों में निबद्ध होते हैं। इसके प्रत्येक चरण के अंत में यति होती है। जैसे,

जितने गुण सागर नागर हैं,
करते वह बात उजागर हैं।
अब यद्यपि दुर्बल आरत है,
पर भारत के सम भारत है।

तुलसीदास ने उत्तरकांड की 'रामस्तुति' और 'कलिवर्णन' में इस छंद का प्रयोग किया है। इसका प्रयोग आदि काल में चंद ने, रीति काल में केशव, सूदन तथा जोधराज आदि ने भी किया है। इसका प्रयोग द्रुतगति के कारण वीर रस के वर्णन में होता है। किंतु सूदन ने अन्य रसों में भी इसका प्रयोग किया है।

तोमर : जिस पद्य के प्रत्येक चरण में बारह–बारह मात्राएं हों तथा अंत में गुरु–लघु का क्रम हो, वहां पर तोमर छंद होता है। जैसे ,

सुनु राम विनती मोर। मैं चरण लागूं तोर।
गह लीजिए यह हाथ। मैं हूं नवाता माथ।

भिखारीदास के 'छंदोर्णव पिंगल' में इसका उल्लेख है।

यह छंद प्रायः युद्ध के रण कौशल वर्णन में प्रयुक्त हुआ है। तुलसीदास ने लंकाकांड में युद्ध के भयानक तथा वीभत्स दृश्य के चित्रण में इस छंद का प्रयोग किया है।

विषम छंद : हलायुध भट्ट ने 'पिंगलछंद सूत्रम्' में लिखा है, 'विषम छंद वह छंद है, जिसके सभी सम चरणों और अर्धसम चरणों में असमानता हो।' छंद में चार चरणों की कल्पना करके इस प्रकार की परिभाषा दी गई है। छंद में चार चरण मानने की परंपरा बहुत पुरानी है। वैदिक युग में भी ऋक्प्रातिशाख्य की सूची के अनुसार, 29 प्रकार के ऐसे छंद प्रचलित थे, जो चार चरणों के थे। परंपरागत छंद के स्वरूप को देखकर आचार्य केदार भट्ट और आचार्य गंगादास ने विषम छंद के विषय में कहा था, 'जिस छंद के चारों चरण भिन्न लक्षण के हों, वह विषम वृत्त है।' आचार्य

भानु ने इस परिभाषा को मानकर उसमें इतना और जोड़ दिया कि चार चरणों से कम अर्थात तीन या चार से अधिक चरण जिन छंदों में हों, उनकी गणना भी विषम छंदों में होती है। संस्कृत साहित्य के छंदों का विश्लेषण कर केदार भट्ट ने 'वृत्त रत्नाकर' के चौथे और पांचवें अध्याय में क्रमशः बारह-बारह विषम छंदों का विवरण दिया है। छायावादी युग के पहले हिंदी साहित्य में ऐसे विषम छंदों का प्रयोग नहीं हुआ, केवल मिश्र छंदों के कुछ प्रयोग किए गए थे। अतः हिंदी के छंदशास्त्रियों ने छप्पय (रोला+उल्लाला), कुंडलिया (दोहा+रोला) और अमृतध्वनि (दोहा+ अष्टक छंद) आदि को विषम छंदों के वर्ग में रख दिया है। इन छंदों के बारे में भानु ने कहा कि चार चरणों से अधिक या कम चरण वाले छंदों को भी विषम मानना चाहिए, 'विषम छंद या मुक्त छंद वह छंद है, जिसके विकर्ष का लयाधार निश्चित एवं चरणों की संख्या तथा विस्तार अनिश्चित हो।' विषम छंद में चरण संख्या और चरणों की मात्राओं या वर्णों की संख्या को भी अनिश्चित मानना समीचीन है। विषम छंद में कवि को यह पूरा अधिकार है कि वह निश्चित लयाधार की भूमि में रहकर, जितनी चाहे, उतनी स्वतंत्रता प्राप्त करे। विषम छंद के दो भेद हैं :

(1) **नवविकर्षात्मक छंद :** यह वह विषम छंद है, जिसमें विभिन्न चरणों और उनमें प्रयुक्त मात्राओं की संख्या को कवि स्वयं निश्चित करता है, परंतु इस विकर्ष-विधान को आगामी छंदों में आवृत्त करता है।

(2) **मुक्त छंद या स्वच्छंद छंद :** वह विषम छंद है, जिसके चरणों की संख्या और विस्तार पूर्णतः अनिश्चित एवं स्वतंत्र रहते हैं, केवल लयाधार आद्योपांत एक-सा रहता है।

महावीर प्रसाद द्विवेदी ने अतुकांत कविता का पक्ष लिया था, किंतु मुक्त छंद का समर्थन उन्होंने नहीं किया था। छायावादोत्तर युग के कवियों ने मुक्त छंद को अपनाया। स्वच्छंद छंद और मुक्त वृत्त में अंतर बतलाते हुए बच्चन सिंह ने लिखा है, 'स्वच्छंद छंद के चरणों की मात्राओं को भावानुकूल घटाया–बढ़ाया जाता है, किंतु उसमें तुकों की अवहेलना नहीं की जाती। मुक्त वृत्त की तरह मात्राओं की पूरी स्वच्छंदता भी इसमें ग्राह्य नहीं है। फिर भी यह कथन स्वच्छंद छंद के रूप को प्रत्यक्ष नहीं करता। स्वच्छंद छंद शास्त्रानुसारी होते हुए भी स्वच्छंद होता है। स्वच्छंद छंद में लिखी रचना में भावानुसार अनेक छंदों के चरणों का विनियोग होता है, पर किसी छंद का कोई भी चरण ऐसा नहीं होता, जो शास्त्र के नियमों के द्वारा अनुशासित न हो। इस प्रकार इसके सभी चरण, एक प्रकार से, नियमों में आबद्ध रहते हैं, स्वच्छंदता केवल उनके संस्थापन–विधान में रहती है।' हिंदी में नई कविता मुक्त छंद में लिखी गई। इसके बाद छंद की जगह 'अर्थ की लय' ने ले ली और हिंदी कविता का एक बड़ा हिस्सा गद्यात्मक हो उठा।

माधवमालती छंद : यह नया छंद है। सप्तक (ऽ।ऽऽ) की चार आवृत्तियों से इसका निर्माण होता है। इसकी तीसरी, दसवीं, सतरहवीं और चौबीसवीं मात्रा अनिवार्यतः लघु होती है। अंत में दो गुरु श्रुतिमधुर होते हैं। संयोग–वियोग, हर्ष एवं वेदना को व्यंजित करने में यह छंद अत्यंत उपयोगी सिद्ध हुआ है। गीतों में इस छंद का प्रयोग हुआ है। इसकी लय में उत्सव के बाद का मधुर स्मृतियों से भरा अवसाद होता है। जैसे,

सृष्टि के आरंभ में मैंने उषा के गाल चूमे
बाल रवि के भाग्य वाले दीप्त भाल विशाल चूमे।
प्रथम संध्या के अरुण दृग चूम कर मैंने सुलाए
तारकावलि से सुसज्जित नव निशा के बाल चूमे।

महादेवी वर्मा, निराला, नरेंद्र शर्मा और हरिवंशराय बच्चन, चंद्रप्रकाश सिंह ने इस छंद का विशेष प्रयोग किया है।

मणिबंधक : यह छंद मणिबंध का दुगुना होता है। मणिबंध का प्रयोग पंत ने 'गुंजन' में किया है, 'कब से विलोकती तुमको, ऊषा आ वातायन से। संध्या उदास फिर जाती, सूने गृह के आंगन से।' इस छंद का स्फुट प्रयोग सुभद्रा कुमारी चौहान ने किया है। मणिबंध के आधार पर मणिबंधक बना है, जो प्रयोग की दृष्टि से नया छंद है। इस छंद में सम और विषम मात्रिक

दोनों ही समप्रवाही संयोग मान्य है। 14 मात्राओं पर यति आती है और 28 मात्राओं के बाद युग्मक अंत्यानुप्रास आता है। यह छंद आत्माभिव्यंजना के अनुकूल है, भक्ति और श्रृंगारपरक प्रगीतों में यह अधिक जंचता है। जैसे,

मानस मंदिर में प्रोज्ज्वल, आकर्षक दीपशिखा-सी
शारद सरिता–अंचल में, मृदु–नर्तित इंदु-विभा-सी
पल्लवित प्रणय–कानन में, मोहक वसंत–महिमा-सी,
तुम मथित क्षीर–सागर पर, इंदिरा रूप–अतिमा-सी।

नंदन : सुमित्रानंदन पंत इस छंद के आविष्कारक हैं। यह छंद 16 और 12 मात्राओं के योग से बनता है। इसका विषम चरण श्रृंगार का है, सम चरण श्रृंगार के अंतिम जगण (।ऽ।) को घटाकर 12 मात्राओं से बनता है। दोनों चरणों की लय का आधार एक ही है, अतः दोनों का संयोग अनुकूल है। इस छंद में उल्लास, हर्ष और शुभाशंसा की व्यंजना अधिक होती है, अतः यह संयोग श्रृंगार और प्रकृति वर्णन के अनुकूल है। इसके प्रत्येक चरण का आरंभ विषम मात्रिक होता है और अंत में ।ऽ रहते हैं। जैसे,

कौन तुम अतुल, अरूप, अनाम?
अये, अभिनव अभिराम!
मृदुलता ही है बस आकार
मधुरिमा छवि-श्रृंगार
न अंगों में है रंग–उभार
न मृदु उर में उद्‌गार।

मरहठामाधवी : प्राचीन काल में यह छंद झूलना शैली में (11, 8, 10 मात्राओं की यति से) प्रयुक्त होता था। अंत में लघु–गुरु का नियम था। अब इस छंद ने नया रूप धारण कर लिया है। इसके अंत में लघु–गुरु ज्यों के त्यों रहते हैं, पर यति केवल सोलहवीं मात्रा के बाद आती है। यह छंद 'सार' छंद के अंतिम गुरु के स्थान पर लघु-गुरु रखने से बनता है। बच्चों के कोरस में यह छंद प्रयुक्त हो सकता है। साथ ही विनोदात्मक अगंभीर श्रृंगार में भी सफल हो सकता है। मैथिलीशरण गुप्त के 'द्वापर' में यह छंद है,

मुरली है अपूर्व असि उसकी, विजयी है वह प्रेम का
वह गोधन का धनी, हाथ है, उस उदार का हेम का
शिखिशेखर को ध्यान सदा है, सब के योगक्षेम का,
राधा चिढ़े श्यामता हरि की, है उसके विधुभाल की।
बलिहारी, बलिहारी, जय जय, गिरधारी गोपाल की।

'यशोधरा' में इसका प्रयोग हुआ है। इसकी अंतिम 13 मात्राएं 'जय कन्हैयालाल की, ठाकुर बैठे पालकी' की लय पर है, जो बालविनोद के लिए उपयुक्त है।

जयलक्ष्मी : यह नया छंद चार षष्ठकों (3+3 या 2+4 या 4+2) और रगण के योग से बना है। यह छंद 'कुंडल' वर्ग से संबद्ध है। हर्ष, उल्लास और ओजपूर्ण भाव की अभिव्यक्ति इस छंद में सफलता से होती है।

उत्कंठा : इस छंद का प्रयोग बिल्कुल नया है। इसमें 16 मात्राओं के बाद यति आती है, पर सम चरण (14 मात्राएं) अष्टक और दो त्रिकलों के योग से बनता है। अंत में गुरु–लघु अनिवार्यतः आता है। मैथिलीशरण गुप्त की 'यशोधरा' से उदाहरण है,

उठती है अंतर में कैसी, एक मिलन जैसी उमंग,
लहराती है रोम-रोम में, अहा! अमृत की सी तरंग

यह छंद 'हल्दीघाटी' में भी प्रयुक्त हुआ है।

आंसू : यह छंद जयशंकर प्रसाद द्वारा रचित मौलिक छंद है। इसके प्रत्येक चरण में चौदह मात्राएं होती हैं, किंतु अंत में गुरु का होना आवश्यक है। इसके प्रत्येक चरण में कम से कम एक चौकल (चतुष्कल) का होना भी आवश्यक है। जैसे,

शशि मुख पर घूंघट डाले
अंचल में दीप छिपाए
जीवन की गोधूली में
कौतूहल से तुम आए।

दोनों पंक्तियों में चौदह–चौदह मात्राएं हैं। अंत में एक गुरु है तथा प्रत्येक में एक चौकल है। यह आंसू छंद है।

सोहर : जिस छंद के प्रत्येक चरण में इक्कीस मात्राएं हों तथा अंत में लघु हो, वहां सोहर छंद होता है। अंत में एक चतुष्कल गण हो तो छंद का सौंदर्य बढ़ जाता है। सोहर वस्तुतः मंगलगीत है, इसे 'मंगल' भी कहा जाता है–'जो यह मंगल गावइ, गाइ सुनावइ

हो, रामा सो बैकुंठे जाइ सुनैया फल पावइ हो।' 'रामचरितमानस' में 'मंगल' का उल्लेख मिलता है। तुलसीदास की कृतियों 'जानकी मंगल', 'पार्वती मंगल' और 'रामलला नहछू' में इसका प्रयोग हुआ है। रामनरेश त्रिपाठी ने लोकप्रचलित सोहर गीतों का संग्रह 'कविता कौमुदी' तथा 'ग्राम गीत' में किया है।

हीर : जिस पद्य के प्रत्येक चरण में तेईस मात्राएं हों तथा उन्हें पहले तीन षटकलों से, फिर रगण से सजाया गया हो और षटकलों का विन्यास भी पहले एक गुरु और फिर 'चार' लघु मात्राओं से किया गया हो, वहां हीर छंद होता है। हिंदी के कवियों ने इसे हीर, हीरा, हीरक नाम से प्रयुक्त किया है। केशव (रामचंद्रिका), श्रीधर (जंगनामा) तथा सूदन (सुजान चरित्र) ने इसका प्रयोग किया है। केशव और सूदन ने आदि में ग रखने के नियम का पालन नहीं किया है। सूदन ने इसमें वीर रस का अच्छा निर्वाह किया है। इस छंद का मार्मिक रूप 'कुंडल' छंद के अंतिम गुरु के स्थान पर ।ऽ रखने से बनेगा। केशव ने इस छंद का प्रयोग किया है। जैसे, 'सुंदरी सब सुंदर प्रति मंदिर पुर यों बनी। मोहन गिरि शृंगन पर मानहुं महि मोहिनी'।

वीर : जिस पद्य के प्रत्येक चरण में इकतीस मात्राएं हों, क्रमशः सोलहवीं और पंद्रहवीं मात्राओं पर यति हो और अंत में गुरु-लघु का योग हो वहां वीर छंद होता है। इसे 'आल्हा' छंद भी कहा जाता है। इस छंद की लय का विकास लोक प्रचलित वीर–गीतियों से संबद्ध है। संभवतः वीर रस में प्रयुक्त होने के कारण इसे वीर नाम दिया गया। यह छंद वर्णनात्मक है और सभी प्रकार के वर्णनों में प्रयुक्त हुआ है। हिंदी में सुंदरदास, तुलसी, सूर और मीरा ने इस छंद का प्रयोग किया है। इस छंद की लोकप्रियता के कारण इसे रामायण की कथा के लिए राधेश्याम कथावाचक ने अपनाया है। श्यामनारायण पांडेय के वीरकाव्य में इसकी लय अपनाई गई है। पंत ने 'अनंग' कविता में इसका मधुर रूप प्रस्तुत किया है।

'कामायनी' का प्रथम सर्ग इसी छंद में निबद्ध है, 'हिमगिरि के उत्तुंग शिखर पर, बैठ शिला की शीतल छांह'।

मधुमालती लता : यह छंद सप्तक (ऽ।ऽऽ) की चार आवृत्तियों में गुरु–लघु जोड़ने से अथवा 'रूपमाला' के आदि में सप्तक जोड़ने से बनता है। जैसे,

यह खुला नभ, यह खुला नभ, खिल रही ये
चांदनी अनमोल
यह अमृत की दृष्टि खिलती कुमुदिनी रची सृष्टि
दृग उर खोल।

गोपी शृंगार : इस छंद के विषम चरण गोपी छंद (15 मात्राएं, आदि लघु-गुरु, अंत गुरु-गुरु) और सम चरण शृंगार छंद (16 मात्राएं, अंत गुरु लघु, आदि त्रिकल) से बनता है। प्रसाद की 'झरना' से उदाहरण है,

हृदय की व्याकुल ज्वाला से,
हुए व्याकुल हम उस दिन पूर्ण,
देखती प्यासी आंखें थीं,
रस भरी आंखों को मदघूर्ण।

शृंगार-गोपी : अर्द्धसम रूप में इसके विषम चरण शृंगार छंद के और सम चरण गोपी छंद के होते हैं। 'झरना' संग्रह से ही उदाहरण है,

धूप थी कड़ी पवन या उष्म,
धूलि की भी थी कमी नहीं।
भूलकर विश्व खेल में व्यस्त
रहे हम उस दिन कभी नहीं।

मुक्त छंद : मुक्त छंद का कवि प्रत्येक कोण से, किसी परंपरागत ढांचे का अनुकरण करने के बदले, लय को उत्कृष्टतर करने की चेष्टा करता है। मुक्त छंद में न अंत्यानुप्रास होता है और न नियमित छंदबद्धता होती है। मुक्त छंद का प्रयोग हिंदी काव्य के क्षेत्र में विद्रोहात्मक रहा है। इसे स्वच्छंद छंद भी कहा गया है। मुक्तछंद छंदशास्त्र के परंपरागत सर्वस्वीकृत नियमों का उल्लंघन करता है। चरणों की अनियमित, असमान स्वच्छंद गति और भावानुकूल यतिविधान इत्यादि मुक्त छंद की विशिष्टताएं हैं। अंग्रेजी और

बांग्ला साहित्य में विकसित मुक्त छंद प्रणाली ने हिंदी में भी मुक्त छंद की पर्याप्त प्रेरणा दी। मुक्त छंद में भावानुसार छोटी–छोटी पंक्तियां होती हैं, शब्द-शक्तियों और नाद ध्वनियों का प्रकृत प्रयोग तथा शब्द प्रयोग में अर्थ की उपयुक्तता, संश्लिष्टता और संक्षिप्त से संक्षिप्त अभिव्यक्ति प्रणाली पर बल दिया जाता है।

सरोज सिंह

अधिक जानकारी के लिए :

1. **समालोचना समुच्चय** : महावीर प्रसाद द्विवेदी, 2. **छंदशास्त्र** : रमाशंकर शुक्ल 'रसाल', 3. **छंदशास्त्र** : जगदीश प्रसाद कौशिक, 4. **आधुनिक हिंदी काव्य में छंदयोजना** : पुत्तूलाल शुक्ल

छंदशास्त्र

छंद भारतीय भाषा की उतनी ही प्राचीन परंपरा है, जितनी ज्ञान की अन्य शाखाएं। 'छंद' शब्द छादनार्थक 'छंद' धातु से बना है, जिसका अर्थ आवृत्त करने या रक्षित करने के साथ-साथ प्रसन्न करना भी है। निघंटु में 'छंद' प्रसन्न करने के ही अर्थ में एक धातु है। कात्यायन ने छंद की परिभाषा दी है, 'यदक्षर परिभाणं तच्छन्द', अर्थात जिसमें अक्षरों के परिमाण या संख्या में वर्णों की सत्ता निहित हो, वह छंद है। 'छंद' काव्य के उस तत्व का नाम है, जिसमें वर्णों या मात्राओं की संख्या 'गुरु-लघु' क्रम और यति-गति की व्यवस्था निर्धारित हो। इसके भेदोपभेद एवं वर्ण-मात्रा, यति-गति, चरण आदि की व्यवस्था देने वाले शास्त्र को छंदशास्त्र कहा जाता है। वेद के छह अंगों में एक छंद भी है। पिंगलाचार्य के 'छंदःसूत्र' और 'अग्निपुराण' में छंद के दो विभाग किए गए हैं—एक वैदिक और दूसरा लौकिक। इस विभाजन का मुख्य आधार छंदगत विशेषता न होकर वह साहित्य है, जिसमें वर्गविशेष के छंदों का प्रयोग हुआ है। वैदिक साहित्य में प्रयुक्त छंद वैदिक और वेदेतर अर्थात लौकिक साहित्य में प्रयुक्त छंद लाौकिक माने गए हैं।

ऋग्वेद से लेकर हिंदी के रीतिकालीन साहित्य तक छंद कविता के लिए ही नहीं, बल्कि धर्मशास्त्र, राजनीति, कथा, ज्योतिष, आयुर्वेद, कोश आदि विषयों के लिए भी संस्कृत, पालि, प्राकृत, अपभ्रंश तथा हिंदी भाषाओं में अभिव्यक्ति का माध्यम था। वैदिक छंदों को 'अक्षर वृत्त' या 'स्वर वृत्त' कहा गया। अक्षर वृत्त में चार प्रधान छंद गायत्री, अनुष्टुप, त्रिष्टुप तथा जगती हैं। प्राचीन आचार्यों ने छंद के दो भेद स्वीकृत किए हैं—(1) वर्णिक और (2) मात्रिक। छंदशास्त्र की व्यवस्थित परंपरा की शुरुआत पिंगलाचार्य के 'छंदःसूत्र' से मानी जाती है। इसका समय ईसा पूर्व 200 के आसपास है। इस आचार्य की इतनी प्रसिद्धि हुई कि बाद में छंदों का शास्त्रीय विवेचन करते हुए कई आचार्यों ने अपने ग्रंथों का नाम ही 'पिंगलशास्त्र' रखा। पिंगल का 'छंदःसूत्र' आठ अध्यायों में विभक्त है। इस ग्रंथ के मात्रा छंद, अर्थवृत्त, दंडक आदि के विभाजन पर चर्चा करते हुए यति का विचार स्वतंत्र रूप से किया गया है। 'अग्निपुराण' में प्राप्त होने वाला 'आग्नेय छंदःसार' पिंगल के उपयुक्त सूत्रग्रंथ के बाद का है और वस्तुतः उसी पर आधारित है। भरत के 'नाट्यशास्त्र' में भी रसविशेष के वर्णन में छंद विशेष का उल्लेख हुआ है। कालिदास द्वारा रचित 'श्रुतबोध' संस्कृत का छंद संबंधी एक प्रसिद्ध प्राचीन ग्रंथ है। कीथ ने 'श्रुतबोध' का रचयिता वररुचि को बताया है। यह रचना छंदशास्त्र के इतिहास में महत्वपूर्ण मानी जाती है। इसके अलावा संस्कृत के अन्य महत्वपूर्ण पिंगल ग्रंथ हैं—हलायुध कृत 'छंदःशास्त्र', क्षेमेंद्र कृत 'सुवृत्ततिलक', गंगादास कृत 'छंदोमंजरी', केदार भट्ट कृत 'वृत्त रत्नाकर' और दामोदर मिश्र कृत 'वाणीभूषण'। प्राकृत और अपभ्रंश के छंद संबंधी ग्रंथों में 'प्राकृत पैंगलम्' है। माना जाता है कि इसकी रचना कई व्यक्तियों के योग से हुई है। छंदशास्त्र लेखन की चार प्रमुख शैलियां उपलब्ध होती हैं :

(1) **सूत्र शैली**–पिंगलाचार्य और आचार्य हेमचंद्र द्वारा व्यवहृत

(2) **श्लोक शैली**–'अग्निपुराण' और 'नाट्य-शास्त्र' में प्राप्त

(3) **एकनिष्ठ शैली**–गंगादास और केदारभट्ट द्वारा व्यवहृत

(4) **मिश्रित शैली**–'प्राकृत पैंगलम्' में प्रयुक्त हिंदी का भक्ति काल काव्य की दृष्टि से उर्वर किंतु छंदशास्त्र की दृष्टि से अनुर्वर है। रीति काल में जरूर छंदशास्त्र का विकास दृष्टिगोचर होता है। इस दृष्टि से केशवदास की 'छंदमाला' का नाम आता है। दूसरी महत्वपूर्ण पुस्तक चिंतामणि त्रिपाठी की 'छंद विचार' है। कुछ अन्य ग्रंथ हैं—मुरलीधर कवि भूषण रचित 'छंदोदय प्रकाश', मतिराम रचित 'छंदसार पिंगल', सुखदेव कृत 'वृत्तविचार', माखन का 'छंदविलास', देव कृत 'काव्य रसायण', वृंदावन दास कृत 'छंदसार', जयदेव मिश्र कृत 'वृत्तार्णव, सूरति मिश्र का 'लघु पिंगल', सोमनाथ का 'रसपीयूष-निधि', भिखारीदास कृत 'छंदोर्णवपिंगल', मनीराम मिश्र का 'छंद–छपनी', नारायणदास कृत 'छंदसार', रामसहाय कृत 'वृत्ततरंगिनी', बिहारी का 'छंदप्रकाश', जगन्नाथ प्रसाद भानु का 'छंदप्रभाकर', 'छंद-सारावली', रघुवरदयाल कृत 'पिंगल प्रकाश', रघुनंदन शास्त्री का 'हिंदी छंद प्रकाश' परमानंद कृत 'श्री पिंगल पीयूष', फजल अली का 'फजल अली प्रकाश' आदि। आधुनिक काल के दो ग्रंथ महत्वपूर्ण हैं—पहला ग्रंथ जगन्नाथ दास भानु कृत 'छंद प्रभाकर' है, जो संस्कृत 'वृत्त रत्नाकर' की शैली में लिखा गया एक आधिकारिक ग्रंथ है। दूसरा ग्रंथ है जानकीनाथ सिंह कृत 'हिंदी कवियों का छंद-शास्त्र को योगदान'।

आधुनिक काल में अयोध्या सिंह उपाध्याय 'हरिऔध' ने छंद प्रकरण पर 'प्रिय प्रवास' में लिखा है, 'प्रथम तो छंद की गिनी हुई मात्रा अथवा गिने हुए वर्ण उसका हाथ–पांव बांध देते हैं, उसकी क्या मजाल कि वह उसमें से एक मात्रा घटा या बढ़ा देने अथवा एक गुरु को लघु स्थान पर या एक लघु को गुरु के स्थान पर रख देवे। यदि वह ऐसा करे तो वह छंद–रचना का अधिकारी नहीं।' वह 'सरस्वती' में प्रकाशित 'कविकर्तव्य' (1901) में कहते हैं– 'यह समझना अज्ञानता की पराकाष्ठा है कि जो कुछ छंदोबद्ध है, सभी काव्य है।' छंद के संबंध में आधुनिक युग में धीरे-धीरे यह धारणा बनने लगी कि काव्य रचना के लिए यह अनिवार्य नहीं है। दूसरी धारणा यह बनी कि छंद यांत्रिक ढांचा नहीं है। उसका संबंध मनुष्य की रागवृत्ति से है। सिद्ध कवि किसी भी छंद का प्रयोग करे, सामान्यतः उसकी कविता अच्छी होती है, पर नियम यह है कि छंद योजना विषय के अनुकूल होनी चाहिए। हरिऔध नवीन छंदों के प्रयोग के बारे में कहते हैं, 'हम समझते हैं कि दोहा-चौपाई, सोरठा, घनाक्षरी, छप्पय और सवैया आदि का प्रयोग हिंदी में बहुत हो चुका। कवियों को चाहिए कि यदि वे लिख सकते हैं तो इनके अतिरिक्त और छंद भी वे लिखा करें। हम यह नहीं कहते कि छंद नितांत परित्यक्त ही कर दिए जावें। हमारा अभिप्राय यह है कि इनके साथ-साथ संस्कृत काव्यों में प्रयोग किए गए वृत्तों में से दो-चार पुरुषोत्तम वृत्तों का भी हिंदी में प्रचार किया जाए।' (वही)।

सुमित्रानंदन पंत ने छंद के बारे में लिखा है, 'कविता तथा छंद के बीच का घनिष्ठ संबंध है। कविता हमारे प्राणों का संगीत है, छंद हृद्कंपन है, कविता का स्वभाव ही छंद में लयमान होना है। ...छंदों को अपनी अंगुलियों में नचाने के पूर्व, कवि को छंदों के संकेतों पर नाचना पड़ता है।' छायावाद युग में मुक्त छंद में रचना होने लगी थी। फिर भी लंबे समय तक कवि इस धारणा के समर्थक थे कि मुक्त छंद में लिखने के बावजूद कवि को छंद का ज्ञान होना चाहिए। छंद को महत्ता देना लय को महत्व देना है। यह छंद ही है, जिसमें हजारों साल का साहित्य और जीवन की स्मृतियां सुरक्षित बच पाईं, अन्यथा लोग न कुछ याद रख पाते और न प्राचीन साहित्य आज उपलब्ध होता।

कहा जा सकता है कि ध्वनियों का तोलमाप ही छंदशास्त्र की आधारशिला है। छंद में ध्वनियों की समता न हो तो लय की उत्पत्ति नहीं हो सकती। लय ही छंद की आत्मा है। इसलिए ध्वनियों के संतुलन के लिए कुछ व्यवस्थाएं बनाई गईं, कुछ नियम बने। इन नियमों के वाचक शब्द हैं : पाद या चरण, ध्वनि, वर्ण, मात्रा, लघु, गुरु, यति, तुक, गण तथा दग्धाक्षर।

पाद : पाद एक सांचा है, जिसमें ध्वनियों का संतुलन होता है और ध्वनियां समान आकार तथा

प्रकार ग्रहण करती हैं। पाद छंद की नींव है, जिस पर उसका निर्माण होता है। पिंगलाचार्य ने अपने छंदशास्त्र में छंदों के चौथाई भाग या अन्य निश्चित भाग के लिए पाद शब्द का प्रयोग किया है, क्योंकि छंदशास्त्र में सर्वप्रथम चतुष्पदी वर्णवृत्तों में पूरे छंद का पाद विभाजन चार भागों में करके चौथाई भाग को पाद की संज्ञा दी गई है। जब चार से भिन्न दो, तीन, पांच, छह आदि पंक्तियों वाले छंद सामने आए और अर्धसम तथा विषम छंदों का प्रादुर्भाव हुआ तो पाद शब्द छंद के उस विशिष्ट अंश के लिए रूढ़ हो गया, जो एक पंक्ति में लिखा जाता है या जिसके अंत में विराम हो। पाद का अर्थ तब चौथाई भाग न रहकर छंद के पंक्ति विशेष के अर्थ में प्रयुक्त होने लगा। इसे 'चरण' भी कहते हैं।

ध्वनि : ध्वनि छंद की आत्मा है। वर्णिक तथा मात्रिक दोनों ही प्रकार के छंदों के विभिन्न चरणों में ध्वनि संतुलन अपेक्षित है। चरण के तोलमाप के लिए सबसे छोटी इकाई ध्वनि है।

वर्ण : वर्ण ध्वनि है। व्यंजन ध्वनि का व्यंजक है, पर स्वर से मिलकर ही वह अपनी अभिव्यक्ति करता है। बिना स्वर के उसका अस्तित्व महत्वपूर्ण नहीं होता। स्वर के मेल से व्यंजन बनते हैं। इसलिए स्वर ही ध्वनि कहलाते हैं और ये स्वतंत्र होते हैं। इसलिए छंदशास्त्र में एक स्वरवाली ध्वनि को वर्ण कहा जाता है।

मात्रा : छंदशास्त्र में ह्रस्व–दीर्घ को 'मात्रा' कहते हैं। वर्ण और मात्रा में घनिष्ठ संबंध है। ध्वनि के उच्चारण काल की सबसे छोटी इकाई मात्रा है। उदाहरणार्थ, 'कमल' में तीन मात्राएं मानी जाती हैं। दीर्घ स्वर वाले वर्णों की दो मात्राएं होती हैं, जैसे 'राजा' में चार मात्राएं हैं।

लघु-गुरु : ह्रस्व स्वर या उससे संयुक्त व्यंजन लघु कहलाते हैं। दीर्घ स्वर या उससे युक्त व्यंजन गुरु कहलाते हैं। छंदशास्त्र में ह्रस्व को लघु और दीर्घ को गुरु कहते हैं। अ, इ, उ, ऋ—इन स्वरों की एक मात्रा मानी जाती है अतः ये लघु हैं। व्यवहार में एक मात्रिक लघु के लिए सीधी रेखा खींची जाती है, जैसे '।'। आ, ई ,ऊ, ॠ, ऐ, ओ, औ—इन दीर्घ स्वरों की दो मात्राएं मानी जाती हैं, ये गुरु हैं, इनका चिह्न अंग्रेजी के 'एस' अक्षर जैसा होता है जैसे 'ऽ'

यति : पिंगलाचार्य के अनुसार, 'युतिर्विच्छेदः' अर्थात छंद के उच्चारण करने में जहां विराम हो उसे यति कहते हैं। संस्कृत के वर्णिक वृत्तों में यति का महत्वपूर्ण स्थान है। संस्कृत के बाद प्राकृत गाथा छंदों में इसको इतना महत्वपूर्ण नहीं माना गया। अपभ्रंश में तालछंदों का आधिक्य होने के कारण छंद के संगीत की रक्षा के निमित्त तालयति अनिवार्य हो गई थी। हिंदी में रोला, घनाक्षरी आदि छंदों में यति के आवश्यक विधान को छोड़कर हिंदी कलाकारों तथा छंदशास्त्रियों ने इस पर विशेष ध्यान नहीं दिया।

गति : छंद के लय–प्रवाह को गति कहते हैं। गति छंद के प्रत्येक चरण में लयानुशासित होती है। संस्कृत में वर्णवृत्तों की प्रधानता के कारण गति का विधान नहीं है, परंतु हिंदी में मात्रिक छंदों में, जो प्राकृत और अपभ्रंश की छंद-परंपरा का अनुसरण करते हैं, गति आवश्यक है। गति की अपेक्षा लय का क्षेत्र अधिक व्यापक है। हिंदी में लय के आधार पर छंद बने हैं।

तुक : छंद के प्रत्येक चरण के अंत में समान स्वर-व्यंजन की योजना तुक है। सस्वर व्यंजन की आवृत्ति अच्छी तुकबंदी का लक्षण है, ' कंकन किंकिनि नुपुर धुनि सुनि। कहत लखन सन राम हृदय गुनि।' इसमें 'सुनि' और 'गुनि' तुकांत हैं। 'तुक' अलंकारशास्त्र में अंत्यानुप्रास धारण करके व्यक्त होता है। इसलिए विद्वानों ने तुक को छंद का लक्षण नहीं माना। तुक का सर्वप्रथम प्रयोग कालिदास के 'विक्रमोर्वशीय' में हुआ है। अपभ्रंश के छंदों में यह प्रयोग दिखाई देता है। हिंदी कविता में तुक साधारणतया चार या पांच मात्राओं का होता है। दो मात्राओं का भी तुक देखा जाता है। तुकों का चरमोत्कर्ष कवित्त और सवैयों में दिखता है। ये दोनों छंद दिनकर की दृष्टि में हिंदी के कल्पवृक्ष हैं।

गण : तीन वर्णों का समुदाय गण है। ये संख्या में आठ हैं : 1. यगण, ।SS (बहाना) 2. मगण, SSS (आजादी) 3. तगण, SS। (बाजार) 4. रगण, S।S (नीरजा) 5. जगण, ।S। (प्रभाव) 6. भगण, S।। (नीरद) 7. नगण,।।। (कमल) 8. सगण, ।।S (वसुधा)।

दग्धाक्षर : अक्षरों के शुभ और अशुभ होने पर भी छंदशास्त्रियों ने ध्यान दिया है। सभी स्वर शुभ माने गए हैं। ये 15 व्यंजन शुभ कहलाते हैं : क, ख, ग, घ, च, छ, ज, ड, द, ध, न, य स, श और क्ष। बाकी उन्नीस अक्षरों ङ, झ, त्र, ट, ठ, ढ, ण, त, थ, प, फ, ब, भ, म, र, ल, व, ष को अशुभ या दूषित समझा गया है। इन्हीं को दग्धाक्षर कहते हैं। काव्य भाषा में शुभ-अशुभ का यह भेद वास्तव में अंधविश्वास है।

सरोज सिंह

छऊ

छऊ बंगाल, ओडिशा एवं झारखंड अंचल का लोकनृत्य है। इसमें लड़ाई की विभिन्न भंगिमाओं और पशुओं की चाल को नृत्य के जरिए प्रस्तुत किया जाता है। छऊ तीन क्षेत्रों के अनुसार तीन प्रकार के होते हैं—सरायकेला, मयूरभंज और पुरुलिया। माना जाता है कि छऊ नृत्य सरायकेला में शुरू हुआ जो झारखंड में है। कुछ विद्वानों का मानना है कि 'छऊ' शब्द 'छाया' से आया है। ओड़िया साहित्यकार सीताकांत महापात्र की धारणा है, छऊ

छऊ लोकनृत्य

शब्द 'छावनी' से लिया गया है, जिसका अर्थ 'सैन्य शिविर' है। पुरुलिया छऊ बंगाल के पुरुलिया जिले और मयूरभंज छऊ ओडिसा के मयूरभंज जिले का है। पुरुलिया और बंगाल के छऊ नृत्य में नकाब का प्रयोग होता है। पुरुलिया छऊ का विकास एवं प्रयोग यहां के लोगों ने खुद किया। सरायकेला छऊ का नकाब जरी का होता है। यह तीन तरह के मानवीय चरित्रों को दर्शाता है—सांसारिक, बौद्धिक एवं पौराणिक। पुरुलिया छऊ का नकाब मिट्टी का और कम विस्तृत होता है। इस नृत्य में कई पौराणिक चरित्र और घटनाएं प्रस्तुत की जाती हैं।

छऊ नृत्य मूल रूप से मुंडा, महतो, कालिंदी, पत्तानिक, समल, दरोगा, महंती, भोला, अथर्या साहू जाति के लोगों द्वारा किया जाता है। इसके परंपरागत लोक संगीत में प्रयुक्त होने वाले वाद्य यंत्र हैं ढोल, धुक्सा और खार्का, मोहुरि एवं शहनाई। नृत्य में ग्रामीण गृहिणियों के कामकाज और कभी-कभी रामायण और महाभारत की घटनाओं को भी प्रदर्शित किया जाता है। चैत्र पर्व पर तेरह दिन तक खुले क्षेत्र में रात में छऊ नृत्य का समारोह चलता है।

वर्षा मिश्र

अधिक जानकारी के लिए :
भारत के परंपरागत लोकनृत्य : कपिला वात्स्यायन

छठ पर्व

छठ पर्व सूर्य की आराधना के लिए है। यह बिहार, झारखंड, नेपाल की तराई से शुरू होकर भारत के दूसरे हिस्सों में सर्वव्यापी होता गया है। कार्तिक शुक्ल षष्ठी को मनाए जाने की वजह से इसे छठ कहा जाता है। चैत्र महीने में भी छठ होता है, पर कार्तिक छठ अधिक लोकप्रिय है। कार्तिक छठ ऐसे अवसर पर होता है, जब किसानों के घर अन्न की नई फसल, ईख और नए फल आते हैं। इसलिए छठ पर्व का संबंध अच्छी फसल या इसकी आशा से है। दिवाली के तीन दिनों बाद से छठ पर्व शुरू हो जाता है। इसमें पहले दिन घर की सफाई,

छठ पर्व का दृश्य

नहाय-खाय, दूसरे दिन लोहंडा और खरना तथा तीसरे दिन नदी किनारे जाकर संध्या अर्घ्य दिया जाता है। अगले दिन पौ फटते ही नदी किनारे सूर्य के दर्शन, अर्घ्य और प्रसाद खाकर व्रत पूर्ण होता है। छठ का प्रसाद खासकर ठेकुआ, चना आदि, केला और अन्य फल सूप में चढ़ते हैं और उदारतापूर्वक वितरित होते हैं। ऐसे अवसर पर नदी-घाटों पर वे भी आते हैं जो छठ नहीं करते, पर ऐसा कठिन व्रत करने वालों को देखकर आध्यात्मिक तृप्ति का अनुभव करते हैं।

छठ पर्व में स्त्रियां तीन दिनों का उपवास और व्रत रखती हैं। व्रतपारनी बड़ी स्वच्छता से इस व्रत का पालन करती है और छठ मैया से जैसे उसका अद्वैत हो जाता है। व्रतपारनी बड़ी श्रद्धा से देखी जाती है। छठ पूजा में पुरुष भी साथ देते हैं। इस पर्व का उद्देश्य सुख-समृद्धि और कोई मनोकामना पूरी करना होता है। सूर्यदेव से पुत्र की कामना की जाती है। सूर्यदेव और छठ माई का भाई-बहन का नाता माना जाता है, पर आराधना के केंद्र में सूर्य होते हैं। उन्हें जल का अर्घ्य दिया जाता है, ताकि किसानों को जल मिले। सूर्य और जल का गहरा संबंध है। सूर्य ऋग्वैदिक धारा के एकमात्र देवता हैं, जो भौतिक रूप में अब भी आराध्य हैं।

छठ पर्व में संध्या अर्घ्य और उषा अर्घ्य के अवसर पर स्त्रियां घरों से गोल बांधकर नदी घाट या पास में नदी न होने पर ताल पोखर की ओर जाती हैं। शहरों में भी गांव जी उठता है। वे भी सूर्य की पहली किरणों का सौंदर्य देखते हैं, जो सोकर देर से उठने वाले हैं। इस पर्व में केले के पूर्ण गुच्छे का बड़ा महत्व है। स्त्रियां गाती हैं, 'केरवा जे फरेला धवद से ओह पर सुगा मेड़राय'। गीत का अर्थ है, 'केले के पेड़ पर गुच्छे के पास तोता मंडरा रहा है। तोता भूख के कारण गुच्छे को जूठा कर देता है और धनुष से मारा जाता है।' आगे कहा गया है, 'तोते की पत्नी सुगनी वियोग से रोने लगती है। सूर्यदेव भी उसकी सहायता नहीं करते, कोई देव सहाय नहीं होता।' अवमानना की शिकार स्त्री की आवाज इसी तरह अनसुनी रह जाती है, उसकी पीड़ा को सिर्फ सूर्यदेव समझ सकते हैं। वह भी नहीं सुनेंगे तो कौन सुनेगा। स्त्रियों का छठ पर्व स्त्रियों की आवाज सुनी जाने के लिए है।

सूर्य की स्तुति का संबंध ऋग्वैदिक काल से है, 'सूर्य आत्मा जगतस्तस्थुषश्च।' (ऋग्वेद 1.115.1)। सूर्य आलोक ही नहीं जगत के चर-अचर की आत्मा है। शतपथ ब्राह्मण में है, 'सूर्य की किरणें पवित्र करने वाली हैं।' (1.1.3,6)। कालिदास लिखते हैं, 'सहस्रगुणा करके लौटा देने के लिए सूर्य जल लेता है।' बुद्धिवादी कवि नागार्जुन ने सूर्य की एकांत में स्तुति करके लिखा, 'पछाड़ दिया मेरे आस्तिक ने'। सूर्य की जिस उपासना से छठ पर्व का संबंध हो सकता है, वह महाभारत के कर्ण की उपासना है। सूत के घर पला कर्ण सूर्य पुत्र था। वह प्रति सुबह कमर तक पानी में खड़े होकर सूर्य को अर्घ्य देता था। छठ पर्व में जल में प्रवेश कर अर्घ्य दान की यही पद्धति है। जो अंग राज्य कर्ण को दुर्योधन से मिला था, वह बिहार क्षेत्र में पड़ता है। संभव है, छठ पर्व पहले द्विजेतर जातियों में प्रचलित हो। सूप, दउरा आदि जिनका छठ में बड़ा महत्व है, दलितों के घर में ही बनते हैं। धीरे-धीरे सभी जातियों और आम हिंदुओं में छठ लोकप्रिय हो गया है। यह एकमात्र पूजा है जो खुद की जाती है और इसमें कोई ब्राह्मण पुजारी नहीं होता।

छठ पर्व हर भेदभाव मिटा देता है। इस पर्व का प्रधान संदेश स्वच्छता, आत्मपरिष्कार, पारिवारिकता, बृहत्तर सामूहिकता और देसीपन की भावना है।

शंभुनाथ

छत्तीसगढ़

भू-प्रकृति : भारत के मध्य भाग में स्थित छत्तीसगढ़ देश का दसवां सबसे बड़ा राज्य है, जिसका निर्माण 1 नवंबर 2000 को मध्य प्रदेश के दक्षिण-पूर्व के उन 16 जिलों को उससे अलग करके किया गया, जहां छत्तीसगढ़ी बोलने वाले लोगों की संख्या अधिक थी। छत्तीसगढ़ के उत्तर-पश्चिम में मध्य प्रदेश, दक्षिण-पश्चिम में महाराष्ट्र, दक्षिण में तेलंगाना एवं आंध्र प्रदेश, पूर्व में ओडिशा, उत्तर-पूर्व में झारखंड और उत्तर में उत्तर प्रदेश है। इस समय 27 जिलों में विभाजित इस राज्य का क्षेत्रफल 1,35,190 वर्ग किमी है। यह राज्य देश का सोलहवां सर्वाधिक आबादी वाला राज्य है, जहां की जनसंख्या 2011 की जनगणना के अनुसार, 2,55,40,196 है, जिनमें पुरुषों की संख्या 1,28,27,915 एवं महिलाओं की संख्या 1,27,12,281 है। इस राज्य के नामकरण के संबंध में कई मत हैं। एक मत के अनुसार, कभी इस भूभाग में 36 राजाओं के 36 गढ़ हुआ करते थे, जिसके आधार पर इस राज्य का नामकरण छत्तीसगढ़ किया गया। अनेक विशेषज्ञ इससे सहमत नहीं हैं, क्योंकि इस क्षेत्र में पुरातात्विक दृष्टि से छत्तीस गढ़ों की पहचान नहीं हो पाई है।

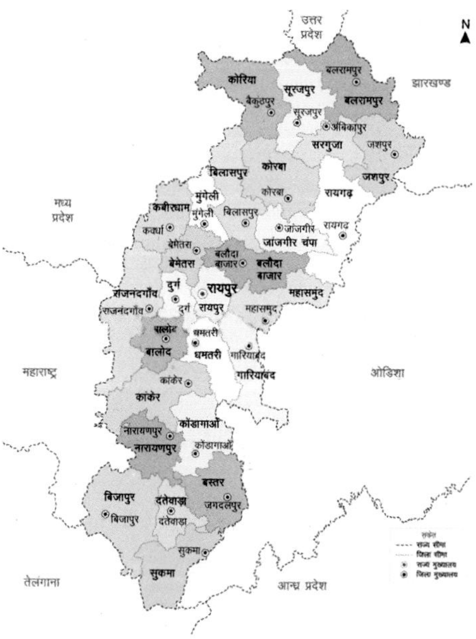

छत्तीसगढ़ का मानचित्र

दूसरे मत के अनुसार, छेदी राजवंश के आधार पर इसका नाम छत्तीसगढ़ पड़ा। इस मत से अधिकांश इतिहासकार सहमत हैं। मराठाओं के शासन काल में छत्तीसगढ़ नाम अधिक प्रचलित हुआ, जिसका उल्लेख 1795 के राजकीय दस्तावेज में मिलता है। छत्तीसगढ़ की राजधानी रायपुर है। यहां के अन्य प्रमुख शहर हैं—दुर्ग, भिलाई, राजनांदगांव, चिरमिरी, महासमंद, धामतारी, रायगढ़, अंबिकापुर, जगदलपुर, बिलासपुर, कोरबा, चंपा, कांकेर, पाखनजोर आदि। छत्तीसगढ़ की राजभाषा छत्तीसगढ़ी के अलावा हिंदी है।

पर्यावरण : छत्तीसगढ़ की जलवायु उष्णकटिबंधीय है। कर्क रेखा के निकट होने और वर्षा के लिए मानसून पर निर्भर रहने के कारण यहां का मौसम गर्म एवं नम है। गर्मी के समय यहां तापमान 45 डिग्री सेल्सियस तक पहुंच जाता है। यहां मानसून जून से अक्तूबर तक रहता है और औसतन 1292 मिमी वर्षा होती है। शीत काल नवंबर से जनवरी महीने तक रहता है, जब तापमान 25 से 0 डिग्री सेल्सियस तक हो जाता है। यहां के पर्यावरण पर प्राकृतिक संरचना का बहुत प्रभाव है, क्योंकि इस राज्य का उत्तरी एवं दक्षिणी भाग पहाड़ी है, जबकि उत्तर में गंगा का विशाल मैदान है। पूर्वी सिरे पर सतपुड़ा के जंगल एवं पश्चिम सिरे पर छोटानागपुर के पठार हैं। महानदी यहां की प्रमुख नदी है। उसकी उपधारा हसदो के अतिरिक्त रिहंद, इंद्रावती, जोंक, अर्पा एवं शिवनाथ यहां की अन्य प्रमुख नदियां हैं।

इतिहास : प्राचीन काल में भारत का जो विशाल भूभाग अपनी वन-संपदा के कारण 'महाकांतर' और कोसल के दक्षिण में होने के कारण दक्षिण कोसल कहलाता था, वह अब कोरिया-सरगुजा से बस्तर तक छत्तीसगढ़ कहलाता है। इस क्षेत्र का उल्लेख रामायण एवं महाभारत में हुआ है। छठी से बारहवीं शताब्दी के बीच सरभपुरिया, पांडुवंशी, सोमवंशी, कालचुरी

एवं नागवंशी शासकों ने इस क्षेत्र पर शासन किया। कालचुरियों ने 980 से 1741 तक यहां शासन किया। चोल वंश के राजेंद्र चोल–1 एवं कुलोथुंगा चोल–1 ने छत्तीसगढ़ के बस्तर क्षेत्र पर ग्यारहवीं शताब्दी में आक्रमण किया। 1741 से 1845 तक यहां मराठा के भोसलों का आधिपत्य था। 1845 में यह ब्रिटिश शासन के अधीन आया और देश की स्वतंत्रता तक उनका शासन था। 1905 में इस राज्य का संबलपुर क्षेत्र ओडिशा में शामिल कर दिया गया और बंगाल का सुरगुजा क्षेत्र छत्तीसगढ़ में स्थानांतरित हो गया। ब्रिटिश शासन के दौरान यह क्षेत्र सेंट्रल प्रोविंस और बारार प्रोविंस का भाग था, किंतु बाद में इसे मध्य प्रदेश में मिला दिया गया। 1920 में इस क्षेत्र के लिए एक अलग राज्य की मांग प्रारंभ हुई थी, किंतु उसके लिए कोई व्यवस्थित आंदोलन नहीं हुआ था। रायपुर कांग्रेस द्वारा 1924 में अलग छत्तीसगढ़ राज्य की मांग की गई। 1954 में जब राज्य पुनर्गठन के लिए आयोग की स्थापना हुई उस समय भी अलग राज्य की मांग रखी गई, किंतु वह स्वीकार नहीं की गई। 1955 में यह मांग पुनः उठी। उसके बाद 1990 में बड़े जोरदार ढंग से छत्तीसगढ़ राज्य निर्माण मंच द्वारा इसके लिए व्यापक स्तर पर प्रयास किया गया। अंततः छत्तीसगढ़ राज्य 1 नवंबर 2000 को अस्तित्व में आया।

भाषाएं एवं बोलियां : हिंदी के अतिरिक्त यहां प्रमुख रूप से बोली जाने वाली भाषा छत्तीसगढ़ी है, जो अर्ध मागधी की पूर्वी हिंदी शाखा के अंतर्गत आती है। इस राज्य के अधिकांश लोगों द्वारा इसी भाषा का प्रयोग किया जाता है। छत्तीसगढ़ी बोली को पहाड़ी अंचल के लोगों द्वारा 'खल्ताही' एवं उड़िया बोलने वाले लोगों द्वारा 'लरिया' के नाम से पुकारा जाता है। यहां की प्रमुख बोलियों में सरगुजिया, बिलासपुरी, सदरी कोरवा, बिंझवारी, कलंगा, खल्ताही, बैगानी, कवर्धाही, खैरागढ़ी आदि शामिल हैं। दक्षिण अंचल की बोलियां हल्बी, गोड़ी, भथरी, कमारी, बैगानी, बिरहोर आदि द्रविड़ भाषा से प्रभावित हैं। छत्तीसगढ़ में तेलुगु, कोसली, ओड़िया एवं भोजपुरी भी कहीं-कहीं बोली जाती हैं।

संस्कृति : देश के उत्तरी और दक्षिणी क्षेत्र को जोड़ने वाले छत्तीसगढ़ में अनेक सांस्कृतिक इकाइयां हैं, जिनमें समानता है। बस्तर के सघन वन की अपनी विशिष्टता है। आज आवागमन के साधन सुलभ होने के कारण सांस्कृतिक इकाइयों के बीच आदान-प्रदान स्वाभाविक गति से हो रहा है। छत्तीसगढ़ में अनेक धर्मों के लोग रहते हैं, जिनमें सनातन धर्मावलंबियों के अतिरिक्त सतनामीपंथी, कबीरपंथी, रामनामी समाज एवं अन्य शामिल हैं। सनातनी लोगों के धर्म में शैव और शाक्त का मिला-जुला रूप दिखाई देता है। शिव और शक्ति के अनेक रूप और नाम मिलते हैं। ये दोनों देवता गृह देवता के रूप में पूजे जाते हैं। स्थान विशेष में पूजित देवी सामान्यतः स्थान विशेष के नाम से जानी जाती है, जैसे–सारंगगढ़ की सारंगगढ़हिन, गंडई की गंगई माता। इसके अतिरिक्त जिन महिलाओं ने अतीत में अपने उच्च चरित्र से इतिहास में हस्तक्षेप किया है, उन्हें भी देवी का सम्मान दिया गया है। उनके मंदिर बने और पूजा प्रारंभ हुई, जैसे–दसमत ओड़निन माता, बहादुर कलारिन माता। कृषि जीवन में भोजली और जंवारा देवी के प्रतीक हैं। यहां राक्षस भी पूजे जाते हैं और ब्रह्मराक्षस तथा भूत-प्रेत भी। यहां 'परेतिन दाई' (प्रेतनी माता) को प्रसन्न करने के लिए काली चूड़ी और चुरकी (बांस से बनी छोटी टोकरी) भेंट दी जाती है।

रामकथा में छत्तीसगढ़ की मौजूदगी मानी जाती है। राम ने अपनी पत्नी और भाई लक्ष्मण के साथ बस्तर क्षेत्र में ही अपना वनवास प्रारंभ किया था। वे 14 वर्षों में से 10 वर्ष छत्तीसगढ़ के विभिन्न अंचलों में रहे। उनमें एक उल्लेखनीय स्थान है शिबरीनारायण, जो छत्तीसगढ़ के बिलासपुर जिले में है। इस स्थान का नाम राम भक्त शबरी के आधार पर दिया गया है। इस अंचल में रामभक्ति काफी देखी जाती है।

चंपारण नामक छोटे शहर में संत बल्लभाचार्य का जन्म स्थान है, जो गुजराती तीर्थयात्रियों के लिए बहुत महत्वपूर्ण है। छत्तीसगढ़ के पूर्वी भाग में ओडिशा की संस्कृति पाई जाती है। प्राचीन काल में बिलासपुर से 40 किलोमीटर दूर एक बड़ा बौद्ध केंद्र

था। छत्तीसगढ़ के धर्म पर इस्लाम का भी किंचित प्रभाव दिखाई देता है। एक देवी गीत में अकबर बादशाह अन्य देवताओं के साथ देवी दर्शन के लिए हिंगलाजगढ़ जाते हैं।

लोकजीवन : आय सूचकांक की दृष्टि से छत्तीसगढ़ भारत का सबसे निम्न जीवनस्तर वाला राज्य है। सीमांत समूहों में अनुसूचित जनजातियां सबसे निचले पायदान पर हैं। उनके लिए विकास का कोई ठोस आधार नहीं है। परिणामतः ग्रामीण अंचलों में गरीबी भयानक रूप में विद्यमान है। छत्तीसगढ़ की मुख्य कृषक जातियां हैं—लोधी, साहू, कुरमी और मरार। 'पौनी-पसारी' कहलाने वाली जातियां (राउत, लोहार, नाई, बरेठ, पनका, गांड़ा) कृषि कार्य में सहयोग करती हैं। गांवों में सवर्ण जातियां भी निवास करती हैं, जिनमें ब्राह्मण, राजपूत, बनिया और कायस्थ आदि हैं, जिनका कृषि कर्म से सीधा संबंध नहीं है। आधे से अधिक अनुसूचित जनजाति एवं अनुसूचित जाति के लोग गरीबी रेखा से नीचे हैं।

लोक-समाज में खान-पान सादगी भरा है। त्योहारों में बरा-सोंहरी, गुरहा चीला, गुरहा भजिया, ठेठरी-खुरमी आदि पकवान बनाए जाते हैं। वैवाहिक कार्यक्रमों में अनैरसा, करी लाड़ू, चांउर-पापड़ बनाने की परंपरा है। यहां का एक प्रसिद्ध खाद्य है इड्डर, जो उड़द दाल तथा कोचाई पत्ते की सहायता से बनाया जाता है। जनजाति एवं गांव के लोग महुआ से बनी शराब का प्रयोग अधिक करते हैं। पहनावे में लुगरा, पोलखा, धोती, कुरथा, बंडी, कमीज हैं। सिर पर पंछा लपेट लिया जाता है। आभूषणों में नागमोरी, सुर्रा, रुपया, सुतिया, ऐंठी, करधन, पैरी, कड़ा, चूरा, पटा, पैजन, मुंदरी, बारी, बिछिया और मोहर यहां अधिक प्रचलित हैं। महिलाएं गोदना की शौकीन होती हैं। कुछ जातियों में इसे जाति-परंपरा से जोड़कर देखा जाता है। समाज टोने-टोटके, मंत्र-तंत्र जैसे अंधविश्वासों से ग्रस्त देखा गया है। इधर शिक्षा और विज्ञान की समझ के कारण इसमें शिथिलता आई है।

छत्तीसगढ़ में विवाह की सर्वमान्य विधि के अतिरिक्त दो विधियां और हैं—पैठू और उड़रिया। ये दोनों प्रेम विवाह हैं। पैठू विवाह में लड़की लड़के के घर पैठ जाती है और उड़रिया में लड़की लड़के के साथ अन्य स्थान में भागकर घर बसा लेती है। जाति पंचायतें कभी इन्हें जाति में शामिल कर लेती हैं और कभी जाति से बहिष्कृत कर देती हैं। प्रेम-विवाहों को समाज आदर की दृष्टि से नहीं देखता। अंतरजातीय विवाहों से उत्पन्न बच्चों को समाज 'बेर्रा' कहता है। बेर्रा का अर्थ मिलावटी है। 'फूल-फुलवारी' के संबंधों को आदर दिया जाता है, जिनसे भोजली, जंवारा, गंगाजल, गंगाबारू, महाप्रसाद बद लिया जाता है। वे पीढ़ियों तक संबंधी बन जाते हैं। इसमें जाति बाधा नहीं बनती। बहुएं जेठ को ही नहीं, जेठ के पुत्र को भी सम्मान देती हैं। चाचियां जेठ-पुत्र को चरण-स्पर्श नहीं करने देतीं। किसी-किसी जाति में भाभी देवर का चरण स्पर्श करती है। अब संयुक्त परिवार की परंपरा छिन्न-भिन्न है।

गीत और नृत्य : छत्तीसगढ़ लोकगीत, लोकनृत्य, लोकनाट्य और गाथा गीतों का विशाल खजाना है। यहां के दंडामी माड़िया के 'श्रृंग नृत्य' एवं करसाड़ नृत्य अथवा गेड़ी नृत्य आकर्षण के केंद्र हैं। मध्य छत्तीसगढ़ के पंडवानी गायन ने अंतरराष्ट्रीय स्तर पर यश कमाया है। लोक-नाट्य 'नाचा' के कलाकारों ने सुप्रसिद्ध रंगकर्मी हबीब तनवीर के मार्गदर्शन में एक नई छवि पैदा की है। यद्यपि मदराजी दाऊ को नाचा का पिता कहा जाता है, तथापि आजादी के बाद सजे-धजे मंच पर एक नए रूप में नाचा को लाने का श्रेय दाऊ रामचंद्र देशमुख को है। दाऊ महासिंह चंद्राकर ने इस नए रूप को और अधिक प्रसार दिया।

छत्तीसगढ़ में लोकगीतों की सूची काफी लंबी है। तीज-त्योहारों पर गाए जाने वाले गीत संस्कृति के प्राण हैं। कुछ गीतों के साथ नृत्य भी किया जाता है। दीपावली के कुछ दिन पूर्व से सुआ-गीत गाने की परंपरा है। महिलाएं समूह बनाकर गाती और ताली बजाकर नृत्य करती हैं। महिलाओं की दयनीय स्थिति को दर्शाता हुआ एक करुण गीत है :

पइंयां मैं लागत हौं चंदा-सुरूज के रे सुवना,
तिरिया जनम झनि देय।
तिरिया जनम मोर गऊ के बरोबर रे सुवना,

जिहां पठोही, तिहां जाय, रे सुवना।
अंगठिन मोरि-मोरि घर लिपवाये रे सुवना,
फेर ननद के मन नइ आय रे सुवना।

अर्थात–हे, तोते! मैं चंद्रमा और सूर्य के पांव पड़ती हूं कि मुझे फिर से नारी का जनम न मिले। नारी तो गाय जैसी होती है। उसे मालिक जहां भेजते हैं, वहां जाना पड़ता है। मुझसे अंगुलियों को मोड़-मोड़कर घर-आंगन लिपवाया जाता है। फिर भी ननद को पसंद नहीं आता।

विवाह के अवसर पर चुलमाटी गीत, पांव-पखारनी गीत, भड़ौनी गीत, मंगनी गीत, तेल चहगी, नहडोरी, डोला परछन्, बिदा गीत गाए जाते हैं, जिनमें हास-परिहास के साथ-साथ करुण रस का प्राधान्य होता है। छत्तीसगढ़ में जीवन के गीत ही नहीं, मृत्यु के भी गीत हैं। कबीरपंथियों में मृत्यु के बाद गाए जाने वाले गीत का एक नमूना है :

बंगला अजब बने रे भाई।
ए बंगला के दस दरवाजा, पवन चलावय हंसा।
आवत-जावत कोनो नइ देखें, करे ईश्वर मन सा।

छेरछेरा पर्व पर छेरछेरा-गीत बच्चे समूह बनाकर गाते और नाचते हैं। वे हर घर से साधिकार दान लेते हैं। दीपावली के समय रावत-यादवों द्वारा दोहे कहे जाते हैं और नृत्य किया जाता है। अधिकांश दोहे ओजपूर्ण होते हैं। नीति के दोहे भी कहे जाते हैं। ये दोहे छंद में बंधे नहीं होते। नवरात्र पर्व पर जंवारा बोकर मातृ-शक्ति की आराधना की जाती है। उन्हें प्रसन्न करने के लिए 'जंवारा-गीत' गाए जाते हैं। करम देव या कदंब वृक्ष की पूजा के अवसर पर करमा-गीत गाते हुए युवक-युवती दल बनाकर नृत्य करते हैं। यह गीत आदिवासी जाति और घुमंतू देवार जाति में अधिक चलता है। यह अनुष्ठान गीत न होकर उत्सव गीत है। कृषि कर्म करते हुए, नर-नारी दो दलों में विभक्त होकर ददरिया गीत गाते हैं। इसमें वाद्य संगति नहीं होती। आजकल मंचों पर इस गीत की प्रस्तुति में वाद्य संगत करते दिखाई देते हैं। ददरिया गीत दो पंक्तियों में होता है और दोनों पंक्तियां असंबद्ध होती हैं।

छत्तीसगढ़ के राउत-यादव बांस नामक वाद्य बजाकर गाथा गीत गाते हैं। बांस वाद्य की संगति के कारण गीत को बांस गीत कहा जाता है। इसमें यादव अपने युद्धों और गो पालन व्यवसाय के प्रति प्रेम का वर्णन करते हैं।

छत्तीसगढ़ का पंडवानी गाथा-गीत बहुत प्रसिद्ध है। इसमें पांडवों की दो प्रकार की कथा मिलती है। प्रथम को कापालिक और दूसरी को वेदमती कहा जाता है। कापालिक पंडवानी ही वास्तविक पंडवानी है। वेदमती को महाभारत कह सकते हैं। कापालिक पंडवानी की माता कोतमा वेदमती पंडवानी में कुंती माता है।

लोरिक-चंदा की गाथा भी अनेक प्रदेशों में गाई जाती है। लोरिक-चंदा के प्रेम पर काव्य भी लिखे गए हैं। इस गाथा गीत में 'ये दिन ना तोर' बार-बार टेक की तरह गाया जाता है।

पर्व-त्योहार : छत्तीसगढ़ में अनेक संस्कृतियों तथा जातियों एवं वर्गों के लोगों के रहने के कारण अनेक प्रकार के पर्व-त्योहार मनाए जाते हैं। मध्य छत्तीसगढ़ में श्रावण अमावस्या को मनाया जाने वाला 'हरेली' त्योहार दक्षिण छत्तीसगढ़ में 'अमूंस' कहलाता है। इस दिन पशुधन को आटे की 'लोदी' में औषधीय जड़ी-बूटी खिलाते हैं। बच्चों के लिए बांस की गेड़ी बनाई जाती है। सरगुजा क्षेत्र के ओरांव, कंवर और कोरवा भी इस पर्व को मनाते हैं। श्रावण शुक्ल नवमी के दिन बांस की टोकरियों में गेहूं के दाने बोकर 'भोजली' पर्व मनाया जाता है। भादों कृष्ण पक्ष की षष्ठी को बच्चों की लंबी उम्र के लिए महिलाएं 'खमरछठ' व्रत रखती हैं। किसानों और बच्चों का पर्व 'पोरा' है। किसान अपने बैलों को रंगों से सजाते हैं और मिट्टी से निर्मित बैल, बरतन, चूल्हा, चक्की आदि खिलौने बच्चों के लिए खरीदे जाते हैं। यह भादों की अमावस्या को मनाया जाता है।

भादों शुक्ल पक्ष तृतीया को महिलाएं पति की लंबी उम्र के लिए 'तीजा' व्रत निर्जला रखती हैं। यह व्रत मायके में रखा जाता है। शीतला पाख या जंवारा-नेवरात (नवरात्रि) आश्विन मास शुक्ल पक्ष एकम से नवमी तक घरों और देवी मंदिरों में 'जंवारा' बोकर मनाया जाता है। नवमी के दिन नवान्न या 'नेवज' खाने

की परंपरा है। 'सुरहोती' का पर्व कार्तिक कृष्ण पक्ष अमावस्या को मनाया जाता है। इसी दिन 'गौरा-गौरी' (शिव-पार्वती) का ब्याह भी रचाया जाता है। दूसरे दिन गोवर्धन पूजा की जाती है। गोधन को नवान्न से बनी 'खिचरी' खिलाई जाती है। सरगुजा क्षेत्र में इस पर्व को 'कार्तिक' कहा जाता है। बस्तर में यह पर्व 'दिवारी तिहार' के नाम से पूस माघ पूर्णिमा तक मनाते हैं। गायों को 'सुहई' बांधी जाती है। चरवाहे यादवों (राउत) का सम्मान किया जाता है। पूस पूर्णिमा में 'छेरछेरा' का पर्व मनाया जाता है। इसे बस्तर और सरगुजा क्षेत्र में 'छेरता' कहा जाता है। बच्चे उत्पादित फसल में अपना हिस्सा मांगते हैं और गीत गाते हैं। माघ शुक्ल चतुर्दशी को लोधी जाति 'सकट' पर्व धूमधाम से मनाती है। अन्य जातियों पर भी इसका प्रभाव देखा जाता है। फागुन पूर्णिमा में 'होले' का पर्व मनाया जाता है। यह रंगों का पर्व है। चैत में 'नवरात' पर्व में 'जंवारा' बोकर नौ दिनों तक उसका यश गाते हैं। बैशाख शुक्ल पक्ष तृतीया को 'अक्ती' पर्व के दिन गुड्डे-गुड़िया का ब्याह रचाया जाता है। इसी दिन कृषि-कार्य का शुभारंभ किया जाता है।

उपर्युक्त पर्वों के अलावा बस्तर क्षेत्र में माटी तिहार, करसाड़ पर्व, लक्ष्मी जगार और सरगुजा क्षेत्र में मेघनाथ पर्व, भीमसेन पूजा, बिदरी त्योहार, बीज खुटनी, सरहुल और कनिहारी पर्व मनाए जाते हैं।

कला-शिल्प : छत्तीसगढ़ कोसा रेशम एवं मोम कला के लिए विख्यात है। इसका उपयोग साड़ी, सलवार-सूट के अतिरिक्त लहंगा, दुपट्टा, शॉल तथा पुरुषों के पहरावे जैकेट, शर्ट, अचकन और शेरवानी में किया जाता है। रायपुर के शबरी हस्तशिल्प संग्रहालय में विश्व विख्यात मूर्तिकला, सुशील सखोजा के धोकड़ा नंदी उपलब्ध हैं।

सुधार आंदोलन : जब भी छत्तीसगढ़ी समाज ने गलत दिशा में गमन किया, समाज सुधारकों ने अपने वचनों और अपने व्यवहारों से समाज को सही दिशा दी। ऐसे ही सुधारकों में धरमदास का नाम सर्वप्रथम लिया जा सकता है। वे कबीर के शिष्य माने जाते हैं। इनका जन्म सतरहवीं शताब्दी में बांधवगढ़ में हुआ था। छत्तीसगढ़ उनकी कर्म भूमि थी। वे छत्तीसगढ़ी भाषा के प्रथम कवि भी थे। उनकी कविताओं में आधुनिक छत्तीसगढ़ी के सैकड़ों शब्द मिलते हैं। उन्होंने अपने पदों में गुरु की महिमा का गान किया और उपदेशों से मिथ्या आडंबरों का विरोध किया, जन-जागृति फैलाई, सत विचारों का उपदेश दिया। एक उदाहरण है :

साहेब बूड़त अब नाव मोरी।
काम-क्रोध के लहर उठत हे, मोह पवन झकझोरी।

धरमदास का कहना था कि समाज काम, क्रोध और मोह से ग्रस्त है। ये दुर्गुण समाज को डुबो सकते हैं। कबीर शिष्य धरमदास ने छत्तीसगढ़ के लोगों को बहुत प्रभावित किया है।

अठारहवीं शताब्दी में धरमदास के कबीरपंथ से प्रभावित एक नए पंथ का उदय हुआ, जो धर्मपंथ के साथ ही समाज सुधारक भी था। इसको सतनाम पंथ कहते हैं। निर्गुण उपासना, एकेश्वरवाद का प्रतिपादन, जाति और वर्ण व्यवस्था के विरुद्ध जेहाद, भेदभाव-रहित पंथ, मूर्ति पूजा का विरोध, स्त्री-पुरुषों का समान अधिकार, बाहरी आडंबर और कर्मकांड का विरोध, जाति समानता और गुरु गरिमा का दोनों ही पंथों में समान रूप से महत्व स्वीकार किया गया। सतनाम पंथ के प्रवर्तक गुरु घासीदास का जन्म 18 दिसंबर 1785 को हुआ था। तब तक छत्तीसगढ़ में धरमदास की ऐतिहासिक भूमिका का प्रभाव कम हो गया था। जाति व्यवस्था फिर से कठोर होने लगी थी। भूमिपतियों का समाज पर अत्याचार बढ़ने लगा था। बेगारी प्रथा जोरों पर थी। समाज में सुधार की आवश्यकता थी। लोगों में आत्म-सम्मान और विश्वास जगाने की जरूरत थी।

घासीदास ने समाज सुधारक की भूमिका पूरे तन-मन से निभाई। उन्होंने अपने पंथ में आने वालों के लिए नियम बनाए। मदिरा और मांस का निषेध किया। हिंसा-मुक्त रहने का आदेश दिया। दोपहर के बाद हल चलाने से मना किया। गुरु घासीदास के उपदेशों से प्रभावित होकर निम्न वर्ण के लोग ही नहीं, उच्च वर्ण के लोगों ने भी सतनाम पंथ को स्वीकार किया। धरमदास के कबीर पंथ में जाति-विरोध के

बावजूद जातियां बनी हुई हैं, किंतु घासीदास के सतनाम पंथ में जातियां समाप्त हो गईं। आज इन दोनों पंथों पर चलने वालों की संख्या छत्तीसगढ़ में लाखों में है।

सतनाम पंथ वस्तुत ब्राह्मण धर्म-विरोधी जातियों की पंचमेल-खिचड़ी था। इसलिए इनसे अछूतों की तरह व्यवहार किया जाता था। इस भेदभाव को दूर करने के लिए बीसवीं सदी में सुंदरलाल शर्मा आगे आए। उनका जन्म 1881 में हुआ था। समाज सुधारकों में इनका नाम आदर के साथ लिया जाता है। इनका प्रथम लक्ष्य आजादी था। हालांकि जातियों से बंटे हुए समाज में यह लक्ष्य कठिन था, अतः उन्होंने सर्वप्रथम हरिजन उद्धार का काम हाथ में लिया। वे गांधी जी से पूर्व यह कार्य प्रारंभ कर चुके थे। रायपुर में दिए गए अपने भाषण में गांधी जी ने भी इसे स्वीकार किया। 1924 में सुंदरलाल शर्मा ने राजिम के राजीव लोचन मंदिर में अछूतों को प्रवेश दिलाया। अछूत समझे जाने वाले सतनामियों का यज्ञोपवीत संस्कार 1918 में वे कर चुके थे। ब्राह्मण समाज ने शर्मा जी को जाति-च्युत कर दिया था। उन्हें 'सतनामी ब्राह्मण' कहने लगे थे। शर्मा जी ने सन 1924 में रायपुर में 'सतनामी आश्रम' और अछूतों में नारी शिक्षा के प्रचार के लिए 'हरिजन पुत्रीशाला' की स्थापना की। वे छत्तीसगढ़ी के कवि भी थे। उनके खंड काव्य 'दानलीला' में जाति-विरोधी अनेक पंक्तियां मिलती हैं।

कृषि और उद्योग : छत्तीसगढ़ के लोगों की जीविका का मुख्य साधन कृषि है। राज्य के 80 प्रतिशत लोग ग्रामीण अंचलों में रहते हैं। वे कृषि तथा कृषि-आधारित लघु उद्योगों पर आश्रित हैं। अधिकांश कृषक अभी भी प्राचीन खेती की पद्धति को अपनाए हुए हैं। सरकारी आंकड़ों के अनुसार, राज्य की कुल खेती योग्य भूमि 4,828 मिलियन हेक्टेयर है। यहां का सकल राज्य घरेलू उत्पाद 2010 के दौरान 60,079 करोड़ रुपए था। हाल के वर्षों में यहां की अर्थव्यवस्था में सुधार हुआ है। इसमें मुख्य भूमिका कृषि और औद्योगिक उत्पादन की है। यद्यपि छत्तीसगढ़ का उत्तरी एवं दक्षिणी भाग पहाड़ी है, किंतु केंद्रीय भाग बहुत उपजाऊ मैदान है। यहां धान की सर्वाधिक फसल होती है, जिसके कारण छत्तीसगढ़ 'धान का कटोरा' कहलाता है।

राज्य के उत्तर में विशाल गंगा का मैदान है, जहां अच्छी पैदावार होती है। यहां धान के अतिरिक्त दलहन, तिलहन, बादाम, सोयाबीन, सूर्यमुखी, तुअर, मकई, कोदो-कुटकी आदि भी पैदा किए जाते हैं। नकदी फसलों की खेती यहां बहुत कम होती है। बागवानी और पशुपालन भी यहां के लोगों की जीविका का एक प्रमुख साधन है। छत्तीसगढ़ चाय उत्पादन की दृष्टि से भारत में सतरहवां सबसे बड़ा राज्य है। जसपुर एवं सरगुजा जिले में अच्छी चाय का उत्पादन होता है। यहां औषधीय फसलें भी उगाई जाती हैं, जिनमें सफेद मुसली एवं अरहर, मुसब्बर एवं एलोवेरा आदि प्रमुख हैं।

छत्तीसगढ़ में बिजली का उत्पादन संतोषजनक है। यह अपनी आवश्यकताओं की पूर्ति के बाद अन्य राज्यों को बिजली की आपूर्ति करता है। इस्पात के उत्पादन में भी छत्तीसगढ़ आगे है और इसके भिलाई इस्पात संयंत्र में प्रति वर्ष 54 लाख टन स्टील का उत्पादन होता है। इसके अतिरिक्त एल्युमीनियम का उत्पादन लगभग दस लाख टन होता है। प्राकृतिक संसाधनों में लकड़ी, तेंदू पत्ता, मधु, महुआ तथा लाख आदि का उत्पादन भी पर्याप्त मात्रा में होता है। खनिज पदार्थों की दृष्टि से छत्तीसगढ़ काफी समृद्ध है। यहां लौह अयस्क, चूना-पत्थर, बॉक्साइट, डोलोमाइट प्रचुर मात्रा में पाया जाता है। यह भारत का एकमात्र टीन-अयस्क उत्पादक राज्य है। यहां उत्पादित अन्य खनिजों में कोरैंडम, गारनेट, क्वार्ज, मार्बल, एलेक्जैंड्राइट एवं हीरा शामिल हैं। यहां के प्रमुख कारखानों में भिलाई इस्पात संयंत्र, जिंदल स्टील एंड पावर, भारत एल्युमीनियम कंपनी, बलदेव एलॉय प्रा. लि., इंडियन ऑयल कार्पोरेशन, सिंप्लेक्स कास्टिंग लि., सीएचपीएल-ड्रीम-होम्स, एनएमडीसी, साउथ इस्टर्न कोलफील्ड आदि शामिल हैं।

शिक्षा एवं स्वास्थ्य संस्थान : छत्तीसगढ़ राज्य बनने के बाद छत्तीसगढ़ की शिक्षा-दशा काफी सुधरी है। तथापि साक्षरता की दृष्टि से यह राष्ट्रीय औसत

से नीचे है। राज्य बनने से पहले छत्तीसगढ़ में कुल चार विश्वविद्यालय थे। राज्य बनने के बाद उन्नीस विश्वविद्यालय उच्च शिक्षा को संचालित कर रहे हैं। खैरागढ़ का संगीत और कला विश्वविद्यालय सर्वाधिक पुराना है, जहां विदेशी छात्र भी कला-संगीत की शिक्षा लेते हैं। 1964 में रविशंकर विश्वविद्यालय, रायपुर, 1983 में गुरु घासीदास विश्वविद्यालय, बिलासपुर और 1987 में इंदिरा गांधी कृषि विश्वविद्यालय, रायपुर प्रारंभ किए गए थे। इस समय 12 सरकारी, 6 निजी और एक केंद्रीय विश्वविद्यालय है। राज्य में महाविद्यालयों की संख्या 438, प्राथमिक विद्यालय 38,398, हाई स्कूल 3,291, उच्च माध्यमिक विद्यालय 2,884 हैं। बड़े नगरों में शिक्षा के अनेक केंद्र हैं। छत्तीसगढ़ के प्रमुख विश्वविद्यालयों में बिलासपुर विश्वविद्यालय, सरगुजा विश्वविद्यालय, पंडित रविशंकर शुक्ल विश्वविद्यालय, छत्तीसगढ़ स्वामी विवेकानंद तकनीकी विश्वविद्यालय, पंडित सुंदरलाल शर्मा मुक्त विश्वविद्यालय आदि शामिल हैं।

पर्यटन : छत्तीसगढ़ भारत के हृदय प्रदेश में स्थित है, जहां की धरा सांस्कृतिक दृष्टि से काफी समृद्ध तथा प्राकृतिक दृष्टि से काफी आकर्षक है। इस राज्य में अनेक प्राचीन स्मारक हैं। दुर्लभ जंगली पशु, उत्कृष्ट नक्काशीयुक्त मंदिर, बौद्ध स्थल, राजभवन, जलप्रपात, गुफाएं, शिलाचित्र एवं ऊंचे पठार हैं। ये पर्यटकों के अत्यंत आकर्षण के केंद्र हैं। छत्तीसगढ़ के नयनाभिराम जलप्रपातों में अकुरी नाला एवं अमृतधारा जलप्रपात के अतिरिक्त गवरघाट, रामदहा, टाइगर प्वाइंट, चित्रकूट एवं तीर्थगढ़ जलप्रपात शामिल हैं। इनके साथ ही तात पानी का गर्म झरना, गादिया पहाड़, कोतुमसर गुफा, कैलास गुफा, रामगढ़ एवं सीता बेंगरा आदि दर्शनीय स्थान हैं। बड़ा नोयापाड़ा अभयारण्य, उदंती सैंक्चुअरी, बर्नावपाड़ा वाइल्डलाइफ सैंक्चुअरी, सीतानगी वाइल्डलाइफ सैंक्चुअरी, गरमदा का संरक्षित जंगल, पामेद अभयारण्य, कांकेरघाटी नेशनल पार्क, इंद्रावती टाइगर रिजर्व जैसे पर्यटन स्थलों के साथ ही छत्तीसगढ़ के विभिन्न अंचलों में भौरामदेव मंदिर, राजीवलोचन मंदिर, विष्णु मंदिर, शिवारीनारायण लक्ष्मीनारायण मंदिर, दंतेश्वरी मंदिर, देवरानी-जेठानी मंदिर, महामाया मंदिर, लक्ष्मण मंदिर, पाताल भैरवी मंदिर आदि और जैनों के उवसग्गहरम पार्श्व तीर्थ, सतनाम पंथ के गिरौधपुरी जैसे धार्मिक स्थान भी देशी-विदेशी पर्यटकों को आकर्षित करते हैं। हसदेव बंगो डैम, लोर्मी का खुदिया डैम एवं रतनगढ़ का खुताघाट डैम, पाखनजोड़ का खेरकट्टा डैम भी प्रमुख दर्शनीय स्थल हैं।

ऐतिहासिक दृष्टि से सिरपुर में प्रस्तावित विश्व धरोहर मल्हार यहां का प्रसिद्ध स्थान है, जहां चीनी यात्री ह्वेनत्सांग ने परिभ्रमण किया था। मल्हार में दसवीं या ग्यारहवीं शताब्दी का एक प्रसिद्ध हिंदू मंदिर भी है। शीतकाल पर्यटन की दृष्टि से सबसे उत्तम समय है।

यातायात : छत्तीसगढ़ में 11 राष्ट्रीय उच्च पथ हैं, जिनकी लंबाई 3078.40 किमी है। अन्य उच्च पथों एवं जिलों के बड़े मार्गों की लंबाई 8031 किमी है। इस राज्य में दक्षिण-पूर्वी केंद्रीय रेलवे अंचल है, जिसका केंद्र बिलासपुर में है। मुख्य रेलवे जंक्शन रायपुर, दुर्ग, बिलासपुर, चंपा, रायगढ़, राजनांदगांव हैं, जिनसे भारत के अधिकांश शहर जुड़े हुए हैं। छत्तीसगढ़ का वायुमार्ग अपेक्षाकृत छोटा है। रायपुर का स्वामी विवेकानंद एयरपोर्ट यहां का प्रमुख विमानपत्तन है।

जीवन यदु

छत्तीसगढ़ी

छत्तीसगढ़ की बोली को छत्तीसगढ़ी कहा जाता है। 1 नवंबर, 2000 को छत्तीसगढ़ के पृथक राज्य बन जाने से छत्तीसगढ़ी को राजभाषा का सम्मान प्राप्त हुआ। छत्तीसगढ़ी बोली का नामकरण छत्तीसगढ़ जनपद के नाम के आधार पर हुआ था। इसके बोलने वाले छत्तीसगढ़ के सभी जिलों में हैं। खैरागढ़, दुर्ग, रायपुर, रायगढ़, सारंगढ़, बिलासपुर, रत्नपुर, सीरपुर, कांकेर, कवर्धा आदि छत्तीसगढ़ी

के केंद्र हैं। लेकिन छत्तीसगढ़ी इस राज्य के समस्त निवासियों की मातृबोली नहीं है। संपूर्ण छत्तीसगढ़ क्षेत्र में निषाद एवं द्रविड़ परिवार की अनेक भाषाएं बोली जाती हैं। छत्तीसगढ़ क्षेत्र के बाहर छत्तीसगढ़ी अनेक रूपों में मंडला, भंडारा, बालाघाट, चांदा, संबलपुर एवं छोटा नागपुर के सीमावर्ती क्षेत्रों में प्रयुक्त होती है। इस पर बघेली, उड़िया, बांग्ला, गुजराती, तेलुगु और मराठी का प्रभाव है। छत्तीसगढ़ी के शब्द भंडार में अवधी, बैसवाड़ी, भोजपुरी, बघेली आदि के शब्द भी मिलते हैं। 2001 की जनगणना के अनुसार इसके बोलने वालों की संख्या 1,32,60,186 है।

ग्रियर्सन ने छत्तीसगढ़ी को नौ भागों में विभाजित किया है—सरगुजिया, कलंगा और भूलिया, सदरी कोरबा, बिंझवारी, विलासपुरिया, कवर्धा, खैरागढ़, बैगानी और खल्टाही। उन्होंने रायपुर, बिलासपुर और कवर्धा, खैरागढ़, छुई खदान, नांदगांव की बोलियों को आदर्श छत्तीसगढ़ी की मान्यता प्रदान की है और उसे छत्तीसगढ़ी अथवा लरिया कहा है। ग्रियर्सन के विभाजन में त्रुटि यह है कि कलंगा और भूलिया, बिंझवारी एवं बैगानी नामक बोलियां छत्तीसगढ़ी के क्षेत्रीय रूप न हो कर इन्हीं नामों की विभिन्न जातियों द्वारा छत्तीसगढ़ी के संकर रूप मात्र हैं, जैसे बिंझवार बिंझवारी बोलते हैं और बैगा बैगानी। कलंगा और भूलिया सोनपुर और पटना के जुलाहों की बोलियां हैं।

छत्तीसगढ़ी की ध्वनिगत विशेषताओं में महाप्राणीकरण की प्रवृत्ति विशेष रूप से उल्लेखनीय है। इसमें 'स' का कहीं-कहीं 'छ' हो जाता है। इसमें कर्तृवाच्य के रूप अतीत के कृदंतीय रूप 'जान' संयुक्त करके संपन्न होते हैं। छत्तीसगढ़ी के णिजन्त रूप हिंदी की भांति होते हैं। इसमें तत्सम शब्दों की कमी है और संज्ञा-सर्वनाम के बाद निश्चय के लिए 'हर' का प्रयोग होता है। इसके बहुवचन रूप में 'मन' प्रत्यय का प्रयोग होता है। संज्ञा-सर्वनामों में कर्म-संप्रदान में 'ला' तथा करण-अपादान में 'ले' छत्तीसगढ़ी के विशिष्ट परसर्ग हैं। इसमें संबंधकारक का लिंग परिवर्तित नहीं होता है। इसके विशेषणों और क्रियाओं के रूप बहुत कुछ अवधी से मिलते-जुलते हैं। उदाहरण :

छत्तीसगढ़ी : बरसात के दिन रहिन। एक मनखे छाता लेके खेत देखे बर गए रहिस।

हिंदी : बरसात के दिन थे। एक आदमी छाता ले कर खेत देखने के लिए गया था।

छत्तीसगढ़ी का लोक साहित्य अत्यंत समृद्ध है। विवाह को छत्तीसगढ़ी में 'बिहाव' कहा जाता है। आंचलिक पहचान को संजोए रखने के कारण छत्तीसगढ़ी वैवाहिक लोक गीतों की अपनी अलग पहचान है। बिहाव के दरम्यान अनेक प्रकार के लोक गीतों का प्रयोग किया जाता है। छत्तीसगढ़ी में देवार्चन की परंपरा मिलती है, जिसके अंतर्गत देवी-देवता ही नहीं वरन चंद्र-सूर्य, गंगा-हिमालय, वनदेवता, वृक्ष देवता आदि भी आते हैं। यहां लोक पर्व के अवसर पर लोक गीत गाए जाते हैं। इन गीतों में प्रकृति भी मानो तन्मय हो कर अपनी छटा बिखेरती है।

छत्तीसगढ़ का 'ददरिया' एक ऐसा लोक गीत है, जिसमें हल चलाते हलधरों, निंदाई करती महिलाओं आदि द्वारा सामूहिक अथवा व्यक्तिगत रूप से दर्द गीत गाए जाते हैं। छत्तीसगढ़ी में लोक गाथा 'चंदैनी' लोक साहित्य की बेजोड़ धरोहर है। यह लोक गाथा छत्तीसगढ़, उत्तर प्रदेश, राजस्थान, पश्चिम बंगाल में भी प्रचलित है। भोजपुरी, मैथिली, मगही आदि भाषा क्षेत्रों में भी इस लोक गाथा का गौरवपूर्ण स्वरूप मिलता है। छत्तीसगढ़ी में इसे चंदैनी, भोजपुरी में लोरिकी या लोरिकायन, मैथिली में लोरिकायन, अवधी में चनैनी, मिर्जापुरी में लोरिक मंजरी, बांग्ला में लोर मयनावती और हैदराबाद में मसनवी किस्सा सतवंती कहते हैं।

आधुनिक काल में अनेक साहित्यकारों ने छत्तीसगढ़ी में लिखना प्रारंभ किया है, जिनमें हीरालाल प्रमुख हैं। 1881 में उनकी पुस्तक 'दुर्गायन' प्रकाशित हुई। उन्होंने छत्तीसगढ़ी भाषा का व्याकरण भी लिखा है। बलदेव प्रसाद मिश्र की 'साकेत-संत' तथा 'तुलसी-दर्शन' नामक पुस्तकों को प्रचुर ख्याति मिली। शुकलाल प्रसाद पांडेय छत्तीसगढ़ के प्रमुख कवि हैं। इनकी पुस्तकों में 'बाल शिक्षण पहेली' तथा 'भूलभुलइया' उल्लेखनीय हैं। छत्तीसगढ़ी के अन्य साहित्यकारों में कविराज खंडेरावजी,

गिरवरदास वैष्णव, नारायण परमार, पांडेय वंशीधर शर्मा, नारायण लाल परमार, मेहत्तरराम साहु, लालाजी रायगढ़िया, ऊधोराम पांडुका, मनोहर शर्मा, श्यामलाल चतुर्वेदी, ध्रुवराम वर्मा, चेतराम व्यास आदि उल्लेखनीय हैं। छत्तीसगढ़ी के प्रमुख गद्य लेखकों में लोचनप्रसाद पांडेय, खूबचंद बघेल, नवकुमार पटेल, शंकरलाल शुक्ल, धनंजय, गया प्रसाद बसेढ़िया, नारायण परमार, घुमक्कड़, केयूर आदि शामिल हैं।

छत्तीसगढ़ी बोली पर काम करने वाले विद्वानों में प्यारेलाल गुप्त, लोचनप्रसाद पांडेय, बलदेवप्रसाद मिश्र, भालचंद्रराव तेलंग और समर बहादुर सिंह प्रमुख हैं। भालचंद्रराव तेलंग ने छत्तीसगढ़ी, हल्वी, भतरी बोलियों का वैज्ञानिक अध्ययन किया है। लोचनप्रसाद पांडेय ने 'ए ग्रामर ऑफ छत्तीसगढ़ी डाइलेक्ट' का प्रणयन किया है। बलदेव प्रसाद मिश्र की पुस्तक 'छत्तीसगढ़ परिचय' भी पठनीय है। कांतिकुमार जैन ने भी छत्तीसगढ़ी बोली, व्याकरण और कोश पर अनेक शोध-कार्य किए। उनकी पुस्तक 'छत्तीसगढ़ी बोली, व्याकरण और कोश' काफी महत्वपूर्ण है।

राजेंद्र प्रसाद सिंह

अधिक जानकारी के लिए :
छत्तीसगढ़ : बाबा मायाराम, 2009

छत्रपति साहू
(1874-1922)

छत्रपति साहू को भारत में एक सच्चे लोकतांत्रिक मिजाज के व्यक्तित्व और समाज सुधारक के रूप में जाना जाता है। वे कोल्हापुर के इतिहास में आज भी एक महत्वपूर्ण स्थान रखते हैं। छत्रपति साहू का जन्म 26 जुलाई 1874 को हुआ था। उनके बचपन का नाम 'यशवंतराव' था। शिवाजी चतुर्थ की हत्या के बाद उनकी विधवा आनंदीबाई ने अपने जागीरदार जयसिंह राव आबासाहेब घाटगे के पुत्र यशवंतराव को मार्च 1884 में गोद ले लिया। छत्रपति साहू का विवाह बड़ौदा के मराठा सरदार खानवीकर की बेटी लक्ष्मीबाई से हुआ था। उनकी शिक्षा राजकोट के 'राजकुमार महाविद्यालय' और धारवाड़ में हुई थी। 1894 में वे कोल्हापुर रियासत के राजा बने। उन्होंने देखा कि जातिवाद के कारण समाज का एक वर्ग पिस रहा है। अतः उन्होंने दलितों के उद्धार की योजना बनाई। छत्रपति साहू महाराज ने दलित और पिछड़ी जाति के लोगों के लिए विद्यालय खोले और छात्रावास बनवाए। इससे शिक्षा का प्रचार हुआ और सामाजिक स्थिति बदलने लगी। उच्च वर्ग के लोगों ने इसका विरोध किया, पर छत्रपति साहू ने इस विरोध का डट कर सामना किया।

1902 के मध्य में साहू महाराज इंग्लैंड गए हुए थे। उन्होंने वहीं से एक आदेश जारी कर कोल्हापुर के अंतर्गत शासन-प्रशासन के 50 प्रतिशत पद पिछड़ी जातियों के लिए आरक्षित कर दिए। 1903 में साहू महाराज ने कोल्हापुर स्थित शंकराचार्य मठ की संपत्ति जब्त करने का आदेश दिया।

उन्होंने दलित वर्ग के बच्चों को मुफ्त शिक्षा प्रदान करने की प्रक्रिया शुरू की, हॉस्टल स्थापित किए और बाहरी छात्रों के लिए शरण प्रदान करने के आदेश दिए। भारतीय संविधान के निर्माण में महत्वपूर्ण भूमिका निभाने वाले भीमराव अंबेडकर

छत्रपति साहू

को उच्च शिक्षा के लिए विलायत भेजने में उन्होंने अहम भूमिका अदा की थी। उन्हें 'मूकनायक' समाचार पत्र के प्रकाशन में भी सहायता दी गई थी। छत्रपति साहू के शासन के दौरान बाल विवाह पर रोक लगा दी गई। उन्होंने अंतरजातीय विवाह और विधवा पुनर्विवाह के समर्थन में आवाज उठाई। साहूजी महाराज ज्योतिबा फुले से प्रभावित थे। वे लंबे समय तक फुले द्वारा गठित संस्था 'सत्य शोधक समाज' के संरक्षक भी थे। बाद में वे आर्य समाज की ओर चले गए। कुश्ती, छत्रपति साहू के पसंदीदा खेलों में एक थी। देश भर से पहलवानों को बुला कर कोल्हापुर में कुश्ती प्रतियोगिता का आयोजन किया जाता था। 6 मई 1922 को मुंबई में उनका निधन हो गया, पर सामाजिक न्याय के लिए उनके कार्य एक बड़े आंदोलन की जमीन तैयार करने वाले थे।

ममता पांडेय

छद्म नाम

अपनी पहचान को गुप्त रखने, किसी भय या कुछ लोगों से बदला लेने के लिए लेखक अपने नाम की जगह छद्म नाम से लिखते हैं। कुछ लेखक राजनीतिक और सामाजिक कारणों से छद्म नाम रखते हैं, ताकि लोगों को पता न चले कि किसने लिखा है। पत्रकारों द्वारा छद्म नाम से लेखन करना आम बात है।

अंग्रेजी में पेन नेम और सूडोनिम अलग-अलग मामले हैं। एक प्रसिद्ध लेखकीय नाम है 'मार्क ट्वेन' जिसका वास्तविक नाम सेम्युअल क्लीमेंस था। यदि किसी लेखक का नाम किसी दूसरे लेखक के नाम से मिलता-जुलता होता है तो वह अपनी अलग पहचान बनाए रखने के लिए किसी दूसरे नाम से लिखता है, और इसी दूसरे नाम से पहचाना जाता है जबकि छद्म नाम लेखक को छिपाकर रखता है।

हिंदी में पहली कहानी 'दुलाईवाली' राजेंद्रबाला घोष ने बंगमहिला के नाम से लिखी थी। अंग्रेजी साहित्य में कुछ महिलाओं ने पुरुषों के छद्म नाम से लिखा है, क्योंकि उन्नीसवीं सदी में लेखन कार्य पुरुषों का कार्य माना जाता था। मेरी एन एवांस 'जॉर्ज इलियट' नाम से लिखती थी।

इंग्लैंड के प्रधानमंत्री का पूरा कुल नाम स्पेंसर चर्चिल था, पर इसी नाम से एक अमेरिकी लेखक भी लिखा करता था। अतः उससे अपने को अलग रखने के लिए उन्होंने 'विंस्टन एस चर्चिल' नाम से लिखना शुरू किया, इसी प्रकार 2012 का नोबेल पुरस्कार चीनी लेखक 'मो यान' को मिला था। यह उनका छद्म नाम है। उनका वास्तविक नाम गुआन मोये है।

स्वतंत्रता के पूर्व काशी से 'रणभेरी' नामक समाचार-पत्र गुप्त रूप से प्रकाशित होता था। उसमें छपने वाले संपादक का नाम 'सीताराम' तथा प्रकाशक 'पुलिस सुपरिंटेंडेंट' का नाम छद्म था। ऐसा पुलिस को परेशान करने के लिए किया जाता था। गायिका लता मंगेशकर ने कुछ फिल्मों में छद्म नाम 'आनंदघन' से संगीत भी दिया था।

हजारी प्रसाद द्विवेदी ने व्योमकेश शास्त्री, अभिनव तुकाराम आदि नामों से लेखन किया। मुक्तिबोध यौगंधरायण, अवंतीलाल गुप्ता तथा विंध्येश्वरी प्रसाद के छद्म नामों से लिखते थे। अज्ञेय

मार्क ट्वेन (सेम्युअल क्लीमेंस)

ने 'प्रतीक' में अपने कुछ निबंध 'कुट्टिचातन' नाम से लिखे थे। इनका संग्रह जब 1970 में 'सबरंग और कुछ राग' नाम से प्रकाशित हुआ तो बहुत समय तक लोगों को पता ही नहीं चला कि इनके लेखक अज्ञेय हैं। यह नाम वास्तव में दक्षिण की एक लोक कथा के पात्र का नाम है जिसे 'भूत' कहा जा सकता है। 'मतवाला' में गरगज सिंह वर्मा, मतवाले, जनाबेआली, शौहर आदि नामों से लिखा गया। कई संपादक अपनी रचनाएं छद्म नाम से प्रकाशित किया करते थे।

महेंद्र राजा जैन

छायावाद

छायावाद उन साहित्यिक प्रवृत्तियों को कहते हैं जो पहले पहल 1915 से 1925 के बीच जयशंकर प्रसाद, सूर्यकांत त्रिपाठी निराला और सुमित्रानंदन पंत की कविताओं में दिखाई देती हैं। प्रसाद के 'झरना', निराला की 'जूही की कली' और पंत की 'पल्लव' की कविताओं में वे साहित्यिक प्रवृत्तियां दिखाई पड़ीं। छायावाद को स्वच्छंदतावाद भी कहा जाता है। यह सामान्य रूप से भावोच्छ्वास-प्रेरित स्वच्छंद कल्पना की वह प्रवृत्ति है जो देशकालगत वैशिष्ट्य के साथ संसार के सभी देशों और जातियों के साहित्य में व्यक्त होती रही हैं। हिंदी में छायावादी कविता प्रथमतया रीतिकालीन स्थूल एवं ऐंद्रिक शृंगारिकता और द्विवेदीयुगीन इतिवृत्तात्मक-उपदेशात्मक प्रवृत्ति के विरुद्ध एक प्रतिक्रिया के रूप में उभरी। साथ ही यह विश्व रंगमंच पर उदित हो रहे अनेक स्वातंत्र्यवादी विचारों का प्रभाव ग्रहण कर रही थी। तीसरी ओर, यह अंग्रेजी के रोमांटिक और बांग्ला के स्वच्छंदतावादी काव्य से भी भावात्मक आधार पा रही थी। चौथी ओर, भारतीय स्वाधीनता संग्राम में उभर रही नई चेतना तथा सामाजिक रूढ़ियों के बंधन तोड़ने के लिए चल रहे आंदोलनों से भी जीवन रस पा रही थी। पांचवीं ओर, भारत की महान सांस्कृतिक एवं दार्शनिक परंपराओं से बीज ग्रहण कर रही थी। इसी कारण छायावाद जहां एक ओर मानव मुक्ति का काव्य है, वहीं दूसरी ओर वह वैयक्तिक अनुभूतियों, मानवतावादी विचारधारा, प्रकृति, सौंदर्य, प्रेम और राष्ट्रीय भावना को भी समेट कर चलता है।

हिंदी में सबसे पहले 'श्रीशारदा' पत्रिका में प्रकाशित मुकुटधर पांडेय की एक आलेख शृंखला में छायावाद शब्द प्रयुक्त हुआ। कई व्यंग्यात्मक, उपहासात्मक तथा विरोधी टिप्पणियों के बावजूद यह नाम चल पड़ा। 'छायावाद' शब्द के प्रयोगकर्ताओं ने छाया शब्द की अनेक व्याख्याएं कीं। इस नई प्रवृत्ति के विरोधियों ने इसका अर्थ एक ओर 'परछाईं' अर्थात प्रभाव या अनुकरण से लिया तो दूसरी ओर अस्पष्टता एवं रहस्यात्मकता से। कुछ आलोचकों और कवियों ने इसे सूक्ष्म भावाभिव्यक्ति के अर्थ में प्रयुक्त किया। रामचंद्र शुक्ल ने छायावाद को आध्यात्मिकता प्रधान प्रतीकवादी काव्य के रूप में परिभाषित किया। जयशंकर प्रसाद ने छाया का अर्थ 'मोती के भीतर छाया' जैसी तरलता, चमक, कांति से लिया। उनके अनुसार, छाया भारतीय दृष्टि से अनुभूति एवं अभिव्यक्ति की भंगिमा पर अधिक निर्भर करती है।

छायावाद एक क्रांतिकारी जीवन दृष्टि लेकर

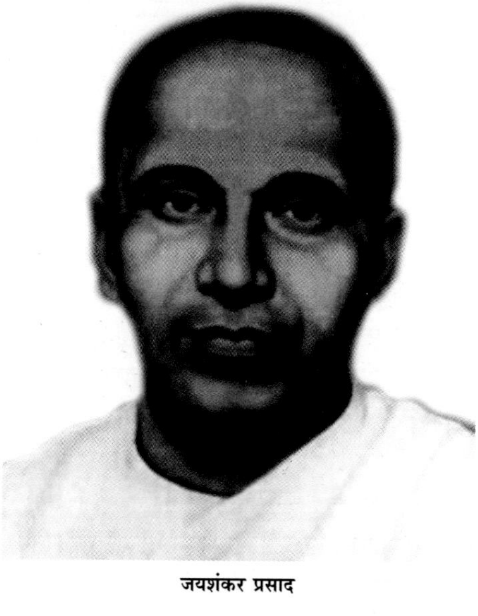

जयशंकर प्रसाद

प्रस्तुत हुआ। यह हिंदी नवजागरण का उत्कर्ष था। उसमें परंपरा का गहरा प्रभाव था तो नई उभरती चेतना की दस्तक भी। रामस्वरूप चतुर्वेदी के अनुसार, 'छायावादी काव्य में राष्ट्र जागरण से अधिक समस्त चेतना का जागरण और आह्वान है। उसमें अंतर्निहित शक्ति के विकास का रचनात्मक उपक्रम है। यहां राष्ट्रीय से अधिक संपूर्ण सांस्कृतिक जागरण प्रधान है। राष्ट्रीय जागरण वस्तुतः सांस्कृतिक जागरण के अंग के रूप में आता है जो पुनर्जागरण की मूलधारा के अनुकूल है। छायावाद की राष्ट्रीयता का आधार राजनीति की अपेक्षा संस्कृति है।' (हिंदी साहित्य और संवेदना का विकास)। इस तरह छायावाद नवजागरण को सामाजिक एवं राजनीतिक क्षेत्रों से विस्तृत कर सांस्कृतिक चेतना के स्तर तक ले जाता है। यह नितांत भारतीय स्थितियों में रूपाकार ग्रहण करता है।

सूर्यकांत त्रिपाठी निराला

छायावाद का केंद्रीय स्वर वैयक्तिकता या व्यक्ति स्वातंत्र्य की भावना है। छायावादी कवियों ने अपने को साामाजिक रूढ़ियों और बंधनों से मुक्त कर लिया। उन्होंने अपनी निजी अनुभूतियां साहस के साथ अभिव्यक्त कीं। निराला ने लिखा, 'मैंने मैं शैली अपनाई।' पंत ने लिखा, 'बालिका मेरी मनोरम मित्र थी।' सामाजिक बंधनों के कारण जिन अनुभूतियों को व्यक्त करने में कवि भय का अनुभव करते थे उन्हें छायावादी कवियों ने साहसपूर्वक व्यक्त किया। सामंती सामाजिक संरचना में प्रणय संबंधों को लेकर वैयक्तिक इच्छाएं क्रांतिकारी महत्व रखती हैं।

छायावादी कवियों का प्रकृति प्रेम सूक्ष्मता, नवीनता एवं ताजगी भरा है। प्रकृति उनके लिए एक जड़ वस्तु न होकर चेतनामय है। समाज के समानांतर वह एक संपूर्ण दुनिया है। नामवर सिंह इसे आधुनिक चेतना का स्वाभाविक परिणाम मानते हैं, 'धर्म ने प्रकृति के प्रति अंध श्रद्धा का भाव जगाकर जहां प्रकृति को जानने से रोका, वहां विज्ञान ने विवेक के द्वारा उसका रहस्योद्घाटन किया। जिस युग में मनुष्य ने प्रकृति पर सबसे अधिक विजय प्राप्त की, उसी समय उसने प्रकृति पर सबसे अच्छी कविताएं लिखीं। वाल्मीकि, कालिदास का प्रकृति काव्य प्रकृति पर आरंभिक विजय का परिणाम है, तो छायावादी कवियों का प्रकृति चित्रण आधुनिक विजय का।' (छायावाद)। छायावादी कवियों ने प्रकृति से विज्ञान के द्वंद्व के युग में प्रकृति से प्रेम का संदेश दिया। छायावादी कवियों ने प्रकृति का मानवीकरण कर उससे अपने तादात्म्य को एक नया आयाम दिया। निराला की 'संध्या सुंदरी' कविता में स्त्री के अतिरूप की आकांक्षा है। वह संध्या को 'परी' की तरह देखते हैं, 'दिवसावसान का समय था/मेघमय आसमान से/उतर रही/संध्या सुंदरी परी-सी/धीरे-धीरे।' प्रसाद अपने सुप्रसिद्ध गीत 'बीती विभावरी' में उषा को नागरी की तरह देखते हैं। प्रकृति और स्त्री की यह परस्परता एक उदात्त भावना से पैदा होती है।

छायावादी कवियों ने स्त्री सौंदर्य के क्षेत्र में स्थूल दैहिकता के स्थान पर ऐंद्रिक वर्णन और भावनात्मक सौंदर्य की प्रतिष्ठा की है। स्त्री देह मात्र न होकर भावनाओं की राशि बनकर छायावादी कवियों में दिखाई देती है। छायावाद ने नारी को मानवीय सहृदयता और उदात्तता के साथ अंकित किया है। 'कामायनी' में 'श्रद्धा' का चित्र है, 'नील परिधान बीच सुकुमार/खुल रहा मृदुल अधखुला अंग/खिला हो

महादेवी वर्मा

ज्यों बिजली का फूल/मेघ बन बीच गुलाबी रंग।' इसके अलावा छायावाद में नारी के आत्मसम्मान के भी चित्र हैं, श्रद्धा अपने आत्मसम्मान की रक्षा करते हुए उच्छृंखल मनु का विरोध करती है।

रीतियुगीन कवियों ने नारी की भौंहों को कमान समझा था, छायावादी कवियों के लिए उन्हीं 'करुण भौंहों में था आकाश।' इन कवियों ने नारी को श्रद्धा, सहचरी, प्रेयसी और मां के रूप में सम्मान सहित वर्णित किया। पंत ने कहा, 'देवि ! मां सहचरि प्राण।' छायावाद में प्रेम की अकुंठ अभिव्यक्ति ने उसके स्त्री चित्रण को गहराई प्रदान की। स्त्री के प्रति पुरुष की अकुंठ प्रेम भावना को अभिव्यक्ति मिली। यह द्विवेदीयुगीन वैष्णवी भावुकता से एक कदम आगे की वैचारिकता है। मैथिलीशरण गुप्त की 'अबला जीवन हाय तुम्हारी यही कहानी, आंचल में है दूध और आंखों में पानी' की तुलना में प्रसाद की काव्य पंक्ति 'नारी तुम केवल श्रद्धा हो विश्वास रजत नग पग तल में' को देखने पर स्त्री के संबंध में बदलती राष्ट्रीय दृष्टि को स्पष्टता से समझा जा सकता है। 'अबलापन' और 'देवीपन' वस्तुतः स्त्री की वास्तविक समझ पर आधारित विचार नहीं हैं। छायावादी 'श्रद्धा-छवि' वस्तुतः 'स्त्री के अतिरूप' गढ़ने की प्रक्रिया का हिस्सा है। छायावादी कवि निराला ने 'तोड़ती पत्थर' में वास्तविक सामाजिक स्थिति में स्त्री को देखा। इस कविता में भी स्त्री के अबलापन का मिथक टूटता है।

छायावादी साहित्य की केंद्रीय विषयवस्तु वेदना है जो सामाजिक यथार्थ और वैयक्तिक आकांक्षा की टकराहट की देन है। छायावादी रचनाओं में एकाकी मन की चिंता, निराशा और दुख के कई उदाहरण हैं। प्रसाद यह भी कहते हैं, 'ले चल मुझे भुलावा देकर/मेरे नाविक धीरे-धीरे।' वेदना की इस मनस्थिति से छायावादी कवियों की अतिशय भौतिकवाद, शहरी कोलाहल और विषमता के प्रति आलोचनात्मकता व्यक्त होती है, साथ ही 'श्रम विश्राम क्षितिज बेला' के रूप में सामंजस्यवादी विश्व की कल्पना भी झलकती है।

छायावाद पर विश्वमानवतावाद के समानांतर राष्ट्रीय स्वाधीनता आंदोलन का गहरा प्रभाव था। छायावाद के केंद्र में स्वाधीनता की चेतना थी। इसलिए एक स्पष्ट स्वर गौरव गान का है। 'अरुण यह मधुमय देश हमारा/जहां पहुंच अनजान क्षितिज को मिलता एक सहारा।' (प्रसाद)। दूसरा स्वर अतीत के महिमामंडन का है जो पुनरुत्थानवाद की प्रवृत्ति है, पर छायावाद में यह औपनिवेशिक पराधीनता और दीनता से निकलने के लिए आत्मपहचान के संघर्ष का एक रूप है। निराला कहते हैं, 'पश्चिम की उक्ति नहीं/गीता है गीता है/स्मरण करो बार-बार/जागो फिर एक बार।' यह पुनरुत्थान-भावना अमानवीय शत्रुता को प्रोत्साहित नहीं करती, इसलिए यह राष्ट्रीय भावना का एक गौरवपूर्ण हिस्सा है। राष्ट्रीय भावना का तीसरा स्वर जागरण गीतों का है। यह अकारण नहीं है कि उषाकाल और जागरण पर छायावादी कवियों ने अनेक कविताएं लिखी हैं। 'बीती विभावरी जाग री', 'जाग तुझको दूर जाना' और 'जागो फिर एक बार'—इन कविताओं में जागने का एक खास अर्थ है। यह वस्तुतः स्वातंत्र्य भावना से संबंधित है। आह्वान गीतों में युवकों को ऊर्जस्वित करने का भाव

सुमित्रानंदन पंत

है, 'हिमाद्रि तुंगशृंग से/प्रबुद्ध शुद्ध भारती/ स्वयं प्रभा समुज्ज्वला/स्वतंत्रता पुकारती...अमर्त्य वीर पुत्र हो, दृढ़ प्रतिज्ञ सोच लो/प्रशस्त पुण्य पंथ है—बढ़े चलो, बढ़े चलो।' यह नवजागरणकालीन 'भारत-भारती' की परंपरा का विकास है। राष्ट्रीय भावना का चौथा स्वर निराशा, संघर्षशीलता, त्याग और विजय की आकांक्षा के भावों के निरूपण में व्यक्त होता है। 'तुलसीदास' और 'राम की शक्ति पूजा' (निराला) और 'कामायनी' (प्रसाद) में ये भाव विन्यस्त हैं। 'राम की शक्तिपूजा' का प्रारंभ निराशा से होता है और अंत विजय की आशा से होता है। यह वस्तुत: राष्ट्रीय आंदोलन के 1925-36 के मध्य निर्मित परिदृश्य का एक भावनापरक रूपक है।

छायावादी कवियों की कल्पना उनके मन की दूर तक देखनेवाली आंख थी। वह उनके स्वतंत्रता, विद्रोह, प्रेम, सौंदर्य और आनंद की आकांक्षा की राह थी। कल्पना से छायावादी काव्य में प्रचुर मात्रा में अप्रस्तुत विधान की सृष्टि हुई। सुमित्रानंदन पंत के 'बादल' अधिकांशतः कल्पनापुंज हैं, 'हम सागर के धवल हास हैं/जल के घूम गगन की धूल/अनिल फेन उषा के पल्लव/वारि वसन वसुधा के मूल/नभ के अवनि अवनि में अंबर/सलिल भस्म मारुत के फूल/हम ही जल में थल, जल में थल/दिन के तम, पावक के तूल।' छायावादी कवि कल्पना में जीते हैं। 'कामायनी' के मनु कल्पना में आह भरते हुए कहते हैं, 'आह कल्पना का सुंदर वह/जगत मधुर कितना होता/सुख सपनों का दल छाया में/पुलकित हो जगता-सोता।' छायावाद में अनुभूति के साथ कल्पना एक मुख्य प्रवृत्ति है, जो कवियों को बंधनों और सीमाओं से मुक्त करती है।

छायावाद में वैयक्तिकता, भावनात्मकता और कल्पनाशीलता ने 'अनुभूति' को केंद्रीय बना दिया। छायावाद को अनुभूति और कल्पना का संदेश माना जाता है। इस अनुभूति में ऐंद्रियता का महत्वपूर्ण स्थान था। छायावाद के अनुभूतिप्रवण कवियों ने वर्ण, ध्वनि, स्पर्श और रस आदि के गहन ऐंद्रिक चित्र खींचे हैं। द्विवेदी युग में जहां 'इतिवृत्तात्मकता' की प्रधानता थी, छायावाद में वैयक्तिक अनुभूति की भावुक अभिव्यंजना हुई।

छायावादियों ने छंद-परिपाटी के विरुद्ध मौलिक छंदों की रचना की, मुक्त छंद का भी प्रचलन हुआ। जातीय-सांस्कृतिक आत्मा काव्य छंद के स्तर पर भी स्वच्छंदता चाहती थी। निराला मुक्त छंद के प्रवर्तक थे। उनकी 'जुही की कली' इसका उदाहरण है। आचार्य शुक्ल ने स्वीकार किया है कि 'छायावादी कवियों में लाक्षणिक साहस सबसे अधिक है। छायावाद ने अनूठी उपमाओं, प्रतीकों, रूपकों, अनुप्रासों आदि का प्रयोग कर अपनी अभिव्यक्ति को भावपूर्ण के साथ कलात्मक भी बनाया।' छायावाद अपने प्रतीक विधान के लिए विशेष रूप से जाना जाता है।

छायावाद के संबंध में रामविलास शर्मा ने कहा है, 'यह सामंत-विरोधी नए मूल्यों की प्रतिष्ठा का साहित्य है।' (निराला की साहित्यसाधना)

आशीष त्रिपाठी

अधिक जानकारी के लिए :

1. **हिंदी साहित्य का इतिहास** : रामचंद्र शुक्ल, 2. **हिंदी साहित्य : उद्भव और विकास** : हजारी प्रसाद द्विवेदी, 3. **छायावाद** : नामवर सिंह, 4. **जयशंकर प्रसाद** : नंददुलारे वाजपेयी, 5. **छायावाद की प्रासंगिकता** : रमेशचंद्र शाह

॥ ज ॥

जका उल्लाह

(1832-1910)

उन्नीसवीं शताब्दी के उत्तरार्द्ध में जिन लोगों ने उर्दू साहित्य के विकास में महत्वपूर्ण योगदान दिया, उनमें मौलवी जका उल्लाह की ऊंची जगह थी। उनका जन्म 1832 में हुआ था। छह साल की उम्र में ही उन्होंने सादी की 'गुलिस्तान' को पढ़ना शुरू कर दिया था। गणित में उनकी गहरी अभिरुचि थी। वे सुप्रसिद्ध गणितज्ञ रामचंद्र के सबसे प्रिय विद्यार्थी थे। 17 वर्ष की आयु में उन्हें अपने ही संस्थान में शिक्षक की नौकरी मिल गई। जका उल्लाह का वृहद लेखन कार्य अनुवाद और कुछ अंग्रेजी किताबों का रूपांतर था। उन्होंने शुरू में भूगोल, इतिहास, अर्थशास्त्र एवं शारीरिक विज्ञान की पाठ्य-पुस्तकें तैयार कीं। उनकी सबसे महत्वपूर्ण किताब है 'तहरीक-ए-हिंदुस्तान'। इसके 14 खंडों में उन्होंने भारत का इतिहास लिखा है। उन्होंने सिर्फ गद्य ही लिखा और वह भी बिल्कुल सरल और सहज भाषा में।

जका उल्लाह ने शिक्षा विभाग में 55 वर्ष की आयु तक योगदान दिया। अपनी सेवानिवृति के कुछ समय पूर्व ही उनको 'खान बहादुर' और 'शम्स-उल-उलामा' की उपाधियां प्रदान की गईं। 1887 में सेवानिवृत्ति के बाद उन्होंने कुछ समय सर सैयद अहमद खां के सान्निध्य में अलीगढ़ में बिताया। बाद में वापस दिल्ली आ गए और लेखन की अपनी सबसे महत्वपूर्ण पारी की शुरुआत की। मौलवी जका उल्लाह जीवन में सादगी और मितव्ययिता के पक्षधर थे। वे ज्ञान के सभी स्रोतों का स्वागत एवं सम्मान करते थे। 7 नवंबर 1910 को दिल्ली में 78 वर्ष की आयु में उनका निधन हो गया।

भारत यायावर

जगदीश चंद्र बसु

(1858-1937)

जगदीश चंद्र बसु वनस्पति विज्ञान के क्षेत्र में अपने महत्वपूर्ण कार्य की वजह से जाने गए। वे 1885 से 1915 तक प्रेसिडेंसी कॉलेज, कोलकाता में 30 साल तक भौतिकी के प्रोफेसर थे, पर अंग्रेज प्रोफेसरों की तुलना में कम वेतन मिलने के कारण

जगदीश चंद्र बसु

स्वाभिमानवश कभी वेतन नहीं लिया। 1917 में उन्होंने कोलकाता में 'बोस रिसर्च इंस्टीट्यूट' की स्थापना की और जीवन पर्यंत इसके अध्यक्ष थे। उन्होंने भौतिक विज्ञान में विद्युत तरंगों के संबंध में कई आविष्कार किए। उनके आविष्कारों का सबसे महत्वपूर्ण क्षेत्र जंतुओं और वनस्पतियों की क्रिया-प्रतिक्रिया था। पौधों की प्रतिक्रियाओं के अध्ययन के लिए उन्होंने केस्कोग्राफ यंत्र का आविष्कार किया। रेडियो तरंगों पर भी उन्होंने महत्वपूर्ण कार्य किया। बसु के यंत्रों की सहायता से पौधों पर निद्रा, वायु, भोजन, दवाओं

आदि के पड़ने वाले प्रभावों का अध्ययन किया जा सकता था। जगदीशचंद्र बसु का वैज्ञानिक जगत में बड़ा सम्मान था। उन्होंने विज्ञान के कई ग्रंथों की रचना की थी। रवींद्रनाथ ठाकुर जगदीश चंद्र बसु के अन्यतम मित्रों में से थे।

जगदीश चंद्र बसु ने विज्ञान कथाएं भी लिखी हैं। उन्हें बांग्ला साहित्य में विज्ञान कथा का जनक कहा जाता है।

सरोज सिंह

अधिक जानकारी के लिए :
आचार्य जगदीश चंद्र बोस : सुबोध मोहंती, 2007

जगदीश स्वामीनाथन

(1928-1994)

जगदीश स्वामीनाथन भारतीय चित्रकला के प्रमुख स्तंभों में एक थे। 1948 में उन्होंने कलाकार सैलोज मुखर्जी और भवेश चंद्र सान्याल से चित्रकारी की शिक्षा ली। उनके आरंभिक काम में सम्मोहकता अधिक थी। बाद में उन्होंने अपनी कलाकारी को बौद्धिक भावनात्मकता से जोड़ा। वह चित्रों में प्रतीकों और रूपकों का सृजन करते हैं, जिनसे उनकी अंतर्दृष्टियों का परिचय मिलता है। उनका आदिवासी संस्कृति से गहरा लगाव था। स्वामीनाथन की चित्रकला में विभिन्न प्रकार के सतह निर्माणों में एक विशेष स्पंदनशीलता दिखाई पड़ती है, जो उन्हें लोककला के नजदीक ले जाती है। उनके कई चित्रों में सतह पर बैठी नन्ही चिड़िया अनोखा संकेत देती है। भोपाल के 'भारत भवन' की परिकल्पना में उनकी विशेष भूमिका थी।

जगदीश स्वामीनाथन

धर्मेंद्र राय

जगन्नाथ

(सतरहवीं सदी)

भारतीय काव्यशास्त्र के एक प्रमुख आचार्य पंडितराज जगन्नाथ आंध्र प्रदेश के वेगिनाड़ के तैलंग ब्राह्मण थे। उनके पिता का नाम पेरूभट्ट था। इन्होंने अपने ग्रंथ 'रसगंगाधर' के आरंभ में गुरु के रूप में पिता को ही याद किया है। उनके एक गुरु वीरेश्वर थे जिन्हें संस्कृत व्याकरणशास्त्र के इतिहास में सम्मान से याद किया जाता है।

पंडितराज का समय 1620 से 1665 के बीच माना जाता है। वे जहांगीर और शाहजहां दोनों बादशाहों के आश्रय में थे। दरबार में उन्हें प्रतिष्ठित कराने में शाहजहां के ससुर आसफ खान का विशेष हाथ था। उसकी स्मृति में पंडितराज ने 'आसफ खान विलास' नाम से आख्यायिका लिखी। कहा जाता है कि शाहजहां के यहां रहकर ये दाराशिकोह को संस्कृत पढ़ाते थे। दारा का संस्कृत तथा भारतीय साहित्य के प्रति अनुराग देखकर इन्होंने दाराशिकोह पर 'जगदाभरण' नामक एक पूरा काव्य ही लिख डाला।

पंडितराज जगन्नाथ ने अनेक ग्रंथों की रचना की जिनमें 'भामिनी विलास' (फुटकल श्लोकों का संग्रह व अंतिम रचना) 'गंगालहरी' और 'आसफविलास' 'जगदाभरण' प्रसिद्ध है किंतु उनके यश का मुख्य आधार 'रसगंगाधर' और 'गंगालहरी' है। काव्यशास्त्र के ग्रंथ 'रसगंगाधर' में उनके पांडित्य और विदग्धता

का अद्‌भुत मेल है। 'रमणीयार्थ प्रतिपादकः शब्दः काव्यम' इनका प्रसिद्ध काव्य लक्षण है।

इनके बारे में कहा जाता है कि ये कवि होने के साथ ही बहुत रसिक थे। दिल्ली आकर ये लवंगी नामक यवन कन्या के प्रेम में पड़ गए। कहते हैं, अपना यौवन काल इन्होंने इसी लवंगी के साथ बिताया। जगन्नाथ अप्पय दीक्षित के समकालीन थे जिससे दोनों दाक्षिणात्य ब्राह्मणों में खूब ठनी भी थी और लवंगी नामक मुस्लिम कन्या के कथित प्रणय प्रसंग के कारण अप्पय दीक्षित ने इन्हें जाति बहिष्कृत करा दिया था। इसी कारण अप्पय दीक्षित के 'चित्रमीमांसा' की बहुत निर्मम टीका 'चित्रमीमांसा खंडन' नाम से लिखी है।

ढलती उम्र में यौवन का नशा उतरने पर पंडितराज जगन्नाथ मथुरा जाकर कृष्ण की आराधना में लग गये। अंत समय में काशी आकर पंचगंगा घाट पर बैठकर गंगा की स्तुति में उन्होंने 'गंगा लहरी' की रचना की जिसके साथ ही इनकी जीवन लीला समाप्त हो गयी। कहा गया है कि गंगा लहरी का एक-एक श्लोक ये भक्ति भाव से गाते जाते थे और गंगा की धारा इनके पास बढ़ती जाती थी। इनके अंतिम श्लोक के साथ गंगा ने इन्हें अपनी गोद में ले लिया, और इनकी जीवन लीला समाप्त हो गई।

श्रीप्रकाश शुक्ल

जगन्नाथ रथयात्रा

उड़ीसा में पुरी के जगन्नाथ मंदिर में जगन्नाथ, बलभद्र और सुभद्रा की त्रिमूर्ति है। इसका रथोत्सव प्रसिद्ध है और सदियों से मनाया जाता है। लाखों लोग रथ खींचते हैं। हंटर, कनिंघम और मौनियर विलियम्स आदि की खोज थी कि बौद्ध धर्म से जगन्नाथ की उत्पत्ति हुई है। जगन्नाथ, बलभद्र और सुभद्रा अर्थात कृष्ण और बलराम दो भाइयों के साथ बहन सुभद्रा की यह अनोखी त्रिमूर्ति है। सुभद्रा के बेटे अभिमन्यु की मृत्यु के बाद दोनों भाई अपनी बहन के दुख के साथ साझा करते हैं, यह उसी का बिंब है। तीनों आम देव स्वरूप से भिन्न आकृतिहीन हैं, काठ के लंबे टुकड़े से बने। कहा जाता है कि ये जनजातीय उत्स के देवता हैं जो धीरे-धीरे हिंदू देवकुल में ढल गए।

यह विलक्षण है कि पुरी के मंदिर में जगन्नाथ की पूजा के लिए जो पुरोहित होता है, वह आज भी अ-ब्राह्मण है। वे इन मूर्तियों के प्रतिष्ठाता सबर के वंशधर माने जाते हैं। हर दस साल पर नवकलेवर के समय काठ की यह त्रिमूर्ति बदल दी जाती है। इसका तात्पर्य यह है कि पुराना शरीर त्याग कर नया शरीर धारण करना होता है। हर साल आषाढ़ शुक्ल पक्ष द्वितीया को अर्थात जून-जुलाई के महीने में मंदिर से मूर्तियों को रथ पर निकाल कर मौसी के घर दो किलोमीटर दूर गुंडिय मंदिर में ले जाया जाता है, फिर सप्ताह भर बाद इन्हें वापस लाया जाता है।

जगन्नाथ मंदिर की मूर्तियों का अ-ब्राह्मण पुरोहित द्वारा पूजा जाना और रथयात्रा में जाति-पांति से ऊपर उठकर व्यापक जन-समावेश तेरहवीं सदी से जारी है। शंकराचार्य ने इसके पांच सौ साल पहले पुरी को भी एक तीर्थ के रूप में प्रतिष्ठित कर दिया था, हालांकि जगन्नाथ मंदिर एक भिन्न धारणा है। विद्यापति के संबंध में कहा जाता है कि वह अपनी आंखों से नीलमाधव को देखने के लिए सबर जनजाति के नेता के पास आए थे। उड़ीसा के जगन्नाथ मंदिर के प्रति उड़ीसा के लोगों की गहरी आस्था को देख कर ही इस पर किसी मुसलमान शासक ने आघात नहीं किया। यह सुरक्षित बचा रहा।

जगन्नाथ रथयात्रा का दृश्य

चैतन्य महाप्रभु ने पुरी के जगन्नाथ मंदिर से प्रेरणा ली थी। फ्रांसीसी बर्नियार 1656 में भारत आया था। उसने पुरी की रथयात्रा का बड़ा लोमहर्षक चित्र खींचा है। उस काल के पुरोहित चीख-चीख कर श्रद्धालुओं को उकसाते थे कि वे भगवान जगन्नाथ तक पहुंचने के लिए रथ के पहिए के नीचे अपनी जान अर्पित कर दें। रथयात्रा से अंधविश्वास भी जुड़े, पर यह एक सामूहिक उत्सव बनी रही। माना जाता है कि बंगाल के दक्षिणी हिस्से हुगली में महेश की रथयात्रा पांच सौ साल से चली आ रही है। बंगालियों का पुरी से गहरा नाता रहा है, क्योंकि वहां समुद्र भी है। इस्कॉन के लिए रथयात्रा उनका सबसे बड़ा उत्सव है, जो लोकप्रिय होता गया है।

निशांत

अधिक जानकारी के लिए
1. **Orissa, People, Culture and Polity :** B B Jena : 1980, 2. **Lord Jagannatha : The Microcosm of Indian Spiritual Culture :** Surendra Mahanty : 1982

जटायु

जटायु एक प्रसिद्ध गिद्ध है, जिसका वर्णन रामायण में है। इसका जन्म सूर्य के सारथी अरुण की स्त्री नाम्नी के गर्भ से हुआ था। इसके भाई का नाम संपाति था। दोनों भाइयों ने तरुणाई में सूर्य के पास उड़कर पहुंचने की ठान ली। जटायु तो तेज न सह सकने के कारण नीचे लौट आए, लेकिन संपाति सूर्य के निकट पहुंच गए, उनके पंख जल गए और वे चीत्कार करते हुए धरती पर आ गिरे। जटायु के पुत्र गृध्र और अश्वकर्णी गिद्धों के राजा थे। जटायु राजा दशरथ का मित्र था और सीता हरण के समय रावण से लड़ा था। जटायु ने रावण को ललकारा, राम की शक्ति की महत्ता और उनसे शत्रुता के कुपरिणाम से उसे आगाह किया। फिर भी जब रावण ने उसे बूढ़ा समझकर उसकी एक न मानी, तो उसने क्रोध से आग-बबूला होकर रावण पर आक्रमण कर दिया। 'चोचन्ह मारि बिदारेसि देही। दंड एक भइ मुरुछा तेही।' इस युद्ध में रावण थोड़ी देर के लिए मूर्च्छित होता है, पर होश आने पर क्रोध में अपनी भयानक कटार से जटायु के पंख काट देता है। जटायु धरती पर गिर जाता है और राम का स्मरण करने लगता है। उसने जब राम को सीता हरण की सूचना दी, वह घायल, क्षत-विक्षत अवस्था में जमीन पर तड़प रहा था। घटना विवरण सुनाकर उसका प्राणांत हो गया। राम ने स्वयं उसकी श्रद्धापूर्वक अंत्येष्टि की।

तुलसी ने जटायु के चरित्र का उदात्त एवं प्रभावशाली चित्र खींचा है। तुलसी कहते हैं, 'गीधराज

जटायु का पंख काटता रावण

सुनि आरत बानी। रघुकुल तिलक नारि पहिचानी।। अधम निसाचर लीन्हे जाई। जिमि मलेछ बस कपिला गाई।।' वृद्ध जटायु की संवेदनशीलता और अन्याय के विरुद्ध उपजी प्रतिरोध भावना के उदाहरण भारतीय साहित्य में विरल हैं। जटायु की नैतिक शक्तिमत्ता और भक्ति की उदात्तता चित्रित कर तुलसीदास उसे एक महत्वपूर्ण चरित्र प्रदान करते हैं। रामचरितमानस

के अन्य गौण पात्रों की तरह जटायु भी मृत्यु के समय राम से ऐहिक या दैहिक या स्वर्गिक सुख मांगने के बजाय कहता है, 'अविरल भगती मागि बर गीध गयउ हरिधाम।' भक्ति काव्य में ध्रुव, प्रह्लाद, गजराज, गणिका, अजामिल की भांति जटायु का नाम भी आदर से उल्लिखित हुआ है।

मंजुरानी सिंह

अधिक जानकारी के लिए :
Pauranic Encyclopedia : Vettam Mani, 1975

जड़ीभूत सौंदर्याभिरुचि

जड़ीभूत सौंदर्याभिरुचि का अर्थ है, सौंदर्य के ऐसे रूप में अभिरुचि जो जड़बद्ध हो गया हो, जिसमें समय और समाज के अनुसार परिवर्तन न हुआ हो। यहां सौंदर्य का अर्थ, साहित्य और कला में निहित सौंदर्य से है। गजानन माधव मुक्तिबोध द्वारा पहली बार प्रयुक्त यह शब्दावली एक विशेष विचार संदर्भ से जुड़ी है। इसका प्रयोग उन्होंने 'नई कविता का आत्मसंघर्ष' नामक एक निबंध में किया था। यह निबंध 1960 में 'कृति' नामक पत्रिका में प्रकाशित हुआ था। बाद में इसी शीर्षक से उनकी एक समीक्षा पुस्तक भी प्रकाशित हुई। इसमें मुक्तिबोध ने कविता के विशिष्ट संदर्भ में कविता की रचना प्रक्रिया और उसके सौंदर्य से संबंधित प्रश्नों पर विस्तार से विचार किया है।

मुक्तिबोध ने इस निबंध में कविता की रचना प्रक्रिया पर प्रकाश डालते हुए तीन महत्वपूर्ण क्षणों को रचनाकार के सृजन संघर्ष के लिए अनिवार्य माना है। रचना प्रक्रिया के इन तीन क्षणों का सुदीर्घ विश्लेषण मुक्तिबोध ने एकाधिक निबंधों में किया है। 'एक साहित्यिक की डायरी' में भी कला के तीन क्षणों की चर्चा की गई है। कला और कविता के सौंदर्य पर लिखते हुए मुक्तिबोध ने कई लेखों में सौंदर्य की अभिरुचि की वर्गीय सीमाओं पर आलोचनात्मक टिप्पणी की है। जड़ीभूत सौंदर्याभिरुचि जैसे विशिष्ट शब्दों का प्रयोग इस निबंध में किया गया है और वह भी रचनाकार के लिए एक खतरे या अवरोध के रूप में। वे सौंदर्याभिरुचि और नई कविता की रूढ़ि बन जाने के संदर्भ में उसका प्रयोग करते हैं। वे उसका अंग्रेजी रूप देते हुए लिखते हैं :, 'वे एक विशेष प्रकार की सौंदर्याभिरुचि की तानाशाही के शिकार हैं। इस विशेष सौंदर्याभिरुचि ने विशेष प्रकार के भावों और शैलियों को ही उभारकर, नई कविता को अदृश्य रूप से ढाल दिया है। नई कविता की भी अपनी लीक बन गई है। उसमें भी एक फॉसिलाइजेशन-जड़ीभवन परिलक्षित होता है, जो रेजिमेंटेशन का ही दूसरा रूप है।' (वही)

रचना प्रक्रिया में आने वाली बाधाओं पर विचार करते हुए मुक्तिबोध अपनी उपर्युक्त बात अधिक स्पष्ट रूप से व्याख्यायित करते हुए लिखते हैं, 'सामान्यतः यह देखा गया है कि कवि व्यक्तित्व अपनी कुछ विशिष्ट और प्रबल आवश्यकताओं के अनुसार, कुछ विशेष भाव-श्रेणियों को ही प्रकट करता है, मानो वे उसके जीवन के स्थायी भाव हों, उन्हें प्रभावोत्पादक रूप में प्रकट करने के लिए उसके अथक निरंतर परिश्रम के तथा अभ्यास के फलस्वरूप धीरे-धीरे एक अर्से बाद, उसकी वे भाव-श्रेणियां और उनकी अभिव्यक्ति, एक असंगठित इकाई बनकर, साहित्यिक 'कंडीशंड रिफ्लेक्स' का रूप धारण कर लेती है। ये साहित्यिक 'कंडीशंड रिफ्लेक्सेज' यंत्रवत कविताएं तैयार करवाते हैं। मनोवेग यांत्रिक हो जाते हैं, अभिव्यंजक रूप जड़ीभूत हो जाते हैं। कवि अपने बनाए कठघरे में फंस जाता है। एक समय आता है जब कवि कतई मर जाता है, किंतु उसका शरीर शतायु रहता है।'

नई कविता के दिनों के सौंदर्य संबंधी प्रश्नों के संदर्भ में प्रसूत-अनुस्यूत, इन शब्दों को किन्हीं स्थिर पारिभाषिक शब्दों की तरह पढ़ने में कई दिक्कतें आती हैं। इन्हें यथार्थवाद, आदर्शवाद, स्वच्छंदतावाद जैसे पारिभाषिक शब्दों के रूप में ग्रहण करने के बजाय, इसका संदर्भ-केंद्रित अर्थ समझना बेहतर है। नई कविता कविता का सौंदर्य खोजने वाली

पुरानी परंपरा के प्रति विद्रोह की भी थी। सौंदर्य की रसवादी धारणा से भिन्न रास्ते पर चलकर, नई कविता के कवियों ने सामाजिक यथार्थ के नए भावों और रूपों के माध्यम से, कविता के सौंदर्य के नए प्रतिमान गढ़ने की कोशिश की थी। नई कविता, मुक्तिबोध की दृष्टि में, जब आत्मबद्धता की सीमा में सिमटने लगी, साहित्यिक बहसों में हस्तक्षेप करते हुए मुक्तिबोध ने, हिंदी समीक्षा जगत को साहित्यिक आलोचना का यह नया पद दिया था। वास्तव में इसका संबंध उन अंतर्निषेधों (सेंसर) से हैं, जिनके चलते, प्रगतिशील निम्न मध्य वर्ग के कवि अनुभूत यथार्थ की अभिव्यक्ति नहीं कर पा रहे थे। उच्च वर्ग की सौंदर्याभिरुचि ने सौंदर्य के लिए जो निषेध लोकव्यापी बना रखे थे, निम्न मध्य वर्ग के संघर्षोन्मुख हिस्से भी उन विशिष्टवर्गीय अंतर्निषेधों की जकड़न में थे। उनकी सौंदर्याभिरुचि ऐसी हो गई थी कि उन्हें अपने स्वयं के अनुभव के कड़वे सचों को, अंधेरी अनुभूतियों को, सौंदर्य के नाम पर दबा देना पड़ता था।

मुक्तिबोध ने अपने अनुभव से जाना और महसूस किया कि गहरी वर्गचेतस दृष्टि से ही इस उच्चवर्गीय सौंदर्याभिरुचि के साथ संघर्ष किया जा सकता है। इसलिए उन्होंने काव्य की रचना प्रक्रिया का, रचनाकार के आत्मसंघर्ष का इतना विशद और गहन विश्लेषण किया है कि कला का सौंदर्य अब किसी वर्ग विशेष की चौहद्दी में सिमट कर नहीं रह सकता। वर्ग विशेष के काव्य सौंदर्य-सबंधी विचारों का विरोध करते हुए वे दो टूक शब्दों में लिखते हैं, 'एक खतरा है जड़ीभूत सौंदर्याभिरुचि का। नई काव्य प्रकृति के क्षेत्र में कुछ महान व्यक्ति, अपनी वर्गीय अभिरुचि के फलस्वरूप, सौंदर्य का जो प्रतिमान हमारे सामने रखते हैं, उनमें जब तक व्यापक संशोधन नहीं होगा, तब तक हम अपने ही जीवन अनुभवों का पूर्ण और प्रभावशाली चित्र उपस्थित नहीं कर सकते।' (वही)

जड़ीभूत सौंदर्याभिरुचि जैसे प्रत्ययधर्मी शब्द की एक तात्विक अर्थवत्ता भी है, जो वर्ग सीमित नहीं है। आज की स्थिति में जड़ीभूत सौंदर्याभिरुचि का प्रमुख कारक वह सभ्यता है, जो अपनी चरम यांत्रिकता में मनुष्य जाति के नैसर्गिक सौंदर्यबोध को जड़ीभूत कर देने की दिशा में बढ़ रही है। 'जड़ीभूत सौंदर्याभिरुचि' पद का प्रयोग प्रत्येक स्थिर, जड़ और प्रगतिविरोधी सौंदर्याभिरुचि के लिए किया जा सकता है जो नवीन, मौलिक और साहित्यिक सृजन में अवरोध पैदा करती हो। दरअसल, रचनाकार अपनी अभिरुचि को पहचान नहीं पाता। वह पुराने मानव विरोधी जीवन मूल्यों के आधार पर रची गई रचना को ही मौलिक और नवीन समझ बैठता है। जड़ीभूत सौंदर्याभिरुचि पाठक, दर्शक यानी ग्रहीता की भी होती है। वह अपनी अभिरुचि के कारण नवीन और मौलिक रचना को सहजता से स्वीकार नहीं कर पाता। कला के लिए जिस आत्मसंघर्ष की बात मुक्तिबोध कवि और कलाकार के संदर्भ में करते हैं, जड़ीभूत सौंदर्याभिरुचि के विरुद्ध वैसा ही आत्मसंघर्ष ग्रहीता को भी करना पड़ता है।

प्रभात त्रिपाठी

अधिक जानकारी के लिए :

1. **मुक्तिबोध रचनावली :** खंड-4, (संपादक) नेमिचंद्र जैन,
2. **कविता के नए प्रतिमान :** नामवर सिंह

जतरा टाना भगत

1900 में ऊलगुलान नायक बिरसा मुंडा की शहादत के बाद टाना भगत आंदोलन को आदिवासी समाज के जननायक जतरा टाना उरांव ने नेतृत्व प्रदान किया। टाना भगतों के इस आंदोलन को उन्होंने अप्रैल 1914 में अपने गांव चिंगरी (जिला गुमला) से शुरू किया। आरंभ में उन्होंने अपने आंदोलन के नैतिक पक्ष पर जोर देते हुए उसे टाना भगतों को एक सूत्र में पिरोने का माध्यम बनाया और उनके लिए एक सात्विक और नैतिक जीवन पद्धति विकसित की और इसके साथ ही शासकों के विरुद्ध लड़ाई लड़ी, लेकिन धार्मिक और सांस्कृतिक रूप

में शुरू हुए इस आंदोलन ने अपनी अंतिम परिणति में एक राजनीतिक आंदोलन बन स्वतंत्रता संग्राम में अपनी अहम भूमिका निभाई।

जैसे तमसा नदी के तौर पर वाल्मीकि का स्वर फूटा और संस्कृत कविता का जन्म हुआ, उसी तरह 1914 में अप्रैल माह के एक दिन जब जतरा चिंगरी गांव के नजदीक गुरदा कोना पोखर में स्नान कर रहे थे तो सहसा उन्हें आत्मज्ञान हुआ। उन्हीं चरम क्षणों में उनके मुंह से जो उद्गार निकले वे ही आगे चलकर टाना पंथ के नैतिक प्रतिमान के रूप में विकसित हुए। पानी से बाहर निकालते ही उन्होंने लोगों से एक शुद्ध-सात्विक आचार संहिता का पालन करने की गुहार लगाई, स्वयं को अपने उद्देश्य की प्राप्ति के लिए ईश्वर का दूत तक घोषित किया और कहा, 'टाना बाना टाना भूतनी के टाना, टाना टुन टाना, कासा पीतर मना, दोना पतरी खाना, मांस मदिरा मना, दारू मना।'

जतरा टाना भगत का नैतिक आग्रह मानवीय इतिहास का अनुपम योगदान है। आचरण की शुद्धता पर जोर देते हुए उन्होंने टाना भगतों से आग्रह किया कि वे मांस और मदिरा सेवन से बचें। सामाजिक अंधविश्वासों से टाना भगतों को मुक्त करने के लिए उन्होंने जोर देकर कहा कि किसी भी सूरत में वे पशु बलि न होने दें। भूत-प्रेत के अस्तित्व से इन्कार करें। यज्ञोपवीत धारण करें। आंगन में तुलसी चौरा स्थापित करें। गौ सेवा करें। जीव हत्या न करें। इस प्रकार सामाजिक कुरीतियों को दूर करते हुए एवं टाना भगतों के नैतिक आचरण की शुद्धता पर बल देते हुए वे अपने असली मकसद पर आए और स्पष्ट शब्दों में लोगों से अपील की कि वे अंग्रेजों के विरुद्ध एकजुट हों और उनकी बेगार न करें, और उन्हें मालगुजारी और चौकीदारी टैक्स देना बंद करें। लोगों को एक सूत्र में पिरोए रखने के लिए जतरा टाना भगत ने वृहस्पतिवार को सामूहिक प्रार्थना का दिन निश्चित किया और आदिवासी मूल्यों को स्थापित करते हुए लोगों से अपील की कि इस दिन वे धरती मां के सीने पर हल न चलाएं।

दरअसल, जतरा टाना भगत का आंदोलन संताल, हूल तथा बिरसा (विद्रोह) की शृंखला में ही आदिवासी स्वायत्तता का समझौतारहित, दृढ़ आचरणवाला नैतिक ऊलगुलान है, अहिंसा और सत्याग्रह उसके मूल मंत्र थे। गांधी जी के सत्याग्रह आंदोलन से भी पहले टाना भगतों का यह ऊलगुनान इतिहास में अपनी भूमिका दर्ज करा चुका था। उसका संदेश था कि जनहिस्सेदारी, स्वदेशी बोध, सामूहिक जीवन पद्धति तथा नैतिक जीवन दर्शन के आधार पर ही फिरंगी शासकों के खिलाफ लोहा लिया जा सकता है। इसी रास्ते पर चलते हुए आगे टाना भगतों ने स्वतंत्रता संग्राम में महान भूमिका निभाई।

बुधुवीर से आरंभ हुई उरांव विद्रोह की यह परंपरा लगातार जारी रही है। आज भी जारी है। आज भी वहां के जननेता अपने जल, जंगल और जमीन की हिफाजत के लिए, अपनी ग्रामीण समस्याओं के समाधान लिए, अपने देशज बोध के लिए, स्वशासन तथा स्वावलंबन के लिए जतरा टाना भगत के ऊलगुलान से प्रेरणा लेते हैं।

इन आदिवासी वीरों की कथाएं लोक स्मृति से पूरी तरह विलुप्त न हो जाएं, इसलिए गुमला जैसे पिछड़े जनजातीय क्षेत्र में एक नई चेतना लाने के लिए जतरा टाना भगत की जन्म स्थली चिंगरी में उनकी आदमकद मूर्ति की स्थापना की गई। यहां हर वर्ष 2 अक्टूबर को उनकी याद में मेले का आयोजन किया जाता है।

मधु कांकरिया

अधिक जानकारी के लिए :

Tana Bhagat, Naxalism and Maoism in Jharkhand : S Narayanai, 2011

जन आक्रोश

जन आक्रोश (Mass Resentment) इक्कीसवीं सदी की राजनीति का एक प्रमुख लक्षण है। यह पहले के साम्राज्यवाद-विरोधी जनाक्रोश या 1960 के दशक के व्यवस्था-विरोधी गुस्से से

भिन्न है। आम तौर पर जन आक्रोश सामाजिक असंतोष से पैदा होता है। वैश्वीकरण के जमाने में बढ़ती सामाजिक विषमता और अन्याय के विरुद्ध जन्मा जनाक्रोश कुछ भिन्न शक्ल का है। यह न पहले की तरह समावेशी है और न व्यवस्था-विरोधी। यह खास समुदाय को निशाना बना कर सामुदायिक विद्वेष के पागलपूर्ण प्रचार, तोड़फोड़ और हिंसा के रूप में सामने आता है। यह चुनावों में शासन के विरुद्ध बिना विचारधारात्मक रीढ़ के अंधे ढंग से व्यक्त होता है और उदारवादियों को हतप्रभ करता है। बाजार-अर्थव्यवस्था और लोकतंत्र के बीच असंतुलन बढ़ जाने का नतीजा है कि जन आक्रोश कई बार लोकतंत्र का विकृत रूप प्रगट करता है।

इक्कीसवीं सदी के दूसरे दशक में जन आक्रोश अंध-राष्ट्रवाद के कैसे-कैसे रूपों में व्यक्त हुआ, यह यूरोपियन यूनियन के टूटने, अमेरिका में ट्रंपवाद की विजय, भारत में तेजी से फैले धार्मिक-जातीय विद्वेष के उदाहरणों से स्पष्ट हो सकता है। यह मानव भाव को तिलांजलि देकर अपने ही देश के इतिहास के विरुद्ध युद्ध-सा होता है, यहां तक कि संविधान के भी विरुद्ध। दरअसल कोई सत्ता अपनी नाकामयाबी पर जनता के गुस्से या विद्रोही भावना पर नियंत्रण दो तरह से करती है—समायोजन और विभाजन। समायोजन है विभिन्न तरह से लुभा कर सामान्य व्यवस्था का अंग बना लेना। यह कलाकारों, बुद्धिजीवियों और पत्रकारों के साथ भी घटित होता है। इसे क्रोध समायोजन कहा जा सकता है। क्रोध विभाजन है गुस्से को सामुदायिक रूप दे कर राजनीतिक चौखटीकरण। यह उस लोकतांत्रिक दुनिया से प्रस्थान है जिसे हम अब तक जानते थे।

नई सदी में अंध-राष्ट्रवाद के आधार पर कई देशों में जन आक्रोश उभरे हैं। दशकों से साथ रहते लोग 'अन्य' या 'बाहरी' समझे जाने लगे हैं। उदारीकरण को चुनौती देता 'स्थानीय' और अचानक 'बाहरी' का विभाजन बढ़ा है। समझदारीपूर्ण समाधान करने की जगह इसे राजनीतिक खाद बना दिया जाता है। जन आक्रोश पैदा करने की राजनीति में कट्टरवादियों द्वारा संकीर्ण हितों को राष्ट्रीय हित कह कर सजाया जाता है जो विभिन्न तरह से अंततः बहुरुपिया फासिज्म लाता है। उम्बर्तो इको कहते हैं, 'फासिज्म अंतर्विरोधों का कारखाना है।' ये मिथ्या अंतर्विरोध होते हैं।

जन आक्रोश की प्रमुख वजहें हैं : (1) सरकार का कुशासन और प्रबंध-अकुशलता, (2) सार्वजनिक क्षेत्र के दायित्वों–शिक्षा, स्वास्थ्य, यातायात, पर्यावरण आदि मामलों में जनता के कष्टों का बढ़ जाना और उसकी असहायता, (3) आर्थिक मंदी के कारण बढ़ती छंटनी, देश के रोजगारों पर विदेशी लोगों का बढ़ता कब्जा, बेरोजगारों में भविष्य-भय और (4) निर्मम बाजार-अर्थव्यवस्था के कारण बढ़ती सामाजिक असुरक्षा।

उदारीकरण और बाजार-अर्थव्यवस्था के नकारात्मक नतीजे इतने बड़े परिमाण में सामने आने लगे कि इससे दुनिया की अर्थव्यवस्थाओं में आई गतिशीलता और वृद्धि पृष्ठभूमि में चली गई। तकनीकी क्रांति से हर देश में रोजगार के अवसर कम हुए, जबकि योग्यता प्राप्त बेरोजगारों की संख्या बढ़ी। खुली स्पर्धा में बाहर के सस्ते और कुशल व्यक्ति काम पा जाते हैं। बड़ी कंपनियां आउटसोर्स से काम चलाने लगती हैं। सत्ता की राजनीति द्वारा तब इससे फूटे जन-असंतोष को अंध-राष्ट्रवाद का रंग पहना देना आसान हो जाता है। उदाहरणतः अमेरिका में जो अंध-राष्ट्रवादी हिंसा बढ़ी, वह एक विश्वव्यापी श्रृंखला बन सकती है। इस प्रवृत्ति का नाम ही हो गया ट्रंपवाद। इससे गूगल, फेसबुक आदि कंपनियों के कर्णधारों की बेचैनी बढ़ी और नव-उदारीकरण संकट के दौर से गुजरने लगा।

जन आक्रोश के नए दौर में बुद्धि से कुछ विचार किए बिना जनता उन्मत्त होकर नस्ल, जातीयता, जाति या धर्म के आधार पर तुरत-फुरत जैसा मौका मिलता है, संगठित हो कर अपना गुस्सा जाहिर करती है। यह स्वाधीनता, लोकतंत्र और बहुलता के मूल्यों को तहत-नहस करते हुए घृणा के रूप में फूटती है। दूसरी जातीयता, नस्ल, धर्म या दूसरे देशों के लोग घुसपैठिए या शत्रु के रूप में देखे जाने लगते हैं।

वैश्वीकरण का प्रतिवाद विकृत रास्तों से व्यक्त होने लगता है। जनता के कुछ हिस्से पागल होकर जब अपने को हिंसक सामुदायिक झुंडों में बदल लेते हैं, तब जनता अनुकरणीय नहीं रह जाती।

दुनिया में एक हद तक आर्थिक जड़ता दूर करने के बावजूद जब बाजार अर्थव्यवस्था के बुरे नतीजे अपना खेल दिखाने लगे, जनता का गुस्सा बढ़ा और उसके निशाने उदारवाद, समावेशिकता और बुद्धिवाद बने। उन इलाकों में जन आक्रोश ज्यादा तीव्र हुआ जो ज्यादा पिछड़े और सुविधाओं की पहुंच से दूर रहे हैं और जहां के लोग महसूस करते रहे हैं कि उनकी आवाज नहीं सुनी जा रही है। सरकार सिर्फ कुछ तात्कालिक राहत के काम कर देती है। वह सड़कों, पार्कों और स्मारकों को चमका कर चकाचौंध पैदा करती है। वह विराट मूर्तियां बनाने लगती है और अपनी सांस्कृतिक पहचान के पुराने चिह्न ढूंढ़ती है। कुछ गांवों को गोद लेती है या कुछ लोक कलाकारों और बुद्धिजीवियों को अपना कर अपनी धूमिल होती जन छवि दुरस्त करना चाहती है। ऐसी चीजों से जनता की बुनियादी असुविधाएं दूर नहीं होतीं। उसकी आंखें थोड़े क्षणों तक सुहावनेपन का अनुभव कर पलट जाती हैं। उसे लगता है कि नए परिवर्तनों से उसे कोई फायदा नहीं पहुंचा, सरकार की नीतियों में उसके हितों का प्रतिनिधित्व नहीं है और व्यवस्था न्यायपूर्ण नहीं है।

दिशाहारा जन आक्रोश अन्याय की सही जगहों पर चोट न कर नकली जगहें चुनता है। वह न सिर्फ संवेदनहीन और रचनाविरोधी होता है, बल्कि कायरतापूर्ण भी होता है। राजनीति का चेहरा लगातार वीभत्स होता जाता है। कोई भी नेता कभी भी कुछ भी बोलता है, उसमें वैचारिक अखंडता नहीं होती। वस्तुतः राजनीतिक दल जन आक्रोश को सामुदायिक रंग पहना कर ही बच पाते हैं। फलतः न बाजार अर्थव्यवस्था और बड़ी कंपनियों के ग्लैमर का कुछ बिगड़ता है और न मानव भाव को लेकर कोई बड़ी चिंता सामने आ पाती है।

शंभुनाथ

अधिक जानकारी के लिए :

America : At War With Itself : Henry Giroux, 2016

जन संस्कृति मंच

जन संस्कृति मंच (जसम) क्रांतिकारी वामपंथी धारा से जुड़ा एक साहित्यिक-सांस्कृतिक संगठन है। प्रगतिशील, लोकतांत्रिक एवं धर्मनिरपेक्ष मूल्यों के प्रति समर्पित यह संगठन स्वस्थ सामाजिकता और सर्जनशील संवेदना के विकास को अपना प्रमुख उद्देश्य मानता है। मूलतः यह साहित्यकारों, कलाकारों और संस्कृतिकर्मियों का संगठन है। साहित्य, कला और संस्कृति की विभिन्न विधाओं में हो रहे रचनात्मक प्रयासों की सामाजिक सोद्देश्यता को प्रश्रय देना मंच का संकल्प है।

जन संस्कृति मंच की स्थापना 26 अक्टूबर 1985 को दिल्ली में हुई थी। इसका पहला राष्ट्रीय सम्मेलन 25 अक्टूबर से 27 अक्टूबर 1985 तक चला। उस दौर के युवा कवि, प्रखर चिंतक और संस्कृतिकर्मी गोरख पांडेय (1945-1989) जसम के पहले महासचिव बनाए गए थे। प्रथम राष्ट्रीय अध्यक्ष थे—जाने-माने लेखक और रंगकर्मी गुरशरण सिंह। राष्ट्रीय अध्यक्ष के रूप में जसम को गति देने वालों में त्रिलोचन शास्त्री और मैनेजर पांडेय के नाम विशेष उल्लेखनीय हैं।

जन संस्कृति मंच प्रतिरोध की संस्कृति के पक्ष में अपनी भूमिका निभाने का संकल्प लेकर चला। सांप्रदायिक फासीवाद, साम्राज्यवाद, अंधराष्ट्रवाद और ब्राह्मणवादी पितृसत्तात्मक सामंती सोच का विरोध करने के लिए यह मंच प्रतिश्रुत रहा है। यह दमन और हर प्रकार के अन्याय के विरुद्ध जनता के सभी वामपंथी, प्रगतिशील और लोकतांत्रिक चेतना वाले साहित्यकारों, कलाकारों तथा संस्कृतिकर्मियों का व्यापक संयुक्त मोर्चा बनाने का हिमायती रहा है।

जसम इस तथ्य में विश्वास रखता है कि

प्रतिरोध की संस्कृति जितनी ही बहुरंगी, बहुआयामी और बहुलतावादी होगी, उतनी ही उसमें विविधता होगी और सामाजिकता एवं कलात्मकता की एकात्मता भी। जसम इस खतरे के प्रति आगाह है कि प्रतिरोध का स्वर तनिक भी मंद हुआ और उसकी संवेदना जरा भी कुंद हुई, तो संकीर्ण, दकियानूस, एकलवादी और प्रतिक्रियावादी ताकतें हमारे समाज और हमारी संस्कृति को भटकाने में कामयाब होने लगेंगी। जसम का बल इस तथ्य को अधिकाधिक उजागर करने पर रहा है कि भारतीय समाज के क्रांतिकारी रूपांतरण के लिए जो लड़ाई वैचारिक और जमीनी स्तरों पर चल रही है, वह प्रतिरोध की संस्कृति से अभिन्न रूप में जुड़ी हुई है।

जनता को अपनी शक्ति पहचानने और बौद्धिक वर्ग को अपनी भूमिका की सही दिशा में सक्रिय होने की चेतना देने के उद्देश्य से जसम ने नियमित रूप से ऐसे कई आयोजन विभिन्न स्थानों पर किए, जिनमें व्यापक रचनाकारों और समाज-चिंतकों की उत्साहवर्द्धक भागीदारी देखने को मिली। राष्ट्रीय और अंतरराष्ट्रीय स्तर पर जहां कहीं भी, जिस किसी भी भाषा में जनपक्षधर साहित्य रचा जा रहा है, उससे अपने हिंदी भाषी समाज को परिचित कराते रहने के उद्देश्य से प्रकाशन-योग्य सार्थक सामग्री जुटाने की दिशा में भी जन संस्कृति मंच अग्रसर रहा है। इस उद्देश्य से 'समकालीन जनमत' नाम से एक पत्रिका भी 'जसम' ने निकाली। अपने संगठन के सदस्यों और संगठन के शुभचिंतकों के सहयोग से इकट्ठी की गई राशि से, समय-समय पर जरूरतमंद लेखकों की आर्थिक सहायता करना और अपने सीमित साधनों से विचारपूर्ण साहित्य प्रकाशित करना भी जसम के सरोकारों में शामिल रहा है। इस उद्देश्य की पूर्ति के लिए जन संस्कृति मंच ने अपने अंतर्गत एक 'सांस्कृतिक संकुल' का भी गठन किया है।

राजेंद्र कुमार

जन समुदाय

जन समुदाय नागरिक समाज से एक भिन्न सामाजिक स्थिति है। इसे 'Mass Society' भी कहा जाता है, जो 'पीपुल' से भिन्न है। जन समुदाय में नागरिक जीवन की बुद्धिपरक समझ का अभाव होता है। इसमें विचारों तथा रीतिरिवाजों की कट्टरता होती है। जन समुदाय का दृष्टिकोण एक दायरे में सीमित होता है, इसमें स्थानीय हित की ही प्रधान रूप से चिंता होती है। जन समुदायों में पुराने सामूहिक जीवन मूल्यों के प्रति आसक्ति होती है जिन पर वे मानवता और संविधान की दृष्टि से आघात बरदाश्त नहीं करते। विचारों से वे पुरातन से चिपके होते हैं, हालांकि जीवन शैली आधुनिक होती है। राजनीति में जब गंभीर दायित्वों की जगह तात्कालिक फायदे के लिए जोड़तोड़ को प्रधानता मिलने लगी तब जनता, नागरिकों और श्रमजीवियों को 'जन समुदायों' में पुनर्संगठित किया जाने लगा। ये जाति, धार्मिक विश्वास, स्थानीय संस्कृति के अनुसार विभाजित किए जाने लगे। हर शासक वर्ग अपनी भिन्न जनता निर्मित करने लगा, वह समग्र चेतना की जगह पृथकतावाद को वैचारिक हथियार बनाने लगा और 'शार्टकट' पर चलने लगा।

जन समुदाय वह जनसमूह है जो सामान्य मानक या राष्ट्रीय बोध से विच्छिन्न सिर्फ अपनी इच्छाओं की पूर्ति को अंतिम लक्ष्य समझता है। वह आम तौर पर निर्बुद्धिपरक होता है और अनालोचनात्मक होता है। वह ऐसा समूह होता है जिसमें स्वातंत्र्यबोध और वैयक्तिक अस्मिता नहीं होती। उसके लिए स्वतंत्रता का अर्थ अब वस्तुओं को हासिल करने तक सीमित हो जाता है। जनता या नागरिक की जिंदगी से जन समूह की संस्कृति में लौटना सृजनशीलता को त्यागना है। जन समूह दबाव की राजनीति का सहारा लेता है। बदले में शासक वर्ग सांस्कृतिक चिह्नों और सिर्फ प्रतीकों की राजनीति करते हैं। ऐसे जन समूह राजनीतिक निर्मिति होते हैं और उन्हें जनसंचार माध्यमों द्वारा पोषण मिलता है। प्राचीन रूढ़ियों को

वे आदर्श के रूप में सामने रखकर आंदोलन करते हैं। तमिलनाडु में 'जल्लीकट्टू' (सांडों से लड़ाई), हिंदुत्ववादियों द्वारा 'गोरक्षा' या मुसलमानों द्वारा 'हिजाब' आदि या कई जगहों पर जाति को केंद्र में रख कर चले आंदोलन इसके सबूत हैं। उनके जन प्रवाह में शिक्षित कलाकार और राजनीतिज्ञ भी बह जाते हैं। जन समूह असुरक्षाबोध से भरा होता है। वह मूलतः सर्वसत्तावादी विचारों को ढोता है जो लोकतंत्र के क्षय का चिह्न है।

शंभुनाथ

अधिक जानकारी के लिए :
1. **The Age of Masses** : M Biddiss, 1877,
2. **Culture, Society : The Basics** : John J Macionir

जन साहित्य

साहित्य क्या है और क्यों है—ये दो प्रश्न साहित्यशास्त्र के सनातन विषय रहे हैं, लेकिन साहित्य किसके लिए है—यह प्रश्न विशेष रूप से तब केंद्र में आया, जब साहित्य की अर्थवत्ता को सामाजिक परिवर्तन के प्रयोजन से जोड़कर देखने की प्रवृत्ति का विकास हुआ। इसी प्रवृत्ति से जन साहित्य की अवधारणा ने जन्म लिया। इस तरह वह साहित्य, जो उस जनता का और उस जनता के लिए हो, जो सामाजिक परिवर्तन में ऐतिहासिक शक्ति के रूप में सक्रिय होती है, जन साहित्य कहलाया। नामवर सिंह के शब्दों में, 'जन साहित्य औद्योगिक क्रांति से उत्पन्न समाज-व्यवस्था की भूमिका में प्रवेश करने वाले सामान्य जन का साहित्य है।' (इतिहास और आलोचना)। जन साहित्य को लोक साहित्य से अलगाते हुए कहा गया, 'लोक साहित्य जहां जनता के लिए जनता द्वारा रचित साहित्य है, वहां जन साहित्य जनता के लिए व्यक्ति विशेष द्वारा रचित साहित्य है' अथवा 'जन साहित्य शिष्ट व्यक्ति द्वारा रचित वह साहित्य है, जो सह-संवेदन के फलस्वरूप सामान्य जन के लिए अभिव्यक्त होता है।' (वही)।

'जन' शब्द यद्यपि नया नहीं है और भारतीय परंपरा में 'बहुजनहिताय बहुजनसुखाय' की संकल्पना पहले से रही है, लेकिन 'जन' शब्द को एक विशिष्ट पद के रूप में परिभाषित करने का काम मार्क्स के समाज दर्शन ने किया। मार्क्स ने सामाजिक विकास के नियमों की व्याख्या करने के लिए द्वंद्वात्मक भौतिकवाद के प्रकाश में वर्ग संघर्ष के सिद्धांत को आधार बनाया। मार्क्स के अनुसार, किसी भी युग के समाज में उत्पादन प्रणाली के बदलते जाने के साथ व्यक्तियों के बीच के आपसी संबंधों में भी बदलाव होता जाता है और तदनुसार समाज वर्ग विभाजित होता जाता है। एक वर्ग उत्पादन प्रणाली को अपने वर्गीय हितों के अनुरूप नियंत्रित करता है। इससे उस वर्ग के, जो वास्तविक उत्पादक शक्ति होता है और जो अपने श्रम और समय के उचित विनिमय मूल्य का हकदार होता है, हित बाधित होते हैं। इस स्थिति को बदलने में इन दोनों वर्गों के बीच संघर्ष की सकारात्मक भूमिका होती है। मार्क्स की इस व्याख्या के अनुसार, 'जन' शब्द संकेतक है उस वर्ग का, जो उत्पादक शक्ति के रूप में कार्यरत होता है और जिसे अपने शोषण और दमन के विरुद्ध संगठित होकर संघर्ष करना होता है। इसी से 'जन साहित्य' की अवधारणा को भी मूर्त रूप मिला।

जन साहित्य व्यक्तिवाद और आत्मपरकता को प्रश्रय नहीं देता। जन साहित्य के पैरोकार 'शुद्ध कला' या 'कला कला के लिए' जैसे किसी मतवाद में विश्वास नहीं रखते। उनकी दृष्टि में सच्ची कला वही होती है, जहां प्रत्यक्ष या परोक्ष रूप में जनता के सौंदर्यात्मक आदर्शों, न्याय और सौंदर्य की उसकी समझ, स्वतंत्रता तथा सुख के समान अवसरों के हेतु जनता के क्रांतिकारी संघर्षों के उत्साह का मूर्त रूप होता है।

जन साहित्य की अवधारणा के बीज शब्द हैं—प्रतिबद्धता, पक्षधरता और जन सरोकार। प्रतिबद्धता का आशय किसी राजनीतिक दल या महज किसी विचारधारात्मक संप्रदाय के निर्देशों से बंधकर चलना

नहीं है। प्रतिबद्धता एक प्रकार की प्रतिज्ञा है, यह एक प्रकार का क्रियात्मक संकल्प है कि अपने समाज को हर प्रकार के शोषण और दमन से मुक्त होने की दिशा में आगे बढ़ने में योग देना है। लेकिन लेखक की प्रतिबद्धता उसकी उद्घोषणा से नहीं, उसकी रचना से प्रकट होनी चाहिए। यह तभी संभव है, जब लेखक की पक्षधरता का स्वरूप स्पष्ट हो। पक्षधरता का स्वरूप लेखक की वर्ग चेतना से स्पष्ट होता है। वर्ग विभक्त समाज में जो लेखक यह तय न कर पाए कि उसे अपने विचार और रचनात्मक संवेदना में किस वर्ग के पक्ष में होना है, उसकी भूमिका संदिग्ध ही मानी जाएगी। जन साहित्य के संदर्भ में 'प्रतिबद्धता' और 'पक्षधरता' दोनों ही मूल्यवाची शब्द हैं, 'तटस्थता' एक निष्क्रियतावाची शब्द है और 'समन्वय' एक समझौतावादी शब्द है।

'जन सरोकार' शब्द में दायित्व और कर्तव्य दोनों का भाव अंतर्निहित है। दोनों अपने यथार्थ रूप में सक्रिय होते हैं, जब लेखक की लगाव की भावना (सेंस ऑफ बिलाँगिंग) स्पष्ट हो। लगाव की भावना जिस वर्ग के साथ होगी, सरोकारों की उन्मुखता उसी वर्ग की ओर होगी। जन सरोकार के निर्धारण में अक्सर लेखक के वर्गीय संस्कार आड़े आ जाते हैं। जन साहित्य अपने वर्ग का अतिक्रमण करके समाज को एक व्यापक दृष्टि में देखने की प्रेरणा देता है। लेखक का जितना जन साधारण पर सीधा संबंध होता है, उसके जन सरोकारों का स्वरूप उतना स्पष्ट और सशक्त होता है।

जन साहित्य में वर्ण्य विषय की ही तरह सामाजिक भाषा को भी सहज संप्रेषणीय बनाए रखने की जरूरत होती है। हिंदी में नागार्जुन की कृतियां इसी अर्थ में जन साहित्य का आदर्श रूप प्रस्तुत करती हैं।

राजेंद्र कुमार

अधिक जानकारी के लिए :

1. **मार्क्सवाद और प्रगतिशील साहित्य** : रामविलास शर्मा,
2. **एक साहित्यिक की डायरी :** गजानन माधव मुक्तिबोध।

जनकवि

जनकवि साहित्य की एक लोकतांत्रिक अवधारणा है, जिसे 'राष्ट्रकवि' के समकक्ष प्रस्तुत किया गया है। राष्ट्रकवि में राष्ट्रीय चेतना प्रबल होती है, वैसे ही जनकवि में जनचेतना और जन की प्रधानता होती है। कवियों को राष्ट्रकवि की उपाधि से सम्मानित करने की परंपरा इंग्लैंड में शुरू हुई थी। वहां सरकारी स्तर पर विभाग खोलकर राष्ट्रकवि का नाम तय होता था, जो विशेष अवसरों पर राष्ट्रीय गौरव गान करते थे। भारत में राष्ट्रकवि के प्रत्युत्तर में आम जनता के पक्ष में सोचने एवं लिखने वाले कवियों को जनकवि कहा जाने लगा। ये लोककवि से भी भिन्न थे।

सामाजिक सरोकार वाले प्रगतिशील कवियों को जनकवि कहा जाता है, जो आमतौर पर जनता और समाज से जुड़कर जीते और रचते हैं। जनकवि में 'जनता का आदमी' होता है, उसकी रचनाओं में लोक चेतना और लोक संवेदना की अभिव्यक्ति प्रबल होती है। उसके लिए निजी दुख और संघर्ष की अपेक्षा परदुख और सामाजिक संघर्ष ज्यादा महत्वपूर्ण होते हैं। हिंदी के जनकवि जनांदोलनों से निकले हैं। उनकी कविताएं जन-जीवन के यथार्थ से संपृक्त रही हैं, अर्थात उनका साहित्य जनता का साहित्य होता है। मुक्तिबोध के शब्दों में, 'जनता के साहित्य में जनता के मानसिक परिष्कार, उसके आदर्श मनोरंजन से लेकर क्रांतिपथ पर मोड़ने वाला, मानवीय भावनाओं का उदात्त वातावरण उपस्थित करनेवाला, मन को मानवीय एवं जन को जन-जन करने वाला तथा शोषण एवं सत्ता के घमंड को चूर करने वाले स्वातंत्र्य और मुक्ति के गीतों वाला साहित्य, प्राकृतिक शोभा और स्नेह के सुकुमार दृश्यों वाला साहित्य, सभी प्रकार का साहित्य सम्मिलित है।'

जनकवि का खिताब जनता अपने अत्यंत प्रिय कवि को देती है। जैसे—भक्तकवि, राष्ट्रकवि वैसे ही जनकवि। अंग्रेजी साहित्य में लोकप्रिय कवियों को 'पब्लिक पोएट' कहने की परंपरा है।

उन्नीसवीं सदी के विख्यात अमेरिकी कवि हेनरी वर्ड्सवर्थ के जीवन और साहित्य पर आलोचक क्रिस्टॉफ इकमेशर की एक चर्चित पुस्तक आई है, जिसमें उन्हें सम्मान के साथ 'पब्लिक पोएट' कहा गया है। अंग्रेजी की एक पत्रिका 'ग्रांटा' के मई 2009 के अंक में एक अंग्रेजी कवयित्री कवोल अनडफी के संदर्भ में 'पब्लिक पोएट' शब्द का प्रयोग किया गया है।

हिंदी में नागार्जुन को सर्वप्रथम जनकवि कहलाने का सम्मान मिला। 'जन वंदना' (1953) लिखने वाले नागार्जुन ने स्वयं भी अपने को जनकवि कहा है, 'जनता मुझसे पूछ रही है, क्या बतलाऊं/ जनकवि हूं मैं साफ कहूंगा, क्यों हकलाऊं?' विश्वनाथ त्रिपाठी का कथन है, 'इस जनकवि की घोषणा में एक विशेष तेवर है—एक आंदोलन, एक ऐतिहासिक विचारधारा से जुड़े रहने का स्वाभिमान है। बहुत कुछ उस प्रकार का जैसे भक्त कवियों को भक्ति का बल होता था। यह 'जन' जैसे उनके कुल-शील का परिचायक है।' नागार्जुन के साथ उनके समकालीन त्रिलोचन और केदारनाथ अग्रवाल हिंदी के स्थापित जनकवि हैं। तीनों कवियों की रचनाओं में उनके जनपद का जीवन धड़कता है। 'नगई महरा' का कवि त्रिलोचन शास्त्री अपनी कविताओं में लोक-बोली का काव्य-संस्कार करते हैं तो केदारनाथ अग्रवाल की कविताओं में जन की श्रम-संस्कृति और श्रम-सौंदर्य का प्रभावशाली चित्रण है। जनकवि शील और नागार्जुन की परंपरा को आगे बढ़ाने वाली बाद की पीढ़ी में धूमिल, आलोकधन्वा, वीरेन डंगवाल, गोरख पांडेय और कुमारेंद्र पारसनाथ सिंह आदि जनकवि के रूप में जाने जाते हैं।

मृत्युंजय सिंह

अधिक जानकारी के लिए :

1. **मुक्तिबोध रचनावली**–भाग 5, 2. **आलोचना**–56-57, जनवरी, 1981, 3. **आलोचना**–82, जुलाई, 1987, 4. **Encyclopedia Britannica**-Vol. 8

जनजाति

Tribe के लिए प्रचलित शब्द है 'जनजाति'। आदिवासी से जनजाति तक की यात्रा में नृवैज्ञानिकों, समाजशास्त्रियों, सामाजिक कार्यकर्ताओं, प्रशासकों एवं बुद्धिजीवी वर्गों में जनजाति की अवधारणा को लेकर एक मत नहीं है। कुछ जनजातियां खुद को आदिवासी कहा जाना पसंद करती हैं। आदिवासी का शाब्दिक अर्थ है—आदिकाल से वास करने वाला। 'आदिवासी' शब्द वस्तुतः अर्थ संकोच के कारण किसी खास वर्ग या जाति विशेष के लिए रूढ़ हो गया। भारत में एक ओर विभिन्न प्रजातीय तत्वों का समावेश है तो दूसरी ओर विभिन्न भौगोलिक क्षेत्रों का। भारत के इन विभिन्न क्षेत्रों में ऐसे अनेक मानव समूह निवास करते हैं, जो आज भी सभ्यता के आदि स्तर पर हैं। ये तथाकथित सभ्य समाज से दूर जंगली, पहाड़ी या पठारी क्षेत्रों में रहते हैं और प्रत्येक अर्थ में पिछड़े हैं। इन्हें ही आदिवासी, वनवासी, वन्य जाति, जनजाति आदि नामों से संबोधित किया जाता है। भारतीय संविधान में इन्हें अनुसूचित जनजाति (शेड्यूल्ड ट्राइब) कहा गया।

जनजाति के लोग एक निश्चित भू-भाग में निवास करते हैं, एक विशेष प्रकार की भाषा बोलते हैं, एक आदिकालीन धर्म, कुछ खास प्रथाओं और परंपराओं को मानते हैं। वे आदिकालीन आर्थिक एवं सामाजिक व्यवस्था के अंतर्गत निवास करते हैं। पूरे भारत में कुल 427 से अधिक (आदिवासी) जनजातियां हैं। भाषा, कला, संस्कृति, रहन-सहन, खान-पान, वेश-भूषा की दृष्टि से ये एक-दूसरे से अलग हैं। विभिन्न जनजातियों के लोग अपने कबीले को जाति ही मानते हैं। भारत की विभिन्न जनजातीय भाषाओं में कबीलों के लिए 'जाति' शब्द का ही प्रयोग होता है। कबीला के लिए संताली में 'जात' एवं 'जाति', कुकी में 'कोथक', गारो में 'जात', खासी भाषा में 'जाइद' एवं त्रिपुरी भाषा में 'जाइति', 'दफा' एवं 'हदा' शब्द प्रयुक्त होते हैं। ये 'कास्ट' और 'नेशन' के अर्थ में जाति नहीं हैं, इसलिए इन्हें 'जनजाति' कहा जाता है।

भारतीय जनजातियों का जीवन प्रकृति के रंग में रचा-बसा होता है। प्रकृति सच्चे अर्थ में उनके लिए देवी, मां, सहचरी और प्राण है। प्रकृति उनके रोम-रोम में प्रेम गीत, संगीत और नृत्य की अजस्त्र धारा बनकर फूटती है। उत्सव-प्रिय, निश्छल, सरल-हृदय, निष्कपट, निर्मल मन के जनजातीय लोग प्रकृति की तरह सहज, सरल, उदार, संकोची, धीर, वीर और अपने सीमित संसार में सिमटे पर परम संतुष्ट मानव प्रजाति हैं। जल-जंगल-जमीन के संपूर्ण परिवेश के साथ उनका नाभि-नाल का संबंध है। वेश-भूषा, खान-पान, पर्व-त्योहार, नृत्य-गीत, पूजा-पाठ, जीवन के किसी भी अवसर में उनका प्रकृति से हमेशा ही संग-साथ रहा है।

आंद्रे बेते के अनुसार, दुनिया में सभी भागों में जनजातियों और नई सभ्यता के बीच पारस्परिक अंत:क्रिया चलती रही है। अंग्रेजी राज में जनजातियां पृथक श्रेणी के रूप में परिगणित की गईं। कई जनजातियों ने अंग्रेजों से अपनी स्वाधीनता के लिए संघर्ष किया, हालांकि जंगलों के प्राकृतिक दोहन के लिए अंग्रेजों ने उन पर प्रभुत्व हासिल करने में सफलता पा ली। आमतौर पर औपनिवेशिक सोच वाले नृवैज्ञानिकों ने जनजातियों के भारतीय समाज से अलगाव को अधिक रेखांकित किया है। इस पर खास जोर दिया है कि वे सदा से एकदम अलग-थलग होकर रही हैं। कुछ समाजशास्त्रियों ने 'जनजातियों को मिश्रित करने की हिंदू पद्धति' की चर्चा की। गोविंद सदाशिव धुर्वे ने जनजातियों को भिन्न मानने की जगह हिंदुओं के पिछड़े अंग के रूप में देखा। डी डी कोसांबी ने इन्हें भारतीय समाज के अंग के रूप में देखा। कुछ ने उन्हें सहजीवी कहा, कुछ ने यह सिद्ध करना चाहा कि इनका प्राकृतिक धर्म और सर्वात्मवाद अमेरिका और अफ्रीका की जनजातियों से मिलता-जुलता है।

ऐसे अध्ययन भी किए गए हैं कि किस सीमा तक जनजातियां खेतिहर समाज और आम नागरिक समाज का अंग बनी हैं। जनजातीय लोगों को बड़ी संख्या में ईसाई बनाया गया है। इसलिए जनजातीय प्रसंग में हिंदू-अहिंदू का विवाद भी खड़ा हुआ है। जनजातीयता भारतीय सांस्कृतिक विविधता का ही एक रूप है। जनजातीयता को धार्मिक विवाद से ऊपर उठकर एक खास ढंग के परंपरागत जीवन में आस्था के संदर्भ में देखा जा सकता है। जिन्हें जनजातीय कहा जाता है, उनके प्रति हजारों साल से भारतीय समाज के अन्य लोग सहिष्णु और आत्मीय रहे हैं। देश की आजादी के बाद जनजातियां भारतीय संविधान में 'शेड्यूल्ड ट्राइब' की श्रेणी में रखी गईं। इनके रीति-रिवाजों और सामूहिक व्यवस्थाओं को आदर दिया गया है। अनुसूचित क्षेत्रों में पंचायतों, ग्राम सभाओं और नगरपालिकाओं को अधिकाधिक स्वायत्तता दी गई है। संसद में स्वशासी व्यवस्था संबंधी विधेयक 1991 में पारित हुआ। इसके अलावा जनजातियों के वन अधिकारों को भी मान्यता मिली, ताकि औपनिवेशिक काल और आजादी के बाद उनके साथ हुए अन्यायों को दूर किया जा सके और सहजीवी संबंधों का संरक्षण हो। आज जनजातियां अपने पुरखों की परंपराओं और आधुनिक विकासों के बीच जीवन की नई राहों की खोज में हैं। वे अपने मूल विश्वासों को सुरक्षित रखते हुए अपने को पुनर्परिभाषित कर रही हैं।

जिंदर सिंह मुंडा

अधिक जानकारी के लिए :
This Fissured Land : Madhav Gadgil, Ram Chandra Guha : 1993

जनतंत्र

जनतंत्र शब्द से एक विशेष रूप वाली शासन प्रणाली और समाज व्यवस्था का बोध होता है। हिंदी में यह शब्द अंग्रेजी के 'डेमोक्रेसी' का पर्याय है। 'डेमो' का अर्थ है 'जनता'। इसलिए व्युत्पत्तिपरक अर्थ में सामान्यतया जनतंत्र ऐसी व्यवस्था है, जिसकी नियामक जनता हो और जो जनता के लिए हो। इस संदर्भ में अब्राहम लिंकन (1809-65) की यह परिभाषा बहु-उद्धृत है—जनतंत्र वह शासन-प्रणाली

है, 'जो जनता की, जनता के द्वारा और जनता के लिए होती है।' गांधी का कहना था, 'मेरी कल्पना का जनतंत्र वह है जिसमें अत्यंत दुर्बल लोगों को वही अवसर प्राप्त हो, जो अत्यंत बलवानों को प्राप्त है।' 'जनता' शब्द सामान्य अर्थ में किसी राज्य या देश की आबादी के लिए प्रयुक्त होता है। लेकिन समाज की संरचनाओं के ऐतिहासिक विकास क्रम में 'जनता' शब्द उस समुदाय का अभिधान बना, जो किसी देश के विकास के ऐतिहासिक कार्यभारों को संयुक्त रूप में तय करने में सक्षम हो।

शासन-प्रणाली के रूप में 'जनतंत्र' उस राजतंत्र या एकतंत्र का विकल्प बनकर उभरा है, जिसमें सत्ता किसी कुल विशेष या व्यक्ति विशेष द्वारा वंशानुक्रमानुसार या सैन्य बल के जरिए हासिल की जाती है। 'जनतंत्र' की अवधारणा के केंद्र में यह मान्यता है कि किसी व्यक्ति या वर्ग को यह अधिकार प्राप्त नहीं है कि वह किसी देश या किसी राज्य की संपूर्ण जनता पर अपने प्रभुत्व का दावा करे। जनतंत्र में जनता द्वारा चुने गए प्रतिनिधि शासन का स्वरूप तय करते हैं और विधि-विधान का निर्धारण करते हैं। शासन का आदर्श रूप जनतंत्र की दृष्टि से वह है जिसमें जनता के विभिन्न वर्गों को अपने विचारों, आस्थाओं और रीति-रिवाजों के अनुसार जीवन जीने की स्वतंत्रता हो एवं शासन अपने चरित्र में जनकल्याणकारी हो। जनतंत्र में शासन बहुमत से चलता है, पर इसमें सवाल उठाने और अभिव्यक्ति की आजादी होती है। जनतंत्र जब संसद से लेकर सड़क तक फैली व्यवस्था हो, तभी सफल कही जा सकती है। आज के जनतंत्र को अप्रत्यक्ष या प्रतिनिधि जनतंत्र कहा जा सकता है जहां सामान्य वयस्क नागरिक मताधिकार का प्रयोग कर अपने प्रतिनिधि का निर्वाचन करता है। इस प्रकार विधि के शासन में वह अपनी परोक्ष भूमिका निभाता है। इस प्रकार का शासन ब्रिटेन, फ्रांस, बेल्जियम, नार्वे, स्वीडन, अमेरिका, कानाडा, भारत, आस्ट्रेलिया आदि देशों में है। जिन देशों ने अपने नागरिकों को लोक निर्णय (Referendum), प्रस्तावाधिकार (Initiative) या प्रत्यावर्तन (Recall) का अधिकार दिया है वहां उनकी भूमिका शासन के जनतंत्रीकरण में ज्यादा व्यापक हो जाती है।

जनतंत्र की सफलता के लिए स्वस्थ प्रतिपक्ष की आवश्यकता होती है। जिस दल को बहुमत से शासन करने का अधिकार मिलता है, उसके विरोधी दल सुगठित और सशक्त रूप में अपनी आलोचनात्मक भूमिका में सतर्क रहें, तो जनतंत्र सुचारू रूप से चलता है। जनतंत्र तभी उन्नत होता है, जब उसमें आलोचना का पूरा अवसर हो।

एक समाज व्यवस्था के रूप में जनतंत्र के अंतर्गत स्वतंत्रता और समानता के अधिकार की गारंटी हर व्यक्ति के लिए सुनिश्चित करने का विचार सामने आया था। इस विचार को 1789 में हुई फ्रांस की राज्यक्रांति से व्यापक स्वीकृति मिली। इससे 'जनतंत्र' को मात्र शासन प्रणाली तक सीमित न रहकर मनुष्य के सामाजिक जीवन की एक ऐसी मूल्य व्यवस्था के रूप में विकसित होने की दिशा मिली, जिसमें समाज के हर व्यक्ति को अधिकारों के उपभोग के समान अवसर मिलें और स्वतंत्र अभिव्यक्ति के भी। वस्तुतः जनतंत्र की भावना मानवतावादी चिंतन का प्रतिफल है, जिसके मूल में समष्टि की नैतिक प्रतिष्ठा की गई है और समष्टि की ही परिधि में वैयक्तिक व्यवहारों के औचित्य-अनौचित्य का निर्णय होता है। इस दृष्टि से जनतंत्र का उद्देश्य है—ऐसी सभी परिस्थितियों और प्रवृत्तियों का प्रतिरोध करना, जो व्यक्तियों के विकास में किसी भी तरह का भेदभाव बरतती हों।

जनतंत्र का सामाजिक दर्शन : सामाजिक संरचनाओं के ऐतिहासिक विकास में जनतंत्रात्मक व्यवस्थाओं के कुछ पूर्व रूप भी मिलते हैं। उदाहरण के लिए ग्रीक नगर राज्यों में कुछ व्यवस्थाओं का स्वरूप जनतंत्रात्मक था। यह एक प्रकार से 'प्रत्यक्ष जनतंत्र' था, किंतु आज की जनतंत्रात्मक व्यवस्थाएं प्रतिनिधिमूलक हैं। राजतंत्र और कुलीन तंत्र में सामान्य नागरिक राजनीतिक निर्णय में भागीदारी से वंचित था। उन शासन पद्धतियों में आम नागरिक की

कोई हैसियत नहीं थी। कहा जा सकता है कि प्राचीन यूनान में लोकतांत्रिक विकास का आधार समानता के लिए मांग थी। ब्रिटेन में 17वीं शताब्दी में हुए गृहयुद्धों से गुजर कर लोकतंत्र की विचारधारा अंकुरित हुई। राजा तथा संसद के बीच संघर्ष में संसद की विजय हुई। ऑलीवर क्रॉमवेल ने राजतंत्र का उन्मूलन कर संरक्षक मंडल की स्थापना की। इस सफलता में सेना ने महत्वपूर्ण भूमिका निभाई थी। 25 अक्टूबर 1647 को वाद-विवाद के क्रम में ब्रिटिश सेना की ओर से वयस्क पुरुष मताधिकार की मांग रखी गई। तर्क रखते हुए कर्नल रेनबोरो ने मानव समानता को लोकतंत्र का मूल सिद्धांत बताया और इस बात पर बल दिया कि न्यायपूर्ण शासन जनता की इच्छा पर आधारित होता है।

1776 की अमेरिकी स्वतंत्रता की लड़ाई भी जीवन, आजादी और खुशी की तलाश के लोकतांत्रिक अधिकारों के नाम पर जीती गई। 1789 की फ्रांसीसी क्रांति का नारा 'आजादी', 'समता' और 'भाईचारा' का था। पश्चिम में जनतंत्र की चेतना ने 'मध्ययुगीन अंधकार युग' से यूरोपीय देशों को मुक्त किया, चर्च के धार्मिक बंधनों और निर्बुद्धिपरकता से आजादी दिलाई और जिन नियमों से व्यक्ति की रचनात्मक ऊर्जा जकड़ी थी, उन्हें तोड़ी। इस आजादी में असीम गतिशीलता निहित थी।

विभिन्न जनतांत्रिक दर्शन आजादी, समानता, न्याय की अवधारणा और बंधुत्व को विश्व भर में एक जमीनी हकीकत बनाने की कोशिश करते रहे हैं। इस संदर्भ में पश्चिम में जो उदार लोकतंत्र पनपा, उसमें कुछ विसंगतियां थीं। व्यक्तियों की समानता लोकतंत्र की शर्त बन गई थी, हालांकि उदार लोकतंत्र के कुछ विचारक गरीब और अभिजात वर्ग के बीच समानता से प्रसन्न नहीं थे। इसके अलावा, उनकी दृष्टि में आजादी और लोकतंत्र सिर्फ पश्चिम तक सीमित रखा जाने वाला मामला था। उन्हें उपनिवेशित देशों में इन धारणाओं को लागू करने पर आपत्ति थी।

एक जनतांत्रिक समाज में समानता का व्यापक अर्थ है—राजनीतिक समानता, नागरिक समानता, आर्थिक समानता एवं सामाजिक समानता। उसी प्रकार स्वतंत्रता के भी नागरिक स्वतंत्रता, अभिव्यक्ति की स्वतंत्रता, आर्थिक स्वतंत्रता, धार्मिक स्वतंत्रता, हर तरह के भेदभाव एवं हर तरह के शोषण से स्वतंत्रता आदि कई रूप हो सकते हैं। न्याय का अर्थ है कानून, समाज और आर्थिक व्यवस्था द्वारा हर मामले में न्याय। 26 जनवरी 1950 को आत्मार्पित हुए भारतीय संविधान की प्रस्तावना जनतांत्रिक दर्शन को स्पष्टतया व्याख्यायित करती है।

कोई जनतंत्र तभी सफल है जब इसके भाव व्यक्ति के दैनिक जीवन, परिवार और समाज में दिखाई दें और व्यक्ति अपना सर्वोत्तम राष्ट्र को दे। लोकतंत्र के मूल्य हैं आजादी, सदाचार, न्याय, बंधुत्व, विवेकशीलता और समता। लोकतंत्र वहीं खोखला हुआ जहां इन मूल्यों की अवहेलना हुई या इनके लिए अनुकूल परिस्थितियां तैयार नहीं की गईं। जनतंत्र न केवल एक शासन पद्धति है बल्कि यह एक सामाजिक दर्शन और वैयक्तिक जीवन दृष्टि भी है।

जनतंत्र की आलोचना : शासन प्रणाली और समाज व्यवस्था, इन दोनों जगहों पर जनतंत्र ने अपना आदर्श रूप पा लिया है, इस पर मतभेद है। जनतांत्रिक व्यवस्थाएं आलोचना से सर्वथा परे नहीं हैं। देखा जाता है कि समुचित शिक्षा और सजगता के अभाव में सामान्य जनता सर्वत्र इतनी विवेकवान नहीं होती कि अपने प्रतिनिधियों का सही चुनाव कर सके। जिस बहुमत के तर्क से शासन चलता है, उसे सर्वथा सत्य मानकर चलने के भी अपने संकट होते हैं। जार्ज बर्नार्ड शॉ ने अपनी शैली में कहा है, 'लोकतंत्र एक बड़ा गुब्बारा है जिसे गैस व गर्म हवा भर कर ऊपर उड़ा दिया जाता है ताकि हम आकाश की ओर देखते रहें और उसी समय दूसरे लोग हमारी जेबें साफ कर दें।' (एडवर्ड बर्न्स द्वारा 'आइडियाज इन कंफ्लिक्ट' में उद्धृत)। एक मत यह है कि सच्चा जनतंत्र केवल समाजवादी व्यवस्था में संभव है। पूंजीवादी व्यवस्था आर्थिक और सामाजिक विकास की जितनी दावेदारी करे, चूंकि आर्थिक विषमता

और हिंसा उसकी प्रकृति में है, इसलिए उसमें सच्चा जनतंत्र कभी स्थापित नहीं हो सकता।

सामंती व्यवस्था की तुलना में पूंजीवादी जनतंत्र ऐतिहासिक दृष्टि से एक प्रगतिशील पड़ाव माना जाता है, लेकिन पूंजीवादी जनतंत्र का अधिकांश कार्य व्यापार अफसरों और नौकरशाहों द्वारा इस तरह परिचालित होता रहा है कि न सबको समानता के अधिकार मिल पाते हैं, न मानवीय आत्मसम्मान के साथ जीने के अवसर। समाज में वर्चस्व, भेदभाव और हिंसा के नए-नए रूप दिखाई पड़ने लगते हैं। औपचारिक रूप से अधिकारों की घोषणा हो जाती है, पर व्यावहारिक रूप में राजनीतिक दल और प्रतिनिधिमूलक संस्थाएं कुछ खास लोगों के हितों को पूरा करने के औजार का काम करती हैं। इसलिए सच्चा जनतंत्र नागरिक समाजों की सतत सजगता पर निर्भर करता है। समाजवादी विचारक पूंजीवादी व्यवस्था में जनतंत्र के चरित्र पर शंकाएं व्यक्त करते रहे हैं, पर समाजवादी सोच रखने वाले लोगों के हाथों में सत्ता जाने पर भी सच्चे जनतंत्र का अभाव बना रहा है।

दुनिया में वयस्क मताधिकार का इतिहास अभी सौ साल भी पुराना नहीं है। यह नागरिकों की समानता और लोकतंत्र का अब तक का सबसे बड़ा प्रतीक है। जनतंत्र के सबसे बड़े राजनीतिक उत्सव 'चुनाव' में 51 प्रतिशत मत किसी दल या गठबंधन को सत्ता में जाने की वैधता प्रदान कर देता है, हालांकि 51 प्रतिशत बहुमत भी अब किसी भी राजनीतिक दल के लिए स्वप्न है। 40 प्रतिशत तक पहुंचना मुश्किल हो जाता है और इससे कम जनमत पा कर भी सरकारें बनती हैं। वैश्वीकरण के युग में बाजार अर्थव्यवस्था का लोकतंत्र पर पड़े प्रभाव, समाज के भीतर बढ़ी आर्थिक विषमता, सांस्कृतिक आधिपत्य-प्रतिआधिपत्य के राजनीतिक प्रयासों, विचारधारा के संकट और राजनीतिक व्यक्ति पूजा की बढ़ी महत्ता से सवाल उठा है कि सैकड़ों साल के संघर्ष के बाद पाए गए जनतंत्र में जनतंत्र कितना सुरक्षित है। क्या जनतंत्र के बिना सर्वांगीण सामाजिक उन्नति संभव है?

राजेंद्र कुमार, रणेंद्र

अधिक जानकारी के लिए :

1. **समाज दर्शन :** सत्यपाल गौतम, 2001, 2. **The Idea of Democracy :** David Copp, Jean Hampton, John E Roemer (ed.) : 1995, 3. **Multi-Culturism: Libralism and Democracy :** Amiya Bagchi, R Sudarsan, Rajiv Bhargava (ed.)

जनपदीय आंदोलन

1940 के दशक में जनपदीय आंदोलन हिंदी में एक प्रभावशाली साहित्यिक सांस्कृतिक आंदोलन के रूप में उभरा। सबसे पहले बनारसी दास चतुर्वेदी ने 'विशाल भारत' के फरवरी और मार्च 1934 के अंकों में लेख लिखकर इसका बीज बोया। फरवरी के लेख में उन्होंने हिंदी साहित्य सम्मेलन के विभिन्न प्रांतीय सम्मेलनों का सुझाव दिया और उदाहरण के तौर पर ब्रज, अवध और बुंदेलखंड में साहित्य मंडलों की संभावना का संकेत दिया। मार्च वाले लेख में उन्होंने प्रस्ताव किया, 'अब समय आ पहुंचा है जबकि हमें साहित्य क्षेत्र का विभाजन छोटे-छोटे प्रांतों में करना चाहिए, उदाहरणार्थ–ब्रज साहित्य मंडल, बुंदेलखंड साहित्य परिषद, अवध साहित्य सम्मेलन इत्यादि।' हिंदी साहित्य सम्मेलन के दिल्ली अधिवेशन में इस प्रकार का एक प्रस्ताव पारित भी हो गया। जनपदीय आंदोलन की असली शुरुआत 10 मार्च 1940 से माननी चाहिए जब कुंडेश्वर में ब्रज और बुंदेलखंड के कार्यकर्ताओं की एक बैठक में जनपदीय कार्यक्रम को बल देने का निर्णय लिया गया। 1940 की शरत पूर्णिमा को मथुरा में ब्रज साहित्य मंडल की स्थापना हुई। वासुदेव शरण अग्रवाल अध्यक्ष, सत्येंद्र प्रधानमंत्री, जगदीश प्रसाद चतुर्वेदी और गोपाल प्रसाद व्यास संयुक्त मंत्री चुने गए। 1940 के अक्टूबर में टीकमगढ़ से 'मधुकर' नाम की पाक्षिक पत्रिका निकली जो आगे चलकर जनपदीय आंदोलन के मुखपत्र जैसी बन गई। उसके आरंभिक 11 अंकों को देखकर वासुदेव शरण अग्रवाल ने लिखा, 'हर्ष है कि भारतीय जनपदों की प्राचीन परंपरा को, 'मधुकर' जैसा उत्साही और जीवित उपासक मिला। मेरा

विश्वास है कि भारतीय संस्कृति की जो थाती अब तक बची है उसका निवास हमारे जनपदों में ही है। हमारे पुरातन आचार, धार्मिक विचार, संस्था, भाषा और बहुमुखी जीवन का अटूट प्रभाव भारतीय ग्राम तथा उनके समुदाय जानपद रत्नों की सामग्री जनपदों में सुरक्षित है।'

वासुदेव शरण अग्रवाल ने जनपदीय आंदोलन को दार्शनिक आधार दिया। पृथिवी सूक्त का संदर्भ लेकर उन्होंने इस आंदोलन को एक उदात्त और समग्र रूप दिया जिसके तीन आयाम हैं—1. भूमि, 2. भूमि पर रहने वाला जन, और 3. जन की संस्कृति। उनकी दृष्टि में जनपदीय आंदोलन के भीतर उपर्युक्त तीनों आयामों में आने वाले सभी विषय शामिल थे। यह अपने देश, अपनी जनता और उसकी बहुरंगी सांस्कृतिक समृद्धि के प्रगाढ़ परिचय और संपर्क बनाने का कार्यक्रम था, 'यदि एक संगठित और व्यवस्थित रीति से पांच वर्ष तक इस प्रकार कार्य होगा तो आशा है कि देश और जनता के वास्तविक जीवन के साथ हम गाढ़ा परिचय प्राप्त कर सकेंगे।' उन्होंने इसके लिए विभिन्न समितियां बनाने का प्रस्ताव किया था जैसे—भाषा संस्कृति, भूगोल या देश दर्शन समिति, पशु-पक्षी समिति, वृक्ष वनस्पति समिति, ग्राम गीत समिति, जनविज्ञान समिति, संस्कृति और साहित्य समिति, खनिज पदार्थ और कृषि उद्योग समिति आदि।

इसी समय कृष्णानंद गुप्त ने ओरछा नरेश वीर सिंह जूदेव की आर्थिक सहायता से लोक साहित्य और लोक संस्कृति के वैज्ञानिक अध्ययन को आगे बढ़ाने के लिए 'लोकवार्ता परिषद' (फोकलोर सोसाइटी) की स्थापना की और टीकमगढ़ से 'लोकवार्ता' नाम की त्रैमासिक पत्रिका निकाली। 'बुंदेलखंडी विश्वकोश' संपादित करने की योजना बनी। लेकिन बनारसी दास चतुर्वेदी की रुचि जनपदीय अध्ययन, अनुसंधान से अधिक राजनीतिक और सांगठनिक कार्यों की ओर होती गई। उन्होंने 'साहित्य क्षेत्र में विकेंद्रीकरण' शीर्षक लेख लिखकर हिंदी साहित्य सम्मेलन को प्रयाग में केंद्रित रहने के बजाय जनपदीय उपकेंद्रों में विकेंद्रित करने का नारा दिया। टीकमगढ़ से 'मधुकर' कार्यालय द्वारा बुंदेलखंड की 33 रियासतों और उत्तर प्रदेश तथा मध्य प्रदेश के संलग्न क्षेत्रों को मिलाकर बुंदेलखंड प्रांत बनाने का नारा बुलंद हुआ। इस राजनीतिक मांग के कारण जनपदीय आंदोलन के शुद्ध सांस्कृतिक कार्यक्रम और उद्देश्य पर भी अनेक दिशाओं से संदेह प्रकट किया जाने लगा।

इसी समय राहुल सांकृत्यायन ने एक अत्यंत विवादास्पद लेख लिखा—'मातृभाषाओं का प्रश्न'। इस लेख को भी मधुकर कार्यालय के द्वारा समाचार-पत्रों में प्रचारित कराया गया। एक तरह से राहुल जी ने बनारसी दास चतुर्वेदी से भी पहले जनपदों की ओर ध्यान खींचा था। उन्होंने 'गंगा' के पुरातत्वांक (जनवरी 1933) में एक लेख लिखा था—'हिंदी के स्थानीय भाषाओं के बृहत् संग्रह की आवश्यकता।' जनपदीय बोलियों के अध्ययन और उनके संग्रह की आवश्यकता पर जोर देने वाला यह पहला लेख था। उनकी ईमानदारी संदेह के परे है। 'मातृभाषाओं का प्रश्न' शीर्षक लेख में उन्होंने हिंदी की बोलियों को शिक्षा और प्रशासन का माध्यम बनाने की वकालत की, उन्हें कचहरियों, जिला परिषदों और प्रारंभिक पाठशालाओं से लेकर महाविद्यालयों तक में बरतने का प्रस्ताव किया। उन्हीं के शब्दों में, 'जनता की भाषा जब घर की मालकिन बनेगी तभी जनता घर की मालकिन बन सकती है।'

इतना ही नहीं, उन्होंने समूचे भारत को, स्थानीय बोलियों के क्षेत्रों को जनपदीय इकाई मानते हुए 73 प्रांतों में बांट देने का सुझाव दिया था। इसके लिए उन्होंने सोवियत संघ के रूस, बेलारूस, उक्रेन, जार्जिया आदि प्रांतों का उदाहरण दिया था। राहुल जी का यह सुझाव कितना अवैज्ञानिक था, इसे समझने के लिए एक ही उदाहरण पर्याप्त होगा—उन्होंने भोजपुरी क्षेत्र तक को कर्मशिक्षा, मल्लिका आदि चार प्रांतों में बांट दिया था। स्वभावतः कम्युनिस्ट पार्टी के अंदर और बाहर व्यापक हिंदी जगत में उनके इस विचार का विरोध हुआ। पृथकतावादी मांगों के उस दौर में बनारसी दास चतुर्वेदी से लेकर राहुल जी तक के

इस प्रकार के प्रस्तावों को शक की निगाह से देखा गया, विवाद हुए और कई लोगों ने जनपदीय आंदोलन को हिंदी और राष्ट्र की एकता को कमजोर करने वाला बताया और उस पर कठोर आपत्तियां दर्ज कीं।

शिवदान सिंह चौहान ने प्रगतिशील लेखक संघ (संयुक्त प्रांत) की काउंसिल के आगे 5 नवंबर को जनपद आंदोलन पर अपनी रिपोर्ट प्रस्तुत की जिसमें वासुदेव शरण अग्रवाल की जनपद-कल्याणी योजना की आलोचना और चतुर्वेदी की विकेंद्रीकरण की विचारधारा का समर्थन था। उन्होंने जनपद को अवधारणा को जाति (नेशन) की अवधारणा से मिला दिया, हिंदी को 'जनपदीय भाषाओं का कारागार' करार दे दिया और 'जातियों के आत्मनिर्णय के अधिकार' के सिद्धांत के अनुसार जनपदीय भाषाओं के प्रश्न को हल करने का विचार प्रस्तुत किया। इससे राहुल जी के विचार को समर्थन मिला। 'जातियों के आत्मनिर्णय के अधिकार' के नाम पर पाकिस्तान की मांग तक का जो समर्थन किया गया उससे भी पता चलता है कि इस सिद्धांत को और रूसी मॉडल को समझने में भारी भूल हुई। रामविलास शर्मा ने राहुल जी और शिवदान सिंह चौहान के प्रस्ताव की प्रखर आलोचना की और हिंदी जाति तथा उसकी जातीय भाषा हिंदी के विचार को आगे बढ़ाया।

तमाम विरोध और आलोचना–आशंका–आपत्तियों के बावजूद जनपदीय आंदोलन के विचार का प्रभाव हिंदी जगत पर पड़ा। हरिद्वार सम्मेलन में हिंदी साहित्य सम्मेलन के अध्यक्ष माखन लाल चतुर्वेदी ने इसका समर्थन किया। वासुदेव शरण अग्रवाल की जनपदीय योजना के अनुसार अध्ययन के लिए एक समिति भी बनी, हालांकि समिति ने कुछ किया नहीं। अप्रैल 1952 में हाथरस में आयोजित ब्रज साहित्य मंडल के अधिवेशन में 'हिंदी जनपदीय परिषद' की स्थापना हुई, आचार्य नरेंद्र देव अध्यक्ष हुए और वासुदेव शरण अग्रवाल और चतुर्वेदी जी उपाध्यक्ष। काशी हिंदू विश्वविद्यालय से 'जनपद' नाम की एक अत्यंत महत्वपूर्ण पत्रिका अग्रवाल और हजारी प्रसाद द्विवेदी की देखरेख में निकली। हिंदी साहित्य सम्मेलन ने लोक साहित्य पर अनेक पुस्तकें छापीं। उदय नारायण तिवारी, कृष्णदेव उपाध्याय, देवेंद्र सत्यार्थी, सत्येंद्र, रामनारायण उपाध्याय, श्याम परमार, कृष्णानंद गुप्त आदि ने इस दिशा में ऐतिहासिक महत्व के कार्य किए। अनेक जनपदों का विस्तृत इतिहास लिखा गया। विभिन्न बोलियों के लोक साहित्य का संग्रह, संपादन और अध्ययन किया गया। हिंदी के प्रसिद्ध साहित्यकारों ने अपनी-अपनी बोलियों में साहित्य की रचना की, जैसे–राहुल जी ने भोजपुरी में, नागार्जुन ने मैथिली में, केदारनाथ अग्रवाल ने बुंदेली में, रामविलास शर्मा और त्रिलोचन ने अवधी में। जनपदीय बोलियों की शब्दावली और शैली में राहुल जी ने 'भागो नहीं दुनिया को बदलो' जैसी रचना दी। जनाधीन आंदोलन ने लेखकों–कवियों का ध्यान गांव-देहात के लोक जीवन, लोकभाषा, लोक संस्कृति की ओर खींचा। उत्तर प्रदेश में 'जिला' के लिए 'जनपद' शब्द चल पड़ा।

अवधेश प्रधान

अधिक जानकारी के लिए :

1. **पृथ्वी** : वासुदेव शरण अग्रवाल, 2. **'मधुकर'** का जनपद-अंक, 3. **ज्ञानतरंगिणी** (शिवप्रसाद विद्यामंदिर इंटर कॉलेज, बक्सर की पत्रिका) का 'जनपदीय अंक', 4. **वासुदेव शरण अग्रवाल के पत्र** : वृंदावन दास

जनप्रिय प्रेमगाथाएं

जनमानस में कुछ ऐसी प्रेम गाथाएं प्रसिद्ध हैं जो आज भी बड़े आदर से कही-सुनी जाती हैं। ऐसी कथाएं हूबहू सच न हों, पर ये कवि द्वारा कुशलता से कही जाकर जनमानस में अपनी गहरी जगह बना लेती हैं और लोग इन्हें सच मानने लगते हैं। एक समानता प्राय: सभी प्रेम गाथाओं में नजर आती है, वह है इनका दुखांत होना। प्रेमी जोड़े समाज की विपरीत परिस्थितियों का सामना करते हुए मिलन के करीब पहुंच कर भी मिल नहीं पाते। कोई न कोई बाधा खड़ी हो जाती है और कथा का अंत सुखद होते-होते

अचानक त्रासद हो जाता है। संभवतः विरह की यह पीड़ा और अतृप्ति ही इन कथाओं को अविस्मरणीय बना देती है। इसमें यह पुरानी धारणा भी प्रतिध्वनित होती है कि सच्चे प्रेम की परिणति शारीरिक मिलन में न होकर आत्मिक मिलन में है। ऐसी प्रेम कथाओं में प्रेमी और प्रेमिका दोनों की मृत्यु पाठकों और श्रोताओं के दिलोदिमाग को गहराई से प्रभावित करती हैं। प्रेम कथाओं में हीर-रांझा, शीरीं-फरहाद, अलिफ-लैला, सोहणी-महिवाल, शशि-पुन्नू आदि ज्यादा प्रसिद्ध हैं। गौर करने की बात है कि पंजाब, सिंध, राजस्थान आदि पश्चिमोत्तर क्षेत्रों की लोक कथाएं ज्यादा लोकप्रिय हुईं।

हीर-रांझा : पंजाब की प्रसिद्ध और अमर प्रेम कथाओं में एक है हीर-रांझा की कहानी। यह गीतात्मक है और पंजाब में बड़े दर्द और खसूस के साथ कही-सुनी जाती है। चिनाब नदी के एक किनारे हीर रहती थी तो दूसरे किनारे पर रांझा का निवास था। हीर का जन्म झंग शहर में जाटों की सियाल उपजाति के एक अमीर परिवार में हुआ था। धीदो रांझा तख्ते हजारा नामक जगह पर निवास करनेवाले जाट परिवार के रांझा उपजाति के चार भाइयों में सबसे छोटा था। वह सांसारिक जिम्मेदारियों से दूर बांसुरी बजाते हुए अपने कल्पना जगत में डूबा रहता था। एक दिन वह नाराज होकर घर छोड़कर निकल गया और घूमते-घामते हीर के गांव पहुंचा। अनुपम सुंदरी हीर को देखकर वह उससे प्रेम करने लगा। हीर को भी उस पर प्यार आ गया और उसने अपने पिता से कहकर रांझा को मवेशियां चराने का काम दिला दिया। हीर उसके लिए भोजन और स्वादिष्ट पकवान लेकर जंगल जाने लगी। बांसुरी की धुन पर उनका प्रेम परवान चढ़ने लगा। हीर के ईर्ष्यालु चाचा कैदो के भड़काने पर हीर के पिता और माता ने हीर की शादी रंघपुर निवासी खेडा जाति के युवक सैदा से कर दी। हीर न रांझा को भुला पाती और न गृहस्थी में रम पाती। दूसरी ओर, रांझा भी हीर की याद में जोगी बन जाता है और एक दिन हीर के ससुराल वाले गांव जा पहुंचता है। एक-दूसरे को सामने पाकर उनकी मिलने की इच्छा तीव्र हो जाती है। हीर अपनी ननद की मदद से रांझा के साथ भाग जाती है।

कई कठिनाइयों का सामना करने के बाद हीर के माता-पिता हीर और रांझा की शादी के लिए राजी हो जाते हैं लेकिन चाचा कैदो शादीवाले दिन हीर के खाने में जहर मिला देता है। हीर की तबियत बिगड़ने की सूचना पाकर रांझा उसे बचाने दौड़ता है पर तब तक हीर मौत की नींद सो चुकी होती है। विक्षिप्त रांझा खुद भी वही जहरीला भोजन खाकर जान दे देता है। दोनों के शव को हीर के शहर झंग में एक साथ दफना दिया जाता है। उनकी दुखद प्रेमकहानी की पीड़ा पंजाबी साहित्य में बड़े मार्मिक रूप में व्यक्त हुई है। तकरीबन 30 तरह के किस्से हीर या हीर-रांझा के नाम से प्रसिद्ध हैं। इन किस्सों में सर्वाधिक प्रसिद्ध है वारिस शाह का 'हीर'। बैत छंद में लिखी वारिस शाह की कविता 'हीर' जब गाई जाती है, सुननेवाले रो पड़ते हैं। एक धारणा है कि पहले कथा सुखांत थी, पर यह दुखांत बना दी गई।

चेतन आनंद ने 1970 में 'हीर-रांझा' पर फिल्म बनाई। इसका पूरा संवाद कविता या शायरी में है।

शीरीं-फरहाद : फारस की इस प्रेम गाथा का नायक फरहाद एक शिल्पकार है जो उस देश की राजकुमारी शीरीं से मुहब्बत करता था। राजकुमारी उसके प्रेम से अनजान थी। निराश फरहाद पहाड़ों पर जा कर रहने लगा था। वह बांसुरी पर दर्द भरी धुनें बजाते हुए राजकुमारी के प्रेम में गीत गाता। उसके दर्दीले गीतों और धुनों के बारे में सुनकर राजकुमारी उससे मिली और वह भी उसके प्रेम में डूब गई। बादशाह के कानों तक इस प्रेम की अनुगूंज पहुंची। उसे यह कतई मंजूर नहीं था कि उसकी बेटी एक आम आदमी से शादी करे। वह बुद्धिमान था। उसने सीधे मना नहीं किया लेकिन फरहाद के सामने एक शर्त रख दी जिसे पूरा कर पाना आम आदमी के वश की बात न थी। शर्त थी कि फरहाद अगर पहाड़ों के बीच से चट्टानों में नहर खोद दे तो वह शीरीं का ब्याह उससे कर देगा। प्रेम ने फरहाद के मन में ही नहीं बांहों में भी अपार शक्ति भर दी। उसने नहर खोदने का

काम शुरू कर दिया। उसकी अथक मेहनत और प्रगति को देखकर बादशाह को लगा कि कहीं फरहाद अपने काम में सफल न हो जाए। नहर पूरी होने को थी। घबराए बादशाह ने साजिश के तहत एक बूढ़ी औरत को शीरीं की झूठी मौत की खबर देने के लिए फरहाद के पास भेजा। उसने फरहाद के पास जा कर कहा कि जिसके लिए तुम इतनी मेहनत कर रहे हो वह तो मर चुकी है। यह सुनकर निराश फरहाद ने अपने औजारों से ही अपनी जान ले ली। नहर तब तक खुद चुकी थी, लेकिन उसमें पानी की जगह फरहाद का लहू बह रहा था। फरहाद की मौत की खबर सुनकर शीरीं ने भी जान दे दी। अस्पी ईरानी ने 1956 में मधुबाला और प्रदीप कुमार की मुख्य भूमिकाओं वाली फिल्म 'शीरीं फरहाद' बनाई थी।

अलिफ-लैला : यह अरब पृष्ठभूमि पर आधारित कथा है जो अंग्रेजी में अरेबियन नाइट्स और हिंदी में दास्ताने अलिफ लैला के नाम से मशहूर है। यह वस्तुतः एक कहानी नहीं बल्कि कई कहानियों का एक गुलदस्ता है। अरबी में अल्फ का मतलब होता है हजार और लैला का मतलब रात, अर्थात एक हजार एक रात की कहानियों का गुच्छा। ये कहानियां जीवन के लिए संघर्ष और मनुष्य की अदम्य जिजीविषा की कहानियां हैं।

अरब देश का बादशाह शहरयार अपनी पत्नी की बेवफाई के कारण उसे मौत के घाट उतार देता है। उसे लगता है कि दुनिया की हर औरत बेवफा और धोखेबाज होती है और मौका पाते ही अपनी बेवफाई का रंग दिखाती है। इस कारण वह एक अजीब फैसला करता है। वह तय करता है कि हर रात एक शादी करेगा और दूसरे ही दिन अपनी पत्नी को मौत के घाट उतार देगा। वह ऐसा करता भी है। प्रजा में त्राहि-त्राहि मच जाती है। बादशाह से अपनी बेटी की शादी करने से कोई मना नहीं कर सकता था।

शहरयार के वजीर की दो बेटियां थीं शहरजाद और दुनियाजाद। दोनों साहसी और बुद्धिमान थीं। वे ठान लेती हैं कि इस कत्लेआम को बंद करके रहेंगी। शहरजाद अपने पिता के सामने राजा से शादी करने की इच्छा व्यक्त करती है। वजीर पहले इसके लिए तैयार नहीं होता, पर शहरजाद के समझाने पर राजी हो जाता है। बादशाह को वजीर के प्रस्ताव पर आश्चर्य होता है पर उसे तो शादी करनी ही थी, अतः शादी हो जाती है। शादी की रात शहरजाद राजा से प्रार्थना करती है कि वह मरने से पहले अपनी बहन दुनियाजाद से मिलना चाहती है। उसके रूप और गुणों पर मुग्ध राजा उसकी बात मान लेता है। दुनियाजाद अपनी दीदी से कहती है कि चूंकि अगली सुबह वह मरनेवाली है, इसलिए उसे अंतिम कहानी सुना दे। शहरयार खुद भी कहानियां सुनने का शौकीन था, अतः वह कहानी सुनाने की अनुमति दे देता है।

शहरजाद कहानी शुरू करती है और ठीक सुबह होने से पहले कहानी को एक ऐसे रोचक मोड़ पर लाकर छोड़ देती है, जब सबकी उत्सुकता चरम पर होती है। बादशाह कहानी का अंत जानना चाहता है, इसलिए शहरजाद की मौत एक दिन के लिए टाल देता है। अगली रात वह कहानी खत्म होती है लेकिन उस कहानी में से दूसरी कहानी निकल आती है जिसे फिर से शहरजाद चरम बिंदु पर लाकर छोड़ती है। इस तरह कहानी में से कहानी निकलती जाती है और शहरजाद का कत्ल भी टलता जाता है। ऐसे ही कहानियां कहते-सुनते एक हजार रातें बीत जाती हैं। शहरजाद और बादशाह के बीच प्रेम और विश्वास का संबंध पनपने लगता है और शहरजाद बादशाह के तीन बच्चों की मां भी बन जाती है। एक हजार एक रात को शहरजाद अपनी कहानी खत्म कर अपनी तकदीर का फैसला बादशाह पर छोड़ती है। अब तक न केवल बादशाह को उससे प्रेम हो गया था बल्कि यह अहसास भी हो गया था कि दुनिया की सारी औरतें एक-सी नहीं होतीं और वे बेवफाई की तस्वीर नहीं बल्कि प्रेम और विश्वास की मूरत होती हैं। बादशाह शहरजाद को पूरे मन से अपना लेता है और जवान औरतों के कत्लेआम का सिलसिला हमेशा के लिए खत्म हो जाता है।

सोहनी-महिवाल : पंजाब की प्रेम गाथाओं में एक है सोहनी-महिवाल की कथा। कहा जाता है कि

यह कहानी मुगल साम्राज्य के अंतिम दौर की है। चिनाब नदी के तट पर रहनेवाले तुला कुम्हार की बेटी थी सोहनी। वह अपूर्व सुंदरी थी। पिता मिट्टी के बर्तन बनाता और वह बड़े मनोयोग से उन बर्तनों पर खूबसूरत चित्रकारी करती थी। उजबेकिस्तान के बुखारा शहर का एक धनी व्यापारी इज्जत बेग सोहनी के सौंदर्य पर मोहित हो गया। वह रोज अपनी जेब में सोने की मोहरें भरकर मिट्टी के बर्तन खरीदने के लिए आने लगा। सोहनी भी उसकी ओर आकर्षित हो गई। प्रेम में डूबे इज्जत बेग के सारे पैसे जब बर्तन खरीदते-खरीदते समाप्त हो गए तब भी वह अपने शहर वापस नहीं गया और छोटे-मोटे काम करने लगा। अंततः वह सोहनी के पिता के घर में भैंसें चराने का काम करने लगा। पंजाब में भैंसों को महिया कहा जाता है, अतः इज्जत बेग का नाम महियावाला और अंततः महिवाल पड़ गया। सोहनी और महिवाल के प्रेम के किस्से हवाओं में तैरने लगे।

तुला कुम्हार ने बदनामी के डर से सोहनी की शादी एक कुम्हार से कर दी। प्रेम और विरह की आग में जलता हुआ महिवाल दीन-दुनिया भूलकर फकीर हो गया। लेकिन सोहनी ने उसे भरोसा दिया कि वह उसकी है और सदा उसी की रहेगी। दोनों प्रेमी पहले की तरह मिलने लगे। रात के समय जब सारी दुनिया सोती तो सोहनी चिनाब के इस किनारे महिवाल का इंतजार करती जो दरिया पार कर उससे मिलने आता। एक बार जब महिवाल बीमार पड़ा तो सोहनी पक्के घड़े की मदद से तैरकर नदी के उस पार महिवाल से मिलने जाने लगी। सोहनी की ननद को इस किस्से की भनक मिल गई। एक रात ईर्ष्यालु ननद ने पक्के घड़े की जगह कच्चा घड़ा रख दिया। नदी पार करते समय सोहनी डूब गई। महिवाल उसे बचाने के लिए पानी में कूदा और वह भी डूब गया। उफनते दरिया ने दोनों प्रेमियों को अपने आगोश में ले लिया। इस तरह यह दुखद प्रेम कथा अमर हो गई।

सस्सी-पुन्नू : सिंध की धरती पर भंबोर के राजा के घर लंबे इंतजार और मन्नतों के बाद एक रूपवती कन्या का जन्म हुआ। राज ज्योतिषी ने घोषणा की कि बड़ी होकर यह लड़की एक अनोखे प्रेम पाश में बंधेगी। सुनते ही राजा और उसके सभासदों के चेहरे स्याह पड़ गए। लड़की कुल में दाग लगाए यह उन्हें स्वीकार न था। राजा ने बेटी को मारने का फरमान जारी कर दिया। मंत्री ने राजा को ऐसा करने से रोका और एक संदूक में लड़की के साथ ढेर सारा सोना रखकर उसे नदी में बहा दिया। एक धोबी को वह संदूक मिला और वह उस लड़की को पालने लगा। उसका चांद-सा रूप देखकर उसका नाम शशि रखा गया जो लोकभाषा में सस्सी हो गया। लड़की के रूप सौंदर्य की चर्चा चारों ओर फैलने लगी। यहां तक कि अधेड़ राजा ने उसके अपूर्व सौंदर्य का बखान सुनकर कुम्हार के पास विवाह का प्रस्ताव भेजा। धोबी ने बताया कि यह उसकी बेटी नहीं है और उसके गले में जन्म के समय पड़ा हुआ ताबीज राजा को दिखा दिया। राजा ने अपनी बेटी को पहचाना और उसे अपने साथ महल ले जाने की इच्छा प्रकट की पर नाराज बेटी ने इंकार कर दिया। राजा ने धोबी के झोपड़े में ही सारी सुख-सुविधाएं जुटा दीं। सस्सी ने एक दिन बलूचिस्तान के राजा मीर अली के बेटे मीर पुन्नू खान की पत्थर की प्रतिमा राजा के बगीचे में देखी और उसके प्रेम में पड़ गई। उधर पुन्नू तक भी सस्सी के सौंदर्य की चर्चा पहुंच चुकी थी। वह व्यापार के बहाने रेगिस्तान पार करके भंबोर आया। सस्सी की झलक पाने के लिए उसने अपने कपड़े धुलने के लिए उसके धोबी पिता के घर भेजे। सस्सी और पन्नू ने एक दूसरे को देखा और प्रेम के अटूट बंधन में बंध गए। उनके बीच धर्म, जाति और ऊंच-नीच की मजबूत दीवारें टूट गईं।

पुन्नू ने सस्सी के धोबी पिता के पास शादी का प्रस्ताव भेजा लेकिन पिता ने पुन्नू को साबित करने के लिए कहा कि वह अच्छी तरह कपड़े धो सकता है या नहीं, क्योंकि वह एक धोबी की बेटी से शादी करने जा रहा है। राजा का बेटा कपड़े धोने बैठा और सारे कपड़े फाड़ डाले। लेकिन फटे कपड़ों की जेबों में सोने की मोहरें भरकर उसने धोबी को दिया। उसे शादी की मंजूरी मिल गई। इधर शादी

की तैयारियां हो रही थीं, उधर पुन्नू की मां अपने बेटे के बिछोह में बेहाल थी। उसने अपने और बेटों को पुन्नू को लाने के लिए भेजा। सस्सी ने पुन्नू के भाइयों का स्वागत पुन्नू के मना करने के बावजूद किया। भाइयों के इसरार करने के बावजूद जब पुन्नू उनके साथ जाने को राजी न हुआ तो भाइयों ने उसे खूब शराब पिलाई और बेहोशी की हालत में सस्सी को बिना बताए उसे अपने साथ लेकर चले गए। पुन्नू के वियोग में सस्सी का बुरा हाल था। पुन्नू का नाम रटते हुए दुल्हन के वेश में उसने रेगिस्तान पार कर पुन्नू से मिलने की ठान ली। माता-पिता के समझाने का उस पर कोई असर न पड़ा। वह जलते रेगिस्तान में नंगे पैरों उतर गई। रेत का जलता दरिया पार करते समय उसे एक चरवाहा मिला। सस्सी ने उससे पानी मांगा पर उसके अपूर्व सौंदर्य पर आसक्त चरवाहा उसे पाने के लिए झपटा। सस्सी ने देवताओं को मदद के लिए पुकारा। कहते हैं रेगिस्तान की धरती फट गई और सस्सी उसमें समा गई। उधर पुन्नू भी होश में आते ही सस्सी से मिलने के लिए चल पड़ा था। उसे राह में वही चरवाहा मिला जो उसे सस्सी की समाधि पर ले गया। दुख में पुन्नू के भी प्राण निकल गए।

कच्छ के रेगिस्तान में उनकी समाधि है जहां प्रेमी जोड़े अपने प्रेम की पूर्णता के लिए मन्नतें मांगते हैं। सूफी कवि शाह अब्दुल लतीफ ने इस दुखद प्रेमकथा का मार्मिक वर्णन किया है।

ढोला मारू : राजस्थान की धरती से एक लोकप्रिय प्रेमकथा है, ढोला मारू की कथा—वहां के लोकगीतों में आज भी इसकी चर्चा है। नायक ढोला एक तरह से प्रियतम के अर्थ का पर्याय बन गया है। इसलिए गीतों में प्रेमी या पति को ढोला या ढोलना कहकर संबोधित किया जाता है।

कथा के अनुसार नरवर के राजा नल के तीन साल के बेटे साल्हकुमार या ढोला का विवाह पूंगल (बीकानेर) क्षेत्र की राजकुमारी मारवाणी से हो गया। बाल विवाह होने के कारण दुल्हन ससुराल नहीं आई थी। बड़ा होकर ढोला बचपन की अपनी शादी भूल गया और उसकी दूसरी शादी हो गई। उधर मारवाणी बड़ी होकर अपने पति के वियोग में चिंतित रहने लगी। उसने और उसके माता पिता ने कई संदेशवाहक नरवर भेजे पर ढोला की दूसरी रानी उन संदेशवाहकों को सौतिया डाह के चलते मरवा डालती थी। उसने मारवाणी की सुंदरता के किस्से सुन रखे थे। वह नहीं चाहती थी कि उसका पति अपनी पहली पत्नी को पाकर उसे भूल जाए। एक दिन मारवाणी ने सपने में ढोला को देखा और उसके वियोग में मरणासन्न हो गई। उसकी मां ने इस बार एक चतुर व्यक्ति को संदेशवाहक बनाकर भेजा। मारवाणी ने उसे मार्मिक दोहे लिखकर गाने के लिए दिए।

संदेशवाहक याचक के रूप में नरवर पहुंचा और रात के समय जब घटाएं घिरी हुई थीं, राजा के महल के पास वह मल्हार गाने लगा। इन गीतों में उसने विरहाकुल स्त्री का दर्द उड़ेला था। इनमें पूंगल और मारवाड़ का नाम सुनकर ढोला को अपने बचपन की शादी और मारवाणी की याद आ गई। राजा उससे मिलने के लिए व्याकुल हो उठा। वह पूंगल जाने की तैयारी करता, पर दूसरी रानी मारवाणी कोई न कोई बहाना बनाकर उसे रोक देती। एक दिन राजा सबसे तेज ऊंट पर बैठ कर पूंगल के लिए निकल पड़ा। ढोला और मारवाणी का मिलन हुआ। कुछ दिन खुशी-खुशी ससुराल में बिताकर ढोला पत्नी को लेकर अपने राज्य के लिए चला। दोनों की मुश्किलें खत्म नहीं हुई थीं। रास्ते में मारवाणी को सांप ने काट लिया और उसकी मृत्यु हो गई। ढोला की वेदना और प्रार्थना से द्रवित होकर शिव-पार्वती ने मारवाणी को जीवित कर दिया। दोनों रास्ते पर आगे बढ़े, पर ढोला दो दुष्ट व्यक्तियों उमरा और सुमरा के षड्यंत्र का शिकार हो गया जो मारवाणी के लिए घात लगाए बैठे थे। वह उनकी आंखों में धूल झोंककर अंततः नरवर पहुंचा जहां दोनों खुशी-खुशी रहने लगे। इस प्रेमकथा में सौतिया डाह और नोक-झोंक का भी जिक्र है जिसका समाधान ढोला अपनी बुद्धि से करता है।

कवि कुशलाभ ने 'ढोला मारू रा दूल्हा' की रचना की थी :

ढाढी, एक संदेसड़उ, प्रीतम कहिया जाई।
सा धणि बलि कुइला भई भसम ढंढोलिसि आई।
ढाढी जे प्रीतम मिलई, यूं कहि दाखवियाह।
उंजर नहिं छई प्राणियउ, था दिस झल रहियाह।

रामकुमार वर्मा के अनुसार इस ग्रंथ की रचना सोलहवीं शताब्दी में हुई थी। यह रचना 'ढोला मालवी जी री बात' के नाम से भी प्रसिद्ध है। कई इतिहासकारों का मानना है कि जायसी के पद्मावत पर इस ग्रंथ का प्रभाव पड़ा था।

गीता दूबे

जनमत सर्वेक्षण

जनमत सर्वेक्षण (Public Opinion) किसी राज्य या समाज के लोगों की इच्छाओं, जरूरतों और विचारों को जानना या किसी खास मामले में उनका अभिमत लेना है। इस आशय के विचार पहली बार सतरहवीं सदी में जान लॉक द्वारा लाए गए थे, हालांकि मॉन्टेन 1588 में फ्रेंच भाषा में इस आशय के शब्द L'opinion का इस्तेमाल कर चुके थे। शहरीकरण के बाद जनमत की महत्ता बढ़ी और उम्मीद की जाने लगी कि लोकतांत्रिक होने का दावा करने वाली सरकार को कोई बड़ा कदम उठाने से पहले जनता की राय जान लेनी चाहिए। 2016 में इंग्लैंड में यूरोपियन यूनियन में रहने-न रहने के मामले में जनमत सर्वेक्षण हुआ था जिसमें बहुमत 'ब्रेग्जिट' के पक्ष में था। विभिन्न देशों में, भारत में भी, 'सेंपल टेस्ट' के रूप में अक्सर जनमत संग्रह होते हैं और चुनाव भविष्यवाणियां की जाती हैं, हालांकि इनके सही होने की गारंटी नहीं होती।

जनमत संग्रह मूलतः एक राजनीतिक कार्रवाई है। इसके प्रश्नों का संबंध प्रभुत्वशाली शासक वर्गों से जुड़ा होता है। यह भी घटना है कि किसी समाज में राय निर्मित की जाती है, वह मौजूद नहीं होती। यह भी कहा जाता है कि अक्सर प्रश्न ऐसे पूछे जाते हैं जिनसे मनोनुकूल उत्तर निकले। वे उत्तर किन्हीं खास हितों से जुड़े होते हैं। जिस मुद्दे पर जनमत संग्रह होता है, उस पर पक्ष-विपक्ष में पहले काफी बहस होती है। बहुत संभव है कि अधिकांश जनता उस बहस से दिग्भ्रमित हो या उसकी राय स्थापित कर दी गई राय से भिन्न हो। जनमत संग्रह में जनता को एक 'गणितीय आंकड़ा' मान लिया जाता है। जनता खुद अपनी राय नहीं बनाती बल्कि सामाजिक समूहों के अनुसार राय बनाती है। जनमत संग्रह में इन जटिलताओं के रहते हुए भी देखा गया है कि इतिहास में इसकी एक बड़ी भूमिका रही है। जनमत संग्रह आत्मनिर्णय का अवसर देता है। सर्वसत्तावादी सरकारों द्वारा उसका सूचना के एक महत्वपूर्ण स्रोत की जगह उपकरण के रूप में भी इस्तेमाल होता है। जनमत को विदेशी शक्तियां भी प्रभावित करती हैं और मीडिया की भी एक बड़ी भूमिका होती है। जनमत निर्माण नीचे से ऊपर की ओर न होकर साधारणतः ऊपर से नीचे की ओर रुख वाला होता है।

संजय जायसवाल

अधिक जानकारी के लिए :
1. **Crystalization of Public Opinion** : Edward Bernay, 1923, 2. **Degrees of Democracy : Politics, Public Opinion and Policies** : Sturart Suroka, Christopher Wlezien, 2013

जनमेजय

जनमेजय का अर्थ है लोगों पर धाक जमानेवाला। पांडुपुत्र अर्जुन के परपोते का नाम जनमेजय था। इनका वंशानुक्रम इस प्रकार है, अर्जुन, अभिमन्यु, परीक्षित और जनमेजय। बाल्यकाल में ही पिता की मृत्यु के कारण जनमेजय का बहुत कम आयु में राज्याभिषेक हुआ और वह हस्तिनापुर की गद्दी पर बैठा।

एक बार शिकार के समय राजा परीक्षित ने मनोरंजन के लिए मौनव्रती शमिक मुनि के कंधे पर

मृत सांप डाल दिया था। इससे क्रुद्ध होकर शमिक की पत्नी श्रृंगी ने परीक्षित को सर्पदंश के कारण मृत्यु का शाप दिया। कुछ समय बाद तक्षक नाग के काटने से राजा परीक्षित की मृत्यु हुई। जब जनमेजय राजा बना, उसे पिता की मृत्यु का कारण पता चला। जनमेजय ने सर्पकुल का नाश करने की प्रतिज्ञा की। इस उद्देश्य से उसने सर्पसत्र यज्ञ का आयोजन किया। जब यज्ञ शुरू हुआ तब एक-एक कर सभी सर्प मंत्रमुग्ध हो यज्ञकुंड में आ कर गिरने लगे। तक्षक नाग भयभीत होकर इंद्र के पास प्राणरक्षा के लिए गया। इंद्र के कहने पर नागराज वासुकि ने अपनी भगनी जरत्कारु से कहा कि तुम अपने पुत्र आस्तीक को सर्पकुल की रक्षा के लिए उद्यत करो। माता का आदेश पाकर आस्तीक ब्राह्मण वेश धारण कर जनमेजय के यज्ञ में उपस्थित हुआ। उसने कई तरह से जनमेजय की स्तुति की। जनमेजय ने प्रसन्न होकर आस्तीक से वर मांगने के लिए कहा। आस्तीक ने सर्पसत्र रोकने का वर मांगा। पहले जनमेजय इससे असहमत हुआ, लेकिन बाद में सभासदों के समझाने पर उसने आस्तीक को अभीष्ट वर दिया। इस तरह सर्पकुल की रक्षा हुई। (महाभारत, आदिपर्व)। जयशंकर प्रसाद की एक आरंभिक कविता है, 'जनमेजय का नागयज्ञ'।

श्रद्धांजलि सिंह

जनवाद

जनवाद शब्द का प्रचलन 1960 के दशक में हुआ, जब भारत का साम्यवादी आंदोलन विभाजन के कगार पर था। उस समय तक डिमोक्रेसी के लिए पारंपरिक शब्द लोकतंत्र था। जब इस शब्द के पीछे समाज के अनेक दल अपने-अपने ढंग से लामबंद होने लगे तो लोकतंत्र चुनी हुई सरकार का पर्याय बन गया, और इसका प्रयोग किसी भी नीति-क्रम और परिप्रेक्ष्य के लिए किया जा सकता था। लोकतंत्र को उसका मूल अर्थ वापस दिलाने के लिए जनवाद शब्द आविष्कृत हुआ, जो अंग्रेजी के 'पीपुल्स डेमोक्रेसी' का अनुवाद था। इस शब्द का सबसे पहले प्रयोग प्रेमचंद्र अपने उपन्यास 'प्रेमाश्रम' में कर चुके थे।

जनवाद के अंतर्गत जनता के हितों का तर्क प्रमुख होता है। यह देखा जाता है कि सरकार उन नीतियों के लिए सक्रिय हो जो शासकवर्गीय हितों से प्रेरित नहीं होतीं। यहां वर्ग विभाजन की अवधारणा काम करती है। गांव के संदर्भ में भूस्वामी तबका आधुनिकता के विरोध में खड़ा होता है और परंपरागत सोच का गढ़ माना जाता है। जाति विभाजन जितना भूस्वामियों के संदर्भ में देखने को मिलता है, उतना अन्य किसी संदर्भ में नहीं। तभी ग्रामीण क्षेत्र में लोकतंत्र या डिमोक्रेसी की कल्पना ही नहीं की जा सकती। गांव की जमीन से जुड़ा अधिकार तंत्र एक तरफ छोटे किसानों का शोषण जाति के आधार पर करता है और दूसरी तरफ, खेतिहर मजदूर को यह हक नहीं देता कि वह काम छोड़कर चुनावी प्रक्रिया में भागीदारी करे। बहुत सूक्ष्म तरीके से सरकारी अफसरों और कार्यकर्ताओं को धन, पद, कानूनी व्याख्याओं और जाति का हवाला देते हुए लोकतांत्रिक नीतियों के अधीन साधा जाता है। इस स्थिति में यह जरूरी हो जाता है कि लोकतांत्रिक नीतियों के स्थान पर जनवादी नीतियों की बात की जाए, जहां भूमि सुधारों पर बल देना संभव हो और किसान संगठनों के आधार पर आम जनता को राजनीति में सक्रिय किया जा सके।

जनवाद का राजनीतिक रूप समाजवाद से अलग होता है। जहां समाजवादी परिवर्तन प्रक्रिया का नायक औद्योगिक मजदूर होता है, उसी के वर्चस्व में संघर्ष चलाया जाता है, वहां जनवाद के अंतर्गत उस पूरे तबके को परिवर्तन का वाहक माना जाता है जो समय के साथ पूंजीवाद की गिरफ्त में आता जा रहा है, मसलन, मझोला और छोटा किसान, शहर का व्यापारी और दुकानदार, बीच के दर्जे का शिक्षित वर्ग आदि। जनवाद की अर्थ परिधि में यह व्याख्या दी जाती है कि ये तबके संभावना के स्तर पर पूंजीवाद के विरोध में खड़े हो सकते हैं, क्योंकि वहां इनके अस्तित्व को खतरा होता है। माना जाता

है कि धीरे-धीरे उनकी सामाजिक स्थिति औद्योगिक मजदूर के करीब आ जाएगी।

सिद्धांत के स्तर पर जनवाद और समाजवाद के बीच लक्ष्मण रेखा जैसी चीज स्वीकार नहीं की जाती। इसका कारण यह माना जाता है कि समाजवाद मूलतः अधिकार तंत्र के विरुद्ध होता है और डेमोक्रेसी उसकी भूमिका का हिस्सा है अर्थात परिवर्तन के नजरिए से विचार विमर्श, मतभेद, व्याख्या और विश्लेषण का सहारा लेकर अपेक्षित निष्कर्षों तक पहुंचना संभव भी है और श्रेयस्कर भी। इससे समाज के भीतर व्यापक सहमति बनती है। शहरी मजदूर और खेतिहर मजदूर से अलग मध्यवर्ग का व्यक्ति भी जनवाद के अंतर्गत अपनी भूमिका और पहचान अर्जित करता है।

व्यापक तौर पर जनवाद राजनीतिक प्रयोजन का हिस्सा माना जाता है, लेकिन समय के साथ इसमें कुछ अन्य सार्थक आयाम भी जुड़ते गए हैं। इनमें सबसे महत्वपूर्ण हैं संस्कृति और विचारधारा के पहलू। समझा जाता है कि जनवाद के ही कारण शिक्षा और साहित्य का क्षेत्र धीरे-धीरे राजनीतिक परिवर्तन की प्रक्रिया में पहले की बनिस्बत अधिक सक्रिय हुआ है। नई स्थिति में शिक्षा का क्षेत्र इसलिए चर्चा में नहीं आता कि वहां विचारों का प्रचार-प्रसार किया जाए और इस नीति पर काम करते हुए ऐतिहासिक समझ से युक्त विचारों का प्रभाव बढ़ाया जाए। इसके विपरीत, जनवाद ने शिक्षा के क्षेत्र को शोधधर्मी बनाया है। शिक्षा संस्थानों का वातावरण अब पुराने बंधनों से मुक्त होकर प्रयोग और आविष्कार पर बल देने लगा है। वहां सेमिनारों और बहस के सत्रों को अधिक रुचि से देखा जाता है। पहले यह बूर्जुआ संस्थानों के चरित्र का समकक्ष माना जाता था।

जहां तक साहित्य का संबंध है, जनवाद ने इस दायरे में भी अपना प्रभाव बढ़ाया है। परिणामतः साहित्य के रूप संबंधी सरोकारों पर पिछले दशकों में महत्वपूर्ण चर्चाएं हुई हैं और वहां पुरानी बहसों को नए परिभाषा विधान में ढालना संभव हुआ है। साहित्य की जनवादी श्रेणी यद्यपि समाजवादी यथार्थवाद का स्थानापन्न नहीं बनी है, लेकिन अनेक बूर्जुआ अवधारणाओं और साहित्यों के संपर्क में आ कर वहां नई ऊर्जा का संचार देखा जा सकता है। यह भी कहा जा सकता है कि 1970 के दशक में हुई आलोचनात्मक यथार्थवाद की व्याख्याएं और इधर उभरा सबाल्टर्नवाद असल में जनवाद के ही सीमित अथवा परिवर्द्धित रूप हैं।

आनंद प्रकाश

अधिक जानकारी के लिए :

1. **मार्क्सवाद और प्रगतिशील साहित्य :** रामविलास शर्मा,
2. **The Culture of People's Democracy : Hungarian Essays on Literature, Art and Democratic Transition :** Gyorgy Lukacs

जनवादी लेखक संघ

आपातकाल (1975-77) के दौरान जनवाद पर हुए हमलों ने और लेखकों के सबसे बड़े संगठन प्रगतिशील लेखक संघ (स्थापना वर्ष : 1936) द्वारा आपातकाल के समर्थन ने लेखकों के बीच जबर्दस्त असंतोष पैदा किया था। हिंदी और उर्दू के कई लेखक महसूस कर रहे थे कि लेखकों का एक ऐसा संगठन होना चाहिए जो जनवाद की रक्षा के लिए लेखकों और संस्कृतिकर्मियों को एकजुट करे। इसी जरूरत ने जनवादी लेखक संघ (अंजुमन जम्हूरियतपसंद मुसन्नफिन) की स्थापना की पृष्ठभूमि तैयार की थी। जनवादी लेखक संघ की स्थापना दिल्ली में फरवरी 1982 में हुई थी। इसके स्थापना सम्मेलन में विभिन्न राज्यों से 500 से अधिक हिंदी और उर्दू के लेखकों ने भाग लिया था। उर्दू के कथाकार काजी अब्दुल सत्तार ने इसका उद्घाटन किया था। इस अवसर पर एक घोषणापत्र और संगठन का संविधान स्वीकार किया गया। जनवादी लेखक संघ के संगठनात्मक ढांचे के अनुसार, राष्ट्रीय सम्मेलन के दौरान विभिन्न राज्यों से आए प्रतिनिधि केंद्रीय परिषद का चुनाव करते हैं। केंद्रीय परिषद केंद्रीय कार्यकारिणी का चुनाव करती है और केंद्रीय कार्यकारिणी पदाधिकारी मंडल का चुनाव

करती है। हिंदी के कथाकार भैरव प्रसाद गुप्त संगठन के अध्यक्ष और आलोचक चंद्रबली सिंह महासचिव चुने गए। उर्दू के आलोचक मोहम्मद हसन संगठन के कार्यकारी अध्यक्ष बनाए गए।

जनवादी लेखक संघ के घोषणापत्र में तत्कालीन राजनीतिक, सामाजिक और सांस्कृतिक स्थितियों का आकलन करने के साथ-साथ संगठन के उद्देश्यों पर भी प्रकाश डाला गया था। घोषणापत्र में नए लेखक संगठन की जरूरत को रेखांकित करते हुए कहा गया कि उन मूल्यों को बढ़ावा देना चाहिए जो सभी देशभक्त और जनवादी लेखकों को जनवाद की रक्षा और साहित्य की गौरवपूर्ण राष्ट्रीय और जनवादी परंपरा को आगे बढ़ाने के लिए प्रेरित और आंदोलित कर सकें। घोषणापत्र में यह भी कहा गया कि लेखकों की अभिव्यक्ति की स्वतंत्रता को जनवाद की रक्षा की लड़ाई से अलग नहीं किया जा सकता। घोषणापत्र के अनुसार, जनवादी लेखक संघ एक ऐसा संगठन है जो साहित्य की वस्तु, रूप और शैलियों के बारे में अपने दृष्टिकोणों और रुचियों की विविधता के बावजूद जनवाद को हमारी सामाजिक और सांस्कृतिक नियति का अभिन्न अंग मानते हैं और जो उसकी रक्षा और विकास के संघर्ष को अपना एक आवश्यक लेखकीय कर्तव्य समझते हैं।

जनवादी लेखक संघ का दूसरा सम्मेलन वाराणसी, उत्तर प्रदेश में अक्टूबर 1984 में आयोजित किया गया, जिसका उद्‌घाटन कथाकार शिवप्रसाद सिंह ने किया। वाराणसी सम्मेलन में पदाधिकारी मंडल कमोबेश वही रहा। तीसरा सम्मेलन भोपाल, मध्य प्रदेश में सितंबर 1987 में आयोजित किया गया। सम्मेलन का उद्‌घाटन प्रख्यात रंगकर्मी और अभिनेता उत्पल दत्त ने किया था। इस सम्मेलन में उर्दू से संबंधित एक प्रस्ताव पारित किया गया, जिसमें कहा गया कि उर्दू की रक्षा और समृद्धि देश में जनवाद की रक्षा के संघर्ष का अभिन्न अंग है। इस सम्मेलन में भैरव प्रसाद गुप्त के स्थान पर चंद्रबली सिंह को अध्यक्ष और ओमप्रकाश ग्रेवाल को महासचिव बनाया गया। चौथा सम्मेलन जयपुर, राजस्थान में अक्टूबर 1992 में आयोजित किया गया। यह सम्मेलन रामजन्मभूमि-बाबरी मस्जिद विवाद की पृष्ठभूमि में हो रहा था। इस अवसर पर हिंदू फासीवादी ताकतों के विरुद्ध और सांप्रदायिक सद्‌भाव के समर्थन में एक विशाल रैली भी निकाली गई। सम्मेलन का उद्‌घाटन महान कथाकार श्रीलाल शुक्ल ने किया और मुख्य अतिथि असगर अली इंजीनियर थे। इस सम्मेलन में ओमप्रकाश ग्रेवाल के स्थान पर शिवकुमार मिश्र को महासचिव बनाया गया और चंचल चौहान को उप महासचिव।

जनवादी लेखक संघ का पांचवां सम्मेलन कोलकाता, पश्चिम बंगाल में फरवरी, 1997 में आयोजित किया गया। पश्चिम बंगाल के तत्कालीन मुख्यमंत्री ज्योति बसु स्वागत समिति के अध्यक्ष थे। सम्मेलन का उद्‌घाटन प्रख्यात मार्क्सवादी चिंतक प्रो. एजाज अहमद ने किया था और प्रसिद्ध इतिहासकार इरफान हबीब मुख्य अतिथि थे। उर्दू लेखक जुबैर रजवी कार्यकारी अध्यक्ष बनाए गए। शेष पदाधिकारी कमोबेश वही रहे। 2002 में गुजरात में अल्पसंख्यकों के नरसंहार की पृष्ठभूमि में छठा सम्मेलन बिहार की राजधानी पटना में सितंबर 2003 में आयोजित किया गया। इतिहासकार रामशरण शर्मा स्वागत समिति के अध्यक्ष थे। सम्मेलन का उद्‌घाटन पंजाबी कथाकार गुरदयाल सिंह ने किया था और रंगकर्मी और अभिनेता हबीब तनवीर मुख्य अतिथि थे।

इस अवसर पर 'सांस्कृतिक माहौल और सांप्रदायिक फासीवाद की चुनौतियां' विषय पर संगोष्ठी का आयोजन भी किया गया। इस सम्मेलन में चंद्रबली सिंह के स्थान पर शिवकुमार मिश्र को अध्यक्ष बनाया गया और महासचिव मुरली मनोहर प्रसाद सिंह और चंचल चौहान को बनाया गया। सातवां सम्मेलन धनबाद, झारखंड में नवंबर 2007 में आयोजित किया गया। सम्मेलन का उद्‌घाटन अर्थशास्त्री प्रभात पटनायक ने किया। प्रसिद्ध पत्रकार पी साईंनाथ मुख्य अतिथि थे। इस अवसर पर 'अंतरराष्ट्रीय वित्तीय पूंजी का वर्चस्व और सांस्कृतिक प्रतिरोध' विषय पर संगोष्ठी का आयोजन किया गया। सातवें

सम्मेलन में पदाधिकारी मंडल में कोई महत्त्वपूर्ण बदलाव नहीं हुआ।

जनवादी लेखक संघ का आठवां राष्ट्रीय सम्मेलन इलाहाबाद, उत्तर प्रदेश में फरवरी 2014 में आयोजित किया गया। यह सम्मेलन देश में सांप्रदायिक फासीवाद के आसन्न खतरे की पृष्ठभूमि में किया गया। सम्मेलन का उद्घाटन अर्थशास्त्री प्रभात पटनायक ने किया। सामाजिक कार्यकर्ता तीस्ता सीतलवाड़ विशिष्ट अतिथि थीं। इस अवसर पर आयोजित खुले सम्मेलन में सांप्रदायिक फासीवाद के बढ़ते खतरे को लेकर एक प्रस्ताव पारित किया गया जिसे 'इलाहाबाद घोषणा' नाम दिया गया था। 'इलाहाबाद घोषणा' की शुरुआत में ही कहा गया था कि 'भारतीय समाज इस समय फासीवाद के मुहाने पर खड़ा है।' सच तो यह है कि देश के अनेक हिस्सों में लोग अघोषित फासीवाद की परिस्थितियों में ही सांस ले रहे हैं। घोषणा में मौजूदा स्थितियों की भयावहता का उल्लेख करने के साथ-साथ प्रगतिशील लेखक संघ की महान विरासत का स्मरण किया गया और अंत में कहा गया कि स्वतंत्रता, समानता और जनवाद के लिए संघर्ष और कुरबानियों की अपनी महान राष्ट्रीय और अंतरराष्ट्रीय प्रगतिशील विरासत की शान के मुताबिक इस कठिन समय में भी यकीनन व्यापक जनतांत्रिक शक्तियों के साथ एकजुटता से इस चुनौती का सामना किया जा सकता है। 'हमें यकीन है कि अपनी प्रतिबद्धता, लगन, रचनात्मक कल्पना और आविष्कारशील प्रतिभा की मदद से हम अपनी इस भूमिका का कारगर ढंग से निर्वाह कर सकेंगे।' इस अवसर पर चुनी गई केंद्रीय परिषद और केंद्रीय कार्यकारिणी द्वारा हिंदी कथाकार, कवि और आलोचक दूधनाथ सिंह को अध्यक्ष चुना गया। मुरली मनोहर प्रसाद सिंह को महासचिव और युवा कथाकार संजीव कुमार को उप-महासचिव चुना गया।

जनवादी लेखक संघ का राज्य स्तरीय ढांचा भी केंद्र की तरह तीन स्तरीय है : राज्य के स्तर पर पदाधिकारी मंडल, राज्य कार्यकारिणी और राज्य परिषद। राज्य सम्मेलन के दौरान राज्य परिषद का चुनाव होता है और परिषद के सदस्य राज्य कार्यकारिणी और पदाधिकारी मंडल का चुनाव करते हैं। यह अपेक्षा की जाती है कि तीन साल में एक बार राज्य सम्मेलन अवश्य आयोजित हो। अभी दिल्ली, उत्तर प्रदेश, मध्य प्रदेश, राजस्थान, बिहार, हरियाणा, झारखंड, हिमाचल प्रदेश, पश्चिम बंगाल, महाराष्ट्र आदि प्रदेशों में राज्य स्तर की इकाइयां सक्रिय हैं और छत्तीसगढ़, उत्तराखंड, गुजरात, पंजाब आदि राज्यों में भी हिंदी-उर्दू लेखकों के बीच जनवादी लेखक संघ सक्रिय है। प्रत्येक राज्य में जलेस की विभिन्न जिला स्तरीय इकाइयां सक्रिय रहती हैं। जिला स्तर पर आयोजित होने वाले जिला सम्मेलनों में कार्यकारिणी और पदाधिकारी मंडल का चुनाव किया जाता है।

जनवादी लेखक संघ के संविधान में जिला और राज्य स्तरीय इकाइयों को अपनी गतिविधियां चलाने की पर्याप्त स्वतंत्रता प्रदान की गई है। इसके लिए उन्हें केंद्र और राज्य से किसी तरह की स्वीकृति लेने की आवश्यकता नहीं होती। जिला इकाइयों से यह अपेक्षा की जाती है कि वे स्थानीय स्तर पर लेखकों से संपर्क रखें और उन्हें जनवादी लेखक संघ की गतिविधियों से जोड़ें। घोषणापत्र की भावना के अनुरूप किसी भी प्रासंगिक घटना पर जो संविधान प्रदत्त स्वतंत्रताओं का अपहरण करता हो और देश की सामाजिक, सांस्कृतिक और साहित्यिक गतिविधियों में अवरोध उत्पन्न करता हो या उन पर प्रहार करता हो, तो जिला और राज्य स्तरीय इकाइयां उनकी मुखालफत करने के लिए कार्यक्रम आयोजित कर सकती हैं। इसी तरह जिला और राज्य स्तरीय लेखकों और संस्कृतिकर्मियों को अपनी रचनात्मकता के लिए मंच प्रदान करने का कार्य भी जनवादी लेखक संघ को निरंतर करते रहना चाहिए।

जनवादी लेखक संघ अपनी स्थापना के समय से लगातार विभिन्न तरह की गतिविधियां आयोजित करता रहा है। इस संबंध में केंद्रीय कार्यकारिणी के निर्णयों के अनुसार कार्यक्रम आयोजित करने के लिए केंद्र दिशानिर्देश भी जारी करता है। 10 अगस्त 1999 को जनवादी लेखक संघ ने संस्कृति की रक्षा

के लिए लेखकों, कलाकारों और संस्कृतिकर्मियों का संयुक्त सम्मेलन आयोजित किया। इस अवसर पर सांस्कृतिक संगठनों के नाम एक अपील भी जारी की गयी, जिसमें उन्हें सांप्रदायिक फासीवाद की ताकतों द्वारा हमारी सदियों पुरानी साझा संस्कृति पर हो रहे हमले के विरुद्ध संघर्ष का आह्वान किया गया। अटल बिहारी वाजपेयी सरकार के दौरान प्रसार भारती बोर्ड की स्वायत्तता को समाप्त करने की कोशिशों के विरुद्ध जनवादी लेखक संघ ने 23 दिसंबर 1999 को प्रतिरोध सभा आयोजित की थी। संगठन की केंद्रीय इकाई ने 11-12 अगस्त 2001 को 'सांप्रदायिक फासीवादी खतरे' पर दो दिन की कार्यशाला उत्तर प्रदेश के शहर खुर्जा (बुलंदशहर) में आयोजित की जिसमें विभिन्न राज्य इकाइयों के प्रतिनिधियों ने भी भाग लिया। 2002 में गुजरात में गोधरा और उसके बाद होने वाले अल्पसंख्यकों के जनसंहार की निंदा करने और उसके विरुद्ध प्रतिरोध अभियान चलाने में भी जलेस काफी सक्रिय रहा।

जलेस की उत्तर प्रदेश इकाई के प्रतिनिधिमंडल ने गुजरात का दौरा किया और वहां के हालात पर एक रिपोर्ट केंद्र को सौंपी। अप्रैल 2002 में प्रतिरोध कविता दिवस का आयोजन किया गया। इस अवसर पर भारतीय उपमहाद्वीप के हिंदी-उर्दू के प्रगतिशील कवियों फैज अहमद फैज, नागार्जुन और हबीब जालिब की कविताओं का पाठ भी किया गया। इस अवसर पर वली गुजराती, जिन्हें 'वली दक्खनी' के नाम से भी जाना जाता है, की शायरी का भी पाठ किया गया जिनकी अहमदाबाद स्थित मजार को विश्व हिंदू परिषद के गुंडों ने पूरी तरह से मटियामेट करके वहां सड़क बना दी थी। 2003 में सेंट्रल बोर्ड ऑफ सेकेंडरी एडुकेशन (सीबीएसई) ने अपने पाठ्यक्रम से प्रेमचंद के उपन्यास 'निर्मला' को हटाकर उसकी जगह भारतीय जनता पार्टी की महिला प्रकोष्ठ से संबद्ध एक अधिकारी के उपन्यास को पाठ्यक्रम में शामिल किया था। सीबीएसई की इस कार्रवाई का विरोध करने के लिए जनवादी लेखक संघ ने सीबीएसई के मुख्यालय के समक्ष प्रदर्शन आयोजित किया जिसमें भारी संख्या में लेखकों और संस्कृतिकर्मियों ने भाग लिया।

21 फरवरी 2004 को सहमत, प्रगतिशील लेखक संघ, जन नाट्य मंच, जन संस्कृति मंच, कम्युनलिज्म कंबाट, हंस, उद्‌भावना, समयांतर, जन संस्कृति, एक्ट वन आदि के साथ मिलकर जनवादी लेखक संघ ने संयुक्त प्रतिरोध सम्मेलन का आयोजन किया जिसमें हिंदुत्ववादी ताकतों की सांप्रदायिक फासीवादी विचारधारा के विरुद्ध संघर्ष का आह्वान किया गया, जो लेखकों, रंगकर्मियों और कलाकारों पर देश के विभिन्न हिस्सों में लगातार हमले कर रही हैं।

2004 के आम चुनावों में राष्ट्रीय जनतांत्रिक गठबंधन की सरकार के सत्ता से बाहर होने के बाद जनवादी लेखक संघ ने 10 जून 2004 को नई सरकार के समक्ष पेश करने हेतु लेखकों का मांग पत्र तैयार करने के लिए प्रमुख हिंदी-उर्दू लेखकों का सम्मेलन आयोजित किया। इस मांग पत्र में केंद्र सरकार के विभिन्न मंत्रालयों के प्रत्यक्ष और अप्रत्यक्ष नियंत्रण वाले साहित्यिक, शैक्षिक और सांस्कृतिक संस्थानों के संबंध में लेखकों के दृष्टिकोण को पेश किया गया। यह मांग पत्र संबंधित मंत्रियों को दिया गया। इनमें से कुछ मांगें पूरी भी हुईं। इस मांग पत्र में हिंदी-उर्दू के महान उपन्यासकार और साझा संस्कृति के प्रमुख पैरोकार मुंशी प्रेमचंद की 125वीं जयंती मनाने का सुझाव भी शामिल था जिसे संस्कृति मंत्रालय ने स्वीकार कर लिया। इसके लिए बनाई गई राष्ट्रीय समिति में जलेस के केंद्रीय नेतृत्व को भी शामिल किया गया।

साल भर चलने वाले कार्यक्रमों की शुरुआत प्रेमचंद के जन्मदिन के अवसर पर 31 जुलाई 2005 को लमही और वाराणसी से की गई जिसमें संयुक्त प्रगतिशील गठबंधन सरकार के केंद्रीय संस्कृति मंत्री भी मौजूद थे। इस समिति द्वारा देश के विभिन्न शहरों में प्रेमंचद समारोह का आयोजन किया गया, जिसकी परिणति एक विशाल कार्यक्रम के साथ 31 जुलाई 2006 को दिल्ली में हुई। 24-25 फरवरी 2007 को सिवान (बिहार) में मीडिया पर केंद्रित राष्ट्रीय सेमिनार का आयोजन किया गया। 1857 के महाविद्रोह की

150वीं जयंती के अवसर पर मेरठ में 19 मई 2007 को एक विशाल आयोजन किया गया।

भारत के चित्रकार मकबूल फिदा हुसैन पर हिंदुत्ववादियों द्वारा हो रहे लगातार हमलों और इनके कारण उनके भारत छोड़ने के मसले को लेकर होने वाले विरोध प्रदर्शनों में जनवादी लेखक संघ ने सक्रिय भाग लिया। जनवादी लेखक संघ ने 2011 में नागार्जुन के जन्म शताब्दी समारोह का भी आयोजन किया। इस अवसर पर 'नया पथ' के नागार्जुन विशेषांक का विमोचन किया गया।

अपनी स्थापना के थोड़े अर्से बाद ही प्रगतिशील आंदोलन से जुड़ी पत्रिका 'नया पथ' को, जिसके संपादक भगत सिंह के साथी शिव वर्मा थे और जो कई दशक पहले ही बंद हो चुकी थी, जनवादी लेखक संघ की केंद्रीय पत्रिका के रूप में दुबारा शुरू करने का फैसला लिया गया। 'नया पथ' ने हिंदी-उर्दू की समकालीन रचनाधर्मिता को मंच प्रदान करने, साहित्य और कला संबंधी प्रश्नों पर स्वस्थ बहस चलाने और जनवाद के संघर्ष में महत्वपूर्ण भूमिका निभाई है। इसके कई विशेषांक निकाले गए, जिनमें सांप्रदायिकता विरोध, 1857 की 150वीं जयंती, प्रगतिशील आंदोलन के 75 वर्ष, समकालीन कला और हिंदुस्तानी सिनेमा के सौ वर्ष जैसे विषयों पर निकाले गए विशेषांक विशेष रूप से उल्लेखनीय हैं। इनके अलावा फैज अहमद फैज और नागार्जुन की जन्म शताब्दी के अवसर पर उन्हें समर्पित विशेषांक भी प्रकाशित किए गए जो काफी लोकप्रिय हुए।

जनवादी लेखक संघ ने पिछले तीन दशकों में जनवाद, धर्मनिरपेक्षता और सामाजिक बदलाव के संघर्ष में सदैव अग्रणी भूमिका निभाई है। लेखकों, कलाकारों और संस्कृतिकर्मियों के विभिन्न संगठनों के साथ मिलकर वह अभिव्यक्ति की आजादी और लेखकों और संस्कृतिकर्मियों पर होने वाले हर तरह के हमले का विरोध करता रहा है। वह लेखकों के सामूहिक हितों और साहित्य और कला के क्षेत्र में सक्रिय सरकारी संगठनों के जनवादीकरण और स्वायत्तता के पक्ष में भी आवाज उठाता रहा है। वह उन संकीर्णतावादी, प्रगतिविरोधी, सांप्रदायिक और मानवविरोधी प्रवृत्तियों की आलोचना में भी अग्रणी रहा है जिसकी साहित्य में समय-समय पर अभिव्यक्त होती रही हैं और जिनसे जनवाद की लड़ाई कमजोर होती है। जनवादी लेखक संघ दलित और स्त्री लेखन को प्रोत्साहन देने का समर्थक रहा है। नितांत विपरीत परिस्थितियों के बीच भी हिंदी और उर्दू लेखकों का यह सबसे बड़ा संगठन आज भी सक्रिय है।

जवरीमल्ल पारख

जनसंचार और मनोरंजन

मनोरंजन के लिए अंग्रेजी शब्द Entertainment प्रयुक्त होता है। यह जनसंचार (Mass media) के तीन प्रमुख कार्यों–सूचना, शिक्षा और मनोरंजन में से एक है। मनोरंजन के लिए जनसंचार माध्यम जिन उपादानों का प्रयोग करते हैं, वे अधिकांशतः संस्कृति के क्षेत्र से संबद्ध होते हैं। उनकी विषयवस्तु सामाजिक होती है। मनोरंजन के लिए सामाजिकता को प्रत्यक्ष रूप में व्यक्त किया जाए, यह आवश्यक नहीं है, बल्कि अप्रत्यक्ष रूप में, प्रतीकात्मक रूप में और कई बार तो अमूर्त रूप में भी प्रस्तुत किया जाता है। मनोरंजन में व्यक्त सामाजिकता का क्षेत्र व्यापक होता है यानी समाज की लगभग सभी तरह की गतिविधियों को ऐसे रूपों में रूपांतरित किया जा सकता है जिससे प्रेक्षक का मनोरंजन हो।

यह समझना सही नहीं है कि मनोरंजक वही होता है, जो ग्रहीता को सुख प्रदान करे। हम लगातार देखते हैं कि वे उपन्यास, धारावाहिक या फिल्में जिनमें बहुत अधिक दुख, उत्पीड़न और हिंसा होती है, उन्हें भी लोग काफी पसंद करते हैं। रस सिद्धांत में इस बात पर बल दिया गया है कि रस की उत्पत्ति किसी भी तरह के भाव से हो सकती है। हास, उत्साह, शोक, जुगुप्सा, प्रेम, घृणा, क्रोध आदि विभिन्न तरह

के भावों से रस की उत्पत्ति होती है। जाहिर है कि यह बात आज भी सही है लेकिन मनोरंजन सिर्फ आनंद ही प्रदान नहीं करता, उसमें किसी न किसी रूप में हमारी समाज संबंधी समझ की भी अभिव्यक्ति होती है। प्रायः इस बात की अनदेखी की जाती है। मनोरंजन का कोई भी माध्यम ऐसा नहीं होता, जो शुद्ध रूप में मनोरंजन ही प्रदान करे और यह भी जरूरी नहीं है कि मनोरंजन के सभी उत्पाद सभी के लिए मनोरंजन प्रदान करें। समाज के ही दूसरे समुदायों और वर्गों को मजाक का विषय बनाकर या उनका उत्पीड़न दिखाकर मनोरंजन करने की प्रवृत्ति बहुत सामान्य है। इससे उत्पन्न होने वाले मनोरंजन में उस समुदाय या वर्ग के प्रति कई बार दुर्भावना और दुराग्रह भी व्यक्त होते हैं।

विलियम स्टीफेंस का मानना है कि जनसंचार माध्यमों से जो भी अंतर्वस्तु प्रस्तुत की जाती है, उसमें मनोरंजन का तत्व अवश्य होता है। लेकिन हम आम तौर पर मनोरंजक कार्यक्रम सिर्फ उन्हें ही समझते हैं जिनसे हमारी भावनाएं उत्तेजित हों। वे चाहे दुखपूर्ण हों, उल्लासपूर्ण हों या आह्लादकारी हों। हमारी भावनाओं को उत्तेजित करने की क्षमता प्रायः कथात्मक रचनाओं, गीत-संगीत, नृत्य, लतीफों, असामान्य हाव-भावों में होती है। किसी गूढ़ गंभीर लेख को पढ़कर या किसी दार्शनिक मुद्दे पर केंद्रित बहस को सुनकर भी हमारी भावनाएं उत्तेजित हो सकती हैं, हम इस पर प्रायः विश्वास नहीं करते, लेकिन ऐसा होता है। इसका अर्थ यह है कि मनोरंजन का संबंध कुछ खास रूपों या विधाओं से नहीं है।

वस्तुतः मनोरंजन में एक खास तरह के व्यवहार की अपेक्षा होती है जो आम व्यवहार से भिन्न, विशिष्ट और कौशल से युक्त हो और जिसके साथ प्रेक्षक तादात्म्य स्थापित कर सके। भिन्न और विशिष्ट व्यवहार का तात्पर्य यही है कि आम तौर पर हम जिस तरह के व्यवहार को देखने के आदी होते हैं, उससे परे जाकर कोई बात प्रस्तुत की जाती है, तो वह हमें मनोरंजक लगती है। नाटक, फिल्म, संगीत आदि में हम यथार्थ की सीमा लांघकर व्यक्त होने वाली प्रतिभा का अनुभव करते हैं। मनोरंजन की दूसरी विशेषता यह होती है कि इसकी वजह से हम ऐसी प्रस्तुति के साथ तादात्म्य स्थापित करते हैं जो हमें वैयक्तिक सीमाओं से ऊपर उठाती है। इस प्रश्न को भारतीय परंपरा में प्रस्तुत रस की अवधारणा से भी समझ सकते हैं। मंच पर नाटक देखते हुए एक प्रेक्षक के नाते अपनी वैयक्तिक स्थिति को भूलकर मंच पर घटित स्थितियों से हमारा जो तादात्म्य स्थापित होता है, उसके कारण हमारे मन में जो भाव उत्पन्न होता है, वही रस कहलाता है। रस को 'ब्रह्मानंद सहोदर' भी इसीलिए कहा गया है। यह आनंद हमारी भावनाओं को विस्तार देता है और हमारे सोच को नया परिप्रेक्ष्य प्रदान करता है।

मनोरंजन का संबंध समाज की संरचना से भी है। इस संदर्भ में पहला सवाल तो यह पैदा होता है कि क्या मनोरंजन के सभी साधन समाज के सभी वर्गों को समान रूप से उपलब्ध हैं? दूसरा सवाल यह है कि जिन साधनों से समाज का एक हिस्सा मनोरंजन करता है, क्या उन साधनों से दूसरा भी मनोरंजन कर सकता है या कर पाता है? कहीं ऐसा तो नहीं कि जो एक के लिए मनोरंजन है वह दूसरे के लिए अपमानजनक हो या जीविका का साधन? मसलन, प्राचीन रोमन साम्राज्य में ग्लेडिएटरों की लड़ाई को कुश्ती और बॉक्सिंग की तरह पेश किया जाता था। यह वहां के अभिजात वर्ग के मनोरंजन का एक प्रमुख तरीका था। इसके लिए गुलामों का इस्तेमाल किया जाता था। मनोरंजन के इस क्रूर खेल में लगने वाले घाव और होने वाली हत्याएं वास्तविक होती थीं। इसी तरह स्त्री को वेश्या बनाकर उसे बाजार में बैठाना और उसका शारीरिक शोषण करना भी पुरुषों के लिए एक तरह का मनबहलाव रहा है, लेकिन यह उस स्त्री के उत्पीड़न और अपमान पर टिका है। तीसरा सवाल यह है कि मनोरंजन के सभी साधन यदि समाज के सभी वर्गों को उपलब्ध नहीं हैं तो इसकी वजह क्या है? ये सवाल ऐसे हैं जिनके उत्तर पाए बिना हम मनोरंजन को सही परिप्रेक्ष्य में नहीं समझ सकते।

हम यह आसानी से जान सकते है कि मनोरंजन

के सभी साधन समाज के सभी वर्गों को समान रूप से उपलब्ध नहीं हैं। इसकी कुछ वजह तो हमारी सामाजिक संरचना में निहित है और कुछ लोगों की अभिरुचियों में। मसलन, पुस्तकों के पढ़ने से होने वाले मनोरंजन का आनंद यदि निरक्षर व्यक्ति नहीं उठा पाता है तो इसका कारण उसकी निरक्षरता है, लेकिन अधिकांश मामलों में निरक्षरता के लिए व्यक्ति नहीं बल्कि व्यवस्था ही जिम्मेदार होती है। भारत जैसे देश में जहां अब भी लगभग एक तिहाई लोग निरक्षर हैं तो इसका कारण यहां की गरीबी है। गरीबी के कारण ही माता-पिता बच्चों को स्कूल नहीं भेज पाते हैं। इसी तरह मनोरंजन के बहुत-से साधन ऐसे हैं, जिनके लिए व्यक्ति के लिए साधन संपन्न होना आवश्यक है। मनोरंजन के साधनों का व्यवसायीकरण भी अनुपलब्धता का एक कारण है।

किसी भी रचना का निर्माण करने से पहले रचनाकार के दिमाग में यह बात अवश्य रहती है कि उसकी यह रचना समाज के किस वर्ग तक पहुंचेगी या वह किन लोगों तक उसे पहुंचाना चाहेगा। इस प्रकार मनोरंजन की अंतर्वस्तु का निर्माण करते हुए रचनाकार प्रायः अपने दर्शकों, पाठकों या श्रोताओं को ध्यान में रखता है। ध्यान में रखने का मतलब यह नहीं है कि वह अनिवार्यतः उनकी मानसिकता, संस्कार और अभिरुचि के अनुसार अपनी रचना का निर्माण करता है। हो सकता है कि उसकी रचना उनको आनंदित करने के बजाय उनके संस्कारों को उद्वेलित करे, उन्हें गुस्से से भर दे या उनके सोच और व्यवहार पर ऐसा प्रभाव डाले जो उनके व्यक्तित्व को बदलने में भूमिका निभाए।

मनोरंजन के कार्यक्रम किसी खास देशकाल की ओर इंगित करते हैं। यह देशकाल अपने साथ अपने समय की राजनीतिक समझ भी लिए होते हैं। यदि कोई मीडियाकार उस देशकाल को राजनीति से मुक्त रूप में निर्मित करता है, तो भी यह मुमकिन नहीं है कि ग्रहीता उसे उस खास समय में रखकर न देखे। समाज की जटिल संरचना का मनोरंजन से भी गहरा संबंध है। मनोरंजन उत्पादों का निर्माण करने वाले मीडियाकर्मी समाज की इस जटिल संरचना को ध्यान में रखते हैं। लेकिन इस बात पर विचार करते हुए वे उस माध्यम की खास प्रकृति को भी ध्यान में रखते हैं। रेडियो, टेलीविजन और सिनेमा की माध्यमगत विशिष्टताएं उनके माध्यम से प्रस्तुत होने वाले उत्पादों की प्रकृति को दूर तक प्रभावित करती हैं। लेकिन यदि ये सभी माध्यम एक ही तरह के सामाजिक वर्ग तक अपनी पहुंच रखते हैं और इन सभी माध्यमों पर स्वामित्व की प्रकृति भी एक-सी है, तो बहुत हद तक उनके उत्पादों में नजरिए और प्रभाव की दृष्टि से एकरूपता होगी। इसका मतलब यह नहीं है कि इन माध्यमों के उत्पादों में अंतर्वस्तु और रूप-शिल्प की दृष्टि से भी एकरूपता होगी। रेडियो पर बजने वाले फिल्मी गीत और उन फिल्मी गीतों पर आधारित विभिन्न तरह के मनोरंजक कार्यक्रम और टीवी पर दिखाए जाने वाले लोकप्रिय पारिवारिक धारावाहिकों में वस्तु और शिल्प की दृष्टि से चाहे जो अंत हो, लेकिन वह मुख्य रूप से उस मध्य वर्ग को संबोधित है जो भावनाओं की सतही और नाटकीय अभिव्यक्ति से ही संतुष्ट हो जाता है, जो परिवार और राष्ट्र दोनों स्तरों पर ऐसे खोखले आदर्शवाद में यकीन करता है, जिसमें समाज की इकाई के रूप में स्वयं उसकी कोई जवाबदेही नहीं है। लेकिन इससे यह समझना कि मीडिया में इस चेतना के विरोध के स्वर तो नहीं हैं, सही नहीं है। मध्य वर्ग के प्रति आलोचनात्मक रुख रखने वाले उत्पाद भी मीडिया पर दिखाई देते हैं। लेकिन प्रायः वे अपनी अलग पहचान कायम करने में विफल रहते हैं। वर्तमान जनसंचार माध्यमों की सबसे बड़ी विशेषता यह है कि यहां जो भी उत्पादन होगा वह जनोत्पादन होगा। जनोत्पादन यदि भाषाओं और राष्ट्रों की सीमाओं को लांघकर निर्मित हो रहे हैं तो उससे विभिन्न भाषाई समूहों और राष्ट्रीयताओं की विशिष्टताओं की उपेक्षा होना अवश्यंभावी है।

जनसंचार का सीधा संबंध संस्कृति से भी है। जनसंचार के विभिन्न रूप दरअसल सांस्कृतिक रूप भी हैं। जनसंचार का प्रत्येक नया माध्यम अपनी विशिष्टता

से नए सांस्कृतिक अभिव्यक्ति के रूपों का निर्माण भी करता है और मौजूद रूपों को संप्रेषित भी करता है। जनमाध्यम संस्कृति के उन रूपों को ही प्रोत्साहित और प्रेषित करने में दिलचस्पी रखते हैं जो रूप सत्ता वर्ग के वर्चस्व को बनाए रखने में मददगार हों। हालांकि इसका अर्थ यह भी नहीं है कि संचार माध्यमों में जनसंस्कृति की अभिव्यक्ति संभव नहीं होती। कहने का तात्पर्य सिर्फ वर्चस्व से है और सांस्कृतिक रूप में ऐसी जटिलता और विविधता होती है कि एक जैसे ही सांस्कृतिक रूप व्यक्त हों, यह मुमकिन नहीं है।

मनोरंजन का सवाल जब भी उठता है तो लोकप्रियता का सवाल भी सामने आता है। आम तौर पर बात को इस तरह प्रस्तुत किया जाता है कि जो लोकप्रिय है, वही मनोरंजक है या जो मनोरंजक नहीं है, वह लोकप्रिय कैसे हो सकता है। लोकप्रियता का अर्थ जनता के व्यापक हिस्से द्वारा स्वीकार किया जाना है, लेकिन अन्य सवालों की तरह लोकप्रियता भी इतना सरल सवाल नहीं है। उपभोक्तावाद के दौर में लोकप्रियता का सही पैमाना लोगों के बीच स्वीकार होना ही नहीं है, बल्कि व्यापक स्तर पर और लंबे समय तक स्वीकार्य बने रहना भी है।

लोकप्रियता से जुड़ा दूसरा सवाल है, वास्तविक लोकप्रियता की पहचान। जनसंचार माध्यमों की ढांचागत और प्रबंधगत दुर्बलता इस रूप में भी दिखाई देती है कि वे प्रतीकात्मक रूपों की वास्तविक क्षमता का सही मूल्यांकन नहीं कर पाते और ऐसे रूपों को भी जरूरत से ज्यादा महत्व देते हैं, जिनमें दरअसल कोई तत्व नहीं होता। दरअसल मानवीय क्षमता की सतही और मन बहलाव का प्रयत्न करने वाली अभिव्यक्तियों और मानवीय सरोकार की गंभीर कोशिशों को एक ही स्तर की लोकप्रियता नहीं मिल सकती।

जवरीमल्ल पारख

अधिक जानकारी के लिए :
1. **जनसंचार माध्यम और सांस्कृतिक विमर्श** : जवरीमल्ल पारख, 2. **संचार माध्यम और सांस्कृतिक वर्चस्व** : हर्बर्ट आई शिलर, 3. **Culture Industry Reconsidered :** Theodor W Adorno : 1963

जनहित याचिका

जनहित याचिका (Public Interest Litigation) एक ऐसी कानूनी प्रक्रिया है जिसके अंतर्गत यदि किसी व्यक्ति के मौलिक अधिकारों का हनन होता है, गरीबों पर जुल्म होता है, कोई समुदाय अपने अधिकारों से वंचित किया जा रहा होता है और वह न्यायालय तक पहुंचने में अक्षम है, तो कोई अन्य व्यक्ति या सामाजिक संगठन उस मामले से संबंधित घटना से न्यायालय को अवगत करा सकता है। न्यायालय इसे एक याचिका मानते हुए सुनवाई कर सकता है और प्रभावी दिशा-निर्देश जारी कर सकता है। व्यक्ति के मौलिक अधिकार और सार्वजनिक हितों की रक्षा के लिए दायर मुकदमा जनहित याचिका कहलाता है।

भारत में पी एन भगवती और वी आर कृष्ण अय्यर ने जनहित याचिका पर सुनवाई प्रारंभ की थी। इसका लक्ष्य जल्दी और आम वंचित आदमी को सस्ता न्याय दिलवाना है और इसके लिए गैर-सरकारी संगठनों और सामाजिक कार्यकर्ताओं को सक्षम बनाना है ताकि वे गरीबों और वंचितों की आवाज उठा सकें। जनहित याचिका दायर करके कार्यपालिका और विधायिका को उनके संवैधानिक दायित्वों के पालन के लिए बाध्य किया जा सकता है। इसका दुरुपयोग होने पर याचिकाकर्ता पर कानूनी कार्रवाई और जुर्माना तक किया जा सकता है।

भारत के उच्चतम न्यायालय ने जनहित याचिकाओं की स्वीकृति के लिए कुछ नियम बनाए हैं, जो इस प्रकार हैं–1. लोकहित से प्रेरित कोई भी व्यक्ति या संगठन जनहित याचिका दायर कर सकता है, 2. कोर्ट को दिया गया पोस्टकार्ड भी रिट याचिका मानी जा सकती है, 3. न्यायालय को अधिकार होगा कि वह इस याचिका के लिए सामान्य न्यायालय शुल्क माफ कर दे, 4. यह राज्य के साथ ही निजी संस्थानों के विरुद्ध भी लाई जा सकती है। जनहित याचिका आने के बाद लाभ यह हुआ कि जनता में अपने मौलिक अधिकारों और न्यायपालिका की

भूमिका के बारे में चेतना का विकास हुआ, हालांकि न्यायालय में मुकदमों की संख्या बढ़ गई।

जनहित याचिका संविधान के अनुच्छेद 32 और 226 के अंतर्गत दायर की जाती है। अनुच्छेद 32 और 226 में सर्वोच्च न्यायालय और उच्च न्यायालयों को रिट जारी करने का अधिकार दिया गया है, जो मौलिक अधिकारों के संरक्षण के साथ संवैधानिक निर्देशों के उल्लंघन पर लागू होते हैं। केशवानंद भारती बनाम केरल राज्य के मामले (1973) में उच्चतम न्यायालय ने स्पष्ट निर्देश दिया था कि संसद को संविधान की मौलिक संरचना को बदलने और मौलिक अधिकारों के हनन का हक नहीं है। उच्चतम न्यायालय ने यह व्यवस्था भी दी कि जीवित रहने के अधिकार का अर्थ मानवीय गरिमा के साथ जीवित रहना होता है। इस आधार पर जेल में बंद विचाराधीन बंदियों से अच्छे बर्ताव या उनकी रिहाई के संबंध में कई आदेश जारी किए गए थे।

जनहित याचिका का प्रथम मुकदमा 1979 में हुसैन आरा खातून बनाम बिहार राज्य के मामले के रूप में दायर किया गया था जिस पर तुरंत सुनवाई करते हुए न्यायालय ने बिहार की जेलों में बंद चालीस हजार विचाराधीन कैदियों की रिहाई के आदेश जारी किए थे। 1983 में 'बंधुआ मुक्ति मोर्चा बनाम भारत संघ' के केस में फैसला करते हुए उच्चतम न्यायालय ने हरियाणा सरकार को आदेश दिया था कि पत्थर-खदानों में काम कर रहे बंधुआ मजदूरों को तुरंत मुक्त किया जाए और उनके पुनर्वास की व्यवस्था की जाए। इसी तरह उच्चतम न्यायालय ने अक्टूबर 2001 में दायर एक जनहित याचिका की सुनवाई करते हुए दिल्ली सरकार को यह आदेश दिया कि दिल्ली की सार्वजनिक बसें सिर्फ सीएनजी ईंधन से चलाई जाएं, क्योंकि सीएनजी डीजल की अपेक्षा कम प्रदूषणकारी है। उच्चतम न्यायालय ने 2016 में जेएनयू के छात्र संगठन के नेता कन्हैया कुमार के देशद्रोह की अपराध में गिरफ्तारी के विरुद्ध दायर जनहित याचिका तुरंत विचारार्थ स्वीकार की और रिहाई का आदेश दिया।

धर्मेंद्र राय

जमदग्नि

जमदग्नि भृगुवंश में उत्पन्न एक ऋषि थे, सप्त प्रजापतियों में एक। वे सत्यवर्ती और ऋचीक के पुत्र थे। वे विश्वामित्र के मित्र और वसिष्ठ के प्रतिस्पर्धी माने जाते थे। वे तेज और ओज दोनों से युक्त थे और वेदाध्ययन और तपस्या से अन्य कई ऋषियों से आगे निकल गए। उन्होंने शौच, संतोष आदि नियमों का पालन करते हुए देवताओं को अपने वश में कर लिया था। उनका विवाह राजा प्रसेनजित की पुत्री रेणुका से हुआ था। उनके पांच पुत्र हुए, जिनमें सबसे कनिष्ठ परशुराम थे।

कथा के अनुसार एक दिन रेणुका जब नदी में स्नान करने गई तो उसने राजा चित्ररथ को अपनी पत्नी के साथ जलविहार करते देखा। वह चित्ररथ की ओर आकर्षित हो गई। उसके इस मानसिक विकार को जमदग्नि ने अपने तपोबल से जान लिया और उसकी भर्त्सना की। उन्होंने अपने चार पुत्रों को बारी-बारी से मां रेणुका के वध की आज्ञा दी, पर कोई उनकी आज्ञा का पालन न कर सका। बाद में जब उनके पांचवें पुत्र परशुराम ने आश्रम में प्रवेश किया तो उसे भी वही आज्ञा मिली। परशुराम ने पिता की आज्ञा पाते ही फरसे से अपनी माता का सिर धड़ से अलग कर दिया। जमदग्नि अत्यंत प्रसन्न और संतुष्ट हो गए और अपने कनिष्ठ पुत्र से वरदान मांगने को कहा। परशुराम ने वरदान में अपने पिता से अपनी माता का पुनर्जीवन और भाइयों के लिए चेतनशील जीवन मांगा। यह भी याचना की कि उनकी माता को वध की कोई स्मृति न रहे। जमदग्नि ने परशुराम को ये वर दिए। महाभारत में वर्णित यह कथा पितृसत्तात्मक व्यवस्था की कठोरता की ओर संकेत करती है, पर यह भी बताती है कि ज्ञान का एक अर्थ उदारता है।

मंजुरानी सिंह

अधिक जानकारी के लिए :

Puranic Encyclopedia : Vettam Mani : 1975

जमालुद्दीन अफगानी
(1838-1887)

भारतीय समाज में मुस्लिम रिनेसां की दृष्टि से शाह वलीउल्लाह देहलवी (1702-1762) पहले महत्वपूर्ण व्यक्ति हैं। वे महत्वपूर्ण इसलिए हैं कि देवबंद तहरीक और अलीगढ़ तहरीक दोनों की जड़ें शाह वलीउल्लाह देहलवी की तहरीक में हैं। शाह वलीउल्लाह देहलवी की विचार चेतना से तालीमी तरक्की और कौमी खुशहाली का सवाल अलीगढ़ ने चुना तो राष्ट्रीय जागरण और विद्रोह की क्रांतिकारी चेतना का विकास देवबंद तहरीक और जमालुद्दीन अफगानी ने किया। जमालुद्दीन अफगानी 'पैन-इस्लाम' के पक्षधर थे। उनका जन्म काबुल के निकट असदाबाद कस्बे के एक अफगान सरदार के परिवार में 1838 में हुआ था। अपनी शिक्षा-दीक्षा काबुल में पूरी कर उन्होंने ईरान, इराक, मिस्र, तुर्की, फ्रांस, इंग्लैंड और रूस की यात्रा की। वे यूरोपीय

जमालुद्दीन अफगानी

साम्राज्यवाद के खिलाफ एक महत्वाकांक्षी परियोजना में लगे हुए थे ताकि मुस्लिम देशों को यूरोपीय साम्राज्यवादी शक्तियों के राजनीतिक आधिपत्य तथा आर्थिक शोषण से मुक्ति मिल सके। वे मुस्लिम देशों के परिसंघ जैसी व्यवस्था में तुर्की के सुल्तान में निहित खिलाफत का उपयोग करना चाहते थे।

'पैन-इस्लामवाद' न सिर्फ यूरोपीय साम्राज्यवाद के आतंक और पीड़ा का विरोधी था बल्कि वह ईसाइयत की भावना का भी विरोधी था। जमालुद्दीन अफगानी ने कहा है, 'प्रत्येक देश की ईसाई जनता इस्लाम से नफरत करती है। उसका नतीजा यह है कि सभी देशों में इस्लाम को मटियामेट करने के काम जिद के साथ किए जा रहे हैं...ईसाई अपने देश में जिस चीज को राष्ट्रीयता और देशभक्ति कहते हैं, इस्लामी देशों में उसी चीज का नाम वे धर्मोन्माद बताते हैं।' इसलिए 'संसार भर के मुसलमानों को आपस में एक करके उठाने' के उद्देश्य से जमालुद्दीन अफगानी ने अपना आंदोलन चलाया। वे मिस्र से निष्कासित होने के बाद भारत आए और अखबारों में लेखन द्वारा अपने विचारों का प्रचार करने लगे। वह समय भारत में सैयद अहमद खां के प्रभुत्व का था। सर सैयद का आंदोलन मुसलमानों में लोकप्रिय हो रहा था। अफगानी ने सर सैयद के विचारों का विरोध किया और भारत के मुसलमानों को हिंदुओं से मिलकर देश की भलाई और उन्नति के लिए प्रेरित किया। भारत आने के बाद उनका प्रारंभिक समय हैदराबाद में बीता, फिर वे कलकत्ता में रहने लगे। उन्होंने राजनीति में सक्रिय भाग नहीं लिया लेकिन उनके उग्र राजनीतिक विचारों के कारण अंग्रेजी सरकार ने उन्हें कलकत्ता में नजरबंद कर दिया।

जमालुद्दीन अफगानी को मौलाना आजाद ने 'अपने समय का बड़ा विद्वान तथा महान राजनीतिज्ञ' माना है। यह वह दौर था जब वहाबी आंदोलन ने एलान कर दिया था कि भारत में मुसलमानों का राज नहीं रहने के कारण यह देश 'दारूल-हरब' (शत्रु-देश) हो गया है और यहां के मुसलमानों को जिहाद का धर्म सिद्ध अधिकार है। इस दौर में शेख जमालुद्दीन अफगानी की भूमिका अत्यधिक महत्वपूर्ण हो गई। वह एक तरफ 1892 में ईरान के बादशाह नसीरुद्दीन शाह के सहयोग से अंतरराष्ट्रीय इस्लामी एकता की नींव रख रहे थे, दूसरी तरफ मिल्लत-ए-इस्लामिया से

हिंदूओं के सहयोग की अपील भी कर रहे थे। उनकी योजना थी कि मौलवी लोग जनता में जाकर जाग्रति पैदा करें; भ्रातृत्व एवं एकता की शिक्षा दें तथा ब्रिटिश सरकार का विरोध करते हुए हिंदु-मुस्लिम एकता के लिए कार्य करें। उलमा ने उनकी बातों पर कोई खास ध्यान नहीं दिया।

सैयद अहमद खां अंग्रेजी राज के प्रति वफादारी का संदेश देते हुए आधुनिक शिक्षा की वकालत कर रहे थे और अंग्रेजी भाषा के पैरवीकार भी थे। जमालुद्दीन अफगानी परंपरागत मदरसों के माध्यम से आधुनिक ज्ञान-विज्ञान की वकालत करते हुए राष्ट्रीय मुक्ति का आह्वान कर रहे थे। उनका मानना था, 'अपने धर्म और सभ्यता को तथा अपने आपको विनाश से बचाने के अभियान में सफल होने के लिए मुसलमानों को यह भी चाहिए कि पश्चिम में उन्नति के जो तरीके तथा ताकत के जो भेद हैं, उन्हें वे सीख लें।' (मजामीन-ए-जमालुद्दीन अफगानी)। वे राष्ट्रीयता के महत्व को स्वीकार करते थे। देशप्रेम एवं देशबंधुत्व उनके चिंतन के महत्वपूर्ण अंग हैं। उन्होंने मिस्र के आंदोलन में अल्पसंख्यक ईसाइयों तथा बहुसंख्यक मुसलमानों के बीच एकता की अपील करते हुए 'मिस्र मिस्रवासियों के लिए' का नारा दिया। हिंदुस्तान के विषय में उनका मानना था कि हिंदुस्तान का भाग्य इसके विभिन्न समुदायों की जाग्रति तथा एकता पर निर्भर है। हिंदुओं को संबोधित करते हुए उन्होंने लिखा, 'मुझे यह देखकर प्रसन्नता होगी कि एक लंबे स्वप्न से जागकर अपने पूर्वजों की ओर देखने और उनके लगाए गए वृक्षों के फल चुनने के लिए आप उठ खड़े हुए हों।' 1895 के आसपास वे तुर्की गए और तुर्क सुल्तान की गतिविधियों से असहमति के कारण उन्हें कैदी जैसा जीवन व्यतीत करना पड़ा। 1897 में तुर्की में ही उनका निधन हो गया।

समीर कुमार पाठक

अधिक जानकारी के लिए :

1. **मजामीन-ए-जमालुद्दीन अफगानी**, 2. **उलमा-ए-हक** : मोहम्मद मियां, 3. **इस्लाम और आधुनिक भारत** : मुकुट बिहारी लाल

जयकांतन

(1934-2015)

बीसवीं सदी के उत्तरार्ध में तमिल कथा साहित्य के क्षितिज पर उज्ज्वल तारे के समान उदित दंडपाणि जयकांतन तमिल कहानी के पुरातन और नव युग को जोड़ने वाली कड़ी के रूप में युग संधि पर खड़े थे। बचपन में ही स्वतंत्र विचारों के चलते बारह वर्ष की आयु में जयकांतन ने घर छोड़ दिया और चेन्नई में कम्युनिस्ट पार्टी के कार्यालय में छोटे-मोटे कामों में लग गए। कार्यालय के मुद्रणालय में कंपोजिंग करते-करते अपने तमिल ज्ञान का विस्तार किया। सुप्रसिद्ध साम्यवादी नेता जीवा के संपर्क से साहित्य में जगह पाई और कहानियां लिखने लगे। व्यावसायिक पत्र-पत्रिकाओं के माध्यम से अपनी पहचान बनाने वाले जयकांतन प्रगतिवादी लेखन के एक प्रमुख हस्ताक्षर हैं।

जयकांतन की सबसे बड़ी विशेषता यह थी कि वे खुद को आम आदमी से विशिष्ट नहीं मानते थे। वे धूल-मिट्टी के ऊबड़-खाबड़ कच्चे रास्तों पर चलकर, झोपड़पट्टियों में जीने वाले लोगों के सुख-दुख में शरीक होते हुए उनकी समस्याओं की तह तक पहुंचते थे और अपनी रचनाओं में उनका समाधान ढूंढ़ते थे।

जयकांतन

जयकांतन के अंदर सदा सत्यान्वेषण की ललक थी। वे पार्टी से अलग हो गए, किंतु अपनी प्रगतिवादी विचारधारा पर अडिग रहे। जयकांतन की विशेषता है कि उन्होंने अपने पूर्ववर्ती कथाकारों की खूबियों को आत्मसात करते हुए नई अभिव्यक्ति में कामयाबी हासिल की। पचास के दशक में जब व्यावसायिक पत्रिकाओं का साम्राज्य छाया था, जयकांतन ने उनमें लिखते हुए भी अपने आत्मसम्मान के साथ कभी समझौता नहीं किया। वामपंथी विचारधारा की पत्रिकाओं में जिस समस्या पर वह लिखते, उसी को और अधिक तीखे शब्दों में व्यावसायिक पत्र में लिखने का साहस उनमें था। विख्यात समीक्षक वेंकट स्वामीनाथन के शब्दों में, 'जयकांतन मुखर, गंभीर और आक्रामक तेवर के लेखक हैं। साठ-सत्तर के दशक में जयकांतन तमिल लेखकों में सव्यसाची माने जाते थे। उनकी भाषा सशक्त थी और चयनित विषय मुखर साहसिकता से ओत-प्रोत।'

जयकांतन की दो सौ कहानियां, चालीस उपन्यास और पंद्रह निबंध संग्रह प्रकाशित हो चुके हैं, जिनमें युग-संधि, युग-दरिशनम, सूर्य दरिशनम, अधूरे मनुष्य (कहानी संग्रह); चिल नेरंगलिल चिल मनिदगल, ओरु मनिदन, ओरु वीडु, ओरु उलगम, सुंदर कांडम, ईश्वर अल्ला तेरे नाम (उपन्यास); निनैत्तु पार्क्किरेन, भारती पाठम, नट्पिल पूत्त मलगल (निबंध) आदि काफी चर्चित रहे हैं। उनकी कई कृतियों पर फिल्में बन चुकी हैं और कई रचनाओं का अन्य भारतीय भाषाओं के अलावा अंग्रेजी, रूसी, जापानी और उक्रेनी भाषाओं में अनुवाद हुआ है।

एच बालासुब्रह्मण्यम

जयदेव

(बारहवीं सदी)

जयदेव 'गीत गोविंद' के रचनाकार के रूप में जाने जाते हैं। वे उड़ीसा के माने जाते हैं, पर बंगाल के राज दरबार में भी उनका सम्मान रहा होगा। उनके काव्य ने प्रदेश की सीमा के बाहर भी अपनी पहचान दर्ज कराई। इसके प्रेम भाव, श्रृंगारिकता और गेयता के कारण इसे भारी प्रसिद्धि मिली। जयदेव की पत्नी पद्मावती थीं। उनके बारे में कहा जाता है कि वे एक प्रसिद्ध नृत्यांगना थीं और जयदेव के पदों पर नृत्य करती थीं।

भारत के पूर्वी प्रांतों में भक्ति के उद्घोष का श्रेय जयदेव को जाता है। उनकी रचना संस्कृत में है। बांग्ला विद्वान आशुतोष भट्टाचार्य का मत है, 'जयदेव ने अपने 'गीत गोविंद' की रचना पहले उस प्रदेश की भाषा या अपभ्रंश में की थी। चूंकि लक्ष्मण सेन संस्कृत के बड़े पोषक थे, इसलिए उनकी प्रेरणा से कवि ने अपने काव्य को संस्कृत पद्य का रूप दे दिया।' (गीत गोविंद, (सं.) कपिला वात्स्यायन)। जयदेव ने अपनी कृति का परिचय पदावली के रूप में दिया है, 'मधुर कोमलकांत पदावली। श्रृणु तदा जयदेव सरस्वतीय'। उनका एक बड़ा योगदान उस पदावली साहित्य की प्रतिष्ठा में है जो वस्तुतः प्रणय गीतों को कहा जाता था। जयदेव द्वारा प्रयुक्त 'पदावली' शब्द राधा-कृष्ण के प्रणय गीतों से जुड़ गया था। पुरी का जगन्नाथ मंदिर चौदहवीं सदी में बना था। चैतन्य महाप्रभु सोलहवीं सदी के प्रारंभ में पुरी गए, जहां वे जयदेव और विद्यापति के गीत

जयदेव

गाया करते थे। जयदेव ने भक्ति आंदोलन पर व्यापक प्रभाव डाला था। उसमें राधा-कृष्ण के प्रेम का समावेश हुआ। कबीर ने जयदेव का उल्लेख किया है। सिखों के आदिग्रंथ 'गुरु ग्रंथ साहब' में भी जयदेव के दो पद मिलते हैं। इनमें से एक पद भक्ति से और दूसरा योग से संबंधित है। कहा जाता है कि गुरु नानकदेव जब जगन्नाथ मंदिर गए थे तो जयदेव के पदों से बहुत प्रभावित हुए थे।

जयदेव का लोकप्रिय काव्य 'गीत गोविंद' बारह सर्गों में है। यह अपनी वैष्णवता और ऐंद्रिक शृंगारिकता के कारण ही नहीं, काव्य गुणों हृदयस्पर्शिता और गेयता के कारण भी जनप्रिय हुआ और कृष्ण भक्त कवियों पर व्यापक प्रभाव डाल सका। भारतेंदु हरिश्चंद्र ने 'गीत गोविंदानंद' शीर्षक से इसके कुछ पदों का भावानुवाद किया था। एक यहां प्रस्तुत है :

ले ललित लवंग लता सुवास
डोलत कोमल मलयज बतास
अलि पिक कलरव लहि आसपास
रह्यो गूंजि कुंज गहवर अवास
हरि बिहरति लखि रसमय बसंत
जो बिरहीजन कहं अति दुरंत
वृंदावन कुंजनि सुख समेत
नाचत गावत कामिनी कंत

गीत गोविंद के एक अन्य अनुवाद में कृष्ण के प्रेम, विरह और राधा की चिंता का लौकिक वर्णन इस प्रकार है :

क्या करेगी, क्या कहेगी चिर विरह में लीन
क्या करूंगा धन स्वजन सुख गृह प्रिया से हीन
तन्वि तुम्हारे रंजित बिंबाधर मन मोह रहे हैं
क्यों वर्तुल स्तन पुनः प्राण से मेरे खेल रहे हैं।

जयदेव के 'गीत गोविंद' में राधा-कृष्ण की कल्पना श्रीमद्भागवत की कल्पना से भिन्न है। यह रसमय है। इस कृति में राधा का प्रेम ही अभूतपूर्व नहीं है, कृष्ण की विरह वेदना भी अभूतपूर्व है। यह लौकिक और मानवीय वेदना है। राधा भी हर दिशा में कृष्ण को देखती हैं। उनके मन में आकर्षण है और नाटकीय संशय भी। जयदेव का 'गीत गोविंद' राधा-कृष्ण के प्रेम, विरह और मिलन के आनंद-क्रंदन का काव्य है।

कृष्ण के दशावतार और त्रिभंगी रूप को प्रचलित करने का श्रेय जयदेव को ही प्राप्त है। गीत गोविंद में राधा-कृष्ण के प्रेम और शृंगार का उन्मुक्त और निर्बाध चित्रण हुआ है। राधा यहां परकीया नायिका के रूप में उपस्थित हैं। वह प्रगल्भा और विलासिनी हैं और लोक लज्जा का अतिक्रमण करती हैं। राधा-कृष्ण का यह निर्बंध प्रणय आगे चलकर कृष्ण भक्ति काव्य का आधार बना। जयदेव के बाद विद्यापति और चंडीदास से होती हुई यह परंपरा हिंदी के कृष्ण भक्त कवियों तक आई। अपने कलापूर्ण, मधुर और संगीतात्मक गीतों के साथ जयदेव दूसरों के लिए प्रेरणास्पद बन गए। इनके गीतों के आधार पर ही जम्मू और कांगड़ा में बसोहली शैली के चित्र बने।

सुनीता गुप्ता

अधिक जानकारी के लिए :
गीत गोविंद : (सं.) कपिला वात्स्यायन, 1983

जयदेव (प्रसन्नराघवकार)

(तेरहवीं सदी)

जयदेव का 'चंद्रालोक' अलंकारशास्त्र का सबसे लोकप्रिय ग्रंथ है जिसमें लगभग 100 अलंकारों की परिभाषाएं उदाहरण सहित मिलती हैं। अलंकारों की इस संख्या से वे परवर्ती अलंकार लेखक विदित होते हैं। इस ग्रंथ की लोकप्रियता का एक प्रमाण तो यह है कि राजा जसवंत सिंह ने इसका हिंदी में 'भाषा-भूषण' नाम से अनुवाद किया है। ये जयदेव महादेव व सुमित्रा के पुत्र कहे जाते हैं जिससे स्पष्ट है ये जयदेव 'गीतगोविंद' के रचयिता जयदेव से भिन्न हैं। पी वी काणे ने 'संस्कृत काव्यशास्त्र का इतिहास' में दोनों को अलग माना है–इस आधार पर कि 'गीतगोविंद' के रचयिता जयदेव ने अपने को

भोजदेव एवं रामादेवी का पुत्र कहा है। जयदेव का जन्मस्थान बंगाल के बीरभूम जिले में केंदुली के नाम से आज भी विख्यात है जहां उनकी स्मृति में विशेष तिथि को वैष्णवों का मेला लगता है।

प्रसन्न राधवकार जयदेव बंगाल के निवासी नहीं थे। इनका 'चंद्रालोक' काव्यशास्त्र पर अनुष्टुप छंद में लिखा गया सिद्धांत ग्रंथ है। यह 10 मयूखों (भागों) में विभाजित है और शैली सुगम व स्पष्ट है। इन्हीं जयदेव ने 'प्रसन्नराघव' नाटक लिखा है। इन जयदेव का समय 1200 से 1250 के बीच है। 'चंद्रालोक' की मुख्य विशेषता यह है कि एक ही श्लोक में अलंकार का लक्षण और उसका उदाहरण दिया गया है। समास शैली में अलंकारों का इतना सुंदर विवेचन अन्यत्र कहीं नहीं मिलता। इसी सुबोध शैली के कारण अप्पय दीक्षित ने इस ग्रंथ के अलंकार भाग को अपने 'कुवलयानंद' नामक ग्रंथ में पूर्णतः रख दिया है। ग्रंथ के अंत में अप्यय ने लिखा है, 'चंद्रालोको विजयतां शरदागमसंभवः/ हधः कुवलयानंदो यत्-प्रसादाद्भूदयम्'। अर्थात शरदागम में उत्पन्न होने वाले चंद्रालोक की विजय हो जिसके प्रसाद से यह रमणीय कुवलयानंद प्रादुर्भूत हुआ।

श्रीप्रकाश शुक्ल

जयद्रथ

जयद्रथ धृतराष्ट्र की एकमात्र बेटी दुःशला का पति था। पांडव जब काम्यक वन में थे, जयद्रथ को सदलबल शाल्व देश जाने के मार्ग में द्रौपदी दिखी। उसके रूप सौंदर्य पर मुग्ध होकर जयद्रथ ने पांडवों की अनुपस्थिति का सुयोग पाकर उसके अपहरण की चेष्टा की। मृगया से लौटे पांडवों ने जयद्रथ का पीछा कर उस पर आक्रमण कर दिया। जयद्रथ की सेना जब मारी जाने लगी, जयद्रथ द्रौपदी को रथ से उतारकर भागने लगा। भीम और अर्जुन ने पीछा करके अंततः उसे बंदी बना लिया। युधिष्ठिर और अर्जुन के कहने पर भीम ने उसकी हत्या तो नहीं की, पर द्रौपदी के सामने उसे काफी अपमानित किया।

जयद्रथ ने अपने अपमान का बदला लेने के लिए शिव की तपस्या की और उन्हें प्रसन्न कर अर्जुन को छोड़कर बाकी सभी पांडवों पर एक दिन की विजय का वरदान पा लिया। फलतः जब महाभारत युद्ध में अभिमन्यु के वध के लिए द्रोण ने चक्रव्यूह का निर्माण किया था, उस समय व्यूह के द्वार-रक्षक के रूप में उसने युधिष्ठिर, भीम, नकुल और सहदेव को पराजित कर दिया और उन्हें घुसने नहीं दिया। चक्रव्यूह में सिर्फ अभिमन्यु घुस पाया और उसकी हत्या हुई। अर्जुन एक अन्य युद्ध क्षेत्र में व्यस्त रहने के कारण चक्रव्यूह के द्वार पर न आ सका था। उसे जब अभिमन्यु के मारे जाने की सूचना मिली, उसने प्रतिज्ञा की कि अगले दिन जैसे भी हो सूर्यास्त के पहले वह जयद्रथ को मार डालेगा, अन्यथा अग्निकुंड में प्रवेश कर जाएगा। दूसरे दिन द्रोण शकटव्यूह की रचना करते हैं। उसके भीतर सूचीव्यूह में जयद्रथ को सूर्यास्त तक छिपाकर रखने की व्यवस्था होती है। दिन बिल्कुल ढलने के पहले कृष्ण अपनी माया से घने बादलों के बीच सूर्य को छिपा देते हैं। इसे सूर्यास्त समझकर कौरव दल प्रफुल्लित हो जाता है और जयद्रथ सामने आ जाता है। ठीक उसी समय कृष्ण के दैवी इशारे से सूर्य बादलों से निकलकर पुनः दिखने लगता है। उसी समय अर्जुन सन्न जयद्रथ का उसके भागने से पहले वध कर देता है और अपनी प्रतिज्ञा पूरी करता है। वह कृष्ण के निर्देश से जयद्रथ का मस्तक इस ढंग से काटता है कि तीर उसे सौ योजन दूर तपस्या करते उसके पिता की गोद में जा कर फेंकता है, क्योंकि जमीन पर गिरने से जयद्रथ को मिले वरदान के अनुसार अर्जुन के सिर के सौ टुकड़े हो जाते। मैथिलीशरण गुप्त ने इस कथा के आधार पर 'जयद्रथ वध' काव्य की रचना की है।

सुमिता गुप्ता

जयप्रकाश नारायण
(1902-1979)

जयप्रकाश नारायण को 'लोकनायक' कहा जाता है। वे एक समाजवादी नेता थे, जिनका कायाकल्प गांधी के असीम स्नेह से सर्वोदयी नेता के रूप में हुआ। जयप्रकाश का जन्म बलिया जिले के सिताबदियरा गांव में 11 अक्टूबर 1902 को हुआ था। कम उम्र में उनकी शादी प्रभावती से हो गई। 1922 में वे प्रभावती को साबरमती आश्रम में छोड़कर पढ़ाई करने अमेरिका चले गए। कैलिफोर्निया विश्वविद्यालय, बर्कले में जनवरी 1923 को उन्हें प्रवेश मिला। पढ़ते हुए अपने खर्च के लिए उन्होंने जलपानगृहों में बैरे का काम किया, बर्तन धोए। फैक्ट्री और बूचड़खानों में भी काम किया। विद्यार्थी जीवन के इस श्रम के विषय में उन्होंने लिखा है, 'मानवमात्र की समानता एवं परिश्रम की महत्ता मेरे लिए वास्तविक सत्य बन गई थी।' उन्होंने फ्रेंच और जर्मन भाषाओं का ज्ञान प्राप्त किया। केमिकल इंजीनियरिंग और हायर कैलकुलस की डिग्री ली। समाजशास्त्र में एमए किया। मार्क्स के विचारों और

जयप्रकाश नारायण

रूसी क्रांति ने उन्हें बेहद प्रभावित किया। उनकी धारणा बन गई कि मार्क्सवाद करोड़ों शोषित लोगों की मुक्ति का क्रांतिकारी दर्शन है। गहन अध्ययन के कारण वे बीमार हो गए। शरीर बेहद कमजोर हो गया। वे 1929 में पीएचडी की थीसिस अधूरी छोड़ भारत लौट आए। जेपी ने अध्ययन के दौरान जीवन के बारे में यह निष्कर्ष निकाला कि मनुष्य जाति की सबसे महत्वपूर्ण समस्या है असमानता और निर्धनता। देश का स्वाधीन होना ही परम लक्ष्य नहीं है, वरन स्वाधीनता को जनता के निचले स्तर तक पहुंचाना भी जरूरी है। उनकी पत्नी प्रभावती गांधी आश्रम में रहते हुए पूरी तरह गांधीवादी हो चुकी थीं। जेपी ने अपनी पत्नी के व्यक्तित्व को सम्मान दिया और उनके स्वतंत्र रूप से सोचने-विचारने और कार्य करने को प्रोत्साहित किया।

दिसंबर 1929 में लाहौर कांग्रेस में रावी के तट पर जब नेहरू ने पूर्ण स्वराज्य की घोषणा की तब वे उनके प्रशंसक हो गए। नेहरू ने उन्हें कांग्रेस में शामिल होने का प्रस्ताव दिया, जिसे उन्होंने सहर्ष स्वीकार कर लिया। उनके योजनाबद्ध तरीके से किए गए कामों और प्रतिभाशाली व्यक्तित्व से नेहरू बहुत प्रभावित थे। दोनों मित्र बन गए। जयप्रकाश ने बंबई में एक भूमिगत कार्यालय स्थापित किया। वह कार्यकर्ताओं की गुप्त सभाओं का गठन करने के लिए दूर-दूर तक यात्रा करते थे। बनारस में कांग्रेस कार्यकारिणी समिति की एक भूमिगत सभा के बाद वे मद्रास गए और वहां गिरफ्तार हो गए। दूसरे दिन अखबारों में सुर्खियां छपीं, 'कांग्रेस की मेधावी शक्ति का आधार स्तंभ गिरफ्तार!' उन्हें नासिक जेल लाया गया, जहां उनकी भेंट राममनोहर लोहिया, अशोक मेहता, मीनू मसानी, पी दांतवाला और अच्युत पटवर्धन से हुई, जो समाजवादी विचारधारा के स्तंभ थे। इन लोगों ने निर्णय लिया कि वे सब कांग्रेस को समाजवाद की ओर उन्मुख करने का प्रयास करेंगे। 1933 में जेपी को जेल से रिहा किया गया। 1934 में वे बिहार में आए भीषण भूकंप में राहत कार्य में लगे रहे।

जेपी ने अपने मित्रों के साथ मिलकर कांग्रेस

सोशलिस्ट पार्टी का गठन 1934 में किया। इसके अध्यक्ष आचार्य नरेंद्र देव थे और वह स्वयं महासचिव बने। यह दल कांग्रेस के साथ ही तब कार्य कर रहा था।

3 सितंबर 1939 को जब द्वितीय विश्वयुद्ध प्रारंभ हुआ। जेपी ने कहा, 'भारत को ब्रिटेन की लड़ाई नहीं लड़नी चाहिए।' फरवरी 1940 में उन्हें गिरफ्तार कर लिया गया और नौ महीनों के बाद छोड़ा गया। स्वाधीनता का तीव्र आंदोलन चलाना उन्होंने जारी रखा और अंग्रेजी सरकार ने उन्हें पुनः गिरफ्तार कर राजस्थान के देवली कैंप में नजरबंद कर दिया। अक्टूबर 1941 में उनके नेतृत्व में कैदियों ने भूख हड़ताल की। इसका व्यापक असर हुआ। उन्हें वहां से हटाकर हजारीबाग सेंट्रल जेल में रखा गया।

9 अगस्त 1942 से भारत छोड़ो आंदोलन शुरू हुआ। देश के सभी बड़े नेता गिरफ्तार कर लिए गए। ऐसे में नवंबर 1942 में दीपावली की रात जेपी हजारीबाग सेंट्रल जेल से फरार हो गए। उन्होंने गुप्त रूप में नेपाल में रहकर आजाद दस्ता का निर्माण किया। वे देश भर के अपने चाहने वालों से संपर्क कर भारत छोड़ो आंदोलन का नेतृत्व करते रहे और बेहद लोकप्रिय नेता के रूप में उभरे। अंग्रेजों ने उन्हें जीवित या मृत पकड़ने के लिए दस हजार रुपए का इनाम रखा था। उनके साहस तथा पुलिस से बचने की नित नई कहानियां जनता को मिल रही थीं। पूरे देश को उनसे सहानुभूति थी। भारत छोड़ो आंदोलन के वे नायक बन चुके थे। वे क्रांतिकारी थे, किंतु अपने अनुयायियों को रक्तपात से बचने की सलाह देते थे। कुछ समय बाद राममनोहर लोहिया भी उनके पास नेपाल में सहयोग करने पहुंच गए। वे 18 सितंबर 1943 को पश्चिमी वेश में अब्दुल गफ्फार खान से मिलने रावलपिंडी जा रहे थे। ट्रेन जब अमृतसर में रुकी तो खुफिया पुलिस ने उन्हें पहचान कर गिरफ्तार कर लिया। उन्हें लाहौर के किले में भेज दिया गया, जिसे यंत्रणा कक्ष के नाम से जाना जाता था। सोलह महीनों तक उन्हें मानसिक और शारीरिक यातना दी गई। वे इसे चुपचाप सहते रहे। पूछने पर कहते, 'मुझे और कुछ नहीं कहना है, सिवाय इसके कि मैं भारत में ब्रिटिश राज्य का शत्रु हूं...मैं स्वतंत्रता के लिए काम कर रहा हूं और तब तक करता रहूंगा जब तक स्वतंत्रता नहीं मिल जाती या मेरी मृत्यु नहीं हो जाती।'

द्वितीय विश्वयुद्ध के बाद गांधी जी उन्हें छुड़ाने में कामयाब हुए। 12 अप्रैल 1946 को वे जेल से बाहर आए। राष्ट्र के इस प्रिय नेता का सम्मान देश भर में किया गया। 13 अप्रैल 1946 के 'नवजीवन' में गांधी जी ने लिखा, 'जयप्रकाश नारायण और राममनोहर लोहिया दोनों विद्वान हैं। उन्होंने अपनी विद्वत्ता का इस्तेमाल पैसा कमाने के लिए नहीं किया। देश की गुलामी को देखकर वे अधीर हो उठे। उन्होंने अपना सब कुछ देश को अर्पण कर दिया और उसकी गुलामी की जंजीरों को तोड़ने में लग गए। सरकार को उनसे डर लगा और उसने उन्हें जेल में डाल दिया। अगर मैं साम्राज्य चलाने वाला होऊं तो शायद मैं ऐसे लोगों से डरूं और जेल में रखूं।' इन दोनों महापुरुषों की विद्वत्ता, त्याग, अपार देश-प्रेम, जन-जीवन के प्रति समर्पण और आंदोलनकारी व्यक्तित्व ने महात्मा गांधी को बहुत गहरे स्तर पर प्रभावित किया था।

आजादी के बाद समाजवादियों ने कांग्रेस से अलग हटकर अपनी पार्टी बनाई। 1952 के आम चुनाव के परिणामों से जयप्रकाश दुखी हुए और पार्टी से अलग हो गए।

यह ध्यान देने की बात है कि जेपी प्रारंभ में कम्युनिस्ट थे, लेकिन गांधी के नेतृत्व में काम कर रहे थे। मार्क्सवादी विचारधारा से लगाव होने के कारण गांधी से भी उनका मतभेद था, किंतु आजादी के बाद वे धीरे-धीरे गांधीमय होते गए और विनोबा भावे के सर्वोदय तथा भूदान आंदोलन में सक्रिय हो गए। उनके इस फैसले से समाजवादी खेमे में एक निराशा का माहौल व्याप्त हो गया। समाजवादी आंदोलन ही बिखर गया। यह पार्टी बहुत ही शीघ्र दो भागों में बंट गई। जयप्रकाश का तेजस्वी व्यक्तित्व भी मानो लुप्त हो गया। उधर सर्वोदय आंदोलन की विफलता ने भी उन्हें निराश किया। उनका एक अलग ही स्वरूप दस्यु उन्मूलन में उजागर हुआ। 1966 के बिहार में पड़े भीषण अकाल में वे लगातार दौरे कर

राहत कार्य से जुड़े रहे। 1970 में मुसहरी नामक गांव (मुजफ्फरपुर जिले में स्थित) में नक्सलवाद ने जोर पकड़ा। उन्होंने आतंकवाद की ओर अग्रसर युवकों को ग्राम-निर्माण की ओर अग्रसर किया। मुसहरी से उन्होंने फणीश्वरनाथ रेणु को पत्र लिखा, 'यहां आकर देखो, तुम्हारा 'मैला आंचल' और मैला हो गया है।'

1974 के आंदोलन में जयप्रकाश का एक अनोखा तेजस्वी रूप दिखाई दिया। पूरे भारत में इंदिरा गांधी के शासन के विरुद्ध जेपी लहर पैदा हो गई। पर जयप्रकाश काफी बूढ़े और लाचार हो गए थे। उन्होंने 'दलहीन लोकतंत्र' का नारा देकर तानाशाही विरोधी सारी ताकतों को आपस में जोड़ना चाहा। उनकी 'संपूर्ण क्रांति' आदर्शवादी थी, पर इसके पीछे उनकी भावनाओं में सच्चाई थी। वह लाखों युवाओं के प्रेरक थे। उनमें गांधी का ताप भरा था। उन पर 4 नवंबर 1974 को लाठियां चलीं। नागार्जुन ने इस पर कविता लिखी, 'जयप्रकाश पर पड़ीं लाठियां लोकतंत्र की/ एक और गांधी की हत्या होगी अब क्या?' 25 जून 1975 को इमरजेंसी लगा दी गई। उन्हें नजरबंद कर लिया गया। 1977 में बाहर आए। आपातकाल समाप्त हुआ। शासन बदला, वे निस्पृह थे। लोकनायक बेहद बीमार रहते। कमजोर किडनी से लाचार। 8 अक्टूबर 1979 को उन्होंने अंतिम सांस ली। उनकी मृत्यु के बाद उनकी एक कविता 'धर्मयुग' में छपी थी, 'जीवन असफलताओं से भरा है!' क्या वाकई जेपी का जीवन असफल था? इसी कविता का समापन वे इन शब्दों के साथ करते हैं, 'और यह असफल जीवन/सौ गुना अधिक सौभाग्यशाली बन जाएगा/ यदि वह प्रिय युवा सहगामी जिज्ञासुओं के लिए/ कंटीला रास्ता कुछ और आसान बना दे।'

भारत यायावर

जरत्कारु

जरा शब्द का अर्थ है क्षय, कारु का अर्थ है सुंदर। कठोर तपस्या द्वारा अपने सुंदर शरीर को नष्ट करने के कारण एक भृगुवंशीय मुनि का नाम जरत्कारु पड़ा। वे सिर्फ वायु भक्षण करके कठोर तपस्या करने वाले परिव्राजक मुनि थे। यात्रा में उन्होंने पूर्वजों को पेड़ से उलटे लटके देखा। वे इस अवस्था में क्यों हैं, जरत्कारु ने उनसे प्रश्न किया। उन्हें जवाब मिला कि जरत्कारु नाम के उनके एक पुत्र ने विवाह नहीं किया है और संतानहीन है। इसलिए वंशलोप की आशंका से वे उलटे लटकने के लिए अभिशप्त हैं। जरत्कारु ने उन्हें अपना परिचय दिया और कहा कि वह पितृ पुरुषों की मुक्ति के लिए तैयार है, यदि कोई स्वेच्छा से उसे कन्यादान करे। विवाह के लिए जरत्कारु ने तीन बार ऊंचे स्वर में कन्या भिक्षा की मांग की। तभी नागराज बासुकि अपनी भगिनी को लेकर आए। उसका भी नाम जरत्कारु था। जरत्कारु मुनि ने उससे विवाह किया। विवाह के समय उन्होंने यह शर्त रखी कि वे स्त्री का भरण-पोषण नहीं करेंगे एवं स्त्री यदि कुछ भी अप्रिय करेगी तो उसे त्याग देंगे। कुछ दिनों बाद पत्नी गर्भवती हुई।

एक दिन मुनि जरत्कारु अपनी पत्नी की गोद में सिर रखकर सोए थे। संध्या वंदना का समय हो आया था, यह सोचकर पत्नी आशंकित हो गई और उसने स्वामी को जगाया। मुनि ने इस व्यवहार से क्रुद्ध और अपमानित महसूस किया और वह स्त्री को त्याग कर जाने लगे। जाने से पहले पत्नी का पेट छूकर देखा और कहा 'अस्ति' (है)। वह बोलकर चले गए कि एक तेजस्वी पुत्र आस्तीक का जन्म होगा, जो सर्प कुल की रक्षा करेगा। जन्मेजय के नागयज्ञ में इस आस्तीक ने ही सर्पवंश की रक्षा की।

सुमिता गुप्ता

जरनल

जरनल (Journal) शब्द के कई अर्थ होते हैं, जैसे किसी व्यक्ति द्वारा रोज का इतिवृत्ति लिखना (डायरी), पुलिस की रोजाना की डायरी, व्यावसायिक प्रतिष्ठानों में खाते का एक प्रकार, दैनिक समाचारपत्र आदि। जरनल की व्युत्पत्ति लैटिन शब्द diurnalis से है, जिसका अर्थ होता है रोज, दैनिक।

इसी आधार पर अंग्रेजी शब्द Journalist बना है, जिसका हिंदी अनुवाद पत्रकार है। पत्रकार का पत्र दैनिक समाचारपत्र की ओर इंगित करता है।

लेकिन अब ये सभी अर्थ शब्दकोश की दुनिया तक सीमित हो चुके हैं। आजकल जरनल का अर्थ है, नियमित या अनियमित रूप से निकलने वाली वह पत्रिका जिसमें अकादमिक महत्व के लेख प्रकाशित होते हैं। ये लेख शोध पत्र हो सकते हैं और विद्वत्तापूर्ण टिप्पणियां भी। भारत की अपनी भाषाओं में जरनलों का अभाव है—अंग्रेजी में विश्वविद्यालयों तथा अकादमिक प्रकाशकों द्वारा कुछ जरनल अवश्य प्रकाशित होते हैं, जिनके विषय हैं अर्थशास्त्र, स्त्रीवादी अध्ययन, दर्शन आदि। जरनल में प्रकाशित सामग्री, आम तौर पर, सामान्य पाठकों के लिए नहीं होती। वह विशेषज्ञों के लिए होती है। इसलिए यह सामग्री गंभीर होती है और इसमें तकनीकी पदों का प्रयोग होता है। वैज्ञानिक जरनलों से वैज्ञानिक क्षेत्र में हो रही प्रगति की जानकारी मिलती है। किसी-किसी विषय पर तो कई अंकों तक बहस चलती रहती है। किसी भी ख्यातिप्राप्त जरनल में लेख प्रकाशित होना लेखक की प्रतिष्ठा में वृद्धि करता है।

राजकिशोर

जरासंध

मगध के राजा वृहदथ की दो पत्नियों से एक ही साथ एक बच्चे का आधा-आधा भाग पैदा हुआ। उन्होंने उसे फेंक दिया। इन आधे-आधे भागों को जोड़कर जरा राक्षसी ने एक संपूर्ण बालक बना दिया जिसका नाम जरासंध पड़ा। वह पराक्रमी था। कृष्ण द्वारा कंस का वध करने से क्रुद्ध होकर उसने सतरह बार मथुरा पर आक्रमण किया। कंस जरासंध का दामाद था। जरासंध ने शिव को प्रसन्न करने के लिए यज्ञ किया था। वह 95 राजाओं को बंदी बनाकर शिव के लिए बलि देना चाहता था। कृष्ण जरासंध का वध करने के लिए निकले। उनके साथ भीम और अर्जुन भी थे। तीनों साधु वेश में थे। उस समय जरासंध दान दे रहा था। कृष्ण ने मांगा कि वह इन तीनों में से किसी से भी युद्ध करे। जरासंध ने भीम को चुना। जरासंध और भीम के बीच घोर युद्ध हुआ। भीम थक चुका था और जरासंध भारी पड़ रहा था। कृष्ण ने कुश को दो भागों में चीर कर दो अलग दिशाओं में फेंक कर भीम को संकेत दिया कि वह यही कौशल अपनाए। भीम ने जरासंध की टांगों को पकड़ कर उसे बीच से चीरकर दो दिशाओं में फेंक दिया। उसके शरीर की संधि टूट गई। इस तरह उसका वध हुआ। जरासंध के राज्य पांडवों के राज्य में मिल गए।

निर्मला तोदी

जर्मन आदर्शवाद

आदर्शवाद को दार्शनिक अर्थ में इस रूप में समझा जा सकता है कि किसी भी वस्तु के गुणों को हम उसी रूप में पहचानते हैं, जिस रूप में वे हमें प्रतीत होती हैं न कि वस्तु में निहित गुणों के द्वारा। मस्तिष्क से स्वतंत्र वस्तु की सत्ता का कोई अर्थ नहीं है, क्योंकि वह अज्ञेय है। वस्तु को हम मस्तिष्क के माध्यम से ही जानते हैं। जर्मन आदर्शवाद का अर्थ दर्शन उस आदर्शवादी संकल्पना से है, जिसके तहत वस्तु की बाह्य एवं आंतरिक सत्ता की विस्तृत व्याख्या प्रस्तुत की जा सकती है। जर्मन आदर्शवाद (Germon Idealism), जर्मनी में 1780 से 1840 के मध्य विकसित एक विचारोत्तेजक दार्शनिक आंदोलन था। इसकी शुरुआत इम्मेनुएल कांट केक्रिटिक ऑफ प्योर रीजन (Critique of Pure Reason) की आलोचना से हुई। यह प्रबोधन की क्रांतिकारी चेतना के साथ-साथ प्रकृतवाद और स्वच्छंदतावाद से भी संबद्ध था। इस आंदोलन के प्रतिनिधि जॉन गॉटलिव फिक्टे, फ्रेड्रिक विल्हल्य शेलिंग और जॉर्ज विल्हेल्म हीगल थे। हालांकि इन सबके दरम्यान काफी भेद थे, परंतु ये सभी आदर्शवाद के प्रति प्रतिबद्ध थे।

कांट के अतींद्रिय आदर्शवाद केअनुसार, वस्तुओं की बाह्य सत्ता एवं आंतरिक सत्ता के बीच भेद है। इस

दृष्टिकोण को संपूर्ण आदर्शवाद में बदलकर फिक्टे, शेलिंग और हीगल ने इसमें क्रांतिकारी परिवर्तन ला दिया जिसके अनुसार, वस्तु स्वयं में बहुत से अंतर्विरोधों को समाहित किए रहती है। कोई वस्तु चेतना का हिस्सा तभी बन सकती है जब उसकी भौतिक उपस्थिति सुनिश्चित की जा सके।

जर्मन आदर्शवाद की उपलब्धि यह थी कि उसने दर्शन की विभिन्न शाखाओं जैसे कि तर्क, अध्यात्म, ज्ञान-मीमांसा, राजनीतिक चिंतन, नैतिकता, सौंदर्य बोध आदि के बीच मौजूद अंतःसूत्रों की तलाश की। इसके लिए चिंतन की एक व्यवस्थित प्रणाली, जिसके अंतर्गत इन सभी को समेटा जा सके, की खोज को दर्शन के मुख्य उद्देश्य के रूप में देखा गया। इसी संदर्भ में कांट की कोशिश यह थी कि वे एक ऐसे आदर्शवादी सूत्र की तलाश कर सकें जिसके अनुरूप इन तमाम शाखाओं को समेटते हुए किसी भी वस्तु की समुचित दार्शनिक व्याख्या प्रस्तुत की जा सके।

जर्मन आदर्शवाद के तहत इस मूल सिद्धांत को फर्स्ट प्रिंसिपल कहा गया और इसे संपूर्ण माना गया। यह भी स्वीकार किया गया कि इसी मूल सिद्धांत के अंतर्गत किसी वस्तु में मौजूद तमाम अंतर्विरोधों को समेटते हुए उसकी सुसंगत व्याख्या प्रस्तुत की जा सकती है। हालांकि जर्मन आदर्शवाद जहां अठारहवीं और उन्नीसवीं सदी के दरम्यान जर्मनी के बौद्धिक इतिहास, जो शास्त्रीयता और प्रकृतवाद से संबद्ध था, के विकास से जुड़ा था, वहीं आधुनिक दर्शन के विकासवादी इतिहास से भी प्रभावित था।

कांट, फिक्टे, शेलिंग और हीगल ने बुद्धिवाद और अनुभववाद के बीच के ऐतिहासिक संघर्ष को समाप्त करने में महत्वपूर्ण सफलता पाई। उन्होंने जिस तरह इन्हें व्याख्यायित किया उसका आधुनिक दर्शन के इतिहासबोध पर गहरा असर पड़ा।

कांट के अनुसार, हमारा ज्ञान इंद्रिय संवेदन और बुद्धि विकल्प दोनों के संयोग से बनता है। इंद्रियां संवेदन के रूप में ज्ञान की सामग्री प्रस्तुत करती हैं और बुद्धि अपने सहज विकल्पों से इन असंबद्ध संवेदनों को संबद्ध बनाकर इन्हें ज्ञान का रूप देती है। एक तरह से हम कह सकते हैं कि ज्ञान बनने के लिए इंद्रिय संवेदन को बुद्धि विकल्प के सांचे में ढालना होता है। कांट के अनुसार, इंद्रिय संवेदन और बुद्धि विकल्प के बीच में दो द्वार हैं, जिनका नाम है देश और काल। इंद्रिय संवेदन इन दो द्वारों से होते हुए बुद्धि विकल्पों तक पहुंचती है। देश और काल बाह्य पदार्थ नहीं हैं, ये हमारे मानसिक चश्मे हैं जिनसे हम बाह्य जगत को देखते हैं। कांट के अनुसार, बाह्य जगत का ज्ञान दिक्‌काल से पूर्णतया संबद्ध है, हालांकि कट्टरपंथी आदर्शवाद देश-काल की अवधारणा से इनकार करते थे।

कांट की दार्शनिक मान्यताएं सर्वप्रथम 1781 में प्रकाशित उनकी पुस्तक 'क्रिटिक ऑफ प्योर रीजन' के प्रथम संस्करण में अभिव्यक्त हुई। इसके प्रकाशन के साथ ही कांट को भारी विरोध का सामना करना पड़ा। फिक्टे का मानना था कि कांट का दर्शन अपूर्ण रह गया है। इसका मूल कारण यह है कि कांट ने व्यवहार और परमार्थ के द्वैत को वास्तविक मान लिया है। इंद्रिय संवेदन और बुद्धि विकल्प के बीच कांट ने एक अपूर्व खाई खोद दी है और इसी वजह से उनकी दार्शनिक स्थापनाएं अपूर्ण रह गई हैं। फिक्टे के अनुसार, जो भी बाह्य है और वह सत्तामूलक है तो वह अज्ञेय कैसे हो सकता है। कांट बाह्य को अज्ञेय मानते हुए उसे इंद्रिय संवेदन से झंकृत करते हुए बुद्धि विकल्पों द्वारा प्रकाशित करने की प्रक्रिया को ज्ञान मानते थे। इस प्रक्रिया में कांट संवेदन को एक स्वतंत्र अस्तित्व प्रदान करते थे। फिक्टे के अनुसार, संवेदन भी ज्ञान का ही रूप है। बाह्य तत्व भी आत्म तत्व की ही सृष्टि है। इस तरह कांट के दर्शन में मौजूद अज्ञेयवाद और द्वैतवाद को दूर करने का काम फिक्टे ने किया। फिक्टे ने आदर्शवाद की प्रतिष्ठा करते हुए इस बात पर बल दिया कि विज्ञान ही वस्तु में परिणत होता है न कि वस्तु विज्ञान में। फिक्टे जर्मनी के प्रख्यात जेना विश्वविद्यालय से संबद्ध रहे। उन्होंने 1799 में जेना विश्वविद्यालय छोड़ दिया।

1798 में मात्र 23 वर्ष की उम्र में शेलिंग जेना

विश्वविद्यालय से जुड़े। आरंभ में वे फिक्टे के छात्र और बाद में उनके सहयोगी भी रहे। फिक्टे के जाने के बाद वे वहां दर्शन विभाग में अध्यापक के बतौर नियुक्त हुए। शेलिंग की दार्शनिक मान्यताओं में शुष्क तर्कों की अपेक्षा जीवित भावुकता अधिक प्रबल है। फिक्टे ने जिसे आत्मा माना था शेलिंग उसे ही प्रकृति मानते हैं। फिक्टे और शेलिंग इस बात पर सहमत थे कि आत्मा और अनात्मा का जीव और जगत का ज्ञाता और ज्ञेय के बीच कोई शाश्वत विरोध नहीं है, दोनों ही एक परमतत्व की अभिव्यक्ति हैं। फिक्टे ने इस परमतत्व को आत्मा का नाम दिया और शेलिंग इसे प्रकृति मानते हैं। फिक्टे ने नैतिक जीवन को महत्व दिया और इस कारण इस परम तत्व को परम आत्मा (Absolute Ego), जीवों को आत्मा (Ego) और जगत को अनात्मा (Non-Ego) माना। वहीं शेलिंग ने कलात्मक भावुकता को महत्व देने के कारण, इस परम तत्व को समन्वयात्मक प्रकृति (Organized Nature), जीव को चेतन प्रकृति (Organic Nature) और जगत को अचेतन प्रकृति (Inorganic Nature) माना।

जर्मन आदर्शवाद की सबसे क्रांतिकारी अभिव्यक्ति हीगल की दार्शनिक मान्यताओं में हुई। हीगल से पूर्व किसी दार्शनिक ने दार्शनिक मान्यताओं को इतनी समग्रता के साथ प्रस्तुत नहीं किया था। हीगल ने दार्शनिक इतिहास को नए रूप में रखा। उनके अनुसार, मानव समाज के इतिहास, साम्राज्यों के उत्थान-पतन तथा संस्कृति के विविध रूपों की प्रगति के समानांतर ही, दार्शनिक विचारों की प्रगति का भी महत्वपूर्ण इतिहास रहा है। तुविंगन विश्वविद्यालय में हीगल शेलिंग के सहपाठी थे। हीगल ने सर्वप्रथम फिक्टे और शेलिंग की दार्शनिक मान्यताओं पर विचार किया। यह 1801 में फिक्टे और शेलिंग की दार्शनिक मान्यताओं में भेद के रूप में प्रकाशित हुआ। इसमें हीगल का मानना था कि जहां फिक्टे का आदर्शवाद आत्मनिष्ठ है, वहीं शेलिंग का आदर्शवाद प्रकृतिनिष्ठ है। हीगल के कार्यों के परिणामस्वरूप फिक्टे और शेलिंग के बीच भेद गहराता गया। हीगल के अनुसार, दर्शनशास्त्र का लक्ष्य परम तत्व के विकास की समुचित व्याख्या करना है। यही तर्कशास्त्र का भी उद्देश्य है। हीगल के अनुसार, इसलिए तर्कशास्त्र और दर्शनशास्त्र दोनों एक ही हैं। दर्शन सभी विज्ञानों का विज्ञान है। तर्कशास्त्र का उद्देश्य भी निरपेक्ष विज्ञान के विकास की क्रमिक व्याख्या प्रस्तुत करना ही है। हीगल के अनुसार, निरपेक्ष विज्ञान वह है जो हमारे मस्तिष्क में स्वतः ही जन्मजात मौजूद होता है और जिसकी अभिव्यक्ति बाह्य जगत के रूप में होती है। इस तरह हीगल स्वतंत्र चेतना की अवधारणा को रखते हैं।

जर्मन आदर्शवाद की मान्यताओं पर सबसे करारी और क्रांतिकारी चोट कार्ल मार्क्स ने की। मार्क्स ने दर्शन की पूरी व्याख्या और उद्देश्य को ही उलट दिया। मार्क्स कहते हैं 'युवा हीगलपंथी भौतिकवाद की बात करते हैं लेकिन वे दुनिया को बदलने के बजाय मस्तिष्क को बदलने पर बल देते हैं, हमें इस तरह की चिंतन प्रणाली के विरुद्ध संघर्ष करना होगा।' मार्क्स के अनुसार, प्रश्न दुनिया की दार्शनिक व्याख्या का नहीं है, बल्कि सवाल दुनिया को बदलने का है। यही दर्शन का अंतिम उद्देश्य होना चाहिए। मार्क्स ने इतिहास, संस्कृति, राजनीति, सामाजिक विकास एवं अर्थव्यवस्था के परिवर्तनों के आलोक में दुनिया की व्याख्या की।

इस तरह हम पाते हैं कि अठारहवीं सदी के अंतिम वर्षों से लेकर उन्नीसवीं सदी के आरंभिक वर्षों तक दार्शनिक बहसों की एक समग्र परंपरा जर्मनी में विकसित हुई। इसकी सबसे सार्थक परिणति मार्क्स के समाजवादी दृष्टिकोण के रूप में उन्नीसवीं सदी के मध्य विकसित हुई जिसने दुनिया को देखने के हमारे नजरिए में आमूल-चूल परिवर्तन ला दिया।

अच्युतानंद मिश्र

अधिक जानकारी के लिए :

1. **पाश्चात्य दर्शन का इतिहास :** फ्रैंक थिली, 2. **Combridge Companion to Germon Ideology :** Kard Amerinks, 3. **The Germon Ideology :** Karr Marx, Friedrich Engles

जर्मनी में हिंदी

जर्मनी भारतविद्या का एक प्रमुख केंद्र रहा है। यहां के बीस विश्वविद्यालयों के भारतीय भाषाविज्ञान संस्थानों और केंद्रों में हिंदी का अध्ययन होता रहा है। जर्मनी में अंग्रेजी की जगह जर्मनी ही लोकप्रिय है, भले उसमें अंग्रेजी घुस चुकी हो। इस देश के भाषाशास्त्रियों की रुचि संस्कृत और हिंदी दोनों भाषाओं में रही है, पर हिंदी संस्कृत के साथ जुड़ी भर रही है। इस देश के बर्लिन, हाइडेलबर्ग, बॉन, हैम्बर्ग, म्यूनिख, ट्यूबिंगेन के शिक्षण संस्थानों में हिंदी के कई शिक्षक हैं। इंदु प्रकाश पांडेय हाइडेलबर्ग विश्वविद्यालय में 1963 में आए थे। उन्होंने लंबे समय तक यहां हिंदी पढ़ाई। इस देश के कई शिक्षण केंद्रों में जर्मन-हिंदी अध्यापक हैं, जिनमें लोठार लुत्से सबसे ज्यादा प्रसिद्ध हुए। जर्मनी में कई हिंदी उपन्यासों के अनुवाद हुए हैं। ड्यूश वेल (Deutsche Welle) एक जर्मन रेडियो संस्था है, जो 1960 से संस्कृत, हिंदी, उर्दू, बांग्ला आदि भारतीय भाषाओं सहित 30 भाषाओं में समाचारों तथा महत्वपूर्ण सामग्री का विश्वव्यापी प्रसारण करती है। इससे भारतीय भाषाओं के कई विद्वान जुड़े रहे हैं।

हाईंत्स वर्नर वेसलर जर्मन हैं। उन्होंने भारतविद्या से प्रेम के कारण संस्कृत के साथ हिंदी भी सीखी। उन्होंने हबीब तनवीर के 'आगरा बाजार' का जर्मन में अनुवाद किया। उनका कहना है, 'हिंदी एक तरह से अंतरसांस्कृतिक भाषा है। इसी रूप में यह आगे बढ़ रही है।' वह चाहते हैं कि दुनिया भर के विदेशी हिंदी प्रेमियों और विद्वानों के लिए दिल्ली में एक संस्थान बनाया जाए, जहां साल में चार-पांच बार अनुवाद पर विचार विमर्श, सेमिनार आयोजित किए जा सकें। अभी हिंदी प्रेमी विदेशी जब भी मिलते हैं, यह महज इत्तेफाक होता है।

जर्मनी की ट्यूबिंगेन यूनिवर्सिटी के भारत विद्या विभाग में हिंदी की साहित्यिक पत्रिकाओं का एक संग्रहालय है, जिसमें कई लघु पत्रिकाएं हैं। जर्मनी-भारत के बीच बढ़ती जा रही व्यापारिक गतिविधियों के दौर में जर्मन-हिंदी सांस्कृतिक संबंध के नए दरवाजे खुले हैं।

दिनेश कुमार शर्मा

जर्मेन ग्रियर
(1939-)

विशेष कर 70 के दशक के दूसरे दौर के नारीवादी आंदोलन से जर्मेन ग्रियर (Germaine Greer) का नाम अभिन्न रूप से जुड़ा है। ग्रियर का जन्म 29 जनवरी 1939 को मेलबोर्न, ऑस्ट्रेलिया में हुआ था। वे दो बहनों तथा एक भाई में सबसे बड़ी थीं। उनके माता-पिता के नाम एरिक रेगिनाल्ड ग्रियर तथा मां का नाम मार्ग्रेट मेरी लॉफांक था। उनकी मां एक बीमारी से ग्रस्त थीं। ग्रियर 1989 में अपनी कृति 'डैडी, वी हार्डली न्यू यू' में अपने पिता को खुद से दूर, कमजोर और निष्ठुर बताती हैं। उनका बचपन अच्छा नहीं बीता। 18 वर्ष की आयु में उन्होंने घर छोड़ दिया। 1968 में उन्होंने पाउल डू फ्यू से विवाह किया पर उनका विवाह कुछ सप्ताह ही चला।

जर्मेन ग्रियर

महिला मुद्दों, नारीवाद, कला, संस्कृति तथा पर्यावरण आदि विषयों पर जर्मेन ग्रियर का व्यापक लेखन है। उनका लेखन शुरू से ही विवादों के घेरे में रहा है। उनकी पहली पुस्तक 'द फीमेल यूनक' (1970) अंतरराष्ट्रीय स्तर पर सर्वाधिक बिकने वाली पुस्तक थी, जिसे प्रशंसा तथा विरोध दोनों मिला। इस पुस्तक की सफलता के बाद, उन्होंने नौकरी त्याग दी और पुस्तक का प्रचार करने के लिए यात्राएं कीं। उनकी अन्य पुस्तकों में महिला चित्रकारों पर ऑब्सटेकल रेस (1979) (बाधा दौड़), सेक्स एंड डेस्टिनी : द पॉलिटिक्स ऑफ फर्टिलिटी (1984), शेक्सपियर (1986), मैड वीमेंस अंडरक्लोथ्स (1986), द चेंज : वीमेन, एजिंग एंड मेनोपॉज (1991), द होल वूमन (1999), द ब्यूटीफुल ब्वॉय (2003), शेक्सपियर्स वाइफ (1970), व्हाइट बीच : रेनफॉरेस्ट ईयर्स (2013) आदि शामिल हैं।

ग्रियर ने प्रारंभिक दौर में अपनी पहचान एक अराजक साम्यवादी के रूप में बनाई थी। बाद के दिनों में उन्होंने महिलाओं तथा नारीवादी सवालों पर ही अपना ध्यान केंद्रित किया, जो उनकी स्थायी पहचान बन गई। 'द फीमेल यूनक' (जनाना हिजड़ा) के बारे में 1971 में 'न्यूयॉर्क टाइम्स' में ग्रियर ने बताया कि, 'महिलाओं को अपने व्यभिचार, अपनी इच्छाओं के संसार से, अपनी यौनिकता से अलग कर दिया गया है। वे इसके बारे में शंकालु हो गई हैं। उदाहरण के लिए जैसे जानवरों को अपने मालिकों के दूरगामी हितों–मोटा करने या पालतू बनाने–को पूरा करने के लिए बधिया कर दिया जाता है, उसी प्रकार महिलाओं को उनकी कार्य करने की क्षमता से काट दिया जाता है। यही वह प्रक्रिया है जो शक्ति को कोमलता तथा रसीलेपन के लिए कुर्बान कर देती है तथा इसे बदला जाना है।' 'सेक्स एंड डेस्टिनी' (लिंग और नियति) में वे शरीर को लेकर स्त्रियों के भीतर मौजूद शर्म तथा अज्ञान के चलते, उनकी प्राकृतिक तथा राजनीतिक स्वायत्तता के हनन को रेखांकित करती हैं। नारीवाद से संबंधित उनके विचार 'द होल वमन' (संपूर्ण स्त्री) में मिलते हैं। ग्रियर समतावादी नारीवादी न होकर मुक्तिवादी नारीवादी हैं। उनका लक्ष्य पुरुषों के साथ समानता नहीं है, जिसे वे 'गुलाम पुरुषों के जीवन के साथ समझौते तथा एकीकरण' के रूप में देखती हैं। उनके अनुसार, स्त्री मुक्ति महिलाओं की क्षमता को पुरुषों की भाषा में नहीं देखती है। ग्रियर की स्थापना है कि स्त्री मुक्ति का अर्थ है लैंगिक विभाजनों को सकारात्मक तरीके से लेना। स्त्रियों के लिए, नारी मुक्ति का अर्थ है, 'अपने खुद के मूल्यों को पारिभाषित करना, अपनी प्राथमिकताएं तय करना तथा अपना भविष्य तय करना।'

तमाम विवादों के बावजूद, 1970 के दशक से वर्तमान समय तक, जर्मेन ग्रियर महिला मुद्दों तथा नारीवाद के सवालों पर सर्वाधिक सशक्त आवाजों में से एक हैं।

अखिल विकल्प

अधिक जानकारी के लिए :

1. **Germaine Greer : Untamed Shrew** : Christine Wallace, 1999, 2. **Germaine Greer, Encyclopedia of Feminist Theory** : Jeslyn Medoff, 2010

जलवायु परिवर्तन

जलवायु परिवर्तन (Climate Change) दुनिया में एक बड़ी समस्या के रूप में 1997 से ही चिह्नित किया जाने लगा था जब वैश्विक तापवृद्धि बहस का मुद्दा बन गई थी। वैज्ञानिक तौर पर लक्षित किया गया कि बीसवीं सदी से लगातार तापवृद्धि हो रही है जिससे जलवायु परिवर्तन हो रहा है। ऊर्जा के विभिन्न स्रोतों–कोयला, तेल, गैस, विद्युत आदि के बढ़ते व्यवहार से हो रहा है। अनुमान लगाया गया कि इक्कीसवीं सदी में औसत वैश्विक तापमान वर्तमान से 4.8 डिग्री सेल्सियस बढ़ सकता है, जिससे पृथ्वी पर भारी विनाश घटित होगा। (इंटरगवर्नमेंटल पैनेल ऑन क्लाइमेट चेंज)। जलवायु परिवर्तन से प्राकृतिक घटनाओं में एक अनोखा मोड़ आया है।

कहीं वर्षा की मात्रा बढ़ी है, कहीं अप्रत्याशित रूप से भयंकर बाढ़ आई है, जैसे उत्तराखंड और कश्मीर में और कुछ इलाकों में खतरे बढ़ गए हैं।

पिछले दशकों से वैश्विक तापवृद्धि के भयंकर प्रभाव आने शुरू हो गए हैं। पृथ्वी, पहाड़ और समुद्र अब ज्यादा गर्म हो रहे हैं। समुद्र का जलस्तर बढ़ रहा है। विगत सौ वर्षों में विश्व में समुद्र का जलस्तर 10.25 सेंटीमीटर बढ़ा है। यदि इसी तरह तापवृद्धि जारी रही जो समुद्र के बढ़ते जल स्तर से समुद्र तट पर बसे शहरों के जलमग्न होने का खतरा बढ़ जाएगा। बहुत-से द्वीपों के डूब जाने की आशंका है। समुद्र के तापमान में वृद्धि होने से उसके भीतर की वनस्पतियों और प्राणियों की प्रजातियां संकटग्रस्त होकर लुप्त होने लगेंगी। वर्ष 2050 तक पृथ्वी पर पशु-पक्षियों और पेड़-पौधों की लगभग 10 लाख प्रजातियों के नष्ट होने का अनुमान है।

पृथ्वी की सतह पर औसत तापमान में वृद्धि वैश्विक तापवृद्धि (ग्लोबल वार्मिंग) है। मुख्यतः कार्बन डाइऑक्साइड के अलावा नाइट्रस ऑक्साइड, मीथेन, क्लोरोफ्लोरो कार्बन आदि ग्रीनहाउस गैसें वैश्विक तापवृद्धि के लिए जिम्मेदार हैं। असावधानीपूर्ण मानवीय गतिविधियों के कारण भी वातावरण में कार्बन डाइऑक्साइड की वृद्धि हुई है। फॉसिल ईंधन जलने, विद्युत खपत, यातायात के बढ़े साधन, सीमेंट उत्पादन और वृक्षों की कटाई के कारण कार्बन डाइऑक्साइड अधिक उत्सर्जित होता है। आज की एकायामी आधुनिक सभ्यता वस्तुतः जलवायु परिवर्तन की समस्या का सामना नहीं कर पा रही है।

जलवायु परिवर्तन का नतीजा है कि चारों तरफ गर्मी बढ़ी है। दुनिया भर के ग्लेशियर पिघल रहे हैं। हिमालय के ग्लेशियर पिघल कर सिकुड़ते जा रहे हैं। यही रफ्तार रही तो बहुत जल्द पूर्वी हिमालय से सारे ग्लेशियरों का अस्तिव समाप्त हो जाएगा, जिससे समुद्र का जलस्तर बढ़ेगा जिससे लगभग 25 करोड़ लोग प्रभावित होंगे। वर्षा चक्र में भी परिवर्तन दिखाई पड़ने लगा है, जिससे कहीं सूखा तो कहीं बाढ़ की स्थिति है। जलवायु परिवर्तन के कारण समुद्री तूफान, बेमौसम घनघोर वर्षा, भारी बर्फबारी अब आम घटनाएं हैं। इससे आम लोगों की चिंता बढ़ी है कि दुनिया के देश भौतिकवाद और वर्चस्व के नशे में प्रकृति के साथ क्या कर रहे हैं।

वैश्विक तापवृद्धि और जलवायु परिवर्तन मानवीय स्वास्थ्य को प्रभावित करते हैं। माना जाता है कि इनसे नई बीमारियां फैल रही हैं। डेंगू जैसे रोगों के साथ-साथ डायरिया, तपेदिक, मस्तिष्क ज्वर, दमा, पीला ज्वर आदि खतरनाक रोगों में वृद्धि हुई है। इस तरह वैश्विक तापवृद्धि मनुष्य के स्वास्थ्य, खेती-बाड़ी, जैव विविधता, जल संसाधन आदि के लिहाज से खतरनाक है।

वैश्विक तापवृद्धि के कारण जलवायु परिवर्तन का विस्तृत तथा वैज्ञानिक अध्ययन और जानकारी देने के उद्देश्य से 1997 में 'कियोटो प्रोटोकोल' बना था, जिसके निर्माताओं में अमेरिका के पूर्व-उपराष्ट्रपति अल गोरे अग्रणी थे। इस परिप्रेक्ष्य में 'इंटरगवर्नमेंटल पैनल ऑन क्लाइमेट चेंज' की स्थापना की गई, जिसने वैश्विक ताप के अनेक पहलुओं तथा इससे उत्पन्न संकटों की ओर गंभीरता से ध्यान खींचा। तभी से विश्व स्तर पर इस संकट से उबरने के विभिन्न रास्ते खोजे जाने लगे। कई देशों ने इस संबंध में कार्रवाई

करने का संकल्प लिया है, कार्बन उत्सर्जन के स्तर में कमी लाने की प्रतिबद्धता दुहराई है, पर विशेष सफलता नहीं मिली है।

इस मुद्दे पर विचार करने के लिए पहला महत्वपूर्ण सम्मेलन 2007 में बाली में आयोजित हुआ था। इसमें आईपीसीसी ने अपनी चौथी मूल्यांकन रिपोर्ट प्रस्तुत की था। इसी साल ग्रीन पीस इंडिया ने एक रिपोर्ट में बताया था कि जलवायु परिवर्तन के वास्तविक अपराधी किस तरह गरीबों के पीछे छिपे हुए हैं। भारत की 125 करोड़ की आबादी में हर साल प्रति व्यक्ति 1.6 टन कार्बन उत्सर्जन होता है, जबकि दुनिया में प्रतिवर्ष आदमी पीछे कार्बन उत्सर्जन चार टन है। इसका अर्थ है गरीब देशों की तुलना में अमीर देश ही ज्यादा कार्बन उत्सर्जन करते हैं।

2009 में विश्व जलवायु सम्मेलन कोपेनहेगेन (डेनमार्क) में आयोजित किया गया था, जो बगैर किसी ठोस नतीजे के साथ सिर्फ चिंताएं प्रदर्शित करके संपन्न हुआ था। यह स्पष्ट हो चुका था कि विकसित देश जीवाश्म (फॉसिल) ईंधन का सबसे ज्यादा इस्तेमाल करते हैं और विश्व तापवृद्धि में उनकी बड़ी भूमिका है। पर ग्रीनहाउस गैसों का उत्सर्जन रोकने के मामले में वे विकासशील और पिछड़े देशों को असंतुलित ढंग से भागीदार बनाना चाहते हैं। विकसित देशों की रणनीति से गरीब देशों का नुकसान इसलिए भी था कि इनके पास गैस उत्सर्जन रोकने के लिए वैज्ञानिक उपकरणों और पद्धतियों की कमी थी, जबकि विकसित देशों में इनकी कमी न थी। कोपेनहेगेन सम्मेलन इसलिए विफल हुआ कि यह भारत, चीन, सऊदी अरब तथा ऐसे कई देशों के हितों के प्रतिकूल था और आम सहमति बन नहीं पाई थी।

एक सर्वेक्षण के अनुसार यदि वैश्विक तापवृद्धि को वर्तमान स्तर से 2 डिग्री सेल्सियस के भीतर रखना है तो 2011 से 2100 तक एक हजार अरब टन कार्बन डाइऑक्साइड का उत्सर्जन रोकना होगा। (वर्ल्ड रिसोर्स इंस्टीच्यूट, वाशिंगटन)। इसके लिए विकल्प के तौर पर सौर ऊर्जा का उपयोग बढ़ाने पर जोर दिया जाता है, हालांकि भारत में आज भी 50 करोड़ लोग विद्युत के इस्तेमाल से वंचित हैं। इस तरह वैश्विक तापमान वृद्धि में भारत का योगदान यहां की दरिद्रता को देखा जाए तो काफी कम है।

यह बड़ी समस्या है कि दुनिया के लगभग 200 देश उत्सर्जन रोकने में कितनी-कितनी भागीदारी निभाएं और इसके लिए किन संसाधनों से अपनी टेक्नोलॉजी में विकास लाएं। संयुक्त राष्ट्र के लिए यह चिंता का प्रमुख विषय था कि इस समस्या का समाधान कैसे हो, दुनिया के देशों के बीच इस मुद्दे पर मतभेद कैसे दूर हो।

12 दिसंबर 2015 का दिन इस दृष्टिकोण से ऐतिहासिक माना जाएगा कि पेरिस के विश्व जलवायु सम्मेलन में शामिल 196 देश तापवृद्धि को वर्तमान से 2 डिग्री सेल्सियस के भीतर रखने और 1.5 डिग्री सेल्सियस के चरम लक्ष्य तक पहुंचाने पर सहमत हुए। विकसित और विकासशील देशों की स्थितियों के बीच 'फर्क' को स्वीकार कर लिया गया, जो भारत सहित विकासशील देशों की दृढ़ता का नतीजा है। एक दूरदर्शितापूर्ण फैसला करते हुए साझे प्रस्ताव में कहा गया कि इक्कीसवीं सदी के अंत तक उत्सर्जन शून्य तक पहुंचा दिया जाएगा। इस पर सहमति हुई कि 2020 तक विकसित देश विकासशील देशों को दस हजार करोड़ डालर का अनुदान देंगे, क्योंकि तापवृद्धि पर नियंत्रण के लिए गैस उत्सर्जन को रोकना अर्थव्यवस्था पर एक बड़ा असर डालने वाला मामला है। यह भी तय किया गया कि हर पांच साल बाद स्थितियों की समीक्षा की जाएगी और जरूरत पड़ने पर अनुदान की राशि बढ़ाई जाएगी। 2015 के पेरिस समझौते के बाद अमेरिका के पेंटागन को अब गैस उत्सर्जन की मिली छूट समाप्त हो जाएगी। इस तरह अमेरिका भी आर्थिक दबाव में होगा। उसने 25 फीसद गैस-उत्सर्जन कम करने के प्रति प्रतिबद्धता दुहराई है। पेरिस सम्मेलन को सफल बनाने में फ्रांस की एक बड़ी भूमिका थी—अमेरिका, यूरोपीय संघ

के देशों, भारत, चीन, सऊदी अरबिया आदि देशों को एक-दूसरे के निकट लाने में।

जलवायु परिवर्तन के मुद्दे पर दुनिया के देश इतिहास में पहली बार एक वैज्ञानिक और शांतिपूर्ण आर्थिक युद्ध से गुजरे जिसमें बड़े और छोटे देश, सभी के चेहरों पर विजय की खुशी थी। इसे एक महान ऐतिहासिक घटना कहा गया। हालांकि हरित आंदोलन के चिंतकों ने उपायों और नीतियों की अस्पष्टता देखते हुए संदेह व्यक्त किया है कि पृथ्वी की तापवृद्धि रोकने में समचुच कोई बड़ी सफलता मिलेगी और विकसित देश अपने वायदों पर कायम रहेंगे। जल संरक्षण से जुड़े पर्यावरणविद राजेंद्र सिंह ने पेरिस सम्मेलन की आलोचना करते हुए कहा कि विश्व भर से आए 40,000 प्रतिनिधियों के बीच से कुछ ही देश और विश्व नेताओं ने सब कुछ तय किया। पेरिस समझौता रियोडि जेनरो, कोपेनहेगन और क्योटो सम्मेलन की भावना के विरुद्ध है। विश्व नेताओं ने पर्यावरण संबंधी चिंताओं पर बहस करने की जगह मुख्यतः टेक्नोलॉजी की खरीद-बिक्री की बात की। भारत को कोयले से ऊर्जा प्राप्त करने की छूट मिली तो अमेरिका ने ज्यादा बड़ी छूट ली और तब भी असंतोष दिखाया। यह सवाल भी उठा है, क्या यह सभ्यता प्रकृति को महत्व देती है?

पृथ्वी सभी देशों की साझी निधि और जिम्मेदारी है। प्रकृति का व्यावसायीकरण भारतीय परंपरा के विरुद्ध माना जाता रहा है, पर यह आधुनिक संस्कृति की एक वास्तविकता है। गांधी ने कहा था, 'यह हमें अपने पूर्वजों से विरासत में ही नहीं मिली है, बल्कि हमने इसे भावी पीढ़ियों से कर्ज के रूप में भी प्राप्त किया है।'

मनीषा झा

अधिक जानकारी के लिए :

1. **The Great Derangement : Climate Change and the Unthinkable :** Amitabh Ghosh, 2016,
2. **The Global Warming Reader :** Bill Mckibber, 2011

जलालुद्दीन खिलजी

(मृत्यु 1296)

खिलजी वंश के शासक जलालुद्दीन खिलजी के बचपन का नाम मलिक फिरूज था। वह खिलजी वंश का संस्थापक था। शुरू-शुरू में दिल्ली की जनता ने जलालुद्दीन खिलजी को अफगान मूल का मानते हुए नहीं स्वीकारा था। आधुनिक इतिहासकार भी खिलजियों को मूल रूप से ऐसे तुर्की मानते रहे हैं जो अफगानिस्तान में लंबे समय से रहने के कारण अफगानी चरित्र के हो गए थे। एक सैनिक के रूप में अपना जीवन शुरू करके अपनी योग्यता के बल पर जलालुद्दीन खिलजी ने शाही अंग-रक्षक का ओहदा पाया था। जलालुद्दीन को 'आरिजे मुमालिक' का पद मिला और 'शाइस्ता खां' की उपाधि पा कर वह दिल्ली की गद्दी पर बैठा। उसने जब अपनी ताजपोशी दिल्ली से दूर किलोखरी में की तब वह सत्तर वर्ष का बूढ़ा था। वह अपने राज्याभिषेक के एक वर्ष बाद फिर दिल्ली लौट आया था। जलालुद्दीन खिलजी बहुत कम समय (1290 से

जलालुद्दीन खिलजी

1296 तक) के लिए दिल्ली का सुल्तान था। इस कम समय में ही वह उदार चरित्र, सामंजस्यवादी समझ, न्याय और जनता के प्रति अपने समर्पित भाव के कारण लोगों और सभासदों का विश्वास पाने में सफल हो गया था।

जलालुद्दीन खिलजी जैसे उदार शासक से राज्य बढ़ाने के लिए युद्ध में जाने की कल्पना ही बेकार थी। इसी कारण रणथंभौर में उसकी सेना को हारना पड़ा था, क्योंकि किला जीतने के लिए बहुत-से मुसलमानों का खून बहाना जलालुद्दीन को पसंद नहीं था। लेकिन 1292 में मंगोल हुलागु के पोते की अगुवाई में भारत पर हुए आक्रमण में मंगोलों को करारी हार का सामना करना पड़ा था और सुल्तान ने उन्हें शांति कायम करने के लिए बाध्य किया था। मंगोलों की सेना के बचे हुए सैनिकों ने इस्लाम कबूल किया। वे भारत में ही बस गए। बाद में उन्हें ही 'नवीन मुसलमान' के नाम से जाना गया। जलालुद्दीन की नीति उदार और सभी को खुश करने की थी, ईरान के धार्मिक फकीर को हाथी के पैरों से कुचलवा देने की घटना अपवाद है। 1292 में उसके भतीजे अलाउद्दीन खिलजी ने उसकी सहमति ले कर दक्षिण में भीलसा और देवगिरि पर आक्रमण किया और वहां की अपार संपत्ति लूटी। उस संपत्ति को न लौटाना पड़े, इसलिए अलाउद्दीन खिलजी ने साजिश रच कर जलालुद्दीन खिलजी की हत्या कर दी और खुद सुल्तान बन बैठा। इतिहासकार बर्नी ने लिखा है, 'जलालुद्दीन खिलजी के कटे मस्तक से अभी खून टपक ही रहा था कि शाही चंदोबा अलाउद्दीन खिलजी के सिर पर रखा गया और उसे सुल्तान घोषित कर दिया गया।' जलालुद्दीन खिलजी का शासन उदार निरंकुशता पर आधारित था। जलालुद्दीन ने कहा था, 'मैं एक वृद्ध मुसलमान हूं और मुसलमान का रक्त बहाना मेरी आदत नहीं है।'

उदयराज

अधिक जानकारी के लिए :

1. **भारतीय इतिहास का आरंभिक मध्यकाल :** मोहम्मद हबीब,
2. **The Discovery of India :** Jawaharlal Nehru

जवाहरलाल नेहरू
(1889-1964)

जवाहरलाल नेहरू भारतीय स्वाधीनता संग्राम में पूर्ण स्वराज की मांग कर 1929 में नौजवानों के हृदय सम्राट बन गए थे। आजादी के बाद भारत के प्रधानमंत्री बने। उन्होंने भारत को देखने, विकसित करने और दुनिया में उसकी एक पहचान बनाने के लिए एक मजबूत आधारशिला रखी। वह पश्चिम और पूर्व के सामंजस्य से भारत का पुननिमाण करना चाहते थे। इसके लिए उन्होंने (1) बहुदलीय जनतंत्र, (2) धर्म, जाति, लिंग और वर्ग के आधार पर भेदभाव किए बिना नागरिक समानता की राज्य द्वारा गारंटी, (3) वैज्ञानिक तथा औद्योगिक विकास में राज्य की नेतृत्वकारी भूमिका के साथ मिश्रित अर्थव्यवस्था और (4) एशियाई एकजुटता की भावना के साथ गुट निरपेक्षता की नीति–अमेरिका और रूस से समान निकटता या दूरी, ये चार रास्ते अपनाए थे। वह एक अच्छे वक्ता और लेखक थे और अपने कथन को आचरण में उतारते थे।

जवाहरलाल नेहरू के पूर्वज कश्मीर से आ कर दिल्ली में बसे थे, फिर 1857 के बाद वहां की

जवाहरलाल नेहरू

बिगड़ती अवस्था देखकर इलाहाबाद आ गए थे। जवाहरलाल का जन्म 14 नवंबर 1889 को हुआ। उनके पिता मोतीलाल नेहरू ने इलाहाबाद में एक सुंदर मकान 'आनंद भवन' बनाया। वह खुद राष्ट्रीय भावना से भरे थे और इलाहाबाद के एक प्रतिष्ठित वकील थे। उनके घर का माहौल अंग्रेजीमय था। उन्होंने अपने बेटे जवाहरलाल को पंद्रह साल की उम्र में इंग्लैंड के प्रख्यात स्कूल 'हैरो' में भेजा। जवाहरलाल ने बैरिस्टर की डिग्री कैंब्रिज से हासिल की। यहां पढ़ते हुए उन्होंने भारतीय विद्यालयों की एक संस्था 'मजलिस' बनाई। उसमें गोपाल कृष्ण गोखले और लाजपत राय के व्याख्यान हुए थे। यहीं उन्होंने देश को स्वतंत्र कराने का संकल्प लिया था।

नेहरू ने अपनी आत्मजीवनी में लिखा है, 'मैं पूर्व और पश्चिम का अनोखा मिश्रण बन गया हूं।' इसके बावजूद वे अपने देश के लोगों से गहराई से जुड़ा महसूस करते थे। 1912 में स्वदेश लौटने के बाद उन्होंने इलाहाबाद में वकालत शुरू की और बांकीपुर (बिहार) की कांग्रेस में भाग लिया। गांधी जी से उनकी भेंट 1916 की लखनऊ कांग्रेस में हुई। उसी साल कमला नेहरू से उनका विवाह हुआ। होमरूल लीग के आंदोलन में उन्होंने एनी बेसेंट और तिलक का साथ दिया। रोलेट एक्ट के विरोध में हुए आंदोलन में भी वह आगे थे। जलियांवाला बाग हत्याकांड के बाद शुरू हुए असहयोग आंदोलन में उन्होंने हिस्सा लिया था। यह गांधी और जवाहरलाल की गतिविधियों का असर था कि मोतीलाल नेहरू ने भी अंग्रेजी ठाठबाट को ठुकराकर जेल यात्राएं कीं।

1929 में जवाहरलाल ने लाहौर कांग्रेस में पूर्ण स्वराज्य की घोषणा की। अध्यक्षीय भाषण में कहा, 'विदेशी शासन से अपने देश को मुक्त करने के लिए अब हमें खुला विद्रोह करना है और साथियो, आप लोग और देश के सभी लोग इसमें हाथ बंटाने के लिए सादर आमंत्रित हैं।' (भारत का स्वतंत्रता संघर्ष, विपनचंद्र)। उनके लिए विदेशी शासन से मुक्ति का अर्थ सिर्फ अंग्रेजी राज को उखाड़ फेंकना नहीं था, बल्कि समाजवाद की दिशा में अग्रसर एक धर्मनिरपेक्ष, लोकतांत्रिक और कल्याणकारी राज्य की स्थापना करना भी था। वह दूसरे विश्वयुद्ध के समय हिटलर के फासीवाद के विरुद्ध थे, पर अंग्रेजों द्वारा भारत की ओर से युद्ध घोषणा के विरोध में थे। 1942 में भारत छोड़ो आंदोलन के समय जवाहरलाल को अहमदाबाद के किले में रखा गया था। वह गांधी के रास्ते पर चलते हुए शांतिपूर्ण आंदोलन के पक्ष में थे।

जवाहरलाल नेहरू ने अपने यौवन के करीब दस साल जेल में बिताए। जेल में रहते हुए ही उन्होंने 'पिता के पत्र पुत्री के नाम' लिखे। ये पत्र उन्होंने इंदिरा को लिखे थे। उन्होंने 'आत्मकथा', 'विश्व इतिहास की झलक', 'भारत की खोज' जैसी पुस्तकें लिखीं, जिनका लोगों पर प्रभाव पड़ा। इसी दौरान उन्होंने तुलसी, कबीर, नानक, ईसाई संतों को पढ़ा था। वह मानते थे कि नए युग में तर्क ही नैतिकता की कसौटी हो सकती है। उनके जीवन पर गांधी का असर था, हालांकि भारत के आर्थिक विकास के कई मुद्दों पर जवाहरलाल स्वतंत्र मत रखते थे।

जवाहरलाल महात्मा गांधी की तरह लोकप्रिय थे। गांधी की तरह नेहरू चाहते थे कि भारत में हिंदू और मुसलमान शांति से रहें। जनता उन्हें प्यार करती थी। वे यह पसंद नहीं करते थे कि जनता उनके पैर छुए। गांधी ने उन्हें अपना उत्तराधिकारी घोषित किया था। देश जब स्वतंत्र हुआ, जवाहरलाल नेहरू ही प्रधानमंत्री हुए। उन्होंने 15 अगस्त 1947 को लाल किले से भाषण दिया था, 'भारत की सेवा का अर्थ करोड़ों पीड़ितों की सेवा है। इसका अर्थ दरिद्रता और अज्ञान और अवसर की विषमता का अंत करना है। सबसे बड़ी आकांक्षा यह है कि प्रत्येक की आंख से आंसू पोंछ दिया जाए।' (नियति का सामना)। उनकी दृष्टि में देश का निर्माण करना देश पर शासन करने से एक भिन्न मामला था। वह 27 मई 1964 तक, मृत्युपर्यंत प्रधान मंत्री थे। उनके सामने कोई बड़ी चुनौती खड़ी नहीं हो पाई, हालांकि चीन आक्रमण (1962) ने उन्हें हिला दिया और पंचशील के सिद्धांत पर प्रश्नचिह्न लगा दिया।

नेहरू के काल में भारत ने विश्व में एक गुट

निरपेक्ष आंदोलन के अगुआ देश के रूप में अपनी पहचान बनाई थी। यह पश्चिम की तरफ झुकावों के बावजूद घटित हुआ था। इस मुहिम में यूगोस्लाविया के टीटो और मिस्र के नासिर नेहरू के साथ थे। 1955 के बांडुंग सम्मेलन में उन्होंने अफ्रीकी-एशियाई देशों के बीच एकता, परस्पर सहयोग और उपनिवेशवाद-विरोधी संघर्ष का पक्ष लिया। आज भी भारत की विदेश नीति वही है, भले वैश्वीकरण के युग में मिश्रित अर्थव्यवस्था अतीत की चीज बन गई हो।

जवाहरलाल नेहरू भारत के लोकतांत्रिक चरित्र के पक्ष में भाषाई और जातीय टकराव के आधार पर पृथक राज्यों की मांग के पक्ष में नहीं थे, हालांकि इसी आधार पर बाद में भारत में राज्यों की संख्या बढ़ी। वे भारत को एक रखने के जबर्दस्त पक्षधर थे और सैनिक शासन के एकदम विरुद्ध थे। उन्होंने खनिज, बड़े उद्योगों और बुनियादी सुविधाओं को राज्य के नियंत्रण में रखना चाहा, अब यह नीति उलट गई है। नेहरू को शासन के दौरान बड़ी चुनौती समाजवादियों और कम्युनिस्टों से मिली, क्योंकि उनके काल में मिश्रित अर्थव्यवस्था की नीति के बावजूद बड़े उद्योगों के साथ पश्चिमी संस्कृति ही ज्यादा पनपी और ग्रामीण अर्थव्यवस्था की उन्नति नहीं हो पाई। उन पर अंग्रेजीदां उच्चवर्णीय समाज का पक्ष लेने, जाति के यथार्थ की उपेक्षा करने और आम लोक से विमुख होने का आरोप लगा। उन पर यह आरोप भी लगा कि वे कश्मीर के मामले को संयुक्त राष्ट्र में ले गए और इसे उलझा दिया। 1962 में चीन के आक्रमण को भी नेहरू की कमजोरी माना गया। उनके समय में पुलिस दमन था। ज्यादातर बुद्धिजीवी उनके विरोध में थे। नेहरू की पंचवर्षीय योजनाओं की भी कम आलोचना नहीं हुई। यह भी कहा गया कि नेहरू के जमाने में बड़े पैमाने पर पर्यावरण का विध्वंस हुआ, क्योंकि उन्होंने बड़े बांधों को आधुनिक मंदिर कहा था।

नेहरू के मरने के बाद उनका प्रभामंडल बिखरता गया। उनकी छाप धूमिल होती गई और जो राजनीति विकसित हुई वह बहुत कुछ उनके सोच और आदर्शों के विपरीत थी। वे 14 नवंबर के चाचा नेहरू और बाल दिवस के चौखटे में बंद कर दिए गए। आपातकाल लागू होना, मुक्त अर्थव्यवस्था और रामजन्म भूमि विवाद के बाद बढ़ी सांप्रदायिकता नेहरू युग के आदर्शों के एक-एक कर मिटने के चिह्न थे। इक्कीसवीं सदी में नेहरू की आलोचना तीव्र हुई। उन्हें कभी वल्लभ भाई पटेल और कभी सुभाषचंद्र बोस के कोण से नीचा दिखाने की कोशिश हुई। इन घटनाओं से जवाहरलाल नेहरू हमेशा एक वैचारिक ताकत का आभास देते दिखाई देते हैं।

जवाहरलाल नेहरू का गांधी से आत्मीय विरोध था। वह धर्मनिरपेक्ष, स्वतंत्र और मानवीय सोच रखने वाले भारत के साथ एक आधुनिक भारत का भी निर्माण करना चाहते थे। उनकी कई नीतियां विफल हो गईं, पर उनके विश्वास झूठे नहीं थे। अब उनके महत्व का पुनराविष्कार हो रहा है। वह अपने दौर में उपनिवेशवाद के जबर्दस्त विरोधी थे, पर उतने ही अंध-राष्ट्रवाद के भी। उनके भीतर अंतर्विरोध और सामंजस्य दोनों मौजूद थे, एक बौद्धिक उथलपुथल थी और कुछ गहरी चिंताएं थीं। उन्होंने कभी पूछा था, 'क्या हम विज्ञान और टेक्नोलॉजी की तरक्की को मन और आत्मा की तरक्की के साथ जोड़ सकते हैं? हम विज्ञान के प्रति झूठे नहीं बन सकते, क्योंकि यह आज के जीवन का बुनियादी तथ्य है। इसी तरह हम उन मूलभूत सिद्धांतों को भी नहीं झुठला सकते, जिन पर भारत युग-युगों तक चलता रहा है।' (जवाहरलाल नेहरू के भाषण-1)। भौतिक तरक्की के लिए नेहरू की पश्चिम की ओर नजर थी, पर नैतिक प्रगति के लिए वह भारत के उदारवादी अतीत में झांकते थे किसी सांप्रदायिक खाई में गिरे बिना।

शंभुनाथ

अधिक जानकारी के लिए :

1. **जवाहरलाल नेहरू के भाषण,** प्रकाशन विभाग, 1929, 2. **Nehru's India : Essays on the Maker of a Nation :** Nayantara Sahgel, 2015; 3. **Makers of Modern India :** Ram Chandra Guha, (ed.) 2015, 4. **Nehru & Bose : Parallel Lives :** Rudrangshu Mukherjee, 2014

जसराज
(1930-)

हिंदुस्तानी शास्त्रीय संगीत में जसराज का नाम शिखर स्तंभों के रूप में लिया जाता है। मेवाती घराने की गायकी का प्रतिनिधित्व करने वाले जसराज ने संगीत की तालीम अपने बड़े भाई मनीराम से ली थी। खयाल गायकी के अलावा भक्तिकाल के भक्ति-पदों के गायन में सिद्धहस्त जसराज को 'हवेली-संगीत' के एक निर्गुण गायक के रूप में भी गिना जाता है। साथ ही पंडित जी का नाम ढेरों वैदिक ऋचाओं और वैष्णव मंत्रों के सांगीतिक पाठ के लिए भी संगीत समाज में प्रतिष्ठित है। अष्टछाप के प्रमुख कवियों समेत बैजूबावरा, तानसेन और मीरा के पद गायन में जसराज की स्वर-माधुरी देखते ही बनती है।

जसराज

'हमारी प्यारी श्यामा जू को लाज', 'किशोरी तेरे चरनन की रज पाऊं', 'गांवर्धन की शिखर चारु पर', 'गोकुल में बाजत कहां बधाई' जैसे कुछ भजन एवं 'ॐ नमो भगवते वासुदेवाय' मंत्र का पाठ जसराज की सांगीतिक यात्रा के महत्वपूर्ण पड़ाव माने जाते हैं। उन्होंने गायकी की एक नई विधा भी सृजित की है, जिसे 'जसरंगी' के नाम से जाना जाता है। जसराज के योग्य शिष्यों में संजीव अभयंकर का नाम प्रमुख है। अनेक पुरस्कारों से सम्मानित जसराज को भारत सरकार द्वारा 'पद्म विभूषण' सम्मान से भी नवाजा गया है।

यतींद्र मिश्र

जहांगीर
(1569-1627)

जहांगीर मुगल सम्राट अकबर का बेटा या जो उसका उत्तराधिकारी बना। उसका पूरा नाम नूर-उद-दिन सलीम था। ताजपोशी के बाद उसका नाम जहांगीर रखा गया। अकबर ने अपना वारिस पाने के लिए संतों, फकीरों से और खुदा की ढेर सारी इबादतगाहों में मन्नतें की थीं। 31 अगस्त 1569 को अकबर को पुत्र प्राप्ति हुई जिसका नाम मुहम्मद सलीम रखा गया। माना जाता है कि सूफी संत सलीम चिश्ती के आशीर्वाद से पुत्र प्राप्त हुआ इसलिए उसका नाम सलीम रखा गया। अकबर उसे शैखू बाबा कहकर बुलाते थे। अकबर ने सलीम की शिक्षा-दीक्षा में कोई कमी न होने दी। उसे योग्य शिक्षकों द्वारा फारसी, अरबी, तुर्की, हिंदी, अंकगणित, इतिहास, भूगोल और अन्य ज्ञान-विज्ञानों की भरपूर शिक्षा दिलाई गई। इन शिक्षकों में सबसे प्रमुख अब्दुर रहीम खान-ए-खाना थे। सलीम का विवाह आमेर के राजा भगवान दास की लड़की मानभवती बाई से 15 वर्ष की छोटी उम्र में ही हो गया था। खुसरो यानी शाहजहां इसी जोड़ी की संतान थे। अकबर की अच्छी कोशिशों के बाद भी सलीम में अपने समय की सारी बुराइयां (शराब और औरत की लत) आ गई थीं। सलीम में बादशाह बनने की जल्दबाजी थी। इसलिए 1599 में जब अकबर दक्कन में व्यस्त थे, सलीम ने बगावत कर अपने को सम्राट घोषित कर दिया। पिता के समझाने-मनाने का कोई प्रभाव जहांगीर पर

नहीं पड़ा। अंत में अकबर ने जहांगीर को युद्ध के मैदान में परास्त किया। अकबर के चहेते विद्वान और उसके सांप्रदायिक सौहार्द के प्रबल समर्थक अबू फजल को जहांगीर ने वीर सिंह बुंदेला के हाथों मरवा दिया था और पिता को गहरी चोट पहुंचाई थी।

1605 में गंभीर रूप से बीमार अकबर ने साम्राज्य की देख-रेख के लिए जहांगीर को ही सत्ता

जहांगीर

सौंप दी। जहांगीर ने पिता की परंपराओं को बरकरार रखा। पहले साल में जहांगीर को अपने ही पुत्र खुसरो के सिख गुरु अर्जुन देव की सहायता से की गई बगावत झेलनी पड़ी जिसे उसने युद्ध में हरा कर और फिर अंधा करके कारावास दे दिया। जहांगीर ने पिता के सबल शासन प्रबंध का अनुकरण किया और राजनीतिक स्थिरता, सबल आर्थिक नीति और प्रभावकारी सांस्कृतिक उपलब्धियों को बरकरार रखा। साम्राज्य को बंगाल, मेवाड़, अहमदनगर और दक्षिण में बढ़ाना जारी रखा। पिता से मिली राजपूत समस्या को दरियादिली के साथ सुलझाया। कई उपयोगी सुधार जैसे कान, नाक और हाथ कटवाने की सजा बंद कर दी। प्रमुख दिनों में जानवरों को जिबह करने पर पाबंदी लगा दी। शराब और नशीली वस्तुओं पर पाबंदी लगा दी। गरीबों के लिए अस्पताल खुलवाए, राज्य के कर्मचारियों पर बलपूर्वक किसानों की जमीन लेने पर रोक लगाई। इसके अलावा, रास्तों पर सरायें बनवाई और सड़कों पर कुएं खुदवाए। फरियादी की बात सम्राट को सीधे सुनाने के लिए महल की दीवार से रस्सी लटकाई गई थी जिसे न्याय की जंजीर कहा जाता था। यह जंजीर सोने की बनी, साठ घंटों से जुड़ी तीस गज लंबी रस्सी होती थी।

साम्राज्य की व्यवस्था में धर्म आड़े नहीं आता था। जहांगीर सुन्नी मुसलमान था और राज-धर्म भी सुन्नी था किंतु धर्म परिवर्तन के लिए किसी पर कोई दबाव नहीं था। जहांगीर ने अपने कर्मचारियों को सख्त आदेश दे रखा था कि वे 'किसी पर इस्लाम न थोपें।' उस समय भारत में उपस्थित अंग्रेज पादरी एडवर्ड टेरी ने जहांगीर के रूप में एक ऐसा शासक देखा जिसके राज में सभी धर्मों की मान्यता थी और उनके पुजारियों का भी सम्मान था। सभी धर्मों के जानकार सभा में बैठकर विमर्श करते थे। जहांगीर ब्राह्मणों से अवतारों के बारे में विशेष जानकारी प्राप्त करता था। दरबार में सुन्नी और शियाओं को एक बराबर सम्मान मिला हुआ था। पहली बार जहांगीर के समय आए इंग्लैंड के राजदूत सर थॉमस रो से नशे की दशा में जहांगीर ने कहा था, 'इस राज्य के सभी लोगों की मैं सुरक्षा करूंगा।' कला और कलात्मक वस्तुओं में भी जहांगीर की पसंद विख्यात है। अकबर के समय के चित्रों को जतन से संरक्षित कर रखा था। इसमें उस्ताद मंसूर का एक महत्वपूर्ण चित्र तानसेन के दामाद नौबत खान का चित्र था।

जहांगीर कला मर्मज्ञ होने के साथ-साथ प्रकृति प्रेमी भी था। 'तुजुके जहांगीरी' में उसके पर्यवेक्षण संग्रहीत हैं। उन्नीसवीं सदी तक लोगों को हाथियों के गर्भ धारण की अवधि का ठीक-ठीक ज्ञान नहीं था जबकि जहांगीर ने इसे 18 से 19 माह का समय बताया था जो आज के जीव विज्ञानियों द्वारा स्वीकृत है। उसने पक्षियों के प्रजनन पर भी विस्तार से चर्चा की थी।

वैसे तो जहांगीर की कई पत्नियां थीं, लेकिन

मेहरुन्निसा उर्फ नूरजहां का विशेष स्थान है। नूरजहां जहांगीर के दरबार के एक उच्च अधिकारी शेर अफगन की विधवा थी। नूरजहां सुंदर होने के साथ-साथ अत्यंत बुद्धिमान थी और राजकाज के कार्यों में अत्यंत दक्ष थीं। कहते हैं, अंतिम दिनों में जहांगीर के शासन की वास्तविक बागडोर नूरजहां के हाथ में ही रही। जहांगीर की मौत कश्मीर से लाहौर जाते समय 1627 में हो गई। लाहौर में ही जहांगीर की कब्र है।

जहांगीर, नूरजहां और शेर अफगन को लेकर हिंदी-उर्दू में कई फिल्में समय-समय पर बनी हैं जिनमें 1939 में 'पुकार' (निर्देशक : सोहराब मोदी), 1953 में 'अनारकली', 1960 में 'मुगले आजम', 1988 में श्याम बेनेगल के धारावाहिक 'भारत : एक खोज' के कुछ आख्यान विशेष महत्वपूर्ण हैं। सलीम और अनारकली की प्रेम कहानी पर नाटक और फिल्में भी बनी हैं, लेकिन इस प्रेमकथा का कोई ऐतिहासिक प्रमाण उपलब्ध नहीं है।

उदयराज

अधिक जानकारी के लिए :
1. **भारत का इतिहास :** को अ अंतोनोवा, 2. **भारतीय मुगल :** हरबंस मुखिया, 3. **मुगलों की धार्मिक नीतियां : राजपूत समुदाय और दक्खिन :** सतीश चंद्र, 4. **Rise and Fall of Mughal Empire** : R P Tripathi, 1985, 5. **The Discovery of India** : Jawaharlal Nehru

जहांगीरनामा

जहांगीरनामा को 'तुजुके-जहांगीरी' भी कहा जाता है। 'बाबरनामा' की तर्ज पर जहांगीर (1569-1609) ने 'जहांगीरनामा' की रचना फारसी भाषा में की। उसने अपने शासनकाल के सतरह वर्षों के बाद 'जहांगीरनामा' के शेष अंशों को पूरा करने का दायित्व 'इकबालनामा' के लेखक मुतमिद खान बख्शी को सौंप दिया। दो वर्षों के भीतर 'जहांगीरनामा' को लिखने का दायित्व मौलवी मुहम्मद हादी को सौंपा गया। उन्होंने जहांगीर की मृत्यु तक इस कार्य को संपन्न किया। 'जहांगीरनामा' सर्वप्रथम गाजीपुर से 1863 में एवं अलीगढ़ से 1864 में मुद्रित हुआ था। ब्रजरत्नदास ने इसका हिंदी में अनुवाद करके नागरी प्रचारिणी सभा से प्रकाशित कराया।

'जहांगीरनामा' में न केवल जहांगीर के शासनकाल का इतिहास दर्ज है बल्कि उस समय के कला, राजनीति और धर्म संबंधी विचार भी इसमें मौजूद हैं। राजकाज के अनेक प्रसंगों में जहांगीर की शासकीय विचारधारा स्पष्ट परिलक्षित होती है। 'जहांगीरनामा' में विभिन्न शहरों की स्थानीय विधाई नीतियां, जागीरदारी संबंधी निर्णय, प्रबंधकीय कला तथा जागीरदारों को संचालित करने वाले नियामक निर्देश आदि मौजूद हैं। अकबर काल की तरह ही जागीरदारी प्रदान करने का अधिकार सम्राट को था।

अकबर ने अपने शासनकाल में जागीरदारी व्यवस्था में व्याप्त भ्रष्टाचार को समाप्त करने के लिए कई प्रयास किए थे। उसने जागीरदारों द्वारा स्वयं के लाभ के लिए धन के उपयोग पर रोक लगाई तथा यह आदेश जारी किया था कि राजस्व से प्राप्त आय का एक हिस्सा अस्पताल एवं चिकित्सा पर खर्च किया जाए। यह आदेश भी जारी किया गया था कि राज्य के विभिन्न भागों में वहां की धार्मिक परंपराओं के अनुसार धार्मिक स्थलों का निर्माण कराया जाए। उसने जागीरदारों द्वारा सूद लेने तथा मुस्लिम बच्चों के खतना कराने की परंपरा पर भी रोक लगाने का आदेश जारी किया। उसके शासनकाल के दौरान गांजा और शराब पर प्रतिबंध लगा दिया गया था।

जहांगीर ने अजमेर, मालव, गुजरात, पंजाब और कश्मीर की अपनी यात्राओं का पूरा विवरण देकर इतिहास में एक महान योगदान दिया है। इससे मुल्क के विभिन्न इलाकों का हाल मालूम होता है और सूबाई मामलात और देहात के हालात पर रोशनी पड़ती है। वह हर मौके पर अपने पिता के नक्शे-कदम पर चलने की इच्छा प्रकट करता है और अकबर के कारनामों पर गर्व करता है। अपनी जीवनचर्या, दैनिक व्यस्तता और व्यक्तित्व से संबंधित बातों को उसने बड़ी ईमानदारी से बयान किया है।

'जहांगीरनामा' में जहांगीर का बहुआयामी व्यक्तित्व उभरकर सामने आता है। एक व्यक्ति,

पिता, न्यायप्रिय शासक, प्रकृति प्रेमी, कला प्रेमी और चित्रकार के रूप में उसकी विविध छवियां आकर्षित करती हैं। उसे कविता और विभिन्न कलाओं, विशेषकर चित्रकला से बेहद लगाव था, जिसकी पुष्टि 'जहांगीरनामा' के चित्रों से भी होती है। उसे शिकार, भ्रमण, शायरी, रत्न-जवाहरात, संगीत, शराब और सुंदर औरतें अच्छी लगती थीं। प्रत्येक शुक्रवार को वह राज्य के विद्वानों, संतों, दरवेशों और विभिन्न धर्मों के आचार्यों से विचार-विमर्श किया करता था। उसके शासनकाल में ही कुछ अनहोनी घटनाएं भी हुईं जैसे, संदेह, गलतफहमी एवं वैचारिक मतभेद के कारण सिक्खों के पांचवें गुरु अर्जुनदेव तथा 'अकबरनामा' के लेखक अबुल फजल को मरवा दिया गया। बावजूद इसके जहांगीर एक न्यायप्रिय, दयालु और कुशल प्रशासक था। 'जहांगीरनामा' उसके शासन-प्रशासन तथा उस दौर की सामाजिक, आर्थिक एवं ऐतिहासिक घटनाओं के बारे में एक प्रामाणिक किताब है।

रुस्तम राय

अधिक जानकारी के लिए :
1. **जहांगीरनामा :** मुंशी देवीप्रसाद (अनु.), रघुवीर सिंह (सं), 2. **मध्यकालीन भारत :** इरफान हबीब, 3. **मध्यकालीन भारत :** सतीशचंद्र, 4. **The Tuzuk-i-Jahangiri or Memoirs of Jahangir :** Alexander Rogers and Henry Beveridge

जांभोजी

(1451-1536)

जांभोजी विष्णोई धर्म के संस्थापक थे। इनका जन्म 1451 में नागौर परगने के पीयासर गांव में हुआ था। जांभोजी की परंपरा के अत्यंत प्रसिद्ध और प्रामाणिक कवि माने जाने वाले विल्होजी एक 'कवित्त' में जांभोजी का परिचय देते हुए लिखते हैं कि जांभोजी ने सात वर्ष तक बाल लीला में बिताए, 27 वर्ष तक गाएं चराईं और इक्यावन वर्ष तक 'सबद' कथन किया।

जांभोजी के समय मुगलों का आक्रमण हुआ था और इनकी हलचल मची हुई थी। 1485 में राजस्थान में भीषण अकाल पड़ा था। इसका वर्णन विल्होजी, सुरजनजी आदि कवियों के अतिरिक्त सूर्यमल मिश्र एवं अन्य कवियों में भी मिलता है। जांभोजी ने अकाल पीड़ित लोगों की अन्न-धन आदि अनेक प्रकार से सहायता की और राजस्थान के उस क्षेत्र की आबादी को उजड़ने से बचाया। इससे उनका यश फैला। जांभोजी ने इसी साल संभराथल में विष्णोई संप्रदाय का प्रवर्तन किया और लोगों को ज्ञानोपदेश दिया।

जांभोजी

जांभोजी के वचनों का सामूहिक नाम 'सबदवाणी' है। वह मनुष्य को ऊंचा उठाने और लोक कल्याण के लिए कार्य करने पर जोर देते थे। उन्होंने दुविधा वृत्ति त्यागने और इसके लिए लगातार एकनिष्ठ साधना पर बल दिया। उन्होंने जो 29 नियम बताए उनमें शाकाहार और हरा पेड़ न काटने की बात भी थी। वह गुरु की आवश्यकता मानते थे। उन्होंने अपने समय की धार्मिक-सामाजिक बुराइयों का डट कर सामना किया था। वह कहते थे कि ऊंचे कुल में जन्म लेने से ही भक्ति उत्तम नहीं हो जाती, ऊंचे कर्म भी करने पड़ते हैं। वह सांप्रदायिक संकीर्णताओं और अंधविश्वासों के विरोध में मुखर थे।

सुण रे काजी, सुण रे मुल्लां, सुण रे बकर कसाई।
किणरी थरणी छाली रोसी, किणरी गाडर गाई।।
धवना धूजै पहाड़ पूजै, वे फरमान खुदाई।
गुरु चेले के पाए लागे, देखो लो अन्याई।।

सुरेश शॉ

जाक लाकां
(1901-1981)

जाक लाकां (Jacques Lacan) मूलतः फ्रांसीसी मनोविश्लेषक थे, परंतु उनकी विवेचनाओं ने आधुनिक और उत्तर-आधुनिक विमर्शों को गहरे में प्रभावित किया है। एक मनोविश्लेषक के तौर पर वह अपने जीवन काल में ही सवालों और विवादों के दायरों में घिरे रहे थे। हालांकि उन्होंने मनोविश्लेषक के तौर पर जो मौलिक चिंतन किया, उसे वे 'फ्रायड में वापसी' के रूप में देखने-समझने का आग्रह करते रहे थे, तथापि उन्हें उनके अति मौलिक क्लीनिकल व्यवहारों के लिए मनोविश्लेषण की अंतरराष्ट्रीय संस्था 'आईपीए' द्वारा दंडित करते हुए निष्कासित कर दिया गया था। बाद में उन्होंने अपनी संस्था एसएफए नाम से बनाई।

बतौर चिंतक, जाक लाकां पर हीगेल, सस्यूर, क्लॉड लेवी स्त्रास तथा रोलां बार्थ का विशेष प्रभाव है। ये चारों चिंतक संरचनावाद से संबंध रखते हैं, हालांकि स्त्रास एवं बार्थ का परवर्ती कार्य उत्तर-संरचनावाद की ओर झुकता नजर आता है। यही स्थिति लाकां की है। उन्होंने फ्रायड को संरचनावादी रूप प्रदान करते हुए जो मौलिक चिंतन किया, उसने सस्यूर के भाषा विज्ञान के आधार को इतना विकसित कर दिया कि वह इस संदर्भ में उत्तर-संरचनावादी चिंतन जैसा प्रतीत होने लगा।

1973 में (अंग्रेजी में 1978) लाकां की फ्रेंच में छपी किताब 'मनोविश्लेषण की चार आधार धारणाएं' का प्रकाशन हुआ, जिनमें उनके चिंतन की मौलिकता के पर्याप्त प्रमाण मौजूद हैं। इसके पहले वे व्यक्तित्व विकास के दर्पण चरण से संबद्ध अपना शोध कार्य प्रकाशित करवा चुके थे, जिसका मनोविश्लेषण की दृष्टि से महत्व है। इसके बाद उनके स्त्री मनोविश्लेषण, अहं तथा संस्कृति, विज्ञान आदि से संबद्ध कार्य लगातार सामने आते रहे।

लाकां की प्रमुख अवधारणाओं को समझने के लिए उनकी 'समग्र सैद्धांतिक संरचना' को देखना

जाक लाकां

पड़ेगा, क्योंकि उनके विचार अलग-अलग धारणाओं के रूप में न होकर परस्पर गुंथे हुए हैं। इस शैली को अनेक विद्वान दुरूह मानते हैं। उनके सिद्धांतों को तीन हिस्सों में विभाजित करके उनके विचारों की रूपरेखा को समझा जा सकता है।

अचेतन की सैद्धांतिक संरचना : फ्रायड द्वारा सचेतन चित्तवृत्तियों के दमन से पैदा होने वाले अचेतन की जो वैज्ञानिक व्याख्या की गई थी, उसे लाकां ने भिन्न रूप में व्याख्यायित करने का प्रयास किया। उनके मुताबिक, अचेतन तीन और चीजों के साथ गुंथे हुए रूप में मानव चित्त की आधार-धारणा बनता है। वे तीन चीजें हैं—वृत्ति स्फुरण (ड्राइव),

दुहराव और वृत्ति-स्थानांतरण। उनकी दूसरी बात है, अचेतन कोई ऐसी वस्तु नहीं है जो मनुष्य को किसी 'प्रागैतिहासिक स्रोत' की तरह मिलता हो। इस तरह लाकां, फ्रायड से प्रस्थान लेते हुए अचेतन को पूर्व-चेतन की तरह व्याख्यायित करते हैं। लाकां फ्रायड की इस बात से सहमत हैं कि अचेतन की अंतर्वस्तु का ताल्लुक काम वृत्ति से है, पर इसे वे कामांगबद्ध वस्तु नहीं बल्कि सामान्य मनोवैज्ञानिक कामेषणा या कामभाव की तरह देखते हैं।

अचेतन का रूप लेने वाला कार्यगत मनोभाव लाकां की निगाह में भाषा की मध्यस्थता के साथ रहता है। लाकां की एक चर्चित धारणा है कि अचेतन भाषा में संरचित होता है। भाषा को लाकां मनुष्य के स्व का 'महान अन्य' (बिग अदर) मानते हैं। यह सारा जगत जिन पदार्थों से भरा पड़ा है, वे सभी भाषा संकेतों की तरह हैं। इस जगत में मनुष्य का स्व भी संकेतक के रूप में रहता है। लाकां सस्यूर के संरचनावादी भाषा विज्ञान का निम्न रूप में विकास करते हैं।

मनुष्य जन्म लेते ही माता-पिता तथा आसपास के शेष लोगों को अपने 'अन्य' के रूप में पाता है। 'अन्यों' के द्वारा वह अपने 'स्व' को भी एक भाषा वस्तु यानी एक नाम से बंधा पाता है। 'अन्यों' से उसके रिश्ते के बीच में भाषा मौजूद रहती है। भाषा की मध्यस्थता का आधार उसकी अपनी इच्छाएं हैं। इच्छाएं 'अन्यों' के जगत का विस्तार करती जाती हैं। बच्चा भाषा की पहली फांस अपनी मां से पाता है। यह समझ उसे जन्म के पहले से मिलनी शुरू हो जाती है। भाषा बच्चों को उसके 'महान अन्य' के रूप में तब मिलती है, जब वह बड़ा होता जाता है। यह सारा समाज और उसकी संस्कृति मनुष्य को भाषा के जरिए मिलने वाले 'महान अन्य' का संसार हैं। इसलिए लाकां भाषा को 'महान अन्य का प्रतीकीकरण' कहते हैं।

संकेतक की भूमिका में मनुष्य का स्व भाषा के 'महान अन्य की वस्तु' की तरह संकेतितों से रिश्ता बनाता है। संकेतक अपने ठोस वस्तु रूप में भाषा की दुनिया में होता हुआ भी कभी वहां मौजूद नहीं होता। संकेतक के रूप में स्व संकेतित से अपने रिश्ते को अपने चित्त में वापस ले आता है, क्योंकि भाषा के 'महान अन्य' की दुनिया में उस संकेतक के लिए कोई जगह नहीं होती।

संकेतक के रूप में चित्त के भीतर लौटा स्व उसके अचेतन का निर्माण करता है। चित्त में स्व संकेतक के रूप में अपने संकेतितों के साथ बने रिश्ते को स्मृति में दोहराता रहता है। मुख्यतः कामवस्तु के संकेतितों से बने रिश्तों की स्मृतियां दोहराई जाती हैं। यह दोहराव महत्वपूर्ण है। इसका उद्देश्य है—संकेतितों के विविध पक्षों का आत्मसातीकरण।

संकेतित के साथ बने, छूटे, संभावित या स्थगित रिश्तों को चित्त-स्मृतियों के रूप में दोहराया जाना छूट गए पहलुओं की क्षतिपूर्ति करना है। इस तरह इच्छाएं वस्तुओं के संकेतित रूपों का आत्मसातीकरण करती हैं, जबकि वस्तुगत यथार्थ बाहर ही रहता है। उससे रिश्ता नहीं बनाया जा सकता।

प्रेम इच्छाओं की सबसे बड़ी जरूरतों में से एक है। लाकां कहते हैं कि प्रेम का अर्थ है—हम वह वस्तु दूसरों को देना चाहते हैं जो हमारे पास होती ही नहीं और उन्हें देना चाहते हैं जिन्हें उसकी कोई जरूरत नहीं। प्रेमी-प्रेमिकाओं के बने रिश्ते में संकेतित कामपूर्ति की मांग भर को पूरा करते हैं, जबकि प्रेम की जरूरत प्रेम के होने के बावजूद सदा जस की तस बनी रहती है। भाषा की मध्यस्थता उसके संकेतक-संकेतित की पूर्ति भर करती है, जबकि यथार्थ के लिए हमें 'भाषा के बाहर' आना पड़ता है।

दृष्टि और वाणी की त्रि-आयामी सैद्धांतिक संरचना : लाकां के मुताबिक, भाषा स्व की व्यक्तिपरकता को प्रतीकात्मक रूप में गढ़ती है। हम जिसे स्व का बोलना कहते हैं, वह भाषा के भीतर ही नहीं उसके बाहर भी होता है। इसलिए लाकां 'यथार्थ' को भाषा की यथार्थपरकता के बाहर मानते हैं।

व्यक्तिपरक तरीके से मनुष्य के होने का मतलब है, वस्तुपरक दुनिया से उसके रिश्ते द्वारा

उसका व्याख्यायित होना। व्यक्तिपरक रूप में मनुष्य का होना उसके 'मैं' और 'मेरे' के रूप में होना होता है। 'मैं' का ताल्लुक 'मेरे' को जन्म देने वाली इच्छाओं के स्रोत से है। इच्छा वह मूल कारण है, जो व्यक्ति को भी एक भाषा वस्तु में बदल देती है। 'मैं' से जन्म लेने वाला 'अहं' इस प्रकार एक भाषा वस्तु ही है। भाषा वस्तु होने का अर्थ है, भाषा की प्रतीक व्यवस्था से जन्म लेने वाली वस्तु। व्यक्ति, उसका 'मैं' तथा 'अहं' और उसका 'मेरे मन का बोध' ये सभी भाषा वस्तुएं हैं, जिनका प्रतीकात्मक अस्तित्व होता है, जबकि यथार्थ में ये समग्रता में विलीन हो जाते हैं।

व्यक्ति को गठित करने वाली 'वाणी' के तीन स्तर हैं। तीनों का आपसी संबंध अंशतः या समग्रतः संबंध भाषा से है। पहले और तीसरे स्तर की वाणी के 'भाषा के बाहर' भी हो सकने की संभावना होती है। वाणी के तीन स्तर हैं :

1. काल्पनिक : इसका संबंध शैशव और किशोरावस्था की 'दर्पण भूमि' से है। दर्पण का अर्थ लाकां के अनुसार, दर्पण में अपने बिंब के प्रतिबिंब देखने तक सीमित नहीं है, बल्कि बच्चा माता-पिता और अन्यों के माध्यम से 'मैं' और 'मेरे' के प्रतिबिंब की प्रक्रिया से भी जुड़ा रहता है। इस अवस्था में स्व का ज्ञान भ्रमपूर्ण, अपूर्ण और अमूर्त किस्म का होता है। इच्छाओं के कारण इसी चरण पर अहं का जन्म हो जाता है और सहयोगी आत्म के रूप में सहायक अहं यानी 'आल्टर ईगो' का जन्म भी हो जाता है।

2. प्रतीकात्मक : वयस्क दौर में भाषा के जरिए 'महान अन्यों की व्यापक दुनिया' से मनुष्य का रिश्ता बनता है। यहां सब कुछ संकेतित के रूप में यानी प्रतीक रूप से उसे उपलब्ध होता है।

3. यथार्थपरक : मनुष्य का अपने व्यक्ति होने का यथार्थपरकबोध यथार्थ का बोध नहीं है। उसे यह बोध भाषा के माध्यम से उपलब्ध होता है। यह वस्तु जगत के प्रतीकात्मक अथवा संकेतित रूपों में विभाजित होता है। भाषा के बाहर होते ही हम स्व की तरह यथार्थ के असल रूप की अभिव्यक्ति पाते हैं। उस समय जो हो रहा होता है, वह अविभाज्य समग्रता में होता है। ऐसी स्थिति में 'स्व' लगातार होते रहने की स्थिति में आ जाता है।

लाकां को देरिदा की तरह भाषा का विखंडन करने वाला माना जाता है। वे वाणी के तीन स्तरों के समांतर दृष्टि के भी तीन स्तरों की चर्चा करते हैं, जो इस प्रकार हैं : 1. देखना, 2. स्वयं को देखना 3. स्वयं को देखते हुए देखना।

'देखना' अपने आप में सकर्मक प्रक्रिया है, जो शेष दोनों स्तरों पर भी भिन्न अर्थों में मौजूद रहता है। बच्चा पैदा होने के बाद से देखने की प्रक्रिया से जुड़ जाता है। स्वयं को देखना दर्पण काल की प्रतिक्रिया है, जबकि स्वयं को देखे जाते हुए देखने का ताल्लुक वयस्क काल से है जो मुख्यतः काम वृत्ति से संचालित है। यह एक तरह की अकर्मक सक्रियता जैसा है। स्वयं को देखना व देखे जाते हुए देखना भाषा की प्रतीकात्मकता से जुड़ी बात है जो मानव क्षेत्र में धारणाओं के रूप में रहती है। इससे स्वयं के संबंध में हम धारणाएं बनाते हैं और खुद को भाषा वस्तु के रूप में उपलब्ध करने लगते हैं।

वृत्ति संवहन, इच्छा, मांग और उद्देश्य की सैद्धांतिक संरचनाएं : लाकां के अनुसार, 'मनुष्य की इच्छा अन्य की इच्छा होती है' और उसी के संदर्भ में अस्तित्व में आती है। इच्छा में मांग की पूर्ति हो सकती है, 'जरूरत' की नहीं। वह काम तृप्ति से अलहदा मनोवृत्ति-संवहन (ड्राइव) के रूप में खुद को दोहराती रहती है। वह अपने 'लक्ष्य' के आसपास घूमते रहने को अपना उद्देश्य समझती है। इस तरह लक्ष्य संधान उसका उद्देश्य नहीं होता। वह दोहराव के द्वारा यथार्थ के यथासंभव आत्मसात के लिए सदैव कार्यरत रहती है।

लाकां के भाषा-केंद्रित विवेचन को अनेक विद्वान महत्वपूर्ण मानते हुए भी उसे उनके मनोविश्लेषण की सीमा मानते हैं। वजह यह है कि अचेतन सदैव भाषा में संरचित नहीं होता, जैसा लाकां मानते थे। इसके बावजूद भाषा के मनोविश्लेषणात्मक

विखंडन से साहित्य की आलोचना अवश्य अधिक संभावनापूर्ण हुई है, जिसका श्रेय लाकां को जाता है।

विनोद शाही

अधिक जानकारी के लिए :
The Ethics of Psychoanalysis : Jacques Lacan : 1959-1960

जाजलि

जाजलि वेदांगों की व्याख्या करने वाले ऋषि थे। विष्णु, वायु और भागवत पुराण के अनुसार वह अथर्ववेद के ज्ञानी पथ्य ऋषि के शिष्य थे। साधना के मार्ग में अहंकार के त्याग की आवश्यकता से संबंधित जाजलि की कथा महाभारत के शांति पर्व में है।

कथानुसार एक बार जाजलि ने कड़ी तपस्या की। वह शीत-वर्षा-गर्मी का भय किए बिना सभी ऋतुओं में आकाश के नीचे खड़े होकर तपस्या करते रहे। इस दौरान उनके बालों में जटाएं पड़ गईं। उनमें पक्षी घोंसला बनाकर रहने लगे। ऐसे ही एक पक्षी जोड़े ने उनकी जटाओं में अंडे दिए और कुछ समय बाद उनमें से दो बच्चे निकले। हर सुबह पक्षी युगल दाने की तलाश में बाहर जाता और शाम तक घोंसले में वापस आ जाता। जब बाल पक्षी भी उड़ने लायक हो गए तो वे भी दानों की तलाश में बाहर जाने लगे। एक बार कई दिनों तक पक्षी घोंसले में वापस नहीं आए तो जाजलि को लगा कि उन्हें उनकी कठिन तपस्या का फल मिल गया है और वह सिद्ध पुरुष हो गए हैं। उनके भीतर अहंकार आ गया कि उनके समान श्रेष्ठ तपस्वी पूरी सृष्टि में कोई अन्य नहीं है। वह कहने लगे, 'मैंने धर्म प्राप्त कर लिया है।' तभी उन्हें अंतरिक्षवासियों की आवाज सुनाई दी कि तुम काशीवासी वैश्य तुलाधार के समान धार्मिक नहीं हो। जाजलि ने तुलाधार से मिलकर उनसे दीक्षा लेने का निर्णय किया। तुलाधार ने जाजलि को निष्काम कर्म, साधना के मार्ग में अहंकार के त्याग और युक्तिसंगत कर्म का उपदेश दिया। इसका अर्थ है, ज्ञान का संबंध वर्ण से नहीं माना गया। वैश्य से भी ज्ञान पाया जा सकता है। सर्वोच्च ज्ञान अहंकार के त्याग को माना गया।

श्रद्धांजलि सिंह

जातक

जातक बौद्ध पिटक साहित्य के अंतर्गत 'खूद्दरक निकाय' का दसवां ग्रंथ हैं। इसका संबंध बुद्ध के पूर्वजन्मों से है, जब वे बोधिसत्व (साधक) के रूप में दान, शील, मैत्री आदि दस पारमिताओं का अभ्यास कर रहे थे। बोधिसत्व का अर्थ है—बुद्धत्व की प्राप्ति के लिए प्रयत्न करने वाला प्राणी (सत्त्व)। प्रत्येक बोधिसत्व भावी बुद्ध है। बुद्ध को पूर्वजन्म की स्मृति थी। कभी-कभी बोधिसत्व भी अपने पूर्वजन्म को स्मरण कर सकते हैं। जातक बुद्ध के पूर्व जन्मों की ऐसी ही स्मृति कथाओं का संकलन है। जातक कथाओं का एक नाम 'बोधिसत्त्वादान' भी है। इन कथाओं की कुल संख्या निश्चित करना कठिन है। श्रीलंका, बर्मा और स्याम में प्रचलित परंपरा के अनुसार यह संख्या 550 है। फाहियान ने पांचवीं शताब्दी में 500 जातकों के चित्र लंका में अंकित देखे थे। पालि में जातक की मानक 547 कथाओं का अनुवाद छह खंडों में ई बी कांबेल तथा अन्य ने किया था और कैंब्रिज से 1895-1913 में प्रकाशित हुआ था। इन कथाओं में कुछ बहुत छोटी और कुछ बड़ी हैं।

भदंत आनंद कोसल्यायन ने पालि से इनका अनुवाद हिंदी में छह भागों में किया। जातक कथाओं का सर्वाधिक सूचीबद्ध संग्रह सिंहली भाषा से अनूदित हुआ है। 34 जातकों का एक संग्रह 'जातक माला' के नाम से संस्कृति में आर्यशूर द्वारा विरचित मिलती है जो पांचवीं शती में ही प्रसिद्ध हो चुकी थी। इसका एक चीनी अनुवाद भी है। जातक में बाईस निपात हैं। आरंभ में गाथाओं की संख्या के आधार पर निपात बनाए गए हैं। कालांतर में यह पद्धति चल

नहीं पाई। वेस्संतर जातक में गाथाओं की संख्या सात सौ ऊपर है। गद्य-पद्य की मिश्रित हर जातक कथा के पांच भाग हैं :

1. 'पच्चुप्पन्नवत्थु' यानी वर्तमान काल की घट ना जिसने बुद्ध को किसी पूर्व जन्म का वृत्तांत कहने के लिए प्रेरित किया।
2. 'अतीतवत्थु' में पूर्वजन्म की घटनाओं का सविस्तार वर्णन है।
3. 'गाथा' प्रत्येक जातक की केंद्रीय अंतर्वस्तु है। यह छंदबद्ध गेय पद है, जो बुद्ध उच्चरित होने के कारण प्राचीनतम माना जाता है, 'वास्तव में गाथाएं ही जातक हैं।' पच्चुप्पन्न वत्थु आदि पांच भागों में समन्वित जातक तो वास्तव में जातकट्ट कथा वण्णना या जातक की अर्थ कथा है।
4. 'अथवण्णना' या 'वेय्याकरण' से गाथाओं की व्याख्या और उनका शब्दार्थ है।
5. सबसे अंत में 'समाधान' है जिसमें अतीत कथा के पात्रों का संबंध बुद्ध कालीन पात्रों से जोड़ा जाता है।

जातक कथाओं का प्रचार अंतरराष्ट्रीय रूप से हुआ। कंबोडिया, थाईलैंड आदि देशों में वेस्संतर जातक कथाओं के आधार पर नृत्य भी बने हैं। 600 ईसवी में अजंता की गुफाओं में ये जातक कथाएं सुंदर चित्रों के रूप में उत्कीर्ण हुईं। लंका में महास्तूप में सभी जातक कथाएं उत्कीर्ण हैं। माना जाता है कि मूल जातक कथाएं चौथी सदी ईसा पूर्व की हैं और ये बाद में कई शताब्दियों तक बनती रही हैं। कुछ जातक बुद्धकालीन हैं। कुछ सम्राट अशोक के पूर्व की हैं क्योंकि सांची और भरहुत के स्तूपों की पाषाण-वेष्टनियों पर उनके दृश्य अंकित हैं।

जातक कथाओं का रचना काल भिन्न है, रचनाकार भी भिन्न-भिन्न हैं, पर शैलीगत एकरूपता है। बुद्ध द्वारा गाथा किस स्थान पर उच्चरित हुई तथा मूल विषय क्या है यह सभी में पहले दिखाया गया है। भिक्षु बातचीत कर रहे होते हैं। 'बुद्ध चर्चा' का विषय जानकर वे अतीत की कहानी सुनाते हैं। प्रायः प्रत्येक कथा का आरंभ इस प्रकार होता है, 'एक समय राजा ब्रह्मदत्त के वाराणसी में राज्य करते समय बोधिसत्व अमुक योनि में उत्पन्न हुए।' यह ऐतिहासिक तत्व नहीं, बल्कि जातक की रचना शैली है। विश्वासोत्पादकता के लिए ही बोधिसत्व के रूप में पूर्वजन्म से मेल बैठाया जाता है। यह एक शैली है न कि वास्तविकता। गाथा में जब वर्तमान और अतीत की घटनाओं का ढांचा खड़ा किया जाता है तब कथावस्तु का निर्माण होता है। उपर्युक्त पांचों अवयवों को मिलाकर जातक बनता है जो वास्तव में जातक के अर्थ की व्याख्या है। पुनरावृत्ति दोष तो है ही, कई में कथा है ही नहीं। बौद्धेतर पात्रों पर भी जातक कथाएं हैं।

जातक कथाओं की उत्पत्ति धर्म के नियमों को आसानी से समझने के लिए हुई है। दान, शील, सत्य, मैत्री आदि 25 जीवन चर्याओं को कथाओं के उदाहरण देकर समझाने के लिए जातकों की रचना की गई है।

जातक कथाओं ने बौद्ध शिक्षण में महत्वपूर्ण योगदान दिया है। नालंदा विश्वविद्यालय में, जहां 18 पंथों के ग्रंथ पढ़े जाते थे, वहां जातक सभी शिक्षार्थियों के लिए आवश्यक ग्रंथ था। बुद्ध विहार में रहनेवाले भिक्षुओं, स्थविरों आदि की समस्याओं के समाधान होते थे। उनसे मार्गदर्शन के लिए राजा, मंत्री और शासन के उच्चाधिकारी आते थे। उनके ऐसे कथनों में प्रबंधन का कौशल मिलता है। नागरिकों के लिए भी विहार खुला रहता था। लोग बुद्ध के प्रवचन और अपनी समस्याओं के समाधान के लिए आते थे। जातक कथाओं में इन सबका विवरण मिलता है।

बुद्ध टोने-टोटकों, मंत्र जाप या कर्मकांड की शिक्षा नहीं देते थे, बल्कि पुनर्जन्म की कथाओं के जरिए मनोवैज्ञानिक ढंग से शिक्षा देते थे। पूर्वजन्म की बात सुनकर श्रोता अति सचेत हो जाते और तन्मय होकर वह कथा सुनते थे, जिसमें बुद्ध पूर्वजन्मों में बोधिसत्व की भूमिका में होते थे। श्रोता जातक कथा से शिक्षा पाते थे। दरअसल जातक कथाओं में पशु-पक्षियों आदि के उदाहरण से संदेश दिया गया है कि सम्यक मार्ग पर चलकर अहिंसा, क्षमा, दया,

सहिष्णुता, परोपकार, शील आदि गुणों को आत्मसात किया जा सकता है और विश्व के कल्याण के लिए अग्रसर हुआ जा सकता है।

जातक कथाओं का प्रसार नाना रूपों में भारत में और भारत के बाहर दक्षिण एशिया, अरब और यूरोप तक हुआ। जातकों की कथा-शैली लोक में प्रचलित कहानियों से मिलती-जुलती है। रायस डेविड्स और विंटरनित्ज का विचार है कि इनका संकलन और लेखन मध्य प्रदेश में प्राचीन जन-कथाओं के आधार पर हुआ है। उदाहरण के लिए : वानारिंद जातक (मगरमच्छ अपनी स्त्री के कहने से वानर का कलेजा चाहता था, वानर अपनी चतुराई से बच निकला), सीह चम्म जातक (सिंह की खाल पहनकर गधा खेत चरता रहा, लेकिन रेंकते ही भेद खुल गया) आदि। पंचतंत्र और हितोपदेश की (और कुछ कथा सरित्सागर की भी) कहानियां इसी स्वभाव और शैली की हैं। आधुनिक युग में जातक कथाओं की शैली का साहित्यिक उपयोग सत्ता और समाज की विसंगतियों पर व्यंग्य के लिए कारगर रहा है। काशीनाथ सिंह की 'जंगल जातकम्', 'मीसा जातकम्' 'बांस' आदि कहानियां इसके उदाहरण हैं।

बाजार में जिस प्रकार कथाओं का प्रचार हुआ है उससे ये पशुपक्षियों की कहानियां, नीति-कथाएं या बच्चों की कहानियां बन गई हैं। इनका एक महत्व मनुष्य की जीवन चर्या और प्रबंधन के संदर्भ में है। इन कहानियों में घड़ियाल और कौवा, घड़ियाल और बंदर, कछुआ, सफेद हाथी के अलावा परम दानी राजा शिवि की भी कथा है। ये नीति कथाएं चित्र कथाओं और कामिक्स में अपनी लोकप्रियता की वजह से हैं, इनका संदेश महान है।

जसबीर चावला

जाति की उत्पत्ति

भारत में जाति की उत्पत्ति (Origin of Caste) ठीक-ठीक कैसे हुई, यह प्रामाणिक रूप से कह पाना कठिन है। विद्वानों ने विभिन्न साक्ष्यों के आधार पर जो तर्क सुनिश्चित किए हैं उन्हीं के आधार पर जाति प्रथा और वर्ण व्यवस्था को समझने की कोशिश की जाती रही है। जाति प्रथा आर्यों की देन है, इसमें कोई शक नहीं है, क्योंकि इतिहास में आर्यों की सभ्यता से पहले जाति प्रथा का कोई चिह्न नहीं मिलता।

आर्य भारत में बाहर से आए या यहीं के निवासी थे, इस पर लंबा विवाद है। कई इतिहासकारों का मानना है कि आर्य भारत के मूल निवासी नहीं थे, बल्कि उन्होंने ईसा से लगभग 2000 वर्ष पूर्व मध्य एशिया से भारत में प्रवेश किया था। आर्यों की सभ्यता से पूर्व की हड़प्पाई या मोहनजोदड़ो की सभ्यता में से जो भित्ति चित्र अभी तक प्राप्त हुए हैं उनमें जाति प्रथा का कोई संकेत नहीं मिलता। इससे स्पष्ट होता है कि जाति प्रथा आर्यों के आने के बाद की स्थिति है। इतिहास में हमारे पास जो लिखित साक्ष्य उपलब्ध हैं उनमें सबसे प्राचीन ऋग्वेद है। ऋग्वेद वैदिक काल की रचना है। उसमें जिस समाज का वर्णन है वह बसा-बसाया समाज है। इस आधार पर माना जाता है कि जाति प्रथा आर्यों के बसने के लगभग 500 वर्षों के बाद की रचना है। ऋग्वेद में वर्ण या फिर जाति का ठीक-ठीक उल्लेख नहीं है। वहां समाज सिर्फ दो वर्गों में बंटा हुआ है—आर्य और दास। इतिहासकार रामशरण शर्मा मानते हैं कि इस वर्गीकरण से 'किसी ऐसे श्रम विभाजन का संकेत नहीं मिलता जो परवर्ती काल में समाज के व्यापक वर्गीकरण का आधार हुआ।' यानी जाति व्यवस्था आर्यों के आने के बाद धीरे-धीरे समाज के बीच से ही पैदा हुई है।

समाज में वर्ण की उत्पत्ति पहले वर्ग के रूप में हुई थी। अमीरों-गरीबों के फर्क ने समाज को पहले वर्ग में विभाजित किया, वही वर्ग आगे चलकर वर्ण में प्रतिष्ठित हो गया और फिर वर्ण विभिन्न जातियों में टूटता चला गया। आर्य एक ऐसी प्रजाति थी जो भारत के मूल निवासियों के बरअक्स काफी बौद्धिक और शारीरिक रूप से काफी हृष्ट-पुष्ट थी। डी डी कोसंबी ने आर्यों की श्रेष्ठता उनकी गतिशीलता में

मानी है। उनकी उन्नत संस्कृति के कारण समाज में विषमता पैदा हुई। आर्य उन्नत संस्कृति के थे, इसलिए उत्पादन क्षमता में भी तब्दीली आई और सामाजिक ढांचे में बड़ा बदलाव आया। उत्पादन क्षमता में वृद्धि होने से हड़प्पाई समाज का सामूहिक उत्पादन और सामूहिक उपभोग की प्रणाली की जगह बचत की भावना और व्यावसायिक सोच का विकास हुआ। के दामोदरन लिखते हैं, 'इस प्रकार निजी संपत्ति की व्यवस्था ने रूप लेना शुरू किया जिससे धनी और निर्धन का भेद पैदा हुआ। जो निर्धन थे उन्हें धनी लोगों का हुक्म बजाना पड़ता था। इन भौतिक परिस्थितियों ने चातुवर्ण्य व्यवस्था को जन्म दिया।' ऋग्वेद में वर्णित समाज के आर्य और दास के विभाजन को भी ध्यान में रखा जाए तो स्पष्ट है कि वर्ण व्यवस्था अपने आरंभिक काल में सीधे-सीधे आर्थिक भेदभाव पर आधारित थी। उत्पादन की बढ़ती क्षमता ने समाज को सर्वप्रथम दो भागों में विभाजित किया। फिर समाज एक बार क्या बंटा, वह बंटता ही चला गया। वर्ण के रूप में आर्य और दास को रेखांकित कर ऋग्वेद में समाज को कार्य के आधार पर चार भागों में बांटा गया। ऋग्वेद के पुरुष सूक्त (ऋग्वेद, 10.90.1) में एक श्लोक है :

ब्राह्मणोऽस्य मुखमासीद् बाहू राजन्यः कृतः।
उरू तदस्य यद्वैश्यः पद्भ्यां शूद्रो अजायत ।।

के दामोदरन ने इसकी व्याख्या करते हुए बताया कि ब्राह्मणों का काम था यज्ञ करना, पूजा-पाठ करना, क्षत्रिय का काम था जनता की रक्षा करना, व्यापार, पशुपालन और खेती-बाड़ी का काम वैश्यों की जिम्मेदारी थी। इन तीनों की सेवा-सुश्रूषा करना शूद्रों की जिम्मेदारी थी। इन चार वर्णों के विभाजन से निर्धारित होता था कि किनकी समृद्धि किस स्तर की है। बाद में उस पेशे के साथ वह विशिष्ट वर्ग बंधता चला गया। फिर धीरे-धीरे उनका पेशा ही उनकी पहचान बन गई। वे उस खास वर्ग के रूप में जाने जाने लगे। इस तरह वर्ण व्यवस्था की उत्पत्ति हुई।

एकदम शुरुआत में काफी दिनों तक वर्ण, वर्ग और जाति में एक उलझाव बना रहा होगा। जे एच हटन ने माना है कि अगर वर्ण को पारिभाषित करना ही पड़ेगा, तो वह जाति के करीब नहीं बैठ कर वर्ग के करीब बैठेगा, क्योंकि समाज का विभाजन आर्थिक आधार पर हुआ है। हटन लिखते हैं, 'आज वर्ण जाति नहीं है। इसे हम जातियों का समूह मान सकते हैं।' जे सी नेसफील्ड ने माना, 'जाति प्रथा का मूल कारण किसी खास पेशे में पीढ़ी-दर-पीढ़ी महारत हासिल करना था। श्रेणियों (गिल्डों) ने जातियों का सोपानबद्ध रूप ले लिया। जो पेशा जितना असंस्कृत और आदिकालीन था उसमें लगे लोगों को उतना ही निम्न स्थान प्राप्त हुआ।' सेनार्ट ने भी जाति के उद्भव में पेशागत तत्वों पर जोर दिया। उनका मुख्य योगदान इस बात में निहित है कि उन्होंने वर्ण और जाति को एक-दूसरे से स्पष्ट रूप से अलग बताया और वर्ण की व्याख्या वर्ग के रूप में की। मैक्स वेबर ने इस बात पर जोर दिया कि वर्ण 'वर्ग' नहीं, बल्कि प्रस्थिति समूह (स्टेटस ग्रुप) या विभाग (इस्टेट) है।

इस तरह वर्ण की शुरुआत का आधार कारण आर्थिक उन्नति थी। समाज में जो जिस आर्थिक हैसियत के थे, उन्हें उस तरह के वर्ण में रखने की कोशिश की गई। समाज का जब विस्तार हुआ, तब इन दो वर्गों के बीच भी आर्थिक रूप से कुछ अन्य वर्ग पैदा हुए। इसलिए जब मेक्स वेबर वर्ण को वर्ग नहीं कह कर प्रस्थिति समूह (स्टेटस ग्रुप) कहते हैं तब वे इससे आगे की स्थिति की ओर इशारा कर रहे होते हैं। समाज में उन्नति बढ़ने से प्रस्थिति समूह पैदा होते रहे जिसने दो और वर्णों को पैदा कर समाज को चतुर्वर्ण व्यवस्था में बदल दिया। इन्हीं स्टेटस ग्रुपों ने आगे चल कर अवर्ण समूह को पैदा किया।

समाज में आर्थिक उठापटक की बदौलत वर्ण की उत्पत्ति हुई, लेकिन जाति की शुरुआत निःसंदेह पेशे के कारण हुई। आर्थिक स्तर के अनुसार निर्धारित किए गए 'स्टेटस' समूह के आधार पर लोग पेशे का चुनाव करते रहे और उस पेशे को अनवरत पीढ़ी-दर-पीढ़ी अपनाते रहने के कारण उनकी पहचान उस पेशे से बनती गई और बाद में वह एक जाति के रूप में तब्दील होती गई। जे सी नेसफील्ड का

कहना है, 'पेशों में पीढ़ी-दर-पीढ़ी महारत हासिल करने के कारण ऐसा संभव हो पाया। जो पेशा जितना निकृष्ट था वह उस तरह की जाति में निर्धारित होता चला गया।'

वर्ण व्यवस्था और जाति प्रथा का इतिहास जितना पुराना है, उतना पुराना अस्पृश्यता का इतिहास नहीं है। अस्पृश्यता उतनी पुरानी नहीं है इसलिए अस्पृश्य, अछूत यानी आज के शब्दों में दलित का इतिहास भी उतना पुराना नहीं है। जी एस घुर्ये ने लिखा है कि 'चौथे वर्ग यानी शूद्र का नाम ऋग्वेद में मात्र एक बार आया है। ऐसा प्रतीत होता है कि यह वर्ग पारिवारिक या घरेलू भृत्यों का प्रतिनिधित्व करता था, उनकी स्थिति लगभग दासों के समान थी।' यानी जब शूद्र को घरेलू नौकर कहा गया, तब स्पष्ट है कि वहां अस्पृश्यता का सवाल नहीं था। वास्तव में जब समाज धीरे-धीरे विकसित हुआ तब उच्च वर्ण के लोगों ने अपनी सुविधा के लिए शूद्र के भीतर से ही एक ऐसा वर्ग पैदा कर लिया, जो गंदे से गंदा काम कर सके। शूद्र तब समाज की सबसे निचली श्रेणी थी। उसका काम ही तब तीनों उच्च वर्णों की सेवा-सुश्रूषा करना था। इस सेवा में धीरे-धीरे गंदे काम जैसे—मल ढोना, मरे पशु को उठाना, शव जलाना आदि काम जुड़ते गए और उन्हें करनेवाले अछूत बनते गए।

स्पष्ट है कि शूद्रों के भीतर कुछ की स्थिति आर्थिक रूप से ज्यादा खराब रही होगी। वास्तव में शूद्रों के भीतर का यही कमजोर वर्ग गंदे काम करने के लिए मजबूर हुआ होगा। ए एल बाशम ने लिखा है, 'शूद्रों से निम्न स्तर पर उन लोगों के प्रतिनिधि थे, जो उत्तरकाल में अछूत, जाति-बहिष्कृत, परिगणित अथवा अनुसूचित कहलाए।' बाशम का उत्तरकाल वास्तव में उत्तर-वैदिक काल है। ऋग्वेद में अस्पृश्यता की चर्चा नहीं है। उसमें अयोग्य, चर्मकार, चांडाल जैसे नामों का उल्लेख इस ओर इशारा करता है कि अस्पृश्यता के बीज वहां अंकुरित होने अवश्य शुरू हो चुके थे। मनुस्मृति में, जिसकी रचना उत्तर-वैदिक काल में लगभग 200 से 200 ईसा पूर्व के बीच हुई, अस्पृश्यता अपने निकृष्टतम रूप में सामने आई है। शूद्रों के भीतर से निकले अछूत पहले वर्ण की परिधि से बाहर कर दिए गए, फिर सारे अधिकारों से और बाद में गांव की परिधि से। यही वर्ग आज अछूत, पंचम वर्ण, अस्पृश्य, अतिशूद्र, हरिजन जैसे विभिन्न नामों को पार करता हुआ दलित में तब्दील हो गया है।

उमा शंकर चौधरी

अधिक जानकारी के लिए :

1. **प्राचीन भारत में शूद्र :** रामशरण शर्मा, 1957, 2. **Interrogating Caste :** Dipankar Gupta, 2000, 3. **Castes of Mind :** Nicholas B Dirks, 2001, 4. **Untouchables : Who Were They and Why They Became Untouchables : B R Ambedkar,** 1935

जाति प्रथा

जिस 'कास्ट' शब्द से हिंदी में 'जाति' शब्द बना है, वह असल में पुर्तगाली से निकला है। इसका यूरोप में विभिन्न कबीलों एवं वर्गों को हेय बताने के लिए प्रयोग किया जाता था। यही शब्द बाद में भारत के लोगों के विभाजन में इस्तेमाल किया जाने लगा। जाति प्रथा (Caste System) हिंदू समाज की एक जटिल सच्चाई है, जिसके संबंध में कुछ भी ठीक-ठीक नहीं कहा जा सकता कि वह कब और कैसे अस्तित्व में आई। इसकी बहुत सारी परिभाषाएं दी गई हैं, पर वे सभी परस्पर विरोधी हैं। जाति और जाति प्रथा का अध्ययन करने वाले अधिकांश समाजशास्त्री सजातीय विवाह को जाति प्रथा का कारण मानते हैं, लेकिन जाति क्या है, इस पर वे भी एकमत नहीं हैं। जे एच हटन का मत है कि जाति एक सामाजिक इकाई है, जो अपने नियमों की रक्षा स्वयं करती है। वह अपने सदस्यों को अनुशासन में रखती है, अनुशासन भंग करने पर उनका जाति बहिष्कार करती है और जुर्माना लगा कर उन्हें जाति में पुनः शामिल भी करती है। कई विद्वानों का मत है कि जाति वर्ण व्यवस्था का

विस्तार है, परंतु अंबेडकर इससे इंकार करते हैं। वे कहते हैं कि यदि यह विस्तार है, तो उलटी दिशा में है। उनके अनुसार, जाति वर्ण का विकृत रूप है। इसलिए वे जाति का वर्ण से पृथक अध्ययन करने पर जोर देते हैं।

समाजशास्त्र के अंतरराष्ट्रीय विद्वान श्यामाचरण दुबे का मत है कि जाति एक भ्रामक शब्द है। उनके अनुसार, जाति असल में एक समूह है जिसके आचार-विचार और कर्म समान होते हैं। इसके विरुद्ध यह प्रश्न है कि मनुष्यों के किसी समूह के भीतर आचार-विचार समान होने पर कर्म समान नहीं भी हो सकते हैं, फिर वह समूह जाति कैसे बन सकता है? कुछ विचारक, खासकर मार्क्सवादी, जाति को श्रम विभाजन का परिणाम मानते हैं। इसके विरुद्ध यह तर्क दिया जाता है कि श्रम-विभाजन सभी देशों में मौजूद है, फिर भारत में ही जाति और जाति प्रथा अस्तित्व में क्यों आई? जाति के उद्‌गम को लेकर जितने भी मत चर्चा में रहे हैं, उनके विरुद्ध उतने ही प्रश्न भी उठाए गए हैं।

बी आर अंबेडकर का मत है कि इसका निर्माता पुरोहित वर्ग है, जिसने अपने आप को सबसे पहले एक बंद वर्ग में बदला। उस बंद वर्ग में न बाहर से कोई भीतर आ सकता था और न भीतर से कोई बाहर जा सकता था। उनके अनुसार, अन्य वर्णों द्वारा उसका अनुकरण करने की प्रक्रिया ने जाति प्रथा को जन्म दिया। कुछ विद्वानों का विचार है कि जातियों के निर्माण का आधार व्यवसाय है। उनके अनुसार, वर्णों के निर्माण का आधार व्यवसाय ही है। इस मत के विरुद्ध विद्वानों की आपत्ति यह है कि लोगों के पेशे बदलते रहते हैं, फिर उनकी जाति क्यों नहीं बदलती? अनेक समाजशास्त्री इस मत के हैं कि वर्ण और जाति दोनों अलग-अलग सामाजिक इकाइयां हैं। धर्मशास्त्री पी वी काणे का मत है कि आरंभ में केवल दो वर्ण थे—(1) आर्य एवं उनके वैरी तथा (2) दस्यु या दास। उनके अनुसार, यह विभाजन केवल वर्गीय एवं सांस्कृतिक था। सभ्यता के उत्थान के फलस्वरूप कार्य विभाजन की उत्पत्ति हुई। कतिपय कलाओं एवं शिल्पकारों के उद्‌भव के कारण व्यवसायों पर आधारित बहुत-सी उपजातियों की सृष्टि होती चली गई। कुछ अन्य अनार्य जातियां भी थीं, जिनके विषय में यह धारणा बन गई थी कि वे मूलतः क्षत्रिय थीं, किंतु अब पदच्युत हो चुकी थीं।

काणे एक और महत्वपूर्ण बात कहते हैं कि ईसा के कई शताब्दी पूर्व मेगस्थनीज के अनुसार, भारत के जन सात जातियों में विभाजित थे—(1) दार्शनिक, (2) कृषक, (3) गोपाल एवं गड़ेरिया, (4) शिल्पकार, (5) सैनिक, (6) अवेक्षक तथा (7) सभासद एवं करग्राही। काणे इस विवरण में चातुर्वर्ण को भी देखते हैं, परंतु मेगस्थनीज यह भी लिखता है कि एक जाति के लोग दूसरी जाति से विवाह आदि नहीं कर सकते थे और न अपनी जाति के व्यवसाय के अतिरिक्त कोई अन्य व्यवसाय कर सकते थे। मेगस्थनीज ईसा पूर्व 315 में भारत आया था, जिसका यह साक्ष्य जाति प्रथा को समझने में महत्वपूर्ण है।

जे डाहलमान का मत है कि भारतीय समाज में शुरू में तीन वर्ग थे—पुरोहित, राजन्य और बूर्जुआ। उनकी दृष्टि में ये द्विज वर्ण हैं, जो बाद में कई भागों और उपभागों में बंट गए। इनमें कुछ रक्त संबंध के आधार पर बने और कई दूसरे व्यावसायिक आधार पर। उनका मानना है कि जाति चारों वर्णों से नहीं बनी, बल्कि उन असंख्य निगमों और रक्त संबंधों से जुड़े समुदायों से बनी, जिनमें ये चारों वर्ण बंट गए थे। अतः उनकी राय में वर्ण से निगम और निगम से जाति बनी।

जे एच हटन अपनी पुस्तक 'भारत में जाति प्रथा' में साबित करते हैं कि भारतीय जातियां बहुत कम ही एक पूर्वज से अपनी उत्पत्ति बतलाती हैं। कुल की भांति गोत्र की उत्पत्ति भले एक ही व्यक्ति से मानी जाती हो (जिसके भीतर विवाह नहीं होते), पर सच यह है कि एक ही गोत्र विभिन्न जातियों में मिलता है। इस आधार पर उन्होंने माना कि न नस्ल, न पेशा या कार्य ही अपने में जाति की उत्पत्ति का कारण हो सकता है।

भारतीय समाजशास्त्री हयवदन राव और गोविंद सदाशिव धुर्ये मानते हैं कि जाति प्रथा की उत्पत्ति मुख्यतया नस्लगत भिन्नता के कारण हुई। धुर्ये ने इस बात पर विशेष जोर दिया है कि ब्राह्मण पुरोहितों ने आर्यों की रक्त शुद्धि बनाए रखने का यत्न किया था और भारत में इसी वजह से जाति प्रथा का जन्म हुआ, लेकिन धुर्ये से भी पूर्व बी बनर्जी ने जाति की उत्पत्ति जादू-टोने में आदिम विश्वास से बतलाई थी। ये सारे मत जाति प्रथा के प्रपंचों पर ही जोर देते हैं, उसकी उत्पत्ति के वैज्ञानिक कारणों पर प्रकाश नहीं डालते। कहा जा सकता है कि यह प्रश्न इतना जटिल है कि इसका वैज्ञानिक उत्तर देने में कोई विद्वान सफल नहीं हो पाया है। इस विषय पर अब तक पांच हजार से भी ज्यादा पुस्तकें लिखी जा चुकी हैं, पर भारत में जाति कैसे बनी और जाति प्रथा का निर्माण कैसे हुआ, इस पर अभी भी विवाद है।

जातिप्रथा के गुण-दोष पर भी भारतीय विद्वान दो वर्गों में विभाजित हैं। एक वर्ग जाति प्रथा को भारत की सर्वोत्तम व्यवस्था मानता है और उसे बनाए रखना चाहता है, जबकि दूसरा वर्ग उसे भारत की प्रगति में बाधक मानता है।

कंवल भारती

अधिक जानकारी के लिए :
भारत में जाति प्रथा : बी आर अंबेडकर

जाति भेदभाव और मानवाधिकार

जाति के आधार पर किया जाने वाला भेदभाव भारतीय संविधान के अनुच्छेद–15 का उल्लंघन है, जो धर्म, जाति, लिंग और जन्मस्थान के आधार पर भेदभाव का निषेध करता है। यह विश्व मानवाधिकार के घोषणा पत्र के अनुच्छेद–1 का भी उल्लंघन है, जिसमें कहा गया है कि गरिमा और अधिकारों की दृष्टि से सभी मनुष्य समान हैं। असल में जातीय भेदभाव मानवीय अधिकार की वह चिरकालिक अवस्था है, जिसमें लोगों के नागरिक, राजनीतिक, आर्थिक, सामाजिक और सांस्कृतिक अधिकारों का भारी उल्लंघन शामिल रहता है। भेदभावग्रस्त जातियों के लोगों को समान मानवीय अधिकार और गरिमा का जीवन जीने के लिए योग्य नहीं समझा जाता।

'संयुक्त राष्ट्र सब-कमीशन' ने एक अध्ययन के द्वारा जातीय भेदभाव से संबंधित जिन मानवाधिकारों के उल्लंघन का पता लगाया है, वे निम्न प्रकार हैं–1. शारीरिक सुरक्षा का अधिकार, 2. राजनीतिक भागीदारी और न्याय पाने का अधिकार, 3. भूमि का अधिकार, 4. सार्वजनिक और सामाजिक सेवाओं में प्रवेश का समान अधिकार, 5. धर्म की स्वतंत्रता का अधिकार, 6. स्वेच्छा से विवाह करने का अधिकार, 7. शिक्षा और सांस्कृतिक पहचान का अधिकार, 8. रोजगार में समान अवसर का अधिकार, 9. जबरन या बंधुआ मजदूरी से मुक्ति का अधिकार, 10. क्रूरता, अमानवीयता तथा अपमानजनक व्यवहार से मुक्ति का अधिकार, 11. स्वास्थ्य, पर्याप्त भोजन, पानी, सफाई, कपड़ा और आवास का अधिकार।

वस्तुतः जो हिंदू जाति व्यवस्था में बहिष्कृत हैं, वे ही दलित हैं और उन्हें ही अछूत और अपवित्र माना जाता है। इसी आधार पर दलितों के साथ अस्पृश्यता का व्यवहार किया जाता है। उनसे जबरन गंदे और घृणित कार्य कराए गए हैं, जैसे–मानव मल साफ कराना। ऐसे ही गंदे कार्य उनके लिए कलंक बन जाते हैं, जिसका सामना उन्हें जीवन भर करना पड़ता है। उनकी गरीबी और पिछड़ेपन का कारण भी यही सामाजिक भेदभाव है, जो उनके नागरिक अधिकारों का हनन करता है।

संयुक्त राष्ट्र की जाति और नस्ल-विरोधी समिति की एक रिपोर्ट के अनुसार, भारत में जातीय भेदभाव से ग्रस्त लोगों की संख्या 16.7 करोड़ यानी कुल आबादी का 15-20 प्रतिशत है। अनुमान है कि पूरे विश्व में लगभग 26 करोड़ लोग नस्लीय-जातिगत भेदभाव से प्रभावित हैं।

भारतीय संविधान में अनुच्छेद 17 में अस्पृश्यता को पूर्णतया समाप्त कर दिया गया है, पर अभी भी व्यवहार में वह बनी हुई है, विशेष रूप से गांवों के सार्वजनिक स्थानों और कुछ हिंदू मंदिरों में उन्हें

प्रवेश करने से रोका जाता है। भारतीय समाज में पहले से प्रचलित परंपराएं इस भेदभाव को स्वीकृति प्रदान करती हैं। भारतीय संविधान की समतामूलक व्यवस्थाओं के साथ-साथ कुछ अधिनियम जाति भेदभाव के विरुद्ध दलितों के मानवाधिकारों की सुरक्षा करते हैं। संयुक्त राष्ट्र के सदस्य के रूप में भारत ने दलितों के मानवाधिकारों के पक्ष में 'विश्व घोषणापत्र' पर हस्ताक्षर किए हैं, जिसके प्रति वह प्रतिबद्ध है। इस 'विश्व घोषणापत्र' के अनुच्छेद-1 से 12 में सभी मनुष्यों के लिए समान अधिकारों की बात की गई है। किंतु संयुक्त राष्ट्र की नस्लीय मामलों की समिति सीईआरडी (कमेटी आन दि ऐलिमिनेशन ऑफ रेसियल डिस्क्रिमीनेशन) 2007 की रिपोर्ट के अनुसार भारत अपने करार के मुताबिक दलितों के प्रति भेदभाव को समाप्त करने में असफल रहा है। उसके अनुसार न केवल हर क्षेत्र में दलितों के मानवाधिकारों का उल्लंघन हो रहा है, बल्कि वे अस्पृश्यता के भी शिकार हैं। सीईआरडी की 27 बिंदुओं वाली यह रिपोर्ट चौंका देने वाली है।

इस संबंध में भी कुछ अन्य सर्वेक्षण उल्लेखनीय हैं। 1999 और 2000 के बीच हुए कुछ राष्ट्रीय सर्वेक्षण बताते हैं कि भारत में बाल श्रमिकों की आबादी (1 करोड़ 40 लाख) में दलित बच्चों की संख्या सर्वाधिक है। वे घोर गरीबी और स्कूलों में होने वाले भेदभाव के कारण अंत तक मजदूरी करते हैं। वे कर्ज चुकाने के लिए बंधुआ मजदूरी भी करते हैं। उन्हें कम मजदूरी पर ज्यादा और अस्वास्थ्यकर स्थितियों में काम करना पड़ता है। शीशा और कलई के कारखानों में काम करने वाले बच्चे तपेदिक जैसी जानलेवा बीमारी से ग्रस्त हो जाते हैं। सर्वे यह भी कहता है कि निजी क्षेत्र के नियोक्ता दलितों को काम पर रखने और वेतन देने में भेदभाव करते हैं। इस भेदभाव की अधिकतर शिकार दलित महिलाएं होती हैं। 'रूरल इंडिया' के सर्वे में 36 प्रतिशत गांवों में दलितों को कृषि क्षेत्र में काम नहीं दिया जाता है। एक तिहाई गांवों में उच्च जातियों के लोग अस्पृश्यता के कारण दलितों को भवन-निर्माण के कार्य से दूर रखते हैं। 25 प्रतिशत गांवों में दलित मजदूरों को बाजार दर से कम दिहाड़ी दी जाती है। राष्ट्रीय दलित मानवाधिकार आयोग की रिपोर्ट के अनुसार, उच्च जाति के कई लोग मजदूरी देने में भी उनसे छुआछूत करते हैं, उन्हें कुछ दूर जमीन पर रखकर पैसा दिया जाता है, ताकि वे उनसे छू न जाएं।

दलितों के निःशुल्क शिक्षा पाने के अधिकार का भी हनन किया जा रहा है। कई स्कूलों में सवर्ण शिक्षक उन्हें कक्षा में सबसे पीछे बैठने के लिए बाध्य करते हैं, भोजनावकाश में उन्हें गैर-दलित छात्रों से अलग बैठाया जाता है। कई स्कूलों में दलित छात्रों से साफ-सफाई का भी अतिरिक्त काम लिया जाता है। अगर वे इंकार करते हैं, तो जाति-सूचक गालियां देकर उन्हें अपमानित किया जाता है। उन्हें बात-बात पर अनावश्यक रूप से प्रताड़ित किया जाता है, ताकि वे डर कर पढ़ाई छोड़ दें। ये सारा उत्पीड़न उनकी जाति के कारण होता है, जिसमें उनका कोई दोष नहीं होता। इस जातीय दुर्व्यवहार के परिणामस्वरूप बड़ी संख्या में दलित छात्र प्राथमिक स्तर पर ही पढ़ाई छोड़ देते हैं।

भारतीय शिक्षा रिपोर्ट 2002 के अनुसार, 1993-94 में स्कूलों में दलित लड़कों की उपस्थिति 64.3 प्रतिशत और दलित लड़कियों की 46.2 प्रतिशत थी, जबकि अन्य वर्गों में यह क्रमशः 74.9 और 61 प्रतिशत थी। 2001-2002 की रिपोर्ट में पढ़ाई छोड़ने वाले अनुसूचित जाति के छात्रों की संख्या 1990-91 में प्राइमरी स्तर पर 49.35 प्रतिशत, मिडिल स्तर पर 67.77 प्रतिशत और सेकेंडरी स्तर पर 77.65 प्रतिशत थी। उच्च शिक्षा में भी दलितों की स्थिति बहुत दयनीय है। इसी रिपोर्ट के अनुसार इस अवधि में स्नातक, परास्नातक और शोध में पंजीकरण कराने वाले दलित छात्रों की संख्या क्रमशः 8.73 प्रतिशत, 8 प्रतिशत और 2.77 प्रतिशत थी। स्कूलों में जातीय भेदभाव और उसके फलस्वरूप दलितों के पढ़ाई छोड़ने के कारण ही दलितों में एक बड़ी संख्या में बाल मजदूर पैदा होते हैं।

दलितों में कम साक्षरता-दर से स्पष्ट है कि शिक्षा व्यवस्था दलितों की शिक्षा के प्रति गंभीर नहीं

है। वर्ष 2001 की जनगणना के अनुसार, दलितों में साक्षरता दर औसत से बहुत कम 54.70 है, जिसकी वजह से दलितों को अच्छे रोजगार नहीं मिलते हैं। दलित जातियों के साथ उच्च शिक्षा में भी भेदभाव किया जाता है। सितंबर 2006 में अखिल भारतीय आयुर्विज्ञान चिकित्सा संस्थान जैसे भारत के मुख्य मेडिकल संस्थान में जाति भेदभाव के आरोप लगे थे। लगभग 40 दलित डॉक्टरों ने जाति भेदभाव की लिखित शिकायत की थी कि उनके साथ जाति-आधारित दुर्व्यवहार किया जाता है। दलित छात्रों की तरह दलित शिक्षकों को भी जातीय भेदभाव का सामना करना पड़ता है। दिसंबर 2005 में बिहार के एक गांव में एक दलित अध्यापक को उच्च जातियों के लोगों ने इसलिए मारा था, क्योंकि वे नहीं चाहते थे कि कोई दलित उनके बच्चों को पढ़ाए।

सांस्कृतिक गतिविधियों में समान भागीदारी के अधिकार का उल्लंघन भी जातिव्यवस्था का अंग है। दलित के रूप में वे ऐसे अवसरों पर शेष हिंदू समाज की तुलना में सांस्कृतिक गतिविधियों से पृथक रखे जाते हैं जो जाति-आधारित अलगाव का प्रमाण है। इसके परिणामस्वरूप दलितों को धार्मिक और सांस्कृतिक रस्मों तथा त्योहारों में भाग लेने से रोक दिया जाता है। इसका विरोध करने पर दलितों का सवर्णों से संघर्ष होता है, जिसका अंत खून-खराबे में होता है। इन सबके बावजूद स्वतंत्रता के बाद शिक्षा का प्रसार दलित समुदाय में हुआ है। इसके कारण वे दलितों के विरुद्ध मानव अधिकारों के उल्लंघन के प्रति सावधान हुए हैं और एकजुट होकर आवाज उठाते हैं। दलित समुदाय से आने वाले लेखकों ने अपनी रचनाओं द्वारा दलितों के प्रति होने वाले उत्पीड़न और उनके मानव अधिकारों के प्रति जागरूकता बढ़ाई है। जनवरी 2016 में हैदराबाद विश्वविद्यालय के पीएचडी छात्र रोहित वेमुला की आत्महत्या एक राष्ट्रीय प्रश्न बनी। हिंदी, मराठी सहित कई भारतीय भाषाओं में ऐसा लेखन हो रहा है जो दलित प्रश्नों को उठाता है।

कंवल भारती

अधिक जानकारी के लिए :
1. **Caste as Social Process** : Gerald Berreman : 1967, 2. **Castes in India : Their Mechanism, Genesis and Development** : B R Ambedkar, 3. **Coste, Society and Politics** : Susan Baylay, 2001, 4. **Beyond Caste** : Sumit Guha, 2013

जाति व्यवस्था और उपनिवेशवाद

हर्बर्ट होप रिसली (1854 - 1911) भारत में एक औपनिवेशिक प्रशासक था। वह 1901 के जनसर्वेक्षण का कमिश्नर था। उसने बंगाल प्रांत की जनजातियों का अध्ययन किया था। उसने ही सर्वप्रथम जनसर्वेक्षण में जाति व्यवस्था को व्यापक स्वीकृति दी। उसकी औपनिवेशिक भूमिका 'मनुस्मृति' से भी भयानक थी। इसके कारण भारत के उन लोगों को अपनी जाति के प्रति सजगता दिखानी पड़ी, जो पहले अपने जातिसूचक नाम से अनजान थे। रिसली जब जाति आधारित सर्वेक्षण करा रहा था, तब भारत के सभी लोगों के सामने अपनी जाति स्पष्ट नहीं थी। 1871 में ब्रिटिश इंडिया में हुए जनसर्वेक्षण की सामान्य रपट में लिखा हुआ है, 'भारत में जाति का पूरा सवाल इतना भ्रामक है, और सही सूचना पाना इतना कठिन है कि मैं उम्मीद करता हूं कि अगली बार आबादी की जातियों और जनजातियों के बारे में सूचना संग्रह करने की कोशिश नहीं की जाएगी।' (कास्ट्स ऑफ माइंड, बी डिर्क्स)। 1857 की घटना के बाद अंग्रेजों की नजर विशेष रूप से इस ओर गई कि जनसर्वेक्षण से भारत की जातियां मालूम की जाएं, हर जाति के लोगों की संख्या, पेशा, रीतिरिवाज, विश्वास और प्रादेशिक भेदों का पता लगाया जाए। इन सूचनाओं का इस्तेमाल सामाजिक भेदभाव बढ़ाने के लिए किया जाए। सबसे पहले प्रिंसेप ने 1834 में बनारस के ब्राह्मणों का सर्वेक्षण करके इनके भीतर 107 जातियां खोज निकाली थीं। इसका मकसद गोत्र, स्थान, कुल आदि के आधार पर श्रेष्ठता दंभ के स्तर तैयार करना था। हालांकि तब यह काम बढ़ नहीं पा रहा था। 1871 में हुए पहले जनसर्वेक्षण में

भारत की जातियों की संख्या 3,208 थी, 1881 में यह बढ़कर 19,644 हो गई। बी डिर्क्स ने माना है कि यह वृद्धि जातियों के बढ़ जाने की जगह सर्वेक्षण पद्धति को बदलने का नतीजा थी। 1891 के जनसर्वेक्षण में जाति एक मुद्दा थी, लेकिन 1901 में जब रिसली सेंसस कमिश्नर बना, उसने जाति व्यवस्था को ज्यादा कठोरता से मुख्य विषय बना दिया।

1881 के जनसर्वेक्षण के एक प्रमुख अधिकारी जॉन नेसफील्ड की धारणा थी कि भारत के राष्ट्रीय जीवन में वैसे ही निरंतरता रही है, जैसे दुनिया के दूसरे देशों में। वह यह भी मानता था कि यद्यपि आर्य बाहर से आए पर वे जल्दी भारत के देशी लोगों से घुलमिल गए। हर्बर्ट रिसली को लगा कि यह तो जैसे ब्रिटिश शासन के औपनिवेशिक तर्क को ही चुनौती है। नेसफील्ड और रिसली के बीच विवाद के कारण नेसफील्ड को सरकार का कोपभाजन होना पड़ा। रिसली ने कर्मणा जाति व्यवस्था की धारणा ठुकरा दी, जिसमें प्राचीन नस्लीय एकता का तत्व था। उपनिवेशवाद के लिए भारत में किसी किस्म की एकता एक खतरनाक चीज थी। मजहब के स्तर पर संप्रदायवाद का पत्ता 1857 के तुरंत बाद फेंका जा चुका था। अब जातियों के बीच उन्नीसवीं सदी के सुधारवादी आंदोलनों के कारण घट रहे कठोर विभाजन को चौड़ा करना था। हर्बर्ट रिसली का झुकाव जनजातियों के अध्ययन के साथ नृविज्ञान की तरफ बढ़ चुका था। उसने विज्ञान और उपनिवेशवाद के बीच घनिष्ठ संबंध स्थापित करते हुए भारत के नस्लीय विभाजन में दिलचस्पी ली। उसने रंग, कद-काठी, नाक, माथा, दूसरे अंगों और विश्वासों के आधार पर 1901 की जनगणना में 'भारतीय सभ्यता के नस्लवादी सिद्धांत' की प्रस्तावना की, जो भाषाविज्ञान के स्तर पर मैक्समूलर द्वारा संपन्न काम का विस्तार था। उसने मुख्यतः तीन नस्लें घोषित कीं–'इंडो-आर्यन, द्रविड़ियन और मंगोलाइड'। बाद में उसने इन्हें सात श्रेणियों में बांटा–इंडो-आर्यन, आर्यो-द्रविड़ियन, द्रविड़ियन, मंगोलो-द्रविड़ियन, मंगोलाइड, शिथो-द्रविड़ियन (पश्चिमी भारत के संदर्भ में) और तुर्को-इरानियन। रिसली के पहले ऐसा वर्गीकरण न था। इसका भारतीय बुद्धिजीवियों पर जो असर पड़ा वह अनजाना नहीं है। रिसली को रायल एंथ्रोपोलॉजिकल इंस्टीट्यूट का अध्यक्ष बना दिया गया था।

जार्ज ग्रियर्सन ने 1886 में वियना में आयोजित पौर्वात्यवादी भाषा विशेषज्ञों के सम्मेलन में आए एक प्रस्ताव के आधार पर 1898 से 1927 के बीच भारत में जो भाषा सर्वेक्षण किया था, उस पर हर्बर्ट रिसली की नृवैज्ञानिक दृष्टि का असर था। इस सर्वेक्षण का उद्देश्य प्रशासनिक के साथ राजनीतिक भी था। इसमें भाषाई विविधता को ही मुख्य रूप से उभारने की योजना थी। भारत की राष्ट्रीय भाषाओं का अपने-अपने क्षेत्र की स्थानीय बोलियों या उपभाषाओं का आत्मसातीकरण और समावेशन करते हुए जो जातीय विकास हो रहा था, इसकी तरफ उसकी दृष्टि नहीं थी। हर्बर्ट रिसली के जनसर्वेक्षण के बाद नृवैज्ञानिक अनुसंधानों के लिए ब्रिटिश सरकार ने एक भारी बजट निर्धारित कर दिया। ऐसे अध्ययनों में पश्चिमी नृवैज्ञानिकों की रुचि बढ़ती गई। इससे स्पष्ट होता है कि उपनिवेशवाद ने नृविज्ञान और भाषाविज्ञान का अपने हित में किस तरह उपयोग किया, जाति व्यवस्था का भी किस तरह औपनिवेशिक इस्तेमाल किया और सत्ता का हमेशा ही ऐसी चीजों से कितना गहरा रिश्ता होता है।

भारत के कुछ स्थानों पर गंभीर जाति भेदभाव है। पर ज्यादातर भारतवासियों ने अंग्रेजी राज में जाना कि वे किस जाति के हैं। यह औपनिवेशिक हस्तक्षेप सुधारवादी आंदोलनों के डर से हुआ कि कहीं भारत की जाति व्यवस्था टूट न जाए। नृविज्ञान का उपयोग प्रशासनिक सुधार और विकास की दृष्टि से नहीं हो रहा था। इस संदर्भ में हुए अनुसंधानों का मुख्य उद्देश्य यह जानना था कि कौन-सी जातियों से अधिक आय संभव है, कौन जातियां अंग्रेजी राज के करीब लाई जा सकती हैं, कौन जातियां असंतुष्ट हैं और कौन जनजातियां अपराधी हैं। औपनिवेशिक ज्ञान भाषाविज्ञान से आगे बढ़कर नृविज्ञान के आधार

पर खड़ा होने लगा था। कहा जा सकता है, करेले पर नीम चढ़ा।

शंभुनाथ

अधिक जानकारी के लिए :
Castes of Mind : B Dirks

जाति-वर्ग विवाद

समाज में वर्गभेद एक सार्वभौम मामला है, पर जातिभेद नहीं। जाति भारतीय विशिष्टता है। यह मुख्यतः हिंदू सामाजिक संरचना का अंग है। जाति जन्म के आधार पर निर्धारित होती है और पेशे की सूचक होती है। 'जाति' का शाब्दिक अर्थ ही है जन्मा हुआ। धीरूभाई शेठ ने लिखा है, 'हजारों साल पुरानी जाति व्यवस्था को उसका यह नाम केवल पांच सौ वर्ष पहले मिला था। मालाबार तट पर उतरने वाले पुर्तगालियों द्वारा किया गया यह नामकरण भारतीय समाज के साथ उसके प्रत्यक्ष अनुभव का नतीजा था। पुर्तगालियों ने शब्द 'जाति' की व्युत्पत्ति पुर्तगीज भाषा के शब्द 'कास्टा' से की थी।' (लोकतंत्र के सात अध्याय)। बरबोसा ने अपने लेखन में जाति के बारे में लिखते हुए स्पष्ट किया था कि इसके शीर्ष पर ब्राह्मण और सबसे नीचे अछूत हैं। उसने तरह-तरह की पाबंदियों का भी उल्लेख किया था। जाति प्रथा को मजबूती तब मिली जब ब्रिटिश औपनिवेशिक व्यवस्था में राज्य और जाति के बीच विभाजनकारी रिश्ता बना।

रोमिला थापर ने लिखा है, 'वर्ण व्यवस्था का आधार और अस्तित्व इसके चतुर्मुखी विभाजन पर नहीं बल्कि अनगिनत जातियों पर निर्भर था जो व्यवसायियों के आधार पर बन गई थीं। हिंदू समाज में वर्ण की अपेक्षा उपवर्ण या जाति को अधिक महत्ता प्राप्त हुई क्योंकि समाज का काम जातियों के संबंधों और तालमेल से चलता था। वर्ण एक ऊपरी सैद्धांतिक ढांचा भर था।' (भारत का इतिहास)। इस प्रकार वर्ण व्यवस्था जिसके अंतर्गत ब्राह्मण, क्षत्रिय, वैश्य और शूद्र आते हैं और जाति व्यवस्था को एक समझ लेना भ्रामक है।

वर्ण और वर्ग के सवाल पर देश-दुनिया में काफी चर्चा हुई है। प्राचीन भारतीय साहित्य में कर्मणा वर्ण व्यवस्था का कई जगहों पर उल्लेख है। रामशरण शर्मा ने वर्ण और वर्ग के संबंध में लिखा है, 'वर्ण व्यवस्था वस्तुतः उत्पादन और वितरण की एक प्रणाली थी जिसमें उत्पादन के फलों का बंटवारा समान रूप से नहीं होता था।' (कथन, मई-जून 1982)। यह भी माना गया है कि एक समय जाति का उदय सामाजिक उद्देश्यों को पूरा करने के लिए हुआ था, पर इसने एक लौह ढांचा बना लिया और हर नई सत्ता व्यवस्था ने इस ढांचे को बरकरार रखा।

उत्पादन के असमान बंटवारे से वर्ग का जन्म होता है। प्राचीन काल में उत्पादन के साधनों में उतनी असमानता नहीं थी। लेकिन गुप्त काल से औद्योगिक युग तक उत्पादन के साधनों के बंटवारे में असमानता निरंतर बढ़ती गई। फलस्वरूप अमीर और गरीब दो वर्ग बनते गए। यह अलग बात है कि जाति व्यवस्था गरीबों को एक वर्ग में संगठित होने के मार्ग में हमेशा अवरोध पैदा करती है, हालांकि दुनिया में उन जगहों पर भी वर्गीय संगठन में अवरोध पैदा हुए जहां जाति व्यवस्था नहीं थी।

सामाजिक व्यवस्था को संपत्ति के आधार पर विभाजित देखने की परंपरा कार्ल मार्क्स के पहले से थी। मार्क्स ने वर्ग विभाजित समाज की अधिक वस्तुपरक ढंग से व्याख्या की। वर्ग ऐसे लोगों का बड़ा समूह है जो उत्पादन के साधनों से संबंध, भौतिक संपदा को प्राप्त करने की विधि और अर्थ व्यवस्था में स्थान, इतिहास द्वारा निर्धारित सामाजिक जगह आदि दृष्टियों से समान होते हैं। आमतौर पर अमीरों और गरीबों का उत्पादन के साधनों से संबंध, भौतिक संपदा पर अधिकार, अर्थव्यवस्था में स्थान और इतिहास द्वारा निर्धारित सामाजिक स्थान किसी हालत में समान नहीं होता। इस असमानता की वजह से समाज मुख्यतः दो वर्गों में विभाजित होता है। बी टी रणदिवे ने लिखा है, 'संपत्ति के इन संबंधों ने ही

वर्गीय उत्पीड़न के साथ जाति उत्पीड़न को बरकरार रखा है। यह सोचना अपने को धोखा देना है कि अर्थव्यवस्था पर जमींदारों, इजारेदार पूंजीपतियों के कब्जे को खत्म किए बिना जातिवाद या छुआछूत को मिटाया जा सकता है। जाति व्यवस्था के खात्मे का सवाल जमींदार-पूंजीपति वर्ग के खात्मे और समाजवाद की दिशा में आगे बढ़ने के सवाल से जुड़ा है।' (जाति और वर्ग)। सवाल उठा है कि जब समाजवाद की फिलहाल दूर-दूर तक कोई संभावना नहीं है, क्या जातिवाद का खात्मा कभी नहीं होगा और क्या अब वर्ग से बड़ी सच्चाई जाति है?

वर्ण और वर्ग के संबंध पर विचार करते हुए यह भी कहा गया कि वर्ण प्रच्छन्न रूप से एक वर्ग भी है, लेकिन पूरी तरह वर्ग नहीं है। दलितों का एक समूह अन्य वर्णों को एक वर्ग के रूप में देखता है। इसके विपरीत कहा जाता है कि जाति की राजनीति वर्ग संघर्ष को तोड़ती है और उनकी दृष्टि में आर्थिक विषमता कोई मुद्दा नहीं है। ऐसी राजनीति लोगों को वर्ग चेतना से रोकती है। सभी ब्राह्मण और क्षत्रिय भूस्वामी और अमीर नहीं होते हैं और निम्न पिछड़ी जातियों के सभी लोग गरीब नहीं होते। वैश्वीकरण के युग में सामाजिक प्रतिष्ठा की मुख्य कसौटी जाति नहीं है, संपत्ति और उपभोग की मात्रा है। यह भी कहा जाता है कि जाति वस्तुतः सामंती समाज की मुख्य खूबी है, जबकि उत्तर-औद्योगिक समाज की मुख्य खूबी वर्ग और उपभोग स्तर है।

आंद्रे बेते ने लिखा है, 'संपत्ति अपने आप में सामाजिक प्रतिष्ठा की जनक नहीं है, हालांकि यह इसकी पूर्व शर्त है। उदाहरण के तौर पर यदि कोई अछूत भूसंपत्ति अर्जित कर लेता है तो उसे अपने आप सामाजिक प्रतिष्ठा नहीं मिल जाती। इसके लिए उसे अपनी जीवन पद्धति को सुसंस्कृत करना आवश्यक है।' (कास्ट, क्लास एंड पावर)। संपत्ति ही शिक्षा, आराम के सामान और राजनीतिक सत्ता ये तीनों चीजें लाती है। यही वजह है, अच्छे-अच्छे ब्राह्मण दलित मुख्यमंत्रियों और मंत्रियों के पैर छूते देखे गए हैं। जहां तक संपत्ति अर्जन के साथ संस्कृति की बात है, इस मामले पर एम एन श्रीनिवास ने विचार किया है, 'संस्कृतीकरण से निचली जातियां और हिंदुओं के गौण समूह हिंदू समाज की संरचना में उच्च स्थान प्राप्त करने में सफल रहे हैं।... यह न केवल सभी जातियों की खासकर निचली जातियों की संस्कृति को बदल रहा है, बल्कि यह विभिन्न जातियों के बीच संरचनात्मक दूरी को भी घटाने में मदद दे रहा है।' (आधुनिक भारत में जाति)। श्रीनिवास ने संस्कृतीकरण के अलावा एक अन्य प्रक्रिया पश्चिमीकरण की भी चर्चा की जिसके कारण वेशभूषा, खानपान, संगीत, नृत्य, भाषा आदि में अंतर मिटता है। इन धारणाओं की आलोचना करते हुए कहा गया है कि ऐसे बदलावों से सिर्फ सतही स्थितियों में फर्क आता है। इनसे जाति व्यवस्था का सोपानक्रम प्रभावित नहीं होता। जाति बनी रहती है, अपनी ही जाति में विवाह करने के बंधन बने रहते हैं।

औपनिवेशिक काल में अवहेलित जातियों के सामूहिक हितसमूह बने थे, यहां तक कि तमिलनाडु में इन जातियों ने 'द्रविड़ जन' की जातीय श्रेणी चुन कर ही अपनी राजनीतिक शक्ति बढ़ाई थी। जाति समूहों की राजनीतिक पहचान स्वाधीन भारत में जटिल होती गई। औद्योगिक समाज व्यवस्था में जाति टूटने की घटनाएं प्रकाश में आईं। हालांकि अंबेडकर ने लिखा है, 'उच्चतम के प्रति सभी की शिकायत रहती है और ये उसका पतन देखना चाहते हैं। मगर ये साथ नहीं आएंगे। उच्चतर उच्चतम से छुटकारा पाने को व्यग्र हैं मगर वे निम्न और निम्नतर से मिलाप करना नहीं चाहते कि कहीं वे इनके स्तर पर आ कर बराबर न हो जाएं। अपने से ऊपर वाला उच्चतर का तख्ता पलटना चाहता है, मगर निम्न और निम्नतर के साथ हाथ मिलाना नहीं चाहता कि कहीं वे ऊपर उठ कर उसका दर्जा हासिल न कर लें और बराबरी में न आ जाएं। निम्न व्यग्र है कि वह उच्चतम, उच्चतर और उच्च को ढहा दे, मगर निम्नतर के साथ साझा उद्देश्य में जुड़ना नहीं चाहता, इस डर से कि कहीं निम्नतर का दर्जा बढ़कर उसके बराबर न हो जाए। श्रेणीबद्ध गैर-बराबरी की दशा

में सोशल पिरामिड में सबसे नीचे स्थित वर्ग जैसा अधिकाररहित और कोई वर्ग नहीं।' यह सबसे नीचे का वर्ग ही दलित है। अंबेडकर ने यहां जाति को एक मनःस्थिति के रूप में भी दिखाया है। हालांकि लोकतांत्रिक राजनीति ने जाति को अब 'जाति समीकरणों' में बदल दिया है जिसके कारण जाति अब स्थिर मनस्थिति का मामला नहीं रह गई। दूसरी तरफ, निजीकरण ने आरक्षण के मामले को प्रभावित कर जाति को काफी निष्क्रिय कर दिया है।

संतुलित विकास अब एक नए मार्ग के रूप में सामने आया है, जो कम विकसित इलाकों ही नहीं निम्न–पिछड़ी जातियों और स्त्रियों के संदर्भ को विशेष ध्यान में रखता है ताकि क्षेत्रीय आर्थिक विषमताओं के साथ जातिगत और लैंगिक स्तर पर भी विषमताओं को संबोधित किया जा सके। हालांकि कहा जाता है कि किसी व्यक्ति की जाति उसके रोजगार, पदोन्नति और समृद्धि में बड़ी भूमिका निभाती है और जाति किसी व्यक्ति की असफलता की व्याख्या भी देती है। इसी का नतीजा है कि जाति-जाति के बीच तनाव और संघर्ष के विकृत रूप आज दिखाई देते हैं और सामान्य जन-मुद्दे पीछे छूट जाते हैं।

मार्क्सवादियों पर आरोप लगा है कि उन्होंने वर्ग चेतना पर ज्यादा जोर दिया और जाति की भारतीय सच्चाई की उपेक्षा की। उन्हें इधर दलितों के उत्पीड़न के ज्वलंत मुद्दों ने एक हद तक किंकर्तव्यविमूढ़ भी बना दिया। उन्हें जाति की सच्चाई लंबे समय बाद माननी पड़ी। जाति और वर्ग व्यवस्थाएं सदियों से बड़े जटिल रूप में एक-दूसरे से बंधी रही हैं। उन्हें औपनिवेशिक दृष्टिकोण से देखने पर व्यापक आपत्ति की गई है तो दूसरी तरफ इस दृष्टिकोण का काफी असर भी है। पूंजीवादी व्यवस्था में जाति व्यवस्था ढीली पड़ी है तो वैश्वीकरण के दौर में वर्ग ढीले हुए हैं। अब अमीर और गरीब पहले की तरह आमने-सामने नहीं हैं, बल्कि अमीर, मध्यवर्ग और गरीब–इन तीनों में अनगिनत वर्गों की सीढ़ी बन गई है।

शंभुनाथ

अधिक जानकारी के लिए :
1. **आधुनिक भारत में जाति** : एम एन श्रीनिवास, 2001, 2. **शूद्रों का प्राचीन इतिहास** : रामशरण शर्मा, 1992, 3. **जाति प्रथा : दो निबंध** : के वी रमन्ना, पी एन रंगास्वामी, 2008, 4. **जातिवाद और रंगभेद** : समकालीन सृजन, 1990, 5. **India's Literary History** : Stuart Blackbur, Vasudha Dalmia

जातीय साहित्य

जातीयता का अभिप्राय है 'नेशनलिटी'। मानव समाज पहले गणों में बंटा था। उसकी विशेषताएं थीं रक्त-संबंध को महत्व, सामुदायिकता और उनकी अलग-अलग बोलियां। गणों के टूटने से 'जन' या 'जनपद' का निर्माण हुआ, जिसकी पहचान इतिहासकारों के अनुसार है–रक्त संबंध के स्थान पर क्षेत्रीय संबंध, सामुदायिकता के स्थान पर निजी स्वामित्व का उदय और गणों की अलग-अलग बोलियों का स्थान एक बोली को मिलना। ये जनपद गणों के विलय से निर्मित हुए। ब्रज, अवध, मगध, मिथिला आदि सभी जनपद थे, जिनकी स्थिति अंशतः आज भी सुरक्षित है। इनकी बोली क्रमशः ब्रजभाषा, अवधी, मगधी और मैथिली थी। व्यापारिक पूंजीवाद के दौर में जनपदों का अलगाव कम होना शुरू हुआ और जातीयता अस्तित्व में आई। इसके साथ जातीय साहित्य (National Literature) अस्तित्व में आया। उक्त सारे जनपद हिंदी जातीयता में सिमट आए और बोलियों के पारस्परिक मेल से एक भाषा का निर्माण हुआ, जिसे हम 'हिंदी' या खड़ी बोली हिंदी कहते हैं। जैसे बंगाली, पंजाबी, मराठी, गुजराती आदि अलग-अलग जातीयताएं हैं, वैसे ही हिंदी जाति भी है, इसकी अपनी विशिष्टताएं हैं।

अर्नेस्ट रेनन के अनुसार, 'जाति पुरखों के त्याग और बलिदान के लंबे साझे अतीत और सामूहिक प्रयासों की पराकाष्ठा है।' वे साझे तौर पर झेले गए कष्टों को उन खुशियों से अधिक महत्वपूर्ण मानते हैं जो किसी सामुदायिक जीवन में थीं। जाति

वस्तुतः त्याग की भावना से निर्धारित एक बृहत्तर एकता की द्योतक है। उस जातीय समुदाय की एकता ज्यादा मजबूत होगी जिसने सामूहिक रूप से ज्यादा त्याग किया है। 'जातीयता' और 'राष्ट्र' में संबंध देखा जाता है। बेनडिक्ट एंडरसन ने 'इमैजिंड कम्युनिटीज' (1983) नामक एक पुस्तक लिखकर 'जाति' या जातीयता को एक कल्पित समुदाय बतलाया है। वे जाति के संबंध में मार्क्सवादी धारणा की आलोचना करते हुए कहते हैं कि बृहद राष्ट्रीय कार्यक्रम को लघु जातीय अस्मिताओं के संदर्भ में समावेशी बनाने की जरूरत है। उनके अनुसार पूंजीवाद और प्रेस के विकास के साथ 'नेशनलिटी' की धारणा का निर्माण हुआ। उनकी दृष्टि में इंग्लैंड में औद्योगिक पूंजीवाद के साथ जातीयता आई। उन्होंने व्यापारिक पूंजीवाद और उसके दौरान निर्मित होने वाले घरेलू बाजार को महत्व नहीं दिया, जो जातीयता के प्रारंभिक निर्माण के मूल में है। उनका ध्यान केवल इंग्लैंड पर है, न यूरोप के दूसरे देशों पर और न अमेरिका पर और न एशिया पर। सबाल्टर्न इतिहासकार भी 'जातीयता' की धारणा को नकारते हैं। दरअसल जातीयता कोई कल्पना नहीं, एक ठोस हकीकत है जिसे लोग इतिहास से ही नहीं, अपने अनुभव से भी जानते हैं।

साहित्य सामाजिक चेतना का एक रूप है। समाज ही नहीं होगा, तो लेखक के मानस में किसकी चेतना परावर्तित होगी? माना जाता है कि जातीयता को नजरअंदाज करके साहित्य पर चर्चा नहीं हो सकती। साहित्य ही जातीय अस्मिता के संकेतक के रूप में काम करता है। उसमें लंबे समय तक जनता की चित्तवृत्तियां संचित होती हैं और जातीय स्मृतियों का पुनर्जागरण भी संभव है। गैब्रियल गार्सिया मार्केज का उपन्यास 'एकांत के सौ वर्ष' इसका एक अच्छा उदाहरण है और हिंदी में प्रसाद की 'कामायनी' या निराला की 'राम की शक्ति पूजा' भी। जिस लेखक की जड़ें उसकी जातीयता की मिट्टी में दृढ़ता से गड़ी हुई नहीं होतीं, वह अपने साहित्य में एक झूठ की सृष्टि करता है। उसकी भावना, नैतिकता और सौंदर्यबोध तथा उसकी भाषा हवाई होती है। जातीय भाषा, संस्कृति, जन समुदाय तथा इतिहास ही वे चीजें हैं, जिनसे उसे अनुभूति, ज्ञान, आंख और कान मिलते हैं, यानी संपूर्ण जीवन। अरुण कमल की पंक्ति है : 'सारा लोहा उन लोगों का/अपनी केवल धार।' भारतेंदु हरिश्चंद्र ने जातीय साहित्य की उन्नति के संदर्भ में ही कहा था, 'निज भाषा उन्नति अहै सब उन्नति को मूल।' उन्होंने भारत की चिंता करने के साथ पश्चिमोत्तर प्रांत के हिंदी लोगों की विशिष्ट जीवन दशा और उनके सामाजिक अंतर्विरोधों को भी अपने साहित्य का विषय बनाया था।

बालकृष्ण भट्ट ने लिखा था, 'प्रत्येक देश का साहित्य उस देश के मनुष्यों के हृदय का आदर्श रूप है। जो जाति जिस समय जिस भाव से परिपूर्ण या परिलुप्त रहती है, वे सब उसके भाव उस समय के साहित्य की समालोचना से अच्छी तरह प्रगट हो सकते हैं।... साहित्य यदि जनसमूह (नेशन) के चित्त का चित्रपट कहा जाए तो संगत है।' रामचंद्र शुक्ल भी जातीय संदर्भ में ही कह रहे होते हैं, 'पंद्रहवीं शताब्दी से देश में हिंदी द्वारा भक्ति का जो स्रोत उमड़ा उसने सारे उत्तरीय भारत को प्रेम और शांत रस में निमग्न कर दिया। सारांश यह कि 800 वर्षों से जातीय जीवन में जितने उलटफेर होते आए, उन सबका आभास हिंदी साहित्य में विद्यमान है और किसी जाति के साहित्य का यही लक्षण है।' (हिंदी की पूर्व और वर्तमान स्थिति, रामचंद्र शुक्ल ग्रंथावली-4)।

शोलोखोव के प्रसिद्ध उपन्यास 'धीरे बहे दोन रे' में रूसी जीवन चित्रित है। इसके सारे चरित्र रूसी हैं। इसकी भूमि, स्थितियां और दृश्य सज्जा सभी रूसी हैं। कोई लेखक सामान्य यथार्थ का चित्रण करके महत्वपूर्ण नहीं हो सकता। उसके लिए विलक्षण यथार्थ आवश्यक है, जो उसे पूर्णतररूप में अपनी जातीयता से ही प्राप्त हो सकता है। तकषी शिवशंकर पिल्लै का उपन्यास 'मछुआरे' स्थानीय विशिष्टताओं के साथ मलयाली जातीयता को प्रतिबिंबित करता है। यदि साहित्य शाश्वत और सार्वभौम बनता भी है तो ठोस जातीयता से जन्म लेकर और जीवन की वास्तविकता से जुड़कर ही।

यहां प्रश्न विचारणीय है कि साहित्य का दूसरी जातीयताओं से क्या संबंध हो। एक जातीय साहित्य

जब दूसरे जातीय साहित्य के संपर्क में आता है तो उसकी परंपराओं और सांस्कृतिक उपलब्धियों से उसकी क्षमता का विकास होता है। हिंदी साहित्य बांग्ला साहित्य से कभी समृद्ध हुआ। उदाहरण है निराला पर बंकिमचंद्र, गिरीशचंद्र घोष और रवींद्रनाथ का सकारात्मक प्रभाव। बांग्ला साहित्य के विकास में भी हिंदी साहित्य का योगदान है, जिसके प्रमाण विद्यापति से लेकर प्रेमचंद तक हैं। रवींद्रनाथ की स्पष्ट उक्ति है कि उन पर प्रभाव सिर्फ विद्यापति का है और ताराशंकर बंद्योपाध्याय प्रेमचंद को अपना कथा गुरु मानते थे। इसी तरह कबीर के पद गुरुग्रंथ साहब में संकलित हैं। गुजरात के बुद्धिजीवी मीरा को अपने प्रदेश की कवयित्री मानते हैं। हिंदी संत काव्य को मराठी संत काव्य की देन के बारे में कुछ कहने की जरूरत नहीं है। रवींद्रनाथ ने उत्तर भारत ही नहीं, दक्षिण भारत के साहित्य को भी प्रभावित किया, जिससे दक्षिण के साहित्य में स्वच्छंदतावाद का आंदोलन शुरू हो गया। यहां मलयालम के कवि जी शंकर कुरुप का नाम लेना ही काफी होगा। इस तरह एक जातीय साहित्य का दूसरे जातीय साहित्य से कोई टकराव नहीं है, बल्कि उनका पारस्परिक संबंध उनके विकास के लिए उपयोगी है। वस्तुतः जातीयता न क्षेत्रीयतावाद है और न नस्लवाद कि उसका दूसरी जातीयताओं से टकराव हो।

कोई जातीयता अथवा जातीय साहित्य किसी दूसरी जातीयता या जातीय साहित्य से हीन नहीं है। इसलिए जातीय उच्चभाव का प्रश्न नहीं उठता। एक रूसी लोककवि दमित्रि गुलिया ने कहा है कि किसी भाषा का साहित्य कितना भी नया क्यों न हो, उसके पास गर्व करने लायक कुछ न कुछ अवश्य होता है। हिंदी का क्षेत्र बहुत बड़ा है। इसकी तुलना में कश्मीरी का क्षेत्र बहुत छोटा है, लेकिन उसके साहित्य में भी कुछ ऐसा है, जो अन्य साहित्य में नहीं। गुलिया का ही कहना है, 'साहित्य सोना है। उसके खंड छोटे और बड़े हो सकते हैं, लेकिन सभी सोना होते हैं। छोटे खंड मिट्टी के बने नहीं होते। सोना हमेशा सोना रहेगा। आकार का कोई महत्व नहीं है।'

जातीय साहित्य की दो अन्य मंजिलें हैं– राष्ट्रीय साहित्य और विश्व साहित्य। इन तीनों में अंतर्विरोध नहीं है। रामविलास शर्मा का कहना है, 'महान साहित्यकार विदेशी भाषा में नहीं, अपनी जातीय भाषा में साहित्य रचते हैं। सबसे पहले उनकी दृष्टि के सामने उनकी जाति के लोग होते हैं, इसलिए उनका जातीय कवि होना अनिवार्य है। फिर यह जाति देश से अलग-थलग नहीं है। अनेक जातियों के एक साथ रहने से ही यह राष्ट्र बना है। जातीय प्रदेश में सीमित न रहकर कवि अन्य प्रदेश के लोगों को भी देखता है। देश पर लिखता है। देश संसार का अंग है। कवि देश की जनता के साथ संसार की जनता को भी देखता है। (उस पर भी लिखता है)। जातीयता का समर्थन और जातीय संकीर्णता का विरोध, राष्ट्रीयता का समर्थन और उससे ऊपर उठकर विश्वमानवता का समर्थन, ये दोनों बातें रवींद्रनाथ ठाकुर में हैं... (इसलिए वे एक साथ जातीय, राष्ट्रीय और विश्व कवि हैं)।' रवींद्रनाथ का कवि पूरे आकाश में क्या, ब्रह्मांड में उड़ान भरता है, लेकिन अंत में बंगाल की धरती पर उतर आता है। रसूल हमजातोव का कथन है, बाज वह है, जो अपने पहाड़ों से ऊंची उड़ान भरता है, लेकिन फिर घर, अपने घोंसले में लौट आता है। राष्ट्र और विश्व द्वारा स्वीकृत होने के लिए उसका जातीयता की विशेषताओं को बिना छोड़े उनका अतिक्रमण करके राष्ट्र और फिर विश्व की समस्याओं, चिंताओं और संवेदनाओं की ओर क्रमशः व्यापक होते जाना जरूरी है।

जोहांस बेचर ने कहा था कि कला का सत्य सामान्य होता है। इसके बावजूद वह हमेशा ठोस होता है और सारी महान कलाएं वैयक्तिकता से जन्म लेती हैं और सार्वजनीनता तक उन्नीत होती हैं। इस प्रकार सार्वजनीनता के आलोक से जो व्यक्तिगत है, वह उद्‌भासित हो उठता है। यह सच्चे जातीय साहित्य के निर्माण की अखंड प्रक्रिया है, जिसमें जातीय साहित्य में व्यक्तिगत और सामान्य मिलकर अभिनव रूप प्राप्त करते हैं। आधुनिकतावादी दौर में पूंजीवादी विश्ववाद ने साहित्य की जातीयता और राष्ट्रीयता को समाप्त करने

की कोशिश की थी। भूमंडलीकरण के दौर में साहित्य की अस्मिता को खत्म करने का प्रयास किया जाता है।

नंदकिशोर नवल

अधिक जानकारी के लिए :
1. **हिंदी जाति का साहित्य :** रामविलास शर्मा, 1986, 2. **Literature and Nationalism : Nineteenth Century :** M A R Habib (Ed.) , 2013 3. **Nation and Narration** : Homi Bhabha, 1955

जादुई यथार्थवाद

जादुई यथार्थवाद (Magic Realism) की अवधारणा पहली बार 1955 में अस्तित्व में आई लेकिन जर्मन कला समीक्षक फ्रेंज रोह ने 1925 में जादुई यथार्थवाद शब्द का प्रयोग सर्वप्रथम पेंटिंग की एक रहस्यवादी शैली के लिए किया था। उन्होंने जादुई यथार्थवाद के सटीक विवरण, फोटोग्राफ जैसी स्पष्टता और तर्कसंगत विश्व की 'जादुई' प्रकृति को पहचाना था। यह आधुनिक परिवेश में लोगों की रहस्यमयता को दर्शाता है। सामान्यतः माना जाता है कि दो स्पैनिश-अमेरिकी लेखक मिगुएल एंजेल और एलीजो कार्पेंटियर के 1940 के आसपास लिखे उपन्यासों से जादुई यथार्थवाद एक शैली के रूप में सामने आया। यह लोकप्रिय तब हुआ जब गैब्रिएल गार्सिया मार्क्वेज ने उपन्यास 'द हंड्रेड ईयर्स ऑफ सॉलीच्यूड' (1967) की रचना की। यह 1970 में अंग्रेजी में छप कर आया था। इस शैली का इस्तेमाल सलमान रुश्दी ने भी 'सैटेनिक वर्सेज' आदि में किया है। हिंदी में उदय प्रकाश ने इस शैली के प्रभाव में कहानियां लिखीं जो 2000 के प्रारंभिक दशकों में चर्चा के केंद्र में थीं।

जादुई यथार्थवाद यथार्थ और अद्‌भुतता की एकता से जन्मता है जो वस्तुतः अपने समय की व्यवस्था की आलोचना होता है। असंभव और अद्‌भुत घटनाओं के बीच से जादुई यथार्थवाद वस्तुतः अपने समाज के विरोधाभासों को अनावृत्त करता है। जादुई यथार्थवाद को यथार्थ और फैंटेसी के मिश्रण से भी जोड़ा जाता है, पर मुक्तिबोध की रचनाओं में मौजूद फैंटेसी को जादूमय होते हुए भी जादुई यथार्थवाद की शैली नहीं कहा जा सकता। मैथ्यू स्त्रेचेर का मानना है कि किसी यथार्थवादी परिवेश में किसी अविश्वसनीय और अद्‌भुत घटना के चित्रण को जादुई यथार्थवाद की श्रेणी में रखा जा सकता है। इसे 'उत्तर-औपनिवेशिक दुनिया की साहित्यिक भाषा' के रूप में देखा गया और 'नव्य बहुसांस्कृतिक कलात्मक यथार्थता' के रूप में भी। साहित्य या कला में जादुई यथार्थवाद से आशय यथार्थवादी विवरणों को सपनों या फंतासी के अतियथार्थवादी रूप में चित्रित करने से है।

जादुई यथार्थवाद को पौराणिक और प्रतीकात्मक कथाओं, मिथकों, आदि के संदर्भ में रेखांकित किया गया है। पश्चिमी देशों के पाठक मिथकों में यकीन नहीं करते थे, परंतु ये मिथक ही जादुई यथार्थवाद का मूल स्रोत हैं। इसके बारे में पश्चिम के देशों में भ्रम की स्थिति थी। सामान्यतः पश्चिम के लेखन में यथार्थ की व्याख्या प्राकृतिक और भौतिक नियमों के अनुरूप की जाती रही है, जबकि जादुई यथार्थवाद में ऐसा यथार्थ चित्रित किया जाता है जिसमें घटनाओं, पात्रों और स्थितियों का चित्रण वास्तविक परिवेश की स्थितियों से भिन्न एक अद्‌भुत धरातल पर होता है।

एक सवाल उठा है कि जादुई यथार्थवाद एक रचना शैली है या जनजीवन के यथार्थ को देखने की विशिष्ट दृष्टि। शंभु गुप्त का कहना है, 'वास्तविक यथार्थ से परे जाने या उसका अतिक्रमण करने की प्रक्रिया है जादुई यथार्थवाद। वास्तविक यथार्थ की बहुकोणीय आख्या और इस आख्या की मूल्योन्मुख संभावनाओं की तलाश है जादुई यथार्थवाद जो वास्तविक रूप में नहीं बल्कि फैंटेसी या स्वप्न या परागामिता के प्ररूप में होते हैं। ये प्ररूप जादू की तरह सामने आते हैं। इस जादू में यथार्थ के अतिक्रमण का अवबोध अंतर्निहित होता है।'

लैटिन अमेरिका के देशों ने जब स्वयं को साम्राज्यवादी शोषण से मुक्त किया, तो वहां की जनता ने एक नए यथार्थ का साक्षात्कार किया।

पूंजीवाद से पहले कई पुराने विश्वास और मान्यताएं लैटिन अमरीका के देशों के सांस्कृतिक जीवन का हिस्सा थीं। नई समाज व्यवस्था की ओर कदम इन देशों के लिए एक जादू जैसा था। लैटिन अमेरिका के देशों का विकास क्रम यूरोपीय देशों के विकासक्रम से अलग था। इन देशों में यूरोपीय देशों से आगे जाने की लालसा थी। यह लालसा ही उन्हें अति-यथार्थवाद की ओर ले गई। अति-यथार्थवाद से आगे जाकर जादुई यथार्थवाद की पद्धति लैटिन अमेरिका के देशों के कथा साहित्य में सामने आई। वहां के लेखकों ने नए यथार्थ को देखा, समझा और अपने अनुभूत यथार्थ को अपनी रचनाओं में व्यक्त किया। जादुई यथार्थवाद अति-यथार्थवाद के विलोम के रूप में सामने आया।

ग्वाटेमाला के लेखक विलियम स्पिंडलर ने अपने लेख 'जादुई यथार्थवाद : एक प्रतीकात्मक व्याख्या' में जादुई यथार्थवाद के तीन रूपों— आत्मविषयक जादुई यथार्थवाद, दार्शनिक जादुई यथार्थवाद और वैज्ञानिक जादुई यथार्थवाद का उल्लेख किया है। अंग्रेजी के प्रमुख फंतासी लेखकों ने माना है कि जादुई यथार्थवाद फंतासी उपन्यासों का ही दूसरा नाम है। टेरीप्रेट का मानना है कि 'जादुई यथार्थवाद यह कहने का विनम्र तरीका है कि आप फंतासी लिखते हैं।' उनका इशारा इस बात की ओर है कि वैज्ञानिक उपन्यास और जादुई यथार्थवाद दोनों ही यथार्थ को तोड़-मरोड़ कर प्रस्तुत करते हैं और मानवीय कल्पनाओं से खिलवाड़ करते हैं। इस प्रकार के अधिकांश उपन्यास काल्पनिक होते हैं। बॉवर्स मैगी ने कहा है, 'वैज्ञानिक उपन्यासों के कथानक जादुई यथार्थवाद से इस अर्थ में भिन्न हैं कि वे किसी भी परिचित वास्तविकता से अलग परिवेश में होते हैं और उनका यथार्थवाद भविष्य को एक संभावना के रूप में देखता है। जादुई यथार्थवाद में ऐसा कोई यथार्थवादी परिवेश नहीं होता जिसे हम अतीत या वर्तमान की वास्तविकता के संदर्भ में देख सकें।'

जादुई यथार्थवाद के प्रमुख तत्व हैं : (1) अविश्वसनीयता, (2) काल का अतिक्रमण, (3) स्थान का अतिक्रमण, (4) वस्तु के वास्तविक रूप का अतिक्रमण, (5) वस्तु के वास्तविक गुण का अतिक्रमण और (6) चरित्र की स्वाभाविक शक्ति का अतिक्रमण। जादुई यथार्थवादी लेखन शैली के कारण घटनाएं अविश्वसनीय होते हुए भी किसी बड़े यथार्थ का संकेत करती जान पड़ती हैं। इसलिए किसी कृति के जादुई यथार्थवाद को समझने के लिए उसकी संकेत-व्यवस्था को समझना जरूरी होता है। जादुई यथार्थवाद का एक गुण आशावाद पैदा करना है, ऐतिहासिक स्थितियां चाहे जितनी घोर निराशामय हो।

लैटिन अमेरिका के नोबल पुरस्कार विजेता गैब्रियल गार्सिया मार्क्वेज और भारतीय मूल के सलमान रुश्दी के उपन्यासों के अलावा महिला कथाकार इसाबेल अल्येंदे के उपन्यास 'आत्माओं का घर' को जादुई यथार्थवाद की श्रेणी में रखा गया है। अन्य लेखकों में टोनी मोरिसन, बेन ओकेरी और गलोरिया नेलर, ऐना कैस्टिलो, डेनियल ओलिवाज, थामस बर्नहर्ग, जॉन फाउल्स, एंजेला कार्टर, विलेम ब्रेकमैन जैसे लेखकों के साहित्य को जादुई यथार्थवाद की श्रेणी में रखा गया है। जादुई यथार्थवाद जादुई ढंग से अपने युग के यथार्थों को अनावृत्त करने की एक शैली है, जिसका प्रयोग हिंदी कथा साहित्य में भी कम नहीं हुआ है।

हरियश राय

अधिक जानकारी के लिए :

1. **Magic(al) Realism :** Maggie And Bowers, 2004, 2. **The Concise Oxford Dictionary of Literary Terms,** 2008

जादू

जादू (Magic), धर्म और विज्ञान सामाजिक विकास के तीन महत्वपूर्ण चरण हैं। जादू उस प्रभाव को कहा जाता है जो व्यक्ति को प्राकृतिक या अतिमानवीय जगत पर नियंत्रण करने में सहयोग करे और व्यक्ति इच्छानुसार अच्छा या बुरा, शुभ या अशुभ काम संपादित कर सके। जादू कभी परोक्ष सत्ता को अपने समक्ष उपस्थित करने का साधन

था। दक्षिण-पूर्व एशिया के आदिवासियों, तिब्बतियों और खासकर भारतीय जनजातियों में यह विश्वास मिलता है कि कुछ खास बीमारियां जादुई कर्मकांड भर से ठीक हो जाती हैं। शहर के आधुनिक लोग भी मादुली, ताबीज और ग्रह शांतिकारक अंगूठियां पहने देखे जाते हैं। जादू की धारणा किसी अदृश्य शक्ति की बराबरी करने के उद्देश्य से जन्मी थी। इसका उद्देश्य जागतिक क्षमता में वृद्धि था। जादू के मंत्रों में गुप्त शब्दों के शुद्ध उच्चारण पर बल दिया जाता है। इसके सिद्धांत और तरीके को गुप्त रखा जाता है। उल्लेखनीय है कि व्यक्ति जादू का उपयोग करते हुए हमेशा खुद के लाभ की चिंता करता है, पूरे समाज के कल्याण की नहीं। जादू की धारणा से गोपनीयता, भयावह पदार्थ, रहस्यमयता, आश्चर्य, भ्रम, शक्ति प्रदर्शन जैसे तत्व जुड़े रहे हैं। इस विषय का गहन अध्ययन नृतत्वशास्त्र में हुआ है।

जादू की धारणा पिछड़े समाज में अज्ञानी लोगों के बीच होती है। ज्ञान-विज्ञान ने जादू की प्रतिष्ठा प्राचीन काल से ही मिटानी शुरू कर दी थी, हालांकि आज शहरों में भी जादू और चमत्कारों के प्रति आस्था है। आधुनिक युग में जादू-टोने, इंद्रजाल, टोटका, नजर, औछन, वशीकरण, झाड़-फूंक आदि का काफी प्रचार है। फ्रेजर जेम्स ने 'द गोल्डन बाउ' में भारत को जादू के देश के रूप में देखा था और इस देश की रीतियों का विश्लेषण करते हुए लिखा था कि जादू आदिम विज्ञान है। दुनिया के हर देश में बौद्धिक विकास के प्रथम चरण पर जादू का युग था। आदिम धर्म और जादू अलग नहीं थे। एमिल दुर्खीम ने जादू और धर्म का फर्क स्पष्ट करते हुए बताया है कि धर्म के लिए संस्था की जरूरत होती है, जैसे मंदिर या चर्च जबकि जादूगर अकेला काम करता है। आदिम काल में प्राकृतिक घटनाओं के सामान्य नियमों की खोज करते हुए जो सूत्र इकट्ठे हुए थे, उनमें से कुछ को आदिम विज्ञान और कुछ विरूपित सूत्रों को जादू कहा गया। यह भी माना गया कि देवता जादू के अधीन, जादू मंत्रों के अधीन और मंत्र ब्राह्मणों के अधीन होते हैं। प्राचीन परंपराओं में तपस्या, तप बल से अभिशाप और प्राकृतिक-दैवी चमत्कारों को जादुई घटनाओं की तरह देखा गया। एक समय सिद्धों की करामातों का भी समानांतर सामाजिक सत्ता घोषित करने के उद्देश्य से प्रचार था। स्थिर संस्कृतियों में जादू और धर्म में पृथकता नहीं होती और जादू लोगों को पूरी तरह भ्रम में रखता है। जादू की तुलना में धर्म सामाजिक विकास का एक विकसित चरण है जहां भ्रांतियों की कमी न होते हुए भी प्राकृतिक घटनाओं से संबंधित मानवीय जिज्ञासाओं को शांत करने और जीवन का मार्ग चुनने के लिए एक बेहतर विकल्प मिलता है।

सार्वजनिक प्रदर्शन के रूप में जादू हाथ की सफाई, यांत्रिक कौशल और चमत्कारपूर्ण बुद्धिमत्ता है जिसका मनोरंजन की दृष्टि से व्यावसायिक उपयोग होता रहा है। इस दृष्टि से पी सी सरकार का जादू प्रदर्शन लोकप्रिय रहा है।

शंभुनाथ

अधिक जानकारी के लिए :
1. **The Golden Bough** : James George Frazer, 2. **Magic, Science and Religion and Other Essays** : B Malinovaski, 1982, 3. **Religion and Magic : Approches and Theories** : Graham Cunningham Maxpang

जानश्रुति

राजा जानश्रुति का पूरा नाम जानश्रुति पौत्रायन था। वह महावृष के अपने राज्य में प्रजा से पुत्रवत व्यवहार करता था। वह महादानी था। इस वजह से हर तरफ उसकी कीर्ति फैली हुई थी। वह चाहता था कि सभी उसके दिए अन्न खाएं। एक दिन उसने आसमान में उड़ते हंसों की बातचीत सुनी। एक हंस दूसरे से कह रहा था, देखो जरा संभल कर उड़ना। कहीं जानश्रुति के फैले तेज से भस्म न हो जाना पड़े। दूसरा ज्यादा जानकार था। उसने कहा, तुम्हें गाड़ीवान रैक्व के बारे में कुछ पता नहीं है, इसलिए जानश्रुति की प्रशंसा कर रहे हो। वह जिस विद्या को जानता है, दूसरा कोई नहीं जानता।

अगले दिन अपने प्रशंसकों से घिरे जानश्रुति ने आदेश दिया कि रैक्व का पता लगाओ। उसके चर खोज नहीं पाए, क्योंकि गरीब रैक्व अपनी गाड़ी के नीचे दुबका बैठा था। राजा ने अपने चरों को दुबारा भेजा, तब वह मिला। राजा जानश्रुति अपने साथ कई गाएं, एक कीमती हार और खच्चरों से जुता रथ लेकर पहुंचा। उस समय रैक्व खुजली से परेशान अपना शरीर खुजला रहा था। राजा ने अपना परिचय देते हुए कहा कि वह ब्रह्मविद्या जानना चाहते हैं। रैक्व ने राजा से गुस्से में कहा, 'नीच, हटा ये सारी चीजें।' जानश्रुति भौतिक चीजों से उदासीन ऐसे व्यक्ति को देखकर अचरज में था। वह लौट गया, उसकी रातों की नींद उड़ गई और वह बेचैन रहने लगा। कुछ समय बाद वह अपनी कन्या को लेकर रैक्व के पास पहुंचा और उसके चरणों में पूरा राज्य रख दिया। इस बार रैक्व ने उसे शिष्य बनाकर ब्रह्म विद्या देना स्वीकार कर लिया। उसने जानश्रुति को शिक्षा दी कि परम सत्य या ब्रह्म को वही जान पाता है जो अपने अहंकार से मुक्त होता है। अब तुम भौतिक सुखों को छोड़कर आए हो। देखो, जो तुम्हारी परम आत्मा में है, वही बाहर है और जो कुछ बाहर दिखता है वह सब तुम्हारे भीतर है। जानश्रुति जैसे उच्च वर्ण का राजा शूद्र गाड़ीवान रैक्व का शिष्य बना। एक कथा है कि विश्व विजयी सिकंदर जब एक भारतीय दार्शनिक से मिलने आया था, दार्शनिक ने उससे कहा था—'सामने से हट, सूरज की रोशनी आने दे!' यह कथा इस बात को रेखांकित करती है कि भारतीय परंपराएं आत्मिक उन्नति को भौतिक उपलब्धियों पर वरीयता देती हैं।

रामनिवास द्विवेदी

जापान में हिंदी

जापान और भारत के बीच प्राचीन काल से बौद्ध धर्म एक पुल की तरह रहा है। कई हिंदू देवताओं के प्रतिबिंब जापानी देवताओं में रहे हैं जैसे किचीजोजि (लक्ष्मी), दिकोकुतेव (शिव), शोदिन (गणेश), गोलमटोल जापानी कुबेर! 1905 में एक छोटे-से देश जापान द्वारा रूस पर विजय ने एशिया को प्रेरणा दी थी। 1915 में रासबिहारी बोस जापान पहुंचे थे और उनकी वहां लाला लाजपत राय से मुलाकात हुई थी। जापान में कई क्रांतिकारी छिपे थे, हालांकि 1902 की एंग्लो-जापानी संधि लागू थी और वहां ब्रिटिश गुप्तचर सक्रिय थे। 1916 में अमेरिका जाते समय रवींद्रनाथ ने कुछ महीने जापान में बिताए थे। रासबिहारी बोस और जापानी युवती तोषिको ने 1917 में विवाह कर लिया। 1935 में राहुल सांकृत्यायन भी जापान गए थे। 1942 में गांधी ने जापान के नाम अपील की थी कि वह हथियार की भाषा छोड़े। जापान और भारत की जनता के बीच अच्छा संबंध था। यही वजह है कि जापान में हिंदी भाषा के अध्ययन-अध्यापन के दो प्रमुख केंद्र खुले—तोक्यो यूनिवर्सिटी ऑफ फॉरेन स्टडीज एवं ओसाका यूनिवर्सिटी ऑफ फॉरेन स्टडीज। इन दोनों ही विश्वविद्यालयों में 1908 एवं 1921 से 'हिंदुस्तानी' भाषा के रूप में हिंदी-उर्दू की पढ़ाई का सिलसिला आरंभ हो गया था। इसकी नींव को सुदृढ़ करने वाले आरंभिक विद्वानों के नाम हैं—रेइचि गामो तथा एइजो सावा।

तोक्यो यूनिवर्सिटी ऑफ फॉरेन स्टडीज में 1908 में 'सर्टिफिकेट कोर्स ऑफ हिंदुस्तानी एंड तमिल' और 1911 में 'डिग्री कोर्स ऑफ हिंदुस्तानी' आरंभ हुआ। 1909 से 1914 के मध्य प्रसिद्ध स्वतंत्रता सेनानी मोहम्मद बरकतउल्ला खां 'भोपाली' इस विश्वविद्यालय में 'हिंदुस्तानी भाषा' के विजिटिंग प्रोफेसर नियुक्त किए गए थे।

भारत में स्वतंत्रता प्राप्ति के बाद जब हिंदी राजभाषा के रूप में स्वीकृत हुई तो इन दोनों विश्वविद्यालयों में हिंदी-उर्दू विभागों की अलग-अलग स्थापना की गई। 1952 में विश्वयुद्धीय तनाव के बाद भारत और जापान के बीच संबंध सामान्य हो गए थे। 1958 में भारत को जापान से आर्थिक सहायता मिली थी। जापान में हिंदी के प्रति आकर्षण बढ़ा। अज्ञेय जापान में हिंदी के प्रति विशेष रूप से

आकर्षित थे। जापान में हिंदी भाषा के चार वर्षीय पाठ्यक्रम चलाए जाने लगे। इस चार वर्षीय कार्यकम में प्रतिवर्ष 70-80 छात्र अध्ययन करने आते हैं तथा प्रवेश पाना कठिन कार्य होता है। आरंभ में प्रो. क्यूया दोई ने तोक्यो में तथा प्रो. एइजो सावा ने ओसाका में हिंदी अध्ययन-अध्यापन की नींव डाली। तोक्यो में प्रो. क्यूया दोई की शिष्य परंपरा में प्रो. तोशियो तनाका, प्रो. काजुहिको माचिदा, प्रो. ताकेशि फुजिइ, प्रो. योशिफुमि मिजुनो तथा ओसाका में प्रो. एइजो सावा के शिष्यों में प्रो. कात्सुरो कोगा, प्रो. तोमियो मिजोकामि, प्रो. अकीरा ताकाहाशि, प्रो. हिरोको नागासाकी आदि प्रमुख हैं। जापानी प्रोफेसरों के अतिरिक्त इन दोनों विश्वविद्यालयों में भारत से अतिथि प्रोफेसर भी बुलाए जाते हैं ताकि जापानी छात्र उच्चारण तथा भाषा से जुड़ी बारीक बातों को समझ सकें। इन दोनों विश्वविद्यालयों में हिंदी भाषा सिखलाने के अतिरिक्त छात्रों को भारतीय संस्कृति, भोजन और वेशभूषा आदि के बारे में भी जानकारी दी जाती है।

2007 में भारत-जापान सांस्कृतिक संबंध की पचासवीं वर्षगांठ मनाई गई। इस दौरान जापानी और हिंदी के बीच अनुवाद का काफी आदान-प्रदान हुआ। तोक्यो और ओसाका के राष्ट्रीय विश्वविद्यालयों के अलावा अन्य कई गैर-सरकारी विश्वविद्यालय और शिक्षा संस्थान हैं जहां वैकल्पिक विषय के रूप में प्रारंभिक और माध्यमिक कक्षाओं तक हिंदी भाषा के पढ़ने-पढ़ाने की व्यवस्था है।

भारत के अनेक प्रसिद्ध हिंदी लेखकों की महत्त्वपूर्ण रचनाओं के अनुवाद भी जापानी भाषा में प्रकाशित हुए हैं जिनके माध्यम से जापानी अध्येता भारत को ज्यादा गहराई से समझने में सक्षम होता है। वीडियो टेप और कॉम्पेक्ट डिस्क के प्रचलन के कारण आज जापान में हिंदी फिल्में देखने और ऑडियो टेप पर उनके गीतों को सुनने वालों की संख्या भी निरंतर बढ़ती जा रही है। फिल्मों के कारण भी अनेक युवा जापानी हिंदी सीखने के लिए प्रेरित होते हैं। तोक्यो यूनिवर्सिटी ऑफ फॉरेन स्टडीज का पुस्तकालय अत्यंत विशाल है। इसमें हिंदी भाषा और साहित्य की 50 हजार से भी अधिक पुस्तकें उपलब्ध हैं। इस देश में हिंदी सीखने-पढ़ने वालों की मूल प्रेरणा भारत-प्रेम है। इसके अलावा व्यावसायिक गतिविधियां भी मजबूत हुई हैं।

सुरेश ऋतुपर्ण

जाबालि

साहित्य में इस नाम के कई ऋषियों, दार्शनिकों का उल्लेख है। इनका उल्लेख मुख्यतः अयोध्या नरेश दशरथ के ऋत्त्विज के रूप में है। दशरथ के अश्वमेध यज्ञ के अवसर पर विशेष आमंत्रित के रूप में जाबालि उपस्थित थे। रामायण की कथा के अनुसार, राम के वनवास के समय जब भरत दशरथ की मृत्यु का समाचार लेकर उनके पास जाते हैं, तब साथ में जाबालि भी थे। भरत राम से अयोध्या लौटने के लिए कहते हैं, पर राम सहमत नहीं होते। इस समय जाबालि राम से धर्म पालन की जगह धर्म विरुद्ध उपदेश देते हुए कहते हैं कि उनका राज्य त्याग उचित नहीं है। पिता के प्रति जिस तरह अंधभक्ति उचित नहीं है, उसी तरह सांसारिक दायित्वों को त्याग करके धर्म पालन करते हुए इस लोक में जानबूझ कर कष्ट पाना निरर्थक है। वह यह भी बताते हैं कि परलोक जैसा कुछ नहीं है। राम जाबालि को वेदनिंदक और नास्तिक कहकर उनकी भर्त्सना करते हैं। इस पर जाबालि कहते हैं कि वह नास्तिक नहीं, सिर्फ समय देखकर आस्तिक या नास्तिक होते हैं। पितृभक्त राम के क्रोध करने पर वशिष्ठ आ कर राम को शांत करते हुए कहते हैं कि जाबालि सर्वज्ञ हैं, सिर्फ विशेष स्थिति में राम को वन गमन से रोकने के लिए वह यह सब कह रहे हैं। जाबालि की ख्याति एक महातपस्वी और व्यावहारिक बुद्धि में दक्ष भौतिकवादी ऋषि के रूप में है। शास्त्रों में उनके नाम पर 'जाबालि नीति' का जिक्र आता है।

महाभारत के शासन पर्व में जाबालि विश्वामित्र ऋषि के पुत्र बताए गए हैं, जबकि उनका जीवन

उनके प्रतिस्पर्धी वशिष्ठ की संगति में बीता। इनका उल्लेख भृगुकुल में उत्पन्न स्मृतिकार के रूप में भी मिलता है। एक अन्य जाबालि मंदार पर्वत निवासी ऋषि थे। एक सुंदर तपस्वी युवक से कृष्णोपासना का रहस्य समझकर वे परम कृष्णोपासक हो गए। एक अन्य कथा प्रसंग में ऋषि जाबालि की तपस्या भंग करने के लिए इंद्र ने अप्सरा रंभा को भेजा था, जिससे उनको एक कन्या हुई। चित्रांगद नामक राजा ने जब इस कन्या का हरण किया, तब क्रुद्ध होकर जाबालि ने उसे कोढ़ी हो जाने का शाप दिया। जाबालि के कई कथारूपों से पता चलता है कि आरंभ में व्यावहारिक बुद्धि और भौतिकवाद का प्रवर्तन जिन ऋषियों ने किया था, उनमें जाबालि अन्यतम थे। बाद में वह कहीं कृष्ण भक्त के रूप में नजर आए और कहीं ऐसे ऋषि बना दिए गए, जिनकी तपस्या इंद्र के कहने से अप्सरा भग्न कर देती है।

सूर्यनारायण रणसुभे

जामिनी राय

(1887-1972)

आधुनिक भारतीय चित्रकला में जामिनी राय एक प्रमुख स्थान रखते हैं। उनका जन्म 11 अप्रैल 1887 को पश्चिम बंगाल के बांकुड़ा जिले के गांव बेलियातोर के किसान परिवार में हुआ था। आरंभ से ही गांव के कारीगरों और दस्तकारों से प्रभावित जामिनी राय रंगों और आकृतियों से रचनात्मक प्रयोग करते थे। पिता ने उनकी रचनात्मकता को प्रोत्साहन दिया और कोलकाता के राजकीय कला विद्यालय में भर्ती करवा दिया। औपचारिक शिक्षा के बाद उन्होंने उस समय प्रचलित लैंडस्केप और पोर्ट्रेट बनाना आरंभ किया, जिनमें वैन डाइक शैली में दाढ़ी वाला सेल्फ-पोर्ट्रेट, इंप्रेशनिस्ट शैली में बनाए गए कुछ लैंडस्केप और स्त्रियों के चित्र उनके आरंभिक कौशल की गवाही देते हैं। उन्होंने बांग्ला शैली में भी कार्य किया, लेकिन वे इससे संतुष्ट नहीं हुए। आखिर में वे ग्रामीण और लोककला की ओर उन्मुख हुए। यह उनके अपने कलात्मक विकास के लिए महत्वपूर्ण था ही, साथ ही आधुनिक कला आंदोलन में भी एक युगांतरकारी परिवर्तन था।

ग्रामीण बंगाल के पश्चिमी जिलों में पटों पर विभिन्न शैलियों और तकनीकों से कार्य होते थे। लेकिन समय के साथ उन्हें भुला दिया गया था। जामिनी राय ने कालीघाट पटों की सुस्पष्ट, व्यापक और वेग भरी रेखाओं की ओर ध्यान दिया। उनकी आरंभिक कृतियां जहां वक्र रेखीय रेखांकनों और दृढ़ स्ट्रोक्स के कारण ध्यान खींचती हैं, वहीं बाद की कृतियां अनावश्यक सजावट और अलंकरण रहित 'फ्रीज' सरीखे स्थापत्य के कारण ध्यान खींचती हैं।

जामिनी राय

उन्होंने तैल रंगों की जगह मिट्टी के रंगों का और कैनवास की जगह चिकनी मिट्टी या चूने के पुते कपड़े या कागज और लकड़ी के तख्ते का प्रयोग किया। इन कच्चे रंगों को टिकाऊ बनाने के लिए अंडे के टेंपरा या इमली के बीज से बनी गोंद का उपयोग किया गया। उन्होंने अपने रंग संयोजन को हिंदुस्तानी लाल, गैरिक, पीला, कैडमियम हरा, सिंदूरी, राखिया सलेटी और नीले रंग तक सीमित रखा जो हींगुल, हरताल, काल खोरी, दिए की कालिख, चॉक या चूने आदि से बने होते थे। इससे उनके चित्रों के चटकीलेपन में कोई कमी नहीं आई।

उनके चित्रों के विषय जहां एक तरफ पौराणिक पात्र कृष्ण, बलराम, शिव, राम और गोपियां हैं, वहीं

दूसरी तरफ बाउल, बाओरी, संथाल और मल्ल जैसे ग्रामीण जन हैं। इन चित्रों में पशु जगत के भी कई बिंब हैं। उत्सुकतावश उन्होंने मॉडलिंग और नक्काशी में भी हाथ आजमाया, जिनमें रूपाकार की उनकी बुनियादी समझ स्पष्ट रूप से लक्षित की जा सकती है। 1946 में लंदन में और 1953 में न्यूयॉर्क में उनकी प्रदर्शनी आयोजित की गई थी।

दिनेश कुमार शर्मा

जॉर्ज लुकाच
(1885-1971)

जॉर्ज लुकाच (George Lukacs) की ख्याति एक मार्क्सवादी आलोचक के रूप में है। उनका जन्म एक संपन्न घराने में हुआ था। उनकी शिक्षा बुडापेस्ट और बर्लिन के विश्वविद्यालयों में हुई थी। उनका समाजवाद के प्रति शुरू से झुकाव था, पर साहित्य से भी संबंध था। वे साम्यवादी बुद्धिजीवियों के साथ थे। उन्होंने जॉर्ज सोकेल (1847-1922) के साहित्य का अध्ययन किया था। वह प्रगतिशील नाट्य-मंच से जुड़े थे। हेडेलबर्ग में रहते हुए उनका संपर्क समाजशास्त्री मैक्स वेबर, अर्नस्ट ब्लॉक, स्टीफेन जॉर्ज जैसे लेखकों-चिंतकों से हुआ।

1915 में बुडापेस्ट वापस आने पर वे वहां के बुद्धिजीवियों की संस्था 'संडे सर्किल' के नेता बने। लुकाच ने हंगरी की कम्युनिस्ट पार्टी की सदस्यता स्वीकार कर ली। वह ग्राम्शी की तरह ही लेखन कर्म के साथ संघर्षों में भी शामिल थे। इस प्रक्रिया में ही उन्होंने यथार्थवाद, सौंदर्यशास्त्र तथा समाज के विषयों पर चिंतन किया था।

जॉर्ज लुकाच की गिनती स्तालिन युग के महत्वपूर्ण मार्क्सवादी लेखकों में की जाती है। उन्होंने सोवियत रूस की लाइन से संबंध रखते हुए भी पर्याप्त खुलेपन का परिचय दिया। वे कुछ विचारकों की निगाह में पश्चिमी ढंग के मार्क्सवादियों में गिने जाने लगे। उन्होंने सामाजिक यथार्थ की दो श्रेणियां बनाईं— आलोचनात्मक यथार्थवाद और समाजवादी यथार्थवाद। सामाजिक चिंताओं से जुड़े पश्चिम के आधुनिक साहित्य के सकारात्मक मूल्यांकन के लिए उन्होंने आलोचनात्मक यथार्थवाद की कसौटी का इस्तेमाल किया। उनकी पुस्तक 'थियरी ऑफ नावेल' इस दृष्टि से महत्वपूर्ण है। इसमें इन्होंने उपन्यास की अवधारणा तथा यथार्थवाद से उसके संबंध पर कई महत्वपूर्ण बातें कहीं। लुकाच साहित्य में आधुनिकतावादी और भाववादी विचारधाराओं के कट्टर विरोधी के रूप में विख्यात रहे हैं। उन्होंने कीर्केगार्द, फ्रेडरिक नीत्शे, हेडेगर, यास्पर्स जैसे अस्तित्ववादियों की कटु आलोचना की है। मनुष्य की निरीहता, असहायता, अकेलेपन की

जॉर्ज लुकाच

ऐतिहासिक नियति जैसी अस्तित्ववादी मान्यताओं को उन्होंने कभी स्वीकार नहीं किया।

जॉर्ज लुकाच ने अस्तित्ववादियों पर प्रहार करते हुए उन्हें समाजवादी यथार्थवाद की राह में चट्टान की तरह अवरोधक माना। वह पूंजीवादी, सामंती तथा नौकरशाही समाज के कट्टर विरोधी थे। उनका लेखन मनुष्य की वर्ग-स्थिति और वर्ग-चेतना को आरंभ-बिंदु मानकर आगे बढ़ता है। वह लेनिन के

इसलिए प्रशंसक थे कि उन्होंने पूंजीवाद के विरुद्ध हार्दिक आक्रोश व्यक्त किया था।

लुकाच के अनुसार साहित्य में परिप्रेक्ष्य का महत्व सर्वोपरि है। परिप्रेक्ष्य ही रचना के विषय और गति को निर्धारित करता है। लुकाच के मत में सार्थकता का अभाव लेखक को शून्य में भटकने के लिए प्रेरित करता है। उनके लिए साहित्य की सोद्देश्यता का अर्थ है उसकी सार्थकता। काफ्का की 'द ट्रायल', 'द कैसल' जैसी कृतियों का हवाला देते हुए लुकाच लिखते हैं कि किस प्रकार उसके पात्र परिस्थितियों के सामने नतमस्तक, निरीह और असहाय हो जाते हैं। वे जीवन की सार्थकता के लिए संघर्ष नहीं करते।

यूरोपीय यथार्थवाद का अध्ययन करते हुए उन्होंने पश्चिम के प्रायः सभी बड़े उपन्यासकारों का अध्ययन किया था। दांते, गेटे, बाल्जाक, तोलस्तोय की कृतियों के बारे में उनकी राय है कि ये उपन्यास अपने समय और समाज के यथार्थ को उसकी समग्रता में प्रस्तुत करती हैं। लुकाच बाल्जाक के प्रशंसक हैं। बाल्जाक ने सामंतवाद के पतनोन्मुख जीवन-मूल्यों पर करारा प्रहार किया था। तोलस्तोय के उपन्यास रूसी समाज का दर्पण हैं, परंतु गोर्की की 'मां' सीधे वर्ग-संघर्ष पर आधारित है। लुकाच ने टामस मान, दॉस्तोएव्स्की, ब्रेख्त, हेनरी मिलर, सैमुअल बेकेट आदि पर अपना स्पष्ट मत जाहिर किया है। विचारधारा के विरोध में खड़े भाववादी रचनाकारों की उन्होंने यह कह कर आलोचना की है कि ऐसे रचनाकार 'भीड़ संस्कृति' का हौवा खड़ा कर जनतंत्र और प्रगति की धारणाओं पर कुठाराघात करते हैं। बूर्जुआ वर्ग का विश्वास है कि सामाजिक, आर्थिक और राजनीतिक समस्याओं के लिए विचारधारा की कोई आवश्यकता नहीं है। लुकाच हाइने और दॉस्तोएव्स्की जैसे लेखकों की प्रशंसा उनकी भविष्योन्मुखी दृष्टि के लिए करते हैं। सतरहवीं-अठारहवीं शती के हाब्स, मिल्टन, रूसो जैसे लेखकों-चिंतकों की प्रशंसा में उनका कहना है कि उन्होंने अपने समय के सामाजिक आकलनों, उतार-चढ़ावों को ध्यान में रखा, इसलिए उनकी कृतियों ने तत्कालीन समाज को गहराई से प्रभावित किया।

मार्क्सवादियों पर यह आरोप था कि वे अपने अतीत की धरोहर को आदर से नहीं देखते और हर चीज को वर्ग-दृष्टि से देखते हैं। जॉर्ज लुकाच ने स्पष्ट करते हुए कहा, 'जो लोग मार्क्सवाद को या तो कतई नहीं जानते या बहुत सतही तौर पर अथवा सुन-सुनाकर जानते हैं, उन्हें यह देखकर आश्चर्य हो सकता है कि मनुष्य की प्राचीन विरासत के प्रति इस सिद्धांत के महान प्रतिनिधियों के हृदय में कितना गहरा आदर का भाव रहा है और वे किस प्रकार बार-बार इस प्राचीन विरासत का हर मौके पर हवाला देते रहे हैं। यह कोई आकस्मिक घटना नहीं है कि महान मार्क्सवादी विचारक हमारी प्राचीन निधियों के, चाहे वे कलाक्षेत्र की हों या किसी दूसरे क्षेत्र की, लासानी संरक्षक थे।'

प्रथम महायुद्ध की समाप्ति के बाद जॉर्ज लुकाच सोवियत संघ से सपत्नीक हंगरी आ गए थे। वे हंगरी की नई सरकार में शामिल हुए। उन्हें 'हंगरी विज्ञान अकादमी' का सदस्य बनाया गया था। 1922 में प्रकाशित 'इतिहास और वर्ग चेतना' उनका एक महत्वपूर्ण कार्य है। यह मार्क्सवादी दर्शन की व्याख्या है जिसमें उन्होंने अपने को कठमुल्लेपन से काफी हद तक दूर रखा। वे इस पर जोर देते थे कि वैचारिक संघर्ष के बिना सिर्फ आर्थिक प्रक्रियाएं समाज का रूपांतरण नहीं कर पाएंगी। मनुष्य पूंजीवादी समाज में अपने श्रम से वस्तुओं का उत्पादन करने के बावजूद उनसे निर्भयतापूर्वक अलग कर दिया जाता है और अपनी सृजनात्मकताओं से भी विच्छिन्न हो जाता है। वह संपूर्णता का बोध खो देता है। लुकाच के लिए संपूर्णता या समग्रता का अर्थ है हर परिघटना को ऐतिहासिक-सामाजिक विकास के परिप्रेक्ष्य में देखना।

लुकाच कम्युनिस्ट पार्टी तथा उसके बाहर भी बुद्धिजीवियों के बीच विवादों के केंद्र में थे। लुकाच और ब्रेख्त के बीच गहरे मतभेद थे, जबकि दोनों मार्क्सवादी थे। ब्रेख्त लुकाच की 'समग्रता' की अवधारणा को यांत्रिक भौतिकवाद से जोड़ते थे।

उन्होंने यथार्थ को देखने का अलग रास्ता निकाला था, जो लुकाच के रास्ते से मेल नहीं खाता था।

लुकाच यथार्थवाद के नाम पर विचारधारा के आरोपण को सही नहीं मानते। साहित्यिक कृतियों में विचारधारा का अप्रत्यक्ष कहना ही श्रेयस्कर है। उनका अभिमत है, 'समग्र मानव व्यक्तित्व का सजीव चित्रण तभी संभव है जबकि लेखक प्रतिनिधिक (टाइप) चरित्र निर्माण करने का प्रयास करता है। समस्या एक निजी व्यक्ति के रूप में मनुष्य और एक सामाजिक प्राणी या समुदाय के सदस्य के रूप में मनुष्य के बीच अस्वाभाविक, अविच्छिन्न संबंध की है।' बाल्जाक को वे द्वंद्वात्मक भौतिकवादी रचनाकार के रूप में नहीं देखते थे। राजनीतिक दृष्टि से बाल्जाक राजतंत्र का समर्थक था, पर उसने राजतांत्रिक सामंतवादी फ्रांस के दोषों, दुर्बलताओं का जिस तल्लीनता के साथ उद्घाटन किया और पतनोन्मुख और मरणशील सामंती जीवन-मूल्यों का 'भव्य कथात्मक शक्ति' के साथ वर्णन किया, वह पाठकों को अभिभूत कर देता है। लुकाच ने इसे 'यथार्थवाद की विजय' के रूप में देखा है।

यथार्थवाद के परिप्रेक्ष्य में सौंदर्यदृष्टि का विकास जॉर्ज लुकाच के सामने एक प्रमुख चुनौती के रूप में था। लुकाच की दृष्टि में सुंदर वही है जो जीवन के लिए मंगलकारी है। यथार्थ कल्पना से अधिक वास्तविक, मूर्त और ठोस होता है। इसी प्रकार सौंदर्य वस्तुगत यथार्थ में ही अधिक सुंदर और पूर्ण होता है। लुकाच की दृष्टि में, 'जीवन के व्यापक अनुभवों से रहित सौंदर्यानुभूति एक छलावा है।'

लुकाच की मान्यता है कि कला-साहित्य का मुख्य प्रयोजन 'सत्य' का उद्घाटन है। यथार्थवादी लेखक इसकी उपेक्षा नहीं कर सकता। साहित्य में 'वस्तुगत सत्य का उद्घाटन' मार्क्सवादी दर्शन का मेरुदंड है। इन्हीं विशेषताओं के कारण लुकाच ने रूसी और स्कैंडेनेवियन उपन्यासकारों को विश्वसनीय लेखक के रूप में स्वीकार किया है।

श्रीनिवास शर्मा

अधिक जानकारी के लिए :

1. **यथार्थवाद :** शिवकुमार मिश्र, 2. **George Lukacs : Life, Thought and Politics** : Arpad Kadarkay, 3. **George Lukacs :** G H R Parkinson

जॉर्ज विल्हेम फ्रेडरिक हीगेल
(1770-1831)

एक घरेलू ट्यूटर के रूप में जीवन की शुरुआत करने वाले हीगेल (George Wilhelm Fredrich Hegel) ने जेना विश्वविद्यालय में व्याख्याता का पद भार ग्रहण किया जहां वे तर्क और तत्वमीमांसा पर चार वर्षों तक व्याख्यान देते रहे। 1816 में वह हीडलवर्ग विश्वविद्यालय में प्रोफेसर के पद पर नियुक्त हुए और उन्होंने राजनीतिक दर्शन, दर्शन का इतिहास, तर्क, तत्वमीमांसा, मानवविज्ञान, मनोविज्ञान तथा सौंदर्यशास्त्र आदि विषयों पर व्याख्यान दिए। दो वर्ष बाद बर्लिन विश्वविद्यालय आ कर वहां वह इस पद पर मृत्युपर्यंत रहे। उनके जीवन काल के दौरान चार प्रमुख दार्शनिक कार्य प्रकाशित हुए—फेनोमेनॉलॉजी ऑफ स्पिरिट (1807),

जॉर्ज विल्हेम फ्रेडरिक हीगेल

साइंस ऑफ लॉजिक (1812-16), एनसाइक्लोपीडिया ऑफ फिलॉसॉफिकल साइंसेज (1817, 1827, 1830) और फिलॉसफी ऑफ राइट (1821)। हीगेल की मृत्यु के बाद प्रकाशित होने वाली रचनाओं में फिलॉसफी ऑफ एस्थेटिक, फिलॉसफी ऑफ हिस्ट्री, हिस्ट्री ऑफ फिलॉसफी, सौंदर्यशास्त्र तथा धर्म पर दिए गए उनके व्याख्यान हैं।

हीगेल ने अपने दार्शनिक चिंतन की शुरुआत अपने पूर्ववर्ती तीन प्रसिद्ध दार्शनिकों रूसो, ह्यूम और कांट के मतों के खंडन से की।

हीगेल का प्रमुख दार्शनिक अवदान 'संवाद' की संकल्पना है। इसी से हीगेल ने धर्म और नैतिकता में तार्किकता को सम्मिलित किया। उसने जिस दर्शन को प्रस्तुत किया वह तार्किकता का विस्तृत रूप है। इसके केंद्र में एक नई बौद्धिकता है जिसे हीगेल ने द्वंद्व कहा। उसकी द्वंद्वात्मक पद्धति ने वाद, प्रतिवाद तथा संवाद के द्वारा दर्शन में उपस्थित विरोधाभास की समस्या का समाधान किया। सर्वप्रथम कोई सार्वभौम धारणा होती है जो वाद होता है। यह धारणा एक अंतर्विरोध को जन्म देती है जो प्रतिवाद है। इन विरोधी धारणाओं का एक तीसरी धारणा में समन्वय हो जाता है, जो संवाद है—दो विरुद्धों की एकता या 'सिंथीसिस' है। मार्क्स ने द्वंद्वात्मकता के इसी सिद्धांत को सिर की जगह पैर के बल खड़ा करके द्वंद्वात्मक भौतिकवाद का दर्शन दिया। उन्होंने फिश्ते और शेलिंग के दार्शनिक विचारों से शुरुआत की और माना कि यथार्थता एक जीवित विकास क्रम है। वह प्रकृति को बुद्धि के अधीन मान कर कहते हैं, 'जो कुछ यथार्थ है वह बुद्धिसम्मत है और जो कुछ बुद्धिसम्मत है वह यथार्थ है।'

हीगेल ने द्वंद्ववाद के माध्यम से सिद्ध किया कि विचारधारा और विश्वास अपनी-अपनी संस्थाओं और संरचनाओं से संबंधित होते हैं जैसे सिद्धांत और व्यवहार। वास्तव में इनमें जो विरोधाभास दिखता है वही द्वंद्वात्मकता है जो परस्पर निर्भर बनाती है। ऐसी स्थिति में कोई एक स्वीकृत होता है तो दूसरा अस्वीकृत होता है। इस प्रकार यथार्थता के तार्किक विकास की भाववादी प्रक्रिया निरंतर चलती रहती है, जब तक विरोधाभास समाप्त न हो जाए।

हीगेल की दृष्टि से यथार्थ एक 'एब्सोल्यूट आइडिया' है जिसकी झलक व्यक्ति के चिंतन में मिलती है। विचार की यह विकासात्मक प्रक्रिया तार्किक और द्वंद्वात्मक है। विचार सार्वभौम होता है। जो अपने को एक पूर्ण सांस्कृतिक इतिहास में व्यक्त करता है और 'समष्टि चैतन्य' होता है। हीगेल ने कांट की तरह विचार और ज्ञान में अंतर नहीं किया।

हीगेल ने 'फिलॉसफी ऑफ राइट' में एक आदर्श जर्मन राज्य की कल्पना की जो मजबूत तथा शक्तिशाली हो तथा जर्मनी के गौरव को पुनः स्थापित कर सके। उन्होंने जर्मन राज्य के उत्थान के लिए ग्रीक पुनर्जागरण तथा मांटेस्क्यू के प्राकृतिक कानून को श्रेष्ठ बताया। उनका कहना था, इनसे जर्मन नागरिकों में राष्ट्रीय उत्साह पैदा किया जा सकता है। उन्होंने जर्मनी में आदर्शवादी संवैधानिक राजतंत्र का समर्थन किया। वह जर्मनी का एकीकरण और आधुनिकीकरण सैन्य शक्ति के बल पर करना चाहते थे न कि आम सहमति से। इसका कारण हीगेल यह मानते थे कि जर्मनी इस समय स्वतंत्रता के अराजकतावादी आकर्षणों में फंसा हुआ है और माना जाता है कि सत्ता और अनुशासन की अनुपस्थिति में ही स्वतंत्रता मिल सकती है। हीगेल का मानना था कि स्वतंत्रता सिर्फ राष्ट्र-राज्य के अधीन ही मिल सकती है। उनके लिए असीम स्वतंत्रता तब है जब व्यक्ति अपने आप को राज्य में पूर्णतया समाहित कर दे। उनका मानना था कि राजनेताओं को नैतिकता के आधार पर राजतंत्रात्मक संविधान स्वीकार कर अपनी पहचान को जर्मनी की राष्ट्रीय एकता में समाहित कर देना चाहिए।

हीगेल की प्रमुख विशेषता यह है कि वे अपने दार्शनिक दृष्टिकोण से इतिहास की वास्तविकताओं को समझने का प्रयास करते हैं। वह इतिहास में घटित राजनीतिक यथार्थ को राज्य की शक्ति के साथ जोड़कर देखते हैं जिससे राज्य के उदय की सफलता राज्य के अंदर व बाहर प्रचारित की जा सके। उनके विचार में राज्य राष्ट्र के साहस और भाग्य का एक

दैवी प्रतीक है। इसलिए हीगेल के लिए स्वतंत्रता वह है जिसमें तर्क एवं विचार स्वयं यथार्थ बन चुके हों। यह स्थिति सभ्य समाज के उस आर्थिक व्यवस्थापन और निजी नैतिकता के शासन से अलग है जो नागरिकों के कार्यों को नियंत्रित करते हैं। हीगेल ने 'कांस्टीट्यूशन ऑफ जर्मनी' में स्पष्ट रूप से माना है कि उनका द्वंद्वात्मकता का सिद्धांत वैज्ञानिक लक्ष्यों के बजाय नैतिकता से ज्यादा नियंत्रित है। उनके लिए द्वंद्व का उद्देश्य चीजों तथा घटनाओं को उसी रूप में देखना है जिस रूप में वे हैं। इसलिए राजनीतिक इतिहास को मनमाने तरीके से प्रस्तुत करने के बजाय जिस रूप में वह है, उसी रूप में उसे प्रदर्शित करना होगा।

विनीत सिंह

अधिक जानकारी के लिए :

1. **An Introduction to Hegel : Freedom, Truth and History** : Stephen Houlgate, 2005, 2. **The Cambridge Companian to Hegel** : (Ed.), C Fredrich Beiser, 1993

जॉर्जी प्लेखानोव

(1856-1918)

जॉर्जी वेलेंतीनोविच प्लेखानोव (Georgi Valentinovich Plekhanov) रूसी मार्क्सवादी आलोचना के पितामह माने जाते हैं। 2011 में रूसी चिंतक वी फोमिना ने उनका पुनर्मूल्यांकन करते हुए कहा है, 'उन्होंने मार्क्स और एंगेल्स के विचारों को बचाने, समृद्ध करने और लोकप्रिय बनाने में बड़ी भूमिका निभाई। इसके साथ-साथ उन्होंने मार्क्सवादी दर्शन को विकसित करने और उसकी ठोस व्याख्या करने का कार्य भी किया। इसमें ऐतिहासिक भौतिकवाद के सिद्धांत, जनसमुदायों के उभार की भूमिका और इतिहास में व्यक्ति के योगदान की व्याख्या उल्लेखनीय है।' प्लेखानोव ने अपने पूर्ववर्ती चर्नीशव्स्की का समर्थन ही नहीं किया, उनके कार्य को भी आगे बढ़ाया। वे कार्ल मार्क्स की कृतियों के पहले प्रामाणिक रूसी अनुवादक के तौर पर भी जाने जाते हैं। उस समय कई यूरोपीय विद्वान कार्ल मार्क्स के सिद्धांत के ऐसे उत्तर-रूपों को प्रस्तुत करने में लगे थे, जो क्रांतिकारी तत्वों को निष्प्रभावित करने की भूमिका निभा रहे थे। खुद प्लेखानोव को रूस से बाहर आ कर फ्रांस, पोलैंड एवं जर्मनी में इन नए विचारों के समकक्ष अपनी मूलमूत प्रतिबद्धता को पुरजोर तरीके से प्रस्तुत करना पड़ रहा था। इस दौर में 'डार्विनवादी मार्क्सवाद' या 'नव-डार्विनवादी मार्क्सवाद' के समर्थक भी सामने आ रहे थे।

प्लाखानोव 'समाज के क्रांतिकारी रूपांतर' की जगह परिवर्तन के प्राकृतिक विकासवादी रूपों की ओर अधिक झुकाव रखते थे। दूसरा मत 'अराजकतावादियों' का था, जो परिवर्तन को 'व्यवस्थामूलक तर्कों' में बांधे रखने के विरोधी थे। रूस में बेकुनिन जैसे अराजकतावादी भी लोकप्रिय हो गए थे। इनके अलावा वे लोग थे जो अहिंसक या लोकतांत्रिक तरीकों से सामाजिक परिवर्तन की बात करते थे। बूर्जुआ विचारधारा को सामाजिक परिवर्तन की यह व्याख्या अधिक रुचिकर लगती थी। प्लेखानोव ने इन सभी अवसरवादी 'उत्तर-मार्क्सवादी' विचारधाराओं के विरोध में अपने पक्ष को मजबूती से सामने रखा और मार्क्सवादी दर्शन एवं सिद्धांत

जॉर्जी प्लेखानोव

के वैज्ञानिक एवं ऐतिहासिक विकासवादी रूपों की वकालत की। ऐसा करते हुए प्लेखानोव सक्रिय राजनीतिक सरगर्मियों में भी भागीदार हुए।

1883 में प्लेखानोव ने रूसी समाजवादी लोकतांत्रिक पार्टी के गठन में दृश्यमान भूमिका अदा की थी। उनकी भूमिका को 'मेन्शेविक' विचारधारा से जोड़ा जाता है। इसका अर्थ यह है कि वे मार्क्सवादी सिद्धांत के वैज्ञानिक विकासवादी रूप के मुताबिक मानते थे कि समाजवादी क्रांति तभी संभव है, जब किसी देश में पूंजीवादी विकास अपने उस चरण तक पहुंच जाए जहां अतिरिक्त पूंजी समाज के सभी वर्गों के भरण-पोषण का हेतु हो सके। इस संदर्भ में वे मानते थे कि जर्मनी, फ्रांस, इंग्लैंड जैसे जिन देशों में पूंजीवादी विकास अपने उस लक्ष्य को पाने लायक हो चुका है, वहां समाजवादी क्रांति के घटित होने की संभावना अधिक है। इस संदर्भ में वे रूस को अभी 'और पूंजीवादी विकास' करने की ओर अधिक ध्यान देने के पक्ष में थे। हालांकि वे यह भी देख पा रहे थे कि रूस में जो औद्योगिक विकास हो रहा था, उससे वहां सर्वहारा का एक बड़ा जनसमुदाय तैयार हो रहा था जिससे क्रांतिकारी विचारों के प्रचार-प्रसार की जरूरत सामने आ गई थी। यहां लेनिन से उनके मत की भिन्नता पर ध्यान देने की जरूरत है, क्योंकि उसके कारण बाद में लेनिन और उनके सहयोगी इसी 'समाजवादी प्रजातांत्रिक पार्टी' के एक अन्य प्रारूप यानी बोल्शेविक मतवादी प्रारूप को गठित करने की ओर उन्मुख हो गए थे जिससे प्लेखानोव जैसे मेंशेविक 1905-06 के बाद अचानक अलग-थलग पड़ गए थे।

उल्लेखनीय है कि लेनिन को मार्क्सवाद से प्रतिबद्ध करने के पीछे प्लेखानोव की एक बड़ी भूमिका थी। 1889 में हुए दूसरे अंतरराष्ट्रीय मार्क्सवादी सम्मेलन में प्लेखानोव द्वारा प्रस्तुत विचारों को सुनने के बाद लेनिन पूरी तरह मार्क्सवाद से प्रतिबद्ध हुए थे। इसी सम्मेलन में उनका संपर्क पोलैंड की मार्क्सवादी विमर्शकार रोजा लग्जम्बर्ग से हुआ, जो बाद में प्लेखानोव के विचारों को आगे ले जाने में विशेष रूप से सक्रिय हुई। 1883 में गठित 'समाजवादी प्रजातांत्रिक पार्टी' में सक्रिय होने से पूर्व भी प्लेखानोव कुछ अन्य क्रांतिकारी संगठनों में भागीदार थे। इनमें 'पीपुल्स विल पार्टी' प्रमुख है।

सर्वहारा या श्रमिक समुदाय को ही सामाजिक क्रांति का मुख्य हेतु मानने की वजह से प्लेखानोव के विचार दो मुद्दों पर लेनिन से भिन्न हो गए थे : (1) सामाजिक क्रांति में छोटे किसान की प्रगतिशील भूमिका तथा (2) पूंजीवादी विकास के भीतर से प्रकट होने वाले उसके साम्राज्यवादी रूप की व्याख्या। लेनिन न सिर्फ छोटे किसानों को ही सामाजिक रूपांतर में सहयोगी की भूमिका में पाते थे, बल्कि वे साम्राज्यवादी पूंजीवाद के द्वारा शोषित उपनिवेशित समाजों के प्रगतिकामी एवं क्रांतिधर्मी अंतर्गठनों को भी मजबूत करने को संभावनापूर्ण मान रहे थे। प्लेखानोव को लगता था कि वैज्ञानिक मार्क्सवादी सिद्धांत की जरूरतों के मुताबिक पूंजीवादी विकास के उच्च चरण को पाए बिना क्रांतिकारी रूपांतर का प्रयास स्थायी नहीं हो सकता। उन्हें लगता था कि ऐसा करते हुए लेनिन क्रांति के संदर्भ में जल्दबाजी के शिकार थे और वे जो क्रांति ला रहे थे वह सही मायनों में समाजवादी क्रांति न होकर कुछ हद तक बूर्जुआ विचारधारा का पोषण करने वाली ही साबित होने वाली थी। वोल्शेविक मत से संबद्ध लेनिन एवं ट्रॉट्स्की के लिए प्लेखानोव का मेंशेविकवाद समय की जरूरतों को न समझ पाने वाला और 'लीक से उतर गया सिद्धांत' लगा था। नतीजतन 1917 की समाजवादी क्रांति के बाद अलग-थलग पड़े अपमानित प्लेखानोव का अंत त्रासद ही था। 1918 में उनकी मृत्यु हो गई।

उत्तर-औपनिवेशिक दौर में प्रकट होने वाले नए हालात को सामने रखने पर प्लेखानोव के पुनर्मूल्यांकन के लिए नई संभावनाएं हमारे सामने प्रस्तुत हो जाती हैं। 1917 की समाजवादी क्रांति रूस में 'चिरस्थायी' नहीं रह गई। यह बात 1991 के बाद के उत्तर-रूसी परिदृश्य के रूप में एक ऐतिहासिक यथार्थ बनकर स्थापित है। पूंजीवादी विकास के उच्च चरण को पाने की दिशा में आज न केवल रूस

खुलकर अपना रास्ता बदल चुका है, बल्कि उसके बाद समाजवादी क्रांति से होकर गुजरा चीन भी आज उत्तर-पूंजीवाद के साथ 'प्रत्यक्ष गठजोड़' की स्थिति में है। स्पष्ट है कि उत्तर-औपनिवेशिक नजरिए से मार्क्सवाद की पुनर्व्याख्या का सवाल आज भी विश्व के लिए विचारणीय है और जिस तरह प्लेखानोव अपने समय की जरूरतों को देखते हुए 'मार्क्सवाद का अग्रविकास' करने की ओर आए थे, उस दिशा को और खोलने की जरूरत अभी बनी हुई है।

प्लेखानोव ने फायरबाख के इस सिद्धांत को महत्व दिया था, 'धर्म समाज के अचेतन का सचेतन रूप होता है।' सामाजिक चेतना के अचेतन रूपों को वे सामूहिक तौर पर घटित होनेवाला 'नियतिवाद' कहते थे। इस संबंध में कार्ल मार्क्स द्वारा की गई व्याख्याओं को प्लेखानोव आगे ले गए। वे धर्म और व्यक्ति की ऐतिहासिक रूप में परिवर्तनकारी भूमिका को पहचानने की जरूरत तक आ गए थे। वे व्यक्ति की भूमिका में ऐतिहासिक नियति की भूमिका के होने की बात को भी देखते थे। व्यक्ति की आजादी को वे 'व्यक्तिगत आजादी' न मानकर ऐसी आजादी की तरह देखते थे जिसे व्यक्ति अपनी सामाजिक चेतना की जरूरतों के तहत खुद सार रूप में उपलब्ध करता है। यहां वे धर्म, संस्कृति, साहित्य और कला में सामाजिक चेतना एवं सौंदर्यबोध के आपसी रिश्तों पर भी द्वंद्वात्मक भौतिकवादी पुनर्विचार की ओर आ सके थे। उन्होंने साहित्य एवं कला के व्याख्याकार के तौर पर हिप्पोलित तेन के कार्य को आगे बढ़ाया था। सौंदर्यचेतना के अंतःस्वायत्त होने या 'कला कला के लिए' के सवाल को वे ऐसी स्वच्छंदतावादी स्वतंत्रता की जरूरतों से उपजा हुआ देखते थे जो अपने दौर की पतनशील बूर्जुआ नैतिकता से उबरने का प्रयास कर रही थी। इस अर्थ में वे 'कला कला के लिए' वाले सिद्धांत की भी सामाजिक अंतर्भूमि को अपने सामने रखने की सलाह देते थे, ताकि सौंदर्य की सामाजिक अंतर्भूमि को स्पष्ट किया जा सके।

जॉर्जी प्लेखानोव की उल्लेखनीय कृतियां : 1. सोशलिज्म एंड द पॉलिटिकल स्ट्रगल (1883), 2. द मीनिंग ऑफ हीगेल (1891), 3. एस्सेज ऑन द हिस्ट्री ऑफ मेटीरियलिज्म (1893), 4. द डेवलपमेंट ऑफ द मोनिस्ट व्यू ऑफ हिस्ट्री (1895), 5. एनार्किज्म एंड सोशलिज्म (1895), 6. वोलिंस्की एंड रेशनल रिएलिटी (1897), 7. द मेटीरियल कंसेप्शन ऑफ हिस्ट्री (1897), 8. हिस्टॉरिकल मेटीरियलिज्म एंड द आर्ट्स (1899), 9. साइंटिफिक सोशलिज्म एंड रिलीजन (व्याख्यान) (1904), 10. फ्रेंच ड्रामा एंड द पेंटिंग ऑफ द एटींथ सेंचुरी (1905), 11. इब्सन : पेटी-बूर्जुआ रेवोल्यूशनिस्ट (1908), 12. हेनरी बर्गसां (1909), 13. ऑन द स्टडी ऑफ फिलॉसफी (1910), 14. आर्ट एंड सोशल लाइफ (1912), 15. फ्रॉम आइडियलिज्म टू मेटीरियलिज्म : हीगेल एंड लेफ्ट हीगेलियनिज्म (1915-17)।

विनोद शाही

अधिक जानकारी के लिए :
1. **Plekhanov : The Father of Russion Marxism** : Samuel H Baron, 1963, 2. **Selected Philosophical Works in Five Volumes** : Georgi Plekhanov, 1974, 3. **Genesis and Development of Plekhanov's Theory of Knowledge** : D Steila, 1990

जासूसी उपन्यास

जासूसी उपन्यास की शुरुआत अंग्रेजी उपन्यासकार एडगर एलेन पो के 'द मर्डर्स इन द र्‌यू मॉर्ग' (1841) से मानी जाती है। जासूसी उपन्यास में मुख्य चिंता सत्य का पता लगाने की होती है और इसकी राह जटिल होती है। इसमें आभ्यंतरिक तर्क की भूमिका महत्वपूर्ण है। इसका ताना-बाना रहस्य पर टिका होता है जो अंत में खुलता है। जासूसी उपन्यास एक किस्म के बौद्धिक खेल जैसा है। इसका प्रधान सूत्र है हत्या या किसी अपराध के बाद अपराधी की खोज में जासूस का प्रवृत्त होना। एकाधिक लोगों पर शंका करते हुए प्रमाणों को नाप-तोलकर सच्चे अपराधी का पता लगाना और उसे दंडित किया जाना।

जासूस प्राचीन युग से रहे हैं, जिन्हें गुप्तचर कहा जाता था। कौटिल्य के 'अर्थशास्त्र' में गुप्तचरों का उल्लेख है। राज्य के अस्तित्व के साथ ही गुप्तचर की धारणा जुड़ी हुई है, जो पकड़े जाते थे तो भी मुंह नहीं खोलते थे। उनमें कष्ट सहने की बड़ी क्षमता थी। फारसी के दास्तानों और रोमांसों में जासूस और अय्यार होते थे जो चतुर, रणनीतिकार और प्रत्युत्पन्न मस्तिष्क के होते थे। वे कभी निरुपाय नहीं होते थे और बड़े व्यवहार कुशल होते थे। जो जाहिर है उसे ओझल करने में दक्ष, अति पराक्रमी और वाग्पटु भी होते थे। जासूस हमेशा दुश्मनों की टोह में लगे रहनेवाले व्यक्ति थे। मुगलों के शासन के दौर में गुप्तचर तंत्र बड़ा मजबूत था। हिंदी में फारसी के उन दास्तानों और रोमांसों की परंपरा में ही देवकीनंदन खत्री की 'चंद्रकांता संतति' 1888 में छपी थी। इसका हिंदी गद्य को लोकप्रिय बनाने में बड़ा हाथ था।

जासूसी उपन्यास पर वैज्ञानिक खोजों का असर पड़ता रहा है। प्राकृतिक विज्ञानों, औषधिविज्ञान, फोरेंसिक जांच-पड़ताल, डीएनए परीक्षण से इंटरनेट, मोबाइल एवं नए ग्रहों की अद्यतन खोज तक का जासूसी कथाओं, फिल्मों, धारावाहिकों आदि पर व्यापक असर पड़ा है। हिंदी के जासूसी उपन्यास भी जादुई कारनामों से तार्किक व्याख्या की भूमि पर आने लगे। इसकी एक वजह शरलोक होम्स की कहानियों का असर था, हालांकि हिंदी के जासूसी उपन्यास में तार्किक व्याख्या का स्तर निम्न रहा है।

फ्रांचेस्का ऑर्सिनी ने हिंदी के आरंभिक जासूसी उपन्यासों का अध्ययन करते हुए बताया है कि हिंदी के जासूसी उपन्यास अनुकरण के रूप में ज्यादा लिखे गए। इनमें फोकस जासूस के रहस्यमय चरित्र, उसके आकर्षक तौर-तरीकों और आकस्मिकता पर अधिक था। ये कुछ निश्चित फार्मूलों पर आधारित थे—अनिश्चय, रहस्य, संकेत और संकेत के आधार पर पीछा करना। जासूसी उपन्यास विशुद्ध रूप से मनोरंजन के दायरे की चीजें थीं। 'एक बार शुरू करके आप बीच में न छोड़ पाएंगे', 'हर भाग में एक खौफनाक हैरतअंगेज दास्तान', 'मनोरंजक और संदेशपूर्ण', ऐसे दावे जासूसी उपन्यास के विज्ञापनों में होते थे। ऐसे कुछ उपन्यास सच्ची घटनाओं का दावा करके लिखे जाते थे, जो हत्या, अपहरण, यौन अपराध, डकैती, बड़ी चोरी और कई बार उत्तराधिकार के लिए संघर्ष की घटनाओं से संबंधित होते थे। जासूसी उपन्यास के पाठकों में मुख्य रूप से विद्यार्थी, दुकानदार, व्यापारी या दफ्तर के शिक्षित कर्मचारी हुआ करते थे। जासूसी उपन्यासों ने एक व्यावसायिक पुस्तक संस्कृति का निर्माण किया। (इंडियन लिटरेरी हिस्ट्री : एसेज ऑन द नाइंटींथ सेंचुरी : वसुधा डालमिया, स्टुअर्ट एच ब्लैकबर्न)।

हिंदी में आगे चलकर गोपालराम गहमरी ने जासूसी उपन्यासों और कहानियों को पाठकों में लोकप्रिय बनाया। ऐसे उपन्यासों का मुख्य आकर्षण रहा है अपराधी की पहचान को अंत तक सुरक्षित रखते हुए पाठकों के कौतूहल को बनाए रखना।

कई उपन्यासों में जासूस या वकील के लिए संबंधित व्यक्ति को अपराधी प्रमाणित करने तथा इस कार्य के खतरों का सामना करने में ही लेखक की प्रतिभा दृष्टिगोचर होती है। ऐसी कथाओं को अंग्रेजी में 'हार्ड ब्वाइल्ड स्टोरी' कहते हैं। गोपालराम गहमरी के बाद किशोरी लाल गोस्वामी, ईश्वरी प्रसाद शर्मा और दुर्गा प्रसाद खत्री से लेकर ओम प्रकाश शर्मा आदि तक जासूसी उपन्यासों की व्यावसायिक परंपरा रही है। दूसरी ओर पश्चिम में आर्थर कानन डायल, अगाथा क्रिस्टी, सेरौक्स जैसे लेखकों ने जासूसी उपन्यास को एक स्वतंत्र और लोकप्रिय विधा बना दिया था। भारतीय भाषाओं में बड़े जासूसी उपन्यास नहीं लिखे जा सके, क्योंकि 'विशिष्ट ब्योरे' नहीं चुने गए, तार्किक व्याख्याएं आकार नहीं ले सकीं और वैज्ञानिक जगत की नई घटनाओं से संबंध नहीं बना। पाठक संसार का बौद्धिक मानस भी सीमित था। सिर्फ सनसनीखेज घटनाओं और उत्तेजक शीर्षकों से स्तरीय जासूसी उपन्यास बनना मुश्किल था। फिल्म और टीवी ने जासूसी घटनाओं को अंतर्वस्तु और टेक्नोलॉजी की नई ऊंचाई दी। इनमें सनसनीखेज

घटनाओं का नए सिरे से वर्चस्व स्थापित हुआ है, बल्कि समाचार तक में स्टिंग ऑपरेशन ने कमाल दिखाया है।

जासूसी उपन्यास के अंतिम पृष्ठों में जब वास्तविक अपराधी का पता चलता है तो पाठक विस्मय और आनंद में डूब जाता है। लेखक की सफलता तब होती है जब पाठक सामान्यतः जिस व्यक्ति पर शक करता है, वास्तविक अपराधी उससे भिन्न हो।

गोपालराम गहमरी ने 1900 में गहमर से 'जासूस' नामक मासिक पत्र भी निकाला था। उन्होंने लगभग 200 जासूसी उपन्यास लिखे थे।

सरोज सिंह

अधिक जानकारी के लिए :

1. **Crime Fiction : The New Critical Idiom** : John Sraggs, 2005, 2. **Key Concepts in Crime Fiction** : Heather Worthington, 2011, 3. **Talking About Detective Fiction** : P D James, 2010

जिगमुंट बौमेन

(1925-)

पोलैंड निवासी समाजशास्त्री जिगमुंट बौमेन (Zygmunt Bauman) का जन्म 19 नवंबर 1925 को एक यहूदी परिवार में हुआ था। 1939 में पोलैंड पर नाजियों के आक्रमण के बाद बौमेन का परिवार सोवियत संघ में जा बसा जहां सोवियत नियंत्रित पोलिश फर्स्ट आर्मी में उन्होंने राजनीतिक शिक्षा के प्रशिक्षक के रूप में काम किया। उन्होंने कोलबर्ग और बर्लिन के युद्ध में भी भाग लिया था, जिसके लिए 1945 में उन्हें मिलिटरी क्रॉस ऑफ वेलोर से सम्मानित किया गया था। द्वितीय विश्वयुद्ध के बाद उन्होंने वारसा की समाजविज्ञान अकादेमी में समाजविज्ञान का अध्ययन किया। वारसा में स्टेनिस्ल आसोवस्की और जूलियन होच्फेल्ड उनके शिक्षक थे। अपने पिता के यहूदीवाद के समर्थन के चलते उनसे जुदा होकर अपनी स्नातकोत्तर की शिक्षा पूरी की और 1954 में वारसा विश्वविद्यालय में प्रवक्ता बने जहां 1968 तक काम किया। पोलैंड सरकार द्वारा चलाए गए यहूदी विरोधी अभियान के कारण उन्हें पोलैंड छोड़ना पड़ा और थोड़े समय इजराइल में रहने के बाद वे लीड्स विश्वविद्यालय में समाजशास्त्र के पीठ पर नियुक्त हुए। 1971 से बौमेन इंग्लैंड में रह रहे हैं। बौमेन ने अपने समय की विभिन्न ज्वलंत समस्याओं से संबंधित विषयों पर लिखा है। आधुनिकता, नरसंहार, उत्तर-आधुनिकता, उपभोक्तावाद और तरल आधुनिकता जैसे विषयों पर बौमेन ने अधिकारपूर्वक अपनी लेखनी चलाई है। वे हमेशा यहूदीवाद के विरोधी रहे।

बौमेन ने वर्ग और सामाजिक संघर्ष जैसे विषयों पर 1980 तक लगातार लिखा। इस कड़ी की अंतिम पुस्तक 'मेमरीज ऑफ क्लास' है। वे अपने को हमेशा समाजवादी कहते रहे हैं और मार्क्सवाद को कभी पूर्णतः खारिज नहीं किया। मार्क्सवादी सिद्धांतकार अंतानिओ ग्राम्शी का प्रभाव उन पर काफी गहरा रहा है। बौमेन ने 1980 और 1990 के मध्य आधुनिकता, कार्यपालिका, विवेक और सामाजिक बहिष्कार के संबंधों पर आधारित पुस्तकें प्रकाशित कीं।

बौमेन ने फ्रायड का अनुकरण करते हुए यूरोपीय समाज में आधुनिकता के प्रभाव पर प्रकाश डाला है और बताया कि यूरोपियन समाज ने बढ़ी हुई व्यक्तिगत सुरक्षा का लाभ पाने के लिए अपनी

जिगमुंट बौमेन

कुछ आजादी छोड़ देने की स्वीकृति दे दी थी। बौमेन के अनुसार आधुनिकता में 'अज्ञात' और 'अनिश्चितताओं' को दूर करने और प्रकृति, पैतृकता, राजतंत्र, नियम और संयम, नियंत्रण और श्रेणी-विभाजन पर नियंत्रण शामिल है जो मानव जीवन को एक व्यवस्था में बनाए रखती है। किंतु बाद में बौमेन ने खुद ही स्वीकार किया कि ये व्यवस्था बनाने वाले प्रयास इच्छित परिणाम नहीं ला सकते। जब जीवन एक परिचित और नियंत्रित किस्म का बन जाता है तब वह एक सामाजिक समूह बन जाता है जिसे नियंत्रित या शासित नहीं किया जा सकता। अपनी पुस्तक 'मॉडर्निटी एंड एंबिवैलेंस' में 'अजनबी' के उल्लेख द्वारा उन्होंने इसी तथ्य को उजागर किया है।

जॉर्ज सिमेल के समाजशास्त्र और देरिदा के दर्शनशास्त्र की सहायता से बौमेन इस 'अजनबी' (Stranger) को एक ऐसे व्यक्ति के रूप में चित्रित करते हैं जो उपस्थित तो है, किंतु अनजाना है। बौमेन एक ओर उपभोक्ता केंद्रित अर्थव्यवस्था में इस अजनबी को भिन्न किस्म के भोजन, भिन्न किस्म के परिधान और अपरिचित का अन्वेषण करने के गौरव की भावना के साथ मोहक बताते हैं तो दूसरी ओर उसे वश में न कर पाने और नियंत्रित न कर पाने के कारण भय का कारण बताते हैं, उसे लुटेरा बताते हैं। बौमेन की पुस्तक 'मॉडर्निटी एंड होलोकास्ट' में इसी भय के खतरे की चर्चा है। बौमेन ने सर्वनाश (होलोकास्ट) को केवल यहूदी इतिहास की एक घट ना न मान कर आधुनिकता और व्यवस्था बनाने के इसके प्रयास से जुड़ा हुआ बताया है।

बौमेन परिवर्तित होते समय के साथ परिवर्तित होती विचारधाराओं के साथ अपने को जोड़े रखते हैं। 1990 के मध्य से वे उत्तर-आधुनिकता और उपभोक्तावाद की छानबीन करते हैं। बौमेन का कहना है कि बीसवीं शताब्दी के उत्तरार्ध में आधुनिक समाज रूपांतरित हो गया है। यह 'उत्पादकों का समाज' के बदले 'उपभोक्ताओं का समाज' बन गया है। यह मॉडर्निटी से पोस्ट-मॉडर्निटी में परिवर्तन है। यह परिवर्तन फ्रायड के 'मॉडर्न' के विपरीत है। कुछ पुस्तकों में मॉडर्न के पहले 'पोस्ट' के बदले 'लिक्विड' और 'सॉलिड' उपसर्गों का प्रयोग हुआ है।

उदय राज

अधिक जानकारी के लिए :
1. **Memories of Class : Pre-History and After-Life of Class** : Zygmunt Bauman, 1982, 2. **Culture as Praxis** : Zygmunt Bauman, 1973, 3. **Socialism : The Active Utopia** : Zygmunt Bauman, 1976, 4. **Toward a Critical Sociology : An Essay on Common Sense and Emancipation** : Zygmunt Bauman, 1976, 5. **Modernity and the Holocaust** : Zygmunt Bauman, 1989, 6. **Culture, Modernity and Revolution** : **Essays in Honour of Zygmunt Bauman** : Richard Kilminster, Ian Varcoe (Ed.), 1996

जिजीविषा

मनुष्य के व्यवहार के पीछे प्रवृत्तियों के दो वर्ग मुख्य रूप से काम करते हैं–जिजीविषा और मुमूर्षा। जिजीविषा जीने की तीव्र इच्छा को कहते हैं, यह जीवन को बनाए रखती है। मुमूर्षा की स्थिति में जीवन बेकार लगता है और मरने की इच्छा बार-बार उठती है। इन प्रवृत्तियों में बड़ी ताकत होती है। मनुष्य के व्यवहार इनसे प्रेरित होते हैं। जिजीविषा और मुमूर्षा एक-दूसरे में घुली-मिली रहती हैं, जिन्हें बड़ी कठिनाई से अलग करके देखना संभव है।

हर प्राणी को जीवन में बाधाओं और तनावों का सामना करना पड़ता है। यह जिजीविषा का काम है जो सभी प्रकार के तनावों को मिटाए और मनुष्य की आनंद प्राप्ति में सहायक हो। मुमूर्षा जीवन से ही छुटकारा पाने की प्रवृत्ति है। मनुष्य जीवित रह पाता है, यह जिजीविषा का प्रभाव है। साहस या वीरता के कामों में जिजीविषा मुमूर्षा को मन से बाहर निकाल देती है। जिजीविषा के समान ही सिसृक्षा है, जो सृजन करने की तीव्र इच्छा को कहते हैं, जो किसी इंसान में दबी होती है और किसी में उभरी। इन सबका अच्छा उदाहरण 'कामायनी' (प्रसाद) के मन में है। उसमें

प्रलय के बाद जीने की इच्छा मिट जाती है। फिर मुमूर्षा और जिजीविषा एक-दूसरे में घुलती-मिलती हैं, अंततः जिजीविषा भारी पड़ती है, 'यह संकेत कर रही सत्ता किसकी सरल विकासमयी/जीवन की लालसा आज क्यों इतनी प्रखर विलासमयी/तो फिर क्या मैं जियूं और भी–जीकर क्या करना होगा/ देव! बता दो, अमर वेदना लेकर क्या मरना होगा?'

दिनेश कुमार शर्मा

जिज्ञासा

जिज्ञासा (Curiosity) मनुष्य की एक स्वाभाविक प्रवृत्ति है जो नई स्थिति, नई वस्तु या किसी असाधारण को लक्षित करके जाग्रत हो जाती है। यह कौतूहल और उत्सुकता से आगे की स्थिति है, जिससे विषय के बारे में गहराई से जानने की उत्प्रेरणा मिलती है। कुछ व्यक्तियों में ज्ञान, सूचना और समझ में विस्तार की भूख ज्यादा होती है, कुछ में कम। मनुष्य जिज्ञासा के कारण ही नई खोजों और आविष्कारों की तरफ बढ़ता है और नई चीजें सीखना चाहता है। वह जिज्ञासा के लिए जोखिम तक उठाता है। फाहियान, कोलंबस जैसे व्यक्तियों ने जिज्ञासावश ही कठिन परिस्थितिया झेलकर लबी यात्राएं कीं। वैज्ञानिकों ने भाप का इंजिन, टेलीफोन, हवाई जहाज और दूरदर्शन ईजाद किए।

जिज्ञासा का संबंध मनुष्य की आत्मपहचान और उसके सर्वतोमुखी विकास से है। श्वेताश्वतर उपनिषद की शुरुआत ही प्रश्नों से होती है, 'ब्रह्म या आदि कारण क्या है? हम कहां से जनमे हैं, किससे जीते हैं और कहां स्थित हैं? ब्रह्मज्ञानियो, बताओ कि हम किस व्यवस्था में बंधे हुए सुख-दुख से गुजरते हैं।' कठोपनिषद का नचिकेता अपनी तीव्र जिज्ञासा के कारण यम यानी मृत्यु तक का पीछा करता है। अर्जुन की जिज्ञासाओं से ही गीता बनी। प्राचीन जिज्ञासाओं से मिथकों का और आधुनिक जिज्ञासाओं से वैज्ञानिक धारणाओं और वस्तुओं का निर्माण हुआ। ईश्वर के प्रति जिज्ञासा से लेकर आधुनिक अंतरिक्ष अभियानों तक सभ्यता ने बड़ी विजय जिज्ञासा के बल पर ही हासिल की। इसे ज्ञान हासिल करने की सकारात्मक अभिप्रेरणा माना जाता है।

जिज्ञासा व्यक्तित्व की गतिशीलता का चिह्न है। लोग पुस्तकों के पास जाते रहे हैं। नए ज्ञान, आविष्कार और कौशल के कारण सामाजिक प्रतिष्ठा ही हासिल नहीं होती, इनका बाजार मूल्य भी है, क्योंकि इनसे बहुत-सी अनिश्चितताएं और असुविधाएं दूर होती हैं। हर जिज्ञासा ज्ञान के आनंद की ओर ले जाती है। यह इसकी सूचना है कि व्यक्ति सब कुछ जानकर या जितना जानता है उससे संतुष्ट होकर बैठ नहीं गया है, बल्कि अधिक ज्ञान से पता चलता है कि वह कितना कम जानता है। जिज्ञासा का मर जाना आत्मक्षय है। कई बार जिज्ञासा एक विद्रोह होती है। अज्ञेय के 'शेखर एक जीवनी' में शेखर इसी वजह से विद्रोही है। यह बहुत कुछ सामाजिक और शैक्षिक वातावरण पर निर्भर है कि व्यक्ति के अंदर तीव्र जिज्ञासा पैदा करने वाली अभिप्रेरणाएं उसमें हैं या पूरा वातावरण ही हतोत्साह करने वाला है। उपभोक्ता समाज में भोगने की प्रवृत्ति जिज्ञासा की प्रवृति पर भारी पड़ जाती है और व्यक्ति का मन जरूरत की मोटी सूचनाओं से ही शांत हो जाता है।

शंभुनाथ

जियाउद्दीन बरनी
(1285-1357)

इतिहासकार और राजनीतिक विचारक जियाउद्दीन बरनी का जन्म 1285-86 में गियासुद्दीन बलबन के समय में हुआ था। उसके नाना, पिता और चाचा का क्रमशः बलबन, सुल्तान जलालुद्दीन खिलजी और सुल्तान अलाउद्दीन खिलजी के राज्य में बहुत सम्मान था। बरनी को उस समय के बड़े-बड़े विद्वानों से शिक्षा मिली थी। वह शेख निजामुद्दीन औलिया

का भक्त और अमीर खुसरो का घनिष्ठ मित्र था। बरनी को शिक्षा और राज्य तथा कलाकारों से संपर्क के कारण सब नेमतें हासिल थीं, फिर भी अपने शत्रुओं के कारण उसे काफी कष्ट झेलने पड़े थे। वह मुफलिसी के कगार पर भी पहुंचा। बरनी को कुछ समय तक जेल की सजा भी भुगतनी पड़ी थी। उसका सबसे अच्छा समय मुहम्मद बिन तुगलक के शासन के दौरान बीता। उसकी सुल्तान से निकटता थी। कहा जाता है कि अमीरों और अधिकारियों को जब सुल्तान से कोई याचना करनी होती थी तो वे अपना प्रार्थना पत्र बरनी के द्वारा ही भेजते थे।

मुहम्मद बिन तुगलक की गद्दी छिन जाने के बाद बरनी का राज्य-संपर्क टूट गया। इसी दौरान उसने सरकार, धर्म और इतिहास को लेकर किताबें लिखीं। उसकी लिखी पुस्तकों में फतवा-ए-जहांदारी और तारीख-ए-फिरोजशाही मुख्य हैं। फतवा-ए-जहांदारी में धर्म और सरकार के पक्षों के मेल के महत्व और राजनीतिक दर्शन की चर्चा की गई है। प्रजा से सम्मान पाने के लिए मुस्लिम शासकों के विभिन्न कार्यों और दायित्वों का उल्लेख फतवा-ए-जहांदारी में बरनी ने किया है। इस पुस्तक में बरनी लिखता है, 'धर्म और सरकार जुड़वां हैं अर्थात धर्म का प्रधान और प्रशासन का प्रधान जुड़वां भाई हैं।' तारीख-ए-फिरोजशाही में इतिहास की विशेषताओं के साथ इतिहासकार के कर्तव्यों की चर्चा है। इसमें बलबन के समय से लेकर सुल्तान फिरोज के पहले छह वर्षों के शासन का वर्णन मिलता है। इसमें बलबन, जलालुद्दीन खिलजी, अलाउद्दीन खिलजी और मुहम्मद बिन तुगलक के विचार भी उद्धृत किए गए हैं।

बरनी इस्लाम के प्रति अपनी कट्टरता के लिए जाना जाता है, पर वह हिंदुओं से जज़िया कर लेने के विरुद्ध था। उसने 'फतवा-ए-जहांदारी' में लिखा है, 'नास्तिकता को उखाड़ फेंकना और नास्तिकों तथा बहुदेववादियों की उपेक्षा तभी संभव है जब राजा अपने संपूर्ण साहस और दृढ़ निर्णय से खुदा और पैगंबर की स्वीकृति पाने के लिए सभी में सच्चा विश्वास स्थापित करे। यदि राजा केवल कर लेकर और हिंदुओं से, जो मूर्तियों और गाय के गोबर के पुजारी हैं और नास्तिकों के साथ शांति से रह लेते हैं—उपहार लेकर संतुष्ट हो जाते हैं, तब नास्तिकता खत्म नहीं होगी, सत्य अपने मुख्य केंद्र में स्थापित नहीं हो सकेगा और महान सत्य का सम्मान नहीं हो सकेगा।' तारीख-ए-फिरोजशाही में बरनी का दावा था कि उसने जो भी लिखा है सत्य लिखा है। मध्य काल के इतिहासकारों के लिए बरनी के विवरण प्रामाणिक स्रोत हैं। निजामुद्दीन औलिया और अन्य सूफी संतों के बारे में बरनी की किताबें महत्वपूर्ण हैं। बरनी की अन्य पुस्तकों में सलवटे कबीर, साना-ए-मुहम्मदी, हशरतनामा, इनायतनामा और मा-असिर सादत हैं। जियाउद्दीन बरनी ने फिरोजशाह तुगलक के समय ही अपनी महत्वपूर्ण रचनाएं पूरी की थीं। किंतु इसके लिए उसे कोई सम्मान नहीं मिला था। गरीबी की दशा में ही 1357 में उसकी मौत हो गई।

उदयराज

जिहाद

इस्लाम में 'जिहाद' व्यापक अर्थ में लिया जाता है। यह नमाज रोजा, जकात और हज की तरह ही इस्लाम का एक बुनियादी आधार है। जिहाद का शाब्दिक अर्थ युद्ध या धर्म युद्ध है। यह शब्द अरबी के जुअहद धातु से बना है, जिसका अर्थ है शक्ति, योग्यता अथवा ताकत का प्रदर्शन करना या लगातार प्रयास करना। 'जद्दोजहद' मुहावरा इसी 'जुअहद' से आया है, जिसका अर्थ संघर्ष भी होता है। जिहाद करने वाले को 'मुजाहिद' कहा जाता है, उन्हें 'जिहादी' भी कहा जाता हैं।

प्रसिद्ध दार्शनिक क्लेन ने जिहाद का अर्थ संघर्ष बताया है। उनके विचार से जिहाद तीन प्रकार के होते हैं—1. प्रत्यक्ष दुश्मन के खिलाफ जिहाद 2. अप्रत्यक्ष दुश्मन (दुष्ट प्रवृत्तियों) के खिलाफ जिहाद, 3. सांसारिक मोहमाया में लिप्त इंद्रियों के खिलाफ जिहाद। लेकिन कुरानी आयतों की व्याख्या के आधार पर विद्वानों द्वारा दो ही प्रकार के जिहाद

का उल्लेख किया गया है। पहला जिहाद अल अकबर या बड़ा जिहाद, दूसरा अल असगर या छोटा जिहाद। हिंदुस्तान में जिहाद को व्यापक अर्थ में लेने वाले लोग हैं।

इस्लाम में सबसे बड़ा जिहाद या संघर्ष अपनी इंद्रियों को वश में करना माना गया है। इस्लामी दार्शनिकों-विद्वानों का विश्वास है कि शुरुआत में इस्लाम के प्रचार-प्रसार के लिए जो युद्ध लड़ा गया, उसमें योद्धाओं को उत्साहित करने के लिए आध्यात्मिक शब्द जिहाद का इस्तेमाल किया गया ताकि योद्धाओं में एक खास तरह का मजहबी जोश और जज्बा पैदा हो। लेकिन 'रिलीजन ऑफ इस्लाम' के विद्वान लेखक मुहम्मद अली का मानना है कि जिहाद शब्द का मकसद सिर्फ इस्लाम के प्रचार के लिए युद्ध नहीं है। इनका कहना है, मक्का में अवतरित होने वाले कुरानी संदेशों में जितनी बार जिहाद शब्द का इस्तेमाल हुआ, उसका अलग-अलग संदर्भों में अलग-अलग अर्थ है। कहीं इसका अर्थ 'मेहनत', कहीं 'आत्ममंथन', तो कहीं 'कर्म संघर्ष' के अर्थ में व्यक्त हुआ है।

मदीना में जब आत्मरक्षा के लिए युद्ध करना जरूरी हो गया, तब से युद्धों को जिहाद के नाम से परिभाषित किया जाने लगा था। एक हदीस (मुहम्मद साहब का कथन) में कहा गया है, सर्वश्रेष्ठ जिहाद 'हज' पर जाना है। यह अलग बात है कि कुछ कट्टर मजहबी व्यक्तियों ने इसे रूढ़िवाद, क्रूरता और बदले की संकुचित भावना के रूप में स्थापित कर दिया है।

माना जाता है कि पहला जिहादी युद्ध अरब में स्थानीय लोगों, यहूदियों और ईसाइयों के विरुद्ध लड़ा गया। जिहाद के अर्थ को लेकर इस्लामी फिरकों में मतभेद है। इसके बावजूद इसके महत्व को कोई नहीं नकारता। जिहाद को इस्लाम के पांच मुख्य स्तंभों के बाद छठा स्तंभ माना गया है। कहा गया है कि जिहादियों पर कयामत के दिन खुदा की विशेष कृपा होगी। उन्हें स्वर्ग में विशेष स्थान प्राप्त होगा। उन्हें सभी ऐश्वर्य सुख देने का आश्वासन दिया गया है।

सेराज खान बातिश

अधिक जानकारी के लिए :

1. **The Islamic Law of War : Justifications and Regulations :** Ahmed Al-Daw-oody, 2011,
2. **Essential Islam : A comprehensive Guide to Belief and Practice :** Diane Morgan , 2010

जीन

जीन (Gene) शब्द का पहला इस्तेमाल डेनिश जीववैज्ञानिक विल्हेम लुडविग जोहानसेन (1857-1927) ने 1909 में किया था। यह मूलतः ग्रीक शब्द 'gignomai' से निकला था जिसका अर्थ है 'हो जाना'। जीन के संबंध में मोटी बात यह है कि प्रत्येक प्राणी में निर्दिष्ट संख्या में क्रोमोजोम होते हैं। मनुष्य में 23 जोड़े होते हैं जिनमें आधे मां और आधे पिता के शरीर से आते हैं। एक क्रोमोजोम एक निर्दिष्ट जगह पर जीन होता है। यह जीन वंशगत विशिष्टता वहन करने वाली इकाई है। जीन DNA का वह अंश है जो प्रोटीन की पॉली-पेपटाइड श्रृंखला का संश्लेषण करता है। प्राणी के शरीर को यदि इमारत माना जाए तो प्रोटीन उसकी ईंट है। यौन संबंध के दौरान एक पीढ़ी का जीन दूसरी पीढ़ी में संक्रमित हो जाता है और उसकी नकल बनती जाती है। मनुष्यों के रंग, चेहरे-मोहरे, कद आदि में भिन्नता जीन के कारण घटित होती है, एक ही मां-बाप की संतान होने के बावजूद। किसी संतान में लाख-लाख जीन में कितने सक्रिय होते हैं और कितने ही प्रच्छन्न रह जाते हैं। एक में जो जीन प्रच्छन्न रह गए होते हैं वे दूसरी संतान में सक्रिय हो उठते हैं। इसलिए मनुष्य-मनुष्य में इतनी आकृतिगत भिन्नता है।

जीन की ही तरह जीनोम (Genom) पर भी काफी अनुसंधान हुए हैं। जीनोम से जीन का समाहार होता है। इससे देह में निर्दिष्ट RNA और प्रोटीन ही तैयार नहीं होता बल्कि इसमें अन्य कई चीजें भी है जिन पर जीववैज्ञानिक अनुसंधान जारी है। जीन DNA के असीम समुद्र में तैरते द्वीप जैसे होते हैं

जिन्हें दूरबीन से देखना होता है। जीनोम जीन स्थान बताते हैं और DNA के विन्यास की निर्दिष्टसूचना देते हैं। जीन के आधार पर DNA परीक्षण से रक्त संबंध का पता चलता है।

मधु सिंह

जीन जेक्स रूसो
(1712-1778)

स्विस दार्शनिक रूसो (Jean Jacques Rousseau) का जन्म जिनेवा के एक गरीब तथा प्रोटेस्टेंट धर्मावलंबी परिवार में हुआ। जन्म के साथ ही माता की मृत्यु और पिता के अनुत्तरदायी होने के कारण रूसो की नियमित और व्यवस्थित शिक्षा नहीं हो पाई। रूसो की गणना पश्चिम के युग प्रवर्तक विचारकों में होती है। उन्होंने बुद्धिवाद से ज्यादा सहज मानवीय भावनाओं को महत्व दिया। 1749 में फ्रांस के डिगान अकादमी द्वारा 'विज्ञान और कला की प्रगति से नैतिकता परिष्कृत हुई या विकृत' विषय पर आयोजित एक निबंध प्रतियोगिता में विजयी घोषित किए जाने की घटना ने भविष्य में रूसो के महान राजनीतिक और सामाजिक दार्शनिक होने का मार्ग प्रशस्त किया। 1753 में 'असमानता की उत्पत्ति तथा उसकी आधारशिला' विषय पर आयोजित निबंध प्रतियोगिता में उन्होंने निजी संपत्ति के विरुद्ध एक लेख भेजा। इस प्रतियोगिता में अपने से हीन रचना को पुरस्कृत किए जाने के कारण सभ्य समाज के प्रति उनके मन में कटुता का भाव आया। इसी मानसिक स्थिति में उन्होंने 'राजनीतिक अर्थव्यवस्था का परिचय' (ऐन इंट्रोडक्शन टू पॉलिटिकल इकोनॉमी), सामाजिक समझौता (सोशल कांट्रैक्ट), इमाइल रचनाएं लिखीं। इसके अलावा रूसो की मुख्य रचनाओं में कलाओं और विज्ञानों के नैतिक प्रभावों पर प्रबंध (डिस्कोर्स ऑन द मॉरल इफेक्ट्स ऑफ आर्ट्स एंड साइंस), 'आत्मस्वीकृतियां' (कन्फेशंस), 'पोलैंड और कोर्सिका का आदर्श

जीन जेक्स रूसो

संविधान' (मॉडल कांस्टीट्यूशंस फॉर पोलैंड एंड कोर्सिका) शामिल हैं।

रूसो पर यूनानी और रोमन साहित्य का गहरा प्रभाव पड़ा था। साथ ही फ्रांस की सामाजिक, आर्थिक और राजनीतिक परिस्थितियों का भी उनके दार्शनिक चिंतन पर प्रभाव पड़ा। चर्च, पादरी, पोप और धर्म के प्रति गहरे असंतोष ने भी उनके चिंतन पर अपनी छाप छोड़ी। प्लेटो, अरस्तू, मेकियाबेली, ग्रोशस, हॉब्स, लॉक, मांटेस्क्यू, पुफेनडार्फ, दिदरो, वाल्टेयर, ह्यूम, बर्क जैसे विचारकों ने भी रूसो पर गहरा प्रभाव डाला।

रूसो ने इतिहास के तथ्यों को संकलित करने और उनकी तुलना से निष्कर्ष निकालने के बजाय गूढ़ चिंतन पद्धति अपनाई। मैक्सी के शब्दों में 'रूसो की पद्धति गूढ़ चिंतन की पद्धति है और वह तथ्यों का प्रयोग केवल अपनी सैद्धांतिक पूर्व-धारणाओं को पुष्ट करने के लिए करता है।'

रूसो ने मनुष्य को स्वभाव से अच्छा माना है। अपने से प्रेम पर काबू न रख पाने के कारण तथा आत्मरक्षा और सहानुभूति में सामंजस्य स्थापित न कर पाने के कारण मनुष्य का अंतःकरण भ्रष्ट हो

जाता है। रूसो का मानना है कि अंतःकरण सत्कार्य की प्रेरणा देनेवाला शक्ति केंद्र है। लेकिन व्यक्ति को उचित और अनुचित कार्य की पहचान विवेक ही करवाता है। साथ ही मनुष्य के संबंध में रूसो का यह भी मानना था, 'मनुष्य स्वतंत्र जन्म लेता है लेकिन वह अपने को सर्वत्र जंजीरों में फंसा पाता है।'

रूसो ने मानव स्वभाव पर आधारित तीन प्राकृतिक अवस्थाओं की कल्पना की है। सर्वप्रथम आदि प्राकृतिक अवस्था। इस अवस्था में रूसो का मनुष्य स्वतंत्र, एकाकी, सीधा, सरल और अनैतिक भावनाओं से युक्त, भाषाविहीन, संपत्ति और परिवार-विहीन, भद्र बर्बर के समान था। मध्यवर्ती प्राकृतिक अवस्था का युग जनसंख्या वृद्धि और सभ्यता के विकास का युग है। तीसरी अवस्था है—भूस्वामित्व और सभ्यता के विकास के बाद की प्राकृतिक अवस्था, जिसमें स्वार्थ, लोभ, पाप, आकांक्षा, संघर्ष, प्रतिस्पर्धा, हत्या, भय, युद्ध, आतंक का साम्राज्य छा गया। शांति स्थापित करने के लिए आधुनिक समाज में कानून बने जिससे मानव की स्थिति और दयनीय हो गई। मानव जाति का इस दयनीय दशा से उद्धार करने के लिए रूसो ने 'प्राकृतिक अवस्था की ओर लौटो' का नारा दिया।

रूसो ने इच्छा के अर्थ और स्वरूप, व्यक्तिवाद, समाजवाद, निरंकुशवाद और प्रजातंत्र पर महत्वपूर्ण विचार सामने रखे। वे अपने चिंतन के जरिए लगातार एक आदर्श राज्य और समाज के निर्माण की राहें खोजते रहे। इस बात की पुष्टि उनके इस कथन से होती है, 'समस्या एक ऐसे समुदाय का निर्माण करने की है जो संपूर्ण सामूहिक शक्ति के साथ मिलकर प्रत्येक व्यक्ति और उसके हितों की रक्षा करे तथा जिसके द्वारा प्रत्येक व्यक्ति अपने को सबके साथ मिला दे, वहां वह पहले की तरह स्वतंत्र बना रहे।' दरअसल, राजनीतिक साहित्य में लोकतांत्रिक सरकार की अवधारणा को सामने लाने में रूसो का बड़ा योगदान था। उनके विचारों ने फ्रेंच क्रांति में एक बड़ी भूमिका निभाई।

राखी राय हल्दर

अधिक जानकारी के लिए :

1. **Rousseau and Romanticism** : Irving Ballitt, 1919, 2. **Rousseau, Kant and Goethe** : Ernst Cassirer, 1945, 3. **Jean Jacques : The Early Life and Work** : Maurire Ganston, 1982, 4. **Rousseau : An Introduction to His Psychological, Social and Political Theory :** Nicholas J H Dent, 1989

जीनत महल
(1823-1886)

जीनत महल अंतिम मुगल बादशाह बहादुरशाह जफर की बेगम थीं। बेगम जीनत महल ने दिल्ली और आसपास के क्षेत्रों से सैनिकों को इकट्ठा किया था और देशप्रेम का परिचय दिया था। उन्होंने अपने पति बहादुरशाह जफर को 1857 के स्वतंत्रता संग्राम में एक क्रांतिकारी सैनिक के रूप में भाग लेने के लिए प्रेरित किया। बहादुरशाह जफर अपनी क्षीण शारीरिक स्थिति और सैन्य शक्ति के कारण इस स्वतंत्रता संग्राम में भाग लेने के लिए तैयार नहीं थे। जीनत महल ने उनसे कहा—'यह समय गजलें कहकर दिल बहलाने का नहीं है। बिठूर से नाना साहब का पैगाम लेकर देशभक्त सैनिक आए हैं। आज सारे हिंदुस्तान की आंखें दिल्ली की ओर (आप पर) लगी हैं। खानदान-ए-मुगलिया का खून हिंद को गुलाम होने देगा, तो इतिहास उसे माफ नहीं करेगा।' (महिलाएं और स्वराज्य : आशारानी व्होरा)। जीनत महल की इन बातों को सुनकर बहादुरशाह जफर की बूढ़ी रगों में नया खून दौड़ उठा। वह तुरंत बोले, 'फिरंगियों ने इतने जुल्म ढाए हैं कि हर तरफ कुहराम मचा हुआ है। देश की निगाहें दिल्ली की ओर लगी हैं, तो हम लड़ेंगे, बेगम, जरूर लड़ेंगे। आगे हमारी और मुल्क की जो किस्मत हो, वह हो। हम कसम खाते हैं कि गुलामी की मौत नहीं मरेंगे। तब तुम्हें भी तकलीफें उठाने के लिए तैयार हो जाना चाहिए।' (वही)।

धर्मेंद्र राय

जीने का अधिकार

जीने का अधिकार इस नैतिक विश्वास की देन है कि हर इन्सान को जो धरती पर पैदा हुआ है, जीने का अधिकार है। सर्वप्रथम 1689 के 'बिल ऑफ राइट्स' में जीवन, स्वतंत्रता और संपत्ति को मनुष्य के प्राकृतिक अधिकार कहा गया था, जिन्हें किसी भी सामाजिक समझौते के तहत सर्मपित नहीं किया जा सकता। फांसी, भ्रूण हत्या और युद्ध के संदर्भ में इस अधिकार की मांग ने एक राजनीतिक बहस को जन्म दे दिया। इससे स्वेच्छया मृत्यु-वरण के अधिकार का प्रश्न भी जुड़ गया है।

सभी स्वतंत्र हैं, सभी के समान अधिकार हैं, सभी को शांति से जीने और प्रगति करने का अधिकार है, सभी को भोजन, कपड़े और घर का अधिकार है, सभी को अपने तर्क और विश्वास निर्मित करने का अधिकार है, सभी को सृजन और कल्पना का अधिकार है, सभी को अभिव्यक्ति की स्वतंत्रता है, सभी को विचरण करने का अधिकार है, सभी को शिक्षा और चिकित्सा का अधिकार है, सभी को परिवार और सह-जीवन का अधिकार है, सभी को मित्रता का अधिकार है, सभी को शालीनतापूर्वक अपना जेंडर व्यक्त करने और यौनिकता का अधिकार है, सभी को श्रम करने और किसी काम को करने से मना करने का अधिकार है, सभी को अपनी संपत्ति रखने का अधिकार है। दूसरों के उपयोग के लिए धरती की संपत्ति छोड़ते हुए, सभी को विश्राम और मनोरंजन का अधिकार है और सभी को भेदभाव से मुक्त एक-दूसरे से सम्मान पाने का अधिकार है। मानवजाति की विभिन्न घोषणाओं में जीने का अधिकार सभ्यता के विकास के साथ उपर्युक्त चीजों से जुड़ता गया और प्रश्न बना कि हम सभी एक साथ एक नई दुनिया में स्वतंत्रता और सम्मानपूर्वक कैसे जी सकते हैं।

जीने के अधिकार को उदारवाद हजारों सालों से विस्तृत करता आया है, जबकि कट्टरवाद इसे सीमित करने में लगा रहा है। राज्य-न्याय के अभाव में यह कभी आम बात थी कि कोई किसी को मार कर चल दे, बादशाह का बेटा अपने पिता को मार कर गद्दी पर बैठ जाए या आरोप लगा कर कभी भी कोई सरेआम मार डाला जाए। राज्य और राजनीतिक चेतना के विकास के बाद जब दुनिया संविधानों की छत्रछाया में आ गई, तब भी लोगों के जीने का अधिकार सुरक्षित नहीं है। संयुक्त राष्ट्र की रिपोर्ट के अनुसार 2012 में दुनिया में करीब पांच लाख लोगों की हत्याएं हुई हैं। ये ज्यादातर अमेरिकी और अफ्रीकी देशों में हुईं। भयंकर हिंसा कोई नई घटना नहीं है। दुनिया की 5% आबादी वाले देश अमेरिका में 35% को शूट करके मार डालने की घटनाएं हुईं। भारत में किसी विवाद में हत्या, नक्सलवादी हिंसा, आतंकवाद, जनसंहार, राजनीतिक हिंसा, वधू हत्या, खाप पंचायत हत्या, बलात्कार के बाद हत्या, पुलिस मुठभेड़ में हत्या, दंगों में हत्या और घरेलू हिंसा में कमी नहीं आई है।

मनुष्य का जीवन कभी इतना असुरक्षित और अपमानों भरा नहीं था, जितना वैश्वीकरण के युग में है। विकास का अर्थ यदि मानव अधिकारों का विस्तार है तो सभ्यता के शिखर पर जीने का अधिकार न मिलना और हरेक का आशंकाओं से घिरे रहना इक्कीसवीं सदी की सभ्यता पर एक बड़ा प्रश्नचिह्न है। भौतिक विकास और मानव अधिकार हनन दोनों का ग्राफ एक साथ ऊपर की तरफ है। पर्यावरणीय छेड़छाड़ से प्राकृतिक आपदाओं में भी वृद्धि हुई है। पहाड़ों और नदियों की चोरी हुई जा रही है। कहीं भी आतंकवादी विस्फोट हो जाए, पता नहीं कहां दंगा हो जाए, कहां गोली चल जाए, यह भय रेंगता रहता है। राजनीतिक हिंसा स्थानीय गुंडों के शक्ति प्रदर्शन और हत्याओं से लेकर राजनीतिक कूटनीतियों तक विस्तृत है। स्त्रियां बाहर ही नहीं घर में भी असुरक्षित हैं। दलित कहीं-कहीं मुखर हों, ज्यादातर लोग उत्पीड़न के शिकार हैं। किसानों की आत्महत्या या आधुनिक जीवन में किसी में जीने की इच्छा का न होना भी एक गहरा सभ्यतागत संकट है, जिसकी जड़ें वैश्वीकरण की बाजार अर्थव्यवस्था में हैं।

एशिया में मानव अधिकार सामान्यतः बाजार, सैन्यसत्ता और सामुदायिक कट्टरवाद के नियंत्रण में हैं। तीनों ही किसी न किसी रूप में जीने के अधिकार को सीमित करते हैं—शांति, आत्मसम्मान और सुख के साथ जीने के अधिकार को। इस महादेश में न्याय और स्वतंत्रता के अभाव की वजह से ही एशियाई राज्य-निरंकुशता की धारणा जन्मी। इसकी चर्चा हीगेल, मैक्समूलर, ब्लूमफील्ड, हटिंगटन जैसे पश्चिमी विद्वान करते आए हैं, जबकि उन्होंने एशिया को पूरी तरह जान कर यह नहीं कहा। पश्चिमी निरंकुशता और उपनिवेशवाद के सामने एशियाई निरंकुशता टिक नहीं सकती। प्राचीन युग के महाभारत में है, 'मरने से जीवित रहना श्रेष्ठ है क्योंकि जीवित व्यक्ति पुनः धर्म का आचरण कर सकता है।' (शांतिपर्व, 141.65)। महाभारत में युद्ध के परिवेश में जीवन का ही संदेश है।

जीवन प्राणियों के लिए सबसे प्रिय वस्तु है जिसे मनुष्य अत्यंत कष्ट की दशा में भी त्यागना नहीं चाहता। वह वस्तुतः जीवन के लिए जगह बनाने के उद्देश्य से हर युग में कुछ नया सोचता है। रवींद्रनाथ ने लिखा था, 'इस सुंदर संसार में मैं मरना नहीं चाहता। मैं मनुष्यों के बीच जीना चाहता हूं।' (प्राण)। अमृता प्रीतम कहती हैं, 'जीवन बड़ा अजीब होता है।...कई बार उसकी परतों में से हम जिस रंग को खोजते हैं, वह नहीं निकलता। पर कोई ऐसा रंग निकल जाता है जो उससे भी अधिक खूबसूरत होता है।' (एक थी अनीता)। जीवन वहां होता है जहां सामंजस्य होता है। दुनिया में पिछली लगभग ढाई सदियों के बड़े परिवर्तनों के बाद विश्व में सामंजस्य के ही उद्देश्य से मानवाधिकार की चेतना विकसित होती गई है। यह शिक्षा, सामाजिक सुरक्षा, राष्ट्रीय भाषा में काम करने के अधिकार, नस्लीय भेदभाव से मुक्ति, लैंगिक भेदभाव के खात्मे, पर्यावरण सुरक्षा, बच्चों के अधिकार, उपभोक्ताओं के अधिकार की आवाजों से व्यापक होकर आज 'शांति, आत्मसम्मान और सुख के साथ जीने के अधिकार' तक विस्तृत हुई है, क्योंकि विभिन्न वजहों से दुनिया में सबसे ज्यादा संकट जीने के अधिकार पर है। यह 'मानव' की धारणा को विघटित करके जड़ सामुदायिकता या स्वार्थ को केंद्र में ला देने का नतीजा कहा जा सकता है।

शंभुनाथ

अधिक जानकारी के लिए :
Right To Survive : Oxfam International, 2009

जीवनानंद दास

जीवनानंद दास बांग्ला की रवींद्रोत्तर काव्यधारा के सबसे महत्वपूर्ण कवि माने जाते हैं। आज भी बांग्ला कविता पर कोई चर्चा रवींद्रनाथ, जीवनानंद से होकर ही आगे बढ़ती है। रवींद्रनाथ ने बांग्ला कविता को आधुनिक विश्व कविता के समकक्ष ला खड़ा किया था, तो जीवनानंद ने उस नाव को आगे की तरफ खेया। 'सभी कवि नहीं होते, कोई-कोई कवि होता है', जीवनानंद की इस छोटी सी पंक्ति से समझ में आ सकता है कि कविता और कवि को लेकर जीवनानंद क्या सोचते थे। वे मानते थे कि कवि की कविता का सबसे बड़ा आलोचक स्वयं कवि होता है। वे अपनी कविता की खुद इतनी आलोचना करते थे कि उन्हें दूसरों

जीवनानंद दास

के द्वारा की गई आलोचना पसंद नहीं आती थी। प्रकाशित होने से पहले वे अपनी कविताओं के कई ड्राफ्ट बनाते-फाड़ते रहते थे। हिंदी में उनकी तुलना मुक्तिबोध से की जा सकती है।

जीवनानंद ने रवींद्र के बाद की बांग्ला कविता को ज्यादा ऐंद्रिक और जादुई भाषा से संपृक्त किया है। इसी भाषा के लिए सुनील गंगोपाध्याय ने उन्हें 'मायावी कवि' कहा। जीवनानंद की सबसे प्रसिद्ध कविता है 'वनलता सेन'। 'वनलता सेन' के अलावा भी जीवनानंद की कई प्रसिद्ध कविताएं हैं। पचीस साल की उम्र में लिखित 'निखिल मेरे भाई' शीर्षक उनकी कविता की कुछ पंक्तियां हैं, 'निखिल मेरे भाई/मुझे महसूस होती है वह पीड़ा भी/जगती है जो एक कीट के हृदय में/जो प्राण रोते हैं बिलखकर/सुनता हूं अकेले में वह क्रंदन/सारे हृदयों की वेदना, मेरी वेदना/निखिल मेरे भाई।'

हिंदी में रवींद्रनाथ के बाद सबसे ज्यादा जीवनानंद का अनुवाद हुआ है। हिंदी के कवि भी जीवनानंद से प्रभावित रहे हैं। केदारनाथ सिंह कहते हैं, 'जीवनानंद दास की वनलता सेन की इमेजरी एक दृश्यगंधमय निर्जन कांतार की तरह लगती है, जिसकी विराटता की छाप मेरे मन पर बहुत गहरी है।'

निशांत

अधिक जानकारी के लिए :

1. **जीवनानंद दास** : चिदानंद दासगुप्ता, 2. **जीवनानंद दास और आधुनिक हिंदी साहित्य** : निशांत

जीवनी

व्यक्ति जब स्वयं अपनी जीवनी लिखता है, तो वह आत्मकथा है। कोई दूसरा जब किसी का जीवन चरित्र लिखता है तो उसे जीवनी कहते हैं। जीवनी 'परकथा' है। थामस कार्लाइल ने जीवनी को 'एक व्यक्ति का जीवन' कहा है। इस तरह किसी भी व्यक्ति के जीवन यानी उसके जन्म-मृत्यु, उसके परिवार, संघर्ष, कृतित्व आदि का यथार्थ विवरण किसी दूसरे व्यक्ति द्वारा किया जाए तो उसे जीवनी कहते हैं। जीवनी साहित्य की एक महत्वपूर्ण विधा है जिसमें किसी व्यक्ति के जीवन की घटनाओं, कार्य-कलाप तथा उसके गुणों का आत्मीयता, औपचारिकता तथा गंभीरता से व्यवस्थित रूप से वर्णन किया जाता है। इसमें छोटी-से-छोटी और बड़ी-से-बड़ी बातों का विवरण इस प्रकार किया जाता है कि पाठक उसके अंतरंग जीवन से ही परिचित नहीं होता, बल्कि उससे तादात्म्य भी स्थापित कर लेता है।

जीवनी का प्रामाणिक होना आवश्यक है। यह तभी संभव है जब जीवनीकार को उस व्यक्ति के जीवन के विभिन्न तथ्यों, घटनाओं और प्रेरणाओं का निजी एवं पूरा ज्ञान हो। इसमें एक ओर इतिहास जैसी प्रामाणिकता और तथ्यपूर्णता होती है, दूसरी ओर वह साहित्यिकता के तत्वों से भी पूर्ण होती है। जीवन वृत्तांतों को सचेत और कलात्मक ढंग से लिखना जहां उस व्यक्ति के जीवन की बाह्य घटनाओं को प्रकट करता है, वहां चरित्र उसकी आंतरिक विशेषताओं को भी प्रकाशित करता है। जीवनीकार जीवनी में उन स्थलों पर विशेष बल देता है जिनके द्वारा प्रेरणा ग्रहण कर पाठक अपने जीवन को अधिक उन्नत बनाने में समर्थ हो सके। जीवनी लेखक की सफलता तभी होती है जब लेखक लक्ष्य-व्यक्ति से तादात्म्य होकर उसके हृदय की प्रत्येक धड़कन का अनुभव करे एवं उसके मुखमंडल पर उभरती हुई रेखाओं का अर्थ समझने में सक्षम हो। जीवनी लेखक अपने रचित नायक के जीवन की घटनाओं और तथ्यों को वस्तुगत आधार पर विश्लेषणात्मक पद्धति और मार्मिक शैली में प्रस्तुत करता है। तथ्य की वस्तुगतता और संवेदन की मार्मिकता—दोनों के मनोरम सामंजस्य से जीवनी इतिहास से अलग साहित्य की चीज बन जाती है। जीवनी को इतिहास की एक शाखा भी कहा जाता है। सोलहवीं सदी और उससे पहले की लिखी जीवनियों 'बाबरनामा', 'अकबरनामा' जैसी कृतियों को साहित्य नहीं वरन इतिहास की कृति ही माना जाता है।

इतिहास और जीवनी दोनों का संबंध अतीत से है। जीवनी लेखक को जीवनी लिखने के लिए सामग्री खोजना, चुनना और फिर विश्लेषण कर उसे ढंग

से सजाना-संवारना होता है। किसी मृत व्यक्ति के जीवनी लेखक को ज्यादा परेशानी सामग्री जुटाने में होती है और जो सामग्री मिलती है उसकी प्रामाणिकता की पुष्टि में और भी कठिनाई होती है। मृत व्यक्ति के संबंधी, मित्रों, परिचितों से जो सूचनाएं मिलती हैं, वे कितनी गलत या सही हैं—इसकी जांच करने का कोई आसान तरीका नहीं होता। प्रत्येक व्यक्ति के जीवन के साथ उसकी अपनी अलग समस्याएं होती हैं। उनसे जीवनी लेखक किस प्रकार निपटता है, इसी पर उसकी लिखी जीवनी की सफलता निर्भर रहती है। अतः जीवनी लेखन को कला न कह कर कारीगरी भी कहा जा सकता है।

जीवनी लेखक के सामने एक और समस्या यह भी होती है कि उसे जो सामग्री मिली है यानी पत्र-पत्रिकाओं में छपे लेख, उसके द्वारा लिखे गए पत्र आदि, उनमें लिखी बातें कितनी विश्वसनीय हैं। मृत व्यक्ति के संबंध में सामग्री मिलती ही है, उसके परिचितों से भी बहुत-सी बातें जानने को मिलती हैं जिनमें से काम की बातें निकाल लेना घास में सूई ढूंढ़ने के समान होता है। कहा जाता है कि अमेरिका के राष्ट्रपति फ्रेंकलिन डी रूजवेल्ट की 1945 में मृत्यु के बाद उनके जीवनी लेखक फ्रेंक फ्रीडेल को उनके संबंध में जो सामग्री मिली—रूजवेल्ट के लिखे पत्र, लेख, भाषण, समाचारपत्रों की कटिंग आदि—उसका वजन 40 टन से अधिक था। किसी भी जीवित या मृत व्यक्ति की जीवनी लिखने वाले का यह दायित्व होता है कि वह उपलब्ध सामग्री की निर्ममता से जांच-पड़ताल करे और उसकी प्रामाणिकता के संबंध में आश्वस्त होकर लिखे। किसी व्यक्ति के जीवन की घटनाओं को काल-क्रमानुसार रख देना मात्र ही जीवनी नहीं है। न यह केवल उसके जीवन की घटनाओं की सूची है। जीवनी-लेखन का दायित्व उसके बाद शुरू होता है, जब वह प्राप्त सामग्री की जांच कर उन घटनाओं के संबंध में उस व्यक्ति के विचार, उसकी प्रतिक्रिया, उसके व्यक्तित्व का अध्ययन करता है। यदि जीवनी-लेखक उस व्यक्ति को जीवित अवस्था में जानता रहा होता है तो उसका काम काफी आसान हो जाता है, क्योंकि तब उसे उसके संबंध में बहुत-कुछ पहले से पता रहता है। यह भी उल्लेखनीय है कि उससे भावनात्मक लगाव के कारण संभव है कि वह उसके विरुद्ध जानी हुई बातें ईमानदारी से नहीं लिख पाए। जीवनी साहित्य में तभी समादृत होती है जब उसमें विषय को न विकृत किया जाता है और न ही व्यक्ति की झूठी प्रशंसा के पुल बांधे गए हों। साथ ही भाषा ललित तथा रोचक और शैली चित्रमयी हो। एक ही व्यक्ति पर विदेशों में दर्जनों जीवनियां लिखी गई हैं। व्यक्ति को देखने-समझने और व्याख्याओं के अपने-अपने दृष्टिकोण होते हैं और हर जीवनी अलग, स्वतंत्र और पठनीय हो उठती है। तोल्सतोय, दोस्तोयेव्स्की से लेकर हेमिंग्वे जैसों की न जाने कितनी जीवनियां हैं जो व्यक्ति या समय को एक नितांत अनाविष्कृत अंतर्दृष्टि के साथ हमारे सामने प्रस्तुत कर देती हैं। अंग्रेजी साहित्य में बासवेल द्वारा जानसन की लिखी जीवनी लेखक के ग्रहणशील हृदय के सभी स्पंदनों का ब्योरा प्रस्तुत करती है। बासवेल पेशे से वकील था और जानसन प्रसिद्ध साहित्यकार, लेकिन दोनों के संयोग से अंग्रेजी साहित्य में जीवनी नामक ऐसी ललित प्रभावशालिनी विधा जन्मी, जिसे साहित्य में उच्च स्थान मिला।

हिंदी में जीवनी के कुछ रूप मध्यकालीन ब्रज भाषा में मिलते हैं जैसे नाभादास कृत 'भक्तमाल' तथा 'चौरासी वैष्णवन की वार्ता' और 'दो सौ बावन वैष्णवन की वार्ता'। इन्हें जीवनी के क्षेत्र में प्रारंभिक प्रयास कहा जा सकता है। साहित्यिक ढंग की जीवनियां उन्नीसवीं सदी के उत्तरार्ध से लिखी जानी शुरू हुईं, पर ये रचनाएं जीवनियां कम, चरित्र या वृत्त अधिक हैं।

हिंदी में जीवनी लेखन की परंपरा भारतेंदु युग में 1881 के आसपास शुरू हुई। लगभग उसी समय गोपाल शर्मा शास्त्री ने उस युग की महान विभूति दयानंद सरस्वती पर हिंदी की पहली जीवनी 'दयानंद दिग्विजय' लिखी। इसके बाद जीवनी लेखन का क्रम चल पड़ा। भारतेंदु और उनके सहयोगियों ने महापुरुषों

की जीवनियां लिखीं। भारतेंदु ने कालिदास, रामानुज, जयदेव, सूरदास, शंकराचार्य, वल्लभाचार्य, लार्ड मेयो और रिपन के साथ ही मुगल बादशाहों की जीवनियां लिखीं। उसी काल में प्रतापनारायण मिश्र, बालमुकुंद गुप्त और गोपाल शर्मा ने भी जीवनियां लिखीं। द्विवेदी युग में प्रायः सभी महापुरुषों की जीवनियां लिखी गईं। महावीर प्रसाद द्विवेदी ने भी जीवनियां लिखीं।

राधामोहन गोकुल का लिखा 'नेपोलियन बोनापार्ट' नागरी प्रचारिणी सभा से 1917 में प्रकाशित हुआ। 1944 में प्रकाशित 'प्रेमचंद घर में' (शिवरानी देवी) हिंदी में किसी महान लेखक के जीवन पर लिखी गई पहली पुस्तक है। इसमें प्रेमचंद के व्यक्तित्व के उस हिस्से को उजागर किया गया है जिससे लोग अनभिज्ञ थे। 'कलम का सिपाही' (अमृत राय) से हिंदी में अच्छे जीवनी साहित्य के अभाव की पूर्ति होती है। स्वतंत्रता के बाद जीवनी लेखन का विकास हुआ। नेताओं, संतों, महात्माओं, साहित्यकारों, देशी-विदेशी महापुरुषों आदि सभी क्षेत्रों के लोगों की जीवनियां लिखी जाने लगीं। घनश्याम दास बिड़ला कृत 'बापू', सुशीला नायर की 'बापू के कारावास की कहानी', सीताराम चतुर्वेदी की 'महामना पं. मदनमोहन मालवीय', मन्मथनाथ गुप्त की 'चंद्रशेखर आजाद', रामवृक्ष बेनीपुरी की 'जयप्रकाश नारायण', राही मासूम रजा की 'छोटे आदमी की बड़ी कहानी', शांति जोशी की 'सुमित्रानंदन पंत : जीवनी और साहित्य' तथा सुधा चौहान की 'मिला तेज से तेज' (सुभद्राकुमारी चौहान की जीवनी) इस काल की महत्वपूर्ण जीवनियां हैं। राहुल सांकृत्यायन के एक मात्र जीवनीकार गुणाकर मुले की दृष्टि तथ्यों पर अधिक रही है, उनके व्यक्तित्व के 'डायनामिज्म' पर कम। स्वयं राहुल सांकृत्यायन ने 'सरदार पृथ्वी सिंह', 'नए भारत के नए नेता', 'मेरे असहयोग के साथी', 'स्टालिन', 'लेनिन', 'कार्ल मार्क्स', 'माओ-त्से-तुंग', 'घुमक्कड़ स्वामी', 'सिंहल के वीर पुरुष', 'जिनका मैं कृतज्ञ', 'महामानव बुद्ध' आदि बहुत-सी जीवनियां लिखीं। रमेशचंद्र द्विवेदी ने फिराक के संबंध में 'फिराक साहब घर में' (1987), 'मैंने फिराक को देखा था' (1997) और 'यूं ही फिराक ने उम्र बसर की' (2006) पुस्तकें लिखीं। इन पुस्तकों की भाषा शैली फिराक के अनुरूप ही उन्मेषशील, आकर्षणमय और अकृत्रिम है। रामविलास शर्मा की 'निराला की साहित्य साधना' (तीन खंड) का प्रथम खंड निराला की जीवनी है। विष्णु प्रभाकर ने बांग्ला कथाकार शरतचंद्र पर सबसे प्रामाणिक जीवनी लिखी 'आवारा मसीहा'।

लेखकों के नामों से कुछ कोश बने हैं, जिनमें उनकी जीवनी नहीं, जीवन परिचय है। ऐसे जीवन परिचय में साहित्य अकादेमी द्वारा दो खंडों में प्रकाशित 'हूजहू ऑफ इंडियन राइटर्स' (दूसरा संस्करण, 2000) में भारतीय संविधान में मान्य 22 भाषाओं के लगभग 8000 लेखकों का संक्षिप्त जीवन परिचय है।

महेंद्र राजा जैन

जुरगेन हेबरमास
(1929-)

पचास का दशक आते ही आधुनिकता से खिसकती हुई सारी बहस आधुनिकतावाद पर और आधुनिकतावाद से उत्तर-आधुनिकता पर केंद्रित होती गई। यह दिलचस्प है कि आधुनिकता को समस्याग्रस्त बताने के लिए आधुनिकतावाद का दामन थामा गया और अंततः उस पूरे युग की मृत्यु की घोषणा कर दी गई। ऐसे में आधुनिकता पर कोई बहस शुरू तभी हो सकती थी, जब कोई सारी बहसों को नए संदर्भों में परंपरा के मूल्यांकन के साथ प्रस्तुत करे।

इधर के तमाम परिवर्तनों और आधुनिकता की समाप्ति की घोषणा के बावजूद आधुनिकता को अनिवार्य और संभव बताने का काम पिछले पचास वर्षों में जिस जर्मन दार्शनिक ने पुरजोर प्रभाव के साथ किया है उसका नाम है जुरगेन हेबरमास (Jurgen Habermas)। वे 1956 में एडोर्नो के सहायक

जुरगेन हेबरमास

बनकर फ्रैंकफर्ट स्कूल से जुड़े थे। यह वर दौर था जब फ्रैंकफर्ट स्कूल की दूसरी पीढ़ी तैयार हो रही थी। एडोर्नो-होर्खिमायर अब भी फ्रैंकफर्ट स्कूल से जुड़े हुए थे। उनके कार्यों के आलोचनात्मक मूल्यांकन का वातावरण निर्मित हो रहा था। क्रिटिकल थियोरी की आलोचना की परिपाटी विकसित हो रही थी।

हेबरमास के अनुसार, आधुनिकता महज एक निश्चित समय काल नहीं है। एडोर्नो-होर्खिमायर से लेकर देरिदा-फूको तक अधिकांश दार्शनिक उसे महज प्रबोधन में 'लोकेट' करने की कोशिश करते हैं। हेबरमास कहते हैं कि आधुनिकता सामाजिक, राजनीतिक, सांस्कृतिक, सांस्थानिक एवं मनोवैज्ञानिक स्थिति भी है जो एक ऐतिहासिक प्रक्रिया (सामूहिक) के तहत विकसित हुई है। वह परिदृश्य में सर्वत्र मौजूद रहती है। आधुनिकता विभिन्न सौंदर्यात्मक पहलुओं से जुड़ते हुए भी अलग है। इस अर्थ में वह आधुनिकतावाद से अलग राह बनाती है। एक कलाकार के पास यह स्वतंत्रता होती है कि वह आधुनिकतावाद को चुने या नकारे, लेकिन आधुनिकता के साथ यह संभव नहीं। हम आधुनिकतावाद की तरफ जा सकते हैं, लेकिन आधुनिकता हमारी ओर रुख करती है।

इस तरह हेबरमास के लिए आधुनिकता महज एक दृष्टि नहीं है, बल्कि समय की गतिशीलता भी है। अपने बहुचर्चित लेख 'आधुनिकता : एक असमाप्त परियोजना' में वे बताते हैं, 'आधुनिक शब्द का सर्वप्रथम इस्तेमाल पांचवीं सदी के आखिर में किया गया था जब वर्तमान यानी अबके आधिकारिक ईसाई को तब के पैगन और रोमन से अलगाने का प्रयत्न किया गया। हर दौर में एक नई विषयवस्तु के साथ आधुनिकता की अभिव्यक्ति, एक ऐसी युग चेतना से स्वयं को अलगाती है जो किसी अतीत की शास्त्रीय चेतना होती है। इस तरह आधुनिकता पुराने से नए की ओर प्रस्थान का बोध रचती है। ऐसा सिर्फ रेनेसां के दौर में ही नहीं हुआ जिससे आधुनिक युग का आरंभ माना जाता है। लोगों ने स्वयं को बारहवीं सदी में चार्लमैग्ने के दौर में भी आधुनिक माना था और प्रबोधन के युग में भी। संक्षेप में जब भी यूरोप में एक नई युग चेतना का प्रादुर्भाव होता है और वह शास्त्रीय युग के साथ नए संदर्भ विकसित करती है, आधुनिकता का जन्म होता है।'

स्पष्ट है कि दार्शनिक जहां आधुनिकता को तमाम प्रबोधन की परिणति के रूप में देखते हैं, उसे एक निश्चित अवधारणा में तब्दील करते हैं, वहीं हेबरमास आधुनिकता को युग विशेष से जोड़ते हुए भी उसमें मौजूद गतिशीलता पर अधिक जोर देते हैं। यही वजह है कि हेबरमास के लिए आधुनिकता का अर्थ दुहराव नहीं, नूतन की ओर प्रस्थान है। इस प्रक्रिया में वे चेतना के पुराने से कटकर नए की ओर संक्रमण को मनुष्य की स्वाभाविक दशा के रूप में देखते हैं। अगर कहा जाए कि हेबरमास के लिए मनुष्य स्वभावतः आधुनिक होता है तो यह गलत न होगा।

अपनी पहली पुस्तक 'स्ट्रक्चरल ट्रांसफॉर्मेशन ऑफ द पब्लिक एफेयर : एन इनक्वायरी इन टू अ कैटेगरी ऑफ बूर्ज्वा सोसाइटी' के माध्यम से हेबरमास एडोर्नो और होर्खिमायर द्वारा विकसित 'क्रिटिकल थियरी' की अवधारणा का क्रिटीक रचते हैं। इस

पुस्तक का अंग्रेजी अनुवाद मूल जर्मन संस्करण के तकरीबन तीन दशक बाद 1991 में प्रकाशित हुआ। इस पुस्तक के माध्यम से हेबरमास 'क्रिटिकल थियरी' की परंपरा का मूल्यांकन करते हैं और उसकी अपूर्णता की चर्चा करते हैं। एक बातचीत के दौरान हेबरमास ने कहा कि वे यह नहीं मानते कि 'क्रिटिकल थियोरी', पूर्णतः कोई ऐसी अवधारणा थी जिसे फ्रैंकफर्ट स्कूल ने खोजा हो। उनके अनुसार, इसकी सुदृढ़ परंपरा थी। फ्रैंकफर्ट स्कूल के परिदृश्य में आने से पूर्व 'क्रिटिकल थियरी' के कुछ अंशों को लुकाच के लेखन में 1920 के दशक में देखा जा सकता है, जहां वे मार्क्स के प्रति एक आलोचनात्मक रुख अपनाते हैं। हेबरमास के अनुसार, जिस सतत आलोचना की परंपरा को हीगेल, मार्क्स और कांट ने विकसित किया, लुकाच उसी परंपरा को आगे बढ़ाते हैं और उसी का विस्तार हमें एडोर्नो और होर्खिमायर के चिंतन में दिखता है। हेबरमास बताते हैं कि पचास के दशक में एडोर्नो के भाषणों में अक्सर हीगेल, दुर्खाइम और फ्रायड का जिक्र होता था। वे मार्क्स और फ्रायड के लेखन को क्लासिक का दर्जा देते थे।

हेबरमास फ्रैंकफर्ट स्कूल के अंतर-अनुशासनीय चरित्र को बेहद महत्वपूर्ण मानते हैं और अपनी पुस्तक में इसे विस्तार देते हैं। एक तरफ जहां वे इसमें समाजशास्त्र, साहित्य और दर्शन का समावेश करते हैं, दूसरी तरफ वे समाज के प्रगतिशील दायरे में मौजूद तार्किकता को समाज के दूसरे दायरे में मौजूद अतार्किकता से अलगाते हैं। वे एडोर्नो से अलग रास्ता अपनाते हैं। एडोर्नो के समस्त लेखन पर मार्क्स की वर्ग विश्लेषण की पद्धति हावी है। हेबरमास सामाजिक संरचना में मौजूद आंतरिक विभाजन को उतना महत्व नहीं देते। वे मास कल्चर जैसी पदावली का इस्तेमाल करते हैं। उन्होंने मध्य वर्ग के बड़े हिस्से में मौजूद अंतर्विरोधों को नकार दिया है। वे सामाजिक अंतर्विरोधों को व्यक्त करने के लिए सामाजिक आलोचना के दृष्टिकोण को महत्वपूर्ण मानते हैं। वे सतत आलोचना की प्रक्रिया को अपनाते हैं। मार्क्स यही कहते थे, सब पर संदेह करो। यानी आलोचनात्मक रुख का बने रहना लगातार प्रगतिशील बने रहने की शर्त है। हेबरमास इस अर्थ में आत्मालोचना को भी महत्व देते हैं। इस तरह वे आलोचनात्मक द्वंद्व को सामने लाते हैं।

हेबरमास इस प्रक्रिया को मूर्त रूप लोकवृत्त (पब्लिक स्फीयर) की अवधारणा में देते हैं। इस अवधारणा में प्रबोधन की मूल चेतना की भी शिनाख्त की जा सकती है। प्रबोधन के मूल में स्वतंत्रता, समानता और न्याय की परिकल्पना मौजूद थी। अठारहवीं सदी के आरंभ में नागरिक अधिकारों की स्थापना के परिणामस्वरूप व्यक्ति स्वातंत्र्य की बूर्जुआ परिकल्पना एवं स्वतंत्र प्रेस की अवधारणा विकसित हुई। इसने मध्य वर्ग की विशिष्टपरिकल्पना को रचने में महत्वपूर्ण भूमिका अदा की। परिणामस्वरूप मध्य वर्ग ने अपने अधिकारों की अभिव्यक्ति के लिए नए स्थलों की तलाश की, मसलन—कॉफी हाउस, सैलून, साहित्यिक पत्रिकाएं इत्यादि। इन स्थलों पर हिस्सा लेने वाले प्रतिनिधि स्वतंत्रतापूर्वक अपने मतों को प्रकट कर सकते थे।

हेबरमास तर्क की परंपरा को पुनर्जीवित करने की मांग रखते हैं। वे कहते हैं संवाद की कोई भी स्थिति तर्कहीन होकर संभव नहीं है। तार्किक होकर ही संवाद को सुनिश्चित किया जा सकेगा। संवाद के लिए समान जमीन की तलाश ही तार्किकता है। वायवीयता संवाद को कमजोर बनाती है। उनके अनुसार, आधुनिक होने की कड़ी में संवाद कायम किया जा सकता है। समाज के भीतर संवाद की स्थिति बनी रहे, इसके लिए जरूरी है कि लोकतांत्रिक मूल्यों का बचाव किया जाए। उनकी नजर में बीसवीं सदी के समाज में मौजूद द्वंद्वात्मकता को विनष्ट किया जा रहा था। द्वंद्वहीन समाज न कभी आधुनिक हो सकता है और न उसमें संवाद की कोई स्थिति बनती है। एक बातचीत के दौरान हेबरमास कहते हैं, 'तर्क की भूमिका यह नहीं है कि वह महज सत्य के प्रति जिम्मेदार हो, बल्कि तर्क की भूमिका यह होनी चाहिए कि वह तार्किक क्षणों की एकता कायम करे

जिसे कांट ने तीन रूपों में स्पष्ट किया है—सैद्धांतिक तर्क की एकता, व्यावहारिक-नैतिक अंतर्दृष्टि और सौंदर्यबोध।' (ऑटोनामी एंड सॉलिडेरिटी : पीटर ड्यूज)।

हेबरमास स्पष्ट करते हैं कि तर्क की भूमिका समाज के लिए रचनात्मक तभी हो सकती है, जब लोग उसका इस्तेमाल संकीर्ण संदर्भों में न करें। वास्तव में तर्क की सार्थकता सत्य की बहुस्तरीयता, नैतिक व्यावहारिकता एवं सौंदर्यबोध इन तीनों की एकता कायम करने में है। वे सामाजिक तार्किकता को वास्तविक तर्क के रूप में रखते हुए बताते हैं कि जब हम विज्ञान के दायरे में सच को रखते हैं तो उसका संकुचित संदर्भ ही निर्मित होता है। वस्तुतः सत्य का जुड़ाव उस सिद्धांत से है, जहां अब तक नैतिकता एवं सौंदर्यबोध को अलग नहीं किया जा सका। इसलिए सत्य की बहुस्तरीयता की परिकल्पना ही मनुष्य के बोध को तार्किक बना सकती है। इसका वास्तविक प्रतिफलन लोकतांत्रिक प्रक्रिया है। वे लोकतंत्र के प्रश्न को तर्क के विकासवादी स्वरूप से जुड़ा प्रश्न मानते हैं। उनके अनुसार, 'बूर्जुवा शासन की न्यायपूर्ण और संवैधानिक व्यवस्था राजनीतिक संस्थाओं के स्वरूप और नैतिक व्यावहारिक चिंतन को सुनिश्चित करती है। इसलिए उस व्यवस्था को नैतिक-न्यायिक बनना चाहिए।' इसमें आगे जोड़ते हुए वे कहते हैं, 'अगर कोई मार्क्स को सही ढंग से पढ़े तो पाएगा कि बूर्जुवा राज्य व्यवस्था में अंतर्गुंफित कुछ विचारों को सामाजिक व्यवस्था में तब्दील किया जा सकता है।' (वही)।

हेबरमास एक सशक्त समाजशास्त्री एवं दार्शनिक के रूप में सामने आए हैं। वे मनुष्य, समाज और व्यवहार को सतत तर्क की प्रक्रिया से व्याख्यायित-विश्लेषित करने का जोखिम उठाते हैं। हेबरमास के लिए जो अव्याख्यायित या अमूर्त है, वह दृष्टि या विश्लेषण की समस्या से जुड़ा प्रश्न है न कि वस्तु की सत्ता से।

अच्युतानंद मिश्र

अधिक जानकारी के लिए :
1. **Main Currents of Marxism : The Founders, The Golden Age, The Breakdown :** Leszek Kolakowski , 1978, 2. **The Politics of Historical Vision :** Steven Best, 1993, 3. **The Structural Transformation of the Public Sphere :** Jurgen Habermas , 1962 , 4. **Dialectic of Enlightenment :** Max Horkheimer and Theodor W Adorno, 1944, 5. **The Philosophical Discourse of Modernity :** Jurgen Habermas, 1985

जूडिथ बटलर

(1956-)

जूडिथ बटलर (Judith Butler) एक अमेरिकी दार्शनिक और जेंडर सिद्धांतकार हैं। वह ऐसी चिंतक हैं जो समस्या के समाधान पर सीधे न पहुंच कर प्रश्न उठाती हैं। उनके लिए द्वंद्ववाद एक अनवरत प्रक्रिया है और समाधान एक गैर-लोकतांत्रिक विचार है जो अन्य सिद्धांतों और हाशिए की आवाजों को दबा देता है। बटलर अपनी पुस्तकें 'जेंडर ट्रबल : फेमिनिज्म एंड द सबवर्जन ऑफ आइडेंटिटी' और 'बॉडीज दैट मैटर्स : ऑन

जूडिथ बटलर

द डिस्कर्सिव लिमिट्स ऑफ सेक्स' के लिए जानी जाती हैं। उन्होंने इनमें सिमोन दि बुआ, जूलिया क्रिस्टोवा, सिग्मंड फ्रायड, जाक लाकां, लुई इरगेरी, मैनी वेटिग, जॉक देरिदा और मिशेल फूको के लेखन की आलोचना प्रस्तुत की, उनकी सीमाओं की ओर इंगित किया। उन्होंने माना कि अपने मुख्य कार्य में स्त्रीवादियों ने स्त्री को एक मान कर और उसके सामान्य लक्षणों तथा रुचियों को समरूप देखकर गलती की है। इस कारण स्त्री और पुरुष का द्वैत बना दिया गया है, जहां स्त्री तथा पुरुष दो अलग वर्ग हैं। इस दृष्टि ने व्यक्ति की अपनी अस्मिता और व्यक्तित्व को बनाने की अपनी स्वतंत्रता की सभी संभावनाओं को समाप्त कर दिया है।

बटलर के अनुसार पितृसत्तात्मक समाज द्वारा पुरुषत्व पुरुष पर और स्त्रीत्व महिला शरीर पर थोपा जाता है। उनके अनुसार, पुरुष में भी स्त्रीपन का आचरण हो सकता है और स्त्री भी पुरुषवत आचरण कर सकती है। इस प्रकार चुनाव, फर्क और प्रतिरोध के लिए कोई स्थान नहीं रह जाता। जेंडर को अस्थिर रूप में, एक 'फील्ड वेरिएवल' के रूप में देखा जाना चाहिए न कि एक स्थिर प्रारूप में। बटलर के अनुसार जेंडर अपरिवर्तनीय है, पर इच्छाएं परिवर्तनीय हैं जो स्थिर कारकों से प्रभावित नहीं होतीं। दूसरे शब्दों में जेंडर एक 'परफॉरमेंस' है। यह अपने आपके द्वारा विशेष परिस्थिति में प्रकट किया गया भाव है। यह वस्तुतः इस बात से नहीं निर्धारित होता है कि सार्वभौमिक रूप से आप क्या हैं।

बटलर का मुख्य फोकस था जेंडर अस्मिता को समझना और यह देखना कि इसके ईर्दगिर्द विमर्श कैसे निर्मित होते हैं। उनके अनुसार, व्यक्ति जेंडर चुनने को स्वतंत्र नहीं होता, बल्कि एक निश्चित प्रारूप में उसकी प्रक्रिया पहले से सुनिश्चित होती है। बटलर ने कहना चाहा है कि स्त्री-विमर्श खुद सत्ता की देन है और अस्मिता की राजनीति पर्याप्त नहीं है क्योंकि हर अस्मिता में भिन्नताएं भरी हुई हैं। इसी संदर्भ में बटलर ने 'जेंडर ट्रबुल' मुहावरे का इस्तेमाल किया है। इसका मतलब है, स्त्री की अस्मिता इकहरी न होकर 'खिचड़ी' टाइप की है। बटलर स्त्री श्रेणी का इस्तेमाल करते हुए वस्तुतः इसे खोलना चाहती हैं और भिन्नता के आधार पर बने अस्मिता के केंद्रों को चुनौती देती हैं। बटलर ने उत्तर-आधुनिकता में भी एक तरह की बुनियादपरस्ती देखी और इस पर प्रश्न उठाया।

अर्चना सिंह

अधिक जानकारी के लिए :
1. **Judith Butler and Political Theory : Troubling Politics** : Samuel A Chambers and Terrell Carver, 2. **The Judith Butler Reader** : Sarah Salith

जूलिया क्रिस्तेवा
(1941-)

जूलिया क्रिस्तेवा (Julia Krishteva) का मुख्य कार्य क्षेत्र बेशक मनोविश्लेषण से संबंधित है, परन्तु लीक से हटकर किए गए अपने मौलिक चिंतन के कारण उनकी गणना दार्शनिकों में की जाती है। समसामयिक परिदृश्य में वे शीर्षस्थ महिला दार्शनिक के रूप में देखी जाती हैं। उनकी धारणाएं साहित्य चिंतन में भी काव्य-भाषा की एक नई व्याख्या प्रस्तुत

जूलिया क्रिस्तेवा

करने में मदद करती है। उन्होंने धर्म पर जो विश्लेषण प्रस्तुत किए हैं, उन्हें देखते हुए उन्हें नास्तिक होने के बावजूद पोप वेनेडिक्ट ने विचार विमर्श के लिए आमंत्रित किया था। नारीवादी विमर्श की दृष्टि से उन्हें इलेन शोवाल्टर, सिमोन द बुआ, हेलेना सिवसस तथा लूस इरिग्रे आदि के समकक्ष रखा जाता है। बुल्गारियन मूल की और फ्रांसीसी नागरिकता प्राप्त जूलिया क्रिस्तेवा को फ्रांस सरकार द्वारा शीर्षस्थ सम्मान भी प्रदान किया जा चुका है। अपने पति के साथ मिलकर काम करते हुए उन्हें मानव विज्ञान, राजनीति जैसे क्षेत्रों में भी मौलिक चिंतन को प्रस्तुत करने का अवसर मिला है। बुल्गारिया में कम्युनिस्ट शासन होने की पृष्ठभूमि ने उन्हें मार्क्सवाद से जोड़ा, परन्तु फ्रांस आने पर वे हीगेल के निषेध के सिद्धांत का विकास करने में लगे लूसिये गोल्डमान व रोलां बार्थ के प्रभाव में आईं। बाद में उत्तर-संरचनावाद की ओर रुख करने वाले मार्क्सवादी पृष्ठभूमि से संबद्ध बाख्तिन के संपर्क ने भी उन्हें नई दिशाओं में अग्रसरित होने को प्रेरित किया। मार्क्स, हीगेल, सॉस्यूर की पृष्ठभूमि में फ्रांस में जिस संरचनावादी चिंतन को नए हालात में नववाम तथा लाकां, फूको, देरिदा और कुछ अन्य चिंतकों द्वारा खोला जा रहा था, उन्हीं में जूलिया क्रिस्तेवा एक परिपक्व हमसफर की तरह शामिल हो गई थीं।

अंतर्पाठीयता : जूलिया क्रिस्तेवा का संबंध ज्ञानानुशासनों की अनेक शाखाओं से रहा है। मनोविज्ञान-मनोविश्लेषण, मानव विज्ञान, संस्कृति, धर्म, राजनीति, साहित्य, भाषा विज्ञान और दर्शन आदि अनेक क्षेत्रों में उनके चिंतन का महत्व देखा जा सकता है। जूलिया क्रिस्तेवा पर मिखाइल बाख्तिन का विशेष प्रभाव पड़ा था, जो अपने उत्तर-संरचनावादी चिंतन के विकासक्रम में 'संवाद बहुल' (डायोलॉजिक) चेतना क्षेत्र की मौजूदगी की बात करते थे। फ्रांस में साहित्य के अध्ययन से ताल्लुक रखने वाले जेनेवा स्कूल के चिंतक ऐसी आलोचना की वकालत करते थे, जिसका आधार लेखक की कृति-समग्रता के अलावा उसके जीवन और परिवेश से संबद्ध पाठों को एक साथ ग्रहण करने की प्रक्रियाओं से था। इस पृष्ठभूमि में जूलिया क्रिस्तेवा ने जब पहली दफा 'अंतर्पाठीयता' (इंटर-टेक्सचुएलिटी) शब्द का एक धारणा के रूप में प्रयोग किया तो वह साहित्य के भाषा-पाठों के अध्ययन की एक विशेष पद्धति के रूप में अचानक स्थापित हो गया।

एक मनोविश्लेषक के तौर पर जूलिया क्रिस्तेवा अंतर्पाठीयता को चेतना की अर्थसंरचना के तौर पर देखती हैं। इसका संबंध विषयी (सब्जेक्ट) से है, यानी लेखक या पाठक से जो अपने चित्त के लिए उपलब्ध अन्य सभी ज्ञात पाठों के साथ नए पाठ के रिश्ते स्थापित करता हुआ अर्थ ग्रहण करता है।

अर्थभूमि यानी 'सीमियोटिक' का सिद्धांत : अर्थ विज्ञान यानी सीमियोटिक्स से अलहदा अर्थ में जूलिया क्रिस्तेवा ने अर्थभूमि या सीमियोटिक शब्द का एक नई मौलिक अवधारणा के रूप में प्रयोग किया है। इसका आधार मनोविश्लेषण एवं भाषाविज्ञान में है। इसके पूर्व जैक लाकां ने अर्थ विज्ञान को तीन मनोवैज्ञानिक चेतना-स्थितियों में से एक स्थिति के रूप में रेखांकित किया था। क्रिस्तेवा ने लाकां के इस विश्लेषण को आगे बढ़ाया तथा ऐसा करते हुए लाकां से अपनी अलहदगी भी दर्ज की।

जैक लाकां के अनुसार विषयी की 'स्व' की चेतना का अंतर्विकास होता है। पहला चरण दर्पण काल है, जहां चेतना का अंतर्गठन अर्थ वैज्ञानिक किस्म का होता है। फिर वयस्क काल में चेतना प्रतीकात्मक रूप में गठित होती है तथा वह भाषा की प्रतीकात्मकता से ग्रस्त 'स्व' के बाहर मौजूद महान अन्य पदार्थों की दुनिया से संबद्ध होती है। इसके बाद यथार्थ चेतना के उदय की संभावना प्रकट होती है, जो प्रतीकात्मक यथार्थमूलकता से अलग तरह की होती है।

क्रिस्तेवा दर्पण काल या शैशव और किशोर काल से पूर्व की 'विषयी की स्वचेतना' के उस रूप की मौजूदगी रेखांकित करती हैं, जो गर्भस्थ काल से

संबद्ध होती है। गर्भस्थ शिशु का मां की देह के साथ एक 'जैव-संश्लिष्ट' किस्म का संबंध रहता है। यहां जिस भाषा में बोला जाता है, वह एक समग्र दैहिक भाषा होती है। इसे मां और शिशु के बीच अभाषिक संवाद की भाषा कह सकते हैं। इसे क्रिस्तेवा भाषा की 'अर्थभूमि' कहती हैं जो बाद की तमाम अर्थ-ग्रहण प्रक्रियाओं का आधार होती है।

काव्य भाषा की अर्थभूमि : गद्य की विश्लेषणात्मक भाषा संकेतक-संकेतित के रिश्तों से उपजनेवाली प्रतीक भाषा है। इसलिए विषयी या लेखक-पाठक भाषा का इस्तेमाल अनेकार्थों में कर पाते हैं। काव्य भाषा में हम भाषा के उस रूप को भी सक्रिय देखते हैं जिसका संबंध उन अर्थों से होता है जो 'लय' या 'शब्दों की अविभाज्य संबंध संरचनाओं' से उपजते हैं। इनके द्वारा चित्त की भाव दशाओं का स्वतः उद्‌बोधन होता है। यह ठीक वैसे ही होता है, जैसे गर्भस्थ शिशु और मां के आपसी रिश्तों वाले आपसी संवाद में होता है। 'लय' एक तरह की 'देह लय' होती है, जो भावोद्‌बोधन कर सकती है। इस पर भाषा की व्याकरण और प्रतीकार्थों के वर्चस्वी गौण अर्थों वाले सामाजिक अंतर्विभाजनों की दुनिया का वश नहीं चलता।

क्रिस्तेवा सामान्य प्रतीक भाषा को समाज-राजनीतिक अंतर्गठन वाली भाषा मानती हैं और उसे पितृसत्तात्मक व्यवस्था से जोड़ती हैं, जबकि मां और शिशु के बीच के अभाषिक लयबद्ध संवाद का संबंध मातृसत्तात्मक भाषा से है। मातृसत्तात्मक भाषा का उसी तरह सामाजिक-सांस्कृतिक दमन हो गया है, जैसे साहित्य में ज्ञानानुशासनों के वर्चस्व वाली भाषा के द्वारा काव्य भाषा का हुआ है।

'एब्जेक्शन' का सिद्धांत : जूलिया क्रिस्तेवा की धारणा है कि विज्ञान, तर्क बोध एवं विधि-निषेधों पर आधारित सामाजिक-सांस्कृतिक व्यवस्थापनों को एकांतिक महत्व देनेवाली पितृसत्ता हमारे समय की ज्ञानमीमांसा और चेतना का गठन करती है और ऐसा करने के लिए वह मातृ देह अथवा स्त्री देह का अपनी सभ्यता-संस्कृतिमूलक संरचनाओं से सचेतन बहिष्कार करती है। मातृ देह को रद्द करके पीछे छोड़ देने और आगे निकल जाने के साथ मानव जाति का सभ्यता-संस्कृतिमूलक विकास अवरुद्ध हो गया है। मातृ देह को रद्द करने की स्थिति के पर्याय के रूप में क्रिस्तेवा ने 'एब्जेक्शन' शब्द का धारणामूलक इस्तेमाल किया। वे अपनी कई किताबों में सविस्तार दलील के साथ चर्चा करती हैं कि कैसे पितृसत्तात्मक चेतना में मातृ देह या स्त्री देह की अवमानना की प्रवृत्ति बद्धमूल और संस्थानीकृत हो गई है। स्त्री देह को भोग्यवस्तु में तब्दील करना, उसे गौण मानना, साहित्य और फिल्मों के जरिए बलात्कार को मर्दानगी के तौर पर आदर्शीकृत करना और सामान्य भाषा में नारी देह से बलात्कार से संबद्ध गालियों का इस्तेमाल इस प्रवृत्ति के सबूत हैं।

मनोवैज्ञानिक रूप में मां की देह के साथ अभेदावस्था में जुड़ा शिशु गर्भ से बाहर आ कर भी स्तनों के द्वारा 'मातृदैहिक भाषा व्यवस्था' से बंधा रहता है। उसके बड़े होने की प्रक्रिया की शर्त यह होती है कि वह मां और उसकी देह से जुड़े संबंधों को पीछे छोड़कर आगे निकल जाए। सिगमंड फ्रायड और जैक लाकां की इडीपस ग्रंथि और मातृ देह की ओर शिशु के आकर्षण का पिता द्वारा बंध्याकरण शिशु के बड़े होने और सभ्य होने की शर्तें हैं। क्रिस्तेवा ने इस ग्रंथि और बंध्याकरण की प्रक्रियाओं को अर्थभूमि से संबद्ध भाषा व्यवहारों की अभिव्यक्तियों से जोड़ा और यह बात सामने रखी कि बड़े होने पर भी नारी देह के प्रति आकर्षण और उसका बलात्कार तक करने की प्रवृत्ति के पीछे, दरअसल उस 'रद्द की हुई मातृदैहिक अभेदावस्था' को पुनः पा लेने का प्रयास है। इस तरह रद्द होने के बावजूद मातृ देह की वापसी भी होती है, पर पितृसत्ता उसे विकृत संबंधों की शक्ल दे देती है।

मातृ देह से अभेद दशा को बड़े होने पर सभी पुनः-पुनः पाना चाहते हैं। अतः मातृ देह को रद्द करने या एब्जेक्शन से गहरे अवसाद का जन्म होता है। यह अवसाद मनोवैज्ञानिक चिंता, तनाव, डिप्रेशन

और मैलंकोली की तरह आधुनिक-उत्तरआधुनिक मानवजाति के चित्त की स्थायी दशा है।

स्त्री-विमर्श के तल पर क्रिस्तेवा वयस्क होती महिलाओं को अपनी पहचान पाने की प्रक्रिया में लगातार आगे-पीछे होनेवाली पहचान से युक्त होता हुआ देखती है। वे स्त्री-पुरुष की बराबरी की बात करने वाले स्त्री-विमर्श के बजाय, स्त्री द्वारा पितृसत्तात्मक पहचान में खुद भी हिस्सेदार हो जाने तथा उस पहचान से पुनः अपने स्त्री या मां होने की पहचान में लौटने की स्थिति को देखती हैं। यानी उनके लिए नारी अस्मिता का अर्थ है—नारी और पुरुष अस्मिताओं का संश्लिष्ट और आगे-पीछे डोलते रहने वाला समीकरण। वे पुरुषों में भी इस मातृदैहिक अभेदावस्था में लौटने की प्रवृत्ति देखती हैं। इस तरह उनका नारी विमर्श अस्मिता-बहुलता वाला विमर्श है।

क्रिस्तेवा निश्चय ही सिमोन द बुआ के उस स्त्री-विमर्श से सहमत नजर नहीं आतीं, जो स्त्री को स्वतंत्र अस्मिता पाने के लिए गर्भ से मुक्ति का रास्ता दिखाता है। इसके उलट क्रिस्तेवा नारी या मातृ देह को महिमा-मंडित करती हैं और स्त्री को स्त्री की अस्मिता तक पहुंचने में मदद करती हैं।

भाषा में इच्छा की धारणा : सॉस्यूर को आधार बनाकर जैक लाकां ने मानव चित्त के अंतर्गठन में खास तौर पर अचेतन की संरचनाओं में भाषा के संकेतक-संकेतित रिश्तों से उपजनेवाली प्रतीकात्मकता को महत्व दिया था। वह इस नतीजे पर पहुंचा था कि वहां विषयी का 'स्व' जो संकेतक के तौर पर काम करता है, अनुपस्थित रहता है। क्रिस्तेवा ने इस चिंतन को आगे बढ़ाया। उन्होंने 'स्व' की 'संकेतक' के तौर पर भूमिका को भाषा में इच्छा की मौजूदगी के तौर पर पहचाना।

आस्था का अधिकार : पिछले दो दशकों से जूलिया क्रिस्तेवा ने धर्म और संस्कृति से संबद्ध जो चिंतन किया है, उसमें उन्होंने आस्था के अधिकार का पक्ष लिया है। वे मानती हैं कि बच्चा नैसर्गिक रूप में आस्थावान होता है। उसकी आस्था का आधार पिता या माता होते हैं। धर्म इस मूल प्रवृत्तिगत अधिकार की रक्षा करने के लिए ईश्वर को ले आता है। मानवजाति को स्वस्थ जीवन जीने के लिए आस्था की जरूरत है। हमारे समय में आस्था के राजनीतिकरण के कारण उसके भीतर कट्टरता और आतंकवाद जैसी विकृतियां पैदा हो गई हैं। यदि हम मनोवैज्ञानिक तौर पर सहज ज्ञानविवेक की तरह आस्थाओं पर शिक्षा कार्यक्रमों को जीवन का हिस्सा बना लें तो धर्मों के राजनीतिकरण से मुक्ति मिल सकती है।

हाल में प्रकाशित अपनी पुस्तक 'द सिवीयर्ड हेड' में क्रिस्तेवा कट्टर आस्थावान लोगों द्वारा पश्चिमी बंधकों के सिर कलम कर देने को एक प्रतीक कर्म की तरह देखती हैं। यह अति बुद्धिवाद के प्रति अति आस्थावान की प्रतिक्रिया है। इसका समाधान मनोवैज्ञानिक रूप में आस्था के अधिकार को बचाने में छिपा है।

विनोद शाही

अधिक जानकारी के लिए :
Julia Kristeva Reader : Toril Moi, 1986

जेंडर एवं अनुवाद

अनुवाद अध्ययन तथा व्यवहार के क्षेत्र में पिछले चार दशकों में विस्तार आया है। विशेषकर 1970 के दशक से अनुवाद में एक सांस्कृतिक मोड़ देखा गया जिसे अंग्रेजी में कल्चरल टर्न कहा जाता है। इसने अनुवाद की नई सैद्धांतिकी को जन्म देते हुए यह स्थापित किया कि अनुवाद केवल भाषिक प्रक्रिया नहीं है। अनुवाद की प्रक्रिया में केवल भाषा या प्रतीकों का अनुवाद नहीं होता अपितु संस्कृतियों का भी अनुवाद होता है। सूजन बेसनेट और एंड्रे लेफेवर ने अपनी संपादित पुस्तक 'ट्रांसलेशन, हिस्ट्री एंड कल्चर' में इस सांस्कृतिक मोड़ की ओर संकेत किया और स्पष्ट किया कि अनुवाद भाषिक व्यापार

तथा मूल पाठ तथा अनूदित पाठ के बीच समतुल्यों की तलाश से कहीं आगे दो संस्कृतियों के बीच संवाद का माध्यम है। अपने इसी विचार को उन्होंने अपनी पुस्तक 'कंस्ट्रक्टिंग कल्चर' में भी आगे बढ़ाया। इसी क्रम में आगे विचार करते हुए लेफेवर ने अनुवाद को पुनःसृजन भी कहा और उसके चारों ओर फैले वैचारिक तनाव की बात की। इस प्रकार अनुवाद को केवल भाषिक व्यापार से निकाल कर उसके दायरे का विकास किया। इसी क्रम में अनुवाद में अस्मिता और जेंडर आदि मुद्दों पर बात होने लगी। जेंडर एवं अनुवाद (Gender and Translation) विषय पर सबसे अधिक मौलिक और महत्वपूर्ण काम शेरी साइमन का है। शेरी साइमन की पुस्तक 'जेंडर इन ट्रांसलेशन : कल्चरल आइडेंटिटी एंड द पॉलिटिक्स ऑफ ट्रांसमिशन' का इस दिशा में एक सार्थक योगदान है।

1970-80 का दशक सांस्कृतिक अध्ययन के साथ, जेंडर अध्ययन एवं अनुवाद अध्ययन के विकास का साक्षी बना। इसे यूं भी देखा जा सकता है कि सांस्कृतिक अध्ययन की शुरुआत ने चिंतकों के देखने के नजरिए को बदल कर रख दिया जिसके परिणामस्वरूप भाषाओं के अध्ययन पर विशेष बल दिया गया। इसी परिवर्तन के अंतर्गत भाषा में जेंडर के मुद्दे पर दृष्टि गई। केवल अनुवाद ही नहीं बल्कि लगभग सभी विषयों में भाषा और उसमें भी जेंडर पर बात होने लगी।

दरअसल उन्नीसवीं शताब्दी में शुरू हुआ फेमिनिज्म यानी स्त्रीवाद इक्कीसवीं सदी के उत्तरार्द्ध तक आते-आते जेंडरवाद में विस्तार पाता है। स्पष्ट है कि उन्नीसवीं सदी में जिस हाशिए की समस्याओं को लेकर स्त्रीवाद की शुरुआत हुई, वही उत्तर-आधुनिक समय में जेंडर से जुड़ी समस्याओं की वकालत करने लगता है। यानी समय के विकास के साथ चिंतन की सूई घूम कर स्त्रियों से अधिक उन सभी जेंडरों की बात करती है जो तथाकथित रूप से अल्पसंख्यक हैं और जिनकी चिंता इस विकासगामी समाज में की जानी चाहिए।

शेरी साइमन उपर्युक्त पुस्तक में इस ओर संकेत करती हैं कि अनुवाद में जेंडर की समस्या की ओर उनका ध्यान तब गया जब उन्होंने 1986 में 'फेमिनिस्ट पोयटिक्स' पर एक गोष्ठी का आयोजन किया और उसमें चर्चा के लिए क्यूबेक (कनाडा) की तीन बेहद चर्चित स्त्रीवादी लेखिकाओं को बुलाया। वे रचनाकार थीं—सुसान द लातबिनियरे-हार्वुड, बारबरा गोदार्ड और केथी मेजेई। ये तीनों बेहद चर्चित नाम थे जिन्होंने अनुवाद को एक स्त्रीवादी काम कहा। 1970 और 1980 के दशकों में क्यूबेक में जिस फ्रांसीसी भाषी स्त्रीवादी प्रयोगात्मक लेखन की शुरुआत हुई थी उसने एक साथ कई नए मुद्दों को जन्म दिया था। देखा गया कि स्त्री लेखन किस प्रकार साहित्यिक मध्यस्थता करता है। इस पूरे प्रयोग ने साहित्यिक एवं सांस्कृतिक क्षेत्र में स्त्रीवादी अनुवादकों का ध्यान आकर्षित किया था।

अनुवाद अध्ययन जो एक लंबे समय तक इस बिंदु पर केंद्रित था कि अनुवाद किस प्रकार किया जाए तथा सही अनुवाद क्या है, आगे बढ़ कर 1970-80 में इस बिंदु तक पहुंचा कि अनुवाद की पूरी प्रक्रिया में अनुवाद की क्या भूमिका है और अनूदित रचना मूल भाषा के समाज पर क्या असर डालती है। अनुवाद में मूल के प्रति निष्ठा तथा अनुवाद कर्म में अनुवादक की अदृश्यता का विरोध उत्तर-आधुनिक चिंतकों ने किया जिनमें लेफेवर, सूसन बेसनेट, लॉरेंस वेनुटी, गायत्री चक्रवर्ती स्पीवाक आदि प्रमुख हैं।

लॉरेंस वेनुटी अपनी पुस्तक 'द ट्रांसलेटर्स इनविजिविलटी' में अनुवादक की दृश्यता की वकालत करते हैं और मानते हैं कि अनुवाद इतना अधिक मूलनिष्ठ न हो कि उसे पढ़ते समय अनूदित संस्कृति का स्मरण भी न हो। वे अनूदित पाठ में अनुवादक के अदृश्य होने का घोर विरोध करते हैं तथा मानते हैं कि अनुवादक का महत्व मूल रचनाकार से कम नहीं है क्योंकि वह एक भाषा के पाठ को अन्य भाषाओं तथा संस्कृतियों तक पहुंचाने का कार्य करता है। इस प्रक्रिया में वे मूल भाषा की

संस्कृति और भाषा के विशिष्ट प्रयोगों को सुरक्षित रखने की बात करते हैं।

लॉरेंस वेनुटी के अनुवाद चिंतन का जिक्र करना इसलिए आवश्यक है कि अनुवाद की आधुनिक सैद्धांतिकी के अनुसार, अनुवाद ऐसा होना चाहिए कि उसे पढ़ते हुए मूल का-सा आस्वाद हो। मूलनिष्ठता की इस राजनीति में अनुवादक कहीं लुप्त होकर रह जाते हैं। ऊपर चर्चित तीनों क्यूबेकिआई रचनाकारों के अनुवाद को स्त्रीवादी कर्म अर्थात फेमिनिस्ट प्रेक्टिस कहने के पीछे अनुवाद को दोयम दर्जे का काम मानना ही था। सीमोन द बुआ की पुस्तक 'द सेकेंड सेक्स' में सीमोन जिस प्रकार समाज में स्त्री की नागरिकता के दोयम दर्जे का होने की ओर संकेत करती हैं, साहित्य में अनुवाद और अनुवादकों को मूल रचना और मूल रचनाकार के समक्ष दोयम श्रेणी का माना जाता रहा है। शेरी साइमन अपनी पुस्तक में विभिन्न स्त्री चिंतकों द्वारा इस संदर्भ में कहे गए कथनों द्वारा इस निष्कर्ष पर पहुंचती हैं कि समाज में जिस प्रकार स्त्री का स्थान दोयम दर्जे का है उसी प्रकार साहित्य में अनुवाद का भी वही स्थान है।

मूल के प्रति निष्ठा के संदर्भ में यह सवाल भी उठता रहा है कि अनुवाद मूल के प्रति ईमानदार हो, शुद्ध हो या फिर लक्ष्य भाषा और संस्कृति के प्रति। यहां फिर सवाल विचारधारा का आता है। यदि स्त्रीवादी दृष्टि से कहा जाए तो अनुवाद को न मूल के प्रति ईमानदार होना चाहिए और न ही लक्ष्य के प्रति अपितु उसकी ईमानदारी पाठ के प्रति होनी चाहिए। सीमोन लिखती हैं कि स्त्रीवादी अनुवादकों के लिए आवश्यक है कि वे लेखक अथवा पाठक के प्रति ईमानदार न हो कर पाठ के प्रति ईमानदार हों क्योंकि उस पाठ में लेखक और अनुवादक— दोनों की भूमिका बराबर है। सीमोन के इस चिंतन को व्यापक रूप में सभी जेंडरों के संदर्भ में रखकर देखा जा सकता है।

अपने इस कथन की पुष्टि करते हुए सिमोन आगे लिखती हैं कि अनुवादक किसके प्रति ईमानदार हो, इससे पहले यह जानना आवश्यक है कि अनुवाद कौन करता है। अनूदित होने वाले विषय की परिभाषा तय किया जाना आवश्यक है। वे मानती हैं कि अनुवाद की प्रक्रिया में पाठ लेखक की थाती न हो कर अनुवादक के लिए भी उतना ही महत्वपूर्ण हो जाता है। यानी अनुवादक यंत्रचालित-सा एक भाषा से दूसरी भाषा में कथ्य को ले जाने का काम करने वाला भर न हो कर स्वतंत्र अस्मिता रखने लगता है तब ईमानदारी किसके प्रति हो, इस पर पुनः विचार करने की आवश्यकता होती है। ऐसे में अनुवादक लेखक या पाठक के प्रति जवाबदेह न हो कर पाठ के प्रति जवाबदेह हो जाता है क्योंकि इस पाठ में अनुवादक की भूमिका लेखक के समतुल्य हो जाती है।

1970-80 के दशक में क्यूबेकियन अवां-गार्द की शुरुआत के परिणामस्वरूप स्त्रीवादी भाषा की नींव रखी गई जहां निकोल ब्रेसार्ड, हार्वुड, बारबरा गोदार्ड आदि ने न केवल स्त्रीवादी रचनाओं का अनुवाद किया बल्कि पितृसत्तात्मक भाषा के समक्ष स्त्रीवादी नए शब्द तथा संबोधन भी गढ़े। अनुवाद में जेंडर के सिद्धांतीकरण का यह प्रस्थान बिंदु माना जाता है। ब्रेसार्ड ने अपने लेखन में परंपरागत पितृसत्तात्मक भाषा प्रयोगों के स्थान पर नए शब्द गढ़े थे। जिन्होंने विश्व भर में विभिन्न अनुवादकों को आकर्षित किया। इस प्रक्रिया में अनुवादकों को अपनी भाषा में नए स्त्री-केंद्रित शब्द गढ़ने के लिए प्रेरित किया। (रूटलेज एनसाइक्लोपीडिया ऑफ ट्रांसलेशन स्टडीज, मोना बेकर)। भाषा में इस तरह के मातृसत्तात्मक अथवा कहें स्त्रीवादी प्रयोग साहित्य के लिए नए प्रयोग हैं जो लंबे समय से चली आ रही भाषा के मुहावरे के समक्ष अभी कमजोर-से दिखते हैं। इस दिशा में अभी और काम किए जाने की आवश्यकता है। भारतीय भाषाओं में इस तरह के प्रयोग इक्का-दुक्का नजर आते हैं।

ज्योति चावला

अधिक जानकारी के लिए :

Exploring Translation Theories : Anthony Pym, 2009

जेनेटिकी-विकारित वस्तु

कृषि, जल और जीवों से पैदा होने वाले पदार्थों को वैज्ञानिक उपायों से सुधार और संवर्धित करके जिस जैविक वस्तु का उत्पादन होता है उसे जेनेटिकी-विकारित वस्तु (Genetically Modified Organism) कहा जाता है। आम तौर पर बड़े-बड़े फार्मों में बड़ी पूंजी से बाजार की बढ़ी मांगें पूरी करने के लिए कृत्रिम रूप से ऐसी वस्तुओं का उत्पादन किया जाता है। इसके लिए ऐसे उर्वरकों, औषधियों और तकनीक का इस्तेमाल होता है जिनसे उस वस्तु में वृद्धि के साथ-साथ हानिकारक तत्वों का प्रवेश हो जाता है। चावल-गेहूं, सब्जियों, पशु-पक्षियों-जलचरों आदि सभी वस्तुओं के प्राकृतिक गुणों में कमी आ जाती है। वे भारी और बड़े आकार की, पर कम स्वादयुक्त होती हैं। विज्ञान से सिद्ध हो चुका है कि वे हानिकारक भी होती हैं। साधारण कृषक और मछुआरे बड़े पैमाने पर ऐसे उत्पादनों से प्रभावित होते हैं। पर्यावरणविदों की नजर में जेनेटिकी-विकारित वस्तुएं मनुष्य के लिए शत्रु के समान हैं। इसलिए एंटी-जीएमओ आंदोलन विश्व भर में छिड़ा है जिसका प्रधान आधार अहिंसा है।

महात्मा गांधी की अहिंसा के अर्थ में विस्तार इक्कीसवीं सदी में इस रूप में देखा जा सकता है कि विश्व भर में जेनेटिकी-विकारित वस्तुओं के खिलाफ आंदोलन छिड़ा हुआ है, जो शांति आंदोलन को भी मजबूत बनाता है। एक तरफ ऐसी वस्तुओं के समर्थन में कहा जाता है कि 2050 तक दुनिया की आबादी आज के 7 अरब से 9 अरब हो जाएगी और वैश्विक खाद्य उत्पादन को इन तीस-पैंतीस सालों में दुगुना करने की बाध्यता है। जैव-तकनीक में विकास किए बिना इस लक्ष्य तक पहुंचना असंभव है। इस योजना में बड़े आकार के बावजूद खाद्य वस्तुओं के स्वाद की रक्षा और उनके मसालेदार उपयोग को ध्यान में रखा जा सकता है। जैव तकनीक से ऐसी खाद्य वस्तुओं को स्वास्थ्यकर भी बनाया जा सकता है। आम तौर पर सरकारें ऐसी वस्तुओं के उत्पादन का समर्थन करती हैं।

उपर्युक्त तथ्यों के विपरीत पर्यावरणविद कहते हैं कि जैव-तकनीक से उत्पादित विकारित वस्तुएं पर्यावरण के लिए खतरा हैं। इस बिंदु पर डार्विन तक को याद किया जाता है जिसने सबसे पहले प्रकृति और पर्यावरण का वैज्ञानिक अध्ययन किया था। विकारित वस्तुएं मनुष्य में रोगों की प्रतिरोधक क्षमता कम कर देती हैं। नई-नई बीमारियां फैलती हैं, जो चिकित्सा के बाजार को व्यापक बनाती हैं। बड़े व्यापारी छोटे उत्पादकों का रोजगार छीन लेते हैं। सबसे महत्वपूर्ण बात यह है कि बिल्कुल प्राकृतिक से बढ़ कर अधिक स्वादयुक्त कुछ नहीं है। आम लोग यह जानते हैं कि वे जेनेटिकी-विकारित वस्तुओं पर निर्भरशील रहने के लिए बाध्य कर दिए गए हैं। फिर भी उनके मन में प्रकृति से शैतानी खिलवाड़ को लेकर प्रतिरोध भावना होती है।

शंभुनाथ

अधिक जानकारी के लिए :

1. **Biotechnology : The Making of a Global Controversy :** Martin W Bauer, 2. **Seeds of Deception :** Jeffrey M Smith

जेनेवा स्कूल

बीसवीं सदी के कई जर्मन एवं फ्रांसीसी चिंतकों द्वारा मनुष्य केंद्रित एवं चेतना केंद्रित कई दर्शनों का आधुनिक संदर्भों में विकास किया गया। इस क्रम में हीगेल, मार्क्स और कई द्वंद्ववादी विचार कोटियों का विकास हुआ। इसके समानांतर जो सिद्धांतकार आधुनिक दौर की वैज्ञानिक वस्तुनिष्ठता के आग्रह के बावजूद मनुष्य को केंद्र में रखने के पक्ष में थे, उनमें अस्तित्ववादी सब से आगे थे। वे अनुभववाद और सारसत्तावाद (आंटोलॉजी) को आधार बना कर आगे बढ़ने की कोशिश कर

रहे थे। जेनेवा स्कूल (Geneva School) के चिंतक अपने मनुष्य-केंद्रित सोच को चेतना की संघटनवादी (फिनोमिनोलॉजिकल) व्याख्याओं द्वारा वहां तक ले गए, जहां वे इसका इस्तेमाल साहित्य और रचनाशीलता की व्याख्या के लिए कर पाने में सक्षम थे।

प्रमुख आलोचक : जेनेवा स्कूल की आलोचना परंपरा के प्रवर्तक के रूप में मार्सल रेमंड की भूमिका अग्रगण्य है, तो उस स्कूल को सर्वाधिक गहराई प्रदान करने और सम्मानजनक स्थिति तक पहुंचाने के लिहाज से जिस आलोचक की भूमिका को ऐतिहासिक माना जा सकता है, वे हैं जार्ज पॉलेत।

इस स्कूल की विकास धारा के इतिहास पर नजर डाली जाए तो कह सकते हैं कि इसका शुरुआती रूप बीसवीं सदी के पांचवें दशक में, 1940 के बाद से उभरना आरंभ होता है। पांचवें और छठे दशक में इस स्कूल के आलोचक पूरी दुनिया का ध्यान अपनी ओर खींचने में समर्थ होते हैं। फिर 1970 के बाद इस स्कूल के आलोचना-चिंतन पर रूपवाद, संरचनावाद और फिर उत्तर-संरचनावादी विखंडनवाद के द्वारा हमले किए जाने के हालात सामने आने लगते हैं। नतीजे में आठवें दशक में जेनेवा स्कूल आत्मचिंतन और आत्मरूपांतर के प्रस्तावों वाली आंतरिकता में चला आता है। इस स्कूल के आखिरी आलोचकों में से एक के रूप में प्रतिष्ठित जे हिलिस मिलर को एक ओर जेनेवा स्कूल का आलोचक माना जाता है, तो दूसरी ओर विखंडनवाद का पैरोकार।

मार्सल रेमंड, जॉर्ज पॉलेत और जे हिलिस मिलर के अतिरिक्त जेनेवा स्कूल से ताल्लुक रखने वाले अन्य प्रतिष्ठित आलोचक हैं—ज्यां रोसेत, हावर्ड ई ग्रूवर, ज्यां स्टाटोविंस्की, ज्यां पियरे रिचर्ड, अल्बर्ट बेगुइन और एस डोरिस वालेस। इन आलोचकों में से अधिकांश स्विस अथवा फ्रांसीसी मूल के आलोचक हैं।

चिंतन : जेनेवा स्कूल के चिंतकों ने अस्तित्ववाद और संघटनावाद (फिनोमिनोलॉजी) से सूत्र ग्रहण करते हुए, उनका साहित्यालोचन की धारणाओं के रूप में विकास किया। इस संदर्भ में उन्होंने फर्दिनांद सस्यूर के आधुनिक भाषाविज्ञान को भी अपने अलग दृष्टिकोण के साथ ग्रहण किया। सस्यूर ने भाषा को संकेतकों-संकेतों वाली ऐसी व्यवस्था के रूप में देखा था जिसके संकेत और सामाजिक व सांस्कृतिक संबंधों की भिन्नता के कारण बहुत-से भिन्न अर्थों वाले हो सकते हैं, भाषा की इस प्रतीकार्थमूलक अर्थ बहुलता वाली सामर्थ्य का इस्तेमाल साहित्यालोचन के अलग-अलग स्कूलों ने अलग-अलग रूपों में किया। रूपवादियों और संरचनावादियों ने भाषा-पाठ के भीतर रहते हुए अर्थबहुलता को खोजने की बात की, जबकि जेनेवा स्कूल के आलोचकों ने लेखक की किसी एक कृति के भाषा पाठ के अर्थ को सिर्फ उसी पाठ के भीतर मौजूद नहीं देखा; अपितु उसे लेखक की सभी कृतियों को एक साथ देखने से जो एक तरह का 'पाठ-समग्र' बनता है, उसमें निहित पाया।

जेनेवा स्कूल के आलोचकों की चिंतन दृष्टि का दूसरा फर्क यह है कि वे उत्तर-संरचनावादियों की तरह, अर्थ को ऐसी पाठ केंद्रित वस्तु नहीं मानते, जिसमें लेखक अनुपस्थित होता है। जेनेवा स्कूल के आलोचकों का तर्क यह है कि बेशक कृति के विशिष्ट भाषा पाठ का आधार पूर्व-पाठ शृंखलाएं ही होती हैं, परंतु किसी लेखक विशिष्ट का विशिष्ट पाठ उस सिलसिले में थोड़ी बहुत अलहदगी (डिपार्चर) को हमारे सामने प्रस्तुत करता है। जेनेवा स्कूल के आलोचक हर नए रचना पाठ की पूर्व पाठों से अलहदगी पर अपनी निगाह केंद्रित करते हैं और उसे उस लेखक की चेतना का प्रवेश-द्वार मानते हैं।

उपर्युक्त रूप में जेनेवा स्कूल के आधुनिक भाषाशास्त्रीय विवेचन के निहितार्थ के आधार पर यह समझा जा सकता है कि जे हिलिस मिलर विखंडनवादी होने के बावजूद जेनेवा स्कूल की चिंतनधारा से ताल्लुक रखते क्यों प्रतीत होते हैं।

इसका अर्थ यह है कि जेनेवा स्कूल के द्वारा विकसित साहित्यालोचन को ऐसे व्यापक स्तर पर ग्रहण करना संभव है, जहां किसी लेखक की तमाम रचनाएं एक 'समग्र भाषा-पाठ' के रूप में विखंडित होती हैं और इस प्रक्रिया से हम उस लेखक की 'चेतना' में प्रवेश करते हुए, उसके साथ एक 'साझेपन' की स्थिति में आ सकते हैं।

ऐसा कैसे होता है? इसकी व्याख्या करते हुए जेनेवा स्कूल के आलोचक स्पष्ट करते हैं कि अंततः सारी मानव जाति चेतना के किसी सामूहिक तल पर साझे अनुभवों वाली होती है तथा दूसरे लेखक की चेतना में प्रवेश, आत्म या स्व का अन्य में प्रवेश होता है। वे संत अगस्तस को उद्धृत करते हुए रेखांकित करते हैं कि अंततः हम सभी होना चाहते हैं, यह हम सबकी साझी इच्छा है जो हमें एक खुली किताब में बदल देती है। 'द ओपन बुक' के रूप में स्व या आत्म का चित्रण करने वाली पाल कर्ली की कलाकृति को जेनेवा स्कूल के आलोचकों ने विशेष रूप में प्रशंसनीय माना है। जेनेवा स्कूल के आलोचकों को 'चेतना के आलोचक' (क्रिटिक्स ऑफ कांशसनेस) कहा जाता है।

रचनाओं की विशिष्टता को जेनेवा स्कूल के आलोचक जैव (आर्गेनिक) अर्थ में लेते हैं और लेखक की चेतना में प्रवेश के लिए उसकी कृतियों के भाषा-पाठों को कलात्मक वैयक्तिकरण के हृद कंपनों के आरोह तथा अवरोह (सिस्टॉल-डायस्टॉल ऑफ आर्टिस्टिक इनडिविजुएशन) कहते हैं।

जेनेवा स्कूल के लेखक वस्तुतः रचनाकार की चेतना को कालगत होते हुए भी सामूहिक साझेपन के तल पर कालातीत मानते हैं। रचनाओं में कालातीत होने की क्षमता इसलिए आती है क्योंकि रचना रचनाकार की दुनिया से रचनात्मक अलहदगी का परिणाम होती है। इसे 'क्रिएटिव डिस्टेंसिंग' कहा जाता है। इससे कृतियों में एक अंतराकाश (इनर स्पेस) प्रकट होता है। भाषापाठ का विखंडन पाठ के विश्लेषण के लिए नहीं अपितु समग्रता की पुनर्रचना करने वाले अंतराकाश में प्रवेश के लिए किया जाता है। ऐसा इसलिए हो पाता है क्योंकि रचनाकृतियों के भाषा पाठ में लेखक की चेतना के अवशेष पड़े होते हैं। उनके सहारे लेखक की चेतना में, अन्य में आत्म की तरह प्रवेश का मार्ग खोजा जाता है।

मार्शल रेमंड (1897-1981) **:** मार्शल रेमंड जेनेवा स्कूल की आलोचना पद्धति के प्रवर्तक माने जाते हैं। बॉदलेयर के अपने प्रसिद्ध अध्ययन में उन्होंने इस धारणा पर बल दिया कि व्यक्ति अपने आपमें एक आवयविक (ऑरगोनिक) रचना होती है, जो हम से आत्मीय पाठ की उम्मीद करती है। वे मानते थे कि कविता पर मनन (कंटेप्लेशन) के द्वारा कवि के स्व में प्रवेश संभव है, उन्होंने फ्रांसीसी क्रांति के चिंतकों में से रूसो का विशेष अध्ययन किया और यूरोपीय पुनर्जागरण को 'नई चेतना की धारणा के इतिहास' के रूप में पढ़ा। वे वैरोक की धारणा को शिल्प की व्याख्या के लिए उपयोगी मानते हुए साहित्य में ले कर आने वाले आलोचक थे। उनकी महत्वपूर्ण पुस्तकों में फ्राम रूसो टू सर्रियलिज्म, वैरोक एंड रेनेसां पोयटिक्स तथा ज्यां जॉक रूसो शामिल हैं।

जॉर्ज पॉलेत (1902-1991) : पॉलेत जेनेवा स्कूल के उन सर्वाधिक प्रभावशाली आलोचकों में से एक थे, जिन्होंने एक पूरी पीढ़ी को प्रभावित किया, जिनमें विल्हेम डिल्थी, चार्ल्स डुवौस तथा जॉक रिवेरे जैसे लोग शामिल थे। उन्होंने लेखक को 'पूरा पढ़ने' पर बल दिया तथा उसकी अप्रकाशित कृतियों तक को वे लेखक की चेतना के अकल्पित रूप का प्रतिनिधि मानते थे। सभी के 'सवितर्क चिंतनशील' (रेशनल) होने को वे लेखक से संबंध स्थापित करने की जमीन की तरह देखते थे। लेखक के 'समग्र पाठ' को वे 'समग्र परंपरा' से उसके रिश्ते को समझने का आधार बनाते थे, ताकि परंपरा में लेखक की अद्वितीयता और अलहदगी (डिपार्चर)

को समझ कर उसकी चेतना में प्रवेश के लिए मार्ग खोजा जा सके। इनकी प्रमुख पुस्तकें हैं–द स्टडीज इन ह्यूमन टाइम्स (चार खंड), द इंटीरियर डिस्टेंस, द फिनोमिनोलॉजी ऑफ रीडिंग।

उपर्युक्त सिद्धांतकारों के अलावा डी ई ग्रुवर (1922-2005) का योगदान भी महत्वपूर्ण है। उनकी पुस्तक 'मेधा का सिद्धांत' (थ्योरी ऑफ इंटेलिजेंस) विशेष चर्चित हुई। उनके साथ डौरिस वालेस रहे हैं। वालेस की संपादित किताबों में ग्रुवर विशेष रूप में शामिल रहे। वालेस की चर्चित पुस्तकें हैं– क्रिएटिव पीपल एट वर्क : ट्वेल्व कॉग्निटिव केस स्टडीज, केस स्टडी मेथड : वालेस एंड ग्रुवर। ग्रुवर की एक अन्य पुस्तक है–डार्विन ऑन मैन : अ साइकोलॉजिकल स्टडी ऑफ साइंटिफिक क्रिएटिविटी।

ज्यां पियरे रिचर्ड (1922) की 'अनुभव के प्रथम घटित' होने की धारणा विशेष चर्चित रही। घृणा, लालच आदि भावों से जुड़ी जीवन की पहले पहल की स्मरणीय घटनाएं उनकी दृष्टि में प्रेम और शेष जीवन के अनुभवों में खुद को दुहराती हैं और लेखक की चेतना में प्रवेश की कुंजी हो जाती हैं। उनकी चर्चित पुस्तक है द क्रिटिसिज्म ऑफ सेंसेशन। ज्यां रौसेत (1910-2003) ने मार्शल रेमंड की 'वैरोक' की धारणा को आगे बढ़ाया। भाषा की 'सांकेतिकता' पर विशेष ध्यान केंद्रित किया। उनकी पुस्तक है–मिथ ऑफ डॉन जुआन। एक अन्य आलोचक ज्यां स्टारोबिंस्की (1920) की चर्चित पुस्तकें हैं : द हिस्ट्री ऑफ आयडियाज, द वर्ड्ज अपॉन वर्ड्ज। जे हिलिस मिलर (1928) की पुस्तकें हैं–थियरी : नाउ एंड देन, रीडिंग नेरेटिव, स्पीच एक्ट्स ऑफ लिट्रेचर, फिक्शन एंड रीपिटेशन तथा फॉर देरिदा।

विनोद शाही

अधिक जानकारी के लिए :
1. **Literary Theory : An Introduction :** Terry Eagleton, 1983, 2. **Literary Theory and Criticism :** Patricia Waugh, 2006

जेम्स टॉड
(1782-1835)

जेम्स टॉड (James Todd)एक ब्रिटिश सैन्य अधिकारी थे। उन्हें कर्नल टॉड के नाम से भी जाना जाता है। वे 1799 में भारत आए थे। उन्हें 1818 में राजपूताना का राजनीतिक एजेंट बनाया गया। टॉड अपनी सरकारी भूमिका में सफल थे। 1823 में खराब स्वास्थ्य के कारण वे इंग्लैंड वापस चले गए और वहां भारत के इतिहास और भूगोल से संबंधित कई कृतियां प्रकाशित कीं। वह भारत वापस आए, पर 1826 में उन्होंने सेना से अवकाश ले लिया।

टॉड रॉयल एशियाटिक सोसायटी के सदस्य थे, जहां वह कुछ समय पुस्तकालयाध्यक्ष थे। वह एक महान इतिहासकार के रूप में चर्चित हुए। उन्होंने अपने इतिहास ग्रंथ में पद्मिनी के बारे में बड़े शानदार ढंग से लिखा है तथा राणा प्रताप और मानसिंह पर विस्तृत चर्चा की है। उन्होंने राजस्थान के राजपूतों के इतिहास के बारे में जो खोजपूर्ण बातें लिखीं, वे विवादास्पद थीं, पर उनके विचारों के कारण ब्रिटिश

जेम्स टॉड

सरकार को इस क्षेत्र के बारे में अपनी दृष्टि बदलनी पड़ी। टॉड ने राजस्थान में शांति और व्यवस्था कायम करने में और करीब 300 विध्वस्त शहरों और गांवों को फिर से बसाने में महत्वपूर्ण भूमिका निभाई। वह राजस्थान में काफी लोकप्रिय हो गए थे। वह राजस्थान के राजघरानों के इतने शुभचिंतक हो गए थे कि अंग्रेज सरकार उन पर संदेह करने लगी थी। टॉड रोमैंटिक नेशनलिज्म से भरे थे। इसी की रोशनी में वे राजस्थान के हितों को देखते थे और राजस्थान से मराठा और पिंडारियों को बाहर कर देना चाहते थे। उन्हें राजस्थान के राजघराने अंग्रेजी राज के शुभचिंतक लगे। जेम्स टॉड ने ऐतिहासिक खोजों के साथ राजस्थानी भाषा के लिए काम किया और कई पांडुलिपियों का उद्धार किया। उनके राजस्थान के संबंध में दिए गए ऐतिहासिक विवरणों के आधार पर कई भारतीय भाषाओं में साहित्यिक कृतियां लिखी गईं।

राजेश मिश्र

जैन दर्शन

जैन दर्शन अपने महत्वपूर्ण सिद्धांतों के कारण अपना विशिष्ट स्थान रखता है। जैन दर्शन को प्रतिष्ठित करने में आचार्य कुंदकुंद, समंतभद्र, उमास्वाति, सिद्धसेन दिवाकर, अकलंक, विद्यानंदि, हेमचंद्र आदि शामिल हैं। जैन दर्शन के सृष्टि-अकर्तृत्ववाद, अनेकांतवाद, स्याद्‌वाद, कर्मवाद, अहिंसावाद आदि अनेक विशिष्ट सिद्धांत हैं। जैन दर्शन पूरी तरह आध्यात्मिक है। इसमें आत्मा को तीन श्रेणियों में विभक्त किया गया है : बहिरात्मा, अंतरात्मा और परमात्मा। मूढ़ आत्मा को बहिरात्मा, जाग्रत आत्मा को अंतरात्मा और अशेष गुणों से संपन्न आत्मा को परमात्मा कहा गया है। ये एक ही आत्मा के उन्नयन की विकसित तीन श्रेणियां हैं।

जैन दर्शन के अनुसार यह संसार द्रव्यार्थिक नय की दृष्टि से अनादि, अनंत और शाश्वत है और पर्यायार्थिक दृष्टि से इसमें समय-समय पर परिवर्तन होता रहता है। इसमें दो काल होते हैं—अवसर्पिणी और उत्सर्पिणी। जिसमें दिन प्रतिदिन आयु, बल, अवगाहना आदि प्रमुख घटनाएं घटती रहती हैं उसे अवसर्पिणी कहते हैं और जिसमें सभी अच्छी वस्तुओं की वृद्धि होती है उसे उत्सर्पिणी कहते हैं। इन दोनों कालों के छह-छह भेद हैं, जिसे अरे कहते हैं। इस प्रकार इनके भेद हैं—प्रथम सुखम, सुखम, सुखम-दुखम, दुखम-सुखम, दुखम और दुखम-दुखम। अवसर्पिणी के समाप्त होने के बाद उत्सर्पिणी काल प्रारंभ होता है। प्रत्येक अवसर्पिणी उत्सर्पिणी के तीसरे-चौथे अरे में चौबीस तीर्थंकर पैदा होते हैं। तीर्थंकर दो प्रकार के धर्मों की शिक्षा देते हैं—श्रुत धर्म तथा चारित्र धर्म। श्रुत धर्म में द्वादशांग गणिपिडग और चारित्र धर्म में साधु एवं गृहस्थ धर्म का उल्लेख है।

श्रुत धर्म में छह द्रव्य, नव तत्व, छह काय और चार गति बताए गए हैं। मूल पदार्थ दो हैं—जीव एवं अजीव। इन दोनों पदार्थों के आधार पर ही द्रव्य एवं तत्वों का निर्माण हुआ है। मौलिक पदार्थ जब अपने पर्यायों के कारण परिवर्तित होते हैं तो द्रव्य कहलाते हैं। द्रव्य में उत्पाद, व्यय एवं ध्रौव्य तीन अवस्थाएं होती हैं। इनका तात्पर्य है उत्पन्न होना, उनके रूप में परिवर्तन होना और सदैव एक समान रहना। यह लोक छह द्रव्यों से बना है, जो शाश्वत हैं। इनको बनाया या नष्ट नहीं किया जा सकता। छह द्रव्य हैं—जीव, पुद्‌गल, धर्म, अधर्म, आकाश और काल।

तत्व का अर्थ प्रयोजन है। उपादेय एवं हेय की दृष्टि से जिनका प्रतिपादन हो उन्हें तत्व कहा गया है। तत्व नौ हैं—जीव, अजीव, पुण्य, पाप, आस्रव, संवर, बंध, निर्जरा और मोक्ष। द्रव्यार्थिक नय की अपेक्षा से ये नौ तत्व जीव एवं अजीव नामक दो द्रव्यों से ही उत्पन्न हुए हैं। बाकी के सात तत्व जीव एवं अजीव में समाहित हो जाते हैं। जो जीव है वह सदा जीव ही रहता है और जो अजीव है वह सदा अजीव ही रहता है।

जिसमें चेतना अर्थात ज्ञान और दर्शन के गुण पाए जाएं उसे जीव कहते हैं। हमेशा जीवित

रहने के कारण भी उसे जीव कहा जाता है। जीव अनादि, अनंत, शाश्वत पदार्थ है। न कभी किसी ने उसे बनाया है और न कभी उसका विनाश होता है। जीव को अनेक प्रकार के शरीर धारण करने पड़ते हैं और शरीरों के कारण उसका रूपांतर होता है। यह रूपांतर ही जीव का पर्याय कहलाता है।

जीव दो प्रकार के होते हैं—सिद्ध और संसारी। सिद्ध आत्माएं जन्म धारण नहीं करतीं। संसारी आत्माएं कर्म बंधन में बधी होती हैं, इसलिए जन्म धारण करती रहती हैं। संसारी जीवों के भी दो भेद हैं—स्थावर एवं त्रस। जो स्थितिशील होते हैं उन्हें स्थावर कहा जाता है और जो हेतुपूर्वक गतिशील होते हैं उन्हें त्रस कहा जाता है। इनके पांच भेद हैं—पृथ्वीकाय, जलकाय, तेजस्काय, वायुकाय और वनस्पतिकाय। इनके भी दो भेद हैं—सूक्ष्म और बादर (स्थूल)। पृथ्वी, जल और वनस्पति स्थितिशील होने के कारण स्थावर कहे जाते हैं। हालांकि तेजस्काय और वायुकाय में गतिशीलता होती है परंतु वह किसी हेतु से नहीं होती, इसीलिए इन्हें स्थावर माना जाता है। दूसरी ओर त्रस जीव गतिशील होते हैं। इनके द्वीन्द्रिय, त्रीन्द्रिय, चतुरिंद्रिय तथा पंचेंद्रिय आदि भेद होते हैं। एक ही चेतन के अनंत रूपों में मनुष्य एक रूप है, जो पंचेंद्रिय जीव है। नरक, तिर्यंच, मनुष्य और देव इन चारों गतियों में जाने के बाद भी जीव का मूल स्वरूप कभी नष्ट नहीं होता।

जैन धर्म में जड पदार्थों को अजीव कहा जाता है। जड़ पदार्थों के पांच भेद किए गए हैं—धर्म, अधर्म, आकाश, पुद्गल और काल। गमन करने वाले प्राणियों तथा गतिशील करने वाली जड़ वस्तुओं को उनकी गति में सहायता करने वाला पदार्थ धर्म कहलाता है। गतिहीनता बनाए रखने में सहायता करने वाले पदार्थ को अधर्म कहा जाता है। अनंत विस्तार को आकाश कहा जाता है, जिसमें दिशाएं आदि शामिल हैं। इसके भी लोक-अलोक दो भेद हैं। लोक प्रदेश में धर्म-अधर्म आदि होते हैं और अलोक शून्य है। स्थूल से लेकर सूक्ष्म तक सभी पदार्थों को पुद्गल कहा जाता है। पुद्गल दो प्रकार के होते हैं—परमाणु एवं स्कंध परमाणु। पुद्गल का मूल तत्व परमाणु है। परमाणुओं के पारस्परिक संश्लेष से बनने वाला पदार्थ स्कंध कहा जाता है। स्कंध अनेक प्रकार के होते हैं, जैसे द्वि-प्रदेशी अर्थात दो परमाणुओं का स्कंध। त्रि-प्रदेशी अर्थात तीन परमाणुओं का स्कंध, इस प्रकार संख्यात, असंख्यात और अनंत प्रदेशी स्कंध होते हैं। ये स्कंध आकाश के एक प्रदेश से लेकर असंख्यात प्रदेशों तक व्याप्त होते हैं। अनंत प्रदेशी स्कंध असंख्य प्रदेशों में व्याप्त हो जाता है। पुद्गल स्पर्श, रस, गंध और वर्ण से युक्त होते हैं। इनका क्षेत्र बहुत विस्तृत होता है। शब्द, प्रकाश, अंधकार, धूप, छाया आदि भी पुद्गल माने जाते हैं। अजीव तत्व का पांचवां भेद काल है, जिसका संबंध परिवर्तन को दर्शाने वाले समय से है। काल भी अव्यापक और व्यापक दो रूपों में होते हैं। उसके दो प्रकार हैं—1. व्यावहारिक, जैसे सूर्य-चन्द्र आदि की क्रिया से नापा जाने वाला और 2. नैश्चयिक अर्थात परिवर्तन का हेतु। व्यावहारिक काल सिर्फ मनुष्य-लोक में होता है। नैश्चयिककाल लोक और अलोक दोनों में होता है। इस प्रकार जैन धर्म के अनुसार संपूर्ण चराचर जीव (चेतन) और अजीव (अचेतन) दोनों द्रव्यों से व्याप्त है। जैन दर्शन के अनुसार चेतन और अचेतन दोनों पारमार्थिक सत्य हैं—दोनों की वास्तविक सत्ता है।

धर्म, अधर्म, आकाश, पुद्गल और जीव में प्रदेशों (अव्यवों) का विस्तार है, इसलिए वे अस्तिकाय हैं।

श्वेतांबर परंपरा के अनुसार काल के अव्यव नहीं हैं, वह औपचारिक या द्रव्य का पर्याय मात्र है। इसलिए वह अस्तिकाय नहीं है—विस्तार वाला नहीं है। दिगंबर परंपरा के अनुसार काल अणु-रूप है, इसलिए वह विस्तार-शून्य है।

धर्म, अधर्म और आकाश में कोई गति नहीं होती। उनमें केवल सजातीय परिवर्तन होता है। जीव और पुद्गल गतिमान होते हैं और उनमें सजातीय और विजातीय—दोनों परिवर्तन होते हैं।

विश्व अनादि अनंत है। फलतः सब द्रव्य अनादि-अनंत हैं। जीव और पुद्गल में विजातीय

परिवर्तन होते हैं—वे एक अवस्था को छोड़कर दूसरी अवस्था में चले जाते हैं, इसलिए वे सादि-सांत (अर्थात आदि सहित और अंत सहित) भी हैं। यह जीव और पुद्‌गल का विजातीय परिवर्तन ही सृष्टि है। वह सादि-सांत है।

आत्मा अपनी सत प्रवृत्ति के द्वारा जिन पुद्‌गल स्कंधों को आकृष्ट करती है, वे शुभ कर्म अर्थात पुण्य कहलाते हैं और असत प्रवृत्ति से जिन पुद्‌गल स्कंधों को आकर्षित करती है, वे अशुभ या पाप कहलाते हैं। जब तक अच्छे और बुरे कर्म आत्मा के साथ चिपके रहते हैं, तब तक वे बंध या द्रव्य पुण्य-पाप कहलाते हैं और जब वे शुभ और अशुभ फल देते हैं तब भाव पुण्य-पाप कहलाते हैं।

जिन कारणों से आत्मा के साथ कर्म का संबंध होता है उन कारणों को आस्रव कहा जाता है। यह एक ऐसा तत्व है जो प्रतिक्षण संसारी आत्मा के साथ कर्म का बंधन करता रहता है। इसे आत्मा का छिद्र कहा जा सकता है। यह आत्मा का मिथ्यात्व, अव्रत, प्रमाद, कषाय है।

आस्रव को रोकने वाला तत्व संवर कहलाता है। संवर का अर्थ है मन, वचन और कर्म की प्रवृत्ति का निरोध। यह आत्मा का शुद्ध भाव-परिणाम होता है। क्षमा, मृदुता, ऋजुता, सत्य, संयम, तप, त्याग, शौच, धर्म, भावना, समभाव आदि से संवर की प्राप्ति होती है। आस्रव (बाह्य-निष्ठा) संसार का हेतु है और संवर (आत्म-निष्ठा) मोक्ष का हेतु है। पूर्ण संवर होने पर ही मोक्ष उपलब्ध होता है। पूर्ण संवर अर्थात कर्म-निवृत्त अवस्था।

आत्मा के साथ दूध और पानी की तरह कर्म का संबंध होने का नाम बंध है। बंध के चार भेद हैं—प्रकृति, स्थिति, अनुभाव और प्रदेश। कर्म सदैव आत्मा से चिपकते रहते हैं। इन्हें कर्म वर्गणा कहते हैं। जैनशास्त्रों में कर्म के मुख्य आठ भेद माने गए हैं—ज्ञानावरण, दर्शनावरण, वेदनीय, मोहनीय, आयु, नाम, गोत्र और अंतराय। ज्ञानावरण, दर्शनावरण, मोहनीय तथा अंतराय को घाती कर्म कहते हैं, क्योंकि ये आत्मा के मुख्य गुणों का घात करते हैं। इन चार घाती कर्मों का क्षय होने पर केवलज्ञान उत्पन्न होता है। वेदनीय, आयु, नाम और गोत्र को अघाती कर्म कहते हैं। मिथ्यात्व, अविरति, प्रमाद, कषाय और योग–ये कर्मबंध के हेतु हैं। कषाय चार प्रकार के होते हैं—क्रोध, मान, माया और लोभ।

निर्जरा का अर्थ है बाह्य एवं आभ्यांतरिक तप से प्रायश्चित्त, विनय, सेवा-भक्ति, स्वाध्याय, व्युत्सर्ग (ममत्व एवं काषायिक विकारों को हटाना) और ध्यान के द्वारा कर्म का क्षय करना एवं जीवन को ऊंचा उठाना।

मोक्ष : संवर एवं निर्जरा जब अपने पूर्ण उत्कर्ष पर पहुंचते हैं तब मोक्ष की प्राप्ति होती है। कर्म का आत्यंतिक क्षय होना ही मोक्ष है। काल, पुरुषार्थ आदि समवायों का परिपाक होने पर जीव में आत्मस्वरूप को उपलब्ध करने की जिज्ञासा उत्पन्न होती है। उसकी पूर्ति के लिए वह प्रयत्न करता है और क्रमशः विजातीय परिवर्तन के हेतुओं (पुण्य, पाप और आस्रव) का निरोध (संवर) व क्षय (निर्जरा) करके मुक्त हो जाता है अर्थात आत्मस्थ हो जाता है। मोक्ष की अवस्था में शरीर, इंद्रिय एवं मन का सर्वथा अभाव हो जाता है। मोक्ष की प्राप्ति मानव शरीर से ही होती है।

मोक्ष प्राप्ति के लिए तीन बातों की आवश्यकता होती है—सम्यक दर्शन, सम्यक ज्ञान और सम्यक चारित्र। इन्हें त्रिरत्न कहा जाता है। जिससे तत्वार्थ के प्रति श्रद्धा और प्रतीति उत्पन्न हो उसे सम्यक दर्शन कहते हैं, जिससे पदार्थ के यथार्थ स्वरूप का ज्ञान हो उसे सम्यक ज्ञान कहते हैं और संसार की कारणभूत क्रियाओं का त्याग करके आत्मस्वरूप में रमण करना सम्यक चारित्र है। इन तीनों की समन्वित रूप से साधना करते हुए साधक सभी कर्मों से मुक्त हो जाता है।

सम्यक ज्ञान : सम्यक दर्शन जैन आचार की मूल भित्ति है। जीव आदि तत्वों पर श्रद्धा करना सम्यक दर्शन है। तत्व बोध के प्रति जो सम्यक रूप से प्रवृत्त रहता है उसे सम्यकत्वी कहते हैं। सम्यक्त्व के सात पर्यायवाची हैं—सम्यक दृष्टि, अमोह, शोधि,

सद्भावदर्शन, बोधि, अविपर्यय और सुदृष्टि। जैन मत के अनुसार श्रद्धा, प्रतीति, रुचि के द्वारा ही साधक अध्यात्म के क्षेत्र में आगे बढ़ता है। शंका, कांक्षा, विचिकित्सा, पर-पाषंड प्रशंसा और पर-पाषंड परिचय नामक अतिचारों को त्याग कर ही साधक सम्यक दृष्टि संपन्न हो सकता है। सम्यक दृष्टि संपन्न व्यक्ति में स्थैर्य, प्रभावना, भक्ति, जिन-शासन में कौशल तथा तीर्थ-सेवा जैसे पांच गुण होते हैं। इनके बल पर ही वह निश्रेयस की प्राप्ति कर सकता है और सिद्ध हो सकता है।

सम्यक दर्शन के पांच प्रकार हैं—औपशमिक, क्षायिक, क्षायोपशमिक, सास्वादन और वेदक। जब मिथ्यात्वमोह, मिश्र मोह, सम्यक्त्व मोह, क्रोध, मान, माया और लोभ पूरी तरह शांत हो जाते हैं तब व्यक्ति को सम्यक्त्व प्राप्त होता है। इन्हें दर्शन मोहनीय प्रकृति और अनंतानुबंधी कषाय कहते हैं। इनके समाप्त होने पर साधक में शम, संवेग, निर्वेद, अनुकंपा और आस्तिक्य का भाव पैदा होता है।

तत्वों के यथार्थ ज्ञान को सम्यक ज्ञान कहते हैं। ज्ञान दो प्रकार के होते हैं—सम्यक एवं मिथ्या। मोक्षमार्ग का हेतु सम्यक ज्ञान है। दृष्टि शुद्ध होते ही ज्ञान स्वतः सम्यक हो जाता है। मिथ्या दृष्टि रहने पर बुद्धि में सम्यक भाव पैदा नहीं होता। सम्यक ज्ञान के पांच भेद हैं—मतिज्ञान, श्रुतज्ञान, अवधिज्ञान, मनःपर्यवज्ञान और केवल ज्ञान।

इंद्रियों एवं मन के द्वारा होनेवाले ज्ञान को मतिज्ञान कहते हैं। मतिज्ञान के दो भेद होते हैं—श्रुतनिश्रित एवं अश्रुतनिश्रित। श्रुतनिश्रित मतिज्ञान चार प्रकार के होते हैं—अवग्रह (पदार्थ का प्रथम ज्ञान), ईहा (पदार्थ के प्रति संशय एवं उसका निराकरण), अवाय (निर्णयात्मक ज्ञान) और धारणा (निर्णयात्मक ज्ञान की स्वीकृति)। जिस मतिज्ञान में द्रव्यश्रुत एवं भावश्रुत दोनों की अपेक्षा नहीं होती, जिसकी उत्पत्ति सहज होती है उसे अश्रुतनिश्रित मतिज्ञान कहते हैं। इसके भी चार भेद हैं—औत्पत्तिकी, वैनयिकी, कार्मिकी और पारिणामिकी। औत्पत्तिकी का अर्थ है प्रतिभा के उत्पन्न ज्ञान। वैनयिकी गुरु आदि से प्राप्त ज्ञान है, कार्मिकी अभ्यास से उत्पन्न ज्ञान और पारिणामिकी अनुभवप्रसूत ज्ञान है।

श्रुतज्ञान का अर्थ है इंद्रियों तथा मन के माध्यम से प्राप्त ज्ञान का प्रगाढ़ होना। शब्द या संकेत के द्वारा जब किसी पदार्थ के बारे में बताने की क्षमता उत्पन्न होती है तो उसे श्रुतज्ञान कहते हैं। अवधिज्ञान का तात्पर्य है इंद्रिय और मन की सहायता के बिना सूक्ष्म एवं स्थूल, दूरस्थ एवं निकटस्थ पदार्थों का ज्ञान प्राप्त करना एवं उसे प्रकट करना। मनःपर्यवज्ञान का अर्थ है किसी के मनोगत भावों को जान लेना। दूसरे शब्दों में जब कोई व्यक्ति इंद्रियों, मन आदि की सहायता के बिना मनोवर्गणा के माध्यम से किसी के मन की भावना को समझ लेता है वह मनःपर्यवज्ञान है। इसमें अमूर्त विचारों का मूर्तीकरण होता है। ज्ञान का आवरण जब समूल नष्ट हो जाता है तब आत्मा सर्वज्ञ या केवली हो जाती है। उसमें सभी स्थूल एवं सूक्ष्म पदार्थों के अशेष पर्यायों को जानने का सामर्थ्य होता है।

सम्यक चरित्र : जिससे कर्म का चय (समूह, गढ़) रिक्त होता है, वह चारित्र है। चारित्र के दो कार्य होते हैं—कर्म का निग्रह और कर्मचय का रिक्तीकरण। सम्यक चारित्र के लिए पांच महाव्रतों, पांच समितियों, तीन गुप्तियों और अनुप्रेक्षा आदि धर्मों का पालन करना आवश्यक होता है। पांच महाव्रत हैं—अहिंसा, सत्य, अस्तेय (अचौर्य), ब्रह्मचर्य और अपरिग्रह; पांच समितियां हैं—ईर्या समिति (संयमपूर्वक चलना), भाषा समिति (संयमपूर्वक बोलना), एषणा समिति (शरीर के निर्वाह हेतु संयमपूर्वक भोजन-पानी आदि की इच्छा करना), आदान-निक्षेप समिति (धर्म से संबंधित उपकरणों का संयमपूर्वक उपयोग करना) और उत्सर्ग समिति (उत्सर्जन में जागरूकता रखना); तीन गुप्तियां हैं—मनोगुप्ति (मन का निग्रह), वाक गुप्ति (वचन का निग्रह) और काय गुप्ति (शरीर का निग्रह)। अनुप्रेक्षा (भावना) का अर्थ है मन की स्थिरता के लिए अनित्य विषयों का अनुचिंतन करना। अनुप्रेक्षा के बारह प्रकार हैं—अनित्य, अशरण, भव,

एकत्व, अन्यत्व, अशौच, आस्रव, संवर, निर्जरा, धर्म, लोक और बोधिदुर्लभ। इन अनुप्रेक्षाओं के माध्यम से साधक आत्मचिंतन करता है कि मैं चिदानंद हूं। मैं ज्ञान-दर्शन-चारित्र से संपन्न हूं। मैं कालातीत, शब्दातीत और तर्कातीत हूं। मैं अविनाशी, एकाकी और कर्मफल से रहित शुद्ध आत्मा हूं।

इस प्रकार सम्यक दर्शन, सम्यक ज्ञान और सम्यक चारित्र की समन्वित साधना करते हुए साधक सभी कर्मों से मुक्त हो जाता है और मोक्ष प्राप्त कर लेता है। उसकी साधना सिद्धि में परिणत हो जाती है। सभी कर्मों से छूट जाना और आत्मस्वरूप में स्थित हो जाना ही मोक्ष है।

निरीश्वरवाद : जैन दर्शन पूर्व-जन्म, पुनर्जन्म, स्वर्ग, नरक, मोक्ष आदि को मानता है। सृष्टि को वह शाश्वत मानता है, ईश्वर की कृति नहीं। न ही सृष्टि संचालन में ईश्वर का कोई योगदान मानता है। वह अनंत काल से अपने शाश्वत क्रम से चल रही है और सदा इसी तरह चलती रहेगी।

आत्मा एक स्वतंत्र तत्व है। वह किसी ईश्वर या परमात्मा का अंश नहीं है। कोई भी आत्मा परमात्मा के रूप में संसार में अवतरित नहीं होती। अपने पुरुषार्थ से वह ऊपर चढ़ते-चढ़ते परमात्म पद को प्राप्त करती है। व्रत-पालन, तपस्या, त्याग और संयम—ये परमात्मा पद की प्राप्ति के उपाय हैं।

अनेकांतवाद : जैन दर्शन का दूसरा महत्वपूर्ण सिद्धांत है अनेकांतवाद और स्याद्‌वाद। इसे कथंचित्वाद, दृष्टि वाद, अपेक्षावाद भी कहा जाता है। जैन दर्शन की चिंतन शैली या विचार शैली का नाम है अनेकांतवाद और निरूपण शैली का नाम है स्याद्‌वाद। विश्व और सृष्टि की प्रक्रिया को जानने के लिए जैन आचार्यों ने अनेकांत दृष्टि की स्थापना की। उनका अभिमत था कि द्रव्य अनंत धर्मात्मक है। उसे एकांत दृष्टि से नहीं जाना जा सकता। उसे जानने के लिए अनंत दृष्टियां चाहिए। आग्रही व्यक्ति तत्व को समग्र रूप से समझ नहीं सकता। इसलिए किसी भी तत्व को समझने के लिए अनेक दृष्टियों का प्रयोग जरूरी है।

जैन दर्शन अनेकांत दृष्टि के आधार पर संसार को सादि-सांत और अनादि-अनंत दोनों बताता है, क्योंकि अपेक्षावाद के अनुसार जगत न नित्य है और न अनित्य, किंतु नित्यानित्य है। यह संसार चक्र सदा चलता रहता है। द्रव्यत्व की अपेक्षा वह अनादि-अनंत है और प्रतिक्षण परिवर्तित होने वाली पर्यायों की अपेक्षा सादि-सांत है। यह नियम सब तत्वों पर लागू होता है।

द्रव्य की दृष्टि से लोक सांत (सं-अंत) है, क्योंकि वह एक है। क्षेत्र की दृष्टि से वह सांत है, क्योंकि लोक का आकाश अनंत नहीं है। काल की दृष्टि से वह अनंत (अन-अंत) है। अतीत में लोक था, वर्तमान में है और भविष्य में भी लोक होगा। यह लोक कभी नहीं था, ऐसा नहीं हुआ, यह लोक नहीं है, ऐसा भी नहीं है और यह भी नहीं होगा, ऐसा भी नहीं है। यह था, है और होगा, इसलिए अनंत है। भाव की दृष्टि से लोक अनंत है, क्योंकि उसमें अनंत पर्याय घटित होते रहते हैं।

अनेकांतवाद में भिन्न-भिन्न पहलुओं से वस्तु के स्वरूप का विवेचन एवं निरूपण किया जाता है, मुख्य और गौण की दृष्टि से पदार्थ पर विचार किया जाता है, अपनी दृष्टि को रखते हुए भी विरोधी दृष्टि की उपेक्षा नहीं की जाती। यह सिद्धांत कहता है कि किसी भी वस्तु को किसी एक पहलू से नहीं देखना चाहिए। उसे सभी पहलुओं से देखना चाहिए, क्योंकि हर वस्तु के अनुकूल एवं प्रतिकूल, विरोधी-अविरोधी अनेक धर्म हो सकते हैं। उदाहरण के लिए, जो आग प्रकाश फैलाने, रोटी बनाने के लिए उपयोगी है वही किसी घर को जलाने वाली भी है। स्याद्‌वाद का प्रयोजन है वस्तु तत्व का यथावत ज्ञान कराना, उसे ठीक प्रकार से व्यवस्थित करना। स्याद्‌वाद वस्तुतः दो विरोधी दिखने वाले धर्मों में समन्वय का मार्ग प्रदर्शित करता है। यथार्थवादी और अनेकांतिक विचारधारा के कारण जैन उपलब्ध सत्य पर ही विश्वास रखते हैं।

जैन दर्शन का एक महत्वपूर्ण सिद्धांत यह है कि किसी बात को इसलिए नहीं मान लेना चाहिए

कि वह किसी के द्वारा कही गई है और किसी बात को इसलिए नहीं मानना चाहिए कि वह किसी खास व्यक्ति के द्वारा नहीं कही गई है। किसी भी तथ्य को तभी स्वीकारना चाहिए जब उसकी सत्यता या असत्यता का परीक्षण करके सत्य सिद्ध कर लिया जाए। वस्तुतः सत्य का ग्रहण परीक्षण के सिद्धांत के बिना नहीं हो सकता। हालांकि वह परीक्षण न्यायपूर्ण एवं निष्पक्ष होना चाहिए।

अहिंसा : जैन दर्शन का तीसरा महत्वपूर्ण सिद्धांत है अहिंसा। अहिंसा का अर्थ है किसी को किसी प्रकार से कष्ट नहीं पहुंचाना। जैन धर्म की बुनियाद अहिंसा की नींव पर टिकी है। जैन धर्म के प्रवर्तकों ने अहिंसा के अंग-प्रत्यंग का सूक्ष्म से सूक्ष्म और विस्तृत विवेचन किया है। जैन धर्म के सभी आचार-विचार इसी अहिंसा तत्व आधारित हैं। जैनों की अहिंसा मानसिक, वाचिक और कायिक होती हुई आत्मिक स्तर पर प्रतिष्ठित होती है। जैन साधु अहिंसा के पालन के लिए सत्य, अचौर्य, ब्रह्मचर्य और अपरिग्रह जैसे महाव्रतों का पालन करते हैं। किंतु गृहस्थाश्रम में रहने वाले श्रावकों के लिए पूर्ण हिंसा का त्याग संभव नहीं है। श्रावकों की हिंसा को चार भागों में बांटा गया है—सांकल्पिकी (संकल्पपूर्वक की जानेवाली हिंसा), आरंभी (भोजन आदि बनाने में होनेवाली हिंसा), उद्योगी (कृषि आदि कार्यों में होनेवाली हिंसा) और विरोधी (आत्मरक्षा के लिए की जानेवाली हिंसा)।

कर्मवाद : जैन दर्शन का चौथा सिद्धांत कर्मवाद है जिसका आशय है प्राणियों के अपने-अपने कर्म के अनुसार उसका फल मिलता है। कोई ईश्वरीय सत्ता इसके लिए उत्तरदायी नहीं है। जैन दर्शन में राग-द्वेषमूलक क्रिया-प्रवृत्ति से आने वाले पुद्‌गल द्रव्य को कर्म कहा गया है। यही द्रव्य कालांतर में आत्मा को शुभ अथवा अशुभ फल देता है। आचार्य कुंदकुंद कहते हैं कि जब राग अथवा द्वेष से युक्त होकर आत्मा अच्छे या बुरे कामों में प्रवृत्त होती है तब उस समय कर्म रूपी रज ज्ञानावरणादि रूप से आता है और यही पुद्‌गल द्रव्य-रूप कर्म है। इस तरह भाव और द्रव्य दोनों को जैन दर्शन में कर्म स्वीकार किया गया है।

अवधेश प्रसाद सिंह

अधिक जानकारी के लिए :

1. **जैन दर्शन** : आचार्य महाप्रज्ञ, 2. **जैन दर्शन** : महेंद्र कुमार जैन, 3. **जैन दर्शन** : मुनि श्री न्यायविजय, 4. **जैन धर्म प्रकाश** : ब्रह्मचारी शीतलप्रसाद, 5.**जैन तत्व प्रकाश** : अमोलक ऋषि

जैन धर्म

जैन धर्म विश्व के प्रसिद्ध धर्मों में एक है। 'जैन' शब्द की उत्पत्ति 'जिन' से हुई है, जिसका अर्थ है राग, द्वेष, भय, क्रोध, मान, मोह आदि को जीतने वाला, आत्म-विजेता और वीतराग व्यक्ति। 'जिन' शब्द का प्रयोग तीर्थंकरों के लिए किया जाता था। इसलिए जिन द्वारा प्रवर्तित होने के कारण इसे जैन धर्म कहा गया। परम समत्व की साधना ही जिन के जीवन का लक्ष्य है, ऐसे वीतरागी अर्थात राग-द्वेष से ऊपर उठ चुके ही जिन कहलाते हैं। उनके द्वारा प्रणीत आचार धर्म ही जैन धर्म है और उनकी तात्विक विचारधारा जैन दर्शन है।

जैन धर्म का मूल नाम श्रमण धर्म है। श्रमण धर्म से तात्पर्य है सर्वत्र समान प्रवृत्ति रखने की साधना वाला धर्म। अर्थात सभी प्राणियों को आत्मवत समझते हुए सभी के साथ समान व्यवहार करना। प्राचीन काल में इसे आर्हत धर्म, निर्ग्रंथशासन, वीतराग मार्ग आदि भी कहा जाता था। मान्यता है कि जैन धर्म का प्रादुर्भाव ऋषभदेव से हुआ। वेदों, उपनिषदों के अतिरिक्त स्कंदपुराण, लिंगपुराण, मनुस्मृति आदि में विभिन्न स्थानों पर ऋषभ एवं अन्य तीर्थंकरों के उल्लेख से जैन धर्म की प्राचीनता प्रमाणित होती है।

ईसा की पहली सदी में आ कर जैन मतावलंबी मुनि दो दलों में बंट गए। एक दल 'दिगंबर' और दूसरा दल 'श्वेतांबर' कहलाया। दिगंबर मुनि निर्वस्त्र रहकर साधना करते थे जबकि श्वेतांबर संप्रदाय के मुनि श्वेत वस्त्र धारण करते थे। दिगंबर और श्वेतांबर में मतभेद

दार्शनिक सिद्धांतों से अधिक चरित्र को लेकर है। दिगंबर आचरण पालन में कठोर माने जाते हैं, जबकि श्वेतांबर उदार हैं। जैन धर्म की कई शाखाएं हैं, जैसे मंदिरमार्गी, मूर्तिपूजक और तेरापंथी, स्थानकवासी, तेरहपंथी, बीसपंथी, तारणपंथी, यापनीय आदि। जैन धर्म की सभी शाखाओं में थोड़ा-बहुत मतभेद होने के बावजूद भगवान महावीर तथा अहिंसा, संयम और अनेकांतवाद में सबका समान विश्वास है।

ईसा की आरंभिक सदियों में उत्तर में मथुरा और दक्षिण में मैसूर जैन धर्म के बहुत बड़े केंद्र थे। पांचवीं से बारहवीं शताब्दी तक दक्षिण के गंग, कदम्ब, चालुक्य और राष्ट्रकूट राजवंशों ने जैन धर्म के प्रचार-प्रसार में बहुत सहयोग एवं सहायता प्रदान की थी। इन राजाओं के यहां अनेक जैन कवियों को आश्रय एवं सहायता प्राप्त थी। ग्याहरवीं सदी के आस-पास चालुक्य वंश के राजा सिद्धराज और उनके पुत्र कुमारपाल ने जैन धर्म को राजधर्म बना दिया तथा गुजरात में उसका व्यापक प्रचार-प्रसार किया।

जैन धर्म में आत्मा या जीव अपने वास्तविक स्वरूप में अत्यंत विमल एवं ज्ञान-स्वरूप होता है। किंतु अनेक आस्रवों एवं दोषों के कारण विभिन्न रूपों में दिखाई देता है। जैन धर्म नास्तिक दर्शन वाला नहीं है क्योंकि वह आत्मा के त्रैकालिक अस्तित्व को स्वीकार करता है। हालांकि वह ईश्वर को सृष्टि का निर्माता नहीं मानता। उसकी मान्यता है कि जब तक कोई आत्मा शरीर और कर्मों से युक्त है, तब तक वह संसारी या बद्धात्मा है और जब वह शरीर एवं कर्मों से मुक्त हो जाती है तब वह सिद्ध या मुक्तात्मा कहलाती है। ईश्वर, परमात्मा आदि उसी के पर्याय हैं।

जैन आचार में साधु रात्रि में अन्न, पानी आदि का त्याग करते हैं। कुछ बासी नहीं रखते हैं। वे किसी सवारी या वाहन का प्रयोग नहीं करते। वे पदयात्री होते हैं। वे गरम किया हुआ पानी ही पीते हैं। जैन साधुओं को आग जलाने, आग सेंकने या आग से रसोई बनाने की मनाही है। वे बिल्कुल अकिंचन एवं अपरिग्रही होते हैं। वे किसी प्रकार का धन अपने पास नहीं रख सकते। यहां तक कि वे धातु के बर्तन भी नहीं रख सकते। काठ, मिट्टी या तुंबे के पात्र में भोजन कर सकते हैं। वर्षा ऋतु में वे एक स्थान पर रहते हैं, उस समय यात्रा नहीं करते। साधु स्त्री का स्पर्श तक नहीं कर सकते।

जैन धर्म का एक सर्वमान्य महामंत्र है–**णमो अरिहंताणं। णमो सिद्धाणं। णमो आइरियाणं। णमो उवज्झायाणं। णमो लोए सव्वसाहूणं** अर्थात अरिहंतों को नमस्कार, सिद्धों को नमस्कार, आचार्यों को नमस्कार, उपाध्यायों को नमस्कार, सभी साधुओं को नमस्कार।

अवधेश प्रसाद सिंह

जैन साहित्य

जैन साहित्य आगम और आगमेतर दो भागों में उपलब्ध है।

आगम : आगम, आगमों की व्याख्या तथा न्यायशास्त्र जैन साहित्य के प्रमुख अंग हैं। आगम केवली, अवधि-ज्ञानी, मनःपर्यव-ज्ञानी, चतुर्दश-पूर्वधर और दश-पूर्वधर की रचनाओं को कहा जाता है। भगवान महावीर के प्रवचनों को उनके चौदह हजार शिष्यों ने स्मृति के आधार पर संकलित कर सूत्र रूप में प्रस्तुत किया था। विभिन्न प्रकार के उपदेशों को अर्थागम कहा गया। बाद में स्थविरों ने इनका पल्लवन किया, जिसके फलस्वरूप आगम-सूत्रों की संख्या हजारों तक पहुंच गई। जैनाचार्यों द्वारा उन्हें गणि-पिटक की संज्ञा दी गई है।

आगमों को बारह भागों में विभाजित किया गया, जिन्हें द्वादशांगी कहा गया। ये बारह अंग हैं–आचारांग, सूत्रकृतांग, स्नाथांग, समवायांग, व्याख्या प्रज्ञप्ति, ज्ञातृधर्मकथांग, उपासकाध्ययनांग, अंतःकृद्दशांग, अनुत्तरौपपादिकदशांग, प्रश्नव्याकरणांग, विपाकसूत्रांग, दृष्टिप्रवादांग। दृष्टिप्रवादांग के पांच विभाग हैं– परिकर्म, सूत्र, पूर्वानुयोग, पूर्वगत और चूलिका।

आचारांग का स्थान पहला होते हुए भी रचना की दृष्टि से पूर्वगत या 'पूर्व' को प्रथम स्थान दिया गया है। उनका परिमाण विशाल है। वे श्रुत या शब्द ज्ञान के सभी विषयों के अक्षय कोष हैं। इनकी रचना के बारे में एक धारणा यह है कि महावीर के पहले से ही ज्ञान राशि का यह भाग चला आ रहा था इसलिए इसे 'पूर्व' कहा गया। दूसरी विचारधारा के अनुसार, इनकी रचना द्वादशांगी के पहले की गई, इसलिए इन्हें 'पूर्व' कहा गया। इसके चौदह विभाग हैं– उत्पाद, अग्रायणीय, वीर्य-प्रवाद, अस्तिनास्ति-प्रवाद, ज्ञान-प्रवाद, सत्य-प्रवाद, आत्म-प्रवाद, कर्म-प्रवाद, प्रत्याख्यान-प्रवाद, विद्यानुप्रवाद, अवंध्य (कल्याण), प्राणायु-प्रवाद, क्रियाविशाल और लोकबिंदुसार। इन चौदह पूर्वों में सारा श्रुत साहित्य समाहित है।

आगम साहित्य दो भागों में विभाजित है– अंग-प्रविष्ट और अनंग-प्रविष्ट। भगवान महावीर के ग्यारह गणधरों द्वारा रचित साहित्य को अंग-प्रविष्ट कहा जाता है और स्थविरों द्वारा रचित साहित्य को अनंग-प्रविष्ट कहा जाता है। गणधरों के प्रश्न पर भगवान महावीर द्वारा दिए गए उत्पाद, व्यय और ध्रौव्य की त्रिपदी के उपदेश तथा द्वादशांगी को अंग-प्रविष्ट और अन्य आगम साहित्य अनंग-प्रविष्ट है।

आगम साहित्य में अध्ययन-परंपरा के तीन क्रम हैं। कुछ श्रमण चतुर्दशपूर्वी होते थे, कुछ द्वादशांगी के विद्वान थे और कुछ सामायिक आदि ग्यारह अंगों के अध्येता होते थे। चतुर्दशपूर्वी श्रमणों का अधिक महत्व था। उन्हें श्रुत-केवली कहा गया है। पूर्वों की भाषा संस्कृत मानी जाती है। इनका विषय गहन और भाषा कठिन होने के कारण सामान्य लोगों के लिए द्वादशांगी की रचना की गई, जिनकी भाषा अर्ध-मागधी है।

आगमों का पहला संस्करण भद्रबाहु के समय निर्मित हुआ था। दूसरा संस्करण आर्यरक्षित ने वीर-निर्वाण के 583-597 के बीच तैयार किया था। इस संस्करण में व्याख्या सरल हो गई। आगमों को चार अनुयोगों में विभाजित किया गया। सूत्र और अर्थ का उचित संबंध अनुयोग कहलाता है। वे चार हैं–चरणकरणानुयोग, धर्मकथानुयोग, गणितानुयोग और द्रव्यानुयोग। आर्यवज्र तक अनुयोग के विभाग नहीं थे। प्रत्येक सूत्र में चारों अनुयोगों का प्रतिपादन किया जाता था। आर्यरक्षित ने इस पद्धति में परिवर्तन किया और आगमों को चार अनुयोगों में विभाजित कर दिया, जो इस प्रकार हैं–चरणकरणानुयोग–कालिक सूत्र, धर्मकथानुयोग-उत्तराध्ययन, ऋषि भाषित आदि, गणितानुयोग–सूर्यप्रज्ञप्ति आदि और द्रव्यानुयोग–दृष्टिवाद।

आगम साहित्य के अलावा जैन साहित्य में व्याकरण, छंदशास्त्र, अलंकारशास्त्र, गणितशास्त्र, नीतिशास्त्र, न्यायशास्त्र, काव्य, गद्य, चंपू, पद्य आदि के हैं। दूसरी शताब्दी से लेकर अद्यावधि तक अनेक प्रकार के जैन साहित्य की रचना हुई है। प्रथम सदी में आचार्य कुंदकुंद ने प्रवचनसार, समयसार, नियमसार, अष्ट पाहुड़ और पंचास्तिकाय नामक महत्वपूर्ण ग्रंथों की रचना की थी। उनके शिष्य उमास्वाति ने तत्वार्थसूत्र, मोक्षशास्त्र, तत्वार्थाधिगमभाष्य एवं जंबूद्वीप समास की रचना की। भूतबलि और पुष्पदंत ने षट्-खंडागम की रचना विक्रम की दूसरी सदी में की थी। लगभग इसी समय आचार्य गुणधर ने कषाय-प्राभृत की रचना की। उमास्वाति रचित तत्वार्थसूत्र प्रथम पुस्तक है जिसमें संस्कृत भाषा के माध्यम से जैन सिद्धांतों के सभी अंगों का पूर्ण रूप से वर्णन किया गया है।

तीसरी सदी में शिवशर्मा सूरि ने कम्मपयडी, चौथी-पांचवीं सदी में स्वामी समंतभद्र ने आप्तमीमांसा, रत्नकरंड श्रावकाचार, युक्त्यनुशासन, बृहत्स्वयंभूस्तोत्र, जीवसिद्धि की रचना की। आचार्य सिद्धसेन ने सन्मतितर्क की रचना की। ये सभी ग्रंथ जैन साहित्य में महत्वपूर्ण स्थान रखते हैं।

छठी सदी में संघदास क्षमाश्रमण ने वसुदेव हिंडी नामक कथा-ग्रंथ की रचना की, जिसमें वसुदेव के पर्यटन के साथ-साथ अनेक लोक-कथाओं, चरित्रों, विविध उत्सवों एवं विनोद साधनों का उल्लेख है। जर्मन विद्वान आल्सफोर्ड ने इसे बृहत्कथा के समकक्ष माना है।

महावीर की मृत्यु के 827 वर्ष के बाद आगम संकलन का दूसरा प्रयास प्रारंभ हुआ। आचार्य स्कंदिल के नेतृत्व में आगम लिखे गए। यह कार्य मथुरा में हुआ, इसलिए इसे माथुरी-वाचना कहा जाता है। इसी समय वल्लभी में आचार्य नागार्जुन के नेतृत्व में आगम संकलित हुए, जिसे वल्लभी या नागार्जुनीय वाचना कहा जाता है। महावीर के निर्वाण के 980 वर्षों बाद देवर्द्धिगणी ने वल्लभी में फिर से आगमों का व्यवस्थित लेखन किया। इसके बाद कोई सर्वमान्य वाचना नहीं हुई। महावीर की मृत्यु की दसवीं शताब्दी के बाद पूर्वज्ञान की परंपरा विच्छिन्न हो गई।

दिगंबर परंपरा के अनुसार महावीर के निर्वाण के 683 वर्ष के बाद आगमों का मौलिक स्वरूप लुप्त हो गया। किंतु श्वेतांबर मानते हैं कि उनमें से कुछ शेष रह गए। यह निश्चित है कि अंगों एवं उपांगों को बार-बार संकलित किए जाने के फलस्वरूप उनके मौलिक स्वरूप में अंतर आया। स्थानांग में सात निह्नवों और नौ गणों का उल्लेख इसका प्रमाण है। आयारो रचना-शैली की दृष्टि से बाकी सभी अंगों से भिन्न है। भाषा वैज्ञानिक इसे ढाई हजार वर्ष पूर्व की रचना मानते हैं। सूत्रकृतांग, स्थानांग और भगवती भी प्राचीन है।

दिगंबर परंपरा में चार अनुयोगों के नाम हैं—प्रथमानुयोग, करणानुयोग, चरणानुयोग और द्रव्यानुयोग। वे आगमों को लुप्त मानते हैं। इसलिए वे प्रथमानुयोग में महापुराण और पुराण, करणानुयोग में त्रिलोक-प्रज्ञप्ति और त्रिलोकसार, चरणानुयोग में मूलाचार और द्रव्यानुयोग में प्रवचनसार, गोम्मटसार आदि को समाविष्ट करते हैं।

निर्युक्तियां और चूर्णियां : आगमों के व्याख्यात्मक साहित्य की शुरुआत निर्युक्ति से हुई, जो स्तवक और जोड़ों तक चलता रहा। द्वितीय भद्रबाहु द्वारा रचित दस निर्युक्तियां हैं। इनका रचनाकाल महावीर के निर्वाण की पांचवीं-छठी शताब्दी है। इनकी भाषा प्राकृत है और इनमें संक्षिप्त शैली में अनेक विषयों और पारिभाषिक शब्दों की पद्यबद्ध व्याख्या की गई है। ये भाष्य एवं चूर्णिकाओं के लिए आधारभूत उपादान बने।

आगमों एवं निर्युक्तियों के आशय को स्पष्ट करने के लिए अनेक भाष्य लिखे गए। इस समय दस भाष्य उपलब्ध हैं—आवश्यक भाष्य, दशवैकालिक भाष्य , उत्तराध्ययन भाष्य, निशीथ भाष्य, पंचकल्प भाष्य, जीतकल्प भाष्य, बृहत्कल्प भाष्य, व्यवहार भाष्य, ओघनिर्युक्ति भाष्य एवं पिंडनिर्युक्ति भाष्य। इनमें बृहत्कल्प एवं ओघनिर्युक्ति पर दो-दो भाष्य मिलते हैं—लघु भाष्य और बृहद्भाष्य। इनकी भाषा भी प्राकृत है। ये पद्यबद्ध हैं। विशेषावश्यक भाष्य और जीतकल्प भाष्य आचार्य जिनभद्रगणी द्वारा सातवीं शताब्दी में रचे गए।

परवर्ती काल में आगमों पर चूर्णियों की रचना हुई, जो गद्य में हैं। इनकी भाषा भी प्राकृत है। कहीं-कहीं संस्कृत का भी प्रयोग है। उपलब्ध चूर्णियों में जिनदास महत्तर द्वारा रचित आवश्यक, दशवैकालिक, नंदी, अनुयोगद्वार, उत्तराध्ययन, आचारांग, सूत्रकृतांग, निशीथ चूर्णी, सिद्धसेन सूरि द्वारा रचित जीतकल्प चूर्णी और प्रलंब सूरि द्वारा रचित बृहत्कल्प चूर्णी हैं। इसके अतिरिक्त दशाश्रुत-स्कंध, जीवाभिगम, भगवती, महानिशीथ, निशीथ, पंचकल्प, व्यवहार, ओघनिर्युक्ति आदि चूर्णियां भी हैं, जिनके रचनाकारों के बारे में जानकारी उपलब्ध नहीं है।

आगमों पर अनेक टीकाएं भी लिखी गईं, जो संस्कृत में हैं। प्रथम टीकाकार के रूप में हरिभद्र सूरि का उल्लेख किया जाता है, जिन्होंने आवश्यक, दशवैकालिक, नंदी, अनुयोगद्वार, जंबूद्वीप-प्रज्ञप्ति और जीवाभिगम पर टीकाएं लिखीं।

शीलांकसूरि ने आचारांग एवं सूत्रकृतांग पर टीकाएं लिखीं। बाकी के नौ अंगों के टीकाकार अभयदेव सूरि हैं। अनुयोगद्वारा पर मलधारी हेमचंद्र की टीका है। नंदी, प्रज्ञापना, व्यवहार, चंद्र-प्रज्ञप्ति, जीवाभिगम, आवश्यक, बृहत्कल्प, राजप्रश्नीय आदि के टीकाकार मलयगिरि हैं। उसके बाद आचार्य वीरसेन ने 816 में षट्-खंडागम के 72,000 श्लोकों

पर धवला टीका लिखी और कषाय-पाहुड़ के 20,000 श्लोकों पर टीका लिखी।

विक्रम की सातवीं सदी में जिनभद्रगणी ने जैनागमों की चर्चाओं का बड़ा कोश तैयार किया। इसके अतिरिक्त विशेषणवती, बृहत-संग्रहणी और बृहत-क्षेत्र-समास भी इनके महत्वपूर्ण ग्रंथ हैं।

हरिभद्र सूरि ने आठवीं सदी में 'समराइच्च कहा' नामक कथा ग्रंथ की रचना की, जिसकी भाषा प्राकृत है। आचार्य नेमिचंद्र चक्रवर्ती ने दसवीं शताब्दी में गोम्मटसार और लब्धिसार-क्षपणसार नामक दो ग्रंथों की रचना की थी। इनकी भाषा प्राकृत-शौरसेनी है। ये दोनों ही महत्वपूर्ण ग्रंथ हैं। देवसेन नामक प्रसिद्ध जैन आचार्य ने 933 ईसवी में श्रावकाचार नामक ग्रंथ की रचना की। इसके अतिरिक्त दब्ब-सहाव-पयास, लघु नयचक्र तथा दर्शनसार नामक ग्रंथों की भी रचना की।

इस काल के प्रसिद्ध जैन ग्रंथों में शब्दानुशासन (शाकटायन), लघीयस्त्रय, न्यायविनिश्चय, प्रमाणसंग्रह, सिद्धिविनिश्चय, तत्त्वार्थवार्तिक (अकलंक देव), अनेकांतजयपताका, अनेकांतवादप्रदेश, षड्दर्शनसमुच्चय, शास्त्रवार्तासमुच्चय न्यायप्रवेशटीक (हरिभद्र), वादन्याय (कुमारनंदि), सिद्धिविनिश्चयटीका (अनंतवीर्य), गणितसार संग्रह (महावीराचार्य), पद्मपुराण (रविषेण), हरिवंशपुराण (जिनसेन), उपमितिभवप्रपंचकथा, न्यायवतारवृत्ति (सिद्धर्षि), अष्ट सहस्री, तत्त्वार्थश्लोकवार्तिका, युक्त्यनुशासनटीका, आप्तपरीक्षा, प्रमाणपरीक्षा, पत्रपरीक्षा (विद्यानंद) आदि प्रमुख हैं।

हिंदी में जैन साहित्य : दिगंबर एवं श्वेतांबर दोनों परंपराओं के विद्वानों ने पुराण, महापुराण, स्तोत्र आदि के रूप में जैन साहित्य की रचना की। अनेक जैन साधुओं ने हिंदी कविता के माध्यम से जैन धर्म का प्रचार-प्रसार किया। इनकी रचनाएं चरित्र आचार, रास, फागु आदि विभिन्न शैलियों में मिलती हैं। जैन कवियों में मुख्यतः स्वयंभू (आठवीं सदी) ने 'पडम चरिउ' की रचना अवहट्ट में की, जिसका उद्देश्य था 'अप्पाणड' अर्थात अपने लिए—स्वांतः सुखाय। यह राम के चरित्र पर आधारित काव्य है जिसे स्वयंभू रामायण भी कहा जाता है। इसमें राम का चरित्र जैन सिद्धांतों के अनुसार प्रस्तुत किया गया है, इसमें वाल्मीकि का अनुसरण नहीं है। पुष्पदत्त (दसवीं सदी) ने अपभ्रंश में 'महाप्राण', 'जसहरचरिउ' और 'णायकुमार चरित' की रचना की। उन्हें हिंदी के प्रारंभिक इतिहास ग्रंथ 'शिवसिंह सरोज' में हिंदी का पहला कवि माना गया था, क्योंकि उनके काव्य में हिंदी के बीज मिलते हैं। उनकी कृतियां प्रबंध काव्य, छंद, रस और अलंकार की दृष्टि से महत्वपूर्ण हैं। इसी दौर में धार्मिक उपदेशों पर आधारित मुक्तक काव्य भी लिखे गए। जैसे—'धम्मो मंगल मुक्किट्टं अहिंसा सजमो तवो। देवा वितं नमंसंति, जस्म धम्मे सया मणे।' अर्थात—अहिंसा, संयम और तप ही उत्कृष्ट मंगलमय धर्म है। जो इस धर्म पर चलता है, उसे देवता भी नमस्कार करते हैं। मुक्तक है—'न वि मुंडिएण समणो, न औकारेण बंमणो। न मुणी रण्णवासेण, कुस चीरेण, न तावसो।' अर्थात मूंड मुड़ाने से कोई श्रवण नहीं हो जाता और जप से कोई ब्राह्मण नहीं होता। वन जाने से ही कोई मुनि और कुशाचीर पहनने से ही कोई तपस्वी नहीं होता। हिंदी के भक्त कवि जैन साहित्य से थोड़े-बहुत परिचित रहे होंगे, क्योंकि इसमें रूढ़ि-भंजन का स्वर था।

जैन विद्वान हेमचंद्र (1089-1192) ने धर्म प्रचार के लिए काव्य लिखा और एक व्याकरण ग्रंथ 'सिद्ध हेमचंद्र शब्दानुशासन' तैयार किया, जिसमें संस्कृत, प्राकृत और अपभ्रंश तीनों भाषाएं हैं। रामचंद्र शुक्ल ने हिंदी के प्राचीन प्रयोगों को पहचानने के लिए उनका एक दोहा अपने इतिहास में प्रस्तुत किया है, 'भल्ला हुआ जो मारिया बहिणु महारा कंतु। लज्जेजं तु वयंसिअहु जइ भग्गा घरू एंतु।।' अर्थात हे बहिन, भला हुआ जो मेरा पति मारा गया। यदि वह भाग कर घर आता, तो मैं अपनी समवयस्काओं के बीच लज्जित होती। हेमचंद्र अपभ्रंश के ग्राम्य रूपों की चर्चा करते हैं जो एक महत्वपूर्ण बात है। ये ग्राम रूप ही हिंदी की जातीय नींव रखते हैं।

जैन साहित्य में रासो परंपरा भी कम महत्वपूर्ण नहीं है। जैन रासो परंपरा में आदि काव्य, शालिभद्र सूरि रचित, 'भरतेश्वर बाहुबली रास' (1184) है। इसमें भरतेश्वर और बाहुबली के बीच युद्ध है, पर हिंसा की निस्सारता बनाने के लिए वैराग्य का प्रतिपादन है। लगभग उसी समय का एक धार्मिक काव्य जिनदत्त सूरि का 'उपदेश रसायन रास' है। जैन रासो साहित्य का उद्देश्य धर्म प्रचार रहा है। इनके अलावा 1200 में चंदनबालारास (आगसु), 1209 में स्थूलिभद्ररास (जिनधर्म सूरि), 1231 में रेवंतगिरिरास (विजयसेन सूरि), 1231 में नेमिनाथरास (सुमति गणी) आदि रासो ग्रंथ भी आए।

तेरहवीं सदी से लेकर आधुनिक काल के बीच रचित जैन साहित्यिक ग्रंथों में विश्वतत्त्वप्रकाश (भावसेन त्रैविध), प्रमेयरत्नाकर (आशाधर), प्रमाणप्रमेयकलिका (नरेंद्रसेन), सप्तभंगीरंगिणी (विमलदास), न्यायदीपिका (धर्मभूषण), न्यायमणिदीपिका (अजितसेन), प्रमेयरत्नालंकार (चारुकीर्ति पंडिताचार्य), प्रवचनपरीक्षा (नेमिचंद्र), न्यायरत्न (मणिकंठ), न्यायमकरंदविवेचन (शुभप्रकाश), लघीयस्त्रयतात्पर्यवृत्ति (अभयचंद्रसूरि), स्याद्वादरत्नाकरावतारिका (रत्नप्रभसूरि), अष्टसहस्री विवरण, अनेकांतव्यवस्था, ज्ञानबिंदु, जैन तर्कभाषा, शास्त्रवार्तासमुच्चयटीका, न्यायखंडखाद्य, न्यायालोक, गुरुतत्त्वविनिश्चय (यशोविजय), जैन दर्शन : मनन और मीमांसा, आत्मा का दर्शन, जैन योग, एसो पंच णमोक्कारो, अर्हम, महावीर की साधना का रहस्य, धर्म के सूत्र, जैन दर्शन और अनेकांत, जैन धर्म के साधना सूत्र, महावीर का अर्थशास्त्र, अहिंसा तत्वदर्शन (आचार्य महाप्रज्ञ) आदि प्रमुख हैं।

अवधेश प्रसाद सिंह

जैव विविधता

जैव विविधता (Bio-Diversity) का अभिप्राय उन वनस्पतियों (फ्लोरा) और जंतुओं (फॉना) में विविधता से है जो पर्यावरण के अभिन्न अंग हैं। पृथ्वी की आयु साढ़े तीन करोड़ वर्ष मानी जाती है। इस पर जीवन का अस्तित्व जब से प्रकट हुआ, विभिन्न प्रकार के प्राणियों और वनस्पतियों में वृद्धि शुरू हो गई थी। जो प्राणी बदलती दशाओं से तालमेल नहीं बैठा पाए, विलुप्त हो गए। कई किस्म के डायनासोर, स्तनधारी जीव और कई पक्षियों के साथ सामूहिक विलोप घटित हुआ। माना जाता है कि पृथ्वी पर प्राणियों और पेड़-पौधों की अब तक की 500 करोड़ प्रजातियों में से 99 फीसद जलवायु परिवर्तन के कारण विलुप्त हो चुकी हैं। कुछ विलोपों के लिए खुद मनुष्य जिम्मेदार है। वर्तमान में वैज्ञानिक अनुसंधानों के आधार पर प्रजातियों की संख्या मात्र 12 लाख दर्ज है। इनमें से 86 फीसद के बारे में अभी पूरा विवरण प्राप्त नहीं हो सका है। 2016 में वैज्ञानिकों की एक रिपोर्ट के अनुसार लगभग एक लाख करोड़ प्रजातियां वर्तमान में धरती पर हैं। सार्वजनिक रूप से चेतावनी दी जा चुकी है कि कुछ जानवरों के मामले में प्रजाति की संख्या बहुत थोड़ी रह गई है।

जैव विविधता अंतहीन है पर पौधों, जानवरों और जीवाणुओं में एक संबंध भी है। सभी परस्पर एक-दूसरे पर निर्भर हैं। बताया जाता है कि व्यापक अर्थ में सांस्कृतिक विविधता भी जैव विविधता का एक अंग है। भारत में 4,635 प्रजातीय समुदाय हैं। इनके भोजन, पहनावा, रीति-रिवाजों में विविधता है। एक तरह से सांस्कृतिक विविधता जैव विविधता से प्रभावित होती है। एक पारिस्थितिकी में एक तरह के जीव और वनस्पतियां होती हैं, एक अन्य तरह की पारिस्थितिकी में अन्य तरह के। वनों, समुद्रों और नदियों में जीवों और वनस्पतियों की प्रजातियों में भिन्नता स्वाभाविक है। हर प्रजाति में कई किस्में होती हैं, जो आनुवंशिक विविधता है। किसी चावल या आम की कई किस्में होती हैं। आम के पेड़ों की एक हजार किस्में हैं। इस प्रकार जैव विविधता के अंतर्गत तीनों स्तरों पर विविधता होती है—पारिस्थितिकीय, प्रजातीय और आनुवंशिकीय। जैव विविधता एक तरह की पर्यावरणीय समृद्धि है।

बताया गया है कि जैव विविधता प्रकृति में एक बड़ी भूमिका निभाती ही है, मानव आबादी के ठोस, सुरक्षित और दीर्घस्थायी जीवन के लिए भी महत्वपूर्ण है। यह मिट्टी के गुणों की वृद्धि करती है, जल को सुरक्षित रखती है और जलवायु चक्रों को स्वाभाविक बनाकर रखती है। यह कचरे को फिर पोषक तत्वों में बदल देती है। पर्यावरण संतुलन की दृष्टि से जैव विविधता काफी महत्वपूर्ण है। यह भोजन, दवाओं, उद्योगों के लिए कच्ची सामग्री और घरेलू उपयोग की दृष्टि से भी जरूरी है। माना जाता है कि पिछली कुछ शताब्दियों से मानव आबादी में हुई भारी वृद्धि ने जैव विविधता पर संकट पैदा कर दिया है। दुर्लभ पशु-पक्षी निर्ममता से मारे जा रहे हैं। व्यावसायिक उद्देश्यों से भी जैव विविधता को विनष्ट करने के प्रयास किए जाते हैं, प्रकृति का दोहन होता है।

एक सूचना के अनुसार बंगाल के बाघ का कोट तोक्यो में 95,000 डॉलर में बिकता है। एक आंकड़े के अनुसार 1,000 पक्षी और पशु ऐसे हैं जिनकी संख्या काफी घट गई है और ये विलुप्त हो सकते हैं। ऐसे जीवों में एशिया के बाघ, अफ्रीका के चीता, अंटार्कटिक के ह्वेल और उत्तरी अमेरिका के कई पक्षी चिह्नित किए गए हैं। 'इंटरनेशनल यूनियन फॉर कंजर्वेशन ऑफ नेचर एंड नेचुरल रिसोर्सेज' ने बताया है कि फूल के पौधों की 10 प्रतिशत प्रजातियां अब दुर्लभ हो चुकी हैं और संकट में हैं। प्रकृति में कई पौधे-जीव चुपचाप विलुप्त होते जा रहे हैं। लकड़ी के लिए पेड़ों की कटाई आम बात है। जैव विविधता में ह्रास मानव अस्तित्व पर दूरगामी प्रभाव डालेगा, क्योंकि दुनिया की एक बड़ी आबादी अभी भी भोजन, दवाओं, घर के सामान और बौद्धिक जिज्ञासा के लिए प्रकृति की चीजों पर निर्भर है।

जैव विविधता के ध्वंस को रोकने के लिए विश्व भर में पर्यावरणविदों द्वारा जागरूकता अभियान चलाया जा रहा है, कठोर कानून बने हैं और अंतरराष्ट्रीय समझौते हुए हैं। जून 1992 के रियो पृथ्वी सम्मेलन में बड़ी संख्या में दुनिया के देशों ने जैव विविधता के मुद्दे पर एक साझे घोषणा पत्र पर हस्ताक्षर किए, हालांकि कई विवादास्पद मुद्दों पर उत्तर और दक्षिण के बीच वैचारिक ध्रुवीकरण बना रहा। संयुक्त राष्ट्र ने 2011-2020 के दशक को जैव विविधता का दशक घोषित किया है और 'फ्लोरा' तथा 'फॉना' के संरक्षण के लिए कार्यक्रम भी घोषित किए हैं।

दिनेश कुमार शर्मा

अधिक जानकारी के लिए :

पर्यावरण संरक्षण : चुनौतियां और समाधान : पी एस गोपीनाथन नायर, 2013

जॉक देरिदा
(1930-2004)

बीसवीं सदी के युद्धोत्तर समय में उत्तर-आधुनिकता के बुनियादी विमर्शों का सूत्रपात करने वाले विचारकों में फ्रेंच चिंतक जॉक देरिदा (Jacques Derrida) की स्थिति लगभग महानायक जैसी है। बीसवीं सदी के उत्तरार्द्ध की तमाम अकादमिक, दार्शनिक, साहित्यिक और समाजशास्त्रीय बहसों, कला जगत की गतिविधियों, उत्तर-औपनिवेशिक चिंतन, स्त्री-विमर्श–सभी क्षेत्रों को देरिदा के विखंडन के सिद्धांत ने प्रभावित किया है। स्थापत्य और फैशन डिजाइन तक के सिद्धांत उनके विचारों से प्रभावित हुए हैं।

देरिदा का जन्म अल्जीरिया में एक मध्यवर्गीय यहूदी परिवार में 15 जुलाई 1930 को हुआ था। अल्जीरिया तब फ्रांस का उपनिवेश था। तत्कालीन समाज में सामीवाद विरोध तेजी से बढ़ रहा था। यहूदियों के लिए चारों तरफ अपमान और तिरस्कार की स्थितियां थीं। बचपन से ही देरिदा के मन में अपने 'आउटसाइडर' होने का भाव पैठ चुका था। फ्रांस की प्रख्यात शिक्षण संस्था इकोल नोरमेल सुपीरियर से 1956 में उन्होंने दर्शनशास्त्र की पढ़ाई पूरी की। 1960 से 1964 तक वे सोर्बोन विश्वविद्यालय में दर्शनशास्त्र

पढ़ाते रहे। 1970 के बाद उनका अधिकांश समय अमेरिका और फ्रांस दोनों देशों के विश्वविद्यालयों में बीतने लगा।

युद्धोत्तर काल में रोलां बार्थ, जॉक लेकां, लुइस अल्थुसे, मिशेल फूको आदि विचारकों की तरह देरिदा भी एक रेडिकल किस्म के विचारक थे। उन्होंने एक ऐसी चिंतन पद्धति विकसित की जो पूर्व निर्धारित निष्कर्षों और स्वतः प्रमाणित मान ली गई अवधारणाओं पर सवाल उठाती थी। देरिदा ने न केवल दार्शनिक विवेचन और साहित्य मीमांसा के बीच की सीमा रेखाओं को मिटा दिया, बल्कि एक कृति की संरचना की तरह ही उन्होंने राष्ट्र, संस्थान, समाज, परंपरा, विश्वास, अवधारणा, रीति-रिवाज आदि हर चीज को पहले से आरोपित किसी निर्धारित संरचना या एक 'पाठ' की तरह माना और कहा कि इनके एकल, सुनिश्चित, पारिभाषेय और अंतिम अर्थ कभी नहीं बन सकते। उत्तर-संरचनावादी विमर्शों के भीतर उन्होंने विखंडनवाद की अवधारणा रखी। विखंडनवाद 'पाठ' के आंतरिक ढांचे में प्रवेश करता है और 'पाठ' के भीतर छिपे 'उप-पाठों' को प्रकाश में लाता है।

विखंडनवाद का यह दर्शन उन तनावों को समझना चाहता है जो किसी भी 'समग्रता' के भीतर बसे होते हैं। वह उन प्रतिवादी स्वरों को सुनना चाहता है जो एक ढांचे के भीतर कसमसाते रहते हैं। देरिदा का यह विखंडनवाद किसी 'फिनोमिना' की संघटना में कार्यरत विभिन्न विभेदी तत्वों के तनावपूर्ण संबंधों और उनके बीच चल रहे एक सतत द्वंद्व की शिनाख्त करता है। वह 'यूनिटी' प्रदान करने वाली विधियों में अवरोध पैदा करता है, स्थिरताओं को भंग करता है, बने हुए प्रतिमानों पर हमला करता है। इस तरह विखंडन का दर्शन 'पाठ' के भीतर छिपी राजनीति को उघाड़ता है। विखंडनवाद कहता है कि संशयों और संदेहों का रास्ता किन्हीं असंभाव्यताओं को केंद्र में लाता है। अंतिम जैसा कुछ नहीं होता। जब हम बाहरी तौर पर दिखती समग्रताओं के भीतर के विभेदों, अवरोधों और दरारों को नजरअंदाज करते हैं तो नई विपदाएं जन्म लेती हैं, असंतोष के स्वर फूट ते हैं, ढांचे चरमराने लगते हैं। देरिदा ने कहा कि न्याय की कामना हमारा बुनियादी संवेग है। न्याय की प्राप्ति के लिए हम हमेशा प्रचलित कानून के ढांचे की समीक्षा करते हुए, उसे बदलते रहते हैं। विखंडन के इस सिद्धांत का पिछली आधी सदी से हमारे विचारों की दुनिया पर जबर्दस्त प्रभाव रहा है।

'ऑफ ग्रामोटोलॉजी' में देरिदा जब यह कहते हैं कि 'संकेत चिह्नों का युग ईश्वरपरक है' तो उनका अभिप्राय यह है कि भाषा के भीतर बनने वाले सारे दार्शनिक विमर्श किन्हीं अर्थों को स्थिर कर देना चाहते हैं। ये अर्थों की एक ऐसी व्यवस्था चाहते हैं जिसकी आलोचना न की जा सके। 'प्रकृति', 'इतिहास', 'विचार' ये तमाम पद कूट शब्द हैं जो एक शब्द केंद्रितता की ओर हमें ले जाते हैं। यह शब्द केंद्रितता बाहर की किसी सर्वोच्च सत्ता का प्रतिनिधित्व करती है। देरिदा ने कहा कि इस व्यवस्था को ध्वस्त किए बिना हम गैर-आध्यात्मिक विमर्श की संभावनाओं को प्राप्त नहीं कर सकते।

जॉक देरिदा

देरिदा ने अपने इस विखंडनवादी सिद्धांत के मार्फत कहा कि पश्चिम की दार्शनिक परंपरा ने हमेशा वरीयता, श्रेष्ठता क्रम और पदानुक्रम पर आधारित परस्पर विरोधी युग्मों को निर्मित किया है। पश्चिम की यह पूरी दार्शनिक परंपरा प्रत्ययवादी (आइडियलिस्ट) है। यह वक्तृत्व केंद्रित (लोगोसेंट्रिक) तत्वमीमांसा का भ्रम खड़ा करती है कि शब्द अपने से बाहर किसी मूलभूत सच्चाई का हमारी चेतना में प्रतिनिधित्व करते हैं। इस पूरी तर्क प्रणाली को विखंडित कर देना जरूरी है, क्योंकि यह केंद्रपरक है, वर्चस्ववादी है और यह हमेशा किसी बाहरी 'उपस्थिति' की बात करती है। ऐसी व्यवस्था में सारे शब्द संकेतक हैं, जो किसी पूर्वनिर्धारित, किसी अनुभवातीत सांकेतिक अर्थ की ओर हमें ले जाना चाहते हैं। देरिदा ने कहा कि कोई शब्द अपने से बाहर किसी पूर्व निर्धारित अर्थ की ओर संकेत नहीं करता, वह महज किसी दूसरे शब्द की ओर हमें ले जाता है। अर्थों का पूरा सिलसिला एक शब्द से दूसरे शब्द तक की यात्रा है। इस तरह अर्थ का अनंत काल तक 'स्थगन' होता जाता है। उनका प्रसिद्ध कथन है कि 'पाठ' के बाहर कोई अर्थ मौजूद नहीं है। 'पाठ' में किसी अंतिम अर्थ का 'स्थगन' ही उसे गतिशीलता और अनंत संभावनाओं से युक्त करता है।

साहित्यिक कृति की आलोचना में देरिदा ने ऐसे 'उप पाठों' को खोजने की वकालत की जिनकी तरफ से कृति का रचयिता अक्सर अनजान रहता है या जिन्हें महत्व देना उसका उद्देश्य नहीं होता। देरिदा के अनुसार, कृति का वह अर्थ नहीं जो लेखक ने रचने का दावा किया है, बल्कि वास्तविक अर्थ वह है जो एक व्याख्याता अपने ढंग से उसके भीतर विनियोजित करता है। 'पाठ' का विखंडन इस बात पर से पर्दा उठाता है कि वरीयता क्रम की किस तरह की व्यवस्था उस 'पाठ' या संरचना के भीतर निहित है, केंद्र में किन चीजों का वर्चस्व है, हाशिए पर किन चीजों को धकेल दिया गया है, किन चीजों को उभारा गया है, किन चीजों की पर्दादारी की गई है। जिस वरीयता क्रम में एक 'पाठ' के भीतर हमें अर्थों की संरचना मिलती है, वह हमेशा 'पाठ' के बाहर कार्यरत किसी केंद्रीय शक्ति ढांचे (power structure) की ओर ही इशारा करता है। इस प्रकार देरिदा के लिए विखंडन की यह रणनीति एक संरचना को भेद देने, उसमें छिपे अंतर्विरोधों को पहचानने, सीमांत स्वरों को सुनने, गुह्य आशयों की खोज करने और अलंघ्य मान लिए गए इलाकों के उद्‍घाटन की राजनीति बन जाती है। वह उन आधारों को अनावृत्त कर देना चाहती है, जिन पर हमारी इस नैतिक, सौंदर्यवादी और राजनीतिक सत्ता का वर्चस्व खड़ा किया गया है।

देरिदा ने हमेशा इस बात से इनकार किया कि वे मानवीय अस्तित्व की अर्थहीनता में यकीन करते हैं। वे कहते थे कि विखंडनवाद के पीछे एक सकारात्मक दृष्टि है। इसके द्वारा वर्चस्ववादी संरचनाओं के एकार्थ तथा उनकी केंद्रपरकता और कार्य पद्धति को चुनौती दी जानी चहिए। अकादमिक जगत में अपनी असाधारण लोकप्रियता के बावजूद देरिदा हाथीदांत की मीनार में कैद बौद्धिक नहीं थे। सामाजिक आंदोलनों में उन्होंने सक्रिय हिस्सेदारी की थी। फ्रांस में साठ के दशक के छात्र आंदोलन से हालांकि उनकी अधिक सहानुभूति नहीं थी और न ही वे फ्रांस की कम्युनिस्ट पार्टी के कभी सदस्य बने, पर उनकी सोच में एक रेडिकल रुझान हमेशा बना रहा। फ्रांस में अल्जीरियाई आप्रवासियों के आंदोलन में वे शामिल थे। दक्षिण आफ्रीका में नेल्सन मंडेला के रंगभेद विरोधी आंदोलन को वे सक्रिय समर्थन देते थे। चेकोस्लोवाकिया में 1984 में अभिव्यक्ति की आजादी पर लेखकों के एक प्रतिबंधित सेमिनार में उन्होंने हिस्सा लिया था और वहां की सरकार ने उन्हें गिरफ्तार कर लिया था। 90 के दशक में फूकोयामा जब इतिहास के अंत की घोषणा करते हुए उत्तर-आधुनिकता का दक्षिणपंथी विमर्श तैयार कर रहे थे तब देरिदा ने 'स्पेक्टर्स ऑफ मार्क्स' जैसी पुस्तक लिखकर सनसनी फैला दी थी। जब उत्तर-आधुनिक विमर्श इतिहास के अंत का उत्सव मना रहा था तब देरिदा ने अपनी इस पुस्तक में मार्क्स के मंडराते हुए प्रेतों का जिक्र करते हुए

साफ कहा कि शक्तिशाली देश वर्चस्ववादी ताकतों के रूप में दुनिया की संपूर्णता का एक मिथक रच रहे हैं। लेकिन इस कृत्रिम समग्रता के खिलाफ संसार भर में मनुष्यों की एक बड़ी संख्या अपनी यातनाओं और त्रासदियों में लामबंद हो रही है। अमेरिका में 11 सितंबर 2001 की आतंकवादी घटनाओं के बाद भी देरिदा अमेरिकी सोच से सहमत नहीं थे। विश्व आतंकवाद की उन्होंने अपनी तरह से व्याख्या की।

देरिदा के लिखने की अपनी शैली थी। उनकी पुस्तकों में कई बार एक वाक्य कई-कई पृष्ठों तक चलता रहता है। किसी लेख में कोई पाद-टिप्पणी मूल लेख से बड़ी हो जाती है। कई बार पुस्तक के एक ही पृष्ठ पर दो 'नरेशन' साथ चलते रहते हैं। देरिदा ने दार्शनिक विमर्श के लिए अक्सर साहित्यिक कृतियों को अपना आधार बनाया। देरिदा के लेखन में विशुद्ध दार्शनिक चिंतन और साहित्यिक आस्वाद के बीच विलक्षण किस्म का निकट संबंध है। रूसो, सास्यूर, हर्सल, लेविनास, हाइडेगर, हेगेल, फूको, देकार्त, लेवीस्ट्रास और फ्रायड पर वे लिखते हैं तो बैकेट, जेम्स जॉयस और ज्यां जेने भी उनके प्रिय लेखक हैं। देरिदा ने लगभग 50 पुस्तकें और असंख्य निबंध लिखे हैं। सैकड़ों की संख्या में उनके इंटरव्यू हैं। उनके लेखन की संपूर्ण सूची अभी बनाई नहीं गई है। 8 अक्तूबर 2004 को 74 वर्ष की आयु में कैंसर से लड़ते हुए पेरिस के एक अस्पताल में उनका निधन हुआ था।

देरिदा को इसलिए याद किया जाएगा कि वे फिनॉमिनॉलॉजी, संरचनावाद और मनोविश्लेषण के मेल से अपना विखंडनवाद लाते हैं और एक जनतांत्रिक व्यवस्था की ओर बढ़ना चाहते हैं। उन्होंने कहा कि किसी वस्तु या सत्य में अंतर्विरोधों का होना एक स्वाभाविक स्थिति है और कुछ भी सीधा, सरल, संपूर्ण, पारदर्शी, विशुद्ध, एकायामी नहीं है। कुछ एकल धारणाओं ने ही हमारे समय में भयावह युद्ध कराए हैं, शक्ति संरचनाओं के स्तूप खड़े किए हैं और जीवंत मनुष्य समाजों को आर्थिक मंडियों में बदल डाला है। इसके बावजूद मनुष्य के भीतर न्याय की कामना अपरिमित है और यह अपने 'होने' की सीमाओं के पार चले जाने की स्थिति है।

विजय कुमार

अधिक जानकारी के लिए :

1. **Speech and Phenomena and other Essays on Husserl's Theory of Signs :** Jacques Derrida,
2. **Jacques Derrida :** Geoffrey Bennington : 1991,
3. **Derrida : A Biography :** Benoit Peeters, 2012

जोआन जोशुआ केटेलर
(1659-1716)

सत्रहवीं सदी में सूरत (गुजरात) यूरोपीय व्यापार का एक बड़ा केंद्र था। वहां एक डच फैक्टरी स्थापित हुई थी जिसमें जोआन जोशुआ केटेलर (Joan Joshua Kettler) सहायक के पद पर बहाल हुए थे। सूरत में हिंदुस्तानी और यूरोपीय, व्यापार के सिलसिले में परस्पर मिला करते थे। यहीं रहकर केटेलर ने हिंदुस्तानी सीखी। इसी वातावरण से प्रेरित होकर उन्होंने हिंदुस्तानी का व्याकरण लिखा, जो डच भाषा में था। केटेलर को सूरत लाने वाले एंथनी वोगल थे। उनके अनुसार यह व्याकरण प्रकाशित नहीं हुआ था। डच भाषा में लिखे गए हिंदी के इस व्याकरण का नाम लगभग 46 शब्दों का था। फोगल

जोआन जोशुआ केटेलर

ने इसका अनुवाद किया था। इस पुस्तक के इतने लंबे नाम में चार शब्द महत्वपूर्ण हैं—हिंदुस्तानी, पर्सियन, डिक्लेंसन और कंजुमेशन। केटेलर ने हिंदुस्तानी के दो रूप बताए हैं—पटनिया या पटनाई और दूसरा दक्खिनी। पटना में भी एक डच फैक्टरी थी, जहां वे कुछ दिन रहे थे। हिंदी का व्याकरण लिखने वाले केटेलर पहले यूरोपीय लेखक थे। केटेलर के इस व्याकरण से देवनागरी अक्षरों के उच्चारण में यूरोपियनों की कठिनाई का पता चलता है। इसलिए व्याकरण की इस किताब में नागरी अक्षरों का उच्चारण भी दिया गया है। कहीं-कहीं उच्चारण और उसके हिज्जे बेढंगे लगते हैं—छ के लिए tscha, ष के लिए kcho और क्ष के लिए kcha।

केटेलर के पिता किताबों की जिल्दसाजी का काम करते थे। कहते हैं कि केटेलर का बाल जीवन हिंसापरक और दुराचारी जैसा था। जिस मालिक के यहां वे जिल्दसाज का काम करते थे, केटेलर ने उसे जहर देने की कोशिश की थी। फलस्वरूप उन्हें काम से हटा दिया गया। फिर वे दूसरे शहर डैंजिंग चले गए। वहां भी वे चोरी करने से बाज नहीं आए। 1680 में वे स्टॉकहोम आ गए। तीन साल बाद वे बटेविया गए। बटेविया में कुछ समय रहने के बाद उन्हें सूरत (भारत) की एक डच फैक्टरी में किरानी की नौकरी मिल गई। सूरत आने के बाद ही केटेलर ने हिंदुस्तानी सीखी। 1700 में वे आगरा की एक फैक्टरी के प्रधान के पद पर बहाल हुए। 1 अगस्त 1711 को वे दूतावास के प्रधान बनाए गए। अब केटेलर का जीवन बदल चुका था। वे ईस्ट इंडिया कंपनी के सलाहकार की हैसियत से काम करने लगे थे। 1712 में वे लाहौर गए, जहां उन्हें एक फरमान लेना था। 1716 में वे एक मिशन लेकर फारस के राजदरबार में हाजिर हुए थे। वहां से लौटते समय अब्बास बंदरगाह में उनकी मृत्यु हो गई। केटेलर का व्याकरण डच भाषा में है।

एंथनी वोगल ने केटेलर के व्याकरण का अंग्रेजी भाषा में अनुवाद किया है। इसकी मूल प्रति हेग में सुरक्षित है। इसकी एक प्रति 1698 में इनके एक सहायक ने तैयार की थी। 1743 में डेविड मिलियस या मिल ने केटेलर के व्याकरण का लैटिन में अनुवाद किया था।

अरुण कुमार

जॉन ड्राइडन
(1631-1700)

जॉन ड्राइडन (John Dryden) बहुमुखी प्रतिभासंपन्न कवि, नाटककार, व्यंग्यकार, अनुवादक और आलोचक थे। उन्हें नवशास्त्रवादी आलोचकों में प्रमुख स्थान प्राप्त है। उन्हें अंग्रेजी आलोचना का जनक कहा जाता है।

काव्य सिद्धांत : ड्राइडन यूरोपीय काव्यशास्त्रीय परंपरा के अनुसार काव्य को अनुकरणात्मक कला के रूप में स्वीकारते हैं लेकिन काव्य की प्रभावात्मकता के लिए वह मात्र अनुकरण को काफी नहीं मानते थे। उनके अनुसार, कवि का कार्य भली-भांति अनुकरण करना है, किंतु आत्मा को प्रभावित करने और मनोभावों को उद्वेलित करने के साथ उसमें ऐसा प्रभाव उत्पन्न करने की क्षमता होनी चाहिए कि बिना सराहना किए न रहा जा सके क्योंकि गंभीर नाटकों का यह परम धर्म है। इसलिए कवि जिस कथोपकथन का अनुकरण करे, उस काव्य को समस्त कलात्मकताओं और अलंकारों से विभूषित होना चाहिए। अनुकरण से ड्राइडन का मतलब गंभीर और कलात्मक अनुकरण है। यह अलंकृत होने के साथ-साथ आत्मा को प्रभावित करने, मनोभावों को उद्वेलित करने एवं आनंद प्रदान करने की क्षमता रखता हो। ड्राइडन कवि को मात्र अनुकर्ता ही नहीं बल्कि सर्जक मानते थे। उनके अनुसार, कलाकार जिस कृति की रचना करे वह जीवन से सुंदर होना चाहिए।

ड्राइडन ने काव्य में कल्पना तत्व पर विस्तार से विचार किया है। वे कल्पना को ऐसी शक्ति मानते हैं जो मानव हृदय की अनुभूतियों को पूर्णता से प्रकट कर सकती है। कल्पना तत्व के समावेश

का उद्देश्य काव्य के अभीष्ट को कलात्मक रूप में प्रस्तुत करना है। कल्पना की सहायता से कवि अपनी सामान्य अनुभूतियों को भी प्रभावपूर्ण ढंग से अभिव्यक्त करने में सफल होता है। फिर भी ड्राइडन ने कल्पना को सर्वोच्च मानसिक शक्ति नहीं माना है। उनके अनुसार, विरोध से कल्पना शक्ति विकसित होती है। इसलिए कवि जितनी हार्दिक तन्मयता से काव्य रचना करता है, उसके लिए उतनी ही सरलता से अभिव्यक्ति संभव होती है। उन्होंने काव्य में लयात्मकता का समर्थन करते हुए कहा है कि लय से काव्य अलंकृत होता है। लय तत्व श्रेष्ठ काव्य रचना की संभावनाओं को जन्म देता है। ड्राइडन का मानना था कि काव्य में छंद का प्रयोग आवश्यक रूप में होता है, सिर्फ काव्य को आकर्षक बनाने के लिए नहीं। छंद को काव्य से अलग नहीं किया जा सकता है।

अरस्तू के विपरीत ड्राइडन ने महाकाव्य को त्रासदी से श्रेष्ठ बताया है। वे कहते हैं, 'त्रासदी में कौन-सा विशेष गुण है, जो महाकाव्य में नहीं पाया जाता। महाकाव्य में त्रासदी की भांति ही अहंकार को विनम्रित, सदाचार को प्रतिफलित तथा दुराचार को दंडित किया जाता है और ये इतनी प्रचुर मात्रा में निरूपित किए जाते हैं कि महाकाव्य को नाटक (त्रासदी) की संकुचित परिधि में निरूपित नहीं किया जा सकता।' इनका मानना था कि महाकाव्य का क्षेत्र त्रासदी से व्यापक होता है और इसलिए वह दर्शकों को गहराई से प्रभावित करता है। महाकाव्य में मानवेतर गुणों से युक्त पात्र और उत्कृष्ट शैली होती है। उसके पात्रों के क्रियाकलाप में एक प्रकार की दिव्यता-सी आभासित होती है। उनके अनुसार, आधुनिक युग में महाकाव्य और गीतिकाव्य के क्षेत्रों में विशेष रूप से प्रगति हुई है। वे काव्य का प्रयोजन मुख्य रूप से आनंद प्रदान करना और गौण रूप से शिक्षा प्रदान करना मानते हैं, 'मेरी यह स्वीकारोक्ति है कि मेरा मुख्य ध्येय अपने युग को आनंदित करना है।'

नाट्य-कला : ड्राइडन ने नाटकों पर सघन रूप से विचार किया है जो उनकी किताब 'एन एस्से ऑन ड्रामेटिक पोइजी' में मिलते हैं। उनके अनुसार, 'नाटक मानव जाति को आनंदित और उपदेशित करने के लिए मानव प्रकृति का एक उचित और सजीव प्रतिबिंब है, जिसमें मानव प्रकृति को नियंत्रित करने वाले मनोवेगों, मनोदशाओं और भाग्य परिवर्तनों का वर्णन होता है।' नवशास्त्रवादी होने के बावजूद ड्राइडन ट्रेजेडी और कॉमेडी के सम्मिलित प्रयोग को अरस्तू की तरह अनुपयुक्त नहीं मानते थे। उनकी धारणा थी कि जीवन में सुख-दुख दोनों होते हैं। इसलिए नाटक में इनका संयोग अनुपयुक्त नहीं कहा जा सकता। रंगमंच पर अविश्वसनीय दृश्यों के प्रस्तुतीकरण का निषेध करते हैं। वे जहां मृत्यु आदि का अभिनय वे रंगमंच पर ठीक नहीं मानते, वहीं युद्ध आदि का प्रदर्शन आवश्यक समझते हैं। संकलन त्रय के संबंध में ड्राइडन ने परंपरावादी धारणा का संशोधन किया है। फिर भी वे कालान्विति संबंधी अरस्तू की धारणा से सहमत हैं। वे मानते हैं कि कार्य व्यापार और घटनाएं परस्पर इस प्रकार गुंथी हुई होनी चाहिए कि उनसे महान कथानक के निर्माण में सहायता मिले।

जॉन ड्राइडन

उनकी दृष्टि से नाटक में उपकरणों का प्रयोग उचित है लेकिन दो कथानक एक साथ प्रस्तुत नहीं किए जाने चाहिए। उनका मानना था कि कालान्विति और स्थानान्विति के नियमों की कठोरता कथानक और कल्पना को हानि पहुंचाती है। उनके अनुसार कालान्विति को इस प्रकार संतुलित करना चाहिए कि कथानक के अनुसार घटना के घटित होने में जितना समय लगता है उतना ही उसके अभिनय में भी लगे। वे इस संदर्भ में अपने विवेक के अनुसार उपयुक्त परिवर्तन की सलाह देते हैं।

ट्रेजेडी : ड्राइडन की ट्रेजेडी की परिभाषा अरस्तू की तरह है, फिर भी इनका भय और त्रास का विवेचन अरस्तू से अलग है—'त्रासदी एक महान, संपूर्ण और संभाव्य कार्य व्यापार की अनुकृति का नाम है, जिसका अभिनय किया जाता है, वर्णन अथवा कथन नहीं और जो हमारे मस्तिष्क से करुणा और त्रास के मनोवेगों का उद्रेक कर विरेचन करने में सहायक होती है।' वे मानते हैं कि अहम और सहानुभूति का अभाव ये दो मानवीय दुर्गुण हैं जिनके परिमार्जन के लिए त्रासदीकार करुणा और त्रास की सृष्टि करता है। त्रास, दर्शकों के अभिमान और करुणा और हृदय की कठोरता का उपचार करता है। ड्राइडन ने ग्रीक त्रासदी के वृंदगान को अंग्रेजी त्रासदी के लिए राही नहीं माना। वे त्रासदीकार के लिए युगबोध और दर्शकों की अभिरुचि का ज्ञान जरूरी मानते हैं।

कॉमेडी और प्रहसन : कॉमेडी के संबंध में ड्राइडन के विचार अरस्तू की तरह थे। वे कहते हैं, 'क्षुद्र विषय और अधम चरित्रों के माध्यम से मानव जीवन का अभिनय ही कॉमेडी है।' ट्रेजेडी का उद्देश्य वे क्षुद्र और निकृष्ट कोटि के व्यक्तियों का सुधार मानते हैं। कॉमेडी में क्षुद्र व्यक्तियों के चरित्र निम्नस्तरीय विषयों के माध्यम से इसलिए अभिनीत होते हैं ताकि ऐसे व्यक्तियों को सुधारा जा सके। ड्राइडन ने कॉमेडी और प्रहसन का अंतर स्पष्ट करते हुए कहा है कि कॉमेडी के चरित्र निम्न कोटि के और उनकी वृत्तियां सहज तथा दोष मानवीय दुर्बलताएं होती हैं, जबकि प्रहसन में कृत्रिम वृत्तियां और प्राकृतिक घटनाएं होती हैं। कॉमेडी के द्वारा मानवीय दुर्बलताओं और मूर्खता को अभिव्यक्त किया जाता है। प्रहसन के द्वारा सस्ती काल्पनिक स्थितियों द्वारा हास्य की सृष्टि की जाती है। दोनों के प्रभाव में अंतर है। कॉमेडी विद्वेषयुक्त आनंद प्रदान करती है और प्रहसन घटिया और कृत्रिम आनंद प्रदान करता है।

अनुवाद सिद्धांत : ड्राइडन ने 'प्रीफेस टु द ट्रांसलेशन ऑफ ओविड्स एपीसोड्स' में अनुवाद के बारे में अपना विचार रखा है। इन्होंने अनुवाद के कई प्रकारों की ओर संकेत किया है। उनके अनुसार, प्रथम कोटि का अनुवाद वह अनुवाद होता है, जिसे शब्दानुवाद कहा जाता है। इस प्रकार के अनुवाद में मौलिक भाषा की शब्दावली के स्थान पर अनूदित भाषा की शब्दावली दी जाती है। इसमें लगभग कोई शब्द घटता या बढ़ता नहीं, एक-एक शब्द के अनुवाद की चेष्टा होती है। इसमें अनुवादक की प्रतिभा के लिए बहुत कम संभावना होती है। इसमें वह मूल कृति के भावनात्मक और कलात्मक पक्षों की उपेक्षा करता है। दूसरे प्रकार के अनुवाद में मूल लेखक के आशय को अपनी भाषा में अभिव्यक्त किया जाता है। यह शब्दानुवाद से अलग होता है। तीसरे प्रकार के अनुवाद में मूल लेखक के शब्दों और अभिप्राय का उतना ध्यान नहीं रहता। यह एक प्रकार का स्वतंत्र अनुवाद होता है। इसमें मूल लेखक के उद्देश्य को ध्यान में रखा जाता है, उसकी शब्दावली और अभिव्यंजनाओं को नहीं। ड्राइडन ने अनुवाद के तीनों प्रकारों में दूसरे प्रकार को विशेष रूप से उपयुक्त माना है। उनके अनुसार, एक सफल अनुवादक को मूल और अनुवाद दोनों भाषाओं का पूर्ण ज्ञाता होना चाहिए।

समीक्षात्मक विचार : ड्राइडन को समीक्षा के क्षेत्र में किसी सीमा तक प्रभाववादी कहा जा सकता है। इनका विचार था कि किसी भी कृति का साहित्यिक और कलात्मक महत्व उसकी प्रभावात्मकता से ही निर्णीत होगा। केवल सिद्धांतों की कसौटी पर सभी प्रकार की कृतियों को कसना उचित नहीं है। पाठकों

पर प्रभाव पड़ने के अनुपात से ही कृति की श्रेष्ठता का निर्धारण होगा। ड्राइडन का विचार सहित्यिक शैलियों के प्रति भी ऐसा ही था। उनका मानना था कि शैली के विषय में भी सिद्धांतों की कसौटी पूर्णतः उपयुक्त नहीं है। श्रेष्ठ शैली की पहचान प्रभावात्मकता के साथ आनंद की अनुभूति भी है। श्रेष्ठ साहित्य पाठकों को आनंद से भर देता है। इसलिए यह श्रेष्ठ साहित्य के लक्षण के साथ मुख्य प्रयोजन भी हैं। ड्राइडन के अनुसार, साहित्य में उपदेशात्मकता का पक्ष गौण है। वे कहते हैं कि समीक्षा का मुख्य उद्देश्य सौंदर्य तत्वों की खोज और सौंदर्य का निरूपण करना है। इस प्रकार समीक्षा एक निर्णयात्मक मूल्य है।

ड्राइडन ने क्रॉमवेल की मृत्यु पर प्रसिद्ध 'हीरोइक स्टेंजास' लिखा था। 'अपॉन द डेथ ऑफ लार्ड हेस्टिंग्स', 'टू माई लार्ड चांसलर', 'वर्सेज टू हर रॉयल हाईनेस द डचेस ऑफ यॉर्क', 'ब्रिटेनिया रेडिविवा', 'ए पेनेजिरिकल पोएम टू द मेमोरी ऑफ द काउंटेस ऑफ एविंग्डम', 'एन ऑड ऑन द डेथ ऑफ मि. हेनरी पसेले', 'द सेक्यूलर', 'मास्क द पिलग्रिम' (काव्य), 'सीक्रेट लव', 'द मेडन क्वीन', 'सर मार्टिन मेर आल', 'द फैंड इनोसेंस', 'द एसाइनेशन', 'लव इन अ ननरी', 'द स्टेट ऑफ इनोसेंस एंड फॉल ऑफ मैन', 'द काइंड कीपर', 'मि. लैम्बरहैम' 'द इंडियन एंपरर' (नाटक), 'ए लाइफ ऑफ प्लूटार्क', 'लाइफ ऑफ लुसियन' आदि गद्य रचनाओं के अलावा ड्राइडन की अनेक अनुवादित व रूपांतरित कृतियां हैं। इनका नाटक 'ऑल फार लव' खूब प्रसिद्ध हुआ था। 'एन एस्से ऑन ड्रेमैटिक पोएजी' इनकी प्रसिद्ध आलोचना कृति है जिसमें फ्रांसीसी नाटक और अंग्रेजी नाटकों की तुलना करते हुए तुलनात्मक तथा व्यावहारिक आलोचना की झलक मिलती है। उन्होंने अंग्रेजी आलोचना को देशीय और शास्त्रीय परंपराओं के संतुलित प्रयोग से नई दिशा की ओर प्रवृत्त किया।

ब्रजकिशोर झा

अधिक जानकारी के लिए :

1. **John Dryden :** David Hopkins, 2004, 2. **John Dryden :** T S Elliot, 1932, 3. **John Dryden : The Major Works :** Keith Walker (Ed.), 1987, 4. **The Works of John Dryden :** David Marriott (Ed.), 1995

जॉन बीम्स

(1837-1902)

जॉन बीम्स (John Beams) के पिता रेवरेंड थॉमस बीम्स ईसाई धर्म के उपदेशक थे। मर्चेंट टेलर स्कूल से प्रारंभिक शिक्षा ग्रहण करने के बाद उनका हेलीवरी कॉलेज में 1857 में दाखिला हुआ, जहां वे संस्कृत, फारसी जैसी प्राचीन भाषाओं में दीक्षित हुए। 1859 में वे भारत आए।

1866-67 में जॉन बीम्स चंपारन (बिहार) आए। उनका एक निबंध 'जर्नल ऑफ एशियाटिक सोसायटी ऑफ बंगाल' में छपा, जिस पर उस समय के विद्वानों के बीच काफी विवाद हुआ। निबंध का विषय हिंदुस्तानी के सरकारी रूप में अरबी को शामिल करने को लेकर था। 1877 में इनकी एक किताब छपी 'आउटलाइन ऑफ इंडियन फिलालॉजी'।

जॉन बीम्स

यह बहुत छोटी पुस्तक थी, जिसे इनकी पहली किताब के रूप में देखा जा सकता है।

भाषाविद जॉन बीम्स 1855 से ही एशियाटिक सोसायटी से जुड़े थे। उसी दौर में चंदबरदाई और अन्य प्राचीन कवियों पर इनके निबंध छपे। 1869 में सर हेनरी इलियट की भारतीय शब्दावली का परिशिष्ट कोश 'सप्लिमेंटल ग्लॉसरी ऑफ इंडियन टर्म्स' निकला, जिसे जॉन बीम्स ने ही तैयार किया था। 1872 में इनकी दूसरी किताब आई, 'कंपेरेटिव ग्रामर ऑफ द आर्यन लैंग्वेजेज ऑफ इंडिया'। तुलनात्मक व्याकरण की इस किताब में हिंदी, पंजाबी, सिंधी, गुजराती, मराठी, ओड़िया और बांग्ला भाषाओं की व्याकरणिक संरचना का विश्लेषण हुआ है। शब्दों के आधार पर किया गया यह विश्लेषण अत्यंत महत्वपूर्ण है। इसकी खास बात है भाषाओं के स्वतंत्र अस्तित्व और उसके महत्व का प्रतिपादन। ध्यातव्य है कि जिस दशक में बीम्स की यह पुस्तक आई, उसके कुछ वर्षों पहले तक ओड़िया भाषा को बांग्ला की एक शाखा के रूप में मानने का चलन था। एक सार्वजनिक सभा (1867) में डिप्टी मैजिस्ट्रेट रंग लाल बंद्योपाध्याय ने ओड़िया भाषा पर बांग्ला के प्रभुत्व की बात कही थी। एक अन्य विद्वान राजेंद्र लाल मित्र का मानना था कि ओड़िया भाषा को बांग्ला से अलग या स्वतंत्र नहीं माना जा सकता है। ऐसे समय में जॉन बीम्स की इस किताब का महत्व बढ़ जाता है। ओड़िशा के बालासोर में 1866 के अकाल के समय बीम्स वहां पहुंचे थे। वहां रहते हुए वे ओड़िया भाषी समाज में लगभग घुल-मिल से गए थे। उनका मानना था कि इस भाषा की लिपि कुटिला से विकसित हुई है, जो उत्तरी शैली की लिपि थी और जिसका समय छठी से दसवीं सदी का माना जाता है। 'कुटिल' नाम इस लिपि के अक्षरों के टेढ़े होने के कारण पड़ा।

जॉन बीम्स को ब्रिटिश औपनिवेशिक तंत्र का सबसे वफादार नौकरशाह समझा जाता था। 1880 के बाद ब्रिटिश और भारतीय अधिकारियों के लिए गठित ऐचिसन समिति के सामने बीम्स ने स्पष्टतः समान वेतन दिए जाने का विरोध किया था। यह समिति ब्रिटिश और भारतीय अधिकारियों को समान वेतन दिए जाने के लिए गठित हुई थी। ओड़िया भाषा के विद्वान कैलाश पटनायक ने जॉन बीम्स के ओड़िया भाषा विषयक लेखों का संकलन और संपादन कर 2004 में प्रकाशित किया है।

अरुण कुमार

जॉन बोर्थविक गिलक्रिस्ट (1750-1841)

जॉर्ज हेरियट हॉस्पीटल से स्नातक करने के बाद जॉन बोर्थविक गिलक्रिस्ट (John Borthwick Gilchrist) रॉयल नेवी में सर्जन हुए। कुछ ही समय बाद (1783) वे भारत आए और ईस्ट इंडिया कंपनी में असिस्टेंट सर्जन के पद पर बहाल हुए। फोर्ट विलियम कॉलेज, कलकत्ता में (1800) वे पहले प्राचार्य बने और 1804 तक वे हिंदुस्तानी भाषा के विकास के कार्य करते हुए इस पद पर रहे। गिलक्रिस्ट ही लल्लू लाल और सदल मिश्र (1803) को फोर्ट विलियम कॉलेज लाए थे। 1804 में वे अपने खराब स्वास्थ्य के कारण इंग्लैंड लौट गए।

जॉन बोर्थविक गिलक्रिस्ट

ईस्ट इंडिया कंपनी में गिलक्रिस्ट के आने के समय तक फारसी भाषा का चलन था। दिल्ली दरबार का पतन हो चुका था। इसके साथ फारसी का चलन भी धीरे-धीरे कम होता गया। गिलक्रिस्ट ने महसूस किया कि अच्छे शासन के लिए कंपनी के कर्मचारियों का हिंदुस्तानी में प्रशिक्षित होना जरूरी है। इसी विचार से वे कंपनी के कर्मचारियों को हिंदुस्तानी सिखाने में जुट गए। इसी क्रम में उनका 'अंग्रेजी-हिंदुस्तानी शब्दकोश' तैयार हुआ। जून 1787 में गवर्नर जनरल लार्ड कर्नावालिस को लिखे एक पत्र के अनुसार इस शब्दकोश का पहला भाग 1787 तक तैयार हो चुका था। दूसरा भाग 1790 में छपा। वे स्वदेश लौटे और वहां भी वे हिंदुस्तानी सिखाने का काम करते रहे। गिलक्रिस्ट के समय हिंदुस्तानी के दो अभिप्राय समझे जाते थे, एक–उर्दू मिश्रित हिंदुस्तानी और दूसरी–तत्सम और तद्‌भव प्रधान हिंदुस्तानी। गिलक्रिस्ट दोनों के हिमायती थे। कोलकाता प्रवास के दौरान उनकी दो अन्य किताबें आईं–'दि हिंदुस्तानी ग्रैमर' और 'ओरिएंटल लिंग्विस्ट' (1796-98)।

भाषा शिक्षण के क्षेत्र में गिलक्रिस्ट अपने समय के प्रसिद्ध भाषाविद थे। हिंदुस्तानी शिक्षण के संदर्भ में उनकी कई किताबें आईं, जो इस भाषा के अध्ययन का सम्यक भाषावैज्ञानिक विवेचन है। 1796 में छपी उनकी किताब 'हिंदुस्तानी फिलोलॉजी' के पहले खंड में हिंदुस्तानी भाषा का व्याकरण संकलित है। अंग्रेजी और हिंदुस्तानी शब्दकोश में भी हिंदुस्तानी व्याकरण संकलित है। 1800 में उनकी एक महत्वपूर्ण किताब 'द एंटी जार्गनिस्ट, शार्ट एंड फेमिलियर इंट्रोडक्शन टू द हिंदुस्तानी लैंग्वेज' आई जो हिंदुस्तानी शब्द-संपदा को समझने के लिए उपयोगी शब्दकोश है। अंग्रेजी और हिंदुस्तानी के संवाद को संकलित करने का काम भी बहुत उपयोगी था। हिंदुस्तानी की वर्तनी व्यवस्था और मानक शब्दों पर भी उनकी किताब (1802) बहुत लोकप्रिय रही। हिंदुस्तानी भाषा की शब्द संपदा के स्रोत विशेषकर अरबी पर भी गिलक्रिस्ट ने लिखा। इसके अतिरिक्त गिलक्रिस्ट ने ब्रिटिश पार्लियामेंट की कार्यवाहियों और सरकार के साथ पत्राचार इत्यादि को भी संकलित और संपादित करने का काम किया। भाषाशास्त्रीय अध्ययन, विशेषकर हिंदुस्तानी के क्षेत्र में उनका योगदान अविस्मरणीय है। उनके ही कार्यकाल में लल्लू लाल, सदल मिश्र और सदासुख लाल ने हिंदी/हिंदुस्तानी की पाठ्यपुस्तकों की रचना की। (देखिए हिंदुस्तानी)।

अरुण कुमार

अधिक जानकारी के लिए :

Gilchrist and The Language of Hindustan : Sadiq-Ur-Rahman Kidwai, 1972

जॉन मेनार्ड कीन्स
(1883-1946)

जॉन मेनार्ड कीन्स (John Maynard Keynes) को बीसवीं सदी के सर्वश्रेष्ठ और प्रभावशाली अर्थशास्त्रियों में गिना जाता है। कैंब्रिज में जन्मे और वहीं पढ़े-लिखे कीन्स को कल्याणकारी पूंजीवादी अर्थशास्त्र का जनक माना जाता है। प्रथम विश्वयुद्ध के बाद गरीबी, बेरोजगारी और आर्थिक उतार-चढ़ावों को झेलती विश्व-अर्थव्यवस्था जब लगभग पूरी तरह चरमराने लगी और उपलब्ध आर्थिक नियम-सिद्धांतों से उसे समझाना और नियमित करना नाकाफी हो गया तब कीन्स की 1936 में प्रकाशित अमर कृति 'रोजगार, ब्याज और मुद्रा का सामान्य सिद्धांत' (द जनरल थ्योरी ऑफ एम्प्लॉयमेंट, इंटरेस्ट एंड मनी) ने पूरे आर्थिक जगत में क्रांति ला दी। इसकी सैद्धांतिकी ने राष्ट्रों को न सिर्फ तत्कालीन बल्कि दीर्घकालीन समस्याओं से निजात पाने में मदद की, लेकिन आज उसका असर कम है।

कीन्स से पहले बेरोजगारी को मांग और पूर्ति के रूप में देखा जाता था। बाजार संचालित पूंजीवादी व्यवस्था में बेरोजगारी का अर्थ था कि लोग यदि बेरोजगार हैं तो वे मजदूरी की दर अधिक होने के

जॉन मेनार्ड कीन्स

बावजूद कम कीमत पर काम करने को तैयार हो जाएंगे। लेकिन व्यापक स्तर पर बेरोजगारी और मंदी की स्थितियों को इस आर्थिक सोच के आधार पर नहीं समझा जा सकता था। कीन्स ने प्रतिपादित किया कि अर्थव्यवस्था की उत्पादक क्षमता और रोजगार का स्तर उसकी 'प्रभावी मांग' से निर्धारित होता है। प्रभावी मांग से तात्पर्य है कुल उपभोग और निवेश में किया जाने वाला खर्च। ज्यादा उपभोग ज्यादा मांग के जरिए अर्थव्यवस्था को ज्यादा उत्पादन के लिए प्रेरित करेगा। उधर, निवेश में इजाफा न सिर्फ मांग में बढ़ोतरी करेगा बल्कि उत्पादन क्षमता को भी विस्तार देगा। इसी के मद्देनजर कीन्स ने सुझाया कि बेरोजगारी को दूर या कम करने का सही तरीका मजदूरी को कम करना नहीं बल्कि किसी तरह प्रभावी मांग को बढ़ाना होना चाहिए। उन्होंने पूंजीवादी तंत्र के तहत सरकारी खर्च और करों की मार्फत दीर्घकालीन समाधानों का रास्ता दिखाया। कीन्स का कहना था कि सुचारु रूप से अर्थव्यवस्था चलाने के लिए दीर्घकाल के बजाय वर्तमान काल में मांग को नियमित करने की आवश्यकता है।

दूसरे विश्वयुद्ध के बाद तहस-नहस हुए यूरोप के देशों में अर्थव्यवस्था बहाली के लिए कीन्स के सिद्धांतों ने बड़ी भूमिका निभाई। विश्व बैंक और अंतरराष्ट्रीय मुद्रा कोष जैसी संस्थाओं की स्थापना के पीछे कीन्स की 'हस्तक्षेप' की नीति के तहत विकास को संचालित करने की वैचारिकी थी। भारत जैसे मिश्रित अर्थव्यवस्था वाले देश ने कीन्स के सिद्धांतों को काफी हद तक अपनाया। वैश्विक स्तर पर बहुत दिनों तक कीन्स के सिद्धांतों ने विकास दर को बढ़ाने में मदद की। बाद में मिल्टन फ्रीडमैन (1912-2006) ने 'मुद्रावाद' के सिद्धांत से कीन्स के सिद्धांतों की व्यापकता को चुनौती दी। लेकिन इसमें कोई शक नहीं कि आज भी कीन्सवाद अपनी कुछ न कुछ प्रासंगिकता बनाए हुए है।

कीन्स की पहली किताब 'भारतीय मुद्रा और वित्त' (1913) थी। उसने वारसा संधि में जर्मनी पर थोपे गए हर्जाने का विरोध किया था और मुद्रा की भूमिका पर एक पुस्तक विशेष रूप से लिखी थी।

ओमा शर्मा

अधिक जानकारी के लिए :

1. **The Collected Writings of John Maynard Keynes** : John Maynard Keynes, 1998, 2. **The Return to Keynes** : (Ed.) Bradley W Bateman, Maria Cristina Marcuzzo, Toshiaki Hirai, 2010, 3. **The Economics of John Maynard Keynes : The Theory of A Monetary Economy** : Dudley Dillard, 1948, 4. **Keynes : A Very Short Introduction :** Robert Skidelsky, Baron Skidelsky, 2010

जॉन लॉक

जॉन लॉक (John Locke) को हाब्स और रूसो के समान पश्चिम के ऐसे दार्शनिक चिंतकों में गिना जाता है जिन्होंने मानव अधिकारों के लिए संघर्ष की वैचारिक नींव रखी। उसका संबंध ऐशले और बिग पार्टी से था। लॉक का प्रमुख योगदान यह था कि उसने

मनुष्य के जीवन, स्वतंत्रता और संपत्ति के अधिकार को प्राकृतिक अधिकार माना, जिसे कोई राज्य छीन नहीं सकता। उसकी 1689 में प्रकाशित पुस्तक 'एन एस्से कन्सर्निंग ह्यूमन अंडरस्टैंडिंग' का यूरोपीय दर्शन के इतिहास में काफी महत्व है। इसका प्रभाव बर्कले, ह्यूम, कांट और रीड जैसे दार्शनिकों पर पड़ा। लॉक का मानना था कि मनुष्य एक विवेकशील प्राणी है। वह मूलतः अच्छा, शांतिप्रिय और सामाजिक होता है। उसमें प्रेम, दया और सहानभूति के स्वाभाविक गुण होते हैं। लॉक ने मनुष्य को स्वभावतः स्वार्थी, कट्टर और दुष्ट नहीं माना। उसके अनुसार, किसी व्यक्ति का ज्ञान उसके अनुभवों द्वारा तथ्यों का सहज संचय है।

जॉन लॉक ने अपनी प्रसिद्ध कृति 'टू ट्रीटाइटेज ऑफ गवर्नमेंट' (1960) में राजाओं के दैवी अधिकारों का खंडन करते हुए सामाजिक समझौते के तहत राज्य की उत्पत्ति मानी। उसने जनता के क्रांति करने के अधिकार का समर्थन करते हुए राजतंत्र को अपनी सीमाओं में चुनौती दी। उसकी उपर्युक्त कृति को स्वाधीनता की बाइबिल के रूप में देखा गया। अमेरिका के 'स्वतंत्रता प्रेमियों का घोषणापत्र' (1776) में लॉक के विचारों के महत्व को स्वीकार किया गया है। वे फ्रांस में भी प्रेरणा के स्रोत बने। लॉक ने बताया कि सरकारें अपने नागरिकों के प्रति जवाबदेह होती हैं और वे सीमित अधिकार रखती हैं। वे मनुष्य के प्राकृतिक अधिकारों की रक्षा के लिए होती हैं। उसने कहा, 'जब कोई राजा अपनी प्रजा का विश्वास खो देता है तो समाज उसे बदल देता है।' लॉक ने विधायिका, कार्यपालिका और न्यायपालिका के रूप में राज्य क्षमता के पृथक्करण का सिद्धांत प्रस्तुत किया। व्यक्ति के जीवन और स्वतंत्रता के महत्व और संपत्ति के अधिकार को उनका क्रांतिकारी विचार माना जाता है। हालांकि जीवन और स्वतंत्रता के अधिकार के संबंध में उनके विचार अमूर्त बताए गए हैं। इसके अलावा राज्य के उद्देश्य को संपत्ति की रक्षा तक सीमित करना भी संकुचित दृष्टि है।

लॉक ने संपत्ति को व्यक्ति के श्रम की उपज बताया था। उन्होंने कहा, सभी संपत्ति श्रम की उपज है। बाद में यह तथ्य एडम स्मिथ के पूंजीवाद और कार्ल मार्क्स के समाजवाद का आधार बना था। अपनी पुस्तक 'थॉट्स कन्सर्निंग एजुकेशन' (1963) में लॉक ने छात्रों से बेहतर व्यवहार पर जोर दिया था। लेटर्स कन्सर्निंग टॉलरेशन (1689-92) में लॉक ने धर्म की आजादी और सहिष्णुता पर जोर दिया था। उसने बताया, सरकारों को धर्म की आजादी का सम्मान करना चाहिए, जब तक कि कोई धार्मिक विश्वास सार्वजनिक व्यवस्था के लिए खतरा न बन जाए। धार्मिक सहिष्णुता पर उसके लेखों ने चर्च और राज्य के बीच अंतर किया था। लॉक के विचारों में धुंधलापन है। उन पर कई दर्शनों का असर है पर लॉक ने सहज ढंग से जो कुछ लिखा, वह उसके युग के इंग्लैंड का दर्पण है।

उदयराज

अधिक जानकारी के लिए :

1. **Political Writings : John Locke** : David Wootton, (Ed.), 2. **The Philosophy of John Locke : New Perspective** : Peter R Anstey, (Ed.), 2003, 3. **Liberating Judgement : Fanatics, Specifics and John Locke's Politics of Probability** : Douglas John Casson, 2011

जॉन स्टुअर्ट मिल
(1806-1873)

बीसवीं सदी के अंग्रेज दार्शनिक, राजनीतिक अर्थशास्त्री, नारीवादी और नौकरशाह जॉन स्टुअर्ट मिल (John Stuart Mill) शुरू से प्रतिभावान थे। स्टुअर्ट मिल के दार्शनिक पिता जेम्स मिल अपने बेटे को बुद्धिमान बनाना चाहते थे ताकि वह उपयोगितावाद के सिद्धांत को उनके और बेंथम के बाद भी चला सके। स्टुअर्ट मिल को पिता ने राजनीतिशास्त्र और प्राचीन आर्थिक परंपरा के साथ अर्थशास्त्र, एडम स्मिथ और डेविड रिकार्डो का अध्ययन कराया। स्टुअर्ट ने

'एलिमेंट्स ऑफ पॉलिटिकल इकोनोमिक्स' लिखने में अपने पिता की सहायता की। उन्होंने 1865 से 1868 के बीच सेंट एंड्रूज विश्वविद्यालय में रेक्टर का पद सम्हाला था। इसी समय वे सिटी एंड वेस्ट मिनिस्टर क्षेत्र से सांसद चुने गए। सांसद रहते हुए स्टुअर्ट ने आयरलैंड को लेकर बहुत बार आवाज उठाई। मिल का महत्व यहां-वहां बिखरे पड़े विचारों को एकत्र करने की उनकी कोशिशों के कारण है। वह क्लासिकल विचारधारा और समाजवाद के बीच वैचारिक भ्रमण करते रहे।

जॉन स्टुअर्ट मिल ने स्वतंत्रता (1859) पर लिखते हुए महिलाओं के अधिकार के पक्ष में भी लिखा। उनकी पुस्तक 'द सबजुगेशन ऑफ वीमेन' (1869) में महिलाओं को पराधीनता में रखने की परंपरा को गलत बताया गया। मिल ने लिंग भेद, स्त्री शिक्षा और विवाह पर विचार व्यक्त किए और महिलाओं के अधिकार का जम कर समर्थन किया। वह पहले नारीवादी लेखक के रूप में प्रसिद्ध हुए थे। उन्होंने 'ऑन लिबर्टी' में समाज द्वारा व्यक्ति पर वैधानिक रूप से लागू की जाने वाली शक्ति और उसकी सीमाओं पर चर्चा की। मिल ने कहा, 'व्यक्तित्व को तानाशाही कुचलती है।' मिल समाज के सभी व्यक्तियों के लिए स्वतंत्रता को उचित नहीं मानते थे, 'गंवारों के लिए सरकार का तानाशाही ढंग उचित है।' उन्होंने कहा था, 'कोई व्यक्ति दूसरे का न केवल अपने कर्म से बल्कि अपने अकर्म से भी बुरा कर सकता है और दोनों ही दशा में वह आघात के लिए जिम्मेदार है।' वह आगे कहते हैं, 'विश्वास के साथ खड़ा एक व्यक्ति उत्तेजित 99 व्यक्तियों की ताकत के बराबर है।' मिल ने राजनीतिक शासकों की निरंकुशता से रक्षा के लिए सामाजिक स्वतंत्रता को परिभाषित किया, बोलने की आजादी का गहन रूप से समर्थन किया।

जॉन स्टुअर्ट मिल

जॉन स्टुअर्ट मिल उपयोगितावाद के प्रबल समर्थक थे। बेंथम का उपयोगितावाद 'सर्वाधिक सुख के सिद्धांत' के रूप में जाना जाता है। स्टुअर्ट मिल ने उस सुख को गुणात्मक आधार दिया। उसके अनुसार, बौद्धिक और चारित्रिक सुख भौतिक सुख से तुलनात्मक रूप से अच्छा है।

मिल ने 'प्रिंसिपुल्स ऑफ पॉलिटिकल इकोनॉमी' पुस्तक लिखी। वे शुरू में 'खुले बाजार' के समर्थक थे, लेकिन बाद में अर्थव्यवस्था में शासन के हस्तक्षेप को मान्यता दे दी। अत्यधिक खपत की दशा में शराब पर कर लगाना उचित माना। उन्होंने कर को 'त्याग' कहा था। वे पूंजीवाद की जगह आर्थिक जनतंत्र के समर्थक हो गए। अपनी पुस्तक 'कंसिडरेशंस ऑन रिप्रजेंटेटिव गवर्नमेंट' में उन्होंने दो बातों नागरिकों की प्रबल भागीदारी और शासकों की निखरी योग्यता पर जोर दिया। मिल ने पर्यावरण के महत्व को समझते हुए कहा, 'अनियंत्रित उन्नति का सार परिवेश की बरबादी और गुणात्मक जीवन की कमी है।' 'आबादी' को श्रमिक वर्ग मानते हुए मिल ने माल्थस के जनसंख्या के सिद्धांत का समर्थन किया था। तकनीकी उन्नति और एकत्रित पूंजी का लाभ श्रमिकों को मिले, इसके लिए आबादी को नियंत्रित करना जरूरी माना। क्लासिकल अर्थशास्त्र में जॉन स्टुअर्ट मिल का महत्व एडम स्मिथ और माल्थस के सिद्धांतों के बीच तालमेल बैठाते हुए,

बीच का रास्ता निकालने को लेकर है। वह चाहते थे कि पूंजी और आबादी के विकास में एक संबंध हो। उन्होंने पहली बार यह सिद्धांत प्रतिपादित किया कि वस्तुओं की मात्रा दाम को प्रभावित करती है, जिसे मांग-पूर्ति सिद्धांत कहते हैं। मिल का मजदूरों के वेतन के संबंध में मानना था कि व्यापारी यदि अपना विलासितापूर्ण उपयोग घटा दें तो मजदूरों के वेतन के लिए उनके पास ज्यादा धन बच सकता है।

उदयराज

अधिक जानकारी के लिए :
1. **स्त्री और पराधीनता** : जॉन स्टुअर्ट मिल, 2. **On Liberty** : John Stuart Mill

जार्ज अब्राहम ग्रियर्सन
(1851-1941)

जार्ज अब्राहम ग्रियर्सन (George Abraham Grierson) का जन्म डबलिन के एक विद्वान परिवार में हुआ था। उनके वंशज नार्वे के मूल निवासी थे। 1873 में वे इंडियन सिविल सर्विस पास करके बंगाल में पदस्थापित हुए। भारत में रहकर उन्होंने भाषाविषयक कई महत्वपूर्ण कार्य किए। उनका 'सेवन ग्रामर्स ऑफ द डायलेक्ट्स एंड सब-डायलेक्ट् ऑफ द बिहारी लैंग्वेजेज' 1883 से 1887 तक प्रकाशित हुए। उनकी सबसे बड़ी और सर्वाधिक प्रसिद्ध कृति 'लिंग्विस्टिक सर्वे ऑफ इंडिया' है। यह 1894 में प्रारंभ हुई थी और 1927 में समाप्त हुई।

'लिंग्विस्टिक सर्वे ऑफ इंडिया' ग्यारह बड़ी-बड़ी जिल्दों में है, जिनमें से अनेक जिल्दों में तीन-चार तक पृथक भाग हैं। उक्त ग्यारह खंडों का ब्योरा इस प्रकार है—पहला खंड, भाग-1– भूमिका; भाग-2–भारतीय भाषाओं का तुलनात्मक शब्द-भंडार; भाग-3–भारतीय आर्य भाषाओं का तुलनात्मक कोश। दूसरा खंड–मान ख्मेर और ताई परिवार। तीसरा खंड, भाग-1—तिब्बत और उत्तरी असम की तिब्बती-बर्मी भाषाएं; भाग-3–कुकी, चीन तथा बर्मा वर्ग की तिब्बती-बर्मी भाषाएं। चौथा खंड—मुंडा तथा द्रविड़ भाषाएं। पांचवां खंड, भाग-1—बंगाली तथा असमी; भाग-2—बिहारी तथा उड़िया। छठा खंड, पूर्वी हिंदी। सातवां खंड, मराठी। आठवां खंड, भाग-1—सिंधी तथा लहंदा; भाग-2—दरदी और पिशाच भाषाएं। नवां खंड, भाग-1—पश्चिमी हिंदी तथा पंजाबी; भाग-2—राजस्थानी तथा गुजराती; भाग-3—भीली भाषाएं तथा खानदेशी आदि; भाग-4—पहाड़ी भाषाएं। दसवां—खंड, ईरानी परिवार : ग्यारहवां खंड, जिप्सी भाषाएं। इनमें उत्तर भारत की समस्त आधुनिक भाषाओं, उपभाषाओं तथा बोलियों के उदाहरण संगृहीत हैं। साथ ही उदाहरणों के आधार पर इनमें समस्त मुख्य बोलियों के संक्षिप्त व्याकरण भी दिए गए हैं। भाषाओं और बोलियों के संबंध में इतना विशाल एवं विस्तृत प्रयास भारत में कभी नहीं किया गया।

ग्रियर्सन की एक अन्य महत्वपूर्ण पुस्तक 'मॉडर्न वर्नाक्युलर लिटरेचर ऑफ नॉर्दर्न हिंदुस्तान' (1889) है। ग्रियर्सन ने भारतीय आर्य भाषाओं का गहराई से अध्ययन किया था। उन्होंने भारतीय आर्य भाषाओं पर लेख 1918-20 में लिखा। वे लोकभाषाओं के प्रति भी आकृष्ट थे। उन्होंने लोकभाषा तथा विकास के संदर्भ में पर्याप्त मात्रा में लिखा। उनके द्वारा प्रणीत 'बिहार पीजेंट लाइफ' (बिहार का कृषक-जीवन) एक कोश है, जिसमें कृषक जीवन के सभी व्यापारों, उनके औजारों तथा प्रयोग एवं लोक विश्वास की सामग्री संगृहीत है। ग्रियर्सन ने बिहारी भाषाओं के अध्ययन के साथ-साथ उसके लोक साहित्य पर भी अनेक शोधपरक लेख लिखे। उनके ये लेख एशियाटिक सोसायटी के जर्नल तथा 'इंडियन एंटीक्वरी' में प्रकाशित हुए। उनका ध्यान निम्न लोगों द्वारा बोली जाने वाली बोलियों पर भी था। उन्होंने बिहार के 'मगहिया डोम' तथा भोजपुरी की 'सियरमरवा बोली' का भी अध्ययन किया।

1884 में ग्रियर्सन ने मैथिली में इक्कीस वैष्णव गीत प्रकाशित किए। इसी वर्ष उन्होंने भोजपुरी में 'विजयमल की गाथा' प्रकाशित की। 1885 में ग्रियर्सन ने मैथिली में 'कनारपी घाट की लड़ाई' का वर्णन प्रकाशित कराया और उसी

वर्ष 'गोपीचंद के गीत' का प्रकाशन हुआ। यहां उल्लेखनीय है कि 'बिहार पीजेंट लाइफ' 1885 में प्रकाशित हुआ था। 'मॉडर्न वर्नाक्युलर लिटरेचर ऑफ नॉर्दर्न हिंदुस्तान' में उन्होंने नौ सौ पचास कवियों का जीवन परिचय दिया था और उनके काव्य की संक्षिप्त आलोचना की थी। इसमें सिर्फ सत्तर कवि ऐसे हैं, जिनका उल्लेख तॉसी के फ्रेंच में लिखित हिंदी साहित्य के इतिहास में हुआ है। 1890 में उन्होंने छत्तीसगढ़ी के व्याकरण को अंग्रेजी में अनूदित किया था और उसको संपादित भी किया था।

1894 में ग्रियर्सन ने जसवंत सिंह कृत 'भाषाभूषण' का संपादन किया तथा व्याख्या सहित

जार्ज अब्राहम ग्रियर्सन

'बिहारी सतसई' का प्रकाशन किया। पर वास्तव में ग्रियर्सन की दिलचस्पी, साहित्य की अपेक्षा, भाषा में अधिक थी। उन्होंने शिणा भाषा पर भी कार्य किया है। उन्होंने यह सिद्ध किया कि दरद, शिणा तथा काफिरी भाषाओं का एक समूह है, जो कश्मीर से लेकर हिंदुकुश पर्वत की तराई तक प्रचलित है।

1906 में ग्रियर्सन ने भारत के उत्तरी पश्चिमी सीमांत स्थित भाषाओं पर पुस्तक लिखी। उन्होंने यह सिद्धांत प्रतिपादित किया कि ये भाषाएं वास्तव में स्वतंत्र रूप से अफगानिस्तान और भारत के सीमांत प्रदेश में लाई गई हैं। इनका उद्‌भव काबुल के दर्रे से आए आर्यों की वैदिक भाषा से नहीं हुआ है। इस प्रकार ग्रियर्सन ने पिशाच भाषा के क्षेत्र को विस्तृत बनाया। ग्रियर्सन ने 1932 में 'आल्ह खंड' का अनुवाद प्रकाशित कराया तथा इसी वर्ष 'लोरिक' की जन्म कथा भी लिखी। उन्होंने प्राकृतों के कई स्थानीय नामकरण किए और उनकी विशेषताओं को रेखांकित किया। प्राकृतों को लेकर 1918 में 'प्राकृत विभाषा' नामक ग्रंथ लिखा। किंतु उनका सबसे महत्वपूर्ण योगदान उत्तर-पश्चिम की पैशाची का अध्ययन एवं नामकरण को लेकर है। उन्होंने पहली बार अन्य भाषाओं के साथ इसका संबंध स्थापित किया।

ग्रियर्सन का रुचि-क्षेत्र भारत की विभिन्न बोलियां भी रहीं। उन्होंने 1901 में राजस्थानी बोलियों का वर्गीकरण किया तथा हिंदी और गुजराती से उनके संबंधों को रेखांकित किया। पहाड़ी भाषाओं पर भी उनके लेख 1914 में छपे। इसके पूर्व उन्होंने 1907 में कुमायूंनी भाषा पर भी लेख लिखा। ग्रियर्सन ने ऐसे ही अन्य अनेक भाषाओं पर लेख लिखे। उन्होंने दक्षिणी-पश्चिमी अफगानिस्तान की बोली 'ओरमूरी' अथवा 'बरजिस्ता' पर अनुसंधान किया। इसके अतिरिक्त 1920 में 'इस्काश्मी', 'जेबेकी' तथा 'यज्गुला' बोलियों पर उन्होंने गवेषणात्मक लेख लिखे।

ग्रियर्सन भाषाविज्ञान के मर्मज्ञ थे। हिंदी साहित्य को उनकी देन कम महत्वपूर्ण नहीं है। हिंदी साहित्य के इतिहास पर उन्होंने अंग्रेजी में प्रथम पुस्तक लिखी। इसकी खासियत यह है कि इसमें पहली बार हिंदी साहित्य का काल विभाजन किया गया है। इसमें जायसी और तुलसीदास पर स्वतंत्र अध्याय हैं। उनकी पुस्तक के आधार पर ही आगे चलकर दोनों कवि मुख्य धारा में परिगणित हुए। 1893 में ग्रियर्सन ने 'नोट्स ऑन तुलसीदास' लिखा। इसमें उन्होंने ज्योतिष की कसौटी पर कवि की जीवन तिथियों को जांचने का कार्य किया। रामचंद्र शुक्ल ने जिसे रीति काल कहा है, उस काल के प्रधान काव्यों को ग्रियर्सन ने ही पहली बार 'रीति-काव्य' कहा था। ग्रियर्सन ने स्पष्ट किया कि हिंदी और

उर्दू में सिर्फ शब्दकोश और लिपि का अंतर है, पर पश्चिमी और पूर्वी हिंदी में उद्‌भव स्थल, उच्चारण, व्याकरण, धातु, शब्द, क्रिया, कृदंत, वाक्य-रचना आदि सभी दृष्टियों से भेद है।

राजेंद्र प्रसाद सिंह, अरुण कुमार

अधिक जानकारी के लिए :
George Abraham Grierson's Literary Hindustan : Iva Sharma

जोनाथन कुलर
(1944-)

जोनाथन डी कुलर (Jonathan Dwight Culler) साहित्य चिंतन को साहित्येतर सिद्धांतों से अलहदा करते हुए साहित्य केंद्रित चिंतन को पुनः संभव बनाने वाले आलोचक हैं। उन्होंने संस्कृति, मनोविज्ञान, नृवैज्ञानिक संरचनावाद, भाषाशास्त्रीय विश्लेषण पद्धतियों, उत्तर-औपनिवेशिक और नव-इतिहासवादी विमर्शों को साहित्यालोचन में उतना ही महत्व देने का सवाल उठाया, जितना साहित्य में अर्थ ग्रहण में सहायक के रूप में जरूरी

जोनाथन कुलर

है। वे साहित्य चिंतन की शास्त्रीय परंपरा को आगे बढ़ाते हैं और साहित्यिक आलोचना का मौलिक अर्थ-विस्तार करते हैं। वे रूसी रूपवाद, नई आलोचना, पाठवादी और पाठकवादी आलोचना पद्धतियों की सीमाओं को भी अपने सामने रखते हैं। उत्तर-आधुनिक विमर्शों में भाषाशास्त्रीय अर्थमीमांसा (हरमेन्युनिक्स) को अपनाए जाने से पैदा हुए शास्त्रीय चिंतन के संकट को कुलर ने साहित्य रूप में अपने बचाव अभियान का हेतु बनाया है। इस संदर्भ में वह कहते हैं, 'अर्थमीमांसा के उलट, काव्यशास्त्र इस संकल्पना से जूझता है, जैसा हमारी शिक्षा पद्धतियों में यह अधिक महत्वपूर्ण हो गया है कि कविता के असल अर्थ की खोज साहित्य से हमारी बर्खास्तगी का मकसद है। गेयता और वाचिकता (अर्थमीमांसा) व्याख्या की मांग नहीं करते। गीतिकाव्य में लय और पुनरुक्तिमूलक रीति इसी प्रकार के तत्व हैं।' (द थियरी ऑफ लिरिक)।

जोनाथन कुलर के कार्यों को मुख्यतः साहित्य सिद्धांत, आलोचना, विखंडनवाद और आधुनिक भाषाविज्ञान से संबद्ध माना जाता है। उनकी प्रमुख कृतियां हैं–'स्ट्रक्चरलिस्ट पोयटिक्स' (1975), 'द परसूट ऑफ साइंस' (1981), 'ऑन डीकंस्ट्रक्शन' (1982), 'लिटररी थियरी : ए वेरी शॉर्ट इंट्रोडक्शन' (1997)। 'लिटररी थियरी' का दुनिया की 20 भाषाओं में अनुवाद हुआ है।

काव्य सिद्धांत को उत्तर-आधुनिक जरूरतों के पैमानों पर खरा उतरने के लिए जरूरी हो गया था कि उसकी तमाम परंपराप्रसूत धारणाओं पर पुनर्विचार करते हुए उन्हें पुनःप्रस्तुत किया जाए। जोनाथन कुलर की देन इस लिहाज से अप्रतिम है। उन्होंने संरचनावाद से लेकर उत्तर-संरचनावाद तक की उन धारणाओं को खंगाला है, जिनका उपयोग साहित्य चिंतन में साहित्य केंद्रित रूप में करना संभव है। उन्होंने फर्दीनांद द सास्यूर को अपने प्रमुख प्रस्थान बिंदु के रूप में ग्रहण किया है। यहां से आधुनिक भाषाविज्ञान के संरचनावादी रूप की काव्यशास्त्रीय संभावनाओं तक का उनका सफर उन्हें 'संरचनावादी

काव्यशास्त्र' तक ले आता है। वे रूसी रूपवादियों में से मुख्य रोमां जाकोब्सन और बाख्तिन की धारणाओं का उपयोग अपने तरीके से करते हैं। वे बाख्तिन के 'बहुलतापरक कथन' (पोलोमोनी) और संवादमय (डायलॉजिक) का इस्तेमाल अपने तरीके से करते हैं। रोलां बार्थ पर उनकी किताब उन्हें बार्थ के अर्थविज्ञान (सीमेंटिक्स), संकेत विज्ञान (सीमियालॉजी) और 'अधिभाषा' (मेटालेंग्वेज) की ओर ले गई, जहां से नई आलोचना के रूपवादी आग्रहों से आगे निकल कर वे काव्यशास्त्रीय आधार खोज सके। वे जुडिथ बटलर के 'परफार्मेटिज्म' का काव्यशास्त्रीय धारणा के रूप में विकास करते हैं, जिसे उनकी मौलिक देन माना जा सकता है।

2015 में सामने आया कुलर का 'गीति का सिद्धांत' स्पष्ट रूप से इस बात को समझ पाने में हमारी मदद करता है कि क्यों काव्यालोचना अर्थग्रहण से संबद्ध अन्य तमाम ज्ञानानुशासनों से अलग है। वह मानते हैं कि गीति में अनेक तत्व हैं जिनकी व्याख्या काव्यशास्त्रीय पद्धति से हो सकती है। मनोविज्ञान, समाजशास्त्र, दर्शन, इतिहास अथवा अस्मितावादी विमर्श इन तत्वों की व्याख्या के लिए अनुपयुक्त हैं।

गीति : जोनाथन कुलर मानते हैं कि गेयता का आधार संगीत, सस्वर पद की जरूरत और पंक्तियों के बार-बार दोहराए जाने की ऐसी गीति पद्धति है जो पाठक के भीतर भी बार-बार दोहराने की इच्छा पैदा करती है। गीति इस रूप में रची जाती है कि वह न 'संबोधनकर्ता' का और न 'संबोधित' व्यक्ति का परिचय देती है। इस प्रकार गीति के संदर्भ में पाठक, रचना प्रक्रिया और लेखक की मनोविज्ञान संबंधी कोई भी पूर्व-प्रचलित धारणा अर्थपूर्ण समाधान नहीं देती। गीति में परोक्ष संबोधन (इनडायरेक्ट एड्रेस) नहीं होता, इस तरह वह समाजशास्त्र और मनोविज्ञान जैसे ज्ञानानुशासनों के परे भी ले जाती है। गीति में कथात्मकता और कर्मकांडीयता का परस्पर तनाव वर्तमान में ही बोले जाने या दोहराए जाने की स्थिति में उसे तात्कालिक अर्थ प्रदान करता है। इस आधार पर उसे प्रदर्शनकारी विधा की तरह भी देखा जा सकता है।

उपर्युक्त धारणाओं को कुलर ने जिन आलोचकों से ग्रहण कर विकसित किया, वे हैं : (i) पाल वेलेरी जो गीति को दोहराए जाने की जरूरत पैदा करने वाली विधा मानते हैं तथा (ii) जॉन क्रो रेंसम जो गीति को भीतर से उपजने वाली आवाज को सुनने का परिणाम मानते। कुलर ने रेंसम की धारणा में मौजूद नाटकीय कथात्मकता वाले मॉडल को अस्वीकार किया है। वे नए आलोचकों के अनुकरण के सिद्धांत से भी सहमत नहीं हैं कि गीति 'वाणीमूलक कार्य' (स्पीच एक्ट) का अनुकरण होती है। कुलर के मुताबिक गीति 'जगत की बाबत हमारे अनुभवों' को परोक्ष तरीके से यों व्यक्त करने का नाम है जैसे हम पाठकों के सामने से पीठ फेर कर खड़े हो गए हों और उन्हें यों संबोधित कर रहे हों, जैसे वे वहां हो ही नहीं।

जोनाथन कुलर ने विखंडनवाद का पुनर्विवेचन किया था कि यह हमें काव्य आलोचना के धरातल पर राय बनाने में क्या अंतर्दृष्टि प्रदान करता है। ई डी हर्ष ने इस किताब की समीक्षा करते हुए रेखांकित किया है कि कुलर अपने विवेचनों के द्वारा हमें यह बताने में कामयाब हुए हैं कि विखंडनवादी पाठ की मदद से जो उत्तर-आधुनिक विमर्श स्थापित हुए हैं, वे केवल सभ्यतामूलक सोच की भिन्नताओं को रेखांकित करते हैं, न कि नई तरह के साहित्यिक और आलोचनात्मक रूपों के जन्म को। उदाहरण के लिए इस पुस्तक में कुलर ने स्त्रीवादी विमर्श के विखंडनवादी पाठों का विवेचन करने के बाद यह निष्कर्ष निकाला है कि स्त्रीवाद का अन्य विमर्शों से अंतर अंतर्वस्तुमूलक है, न कि वह भिन्न आलोचनात्मक रूप का पर्याय है। यहां हमें वह सब ज्ञात होता है जो संस्कृतियों के वर्चस्वी या पितृसत्ता प्रधान रूप की वजह से सीमित हो गया था। अतः स्त्री के तौर पर किसी कृति को पढ़ने का मतलब है दबे अर्थों का पाठ यों करना, जैसे

वे नुमायां पाठ हों। परंतु इससे स्त्रीवादी आलोचना का कोई भिन्न ढांचा खड़ा नहीं होता।

जोनाथन कुलर की प्रसिद्धि का मुख्य आधार उनकी 'साहित्य के सिद्धांत' वाली किताब है। इसमें प्रस्तुत उनकी मुख्य धारणाएं हैं :

1. **सिद्धांत क्या है?** इस प्रश्न से जूझते हुए कुलर ने स्पष्ट किया है कि सिद्धांत और आलोचना भिन्न हैं। सिद्धांत 'मूलवस्तु' का विवेचन न कर उसकी बाबत विवेचन करता है। इसलिए साहित्य के सिद्धांत में स्वयं साहित्य के लिए जगह बहुत कम रह जाती है। वह साहित्य के विवेचन के बजाय यह बताता है कि साहित्य का समाजशास्त्र, भाषाविज्ञान, इतिहास, संस्कृति पक्ष या मनोवैज्ञानिक पक्ष क्या है। इससे साहित्य को समझने के लिए हमारी आधारभूमियों का विस्तार तो होता है, परंतु इससे यह व्याख्या नहीं हो पाती कि साहित्य स्वयं में क्या होता है?

2. **साहित्य क्या है?** इस सवाल से कुलर उसी तरह मुखातिब हुए जैसे संस्कृत काव्यशास्त्र साहित्य की आत्मा की खोज में उतरा था। साहित्य की साहित्यिकता क्या है? इसकी बाबत वे कहते हैं कि सब कुछ व्याख्यात्मक कोटि का हो गया है जो संदर्भों पर आधारित विवेचन करता है। साहित्य की साहित्यिकता को समझने के लिए कुलर ने कुछ ऐसी प्रवृत्तियों और लक्षणों पर केंद्रित होने का सुझाव दिया है, जो साहित्य को अन्य ज्ञानानुशासनों से अलग करते हैं। वे लक्षण हैं : (i) भाषा का अपने तौर पर 'अग्रप्रस्तुत' होना, (ii) लयात्मक पैटर्न, (iii) पूर्णताबोधक ऐसा संश्लेष जो विभिन्न अंगों को एक समग्र में समाहित करे, (iv) गल्पमूलकता या कल्पनाप्रवणता, (v) सौंदर्यात्मक प्रकार्य, (vi) अंतर्पाठीय संबंध एवं व्यंजकता, (vii). आत्मविमर्शात्मकता। कुलर इस तथ्य से सचेत रहते हैं कि उपर्युक्त रूप में साहित्यिकता की पहचान कराने वाली सभी प्रवृत्तियां कमोबेश 'अ-साहित्यिक' भाषा पाठों में भी दिखाई देती हैं। अंतर केवल इन प्रवृत्तियों की प्रधानता का है।

3. **साहित्य के प्रयोजन क्या हैं?** कुलर ने रस, आस्वाद, सौंदर्य, आनंद आदि को साहित्य का प्रयोजन अवश्य माना है, पर वे प्रयोजनों के संदर्भ में एकपक्षीयता को अस्वीकार करते हैं। वे 'आस्वाद और सार्थकता' को एक साथ ग्रहण करने वाली द्वंद्वात्मक दृष्टि की ओर आते हैं। वे साहित्य में सार्वभौम तत्वों की मौजूदगी को स्वीकार करते हुए भी राष्ट्रीय चेतना जैसे देशकाल संदर्भित पक्षों को भी एक साथ ग्रहण करने पर बल देते हैं। यही स्थिति साहित्य के मानववादी प्रयोजन की है। कई विरोधी खेमों के विमर्शकार अलगाववादी चेतना को मानववाद के समानांतर एक आग्रह बना डालने का प्रयास करते हैं। अतः दोनों के बीच तालमेल और संतुलन को सही अर्थों में साहित्य का प्रयोजन समझना चाहिए। विचारधारा एवं सामाजिक चेतना के साथ विचारधारा से मुक्ति की बात को जोड़ते हुए तथा सौंदर्यात्मक स्वायत्तता की बात को सांस्कृतिक नियमन वाले पक्ष से संबद्ध करते हुए साहित्य के वास्तविक प्रयोजनों की तलाश की जा सकती है।

4. **क्या साहित्य 'संस्कृति विमर्श' का अंग मात्र है?** उत्तर-आधुनिक विमर्शों में साहित्य को संस्कृति के व्यापक परिदृश्य द्वारा इस तरह आत्मसात कर लिया जाता है कि उसकी अलग सत्ता खतरे में पड़ जाती है। इस सवाल पर विचार करते हुए कुलर ने लोकप्रिय और लोक संस्कृति को मीडिया जनित 'मास कल्चर' से अलग करते हुए साहित्य को सांस्कृतिक उत्पाद मात्र मानने की धारणा का विरोध किया। साहित्य लोक एवं 'मास कल्चर' वाले दोनों छोरों के बीच एक तरह की 'उच्च संस्कृति' के रूप में कार्य करता रहा है। 'मास कल्चर' के बाजारवादी उपभोक्ता कभी पूरी तरह साहित्य को आत्मसात नहीं कर सकते। खास तौर पर वैश्विक मीडिया के समानांतर साहित्य के राष्ट्रीय, नस्लीय, विविध सांस्कृतिक समूहगत और अन्य हाशियावादी रूपों की तरह अपनी मूल पहचान बनाए रखने की स्थितियां पैदा हुई हैं। उत्तर-औपनिवेशिक संदर्भों ने भी साहित्य के जातीय रूपों को विवेचनीय बनाने में मदद की है।

5. **साहित्य के किन प्रयोजनों के संदर्भ में विश्लेषण की किन विधियों को अपनाया जाना चाहिए**? इस सवाल पर कुलर ने खास तौर पर जिन मॉडलों की चर्चा की है, उनमें मुख्य हैं :

(क) भाषाशास्त्रीय व्याख्यात्मक मॉडल : यह विरोधों और अभावों के आधार पर ऐसी अस्मिताओं को रेखांकित करता है जिनसे पाठक का साधारणीकरण (आइडेंटीफिकेशन) हो जाता है। यह पद्धति हमें साहित्य के ऐसे अर्थों तक ले जाती है जो हमें नए रूपों में सोचने को विवश करते हैं।

(ख) विखंडनमूलक विभेदधर्मी पद्धति : यह हमें अर्थमीमांसा तक ले जाकर दबाए गए और हाशिए के अर्थों को ग्रहण करने लायक बनाती है।

(ग) अति-सक्रिय सहकारिता अर्थ पद्धति (हाइपर-एक्टिव कोआपरेटिव मीनिंग मॉडल) : इसके सहारे हम लेखकीय और पाठकीय अभिप्रायों को परस्पर संबद्ध करते हुए साहित्य में प्रवेश करते हैं।

6. साहित्य की व्याख्या में अंलकारशास्त्र (रेटोरिक) का मिश्रण होना चाहिए ताकि रूप और अर्थ दोनों को महत्व मिल सके।

7. साहित्य में गल्प या वृत्तांत को नुमाया मानते हुए कुलर ने इस पक्ष की व्याख्या के लिए कुछ चीजों पर ध्यान देने की बात की है, जो घटना और कथानक के तालमेल के मामले को कथा और विमर्श के तालमेल के आयाम से जोड़ती हैं।

8. साहित्य का एक पहलू स्थायी अक्ष (कांस्टेटिव) पर काम करता है तो दूसरा उसके प्रदर्शनपरक (पर्फामेटिव) अक्ष पर। उसका जो तत्व जैसे कार्य करता है, उसे उसी से उत्पन्न अस्मिता माननी चाहिए। इस तरह साहित्य विविध अस्मिताओं के जनक के रूप में हमारे सामने आता है।

विनोद शाही

अधिक जानकारी के लिए :

1. **Structuralist Politics** : Jonathan Culler,
2. **The Literary in Theory** : Jonathan Culler, 2007

जौनसारी

जौनसारी पहाड़ी हिंदी उपभाषा वर्ग की लोकभाषा है। यह मुख्य रूप से उत्तराखंड राज्य के गढ़वाल मंडल के अंतर्गत देहरादून जिले की चकराता, तिउनी और कलसी तहसील (ब्लॉक) और जौनसार-बावर डिवीजन में बोली जाती है। इसके अलावा उत्तर प्रदेश के सहारनपुर और हिमाचल प्रदेश के शिमला जिले में भी आंशिक रूप से जौनसारी भाषाभाषी मिल जाते हैं।

उत्तराखंड राज्य में मुख्य रूप से तीन लोक भाषाएं प्रचलित हैं—कुमायूंनी, गढ़वाली और जौनसारी। जौनसारी को कुछ विद्वान गढ़वाली की उपबोली के तौर पर देखते हैं लेकिन भाषिक दृष्टि से यह पश्चिमी पहाड़ी उपवर्ग की डोगरी और कांगड़ी के अधिक नजदीक है। जौनसारी का एक उपरूप जौनसारी-बावरी बताया जाता है। इन दोनों भाषा-रूपों में अधिकतम समानता और बोधगम्यता है, इसलिए बावरी को जौनसारी में ही शामिल कर लिया जाता है। जौनसारी की भाषिक सीमाएं हिमाचल प्रदेश के सिरमौर जिले में बोली जाने वाली सिरमौरी लोकभाषा से मिलती हैं। अतः इसकी और सिरमौरी की शब्दावली में आपसी संपर्क और संबंध दिखाई देता है। अपनी अन्य नजदीकी बोलियों में यह गढ़वाली से 63-70 प्रतिशत तक, कुमायूंनी से 64 प्रतिशत तक, सिरमौरी से 51 64 प्रतिशत तक और मानक हिंदी से 66 प्रतिशत तक शब्दगत समानता रखती है। कई बार जौनसारी को गूजरी लोकभाषा-भाषी समुदाय के लोग द्वितीय भाषा के तौर पर इस्तेमाल करते हैं।

जौनसारी भाषा-भाषी भारतीय आर्य मूल के हैं। ये खुद को पांडवों का वंशज होने का दावा करते हैं। भारत के संविधान में इस समुदाय को अनुसूचित जनजाति में सम्मिलित किया गया है।

2001 की जनगणना के अनुसार जौनसारी भाषा-भाषियों की अनुमानित जनसंख्या लगभग 1,14,733 थी। 2010 में प्रकाशित एक ब्लॉग समाचार

स्रोत के आधार पर यह जनसंख्या लगभग पांच लाख बताई गई है।

जौनसारी समुदाय अपनी मातृभाषा के इस्तेमाल को लेकर सजग और उत्साही है। जौनसारी में लोक साहित्य और धार्मिक लोकाचार संबंधी साहित्य मौजूद है। जौनसारी समुदाय अपने घर, गांव में स्थानीय संपर्क और उत्सव-पर्व और अनुष्ठानों के अवसरों के लिए अपनी मातृभाषा का इस्तेमाल करता है लेकिन व्यापक सामाजिक व्यवहार, शिक्षा और रोजगार आदि के लिए हिंदी का उपयोग करता है।

इस क्षेत्र में शिक्षा के औपचारिक माध्यम के रूप में हिंदी प्रचलित है लेकिन प्राथमिक पाठशालाओं में अनौपचारिक तौर पर अध्यापक जौनसारी का उपयोग करते हैं। जौनसारी के लिखित रूप का प्रचलन अधिक नहीं देखा जाता। इस काम के लिए आम तौर पर देवनागरी या कभी-कभी टाकरी लिपि का प्रयोग किया जाता है।

2010 में 'जौनसारी शब्दकोश' का प्रकाशन किया जा चुका है। वर्षों के अथक परिश्रम से तैयार किए गए इस त्रिभाषी (जौनसारी-हिंदी-अंग्रेजी) कोश के लेखक-संपादक रमेश चंद्र जोशी हैं।

अनुपम श्रीवास्तव

ज्ञानमीमांसा

ज्ञानमीमांसा (Epistemology) ज्ञान के स्वरूप और मनुष्य द्वारा उसकी उपलब्धि से जुड़ी विवेक दृष्टियों की व्यवस्था का अध्ययन है। बहुत-से चिंतक इसे ज्ञान की प्रकृति को समझने तक सीमित रखते हैं, जबकि कुछ के अनुसार यह ज्ञान से संबंधित उन सभी पहलुओं का स्पर्श करता है जिनमें ज्ञान के स्रोत, उसे उपलब्ध करने के तरीके और उपलब्ध ज्ञान के ज्ञान होने या उससे जुड़े विमर्श आते हैं।

फिलिप जे डिक के अनुसार, 'ज्ञानमीमांसा ज्ञान के विविध, जटिल और परस्पर विरोधी रूपों के बीच तालमेल खोजने से जुड़ा विमर्श है। हम सभी अपनी-अपनी दुनिया में रहते हैं। यथार्थ का एक ज्ञान दूसरे से भिन्न हो सकता है। पर सभी एक-दूसरे को अपने मत की विश्वसनीय व्याख्या प्रदान नहीं कर सकते। ज्ञान के सार्वभौम रूप के प्रकट हो सकने के रास्ते की निजताएं बड़ी रुकावट होती हैं।'

कला और साहित्य के माध्यम से उपलब्ध होने वाला ज्ञान अन्य कोटियों से भिन्न है। इसे स्पष्ट करते हुए टी एस इलियट ने कहा था, 'काव्य संप्रेषित होने से पहले ही समझ में आ जाने वाली ज्ञानवस्तु है।' ज्ञान के असीम और असंभाव्य होने की स्थिति को नैसर्गिक साबित करते हुए टॉमस पिंचन का मत है, 'यह क्यों जरूरी है कि चीजें आसानी से समझ में आनी चाहिए।' अपने विशुद्ध रूप में ज्ञानमीमांसा एक व्यवस्थित विमर्श के रूप में तब प्रकट होती है, जब वह स्पष्ट तौर पर स्वयं को तत्वमीमांसा (Ontology) तथा नीतिमीमांसा (Ethics) से अलगाना शुरू कर देती है।

पश्चिमी दर्शनों में ज्ञानमीमांसा के प्रवर्तन का श्रेय प्लेटो को दिया जाता है। उन्होंने ज्ञान की विश्वसनीयता का सवाल उठाया और उसे विश्वास-जनित ज्ञान से अलग माना। फिर भी ज्ञानमीमांसा एक स्वतंत्र ज्ञानानुशासन के रूप में आधुनिक काल में ही विकास कर पाती है। इसकी आधार भूमि विज्ञान ने तैयार की। गेलीलियो से लेकर इमेनुअल कांट तक बहस चलती रही है कि पूर्व-स्वीकृत धार्मिक विश्वासों के आधार पर स्वीकार किए जाने वाले ज्ञान के बजाय विशुद्ध तर्क आधारित ज्ञान की क्या कसौटियां होनी चाहिए। वैज्ञानिक रूप में पुनःपरीक्षणीय होने से ज्ञान को जो विश्वसनीयता मिलती है उसे भी सार्वकालिक एवं पूर्णतः वस्तुनिष्ठ ज्ञान कहना कठिन होता है। इसका एक कारण है मनुष्य के ऐंद्रिक अनुभवों की ज्ञान सीमाएं और दूसरी समस्या है ज्ञान के अंततः मानव निर्मित और मानव बोधगम्य धारणाओं पर आधारित रहने की स्थिति। कहा जा सकता है कि यंत्र-आधारित ज्ञान इंद्रिय सीमाओं वाले दोष से मुक्त होता है, तथापि वह 'ज्ञान की कोटि' तभी पाता है जब उसे मनुष्य अपने बोध के रूप में उपलब्ध करते हैं।

देखा गया है कि सभी मनुष्य अपने-अपने चित्त की विविध संरचनाओं के आधार पर ज्ञान की व्याख्या करते रहे हैं। अतः ज्ञान क्या है, इसे परिभाषित करना सदा असंभव रहा है।

ज्ञानमीमांसा ने अपने आधुनिक एवं उत्तर-आधुनिक रूपों में धार्मिक विश्वासजनित मूल्य निर्धारक, नीति निर्धारक ज्ञान यानी एथिक्स से पूरी तरह अलग कर लिया। तत्वमीमांसा मुख्यतः विज्ञान की अंतर्वस्तु होकर उसी में समा गई। परंपरागत तत्वों का, जैसे पंच महाभूत, चित्त, अहंकार जैसे तत्वों की व्याख्याएं अब विज्ञानसम्मत तत्वों के विवेचनों में अंतर्भुक्त हो गई हैं। उनका महत्व अब केवल प्रतीकात्मक है। इस प्रकार तत्वमीमांसा का प्रतीकीकृत रूप अब तत्वमीमांसा से अधिक ज्ञानमीमांसा का विषय हो गया है।

ज्ञानमीमांसा के रूप : ज्ञानमीमांसा के आधुनिक और उत्तर-आधुनिक विकास के अंतर्गत उसके मुख्यतः तीन रूप प्रकट हुए हैं :

1. पूर्व निर्धारित विश्वासों की स्वीकृत श्रृंखलाओं पर आधारित ज्ञानमीमांसा पहला रूप है। वैज्ञानिक और वस्तुनिष्ठ ज्ञान की कोटियां इसी में अंतर्भुक्त हैं।

2. ज्ञानमीमांसा का दूसरा रूप 'अनुभववादी' है। यह बीसवीं सदी में विश्वयुद्ध जनित परिवेश की उपज है। इस ज्ञानमीमांसा में ज्ञान के कारणवादी और प्रयोजनवादी रूपों को ज्ञान की स्वतंत्र उपलब्धि में बाधक के रूप में देखा जाता है। पूर्व श्रृंखलाओं को न मानते हुए अनुभववादी चिंतकों ने समय प्रवाह में अपने अनुभवों की कसौटी पर उपलब्ध ज्ञान को मुक्तिदायी ज्ञान कहा है और उसे ही आत्मोपलब्धि माना है।

3. प्रयोजनमूलक, प्रज्ञानमूलक या व्यावहारिक उद्देश्यों की पूर्ति में सहायक धारणाओं से संबंधित ज्ञानमीमांसा को उत्तर-आधुनिक अमेरिका और कुछ यूरोपीय देशों में विकसित होता हुआ देखा जा सकता है। इसमें समयसिद्धता को ज्ञान की कसौटी माना है। इसमें ज्ञान की प्रयोजनवादी आधारभूमि को कसौटी बनाया जाता है, न कि ऊपर वर्णित उसकी कारणवादी भूमि को।

ज्ञानमीमांसा के शास्त्रीय रूप : भारत में ज्ञानमीमांसा के शास्त्रीय रूप को 'न्याय दर्शन' में विकसित होने का अवसर मिला था। गौतम ने कारणवादी विश्वास श्रृंखलाओं को ज्ञान की आधारभूमि की तरह स्वीकार किया है, तथापि उन्होंने ज्ञान के आधारों में प्रमाण पर आधारित श्रृंखलाओं को ही नहीं, अनुमान एवं उपमान को भी ज्ञान के अन्य आधारों के रूप में स्वीकृति दी। न्याय दर्शन की ज्ञानमीमांसा को कारणवादी ज्ञानमीमांसा के अंतर्गत रखा जाता है। गौतम का कारणवाद पूर्व-प्रचलित विश्वासों कीश्रृंखला को स्वीकृति देता है। कारण के रूप में पूर्व घटित को पीछे घटनेवाली वस्तु के साथ संबद्ध किया जाता है।

संदेह की ज्ञानमीमांसा में विधायक भूमिका है। संदेह पुनर्परीक्षा का साधन है। जब तक संदेह बना रहेगा, पुनर्परीक्षा जारी रहेगी। न्याय दर्शन में संदेह पश्चिम के संदेहवाद की तरह नकारात्मक भूमिका वाला नहीं है। इंद्रियजन्य ज्ञान के अलावा गौतम मनस की भी ज्ञान की उपलब्धि में महत्वपूर्ण भूमिका स्वीकार करते हैं। इस संबंध में मनस की अंत:प्रेरणा को भी गौतम एक प्रमाण मानते हैं। वे मनुष्य में आत्मा की स्थिति स्वीकारते हैं। बौद्धों ने गौतम के आत्मवाद का खंडन करके क्षणवादी ज्ञानमीमांसा को विकसित किया। पदार्थों के हर क्षण प्रवाहगत रूप में बदलने से मनस को सदैव भिन्न ज्ञान का बोध होता है। इस आधार पर बौद्ध कहते थे कि ज्ञान की उपलब्धि के लिए इस परिवर्तन का साक्षी होने से काम चल जाता है, इसे आत्मा के होने का प्रमाण नहीं कहा जा सकता।

ज्ञानमीमांसा विमर्श : ज्ञानमीमांसा मुख्यतः इस सवाल पर विचार करती है कि मनुष्य क्या वास्तव में चीजों को जान सकता है अथवा नहीं जान सकता है। चीजों को जानने का आधार क्या है? मनुष्य के पास इस संबंध में मुख्यतः दो आधार होते हैं—(एक) इंद्रिय-अनुभव द्वारा ज्ञान तथा (दो) तर्क-वितर्कपूर्वक चीजों के सत्य की परीक्षा करके ज्ञान। कुछ लोग

इसमें अंतर्ज्ञान (इंट्यूशन) को भी जोड़ते हैं। मनुष्य के द्वारा जो ज्ञान उपलब्ध किया जा सकता है उसके दो मुख्य रूप हैं–(एक) पहचान पर आधारित तथा (दो) अवधारणात्मक, यानी जो तथ्यों के बारे में किन्हीं व्याख्याओं पर आधारित हो। उपर्युक्त दो मुख्य कोटियों के अलावा ज्ञान के दो अन्य रूप हैं, जो इन दोनों पर आधारित होकर भी थोड़ा अलग हैं। अवधारणात्मक ज्ञान को आम तौर पर निजी धारणाओं की तरह देखा जाता है। इसका एक अन्य रूप होता है जो निज से स्वतंत्र होने पर भी हमारे ज्ञान का लगातार हिस्सा बनता है। इसे सामूहिक ज्ञान कहा जा सकता है। यह सामाजिक और सांस्कृतिक परंपराओं एवं संस्थाओं द्वारा ज्ञान के ऐसे रूपों को स्वीकृति दिलाता है, जिनके आधार निज में नहीं होते बल्कि विभिन्न सामाजिक संस्थाओं द्वारा प्रमाणित तथ्यों में होते हैं।

सामूहिक ज्ञान तथा निजी ज्ञान के सभी रूपों का संगृहीत ज्ञान मनुष्य के मन में परोक्ष ज्ञान के रूप में जीवित रहता है। ज्ञान के इस विपुल परोक्ष लोक से मनुष्य केवल एकांश का ही प्रयोग करता है।

ज्ञान के नियम : ज्ञान को 'ज्ञान' कहलाने के लिए कुछ नियमों के द्वारा सत्यापित करने की जरूरत होती है। ऐसे कुछ नियम इस प्रकार हैं : (1) ज्ञान का अंतर्विरोध-रहित होना, (2) विशेष को सामान्यीकरणों से सत्यापित करना, (3) वस्तुपरक यथार्थ, विश्वास और सत्य के बीच रिश्ता, (4) सही विश्वास तक पहुंचने का नियम, जहां गलत जानकारी और गलत तर्क का परिहार हो, (5) प्रमाणों के आधार पर विश्वासों के नवीनीकरण का नियम, (6) परस्पर संभाव्यता के हालात में संयोग को भी स्वीकार करने का नियम, (7) ज्ञान के विश्वसनीय रूप के उपलब्ध होने पर भी, उसकी केंद्रीय आधारभूमि के विकेंद्रण से नए ज्ञान रूपों को उपलब्ध करने का नियम। इस नियम को रेने देकार्त के चिंतन में स्वीकृति मिली। बाद में इसे ज्ञान के 'विखंडनवादी' (थ्योरी ऑफ डिकंस्ट्रक्शन) तथा संवादवादी (डायलॉजिक) रूपों के विकास का आधार बनाया गया।

प्रमुख ज्ञानमीमांसीय विमर्श–(1) विधेयवाद (पॉजिटिविज्म), (2) अनुभववाद (इंपीरिसिज्म), (3) प्रज्ञानवाद (प्रेग्मेटिज्म), (4) आदर्शवाद (आयडियलिज्म), (5) बुद्धिवाद (रेशनलिज्म), (6) निर्माणवाद (कंस्ट्रक्शनिज्म), (7) विलयवाद (रिग्रेसिविज्म), (8) संदेहवाद (स्केप्टिसिज्म), (9) आधारवाद (फाउंडेशनलिज्म), (10) समवायवाद (कोहियरिज्म)।

विनोद शाही

अधिक जानकारी के लिए :
1. **An Introduction to Contemporary Epistemology** : Jonathan Dancy, 1991, 2. **Philosophical Explanations** : Robert Nozick, 1981, 3. **Belief, Truth and Knowledge** : D M Armstrong, 1973, 4. **Blackwell Guide to Epistemology** : J Greco and E Sosa, 1999, 5. **Introduction To Objectivist Epistemology** : Ayn Rend, 1979

ज्ञान समाज

ज्ञान समाज प्रत्यय का प्रयोग सर्वप्रथम पीटर ड्रकर ने किया और बताया कि ज्ञानवान श्रमिक बोझ नहीं है, बल्कि आधुनिक अर्थव्यवस्था का मूल्यवान एसेट है। यह अवधारणा 1990 के बाद लोकप्रिय हुई, क्योंकि तब लगा कि सूचना आधारित समाज अब काफी नहीं है। सूचना समाज से ज्ञान समाज की ओर आने का अर्थ है लक्ष्यों के अनुरूप ज्ञान का प्रबंध करना।

हर समाज को अस्तित्व रक्षा एवं सभ्यता के विकास के लिए विविध क्षेत्रों में ज्ञान की खोज करनी होती है। विकसित और शक्तिशाली समाज अल्पविकसित समाज की तुलना में कहीं अधिक क्षेत्रों में ज्ञान की आवश्यकता का अनुभव करते हैं। उन्हें प्रतिस्पर्द्धा के लिए ज्ञान के नए-नए स्रोतों को खोजना पड़ता है, जबकि छोटे समूहों का परंपरागत ज्ञान से काम चल जाता है।

सूचना पर आधारित होते हुए भी ज्ञान उससे भिन्न है। सूचना को आत्मसात करके छांटना,

विभेदीकृत और वर्गीकृत करके सामान्य नियम, सूत्र और सिद्धांत बनाना ज्ञान के लक्षण हैं। मौलिकता और सृजनात्मकता ज्ञान को सूचना से कहीं अधिक गहन, परिष्कृत और उत्कृष्ट बनाते हैं। तथ्यात्मक सूचना ज्ञान का एकमात्र स्रोत नहीं है। संदेह, जिज्ञासा, निरीक्षण, परीक्षण एवं नियम ज्ञान तक पहुंचने के विभिन्न चरण हैं। यह प्रक्रिया भारतीय अवधारणा—स्वाध्याय, मनन, प्रयोग और आचरण से मिलती-जुलती है।

आज का ज्ञान समाज एक गतिशील, समावेशी, जनतांत्रिक एवं मुक्त समाज है, जिसमें सभी की प्रतिभागिता मानी जाती है। लेकिन हम पाते हैं कि अमेरिका, यूरोप एवं अन्य जगहों के समाज में प्रोत्साहनमूलक दृष्टि के कारण शोध, नवोन्मेष, प्रयोग एवं पेटेंट की संख्या विकासशील देशों से कई गुना अधिक है। उच्च शिक्षण संस्थाओं एवं विश्वविद्यालयों की सूची में विकसित देशों का भारी वर्चस्व बना हुआ है। भारतीय विज्ञान संस्थान (बंगलुरू) और भारतीय प्रबंधन संस्थान (अहमदाबाद) जैसी प्रतिष्ठित भारतीय संस्थाओं की भी विश्व की शीर्षस्थ सौ संस्थाओं में गिनती नहीं है।

ज्ञान समाज का लक्ष्य सभी क्षेत्रों में उत्कृष्टता है। गुणवत्ता की परिभाषा भी सतत परिवर्तित होती रहती है। नवोन्मेष, सृजनात्मकता एवं विभिन्नताओं को स्वीकृति, प्रशंसा और प्रोत्साहन यहां एक मुख्य प्रतिमान है। प्रत्येक विचार महत्वपूर्ण है, यदि वह प्रगति में योगदान करता है। मुक्त समाज निरंतर अपने ज्ञान की सीमाओं को तलाशता और फैलाता है। कार्ल पॉपर अपनी पुस्तक 'ओपन सोसाइटीज एंड इट्स एनिमीज' में सूचना, विचार एवं अभिव्यक्ति की स्वतंत्रता को मुक्त समाज की विशेषता बताता है। यह स्वतंत्रता उसे निरंकुश शासन और बंद समाजों से भिन्न बनाती है। भाषा, साहित्य एवं कलाओं की समृद्धि भी समाज के खुलेपन की एक अच्छी कसौटी है। भारत में पिछले कुछ वर्षों से बढ़ती असहिष्णुता ज्ञान समाज की दृष्टि में एक बुरा चिह्न है।

तकनीकी आधारित ज्ञान समाज में गतिशीलता, जुड़ाव और लचीलेपन से युक्त सामाजिक मीडिया (गूगल, फेसबुक, ट्विटर, विकीपीडिया आदि) जनतांत्रिक प्रतिभागिता के नमूने हैं, जहां देश, समाज, समुदाय और अन्य सीमाएं तिरोहित हो जाती हैं। यह सीमारहित जुड़ाव मेडिकल आपातकाल, प्राकृतिक आपदाओं एवं राजनीतिक-सामाजिक दमन के संदर्भ में अपनी तरह से ज्ञान समाज के निर्माण में योग देता है। इस मामले में यूनेस्को की रपट (2002) सामाजिक दायित्व को महत्व देती है। ज्ञान समाज के निर्माण के लिए जरूरी है : (क) ज्ञान तक पहुंच में वृद्धि, (ख) ज्ञान प्रदान करनेवाली संस्थाओं को मजबूत बनाना, (ग) ज्ञान के सृजन हेतु विश्वस्तरीय वातावरण तैयार करना, (घ) समावेशी एवं लगातार विकास के लिए ज्ञान के उपयोग की प्रवृत्ति को बढ़ावा देना और (ङ) सार्वजनिक सेवाओं को प्रभावी बनाने के लिए ज्ञान का उपयोग। इसके लिए बुनियादी जरूरत 'शिक्षा का अधिकार' है। स्कूल, उच्च शिक्षा, शिक्षक शिक्षा, व्यावसायिक शिक्षा एवं प्रशिक्षण एवं दूरस्थ शिक्षा, शोध, विज्ञान शिक्षा आदि के कार्यक्रम का सुधार, विस्तार एवं गुणवत्ता वृद्धि इस संदर्भ में प्रमुख चुनौतियां हैं। सूचना एवं संप्रेषण तकनीक पर बल देते हुए विश्वस्तरीय विश्वविद्यालयों के गठन का सुझाव भी आया है। इस संदर्भ में एक राष्ट्रीय ज्ञान नेटवर्क बनाने पर जोर दिया गया है, ताकि विश्वविद्यालयों, प्रयोगशालाओं, पुस्तकालयों, अस्पतालों, कृषि संस्थानों को आंकड़े एवं संसाधन बांटने के लिए आपस में जोड़ा जा सके। इस तरीके से ही युवा समुदाय वैश्विक अर्थव्यवस्था में अपनी प्रतिभा का पूर्ण विकास एवं उपयोग कर सकेगा। कौशल विकास, उद्यमिता, नवोन्मेष, शोध तथा सार्वजनिक सेवाओं की प्रभावी व्यवस्था से ही समावेशी, गुणवत्तापूर्ण तथा लगातार विकास संभव है, पर इसके लिए वातावरण बनाना जरूरी है।

ज्ञान समाज के विद्यार्थी अति जागरूक, कार्य-केंद्रित, तकनीकी एवं गति-प्रेमी होते हैं। उनके पास विश्व के सर्वोत्तम शिक्षक एवं ज्ञान टीवी चैनल, सीडी, इंटरनेट एवं एडूसेट के जरिए

उपलब्ध हैं। मैसाचुसेट्स इंस्टिट्यूट ऑफ टेक्नोलॉजी (अमेरिका) एवं भारतीय प्रौद्योगिकी संस्थान (भारत) जैसी प्रतिष्ठित संस्थाएं अपना ज्ञान एक-दूसरे को उपलब्ध करा रही हैं। यह सहकार अब विश्व स्तर पर बढ़ रहा है।

भारतीय युवाओं की संख्या एवं योग्यता भावी विश्व परिदृश्य में एक बड़ी पूंजी है। भारत विश्व के ज्ञान समाज का अंग है, किंतु गरीबी, अच्छी शिक्षा का अभाव, लिंग विषमता, कुस्वास्थ्य आदि ज्ञान समाज के मार्ग में बाजाएं हैं। राजनीतिक इच्छाशक्ति का अभाव और भ्रष्ट प्रशासन सबसे बड़ी बाधाएं हैं। दरअसल भारत में व्यावसायिक, शैक्षिक एवं वैयक्तिक क्षेत्रों में नए विचारों, विविधता, नवोन्मेष, प्रयोग, सृजनशीलता एवं नए ज्ञान को स्वीकारने और प्रोत्साहित करने और राजनीति के अनावश्यक हस्तक्षेप से मुक्त एक स्वतंत्र वातावरण विकसित करना होगा, ताकि अपनी विरासत के आधार पर ज्ञान की नई मूल्यवत्ता विकसित की जा सके।

लता चंदोला

अधिक जानकारी के लिए :

1. **Theories of Knowledge :** Robert Ackerman, 1965, 2. **Unesco Report** (Towards knowledge Society), 2005

ज्ञानेंद्रियां

ज्ञानेंद्रियां किसी वातावरण की भौतिक घटना के बोध का माध्यम हैं। बाह्य या आंतरिक जगत में बोध के पांच संवेदी अंग हैं–चक्षु इंद्रिय (देखना), श्रवण इंद्रिय (सुनना), स्पर्श इंद्रिय (छूना), घ्राण इंद्रिय (सूंघना), जिह्वा इंद्रिय (स्वाद लेना)। इन इंद्रियों से ही बाह्य भौतिक परिवेश, आंतरिक परिवेश (भूख आदि लगना) और दैहिक परिवर्तनों की सूचना मिलती है। विशुद्ध इंद्रियबोध से वस्तु का बोध नहीं होता। देखने या सुनने मात्र से तब तक बोध नहीं होता कि क्या देखा या सुना जा रहा है, जब तक मस्तिष्क उसका एक अर्थ निकाल नहीं लेता। विशुद्ध इंद्रियबोध सिर्फ जन्म के प्रारंभिक दिनों में संभव है, जब शिशु कुछ नहीं समझता। सामान्यतः व्यक्ति के संज्ञानात्मक अनुभव में संवेदन (सेंसिंग) और बोध (नोइंग) एक-दूसरे से इतने जुड़े होते हैं कि दोनों को अलग करना संभव नहीं होता। किसी व्यक्ति को देखते ही उसे पहचानना पूर्व-अनुभव पर आधारित होता है और हम तुरंत पहचान जाते हैं। दूसरे जीवों में भिन्न तरीकों से इंद्रियबोध काम करता है। उनमें एक लय में साथ तैरने (मछलियां) या उड़ने (पक्षी) की एक अलग प्रकार की इंद्रिय होती है। वनस्पतियां भी ताप, रोशनी, आर्द्रता आदि संदर्भों में इंद्रियसंपन्न मानी गई हैं।

इंद्रियों से प्राप्त ज्ञान को संपूर्ण ज्ञान नहीं माना जाता। भारतीय परंपरा में हमेशा इंद्रियों को वश में रखने की बात कही गई है। इंद्रियबोध के विचलन से भ्रम होता है। होता कुछ है और दिखता कुछ है। सब कुछ इस पर निर्भर करता है कि मनुष्य का मन-मस्तिष्क संपूर्ण इंद्रिय संवेदन को कैसे संगठित और व्याख्यायित करता है। भ्रम हमेशा यथार्थ को विकृत करता है। इसलिए इंद्रिय-नियंत्रण तथा भ्रम या माया से बचने की बात कही गई है। इसका अर्थ इंद्रियों को उपयोग में लाना छोड़ देना नहीं है, बल्कि उन पर बौद्धिक नियंत्रण है।

शंभुनाथ

ज्ञानेश्वर

(तेरहवीं सदी)

ज्ञानेश्वर मराठी का वेद कहे जाने वाले 'भगवद्‌गीता' के मराठी अनुवाद 'ज्ञानेश्वरी' के रचयिता तथा महाराष्ट्र में भागवत धर्म को प्रतिष्ठित करने वाले वारकरी संप्रदाय के संत के रूप में जाने जाते हैं। वे एक युगांतकारी व्यक्तित्व के रूप में सामने आते हैं जिसने अपने समय की मांग को समझते हुए भक्ति को कर्मयोग में परिणत किया, साथ ही भक्ति में जातिगत भेदभाव की जगह समानता को महत्व दिया।

ज्ञानेश्वर का जन्म गोदावरी नदी के तट पर स्थित आयेगांव में 1275 में हुआ था। संत ज्ञानेश्वर के पिता विट्ठलनाथ संन्यासी प्रवृत्ति के व्यक्ति थे। गुरु के आदेश से उन्होंने संन्यास छोड़ कर पुनः अपनी पत्नी को अपनाया और गृहस्थाश्रम में प्रवेश किया। इसकी परिणति यह हुई कि पथभ्रष्ट संन्यासी मानते हुए उन्हें यज्ञोपवीत से वंचित कर दिया गया जिसका प्रायश्चित उन्होंने पत्नी समेत त्रिवेणी में देह त्याग के रूप में किया। ज्ञानेश्वर के साथ उनके तीन भाइयों और बहन मुक्ताबाई को भी इस कारण सामाजिक उपेक्षा का शिकार होना पड़ा और उनका बचपन अत्यंत कष्ट में बीता। अन्ततः अपनी विद्वत्ता और आध्यात्मिक चरित्र के बल पर ज्ञानेश्वर और उनके भाई-बहनों ने अपनी पहचान अर्जित की। उनके बड़े भाई निवृत्तिनाथ नाथपंथ के अनुयायी थे तथा मुक्ताबाई भी मराठी की प्रतिष्ठित कवयित्री मानी जाती हैं।

ज्ञानेश्वर की गुरु परंपरा में आदिनाथ, मत्स्येंद्रनाथ, गोरखनाथ, गहिननाथ आदि नाथ पंथ के अनेक योगियों का नाम आता है। सबसे मान्य धारणा यह है कि नाथ संप्रदाय के योगी गहिननाथ ने अपनी साधना पद्धति में परिवर्तन कर निवृत्तिनाथ को कृष्ण भक्ति की दीक्षा दी थी। निवृत्तिनाथ से दीक्षा लेकर संत ज्ञानेश्वर ने 'भावार्थ दीपिका' नाम से गीता का भाष्य लिखा जिसे 'ज्ञानेश्वरी' कहा जाता है।

'ज्ञानेश्वरी' भगवद्‌गीता का मराठी भाष्य है। इसके द्वारा महाराष्ट्र में भागवत धर्म का सूत्रपात हुआ। संत ज्ञानेश्वर को वारकरी संप्रदाय का प्रवर्तक माना जाता है। वारकरी संप्रदाय का उल्लेख संत ज्ञानेश्वर के बहुत पहले से मिलता है। संत ज्ञानेश्वर को इसे प्रतिष्ठित करने का श्रेय दिया जाता है। मराठी के प्रसिद्ध संत कवि नामदेव उनके समकालीन थे। नामदेव की रचनाएं ज्ञानेश्वर के जीवन वृत्त का सर्वाधिक प्रामाणिक स्रोत हैं। नामदेव ने 'ज्ञानेश्वरी' को उत्तर भारत में प्रचारित किया। भक्ति के प्रचार के उद्देश्य से इन्होंने नामदेव और अपने भाई के साथ तीर्थयात्रा की। 1296 में इक्कीस वर्ष की अल्पायु में संत ज्ञानेश्वर ने जीवित समाधि ली।

ज्ञानेश्वर इन अर्थों में विशिष्ट हैं कि उन्होंने संस्कृत की जगह लोकभाषा के रूप में मराठी को प्रतिष्ठित किया। 'ज्ञानेश्वरी' मराठी भाषा में अत्यंत लोकप्रिय हुई। इसकी लोकप्रियता का अनुमान इसी से लगाया जा सकता है कि स्त्रियां चक्की पीसते हुए इसे गाया करती थीं। 'श्री गीता भाषार्थ, देशी आन संस्कृतहिं इक/सुनु वरबुद्धि यथार्थ, वर्णन, सो सुखासनहि' इन पंक्तियों के माध्यम से 'ज्ञानेश्वरी' की रचना की मूल भावभूमि को समझा जा सकता है। उन्होंने भक्ति को सामाजिक सौहार्द का माध्यम बनाया। भक्ति में उन्होंने जातिगत भेदभाव का निषेध किया। वारकरी समुदाय में सभी जाति के लोग एक साथ बैठकर भजन करते थे। 'ज्ञानेश्वरी' के अतिरिक्त इनकी दो पुस्तकें और बताई जाती हैं। इनमें एक है 'अमृतानुभव' जो अध्यात्म विद्या का एक अनुपम ग्रंथ है। दूसरा, 'चांगादेव पासएठी' जो अद्वैत ज्ञान पर आधारित ग्रंथ है। इसके अतिरिक्त इन्होंने एक हजार अभंगों की रचना की है।

महाराष्ट्र के संत कवियों में ज्ञानेश्वर का स्थान अत्यंत ऊंचा है। ज्ञानेश्वर तेरहवीं शताब्दी के महाराष्ट्र के आध्यात्मिक पुनरुत्थान के अग्रदूत प्रमाणित हुए।

सुनीता गुप्ता

ज्ञानोदय

यूरोपीय रिनेसां मध्य युग के बीतने और आधुनिक युग के शुरू होने के कारण पुनर्जागरण का काल माना जाता रहा है, जो एक संक्रमण काल था। यह तेरहवीं-चौदहवीं सदी से सतरहवीं सदी का समय था। ज्ञानोदय (Enlightenment) का समय सामान्यतः सतरहवीं सदी के अंतिम दशकों से शुरू हुआ है। यह कैसे पहले से भिन्न था और इसे क्यों रिनेसां से अलग करके देखा जाए, इसका कोई स्पष्ट

आधार नहीं बताया जाता। मोटे तौर पर ईसाई धर्म दर्शन पर गहरे प्रहार की वजह इसे आलोक प्राप्ति या ज्ञानोदय के रूप में देखा जाता है। इस काल के दार्शनिक चिंतन, वैज्ञानिक खोजों, इतिहास बोध, राष्ट्रीयता की अवधारणा और कला-साहित्य में जो नई प्रवृत्तियां लक्षित की गई हैं वे निश्चय ही रिनेसाँ के ही विकास का नतीजा थीं। इसे 'एज ऑफ रिजन' भी कहा गया है।

बौद्धिकता एवं तार्किक विश्लेषण पर आधारित ज्ञानोदय काल के विमर्श के जनक तत्कालीन दार्शनिक और चिंतक थे। ये बौद्धिक वर्ग प्रायः कॉफी हाउस, गोष्ठियों और स्वैच्छिक सदस्यता वाले संगठनों के मुख्यालयों पर एकत्रित होकर पारंपरिक और अतार्किक विमर्शों का प्रतिरोध करते थे।

फ्रांसिस बेकन (1562-1626), रेने देकार्त (1596-1650), जॉन लॉक (1632-1704), स्पिनोजा (1632-1677), आइजक न्यूटन (1642-1727), पियरे बॉयल (1647-1706), वाल्टेयर (1694-1778), डेविड ह्यूम (1711-1776), सेसर बेकारिया (1736-1794) और इम्मानुएल कांट (1724-1804) इत्यादि चिंतकों और दार्शनिकों ने पुस्तकों और लेखों का प्रकाशन कर संपूर्ण समाज को ज्ञानोदय की विचारधारा से आलोकित किया। इस काल में एक नई विश्वदृष्टि निर्मित हुई, जिसने कला, दर्शन और राजनीति के क्रांति के क्षेत्र में क्रांतिकारी प्रगति के लिए प्रेरित किया। ज्ञानोदय का औजार तर्कशीलता है। धर्म में तर्कशास्त्र के बढ़ते प्रचलन ने संशयवाद, भौतिकवाद और नास्तिक प्रवृत्तियों को प्रोत्साहित करने में संकोच नहीं किया। ज्ञानोदय के प्रभाव से धर्मनिरपेक्षतावादी सिद्धांतों की उत्पत्ति हुई। कई दार्शनिकों ने प्राकृतिक अधिकारों पर आधारित एक श्रेष्ठतर सामाजिक संगठन के अपने चिंतन के माध्यम से कल्पना की।

मानव इतिहास प्रगति का इतिहास है, इस विचारधारा को स्थापित एवं स्वीकृत करना ज्ञानोदय काल की एक उल्लेखनीय उपलब्धि है। ज्यां रांड डि अलेमबर्ट और डेनिस डिटराट द्वारा संपादित विश्वकोश (1751-72), वाल्टेयर द्वारा लिखित दार्शनिक शब्दकोश (1764), लेटर्स ऑन द इंग्लिश (1733) इत्यादि वे क्रांतिकारी कृतियां हैं, जिनके द्वारा ज्ञानोदय का प्रभावशाली ढंग से प्रसार हुआ। ज्ञानोदय का दर्शन इतना अधिक प्रेरणास्पद एवं प्रभावशाली था कि 1789 की फ्रांस की क्रांति का एक प्रमुख कारण इसे भी माना जाने लगा।

न्यूटन के गुरुत्वाकर्षण के सिद्धांत और जॉन लॉक द्वारा सरकार बदलने के जनाधिकार की मांग ने यूरोप में वैचारिक हलचल मचा दी थी। ज्ञानोदय युग को आधुनिक पश्चिमी राजनीति का युग माना जाता है। उन्नीसवीं शताब्दी के ज्ञानोदय के दो इतिहासकारों हिप्पोलिट तेन और तोक्याविले को श्रेय दिया जाता है कि उन्होंने ज्ञानोदय को ही नए युग की बौद्धिक क्रांति और प्रबोधन का कारक माना। राजा के दैवी अधिकार के सामंतवादी आधार को क्षीण किया। तीन दार्शनिकों थॉमस हॉब्स, जॉन लॉक और ज्यां जॉक रूसो ने शासितों से प्राप्त सहमति को सत्ता के आधार पर स्वीकार्य बनाने का कार्य किया, जिससे राजतंत्र को हटाकर लोकतंत्र आया। तीनों दार्शनिक अपनी-अपनी वैचारिक शैली में अंततः इस बिंदु पर भी पहुंचते हैं कि मनुष्य को एक नागरिक समाज की आधारभूत आवश्यकता है। इस नागरिक समाज की रचना सामाजिक समझौते के आधार पर ही संभव है। अपने निबंध 'ऑफ द ओरिजिनल कांट्रैक्ट' में ह्यूम ने इस सिद्धांत का विरोध करते हुए कहा कि समझौते अथवा सहमति से सरकार बनने के साक्ष्य प्रायः कहीं नहीं हैं, जबकि शासक द्वारा अपनी सत्ता से सरकार बनने के साक्ष्य अवश्य हैं। इसी प्रकार फर्ग्यूसन का मानना था कि नागरिकों ने राज्य नहीं बनाया है, अपितु राजनीतिक व्यवस्थाएं धीरे-धीरे सामाजिक विकास का परिणाम हैं। इसके बावजूद उपर्युक्त राजनीतिक सिद्धांतों से लोकतंत्र की आकांक्षा जगी। मांतेस्क्यू ने कहा कि सत्ता कभी एक व्यक्ति के हाथ में नहीं होनी चाहिए। कार्यपालिका, विधायिका और न्यायपालिका को अलग-अलग किया जाए।

ज्ञानोदय काल के चिंतन का एक मुख्य लक्ष्य था—धर्म की राजनीतिक शक्ति को समाप्त करना। स्पिनोजा, मोजेस मेंडेलसोन, थॉमस पेन इत्यादि वे दार्शनिक हैं, जो धर्म एवं धार्मिक संस्थाओं को राजनीतिक सत्ता के प्रयोग से वंचित करने के पक्ष में थे। इस बिंदु पर इन सभी दार्शनिकों की सहमति थी कि प्रत्येक मनुष्य अपनी अंतरात्मा, चेतना और मस्तिष्क से स्वतंत्र है, उस पर धर्म, धार्मिक संगठनों, धार्मिक संस्थाओं, चर्च और पोप का कोई भी नियंत्रण मान्य नहीं हो सकता है। देववाद, संशयवाद, नास्तिकता और सर्वेश्वरवाद इत्यादि वे विशिष्ट शब्द हैं, जो ज्ञानोदय काल की विचारधारा में प्रमुख स्थान रखते हैं।

ईसाई चर्च व्यवस्था के विरुद्ध बुद्धिजीवियों का संघर्ष देखकर इतिहासकार कलिंगउड ने इस घटना को 'क्रूसेड' की संज्ञा दी। बर्बरता, धर्म और चर्च समानार्थी समझे जाने लगे। ज्ञानोदय के चिंतकों का लक्ष्य था बर्बर मध्ययुगीय मूल्यबोध को हटाकर स्वतंत्र बुद्धि और तर्क पर आधारित सामाजिक दर्शन की प्रतिष्ठा। साहित्य में भावावेग और कल्पना को हटाकर यथार्थ प्रतिष्ठित होने लगा, गद्य का प्रभाव बढ़ा।

ज्ञानोदय क्या है? जर्मन दार्शनिक इम्मानुएल कांट ने कहा है—ज्ञानोदय वह स्थिति है, जिसमें मनुष्य ने स्वयं को स्वनिर्मित बंधनों के अभिभावकत्व से मुक्त कर दिया है। 'स्वनिर्मित बंधनों के अभिभावकत्व' को स्पष्ट करते हुए कांट ने कहा कि यह एक मनोवृत्ति है जिसमें मनुष्य अपनी बौद्धिक एवं मानसिक क्षमता का प्रयोग बाह्य प्रेरणा के अभाव में नहीं कर सकता अर्थात वह बौद्धिक एवं मानसिक रूप से परतंत्र होता है। रोचक मान्यता यह है कि यह 'परतंत्रता' स्वयं मनुष्य द्वारा निर्मित होती है। इसे स्पष्ट करते हुए कांट ने कहा कि ज्ञानोदय मनुष्य की बौद्धिकता की वह स्थिति है, जिसमें वह अपनी मेधा को अज्ञानता की कुपोषित अवस्था से मुक्त करता है। इतिहासकार रॉय पोर्टर ने ज्ञानोदय की विशेषता बताते हुए स्पष्ट किया कि अज्ञानता की रूढ़िवादी अवस्था से मानव चेतना की स्वतंत्रता ही ज्ञानोदय का भावार्थ है। बर्टेंड रसेल का मत है कि ज्ञानोदय प्रगतिशील विकास के इतिहास की एक महत्वपूर्ण अवस्था है। उन्होंने प्रभावशाली ढंग से स्थापित किया कि ज्ञानोदय अंततः कैथोलिक सुधार विरोधी आंदोलन के विरुद्ध प्रोटेस्टेंट प्रतिक्रिया का परिणाम था।

अठारहवीं-उन्नीसवीं सदियों में तर्क, बुद्धि और विज्ञान सभ्यता की संचालक शक्तियां बन गए। इसके साथ यूरोप में यह धारणा भी जन्मी कि दुनिया की जो सभ्यताएं पिछड़ी हुई हैं, वहां तर्क और प्रगति के साथ सभ्यता पहुंचाने की जिम्मेदारी यूरोप की है। ज्ञानोदय के दर्शन में इस तत्व के समावेश ने ही उपनिवेशवाद का मार्ग दिखाया और एक सार्वभौम कसौटी बन गया। यही वजह है कि भारत जैसे देशों में भी एक बर्बर मध्य युग की कल्पना की गई। कोई आश्चर्य नहीं है, यदि बाद में ज्ञानोदय की इस सार्वभौमतावादी कसौटी की कटु आलोचना हुई। स्पष्ट कर दिया गया कि पांचवीं सदी में रोमन साम्राज्य के बाद यूरोप भले मटियामेट हो गया हो, दुनिया की बाकी सभ्यताएं बची हुई थीं।

फिर भी कहा जा सकता है कि ज्ञानोदय के दौर में विद्वानों और बौद्धिकों का एक ऐसा समुदाय उभरा जो आधुनिक ज्ञान के निर्माण में लगा था। इस समुदाय ने बौद्धिक गतिविधियों, विज्ञान और विद्वत्ता के जिस व्यापक दायरे का निर्माण किया, उसमें वैचारिक बहुलतावाद था। यह समुदाय भौगोलिक सरहदों, भाषाओं और निजी आस्थाओं से ऊपर उठकर आधुनिक ज्ञान के निर्माण में लगा था। ज्ञानोदय काल में तर्क, लौकिकता, वैज्ञानिकता, व्यक्तिगत स्वाधीनता और आत्मनिर्भरता चरम मूल्य हो गए थे।

उन्नीसवीं सदी के भारत या कई अन्य उपनिवेशित देशों में जो नवजागरण आया, उसमें 'रिनेसां' और 'इनलाइटेन्मेंट' के अलग-अलग दौर नहीं थे। उसमें कई बिंदुओं पर औपनिवेशिक आधुनिक ज्ञान का अंधानुकरण था, पर कई बिंदुओं पर सार्वभौमवाद को चुनौती देते हुए आधुनिक ज्ञान-विज्ञान की राष्ट्रीय राहों की खोज भी थी।

अमेरिकी राजनीति वैज्ञानिक लुसियन पाई (1921-2008) ने आधुनिक ज्ञान, आधुनिकीकरण और आधुनिकता को परिभाषित करते हुए कहा है, 'यह समुन्नत प्रौद्योगिकी एवं वैज्ञानिक मानसिकता पर आधारित जीवन के प्रति युक्तिसंगत दृष्टिकोण, सामाजिक संबंधों में सहिष्णुता का भाव, सार्वजनिक मामलों में न्यायप्रियता और सबसे बढ़कर राजनीतिक क्षेत्र में इस बात का स्वीकरण है कि राज्य व्यवस्था का प्रधान आधार राष्ट्र-राज्य है।' औपनिवेशिक भारत में उपर्युक्त में से कई चीजें स्वीकार करने में भारतवासियों को दिक्कत नहीं थी।

पुनीत कुमार श्रीवास्तव

अधिक जानकारी के लिए :
1. **Enlightenment Contested : Philosophy, Modernity and the Emancipation of Man, 1670-1752 :** Jonathan Israil, 2. **The Enlightenment : The Rise of Modern Paganism :** Peter Gay

ज्यां पाल सार्त्र
(1905-1980)

दार्शनिक, उपन्यासकार, नाटककार और विचारों की सक्रिय राजनीति के पक्षधर ज्यां पाल सार्त्र (Jean Paul Sartre) बीसवीं सदी के बौद्धिक जगत के सर्वाधिक चर्चित और विवादास्पद व्यक्तित्व थे। वे अस्तित्ववाद के प्रणेता थे। दूसरे महायुद्ध के बाद के दशकों में उनकी हैसियत लगभग एक बौद्धिक मसीहा की-सी थी। वे उन दशकों के समस्त बौद्धिक विमर्श की धुरी थे।

एक दार्शनिक के रूप में सार्त्र को जर्मन दार्शनिक एडमंड हसर्ल और फ्रेंच विचारक मार्टिन हाइडेगर से अस्तित्ववादी विचारों की संपन्न परंपरा मिली थी। ये दोनों ही विद्वान प्रतिभास प्रपंच (फिनॉमिनॉलॉजी) के द्वारा मनुष्य के बोध में वस्तुओं की या दृश्य की उपस्थिति का विश्लेषण करते हैं, लेकिन सार्त्र ने इस अस्तित्ववादी परंपरा को अपने ढंग से ढाला था। सार्त्र का अस्तित्ववाद कहता है कि मनुष्य की नियति पूर्वनिर्धारित नहीं है और कोई भी कानून या व्यवस्था सार्वभौमिक नहीं है। इसलिए एक नैतिक इकाई के रूप में मनुष्य अपना मार्ग चुनने के लिए हमेशा स्वतंत्र है, बल्कि वह इस प्रकार से स्वतंत्र होने के लिए अभिशप्त है। उसका चुनाव और उसकी जिम्मेदारी ही उसकी प्रतिबद्धता है। सार्त्र कहते हैं कि यह भी सच है कि एक व्यक्ति के रूप में यह मनुष्य तब तक अपना वजूद हासिल नहीं करता, जब तक वह अपने विकास-क्रम में दूसरों द्वारा अदा की जा रही भूमिका को नहीं जान पाता। मनुष्य इस संसार में अपनी स्वतंत्रता का वरण करने के लिए बाध्य है, पर चुनने की इस राह में उसका विषाद और अकेलापन एक अपरिहार्य स्थिति है।

तीस के दशक में सार्त्र की दार्शनिक अवधारणाएं और उनका सर्जनात्मक लेखन एक-दूसरे के पूरक थे। 1938 में जब उनका पहला उपन्यास 'नॉसिया' प्रकाशित हुआ था, उसी दौरान उनकी कहानियों का पहला संग्रह 'इंटीमेसी' प्रकाशित हुआ तो उनकी धूम मच गई। ये दोनों कृतियां मनुष्य के अजनबीपन और प्रतिबद्धता दोनों की अस्तित्ववादी धारणाओं और कला के द्वारा मनुष्य की मुक्ति की अभिकल्पना को एक नाटकीय रूप में प्रस्तुत करती थीं। 'नॉसिया' एक प्रकार से अस्तित्ववाद का घोषणापत्र है। 'नॉसिया' उपन्यास की कई तरह से व्याख्या की गई है। उपन्यास का नायक रोकेंतीन पाता है कि यह पूरा जीवन ही एक 'एब्सर्डिटी' है। वह एक अतिशय आत्म-परीक्षण के दौर से गुजरता है। यूरोप में युद्धोत्तर समय का सारा खालीपन, अनिश्चय और व्याकुलता उसे घेरे हुए है। वह एक प्रकार से एक दार्शनिक प्रतिनायक है जो हमारे अस्तित्व के किसी खुरदरे और नंगे सत्य को पाने के लिए भटक रहा है। वह चीजों के निषेध के अनुभव से गुजरता है। इस तरह वह बीसवीं सदी के प्रतिभास दर्शन का एक प्रतिनिधि चरित्र बन जाता है। इसी प्रकार 'नो एक्ज़िट' नाटक में एक बंद कमरे में तीन पात्र हैं जो एक-दूसरे के लिए असहनीय हैं और आफत बने हुए हैं। एक पात्र दूसरे से कहता है कि 'दूसरे

ही हमारा नरक हैं।' यह उक्ति समूचे अस्तित्ववाद का एक आधार वाक्य बन गयी थी। इसी तरह 'द वाल' कथा-संग्रह में संकलित सार्त्र की कहानियां उन सारी ऊलजलूल स्थितियों को रेखांकित करती हैं जिनमें लोग फंसे हुए हैं। लेखक इन स्थितियों से तार्किक ढंग से निपटने के लिए एक भयावह एब्सर्डिटी की रचना करता है। इसी के बाद युद्धोत्तर वर्षों में एब्सर्ड साहित्य का एक पूरा आंदोलन चल पड़ा था।

1943 में प्रकाशित अपनी महत्वपूर्ण वैचारिक पुस्तक 'बीइंग एंड नथिंगनेस' में सार्त्र ने मनुष्य की अपने आत्म को लेकर, अपने से बाहर की परिस्थितियों को लेकर और दूसरों को लेकर बनने वाले सोच का एक आधारभूत विश्लेषण किया था। सार्त्र इस बात को स्पष्ट करते हैं कि मनुष्य का अपना 'होना' (बीइंग) वह स्थिति है जब वह अपने होने को लेकर सवाल करता है। वे कहते हैं, मनुष्य का वजूद एक तरफ उसका शरीर है जो इस दुनिया में अपने लिए जगह बनाता है तथा दूसरी तमाम 'वस्तुओं' की तरह एक 'वस्तु' ही बना रहता है और दूसरी ओर उसकी सजग चेतना उसे 'वस्तुओं' पर विचार करने की दिशा में ले जाती है। सारी चेतना किसी 'चीज' की चेतना है। यह बुनियादी रूप से एक निषेध पर खड़ी है। निषेध के द्वारा कुछ को चुनने और कुछ को अस्वीकार करते हुए हम एक वस्तु को दूसरी से अलगाते हैं और अपने 'होने' को प्रमाणित करते हैं। इसलिए चेतना एक 'शून्यता' (नथिंगनेस) की अवधारणा को भी रचती है। मनुष्य तभी एक सजग प्राणी है जब वह इस अन्यथा संपूर्ण मान लिए गये संसार में किसी शून्य, किसी असारता, किसी अनस्तित्व के तत्व को शामिल करता है। सार्त्र कहते हैं कि हमारी आजादी चीजों की एक संघटना, उसके संश्लेषण या सिंथेसिस को रच सकती है। हालांकि बाहर की तमाम शक्तियां हमारा निर्माण करती हैं और हमारे अनुभवों को निर्धारित करती हैं, लेकिन इसके बावजूद हम सिर्फ 'वस्तु' नहीं हैं। हमारी वास्तविक सत्ता बाहरी निर्धारक तत्वों की जकड़ से मुक्त होकर ही बनती है और यही हमारी परम वैयक्तिकता है। हम चुनाव करने के लिए स्वतंत्र हैं लेकिन चुनने का यह रास्ता अत्यंत कष्टप्रद और विषाद से भरा हुआ है और इस कष्ट से बचने के लिए हम अक्सर एक आत्मवंचना (बैड फेथ) का जीवन जीते रहते हैं। उनकी ये अवधारणाएं 1946 में प्रकाशित उनके निबंध 'अस्तित्ववाद और मानवतावाद' में और अधिक लोकप्रिय हुईं। बाद में उनकी यह सोच 1945 से 1949 के बीच प्रकाशित उनके तीन उपन्यासों की एक त्रयी 'रोड्स टू फ्रीडम' में आईं। ये तीन उपन्यास हैं–'एज ऑफ रीजन' (1945), 'द रिप्राइव' (1945) तथा 'आइरन इन द सोल' (1947)।

दूसरे महायुद्ध के दौरान सार्त्र फ्रेंच सेना में भर्ती हुए थे। बाद में वे पेरिस आए और फासिस्टों के खिलाफ प्रतिरोध दस्ते में शामिल हो गए। इन्हीं दिनों उनका झुकाव मार्क्सवाद की ओर हुआ। दूसरे महायुद्ध, फासीवादी सत्ता के विस्तार और प्रतिरोध की राजनीति ने सार्त्र की सोच में एक बड़ा परिवर्तन ला दिया। वे सामाजिक बदलाव की चेतना के प्रति अधिक से अधिक आकर्षित होते गए। उन्होंने प्रतिबद्धता को लेखन की अनिवार्य शर्त माना। युद्धोत्तर वर्षों में सार्त्र हालांकि घोषित रूप से नव वामपंथी बन चुके थे पर वे कभी फ्रांस की कम्युनिस्ट पार्टी

ज्यां पाल सार्त्र

के सदस्य नहीं बने, बल्कि वे ज्यादातर समय उसके आलोचक ही रहे। 1956 में जब सोवियत रूस ने हंगरी पर हमला किया तो सार्त्र ने सोवियत रूस की नीतियों की तीव्र भर्त्सना की।

सार्त्र फ्रांस की उपनिवेशवादी नीतियों के खिलाफ थे और अल्जीरियाई मुक्ति-संघर्ष के समर्थक थे। 1968 में चेकेस्लोवाकिया के जन-प्रतिरोध को कुचलने की सोवियत नीतियों के भी वे कटु आलोचक थे। इसके बाद सार्त्र का झुकाव रेडिकल वामपंथ की ओर होता गया। लेकिन महत्वपूर्ण यह है कि सार्त्र जब सोवियत रूस की नीतियों की आलोचना कर रहे थे उसी समय वे अमेरिका के भी घनघोर आलोचक थे।

सार्त्र के बौद्धिक और रचनात्मक जीवन का पहला दौर यदि 'बीइंग एंड नथिंगनेस' से परिभाषित होता है तो उनके जीवन का दूसरा दौर 1960 में प्रकाशित उनकी वैचारिक पुस्तक 'क्रिटिक ऑफ डाइलेक्टिक रीजन' से परिभाषित होता है। ये दोनों पुस्तकें बीसवीं सदी की असाधारण वैचारिक पुस्तकें हैं। अस्तित्ववाद और मार्क्सवाद का एक युग्म तैयार करने वाली अपनी पुस्तक 'क्रिटिक ऑफ डाइलेक्टिक रीजन' में सार्त्र मानवशास्त्र (एंथ्रोपॉलॉजी), इतिहास, मनोविज्ञान, अर्थशास्त्र और दर्शनशास्त्र जैसे ज्ञान के विभिन्न अनुशासनों से गुजरते हुए अपनी बात रखते हैं। अपनी वैचारिक यात्रा में निरंतर एक रेडिकल पोजीशन की ओर बढ़ना सार्त्र को इसलिए भी आवश्यक लगता था कि 40 के दशक में उन्हें जो अपार लोकप्रियता मिली थी वे सोचते थे कि ऐसी लोकप्रियता उन्हें बूर्जुआ संस्थान का एक अंग बना देगी। यह भी एक कारण है कि 1964 में जब उनके नाम नोबल पुरस्कार घोषित हुआ तो उन्होंने यह पुरस्कार यह कहकर ठुकरा दिया कि यह उन्हें बूर्जुआ समाज का हिस्सा बना देगा।

ज्यां पाल सार्त्र का जन्म 1905 में पेरिस में फ्रेंच नौसेना अधिकारी ज्यां बैपटिस्ट सार्त्र और ऐनी मेरी स्वित्जर के घर हुआ था। बचपन से ही उनमें लेखक बनने की धुन सवार थी। बीस के दशक में किशोरावस्था में उनका झुकाव दर्शनशास्त्र की ओर हुआ। पेरिस के प्रसिद्ध शिक्षण संस्थान इकोल मारमेल सुपीरियर से उन्होंने डॉक्टरेट हासिल की। यहां उनकी मुलाकात अपनी सहपाठिनी सिमोन द बुआ से हुई जो बाद में स्वयं एक प्रख्यात लेखिका और नारी विमर्श की प्रमुख सिद्धांतकार बनीं। सिमोन आजीवन सार्त्र की संगिनी बनी रहीं और दोनों ने एक गैर-परंपरागत शैली का जीवन जिया। 1968 में फ्रांस में जब व्यापक स्तर पर छात्र आंदोलन छिड़ा तो सार्त्र की सहानुभूति छात्रों के साथ थी और वे व्यवस्था के खिलाफ सड़क पर उतर आए थे। लेकिन बीसवीं सदी के इस सर्वाधिक चर्चित बौद्धिक के जीवन की यह विडंबना है कि जीवन के अंतिम वर्षों में वे फ्रांस के वैचारिक जगत में काफी हद तक अप्रासंगिक हो गए थे। साठ के दशक में फ्रांस में उभरे संरचनावादी और उत्तर-संरचनावादी आंदोलनों से जुड़े बौद्धिकों की युवा पीढ़ी ने सार्त्र के दर्शन को अप्रासंगिक माना। ज्यां पाल सार्त्र का निधन 15 अप्रैल 1980 को पेरिस में हुआ। 'वर्ड्स' उनकी प्रसिद्ध आत्मकथा है।

विजय कुमार

अधिक जानकारी के लिए :

1. **Sartre's Critique of Dialectical Reason :** Andy Blunden, 1960, 2. **Existentialism is a Humanism :** Jean Paul Sartre, 1946, 3. **The Age of Reason :** Jean Paul Sartre, 1945

ज्यां-फ्रांस्वा ल्योतार

(1924-1998)

ज्यां-फ्रांस्वा ल्योतार (Jean-francois Liotarad) एक फ्रांसीसी दार्शनिक और समाजविज्ञानी थे, जिन्होंने कला-साहित्य के अलावा संचार माध्यमों, संगीत, फिल्म, राजनीति आदि कई विषयों पर लिखा। उन्होंने जाक देरिदा,

गिल्लेस डिल्युज आदि के साथ मिलकर 'इंटरनेशनल कॉलेज ऑफ फिलॉसफी' की स्थापना की थी। वह एक उत्तर-आधुनिक चिंतक और आलोचक माने जाते हैं। उन्होंने आधुनिकता के विमर्श के सामने प्रश्न खड़े किए, इसके विकल्प के रूप में उत्तर-आधुनिकता को प्रस्तुत किया।

आधुनिकता के बाद की कालिक और वैचारिक स्थिति का नाम उत्तर-आधुनिकता है। इसे ही ल्योतार 'उत्तर-आधुनिकतावाद' कहते हैं। इस स्थिति का आर्थिक पक्ष यह है कि इस युग में उत्पादन पर उपभोग की प्रवृत्ति हावी हो गई, आधुनिक यथार्थ 'हाइपर यथार्थ' में रूपांतरित हो गया, समग्रता की जगह विखंडन, केंद्र की जगह विकेंद्रण और साध्य की जगह माध्यम (मीडियम इज मैसेज) प्रधान हो गया। तर्क से सत्य पाने का सिद्धांत खंडित हो गया, सिद्धांत अपर्याप्त हो गए।

ल्योतार उत्तर-आधुनिकता को 'आधुनिकता का ही विस्तार' कहते हैं। आधुनिकता ने 'टोटेलिटी' और 'सार्वभौमिकता' का नारा दिया था। ल्योतार इस सार्वभौमिकता का खंडन करते हैं। सार्वभौमिकता एक केंद्र चुनती है। उत्तर-आधुनिकता में इस केंद्र का खंडन है। ल्योतार आधुनिकता के बहु-उपकेंद्रों को 'पूंजीवाद का औद्योगिक विकास' कहते हैं। उनके अनुसार, उत्तर-आधुनिकता प्रतिनिधित्वविहीन को प्रतिनिधित्व प्रदान करती है।

ल्योतार विखंडित समाज और उसके उपकेंद्रों की विस्तार से व्याख्या करते हैं। वे नए तनाव को 'भाषा की लीला' के रूप में स्वीकार करते हैं और मानते हैं कि उत्तर-आधुनिक स्थितियों में स्थिर नियम क्रियाशील नहीं होते। कलाकार या लेखक बिना किसी पूर्व नियम के कार्य करते हैं, क्योंकि रचना के बीच से नियम बनते हैं। रचना एक गतिशील पाठ में बदल जाती है जिसका कोई एक अर्थ नहीं होता और लेखक का स्थान पाठक ले लेता है। इन्हीं कारणों से ल्योतार उत्तर-आधुनिकता को 'आधुनिकता का नया बिंदु' मानते हैं जो लगातार निर्मित होते चलता है। ल्योतार के चिंतन की बड़ी देन यह है कि उन्होंने आधुनिकता के 'तार्किक दावे' को झूठा साबित किया।

उत्तर-आधुनिक स्थिति में ज्ञान की भूमिका पर ल्योतार अपनी पुस्तक 'द पोस्टमाडर्न कंडीशन : अ रिपोर्ट ऑन नॉलेज' में विस्तार से प्रकाश डालते हैं। वह मानते हैं कि उत्तर-आधुनिक स्थितियों में ज्ञान और सूचना ही शक्ति का केंद्र है। ज्ञान उत्तर-आधुनिक युग में शक्ति का स्रोत है। प्रश्न है कि इस व्यवस्था में ज्ञान का स्वरूप क्या हो सकता है? इस प्रश्न से टकराते हुए ल्योतार ने ज्ञान की जड़बद्ध स्थिति का विरोध किया। वे कहते हैं कि समाज में गति उपस्थित होने पर ज्ञान की स्थिति में और उसके स्वरूप में भी परिवर्तन हो जाता है। ज्ञान की इस स्थिति के लिए वे उत्तर-औद्योगिक स्थिति को अनिवार्य मानते हैं। बिना कंप्यूटर, इंटरनेट, टेलीविजन के उत्तर-आधुनिक ज्ञान प्रकट नहीं हो सकता। ज्ञान की इस अवस्था को ल्योतार दो प्रक्रियाओं पर निर्भर मानते हैं—वैज्ञानिक तथा वृत्तांतपरक। वह स्पष्ट करते हैं कि बिना तकनीकी ज्ञान के हम इस समाज को समझ नहीं सकते। आज का ज्ञान सूचना, कंप्यूटर, टीवी, सोशल मीडिया पर

ज्यां-फ्रांस्वा ल्योतार

आधारित है। तकनीक-आधारित ज्ञान में व्यक्तित्व निर्माण के लिए स्पेस कम है, क्योंकि यह ज्ञान खरीदा जा सकता है तथा उसका उपभोग होता है। यानी अब ज्ञान मूल्य के बजाय प्रोडक्ट में रूपांतरित हो गया है। ल्योतार उत्तर-आधुनिक ज्ञान की विस्तार से व्याख्या करते हैं।

ल्योतार उत्तर-आधुनिकता की पहचान 'महावृत्तांत के अंत' में देखते हैं। आधुनिकता की पहचान 'महावृत्तांत' रहे हैं। इसलिए महावृत्तांतों के प्रति अविश्वसनीयता को ल्योतार उत्तर-आधुनिक बोध कहते हैं। वे 'महावृत्तांतों के अंत' की घोषणा करते हैं। वे मानते थे कि महावृत्तांत सत्ताधारी वर्ग के केंद्रवाद को जन्म देते हैं। इन्हें शासक वर्ग कमजोर वर्गों पर थोप देता है तथा उन्हें हीन सिद्ध कर देता है। 'महावृत्तांत के अंत' की घोषणा से विचारधारा का अंत, इतिहास का अंत, आलोचना का अंत, साहित्य की मृत्यु, सभ्यता का अंत, राष्ट्र-राज्यों का अंत, दलों की एकछत्रता का अंत, संस्थानों का अंत जैसे पद हमारे सामने आए। इस प्रकार महावृत्तांत को अस्वीकार करने का अर्थ वस्तुतः ज्ञान के सार्वभौमिक रूप का अस्वीकार है।

ल्योतार वस्तुतः आधुनिक यूरोपीय सभ्यता के व्याख्याता के रूप में हमारे सामने आए। उनका विश्लेषण उत्तर-आधुनिक अतियथार्थ, उपभोक्तावादी समाज और सांस्कृतिक प्रतीक चिह्नों पर विस्तार से प्रकाश डालता है। ल्योतार के चिंतन की सीमा यह है कि वे उत्तर-आधुनिक स्थितियों के अंतर्विरोधों का विश्लेषण नहीं करते। ल्योतार के चिंतन में आधुनिकता के अंतर्विरोध तथा 'नई जीवन-स्थितियां' थीं, जिनका विश्लेषण उन्होंने विस्तार से किया है।

शशांक शुक्ल

अधिक जानकारी के लिए :

1. **The Postmodern Condition : A Report on Knowledge** : Jean Francois Lyotard, 1979,
2. **Exploring Postmodernism :** (Ed.), Douwe W Fokkema (Ed.), 1995

ज्यां बौद्रिला
(1929-2007)

उत्तर-आधुनिक आलोचक ज्यां बौद्रिला (Jean Baudrillard) ने भाषा और वस्तु से उसके संबंध में उपस्थित छल को पकड़ा था। उनके अनुसार उत्तर-आधुनिकता की प्रमुख पहचान 'उपभोक्ता संस्कृति' है। उन्होंने प्रतीकात्मक विनिमय का सिद्धांत प्रस्तुत किया। पूंजीवाद का विनिमय 'मुनाफा केंद्रित' था, किंतु उत्तर-आधुनिकता में मुख्यतः चिह्नों का विनिमय होता है। बौद्रिला बताते हैं कि माध्यम द्वारा संदेश को तटस्थ कर दिया जाता है। उत्तर-आधुनिक समाज ऐसा है जिसमें चिह्नों के सत्यापन के लिए वास्तविक दुनिया की जरूरत नहीं है। यहां प्रतिनिधित्व की प्रक्रिया छलना में बदल जाती है। इस प्रक्रिया के चार स्तर हैं—1. हर चिह्न किसी मूल यथार्थ का प्रतिनिधि होता है। 2. चिह्न मूल यथार्थ को छिपाता तथा विकृत करता है। 3. चिह्न मूल यथार्थ की अनुपस्थिति को छिपाता है। 4. चिह्न मूल यथार्थ से सर्वथा मुक्त हो जाता है। बौद्रिला इसी स्थिति को 'छलना की सत्ता' कहते हैं। इस स्थिति में वास्तविक यथार्थ से अधिक यथार्थ दिखता है, जो अतियथार्थ है।

उत्तर-आधुनिकता अतियथार्थ की स्थिति है जहां वस्तुगत यथार्थ पूर्णतः विलीन हो जाते हैं। यह सत्य को आभासी बना देता है। फेसबुक जैसे माध्यम संबंधों का छल करते हैं। यानी अब संघर्ष सत्ता से न होकर चिह्नों से हो जाता है। अमेरिका की 11 सितंबर 2011 की घटना वर्ल्ड ट्रेड सेंटर पर आतंकवादियों के हमले को बौद्रिला ने 'सभ्यताओं का संघर्ष' न मान कर इस्लाम और अमेरिका से परे ले जाकर खास अर्थ वाले चिह्नों के रूप में देखा, 'यह विजयोन्मुख वैश्वीकरण का जैसे अपने से ही एक संघर्ष है।'

बौद्रिला उपभोक्तावादी समाज के चरित्र पर विस्तार से प्रकाश डालते हैं। वह पहले चिंतक हैं

जिन्होंने इस समाज पर गहराईपूर्वक विचार किया तथा उसके अंतर्विरोधों पर प्रकाश डाला। उन्होंने वस्तु, चिह्न, छल तथा इससे मुक्ति के मार्ग को खोजने की कोशिश की। वह बताते हैं कि उपभोक्ता वस्तुएं दरअसल एक भाषाई चिह्न (विज्ञापन) के सहारे हमारे व्यवहार में परिवर्तन करने का प्रयास करती हैं। विज्ञापन के प्रतीक वस्तुओं के बोध में फर्क पैदा करने का कार्य करते हैं। उपभोक्ता को भ्रम होता है कि वह वस्तु का स्वामी है। वह इसका उपभोग कर रहा है। बौद्रिला उपभोक्ता वस्तु, जरूरत और भ्रम पर गहराईपूर्वक विचार करते हैं। उन्होंने बताया कि वस्तु की जरूरत का भ्रम किस प्रकार उपस्थित होता है।

उपभोक्तावादी समाज में वस्तु और जगत से हमारे संबंध बदल जाते हैं। पहले व्यक्ति-व्यक्ति के बीच आत्मीय रूप में संबंध विकसित होता था। आज का संबंध आभासी है। नए समाज में जो संबंध बनते हैं, वे जरूरत के अनुसार पैदा किए गए संबंध हैं। इसी नकली/आभासी संबंध का उपभोग किया जाता है। पहले सामाजिक हैसियत का संबंध विचार और

ज्यां बौद्रिला

वस्तु से तय होता था। आज की सामाजिक हैसियत 'उपभोग' से तय होती है। आज की विचारधारा इच्छा, कामना, भोग और इससे उपजी क्षणिक तृप्ति से मिलकर बनती है। आज के मूल्य अतृप्ति और इच्छा से निर्मित होते हैं। इस प्रक्रिया में मीडिया एक महत्वपूर्ण भूमिका निभाता है। टेलीविजन ने कामनाओं के तथा फेसबुक ने संबंधों के चिह्न विकसित कर दिए हैं। इसलिए बौद्रिला ने उपभोक्ता समाज को चिह्नों की व्यवस्था कहा है। वह बताते हैं कि इस व्यवस्था में ग्राहक 'उपभोक्ता' बनकर 'आत्मरति' का शिकार बन जाता है। वह वस्तुओं का भोग नहीं करता बल्कि वस्तुएं उसका उपभोग करने लगती हैं।

बौद्रिला के अनुसार उत्तर-पूंजीवाद में उत्सव, समारोह और ग्लैमर इत्यादि की लीलाएं हैं। इन समारोहों की भव्यता, ग्लैमर से आम जन के बीच चाह पैदा की जाती है। व्यक्ति को लगता है कि अमुक वस्तु के द्वारा मेरी जरूरत पूरी हो गई, तभी बाजार दूसरी वस्तु ले आया है। व्यक्ति फिर अतृप्त हो जाता है। यह सिलसिला चलता रहता है। ऐसी स्थिति में व्यक्ति अपनी चेतना से हाथ धो बैठता है। इसी स्थिति को स्पष्ट करने के लिए बौद्रिला ने 'प्रतीकात्मक विनिमय' पद का प्रयोग किया। प्रतीकात्मक विनिमय में वस्तुओं के भेद को समझाया गया है। उत्तर-आधुनिक उपभोक्ता समाज में आधुनिकता के तीन महत्वपूर्ण केंद्र मनुष्य, प्रगति और इतिहास उपभोक्तावादी युग में खंडित हो जाते हैं। बौद्रिला के अनुसार सामाजिक यथार्थ और हमारी चेतना के बीच उत्तर-आधुनिक यथार्थ खड़ा हो जाता है। इस स्थिति को बौद्रिला 'अति-चंचल यथार्थ' कहते हैं। यह अपनी 'छलना वृत्ति' में मूल यथार्थ को गायब कर देता है। यथार्थ अपना संदर्भ और देश-काल खो देता है। 'अति-चंचल यथार्थ' बार-बार आता है। इस प्रक्रिया में वह यथार्थ को बेदखल करता जाता है।

उत्तर-आधुनिक समाज में 'देह' फैशन के केंद्र

में आ जाती है, सेक्स केंद्र में आ जाता है। इस प्रकार बौद्रिला उपभोक्तावादी संस्कृति पर प्रश्नचिह्न खड़ा कर देते हैं।

बौद्रिला के लेखन की मुख्य चिंता उत्तर-पूंजीवादी युग की असंगतियां और उसके विकास की दिशा की पड़ताल है। बौद्रिला पूंजीवाद के नए रूपांतरण की ओर हमारा ध्यान आकर्षित करते हैं। वह पूंजीवाद के 'उत्पादन युग' से आगे 'छवि-युग' तक के यथार्थ को हमारे सामने रख देते हैं और नए यथार्थ के खतरे की ओर हमारा ध्यान आकर्षित करते हैं। मूल संदर्भों को अपदस्थ कर उनकी जगह चिह्न, छवि कैसे काबिज हो जाते हैं, इस पूरी प्रक्रिया को बौद्रिला समझाते हैं। वह बताते हैं कि पूंजीवाद छल की ऐसी चिह्न-व्यवस्था इसलिए पैदा करता है, ताकि वह अपने को सुरक्षित रख सके। पूंजीवाद अपने पूर्व रूप को अपदस्थ करते चलता है। इसलिए लोग जो सत्ता और क्रांति जैसे पदों को सरलीकृत करके देखने के अभ्यासी हैं, इस यथार्थ को देख पाने में अक्षम हो जाते हैं। बौद्रिला मानते हैं कि उत्तर-पूंजीवाद की सत्ता चूंकि सांस्कृतिक क्षेत्रों में सक्रिय होती है, इसलिए उसे वहीं चुनौती दी जा सकती है।

शशांक शुक्ल

अधिक जानकारी के लिए :
1. **Simulacra and Simulation :** Jean Baudrillard,1981, 2. **French Philosophers in the Twentieth Century :** Garry Gutting

ज्योति प्रसाद अगरवाला
(1903-1951)

असमिया साहित्य और संस्कृति को आधुनिक और प्रगतिशील धारा से जोड़ने में ज्योति प्रसाद अगरवाला का महत्वपूर्ण योगदान है। उनकी धारणा थी कि संग्राम और क्रांति के क्षणों में साहित्य और संस्कृति की प्रधानता बढ़ जाती है। वह विश्व संस्कृति, भारतीय सभ्यता और प्रादेशिक संस्कृति के पारस्परिक सहयोग के पक्षधर थे। उन्होंने कहा था, 'आने वाले दिनों में विश्व, भारत और असम की सभ्यता एक समन्वित सभ्यता होगी।' (डिब्रूगढ़ छात्र कांग्रेस की सभा में भाषण, 'ज्योति प्रभा') वे कवि और कथाकार के साथ दार्शनिक, चलचित्र निर्देशक, संगीतकार और अभिनेता भी थे। उन्होंने कई आंदोलनों में भाग लिया था। उन्हें असमिया भाषा से प्रेम था। अपनी कविता 'असमिया भाषा के लिए कवि की प्रार्थना' में वह कहते हैं :

ठुमक ठुमक कर अमृत वर्षा
अनूठे बेल वाली भाषा
मेरी असमिया प्यारी भाषा
साधना कितने जन्मों की अनंत

ज्योति प्रसाद में गहरी जातीय भावना होने पर भी संकीर्णता नहीं थी। वह 'असमिया युवक की उक्ति' में कहते हैं, 'मृत्युसागर पार कर जाऊं/नव भोर का नव संदेश लेकर/बनकर नूतन ज्योति/कर जाऊं पृथ्वी में सुंदर/जन्म-जन्मांतर लौटता रहूं अपने स्वदेश में।'

ज्योति प्रसाद अगरवाला ने राष्ट्रीय आंदोलन में हिस्सा लिया, जेल गए। उन पर गांधी का प्रभाव था। यूरोपीय देशों के अलावा उन्होंने टर्की, बगदाद

ज्योति प्रसाद अगरवाला

आदि क्षेत्रों का भी भ्रमण किया। असमिया चलचित्र निर्माण की उन्होंने शुरुआत की। इसके लिए उन्होंने जर्मनी में चलचित्र कला का प्रशिक्षण लिया था। उन्होंने 'जयमती' फिल्म का निर्माण किया जिसे 1935 में कोलकाता में प्रदर्शित किया गया। उन्होंने कुछ और फिल्मों का निर्माण किया और असमिया गीत-संगीत का ग्रामोफोन रेकार्ड भी तैयार कराया। उन्होंने 'जोनाकी प्रेक्षागृह' और 'तेजपुर संगीत विद्यालय' की स्थापना की थी।

ज्योति प्रसाद ने नाटकों की रचना के साथ गीतों की भी रचना की थी। बांग्ला के रवींद्र संगीत की तरह असमिया ज्योति संगीत बना। उन्होंने असमिया संगीत की विशेषताओं को बनाए रखते हुए इसमें विदेशी संगीत की विशेषताओं को भी जोड़ा। ज्योति प्रसाद अगरवाला के पूर्वज राजस्थान से असम आए थे। ज्योति प्रसाद ने इतने अधिक क्षेत्रों में असमिया कला, साहित्य और संस्कृति का काम किया कि विस्मित होना पड़ता है।

एकता गुप्ता

अधिक जानकारी के लिए :
1. **ज्योति प्रसाद अगरवाला** : ईश्वर प्रसाद चौधरी, 2. **ज्योति की आलोक यात्रा** : सांवरमल संगनेरिया

ज्योतिबा फुले
(1827-1890)

ज्योतिराव गोविंदराव फुले उन्नीसवीं सदी के मराठी नवजागरण के एक मुख्य प्रवर्तक माने जाते हैं। वे प्रथम भारतीय थे, जिन्होंने दलितों-पिछड़ों और स्त्रियों के लिए एक नए युग का आरंभ किया। वे महाराष्ट्र में अछूत जातियों और लड़कियों के लिए स्कूल खोलने वाले पहले भारतीय थे। उन्होंने शूद्रों, अतिशूद्रों और स्त्रियों की अशिक्षा और दासता के उन्मूलन के लिए ज्ञान के उन दरवाजों को खोल दिया जो बंद थे।

ज्योतिबा फुले

फुले यद्यपि माली जाति के थे, पर उनके परिवार के व्यक्तियों का उपनाम पहले 'फुले' नहीं था, बल्कि 'गोड़े' था। उनका परिवार सतारा जनपद के 'लाल्गुन' गांव में रहता था। वह बाद में पूना के निकट खानवाड़ी में आ कर बस गया। यहां उन्होंने फूल उगाने का अपना पारंपरिक पेशा शुरू किया। उसी समय से उनके परिवार के लोगों ने अपना उपनाम 'फुले' रख लिया था।

ज्योतिबा फुले ने 1848 में सेकेंडरी की स्कूली शिक्षा प्राप्त की। इसके आगे की पढ़ाई वे नहीं कर सके थे पर वे शूद्रों, अतिशूद्रों और स्त्रियों की शिक्षा के लिए चिंतित थे। 1848 में ही उन्होंने शूद्र-अतिशूद्र लड़कियों के लिए स्कूल खोलने का साहस किया। लड़कियों के लिए भारत में कहीं भी खुलने वाला यह पहला स्कूल था। इस स्कूल में उनकी पत्नी सावित्रीबाई फुले ने पढ़ाने का काम किया, जिन्हें प्रथम शूद्र शिक्षिका होने का गौरव प्राप्त है। सावित्रीबाई को उनके पति फुले ने स्वयं पढ़ाया था। 1851 में इन्होंने दूसरा स्कूल स्थापित किया, जो सभी वर्णों की लड़कियों के लिए था। वे समतावादी थे। उन्होंने अपने घर के तालाब को सभी के लिए सार्वजनिक कर दिया था। वे सिर्फ सैद्धांतिक सुधारवादी नहीं थे, बल्कि आचरण में

भी क्रांतिकारी सुधारक थे। उन्होंने विधवा-विवाह को प्रोत्साहित किया, जो उस समय एक बड़ी क्रांति थी। उन्होंने बाल विवाह का विरोध किया। इसके अलावा, श्राद्ध-क्रिया की खिल्ली उड़ाई। 1873 में उन्होंने 'सत्यशोधक समाज' की स्थापना की। उल्लेखनीय है कि आर्य समाज की स्थापना इसके तीन साल बाद 1876 में मुंबई में हुई थी। 1876 में ज्योतिबा फुले पूना म्युनिसिपल काउंसिल के सदस्य मनोनीत किए गए, जिस पद पर वे 1882 तक थे। 11 मई 1888 को पूना में एक विराट सभा में उन्हें 'महात्मा' की उपाधि प्रदान की गई।

ज्योतिबा फुले अपने समय के सुधारवादी आंदोलन को सकारात्मक नजरिए से देखते हैं, 'परोपकारी बुद्धिजीवी वर्ग का हमें दासता से मुक्ति दिलाने में कोई स्वार्थ नहीं है बल्कि उसे अपने प्राणों की बाजी लगा कर यह कार्य करना पड़ रहा है। इसमें इस बुद्धिजीवी वर्ग का क्या स्वार्थ है? इस विषय पर सोचने से यह बात ध्यान में आती है कि मनुष्य मात्र को अपनी वैचारिक और आर्थिक आजादी पाने का पूरा हक है और यह आवश्यक भी है। (1873)। हंटर कमीशन के समक्ष बयान देते हुए उन्होंने कहा था, 'विद्यालय और महाविद्यालयों से सरकारी अनुदान का हटना न केवल शिक्षा के प्रसार को बाधित करेगा, बल्कि निष्पक्षता पर भी आघात पहुंचाएगा।' (1882)। उन्होंने मांग की, 'ब्राह्मणों के अलावा अन्य जातियों को भी सरकारी सेवाओं में लाया जाए।' आधुनिक भारत में दलितों के पक्ष से ब्राह्मणवादी व्यवस्था का विरोध करने वाले वह पहले व्यक्तित्व थे। उनके विचारों का भारतीय समाज पर व्यापक प्रभाव पड़ा है।

ज्योतिबा फुले ने मराठी साहित्य को एक प्रगतिशील दिशा दी। उन्होंने काव्य और नाटक लिखे जिनमें शूद्रों, अतिशूद्रों, किसानों और स्त्रियों की गुलामी के खिलाफ विद्रोह है। ज्योतिबा फुले की प्रमुख कृतियों में 'शिवाजी का पंवाड़ा' (1869), 'गुलामगीरी' (1873), 'किसान का कोड़ा' (1883) आदि प्रमुख हैं। फुले ने शूद्रों के अलावा किसानों के प्रश्न पर भी व्यापक रूप से विचार किया है, उनके चिंतन के कई आयाम हैं।

कंवल भारती

अधिक जानकारी के लिए :

1. **महात्मा जोतिबा फुले रचनावली :** ए जी मेश्राम 'विमलकीर्ति' (संपा.), 2. **Mahatma Jyotirao Phule :** Dhananjay Keer

ज्योतिष

शिक्षा, कल्प, छंद, निरुक्त और व्याकरण के साथ ज्योतिष को छठा वेदांग माना गया है, बल्कि 'आचार्य ज्योतिष' नामक संकलित लघु ग्रंथ में वेदों के प्रधान विषय यज्ञ के सफल पाठ के लिए ग्रहों की सुगति देखकर यज्ञारंभ करने वाले शास्त्र को ज्योतिष माना गया है। इस प्रकार ऋग्वेद ज्योतिष एवं यजुर्वेद ज्योतिष नामक दो पाठ-व्यवस्थापन उपलब्ध हैं।

अनुकूल फल प्राप्ति के लिए ग्रह-नक्षत्रों की गतिविधि और कालविधान-शास्त्र की जिज्ञासा से वैदिक जनों ने ग्रहण के अध्ययन, पृथ्वी की परिभ्रमण गति, दशमलव पद्धति आदि का मार्ग बनाया था। आगे चलकर कणाद और जैनियों ने ज्योतिषशास्त्र के आधार पर ही अणुवादी विचारधारा का सूत्रपात किया। छह वेदांगों में ज्योतिष की कालगणना को मोरों की शिखाओं एवं नागों की मणियों के समान सर्वोपरि बताया गया है, 'यथा शिखा मयूराणां नागानां मणयो यथा तद्वद्वेदांगशाखाणां गणितं मूर्ध्नि संस्थितम्।'

सौरमंडल में चमकने वाले अंतरिक्ष के ग्रह-नक्षत्रों के रूप, रंग, आकार, दूरी आदि का पृथ्वी पर निवास करने वाले मनुष्यों पर अभीष्ट एवं अनिष्ट प्रभाव का अध्ययन ही ज्योतिष विज्ञान का मुख्य लक्ष्य है। इनमें से गणित ज्योतिष को अन्य ज्ञानानुशासनों की भांति एक वैज्ञानिक और तर्कवाच अध्ययन की श्रेणी में रखा जाता है। किन्तु फलित ज्योतिष के अनिष्ट या अभीष्टात्मक निष्कर्षों एवं

उनके समाधान के उपायों पर कुछ कहना कठिन है। साधारण तौर पर कौन भरोसा करेगा कि पानी में आग हो सकती है लेकिन आज उसी से विद्युत पैदा किया जा रहा है। आज वैज्ञानिक बर्फ तक की गुप्त ऊष्मा (Latent Heat) के गणितीय सूत्र निकालते हैं। समाज में अच्छे मुहूर्त्त की काल-गणना अभी भी मान्य है एवं तिथि, वार, नक्षत्र, करण तथा योग के संयोग से निर्मित पंचांगों के फलाफल विचार और जातकों के जन्म एवं जीवन के निर्णय ज्ञान की परंपरा रही है। कात्यायन, बौधायन, आपस्तंब आदि के शुल्वसूत्रों में प्राचीन भारत की ज्यामिति, रेखागणित और ज्योतिष के सूत्र विद्यमान हैं जिनमें शुल्व का अभिप्राय यज्ञ की वेदिकाओं को नापने वाले डोरे से है। आगे चलकर आर्यभट्ट, वाराहमिहिर, श्रीधराचार्य, ब्रह्मगुप्त और भास्कराचार्य जैसे विख्यात ज्योतिर्विदों ने अपने सिद्धांतों को जन्म देकर इस विज्ञान को विकसित किया। ब्रह्मगुप्त के ब्रह्मस्फुट सिद्धांत और 'खण्डखाद्यक' नामक करण-ग्रंथ का 'असिन्द हिन्द' एवं 'अलअर्कन्द' नामों से अरबी में अनुवाद भी हुआ।

ज्योतिर्विज्ञान के इतिहासविदों के अनुसार भारत में सप्ताह के सात दिनों की व्यवस्था (वार-प्रथा) और राष्ट्रीय संवत अवधारणा के विकास में असुरों (असीरियनों), यवनों (ग्रीकों) और मगों (मैगीज) के साथ आर्यों के दीर्घकालीन संपर्क और आदान-प्रदान की महत्वपूर्ण भूमिका रही है। (हजारी प्रसाद द्विवेदी के 'अशोक के फूल' में संकलित 'नया वर्ष आ गया' शीर्षक निबंध)। फलित ज्योतिष ग्रह-गणित के ज्योतिष पर निर्भर हो गया। इसीलिए 'गणित ज्योतिष या ग्रह नक्षत्रों की प्राचीन विद्या के अध्ययन में खूब वृद्धि हुई, परंतु अन्य प्राकृतिक व्यापारों का अध्ययन शिथिल पड़ गया।' जन्म, विवाह, यात्रा, भवन-निर्माण, कार्यारंभ, विद्यारंभ आदि सब जगह मुहूर्त का विचार सामाजिक जीवन में व्यापक रूप से प्रचलित और प्रतिष्ठित हुआ। शकुन-विचार, पल्ली-पतन (छिपकली का गिरना), छींक, दिशा-शूल आदि को लेकर शुभ-अशुभ की मान्यताएं अंधविश्वास के रूप में लोक-मानस में घर करती गईं। इसलिए गौतम बुद्ध ने ज्योतिष विद्या को गर्हित बताया था। ('अशोक के फूल' में संकलित 'भारतीय फलित ज्योतिष' शीर्षक निबंध)। सूरदास का श्रीकृष्ण के जन्म के प्रसंग में पूरा एक पद उनकी जन्म कुंडली के बारे में है। जायसी ने बारहमासा का वर्णन करते हुए विभिन्न नक्षत्रों का उल्लेख किया है, जैसे—'तपनि मृगसिरा जे तपहिं पुनि अद्रा पलुहंत'। तुलसीदास ने भी शकुन-अपशकुन का संकेत दिया है। यही तुलसीदास भाग्यवाद का विरोध करते हुए यह भी कहते हैं, 'करम प्रधान बिस्व करि राखा, जो जस करइ सों तस फल चाखा।'

अष्टभुजा शुक्ल

॥ झ ॥

झलकारीबाई

झलकारीबाई की कहानी 1857 के 'भारतीय स्वतंत्रता संग्राम' के वृत्तांत का हिस्सा है। झांसी की रानी लक्ष्मीबाई के महल में झलकारीबाई नामक एक दासी थी। वह छोटी समझी जाने वाली जाति कोली की थी। वह देखने में रानी लक्ष्मीबाई की हमशक्ल लगती थी। जब अंग्रेजों ने किले को घेर लिया और हर तरफ से तोपें दागने लगे तो झलकारीबाई ने रानी को सलाह दी कि वह अपने बच्चे (जो राज्य का वारिस था) को अपनी पीठ से बांध कर महल से निकल जाए और इस बीच वह खुद रानी के वेश में अंग्रेजों को धोखा देती रहेगी। रानी ने उसकी सलाह मान ली और अपने बच्चे के साथ महल से निकलने में सफल हो गई। अंग्रेजों को बहुत देर तक यह बात पता न चली, क्योंकि वे झलकारीबाई को ही रानी समझते रहे। जब तक उन्हें झलकारीबाई की असलियत मालूम पड़ती, रानी बहुत दूर निकल चुकी थीं और अंग्रेजों की पहुंच से सुरक्षित हो चुकी थीं।

कहा जाता है कि झलकारीबाई का जन्म झांसी के नजदीक भोजला गांव में हुआ था। उसके पिता ने उसे एक वीर युवक की तरह बड़ा किया और उसे घुड़सवारी और हथियार चलाने का प्रशिक्षण दिया। लक्ष्मीबाई की सेना में भर्ती होने के बाद अपनी वीरता, साहस और बुद्धिमत्ता के कारण वह रानी की अत्यंत विश्वासपात्र बन गई।

यह मिथक बुंदेलखंड के लोगों की मौखिक स्मृति का हिस्सा है और कई रूपों में सुनने में आता है। यह मिथक लोगों की स्मृति में आज भी जीवित है और लोक गीतों, लोक कथाओं और गांवों की चौपालों की चर्चाओं के माध्यम से अक्सर प्रकट होता रहता है। अधिकतर दलित समुदायों का मानना है कि झलकारीबाई देवी का अवतार थी जो देश की सेवा करने के लिए ही इस धरती पर आई थी।

झलकारीबाई का उल्लेख एक कोरिन के रूप में वृंदावन लाल वर्मा के प्रख्यात उपन्यास 'झांसी की रानी' (1951) में भी हुआ है। झलकारीबाई का उल्लेख 1951 में ही प्रकाशित बुंदेली उपन्यास 'माटी' में भी आया है जिसे रामचंद्र हारेन ने लिखा है। झलकारीबाई के जीवन को लेकर बाद में कई पुस्तकें लिखी गईं। दलित लेखक और पूर्व राज्यपाल मातादीन सहायक ने झलकारीबाई के जीवन पर नाटक भी लिखा।

बद्रीनारायण

अधिक जानकारी के लिए :
1. **1857 का महासंग्राम** : बद्रीनारायण, रश्मि चौधरी, संजय नाथ, 2. **Women Heroes and Dalit Assertion in North Indian culture, Identity and Politics :** Badri Narayan

झारखंड

भू-प्रकृति : भारत के पूर्वी भाग में स्थित झारखंड राज्य का निर्माण 15 नवंबर 2000 को बिहार राज्य के दक्षिणी हिस्से के संथाल परगना और छोटा नागपुर क्षेत्र को अलग करके किया गया था। यह राज्य 21^0 50' से 25^0 18' उत्तरी अक्षांश से 83^0 20' से 87^0 57' पूर्वी देशांतर तक फैला हुआ है। इसका झारखंड नामकरण झार या झाड़ और खंड के मेल

से हुआ है, जिसका अर्थ है वन का खंड या टुकड़ा। अपने नाम के अनुरूप यह मूलतः एक वनप्रदेश है। झारखंड के पूर्व में पश्चिम बंगाल, पश्चिम में उत्तर प्रदेश और छत्तीसगढ़, उत्तर में बिहार और दक्षिण में ओडिशा राज्य है। झारखंड का कुल क्षेत्रफल 79,714 वर्ग किलोमीटर है जो भारत के कुल क्षेत्रफल का 2.4 प्रतिशत है। इस राज्य की लंबाई उत्तर से दक्षिण 380 किमी और चौड़ाई पूर्व से पश्चिम 463 किमी है। झारखंड में 152 शहर एवं 32,615 गांव हैं। प्रशासनिक दृष्टिकोण से पूरे राज्य को पांच प्रमंडलों एवं 24 जिलों में विभाजित किया गया है। 2011 की जनगणना के अनुसार झारखंड की कुल आबादी 3,29,88,134 है, जिसमें पुरुषों की संख्या 1,69,30,315 और स्त्रियों की संख्या 1,60,57,819 है। यहां की आबादी में 28 प्रतिशत अनुसूचित जनजाति, 12 प्रतिशत अनुसूचित जाति और 50 प्रतिशत अन्य जातियां शामिल हैं। झारखंड में 33 जनजातीय समूहों का निवास है, जिनमें असुर, बैगा, बंजारा, भथुड़ी, बेदिया, बिंझिया, बिरहोर, बिरिजिया, चेरो, चिक-बराईक, गोंड, गोराईत, हो, करमाली, खैरवार, खोंड, कोरा, कोरवा, लोहरा, महली, मलपहाड़िया, मुंडा, खड़िया, ओरांव-पहाड़िया, संताल, सौरिया-पहाड़िया, सावर, भूमिज, कोल, कंवर आदि शामिल हैं।

झारखंड राज्य की राजधानी रांची है और दुमका इसकी उप-राजधानी है। औद्योगिक दृष्टि से सबसे बड़ा शहर जमशेदपुर है। राज्य के अन्य प्रमुख शहर हजारीबाग, धनबाद और बोकारो हैं।

पर्यावरण एवं जलवायु : झारखंड में तीन प्रधान ऋतुएं हैं—ग्रीष्म, वर्षा और शीत। इसके विभिन्न भागों में अलग-अलग मौसम होता है। रांची एवं हजारीबाग का मौसम सुहाना रहता है और धनबाद आदि कुछ अंचलों में काफी गर्मी होती है। उच्चतम तापमान 38 डिग्री सेल्सियस तक रहता है। यह समुद्र तल से 150 से 300 मीटर तक ऊंचा है। यहां का ज्यादातर भाग छोटानागपुर पठार का हिस्सा है। प्रदेश के कुल क्षेत्रफल का 29.61 प्रतिशत हिस्सा वन-क्षेत्र है, जिसकी वजह से झारखंड को 'जंगलों की भूमि' कहा जाता है। झारखंड में बड़ी-बड़ी नदियों की घाटियां भी हैं जैसे दामोदर, उत्तरी कोयल, ब्रह्माणी, खड़कई, शंख, बराकर एवं स्वर्णरेखा आदि नदियों की घाटियां। यह धरती वनस्पतियों और जीव-जंतुओं से समृद्ध है। यहां के जंगलों में हाथियों एवं बाघों की बहुतायत है।

इतिहास : झारखंड का इतिहास मगध साम्राज्य के समय से उपलब्ध है, हालांकि विशिष्ट भू-स्थैतिक संरचना, अलग सांस्कृतिक पहचान इत्यादि के कारण झारखंड क्षेत्र को मगध साम्राज्य से पहले से ही एक अलग इकाई के रूप में चिह्नित किया जाता है। भविष्य पुराण में भी इस क्षेत्र का उल्लेख हुआ है। झारखंड के प्रारंभिक इतिहास में यहां के राजवंश की काफी प्रभावशाली भूमिका रही है। यह भी कहा जाता है कि तेरहवीं सदी में ओडिशा के राजा जयसिंह देव को इस प्रदेश के लोग अपना राजा मानते थे। इससे पूर्व इस क्षेत्र में मुख्य रूप से कबीलाई सरदारों का बोलबाला रहा करता था, लेकिन काफी क्षेत्रों में निरंकुशता एवं उनकी मनमानी की वजह से लोगों ने यहां से बाहर के रजवाड़ों से मदद की अपील की, जिसके कारण इस क्षेत्र में बाहरी लोगों का हस्तक्षेप शुरू हुआ। कुछ अच्छे कबीलाई सरदारों, जिनका काम अच्छा था एवं जिनका प्रजा से अच्छा संबंध था, का प्रभाव इस क्षेत्र में बाद तक कायम रहा, उनमें मुख्य रूप से बहुत-से सरदार मुंडा थे।

मुगल सल्तनत के दौरान झारखंड को कुकरा प्रदेश के नाम से जाना जाता था। 1765 के बाद यह ब्रिटिश साम्राज्य के अधीन हो गया। ब्रिटिश शासन के दौरान यहां काफी अत्याचार हुए और अन्य प्रदेशों से आने वाले लोगों का काफी दबदबा हो गया। इस कालखंड में इस प्रदेश में ब्रिटिशों के खिलाफ बहुत-से विद्रोह हुए, जिसे आदिवासी विद्रोह के नाम से जाना जाता है। इनमें संथाल जनजाति के तिल्का मांझी के नेतृत्व में 1771 में किया गया विद्रोह उल्लेखनीय है। 1779 में भूमजी जनजाति ने अंग्रेजों के खिलाफ लड़ाई की। पलामू में चेरो जनजाति ने आंदोलन किया। 1832 के आदिवासी

विद्रोह ने झारखंड में स्थित ब्रिटिश प्रशासन पर बहुत असर डाला। सबसे लंबा और आखिरी आदिवासी विद्रोह बिरसा मुंडा के नेतृत्व में 1895 में हुआ, जो 1900 तक चला।

अलग झारखंड राज्य की मांग लगभग सौ साल पहले प्रारंभ हो गई थी, जब 1900 के आसपास भारतीय हॉकी खिलाड़ी और ओलम्पिक खेलों में भारतीय हॉकी टीम का कप्तान रह चुके जयपाल सिंह मुंडा ने पहली बार तत्कालीन बिहार के दक्षिणी जिलों को मिलाकर झारखंड राज्य बनाने का विचार रखा था। ब्रिटिश शासनकाल के दौरान 1928 में जब साइमन कमीशन भारत आया तो छोटानागपुर उन्नति सभा ने अलग झारखंड राज्य की मांग की, लेकिन उसे नहीं माना गया।

देश की आजादी के समय झारखंड बिहार का हिस्सा बना रहा। भारत सरकार द्वारा 1953 में निर्मित राज्य पुनर्गठन आयोग के समक्ष झारखंड पार्टी ने अलग राज्य की मांग रखी, परंतु उसे स्वीकार नहीं किया गया। 1973 में झारखंड मुक्ति मोर्चा का गठन हुआ, जिसने अलग राज्य के लिए जोरदार मांग की। फिर 1978 में झारखंड पार्टी, रिवोल्यूशनरी सोशलिस्ट पार्टी, बिरसा सेवा दल, हुल झारखंड पार्टी और झारखंड मुक्ति मोर्चा ने मिलकर 'झारखंड अलग राज्य संयुक्त मोर्चा' का गठन किया, जिसने अलग राज्य के लिए आंदोलन प्रारंभ किया। पुनः 1987 में झारखंड कोआर्डिनेशन कमेटी ने राष्ट्रपति को 23 सूत्री मांगपत्र भेजकर अलग राज्य के लिए दावा किया। 1989 में केंद्रीय गृह मंत्री की अध्यक्षता में इस विषय पर चर्चा हुई। 22 जुलाई 1997 को बिहार विधानसभा ने सर्वसम्मति से झारखंड अलग राज्य बनाने का प्रस्ताव केंद्र को भेज दिया।

अलग झारखंड बनाने का सपना 2 अगस्त सन 2000 को साकार हुआ, जब संसद ने इस संबंध में एक बिल पारित किया और उसी साल बिहार के 18 जिलों को मिलाकर 15 नवंबर को (आदिवासी नायक बिरसा मुंडा के जन्म दिन) झारखंड राज्य ने मूर्त रूप ग्रहण किया और भारत का अठाईसवां राज्य बना।

भाषाएं एवं बोलियां : झारखंड की राजभाषा हिंदी है। हालांकि झारखंड में विभिन्न आदिवासी जातियों की अपनी-अपनी बोलियां हैं, जो उनकी पहचान हैं। यहां तीन प्रमुख भाषा समूह हैं—ऑस्ट्रिक या मुंडा भाषा, द्रविड़ तथा इंडो-आर्यन। झारखंड की प्रमुख बोलियों में मुंडारी, संताली, उरांव, खड़िया, हो आदि हैं। संताली, भूमजी, हो, मुंडारी और खड़िया ऑस्ट्रिक या मुंडा भाषा के अंतर्गत आती हैं। बांग्ला, सदरी, मैथिली, पंचपरगनिया, उड़िया, खोरथा, पागपुरी और कुरमाली इंडो-आर्य भाषा के तहत आती हैं। पहाड़िया, कोरवा और ओरांव द्रविड़ भाषा के तहत आती हैं। पूर्वी सिंहभूम और संथाल परगना, गोड्डा, साहिबगंज, दुमका, पकुर, सरायकेला, खरसवन जिलों में लोग ज्यादातर संताली बोलते हैं। रांची, खुंटी, पश्चिम सिंहभूम, लातेहार जिलों और सिमडेगा और गुमला में मुंडारी भाषा बोली जाती है। पश्चिम सिंहभूम और सरायकेला, खरसवन जिलों में लोग हो भाषा बोलते हैं। इनके अतिरिक्त कुडुख, माल्तो, उर्दू आदि भाषाएं एवं बोलियां भी यहां बोली जाती हैं।

संस्कृति : झारखंड की संस्कृति और लोक परंपराएं मूलतः उत्सवधर्मी हैं। यह संस्कृति दामोदर, कोयल, कोल, स्वर्णरेखा, मयूराक्षी आदि नदियों की गोद में हजारों वर्ष पूर्व से पली-बढ़ी है। यहां के सांस्कृतिक जीवन में प्रकृति का बहुत महत्व है, जिसमें प्रकृति पर विजय नहीं, बल्कि उसकी पूजा और उसके साथ सामंजस्य करती सामुदायिकता-सामूहिकता पर आधारित श्रमरस में रची-पगी है। लोग परंपरा के तौर पर पवित्र पौधों को खरीदकर उन्हें अपने घर के आंगन में लगाते हैं। प्रत्येक गांव का अपना पवित्र वृक्ष (सरना) होता है, जहां गांव के पुजारी द्वारा पूजा की जाती है। अविवाहितों का शयनागार होता है। समस्त जीव जगत, समस्त वनस्पतियां गोत्र-टोटम के तौर पर उसके जीवन से जुड़ी हैं। वर्ण व्यवस्था के ऊंच-नीच के सामाजिक ढांचे से मुक्त आदिवासी समाज में सामुदायिकता में प्रबल आस्था है। प्रकृति की दृश्य-अदृश्य शक्तियों, घटना, वस्तु आदि पर लोक समाज स्वाभाविक रूप से आस्था या भरोसा रखता आया है।

झारखंडी समाज प्रकृति की दृश्य-अदृश्य

अच्छी-बुरी शक्तियों में विश्वास करता है और उन्हें प्रसन्न रखने के लिए पूजा-पाठ, अनुष्ठान का सहारा लेता है। यहां के सर्वशक्तिमान ईश्वर सिंगबोंगा, धरमेस, चाला-पच्चो, मरांड़बुरू बोंगा आदि हैं। इनके अतिरिक्त कई अच्छी-बुरी शक्तियां भी विभिन्न अवसरों पर पूजित हैं जो नाद या बोंगा कहलाती हैं, यथा दरहा (गांव की रक्षा करने वाली शक्ति), देसौली (गांव की रक्षा करने वाली स्त्री शक्ति), खूंट नाद (गांव के सीमान्त की रक्षा करने वाली शक्ति), चंडी (शिकार के समय रक्षा करने वाली शक्ति), चोरदेवा (फसल की रक्षा करने वाला देवता), आचराइन (तंग करने वाली बुरी शक्ति), चुड़ैल, भूत आदि।

जनजातीय संस्कृति बाहरी प्रभावों, जैसे ईसाइयत, उद्योगीकरण, नए संचार संपर्कों, जनजातीय कल्याण कार्यक्रमों और सामुदायिक विकास परियोजनाओं के चलते तेजी से बदल रही है। आदिवासियों के साथ-साथ दूसरे लोग मद्य-मदिरा से दूर एक निरामिष जीवन जीते हैं, तो दूसरी ओर चर्च के कंगूरे की चमक, घंटे की ध्वनि, जर्मन-रोमन कैथोलिक-प्रोटेस्टेंट फादर-ब्रदर-सिस्टर्स के सफेद-शफ्फाक वस्त्र पहने लोगों का जीवन है। इन सारी परिस्थितियों ने मिलकर आदिवासी समुदायों को अपने सामाजिक-धार्मिक आचार-विचार, व्यवहार-कर्मकांड, पूजा पद्धति, जीवन शैली में बार-बार बदलाव के लिए अभिप्रेरित किया है।

लोकनृत्य : आदिमानव ने अपनी भावनाओं को व्यक्त करने के लिए सबसे पहला माध्यम जिसे चुना वह नृत्य था। वनस्पतियों, पंछियों और पशुओं को यहां की तेज हवा के झोंकों में झूमते उसने देखा और भाव और अभिव्यक्ति के इस माध्यम को उसने सहज ही अपना लिया। उसे अपने सुख-दुख, खुशी-उल्लास, हर्ष-विषाद व्यक्त करने का सबसे सहज माध्यम थिरकना और नाचना ही लगा। आदि समुदायों में नाचना एकल नहीं होता, गेहूं-धान के पौधे अकेले नहीं झूमते और न ही पंछी अकेले आकाश में कतार बनाते हैं। अतः आदिवासी भी अकेले नहीं

नाचता। उसका हर पर्व-त्योहार हर अनुष्ठान का नृत्य सामूहिक नृत्य है।

झारखंड में कुछ नृत्य पुरुषों के होते हैं या पुरुष प्रधान होते हैं जैसे छऊ नाच, नटुआ नाच, पाइका नाच, मंडा नाच, मरदानी झूमर, फगुआ, घोड़ा नाच आदि। इसी तरह कुछ नृत्य स्त्री प्रधान होते हैं जैसे कली, नचनी, खेलड़ी नाच, जनानी झूमर, अंगनइ, डमकच, मइटकोड़न, पइनकाटन आदि। बच्चों के कुछ खेल नृत्य भी होते हैं तो कुछ महिला-पुरुष दोनों के सम्मिलित नृत्य होते हैं, जैसे ठढ़िया, गोलवारी, लहसुआ, लुझरी आदि। कुछ में मात्र नृत्य और गीत होते हैं। कुछ में नृत्य एवं वाद्य दोनों होते हैं, जैसे छऊ, पइका, नटुआ, मंडा, मइटकोड़न, पइनकाटन, घोड़ा नाच आदि।

लोक संगीत लोक की वाचिक परंपरा का बहुत ही खूबसूरत अंग है। जन-गण के जीवन का कोई भी ऐसा अवसर नहीं है जब वह गाता-बजाता नहीं हो। वह जन्म से मरण तक, ऋतुओं के बदलाव से जुड़े पर्व-त्योहारों पर, श्रम से जुड़े हर सामूहिक-गतिमय अवसर पर गाता बजाता है।

लोकजीवन : झारखंड के लोग प्रकृति के साथ गहरा तादात्म्य रखते हैं। वृक्षों की पूजा एक तरह से वनस्पति जगत के प्रति कृतज्ञता ज्ञापन है। वे मरांगबुरु बोंगा के रूप में पहाड़ और इकिर बोंगा के रूप में नदियों की आराधना करते हैं। श्रम आधारित जीवन मूल्यों ने झारखंडी समाज को स्त्रियों के प्रति सहज-सम्मान भाव का संस्कार दिया है। झारखंडी समाज अपनी स्त्रियों की बुद्धिमत्ता, मस्तिष्क की कुशाग्रता, सियानेपन को 'सियानी' कह कर रेखांकित करता

है। यहां के आदिवासी समाज में विवाह संस्कार भी अपने ढंग का है। यहां लड़की वाले के यहां लड़के वाले की ओर से लोग जाते हैं और विवाह-प्रस्ताव रखते हैं। यहां दहेज प्रथा नहीं है।

झारखंड में अतिथि सत्कार की अपनी परंपरा है। अतिथि के आने पर औरतें थाली में पानी भरा लोटा और उसमें आम का पल्लव रखकर लाती हैं जिससे पैर पखारा जाता है और साथ में पैर पोंछने के लिए एक गमछा देती हैं। इसी तरीके से वर-वधू का भी सत्कार किया जाता है।

झारखंडी-आदिवासी जीवन-मूल्य की सबसे खास बात यह है कि वहां लाभ, लोभ, लूट और वर्चस्व जैसी दुर्भावनाओं का नितांत अभाव है।

झारखंडी लोक-विश्वास, गीत, नृत्य, चित्रकला झारखंड के आदिवासी-गैर-आदिवासी/सदान सारे श्रमशील जनगण मिलकर झारखंडी लोक का गठन करते हैं।

झारखंड के लोगों के परंपरागत परिधान हैं। वे स्वयं वस्त्र का निर्माण करते हैं। पुरुष लुंगी की तरह का चेक वाला वस्त्र पहनते हैं, जिसे पंची पड़हान कहा जाता है। महिलाएं लाल रंग की किनारी वाली साड़ी पहनती हैं, जिसे पढ़िया कहते हैं। आधुनिक युग में परिधान में बदलाव आया है। पुरुष एवं महिलाएं दोनों देश के अन्य हिस्सों की तरह आधुनिक परिधान पहनने लगे हैं।

पर्व-त्योहार : झारखंड आदिवासी-बहुल राज्य है, इसलिए यहां के लोगों में आदिम जीवन का रंग-गंध सभी पर्व-त्योहारों में बिखरा पड़ा है। अंग्रेजी शासन के बाद से यहां बाहरी समुदायों की बढ़ती हुई भारी आबादी के कारण हिंदू, मुस्लिम एवं अन्य धर्मावलंबियों की सांस्कृतिक छटा भी देखने को मिलती है। यहां के लोगों की जीवन शैली, रहन-सहन, पूजा-पाठ, पर्व-त्योहार कालक्रम में एक समान हो गए। फिर भी आदिवासी पर्व-त्योहारों की बात ही कुछ और है। झारखंड के आदिवासी-सदानों (गैर-आदिवासी) के दीर्घ सांस्कृतिक साहचर्य ने पर्व-त्योहारों में भी एकात्मता उत्पन्न कर दी है।

सरहुल प्रकृति परिवर्तन की प्रसन्नता का उल्लासमय त्योहार है। वसंत ऋतु के आगमन के बाद साखू/शाल के फूलों को स्वर्ण-पुष्पों के रूप में सरना में चढ़ाया जाता है। गांव के पाहन-पहनाइन (आदिवासी पुजारी एवं उनकी पत्नी) का सरना स्थल पर सूर्य और पृथ्वी के रूप में प्रतीकात्मक विवाह होता है। घर पर बनी चावल की हड़िया (हलका मादक द्रव्य) का तपान तथा मुर्गे की बलि चढ़ाई जाती है।

करमा त्योहार झारखंड का सर्वाधिक लोकप्रिय पर्व है। भादों की शुक्ल पक्ष एकादशी की रात्रि को यह त्योहार नृत्य, गान, वाद्य एवं पूजन से होता है। बहनें यह पर्व अपने भाइयों की सुख-समृद्धि के लिए करती हैं। लोग इस त्योहार की तैयारी के लिए नए कपड़े, सिंदूर, तेल, दलिया खरीदते हैं और पकवान बनाते हैं। लड़के और लड़कियों को उनके परिवारों द्वारा करम कपड़े दिए जाते हैं जो उनके अविवाहित होने का संकेत देते हैं। जितिया त्योहार आश्विन मास में कृष्ण पक्ष की अष्टमी को मनाया जाता है, जिसमें माताएं अपनी संतान की सुख-समृद्धि तथा दीर्घ जीवन के लिए उपवास करती हैं।

सोहराय मवेशियों की पूजा का त्योहार है। कार्तिक अमावस्या को घर के पशुओं को नदी-तालाब में नहलाकर उनके सींगों पर तेल-घी, सिंदूर लगाया जाता है। गोशाले की साफ-सफाई कर उसके द्वार पर अल्पना सजाकर उसमें गाय-गरुओं का प्रवेश कराया जाता है। इस अवसर पर काली मुर्गी या सूअर की बलि चढ़ाई जाती है। पर्व के दिन गोशाले में पिंड बनाकर गोरेया बोंगा की पूजा की जाती है। सात तरह के अनाजों को पकाकर पखवा बनाया जाता है जो गोशाले के पशुओं को खिलाया जाता है और उसी पखवा का प्रसाद परिवार के सभी सदस्य ग्रहण करते हैं।

फाल्गुन महीने की पूर्णिमा एवं चैत के प्रथम दिवस पर फगुआ अर्थात होली का त्योहार मनाया जाता है। इस दिन स्नान कर पुरखों तथा बोंगा-देवता को हंड़िया का तपान (अर्ध्दर्य), मुर्गे की बलि एवं

पाक-पकवान चढ़ाया जाता है। उसके बाद लोग रंग-अबीर खेलते हैं।

इनके अलावा मंड़ा पर्व, कादो लेटा, धानबुनी, नवाखानी, रोग खदेड़न, आषाढ़ी पूजा, माघे पर्व, टुसू पर्व आदि महत्वपूर्ण पर्व-त्योहार हैं।

कला-शिल्प : झारखंड में प्रकृति का अनित्य सौंदर्य लोक-कलाओं की तरोताजगी का आधार रहा है। लोक-कलाओं के सौंदर्य में श्रमचेतना का महत्वपूर्ण स्थान है। श्रम लोक-सौंदर्य के ऊर्जा रूपांतरण का आनंद स्रोत रहा है। गांव-घर में सोहराई पर्व के पूर्व घर की लिपाई-पुताई के बाद उसे सुंदर स्वरूप प्रदान करने के क्रम में रेखांकन और चित्रांकन किए जाते हैं। इसी प्रकार नवविवाहिता दुल्हन को रखे जानेवाले घर कोहबर की दीवारों को अलंकृत किया जाता है। दोनों तरह के चित्रों में झारखंड की प्रकृति और पशु-पक्षी दर्शाए जाते हैं। दूसरी ओर संतालों की मिट्टी के घर की दीवारों को इतने तरह के प्राकृतिक रंगों से सजाया जाता है कि बिना किसी अन्य अलंकरण या रेखांकन के भी पूरा घर एक मनभावन चित्र-सा दिखता है। साथ संताल परगना में जादूपटिया की भी परंपरा है जिसमें ताड़ के पत्तों पर मृत्यु के बाद स्वर्ग-नरक की परिकल्पनाएं उकेरी रहती हैं।

सुधार आंदोलन : झारखंड के आदिवासी समाज ने औपनिवेशिक सत्ता के खिलाफ तीव्र प्रतिक्रिया की थी। 1767 से 1914 तक क्रांति-उलगुलानों की एक श्रृंखला, एक नैरंतर्य यहां दिखलाई पड़ता है, जिन्हें कुचलने के लिए ब्रिटिश हुकूमत ने बार-बार मार्शल लॉ लगाया, जंगलों-गांवों में सेना को हर अत्याचार की खुली छूट दी। गांव के गांव जलाए गए, खुलेआम फांसी दी गई। दूसरी ओर इन उलगुलानों के मूल कारण भूमि की अवैध लूट को रोकने के लिए उसी हुकूमत ने 'विलकिंसन रूल्स, 1833 संताल परगना सेटलमेंट रेगुलेशन, 1872, छोटानागपुर काश्तकारी अधिनियम, 1908' जैसे बेहतर राजस्व कानून भी दिए।

सारे कानूनों के बावजूद झारखंडी जीवन में सुधार नहीं हो सके। चाहे-अनचाहे आए बहिरागतों की बाढ़ ने झारखंडी समाज को नए-नए सामाजिक-धार्मिक समुदायों के साथ निवास करने, आपसी संबंध व्यवहार निर्धारित करने को विवश किया। यहां के सामाजिक-धार्मिक आंदोलनों में अतीत के स्वर्णयुग की वापसी, ईश्वरपुत्र का आगमन, मांस-मदिरा त्याग, यज्ञोपवीत धारण, तुलसी पौधे की महत्ता, एकेश्वरवाद का आग्रह, बहिरागतों के साथ नाच-गान पर प्रतिबंध आदि सामान्य कारक अक्सर दिखलाई पड़ते हैं। कुछ महत्वपूर्ण सामाजिक-धार्मिक सुधार आंदोलन निम्नलिखित हैं :

भगीरथ मांझी का खरवार आंदोलन, 1871 : बाबा भगीरथ मांझी ने सिंगबोंगा की अराधना, सूअर-मुर्गी को अस्पृश्य मानने, मांस-मदिरा, नृत्य-गायन का त्याग एवं 'साफाहोड़' (पवित्र इंसान) बनने पर जोर देते हुए एक आंदोलन की शुरुआत की। इसका एक अन्य उद्देश्य राजकीय नियंत्रण से मुक्ति प्राप्त करना भी था।

बिरसा मुंडा : बिरसाइत आंदोलन, 1895-1900 : बिरसा आंदोलन की जड़ में भूमि समस्या थी। बिरसा-आंदोलन का उद्देश्य आदिवासी जीवन का संपूर्ण पुनर्गठन, एक विशुद्ध प्राचीन आदिवासी संस्कृति को पुनर्स्थापित करना था। इस आंदोलन के माध्यम से मुंडाओं ने उन सामाजिक-आर्थिक शक्तियों पर, जो उनकी जातीय व्यवस्था को भीतर ही भीतर कुरेदती और खोखली बनाती जा रही थीं, जवाबी हमला करने की कोशिश की थी। बिरसा के सुधारवादी आंदोलन में प्रार्थना, ईश्वर और धरती पर उनके संदेशवाहक (पैगंबर) के रूप में बिरसा के प्रति निष्ठा, एक आचरण संहिता का पालन और बलिदानों का निषेध आदि बातों पर जोर दिया गया था।

टाना भगत आंदोलन, 1914-1920 : 1820 से 1910 तक अकालों की निरंतरता ने एक नए आंदोलन की जमीन तैयार की। शोषक वर्ग की प्रबलता के कारण बेगारी आम बात हो गई थी। नेतरहाट में हिल स्टेशन के निर्माण के लिए पहाड़ पर सड़क, बंगला आदि बनाने के लिए स्थानीय आबादी से पशुवत बेगारी करवाई जा रही थी। उसके विरोध

में जतरा उरांव ने 1914 ईसवी में आंदोलन की शुरुआत की, जिसे टाना भगत आंदोलन कहा जाता है। 'टाना' शब्द का अर्थ है टानना या खींचना। टाना भगत का विश्वास था कि उनकी दशा तभी सुधर सकती है जब वे ईश्वर से तादात्म्य स्थापित कर सकें। इसके लिए उन्होंने कुछ कर्मकांडों का आविष्कार किया और एक निश्चित आचार संहिता तैयार की। अपवित्र वस्तुओं-कर्मों का परित्याग शुद्ध जीवन के लिए आवश्यक था। टाना भगतों ने अखरा में नृत्य, जतरा, शिकार, धुमकुरिया, बलि, मद्यपान, हड़िया तपान सब निषिद्ध कर दिया। वे देवकुरी (मंदिर) में हड़िया-मुर्गा बलि की जगह फूल-मिष्टान्न चढ़ाने लगे। स्वजनों के प्रति प्रेम-सद्‌भावना, सभी जीवों के प्रति दयाभाव, भोजन-आचरण की शुद्धता टाना भगतों को मध्यकालीन संत परंपरा से जोड़ते हैं।

सरना पुनःप्रतिष्ठा आंदोलन : 1931 में झारखंड, विशेषकर छोटानागपुर के विभिन्न आदिवासी समुदायों ने 'सरना' को केंद्र में रखकर अपनी सामाजिक-धार्मिक-राजनीतिक गतिविधियां प्रारंभ कीं। इस सरना केंद्रित आंदोलन के दो उद्देश्य थे। प्रथम तो यह कि इस आधार पर मुंडा, हो, संताल, उरांव जैसे भिन्न-भिन्न आदिवासी समुदायों के बीच एकता कायम की गई। 1932 में प्रथम आदिवासी सम्मेलन चाईबासा में आयोजित किया गया। दूसरे, 1932 से 1934 तक आयोजित ऐसे सम्मेलनों में आदिवासी चिंतकों ने यह स्थापित किया कि सरना स्थल आदिवासियों की आध्यात्मिकता को एक व्यापक परिधि प्रदान करता है। इसने आदिवासी समुदाय को नया आत्मविश्वास दिया। राजनीतिक-सांस्कृतिक गतिविधियों को नए आधार दिए। जयपाल सिंह मुंडा ने 1936-37 में 'आदिवासी महासभा' का गठन किया, जिसे 1949 में झारखंड पार्टी का रूप दिया गया।

पंडित रघुनाथ मुर्मू : ओल चिकी आंदोलन, 1954 : आदिवासी भाषाओं की एक लिपि तैयार करने और अपने साहित्य का सृजन करने के लिए संताली लिपि 'ओल चिकी' आंदोलन प्रारंभ किया गया। बीस के दशक में पंडित रघुनाथ मुर्मू ने इस लिपि का निर्माण किया था। पंडित मुर्मू ने सोचा कि जब तक संताल अपनी भाषा, साहित्य, परंपराओं एवं संस्कृति से भलीभांति परिचित नहीं होंगे, उसके प्रति जागरूक नहीं होंगे तब तक लोग उन्हें तुच्छ समझते रहेंगे और उनकी उपेक्षा करेंगे। इस समुदाय को अपनी तरक्की एवं विकास के लिए अपने अंदर एक तीव्र अस्मिता का बोध पैदा करना होगा। इस आंदोलन ने सामाजिक नैतिकता, संताल जनजाति के शानदार अतीत और उनकी प्राचीन संस्कृति को पुरुज्जीवित करने और संताल समाज के सांस्कृतिक जागरण में महती भूमिका निभाई। इसके फलस्वरूप संताली साहित्य को एक नई राह और एकता का नया आधार मिला।

गुरु लको बोदरा : आदि समाज आंदोलन : हो समाज ने गुरु लको बोदरा के नेतृत्व में 'आदि समाज आंदोलन' की शुरुआत की। गुरु लको हो भाषा के उत्थान और उसके माध्यम से आदिवासी समाज का पुनर्जागरण कर रहे थे। उन्होंने 50 के दशक में वरड़ूग क्षिति लिपि का आविष्कार किया। सैकड़ों हो युवक-युवतियों ने इस लिपि के प्रचार-प्रसार के लिए अपनी रचनात्मक ऊर्जा अर्पित की। गुरु लको बोदरा ने कई पुस्तकें लिखीं और एक सांस्कृतिक आंदोलन शुरू किया। इसके साथ ही गुरु लको बोदरा ने धार्मिक-सामाजिक पुनरुत्थान की भी शुरुआत की और हो समाज की बुरी प्रथाओं को दूर करने का प्रयास किया।

महतो-कुर्मी महासभा आंदोलन, 1923-75 : झारखंड के महतो-कुर्मी समाज ने 1930 के आजादी के आंदोलन में सक्रियता से भाग लिया। बिहार-उत्तर प्रदेश के कुर्मियों ने गुजरात के पटेलों और महाराष्ट्र के कुनबी से एकात्मता अभियान चलाया। कुर्मी-महतो समाज की सांस्कृतिक रूप से सचेतनता ने झारखंड मुक्ति मोर्चा (1973) के लिए हिरावल दस्ता और आधार वर्ग की भूमिका निभाई।

भूमिज क्षत्रिय सुधार आंदोलन, 1935 : भूमिज अपनी जाति को हिंदू जाति प्रथा के पदानुक्रम में प्रवेश दिलाना चाहते थे। वे क्षत्रिय बनना चाहते

थे। उनमें सबसे धनी भूमिजों ने मुर्गा और नशा-सेवन बंद कर, विधवा-विवाह और भूमिज दफन क्रियाओं को त्याग दिया। कांग्रेस पार्टी के सुधार कार्यक्रम से प्रेरित होकर एक प्रमुख भूमिज, दीनबंधु सिंह ने भूमिजों के रीति-रिवाज में सुधार लाने और अपनी जाति को राजपूत जाति में सम्मिलित करने के लिए 1935 में मानभूम भूमिज-क्षत्रिय समिति का गठन किया। इस आंदोलन ने इस समाज में जाग्रति लाने में महान भूमिका निभाई।

राजमोहिनी देवी का सुधार आंदोलन, 1952-75 : राजमोहिनी देवी ने 1951-52 में एक नए आंदोलन की शुरुआत की और सबसे भाईचारे के भाव को विकसित करने, राष्ट्र सेवा में जीवन अर्पित करने, मांस-मदिरा का त्याग करने, स्वच्छता-शुद्धता को अपनाने तथा आर्थिक स्थिति में सुधार तथा सामाजिक-धार्मिक बुराइयों को दूर करने पर बल दिया।

सिद्धू-कानू बैसी का गठन, 1966-70 : सामाजिक-सांस्कृतिक स्तर पर सुधार का अभियान चलाने के लिए संताल परगना के संतालों ने सिद्धू-कानू बैसी नामक एक संगठन की शुरुआत की। इसका उद्देश्य संताल, पहाड़िया व अन्य आदिवासियों के बीच शिक्षा की गति को तीव्र करना, आदिवासी अर्थव्यवस्था को सुधारना तथा आदिवासियों के शोषण को समाप्त करना था।

सोनोत संताल समाज, 1971 : शिबू सोरेन की प्रेरणा एवं मार्गदर्शन में 'सोनोत संताल समाज' का गठन हुआ, जिसका उद्देश्य नशापान, दहेज आदि सामाजिक बुराइयों का उन्मूलन, पुस्तकों, पत्रिकाओं का संताली में प्रकाशन द्वारा संताली भाषा का विकास, महाजनों एवं अन्य लोगों द्वारा गैर-कानूनी ढंग से ली गई संतालों की भूमि की वापसी आदि था।

झारखंड मुक्ति मोर्चा का टुंडी आंदोलन, 1973 : अपनी ग्रामीण अर्थव्यवस्था को गति और ऊर्जा प्रदान करने तथा अपने समाज को सुधारने व पुनः सशक्त करने के लिए 1973 में धनबाद जिले में टुंडी प्रखंड के संताल किसानों ने एक आंदोलन की शुरुआत की। मोर्चा ने लोगों को सामाजिक बुराइयों, जैसे नशापान, अशिक्षा, अंधविश्वास आदि से लड़ने तथा ग्रामीण अर्थव्यवस्था एवं समाज के नवीकरण के लिए संगठित किया। उसने किसानों के बीच सामूहिक खेती प्रारंभ की। इसका आदिवासी घरेलू अर्थव्यवस्था एवं महिलाओं की स्थिति पर हितकारी प्रभाव पड़ा। सामाजिक-धार्मिक अवसरों, जैसे विवाह संस्कार, पर बेकार के खर्चों पर बहुत-सी कटौतियां की गईं।

कृषि और उद्योग : झारखंड को वानस्पतिक एवं जैविक विविधता का भंडार कहा जाता है। झारखंड के 80 प्रतिशत से अधिक लोग किसान हैं, हालांकि पठारी क्षेत्र होने के कारण झारखंड की कृषियोग्य भूमि मात्र 23 प्रतिशत है। यहां की मुख्य फसलें हैं धान, गेहूं, मकई, जौ, तिल, मूंग, उड़द, चना, तिलहन आदि। तरबूज, ककड़ी आदि फल भी यहां काफी होते हैं।

झारखंड वनसंपदा की दृष्टि से काफी समृद्ध है। यहां शीशम, जामुन, पलाश, सेमल, करम, महुआ, बांस, नीम, तेंदू पत्ता, चिरोंजी, गोंद आदि के पेड़ प्रचुर संख्या में हैं।

झारखंड में लोहा, कोयला, माइका, बाक्साइट, फायर-क्ले, ग्रेनाइट, कायनाइट, सेलीमाइट, चूना पत्थर, यूरेनियम, चांदी, सोना, कायनाइट और दूसरी खनिज संपदाओं की प्रचुरता है। इसकी वजह से यहां उद्योग-धंधों का जाल बिछा हुआ है। झारखंड में भारत के कुछ सर्वाधिक उद्योगीकृत स्थान, जैसे जमशेदपुर, रांची, बोकारो एवं धनबाद इत्यादि स्थित हैं। भारत का पहला और विश्व का पांचवां सबसे बड़ा इस्पात कारखाना टाटा स्टील जमशेदपुर में है। एक और बड़ा इस्पात कारखाना बोकारो स्टील प्लांट बोकारो में है। भारत का सबसे बड़ा आयुध कारखाना गोमिया में है। इसके साथ ही सीमेंट कारखाना, तांबा उद्योग, कांच उद्योग, सिंदरी का रासायनिक खाद उद्योग, चाईबासा का लौह उद्योग, अल्युमिनियम उद्योग और अनेक कुटीर उद्योग फैले हैं।

शिक्षा एवं चिकित्सा संस्थान : झारखंड की साक्षरता दर 2011 के आंकड़ों के अनुसार 67.63 प्रतिशत है,

जिसमें साक्षर पुरुषों का प्रतिशत 78.45 तथा साक्षर महिलाओं का प्रतिशत 56.21 है। यहां सरकारी एवं निजी विद्यालयों एवं शिक्षण संस्थाओं का एक बड़ा संजाल है। जनजातीय प्रदेश होने के बावजूद यहां कई नामी सरकारी एवं निजी कॉलेज हैं, जो कला, विज्ञान, अभियांत्रिकी, मेडिसिन, कानून और प्रबंधन में उच्च स्तर की शिक्षा देने के लिए विख्यात हैं।

झारखंड में सात विश्वविद्यालय हैं। इनमें रांची विश्वविद्यालय, रांची, सिद्धू कान्हू विश्वविद्यालय, दुमका, विनोबा भावे विश्वविद्यालय, हजारीबाग, बिरसा कृषि विश्वविद्यालय रांची, बिरला प्रौद्योगिकी संस्थान, मेसरा (रांची), कोलाहन विश्वविद्यालय, चाईबासा, झारखंड राय विश्वविद्यालय, रांची, नीलांबर पीतांबर विश्वविद्यालय, मेदिनीनगर आदि प्रमुख हैं। इनके अतिरिक्त कई प्रौद्योगिकी संस्थान भी हैं, जिनमें राष्ट्रीय धातुकर्म प्रयोगशाला, जमशेदपुर, राष्ट्रीय खनन शोध संस्थान, धनबाद, भारतीय लाह शोध संस्थान, रांची, राष्ट्रीय मनोचिकित्सा संस्थान, रांची, जेवियर प्रबंधन संस्थान, एक्सएलआरआई, जमशेदपुर आदि प्रमुख हैं।

झारखंड में कई मेडिकल कॉलेज हैं, जिनमें राजेंद्र इंस्टिट्यूट ऑफ मेडिकल साइंसेस, रांची, पाटलिपुत्र मेडिकल कॉलेज एंड हॉस्पीटल, धनबाद, बोकारो कैंसर अस्पताल, मानसिक चिकित्सा संस्थान, रांची, टाटा मेन अस्पताल, जमशेदपुर आदि प्रमुख हैं।

पर्यटन स्थल : झारखंड में धार्मिक और सांस्कृतिक महत्व के अनेक स्थान हैं। जमशेदपुर में डिमना झील और दलमा वन्य अभयारण्य हैं। देवघर वैद्यनाथ मंदिर के लिए विख्यात है। हुंडरू जलप्रपात, दलमा अभयारण्य, बेतला राष्ट्रीय उद्यान, श्री समेद शिखरजी जैन तीर्थस्थल (पारसनाथ) इस प्रदेश के प्रमुख पर्यटन स्थल है। बेतला राष्ट्रीय अभयारण्य (पलामू) लगभग 250 वर्ग किमी में फैला हुआ है। यहां विविध वन्य जीव, जैसे बाघ, हाथी, भैंसे, सांभर, सैकड़ों तरह के जंगली सूअर एवं 20 फुट लंबा अजगर, चित्तीदार हिरणों के झुंड, चीतल एवं अन्य स्तनपायी प्राणी इस पार्क की शोभा बढ़ाते हैं।

परिवहन : झारखंड के अधिकांश शहरों में सड़क परिवहन अच्छी तरह से विकसित है। राष्ट्रीय राजमार्ग भी बड़ी संख्या में हैं। राष्ट्रीय राजमार्ग 2, 27, 33 इस राज्य से होकर गुजरते हैं। आदिवासी इलाकों से शहर तक बस से सफर किया जा सकता है। झारखंड का रेल मार्ग भी सघन है। रेल के जरिए ज्यादातर जिले जुड़े हैं। इसके अलावा रांची में एक हवाई अड्डा है जिसका नाम बिरसा मुंडा हवाई अड्डा है, जो देश के प्रमुख शहरों मुंबई, दिल्ली, कोलकाता और पटना से जुड़ा है।

रणेंद्र

अधिक जानकारी के लिए :

1. **झारखंड एन्साइक्लोपीडिया** : खंड 4 : **झारखंडी संस्कृति : लोक आलोक** : रणेंद्र (संपा.), 2. **आदिवासी अस्तित्व और झारखंडी अस्मिता के सवाल** : रामदयाल मुंडा, 3. **लोक संस्कृति** : वसंत निरगुणे, 4. **छोटानागपुर : इतिहास एवं संस्कृति** : बी वीरोत्तम, 5. **ट्राइबल मुवमेंट्स इन इंडिया** : के सुरेश सिंह, 6. **झारखंड** : अनुज कुमार धान, मंजु ज्योत्सना

झुंड वृत्ति

अपने निजी सोच के बजाय आस-पास या कई लोगों की देखा-देखी आचरण करने की वृत्ति झुंड वृत्ति (Mole Mentality) कहलाती है। खरबूजे को देखकर खरबूजा रंग बदलता है, यह मुहावरा यहां चलता है। इसे 'भीड़ की बुद्धि' भी कहा जाता है, जब गुस्से में आ कर किसी झूठी सूचना या उकसाने में जनता विध्वंस और हिंसा में संलग्न हो जाती है। झुंड वृत्ति से प्रभावित व्यक्ति सही-गलत का फैसला अपने सोच या तर्क के आधार पर कम, दूसरों द्वारा किए गए फैसलों के अनुरूप ज्यादा करता है जिनसे वह प्रभावित होता है या जिनका अनुकरण करना उसका संस्कार बन चुका है। इसे भेड़चाल भी कहते हैं। सॉरेन कीर्केगार्द (1813-1855) और नीत्शे (1844-1900) ने अपने विचारों में इसके खतरों की तरफ सर्वप्रथम चिंतन किया। इसका एक विपरीत मामला रवींद्रनाथ

ठाकुर (1861-1941) के आह्वान 'एकला चलो रे' में है।

अर्थशास्त्र में जिसे 'डिमोन्स्ट्रेशन इफेक्ट' कहा जाता है, वह उपभोक्ताओं की इसी वृत्ति की मिसाल है। इसमें खरीदी जाने वाली वस्तुएं उपभोक्ता की आय अथवा जरूरत के तहत नहीं, दूसरों की देखा-देखी, नकलस्वरूप ली जाती हैं। इस वृत्ति का, उपभोक्ता और निवेशकों की गुत्थी खोलता पूरा मनोविज्ञान है जिस पर सिगमंड फ्रायड (1856-1938) तथा थोर्सटीन वेबलेन (1857-1929) ने अपने निष्कर्ष दिए हैं। वेबलेन की 'द थियरी ऑफ द लेजर क्लास' झुंड वृत्ति की परख के लिए महत्वपूर्ण पुस्तक है।

विज्ञापन तथा मीडिया के प्रभाव पर छोटे-मोटे सैकड़ों निवेशक शेयरों की खरीद-बेच कर डालते हैं, बिना यह सोचे कि बड़े निवेशक ने वह फैसला किन कारणों से या मजबूरी में लिया है। इसी कारण शेयर बाजार अकारण ही टूटता या उछाल मारने लगता है।

मनोविज्ञानियों के अनुसार झुंड वृत्ति एक सहज स्वाभाविक वृत्ति है जो लोगों को कुछ हद तक पुरखों से मिली है। भेड़-बकरियां या दूसरे जानवर स्वभावतः झुंड में रहते हैं ताकि सुरक्षित महसूस कर सकें, उसी तरह मनुष्य भी अपने को समूह में रखकर सुरक्षित महसूस करता है। ऐसा वह प्रायः विवेक से नहीं बल्कि दूसरे का अनुसरण करते हुए करता है। धर्म, राजनीति और फैशन को झुंड वृत्ति के बड़े उदाहरणों की तरह देखा जा सकता है। संबंधित कारोबारी इसी वृत्ति की आड़ में प्रस्तुतियां देकर लाभ कमाते हैं। झुंड वृत्ति के कारण धर्मभीरु लोग अपने और दूसरों के लिए मुसीबतें खड़ी करते हैं।

झुंड वृत्ति समुदाय और राष्ट्रों के स्तर पर भी पाई जाती है। राष्ट्रवाद, जातिवाद, धार्मिक कट्टरता, नस्लवाद, समुदायवाद जब झुंड वृत्ति का रूप ले लेते हैं तो दूसरे राष्ट्रों, जातियों, नस्लों और समुदायों के प्रति शत्रुता का भाव पैदा करने लगते हैं और यह भाव अशांति, संघर्ष और कई बार युद्धों का कारण बनते हैं। फिर आदमी सही राह चुन नहीं पाता।

ओमा शर्मा

अधिक जानकारी के लिए :

1. **The Instincts of the Herd in Peace and War** : Wilfred Trotter, 1914, 2. **The Theory of the Leisure Class** : Thorstein Veblen, 1899 (2005), 3. **Crowds and Power** : Elias Canetti, 1960

॥ ट ॥

टामस बैबिंगटन मैकाले
(1800-1859)

टामस बैबिंगटन मैकाले एक इतिहास लेखक और शिक्षाविद था, जो 1834 में गवर्नर जनरल के बोर्ड का चौथा सदस्य बनकर भारत आया। उसे आते ही जन शिक्षा समिति का प्रधान बना दिया गया। उस समय समिति के पांच सदस्यों का मत यह था कि यूरोपीय ज्ञान विज्ञान ही अंग्रेजी माध्यम से पढ़ाए जाएं और पांच जो प्राच्यवादी थे, उनका मत यह था कि भारत की भाषाओं और साहित्य को प्रोत्साहन दिया जाए। मैकाले ने इस विवाद से संबंधित मिनिट (बैठक का विवरण) 2 फरवरी 1935 को गवर्नर जनरल के सामने प्रस्तुत कर दिया, जिसे ऐतिहासिक माना जाता है। मैकाले ने पश्चिमी और भारतीय का विवाद सदा के लिए समाप्त करते हुए मिनिट में अंग्रेजी के पक्ष में जो तर्क रखे, वे इस प्रकार हैं, 'अंग्रेजी आधुनिक ज्ञान की कुंजी है। यह पश्चिम की भाषाओं में सर्वोपरि है। यह भारत में शासकों द्वारा बोली जाने वाली तथा समुद्री व्यापार की भाषा है। यह भारत में वैसे ही पुनर्जागरण लाएगी, जैसे इंग्लैंड में ग्रीक और लैटिन ले आई थी और जैसे पश्चिमी यूरोप की भाषाओं ने रूस को सुसभ्य बनाया था।' लार्ड बैंटिक ने मैकाले का पक्ष लेते हुए अगले ही महीने इसकी स्वीकृति देकर घोषणा कर दी, 'आगे से शिक्षा से संबंधित संपूर्ण अनुदान अंग्रेजी माध्यम से दी जाने वाली शिक्षा और अंग्रेजी पर ही खर्च होगा।'

टामस बैबिंग्सन मैकाले

मैकाले के 'मिनिट्स' को भारतीय शिक्षा में एक बड़ा मोड़ माना जाता है। रामचंद्र गुहा यहां तक कहते हैं कि भारत की राष्ट्रीय भाषाओं की उन्नति मैकाले की दूरदर्शी नीति का परिणाम है। दरअसल मैकाले ने कलकत्ता में राजा राममोहन राय और उनके सहकर्मियों के सुधारवादी कार्यों और औपनिवेशिक आधुनिकता के रुझानों से प्रेरित होकर ही अंग्रेजी शिक्षा और पश्चिमीकरण का रास्ता दिखाया था। वह कंपनी के हित को सर्वोपरि समझता था। इसलिए उसने 'मिनिट्स' में अपना लक्ष्य भी स्पष्ट कर दिया था, 'फिलहाल हमें एक ऐसे वर्ग के निर्माण का भरसक प्रयास करना चाहिए, जो हमारे लोगों और हमारे लाखों शासितों के बीच एक दुभाषिए का कार्य कर सके। ऐसे मनुष्यों का वर्ग जो रक्त और वर्ण से भारतीय हों लेकिन रुचि, सोच, नैतिकता और बुद्धि से अंग्रेज हों।' मैकाले की योजना कामयाब हुई, लेकिन जिस तरह ग्रीक और लैटिन द्वारा पुनर्जागरण लाने के बाद इंग्लैंड ग्रीक और लैटिन में ही फंसा नहीं रह गया, वहां अंग्रेजी खड़ी हुई, उसी तरह भारतीय नवजागरण और राष्ट्रीय मुक्ति आंदोलन के दौर में अंग्रेजी के वर्चस्व के बावजूद राष्ट्रीय भाषाएं खड़ी हुईं।

जन शिक्षा समिति में जिन अंग्रेजों ने मैकाले की नीति का विरोध किया था, उनमें से एक एच टी प्रिंसेप का कहना था, '1813 की चार्टर की 43वीं धारा के अनुसार आर्थिक अनुदान भारत की

जनभाषाओं की समृद्धि के लिए खर्च करना चाहिए। पूर्व स्वीकृत अनुदान को वापस लेना अन्यायपूर्ण है।' (भारत में अंग्रेजी राज, सुंदरलाल)। लार्ड बैंटिक ने 'मिनिट्स' पर यह भी आदेश दिया था, 'महामहिम के ध्यान में यह बात आई है कि जनशिक्षा कमेटी ने एक बड़ी निधि प्राच्य कृतियों के प्रकाशन में व्यय की है। महामहिम निर्देश देते हैं कि अब से अनुदान का कोई अंश इस प्रकार के कार्य में न लगाया जाए।' (वही)। भारतीय भाषा की उन्नति से सरकार के हाथ खींचने की यह पहली घटना है, पर अंतिम नहीं।

मैकाले ने अपनी नीति की सफलता पर गदगद होकर 1836 में अपने पिता को एक पत्र लिखा था, 'कोई हिंदू ऐसा नहीं है, जिसने अंग्रेजी पढ़कर अपने धर्म से सच्चा लगाव रखा हो। मेरा विश्वास है कि यदि मेरी शिक्षा नीति सफल हो जाती है तो तीस वर्ष के भीतर बंगाल के भले घरानों में एक भी हिंदू नहीं रह जाएगा। यह सब बिना धर्म प्रचार के, किंचित भी हस्तक्षेप से दूर रहकर, केवल स्वाभाविक ढंग से ज्ञान और विचार के प्रसार से हो जाएगा।' (हिस्ट्री ऑफ एजुकेशन इन इंडिया, एस एन मुखर्जी)। यह औपनिवेशिक आधुनिकीकरण और एक तरह का सांस्कृतिक आक्रमण था, जो शक्ल बदलता रहता है। 1857 के बाद औपनिवेशिक शासन की केंद्रीय नीति थी—फूट डालो और पश्चिमी बनाओ। यह भारतवासियों का एक तरफ बौद्धिक उपनिवेशन था और दूसरी तरफ संकीर्णता से भरा भेदभाव था जिसके कारण 1939 में 30 करोड़ हिंदुस्तानियों को नियंत्रण में रखने के लिए सिर्फ 65 हजार गोरे सिपाही थे। सोचा जा सकता है कि 19वीं सदी में कितने कम गोरे सैनिक रहे होंगे। फिर भी वे अत्याचार ढाह सके, क्योंकि उनके पक्ष में अंग्रेजी शिक्षा के शिकार काले बुद्धिजीवी खड़े थे।

शंभुनाथ

टिप्पणी

कोई पुस्तक, आलेख या विवरण पढ़ते हुए यदि उस पर या उसके किसी अंश पर किसी प्रकार की जिज्ञासा, संदेह या कोई महत्वपूर्ण विचार मन में पैदा हो तो हाशिए पर या नीचे उसके संबंध में अपनी तरफ से कुछ लिखने को टिप्पणी कहते हैं। टिप्पणी में वस्तुपरक आधार पर मत की स्वतंत्रता होती है, भिन्न मत भी रखा जा सकता है। कोई पुस्तक या लेख पढ़कर किसी पाठक या अन्य लेखक के मन में जो प्रतिक्रिया पैदा होती है, उसे मौखिक या लिखित रूप में व्यक्त करने को भी टिप्पणी कहा जाता है। पत्र-पत्रिकाओं में ही विभिन्न विषयों पर टिप्पणियां छपी नहीं होतीं, टीवी और सोशल साइट पर भी देश-दुनिया की विभिन्न घटनाओं पर टिप्पणियां सुनने-देखने-पढ़ने को मिलती हैं।

कार्यालयी टिप्पण : टिप्पण एक प्रक्रिया है और टिप्पणी उस प्रक्रिया का परिणाम है। कार्यालयों में किसी पत्र के प्राप्त होते ही उस पर कार्यवाही का जो सिलसिला शुरू होता है उसे टिप्पण कहते हैं। इसका स्वरूप साहित्यिक या राजनीतिक टिप्पणियों से भिन्न होता है। सरकारी कार्यालयों में इस कार्य के हर चरण में की गई कार्रवाई यानी सुझाव, निर्देश, दर्ज किए गए तथ्य, सूचनाएं आदि टिप्पणी हैं। वस्तुतः विचाराधीन मामलों को निपटाने के लिए उन पर जो बातें लिखी जाती हैं उन्हें टिप्पणी कहते हैं। टिप्पणी लिखने का उद्देश्य निर्णय की जाने वाली बातों को अधिकारी के समक्ष इस रूप में प्रस्तुत करना होता है कि उसके आधार पर निर्णय लिया जा सके। कार्यालयों के बीच पत्र-व्यवहार करने हेतु पत्राचार के विभिन्न रूपों का प्रयोग किया जाता है, परंतु किसी कार्यालय में बाहर से आए हुए पत्रादि पर कार्रवाई करने से पूर्व एक या एक से अधिक अधिकारियों तथा सहायकों में वस्तुस्थिति को समझने और संक्षेप में प्रस्तुत करने की आवश्यकता होती है। इन सब कार्यों को करने, कराने के लिए फाइलों आदि पर

जो कुछ लिखित रूप में प्रस्तुत किया जाता है उसे कार्यालयी टिप्पणी कहा जाता है।

टिप्पण तटस्थ भाव से और अन्य पुरुष में लिखा गया ऐसा मंतव्य है, जिसमें लेखक विचाराधीन नीति, योजना, प्रश्न, प्रकरण आदि के पूर्वापर से संबद्ध आदेश आदि का परीक्षण एवं तद्‌विषयक कानूनी, आर्थिक तथा व्यावहारिक पहलुओं के पक्ष-विपक्ष पर सोच-विचार कर कार्रवाई करने हेतु आंशिक या पूर्ण स्पष्टीकरण, सुझाव, तथ्य आदि प्रस्तुत करता है।

किसी प्रश्न पर निर्णय मौखिक चर्चा के बाद भी लिया जा सकता है, किंतु टिप्पणी एक स्थायी रिकार्ड होती है जिसे आवश्यकतानुसार प्रमाण के रूप में देखा जा सकता है। फाइल पर लिखी टिप्पणी देख कर बताया जा सकता है कि कोई निर्णय कब, किन परिस्थितियों में, किन नियमों के अंतर्गत, किसके द्वारा लिया गया।

टिप्पणी लेखन की शैली सीधी, सरल तथा सुसंगत होनी चाहिए। अपेक्षा की जाती है कि टिप्पणियां विषयसंगत होने के साथ ही शिष्ट और संतुलित व्यावहारिक भाषा में लिखी जाएं और भाषा का स्वरूप निर्वैयक्तिक हो। आदेश या सुझाव देते समय अधिकारी को टिप्पणी के वास्तविक मुद्दों तक ही सीमित रहना चाहिए। लंबी टिप्पणियों के अंत में एक पैराग्राफ में संक्षेप में और स्पष्ट रूप में विचाराधीन मामले का सार होना चाहिए। किसी मामले में स्पष्ट भूलों/गलतबयानी की ओर ध्यान आकर्षित करना आवश्यक हो या किसी मत की आलोचना करना हो तो शिष्ट और संतुलित भाषा में अभिमत लिख कर किसी भी प्रकार के व्यक्तिगत दोषारोपण से बचना चाहिए। जब किसी विचाराधीन मामले में बहुत-से महत्वपूर्ण मुद्दे उठाए गए हों और प्रत्येक मुद्दे में विस्तृत जांच की आवश्यकता हो तो संबंधित सहायक को प्रत्येक मुद्दे पर अलग-अलग टिप्पणी लिखनी चाहिए।

फाइल में आधिकारिक टिप्पणी लिखने का दायित्व सहायक अनुभाग अधिकारी पर होता है। सही टिप्पणी का प्रयोजन समस्या का उचित रूप से विश्लेषण करना; प्रासंगिक नियमों, विनियमों, नीतियों एवं आधिकारिक नियमों का उल्लेख करना; उपलब्ध विकल्पों पर प्रकाश डालना और उचित सुझाव देते हुए उत्तर तैयार करना है। टिप्पण का उद्देश्य प्राप्त पत्र में दिए गए विषय पर सभी तथ्यों और उनके पूर्ववृत्त की जानकारी संबंधित अधिकारी को देने के साथ ही उस विषय में संभव कार्यवाही और विकल्प स्पष्ट करते हुए योग्य तर्क प्रस्तुत करना भी है जिससे संबद्ध अधिकारी उस समस्या को अच्छी तरह समझ सके। टिप्पणी में संबद्ध विषय की पिछली जानकारी भी होती है और आगे समाधान के लिए सुझाव भी।

महेंद्र राजा जैन

टी एस एलियट
(1888-1965)

प्रसिद्ध अंग्रेजी कवि, निबंधकार, नाटककार और सामाजिक आलोचक टॉमस स्टंर्स एलियट (Thomas Stearns Eliot) ने हार्वर्ड विश्वविद्यालय के साहित्यिक परिवेश में काव्य सृजन शुरू किया था। 1907 से 1910 तक वे 'हार्वर्ड एडवोकेट' में अपनी कविताएं प्रकाशित करते रहे और दो वर्ष तक इस पत्रिका का संपादन भी किया। इसके बाद तर्कशास्त्र, तत्वज्ञान, संस्कृत और पालि

टी एस एलियट

चारों विषयों को मिलाकर दर्शनशास्त्र में पीएच डी की उपाधि प्राप्त की। एफ एच ब्रैडले पर उनका शोध प्रबंध उनकी मृत्यु के पश्चात 'नॉलेज एंड एक्सपीरिएंस' शीर्षक से प्रकाशित हुआ। हार्वर्ड विश्वविद्यालय के अतिरिक्त उन्होंने ऑक्सफोर्ड, सॉबोर्न (फ्रांस) और फिलिप्स (जर्मनी) के विश्वविद्यालयों में भी कुछ समय अध्ययन किया। 1915 में वे लंदन गए। वहीं उन्होंने ब्रिटिश साहित्यिक पत्रिका 'इगोइस्ट' के सहकारी संपादक का दायित्व संभाला। 1922 में त्रैमासिक पत्रिका 'क्राइटेरियन' की स्थापना की और संपादन किया, जिसकी उनके साहित्यिक यश विस्तार में अविस्मरणीय भूमिका थी। 'द वेस्टलैंड' नामक उनकी विश्व प्रसिद्ध कविता पहले-पहल 1922 में 'क्राइटेरियन' में ही प्रकाशित हुई थी। उनकी काव्य-कृतियों में 'द लव सांग ऑफ एल्फर्ड प्रूफ्रोक' (1915), 'द वेस्टलैंड' (1922), 'फॉर क्वार्टर्स' (1943), और नाटकों में 'मर्डर इन द कैथिड्रल' (1935), 'द फैमिली रियूनियन' (1939) तथा 'द कॉकटेल पार्टी' (1950) को विशेष ख्याति प्राप्त हुई। आलोचना के क्षेत्र में 'द सेक्रेड वुड' (1920), 'होमेज टु जॉन ड्राइडन' (1924), 'एलिजबेथेन एसेज' (1934) और 'एसेज एंशेंट एंड मॉडर्न' (1936) काफी प्रसिद्ध हुए। 1948 में उन्हें नोबेल पुरस्कार मिला।

सृजन और आलोचना : दो विश्व युद्धों के बीच सृजन कर्म में सक्रिय एलियट के विचारों में परंपरा और आधुनिकता का अद्‌भुत ढंग से मेल था। इसी समय कविता में आत्मनिवार्सन-अजनबीपन का गहरा अहसास और व्यक्ति की अस्मिता का संकट खुलकर सामने आया, किंतु एलियट आगे चलकर नाटकों में अध्यात्म की ओर झुकते चले गए। उन पर एक ओर दांते और एलिजाबेथेन तथा जेकोबियन नाटकों का प्रभाव था तो दूसरी ओर उन्नीसवीं शताब्दी के फ्रांसीसी प्रतीकवादियों की छाप उनकी शैली पर दिखाई देती है। आलोचक के रूप में एलियट एक ऐसे विचारक हैं जिन्होंने अपनी पीढ़ी की रुचि और विचार-चेतना को बहुत दूर तक प्रभावित किया। उन्होंने अपनी आलोचना को 'कविता कार्यशाला' (पोएट्री वर्कशॉप) का उपजात (बाई-प्रोडक्ट) या 'काव्य-सृजन के प्रसंग में अपने चिंतन का विस्तार' घोषित किया है। इस कथन से जाहिर है कि काव्य-निर्माण के प्रसंग में उन्होंने जो चिंतन मनन किया है, उसी से उनकी आलोचना को आधार मिला है। एलियट अपने सृजन अनुभव से इस निश्चय पर पहुंचे हैं कि कारयित्री (क्रिएटिव) और भावयित्री (क्रिटिकल) प्रतिभाएं परस्पर पूरक हैं। अतः सर्जक और आलोचक एक ही व्यक्ति को होना चाहिए। इस कथन का अर्थ है कि अच्छा सर्जक ही अच्छा आलोचक हो सकता है। एलियट के काव्य चिंतन पर विचार करने वाले अधिकांश आलोचकों ने कहा है कि एक अर्थ में एलियट का कथन ठीक है, पर इसे नियम के रूप में स्वीकार नहीं किया जा सकता। अच्छा रचनाकार अच्छा आलोचक हो, यह आवश्यक नहीं है। ध्यान देने की बात यह है कि एलियट की आलोचना मुख्यतः सर्जक की दृष्टि से लिखी गई है, उसमें पाठक की दृष्टि गौण रही है।

परंपरा और वैयक्तिक प्रतिभा : एलियट ने व्यक्तिबद्ध रोमांटिक काव्य मूल्यों का खंडन किया। रोमांटिक कवियों ने कविता को सहज अंतःस्फूर्त सृष्टि माना था। एलियट की चर्चा इस सिद्धांत के विरोधी के रूप में हुई। उन्होंने जोर देकर कहा कि कवि के व्यक्तित्व और जीवनगत राग-द्वेष का विवेचन उसके काव्य के विवेचन के लिए अप्रासंगिक है। काव्य की रचना एक निर्वैयक्तिक साधना है जिसमें कवि को कलात्मक उद्देश्य के प्रति पूर्णतः आत्मसमर्पण करना पड़ता है। 'परंपरा और व्यक्तिगत प्रज्ञा' (ट्रेडीशन एंड द इंडिविजुअल टेलेंट) नामक निबंध में उन्होंने रोमांटिक सिद्धांत का विरोध करते हुए साफ कहा कि 'कविता कवि व्यक्तित्व की अभिव्यक्ति या आत्माभिव्यक्ति नहीं है वरन व्यक्तित्व से पलायन है। व्यक्तित्व का अनवरत निषेध है।' इस कथन के मूल में विलियम वर्ड्सवर्थ के 'सहज भावोच्छ्‌वास सिद्धांत' का विरोध है। इसके अनुसार कविता को घोषित तौर पर 'तीव्रतम भावों की प्रबल अंतःस्फूर्त अभिव्यक्ति' कहा गया था। इस रोमांटिक

काव्य सिद्धांत के अनुसार कविता, कवि के मनोवेगों का उद्‌गार है। कवि की सत्ता, काव्य-सत्ता के साथ एकाकार है।

एलियट ने प्रभाववादी समीक्षा के प्रति भी घोर असंतोष व्यक्त किया। प्रभाववादी समीक्षा पद्धति पर प्रहार करते हुए उन्होंने कहा, 'इस पर अधिक विचार नहीं किया जाना चाहिए, क्योंकि यह उन मानसों को प्रभावित करती है जो इतने दुर्बल और आलसी हैं कि मूल कलाकृति का सामना करने से कतराते हैं।' अंग्रेजी आलोचना से उन्हें शिकायत है कि आलोचक 'अपनी व्यक्तिगत अभिरुचि का संस्कार' मात्र ढोते रहते हैं। एलियट के विचार में गेटे तथा कॉलरिज जैसे आलोचनात्मक अंतर्दृष्टि संपन्न आलोचक भी इस दोष से मुक्त नहीं हैं। उन्होंने 'द सेक्रेड वुड' नामक अपनी पुस्तक में बार-बार इस बात पर बल दिया कि आलोचक को व्यक्तिगत भावों से मुक्त होकर मूल रचना या कला कृति पर ही ध्यान केंद्रित करना चाहिए। उदाहरण के तौर पर एलियट का कथन है, 'आलोचना मूल संवेदना का विकास है—निकृष्ट आलोचना मात्र भावाभिव्यक्ति।' कहना न होगा कि एलियट कवि से ध्यान हटाकर कविता पर केंद्रित होने की बात करते हैं, 'कविता का अस्तित्व मात्र वही नहीं है जो कवि ने सोचा था अथवा जो पाठक सोचता है और न इसके अस्तित्व की यही सीमा बांधी जा सकती है कि लेखक का इसके विषय में क्या मंतव्य था या पाठक के ऊपर वह क्या प्रभाव डालती है।' इस बात को स्पष्ट करते हुए वे कहते हैं, 'यदि हम कवि द्वारा बताई गई सामग्री के आधार पर अथवा कवि के जीवनीपरक अध्ययन के द्वारा कविता की व्याख्या करने की कोशिश करेंगे तो कविता से निरंतर दूर होते जाएंगे और किसी गंतव्य पर नहीं पहुंचेंगे। कविता के स्रोतों की छानबीन द्वारा कविता की व्याख्या करने का प्रयास मूल कविता से ध्यान हटाकर किसी ऐसी वस्तु की ओर मोड़ देगा जिसका कविता से कोई संबंध नहीं है और जो उस पर कोई प्रकाश नहीं डालती।' वास्तव में कविता का अपना स्वतंत्र स्वायत्त अस्तित्व है जिसका कवि के व्यक्तिगत भावों तथा जीवन-प्रसंग से जुड़ी घटनाओं से कोई सीधा रिश्ता नहीं होता है।

एलियट ने स्पष्ट कहा, 'हम केवल यही कह सकते हैं कि कुछ मायनों में कविता का अपना स्वतंत्र जीवन होता है। उसके कुछ हिस्से मिलकर ऐसा रूप ग्रहण कर लेते हैं जो एक निश्चित क्रम में व्यवस्थित जीवनीपरक आँकड़ों से भिन्न होते हैं और जो अनुभूति या विचार या जीवन दृष्टि कविता के माध्यम से प्रतिफलित होती है वह कवि के मानस में विद्यमान अनुभूति या भाव या जीवन दृष्टि से भिन्न होती है।' एलियट ने यहां तक कहा है कि 'जो आलोचक इतिहास या दर्शन को आलोचना का आधार बनाना चाहते हैं वे आलोचक नाम के अधिकारी नहीं हैं। वे अरस्तू की तारीफ करते हैं। कारण, उनकी दृष्टि पूरी तरह दृढ़ता के साथ वस्तु पर ही केंद्रित थी।' जॉनसन की प्रशंसा वे इसलिए करते हैं कि 'उन्होंने अपनी दृष्टि को साहित्येतर मूल्यों से धूमिल नहीं होने दिया।' एलियट का आलोचना से तात्पर्य है लिखित शब्दों के माध्यम से कलाकृतियों का भाष्य और निरूपण, साथ ही कलाकृतियों का स्पष्टीकरण और अभिरुचि का परिष्कार। इसी को संशोधित-संपादित करने के बाद उन्होंने कहा कि आलोचना का काम है—'साहित्य की समझ तथा आस्वाद चेतना में अभिवृद्धि करना।'

एलियट के मत में आलोचक का सबसे बड़ा गुण होना चाहिए, 'यथार्थबोध अधिक से अधिक विकसित हो'। यथार्थबोध धीरे-धीरे विकसित होता है और उसका विकास 'सभ्यता के चरमोत्कर्ष' का बोधक होगा। आलोचक के प्रमुख उपकरण हैं—तुलना और विश्लेषण जो सच्चे सौंदर्यबोध को सामने लाने में सक्षम हो सकते हैं। आलोचना का प्रधान उद्देश्य है—कलाकृति की समझ और आनंद के लिए भूमि तैयार करना।

आलोचना का मूल प्रयोजन है—रुचि परिष्कार। रुचि परिष्कार से अभिप्रेत है—ऐसे काव्य के लिए पाठक को तैयार करना जिससे वह परिचित नहीं है और यदि परिचित है तो उस काव्य को नई दृष्टि

से देखने-समझने की स्थिति या आवश्यकता पर ध्यान केंद्रित कराना। यह कार्य इसलिए विशेष है कि काव्य-सृजन की जब कभी कोई नई प्रवृत्ति या धारा फूटती है तो उसे स्वीकृति प्राप्त करने में तमाम अवरोधों का सामना करना पड़ता है। इसका कारण यह है कि सामान्य पाठक अभ्यस्त लीकों या संस्कारों को छोड़कर सर्वथा अपरिचित और अनभ्यस्त को अपनाना नहीं चाहता। हिंदी में 'छायावाद' और 'नई कविता' को इसी वजह से विरोधों का सामना करना पड़ा था।

दरअसल, एलियट जिस समय सृजन और आलोचना के क्षेत्र में आए उस समय अंग्रेजी कविता ह्रासोन्मुख और आलोचना दिशाहीन थी। उन्नीसवीं शताब्दी के आरंभ में वर्ड्सवर्थ, कॉलरिज, शेली आदि ने जिस आलोचना का सूत्रपात किया था उसमें कवि-व्यक्तित्व, भावना, कल्पना की प्रधानता थी। मैथ्यू आर्नल्ड ने एक हल्का-सा प्रयास रोमांटिक आलोचना को सुधारने का किया, किंतु वे साहित्य से अधिक संस्कृति की ओर और काव्य से अधिक धर्म की ओर झुकते गए। इस कारण उन्हें अपेक्षित सफलता नहीं मिली। उन्नीसवीं शताब्दी के अंतिम चरण में 'कला कला के लिए' (वाल्टर पेटर, ऑस्कर वाइल्ड आदि) पर आधारित सिद्धांत साहित्यिक मंच पर उभरे। इन्होंने एक अतिवाद को जन्म दिया। इसी बीच सैंट्सबरी की ऐतिहासिक और जीवनीमूलक आलोचना सामने आई। सार-संक्षेप यह कि आलोचना की प्रचलित पद्धतियों में कृतिकार की प्रधानता थी और कलाकृति गौण थी। इसलिए एलियट को घोषणा करनी पड़ी, 'सच्ची आलोचना का लक्ष्य कवि नहीं, बल्कि काव्य है।' एलियट के इसी संकल्प ने पूरी शताब्दी की व्यक्तिवादी आलोचना पद्धति को चुनौती देकर उसे नई दिशा की ओर आलोचना को मोड़ दिया।

परंपरा पर विचार करते हुए एलियट ने 'संस्कृति' की ओर भी ध्यान दिया और कहा कि उसका संबंध धर्म से है। संस्कृति की इसी अवधारणा को दृष्टि में रखकर उन्होंने संपूर्ण यूरोप को एक सांस्कृतिक इकाई के रूप में देखा जिसके दो साधक तत्व हैं—ईसाई धर्म तथा यूनान और रोम का दाय। दोनों यूरोप की 'सेक्रेड ट्रेडिशन' की सम्मिलित परंपरा के प्रधान आधार हैं। परंपरा की बात करते हुए एलियट कवि-भूमिका की व्याख्या सर्जक के रूप में करते हैं और न ही मात्र माध्यम के रूप में। प्रश्न उठता है कि व्यक्तित्व या भावों से 'पलायन' का क्या अर्थ है? एलियट का स्पष्टीकरण है कि 'कविता भावों का उच्छलन नहीं बल्कि भावों से पलायन है। परंतु इसमें संदेह नहीं कि जिनके पास व्यक्तित्व और भाव होते हैं, केवल वे ही जानते हैं कि इनसे पलायन चाहने का अर्थ क्या होता है।' वास्तव में एलियट का विरोध व्यक्तित्व से नहीं 'व्यक्ति तत्व' की अनियंत्रित अभिव्यक्ति से प्रतीत होता है।

आधुनिक आलोचना में परंपरा और व्यक्तिगत प्रतिभा के रचनात्मक संबंध का यह प्रभावशाली चिंतन यूरोप के बौद्धिक परिवेश की नई चुनौतियों से जन्मा। एलियट को गहरी जड़ों वाली परंपरा में रूढ़ि और मौलिकता के बीच स्पष्ट भेद करना था, ताकि वे सभ्यता के संकट को उसके मूलभूत दायरे में समझकर व्याख्यायित कर सकें। एलियट ने कहा है, 'किन्हीं मताग्रही विश्वासों को पूर्ण रूप से प्रधान रूप से बनाए रखना परंपरा नहीं है, ये विश्वास तो परंपरा के निर्माण क्रम में रूप ग्रहण करते हैं। परंपरा से जो मेरा अभिप्राय है उसमें बहुत कुछ शामिल है। उसमें वे अभ्यासजन्य क्रियाकलाप, आदतें और रीति-रिवाज, अत्यंत महत्वपूर्ण धार्मिक कर्मकांडों से लेकर किसी अजनबी को अभिवादन करने के हमारे परंपरागत तरीके भी शामिल हैं जो एक ही स्थान पर बसे जन-समुदाय के बीच रक्त-संबंधों को प्रकट करते हैं।'

एलियट के लिए 'परंपरा' के व्यापक अर्थ के साथ एक संकुचित अर्थ भी था। संकुचित अर्थ था यूरोपीय परंपरा के अंतर्गत ईसाई धर्म की परंपरा में विश्वास। संक्षेप में, एलियट की परंपरा और वैयक्तिक प्रतिभा-संबंधी मान्यताओं को इस प्रकार रखा जा सकता है :

1. यूरोपीय परंपरा पर विचार करते हुए एलियट का यह मत था कि प्रत्येक राष्ट्र, प्रत्येक प्रजाति की अपनी सर्जनात्मक ही नहीं, आलोचनात्मक मानसिकता भी हुआ करती है।

2. किसी रचनाकार की महत्व-प्रतिष्ठा करते समय हम प्रायः उसकी वैयक्तिक विशिष्टताएं खोजकर दिखाने का प्रयत्न करते हैं। उसके पूर्ववर्ती कवियों से उसकी भिन्नता को पहचानने में ही हमें प्रसन्नता होती है। किंतु यदि हम ठीक से खोज-बीन करें तो पाएंगे कि किसी कवि की रचना के श्रेष्ठ ही नहीं, सर्वथा वैयक्तिक पक्ष भी वही होते हैं जिनमें उसके पूर्ववर्ती रचनाकारों का प्रभाव प्रभावशाली ढंग से व्यक्त हुआ होता है। जाहिर है, 'व्यक्तिगत प्रतिभा (प्रज्ञा)' परंपरा से विच्छिन्न निरपेक्ष या असंबद्ध वस्तु नहीं है। परंपरा से गहरे अर्थों में जुड़कर ही कवि अपनी वैयक्तिक सामर्थ्य को अधिक प्रभावी रूप में उजागर कर सकता है। हिंदी में तुलसीदास और निराला, इसके अच्छे उदाहरण हैं कि कैसे रामकाव्य परंपरा से जुड़कर इन कवियों ने 'रामचरितमानस' और 'राम की शक्ति पूजा' को नूतन काव्योत्कर्ष में ढाल दिया। इन कृतियों में 'वैयक्तिक प्रज्ञा' के प्रस्फुटन में परंपरा बाधक न बनकर सहायक सिद्ध हुई है।

3. रचनाकार के लिए परंपरा सांस की तरह सहज, स्वाभाविक, अनिवार्य और नैसर्गिक क्रिया है। कुछ भी सोचते-सुनते-पढ़ते समय उसके गुण-दोषों का अहसास मानव विवेक स्वयं करता चलता है। अभिव्यक्ति या रचना प्रक्रिया में कभी परंपरा मौन होती है, कभी मुखर। कभी टकराहट संघर्ष की मुद्रा में होती है, कभी विपरीत दिशा में। लेकिन परंपरा का रचनाकार के साथ एक संघर्ष-संवाद बराबर चलता रहता है।

4. परंपरा के प्रति गहरे लगाव का अर्थ हठधर्मिता या अंधानुकरण एकदम नहीं है। अंधानुकरण से मौलिकता नष्ट हो जाती है। परंपरा की व्यापकता अर्थवत्ता तो सृजन कर्म की नवीनता-मौलिकता में ही प्रतिफलित होती है। एलियट ने जोर देकर कहा है, 'परंपरा को दाय या विरासत के रूप में प्राप्त नहीं किया जा सकता, उसकी प्राप्ति के लिए कठोर तप-साधना या श्रम आवश्यक है।'

5. परंपरा का अर्थ है—इतिहासबोध। कवि में 'इतिहासबोध' होना चाहिए। इतिहासबोध का तात्पर्य अतीत के अतीतत्व से ही नहीं है, अपितु उसकी वर्तमानता का अनुभव भी है। इतिहासबोध अपनी पीढ़ी के रचना-कर्म को ध्यान में रखकर लिखना नहीं है, बल्कि उसमें होमर-वर्जिल से लेकर पूरे यूरोप के साहित्य, साथ ही अपने देश का समग्र साहित्य, दोनों का अस्तित्व हुआ करता है। हिंदी में ऐसी परंपरा को विकसित करने का परिश्रम जयशंकर प्रसाद और अज्ञेय के सृजनकर्म में दिखाई देता है। एलियट यदि अपने सृजन में अपने पुरखे होमर आदि को बोलते पाते हैं तो हमें प्रसाद के सृजन में वैदिक ऋषियों की वाणी की अनुगूंज मिलती है। अज्ञेय को जब टी एस एलियट के निबंध 'ट्रेडिशन एंड द इंडिविजुअल टैलेंट' का अनुवाद 'रूढ़ि और मौलिकता' नाम से करने की प्रेरणा मिली तो इस प्रेरणा के मूल में अपनी परंपरा की रूढ़ि या बासीपन को झाड़कर मौलिकता को ग्रहण करने की समस्या थी।

6. एलियट का मानना था कि 'परंपरा' कोई मृत वस्तु नहीं है। मृत या निरर्थक वस्तु को 'परंपरा' की संज्ञा देना समीचीन नहीं है। वस्तुतः परंपरा एक निरंतरता है, अविच्छिन्न प्रवाह है जो अतीत के साहित्यिक-सांस्कृतिक दाय अथवा धरोहर या विरासत के उत्तमांश से वर्तमान को संपन्न और सार्थक बनाती है तथा भविष्य के लिए मार्ग प्रशस्त करने का महत्वपूर्ण कार्य करती है। इस दृष्टि से परंपरा का विस्तार देश और काल दोनों में होता है।

7. परंपरा के संदर्भ में विशेष बात यह है कि किसी भी कवि या कलाकार की अर्थवत्ता केवल अपने-आप अकेलेपन में नहीं होती। उसकी सही अर्थवत्ता, उसकी प्रशंसा दिवंगत या पूर्ववर्ती कवियों-कलाकारों की सापेक्षता में ही होती है। उसका अकेलेपन में मूल्यांकन नहीं किया जा सकता, साम्य-वैषम्य के लिए उसे पूर्ववर्ती रचनाकारों के साथ रखकर देखना आवश्यक है। साम्य-वैषम्य

के निर्धारण में किसी कृति का महत्व बढ़ जाता है, किसी का घट जाता है। अतीत को वर्तमान से उसी तरह परिवर्तित होना चाहिए जिस तरह वह वर्तमान से नियंत्रित-निर्देशित होता है।

8. ध्यातव्य है कि कवि को अतीत या परंपरा का ज्ञान होना चाहिए किंतु यह ज्ञान इतना भारी न पड़े कि कवि चेतना को आक्रांत कर ले। कई बार अतिशय अतीत ज्ञान के बोझ से काव्य-संवेदना (Poetic Sensiblity) निर्जीव हो जाती है या प्रभावहीन होकर बिखर जाती है। कवि के लिए अतीत की चेतना को विकसित करते रहना जरूरी हैं और उसे आजीवन विकसित करना है–'कलाकार की प्रगति सतत आत्मबलिदान में है, व्यक्तित्व के सतत आत्मसमर्पण या आत्मपरित्याग में है। व्यक्तित्व के इस निर्वैयक्तीकरण (Depersonalization) से ही कला विज्ञान की स्थिति को प्राप्त कर सकती है।'

टी एस एलियट की निर्वैयक्तिकता (Des-personalization) से संबंधित धारणा भारतीय काव्यशास्त्र में रस सिद्धांत के अंतर्गत मिलने वाले 'साधारणीकरण' के नजदीक है, किंतु एलियटीय निर्वैयक्तिकता को साधारणीकरण समझना गलत है। एलियट ने काव्य सृजन में कवि व्यक्तित्व की तात्विक उपस्थिति से अपना विरोध बराबर दर्ज किया है।

एलियट के विचार से कविगत भाव और काव्यगत भाव की प्रकृति में मूलभूत अंतर है। कविगत अनुभूत भाव की प्रकृति प्रेरक घटना प्रसंगों से निर्धारित होती है, जबकि काव्यगत भावों का चरित्र सृजन प्रक्रिया के दौरान सामान्य भावों के विशिष्ट उपयोग से निर्मित-सृजित होता है। कवि के द्वारा रचना में ऐसे भावों की सृष्टि भी संभव है, जिनका कवि ने अपने निजी जीवन में अनुभव ही न किया हो। उसने जिन भावों का कभी अनुभव किया ही नहीं, वे समय पर उसके वैसे ही काम आते हैं जैसे उसके परिचित भाव। एलियट के मत से काव्य में स्थान पाने के लिए भावों का कवि के अनुभव की राह से आना जरूरी नहीं है। उनके अनुसार, 'ईमानदार आलोचना और संवेदनात्मक सराहना का लक्ष्य कवि नहीं है, बल्कि कविता है।' काव्य-सृजन प्रक्रिया में निजी और व्यक्तिगत अनुभवों के हस्तक्षेप को अमान्य ठहराने के बाद एलियट जब व्यक्तित्व के पलायन से अपना मंतव्य स्पष्ट करते हैं तो उसका अर्थ होता है व्यक्ति तत्व का तिरस्कार–अर्थात निर्वैयक्तीकरण। वे विज्ञान की वास्तुकला की प्रतिष्ठा करते हैं और रोमांटिक भाव बोध की आवेशी विषयपरकता से सीधा इनकार करते हैं। एलियट का कथन है कि कविता भावों का उन्मोचन नहीं है–बल्कि भावों से मुक्ति है, वह व्यक्तित्व की अभिव्यंजना नहीं है, बल्कि व्यक्तित्व से पलायन है।

एलियट ने अपने मंतव्य को स्पष्ट करने के लिए एक बेजोड़ दृष्टांत दिया है। जब ऑक्सीजन और सल्फर डाइ-ऑक्साइड से युक्त कक्ष में प्लैटिनम के बारीक तार का प्रवेश कराया जाता है तो क्या घटित होता है। ऑक्सीजन और सल्फर डाइ-ऑक्साइड मिलकर सल्फ्यूरीक एसिड बन जाते हैं। यह संयोजन तभी घटित होता है जब प्लैटिनम मौजूद हो, फिर इस नव-निर्मित गैस में प्लैटिनम का कोई चिह्न नहीं बचता और स्वयं प्लैटिनम पर भी कोई प्रभाव नहीं पड़ता, वह निष्क्रिय, तटस्थ और अपरिवर्तित रहता है। कवि का मानस प्लैटिनम का तार है। हो सकता है वह व्यक्ति के अनुभव से अंशतः या पूर्णतया परिचालित हो। पर कलाकार जितना सिद्ध होगा उसके भीतर के भोक्ता मानव और स्रष्टा मानव के बीच का पार्थक्य उतना ही स्पष्ट होगा। इसके विपरीत, कमजोर कवि अपने ही भावों को अभिव्यक्त करने का प्रयास करता है। नतीजा यह होता है कि उसका काव्य अप्रौढ़ता को प्राप्त हो जाता है।

एलियट के अनुसार, कलाकृति के आस्वादन से उत्पन्न अनुभूति किसी भी अन्य साधन से उत्पन्न अनुभूति से भिन्न होती है। आई ए रिचर्ड्स काव्यानुभूति और अन्य अनुभूतियों में भेद स्वीकार नहीं करते, जबकि एलियट स्वीकार करते हैं। दोनों के दृष्टिकोण एक-दूसरे के एकदम विपरीत हैं। एलियट मानते हैं कि कवि का मन एक ऐसा पात्र है

जिसमें अनंत संवेदन, वाक्यांश, बिंब आदि संचित रहते हैं और वे तब तक उसमें वैसे ही पड़े रहते हैं, जब तक सर्जन का क्षण नहीं आता। सर्जन के क्षण में वे अपना-अपना स्वरूप त्याग कर और नए रूपों में संयोजित होकर कला का विग्रह धारण कर लेते हैं। इसमें महत्व भावों की महत्ता या तीव्रता का नहीं है, बल्कि कलात्मक प्रक्रिया की तीव्रता का है।

एलियट लंबे समय तक इस धारण पर डटे रहे कि कविता को कविता के रूप में ही देखना-परखना चाहिए। 1920 में 'द सेक्रेड वुड' तथा 1956 में 'फ्रंटियर्स ऑफ क्रिटिसिज्म' निबंध तक इसी धारणा की पुष्टि होती है। उनका मत है कि जैसे कवि पक्ष में सृजन के लिए निर्वैयक्तिकता आवश्यक है वैसे ही आलोचक में आस्वाद और परख के लिए आवश्यक है। कलाकृति पर विचार करते समय आलोचक को हर तरह के दुराग्रह और आग्रहों से मुक्त होना चाहिए।

एलियट जीवन के अंतिम दिनों में 'कवि व्यक्तित्व के पूर्ण निषेध' वाली धारणा को लेकर डगमगाने लगे और कह उठे कि अपने व्यक्तित्व का अतिक्रमण न कवि के लिए संभव है न आलोचक के लिए। 'कविता का उपयोग' (द यूज ऑफ पोएट्री) में एलियट के इस बदलाव को देखकर आश्चर्य व्यक्त किया गया।

ऐसा लगता है कि जीवन भर रोमांटिक मिजाज का विरोध करते-करते वे जीवन के दुर्बल क्षणों में 'रोमांटिसिज्म' और 'क्लासिसिज्म' से अनजाने ही समझौता करने को तैयार हो गए। अपने प्रसिद्ध निबंध 'थ्री वायसेज ऑफ पोएट्री' में कहने लगे कि कविता का प्रथम स्वर वह है जिसमें कवि अपने को संबोधित करता है या फिर न अपने को न किसी अन्य को ही संबोधित करता है। दूसरे स्वर में, कवि किसी न किसी पाठक समुदाय को संबोधित करता है। तीसरे स्वर में कवि कोई ऐसी विशिष्ट बात कहता है जिसे स्वयं अपने व्यक्ति रूप में नहीं कह सकता। एलियट नाटकीय, अर्ध-नाटकीय, अनाटकीय स्वरों की बात कहते हैं और अनाटकीय स्वर 'मैं और तुम' से मुक्त शुद्ध निर्वैयक्तिकता की स्थिति है, जिसमें निजता गल जाती है। ध्यान में रखने की बात यह है कि एलियट की निर्वैयक्तिकता संबंधी अवधारणा एकदम सरल सीधी रेखा नहीं है।

एलियट के 'Objective correlative' की व्याख्या में भी वैयक्तिक भावों के निर्वैयक्तिकता में रूपांतरण होने की प्रक्रिया निहित है।

एलियट की एक बहुचर्चित अवधारणा है– 'संवेदनशीलता का असाहचर्य'। माना जाता है कि इसके लिए एलियट फ्रांस के कवि-आलोचक रेमी द गुर्मो (1858-1915) के ऋणी हैं। महान कवि और महान काव्य में वैयक्तिकता और परंपरा, समकालिकता और चिरंतनता, भावुकता और बौद्धिकता, भाव और विचार, कथ्य और रूप का गहन सामंजस्य रहता है। इनमें से किसी एक पक्ष के दुर्बल, विकलांग, खंडित होते ही काव्य उत्कर्ष बाधित हो जाता है। महान काव्य की महानता और व्यापक 'दृष्टि' (Vision) पर आश्रित रहती है। एलियट से पहले कॉलरिज ने काव्य में 'विरुद्धों के सामंजस्य' (Reconcilition of 0pposites) के महत्व की प्रतिष्ठा की थी। कॉलरिज के मत से, विरुद्धों में सामंजस्य स्थापना का कार्य कल्पना करती है। एलियट ने 'कल्पना' के स्थान पर 'संश्लिष्ट संवेदनशीलता' (Unified Sensibility) को महत्व दिया, जहां कवि की संवेदना में हृदय और बुद्धि एकीकृत हो जाते हैं। कवि व्यक्तित्व में मन, इंद्रियां, भाव, विचार, बुद्धि और हृदय परस्पर अभिन्न हो जाते हैं। भाव या विचार के इसी साहचर्य को एलियट 'विचार का प्रत्यक्ष ऐंद्रिक बोध अथवा संवेदन में विचार का रूपांतरण' नाम देते हैं। संवेदना न मात्र भाव है न मात्र विचार। वह दोनों के रासायनिक योग से निर्मित होती है। कमजोर या दुर्बल काव्य में भाव और विचार की एकरूपता विघटित हो जाती है, इससे काव्योत्कर्ष की क्षति होती है। एलियट इसी को 'संवेदनशीलता का असाहचर्य' कहते हैं।

एलियट के मत से भाव और विचार का गहरा साहचर्य अंग्रेजी मेटाफिजिकल कवियों तथा

शेक्सपियर में देखा जा सकता है। बाद के कई कवियों की संवेदनाशीलता में दरार पड़ जाती है, वह खंडित हो जाती है। नव्य-आभिजात्यवादी कवियों में बुद्धिवाद की मार के कारण विचार का अतिरेक हो जाता है और स्वच्छंदतावादी कवियों में भावातिरेक कविता को कमजोर कर देता है। वर्ड्सवर्थ इतने भावाविष्ट हैं कि विचार को अनावश्यक मान लेते हैं। वे यहां तक कह देते हैं कि बुद्धि के हाथों काव्य की हत्या हो जाती है।

एलियट के अनुसार, प्रत्येक देश का अपना काव्य और काव्य चरित्र होना चाहिए, ताकि उस समाज की संवेदनशीलता के परिष्करण को, चेतना के विस्तार को समझा जा सके। अन्य कलाओं से काव्य इस अर्थ में भिन्न है कि जिस भाषा में उसकी रचना होती है, उस भाषा के लोगों के लिए उसका जितना मूल्य है, उतना दूसरों के लिए नहीं हो सकता। गद्य की तुलना में काव्य अपने मूल चरित्र में अधिक स्थानीय होता है। यही कारण है कि सभी कलाओं में काव्य राष्ट्रीय अस्मिता का अधिक वहन करता है। अनुभूतियों की सर्वाधिक समर्थ अभिव्यक्ति जनता की सामान्य व्यवहार की भाषा में होती है, जिसका उपयोग समाज के सभी वर्ग समान रूप से करते हैं। वस्तुतः भाषा की संरचना, लय, ध्वनि, मुहावरेदानी—सभी उस भाषा में बोलने वालों के जातीय या वंशानुगत चरित्र को सामने लाते हैं।

काव्य भाषा : कवि का पहला दायित्व अपनी जाति की भाषा के प्रति है—उसके विस्तार, संस्कार और परिष्कार के प्रति है। एक अच्छा कवि भावों और संवेदनाओं का खोजी होता है। वह इस कार्य से भाषा को विकसित और संपन्न बनाता है। यदि किसी भाषा में महान कवियों की परंपरा में निरंतरता नहीं है तो उस भाषा और संस्कृति का नाश हो जाता है। यह भी संभव है कि वह संस्कृति अपना अस्तित्व खोकर विलीन ही हो जाए।

यदि किसी देश का अपना कोई जीवित साहित्य नहीं है तो वह अपने अतीत से कटता जाएगा और एक दिन उससे इतना कट जाएगा कि अपना ही देश विदेशी और अपरिचित लगने लगेगा। भौतिक परिवर्तनों से जीवन पद्धति बदलती है तो भाषा भी बदलती है। यदि समर्थ प्रज्ञा वाले थोड़े-से रचनाकार भी उस भाषा में नहीं हैं तो लोगों की अभिव्यक्ति ही नहीं अनुभूति-क्षमता का भी ह्रास होता जाएगा। हालत इतनी बदतर हो सकती है कि स्थूल भावों की अनुभूति में भी हम असमर्थ साबित हों।

काव्य भाषा के ज्यादातर मुद्दों पर एलियट ने वर्ड्सवर्थ से सहमति जाहिर की है। भाषा की क्षमता भावों, विचारों और अनुभूतियों का संप्रेषण करने की शक्ति से आंकी जानी चाहिए। दरअसल काव्यगत संवेदनशीलता ही मानव जीवन के अनेक पक्षों की जटिलता को ठीक से जज्ब कर पाती है। अतः काव्य भाषा किसी भाषा की व्यंजकता, प्रौढ़ता और संप्रेषण क्षमता का प्रमाण है। यह सच है कि एलियट की भाषा संबंधी धारणाओं पर दांते और वर्ड्सवर्थ की गहरी छाप है। दांते से ही एलियट ने सीखा है—शब्द का सार्थक प्रयोग, भाषा की समृद्धि तथा भाषा की रक्षा। इस प्रकार निष्कर्ष रूप में एलियट ने माना है कि (1) प्राचीन-नवीन का सहज साहचर्य (2) ग्रामीणों की साधारण, सार्थक, सटीक भाषा के शब्दों-लयों का नया प्रयोग (3) आडंबररहित, स्वच्छ शब्द-संपदा का विकास (4) शब्दों एवं भावों का पूर्ण सामंजस्य (5) काव्य भाषा का संगीत से निकट का संबंध, क्योंकि काव्य का संगीत उसके अर्थ से पृथक नहीं है (6) शब्द माधुर्य ही काव्य का संगीत है। संगीत से श्रोता तत्काल प्रभावित होते हैं और अर्थ का विचार बाद में करते हैं। (7) काव्यार्थ पहले ही निर्धारित वस्तु नहीं है। कवि ने जो सोचा है, कविता उससे भिन्न और उससे अधिक हो सकती है। (8) विभिन्न पाठकों के लिए एक ही कविता के अर्थ भिन्न-भिन्न हो सकते हैं। ये सभी उस अर्थ से भी भिन्न हो सकते हैं जो लेखक के मन में मौजूद था। (9) काव्य भाषा में अनेकार्थकता (Ambiguity) का कारण है-साधारण भाषा की अपेक्षा कविता में अर्थ का विशिष्ट संदर्भ।

एलियट की आलोचकीय महत्ता नई आलोचना के संस्थापकों के रूप में है। वे नई आलोचना में

पाठ की अतिकेंद्रीयता का प्रतिरोध करने से भी नहीं चूके। उनका निबंध 'ट्रेडीशन एंड इंडिविजुअल टैलेंट' कृति या पाठ को परंपरा के परिप्रेक्ष्य में देखकर उसे अन्य कृतियों से जोड़ता है तो नई आलोचना की इस अवधारणा को ध्वस्त भी करता है कि कृति या पाठ का अन्य कृतियों या पाठों से कोई संबंध नहीं है। एलियट ने अंग्रेजी साहित्य में मेटाफिजिकल कविता में रुचि को पुनर्जीवित किया। उन्होंने अपनी पीढ़ी के अलावा हार्टक्रेन, ऐलेन टेट, टैड ह्यूज, ज्योफ्रे हिल, सीमस हीनी आदि को प्रभावित किया। उन पर एंटी-सेमिटिक होने के आरोप लगे जिनका क्रेग रेन ने 'इन डिफेंस ऑफ टी एस एलियट' (2001) तथा 'टी एस एलियट' (2006) नामक किताबों में प्रतिवाद किया। टैरी ईगलटन ने ऐसे बचावों की उपयुक्तता पर सवाल खड़े किए। पिछले दशकों में एलियट का प्रभाव कम हुआ है, पर हेरोल्ड ब्लूम तथा स्टीफन ग्रीनब्लाट जैसे आलोचक अंग्रेजी साहित्य तथा आलोचना परंपरा में उनके योगदान को अभी भी स्वीकारते हैं।

हिंदी में अज्ञेय की रचना दृष्टि पर एलियट का प्रभाव देखा जा सकता है।

कृष्णदत्त पालीवाल

अधिक जानकारी के लिए :
1. **पाश्चात्य काव्यशास्त्र :** देवेंद्रनाथ शर्मा, 2. **टी एस एलियट :** कृष्णदत्त शर्मा, 2003, 3. **On Poetry and Poets :** T S Eliot, 1957, 4. **Selected Prose of T S Eliot :** Frank Kermode, 1975

टीका

टीका अथवा भाषा टीका लिखने की परंपरा संस्कृत साहित्य में प्राचीन काल से रही है। संस्कृत साहित्य के सूत्र-रूप लेखन के कारण शिष्यों और छात्रों के लिए कोई गंभीर ग्रंथ सदैव दुरूह और गूढ़ बना रहता है जिसके परिणामस्वरूप उसे सरल और सुबोध तथा संदर्भानुसार अभिग्राही बनाने के लिए वार्तिक एवं भाष्य के साथ-साथ कठिन पदों के सरलीकरण के लिए टीका लिखने के उद्यम किए गए। टीकाएं मूल रूप से किसी ग्रंथ की अनुशीलन परंपरा में आगे बढ़ने के उद्देश्य से लिखी गईं।

'टीक्यते, गम्यते ग्रंथार्थोनया इति टीका', इससे टीका लिखने का उद्देश्य स्पष्ट होता है। किसी गंभीर ग्रंथ पर टीका एक प्रकार की अर्थ-व्याख्या है जिसके माध्यम से मूल पाठ के आंतरिक अर्थ या आशय का अवगाहन किया जाता है। गुंफित अथवा अस्पष्ट शब्दों को अर्थ ग्रहण के लिए सरल एवं सुबोध रूप में प्रस्तुत करना टीका है। शब्दार्थ चिंतामणि (खंड-2) में इसे कठिन (धातु रूप) शब्दों की व्याख्या—'विषमपदव्याख्यानं' कहा गया है। टीका में पाठ के साथ-साथ वैकल्पिक सरल शब्द लिखने की परंपरा भी है जो अंग्रेजी साहित्य में 'ग्लॉस' जैसी प्रतीत होती है। टीका मूल का विवरण या टिप्पणी होने से कभी-कभी वृत्ति, विवृत्ति अथवा विमर्शिनी भी कही जाती है।

सुबोधिनी टीकाएं, परिभाषेंदु टीका, लघुशब्देंदु टीका, दत्तात्रेय आप्टे की गोलाध्याय टीका, मीमांसा दर्शन की तुप-टीकाएं, आनंदाश्रम द्वारा प्रकाशित आचार्य वेंकटनाथ की तात्पर्यचंद्रिकारिका, संक्षेपशारीरिकम ग्रंथ पर पुरुषोत्तम मिश्र की सुबोधिनी और रामतीर्थ की प्रकाशिका टीका, गणेशगीता टीका, संगीतरत्नाकर पर चतुरकल्लिनाथ की कलानिधि टीका, ब्रह्मसूत्र भाष्य, बृहदारण्यक उपनिषद् तथा छांदोग्य उपनिषद्, केनोपनिषद्, कठोपनिषद्, प्रश्नोपनिषद्, मुंडकोपनिषद् के शंकरभाष्यों पर आनंदगिरि की टीकाएं प्रमुख हैं। महाभारत पर नीलकंठ और श्रीमद्भागवद्गीता पर अभिनवगुप्त की 'संग्रह' व्याख्या भी केवल टीकाएं नहीं है अपितु वे मूल पाठ के 'गूढ़ार्थ' को भी व्यक्त करती है। अतः कुछ-कुछ भाष्य की तरह है। यही स्थिति तात्पर्य के साथ भी है। अनेक स्थानों पर तात्पर्य-टीका का उल्लेख मिलता है परंतु गूढ़ार्थ के स्फुटन से है। अतः तात्पर्य को भी भाष्य अथवा वार्तिक के साथ रखा जाता है। इन सबका टीका के साथ सह-संबंध है।

जगदीश शर्मा

टीपू सुल्तान
(1750-1799)

मैसूर के शासक हैदर अली के बेटे टीपू सुल्तान ने पिता की मृत्यु के बाद मैसूर का शासन संभाला और 17 सालों तक शासन किया। अपने पिता की ही भांति वह योग्य, पराक्रमी और कुशल प्रशासक था। वह संगीत और स्थापत्य का भी प्रेमी था। उसे अपने पिता से वीरता के कारण शेर-ए-मैसूर खिताब मिला। उसका प्रिय खिलौना था, एक शेर चिंघाड़ते हुए एक अंग्रेज को मार रहा है और अंग्रेज आर्तनाद कर रहा है। उसका मानना था कि दो सौ वर्ष भेड़ की तरह जीने के बजाय दो वर्ष शेर की तरह जीना ज्यादा अच्छा है। वह अपने आपको नागरिक टीपू कहलाना पंसद करता था। उसने श्रीरंगपट्टम में स्वतंत्रता का वृक्ष लगवाया था।

हैदर अली ने दक्षिण में अपनी शक्ति का विस्तार आरंभ किया था। इस कारण अंग्रेजों के अलावा निजाम और मराठे भी उसके शत्रु बन गए थे। 18 वर्ष की उम्र में टीपू ने अंग्रेजों के खिलाफ पहला युद्ध जीतकर अंग्रेजों को संधि के लिए बाध्य कर दिया था। कुशल रणनीतिकार टीपू ने अपने शासन काल में भारत में बढ़ते ईस्ट इंडिया कंपनी के साम्राज्य को हमेशा चुनौती दी। उनसे जमकर लोहा लिया और निजामों को भी कई बार युद्ध में पराजित किया। अंग्रेजों ने जब चौथी बार उसके राज्य पर हमला किया, श्रीरंगपट्टम की रक्षा करते हुए युद्ध के मैदान में महज 48 वर्ष की उम्र में 4 मई 1799 को वह शहीद हो गया। उसकी मृत्यु के बाद सारा राज्य अंग्रेजों के हाथ में आ गया।

टीपू सुल्तान

कुछ इतिहासकारों ने उसे धर्मांध बताया है लेकिन इसे लेकर विवाद है। वह विद्रोहियों के विरुद्ध काफी सख्त था, वे चाहे हिंदू हों या मुसलमान। वह एक हद तक सहिष्णु शासक था। यद्यपि भारतीय शासकों ने उसका साथ नहीं दिया पर उसने किसी भी भारतीय शासक के विरुद्ध वह चाहे हिंदू हो या मुसलमान अंग्रेजों से गंठबंधन नहीं किया। सभी धर्मों के प्रति उसके मन में पर्याप्त सम्मान था। जब 1799 में रघुनाथ राव पटवर्धन के मराठा सैनिकों ने श्रृंगेरी मठ को लूट लिया, शंकराचार्य ने टीपू से अपनी पीड़ा बांटी। टीपू ने नगद धनराशि देकर उनकी सहायता की और अपने जीवन के अंतिम समय तक उसका शंकराचार्य से पत्रों द्वारा संपर्क था। टीपू ने मेलकोट के मंदिरों में सोने-चांदी के बर्तन दान में दिए थे।

टीपू के विकास कार्य महत्वपूर्ण हैं। उसने आधुनिक कैलेंडर की शुरुआत की। जल भंडारण के लिए कावेरी नदी के स्थान पर एक बांध की नींव रखी जहां आज कृष्णराज सागर बांध मौजूद है। उसने अपने पिता द्वारा शुरू की गई लालबाग परियोजना को पूरा किया। ए पी जे अब्दुल कलाम ने टीपू को विश्व का पहला राकेट आविष्कारक बताया था। टीपू की शहादत के बाद अंग्रेज श्रीरंगपट्टम से दो राकेट ब्रिटेन के संग्रहालय में प्रदर्शन के लिए ले गए। वे उसकी तलवार और उसका प्रिय खिलौना भी ले गए थे। 2010 में लंदन में उसकी तलवार 21 करोड़ में नीलाम हुई जिसे एक भारतीय कारोबारी ने खरीदा। माना जाता है कि टीपू राम नाम अंकित अंगूठी पहनता था। 2014 में उसकी अंगूठी भी नीलाम हो गई। टामस मुनरो ने उसके बारे में लिखा है,

'नवीनता की अविश्रांत भावना तथा प्रत्येक वस्तु के खुद अपनी प्रक्रिया में अस्तित्व ग्रहण करने की धारणा में विश्वास उसके चरित्र की मुख्य विशेषताएं थीं।'

गीता दूबे

टीवी पत्रकारिता

टेलीविजन बहुत कम दर पर मनोरंजन, सूचना और शिक्षा पाने का एक सबल माध्यम है। ग्रीक शब्द 'टेली' का अर्थ है दूर और लैटिन शब्द 'विजन' का अर्थ है देखना। टेलीविजन कार्यक्रम का एक मुख्य हिस्सा है समाचार, जिसकी वजह से टीवी पत्रकारिता (Television Journalism) का महत्व लगातार बढ़ता गया।

1929 में लंदन में बीबीसी ने नियमित दूरदर्शन सेवा शुरू की। भारत में 1982 से दूरदर्शन ने प्रायोजित कार्यक्रम शुरू किए। 1984 से इसका तेज गति से विकास हुआ। इसके साथ टीवी पत्रकारिता का क्षेत्र भी विकसित होने लगा। 1995 में 'आज तक' ने टीवी पत्रकारिता में एक मोड़ ला दिया, जब सुरेंद्र प्रताप सिंह ने 20 मिनट की बुलेटिन से इसकी शुरुआत की थी। 1999 में 'जी न्यूज' ने हिंदी में चौबीस घंटे का पहला न्यूज चैनेल शुरू किया। इसने ही हिंग्लिश में समाचार प्रसारित करना शुरू किया था, लेकिन टीवी प्रसारण में हिंदी ने जल्दी ही पुनः अपनी प्रमुखता स्थापित कर ली। मीडिया सम्राट रुपर्ट मर्डोक के स्टार टीवी पर प्रसारित 'स्टार प्लस' चैनेल हिंदी का चैनल हो गया। इसके समानांतर राष्ट्रीय और प्रादेशिक स्तर के कई समाचार चैनेल अस्तित्व में आते गए।

समाचार चैनेलों में उपर्युक्त के अलावा प्रमुख हैं—एबीपी न्यूज, आईबीएन-7, टाइम्स नाउ, बीबीसी, सीएनएन, एनडीटीवी, सीएनबीसी, डीडी न्यूज, सहारा समय, इंडिया टीवी, इंडिया न्यूज, न्यूज 24 आदि। इन सभी का नेटवर्क विस्तृत है। इनके संवाददाता शहर-शहर में हैं और ये बड़ी पूंजी से संचालित हैं। टेलीविजन पर मनोरंजन प्रधान धारावाहिक, नृत्य-संगीत, फिल्म, बच्चों के लिए कार्यक्रम, सूचना ज्ञान के कार्यक्रम, धर्म, खेल, कार्टून आदि के अलावा समाचार के चैनेलों की प्रमुख जगह होती है। ये राष्ट्रीय और प्रादेशिक दोनों ढंग के हैं। टीवी पत्रकारिका ने घटनाओं के तथ्यपूर्ण मार्मिक उद्घाटन से लेकर चीख-चीख कर सनसनीखेज समाचार प्रसारण और प्रायोजित राजनीतिक प्रचार तक एक लंबी यात्रा की है। इस बीच मीडिया समाचार की धारणा में कई बार परिवर्तन आए और प्रसारण में कई प्रयोग हुए। इन सबसे यही सामने आया है कि टीवी पत्रकारिता लोकप्रियता के नए शिखरों की ओर लगातार बढ़ी है।

भारत में 2016 में 17 करोड़ घरों में टीवी सेट हैं। सरकार की प्रसार भारती द्वारा संचालित दूरदर्शन के चैनेल 'फ्री-टू-एयर' हैं। निजी चैनेलों की वृद्धि 1995 से शुरू हुई थी और आज टीवी माध्यम पर मुख्य रूप से इन्हीं का कब्जा है। 'ओवर-टू-एयर', 'डाइरेक्ट-टू-होम', 'आइपीटीएच', केबल टेलीविजन आदि कुछ अन्य टीवी रूप हैं। डिस्कवरी चैनेल, नेशनल जियोग्राफिक चैनेल, कलर्स जैसे कई चैनेल भारत में लोकप्रिय होते गए हैं और नए भी आते रहे हैं। 2015 से टीवी प्रसारण पूर्णतः डिजिटल हो गया है। 2016 तक 1600 से ऊपर टीवी सेटेलाइट चैनेलों से प्रसारण होने लगा। स्थानीय रूप से इसरो द्वारा बनाए गए सेटेलाइट हैं—इनसेट 4-सीआर, इनसेट 4-ए, इनसेट 3-E, इनसेट 3-सी, इनसेट 3-ई। इनके अलावा कुछ विदेशी सेटेलाइटों से भी प्रसारण होता है। 15 फरवरी 2017 को इसरो ने एक रॉकेट से 104 सेटेलाइटों का प्रक्षेपण किया, जो उपग्रह क्रांति में एक रिकार्ड है।

विश्व मीडिया परिदृश्य पर नजर डाली जाए तो स्पष्ट हो जाता है कि इसने वैषम्य और प्रभुत्व बढ़ाया है। मीडिया के अंतरराष्ट्रीय प्रवाह में टेलीविजन बाजार के विस्तार और उपभोक्तावाद के प्रसार का एक बड़ा माध्यम बना है। इसमें जिन वर्गों की जिन समस्याओं, अभिरुचियों और जरूरतों को दर्शाया जाता है, वे

मुख्यतः उच्चवर्ग और उच्च-मध्यवर्ग की हैं। मनोरंजन से लेकर खबरों तक के सिलसिले बाजार के हवाले हैं। कैसी खबरें दें या किस तरह का मनोरंजन करें? यह निर्णय अप्रत्यक्षतः विज्ञापनदाता कंपनियों का होता है।

टेलीविजन की खबरों के बीच कुछ व्याख्याकार भी बुलाए जाते हैं जो चलताऊ, उत्तेजक और आवेगपूर्ण टिप्पणियां करते हैं। उनकी व्याख्याएं यथार्थ को खोलती कम हैं, ढंकती ज्यादा हैं। टेलीविजन और संपूर्ण मीडिया में अब व्यावसायिक भूमिका प्रमुख हो गई है। वस्तुतः इसे व्यवसाय मान लिया गया है जो राजनीति को प्रभावित करता है। टेलीविजन जनता तक पहुंचने का बड़ा माध्यम है। इसलिए इसका दुरुपयोग भी बड़े स्तर पर होता है। कहा जाता है कि मीडिया के भूमंडलीय मालिकों या मीडिया सम्राटों ने सही अर्थों में मार्शल मैकलुहान के 'भूमंडलीय गांव' को महसूस किया है। कई विशेषज्ञ यह भी मानते हैं कि इलेक्ट्रॉनिक मीडिया ने सांस्कृतिक विविधता को मिटाने की जगह वस्तुतः इसका प्रसार और सही उपयोग किया है।

टेलीविजन स्क्रिप्ट : टेलीविजन की पटकथा छोटे वाक्यों और बोलचाल की भाषा में होती है। इसमें वस्तुतः दृश्य ही अपनी बात कहते हैं। इसे दूसरे शब्दों में यों कहा जाता है कि दृश्य ईंटों के समान होते हैं और शब्द रीगेंट की तरह। पटकथा बनाते समय ध्यान में रखना होता है कि दृश्यों से जुड़ी अधिक से अधिक सूचनाएं हों। छोटी से छोटी घटना भी जब महत्वपूर्ण बना कर उपस्थित की जाती है, तब वह छोटी घटना नहीं रह जाती। नई जानकारियों को खबरों के प्रसारण के दौरान तत्काल अपडेट करना होता है।

न्यूज चैनेल पर एक खास संगीत के साथ पहले उत्सुकता पैदा करने वाली भाषा में संक्षिप्त सुर्खियां होती हैं। इनसे मालूम हो जाना चाहिए कि देश-दुनिया में क्या-क्या घटित हुआ। सुर्खियों में पूर्ण विराम नहीं होता, ये हमेशा वर्तमान काल में लिखी गई होती हैं और इनमें पुनरावृत्ति नहीं होती।

टेलीविजन पटकथा की संरचना मुख्य रूप से ऐंकर, वायसओवर, बाइट और पीटूसी को मिला कर पूरी होती है। इसे पैकेज कहते हैं। वायसओवर में घटना की आवाजों को बंद करके दृश्यों के साथ ऐंकर द्वारा की गई व्याख्या होती है। घटना की विश्वसनीयता के लिए बाइट सीधे घटना स्थल से जुड़े व्यक्तियों के होते हैं। इन सबके जरिए खबर का–कब, कहां, कैसे, क्यों, किसे, कौन से संबंधित विवरण क्रमबद्ध ढंग से दिया जाता है। पीटूसी के जरिए घटनास्थल से खबर-संबंधी निष्कर्षात्मक टिप्पणी होती है। इसमें प्रेरणा या सुझाव देने वाली बातें भी होती हैं जिनसे खबर और विचार या खबर और प्रचार का भेद कई बार मिट जाता है। इस बिंदु पर चैनेल की नीति को ध्यान में रखना होता है।

ड्राई न्यूज उस खबर को कहा जाता है जिसमें ऐंकर खबर सिर्फ पढ़ देता है, घटना के शाट्स नहीं होते। ऐंकर शॉट में 'फटाफट खबरें' बुलेटिन के तौर पर होती हैं। इसमें 'वायसओवर' और 'बाइट' नहीं होते। कई बार ऐंकर की सिर्फ आवाज होती है और पर्दे पर घटना से संबंधित दृश्य होते हैं। ऐंकर बाइट का इस्तेमाल घटना के बारे में बताते समय होता है। 'ब्रेकिंग न्यूज' सबसे पहले खबर देने का दावा है। फोनो, टिकर, सिमसेट आदि के जरिए खबरों की जानकारी शीघ्र दी जाती है। टीवी खबरों में 'शीघ्र' और 'सबसे पहले' की होड़ होती है। घटना स्थल के किसी व्यक्ति से संक्षिप्त इंटरव्यू को टिकटेक कहते हैं। घटनास्थल पर घूमते हुए कुछ लोगों से बात करते हुए घटना का ब्यौरा देने को 'वाक थ्रू' कहा जाता है। सभी समाचार चैनेलों का खर्च विज्ञापनों से चलता है, इनके लिए 'ब्रेक' खबर का एक प्रधान हिस्सा है।

टेलीविजन स्क्रिप्ट में दृश्यों का महत्व अधिक होता है, शब्द पूरक होते हैं। दृश्य स्टोरी की संरचना के अनुरूप होने चाहिए। बाइट का प्रयोग स्टोरी की तार्किकता और विश्वसनीयता के लिए होता है। यह स्पष्ट और समावेशी होना चाहिए। घटना के दृश्यों के साथ दर्शक भीतरी बातें भी जानना चाहता है। इसलिए अतिरिक्त सूचनाओं की जरूरत होती है। स्क्रिप्ट लिखते समय देख लेना उचित हे कि कोई महत्वपूर्ण बात छूट तो नहीं गई है। भाषा बोलचाल के निकट हो और आवेगपूर्ण हो।

टेलीविजन संवाददाता में खबरों को ढूंढने और बनाने का जज्बा होना जरूरी है। उसे समाचार के महत्व का ज्ञान होना जरूरी है। संवाददाता और कैमरामैन को घटना के सही समय का ज्ञान होना चाहिए और दोनों की घटनास्थल पर तत्काल एक साथ मौजूदगी अपेक्षित है। संवाददाता में घटना की व्याख्या की क्षमता जरूरी है। उसमें साफ आवाज में घटना का बयान करने की कला का होना भी जरूरी है। किसी खास क्षेत्र के संवाददाता को उस क्षेत्र की तकनीकी भाषा का ज्ञान होना चाहिए, जैसे क्रिकेट से जुड़े संवाददाता को क्रिकेट की भाषा का, इसी तरह किसी खास समुदाय की स्टोरी करते समय उस समुदाय की संस्कृति का। संवाददाता को अपनी भावनाओं पर नियंत्रण रखकर वस्तुपरक जानकारी देना होता है। उसे कानून का ज्ञान हो। संवादाता में सौम्यता और आत्मविश्वास जरूरी है। टीवी के संवाददाता को तकनीकी रूप से भी दक्ष होना पड़ता है। लाइव प्रसारण ज्यादा उत्तरदायित्व की मांग करता है।

सुषमा त्रिपाठी

अधिक जानकारी के लिए :

1. **प्रभावकारी संचार** : देवेश किशोर, गंगा सागर सिंह, 2. **Mass Communication : Theory and Practice** : Uma Narula, 3. **Indian Television : Content, Issues and Debate** : Dev Vrat Singh, 4. **Broadcast Journalism** : S C Bhatt, 5. **Communication Technology and Social Change** : Carolyn Lin, David Atkin (Ed.) 6. **Present Shock : When Everything Happens Now** : Douglas Ruskoff

टीवी समाचार

टीवी समाचार (TV News) विभिन्न समाचार चैनलों से प्रसारित होने वाली खबरों को कहते हैं, जो एक लंबी प्रक्रिया में संपादित होने के बाद दर्शकों तक पहुंचते हैं। हिंदी के कई टीवी चैनल हैं, जैसे—आज तक, जी न्यूज, एनडीटीवी, एबीपी आदि। 'दूरदर्शन' सरकारी समाचार चैनल है। निजी और सरकारी समाचार चैनलों के समाचार मूल्य भिन्न हैं। निजी समाचार चैनलों में से कुछ का अपना स्वतंत्र नेटवर्क है और कुछ बहुराष्ट्रीय कंपनियों से संबद्ध समाचार एजेंसियों पर निर्भर है। टीवी चैनल अखबारों से पहले खबरें प्रसारित कर देते हैं और घटनाओं को श्रव्य-दृश्य के माध्यम से प्रस्तुत करते हैं। वे समाचारों को नियंत्रित ही नहीं करते, समाचार के चयन, संपादन और प्रसारण की शैली से कई बार तथ्य के साथ अपना संदेश और विचार भी संप्रेषित करते हैं। टीवी से किसी समाचार का प्रसारित होना जितना महत्वपूर्ण है, उतना ही महत्वपूर्ण है किसी समाचार का प्रसारित नहीं होना।

टेलीविजन के आगमन से पूर्व तक अखबारों और रेडियो के माध्यम से पहुंचते थे। रेडियो में समाचार आवाज के माध्यम से श्रोताओं तक पहुंचते थे और समाचार-पत्र के द्वारा मुद्रित रूप में। समाचार-पत्र में समाचार के साथ समाचार से संबंधित फोटो भी प्रकाशित होते हैं। लेकिन टेलीविजन पर प्रसारित समाचार एक साथ पढ़े, सुने और देखे जाते हैं। इस प्रकार के व्यापक प्रभाव के कारण टेलीविजन समाचार, प्रिंट मीडिया और रेडियो पर प्रसारित समाचार से अधिक दर्शक जुटा पाते हैं। टेलीविजन से प्रसारित समाचार के साथ दिखाए जाने वाले दृश्यों से समाचार की विश्वसनीयता में वृद्धि होती है। रेडियो और अखबार से समाचार कहीं पर भी सुन या पढ़ सकते हैं, लेकिन टेलीविजन के लिए टेलीविजन के सामने बैठना पड़ता है। टेलीविजन में समाचार के प्रसारण में दृश्यों का विशेष महत्व है। बिना दृश्यों के वाचक द्वारा समाचार का पढ़ा जाना वैसा ही है जैसा रेडियो पर समाचार सुनना।

भारत में टेलीविजन की शुरुआत के साथ ही टेलीविजन के माध्यम से समाचारों के प्रसारण की शुरुआत हो गई थी। 1980 के दशक में जब दूरदर्शन के प्रसारण का विस्तार आरंभ हुआ, तब समाचारों के प्रसारण का भी विस्तार होने लगा। 1990 के दशक में निजी टीवी चैनलों के आरंभ होने के साथ समाचारों का प्रसारण चैनलों द्वारा भी होने लगा।

समाचारों की प्रासंगिकता और जरूरत सदैव रहती है, इस वजह से कई स्वतंत्र न्यूज चैनल भी आरंभ हुए। आज देश में हिंदी, अंग्रेजी के अलावा भारत की सभी प्रमुख भाषाओं में टेलीविजन के माध्यम से समाचार प्रसारित होते हैं। समाचार चैनलों पर समाचारों के साथ-साथ विभिन्न विषयों पर वृत्तचित्र, बहसें, साक्षात्कार और अन्य कई तरह के कार्यक्रम दिखाए जाते हैं। इस प्रकार टेलीविजन समाचारों और विचारों के प्रसार का सशक्त माध्यम बन गया है। भारत में ही नहीं, दुनिया के प्रायः सभी देशों में टेलीविजन के माध्यम से समाचारों का प्रसारण करने वाले टीवी चैनलों पर स्वामित्व या तो वहां की सरकारों का या बड़े पूंजीपतियों और निगमों का है। इस वजह से समाचार चैनल प्रायः सत्ता वर्ग और पूंजीपति वर्ग के हितों के विरोध में नहीं जाते। यही नहीं, भारत में विभिन्न भाषाओं में समाचार चैनलों के होने के बावजूद भारत की बहुसंख्यक आबादी किसान और मजदूरों से संबंधित समाचार प्रायः प्रसारित नहीं होते।

समाचार चैनलों की आय का एक महत्वपूर्ण स्रोत उस पर प्रसारित होने वाले विज्ञापन हैं और विज्ञापनदाता कंपनियां टी आर पी के आधार पर विज्ञापन देने के बारे में निर्णय लेती हैं। इसलिए समाचार चैनल अपने कार्यक्रमों को इस ढंग से नियोजित करते हैं, जिससे उनकी लोकप्रियता बढ़े। वे समाचारों को सनसनीखेज बनाकर पेश करते हैं। बहसों को उत्तेजक और लाउड बनाते हैं। समाचारों में राजनीतिक टकरावों, सिनेमा और क्रिकेट से जुड़े प्रसंगों को अधिक महत्व देते हैं। समाचार चैनल समाचारों की तथ्यात्मकता, विश्वसनीयता और सामाजिकता के बजाय उसे मनोरंजक और उत्तेजक बनाने पर बल देते हैं। टेलीविजन दृश्य माध्यम होने के कारण वे दर्शकों पर जल्दी असर डालते हैं।

छोटे पर्दे के समाचार रोचक, उत्तेजक और कई बार आक्रामक ढंग से पेश किए जाते हैं, साथ में वे निष्पक्षता का दावा भी करते हैं। इस पर कुछ समाचार विशेष श्रेणी के होते हैं और कुछ ताजा समाचार (ब्रेकिंग न्यूज) की शक्ल में। समाचार कई स्तरों पर चलते हैं और आम नागरिक ही कई बार संवाददाता होते हैं। समाचार चैनल इस प्रतिस्पर्धा में होते हैं कि कौन सबसे पहले कोई ताजा या विस्फोटक समाचार ले आया। इसलिए एक अमेरिकी टीवी पत्रकार डान सदर का यह कथन उल्लेखनीय है, 'इस समय देश के सभी समाचार कक्षों में एक भय हावी है। यह बिल्कुल दूसरी तरह का भय है कि हमने इसे नहीं किया तो कोई और करेगा और जब वह करेगा तो वह हमारी तुलना में ज्यादा दर्शक बटोर ले जाएगा।' टीवी समाचार का सिद्धांत कहता है कि इसे संपूर्णता से, संदर्भ और विवरणों के साथ स्पष्ट खबर के रूप में आना चाहिए—अपने अविकृत रूप में, जबकि त्रासद से त्रासद खबर टीवी पर ऐसे लाई जाती हैं जैसे वह कोई रोचक जश्न हो।

टीवी समाचारों के बारे में कहा जाता है कि इसका व्यापक हॉलीवुडीकरण हो गया है। इन पर विकसित पूंजीवाद अपने उन्नत तकनीकी संसाधनों के साथ हावी है। इनमें लांछनापरक खबरें ही ज्यादा नहीं होतीं, खबरों में व्यक्तिपरकता बहुत अधिक होती है। खबरें व्यक्ति केंद्रित होती हैं। इसके अलावा टीवी चैनल आम तौर पर गैर-अभिजात्य वर्गों—किसानों, श्रमजीवियों, दलितों, कामकाजी स्त्रियों, अल्पसंख्यकों और आदिवासियों—की खबरों को प्रधानता नहीं देते। दूरदर्शन के कैमरे की 'अनुपस्थिति' खुद भी उतना ही बड़ा संदेश होती है, जितना बड़ा संदेश उसकी उत्तेजक, ग्लैमरस और रोचक मामलों में अतिरिक्त उपस्थिति होती है।

टीवी एक शक्तिशाली समाचार माध्यम है। इसकी अराजकता तथा व्यावसायिकता को नियंत्रित करने के लिए 'आचार संहिता' बनी हुई है। 1985 में पार्थसारथी कमेटी के बाद, वर्गीज कमेटी और पी सी जोशी कमेटी ने समाचारों के संबंध में कुछ दिशा निर्देश तय किए। इनकी रिपोर्ट में कहा गया है कि 'समाचार' और 'विचार' में फर्क किया जाना चाहिए। खबरें सही ढंग से पेश की जाएं। मत भिन्नता को भी पूरी जगह मिले ताकि घटनाओं के नए विकास भी

सामने आए। टीवी समाचार के मामलों में 'पेशेवर कुशलता' और 'स्वायत्तता' की बात सदा उठती रही है। समाचार का अर्थ तथ्यों को प्रदर्शनधर्मी बनाना नहीं है। समाचार चैनलों को किसी पक्ष का समर्थन नहीं करना चाहिए। समाचारों को अंधक्षेत्रीयतावाद, आतंक को बढ़ावा देने वाला नहीं होना चाहिए और न ही पश्चिमी दृष्टि का प्रचारक होना चाहिए, क्योंकि अंतरराष्ट्रीय न्यूज एजेंसियों से प्राप्त खबरों में ऐसी संभावना होती है।

समाचार की परिभाषा हर देश की अपनी सामाजिक-सांस्कृतिक स्थितियों पर निर्भर करती है। एक धारणा है, 'जो मनोरंजनकारी है वही समाचार है।' मैकब्राइट कमीशन ने कहा है कि दर्शक वस्तुतः नाटकीय खबरों का अभ्यस्त होता है क्योंकि गैर-नाटकीय खबरें ऊबाऊ होती हैं। उसका मानना है कि सूचना का समाज के विकास और जन समर्थन प्राप्त करने में महत्वपूर्ण भूमिका है। इसलिए टीवी की खबरें ठोस तथ्यों पर आधारित होनी चाहिए और उनकी व्याख्या भी वस्तुपरक होनी चाहिए। इस तरह टीवी समाचार विकास में एक बड़ी भूमिका निभाता है और यह भूमिका विश्व में चल रहे संघर्षों में मदद करती है। दरअसल, सूचना प्राप्त करना जनता का सामाजिक अधिकार है, सूचना कोई व्यापारिक उत्पाद नहीं है। (मेनी वायसेज वन वर्ल्ड)। इस तरह हर टीवी समाचार को कुछ ही तथ्यों के आधार पर निर्मित न करके संपूर्णता से संप्रेषित करना ही सही रास्ता है।

संजय जायसवाल

अधिक जानकारी के लिए :

1. **संस्कृति, विकास और संचार क्रांति :** पूरनचंद्र जोशी, 2001, 2. **जनसंचार माध्यमों का वैचारिक परिप्रेक्ष्य :** जवरीमल्ल पारख, 3. **मीडिया समग्र :** जगदीश्वर चतुर्वेदी, 2013, 4. **Television :** Raymond Williams

टेरी ईगल्टन

टेरी ईगल्टन (Terry Eagleton) पेशे से अंग्रेजी के प्रोफेसर हैं। वे एक सम्मानित चिंतक, आलोचक, सिद्धांतकार, सार्वजनिक बुद्धिजीवी एवं पूंजीवाद के अंत का सपना देखने वाले एक तीक्ष्ण विमर्शकार के रूप में विख्यात हैं। वे विश्वविद्यालय के धीरे-धीरे मरने की घोषणा कर चुके हैं। वे अपनी किताब 'लिटररी थियरी : एन इंट्रोक्शन' (1983), 'द आइडियोलॉजी ऑफ एस्थेटिक' (1990) और 'द इल्यूशन ऑफ पोस्टमार्डनिज्म' (1983) के लिए विशेष रूप से जाने जाते हैं।

हाल में टेरी ईगल्टन ने आत्मालोचना करते हुए सवाल उठाया है, 'पूंजीवाद ने हमें क्यों नार्सिस्ट बना दिया?' उनके अनुसार, इसमें संदेह नहीं कि हर व्यक्ति खुशी चाहता है। मुख्य समस्या यह है

टेरी ईगल्टन

कि उसकी खुशी किन चीजों से है। यह ऐसी बात है जिससे नैतिक सोच के लोग कभी सहमत नहीं होंगे। क्या यह खुशी आत्मपरक अनुभूति है और क्या मापा जा सकता है कि यह कैसी खुशी है? क्या आप बगैर जाने भी खुश हो सकते हैं? खुशी आज निजी क्षेत्र से हट कर सार्वजनिक क्षेत्र का मामला हो गई है। हालांकि इंग्लैंड-अमेरिका के एक तिहाई से अधिक लोग मानसिक अवसाद में जी रहे हैं। ईगल्टन कहते हैं, 'हमारा युग वस्तुतः दुखद आत्मसम्मोहन का है। अब यह मुद्दा नहीं है कि आप क्या सोचते या क्या करते हैं, बल्कि यह है कि आप क्या फील करते हैं।' खुशहाल रखने के विशाल उद्योग पर ईगल्टन कड़ी टिप्पणी करते हैं।

टेरी ईगल्टन के साहित्य सिद्धांत की जड़ें मार्क्सवाद में रही हैं और वे आंदोलनों में भी सक्रिय रहे हैं। 'आफ्टर थियरी' (2003) में वे इसी परिप्रेक्ष्य में सांस्कृतिक और साहित्यिक सिद्धांतों के जारजयन (बास्टर्डाइजेशन) की बात करते हैं। वे साहित्य और संस्कृति के अंतरअनुशासनिक अध्ययन का पक्ष लेते हैं। यह सांस्कृतिक अध्ययन को नए क्षेत्रों की तरफ मोड़ने की कोशिश थी। उन्होंने नास्तिकवाद पर जोरदार प्रहार किया। वे धर्म और धार्मिक कट्टरता में अंतर करते हैं और कहते हैं कि धर्म किसी समाज की संपूर्ण या अधिकतर आबादी से जुड़ी आस्था है। उन्होंने सिद्धांतों का क्षय लक्षित करते हुए यह भी कहा था कि हम कभी प्राक्-सिद्धांत की स्थिति में नहीं जा सकते।

महेश जायसवाल

टैबू

टैबू (Taboo) का अर्थ है सामाजिक वर्जना। यह पोलिनेशियन भाषा का शब्द है। टैबू परंपरा से चले आते कुछ मौखिक नियमों और प्रतिबंधों की शक्ल में होती है। टैबू परंपरागत समाजों में प्रतिबंधात्मक आज्ञाओं के रूप में ऐसी वर्जनाओं को कहा जाता है, जो धार्मिक विश्वास और कर्मकांड का अंग होती हैं। 1771 में एक ब्रिटिश यात्री कैप्टन जेम्स कुक टोंगा गया था, वहां के 'टपू' शब्द से 'टैबू' बना। जनजातियों में इस वर्जना या टैबू की शक्ति कानून के समान होती है। इसका उल्लंघन एक गंभीर सामाजिक और धार्मिक अपराध माना जाता है। आधुनिकीकरण ने कई सामाजिक टैबू तोड़े हैं, पर जो समाज आधुनिकीकरण की शुरुआती मंजिलों पर हैं, खासकर जनजातीय समाजों में टैबू अभी मजबूती से बने हुए हैं।

निषेध कार्य प्रायः चार श्रेणियों में आते हैं— धार्मिक, सामाजिक, नैतिक और वैधानिक। धार्मिक दृष्टि से जिसे अनुचित या पाप समझा जाता है, उसका उस धार्मिक समुदाय में निषेध होता है। सामाजिक दृष्टि से समाज विशेष में कई विधि-निषेध होते हैं और नैतिक दृष्टि से भी। कानून भी कई तरह के विधि-निषेध लागू करता है और कानून के दायरे में आने वाले लोगों को उनका पालन करना पड़ता है। उनका उल्लंघन होने पर दंड की व्यवस्था होती है। सामान्य रूप से हत्या, शिकार, सेक्स, यौन संबंधों, खान-पान को लेकर विधि-निषेध के नियम बनते हैं। शव भक्षण, बच्चों से सेक्स, समलैंगिकता, हस्तमैथुन, पशु संसर्ग, गर्भपात, भ्रूण हत्या आदि का अधिकांश समाजों में निषेध है। विवाह को लेकर भी हर समाज में अलग-अलग निषेध हैं, जैसे केरल में मामा के साथ विवाह निषेध है, परंतु मामा की लड़की के साथ नहीं। तमिलनाडु और आंध्र प्रदेश में मामा के साथ शादी करना निषेध की श्रेणी में नहीं आता है, जबकि मामा की लड़की के साथ विवाह निषिद्ध है। उत्तर भारत में हिंदुओं में मामा और मामा की लड़की ही नहीं, स्वगोत्र में भी विवाह निषेध है, लेकिन मुसलमानों में चचेरे-ममेरे भाई-बहनों में शादी का निषेध नहीं है। इसलिए किसी भी निषेध को सार्वभौम नहीं कहा जा सकता।

खान-पान को लेकर भी कई निषेध प्रचलित हैं। शाकाहारियों के लिए मांसाहार निषिद्ध है। आम तौर पर विभिन्न धर्मों में खान-पान के अपने विधि-निषेध हैं।

निषेधों का संबंध व्यक्ति, स्थान, आयु, समय आदि कई बातों से होता है। इसलिए निषेधों को उन्हीं के परिप्रेक्ष्य में समझने की कोशिश करनी चाहिए। अलग-अलग जनजातीय समाजों में अलग-अलग निषेध होते हैं, जो समाज के सदस्यों को कुछ कार्यों या व्यवहारों को न करने का निर्देश देते हैं। सभ्य माने जाने वाले लोगों के दृष्टिकोण से ये निषेध बेतुके हो सकते हैं, पर जनजातीय समाजों में सामाजिक नियंत्रण के साधन के रूप में इनके महत्व को अस्वीकार नहीं किया जा सकता। फ्रायड के अनुसार, 'टैबू नातेदारी के भीतर और बाहर यौन संबंध के संदर्भ में कुछ प्रतिबंधों की ओर संकेत करता है। कुछ खास जीवों

को न मारने के लिए भी वर्जनाएं होती हैं, जैसे बिल्ली।' यह विश्वास किया जाता है कि यदि टैबू का उल्लंघन किया गया, तो एक अलौकिक शक्ति के द्वारा अवांछित परिणाम उत्पन्न कर दिए जाएंगे। कहीं-कहीं यह व्यवस्था है कि निषेध के उल्लंघन से व्यक्ति को ईश्वरीय सत्ता द्वारा दंड प्राप्त होगा। निषेध को प्रभावपूर्ण बनाने के लिए ही समाज द्वारा दंड की व्यवस्था की जाती है। विभिन्न तरह के टैबू वंश परंपरा द्वारा आगामी पीढ़ियों तक बने रहते हैं।

समाज में निषेधों की प्रकृति का विश्लेषण किया जाए, तो मिलेगा कि निषेध या टैबू एक ओर अंधविश्वास बन जाते हैं, दूसरी ओर किसी सामाजिक व्यवस्था के नियमित प्रतिमान। एक हिंदू स्त्री अपने पति के नाम का उच्चारण नहीं करेगी, घूंघट में रहेगी, मासिक धर्म के दौरान सिर नहीं धोएगी, मंदिर नहीं जाएगी या कभी शवयात्रा में सम्मिलित नहीं होगी। यह भी एक टैबू है कि विवाह के पहले स्त्री यौन संबंध स्थापित न करे। सेक्स पर बात करना टैबू माना जाता है। शक्तिवान ही हमेशा कमजोर के लिए टैबू निर्मित करता है। कुछ टैबू सब पर लागू होते हैं, तो कुछ सिर्फ कमजोर समुदायों पर। पुरुष जिन कई मामलों में मुक्त हैं, स्त्री के लिए वे वर्जित हैं। सेक्स की आकांक्षा सेक्स टैबू में बदल जाती है। पश्चिम में जो टैबू नहीं है, भारत में टैबू है। कई बार टैबू मनोग्रंथि का रूप ले लेते हैं।

वर्जनाएं व्यक्ति को एक विशेष समूह के अंदर अथवा बाहर नियंत्रण में रखती हैं। कहीं यह सामाजिक निषेध है कि व्यक्ति अति निकट के रक्त संबंधियों से नातेदारी या यौन संबंध स्थापित न करे, पर कहीं इसकी छूट है। कहीं कुछ विशेष वस्तुओं अथवा पदार्थों को स्पर्श करना वर्जित है अथवा कुछ निर्धारित पवित्र आचरणों का उल्लंघन करना मना है। सामाजिक वर्जनाएं सुरक्षात्मक एवं प्रतिबंधात्मक हैं। जनजातीय समाज में जीवित रहने का संघर्ष अत्यंत कठोर होता है। इस कारण इस समाज में पर्यावरण और आर्थिक क्रियाकलापों से संबंधित कई निषेध मिलते हैं और उन्हें कठोरता से लागू किया जाता है। आधुनिक चिंतकों ने टैबू का अर्थ-विस्तार करते हुए बताया है कि आज के बहुसांस्कृतिक समाजों में खुद 'राष्ट्र' या धार्मिक उग्रता टैबू है या शराब को भी वर्जना के भीतर लिया जा रहा है। वर्जनाएं अक्सर कुंठा और दुराचार को बढ़ावा देती हैं, यह भी देखा जाता है।

जिंदर सिंह मुंडा, विजय शर्मा

टोटम

टोटम शब्द का अर्थ माना जाता था—भाई-बंधु या रिश्तेदार। इनके बीच वैवाहिक संबंध नहीं हो सकता। अठारहवीं सदी में इसका संबंध उन पशुओं से जोड़ा गया, जिनसे कुछ जनजातियां अपने कुल का दैवी रिश्ता जोड़ती थीं। इस तरह टोटमवाद एक विश्वास बना, जिसके तहत कोई मानव समुदाय किसी न किसी पशु-पक्षी या पेड़-पौधे से अपना भावात्मक संबंध जोड़ता है और उसके प्रति सम्मान रखता है। ऐसे टोटम की आत्मा उस कुल या वंश की संरक्षक होती है। माना जाता है कि टोटम के जरिए ही कोई जनजाति अपने पूर्वजों से एकात्मता का अनुभव करती है। उत्तर अमेरिका की ओजिबवा जनजाति का अध्ययन पीटर जोंस ने उन्नीसवीं सदी के मध्य में किया था जो खुद उस जनजाति के थे। उन्होंने यही निष्कर्ष निकाला था कि ऐसे मानव समुदाय में उस खास पशु का नुकसान नहीं किया जाता जिसे टोटम माना जाता है। उसका मांस खाना निषिद्ध होता है, लेकिन साल के अंत में उस टोटम की बलि चढ़ा कर उसका मांस खाया जाता है। इसे फ्रायड ने प्राचीन काल के लोगों का अपने पूर्वजों के प्रति प्रेम और घृणा के विरोधी भाव के रूप में देखा।

टोटमवाद का व्यापक अध्ययन करने वाले एडवर्ड टाइलर ने एक तरह के पशु से किसी जनजाति का विशेष संबंध स्वीकार किया, पर इसे धर्म का आधार मानने से इंकार कर दिया। उन्हें टोटमवाद की धारणा उत्तरी अमेरिका, अफ्रीका और आस्ट्रेलिया

में देखने को मिली। ब्रिटिश नृविज्ञानी जेम्स फ्रेजर ने दुनिया भर के टोटमवाद का अध्ययन किया। एमिल दुर्खीम ने दुनिया के धर्मों की उत्पत्ति में टोटमों की भूमिका मानी और उन पर विश्वास को सामूहिक चेतना का प्रतिफलन बताया। इस तरह एक लंबे समय तक मुख्य विवाद यह था कि टोटम का धर्म से संबंध माना जाए या नहीं। क्लाड लेवी स्ट्रास ने यह प्रश्न उठा दिया कि प्रकृति और संस्कृति एक कैसे हो सकती हैं? दोनों में भिन्नता है।

भारतीय सांस्कृतिक अध्ययन के अनुभव उपर्युक्त पश्चिमी सिद्धांतों के विपरीत हैं। भारत में प्राचीन अमेरिकी जनजातियों की तरह, जिनका यूरोपीय प्रवासियों ने विनाश किया था, पशुओं को 'टोटम रूप' में कभी नहीं देखा जाता था, हालांकि पशुओं-पक्षियों, पेड़-पौधों या कहें प्रकृति से इस देश की संस्कृति का घनिष्ठ संबंध था। क्लाड लेवी स्ट्रास ने इन्हें विरोधी चीजों के रूप में देखा था। आज के पर्यावरणीय जागरूकता के दौर में दोनों के बीच संबंध देखा जा रहा है। यह भी लक्षित किया जा सकता है कि ऋग्वेदकालीन समाज के लिए गौ क्यों महत्वपूर्ण था या शिव की धारणा से बैल अविच्छिन्न क्यों था। यदि अवतारवाद को लें, मत्स्य, कच्छप, वराह, नृसिंह अवतारों तक पशु से देवरूपों का संबंध अविच्छिन्न है। क्या इन्हें टोटम रूप कहा जा सकता है? मत्स्य का संबंध जल से है, कच्छप का संबंध जल-थल दोनों से है, वराह का संबंध जलयुक्त थल से है और नृसिंह का पशु के शरीर से बाहर निकलकर मनुष्य के अर्धांश से है। फिर वामन अर्थात पूर्ण मानव रूप लेकिन बौना, परशुराम–किंतु क्रोध से भरा मानव, फिर राम धनुष-बाण लेकर, फिर भी कुछ अपूर्ण था। इसलिए सुंदर मोरपंख और वंशी लेकर कृष्ण अवतरित ये सभी अवतार अपनी कोई न कोई सांस्कृतिक विरासत देकर जाते हैं और मानवता के सामाजिक विकास की कथा कहते हैं। सभी देवता किसी न किसी पशु-पक्षी के साथ हैं, जैसे सरस्वती हंस के साथ, दुर्गा सिंह के साथ, कार्त्तिकेय मयूर के साथ, गणेश चूहे के साथ, लक्ष्मी उल्लू के साथ। ये युग्म न भाई-बंधु का संकेत करते हैं और न किसी टोटम रूप का, बल्कि इन सभी युग्मों की अपनी-अपनी सांस्कृतिक विशिष्टता है।

इस तरह टोटमवाद कोई सार्वभौम सिद्धांत नहीं है। भारत में किसी समुदाय का कोई निश्चित टोटम नहीं रहा है। प्रकृति और संस्कृति आपस में घुली-मिली रही हैं। जनजातियां भी टोटमी न होकर सर्वात्मवादी हैं। टोटमवाद के सिद्धांत का क्लाड लेवी स्ट्रास के अध्ययनों के बाद कोई नया विकास नहीं हुआ, खासकर नृवैज्ञानिक अध्ययन की नई संभावनाएं खत्म हो जाने के बाद।

शंभुनाथ

अधिक जानकारी के लिए :

1. **Totemism and Exogamy** : James Frazer, 2000, 2. **Totemism** : Claude Levi Strauss, 1963, 3. **Structural Study of Myth and Totemism** : Edmund Leach

टोना-टोटका

काले जादू का ही एक रूप टोना और एक दूसरा रूप टोटका है। प्राचीन काल से ही जादू-टोना, टोटका जैसे अंधविश्वास भारत ही नहीं, यूरोपीय देशों में भी चले आ रहे हैं। इक्कीसवीं सदी में भी लोग इनकी कैद में हैं। टोना दूसरे के अनिष्ट के लिए और टोटका अपने किसी लाभ के लिए किया जाता है। टोना वशीकरण के लिए भी होता है और उच्चाटन के उद्देश्य से भी। आज भी कई स्त्रियों को संदेह से देखा जाता है। ऐसी घटनाएं हुई हैं कि किसी स्त्री को गांव में घेर कर यह कह कर मार डाला जाता है कि वह टोना करती है। ओझा और बैगा आदिवासी समाज में टोनहिन को सरे आम दंड देते हैं। कई तांत्रिक बाबा या गुरु टोना से शत्रु को मार देने का भरोसा देकर लोगों से रुपए ऐंठते हैं। माना जाता है कि टोना वापस लिया जा सकता है। इसके ठीक विपरीत टोटका किसी अनिष्ट से बचने या भलाई के लिए किया जाता है।

यह राहु या शनि ग्रह शांति के लिए बड़े पैमाने पर लोकविश्वास का अंग है। किसी प्राकृतिक विपदा या महामारी को रोकने, वर्षा लाने, असाध्य रोग की चिकित्सा करने, सर्प दंश का विष उतारने, फसल बचाने, व्यावसायिक तरक्की के लिए, शुभ यात्रा के लिए, प्रसव के समय मां के गर्भ से बच्चा सकुशल जन्म ले–ऐसे उद्देश्यों से टोटके होते हैं। ओझा, पीर, तांत्रिक टोटका ही नहीं बताते, झाड़-फूंक भी करते हैं और ताबीज देते हैं। कई बार सोते समय तकिए के नीचे चाकू या कोई लौह वस्तु रखने के लिए कहा जाता है। समुद्र में आणविक पनडुब्बी उतारने के लिए इसकी प्रतिकृति देवता से स्पर्श कराई जाती है और नारियल फोड़ा जाता है।

विश्वसुंदरी और परम आधुनिक ऐश्वर्या राय के मंगली होने के कारण टोटके के रूप में ही उनका विवाह अभिषेक बच्चन से पहले पीपल के पेड़ से कराया गया। कहीं निराकार शक्ति की आराधना की जाती है, इसका उद्देश्य प्रकृति के प्रकोप को नियंत्रित करना होता है। दक्षिण के मंदिर में पुरोहित पीला वस्त्र धारण की हुई स्त्रियों को एक खास पवित्र दिन कुचलते हुए चलता है, ताकि वे गर्भवती हो सकें। बच्चे को काजल के साथ मस्तक में एक काला दाग लगा दिया जाता है या काला धागा बांध जाता है, ताकि किसी की बुरी नजर न लगे। दुकानदार एक सूत से नींबू और मिर्च टांग कर रखते हैं। नजर उतारने के कई टोटके लोगों के दिमाग में जड़ जमाए रहते हैं।

टोने-टोटके प्राकृतिक शक्तियों से अधिक शक्तिशाली माने जाते हैं, क्योंकि टोटका करने वाले तांत्रिक या बाबा प्राकृतिक शक्तियों पर प्रभुत्व का दावा करते हैं। वे प्राकृतिक शक्तियों को स्वामी नहीं बल्कि दास समझते हैं जिन्हें वे इच्छानुसार अपने काम में लगा सकते हैं। इसलिए वे प्राकृतिक शक्तियों को श्रद्धा और सम्मान की दृष्टि से नहीं देखते। इसी तरह वे विज्ञान को भी नकारते हैं। वे मंत्र से लक्ष्य सिद्ध करने का दावा करते हैं। उनके अनुसार, यह टोना-टोटका या तंत्र-मंत्र की शक्ति है, जो अति प्राकृतिक शक्ति और विज्ञान पर भी दबाव डालकर अपना अभीष्ट सिद्ध कर लेती है। इस क्रिया में मनुष्य या जानवर की बलि भी दी जाती है। किसी उद्देश्य की पूर्ति के लिए टोने या टोटके की क्रिया की एक निश्चित विधि होती है। के दामोदरन ने इसे 'आदिम युग का विज्ञान' कहा है।

पश्चिमी देशों में भी डाइन, भूत-प्रेत और दुष्ट आत्माओं पर विश्वास की परंपरा है। अनिष्ट से बचने के लिए शिक्षित अंग्रेज भी टोटके करते रहे हैं और प्राकृतिक जादू में विश्वास भी। उन देशों में डाइन समझ कर कई स्त्रियों को मार डाला जाता था। सताई गई और मनोरोगी स्त्रियों को डाइन बता दिया जाता था और उनसे संबंधित कथाएं बनती थीं। ये पश्चिमी बर्बरता के चिह्न थे। वहां 'काला जादू' के प्रयोक्ता थे और टोटका को 'वूडू' कहा जाता था। वहां टोटकाकार (सारसेरर) अभी भी हैं। रिनेसां के बुद्धिवादी दौर में स्त्रियों को अनिष्टकारी और डाइन होने का आरोप लगा कर मार डालने की प्रथा का अंत हुआ, पर टोटका (वूडू) और कई दूसरे अंधविश्वास अभी भी बचे हैं। यह नहीं सोचना चाहिए कि पश्चिमी देशों में कुप्रथाओं, अंधविश्वासों और क्रूरताओं का बिल्कुल अंत हो गया है और वे एकदम बुद्धिवादी हो चुके हैं।

मीडिया आज के समाज में टोने-टोटके, तंत्र-मंत्र, गुरुदेव-तांत्रिक के प्रचार में बड़ी भूमिका निभा रहा है। ऐसे विज्ञापन निकलते हैं, 'बुरे दिन हैं, ये टोटके आजमाएं!' इसके लिए विभिन्न किस्म के 'यंत्रों' की ऊंचे दाम पर बिक्री होती है, मीडिया इन यंत्रों का प्रचार करता है। टोने-टोटके अंधविश्वास के ही कुछ खास रूप हैं। ये उदात्त धार्मिक विश्वास से भिन्न हैं। खासकर टोटके आधुनिक सभ्यता में और शिक्षित लोगों के बीच अपनी जड़ें जमाए हुए हैं। कुछ को इनकी व्यर्थता का अहसास है, फिर भी वे मनोवैज्ञानिक सुकून के लिए ऐसा करते हैं। बेझिझक इन रूढ़ियों पर चलते हैं। आईपीएल क्रिकेट मैच के खिलाड़ी हों या चुनाव के लिए नामांकन पत्र जमा करने के लिए जा रहे राजनीतिक हों या घर में नई

कार आई हो, टोटके किए जाते हैं। निर्बुद्धिपरकता के ये चिह्न समाज में बचे हुए हैं।

जिंदर सिंह मुंडा

अधिक जानकारी के लिए :

1. **Magic and Alchemy** : Robert, M Place, 2009,
2. **The Golden Brough** : James G D Frazer, 1890

ट्रांसलिटरेशन

ट्रांसलिटरेशन (Transliteration) का प्रचलित अर्थ है, रोमन में टाइप करके कंप्यूटर में हिंदी प्राप्त करने का तरीका। यानी राम लिखने के लिए अंग्रेजी में RAAM लिखना। यह स्क्रीन पर देवनागरी के राम में बदल जाता है। एक ओर जहां माइक्रोसॉफ्ट ने हिंदी में यूनिकोड स्टैंडर्ड को आम यूजर्स तक ले जाने में अहम भूमिका निभाई, वहीं दूसरी तरफ बाजार के विस्तार की ललक में उसने कीबोर्ड के स्टैंडर्डाइजेशन को अहमियत नहीं दी। उसने खुद ही इंडिक इनपुट-1 और इंडिक इनपुट-2 जैसी ट्रांसलिट रेशन आईएमई पेश कर हिंदी में गैर-मानक तरीके से टेक्स्ट इनपुट को बढ़ावा दिया।

इस बात में कोई संदेह नहीं कि जिन लोगों के पास हिंदी टाइपिंग का अभ्यास करने के लिए पर्याप्त समय नहीं है, उनके लिए ट्रांसलिटरेशन का प्रयोग आसान है। यह सुविधा कई भाषाओं में उपस्थित है लेकिन ट्रांसलिटरेशन का इस्तेमाल एक अतिरिक्त और तात्कालिक सुविधा के तौर पर ही किया जाना चाहिए। उसे हिंदी में कंप्यूटर पर टेक्स्ट इनपुट की प्रधान इकाई के रूप में बढ़ावा नहीं दिया जा सकता। वैसे ही, जैसे फास्ट फूड दैनिक भोजन का स्थान नहीं ले सकता।

पहली बात यही है कि ट्रांसलिटरेशन हिंदी कीबोर्ड मानक के खिलाफ है। इसके अलावा कई व्यावहारिक कमियां हैं, जैसे–1. इसमें पूर्ण शुद्धता के साथ टाइपिंग करने की गांरटी नहीं है। उदाहरण के लिए किंकर्तव्यविमूढ़, मानसिकता, अन्वेषण जैसे अनगिनत शब्द टाइप नहीं किए जा सकते। 2. संस्कृत के श्लोक, गूढ़ अक्षर आदि के साथ भी यही कठिनाई है। 3. अंग्रेजी और दूसरी भाषाओं के शब्दों को उनकी मूल अंग्रेजी स्पेलिंग का प्रयोग करते हुए लिखना भी मुश्किल है–नॉलेज, अंकल, नेशनल 4. पश्चिमी देशों के अलावा, अन्य देशों में प्रचलित रोमन स्पेलिंग नहीं चल पाएगी।

ट्रांसलिटरेशन का प्रयोग करने वाले अनेक लोग कहते हैं कि हमें अपने शब्दों को टाइप करने में कोई विशेष समस्या पेश नहीं आती और जो एकाध दिक्कत आती है तो वह उतनी महत्वपूर्ण नहीं है– उनकी जगह हम दूसरे समानार्थक शब्द इस्तेमाल कर लेते हैं। अगर कोई ट्रांसलिटरेशन के जरिए काम कर पा रहा है तो उसकी वजह यह है कि माइक्रोसॉफ्ट, गूगल आदि ने अपनी आईएमई की कमियां दूर करने के लिए उनके साथ कुछ ऐसे टूल प्रदान किए हैं, जो सॉफ्टवेयर के स्तर पर काम करते हैं। मिसाल के तौर पर कुछ अक्षरों को टाइप करने के लिए अब कैरेक्टर मैप का इस्तेमाल किया जाता है तो कुछ के लिए हिंदी आईएमई में दिए गए कीबोर्ड चार्ट का। फिर टाइपिंग के दौरान ऑटो-सजेस्ट की सुविधा दी गई है, जिससे आप अपेक्षित शब्द चुन लेते हैं। मिसाल के तौर पर Rama लिखने पर आपको रम, राम, रमा और रामा शब्द सुझाए जाते हैं और आप उनमें से किसी एक का चुनाव कर सकते हैं।

इस तरह की सुविधाएं देने की जरूरत क्यों पड़ी? **क्योंकि इस टाइपिंग पद्धति की सीमाएं हैं।** वह आपकी आवश्यकता के लिहाज से शब्दों के इनपुट में सक्षम नहीं है। दूसरी ओर इन्हीं राम, रमा, रम और रामा शब्दों को मानक इनस्क्रिप्ट तरीके से टाइप करना चुटकियों का खेल है।

हिंदी या किसी भी भाषा के मानकीकृत कीबोर्ड की पहली अनिवार्यता है कि उसे उस भाषा में सटीक ढंग से टेक्स्ट इनपुट में सक्षम होना चाहिए। यूजर सिर्फ कीबोर्ड के जरिए अपनी बात टाइप कर सके, यह अनिवार्य है, क्योंकि कीबोर्ड का काम टेक्स्ट इनपुट करना है। टेक्स्ट इनपुट के लिए आपको कीबोर्ड के साथ-साथ माउस और एक

अतिरिक्त सॉफ्टवेयर का भी इस्तेमाल करना पड़े, यह विज्ञान या तकनीक-सम्मत नहीं है। यह विज्ञान सम्मत इसलिए नहीं है कि बहुत-सी डिवाइसेज पर माउस नहीं होता और बहुतों में अलग से सॉफ्टवेयर नहीं चलाया जा सकता।

जब माइक्रोसॉफ्ट, गूगल, एपल और दूसरी बहुराष्ट्रीय कंपनियों ने देखा कि हम हिंदी भाषी अपनी भाषा की विशिष्ट तकनीकी युक्तियों में महारथ हासिल करने के लिए कुछ घंटे निकालने के लिए भी तैयार नहीं हैं, तो उन्होंने मध्यमार्ग निकालते हुए तुरंत ट्रांसलिटरेशन पद्धतियां सामने रख दीं। लीजिए, अब आप अपनी भाषा में काम कीजिए, हमारी भाषा के जरिए। सर्वेश्वर दयाल सक्सेना ने कहा है :

और आज छीनने आए हैं वे
हमसे हमारी भाषा
यानी हमसे हमारा रूप
जिसे हमारी भाषा ने गढ़ा है
और जो इस जंगल में
इतना विकृत हो चुका है
कि जल्दी पहचान में नहीं आता।

रोमन लिपि के जरिए हिंदी लिखना बहुत-से लोगों को एक आसान विकल्प प्रतीत हो सकता है। इसकी वजह से बड़ी संख्या में लोग हिंदी से जुड़े हैं, इससे इनकार नहीं है। ब्लॉगिंग, सोशल नेटवर्किंग आदि में हिंदी के प्रसार में इसका बड़ा योगदान है। इस स्थिति के पैदा होने में सिर्फ कंप्यूटर और इंटरनेट के प्रयोक्ताओं का दोष नहीं है। दोष सरकारी नीति के स्तर पर भी है, कारोबारी प्राथमिकताओं के स्तर पर भी है, जागरूकता के अभाव का भी है।

बालेंदु शर्मा दाधीच

ट्राट्स्कीवाद

रूसी साम्यवादी आंदोलन में लेनिन के बाद स्तालिन ने उनका उत्तराधिकार संभाला। स्तालिन की नीतियों के विरोधी के रूप में लियोन ट्राट्स्की (1879-1940) का नाम लिया जाता है और उनके सिद्धांत को ट्राट्स्कीवाद (Trotskyism) कहा जाता है। ट्राट्स्की के विचारों के समर्थक, लेनिन की कुछ नीतियों के विरोधों के रूप में इनका नाम लेते हैं। ट्राट्स्की शुरू में बोल्शेविकों के विरोधी थे और मेंशेविकों के अंतरराष्ट्रीय मामलों की देखभाल करने वाले प्रकोष्ठ के प्रभारी थे, लेकिन अक्टूबर क्रांति के ऐन पहले बोल्शेविकों के साथ आ गए। वे अपनी रुचि और योग्यता के चलते रूस की कम्युनिस्ट सरकार के विदेश मंत्री रहे और पार्टी की सर्वोच्च निर्णायक संस्था पोलित ब्यूरो के भी सदस्य रहे। स्तालिन के विरोध के चलते 1929 में उन्हें पार्टी से निकाल दिया गया।

रूसी क्रांति के बाद लेनिन के नेतृत्व में 'तीसरा इंटरनेशनल' का गठन हुआ था जिसमें ट्राट्स्की की महत्वपूर्ण भूमिका थी। वे इसके समानांतर नया संगठन नहीं बनाना चाहते थे लेकिन फासीवाद के प्रति तीसरे इंटरनेशनल की नीतियों से वे संतुष्ट नहीं थे। इसलिए निर्वासन के दौरान मेक्सिको में रहते हुए 1938 में उन्होंने 'चौथा इंटरनेशनल' की स्थापना की। 1940 में मेक्सिको में उनकी हत्या कर दी गई। ट्राट्स्की के लेखन के आधार पर उनके अनुयायियों ने स्तालिनवाद के विरोध में ट्राट्स्कीवाद को सूत्रबद्ध किया।

रूसी क्रांति के बाद समाजवाद की स्थापना सबसे बड़ी चुनौती थी। मार्क्स का मानना था कि क्रांति विकसित पश्चिमी देशों में पहले होगी लेकिन हुई वह पिछड़े देश रूस में। शुरू में लेनिन को आशा थी कि अन्य देशों खासकर जर्मनी में क्रांति से रूस को मदद मिलेगी लेकिन जर्मनी में कम्युनिस्टों की जगह हिटलर सत्ता में आया। बोल्शेविकों को बिना किसी बाहरी मदद के समाजवाद का निर्माण करना था। इसी समय लेनिन के साथ ट्राट्स्की की बहस ट्रेड यूनियनों की भूमिका को लेकर हुई। ट्राट्स्की ट्रेड यूनियनों को विपक्ष के बतौर नई भूमिका में खड़ा करना चाहते थे, जबकि लेनिन सोवियत सत्ता के अंग के रूप में उन्हें देखना चाहते थे। स्तालिन

के समय स्थानीय कमेटियों के सचिव चुने जाने की जगह ऊपर से नियुक्त किए जाने लगे। इस मामले में ट्राट्स्की ने पार्टी के भीतर लोकतंत्र का सवाल उठाया। इसके आधार पर ट्राट्स्कीवादी कहते हैं कि लोकतंत्र के बिना समाजवाद नहीं टिक सकता। स्तालिन के साथ ट्राट्स्की का मतभेद समाजवाद के निर्माण के सवाल पर भी हुआ। स्तालिन ने 'एक देश' में समाजवाद का नारा दिया जबकि ट्राट्स्की विश्व समाजवादी क्रांति को रूस में समाजवाद के निर्माण से अधिक जरूरी मानते थे।

सैद्धांतिक स्तर पर ट्राट्स्कीवाद को दो सूत्रीकरणों के कारण महत्वपूर्ण माना जाता है। एक तो अंतरराष्ट्रीय स्तर पर 'स्थायी क्रांति' की उनकी धारणा के चलते और दूसरे संयुक्त मोर्चे की धारणा को प्रतिपादित करने के चलते। स्थायी क्रांति के बारे में वे कहते हैं कि मूलतः मार्क्स ही इस धारणा के जनक थे। इस धारणा के मुताबिक जिन देशों में बूर्जुआ लोकतांत्रिक क्रांति संपन्न नहीं हुई है, वहां मजदूर वर्ग के शासन को ही यह काम भी पूरा करना होगा। रूस की अक्टूबर क्रांति को वे इसका सर्वोत्तम उदाहरण मानते थे। उनका दूसरा योगदान संयुक्त मोर्चे के सिलसिले में है। जर्मनी में क्रांति की पराजय के बाद तीसरे इंटरनेशनल में ट्राट्स्की के सुझाव पर सुधारवादियों और क्रांतिकारियों के संयुक्त मोर्चा गठन को मजदूर वर्ग का जरूरी कार्यभार घोषित किया गया।

गोपाल प्रधान

अधिक जानकारी के लिए :

1. **Trotskyism :** Alex Callinicos; 1990,
2. **Trotskyism Verses Revisionism : A Documentary History :** Clift Slaughter, 1974

ट्रिनीडाड में हिंदी

ट्रिनीडाड में भारतीयों का पहला दल 30 मई 1845 को पहुंचा था। यहां हिंदी भाषा शिक्षण की परंपरा की शुरुआत भारतीय श्रमिकों और उनकी संतानों के प्रयास से हुआ। ये सभी लोग सामान्यतः भोजपुरी, अवधी और ब्रजभाषा बोलने वाले थे। दूसरी पीढ़ी के सामने आते ही ट्रिनीडाड के इन भारतीयों ने हिंदी शिक्षण के महत्व को समझ लिया था। फलतः गांव-गांव में छोटी-छोटी पाठशालाएं खोलकर हिंदी पढ़ाने का काम आरंभ कर दिया गया। रामचरितमानस, हनुमान चालीसा जैसी पुस्तकें ही इनकी पहली पाठ्य पुस्तकें थीं। जो थोड़ी-बहुत हिंदी जानता था वही पहला अध्यापक हो गया।

1864-70 के बीच ट्रिनीडाड में कार्यरत 'प्रस्बीटिरियन चर्च' के प्रचारकों ने पाया कि यदि इन भारतीय श्रमिकों को ईसाई बनाना है तो इनके बीच हिंदी भाषा के माध्यम से जगह बनाई जा सकती है। फलतः 1870 के आसपास कनाडा से आए पादरी जॉन मॉर्टन और रेवरेंड कैनेथ जेम्स ग्रांट के सम्मिलित प्रयासों से ट्रिनीडाड में इन भारतीय श्रमिकों के बच्चों को अंग्रेजी और हिंदी भाषा की शिक्षा देना शुरू कर दिया। कुछ ही वर्षों में परिदृश्य बदलने लगा। दादा-दादी, नाना-नानी, माता-पिता की पीढ़ी भोजपुरी हिंदी बोलती थी, लेकिन उनकी दूसरी-तीसरी पीढ़ी की संतानें अंग्रेजी बोलने में कुशल होती गईं।

भारत की आजादी के बाद से बसे भारतीयों में एक नया आत्मविश्वास पैदा हुआ। भारत से संपर्क बढ़ने लगा। 1952 में तत्कालीन भारतीय राजदूत आनंदमोहन सहाय के प्रयास से 'हिंदी एजुकेशनल बोर्ड' की स्थापना की गई। उसके पहले अध्यक्ष एडवर्ड जोजेफ पिल्लई बनाए गए। पहले पांच वर्ष तक यह संस्था बड़ी सक्रिय थी। भारत स्थित 'भारतीय सांस्कृतिक संबंध परिषद' भी 'हिंदी एजुकेशनल बोर्ड' की सहायता करती थी और जब परिषद की ओर से भेजी गई अध्यापिका इंदुताई केलकर वहां पहुंची तब 'हिंदी एजुकेशनल बोर्ड' का कार्य फिर से राह पर आया।

श्रीमती केलकर के बाद 1966 में हरिशंकर आदेश ट्रिनीडाड आए। उन्होंने 1969 में 'भारतीय विद्या संस्थान' की स्थापना की। इस संस्थान ने

ट्रिनीडाड में हिंदी भाषा और संस्कृति के प्रचार में अभूतपूर्व योगदान किया। इस संस्थान की कमला रामलखन ने 'हिंदी प्रभात' नाम से एक पुस्तक प्रकाशित की, जो ट्रिनीडाड में हिंदी शिक्षण के लिए किया गया सुविचारित एवं सुव्यवस्थित प्रयास है। इस पुस्तक का दूसरा भाग 1994 में प्रकाशित हुआ।

1950 के आसपास भदेस सगन महाराज के प्रयत्नों से ट्रिनिडाड में 'श्री सनातन धर्म महासभा' की स्थापना हुई। धीरे-धीरे पूरे देश में अनेक मंदिर, स्कूल और कॉलेजों की स्थापना होती गई। इनमें हिंदू धर्म की शिक्षा पर ही अधिक जोर होता था। 1986 के बाद ट्रिनीडाड में हिंदी भाषा के प्रचार-प्रसार को फिर एक नई दिशा 'हिंदी निधि' नामक संस्था और इसके उत्साही अध्यक्ष चनका सीताराम तथा उनके कर्मठ सहयोगियों को जाता है। यह संस्था इस बात के लिए भी निरंतर प्रयत्नशील है कि ट्रिनीडाड के स्कूलों में, जिस प्रकार स्पेनिश, फेंच और लैटिन भाषा एक विदेशी भाषा के रूप में पढ़ाई जाती है, उसी प्रकार हिंदी भाषा को पढ़ने का अवसर भी इच्छुक छात्रों को मिलना चाहिए। 'हिंदी निधि' का एक ऐतिहासिक कार्य 1992 में आयोजित 'प्रथम अंतरराष्ट्रीय हिंदी सम्मेलन' था, जिसमें भारत सहित सत्रह देशों के विद्वान प्रतिनिधियों ने भाग लिया। 'हिंदी निधि' ने भारतीयों के ट्रिनीडाड आगमन की 150वीं जयंती पर 1995 में 'पंचम विश्व हिंदी सम्मेलन' का आयोजन भी किया। ट्रिनीडाड में हिंदी भाषा के प्रचार-प्रसार की दिशा में भारत सरकार एवं ट्रिनीडाड स्थित उसके दूतावास की भूमिका महत्त्वपूर्ण है। 1986 के बाद से पोर्ट ऑफ स्पेन स्थित दूतावास के परिसर में ही प्रति सप्ताह 'हिंदी शिक्षा कार्यकम' की दो कक्षाएं नियमित रूप से लग रही हैं।

सन् 1988 में भारतीय दूतावास के विशिष्ट प्रयासों से ही 'यूनीवर्सिटी ऑफ दि वेस्ट इंडीज' के 'सेंट आगस्टीन कैम्पस' में हिंदी भाषा का शिक्षण आरंभ हो गया, जो बिना किसी व्यवधान के आज भी जारी है।

इसके अतिरिक्त नेशनल काउंसिल ऑफ इण्डियन कल्चर, गांधी सेवा संघ, डिवाइन लाइफ सोसाइटी, आर्य प्रतिनिधि सभा, एडिनबर्ग हिंदू मंदिर, हिंदू प्रचार केंद्र आदि अनेक अन्य संस्थाएं हैं जो किसी-न-किसी रूप में हिंदी भाषा और भारतीय संस्कृति के विभिन्न पक्षों के प्रचार-प्रसार में लगी हुई हैं।

सिनेमा, रेडियो तथा टेलीविजन के माध्यम से न हिंदी फिल्मों का संगीत यहां पहुंचा ही नहीं है, उसने हिंदी के प्रचार-प्रसार की दिशा में महत्वपूर्ण भूमिका भी निभाई है। उन गीतों को सुनकर और फिल्मों को देखकर आज की नई पीढ़ी भी उनका अर्थ जानने को उत्सुक है।

सुरेश ऋतुपर्ण

ठुमरी

हिंदुस्तानी शास्त्रीय गायन के चार मुख्य प्रकारों– ध्रुपद, खयाल, ठुमरी और टप्पा में ठुमरी गायकी उप-शास्त्रीय गायन का एक प्रमुख प्रकार मानी जाती है। ऐसी मान्यता है कि ठुमरी का नृत्य से भी गहरा संबंध है और नृत्य के साथ गाई जाने वाली बंदिशों से ठुमरी का विकास हुआ है। प्रायः ठुमरी का आशय ऐसी बंदिशों से लिया जाता है, जिसमें गायकी को अत्यंत लयात्मक तरीके से ठुमकते हुए भावों के माध्यम से व्यक्त किया जाता है। ठुमरी का अर्थ है 'ठुमकते हुए चाल से चलकर रिझाना' (ठुम+री), जिसका भावार्थ ही यह है कि ठुमरी में राधा ठुमक कर चलते हुए कृष्ण को रिझाने की व्यंजना रचती हैं। शायद इसीलिए अधिकतर ठुमरियों में कृष्ण-राधा भाव का साहचर्य ही वर्णित होता है। खयाल की संरचना से अलग, ठुमरी कम शब्दों और अपनी छोटी-सी उपस्थिति में भी कलात्मक और अनूठे तौर पर पूरे शास्त्र सम्मत ढंग से गायकी का रंग बिखेरती है। ठुमरी के संदर्भ में यह विशेष रूप से ध्यान देने योग्य बात है कि इसे शब्द और भाव-प्रधान गायकी माना जाता है। अतः यदि बोल बनाते समय राग-नियमों का उल्लघंन भी हो जाए, तो वह कोई बड़ी बात नहीं है। शायद इसी कारण ठुमरी गायन में राग की शुद्धता की ओर ध्यान नहीं दिया जाता है। लालित्य, चपलता, मनोभावों की सूक्ष्म व्यंजना और गायिकी में विभिन्न प्रकार के अलंकारों की दर्शना का काम ठुमरी की आदर्श संरचना को व्यक्त करते हैं।

ठुमरी मुख्यतः तीन प्रकार से हिंदुस्तानी शास्त्रीय संगीत में मौजूद रही है जिसमें लखनऊ, बनारस और पंजाब अंग आते हैं। फिर भी, बनारस की ठुमरी, जिसे पूरब-अंग की गायकी का एक ठोस प्रकार माना जाता है, सर्वाधिक प्रचलित और प्रशंसित है। ठुमरी दो प्रकार की होती है, जिसमें 'बोल बनाव की ठुमरी' और 'बोल बांट या बंदिश की ठुमरी' अलग-अलग ढंग से विभिन्न घरानों में प्रचलित रही हैं। आजकल ठुमरी के लिए जिन रागों का प्रमुखता से इस्तेमाल किया जाता है, उनमें खमाज, झिंझोटी, पीलू, देस, काफी, बरवा, पहाड़ी, मांड और भैरवी प्रमुख हैं। ठुमरी गायन का मुख्य विषय प्रेम औरशृंगार है। ज्यादातर बंदिशें प्रेम के स्वीकार, विरह, मान, उलाहना और मिलन के मनोभावों के तहत ही गाई जाती हैं। ठुमरी के प्रचलित रचनाकारों में नवाब वाजिद अली शाह, जो 'अख्तर पिया' और 'जाने-आलम' के नाम से ठुमरियां और नृत्य पद लिखते थे, के अलावा 'पंडित बिंदादीन महाराज', 'कदर-पिया', 'सनद-पिया' और 'ललन-पिया' हुए। कुछ बेहद लोकप्रिय और प्रतिष्ठित ठुमरियों में 'बाबुल मोरा जिया', 'आजा सांवरिया तोहे गरवा लगा लूं', 'कैसे ये धूम मचाई कन्हाई', 'नीर भरन कैसे जाऊं सखी री' और 'पिया बिन नहिं आवत चैन' को याद किया जा सकता है।

भारत में अनेक शास्त्रीय संगीतज्ञों ने बेहतरीन ठुमरियों की अदायगी की है, जिनमें प्रमुख रूप से उस्ताद अब्दुल करीम खाँ, उस्ताद बड़े गुलाम अली खाँ, उस्ताद नजाकत और सलामत अली, बड़ी मोतीबाई, बेगम अख्तर, रसूलनबाई, सिद्धेश्वरी देवी, भीमसेन जोशी, शोभा गुर्टू एवं गिरिजा जैसे मूर्धन्यों के नाम लिए जा सकते हैं।

यतींद्र मिश्र

अधिक जानकारी के लिए :

1. **Dance in Thumri :** Projesh Banerjee , 1986,
2. **Thumri in Historical and Stylistic Perspective :** Peter Lamarche Manuel, 1989

डबिंग

मूक फिल्मों से शुरू हुए फिल्म निर्माण के दौर में आवाज के समावेश से आमूल-चूल परिवर्तन आ गया। भाषाई फिल्मों के चलन में अनुवाद की जरूरत बन गई, क्योंकि अनुवाद वह रथ है जिस पर सवार होकर ज्यादा से ज्यादा दर्शकों तक पहुंचा जा सकता है। फिल्म में अनुवाद की उपस्थिति मुख्य रूप से सबटाइटलिंग के रूप में उभरी, किंतु इसकी सीमाओं ने सिनेमा के अनुवाद के क्षेत्र में 'डबिंग' (Dubbing) नामक एक नया मोड़ ला दिया।

फिल्म जगत के लिए 'डबिंग' फिल्म निर्माण की सामान्य प्रक्रिया का एक अनिवार्य अंग है। शूटिंग करते समय जब अभिनेता संवाद बोलते हैं तो रिकॉर्डिंग के दौरान अन्य कई अवांछित ध्वनियां भी साथ ही रिकॉर्ड हो जाती हैं। इन्हें ऑडियो साउंड-ट्रैक से हटाने के लिए डबिंग की जाती है, ताकि दर्शकों को केवल अभिनेताओं के संवाद ही सुनाई दें, अन्य अवांछित ध्वनियां नहीं। संवादों को दोबारा बोलकर रिकॉर्ड करने संबंधी यह डबिंग कार्य, डबिंग थिएटर में किया जाता है। इसके अलावा, गीतों के रूप में और साउंड-ट्रैक में ध्वनि-प्रभाव डालने के लिए भी डबिंग का सहारा लिया जाता है।

आज डबिंग का विस्तार हमें सिनेमा के अनुवाद के संदर्भ में भी नजर आ सकता है। यह फिल्म के साउंड-ट्रैक पर रिकॉर्ड किए गए एक भाषा के संवादों और गीतों आदि को दूसरी भाषा में बदलने से संबंधित है। इसमें मूल फिल्म के संवादों, गीतों आदि का दूसरी भाषा (लक्ष्य भाषा) में अनुवाद कर, उन अनूदित संवादों-गीतों आदि को मूल भाषा के संवादों के स्थान पर फिल्म में शामिल कर लिया जाता है। इस तरह, फिल्म तो वही बनी रहती है, किंतु अनुवाद के माध्यम से भाषा परिवर्तित हो जाती है और वह दूसरी भाषा के दर्शकों तक पहुंचाने का जरिया बन जाती है।

दूसरी भाषा में रिकॉर्ड की गई आवाजें आम तौर पर मूल फिल्म के अभिनेताओं/कलाकारों की न होकर दूसरी (लक्ष्य) भाषा बोलने वाले किन्हीं अन्य व्यक्तियों की होती है। इसके लिए उन्हें अपनी आवाज एवं संवाद को पर्दे पर मौजूद दृश्य के दौरान बोले जा रहे संवाद, कलाकार की शारीरिक चेष्टाओं और मुख-मुद्राओं से संबद्ध करना होता है। इस तरह की सुयोगपूर्ण तालमेल से दर्शक को यही महसूस होता है कि पर्दे पर नजर आ रहा फिल्म अभिनेता मानो वही (लक्ष्य) भाषा बोल रहा है। यह कोई सरल कार्य न होकर विशेषज्ञता की अपेक्षा रखने वाला कार्य है। इसमें कलाकार के केवल होठों के साथ समकालिक संतुलन ही नहीं करना होता, बल्कि रचनात्मक कल्पना का सहारा भी लेना होता है। इसलिए यह स्वीकार किया जाता है कि अनुवाद के माध्यम से की गई डबिंग भी एक कला है।

डबिंग एक लाभदायक सौदा है, कम लागत में एक नई फिल्म बनाने का तरीका है। लागत की दृष्टि से देखा जाए तो फिल्म निर्माण एक बहुत महंगा सौदा है। फिल्मों की दूसरी भाषा में प्रस्तुति से फिल्म व्यवसाय की बढ़ोतरी की संभावनाएं और अधिक व्यापक हो जाती हैं। इस तरह कम लागत पर ज्यादा लाभ अर्जित कर लिया जाता है। डबिंग से यह भी लाभ रहता है कि फिल्म की पूरी निर्माण प्रक्रिया से दोबारा नहीं गुजरना पड़ता, केवल अन्य भाषा/भाषाओं में मात्र उसका अनुवाद, संवादों की रिकॉर्डिंग-डबिंग और संपादन आदि कार्य करना पड़ता है। जुरासिक पार्क, अवतार, टाइटैनिक, वार एंड पीस, ममी, द गॉडमदर, गॉडजिला, एनाकोंडा, लाइफ ऑफ पाई, हैरी पोटर, स्लमडॉग मिलेनियर, द टाइम मशीन, ग्रेट एक्सपैक्टेशन आदि कुछ ऐसी ही फिल्में हैं जो अपने डब रूप में भारतीय दर्शकों के बीच सुपर-डुपर हिट रहीं। इसी प्रकार, हिंदी में निर्मित फिल्मों का अन्य भारतीय भाषाओं में डब किया हुआ

संस्करण देश के कोने-कोने में बड़े चाव से देखा जाता है। इसकी शुरुआत 1993 में बनी मणि रत्नम की फिल्म 'रोजा' से मानी जाती है। देश-विदेश की कार्टून और एनिमेशन फिल्में डब रूप में उतनी ही प्रसिद्ध हैं, जितनी मूल भाषा में।

डबिंग के क्षेत्र में हुए विकास की स्थिति अब यह है कि एक ही फिल्म देश-विदेश की कई-कई भाषाओं में एक साथ रिलीज की जा रही हैं। इस तरह के प्रयास फिल्म निर्माताओं के लिए भारी मुनाफे का सौदा सिद्ध हो रहे हैं। 'गजनी' हिंदी सिनेमा की वह पहली फिल्म थी जिसे कई भाषाओं में प्रदर्शित किया गया था। इसी क्रम में 'चेन्नई एक्सप्रेस', 'कृष 3', 'धूम 3', 'जय हो' आदि फिल्मों के नामों का उल्लेख किया जा सकता है। इस प्रकार के भारी मुनाफे को देखते हुए आज अधिकांश फिल्म निर्माता अपनी फिल्म के 'वर्ल्ड राइट्स' खूब मुनाफे में बेचते हैं।

डबिंग-अनुवाद की प्रक्रिया : डबिंग-अनुवाद एक विशिष्ट प्रक्रिया है, जिसमें डबिंग-अनुवादक को विशिष्ट प्रयास और पर्याप्त सावधानी बरतनी होती है। अभिनेता द्वारा बोली गई भाषा (मूल) के स्थान पर दूसरी (लक्ष्य) भाषा के शब्द उच्चरित करवाने के लिए अनुवादक को अभिनेता की मुख-मुद्रा, हाव-भाव के साथ तालमेल बैठाने की चुनौती होती है। उसे अभिनेता के होठों की गति तथा उच्चरित शब्दों, वाक्यों के अनुसार नाप-तौलकर संवाद तराशने होते हैं—प्रयुक्त ध्वनि, शब्द, विराम, वाक्य आदि के अनुरूप। वह संवादों के शब्दों के आकार, आंगिक भाषा, उपवाक्य, वाक्यों के आकार के अनुरूप समान ध्वनि, आकार एवं मनोभाव को व्यक्त करने वाले शब्द, उपवाक्य, वाक्य आदि चुनता है। डबिंग-अनुवादक को भाषा और विषय-ज्ञान के साथ-साथ फिल्म संबंधी तकनीकी ज्ञान भी होना चाहिए। इसके अलावा, उसके समक्ष सामाजिक-सांस्कृतिक संदर्भों के अनुवाद की भी चुनौतियां होती हैं।

डबिंग और सबटाइटलिंग में से कौन-सा विकल्प बेहतर? : डबिंग और सबटाइटलिंग का अपना-अपना वैशिष्ट्य है। इसके पक्ष-विपक्ष में अनेक तर्क दिए जा सकते हैं। जैसे,

- सबटाइटलिंग में भाषा औपचारिक रूप ग्रहण कर लेती है, जबकि डबिंग में भाषा के स्तर पर स्थानीयता का पुट परिलक्षित किया जा सकता है जो दर्शकों को ज्यादा सहज प्रतीत होता है।
- सबटाइटलिंग में मूल भाषा के संवाद को दूसरी भाषा में केवल उतने ही शब्दों में दर्शकों-पाठकों के लिए संवादों के रूप में ही प्रस्तुत करना होता है, जितने एक फ्रेम में आ सकें और लिखित संवादों का फिल्म की गति और पर्दे के आकार के साथ समकालिक संतुलन बनाना होता है। वहीं डबिंग-अनुवादक के सामने नपे-तुले संवाद और उनका मुख-मुद्रा, हाव-भाव के साथ तालमेल बैठाने की चुनौती होती है।
- सबटाइटलिंग की हुई फिल्म को देखना, मूल भाषा के संवादों को सुनना और अपनी भाषा में लिखे उसके सबटाइटलों को साथ-साथ पढ़ना होता है, जिसे सहजता से सम्पन्न कर पाना मुश्किल होता है। इसके स्थान पर डबिंग बेहतर विकल्प नजर आता है।
- डबिंग की तुलना में सबटाइटलिंग कम खर्चीली विधि है। कहा जाता है कि सबटाइटलिंग की तुलना में डबिंग में 15 गुना अधिक खर्च होता है।
- स्क्रीन पर कलाकार के होठों की गति एवं डब की गई आवाज में जितना भी समकालिक संतुलन क्यों न स्थापित कर लिया जाए, उसमें कुछ न कुछ दोष अवश्य रह ही जाता है, जबकि सबटाइटलिंग में ऐसी समस्या नहीं आती।

डबिंग जैसे अनुवाद ने मीडिया में नए प्रयोगों को जन्म दिया। इसने आधुनिक तकनीक के अनुप्रयोग से यह संभव कर दिखाया। डबिंग ज्यादा दर्शकों तक पहुंचने का आधुनिक एवं प्रभावी माध्यम सिद्ध हुई। इसने अनुवादकों के लिए रोजगार का एक नया

कर्म क्षेत्र खोल दिया है, जिसमें उनकी भारी मांग है। आज भाषाई सिनेमा और अनुवाद एक-दूसरे के ऐसे पूरक बन चुके हैं, जिसकी शुरू में परिकल्पना तक नहीं की गई थी।

हरीश कुमार सेठी

डायरी

डायरी (Diary) ही एकमात्र साहित्यिक विधा है जिसके लेखन के संबंध में किसी प्रकार का फार्मूला बनाना या तय करना असंभव-सा है। डायरी लेखक खुद तय करता है कि उसे क्या लिखना है, क्यों लिखना है और कैसे लिखना है? यही कारण है कि कोई भी दो डायरियां एक ही प्रकार की नहीं होती। जिस प्रकार गिरगिट रंग बदलता है उसी प्रकार लेखक के मूड के अनुसार डायरी का 'रंग' भी बदलता रहता है। अंग्रेजी का पहला डायरी लेखक सेम्युअल पेपीस माना जाता है। उसका समकालीन जॉन एवलिन था जिसने 1620 से 1706 तक डायरी लिखी। उसने डायरी अपनी खुशी एवं संतोष के लिए लिखी थी और उसके प्रकाशन के बारे में कभी सोचा भी न था। काफ्का ने डायरी के माध्यम से आक्रोश प्रकट किया है और अपनी कहानियों और उपन्यासों के लिए मसाला जुटाया है, तो डोरोथी वर्ड्सवर्थ ने डायरी में अपने गृह प्रदेश लेकलैंड का नैसर्गिक सौंदर्य प्रस्तुत किया है जो उसके भाई विलियम वर्ड्सवर्थ ने कविता के माध्यम से प्रदर्शित किया। विदेशी लेखकों की भारत संबंधी डायरियों में 'रोम्या रोलां की डायरी' उल्लेखनीय है। एक यहूदी युवती एन फ्रेंक की डायरी काफी प्रसिद्ध हुई, इसमें उसने हिटलर के गेस्टापो पुलिस द्वारा दी गई यातना का चित्र खींचा है। स्त्रियों ने डायरी कम लिखी है, पर इधर यह प्रवृत्ति बनी है। हिंदी में मोहन राकेश और मलयज की डायरी है।

डायरी किसी व्यक्ति के निष्कपट अंतर्मन का आईना हो सकती है तो किसी कातिल का लबादा भी हो सकती है जिसकी आड़ में डायरी लेखक अपने समकालीनों, परिचितों, मित्रों की पीठ में छुरा भोंकता है। डायरी भले ही खराब हो, पर वह विश्वसनीय भी होती है, चाहे उसका लेखक ईमानदार हो, भ्रष्ट हो, पतित हो, कपटी हो या अपनी ही दुनिया में रह कर अपने आपको धोखा देने वाला हो। प्रत्येक व्यक्ति की जिंदगी स्वयं एक डायरी है जिसमें वह एक कहानी लिखना चाहता है पर लिख देता है दूसरी और उसका सर्वाधिक विनम्र क्षण वह होता है जब वह, जो कुछ लिखा जा चुका है, उसकी तुलना उससे करता है जो वह वास्तव में लिखना चाहता था।

डायरी के संबंध में इतना सब जानने के बाद भी पूछा जा सकता है कि डायरी आखिर है क्या? इसके उत्तर में शायद यह कहना ठीक होगा कि वह लेखक के लिए एक महत्वपूर्ण दस्तावेज है—उसे पढ़ने वाले उसके समकालीनों के लिए बेकार की चीज और वर्षों-शताब्दियों के बाद शोधार्थियों के लिए बहुमूल्य सामग्री।

कुछ डायरियां दिन-प्रतिदिन का लेखा-जोखा होती हैं, तो कुछ लोग किसी विशेष अवसर जैसे किसी यात्रा, किसी संकट या दुर्घटना आदि की डायरी लिखते हैं। कुछ डायरियों में लेखक की आत्मा की आवाज सुनाई पड़ती है, कुछ अपने पापों को स्वीकार करते हैं। कुछ लोग ऐसे भी होते हैं जिनकी डायरी ही उनकी दुनिया होती है, जैसे लंबी सजा भुगतने वाले कैदी और स्थायी रूप से अपंग लोग।

अंग्रेजी के दो शब्दों 'डायरी' और 'जर्नल' में वही अंतर है, जो 'लॉग' और 'नोटबुक' में है। दैनिक विवरण दोनों में लिखा जाता है, पर दोनों अलग-अलग प्रकार के होते हैं। ऑक्सफोर्ड डिक्शनरी के अनुसार, 'डायरी में किसी के सोच-विचार, दैनिक व्यवहार, घटनाओं आदि का विवरण रहता है', जब कि जर्नल में वही बातें डायरी की अपेक्षा अधिक विस्तार से होती हैं। वहां दूसरों के बारे में भी बातें होती हैं। कैथरीन मैंसफील्ड और आंद्रे जीद के जर्नल लोकप्रिय हुए। हिंदी में 'डायरी' और 'जर्नल' के लिए अलग-अलग शब्द नहीं हैं। हिंदी शब्दकोशों में दोनों के मायने रोजनामचा, दैनंदिनी, दैनिकी ही

दिए गए हैं। वस्तुतः अंग्रेजी के इन दोनों शब्दों में इतना सूक्ष्म अंतर है कि सामान्य पाठक के लिए तो उनमें भेद करना मुश्किल होगा। अंबरोज बीयर्स की 'डेविल्स डिक्शनरी' में 'किसी व्यक्ति के जीवन की दिन-प्रतिदिन की कारगुजारियों का वह हिस्सा जिस पर वह किसी प्रकार की शर्म महसूस नहीं करता' को डायरी कहा गया है। डायरी के संबंध में अंग्रेज लेखक जेम्स लीस का कहना था कि यदि किसी पुरुष की कोई ऐसी प्रेमिका नहीं है जिसके साथ वह अपनी आत्मा और देह पर भागीदारी कर सके, तो उसे डायरी अवश्य लिखना चाहिए।

डायरी लिखना कविता, कहानी, उपन्यास, नाटक, महाकाव्य या निबंध के समान बहुत कठिन नहीं है कि उसके लिए बहुत सोच-सोच कर लिखा जाए। डायरी लिखने में न तो किसी अन्य विधा के समान समय की पाबंदी होती है और न किसी को दिखाने या बतलाने की आवश्यकता। डायरी में धारावाहिकता जरूरी नहीं होती और न इसका कोई एक केंद्र बिंदु होता है। डायरी बिना भावोद्रेक के अधिक संभल कर लिखी जाए तो वह बनावटी भी लग सकती है। डायरी केवल एक दिन की भी हो सकती है और कई वर्षों की भी। डायरी लिखने के लिए न कोई रिसर्च करना पड़ता है न तथ्यों की जांच-पड़ताल। डायरी में लिखी जाने वाली किसी एक दिन की बात केवल एक पंक्ति भी हो सकती है अथवा एक या अधिक पृष्ठ की भी। डायरी में लिखी बात सही मानी जाती है, पर वह एकदम गलत भी हो सकती है। डायरी लेखक को यह भय होता है कि किसी के हाथों लगने पर कहीं वह रहस्य न खुल जाए जिसे वह छिपाकर रखना चाहता है। डायरी ऐसे रहस्यों को अपने भीतर जज्ब किए रहती है। यह लेखक को मानसिक तनाव से मुक्त करती है। कुछ डायरी लेखक रोज डायरी लिखने का संकल्प करते हैं, हालांकि बहुत कम इसका पालन कर पाते हैं। डायरी लेखक अपने जीवन के तमाम सुख-दुखों का साक्षी और पुनरभोक्ता होता है।

डायरी का प्रकाशन सामान्यतः डायरी लेखक की मृत्यु के बाद होता है। इसका एक कारण यह भी कहा जा सकता है कि किसी व्यक्ति की डायरी उसके परिचितों, मित्रों, रिश्तेदारों आदि को भी प्रायः पता नहीं रहता। कभी-कभी ऐसा भी होता है कि किसी की लिखी डायरी का पता उसकी मृत्यु के अनेक वर्षों बाद चलता है।

कुछ लोग तभी डायरी लिखते हैं जब वे किसी प्रकार की जज्बाती या आर्थिक परेशानी में होते हैं, तो कुछ लोग तब लिखते हैं जब वे बहुत खुश होते हैं या क्रियाशील होते हैं। स्कॉटिश कवि विलियम सौतार ने अपनी डायरी में लिखा था कि 'डायरी शराब के सामान है जो धीरे-धीरे आदत बन जाती है और हमसे वह लिखवा लेती है जो हमने सोचा नहीं था'। बहुतों के लिए डायरी लेखन एक प्रकार की 'फटकार' है जो उन्हें निरंतर उनकी कमजोरियों का ध्यान दिलाती है।

हिंदी में डायरी लेखन की कोई बड़ी परंपरा नहीं है। कुछ उपन्यासों में जरूर इस शैली का प्रयोग हुआ है। पांडेय बेचन शर्मा 'उग्र' की 'अपनी खबर' डायरी कही जा सकती है। अन्यथा हिंदी में 'एक साहित्यिक की डायरी' (मुक्तिबोध) आलोचनात्मक लेखन है। अभी तक 'मोहन राकेश की डायरी' और 'मलयज की डायरी' के अतिरिक्त कोई अन्य उल्लेखनीय पुस्तक नहीं है जिसे सही अर्थ में डायरी कहा जा सके। इधर कुछ वरिष्ठ लेखकों की डायरी के कुछ अंश पत्र-पत्रिकाओं में जरूर प्रकाशित हुए हैं। अरुण प्रकाश ने लिखा है, 'डायरी एक अधूरी विधा है। उसमें कोई चीज राउंड अप नहीं होती। हां, जीवन के कुछ प्रदीप्त कुछ धुंधले अंश जरूर दिखते हैं और खुरदरापन पाठक को विकर्षित नहीं करता, बल्कि गोपन को जानने की उत्सुकता का प्रवाह पाठकों को अपने जद में ले लेता है।' किसी व्यक्ति की डायरी से उसके बारे में बहुत कुछ जाना जा सकता है, पर पूरा कभी नहीं जाना जा सकता।

महेंद्र राजा जैन

डायस्पोरा

ग्रीक शब्द डायस्पोरा (Diaspora) 'Dia' और 'Sperien' शब्दों के योग से बना है, जिसका अर्थ है बीज बोना, छितराना, बिखेरना या फैलाना। डायस्पोरा एक सामान्य उत्पत्ति स्थल से विभिन्न स्थानों में बिखरी हुई जनसंख्या है। यह शब्द मातृभूमि से लोगों का पलायन भी दर्शाता है। मूलतः इस शब्द का प्रयोग छठी शताब्दी के उत्तरार्द्ध में बेबीलोनिया से यहूदियों के निष्कासन के संदर्भ में किया गया था। इस निष्कासन से यहूदी समुदाय बेबीलोनिया से बाहर विभिन्न क्षेत्रों में फैल गया। आधुनिक संदर्भ में यह शब्द केवल यहूदी निष्कासन और विस्थापन तक सीमित नहीं रह गया है। आज डायस्पोरा ऐसी जनसंख्या के लिए प्रयुक्त होता है जो अपने मूल स्थान में निवास नहीं करती। इसके बारे में संरचित विमर्श को 'डायस्पोरा डिस्कोर्स' या प्रवासी विमर्श कहा जाता है।

डायस्पोरिक अध्ययन की मूल संकल्पना एक सांस्कृतिक इकाई के दुनिया के अलग-अलग हिस्सों में बिखरने, फैलने में निहित है। अब इसका ज्यादा व्यापक अर्थों में प्रयोग होता है। विभिन्न नस्ल, रंग, भाषा, जाति, धर्म, क्षेत्र आदि के लोगों के अपने मूल स्थान से पलायन या निष्कासन और बाद में नई जीवन स्थितियों के वर्णन के लिए इस शब्द का प्रयोग किया जाता है। इस आधार पर भारतीय, पाकिस्तानी, चीनी, जापानी, तमिल, पंजाबी, मलयाली, गुजराती, एशियाई, अफ्रीकी, फिलीस्तीनी, लेबनानी, पारसी, तिब्बती आदि अनेक डायस्पोरा का निर्माण हुआ है। छोटी संस्कृतियों में डायस्पोरा का प्रश्न उतना जटिल नहीं है, जितना मिश्रित और बहु-सांस्कृतिक देशों में। मसलन जब हम भारतीय डायस्पोरा की चर्चा करते हैं तो उसमें अनेक अंतर्वर्ती डायस्पोरा होते हैं, जैसे गुजराती, मलयाली, पंजाबी, ओड़िया, बंगाली, मराठी, भोजपुरी आदि। इस तरह, एक बड़े और व्यापक डायस्पोरा के भीतर कई छोटे अथवा लघु डायस्पोरा हो सकते हैं।

डायस्पोरिक अध्ययन में एक बड़ी समस्या सांस्कृतिक सम्मिश्रण की है। विभिन्न कारणों से जब एक सांस्कृतिक इकाई की पहली पीढ़ी निष्कासित अथवा प्रस्थापित होती है तो उसमें अपनी संस्कृति के प्रति अधिक उत्कंठा बनी रहती है। परंतु जैसे-जैसे समय गुजरता है, नई पीढ़ी में मूल स्थान के प्रति प्रेम भावना और संवेदनात्मक उत्कंठा कम होने लगती है। वह दूसरे स्थान की संस्कृति को ज्यादा मात्रा में अपनाती चलती है। मूल स्थान की संस्कृति के चिह्न दूसरे स्थान की संस्कृति से घुलमिल कर नई सांस्कृतिक संरचना को जन्म देते हैं।

मध्ययुगीन समाजों में धर्म, युद्ध और व्यापार ही डायस्पोरा के निर्माण की मुख्य वजहें थीं। विभिन्न धार्मिक, यौद्धिक और व्यापारिक अभियानों ने विभिन्न समाजों के बीच सांस्कृतिक, आध्यात्मिक, वैचारिक, शैक्षणिक और आर्थिक अंतर्क्रियाओं का सूत्रपात किया। इन आरंभिक डायस्पोरा के पीछे का दृष्टिकोण सामंती, व्यापारिक पूंजीवादी और गैर-उपभोक्तावादी था। औद्योगिक और उत्तर-औद्योगिक समाजों में विकसित उत्पादन प्रणाली, संचार माध्यमों की गतिशीलता और पूंजी के तीव्र प्रवाह ने जीवन दृष्टि में व्यापक परिवर्तन उपस्थित किया है। अब हम उत्तर-आधुनिक भूमंडलीकृत मुक्त बाजार वाली अर्थव्यवस्था में जी रहे हैं। अब दुनिया के लोग संचार क्रांति के कारण पहले से अधिक समीप आ गए हैं। दूसरी ओर, यातायात के अत्याधुनिक साधनों के माध्यम से लोग दुनिया के दूसरे देशों में आसानी से आ-जा सकते हैं। आज सुखद भविष्य और समृद्ध जीवन की तलाश भी डायस्पोरा निर्माण की मुख्य वजहों में हैं। कहीं युद्ध, जनसंहार, नस्ली भेदभाव, सांप्रदायिक हिंसा से जीवन त्रस्त होता है और व्यक्ति अथवा समुदाय बेहतर जीवन की तलाश में दूसरे स्थानों पर प्रस्थापित होते हैं, तो कहीं आकर्षण के केंद्रों की खोज, उच्च तकनीकी दक्षता, बेहतर प्रोफेशनल कौशल डायस्पोरा का निर्माण करते हैं।

डायस्पोरा के विभिन्न समूहों को उनकी उत्पत्ति

और ऐतिहासिकता के आधार पर उत्पीड़ित, श्रमिक, साम्राज्यवादी, व्यापारिक और विप्रदेशीकृत वर्गों में विभाजित किया जाता है। उत्पीड़ित डायस्पोरा की मुख्य विशेषता स्वभूमि से कष्टकारी घटना के कारण दो या उससे अधिक विदेशी स्थानों के लिए विस्थापन को माना गया है। रोजगार के अवसर तलाशने, औपनिवेशिक महत्वाकांक्षाओं अथवा वाणिज्यिक अभियानों को बिखराव के अन्य कारणों के रूप में चिह्नित किया गया है। इस कारण क्रमशः श्रमिक, औपनिवेशिक और व्यापारिक डायस्पोरा का निर्माण हुआ। डायस्पोरा निर्माण के मूल में किसी स्थान विशेष से जुड़ाव को महत्वपूर्ण माना जाता है, लेकिन अनेक ऐसे समूह हैं जिन्हें किसी स्थान विशेष से जुड़ा हुआ माना नहीं जा सकता। इस प्रकार के डायस्पोरा को विप्रदेशीकृत की संज्ञा दी जाती है। रोजर ब्रूबेकर ने डायस्पोरा को समझने के लिए तीन कसौटियों को अनिवार्य बताया है : बिखराव (Dispersion), मातृभूमि के प्रति झुकाव (Homeland Orientation) और सीमाओं का समर्थन (Boundary Maintenance)।

भारत जैसे बड़े बहु-सांस्कृतिक और बहु-भाषिक देशों में अंतर्देशीय डायस्पोरा का निर्माण होता है, बिहार से कामकाज की तलाश में मजदूरों का बड़ा समूह दिल्ली, मुंबई, कोलकाता तथा देश के अन्य भागों में जाता रहा है। बंगाली और ओड़िया तथा अन्य अनेक राज्यों की आबादी के साथ भी ऐसा ही हुआ है। ऐसा नहीं है कि अंतर्देशीय डायस्पोरा केवल भारत की अपनी विशेषता है। चीन, अमेरिका आदि तमाम देशों में मुख्यतः रोजगार के बेहतर अवसरों की तलाश में अंतर्देशीय डायस्पोरा का निर्माण हुआ है।

अमिताभ राय

अधिक जानकारी के लिए :

1. **Diaspora : An Introduction :** Jana Brazil, 2008, 2. **Global Diaspora : An introduction :** Robin Cohen, 2008

डार्विन का सिद्धांत

एक महान जीववैज्ञानिक एवं समाज-सांस्कृतिक चिंतक के रूप में चार्ल्स डार्विन (1809-1882) इंग्लैंड के उस दौर की उपज माने जा सकते हैं, जो यूरोपीय पुनर्जागरण के गर्भ से पैदा होनेवाले ज्ञानोदय (1650-1800) से सीधे ताल्लुक रखता है। ज्ञानोदय यूरोप में वैज्ञानिक चेतना के विकास एवं तर्क-विवेक (एज ऑफ रीजनिंग) का युग था। पूंजीवाद, शहरीकरण, उद्योगीकरण और वैज्ञानिक शोधजनित

चार्ल्स डार्विन

यंत्रकाल (एज ऑफ मशीन) के व्यापक और गहन होने के साथ-साथ यूरोप का अभूतपूर्व औपनिवेशिक साम्राज्य इस दौर में स्थापित हुआ। वह भौगोलिक रूप से राष्ट्रीय सीमाओं के पार जाने के अभियान और खास तौर पर इंग्लैंड को एक अंतरराष्ट्रीय या वैश्विक स्वरूप प्रदान करने का काल भी था। बेशक इसका दूसरा पहलू लगभग एक तिहाई मानव जाति की औपनिवेशिक गुलामी की शक्ल वाला था।

डार्विन के संदर्भ में उपर्युक्त परिवेश और पृष्ठभूमि का महत्व है। उनकी 'एचएमएस बीगल'

नाम के समुद्री जहाज के द्वारा की गई पांच वर्ष (1831-1836) की यात्रा का लक्ष्य था अमेरिकी महाद्वीप के समुद्र तटों का भूवैज्ञानिक एवं जीव वैज्ञानिक सर्वेक्षण। इस अभियान से पूर्व डार्विन अपने 'विकासवाद' के सिद्धांत की प्रारंभिक रूपरेखा बना चुके थे, परंतु उन्होंने उसे बीगल यात्रा के दौरान इकट्ठा किए गए जीवों के अवशेषों (फॉसिल्स) के अध्ययनों से ठोस वैज्ञानिक प्रमाणों से पुष्ट किया।

पृष्ठभूमि : पिता के 'मुक्त चिंतक समिति' का सदस्य होने के नाते डार्विन तत्कालीन ईसाई चर्च की रूढ़िवादी धार्मिक-सांस्कृतिक धारणाओं पर भी प्रश्नचिह्न लगा सकने और मौलिक रूप में सोचने वाले परिवार से संबद्ध थे। प्रजातियों (स्पेसीज) के उद्विकास (एवोल्यूशन) से जुड़े डार्विन के शोध और चिंतन के रास्ते में चर्च के द्वारा स्वीकृत-प्रचारित 'प्रजातियों' के शाश्वत मूलवाद (एसेंशियलिज्म) की धारणा रुकावट की तरह खड़ी थी।

शाश्वत मूलवादी धारणा के अनुसार धरती पर प्रजातियों की संख्या तय रहती है। वे दैवी या शाश्वत मूलवाली होती हैं : उनकी संख्या घटती-बढ़ती नहीं। चर्च इसे ईसाई मत का हिस्सा मानता है। डार्विन से पहले अरस्तू से लेकर लगभग सभी आदर्शवादी चिंतकों ने प्रजातियों के शाश्वत मूलवाद पर मुहर लगाई है।

डार्विन का प्रकृति के चुनाव से होने वाला उद्विकास का सिद्धांत इस शाश्वत मूलवाद का प्रतिकार करने के लिए 'प्रजातियों के उत्संक्रमण' (ट्रांसम्युटेशन ऑफ स्पेसीज) की धारणा सामने लाता है। पर्याप्त प्रमाणों के न होने के कारण डार्विन को अपनी इस धारणा के वैज्ञानिक रूप में पुष्ट करने में बहुत समय लगा। हालांकि उनकी उद्विकास के सिद्धांतवाला मुख्य और चर्चित किताब 'ऑन द ओरिजिन ऑफ स्पेसीज बाई मीन्स ऑफ नेचुरल सिलेक्शन' 1859 में सामने आ गई थी, पर उत्संक्रमण वाली बात को वे अपने जीवन के आखिरी दौर में वैज्ञानिक रूप से पुष्ट करने के निकट तब पहुंचे, जब उन्होंने एक चिड़ियाघर में ओरांग उटांग को देखा, जो बंदर और मनुष्य के बीच की खोई कड़ी की तरह था। इससे दो प्रजतियों के उत्संक्रमण के बीच की कड़ियों के रूप में प्रकट प्रजातियों में से अनेक के लुप्त होने की धारणा भी सिद्धांत के रूप में स्थापित हो सकी ।

आलोचना : आधुनिक जेनेटिक्स के पूर्ववर्ती के रूप में यूजेनिक्स से संबंध रखनेवाले अनेक वैज्ञानिक डार्विन के समय से ही उनकी धारणाओं पर प्रश्नचिह्न लगाते रहे हैं। यूजेनिक्स और डार्विन के प्रजाति उद्विकास में बुनियादी फर्क यह है कि यूजेनिक्स में प्रजाति की अंदरूनी आनुवांशिक तब्दीली को उसके विकास का हेतु माना जाता है, जबकि डार्विनवाद ऐसी तब्दीलियों को प्राकृतिक परिवेश और प्रकृतिमूलक चुनाव से प्रेरित मानता है। इसके अलावा, वह प्रजातियों के उत्संक्रमण को भी स्वीकार करता है।

यूजेनिक्स यानी आनुवांशिक अंतर्विकास को ही प्रजाति-विकास की मुख्य प्रक्रिया मानने की धारणा को डॉर्विन के समकालीन ग्रेगरी जॉनसन मैंडल (1865) ने वैज्ञानिक रूप में स्थापित किया—डार्विन की किताब 'ओरिजिन ऑफ स्पेसीस' के प्रकाशन के छह वर्ष बाद। इस यूजेनिक्स को मैंडलवाद भी कहा जाता है। इसकी आधारभूमि लेमार्क के सिद्धांत में पहले से थी। जॉन बेपतिस्त लेमार्क (1774-1829) पहले से ऐसे विचारों की पृष्ठभूमि तैयार कर चुके थे। बाद में मैंडलवाद से प्रभावित होनेवालों में हर्बर्ट स्पेंसर अग्रणी थे। इनके समकालीन टॉमर्स हंट मॉर्गन (1818-1881) ने रॉबर्ट हैसलो जैसे विद्वानों के संपर्क में प्रयास किया कि प्रजाति उद्विकास में आनुवंशिकी की मुख्य भूमिका के अलावा कुदरती परिवेश की अहमियत को भी समझा जाए।

डार्विन की मुख्य अवधारणाएं :

1. पृथ्वी पर जीवन प्रजातियों में विभक्त हैं। प्रजाति का अर्थ है साझे समान पूर्वजों के साझे वंशजों की श्रृंखला।
2. निम्नतर प्रजातियों से जीववैज्ञानिक रूप में उत्तरोत्तर बढ़ती जटिलताओं के आधार पर उच्चतर प्रजातियों को भिन्न रूप में पहचाना एवं

परिभाषित किया जाता है। निम्नतर से उच्चतर रूपों की ओर ऊपर आते हुए, उद्‌विकास वृक्ष (एवोल्यूशनरी ट्री) का निर्माण संभव है।

3. पूरी तरह वैज्ञानिक रूप में व्याख्यायित न होने पर भी, ओरांग उटांग जैसी लुप्त हो रही कड़ियों के आधार पर कहा जा सकता है कि मनुष्य तक की उद्‌विकास शृंखला का संबंध पशुओं के पूर्व-रूपों से है।
4. निम्नतर प्रजातियों से उच्चतर में उत्संक्रमण का मुख्य कारण प्राकृतिक चुनाव है।
5. प्रकृति के चुनाव की यह आधारभूमि है। इकाइयों के रूप में प्राकृतिक संसाधनों के संदर्भ में जीवित बचे रहने के लिए प्रतिस्पर्द्धारत विविध जीवों के बीच से प्रकृति श्रेष्ठ को चुनती है, परंतु इसका यह अर्थ नहीं है कि हर विविधता, भिन्नता, तब्दीली या सामर्थ्य के लिए प्रकृति ही जिम्मेदार है।
6. श्रेष्ठता की कसौटी के रूप में, प्रतिस्पर्द्धा में जीतना पशु समाज की मुख्य कसौटी है। मनुष्यों में सहानुभूति की मूल प्रवृत्ति भी होती है। इस आधार पर कमजोर मनुष्य भी जीवित रह सकते हैं। इसका अर्थ यह है कि मानवीय मूल्यों की रक्षा के रूप में मनुष्य समाज में चित्तगत उद्‌विकास भी एक संभावना है।
7. प्रजातियों में उद्‌विकास के लिए प्रकृति का चुनाव मुख्य कारण है। परंतु रूपांतरण अगली पीढ़ियों में रूपांतरण के संक्रमण के लिए आनुवंशिक आधार भी सीमित अर्थ अवश्य रखता है। डार्विनवाद और यूजेनिक्स में इसी संदर्भ में भेद दिखाई देता है। यूजेनिक्स में आनुवंशिकी को मुख्य आधार या कसौटी माना जाता है।
8. प्रजाति-मूलक विविधता में उद्‌विकास निम्न तमाम बातों को एक साथ ग्रहण करने पर ही सम्यक रूप में व्याख्यायित होता है। इसलिए विविधताओं में संभावना और संयोग की भूमिका को नजरअंदाज नहीं किया जा सकता। प्रकृति के द्वारा किए जानेवाले चुनाव को रेखांकित करने के बावजूद जरूरी नहीं है कि उसके लिए खोजे गए कारण ही एकमात्र कारण हों या परिवर्तित हालात से समानुकूलित होने की क्षमता देखी जाने के बावजूद उन्हें ही एकमात्र क्षमता कहा जाए।

जैसे नई प्रजातियों की उत्पत्ति होती है वैसे ही प्रजातियों का लोप भी होता है। एक व्याख्या के अनुसार, प्रजातियों में संख्या बढ़ाने की प्रवृत्ति होती है। इससे उपलब्ध भोजन शृंखला पर दबाव पड़ता है। इससे एक प्रजाति की 'भीतरी' तथा अन्य प्रजातियों से 'बाहरी' प्रतिस्पर्धात्मक संघर्ष की शुरुआत हो जाती है। इससे 'कमजोर' का विलोप हो जाता है।

आधुनिक जेनेटिक्स के बहुत-से नए अध्ययन अब डार्विन के उत्संक्रमण के सिद्धांत को एक अलग तरह की चुनौती दे रहे हैं। अभी तक ऐसे जींस खोजे नहीं जा सके हैं, जो ऐसे उत्संक्रमण की संभावना को प्रयोगशाला में पुनः प्रमाणित होने लायक बना कर साबित कर सकें। अतः डार्विन के उद्‌विकास के सिद्धांत के संबंध में अनिश्चय अभी तक बरकरार है।

सीमाएं : डार्विन के चिंतन की मुख्य सीमा उसका प्रकृतिमूलवादी होना है। उद्‌विकास की वैज्ञानिक व्याख्या करने के बावजूद वे इसके कारणों का मूलाधार प्रकृति को मानते हैं। कुछ चिंतक इसे प्रकृतिवादी भ्रम कहते हैं। डार्विनवाद की एक अन्य सीमा उसका नैतिक संदर्भ से निरपेक्ष होना है। इससे प्रतिस्पर्द्धा वैज्ञानिक रूप से प्रमाणित मानव मूल्यों की श्रेणी में आ जाती है। कुछ चिंतकों के अनुसार पूंजीवाद के मुक्त प्रतिस्पर्द्धा वाले सिद्धांत के पीछे डार्विनवाद की भूमिका देखी जा सकती है। इस मत को अमेरिकी डार्विनवादी रिचर्ड हापस्टेड का समर्थन मिला था। यद्यपि डार्विन ने मनुष्य समाज में सहयोग की मूल प्रवृत्ति को भी अपने चिंतन में स्थान दिया था, परंतु उद्‌विकास के समूचे सिद्धांत में वह हाशिए पर चली गई।

विनोद शाही

अधिक जानकारी के लिए :

1. **What is Darwinism:** Charles Hodge, 1874,
2. **Evolution : The History of an Idea :** Peter J Bowler, 2003

डिंगल साहित्य

पश्चिमी राजस्थानी या मारवाड़ी के साहित्यिक रूप को 'डिंगल' कहा जाता है। डिंगल की व्युत्पत्ति और अर्थ को लेकर विद्वानों के विभिन्न मत हैं—1. डिंगल का अर्थ अनियमित या गंवई भाषा है (एल पी तेस्सितोरी), 2. डिंगल का मूल शब्द 'डगल' था। 'पिंगल' से तुक मिलाने के लिए इसका नाम 'डिंगल' रखा गया (हरप्रसाद शास्त्री), 3. डींग युक्त भाषा में लिखी गई कविता से, जिसमें चारण अपने आश्रयदाताओं के शौर्य और पराक्रम की डींगें हांकते थे, 'डींगल' बना। इसके अंग्रेजी रूप के कारण पिंगल के समानांतर ग्रियर्सन द्वारा डिंगल प्रचलित हो गया (मोतीलाल मेनारिया)। 4. 'पिंगल' के आधार पर 'डिंगल' गढ़ा गया। (चंद्रधर शर्मा गुलेरी और श्यामसुंदरदास)।

डिंगल भाषा में राजस्थान का विशाल साहित्य रचा गया है। यह अधिकांशतः चारणों द्वारा रचित है। पंद्रहवीं-सोलहवीं शती में 'डिंगल' शब्द का भाषा के अर्थ में प्रचलन शुरू हो गया था। मोतीलाल मेनारिया ने 'राजस्थानी भाषा और साहित्य' में बताया है कि मारवाड़ी भाषा के लिए डिंगल का प्रथम प्रयोग कवि बांकीदास ने अपने ग्रंथ 'कुकवि बत्तीसी' (1814) में किया है। उनके वंशज बुधाजी ने इसे 'डींगल' ही कहा है, जिसका अर्थ है बढ़ा-चढ़ाकर अपनी बात कहना। डिंगल में पद्य और गद्य दोनों लिखे गए हैं। डिंगल पद्य में चरित काव्यों की प्रधानता है। ये चरित काव्य रासो, विलास, प्रकास, रूपक और वचनिका आदि नामों से लिखे गए हैं। युद्ध और प्रेम इन चरित काव्यों का मुख्य प्रतिपाद्य है। इन काव्यों में ऐतिहासिकता का संरक्षण नहीं हुआ है, क्योंकि इनमें वर्णित चरित नायकों को लेकर कवियों ने अत्युक्तिपूर्ण प्रशस्तियां ही अधिक रची हैं।

डिंगल में रचित ऐतिहासिक चरित काव्यों की परंपरा का प्रवर्तन कवि श्रीधर के 'रणमल्ल छंद' (1397 के लगभग) से होता है, जिसमें 70 छंदों में ईडट के राठौर राजा रणमल और पाटण के सूबेदार जफर खां के युद्ध का वर्णन ओजपूर्ण शैली में है। डिंगल पद्य साहित्य में बावर ढाढ़ी रचित वीररस की रचना 'वीरमायण' (1450), गाडण शिवदास द्वारा गद्य-पद्य मिश्रित विविध छंदयुक्त प्रबंधात्मक रूप में रचित 'अचलदास खीची री वचनिका' (1440), गाडण पसाइत रचित 'राव रिणमल रौ रूपक' (1500) और 'गुण जोधाय' (1500), पद्मनाभ रचित 'कान्हक दे प्रबंध' (1455), वीठू सूजा रचित 'राव जैतसी रो पाधड़ी छंद' (1535-45), कविवर बारहट आसा रचित 'रावल माला सलखावत रौ गुण' (सोलहवीं शती), राठौर पृथ्वीराज रचित 'बेलि किसन रुक्मणी री, प्रिथीराज री कही' (सोलहवीं शती) आदि ग्रंथ हैं। इनके अलावा सांदू माला रचित 'झूलणा महाराजा रायसिंह जी रा', 'झूलणा दीवाण श्री प्रताप सिंह जी रा' और 'झूलणा अकबर पातसाह जी रा' ग्रंथ हैं। इन तीनों में क्रमशः रायसिंह, महाराणा प्रताप एवं सम्राट अकबर के पराक्रम का गुणगान झूलणा छंद में है। ये सभी रचनाएं 1600 के आसपास की हैं। बीठू मेह रचित 'पाबू जी रा छंद', 'गागा जी रा रसावला', 'करनी जी रा छंद' तथा 'गागा जी रा छंद' आदि छोटी-छोटी रचनाएं हैं, जो सोलहवीं शती के अंत की हैं। इनमें गाथा, त्राटक, कलश आदि छंदों में विभिन्न राजस्थानी वीरों के शौर्य का गान ओजपूर्ण शैली में है।

इस परंपरा में कुछ और ग्रंथ हैं—मेवाड़ के महाराणा राजसिंह के आश्रित कवि किशोरदास रचित 'राजप्रकाश' (1662), खिड़िया जगा रचित 'वचनिका राठौड़ रतनसिंह जी री, महेस दासौतरी खिड़िया जगा री कही' (1660 के लगभग), कवि वीरभाण रचित 'राजरूपक' (1730), कवि करणीदान रचित 'सूरज प्रकाश' (1745), जोधपुर नरेश अभयसिंह के जीवन चरित से संबंधित विशाल काव्य, कवि सिणढायच फटेराम रचित 'महाराजा गजसिंह जी रौ रूपक' (1747) तथा राजा गजसिंह की प्रशंसा में डिंगल आचार्य कवि गाडण गोपीनाथ रचित 'ग्रंथराज गाडण गोपीनाथ रौ कहियो' (1753) आदि।

अठारहवीं शती के मध्य में डिंगल के कई श्रेष्ठ कवियों यथा सूर्य्यमल मिश्रण, किशन जी, केसरी सिंह आदि के प्रबंध काव्य पिंगल में लिखे मिलते हैं। ऐसा लगता है कि इस समय राजस्थानी कवियों में पिंगल के प्रति रुझान बढ़ गया था। इन्होंने पिंगल का महत्व स्वीकार कर अपनी रचनाएं पिंगल में लिखीं। कुछ अपवाद हैं, जैसे कवि रामदान (1761-1825) ने 'भीमप्रकाश' की रचना की है, जो 175 छंदों में महाराणा भीमसिंह के जीवन चरित्र पर है। यह रचना डिंगल में है। इसकी भाषा में कृत्रिमता और दुरूहता है, जो उस समय के डिंगल के रूढ़ हो जाने का संकेत करती है। पिंगल कवियों ने इस समय तक अपनी भाषा में वीर रस के अनुकूल विशेषताएं अर्जित कर ली थीं। कई सरस वीररसात्मक प्रबंध काव्य इस समय के पिंगल में लिखे मिले हैं।

जहां तक डिंगल गद्य की बात है, गद्यकारों ने राजस्थान के ऐतिहासिक चरित्रों के उज्ज्वल चरित्र के बारे में लिखने के लिए ख्यात, वात, 'विगत' पीढ़ी, वंशावली आदि रूप अपनाए। 'ख्यात' का अर्थ है ख्याति प्राप्त। कुछ ग्रंथ हैं–'सीसौदिया री ख्यात', 'राठौडां री ख्यात', 'कछवाहा री ख्यात', 'बीकानेर री ख्यात', 'चहुवांण सोनगरा री ख्यात' आदि। वात में कथातत्व की प्रधानता है। 'वातों' में सबसे प्राचीन ग्रंथ संभवतः 'अनंतराय सांखला री वात' (1268) है। अन्य 'वातों' में हैं–ढाढ़ी बादर रचित 'नीसाणी नीरमाण री वात' (पंद्रहवीं शती), प्रताप सिंह रचित 'चंद कुं वर री बात' (पंद्रहवीं शती), देववर्धन रचित 'दवदंती नी कथा' (पंद्रहवीं शती) आदि। वैसे 'राणै उदैसिंह रो वात', 'हाड़ै सूरजमल री वात', 'बीजा सोरठ री वात', 'ढोला माखड़ी री वात', 'चंदन मलयगिरि री वात' आदि भी उल्लेखनीय हैं। राजस्थानी 'वात' साहित्य संख्या में विपुल है।

'विगत', 'पीढ़ी' आदि इतिहास के निकट की विजाएं हैं। 'विगतों' में 'मेवाड़ री भाखरां री विगत', 'सिसौदिया चूड़ावत री साख री विगत', 'गहलौत री चौबीस साखां री विगत', 'कछवाहा सेखावतां री विगत' आदि उल्लेखनीय हैं। 'पीढ़ी' ग्रंथों में 'ईडर री धणी राठौड़ां री पीढ़ियां', 'राठौड़ा री खॉपा री पीढ़ियां', 'आहाड़ा री पीढ़ियां', 'भायला री पीढ़ियां' आदि प्रमुख हैं। 'वंशावली' में राठाड़ां री वंशावली, 'झाला री वंशावली', रजपूतां री वंशावली आदि उल्लेखनीय हैं। डिंगल गद्य में बीच-बीच में पद्य भी है, जो उसे सरस बनाता है।

डिंगल साहित्य परिमाण में बहुत अधिक हैं। इससे एक हद तक राजस्थान का इतिहास और समाज उभर कर आता है। डिंगल का अपना छंदशास्त्र, स्वतंत्र व्याकरण एवं स्वतंत्र काव्य शैली है। एक समय राजस्थान में डिंगल साहित्य लोकप्रिय था और सामंती घरानों में इसका सम्मान था।

कुसुम राय

अधिक जानकारी के लिए :

1. **हिंदी साहित्य का वृहद इतिहास** (आदिकाल) : नागरी प्रचारिणी सभा, 2. **Medieval Indian Literature : An Anthology** : K Ayyappa Panicker

डिजिटल इंडिया

भारत में इलेक्ट्रानिक व्यवस्था की कायदे से शुरुआत 1991 में उदारीकरण, निजीकरण और वैश्वीकरण की नई प्रक्रियाओं के साथ हुई थी। संचार क्रांति ने इसमें तेज गति ला दी। भारत सरकार ने 2006 में राष्ट्रीय ई-शासन योजना की शुरुआत की। 2014 में शुरू किया गया डिजिटल इंडिया मिशन सतत संचार क्रांति के असर का नतीजा है। एसोचेम और केपीएमजी की एक रिपोर्ट के अनुसार डिजिटल इंडिया दूर संचार, सूचना प्रौद्योगिकी और इलेक्ट्रॉनिक्स निर्माता कंपनियों

के साथ मिल कर एक लाख करोड़ डालर के व्यापार की संभावनाएं खोलने का सपना लेकर चल रहा है। डिजिटल इंडिया कार्यक्रम के प्रमुख बिंदु हैं : (1) ब्राडबैंड राजमार्ग–सभी नागरिकों के लिए उच्च गति युक्त इंटरनेट की उपलब्धता, (2) इंटरनेट तक सार्वजनिक पहुंच, (3) नई प्रौद्योगिकी केजरिए शासन में पारदर्शिता अर्थात ई-शासन और ऑन लाइन सेवाएं, (4) आम लोगों की डिजिटल साक्षरता, (5) सभी के लिए सूचनाओं की उपलब्धता, (6) इलेक्ट्रॉनिक उपकरणों का बड़े पैमाने पर निर्माण, (7) सूचना प्रौद्योगिकी के क्षेत्र में रोजगार सृजन, (8) स्मार्ट शहरों का निर्माण और (9) डिजिटल लेन-देन को प्रोत्साहन।

हालत यह है कि 2011 में 20,100 करोड़ रुपयों की लागत से वृद्धिकारी केबिल डाल कर ढाई लाख ग्राम पंचायतों को एक राष्ट्रव्यापी डिजिटल तंत्र से जोड़ने की योजना बनी थी। 2016 तक मात्र 5741.8 करोड़ खर्च हो पाए और सिर्फ 65,955 ग्राम पंचायतों को ही नेटवर्क से जोड़ा जा सका। दूसरी तरफ, डिजिटल इंडिया अभियान के तहत 100 स्मार्ट शहरों के निर्माण की योजना बनी। स्मार्ट शहरों में सुरक्षा-संपन्न उच्चस्तरीय संपर्कता होने की बात है। हालांकि इस वास्तविकता को नजर में रखने की जरूरत है कि देश में 30 करोड़ लोग शिक्षित तो हैं पर इलेक्ट्रॉनिक उपकरणों को चलाने की उनकी प्रवीणता सामान्यतः निम्न स्तरों पर है। डिजिटल डिवाइड के उपर्युक्त परिदृश्य में महसूस किया जा सकता है कि सारी समस्याओं के बावजूद डिजिटल कारोबार बढ़ा है, सूचना प्रौद्योगिकी तंत्र का विस्तार संपर्कता बढ़ा रहा है और नई पीढ़ी बड़े पैमाने पर डिजिटल हो रही है। इसी प्रवाह में डिजिटल अपराध की दुनिया भी अपने पांव पसार रही है और उपभोक्ताओं का हिंसक व्यापारिक शिकार करने की व्यवस्था बड़े पैमाने पर है।

मधु सिंह

डिजिटल डिवाइड

डिजिटल डिवाइड (Digital divide) शब्द का प्रयोग बहुत पुराना नहीं है। इन दो शब्दों का प्रचलन बीसवीं सदी के अंतिम वर्षों में शुरू हुआ था, लेकिन इक्कीसवीं सदी में ये वैश्विक युग्म शब्द बन चुके हैं। अकादमीय और गैर-अकादमीय, दोनों क्षेत्रों में इनका समान रूप से प्रयोग किया जाता है। आधुनिक संचार जीवन के ये अभिन्न हिस्से माने जाते हैं। आधुनिक जीवन और डिजिटल डिवाइड परस्पर पर्याय हैं।

डिजिटल डिवाइड का शाब्दिक अर्थ सांख्यिकीय या अंकीय विभाजन है, लेकिन इसका एक बहुआयामी अर्थ संसार है। इसे ज्ञान-सूचना विभाजन या संचार विषमता से भी परिभाषित किया जा सकता है। इसकी यह व्यापक अवधारणा है। बीती सदी में डिजिट ल डिवाइड को समृद्ध राष्ट्रों, विशेष रूप से उत्तरी अमेरिका (यूएसए) के आधुनिक संचार परिप्रेक्ष्य में सामाजिक-आर्थिक जीवन स्तर को समझने-जानने का माध्यम बनाया गया था। आज इसका प्रयोग अंतरमहाद्वीपीय संदर्भों में किया जा रहा है, जैसे, समृद्ध राष्ट्र बनाम निर्धन राष्ट्र, उत्तर-दक्षिण विभाजन, चरम समृद्ध-चरम निर्धन देश, विकसित-विकासशील देश, क्षेत्रीय असंतुलन आदि। देश के आंतरिक समाज के वर्गों के मध्य मौजूद संचार विषमता के विश्लेषण में भी डिजिटल डिवाइड शोध प्रविधि का सहारा लिया जाता है।

डिजिटल डिवाइड की अवधारणा के अनुसार विश्व में राष्ट्रों, समाजों, नस्लों, श्वेत-अश्वेत,

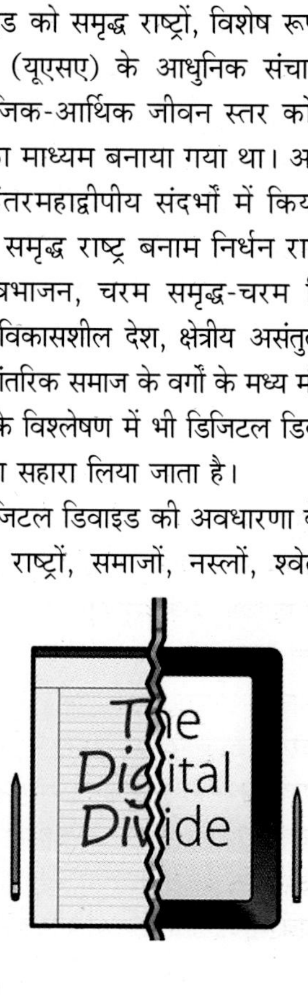

जातिगत समुदायों, महानगरों, नगरों, कस्बों, गांवों या शहरी और ग्रामीण क्षेत्रों में ज्ञान एवं सूचना के धरातल पर गहरी विषमता व्याप्त है। इस विभाजन या विषमता का सीधा संबंध आधुनिक संचार माध्यमों एवं उपकरणों (टीवी, इंटरनेट, डेस्कटॉप, लैपटॉप, टेबलेट, वीडियो, मोबाइल, वाई-फाई, ब्रॉडबैंड, आभासी कक्षा, टेली कांफ्रेंस, टेली-टीचिंग, ई-कामर्स, ई-मैनेजमेंट, ई-शापिंग, होम थियेटर, थ्रीजी आदि) की उपलब्धता, सुलभता और असुलभता से है। जब से विश्व में सूचना क्रांति, सूचना टेक्नोलॉजी का विस्फोट हुआ है और विश्व ग्राम की अवधारणा सामने आई है, तब से डिजिटल डिवाइड का महत्व और बढ़ गया है। विभिन्न अनुशासनों के पंडितों—अर्थशास्त्री, समाजशास्त्री, इतिहासकार, वैज्ञानिक, प्रबंधक इत्यादि के मध्य डिजिटल डिवाइड विमर्श चलता रहता है।

बीती सदी में पत्र-पत्रिका, टेलीफोन, रेडियो और टीवी की उपलब्धता एवं प्रयोग से आधुनिक जीवन स्तर को नापा जाता था। पर 1980 के बाद डिजिटल डिवाइड की अवधारणा में गुणात्मक परिवर्तन आया है। आज इसके परिप्रेक्ष्य और संदर्भ पूरी तरह बदल चुके हैं। भूमंडलीकरण या वैश्विक पूंजीवाद और कारपोरेटवाद ने इसकी सीमाओं को असीम बना दिया है। राष्ट्र संघ भी डिजिटल डिवाइड को पाटने में सक्रिय हो गया है। राष्ट्र संघ से संबंधित विभिन्न संस्थाएं (यूनेस्को, यूनीसेफ, विश्व स्वास्थ्य संगठन आदि) भी डिजिटल डिवाइड या ज्ञान-सूचना विषमता को दूर करने के लिए विभिन्न कदम उठा रही है। 2001 से विश्व भर में प्रत्येक 17 मई को 'विश्व सूचना दिवस' आयोजित किया जाता है।

डिजिटल डिवाइड पंडितों का मत है कि भूमंडलीकरण के बावजूद विश्व में ज्ञान-सूचना विभाजन एवं विषमता दूर नहीं हुई है। ब्रॉडबैंड के उपयोग के क्षेत्र में ही विभिन्न राष्ट्रों के मध्य गहरी खाई है। उदाहरण के लिए, विकसित राष्ट्रों में इस तीव्रगामी एवं बहुआयामी संचार टेक्नोलॉजी का प्रयोग करीब 28 प्रतिशत किया जाता है, जबकि विकासशील देशों में यह 10 प्रतिशत से अधिक नहीं है। अत्यंत पिछड़े देशों की स्थिति और भी दयनीय है। विकसित राष्ट्रों में ब्रॉडबैंड सुविधा से लैस मोबाइलों का प्रयोग करीब 75 प्रतिशत है, जबकि विकासशील राष्ट्रों में 20 प्रतिशत है।

डिजिटल डिवाइड के अंतर्गत यह भी देखा जाता है कि समाज के कितने प्रतिशत लोगों के पास आधुनिक संचार उपकरणों को खरीदने की क्षमता है, क्योंकि गरीबी, अशिक्षा, लिंगभेद, सांस्कृतिक वर्जनाओं और भौगोलिक बाधाओं के कारण भी ये उपकरण लोगों की पहुंच से बाहर हैं। परंपरागत समाजों में स्त्रियों को मोबाइल, कैमरा, कंप्यूटर आदि से दूर रखा जाता है। आदिवासी एवं ग्रामीण क्षेत्रों में गरीबी और दुर्गम भौगोलिक स्थिति के कारण संचार-संजाल का अभाव है। एशिया, अफ्रीका और दक्षिण अमेरिका में डिजिटल डिवाइड की स्थिति चिंताजनक है, जबकि अमेरिका और पश्चिमी राष्ट्रों में डिजिटल डिवाइड में तीव्र गति से सुधार हो रहा है। इससे जीवन स्तर ऊंचा उठ रहा है, लेकिन डिजिटल डिवाइड समाज के विभिन्न वर्गों के बीच गहराती विषमता का प्रतीक बनता जा रहा है। इसका मुख्य कारण है—संचार टेक्नोलॉजी में तीव्र गति से हो रहे परिवर्तन और संचार उपकरणों के बदलते नित नए संस्करण। देखा गया है कि समृद्ध परिवार ही आधुनिकतम उपकरणों को इच्छानुसार खरीद सकते हैं। समृद्ध परिवार ही अपने बच्चों को स्मार्ट क्लास (ई-उपकरणों एवं अध्यापन से लैस कक्षा) में भेज सकते हैं, जबकि समाज का बहुसंख्यक वर्ग इससे वंचित रहता है। सामाजिक पूंजी निर्माण में भी ई-उपकरण महत्वपूर्ण भूमिका निभाते हैं। समृद्ध एवं सक्षम वर्ग ही ऐसे उपकरणों का अधिकतम प्रयोग कर रहे हैं, जबकि कमजोर वर्ग इनसे दूर हैं। परिणामतः ये वर्ग सामाजिक पूंजी निर्माण में पिछड़ जाते हैं। इस दृष्टि से एशिया और अफ्रीका के अधिकांश देशों की स्थिति काफी चिंताजनक मानी जाती है।

संचार पंडितों का मत है कि विश्व में ज्ञान, सूचना, मेधा, दक्षता, पूंजी और उद्यमशीलता के

समरूपी प्रवाह के लिए 'डिजिटल डिवाइड' को मिटाया जाना आवश्यक है।

रामशरण जोशी

अधिक जानकारी के लिए :
1. **Digital Divide Civic Engagement, Information Poverty and the Internet World wide :** P Norris, 2001, 2. **The Determinants of the Global Digital Divide : Across Country Analysis of Computer and Internet Penetration :** Menzie D Chyna and Robert W Fairlie, 2004

डिजिटल साक्षरता

डिजिटल साक्षरता इक्कीसवीं शताब्दी की नागरिकता के लिए एक आवश्यक शर्त बन गई है। यह कंप्यूटर साक्षरता से आगे की चीज है। जो व्यक्ति कंप्यूटर के हार्डवेयर (भौतिक ढांचा) और साफ्टवेयर (तरह-तरह के काम करने वाले कार्यक्रम) से अवगत होता था और कंप्यूटर पर किए जाने वाले काम कर लेता था, उसे कंप्यूटर साक्षर माना जाता था। लेकिन यह टेक्नोलॉजी के विकास की दृष्टि से एक बहुत ही प्रारंभिक स्थिति थी। अब बाजार में अनेक ऐसे यंत्र आ गए हैं, जैसे लैपटॉप, टैबलेट (कंप्यूटर का छोटा संस्करण), स्मार्टफोन, आईफोन, आदि इन पर काम करने के लिए उनके बारे में ज्ञान, उनसे संबंधित कौशलों और उनका व्यवहार करने की क्षमता का होना आवश्यक है। इसे डिजिटल साक्षरता कहते हैं। कंप्यूटर के अलावा अन्य विविध तरह के डिजिटल उपकरणों के कारण ही अब कंप्यूटर साक्षरता की जगह डिजिटल साक्षरता

पद का प्रयोग होता है, इसमें कंप्यूटर साक्षरता भी शामिल है।

डिजिटल साक्षरता रखने वाले व्यक्ति में सार्वजनिक व्यवहार में प्रचलित कंप्यूटर सहित सभी डिजिटल उपकरणों के आधारभूत सिद्धांतों का ज्ञान और उनसे संबंधित कौशल और कंप्यूटर नेटवर्कों का उपयोग करने की क्षमता होती है। वह डिजिटल यंत्रों की सहायता से इस नेटवर्क के दायरे में शामिल और ऑनलाइन उपलब्ध समुदायों और सामाजिक नेट वर्क के साथ जुड़ सकता है और इस तरह सूचनाएं प्राप्त कर सकता है और उनका मूल्यांकन कर सकता है। वह वास्तविक सूचनाओं को भ्रामक सूचनाओं से अलग कर सकता है। इंटरनेट पर सूचनाओं का अंबार होता है। उनमें से विश्वसनीय और काम की सूचना निकाल लेना भी एक योग्यता है, जिसका प्रयोग डिजिटल साक्षरता के बगैर संभव नहीं है। वह डिजिटल प्रौद्योगिकी द्वारा उठाए गए सामाजिक मुद्दों को समझने की क्षमता हासिल कर लेता है और अपने आलोचनात्मकता सोच की क्षमता का भी उपयोग कर सकता है। वास्तव में डिजिटल साक्षरता आज की संस्कृति का एक आवश्यक अंग है और इस नाते वह जीवन प्रणाली के नए रंगरूप की अभिव्यक्ति करती है।

डिजिटल साक्षरता का संबंध डिजिटल उपकरणों पर उपलब्ध सूचनाओं को प्राप्त करने और समझने तक ही सीमित नहीं है। डिजिटल साक्षरता का संबंध सूचनाओं को सृजित करने और उपकरणों पर उपलब्ध सामाजिक समुदायों के साथ उनका आदान-प्रदान करने से भी है। अब जो डिजिटल उपकरण आए हैं वे संचार और संप्रेषण के क्षेत्र में उपलब्ध सभी तरह की सेवाओं को उपलब्ध कराते हैं।

यह समझना भ्रामक होगा कि डिजिटल साक्षरता परंपरागत साक्षरता को हटाकर अपनी जगह बनाती है। इसके विपरीत डिजिटल साक्षरता परंपरागत अक्षर ज्ञान हासिल करने के बाद ही हासिल की जा सकती है। डिजिटल उपकरणों पर उपलब्ध किसी एक भाषा का ज्ञान, गणित

का बुनियादी ज्ञान और डिजिटल उपकरणों पर प्रसारित होने वाले संदेशों को समझने की क्षमता बिना परंपरागत साक्षरता के हासिल नहीं की जा सकती। इसलिए डिजिटल साक्षरता से जनता का वह हिस्सा वंचित रह जाता है जिसके पास परंपरागत शिक्षा भी नहीं पहुंची है। भारत जैसे देशों में अब भी जनता का एक हिस्सा परंपरागत साक्षरता से वंचित हैं और वे इतने गरीब भी हैं कि उन तक डिजिटल उपकरणों की पहुंच भी नहीं हो पाई है। दरअसल समाज का कितना बड़ा हिस्सा डिजिटल साक्षरता हासिल कर सका है और कितना हिस्सा अब भी इस साक्षरता से वंचित है, उससे उस देश की आर्थिक दशा और देश के अंदर व्याप्त विषमता को जाना जा सकता है।

राजकिशोर

डिफरेंस

डिफरेंस (Differance) यानी 'भेद' जॉक देरिदा के चिंतन में एक महत्वपूर्ण पारिभाषिक शब्द है। उनके सामने समस्या है अर्थ को लेकर। यहां प्रश्न है, हम किसी पाठ का अर्थ कैसे समझते हैं? उसका अर्थ कैसे निकालें? संरचनावादी चिंतन वाक, शब्द या वाक्यों को तोड़फोड़ करके उनके विभिन्न अंशों या अणु-उपादानों (कंपोनेंट्स) को खोजते थे। उनका मत था कि भाषा व्यवस्था में भेद-अभेद की क्रीड़ा के बीच संकेत अर्थ ग्रहण करता है। संरचनावादी किसी मौखिक या लिखित पाठ का अर्थ समझने के लिए अंश का विश्लेषण करते थे। देरिदा ने देखा कि इस विश्लेषण में 'भेद और अभेद' एक तरह का घपला है। उन्होंने अभेद के विपरीत भेद (डिफर) की बात सोची। इसके साथ मिश्रित हो गया अर्थ को स्थगित डेफर रखने का मामला। डिफर और डेफर के मेल से बना लिया गया डिफरेंस। शब्द में 'ई' की जगह 'ए' का आना तात्पर्यपूर्ण हो गया। लिखित और मौखिक के फर्क को लेकर यहां एक नया खेल शुरू हो गया। इस नए उच्चारण से ही चिह्न की उपस्थिति, अर्थ आदि सभी चीजों में विघ्न आ गया।

देरिदा दरअसल पाठ के किसी बंधे अर्थ से छुटकारा पाना चाहते हैं, जैसे कि किसी प्रतिष्ठान या स्कूल-कॉलेज में पाठ को एक निश्चित अर्थ से बाँध दिया जाता है, जब क संकेत की प्रकृति स्थिर नहीं है। देरिदा का चिंतन प्रतिष्ठान या व्यवस्था विरोधी है। वह वक्तव्य के प्रतिष्ठानिक अर्थ से छुटकारा लेते हैं, लेकिन यह एक विश्रामहीन और अंतहीन सिलसिला बन जाता है। अर्थ अक्सर फिसल जाया करता है। कोई अर्थ मिटने की प्रतीक्षा में भी होता है। डिफरेंस से काल के संदर्भ में कुछ से कुछ और हो सकता है, अर्थ तितर-बितर हो सकता है। यहां तक कि काल के संदर्भ में अर्थ स्थगित भी रह जा सकता है।

काल से संबंधित मामले में पाठ के संकेतकों की 'उपस्थिति' अंतहीन स्थगन पर जोर देती है। धार्मिक या राजनीतिक पाठों में देखा जा सकता है कि उनमें प्रतिष्ठानिक अर्थ देर तक बने रहते हैं। उनमें संकेतों द्वारा डिफरेंस को टालने का दबाव लगातार बनाकर रखा जाता है, जो विखंडन में अवरोध है।

देरिदा के डिफरैंस या भेद का संबंध वर्तमान के संज्ञान, प्रत्यक्षीकरण और आस्वाद से है। वर्तमान के यथार्थ से किसी व्यक्ति का संबंध हमेशा स्थगित रहता है, क्योंकि उस तक किसी सत्ता प्रतिष्ठान द्वारा ही या खास काल के संदर्भ में ही अर्थ संप्रेषित होता है। इस लिए 'डिफरेंस यानी भेद एक हस्तक्षेप है।' देरिदा का मकसद पश्चिमी दर्शनशास्त्र में मौजूद 'वाक केंद्रिकता' (लोगोसेंट्रिज्म) को ध्वस्त करना था। दरअसल, इसकी वजह से एक धारणा चली आ रही थी कि सत्य और तर्क को वाक या शब्द में पूर्णतः प्रतिष्ठित कर दिया जा सकता है। एक दूसरा कथन है, जो चेतना लेखन में वलुप्त हो जाती है या उसका अतिक्रमण हो जाता है, वह उच्चारण में बनी रहती है। इसे देरिदा 'उपस्थिति की आधिभौतिकता' कहते हैं। इसी संदर्भ में उन्होंने भेद या डिफरेंस की धारणा दी, जो एक साथ अर्थ या उपस्थिति को

स्थगित करने की एक निरंतर प्रक्रिया है। इससे अर्थ मुक्त विचरण करता है। देरिदा को लगा था कि एक विचार पर दूसरा विचार जबर्दस्ती अपना आधिपत्य जमा लेता है, विखंडन का लक्ष्य है उस आधिपत्य को खत्म करना। विखंडन एक विशेष तरह का खंडन है, जो नई रचना की शर्त है। उदाहरण के तौर पर कबीर, बुद्ध, अब्राहम लिंकन, गांधी और अंबेडकर अपने समय में जो कर रहे थे, उसे विखंडन ही कहा जाना चाहिए।

देरिदा ने ऐसी ही चीजों को भाषातात्विक स्तर पर एक पद्धति के रूप में प्रतिष्ठा दी। देरिदा ने स्पष्ट कर दिया है कि 'डिफरेंस' कोई धारणा नहीं है, इसका इस्तेमाल किसी ऐसे सभी पाठों का स्थान संदर्भित अर्थ स्थगित या काल संदर्भित अर्थ जानने के लिए किया जा सकता है, जो वस्तुतः पाठ हों। इस पद्धति से विभिन्न प्रसंग में विभिन्न पाठ के कई अर्थ जाने जा सकते हैं। इसलिए डिफरेंस एक ऐसा शब्द है, जिसका यही अर्थ है कि इसका कोई नहीं है। इस शब्द के सहारे बुद्धिशील पाठक किसी भी प्रसंग में किसी भी पाठ का सतर्क ढंग से अर्थ जान सकते हैं, जो पहले से भिन्न होगा। यही डिफरेंस यानी भेद का खेल है, जो विखंडता या विसंरचना (डीकंस्ट्रक्शन) से संभव होता है।

शंभुनाथ

अधिक जानकारी के लिए :
Writing and Difference : Jack Derrida, 1978

डिस्टोपिया

डिस्टोपिया (Dystopia) यूटोपिया की तर्ज पर गढ़ा गया ऐसा शब्द है, जो यूटोपिया का विपरीत अर्थ प्रदान करता है। यूटोपिया शब्द का पहले पहल प्रयोग थॉमस मोर ने 1516 में प्रकाशित अपनी इसी नाम की किताब में किया था। यूटोपिया एक ऐसा काल्पनिक स्थान है, जहां सब कुछ बहुत अच्छा है। इसके ठीक उलट, डिस्टोपिया ऐसा काल्पनिक स्थान है जहां कुछ भी ठीक नहीं है। जॉन स्टुअर्ट मिल ने सर्वप्रथम इस शब्द का प्रयोग अपने संसदीय भाषण में 1868 में किया था। उन्होंने इस शब्द का प्रयोग सरकार की 'आइरिश भूमि नीति' के संदर्भ में किया था।

डिस्टोपिया के समानार्थी शब्द 'काकोटोपिया' शब्द का प्रस्ताव 1818 में जेरेमी बेंथम ने दिया था। उसने इसका प्रयोग काल्पनिक बुरी सरकार के लिए किया था। काकोटोपिया शब्द का प्रयोग प्रायः कम हुआ है। 'ए क्लॉकवर्क ओरेंज' के लेखक एंथनी बर्गेस ने जॉर्ज ऑर्वेल के उपन्यास '1984' को डिस्ट ोपिया कहा। इसमें एक सर्वसत्तावादी शासन के दमन के चित्र हैं। जैक लंडन के उपन्यास 'दि आयरन हील' को एरिक फ्रॉम ने डिस्टोपियन कहा था। इसमें शासक बहुत क्रूर हैं। संसार में भयानक चीजें हैं, जैसे पशुओं के प्रति क्रूरता, जनसंहार, विजातीय से घृणा, पर ऐसी चीजें भी होती हैं जिनसे दुनिया को सुंदर बनाने की कोशिश की जा सकती है।

डिस्टोपिया की शैली में नई सदी में उपन्यास लिखे गए हैं। फिलिप रॉथ के उपन्यास 'द प्लाट अगेंस्ट अमेरिका' (2004) में कल्पना की गई है कि 1940 में रूजवेल्ट की जगह नाजी समर्थक चार्ल्स लिंडबर्घ अमेरिका राष्ट्रपति हो जाता है तो फासिज्म किस तरह काम करता है।

साहित्यिक कृतियों में ऐसे समाज बहुतायत से मिलते हैं। अक्सर ऐसे कथानक भविष्य में स्थित समाज का भयावह चित्रण उपस्थित करते हैं। ऐसे काल्पनिक समाज, जिन्हें 'डिस्टोपिया' का समाज कहा जा सकता है, अमानवीय और क्रूर समाज होते हैं और जो सर्वसत्तावादी शासकों द्वारा शासित होते हैं। स्पष्ट ही यूटोपियाई समाजों से बिल्कुल विपरीत समाज। पर्यावरणीय दृष्टि से भी ऐसे समाज विध्वंसकारी होते हैं। इनमें समाज को अधोगति को प्राप्त होते दिखाया जाता है। भविष्य की ऐसी नकारात्मक परिकल्पना का उद्देश्य समाज और शासन के ऐसे अधोपतन के प्रति अपने पाठकों को सावधान करना होता है। 'ब्रेव न्यू वर्ल्ड', 'फेरेनहीट 451', 'द हंगर गेम्स' आदि ऐसी

ही कृतियां हैं, जिनमें डिस्टोपियन समाज को दिखाया गया है। डिस्टोपिया हमें सावधान करते हैं, कई बार आशा के बचे चिह्न भी दिखाते हैं।

एच जी वेल्स ने अपनी किताब 'व्हेन द स्लीप वेक्स' में सरकार को सुखवादी और छिछला दिखाया है। 'ब्रेव न्यू वर्ल्ड', 'फेरेनहीट 451' तथा ब्राजील की बेटल रीयेल 'मेट्रोपोलिस' फिल्मों में भी राजनीतिक स्थितियों का पतन दिखाया गया है। इस तरह की कृतियों और फिल्मों से लोगों में निराशा का संचार होता है।

राज्य की आर्थिक नीतियों को लेकर भी साहित्य में डिस्टोपियन समाज का चित्रण हुआ है। आयन रैंड का 'एंथेम' तथा हेनरी कुटनेर की कहानी 'दि आयरन स्टैंडर्ड' ऐसी ही रचनाएं हैं। '1984' में भी ब्लैक मार्केट को खतरनाक बताया गया है। इसमें पात्र राज्य नियंत्रित अर्थनीति से बंधे हुए हैं। कर्ट वोनगट का 'प्लेयर पियानो' एक आर्थिक व्यवस्था केंद्र द्वारा नियंत्रित है। वे भौतिक वस्तुओं का अबाध उत्पादन करते हैं, लेकिन मनुष्य को वास्तविक कार्य, अर्थपूर्ण परिश्रम और संतोष से वंचित रखते हैं। शिक्षा कुछ मात्र चुने हुए लोगों के लिए उपलब्ध होती है और वे कुलीन लोगों की श्रेणी में आते हैं। 'ब्रेव न्यू वर्ल्ड' में आर्थिक व्यवस्था डिस्टोपिया का कारण नहीं है, फिर भी वहां अधिकांश आर्थिक नीतियां केंद्र द्वारा निर्धारित होती हैं। निजीकरण तथा कॉरपोरेशन सरकार की नीतियों को प्रभावित करते हैं तथा सरकार को अपने हित में निर्णय लेने के लिए बाध्य करते हैं। वे भ्रष्टाचार को बढ़ावा देते हैं। नील स्टेफनसन का 'स्नो क्रश' तथा फिलिप के डिक की किताब 'डू एंड्रोइड ड्रीम ऑफ इलैक्ट्रिक शीप' ऐसी ही हैं। 'एलियन', 'अवतार', 'रोबोकोप', 'ब्लेड रनर' जैसी फिल्मों में भी डिस्टोपियाई समाज चित्रित है।

डिस्टोपियन साहित्य में शासक वर्ग के विशेषाधिकार और श्रमिक वर्ग की गरीबी की चौड़ी खाई का चित्रण रहता है। 1931 में एल्डस हक्सले का लिखा उपन्यास 'ब्रेव न्यू वर्ल्ड' इस वर्गगत खाई को अल्फा, बीटा, गामा, डेल्टा आदि वर्गों के रूप में दिखाता है। सबसे निचला वर्ग मानसिक रूप से इतनी बुरी स्थिति में है कि वह इसे ही अपनी नियति मानकर संतुष्ट रहता है।

डिस्टोपिया का एक लक्षण यह भी है कि वह सामाजिक संस्थाओं को छिन्न-भिन्न कर डालता है। 'ब्रेव न्यू वर्ल्ड' तथा 'फेरेनहीट 451' जैसे उपन्यासों में परिवार को विध्वंस होते दिखाया गया है। 'ब्रेव न्यू वर्ल्ड' में बच्चे कृत्रिम तरीके से पैदा होते हैं, माता-पिता की अब धारणा बुरी मानी जाती है।

डिस्टोपियन साहित्य में युद्ध, अत्याचार, अपराध का बोलबाला होता है। यह समाज अक्सर शहरी होता है। यहां लोग प्रकृति से कटे होते हैं। ई एम फोर्स्टर के उपन्यास 'द मशीन स्टोप' में भूमंडल का पर्यावरण इतना परिवर्तित हो चुका है कि लोग भूमि के भीतर रहने को मजबूर हैं। प्रौद्योगिकी भी डिस्टोपिया के निर्माण में प्रमुख भूमिका निभाती है। मशीन के बहुतायत में उपयोग से मनुष्य का स्वभाव बदल जाता है। मनुष्य के आपसी संबंधों की हानि होती है। यह व्यक्ति की निजता छीन लेती है। प्रौद्योगिकी न सिर्फ मानव संबंधों पर बुरा असर डालती है वरन पर्यावरण को भी नुकसान पहुंचाती है।

इस तरह डिस्टोपिया भविष्य के ऐसे समाज की परिकल्पना प्रस्तुत करता है, जो मनुष्य जाति के लिए दमनकारी, भयावह रूप से विषमतामूलक, महामारियों से ग्रस्त और लोगों की स्वतंत्रता और समानता को नष्ट करने वाला समाज है।

विजय शर्मा

अधिक जानकारी के लिए :

1. **Nineteen Eighty- Four** : George Orwall,
2. **Brave New World** : Aldous Huxley

डीएवीपी

डीएवीपी का पूरा नाम है डायरेक्टेट ऑफ एडवरटाइजिंग एंड विजुअल पब्लिसिटी (विज्ञापन एवं दृश्य-प्रचार निदेशालय)। इसका काम

केंद्रीय सरकार के विभिन्न मंत्रालयों तथा संगठनों, सार्वजनिक क्षेत्र के उद्यमों एवं स्वायत्त संस्थानों की ओर से समाचार-पत्रों तथा अन्य माध्यमों में विज्ञापन देना है। दूसरे महायुद्ध के दौरान सरकार ने प्रमुख विज्ञापन कंपनियों को अपना संघ बनाने और एक प्रचार इकाई शिमला में स्थापित करने को कहा था। इसका लक्ष्य था युद्ध से जुड़ा प्रचार करना, लोगों को सेना में भर्ती के लिए प्रेरित करना, अफवाहों को रोकना आदि। युद्ध खत्म होने और देश के स्वतंत्र होने के बाद उस संघ को वर्तमान रूप प्रदान किया गया। 1955 में डीएवीपी की बाकायदा स्थापना हुई। इसका मुख्यालय दिल्ली में है। बंगलुरु और गुवाहटी में क्षेत्रीय कार्यालय है। विज्ञापन जारी करने के लिए कोलकाता और चेन्नई में क्षेत्रीय वितरण केंद्र स्थापित किए गए हैं। निदेशालय के आठ प्रभाग हैं—मुद्रित माध्यम, श्रव्य-दृश्य माध्यम, प्रदर्शनियां, आउटडोर प्रचार, शोध, वितरण और भाषा। डीएवीपी द्वारा जारी विज्ञापनों से छोटे और मझले दर्जे के समाचार-पत्रों को बहुत सहायता मिलती रही है। इस रूप में यह समाचार-पत्रों की नीतियों को प्रभावित करने का एक औजार भी रहा है। ऐसे उदाहरणों की संख्या कम नहीं है जब किसी समाचार-पत्र या टीवी चैनल की नीतियों से अप्रसन्न हो जाने पर सरकारी विज्ञापन रोक दिए गए।

डीएवीपी द्वारा जारी विज्ञापनों में स्वास्थ्य, महिलाएं और बच्चे, सामाजिक कल्याण के मुद्दे, जल संसाधन, ग्रामीण विकास, पर्यावरण, राष्ट्रीय एकता, उपभोक्ताओं के अधिकार तथा ऐसे ही अन्य विषयों की प्रमुखता होती है। इनका संबंध जनहित से होता है। 15 अगस्त 26 जनवरी तथा राष्ट्रीय महापुरुषों के जन्म दिन पर भी प्रेरक विज्ञापन दिए जाते हैं।

किस अखबार या टीवी चैनल को कितना विज्ञापन दिया जाएगा, इसका निर्णय सामाचार-पत्रों की प्रसार संख्या और रेडियो तथा टीवी चैनलों की पहुंच संख्या के आधार पर होता है।

2 अक्टूबर 2007 को जारी विज्ञापन नीति में विज्ञापनों के वितरण का ढांचा इस प्रकार था—छोटे अखबार–35 प्रतिशत (न्यूनतम), मझोले दरजे के अखबार–35 प्रतिशत (अधिकतम), बड़े अखबार–30 प्रतिशत (अधिकतम)। अंग्रेजी—30 प्रतिशत (अधिकतम), हिंदी—35 प्रतिशत (लगभग) तथा क्षेत्रीय एवं अन्य भाषाएं—35 प्रतिशत (लगभग)।

10 जून 2016 को घोषित नई नीति के तहत समाचार-पत्रों और पत्रिकाओं को तीन श्रेणियों में विभाजित किया गया है : लघु समाचार-पत्र (दैनिक प्रसार संख्या, 25,000 प्रतियों से कम), मझोले समाचार-पत्र (दैनिक प्रसार संख्या 25,001 से 75,000 के बीच) और बड़े समाचार-पत्र (दैनिक प्रसार संख्या 75,000 या इससे ज्यादा प्रतियां)। मोटे तौर पर, अंग्रेजी के समाचारपत्रों को कुल बजट का 30 प्रतिशत, हिंदी के समाचारपत्रों को 35 प्रतिशत और क्षेत्रीय भाषाओं के दैनिकों को बाकी 35 प्रतिशत विज्ञापन दिया जाएगा।

डीएवीपी द्वारा जारी आकड़ों के मुताबिक, वित्तीय वर्ष 2015-16 में 29 फरवरी 2016 तक सरकार ने प्रचार पर 842 करोड़ 89 लाख रुपये खर्च किए थे, जिसमें से 353 करोड़ 31 लाख रुपये के विज्ञापन इलेक्ट्रॉनिक मीडिया को गए थे। पिछले कुछ वर्षों से प्रिंट मीडिया को जारी किए गए विज्ञापनों की संख्या में लगातार कमी आ रही है। नई नीति में 45,000 से ज्यादा प्रतियां प्रकाशित करने का दावा करने वाले समाचार-पत्रों के लिए आरएनआई (रजिस्ट्रार ऑफ न्यूजपेपर्स इन इंडिया) अथवा एबीसी (ऑडिट ब्यूरो ऑफ सरकुलेशन) का प्रमाण-पत्र दाखिल करना आवश्यक होगा।

राजकिशोर

डेविड ह्यूम
(1711-1776)

डेविड ह्यूम (David Hume) अंग्रेजी दार्शनिक, इतिहासकार, सौंदर्यशास्त्री तथा निबंधकार थे, जिन्होंने स्काटिश रिनेसां में प्रमुख भूमिका निभाई थी।

उन्होंने 'ए ट्रीटीज ऑफ ह्यूमन नेचर' ग्रंथ की रचना की। इसमें उन्होंने कहा है, 'बुद्धि को संवेदना के आदेश का पालन करना होगा।' बुद्धि की यांत्रिकता से वे परिचित थे। वे चाहते थे कि बुद्धि संवेदनाओं से प्रेरित हो, इसे संवेदनात्मक ज्ञान भी कहा जा सकता है।

1742 में ह्यूम का 'एसेज' के पहले भाग का प्रकाशन हुआ। 1749 में उन्होंने अपने भाई के पास रहकर 'एसेज' का दूसरा भाग 'पॉलिटिकल डिस्कोर्सेस' लिखा। साथ ही ट्रीटीज के दूसरे भाग 'एनक्वायरी कन्सर्निंग द प्रिंसिपल्स ऑफ मोरल्स' (1951) को पूरा किया। यह उनके सारे ऐतिहासिक, दर्शनशास्त्रीय और साहित्यिक लेखन में सर्वश्रेष्ठ कृति थी। इसी बीच, लंदन से कुछ अन्य लेखों के साथ उनकी किताब 'नेचुरल हिस्ट्री ऑफ रिलीजन' शीर्षक से प्रकाशित हुई। 1756 में इतिहास का दूसरा भाग प्रकाशित हुआ। 1759 में उनकी किताब 'हिस्ट्री ऑफ द हाउस ऑफ ट्यूडोर' प्रकाशित हुई तथा 1761 में 'इंग्लिश हिस्ट्री' छपी। 1776 में उन्होंने अपनी आत्मकथा 'माई ओन लाइफ' पूरी की, जो शायद दुनिया की सबसे छोटी आत्मकथाओं में एक है।

डेविड ह्यूम अपने अनुभववाद (एंपिरिसिज्म) तथा संशयवाद (स्केप्टिसिज्म) संबंधी चिंतन के कारण जाने जाते हैं। उन्होंने अपने पूर्ववर्ती रेने देकार्त जैसे बुद्धिवादियों के तर्क के बरक्स सिद्ध किया कि बुद्धि (रीजन) के बजाय इच्छा (डिजायर) मानव व्यवहार को नियंत्रित करती है। वह मानते थे कि मनुष्य सामाजिक प्राणी होने के बावजूद पहले अपने और अपने घर-परिवार के बारे में सोचता है, तब जाकर समाज के बारे में सोचता है। इसलिए समाज में अभावों के कारण हितों का टकराव स्वाभाविक है। इस समस्या के समाधान के लिए ही समाज और राज्य के नियमों की जरूरत महसूस की गई। ह्यूम धार्मिक विचारों को मानसिक रुग्णता के रूप में देखते थे, वे नास्तिक थे, हालांकि उन्होंने अपने को कभी नास्तिक नहीं कहा। एक जगह उन्होंने लिखा है कि ऐसे पुस्तकालयों को आग के हवाले कर देना चाहिए, जिनमें धार्मिक पुस्तकें भरी हों। उनके अनुसार, ज्ञान की इमारत वस्तुतः प्रत्यक्ष पर खड़ी हुई है। मनुष्य कितनी ही ऊंचाई और गहराई तक विचार करे, वह उन्हीं तत्वों से अपने विचारों की रचना कर सकता है जो अपने मन पर संवेदनात्मक छाप से प्राप्त करता है। डेविड ह्यूम के दार्शनिक चिंतन तथा लेखन की महत्ता उनकी मृत्यु के बाद स्थापित हुई।

डेविड ह्यूम

इमैन्युअल कांट ने 'हठधर्मिता की नींद' से जगाने का श्रेय ह्यूम को दिया। ब्रायन मैगी ने 'द ग्रेट फिलॉसफर्स : एन इंट्रोडक्शन टू वेस्टर्न फिलासफी' (2000) में उन्हें अंग्रेजी में लिखने वाला महानतम दार्शनिक माना। शॉपनहावर ने ह्यूम के बारे में लिखा कि ह्यूम के लिखे एक पृष्ठ से हेगेल, हरबर्ट तथा श्लीरमाकर के समस्त दार्शनिक लेखन की तुलना में ज्यादा सीखा जा सकता है। इस संबंध में अलबर्ट आइंस्टीन ने 1915 में कहा था कि सापेक्षता के सिद्धांत के सूत्रीकरण में उन्हें ह्यूम से प्रेरणा मिली थी। ह्यूम का लेखन तथा उनकी जिंदगी के चर्चा में आने के बाद दुनिया को उनकी प्रेरणादायक शक्ति का पता चला। उन्होंने अपनी वसीयत में लिखा था कि उनके कब्र के पत्थर पर उनके नाम, जन्म तथा मृत्यु के अलावा केवल यह लिखा जाए : 'आने वाली पीढ़ी पर बाकी रह गया जोड़ने के लिए छोड़ते हुए।'

अवधेश कुमार सिंह

अधिक जानकारी के लिए :
1. **Hume's Philosophical Politics :** Duncan Forbes, 2. **The Life of David Hume :** Ernest Campbell Mossner , 1954

डोगरी

भू-प्रकृति : जम्मू-कश्मीर राज्य तीन भागों में बंटा हुआ है–जम्मू, कश्मीर और लद्दाख। जम्मू या डुग्गर प्रदेश भारत के उत्तर में अवस्थित पर्वतीय भूखंड है। इसका क्षेत्रफल 26,293 वर्गमील और 2011 की जनगणना के अनुसार डोगरी की कुल जनसंख्या 1,25,41,302 है, जिसमें पुरुषों की संख्या 66,40,662 और स्त्रियों की संख्या 59,00,640 है। डोडा, कठुआ, उधमपुर, राजौरी, रामबन, रियासी, सांबा, किश्तवाड़

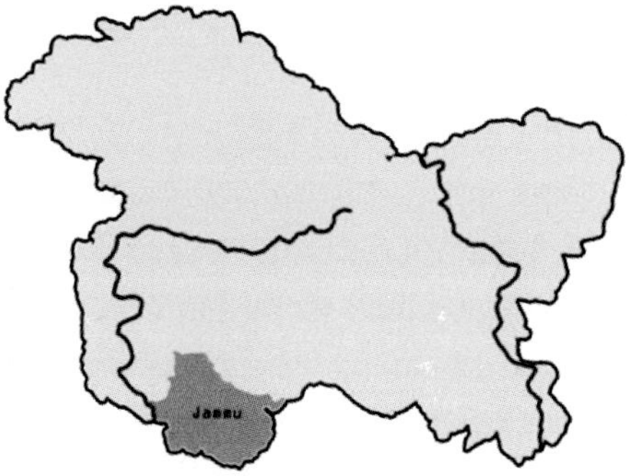

और पुंछ इसके जिले हैं। इस क्षेत्र की अधिकांश भूमि पथरीली और पहाड़ी है। जम्मू शहर के बीचों-बीच तवी नदी बहती है, जिसके कारण इस शहर को 'जम्मू-तवी' भी कहते हैं। यह शहर जम्मू एवं कश्मीर राज्य की शीतकालीन राजधानी भी है। 1872 में महाराजा रणवीर सिंह ने मौसम के कारण 'दरबार मूव' का कार्य आरंभ किया था, तब से लेकर प्रत्येक वर्ष सचिवालय शीतकाल में छह महीने जम्मू तथा ग्रीष्मकाल में छह महीने श्रीनगर में काम करता है।

भाषा : डोगरी भारतीय आर्य भाषा समूह की भाषा है, जिसे मुख्यतः जम्मू एवं कश्मीर राज्य के जम्मू क्षेत्र में और हिमाचल प्रदेश तथा पंजाब के उत्तरी भाग के लोग बोलते हैं। 2011 की जनगणना के अनुसार डोगरी बोलने वालों की संख्या 25,96,769 है। जम्मू की मुख्य भाषा डोगरी है, परंतु जम्मू के लोग पुंछी, गोजरी, कोटली, मीरपुरी पोठवारी, हिंदी, पंजाबी तथा उर्दू भाषा भी बोलते हैं।

डोगरी भाषा पहले पंजाबी की उपबोली मानी जाती थी, स्वतंत्र भाषा के रूप में इसका विकास 1944 में स्थापित 'डोगरी संस्था' के माध्यम से शुरू हुआ। इस संस्था ने जम्मू में डोगरी भाषा के लिए देवनागरी लिपि को अपनाने की संस्तुति की। इससे पूर्व डोगरी तक्री लिपि में लिखी जाती थी, जो शारदा लिपि और गुरुमुखी लिपि के निकट थी। डोगरी लिपि में मात्राओं का प्रयोग नहीं होता था। संयुक्त व्यंजन लिखने का भी प्रचलन नहीं था, जैसे 'कदूना' शब्द को पहले 'कदउनअ' लिखा जाता था। डोगरी ध्वन्यात्मक भाषा है। इसे स्वतंत्र भाषा के रूप में मान्यता तब मिली जब 2 अगस्त 1969 को साहित्य अकादेमी की साधारण परिषद् ने भारतीय भाषावैज्ञानिकों द्वारा एकमत से की गई संस्तुति के आधार पर डोगरी को स्वतंत्र आधुनिक भारतीय भाषा के रूप में मान्यता दी। 22 दिसंबर 2003 को भारत सरकार ने डोगरी को भारतीय संविधान की आठवीं अनुसूची में शामिल किया और इसे जम्मू एवं कश्मीर की एक राजभाषा के रूप में मान्यता दी गई।

साहित्य : डोगरी भाषा में कविता, कहानी, नाटक आदि लिखने की परंपरा अठारहवीं शताब्दी में प्रारंभ हुई थी, जब राजा रणजीत सिंह के दरबारी

पद्मा सचदेव

डोगरी कवि दात्तु (1725-1780) ने अपनी कविताएं लिखना शुरू किया। 1947 में रेडियो जम्मू-कश्मीर की स्थापना हुई, जिससे डोगरी भाषा को बल मिला। 1958 में जम्मू कश्मीर राज्य की ओर से 'जम्मू-कश्मीर ललित कला, संस्कृति और भाषा अकादमी' की स्थापना हुई। इसका डोगरी भाषा और साहित्य की वृद्धि में महत्वपूर्ण योगदान है। यहां से 'डोगरी शीराजा' अर्धवार्षिक पत्रिका निकलती है। डोगरी साहित्य में सभी विधाओं का विकास हो रहा है। जम्मू-कश्मीर कला अकादमी डोगरी भाषा के नवलेखकों को प्रत्येक वर्ष सम्मानित करती है। 'डोगरी संस्था' तथा 'जम्मू-कश्मीर ललित कला, संस्कृति और भाषा अकादमी' ने मिलकर डोगरी साहित्य की वृद्धि में महत्वपूर्ण योगदान दिया है। दूसरी भाषाओं से अनुवाद का कार्य स्थानीय लेखकों द्वारा किया जा रहा है।

डोगरी भाषा के प्रमुख साहित्यकार हैं—दीनू भाई पंत, केहरि सिंह मधुकर, रामनाथ शास्त्री, वेदपाल 'दीप', पद्मा सचदेव, जितेंद्र उधमपुरी, कृष्ण स्मैलपुरी, तारा स्मैलपुरी, चंपा शर्मा, धर्मचंद प्रशांत, मदन मोहन शर्मा, नरेंद्र खजूरिया, ओ पी शर्मा 'सारथी', ओम गोस्वामी, ललित मगोत्रा, मनोज, देशबंधु डोगरा, नरसिंहदेव जमबाल, रामकुमार अबरोल, विश्वनाथ खजूरिया, वेद कुमारी घई, नीलांबर देव शर्मा, बालकृष्ण शास्त्री, शंभू नाथ, कवि परमानंद अलमस्त, सुखदेवसिंह चाड़क, मुल्कराज सराफ, जगदीश चंद्र साठे, वीणा गुप्ता, शशि पठालिया, शिवदेव मन्हास आदि। इन सभी साहित्यकारों ने डोगरी साहित्य की श्रीवृद्धि में महत्वपूर्ण कार्य किया है और कर रहे हैं। जम्मू विश्वविद्यालय में डोगरी भाषा का स्नातकोत्तर विभाग है, जिसमें डोगरी भाषा और साहित्य पढ़ने वाले विद्यार्थियों की संख्या लगभग 70 के आसपास रहती है। चूंकि जम्मू प्रांत के विद्यालयों, महाविद्यालयों तथा विश्वविद्यालय में डोगरी साहित्य का अध्ययन एक विषय के रूप में हो रहा है, अतः इस भाषा का फलक दिन-प्रतिदिन बढ़ रहा है।

2005 में सेंट्रल इंस्टिट्यूट ऑफ लैंग्वेजेज, मैसूर द्वारा पिछले पचास वर्षों में डोगरी में एक सौ से अधिक गद्य एवं पद्य रचनाओं को ऑनलाइन प्रकाशित किया गया, जो डोगरी साहित्य के प्रचार-प्रसार की दृष्टि से एक महत्वपूर्ण कदम है। डोगरी का साहित्य जम्मू संस्कृति की एक रंगीन तस्वीर है।

लोक संस्कृति : डोगरी की लोक संस्कृति को वहां के किले, मंदिर, चित्रकला, लोककलाएं, हस्तकलाएं, पहनावा आदि प्रकट करते हैं। डुग्गर प्रदेश में मंदिरों की संख्या अधिक है। यहां प्रत्येक धर्म को मानने वाले लोग हैं, जिसके कारण मंदिरों के साथ-साथ जियारतगाह, मस्जिद, चर्च और गुरुद्वारों का भी महत्व है। यहां पर पीर-फकीर सब के साझे हैं। सभी धर्मों के लोग प्रसिद्ध सूफी संतों की दरगाहों पर अपनी हाजिरी लगाते हैं। राजौरी स्थित 'शाहदरा शरीफ', सतवारी (चट्ठा) स्थित 'पीर बुड्ढन अली शाह' की दरगाह, शहर के बीच गुम्मट स्थित 'पीर रोशन शाह वली' जिसे 'नौ गजा फकीर' भी कहते हैं, पीर मिट्ठा तथा अंतरराष्ट्रीय सीमा पर स्थित 'पीर बाबा चंबल्याल' की दरगाह विशेष हैं। मान्यता है कि इस स्थान की मिट्टी से चर्म रोग दूर होते हैं। इस स्थान की विशेषता यह है कि प्रत्येक वर्ष हजारों पाकिस्तानी सीमा पर आते हैं और श्रद्धांजलि अर्पित कर प्रसाद ग्रहण करके लौट जाते हैं। बार्डर सिक्योरिटी फोर्स की स्थानीय यूनिट इस स्थान की देखभाल तथा निःशुल्क भोजन की व्यवस्था करती है।

राजौरी की 'जामा मस्जिद' मुगल वास्तुकला का नमूना है। कहा जाता है कि सम्राट जहांगीर ने इसका निर्माण करवाया था। महाराजा रणजीत देव

ने जम्मू शहर के तालाब खटीका में एक मस्जिद का निर्माण करवाया था। आज भी सैकड़ों मुसलमान यहां जुम्मे की नमाज अदा करते हैं। कठुआ, उधमपुर, पुंछ, भद्रवाही आदि जगहों पर मस्जिदें हैं, जिनमें ईद का त्योहार हर्षोल्लास से मनाया जाता है। शिया संप्रदाय के मुसलमानों के लिए जम्मू नगर में इमामबाड़ा है, जिसमें ताजिए निकाले जाते हैं। जम्मू में ईसाई लोग भी बड़ी संख्या में हैं। क्षेत्र में कई चर्च हैं, जो ईसाई धर्म के विभिन्न संप्रदायों के लिए बनाए गए हैं। पुंछ क्षेत्र में गुरुद्वारा नंगाली साहब विशेष आकर्षण का केंद्र है। यह पुंछ दरिया के किनारे प्राकृतिक सौंदर्य-संपन्न स्थान पर है। जम्मू की विशेषता यह है कि कई स्थानों पर मंदिर, मस्जिद, गुरुद्वारा सभी साथ-साथ स्थित हैं, जो आपसी सौहार्द के प्रतीक हैं।

प्रागैतिहासिक काल और पुरातत्व-अवशेषों में क्रिमची मंदिर, शुद्धमहादेव, बलौर और सुकराला माता का मंदिर, हरिहर मंदिर, बबौर–ठलौरा, भिंबर–राजौरी, रामनगर के महल, म्हौरगढ़ का किला, राजौरी का किला, पुंछ का किला आदि महत्वपूर्ण हैं। क्रिमची के मंदिर बिना जोड़ के पत्थर से बने हैं।

डुग्गर की मूर्तिकला का विशेष महत्व है। अखनूर-अंबारा मूर्तिकला विश्व में बेजोड़ है। यहां नरमुंड अत्यंत सुंदर, कलात्मक और आकर्षक हैं। अखनूर का महान बुद्ध दुनिया की बुद्ध मूर्तियों में महत्वपूर्ण स्थान रखता है। इसी के साथ बसौली चित्रकला और जम्मू कलम भी संसार के कलाप्रेमियों के आकर्षण के केंद्र हैं। बसौली चित्रकला मुख्यतः पहाड़ी कला का एक रूप है। इसकी विशेषता इसमें प्रयुक्त गहरे रंग हैं। मुख्य रूप से बेल-बूटे तथा पत्तों पर प्रयुक्त रंग इसके सौंदर्य में चार चांद लगाते हैं। जम्मू कलम में चित्रकारों द्वारा बनाई गई तस्वीरों में बलवंत सिंह, मियां डीडो, मधेआलू, भूटीआ, मियां कैलाशवती आदि लोकनायकों की तस्वीरें हैं। इनमें गहरे रंगों व जीवंत रेखाओं का प्रयोग देखते ही बनता है। जम्मू के लोगों का इन लोकनायकों के प्रति सम्मान विशेष महत्व रखता है।

डोगरा लोगों का रहन-सहन, खान-पान, वेश-भूषा भी इनकी संस्कृति को समृद्ध करती है। इनके घरों में चारदीवारी, ड्यौढ़ी, बेहड़ा, दीवानखाना, दलान, रसोई, कोठियां, पंचुआड़ी, बाड़ी वगैरह होते हैं। यहां के लोगों का खान-पान उनके स्थान के अनुसार बदलता रहता है।ये दिन में तीन बार खाना खाते हैं। सुबह के खाने को 'न्हारी' और दोपहर के खाने को 'सब्यारी' कहते हैं। रात के खाने को 'रुट्टी' कहते हैं। कंढ़ी क्षेत्र के लिए गर्मियों में फुलके, टिगड़े, भठूरे और सर्दियों में मक्के की रोटी और साग के अतिरिक्त चावल, दाल और सब्जियां वगैरह डोगरों का भोजन है।

जम्मू के मैदानी क्षेत्रों में पुरुष चूड़ीदार पजामा या तहमत और कुर्ता पहनते हैं। पहले एक लंबा सफेद वस्त्र भी बांधते थे, जिनके पलड़े घुटनों तक झूमते थे। सिर पर बारीक मलमल की पगड़ी विशेष अवसरों पर पहनी जाती है। औरतें लंबी कमीज, चूड़ीदार पजामा, कुर्ता, सलवार, दुपट्टा इत्यादि पहनती हैं। आधुनिक वेशभूषा का प्रचलन भी डुग्गर क्षेत्र में अन्य क्षेत्रों की तरह बहुत अधिक है। रीतां, पंजाब, सूतरा, मुन्नन, टिक्का, नवजात शिशु के आगमन से जुड़े हुए संस्कार हैं तो कुड़माई, ठाक्का, टिक्का, सांत, सेहरा, घोड़ी, मिलनी, ब्याह, पंजेकी, रफेरा आदि विवाह से जुड़े संस्कार हैं तो दाह संस्कार, दस दिन क्रिया, मासक, अर्द्धबारखी, बारखी, चबेरी, सराध आदि मृत्यु से जुड़े संस्कार हैं। पूजा–अर्चना में कालीवीर, राजा मंडलीक, बाबा सिद्धगोरिया, बाबा भैरोनाथ, बाबा विरपानाथ, नारसिंह, दाता रणपत, बाबा जितो आदि की पूजा का विधान है।

बाबा जितो एक किसान नायक थे जिन्होंने 'जमींदारी प्रथा उन्मूलन' और जमीदारों के शोषण के विरुद्ध संघर्ष करते हुए मृत्यु को वरण किया था। कहा जाता है कि इस किसान की गेहूं की फसल को जमींदार ने जब छल-कपट से हथियाने की कोशिश की तो जितो ने स्वयं को गेहूं के ढेर पर रखकर अपने पेट में कटार घोंप कर प्राण दे दिए। डुग्गर के लोग बाबा जितो को एक देवता के रूप में पूजते हैं।

इनका स्मारक शामा चक्क के निकट झिड़ी स्थान पर है। पंजाब, हिमाचल, हरियाणा आदि के कृषक प्रत्येक वर्ष कार्तिक पूर्णिमा को यहां आ कर अपने वीर नायक को श्रद्धा-सुमन अर्पित करते हैं। डुग्गर की संस्कृति यहां के लोक साहित्य में झलकती है।

पर्यटन एवं दर्शनीय स्थल : जम्मू को 'मंदिरों का शहर' कहा जाता है। यहां बहुत-से मंदिर एवं तीर्थस्थान हैं। शहर के बीचों-बीच भव्य 'श्री रघुनाथ मंदिर' है। यह 13 मंदिरों का समूह है। मध्य में श्री रघुनाथ जी का मंदिर है, जिसमें राम, सीता और लक्ष्मण की अति सुंदर और बहुमूल्य संगमरमर की मूर्तियां हैं। दूसरा प्रसिद्ध मंदिर रणवीरेश्वर मंदिर है। यह जम्मू शहर के मध्य में स्थित है। इसके प्रांगण में महाराजा रणवीर सिंह की मूर्ति स्थापित है। मंदिर के गर्भगृह में स्फटिक का शिवलिंग स्थापित है, जिसकी आभा से भीतरी कक्ष सदैव ज्योतिर्मान रहता है। महाकाली मंदिर बाहु फोर्ट डुग्गर का प्रसिद्ध पौराणिक मंदिर है।

त्रिकुटा पर्वत पर 1700 मीटर की ऊंचाई पर 'वैष्णो देवी' की पवित्र गुफा है। जम्मू से कटरा की दूरी मात्र 30 किलोमीटर है, वहां से गुफा की चढ़ाई 13 किलोमीटर है। यह गुफा 30 मीटर लंबी और मात्र 1.5 मीटर ऊंची है। गुफा के अंत में माता के स्वरूप की प्रतीक तीन पिंडियां हैं, जो क्रमशः महाकाली, महालक्ष्मी और महासरस्वती देवी का प्रतीक हैं। पास में भैरव मंदिर है। इस क्षेत्र में रोज हजारों यात्री माता के दर्शनार्थ आते हैं। डुग्गर की पवित्र गुफाओं में 'शिवखोड़ी' गुफा तहसील रियासी के अंतर्गत पौनी भारख क्षेत्र में रणसू स्थान के निकट है। रणसू से शिवखोड़ी छह किलोमीटर दूर है। यहां प्राकृतिक लिंग है। इसकी ऊंचाई एक मीटर के लगभग है। शिवलिंग के आसपास गुफा की छत से दूधिया पानी टपकता रहता है। गुफा की छत के एक स्थान पर गाय के स्तन बने हैं, वहीं से पानी टपक कर शिवलिंग पर गिरता है। यह शिवलिंग भक्तों के लिए एक तीर्थ है। शुद्ध महादेव जम्मू में 107 किलोमीटर की दूरी पर चनैनी से पूर्व दक्षिण पर्वत शृंखलाओं के मध्य अवस्थित है। आषाढ़ मास की पूर्णिमा के दिन इस स्थान पर तीन दिवसीय मेला आयोजित होता है। बुड्ढा अमरनाथ जम्मू के पुंछ जिले की पर्वतीय घाटियों के मध्य मंडी नामक स्थान पर स्थित एक तीर्थ स्थान है। रक्षाबंधन के दिन यहां पर मेला लगता है।

परमेश्वरी शर्मा

ढूंढाड़ी

ढूंढ शब्द का अर्थ है टीला। यह शब्द ढूंढ़ शब्द से बना है। जयपुर के आसपास रेत के टीले ही टीले थे इसलिए इस क्षेत्र की बोली को 'ढूंढाड़ी' कहा जाने लगा। ढूंढाड़ी को जयपुरी या झाड़साही भी कहते हैं। यह जयपुर, अजमेर, टौंक, दौसा जिलों में बोली जाती है। ढूंढाड़ी बोली हाड़ौती के बहुत अधिक निकट है। इस बोली पर मारवाड़ी तथा ब्रज का काफी प्रभाव है।

ढूंढाड़ी में पर्याप्त साहित्य उपलब्ध है। संत दादू तथा उनके शिष्यों ने इसी भाषा में रचना की। ईसाई मिशनरियों ने बाइबिल का अनुवाद ढूंढाड़ी में करवाया। किशनगढ़ के नागरीदास की कुछ रचनाएं इस बोली में मिलती हैं। संस्कृत के प्रकांड पंडित नवल किशोर कांकर ने 'कादंबरी' का तथा प्रख्यात भाषाविद और संस्कृतिकर्मी गोपाल नारायण बहुरा ने 'दशकुमारचरित' का अनुवाद ढूंढाड़ी में किया था।

ढूंढाड़ी में नै परसर्ग का प्रयोग कर्म कारक तथा संप्रदान कारक में होता है। ढूंढाड़ी में 'है' के स्थान पर 'छै' का प्रयोग होता है। इस बोली में भविष्यत् काल पर प्रत्यय दो रूपों में मिलता है 'स्' तथा 'स्य'।

ढूंढाड़ी में भविष्यत् काल में 'गा' के स्थान पर 'ला' का प्रयोग होता है, जैसे खेलूंगा के स्थान पर खेलूंला। इसी तरह खेलूंली, खेलूंलो, खेलांला प्रयुक्त होते हैं। उदाहरण हैं :

गद्य—एक मंजी क नै थोड़ो सो धन छो। ऊं ने हर बगत यो ही डर लग्यो रहै क दुनिया भर का सगला चोर-धोड़ती म्हारा ही धन पर आंख गाड़मेली छै। (एक मंजी के पास थोड़ा सा धन था। उसे हर वक्त यही चिंता सताती कि दुनिया के सारे चोर-डाकुओं ने उसी के धन पर नजर गड़ा रखी है।)

पद्य—'पीया म्हां कांजी/थे चाल्या परदेस धरां कद ओबोला/ओजी म्छा का नाव/गोरी म्हां की एक जी! आवां छठ मास थानै तो तरसा वाला/ओ ए म्हां की नार!

हेतु भारद्वाज

तकनीक

तकनीक (Technique) किसी कार्य को संपन्न करने की प्रक्रिया है। इसका प्रयोग कार्य के प्रायः सभी क्षेत्र में होता है, साहित्य और कला में भी। साहित्य विशिष्ट अनुभूतियां और अमूर्त भावों की अभिव्यक्ति है। तकनीक का प्रयोग रचना के सौंदर्य को समृद्ध करता है। यह अनुभूति और अभिव्यक्ति के बीच समुचित संतुलन स्थापित करता है।

साहित्य में अनुभूति विषयवस्तु लेकर सामने आती है तो अभिव्यक्ति विभिन्न रूपात्मक प्रविधियां लेकर। साहित्य सृजन करते समय लेखक जो प्रविधियां अपनाता हो, उन्हें तकनीक कहा जाता है। तकनीक का शाब्दिक अर्थ किसी चीज को बनाने या रचने का तरीका है। यह अभिव्यक्ति कौशल है। वास्तव में तकनीक साहित्यकार के अंतःकरण के प्रत्येक विचार या भाव से पाठक के अंतर्मन का तादात्म्य स्थापित करने की कला है। तकनीक विवरणात्मक, वर्णनात्मक, विचारात्मक, विवेचनात्मक, भावात्मक, आत्मपरक, व्यंग्यात्मक आदि रूप लिए हुए हो सकती है। साधारण शब्दों में तकनीक को तरीका, शैली, लहजा, रूप, कला, रूप-प्रकार, क्राफ्ट, कौशल भी कहा जाता है।

साहित्य की विभिन्न विधाओं में तकनीक की भिन्नता होती है। संस्कृत नाटकों के शिल्प में अर्थ प्रकृतियों, कार्यावस्थाओं और संधियों के महत्व का प्रतिपादन किया गया था। आधुनिक युग के नाटकों में अंकों का विभाजन दृश्य संख्या के आधार पर होने लगा या पूर्वदीप्ति (फ्लैशबैक) आदि को तकनीक के रूप में प्रयुक्त किया गया। कविता के संदर्भ में कवि शब्द योजना, छंद, लय, तुक, उपमान, बिंब, प्रतीक आदि विभिन्न तत्वों से अपने अभिव्यक्ति कौशल को समृद्ध करता है। इस तरह विधा के अनुसार कला के विभिन्न उपकरणों का उपयोग कर अमूर्त अनुभूति और विचार को स्पष्ट, मूर्त, व्यवस्थित और निश्चित रूप प्रदान करना तकनीक के बल पर संभव होता है। तकनीक के महत्व का अंदाजा इससे लगाया जा सकता है कि उसे सृजित साहित्य के भीतर साहित्यकार के व्यक्तित्व का आवरण तक कह गया है। साहित्य विभिन्न अवयवों की एक संश्लिष्ट रचना होती है जिसमें भाषा, तकनीक या शिल्प की एक बड़ी भूमिका है।

कुछ विद्वान तकनीक की चर्चा करते समय बिंब, प्रतीक, छंद, अलंकार आदि को शामिल कर लेते हैं, लेकिन भाषा को अलग कर देते हैं। दरअसल साहित्य के संदर्भ में तकनीक भाषा के माध्यम से ही अपने को व्यक्त करती है।

तकनीक केवल एक साधन या माध्यम है, स्वयं में साध्य नहीं है। तकनीक पर अभ्यास के जरिए अधिकार प्राप्त किया जा सकता है। साहित्य कर्म में पारंगत होने के लिए अभ्यास जरूरी है। अभ्यास वास्तव में साधना है। इस साधना से ही अभिव्यक्ति कौशल में निखार संभव है।

हरीश कुमार सेठी

तक्षक

महाभारत (आदि पर्व) के अनुसार तक्षक कश्यप ऋषि और उनकी पत्नी कद्रू का पुत्र था। एक बार कद्रू ने अपनी आज्ञा का पालन न करने पर गुस्से में आकर तक्षक समेत दूसरे बेटों को घर से निकाल दिया। तक्षक उनका नेता बन गया। वह एक भयंकर, जहरीला और इच्छाधारी सांप था और तरह-तरह के वेश बदलने में माहिर था। आगे चलकर तक्षक अपने परिवार के साथ खांडव वन में रहने लगा। इंद्र के साथ तक्षक की दोस्ती थी। दोनों अच्छे-बुरे कामों में साथ-साथ रहते थे। अर्जुन और कृष्ण ने जब खांडव वन को जलाया तब तक्षक वहां

नहीं था। उसकी पत्नी अपने बेटे अश्वसेन को लेकर वहां से भागी, लेकिन अर्जुन के बाणों से मारी गई। अश्वसेन को इंद्र ने बचा लिया। बाद में महाभारत के युद्ध में कर्ण-अर्जुन युद्ध के समय यही अश्वसेन कर्ण के बाण पर सवार था, लेकिन कर्ण खुद अर्जुन के हाथों मारा गया।

तक्षक के ही डंसने से अर्जुन के पोते परीक्षित की मौत हुई थी। तक्षक ने ही परीक्षित के पुत्र जनमेजय की पत्नी वपुष्टमा के उन कुंडलों को चुराया था, जो उसने वेद ऋषि के शिष्य उत्तंक को दान में दिए थे। जयशंकर प्रसाद के नाटक 'जनमेजय का नागयज्ञ' में इसका उल्लेख है। जनमेजय ने तक्षक से बदला लेने के लिए नाग यज्ञ किया, जिसमें बहुत-से सांप मारे गए। सर्पराज वासुकी ने अपने भांजे आस्तीक की मदद से यज्ञ रुकवा दिया। इस तरह तक्षक और दूसरे सांप बच गए। वैज्ञानिकों के अनुसार, तक्षक ज्यादा जहरीला नहीं होता। वह पचरंगी होता है और हवा में उड़कर अपने शिकार पर हमला करता है।

गीता दूबे

तत्वबोधिनी सभा

तत्वबोधिनी सभा की स्थापना देवेंद्रनाथ ठाकुर ने 6 अक्टूबर 1839 को की थी। वे ब्रह्मसमाज के सुप्रसिद्ध सदस्य, प्रसिद्ध जमींदार द्वारिकानाथ ठाकुर के प्रथम पुत्र एवं रवींद्रनाथ ठाकुर के पिता थे। तत्वबोधिनी सभा को सर्वप्रथम 'तत्वरंजिनी सभा' की संज्ञा दी गई थी। प्रारंभिक दिनों में इसकी सदस्य संख्या ठाकुर परिवार के सदस्यों तक सीमित थी, लेकिन दो वर्षों के भीतर इसकी सदस्य संख्या 500 का आंकड़ा पार कर गई। इसके प्रारंभिक सदस्यों में सबसे प्रमुख अक्षय कुमार दत्त एवं ईश्वरचंद विद्यासागर थे।

'तत्वबोधिनी सभा' की स्थापना का मुख्य उद्देश्य हिंदुओं में वेदांत का प्रचार था। यह सभा हिंदुओं को जड़वाद से मुक्ति एवं उनके बीच व्याप्त अंधविश्वास की समाप्ति के उद्देश्य से काम कर रही थी। इसकी स्थापना का एक और कारण कोलकाता में ईसाई धर्मसंस्थाओं द्वारा वेदांत के विरुद्ध किए गए कुप्रचार को रोकना था। ईसाई प्राचीन 'वेदांत' को 'निवृत्तिपरक' एवं 'संन्यासोन्मुख' धर्म की तरह लेते थे। इस आलोचना से बचने के लिए तत्वबोधिनी सभा ने अपने सिद्धांत को 'नवीन वेदांत' के रूप में प्रस्तुत किया तथा प्राचीन वेदांत से, जिसे ईसाई संस्थाएं भी प्राचीन कहकर आधुनिकता-विरोधी सिद्ध कर रहीं थी, दूरी बनाई।

तत्वबोधिनी सभा ने 'गृहस्थ धर्म' को ज्यादा महत्व दिया। इसके उद्देश्य प्रस्तुत करते हुए, देवेंद्रनाथ ठाकुर ने 1943 में कहा, 'इसकी स्थापना का उद्देश्य ईसाई धर्मसंस्थाओं के प्रभाव को रोकना एवं हिंदू जिज्ञासुओं के मन में ऐसे वेदांत को स्थापित करना है जो एक सिद्धांत के रूप में मानव स्वभाव एवं तर्क के अनुकूल हो।' सभा ने उन लोगों को अपने से जोड़ा जो समाज को त्यागे बगैर एक आध्यात्मिक अनुभव चाहते थे। इसकी मान्यता थी कि संसार को ईश्वर ने बनाया है और इसकी सभी चीजें 'ब्रह्म' तक ले जाती हैं।

1843 में देवेंद्रनाथ एवं तत्वबोधिनी सभा के 20 अन्य सदस्यों को पंडित विद्यावागीश ने ब्राह्मसभा के संघ में आमंत्रित किया। इसके बाद तत्वबोधिनी सभा ने राजा राममोहन राय के समाज सुधार को आगे बढ़ाने का निर्णय लिया। देवेंद्रनाथ ठाकुर ने 1859 में तत्बोधिनी सभा का विलय ब्राह्मसमाज में कर दिया।

भारत यायावर

तनाव

व्यावसायिक भागमभाग, प्रतिस्पर्धा या बेरोजगारी से आक्रांत महानगरीय जीवन के स्वाभाविक लक्षण हैं—मानसिक उद्विग्नता और तनाव। यह एक तरह की अशांति है जो जरा भी विश्राम करने नहीं देती। तनाव परिवार और समाज में, दो देशों या समुदायों के बीच भी घटित हो सकता है। जीवन की एकदम सहज-सी लगने वाली जरूरत पूरी करने की जद्दोजहद से लेकर उच्चाकांक्षाओं तक के समस्त दबाव स्नावयिक तंत्रों पर पड़ते हैं

जो आंतरिक क्रिया पद्धतियों के लिए चुनौती होते हैं। जीवन की कुछ घटनाओं जैसे बदले दफ्तर, नए कार्यभार, किसी काम में निराशा, प्रतिकूल होती परिस्थितियां, किसी प्रिय के अचानक बिछुड़ने आदि से भी तनाव उत्पन्न होना संभव है। नौकरी में सहकर्मी से प्रतिद्वंदिता, कक्षा में सहपाठी से आगे निकलने की होड़, परीक्षा में ज्यादा अच्छे अंक लाने के लिए माता-पिता के दबाव अथवा खेल में हमेशा आगे दिखने जैसे मामलों में तनाव होते हुए भी कई बार नहीं दिखता। दमित इच्छाएं, हीन या उच्च मनोग्रंथियां भी सूक्ष्म रूप में तनाव निर्माण में योगदान देती हैं। यदि तनाव थोड़ी देर में शांत न हो जाए और लंबे समय तक बना रहे तो हानिकारक है।

स्वस्थ मानव जीवन के लिए तनाव से मुक्ति जरूरी है। तनाव मुक्त जीवन यापन के लिए कुछ करते हुए अपने 'होने' का अनुभव करना पहली जरूरत है। इससे अपने स्वास्थ्य, उचित नींद और आराम के बारे में सोचना संभव होता है। अनुशासित आहार तनाव से बचने में या उसका सामना करने में सहायक होता है। एक अध्ययन से पता चला है कि यदि प्रति सप्ताह एक दिन कैलोरी कम करके 600 कैलोरी ही ग्रहण किया जाए तो तनाव में कमी आने के साथ-साथ प्रतिरक्षा प्रणाली भी समृद्ध होती है। यह अपने से पूछते रहना चाहिए कि क्या हम अपने हृदय और आत्मा की चिंता करते हैं।

तनाव मुख्यतः न थमने वाले विचारों की वजह से पैदा होता है। इसे दूर करने के लिए कई उपाय बताए गए हैं। प्रतिदिन दस मिनट लंबी-लंबी सांस लेनी चाहिए। इससे एकाग्रता और शांति मिलेगी। आज तनाव दूर करने के लिए ध्यान, योग और अध्यात्म के मार्ग बहुप्रचारित हैं। तीस मिनट से अधिक समय तक किए जाने वाले योग, व्यायाम या खेलकूद का हर रूप क्रोध, परेशानी और कुंठा का शमन कर तनाव से मुक्ति दिलाता है। संगीत सुनने से तनाव दूर होता है। तनावग्रस्त व्यक्ति का कोई पारिवारिक जन या विश्वसनीय मित्र होना चाहिए, जिससे अपनी सारी बातें बिना संकोच के कहना संभव हो। वह नरमी से पेश आए और विचार में साझा करे। प्रेम भी तनाव से मुक्त करता है, यदि सुलभ हो। खुल कर हंसना एक उपाय है। एक मुख्य राह अपने व्यक्तित्व को संतुलित बनाने की कोशिश है। उसमें त्याग, आत्मविश्वास, क्षमा और धैर्य जैसे गुण हों। यह संभव है कि कोई एक तरीका पर्याप्त न हो।

वर्तमान समय में फेसबुक, व्हाट्सऐप और इंटरनेट के अन्य साइटों पर अत्यधिक समय खर्च करने वालों की संख्या में उत्तरोत्तर वृद्धि हा रही है। इसके कारण आमने-सामने बैठ कर वार्तालाप की संभावना में कमी के कारण वास्तविक रूप से एकाकीपन दूर कर पाना संभव नहीं होता। इसलिए अकेलापन तनाव को बढ़ा देता है। इससे अवसाद, खिन्नता और किसी न किसी नशे का दरवाजा खुल जाता है। हम सभी इस संसार में एक सकारात्मक अंतर निर्मित करने के लिए हैं, जो तनाव की स्थितियां खत्म किए बिना संभव नहीं है।

उदयराज

तमाशा

तमाशा मराठी लोक-नाट्य की एक शैली है। यह शब्द फारसी से हिंदी, उर्दू, मराठी आदि भाषाओं में आया है। इसका अर्थ है मन को अच्छा लगने वाला कोई नाटकीय दृश्य अथवा मंचीय प्रदर्शन। इस पारंपरिक नाट्य शैली में संगीत नृत्य की प्रधानता होती है। गति, आवेग और व्यंग्य-विनोद प्रधान तमाशा स्थानीय या घुमंतू नाट्य-मंडलियों द्वारा स्थान-स्थान पर जा कर किया जाता है। इसमें ढोल, मंजीरे, तुनतुनी, हलगी, हारमोनियम, कड़े आदि वाद्यों के ताल पर लावनी (प्रेम गीत) गायन और नृत्य का समावेश होता है। तमाशा दो तरह का होता है—ढोलकी फडचा और संगीत बारीचा। संगीत बारीचा अपेक्षाकृत पुरानी प्रदर्शनपरक कला है जिसमें नाट्य के बजाय संगीत-नृत्य की प्रधानता होती है। ढोलकी फडचा संपूर्ण नाटक है जिसमें संगीत, गायन और नाट्य तीनों शामिल हैं। दशावतार, पवाड़ा, गवालाना आदि

नृत्यों का समावेश भी तमाशा में मिलता है। माना जाता है कि तमाशा प्रस्तुतियों के मूल स्त्रोत संस्कृत के भाण, प्रहसन जैसे नाट्य-रूपों में हैं। तमाशा में काव्य और कथा के परस्पर मेल की प्रक्रिया में रामायण और महाभारत की कथाएं भी स्थान पाती हैं। तमाशा नृत्य-नाट्य रूप के कथा गायक 'शाहिर' कहलाते हैं। लावनी गीतकारों ने भी खूब तमाशा कथागीत लिखे हैं। इसलिए बहुत से विद्वान मानते हैं कि लावनी के उत्स तमाशा में ही हैं।

नृत्य-गायनपरक मनोरंजन के रूप में तमाशा का प्रचलन सोलहवीं सदी में खोजने के प्रयास किए गए हैं हालांकि एक विशिष्ट नाट्य शैली के रूप में इसकी पहचान अठारहवीं सदी में मराठों के पेशवा साम्राज्य के दौरान ही मिली। इसी दौरान स्थानीय देवता खंडोवा के आराधकों द्वारा इसमें दशावतार, गोंधड़, कीर्तन और वाग्या-मुरली, खंडोवा भक्ति गीत का समावेश हुआ।

पारंपरिक तमाशा प्रस्तुतियां पुरुष प्रधान होती थीं। स्त्रियों की भूमिका भी लड़कों द्वारा की जाती थीं। बाद में स्त्रियों को भी मंच पर प्रवेश मिला। उन्नीसवीं सदी के मध्य में मराठी रंगमंच की शुरुआत के बाद तमाशा में छोटे-छोटे हास्य-व्यंग्यपरक प्रहसनों का समावेश हुआ जो 'वाग' कहलाते हैं। समूह गायकों की संगत में शाहिर इन वागों का गायन करता और अभिनेता गण अभिनय प्रस्तुति करते थे। पत्थे बापुराव और दत्तोबा साली उन दिनों के लोकप्रिय वाग रचयिता थे जिनका 'गधवाचे लग्न' (गधे का विवाह) नामक वाग बहुत प्रसिद्ध हुआ।

आरंभ में तमाशा रंग-मंडलियां कोल्हाटी, महार आदि जातियों द्वारा प्रस्तुत मनोरंजन के रूप में ही सक्रिय थीं किंतु उन्नीसवीं सदी के उत्तरार्ध में तमाशा का इस्तेमाल समाज सुधार के औजार के रूप में इस्तेमाल किया गया और इसके माध्यम से जाति प्रथा के उन्मूलन का प्रयास किया गया। ज्योतिराव फुले द्वारा स्थापित सत्यशोधक समाज ने तमाशा नाट्य का उपयोग अपने राजनीतिक और सुधारपरक रंगमंच 'सत्याशोधकी जलसा' के आयोजनों में किया था।

आधुनिक मराठी रंगमंच ने तमाशा को आख्यान की युक्ति के रूप में इस्तेमाल करते हुए बहुत-से प्रयोग किए जिनमें विजय तेंदुलकर का 'घासीराम कोतवाल' विशेष रूप से उल्लेखनीय है। बंबइया सिनेमा के चटख हास्य-व्यंग्य और गीत-नृत्य पर भी तमाशा के मनोरंजनात्मक स्वरूप का गहरा प्रभाव रहा है।

रीतारानी पालीवाल

तमिल

तमिल तमिलनाडु की राजभाषा है। 2011 की जनगणना के अनुसार तमिल बोलने वालों की संख्या 6,90,26,881 है। यह द्रविड़ परिवार की प्रमुख भाषा है, जो विगत चार हजार वर्षों से बोली जा रही है। इसे एक क्लासिकल भाषा का दर्जा दिया गया है। तमिल निघंटु के अनुसार 'तमिल' शब्द का अर्थ शीतल, सुंदर, मधुर आदि है। विद्वानों की मान्यता है कि द्रविड़ शब्द से तमिल की व्युत्पत्ति नहीं हुई, बल्कि तमिल शब्द का ही संस्कृत रूप द्रविड़ है– तमिल>द्रमिल>द्रमिड>द्रविड़। यह अत्यंत प्रौढ़ एवं वैज्ञानिक भाषा है तथा इसका साहित्य बहुत ही समृद्ध है। यह भारतीय संविधान की आठवीं अनुसूची में भारत की राष्ट्रीय भाषाओं में शामिल है। इसके अतिरिक्त श्रीलंका, सिंगापुर, मलेशिया, फिजी, मारीशस और दक्षिणी अफ्रीका में तमिल भाषी लोगों

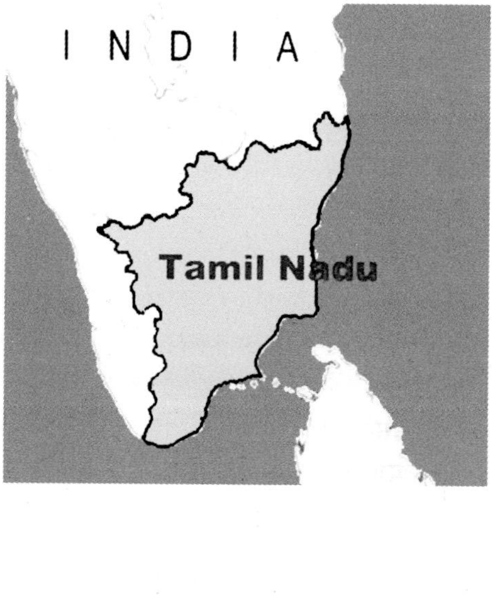

के बसने के कारण इन देशों में भी बड़ी संख्या में तमिल बोली जाती है। तमिल को एक प्रकार से अंतरराष्ट्रीय मान्यता प्राप्त हो चुकी है। यूनेस्को द्वारा प्रायोजित तमिल गौरव ग्रंथों के यूरोपीय भाषाओं में किए गए अनुवादों द्वारा उसे पश्चिम के देशों में भी मान्यता प्राप्त हुई है।

भू-प्रकृति : भारत के दक्षिण में स्थित तमिलनाडु भारत का ग्यारहवां सबसे बड़ा राज्य है, जिसका उत्तर से दक्षिण में तिरुवल्लूर जिले से कन्याकुमारी तक व्याप्त क्षेत्रफल 1,30,068 वर्ग किमी है। यह 13.09 उत्तरी अक्षांश से 80.29 डिग्री पूर्वी देशांतर के बीच स्थित है। इसके उत्तर में आंध्र प्रदेश, उत्तर-पश्चिम में कर्नाटक, पश्चिम में केरल, दक्षिण में हिन्द महासागर, अरब सागर और पूर्व में बंगाल की खाड़ी है। 26 जनवरी 1950 को स्थापित तमिलनाडु देश का सातवां सबसे घनी आबादी वाला राज्य है। 2011 की जनगणना के अनुसार, इसकी आबादी 7,21,38,958 है, जिसमें पुरुषों की संख्या 3,61,58,871 तथा महिलाओं की संख्या 3,59,80,087 है। तमिलनाडु शब्द तमिल भाषा के तमिल तथा नाडु से मिलकर बना है जिसका अर्थ तमिलों का वासस्थान या देश होता है। तमिलनाडु में 32 जिले हैं। तमिलनाडु की राजधानी चेन्नै है।

पर्यावरण एवं जलवायु : तमिलनाडु में छह ऋतुएं पाई जाती हैं, जिनके नाम हैं—कार (वर्षा), कुठिर (शरद), मुनपनी (हेमंत), पिन पनी (शिशिर), इलावेनिल (वसंत) और मृदुवेनिल (ग्रीष्म)। यहां गर्मी अधिक पड़ती है तथापि ठंडे इलाके भी हैं। जलवायु की दृष्टि से तमिलनाडु में रामेश्वरम के उत्तप्त रेतीले इलाकों से लेकर नीलगिरि और कोडाइकनाल की आरोग्यप्रद, शीतल पहाड़ियों तक विविधता पाई जाती है। राज्य का पश्चिमी, दक्षिणी और उत्तरपूर्वी भाग पहाड़ी भूभाग वाला है। उटाकामंड को पर्वतीय ग्रीष्मावासों की रानी कहा जाता है।

कावेरी तमिलनाडु की सबसे प्रमुख सदानीरा नदी है। इसके साथ ही पलार, पेन्नार, वइगै, ताम्रपर्णी आदि नदियां भी यहां प्रवाहित होती हैं। कायामोझी यहां का निर्जल बंजर प्रदेश है, जो 'तेरी' कहलाता है। यह रेगिस्तान जैसा इलाका है। तमिलनाडु की तटरेखा 1076 किमी है।

इस राज्य की जलवायु मानसून पर निर्भर है और बहुत-से क्षेत्र सूखा-संभावित हैं। यहां दक्षिण-पश्चिमी मानसून जून से सितंबर तक तथा उत्तर-पूर्व मानसून अक्टूबर से दिसंबर तक रहता है। राज्य में वर्षा का निश्चित समय नहीं है। औसत वार्षिक वर्षा 945 मिमी होती है।

इतिहास : तमिलनाडु का इतिहास बहुत प्राचीन है। यह उन गिने-चुने क्षेत्रों में है जो प्रागैतिहासिक काल से अब तक लगातार बसे हुए हैं। तमिलनाडु के संगम साहित्य में यहां के तत्कालीन राजाओं आदि का विवरण मिलता है। संगम साहित्य का काल ईसा के जन्म के लगभग तीन सौ वर्ष पहले से लेकर तीन या चार शताब्दी बाद तक था। इनके अनुसार तीन प्रसिद्ध राजवंशों ने यहां शासन किया है—चेर, चोल तथा पांड्य। चेर ने तमिलनाडु के पश्चिमी भाग पर शासन किया। चोल वंश ने पहली सदी से लेकर चौथी सदी तक उत्तरी तथा केंद्रीय तमिलनाडु पर शासन किया और पांड्य वंश ने दक्षिणी भाग पर शासन किया। इनमें सर्वप्रमुख नाम करिकाल चोल का है, जिसका साम्राज्य कांचीपुरम तक फैला था। चोलों ने वर्तमान तंजावुर तथा तिरुचिरापल्ली तक अपना साम्राज्य फैलाया। तीसरी सदी तक कालभ्रों के आक्रमण से चोलों का पतन आरंभ हो गया। कालभ्रों का शासनकाल तमिलनाडु का अंधकार युग माना जाता है। इनके बारे में बहुत कुछ ज्ञात भी नहीं है। छठी सदी में पल्लव, मुथरैयार, बदामी, चालुक्य एवं पांड्य ने उन्हें पराजित कर बाहर भगा दिया।

चौथी शताब्दी के पूर्वार्ध में पल्लवों का वर्चस्व कायम हुआ। उन्होंने ही द्रविड़ शैली की प्रसिद्ध मंदिर वास्तुकला का सूत्रपात किया। अंतिम पल्लव राजा अपराजित थे, जिनके राज्य में लगभग दसवीं शताब्दी में विजयालय और आदित्य के मार्गदर्शन में चोल शासकों का महत्व बढ़ा। ग्यारहवीं शताब्दी के अंत में तमिलनाडु पर चालुक्य, चोल, पांड्य जैसे अनेक

राजवंशों का शासन रहा। इसके बाद के 200 वर्षों तक दक्षिण भारत पर चोल साम्राज्य का आधिपत्य रहा।

राजाराजा चोल तथा उसके पुत्र राजेंद्र चोल के नेतृत्व में चोल एशिया के प्रमुख साम्राज्यों में गिना जाने लगा। उनका साम्राज्य बंगाल तक फैल गया।

चौदहवीं सदी के आरंभ में पांड्य फिर प्रभुत्व में आए, पर अधिक दिनों तक टिक नहीं सके। मुसलमानों ने धीरे-धीरे अपनी स्थिति मजबूत कर ली। चौदहवीं सदी के मध्य में बहमनी सल्तनत ने यहां अपना शासन कायम किया। 1370 में विजयनगर साम्राज्य ने तेजी से अपनी स्थिति मजबूत की और समूचे दक्षिण भारत पर अपना प्रभाव जमा लिया। शताब्दी के अंत तक विजयनगर साम्राज्य दक्षिण की सर्वोच्च शक्ति बन चुका था, किंतु 1565 में तालीकोटा के युद्ध में मुसलमानों की सामूहिक फौजों से वह पराजित हो गया।

विजयनगर साम्राज्य का पतन हो जाने के बाद गिंजी, तंजावुर और मदुरै के सूबेदार स्वतंत्र हो गए और वे अपने-अपने प्रदेशों के 'नायक' कहलाने लगे। 1677 में तंजावुर में मराठों की रियासत कायम हुई। राजा सर्फोजी तंजावर के प्रबुद्ध मराठा शासक थे। उनके शासनकाल में यूरोप के व्यापारी यहां अपने पैर जमाने लगे। पुर्तगाल, हॉलैंड, फ्रांस और इंग्लैंड के लोग यहां आए और उन्होंने अपने व्यापारिक केंद्र स्थापित कर लिए। ईस्ट इंडिया कंपनी ने तमिलनाडु में अपनी पहली बस्ती बसाई। 1693 में फ्रांसीसियों ने पांडिचेरी में अपना व्यापारिक संस्थान बनाया।

अठारहवीं शताब्दी में हैदरअली और टीपू सुल्तान के आक्रमणों ने तमिलनाडु में बड़ी खलबली मचाई। उसी दौरान उत्तरी आर्कट जिलों में मुसलमानों का उपनिवेश स्थापित हुआ, जिसके शासक नवाब कहलाए। ये नवाब बाद में बड़े शक्तिशाली सिद्ध हुए। किंतु ईस्ट इंडिया कंपनी के साथ लड़ाई में मुहम्मद अली खान वल्लाजाह पराजित हो गया और अपने एक बड़े क्षेत्र को कंपनी को सौंप दिया।

ईस्ट इंडिया कंपनी का प्रभुत्व बढ़ता गया और उसने पोलगर सेनापति तथा टीपू सुल्तान के जागीरदार धीरन चिन्नामलाई को पराजित कर 1801

महाबलिपुरम

में तमिलनाडु पर अपना आधिपत्य जमा लिया और मद्रास प्रेसिडेंसी की स्थापना की, जिसमें दक्षिण प्रायद्वीप के अधिकतर हिस्से शामिल थे। उन्नीसवीं शताब्दी के आरंभ में ब्रिटिश शासन ने पूरे तमिलनाडु पर शासन स्थापित कर लिया।

इंडियन काउंसिल एक्ट, 1861 एवं मिंटो-मोर्ले सुधार के अधीन मद्रास लेजिसलेटिव काउंसिल की स्थापना हुई।

1947 में भारत की आजादी के बाद मद्रास प्रेसिडेंसी संयुक्त मद्रास राज्य के रूप में पुनर्गठन हुआ, जिसमें तमिलनाडु, आंध्र प्रदेश का तटीय क्षेत्र, उड़ीसा का गंजम जिला, दक्षिण कनारा जिला, कर्नाटक और केरल के कुछ भाग शामिल थे।

बाद में भाषाई आधार पर राज्यों का विभाजन हुआ। तमिल भाषी मद्रास को एक अलग राज्य बनाया गया। 1969 में मद्रास राज्य का नामकरण तमिलनाडु किया गया।

भाषा और बोलियां : द्रविड़ भाषाओं के अंतर्गत सतरह भाषाएं शामिल की गई हैं—तमिल, तेलुगु, कन्नड़, मलयालम, तुलु, कुलुक, कुई, गोंडी, कुडगु, गडब, कोलामी, मलतो, परिजी, कोंड, नायकी, कोल और तोड़ा। इनमें से तमिल सहित कई भाषाएं एवं बोलियां तमिलनाडु में बोली जाती हैं।

लिपि : तमिल की अपनी लिपि-व्यवस्था थी जिसे 'वट्टेषुत्तु' कहते हैं। प्राचीन तमिल में इसी का प्रयोग किया जाता था। बाद में इसी वट्टेषुत्तु से दक्षिणी

ब्राह्मी का विकास हुआ। आज की तमिल लिपि वट्टेषुत्तु का विकसित रूप है। तमिल वर्णमाला में अ, इ, उ, ए, ओ पांच ह्रस्व वर्ण और इनके दीर्घ रूप हैं, इनके साथ ऐ, औ नामक दो संध्यक्षर को मिला कर बारह स्वर हैं। क, च, ट, त. प, र सात सबल व्यंजन, उनके छह नासिक्य व्यंजन ङ, ञ, ण, न, म, न तथा छह मध्य व्यंजन य, र, ल, व, ष, ळ को मिलाकर व्यंजनों की संख्या अठारह बनती है। स्वरों में ए, ओ के ह्रस्व रूप देवनागरी में नहीं हैं। लेकिन अन्य द्रविड़ भाषाओं के लिए ये आवश्यक हैं। महाप्राण और घोष महाप्राण व्यंजन (ख, घ, छ, झ आदि) तमिल में नहीं हैं। तमिल व्यंजन में जो र है, वह र की तुलना में ज्यादा जोर से उच्चारित होता है—मुहर्रम में 'र्' की तरह। तमिल का न वर्त्स्य है, दंत्य से भिन्न। तमिल का 'ळ' वैदिक या मराठी 'ळ' की तरह उच्चारित होता है। श, ष, स ये तीनों व्यंजन तमिल में नहीं हैं।

क, च, ट, त, प ये पांचों व्यंजन शब्दों के आदि तथा द्वित्व में अघोष रूप में उच्चारित होते हैं। अन्य स्थानों में और नासिक्य के बाद इनका सघोष उच्चारण होता है। इस तरह तमिल वर्णमाला में सघोष वर्ण (ग, ज, ड, द, ब) न होने पर भी क, च, ट, त, प स्थान-भेद से ग, ज, ड, द, ब ध्वनित होते हैं।

वैयाकरणों के अनुसार तमिल में चार प्रकार के शब्द हैं—'दैनिक व्यवहार में प्रयुक्त सामान्य शब्द इयरचोल कहलाते हैं। किंचित परिवर्तन के साथ साहित्य में प्रयुक्त शब्द तिरिचोल हैं। तमिल प्रदेश के विभिन्न भागों में अलग-अलग प्रकार से प्रयुक्त शब्द तिशैचोल हैं। संस्कृत से आए शब्द वडचोल कहलाते हैं, इन्हें तत्सम रूप में स्वीकार किए बिना तमिल ध्वनि व्यवस्था के अनुसार अनुकूलित किया जाता है। मानवों में पुरुष-वाची शब्द पुलिंग में और स्त्रीवाची शब्द स्त्रीलिंग में प्रयुक्त होते हैं। मानवेतर सारे प्राणी और समस्त निर्जीव वस्तुएं अकरिनै यानी नपुंसक मानी जाती है। लिंग और वचन के अनुसार कर्ता-क्रिया की अन्विति होती है। मिश्र और संयुक्त वाक्यों में थोड़ी-सी भिन्नता है। तमिल वाक्यों में जो-वह, जब-तब, जहां-वहां जैसे सह-प्रयोगों से लंबे वाक्य नहीं बनते। वाक्य-मध्य में कृदंत का प्रयोग कर के संक्षिप्त किया जाता है, जैसे 'कल जो आदमी आया वह' के स्थान पर 'कल आया आदमी' से काम चल जाता है।

तमिल साहित्य : तमिल साहित्य धारा को तीन कालों में विभक्त किया गया है—(1) प्राचीन काल, जिसके अंतर्गत संघ साहित्य, नीति साहित्य और महाकाव्य की धाराएं हैं, ईसा पूर्व पांचवीं सदी से शुरू होकर छठी सदी ईस्वी तक चलती है। (2) मध्य काल छठी सदी ईस्वी से अठारहवीं सदी तक चलता है। इसमें भक्ति साहित्य काव्य साहित्य, व्याख्या-भाष्य और पौराणिक साहित्य की धाराएं हैं। (3) आधुनिक काल उन्नीसवीं सदी से प्रारंभ होता है। उन्नीसवीं सदी में ईसाई साहित्य, समाज-सुधारात्मक उपन्यास के बाद निबंधों की रचना हुई और बीसवीं सदी में साहित्य की विभिन्न विधाओं का विकास हुआ। इक्कीसवीं सदी नई संभावनाओं को लेकर आगे बढ़ रही है।

संघ काल (500 ईसा पूर्व से 100 ईसवी तक) **:** प्राचीन काल में कवियों की मंडली को संघ कहते थे। संघ साहित्य में जीवन के आतंरिक पक्ष पर, जिसे 'अहम' कहा जाता है तथा जीवन के बाह्य पक्ष पर, जिसे 'पुरम' कहा जाता है, कविता लिखी गई। संघ साहित्य के वर्ण्य विषय जीवन के आंतरिक (अहम) और बाह्य (पुरम) पक्ष थे। दूसरे शब्दों में संघ साहित्य में सामाजिक जीवन की अनुभूतियां और गतिविधियां पांच प्रकार के भू-भाग और प्रकृति की पृष्ठभूमि में वर्णित हैं। विवाह—पूर्व प्रेम समाज द्वारा स्वीकृत था, जिसे 'कड़वु' कहते हैं। विवाह के बाद का दांपत्य जीवन 'कर्पू' है। घर-परिवार के बाहर युद्ध, राजनीति, वीरता, दान-धर्म अदि जो बाहरी कार्यकलाप होते हैं उन्हें बाह्य या पुरम में रखा गया है। विभिन्न समयों में तीन संघ हुए हैं, किंतु उनमें निर्मित ज्यादातर कृतियां समुद्र कवलित हो गईं। शेष बची कविताओं को उन कवियों के नामों के साथ 'एट्टु तोकै' (आठ गाथा संग्रह) और 'पत्तु पाट्टु' (दस दीर्घ कविता संग्रह)

में संकलित किया गया है। एट्टु तोकै में नट्रिणै, कुरुंतोकै, ऐकुरुनूरु, कलित्तोकै, अहनानूरु, ये पांचों प्रेम या अहम पर हैं तथा पतिट्रुपत्तु, परिपाडल, और पुरनानूरु पुरम विषयक वीरता, युद्ध, दान-धर्म आदि पर हैं। पत्तु पाट्टु की लंबी कविताओं में 'मुल्लै पाट्टु' (वन गीत), 'कुरिंजी पाट्टु' (पहाड़ी गीत), 'पट्टिनपालै' (कावेरीपूमपट्टिनम की प्रशंसा), ये तीन कविताएं अहम की हैं। 'तिरुमुरुगाट्रुपड़ै' (भगवान कार्तिकेय की प्रशंसा), पेरुमपाणाट्रुपडै- (तोंडैमान राजा इलांतिरैयन की प्रशंसा में गीत), चिरुपाणाट्रुपड़ै' (नाल्लिय कोदे नामक छोटे राजा की प्रशंसा में गीत), 'मदुरै कांजी' (पांड्य नरेश नेदुमचेलियन और उसकी राजधानी मदुरै की प्रशंसा में गाया गीत), 'मलेपडुकडाम' (राजा नन्नन की प्रशंसा में गाया गीत) 'नेडुनलवाडै' (राजा नेडुंचेषियन और रानी अरसमादेवी की प्रशंसा में गाया गीत) पुरम की हैं।

तोलकाप्पियम द्वितीय संघ की अद्‍भुत कृति है। यह व्याकरण-ग्रंथ होने के साथ काव्यशास्त्र और राजनीति पर भी प्रकाश डालता है। 'तोल' (प्राचीन) 'काप्पिय' (काव्यकारों) की 'कुटी' (बस्ती) के नाम पर इसके रचयिता का नाम 'तोलकाप्पियर' पड़ा, ऐसा कहा जाता है। इस ग्रंथ के तीन खंड हैं—एषुत्तु (वर्ण), चोल (शब्द) और पोरुल (विषय)। प्रथम दो खंडों में तमिल वर्णों और शब्दों का भाषावैज्ञानिक वर्णन किया गया है। पोरुल या विषय खंड में भू-भाग को कुरिंजी (पर्वतीय प्रदेश), मुल्लै (वना प्रदेश), मरुदम (कृषियोग्य उर्वर प्रदेश), नेयदल (समुद्र तटीय प्रदेश) और पालै (रेगिस्तान) में बांटकर प्रत्येक क्षेत्र के लोगों के पेशे, पशु-पक्षी, वाद्य यंत्र, प्रेम करने का तरीका आदि का वर्णन करने के बाद, युद्ध की रणनीतियां, दूत-कार्य आदि पर प्रकाश डाला गया है। फिर काव्यशास्त्र और साहित्य की विधाएं आदि पर विस्तृत चर्चा है।

नीति ग्रंथों का काल (200 ईसवी से 500 ईसवी तक) : नीति ग्रंथों में सर्वश्रेष्ठ है तिरुक्कुरल। तिरुक्कुरल तृतीय संघ की कृति है। यह तमिल का गौरव ग्रंथ माना जाता है। इसके रचयिता तिरुवल्लुवर हैं। बाइबल और भगवदगीता के बाद तिरुक्कुरल का विश्व की विभिन्न भाषाओं में सबसे अधिक अनुवाद हुआ है। कुरल सात शब्दों का लघु छंद है। आकार में दोहा छंद से भी छोटा है- पौने दो पंक्तियां। इसके तीन खंड हैं—'अरम' (धर्म), 'पोरुल' (अर्थ) और 'इन्बम' (काम)। धर्म, अर्थ, काम इन पुरुषार्थों पर 1330 कुरल छंद हैं। इसमें किसी धर्म-विशेष पर आधारित न होकर मानव मात्र के लिए अनुकरणीय कर्तव्य पर प्रकाश डालता है। सार है कि धर्म मार्ग से अर्थ यानी धन का अर्जन करते हुए, धन का उचित विनिमय करते हुए प्रेमपूर्ण दांपत्य जीवन व्यतीत करने पर वही जीवन स्वर्ग का आनंद दे सकता है।

तिरुक्कुरल के बाद नीति ग्रंथों में नानमणिकड़िगे, एलादि, आचार कोवै, तिरुकटुकम, का नारपदु आदि रचित हुए जिन्हें अठारह लघु कृतियां कहा जाता है।

काप्पिय कालम के युग में तमिल में दो महाकाव्य बने—शिलप्पतिकारम और मणिमेखलै। शिलप्पतिकारम ईसा की दूसरी सदी में लिखित प्रथम जनकाव्य है, क्योंकि इसमें पहली बार राजाओं को नायक न बनाकर वणिक वर्ग से नायक-नायिका का चयन किया गया है। कथा चोल देश से शुरू होती है, पांड्य देश में आगे बढ़कर चेर देश में पूर्ण होती है। इसके रचयिता इलंगो अडिगल चेर राजा चेंगुट्टुवन के अनुज हैं। नायक कोवलन कण्णकी से विवाह कर दांपत्य जीवन बिताता है और सहसा माधवी नामक गणिका के प्रेम में फंस जाता है। लंबे समय तक कण्णकी विरह में रहती है। उधर एकाएक किसी बात पर माधवी से मनमुटाव होने से कोवलन कण्णकी के पास लौट आता है और अपनी गलती के लिए पश्चात्ताप करता है। धन कमाने के लिए वह अपनी पत्नी के साथ पांड्य राजधानी मदुरै पहुंचता है। जीविका शुरू करने के लिए कोवलन कण्णकी का एक नूपुर बेचने जाता है। सुनार को दिखाने पर वह कोवलन को सीधे राजा के पास ले जाकर कहता है—'रानी का नूपुर चुराने वाला यही है।' बिना सोचे-समझे राजा कोवलन के वध की आज्ञा दे डालता है। यह जान कर क्रोधावेश में कण्णकी राजसभा पहुंचती है और दूसरा नूपुर दिखाकर साबित करती है कि उसका

पति निर्दोष है। पश्चात्ताप में राजा सिंहासन से गिरकर प्राण देता है, परंतु कण्णकी का क्रोध शांत नहीं होता। वह मदुरै को अपनी क्रोधाग्नि से जलाने के बाद चेरा देश चली जाती है, जहां आकाश से वह स्वर्गारोहण कर जाती है। इस महाकाव्य की विशेषता यह भी है कि इसमें संगीत, नृत्य, नाटक आदि कलाओं और वाद्य-यंत्रों के बारे में प्रचुर सामग्री मिलती है। उल्लेखनीय है कि हिंदी के साहित्यकार अमृतलाल नागर ने 'नूपुर गाथा' नाम से हिंदी में इस काव्य की पुनर्रचना की है।

मणिमेखलै में चात्तनार शिलाप्पतिकारम के आगे की कथा बताते हैं। कोवलन के निकल जाने और पांड्य देश में मारे जाने के बाद माधवी बौद्ध धर्म स्वीकार कर लेती है और अपनी बेटी मणिमेखलै को भी भिक्षुणी बना देती है। किंतु देश का राजकुमार मणिमेखलै के सौंदर्य पर मुग्ध होकर उसका पीछा करता रहता है। तब कुलदेवता उसकी रक्षा करके मणिपल्लव द्वीप पहुंचा देता है। वहां पर अपने पूर्वजन्म की बातें जानकर मणिमेखलै अमुत सुरभी नामक अक्षय पात्र प्राप्त कर लौटती है। राज्य में जब अकाल पड़ता है तो मणिमेखलै इस अक्षय पात्र से लोगों को खाना खिलाती है। इसमें काव्य-सौंदर्य की तुलना में बौद्ध धर्म की व्याख्या अधिक है।

भक्ति साहित्य (600 से 900 ईसवी तक) : तमिल साहित्य का मध्य युग भक्ति काल से शुरू होता है। बौद्ध-जैन धर्मों के प्रति जनता के झुकाव को समाप्त करने के लिए सात, आठ और नौवीं सदी में शैव नायन्मार वैष्णव आलवार भक्त तमिलनाडु के मंदिरों और तीर्थों में घूमकर भक्ति का प्रचार करते थे। छठी शताब्दी में शैव नायन्मार कारैकाल अम्मैयार और तिरुमूलर की रचित कृतियां भक्ति आंदोलन के प्रसार में सहायक हुईं। उसी तरह पेयालवार, भूतत्ताल्वार और पोयकै आलवार के गीत भी भक्ति आंदोलन की नींव बने। तिरुमूलर का तिरुमंतिरम अपने नाम के अनुरूप मंत्रतुल्य है; इसमें ज्ञान, भक्ति, कर्म, योग, स्वास्थ्य विषयों पर 3,000 पद हैं। शब्द चयन, पद सौंदर्य और अभिव्यक्ति कौशल की दृष्टि से अनोखी कृति है तिरुमंतिरम।

तिरसठ शैव नायन्मार संतों में तिरुनावुक्करसर (अप्पर), सुंदरर, तिरुज्ञानसंबंधर और माणिक्कवासगर प्रमुख हैं। अप्पर, संबंधर और सुंदरर के गीत तेवारम कहलाते हैं। इन पदों की संख्या 8,000 है। शैव भक्ति साहित्य बारह तिरुमुरै में संकलित हैं। इनके अलावा चोल राजा के मंत्री सेक्किषार ने तिरसठ नायन्मार की कथाओं को पेरियपुराणम में गाया है।

वैष्णव आलवार बारह माने जाते हैं। इनमें प्रथम तीन आलवार छठी सदी में हुए, शेष आठवीं-नौवीं शताब्दी में हुए। बारहों आलवारों के गाए 4,000 गीत 'नालायिर दिव्यप्रबंधम' में संगृहीत हैं। आंडाल भी बारह आलवारों में हैं। आंडाल के तिरुप्पावै गीत मशहूर हैं। कुलशेखर आलवार केरल के राजा थे, इनका मन भगवान रामचंद्र में रमता था। तिरुमंगै आलवार ने संघकालीन परंपरा के अनुसार भगवान के प्रति भक्तिगीत रचे हैं। आलवार भक्तों में नम्मालवार विशिष्ट हैं। इनसे विरचित चार ग्रंथों में तिरुवायमोली का दार्शनिक दृष्टि से विशेष स्थान है। मधुर कवि आलवार नम्माल्वर के अनुयायी रहे।

दूसरी ओर राजाओं की प्रशस्ति में कोवै, युद्ध वर्णन के लिए परणि, राजाओं और देवमूर्तियों की शोभा यात्रा वर्णन में उला और शुक, हंस आदि को प्रेमी या ईश्वर के पास दूत रूप में भेजने के लिए तूदु काव्य लिखे गए। पांडिय कोवै, तंजैवाणन कोवै, कलिगत्तु परणि प्रसिद्ध हैं। यह मत व्यक्त किया जाता है कि तमिल भाषा और साहित्य को सिर्फ मूलवादी होकर नहीं समझा सकता। इन्हें समग्र सांस्कृतिक सम्मिश्रण और विकास में देखना होगा।

कप्पिय काल (500 से 1200 ईसवी तक) : भक्ति साहित्य के युग में ही रामायण, महाभारत पर आधारित आख्यानों पर काव्य लिखे गए। कल्लाडर ने अपनी कृति कल्लाडम में भगवान शिव की लीलाओं पर सौ पद लिखे। जैन-बौद्ध कवियों ने अपने धर्म के प्रचार के लिए कोवै और पुराण लिखे। उनमें पेरुंकतै, श्रीपुराणम, चिंतामणि, नीलकेशी, चूड़ामणि उल्लेखनीय हैं। बारहवीं सदी में ऑट्टक्कूत्तर नामक कवि ने दक्षयज्ञ पर तक्कयाग परणि, कुलोत्तुंग उला आदि की रचना की।

कंबन नामक प्रसिद्ध कवि ने कंब रामायण लिखी, जो नई उद्भावनाओं और काव्य सौंदर्य के लिए प्रसिद्ध है। मिथिला में धनुष-भंग की पूर्व संध्या में श्रीराम और सीता के नयनों का मिलन कंबन की उद्भावना है। बाद में यह तुलसी के मानस में भी मिलता है।

निघंटु और व्याकरण ग्रंथ : साहित्य की संवृद्धि के इस युग में अनेक सहायक ग्रंथ भी विरचित हुए। निघंटु ग्रंथों में एक शब्द के लिए अनेक अर्थ और अनेक अर्थों के लिए एक शब्द का संकलन हुआ। चूड़ामणि, दिवाकरम, पिंगलंते जैसे निघंटु बने। व्याकरण ग्रंथों में वीरचोलियम, याप्परुंकलम, नेमिनाथम, दंडी अलंकारम, नन्नूल प्रमुख हैं।

धार्मिक ग्रंथ का काल (1100 से 1700 ईसवी) : इस काल में कुमरगुरुपरर और शिवप्रकाशर ने भक्ति काव्य रचे। विल्लीपुत्तूरार ने भारतंम की रचना की। अरुणगिरि नाथ ने कार्तिकेय पर तिरुपुगष कीर्तिगान किया। इसी युग में चित्तर (सिद्ध) नामक संत कवि हुए जिन्होंने कूट भाषा में तत्व दर्शन की बात कही। इनमें कुदंबै चित्तर, पाम्पाट्टि चित्तर, अगप्पेय चित्तर प्रमुख हैं। पट्टिनत्तार ने शैव धर्म के गीत लिखे हैं जो ग्यारहवें तिरुमुरै में सम्मिलित हैं।

इसी युग में अनेक भाष्यकार और व्याख्याकार हुए, जिन्होंने प्राचीन ग्रंथों की विस्तृत एवं विद्वत्तापूर्ण व्याख्या की। तोलकाप्पियम के भाष्यकार इलम्पूरणार बारहवीं सदी में हुए। तेरहवीं सदी के पेराचिरियर ने तोलकाप्पियम के एक खंड और तिरुकोवैयार की व्याख्या लिखी। सेनावरैयर ने तोलकाप्पियम के दूसरे खंड की व्याख्या लिखी। शिलप्पतिकारम की अड़ियार्क्कुनल्लार और तिरुक्कुरल की मणक्कुडवर ने व्याख्या लिखी। चौदहवीं सदी में परिमेलषनगर ने तिरुक्कुरल और परिपाडल की व्याख्या की। व्याख्याओं के अतिरिक्त इस युग में अनेक पुराण और काव्य लिखे गए। नल वेण्पा कवि पुगार्षेदि की साहित्यिक रचना है। इसी युग में कालमेघम नामक एक आशु कवि हुए, जो हास्य-व्यंग्य के लिए मशहूर थे। डेविड शुलमान का मत है कि तमिल आधुनिकता का संबंध सोलहवीं सदी के तेनकासी जागरण से है जब तमिल भाषा और साहित्य में ही एक व्यापक प्रस्थान दिखाई नहीं पड़ा, बल्कि मूर्तिकला, संगीत और विज्ञान के क्षेत्र में भी नए काम सामने आ रहे थे।

आधुनिक काल (1900 से अब तक) : तमिल साहित्य की विविध विधाओं के पुरोधा सुब्रह्मण्य भारती (1882-1921) थे। साहित्य को जनता के पास ले जाने में अग्रणी थे तिरुअरुट्पा के रचयिता रामलिंगस्वामी और नंदनार चरित्र कीर्त्तानै के रचयिता गोपालकृष्ण भारती। भारती के समकालीन उ वे स्वामिनाथ अय्यर ने अपने निरंतर शोध प्रयत्नों से तमिल के पंच महाकाव्यों—शिलप्पतिकारम, मणिमेखलै, जीवक चिंतामणि, वलायापति और कुंडलकेशी का ताड़पत्रों से उद्धार कर उनका संपादन किया था। उन्होंने सरल भाषा में गद्यलेखन का आदर्श रखा। जनप्रिय लेखन में वीरासामी चेट्टियार की गद्य कृति विनोद रसमंजरी का नाम ले सकते हैं। लोक साहित्य की सहायता से सुब्रह्मण्य भारती ने कविता को सरल एवं बोधगम्य बनाया। कहानी, निबंध, गद्य-कविता आदि में नूतन प्रयोग किए। तीन पत्रिकाएं चलाकर पत्रकारिता में सुबोध भाषा शैली का आदर्श प्रस्तुत किया। उन्होंने गद्य के लिए बोलचाल की भाषा को अपनाया। 'रेलवे स्थानम' जैसी कहानियां, 'चिन्न शंकरन कतै' जैसे उपन्यास, 'ज्ञानरथम' जैसे प्रतीकात्मक लेख तथा अंग्रेजी के वाल्ट विटमैन और उपनिषदों की शैली में गद्य कविता लिखी।

भारती-युग के सर्जकों में माधवैया, वेदनायकम पिल्लै, व वे सु अय्यर प्रमुख हैं। व वे सु अय्यर की 'कुलत्तंकरै पिल्लैयार' (सरोवर तट का गणेश) संरचना की दृष्टि से तमिल की पहली कहानी मानी जाती है। यद्यपि वेदनायकम पिल्लै का 'प्रताप मुदलियार चरित्रम' (1879) और राजम अय्यर का 'कमलाम्बाल चरित्रम' (1896) उपन्यास के क्षेत्र में प्रथम प्रयास हैं, फिर भी अ माधवैया का 'पद्मावती चरित्रम' (1898) पाश्चात्य रचना-शिल्प में लिखित प्रथम उपन्यास है। इसी युग में जनरंजक लेखन की भी शुरुआत वडुवूर

दुरैसामी अय्यंगार, आरणि कुप्पुसामी मुदलियार के साथ हुई। वै मु को दै नायकी अम्माल स्त्री लेखकों में अगुआ रहीं।

पुदुमैपित्तन ने आधुनिक तमिल कथा साहित्य को पक्की जमीन पर स्थापित किया। इनके साथ न पिच्चमूर्ति, कु प राजगोपालन और मौनी के नाम लिए जाते हैं। 'मणिकोडी' पत्रिका में लिखने वाले इन चारों रचनाकारों ने तमिल कहानी को एक नया मोड़ दिया। पुदुमैपित्तन और पिच्चमूर्ति के साथ चिट्टी गोपालकृष्णन ने समीक्षा के क्षेत्र में अच्छी शुरुआत की।

इस युग में लोकप्रिय लेखन को कल्कि कृष्णमूर्ति (1899-1954) ने एक नई दिशा दी। केवल मनोरंजन इनका उद्देश्य नहीं था। उनकी कृतियों में समाज सुधार और सांस्कृतिक नवजागरण के अंश भी मिलते हैं। पल्लव और चोलकालीन परिवेश पर कल्कि ने ऐतिहासिक उपन्यास लिखे हैं, जिनमें 'शिवकामियिन शपथम' और 'पोन्नियिन चेल्वन' उल्लेखनीय हैं। कल्कि से प्रभावित होकर देवन, अखिलन, शांडील्यन, ना पार्थसारथी ने लोकप्रिय लेखन को आगे बढ़ाया।

मणिकोडी युग के बाद तमिल में अनुवाद युग ने अपनी उपस्थिति दर्ज की। बंकिम चंद्र, रवींद्रनाथ ठाकुर और शरतचंद्र का साहित्य पत्र-पत्रिकाओं में प्रकाशित हुआ। आर षणमुखसुंदरम ने विभूति भूषण बंद्योपाध्याय की कृति 'पाथेर पांचाली' का तमिल में अनुवाद किया। त ना कुमारसामी ने बंकिमचंद्र के 'विष वृक्ष' के अतिरिक्त ताराशंकर बनर्जी के 'आरोग्य निकेतन' का अनुवाद किया। मराठी साहित्यकार वि एस खांडेकर की सभी कृतियों का अनुवाद काल श्री श्री ने किया। रा वीलिनाथन ने प्रेमचंद, सुदर्शन, विश्वंभर नाथ उपाध्याय की कृतियों का तमिल में अनुवाद किया।

इसके बाद कथा साहित्य में आर षणमुख सुन्दरम, ला च रामामृतम और एम वी वेंकटराम की त्रिमूर्ति उदित हुई। षणमुखसुंदरम ने कोंगु प्रदेश के ग्राम्य जीवन का सुंदर चित्र खींचा। रामामृतम की कृति 'उत्तरायणम' और वेंकटराम की 'नित्य कन्नी' उल्लेखनीय कृतियां हैं। इसी प्रकार सि सु चेल्लप्पा की लंबी कहानी 'वाड़िवासल' जल्लिकट्टु नामक खेल पर आधारित है जिसमें गांव के युवक पुष्ट बैलों को दौड़ने देकर उन्हें वश में लाते हैं। इसमें मनुष्य और जानवर के बीच के संघर्ष को चित्रित किया गया है।

साठोत्तर युग को कहानियों का स्वर्ण युग कहा जा सकता है। कु अलगिरिसामी और कि राजनारायणन ने तिरुनेलवेली जनपद की आंचलिक भाषा में रचना की। फणीश्वर नाथ रेणु की तरह सामान्य जनों का जीवंत चित्रण करने में दोनों ही सफल हुए। 1968 में नील पद्मनाभन ने 'तलैमुरैगल' उपन्यास लिखा, जो कन्याकुमारी जिले में बसे चेट्टी समुदाय का चित्रण करता है। इस समुदाय की विशिष्ट एवं आंचलिक भाषा में रचित यह उपन्यास 'पीढ़ियां' नाम से हिंदी में अनूदित है। कन्याकुमारी के ही तोप्पिल मुहम्मद मीरान ने स्थानीय मुस्लिम समुदाय के जीवन पर पांच उपन्यास तमिल में लिखे हैं, जिनमें 'चाय्वु नार्काली' (आराम कुर्सी) को साहित्य अकादेमी का पुरस्कार मिला। ति. जानकिरामन (1921-1982) की कृतियों में तमिल की पारपरिक कलाओं और सांस्कृतिक धरोहर की झलक मिलती है। 'अम्मा वन्दाळ' (मां आई), 'चेम्परुत्ति' (गुड़हल) इनकी अमर कृतियां हैं। सुंदर रामसामी का उपन्यास 'ऑरु पुलियमरत्तिन कतै' एक नूतन प्रयोग था। मीनाक्षी पुरी ने 'इमली पुराण' नाम से हिंदी में इसका अनुवाद किया है। सुंदर रामसामी का उपन्यास 'जे जे चिल कुरिप्पुकल' डायरी शैली में रचित है। अशोकमित्रन की कहानियां मध्यवर्ग परिवार के इर्द-गिर्द घूमती हैं। 'अप्पाविन स्नेहितर' (पिता के मित्र) पर इन्हें साहित्य अकादेमी पुरस्कार मिला। शहरी जीवन पर लेखन इंदिरा पार्थासारथी से शुरू होता है। तमिल में आ माधवन की कहानियों की विशेषता यह है कि उनकी कथाभूमि तिरुवनंतपुरम चालै बाजार है। आम आदमी को केंद्र बनाकर कहानी लिखनेवालों में चा कंदसामी प्रमुख हैं। इस युग की लेखिकाओं में अम्बै, वसुमती रामसामी, कमला शठगोपन, सरोजा रामकूर्त्ति, के साथ राजम कृष्णन उल्लेखनीय हैं। राजम कृष्णन

सामाजिक उपन्यास लिखने से पहले संबंधित क्षेत्र पर पर्याप्त शोध के बाद ही लेखनी उठाती हैं। ऊटी के जनजाति वर्गों पर 'कुरिंजी तेन' तथा तूत्तुकुड़ी नमक खेत पर आधारित 'करिप्पु मणिकल' इसके उदाहरण हैं।

इस युग के समीक्षकों में प्रमुख हस्ताक्षर वेंकट स्वामीनाथन हैं। मार्क्सवादी समीक्षा से हटकर आस्वादन के स्तर पर विमर्श करना इनकी कला है। समीक्षा के अतिरिक्त ये ग्राम्य कलाएं, वीथी नाटक आदि में भी रुचि रखते हैं।

प्रगतिवादी लेखन का उत्थान : प्रगतिवादी लेखन का विधिवत प्रारंभ तमिल में पचास के दशक में हुआ। तो मु सि रघुनाथन इसके अग्रणी थे। इन्हें पुदुमैपित्तन का शिष्य कह सकते हैं। शिल्प और शैली में ये पुदुमैपित्तन का अनुसरण करते थे। जयकांतन (1934-2015) ने अपने सिद्धांत पर दृढ़ रहते हुए व्यावसायिक पत्रिकाओं के साथ कभी समझौता नहीं किया। उनके उपन्यासों में 'ओरु मनितन ओरु वीडु ओरु उलगम', 'चिल नेरंगलिल चिल मनितर्गल', 'गंगै एंगे पोकिराल' और 'सुंदर काण्डम' प्रमुख हैं। राजनीति और साहित्य में एक-साथ कार्यरत पोन्नीलन के उपन्यासों में समाजवादी यथार्थवाद की झलक मिलती है। 'करिसल', 'पुदिय दरिशनंगल' उनके प्रमुख उपन्यास हैं। प्रगतिवादी लेखन में कु चिन्नप्प भारती का विशेष स्थान है। उन्होंने खेतिहर मजदूरों की समस्याओं पर 'दाहम' (प्यास), चीनी मिल के मजदूरों की समस्या को लेकर 'शक्कर', पहाड़ पर रहने वाले गिरिजनों की समस्या पर 'संगम', कोयले की खान के मजदूरों पर 'सुरंगम' आदि उपन्यास लिखे हैं उनके आठ उपन्यासों में छह हिंदी में अनूदित हो चुके हैं।

मार्क्सवादी समीक्षकों में ना वानमामलै, सि कनक सभापति के नाम आते हैं। वानमामलै मूलतः लोक साहित्य के विशेषज्ञ हैं। समीक्षकों में ति क शिवशंकरन और वल्लिकण्णन प्रमुख हैं। वल्लिकण्णन साहित्य-इतिहासकार भी रहे। उन्होंने नई कविता के उद्‌भव और विकास यात्रा लिखी है, जिस पर उन्हें साहित्य अकादमी का पुरस्कार मिला।

नई कविता का स्वर : यद्यपि भारती की गद्य कविताओं से नई कविता का जन्म हो चुका था, तो भी पहली नई कविता 'एषुत्तु' पत्रिका में प्रकाशित हुई। यह पिच्चमूर्त्ति द्वारा रचित 'पेट्टीकडै नारायणन' है। सी मणि, बसवय्या, नकुलन, वैदीश्वरन ने नई कविता को आगे बढ़ाया। प्रमील की कविताएं काफी पसंद की गईं। ई मीनाक्षी और त्रिजटा लेखिकाएं हैं। आत्मानाम की कविताओं में सुंदर कवित्व है। ब्रह्मराजन आत्मानाम से प्रभावित कवि हैं।

चौथी पीढ़ी में वण्णदासन यथार्थवादी कथाकार हैं। वण्णनिलवन बारीक से बारीक सूचनाओं को लेकर कहानी को आगे बढ़ाते हैं। पूमणि निपट यथार्थ के कलाकार हैं। आम आदमी के सामान्य जीवन के चतुर चितेरे हैं नांजिल नाडन। इनकी कहानियां समाज पर करारा व्यंग्य करने वाली हैं। आदवन की कहानियां शहरी जीवन पर केंद्रित हैं। प्रपंचन ने संगीत पर अच्छी कहानियां लिखी हैं। उनका 'मानुडम वेल्लुम' सफल ऐतिहासिक उपन्यास है। युवा लेखकों में मालन का नाम है। सूर्यकांतन कोंगु प्रदेश ई तमिल में लिखते हैं। इनका उपन्यास 'मानावारि मनिदर्गल' हिंदी में 'मेघा के लिए तरसते लोग' के नाम से अनूदित है।

उत्तर-आधुनिक युग के साहित्यकारों में जयमोहन सशक्त हस्ताक्षर हैं। उनके द्वारा रचित 'विष्णुपुरम' बहुचर्चित उपन्यास है। 'कन्याकुमारी', 'काडु', 'एषराम उलगम' जयमोहन के अन्य उपन्यास हैं। एस रामकृष्णन ने 'उपपांडवम' नाम से महाभारत की पुनर्रचना की है। कोंगु क्षेत्र की आंचलिक भाषा में लिखने वाले पेरुमाल मुरुगन ग्राम्य जीवन का सुंदर चित्रण करते हैं। उनकी एक कृति 'अर्धनारीश्वर' विवादास्पद हुई, इसमें उन्होंने एक रूढ़िवादी प्रथा की आलोचना की है।

दलित लेखिकाओं में बामा अपने अंग्रेजी अनुवादों के कारण काफी लोकप्रिय हैं। उनके लेखन की तीक्ष्णता के कारण स्वयं दलित लेखक उनका विरोध करते हैं। 'करुक्कु' और 'संगति' बामा की प्रशस्त कृतियां हैं। तमिल के दलित लेखकों में इमैयम

का नाम उल्लेखनीय हैं। इनका 'कोवेरू कषुदैकल' चर्चित उपन्यास है।

कुछ उल्लेखनीय साहित्यकार : सुब्रह्मण्य भारती (1882-1921) : तमिल भाषा और साहित्य में नवजागरण के पुरोधा के रूप में सुब्रह्मण्य भारती का उदय हुआ। भारती ने मातृभाषा की उन्नति का शंखनाद किया और कवि, गद्यकार, कहानी लेखक, पत्रकार रहे। सुब्रह्मण्य का जन्म 11 दिसंबर 1882 को तिरुनेलवेली जनपद के एट्टयपुरम में हुआ था। ग्यारह साल की आयु में एट्टयपुरम के दरबार में इन्हें 'भारती' की उपाधि से विभूषित किया गया। बनारस में चार साल रहते हुए अंग्रेजी, हिंदी और संस्कृत में अच्छा ज्ञान प्राप्त कर लिया। इलाहाबाद की एंट्रेंस परीक्षा विशेष योग्यता के साथ पास की। मदुरै में चंद महीने स्कूल में पढ़ाने के बाद चेन्नै पहुंचकर 'स्वदेशमित्रन' अखबार में लग गए। समाचार पत्र के लिए विश्व की गतिविधियों का अंग्रेजी से आशु अनुवाद करते-करते राष्ट्रीयता और विश्वबंधुत्व की भावना में वृद्धि हुई। उन्होंने लोकमान्य तिलक के उग्र विचारों से तमिल पाठकों को परिचित कराया। पत्र-पत्रिकाओं में देशभक्तिपूर्ण कविताएं भी छपीं।

पांडिचेरी में दस वर्ष के प्रवास काल में भारती ने स्वदेश गीतों के अलावा 'कुयिल पाट्टु', 'पापा पाट्टु', 'कण्णन पाट्टु' जैसी कविताएं, 'पांचाली शपथ' जैसा काव्य और 'उपनिषद्', 'ज्ञान रथम' जैसी कविताएं लिखीं। 'पप्पा' गीत बच्चों को संबोधित है, (तमिल में बच्चे को पप्पा कहते हैं)। कुयिल गीत अनश्वर प्रेम का व्यंजक है। 'कण्णन पाट्टु' में कान्हा को अपना गुरु, सखा, वत्स, सेवक, प्रेमिका आदि कई रूपों में चित्रित किया गया है, किंतु यह भक्ति काव्य नहीं है। 'पांचाली शपथ' की द्रौपदी में भारत माता की व्यथा चित्रित है। 1918 में चेन्नै लौटकर पुनः पत्र-पत्रिकाओं में काम करने लगे, शाम को समुद्र तट की सभाओं में भाषण देते थे। इसके तीन साल बाद 39 वर्ष की आयु में भारती का निधन हो गया।

आजादी मिलने के पहले ही सुब्रह्मण्य भारती ने अपनी कविता में घोषणा की, 'आओ नाचें, गाएं हम/ यों कहकर नाचें गाएं गीत/ कि आनंदमय स्वतंत्रता मिल गई।' वे भारत माता का वर्णन करते हैं, 'तीस कोटि मुख उसके/ किंतु प्राण एक है/ बोलती हैं अठारह भाषाएं/ किंतु चिंतन एक है, ध्यान एक है।' स्वतंत्र भारत में कृषि-उद्योग की उन्नति कैसी हो, नदियों को आपस में मिलाकर किस प्रकार देश में अन्न उगाएं, तमिल, तेलुग, मराठा, पंजाबी और उत्तरवासियों के बीच एकात्मकता और सौहार्द-समन्वय कैसे लाएं, इस पर भी भारती ने चिंतन करके कविता लिखी है, 'गंगातट के स्वादिष्ट गेहूं के पदार्थ, विनिमय करेंगे कावेरी के पान से/सेतुबंध को ऊंचा कर मार्ग बनाएंगे हम/जोड़ेंगे सिंहल द्वीप को हिंद से/...मंत्र-तंत्र सीखेंगे, नभ को नापेंगे/अटल सिंधु के तल से होकर आएंगे/एक नया कानून बनाएं/ पालन उसका सदा करें हम/भूखा रहे एक भी जन यदि/ तहस-नहस कर दें जग को हम/... तीस कोटि जन का समान अधिकार/होगा देश के धन पर/शस्य-श्यामला चिर उदार इस भारत-भू की जय हो विजय हो/भारतीय समुदाय अमर हो।' वह 'अर्वाचीन नहीं' कविता में कहते हैं, 'नारी की अनिवार्य अपेक्षा है : स्वतंत्रता/ निकली बदन कमल से यह सुरसरभि तुम्हारे!' सुब्रह्मण्य भारती तमिल भाषा और जातीयता के प्रति जितने समर्पित थे, उतने ही भारत देश के प्रति भी।

पुदुमैपित्तन (1906-1948) : तमिल कहानी और गद्य साहित्य को नई गरिमा देने का श्रेय पुदुमैपित्तन को है। पुदुमैपित्तन से पहले गद्य और इसकी विविध विधाओं की कोई बड़ी संपदा थी, ऐसा नहीं कहा जा सकता। पुदुमैपित्तन ने अपनी रचनाओं के माध्यम से तमिल गद्य साहित्य के लिए पर्याप्त मात्रा में संपत्ति जुटाई। इनका असली नाम चो वृद्धाचलम था।

पुदुमैपित्तन बहुत कम समय जी पाए। 1933 से वे कहानी लिखने लगे और 1946 के बाद एक भी कहानी नहीं लिखी। उनका अटूट आत्मविश्वास, अतिशय संवेदनशीलता, जुझारू तेवर, नूतन प्रयोग कर दिखाने की दीवानगी तथा लेखन के प्रति उनका लगाव, ये सब उनके लेखन में सहायक थे। पुदुमैपित्तन के रचना संसार में सात कहानी संग्रह,

तीन निबंध संग्रह, दो जीवनियां और एक कविता संग्रह सम्मिलित हैं। उनके द्वारा रचित कहानियों की संख्या सौ के करीब है। पत्रकारिता में रहने केकारण विविध विषयों पर उनके लेख मिलते हैं। समीक्षा में भी महारत हासिल है। उन्होंने विश्व साहित्य से तीन कहानी संग्रह, एक नाटक और दो उपन्यासों का सुंदर अनुवाद किया है। फिर भी इसमें दो राय नहीं कि पुदुमैपित्तन ने कहानी विधा में ही अपनी छाप छोड़ी है।

पुदुमैपित्तन की प्रमुख रचनाएं हैं—पुदुमैपित्तन कदैकल, कांचना, आण्मै (कहानी-संग्रह), पुदुमैपित्तन कट्टुरेकल, (निबंध) नमदु इलाक्कियम (हमारा साहित्य), पुदुमैपित्तन कवितैकल (कविता)। अनूदित साहित्य में उलगत्तु चिरुकदैकल (विश्व की कहानियां) उलगा अरंगु (विश्व का रंगमंच-नाटक) प्रेत मनितन (उपन्यास) उल्लेखनीय हैं। उनकी अधिकांश कहानियां यथार्थपरक हैं। उन्होंने तमिल कहानी को एक नया मोड़ दिया। पुदुमैपित्तन का शाब्दिक अर्थ है—नूतनता का दीवाना।

जयकांतन (1934-2015) : बीसवीं सदी के उत्तरार्ध में तमिल कथा साहित्य के क्षितिज पर उज्ज्वल तारे के सामान उदित दंडपाणि जयकांतन तमिल कहानी के पुरातन और नव युग को जोड़ने वाली कड़ी के रूप में युग संधि पर खड़े थे। वे प्रगतिवादी लेखन के एक प्रमुख हस्ताक्षर हैं।

जयकांतन की सबसे बड़ी विशेषता यह थी कि वे अपने को आम आदमी से विशिष्ट नहीं मानते थे। वे धूल-मिट्टी के ऊबड़-खाबड़ कच्चे रास्तों पर चलकर, झोपड़पट्टियों में जीने वाले लोगों के सुख-दुख में शरीक होते हुए उनकी समस्याओं की तह तक पहुंचते थे और अपनी रचनाओं में उनका समाधान ढूंढ़ते थे।

जयकांतन की विशेषता है कि उन्होंने अपने पूर्ववर्ती कथाकारों की खूबियों को आत्मसात करते हुए नई अभिव्यक्ति में कामयाबी हासिल की। साठ-सत्तर के दशक में जयकांतन तमिल लेखकों में सव्यसाची माने जाते थे। उनकी भाषा सशक्त थी और चयनित विषय मुखर साहसिकता से ओतप्रोत।

जयकांतन की दो सौ कहानियां, चालीस उपन्यास और पंद्रह निबंध-संग्रह प्रकाशित हो चुके हैं, जिनमें युग-संधि, युग-दरिशनम, सुय दरिशनम, अधूरे मनुष्य (कहानी संग्रह), चिल नेरंगलिल चिल मनिदगल, ओरु मनिदन ओरु वीडु ओरु उलगम, सुंदर कांडम, ईश्वर अल्ला तेरे नाम (उपन्यास), निनैत्तु पार्क्किरेन, भारती पाठम, नट्पिल पूत्त मलगल (निबंध) आदि काफी चर्चित रहे हैं। उनकी कई कृतियों पर फिल्में बन चुकी हैं और कई रचनाओं का अन्य भारतीय भाषाओं केअलावा अंग्रेजी, रूसी, जापानी और उक्रेनी भाषाओं में अनुवाद हुआ है।

सुधार आंदोलन : तमिलनाडु में सुधार आंदोलन का लंबा इतिहास है। पेरियार ई वी रामस्वामी, सुब्रह्मण्य भारती, सर्वपल्ली राधाकृष्णन, भारतीदासन आदि अग्रणी समाज सुधारकों में थे।

अनेक समाज सुधारक लेखकों, सामाजिक कार्यकर्ताओं, शिक्षाविदों, राजनीतिज्ञों, साहित्यकारों, संस्कृति-कर्मियों आदि ने छुआछूत, ब्राह्मणवाद, धर्म एवं ईश्वर के नाम पर चल रहे पुरोहितों के शोषण, धार्मिक उन्माद, अंधविश्वास, समाजिक जीवन में व्याप्त अन्याय, भ्रष्टाचार, अनमेल विवाह, शिक्षा, कूपमंडूकता, कर्मकांड आदि का विरोध किया, स्त्री के अधिकारों के लिए आवाज उठाई, जातीय स्वाभिमान को जाग्रत करने आदि के लिए विभिन्न रूपों में कार्य किया और व्यापक स्तर पर आंदोलन में सहभागिता की।

संस्कृति : तमिल सभ्यता विश्व की पुरातनतम सभ्यताओं में से एक है। यह प्रदेश अपनी समृद्ध साहित्य, कला, संगीत, नृत्य आदि के लिए प्रसिद्ध रहा है। तमिलनाडु की सांस्कृतिक विशेषता तंजावुर के भित्तिचित्रों, भरतनाट्यम, मंदिर-निर्माण तथा अन्य स्थापत्य कलाओं में मिलती है। तमिल रंगमंच सदा से सक्रिय रहा है। तमिल संगीत का संरक्षण एवं संवर्धन करने के आंदोलन को लोगों का सक्रिय समर्थन मिला और अब उसकी प्रतिष्ठापना हो चुकी है। मनोरंजन

के कार्यक्रमों में और फिल्मों में लोगसंगीत और लोकनृत्य को उपयुक्त स्थान मिल रहा है।

इस समय तमिलनाडु में बहुरंगी एवं सम्मिश्रित संस्कृति छाई हुई है। यहां के नगरों, वीथियों एवं सार्वजनिक केंद्रों का स्थान, रचनाविन्यास एवं जनजीवन एकत्व को दर्शाता है। हर कस्बे की रचना किसी देवालय के इर्द-गिर्द होती है, हालांकि अब इसमें काफी बदलाव भी आया है। आधुनिक सभ्यता और सोच ने जीवन में कई परिवर्तन उपस्थित किए हैं। पहले भिन्न-भिन्न व्यवसाय करने वाले लोग एवं जातियां अपने-अपने वृत में रहती थीं। परंतु पुरानी रूढ़िप्रियता अब समाप्ति की ओर है। सहजीवन का रिवाज प्रचलित होता जा रहा है। इस्लाम और ईसाइयत के अभ्युदय और ब्रिटिश शासन की स्थापना के बाद आनेवाली बुद्धि-प्रामाण्यवादी विचारधाराओं के कारण धार्मिक त्योहारों की चकाचौंध अब कम होती जा रही है। पहले हर जाति का आर्थिक संगठन उसके सदस्यों के जन्मजात व्यवसाय पर आधारित रहता था, किंतु अब ऐसा कुछ नहीं है।

चावल तमिलनाडु का प्रमुख भोजन है। चावल व चावल के बने व्यंजन जैसे दोसा, उथप्पम, इडली आदि लोकप्रिय हैं, जिन्हें केले के पत्ते पर परोसा जाता है। यहां के खाने में मिर्च-मसालों का काफी प्रयोग किया जाता है। हालांकि लोगों के रहन-सहन में अब पहले की अपेक्षा परिवर्तन देखने को मिल रहे हैं, अब अधिक संतुलित भोजन-सामग्री का प्रचार हो रहा है। शहरी क्षेत्रों में चावल के साथ-साथ गेहूं की खपत भी बढ़ रही है। रोटी, डबल रोटी, केक आदि का प्रचलन बढ़ रहा है। 'उनपतु नाड़ी उडुप्पन इरंडु' (मुट्ठी भर भात खाने को और घुटने भर धोती पहनने को) वाली सादगी अब बीते दिनों की बात हो गई है। अब पैंट-शर्ट, साड़ी, सलवार-कमीज और सूट-बूट का प्रचलन जोरों पर है।

नृत्यकला : तमिलनाडु को आदि सभ्यता का पालना कहा जाता है। भरतनाट्यम का नाम लेते ही तमिलनाडु की याद आती है। तमिल के प्राचीन साहित्य में नृत्यांगना को विरली और नर्तक को कूत्तर कहा गया है। तोलकाप्पियम में अनेक प्रकार के कूत्तु के नाम आते हैं—वेरी कूत्तु, वल्लि कूत्तु, कषनिलै कूत्तु आदि।

छठी सदी में कांचीपुरम के पल्लव राजाओं ने नृत्य का विशेष रूप से विकास किया। चोल काल तमिलनाडु के इतिहास का स्वर्ण युग माना जाता है। राजाराज चोल के शिलालेख से पता चलता है कि मंदिर में कूत्तु के विकास के लिए 400 नृत्यांगनाओं को लाकर प्रशिक्षित किया गया। तमिलनाडु के खास लोकनृत्य कुरवंजी, लावणि, मयिलाट्टम, ओयिलाट्टम, करकम, पोयकाल कुतिरै आदि हैं। अडयार (चेन्नै) में कलाक्षेत्र नाम से विश्वविख्यात नृत्य महाविद्यालय है।

लोकनृत्य : प्राचीन तमिलों की जीवन-शैली में नृत्य और गीत का विशेष स्थान रहा है। ढाई हजार वर्ष पूर्व रचित तोलकाप्पियम में कूत्तर (नर्तक) और पाणर (गायक) का उल्लेख है। ईसा की दूसरी सदी में रचित महाकाव्य शिलप्पधिकारम में अनेक लोकनृत्यों के साथ रंगमंच और गीत की विशद वर्णन मिलता है।

तमिलनाडु के लोकनृत्यों में ओयिलाट्टम, चक्कै आट्टम, कैच्चिलम्बु आट्टम, कलियल आट्टम, पुलि वेषंम पुरुषों के नृत्य है तो कुम्मी, कोलाट्ट और कामट्टा आट्टम स्त्रियों के नृत्य हैं। 'ओयिल' का अर्थ है 'सौंदर्य'। ग्राम-देवताओं की उत्सव-वेला में आयोजित ओयिलाट्टम नृत्य में बीस पुरुष भाग लेते हैं। रंग-रंगीली वेशभूषा, गले में चमकीले हार, पांवों में घुंघरू पहने नर्तक गाते हुए नाचते हैं। त्वरित गति से नृत्य करते हुए रूमालों को हिलाते हैं तो भांगड़ा नृत्य की प्रतीति होती है। इस अवसर पर पौणाणिक गाथाएं या स्थानीय वीरों की गाथाएं गाई जाती हैं। चक्कै आट्टम के गीतों में प्रायः मारि अम्मान (दुर्गा) या मुरुगन (कार्तिकेय) की स्तुति होती है। 'कैच्चिलम्बु आट्टम के चिलम्बु' को पायल को कहते हैं। नर्तक दोनों हाथों में पायल लेकर नाचते हैं। इसमें प्रायः चार नर्तक और दो गायक भाग लेते हैं। पुरानेतिहासों के लोकप्रिय प्रसंग गाए जाते हैं, बीच-बीच में गद्य में व्याख्या भी होती है। कलियल आट्टम नृत्य कन्याकुमारी और तिरुनेलवेली जिलों में काफी प्रचलित है। यह नृत्य फसल काटते समय या

अवकाश के क्षणों में मनोरंजन के लिए आयोजित होता है। 'पुलिवेषम' के पुलि से मतलब है बाघ। बाघ का मुखौटा पहनकर या पूरे शरीर में बाघ की तरह रंग और धारियां लगाकर छोल-बाजों के त्वरित लय-ताल के अनुरूप वीथियों पर या विशिष्ट व्यक्तियों के आंगन पर यह नृत्य किया जाता है। दक्षिण तमिलनाडु के नागरकोइल जिले में या उत्तर तमिलनाडु के जिलों में इस नृत्य का प्रचलन है।

'कुम्मि' में स्त्रियां मंडलाकार खड़ी होकर ताली बजाकर नाचते हुए दीपक या देवमूर्ति की परिक्रमा करती हैं। ताली बजाने में उंगलियों का चाप, हथेलियों का चाप अनेक प्रकार के होती हैं। इसी तरह पांवों की गति में समूचे तलुए का चाप, केवल पांव के अंगूठे का चाप, उछल-उछलकर चाप जैसे अनेक प्रकार होते हैं। गांवों की कृषक कन्याएं मारिअम्मान, भागावातु अम्मान, मुत्तालाम्मान देवियों के उत्सवों पर दस दिन तक कुम्मि नृत्य करती हैं। छोटे-छोटे रगनीन दंडों को परस्पर बजाते हुए नाचना 'कोलाट्टम' है। स्त्रियां मंडलाकर खड़ी होकर एक दूसरे को डंडों से मारती हुई गाती हैं। कामाट्टा नृत्य कामट्टा का त्योहार सेलम जिले के गांवों में मनाया जाता है। कामट्टा बजाना नमक इस नृत्य में पंद्रह स्त्रियां भाग लेती हैं। मातमपुर्सी के दिनों में कामा बजाने का नृत्य होता है। धार्मिक अनुष्ठानों से संबंधित नृत्य है—कावादी आट्टम, करागम, भगवता नातानाम, कामन कृत्तु, तेवर आत्म, उरूमि कोमाली आपातं, कारदो अपत्तम, काली आट्टम, आली आट्टम, वेताल आट्टम, माईलाट्टम और कृष्ण आट्टम।

स्थापत्य कला : तमिलनाडु के दुर्ग, परकोटे, विशाल राजमहल, ग्रेनाइट पत्थर से निर्मित भव्य मंदिर, उत्तुंग गोपुर, परिक्रमा की मनोरम गैलरियां आदि इस प्रदेश की वास्तु और स्थापत्य कला का परिचय दते हैं। मंदिर हो या राजमहल, इनका तमिल संस्कृति और साहित्य से घनिष्ठ संबंध रहा है।

तमिलनाडु के प्राचीन मंदिर उस समय के स्थपतियों की अभियांत्रिक सूझ-बूझ का परिचय देते हैं। सातवीं सदी के पल्लव राजा विशालकाय मंदिर, गुहा-मंदिर और शिल्प-नगरी बनाने में विशेष रुचि लेते थे। चेन्नै के समीप निर्मित शिल्प-नगरी महाबलिपुरम का नाम असल में मामल्लापुरम है। पल्लवों के बाद चोल राजाओं ने जगह-जगह विशाल मंदिर बनाए। कुंभकोणम मंदिरों का नगर है। तंजाउर, चिदंबरम, श्रीरंगम, गंगैकोंड चोलपुरम, दारासुरम आदि चोलकालीन मंदिरों में से प्रत्येक की अपनी अलग-अलग विशेषताएं हैं। चिदंबरम, मदुरै, कुट्रालम के मंदिरों की छतें क्रमशः सोना, चांदी और तांबे से निर्मित विमानों से युक्त हैं। तंजाउर का बृहदीश्वर मंदिर इनका सिरमौर है। आलवार और नायन्मार भक्तों का साहित्य इन्हीं मंदिरों में रचित हुआ। प्रायः मंदिरों में साहित्यिक सभाएं होती थीं। कम्ब रामायणम का लोकार्पण श्रीरंगम मंदिर की विद्वत सभा के सामने हुआ था। मंदिरों में शास्त्रार्थ भी होते थे। मंदिरों को केंद्र बनाकर तमिल संस्कृति पनपी और साहित्य का विकास हुआ।

मूर्तिकला : संघ काल से ही पत्थर, धातु आदि से सुंदर मूर्तियां बनाई जाती थीं। मंदिरों में गर्भगृह की प्रधान मूर्ति के अतिरिक्त परिक्रमा में अन्य देवताओं के छोटे-छोटे मंदिर होते थे। ये मूर्तियां पुराणों में वर्णित साहित्य के अनुरूप निर्मित होती थीं। मूल मूर्ति पत्थर से निर्मित होती थी।

पल्लव काल में चट्टानों को कपड़ा मानकर तथा छैनी को तूलिका मानकर मूर्तियों को चित्र की तरह खोदा जाता था। कांचीपुरम का कैलासनाथ मंदिर मूर्तिकला के संग्रहालय जैसा है। यहां के प्राचीरों पर शिव-पार्वती परिणय, समुद्र मंथन, त्रिपुर दहन, किरात और अर्जुन का युद्ध, रावण द्वारा उठाया गया कैलास पर्वत, पर्वत के नीचे दबा हुआ वीणापाणि रावण, ब्रह्मा-सरस्वती विवाह, लक्ष्मी और विष्णु का विवाह आदि दृश्यों की जीवंत मूर्तियां हैं। चोल राजा राजराजेश्वर द्वारा निर्मित दारासुरम भी मूर्तिकला का संग्रहालय है। चिदंबरम के पश्चिमी बुर्ज के द्वार पर विभिन्न मुद्राओं में नृत्यरत मूर्तियां हैं। यहां पर शिवकामी (पार्वती) मंदिर की दीवारों पर निर्मित मूर्तियां मोहक हैं।

चित्रकला : मदुरै के पास तिरुपरमकुंड्रम के कार्तिकेय मंदिर की दीवारों पर पुराण और इतिहास के कई चित्र दिखाई देते हैं। पल्लव काल में गुहा-मंदिरों की छतों और दीवारों पर चित्र खींचे जाते थे। उन दिनों सारे पुराण ताड़ पत्रों में लिखे जाते थे और मंदिरों में चित्रों के रूप में उकेरे जाते थे। पुदुकोट्टै के पास चित्तन्न वासल चित्रकला का रंग-मंडप है। तंजाऊर बृहदीश्वर मंदिर का शिल्प उल्लेखनीय है। इन्हीं सुंदरमूर्ति नायनार के विवाह-मंगल में शिवजी एक वृद्ध पुरोहित की तरह दिखाए गए हैं। उनके एक हाथ में ताड़ के पत्ते से बनी छतरी और दूसरे हाथ में ताड़ पत्र की पोथी है। पांड्य राजधानी मदुरै चलें तो मीनाक्षी मंदिर में एक पुष्करणी (तालाब) है। सामने की दीवारों पर शिव की 64 लीलाएं चित्रित हैं।

लोकगीत : तमिल में लोकगीत को 'नाट्टु पाडल' कहते हैं। इनमें अनायास ही रस और भाव तथा छंद और राग-रागिनियां जुड़ जाती हैं। जीवन के अलग-अलग संदर्भों के लोक गीतों के लिए तमिल में अलग अलग नाम हैं—बीज बोते समय कृषक कन्याएं 'नडवु पाडल' गाती हैं। इसकी तर्ज 'तन्ननाने' है। फसल काटते समय 'एलो एलो' की तर्ज पर 'कदिर अरुप्पु' गीत गाती हैं। खर-पतवार निकालते समय 'नन्ने नन्ने' की तर्ज पर गाती हैं। तेम्मांगु या मनोरंजन गीत की तर्ज 'नन्ने नन्ने' है। कांवर नृत्य का गीत 'तननतन' का होता है। करकम नृत्य का गीत 'तन्नन्ने' की तर्ज पर है। जनम से लेकर मृत्यु तक जीवन के विभिन्न पड़ावों और संवेदनाओं को लेकर लोकगीत बनते हैं।

तमिल में इन गीतों के आठ प्रकार हैं : 1. तालाट्टु पाडल (लोरी), 2. तोषिल पाडल (काम करते समय गाया जाने वाला गीत), 3. विळैयाट्टु पाडल (खेल-कूद का गीत) 4. वषिपाट्टु पाडल (प्रार्थना गीत), 5. केलि पाडल (मजाक का गीत), 6. कादल पाडल (प्रेम गीत), 7. कदै पाडल (कथा-गीत) और 8. ओप्पारि पाडल (मृत्यु शोक का विलाप गीत)

मां के समान तालाट्टु या लोरी भी सार्वभौमिक है। झूले या पालने में बच्चे को लिटाकर मां कभी उसके रोने के कारणों की तलाश करती है तो कभी उसके उज्ज्वल भविष्य की कल्पना में खो जाती है। कभी दार्शनिक भाव से उससे संवाद करती है, 'आरारो...आरारो... (कौन है... कौन है?' मतलब मेरे पास आगत तू कौन है। फिर पूछती है कि किसके पीटने पर तू रो रहा है? क्या दादा ने पीटा सोने की छड़ी से? (आरारो आरीररो/ आरारो आरीररो/ आरडिच्चु नी अषुदाय...।) यह गीत निद्रा लाने वाले नीलांबरी राग में गाया जाता है।

तोषिल पाडल काम करते समय थकान दूर करने के लिए श्रमिकों द्वारा गाया जाता है। कोई नारी गाती है—मंजक्काट्टिले पात्ति कट्टि / एम्मा मंजक्काम्बी पालम पोट्टु...भाव यह है कि जब मेरे राजा (पति) हल्दी की पौध रोपते हैं तो धरती सोना उगलती है।

विळैयाट्टु पाडल खेल-कूद के समय बच्चे गाते हैं। कबड्डी, लंगडी टांग, घरौंदा बनाना जैसे खेलों में तरह तरह के गीत गाए जाते हैं। लड़कियां मंडलाकार घूमते हुए कुम्मी गीत गाती हैं। कबड्डी गीत का एक नमूना देखें– 'वेल्ली पिरम्बेडुत्तु विळैयाड वारेन / तंग पिरम्बेडुत्तु तालि कट्ट वारेन../ चडुगुडु चडुगुडु...।' इसका भाव है—खेलने आता हूं चांदी की छड़ी लेकर/ शादी करने आता हूं सोने की छड़ी लेकर...कबड्डी... कबड्डी...।

वषिपाट्टु पाडल प्रार्थना के स्तुति गीत हैं। केलि पडल मजाक के गीत होते हैं। कादल पाडल प्रेमी-प्रेमिका द्वारा गाए जाने वाले गीत होते हैं। ओप्पारी विलाप गीत होते हैं जिनमें हृदय की वेदना की अनुगूंज सुनने वालों के दिल को दहला देता है।

पर्व-त्योहार : तमिलनाडु मंदिरों का प्रदेश है। मंदिरों एवं उत्सवों का यहां चोली-दामन का संबंध है। यहां के अधिकांश त्योहार मंदिरों में मनाए जाते हैं। यहां के प्रमुख त्योहारों में चैत्रोत्सव, वैकसी वैशाखम, वैष्णव उत्सव, पदिनेट्टम पेरुक्कु, अवनी मूलम, नवरात्रि, दीपावली, कार्तिगै दीपम, तिरुपल्ली एझुची, तिरुवधिरै, वैकुंठ एकादशी, तई पुनम, पोंगल, माहम, महाशिवरात्रि, पांगुनी उत्तिरम, कृष्ण जयंती, कंबम उत्सव, मोन्तियान उत्सव, नाडपव उत्सव, कोडा उत्सव, कंभाभिषेकम, ईसाई समारोह, जैसे वेलनकन्नी उत्सव, मुस्लिम त्योहार, जैसे रबी उल सानी महीने में कंदूरी समारोह, हजरत सैयद शकु हमीद कादर वली साहब की दरगाह पर उत्सव आदि मनाए जाते हैं।

तमिलनाडु में मेलों का भी व्यापक पैमाने पर आयोजन किया जाता है, जिनमें कन्याकुमारी में कनकमूलम मेला, तिरुवन्नमलै मवेशी मेला, चैत्रोत्सव का मेला आदि प्रमुख हैं।

शिक्षा एवं स्वास्थ्य संस्थान : तमिलनाडु शिक्षा की दृष्टि से भारत में सर्वाधिक साक्षर राज्य है। यहां साक्षरता दर 80.33 प्रतिशत है, जो राष्ट्रीय औसत से ज्यादा है। तमिलनाडु में कुल मिलाकर 37 विश्वविद्यालय, 552 इंजीनियरिंग महाविद्यालय, 566 कला और विज्ञान महाविद्यालय, 34335 प्राथमिक विद्यालय, 5167 माध्यमिक विद्यालय, 5054 उच्चतर विद्यालय हैं। प्रमुख शैक्षणिक संस्थानों में मद्रास विश्वविद्यालय, आईआईटी–मद्रास, पीएसजी प्रौद्योगिकी महाविद्यालय, अन्ना विश्वविद्यालय–चेन्नई, कोयंबटूर प्रौद्योगिकी संस्थान, कामराज विश्वविद्यालय–मदुरै, एनाआईटी–त्रिची, मद्रास क्रिश्चियन कॉलेज, क्रिश्चन मेडिकल कॉलेज, वेल्लोर प्रौद्योगिकी संस्थान, मद्रास मेडिकल कॉलेज, लॉयला कॉलेज, तमिलनाडु कृषि विश्वविद्यालय और मदुरै मेडिकल कॉलेज शामिल हैं।

कृषि एवं उद्योग : तमिलनाडु की अर्थव्यवस्था में कृषि क्षेत्र की प्रमुख भूमिका है। राज्य में कुल खेती योग्य भूमि 58.15 लाख हेक्टेयर है। प्रमुख फसलों में चावल, ज्वार, दाल, गन्ना, कपास, सूरजमुखी, नारियल, काजू, चाय, कॉफी, इलायची, रबड़, मिर्च और मूंगफली हैं। चावल उत्पादन में यह देश का पांचवां सबसे बड़ा राज्य है। यहां स्थित कावेरी नदी द्रोणी को 'दक्षिण भारत का चावल का कटोरा' कहा जाता है। तमिलनाडु केलों और फूलों का सबसे बड़ा उत्पादक है। इसके अतिरिक्त आम, रबड़, मूंगफली, नारियल का उत्पादन भी बहुत होता है। पूरे देश में कॉफी के उत्पादन की दृष्टि से यह तीसरे स्थान पर है। यहां गन्ना उत्पादन भी काफी होता है। तमिलनाडु दूध का भी प्रमुख उत्पादक है। प्रमुख वन उत्पादों में इमारती लकड़ी, चंदन की लकड़ी, पल्पवुड आदि शामिल हैं।

भारत में महाराष्ट्र के बाद दूसरा सबसे बड़ा औद्योगिक राज्य तमिलनाडु है। राज्य के प्रमुख उद्योग हैं सूती कपड़ा, भारी वाणिज्यिक वाहन, ऑटो कल-पुर्जे, विद्युत चालित पंप, चमड़ा उद्योग, सीमेंट, चीनी, कागज, ऑटोमोबाइल और माचिस। यह भारत का सर्वाधिक नगरीकृत राज्य भी है। तमिलनाडु देश का दूसरा सबसे बड़ा सूचना प्रौद्योगिकी (आईटी) क्षेत्र है, विशेषकर चेन्नई बंगलौर के बाद देश का सबसे बड़ा आईटी नगर है और देश का सबसे बड़ा आईटी पार्क यहां स्थित है। चेन्नै में इस समय लगभग 900 आई टी कंपनियां हैं। इसके अतिरिक्त यहां बायोप्रौद्योगिकी विकास, लौह धातु-विज्ञान, परमाणु ऊर्जा के भी केंद्र हैं। यहां यांत्रिक अभियांत्रिकी केंद्र भी है, जहां वाहन निर्मित होते हैं। इसके अतिरिक्त वस्त्र-उद्योग भी यहां का एक पारंपरिक रूप से प्रमुख उद्योग है। तमिलनाडु का पर्यटन उद्योग भी काफी विकसित है।

ग्रेनाइट, लिग्नाइट और चूना पत्थर राज्य की प्रमुख खनिज संपदा है। राज्य तैयार खालों और चमड़े का सामान, सूती धागे, चाय, कॉफी, मसाले, इंजीनियरिंग सामान, तंबाकू, हस्तशिल्प आदि की वस्तुएं और काले ग्रेनाइट पत्थर का प्रमुख निर्माता एवं निर्यातक है। तमिलनाडु में देश के 60 प्रतिशत चमड़ा शोधन कारखाने हैं।

पर्यटन : सुरम्य समुद्र तट, पर्वतमालाएं, गहन वन और हरित खेतों से भरपूर तमिलनाडु में पर्यटन स्थलों की कोई कमी नहीं है। चेर, चोल और पांड्य राजाओं ने जो महल, दुर्ग और मंदिर बनाए हैं, पर्यटन की दृष्टि से उनका अपना महत्व है। कुछ स्थान ऐतिहासिक दृष्टि से महवपूर्ण हैं, कुछ अपने मनोरम समुद्र तट की वजह से दर्शनीय हैं, कुछ स्थान पर्वतीय सौंदर्य के कारण पर्यटकों को आकर्षित करते हैं, कुछ पक्षियों व जानवरों के शरणालय हैं और कुछ तीर्थ और मंदिरों के कारण प्रसिद्ध हैं।

तमिलनाडु की राजधानी चेन्नै का भारत के महानगरों में चौथा स्थान है। भारत के बंदरगाहों में चेन्नै बंदरगाह का तीसरा स्थान है। मेरीना बीच एशिया के सुरम्य समुद्र तटों में एक है। 1640 में अंग्रेजों ने यहां पर सेंट जार्ज फोर्ट का निर्माण करके मद्रास शहर की स्थापना की थी। कर्नाटक के नवाब द्वारा निर्मित चेपाक महल, अंग्रेजों के समय की अनेक सुंदर इमारतों की श्रृंखला मेरीना समुद्र तट की शोभा बढ़ाती है। मेरीना समुद्र तट पर बीसियों मूर्तियां हैं– इतनी मूर्तियां विश्व के किसी भी समुद्र तट पर नहीं मिलेंगी। मइलापुर स्थित कपालीश्वर (शिव) मंदिर और तिरुवल्लिक्केणी स्थित पार्थसारथी (विष्णु) मंदिर चेन्नै नगर की प्राचीन संस्कृति का परिचय देते हुए आस्थावान पर्यटकों को आकर्षित करते हैं। मद्रास का संग्रहालय प्राचीन वस्तुओं से संपन्न है और इसी के परिसर में कला दीर्घा का निर्माण हुआ है, जिसमें जयपुर और मुगल कालीन कलाकृतियां दर्शनीय हैं। कन्निमेरा पुस्तकालय कई भाषाओं की पुस्तकों से समृद्ध है। अन्य दार्शनीय स्थलों में गिंडी का राष्ट्रीय उद्यान है जहां हिरन और बारहसिंगे धमाचौकड़ी करते हैं। दक्षिण चेन्नै में रथाकृति में निर्मित वल्लुवर कोट्टम दर्शकों को संत तिरुवल्लुवर और तमिल के गौरवपूर्ण ग्रंथ तिरुक्कुरल का परिचय देता है।

कांचीपुरम भारत की प्रसिद्ध सात प्राचीन पुरियों में एक है। पुराने समय से यह नगर हिंदू, बौद्ध और जैन धर्मों का केंद्र रहा है। शिव कांधी में एकाम्रेश्वर (शिव) मंदिर, कैलास नाथ मंदिर, कामाक्षी देवी का विशाल मंदिर और भगवान कार्तिकेय का कुमर कोट्टम दर्शनीय हैं। मदुरै में मीनाक्षी की तरह कांची में देवी का नाम कामाक्षी है। कांचीपुरम रेशमी साड़ियों के लिए भी प्रसिद्ध है।

पांडिचेरी चेन्नै के दक्षिण में विलुपुरम के पास समुद्र के किनारे बसा है। यह नगर संघ शासित प्रदेश है। इसका नाम पहले पुदुचेरी था, बीच में पांडिचेरी बनकर अब फिर से पुदुचेरी हो गया है। ढाई सौ वर्ष तक यह फ्रेंच शासन में था। इसलिए यहां भारतीय और फ्रेंच संस्कृतियों का संगम देखा जा सकता है। पांडिचेरी में महर्षि अरविंद का आश्रम और विभिन्न देशवासियों का सम्मिलित ग्राम आरोविल्ले दर्शनीय हैं। यहां का समुद्र तट आकर्षक है। बीसवीं शताब्दी के प्रारंभिक दशकों में अरविंद घोष के साथ महाकवि सुब्रह्मण्यम भारती, व वे सु अय्यर जैसे भारतीय देशभक्त पांडिचेरी में रहते थे। महर्षि अरविंद की शिष्य बनकर फ्रांस की आई साध्वी महिला यहां मां के रूप में वंदित होकर भक्तों को मार्गदर्शन प्रदान करती रहीं। महर्षि अरविंद और मां की समाधियों के दर्शन के लिए लोग दर्शनार्थियों की भीड़ यहां उमड़ती रहती है।

तंजाउर जिले में स्थित चिदंबरम नटराज मंदिर के लिए प्रसिद्ध है। भगवान शिव की मूर्ति चिदंबरम के मंदिर में नृत्य मुद्रा में स्थापित है।

पिच्चावरम प्राकृतिक दृष्टि से पक्षियों के लिए स्वास्थ्यपूर्ण स्थान है। विश्व के विभिन्न प्रकार के पक्षी यहां आकर सानंद रहते हैं और पर्यटकों और पक्षी-प्रेमियों को हर्षित करते हैं।

तरंगमबाडी सागर की तरंगों से आलोड़ित शांतिप्रद स्थान है। यहां पर पांड्य राजा का बनाया मंदिर, 1620 का एक डच किला और 1701 में स्थापित 'जिआन' गिरजा घर है जो देखने लायक हैं।

चोल राजाओं की प्राचीन राजधानी तंजावुर दक्षिण का 'धान का आगार' कहलाता है। एक हजार वर्ष पहले राजराज चोल द्वारा निर्मित बृहदीश्वर मंदिर नाम के अनुरूप बृहत और विशाल है। बृहदाकार शिवलिंग और उनके सामने पर्वताकार नंदी देखकर

पर्यटक चकित रह जाते हैं। गोपुरम ऐसे अद्भुत इंजिनीयरी कौशल से बनाया गया है कि उसकी छाया जमीन पर नहीं पड़ती। मंदिर के अतिरिक्त सरफोजी राजा का महल और उनके द्वारा स्थापित सरस्वती महल पुस्तकालय तंजाऊर को गौरव प्रदान करते हैं।

तंजावुर जिले का कुंभकोणम मंदिरों का शहर है। यहां पर बारह साल में एक बार कुंभ होने के कारण से नगर का नाम कुंभकोणम पड़ा। शारंगपाणि मंदिर विष्णु का है।

तिरुच्चिरापल्ली ऐतिहासिक, धार्मिक और सांस्कृतिक महत्त्व का नगर है। तिरुच्ची में एक ऊंची पहाड़ी की चोटी पर गणेश मंदिर है। मंदिरों से बढ़कर यह किला सामरिक महत्व का रहा है। तिरुच्ची से पांच मील की दूरी पर श्रीरंगम है, जो कावेरी नदी के मध्य एक द्वीप है। यहां रंगनाथ का विशाल मंदिर है जिसका आकार-प्रकार किसी राजमहल से कम नहीं है। मंदिर के चारों ओर प्राचीरों से घिरे सात वलय हैं। तिरुच्ची और श्रीरंगम के मध्य में जंबुकेश्वरम का विशाल मंदिर है। तमिल में इसका नाम तिरुआनैक्का है।

तिरुवण्णामलै संतों की भूमि है। इस पर्वत पर ऊपर से नीचे तक अनेक संतों के आश्रम हैं। विश्वविख्यात रमण महर्षि का आश्रम अध्यात्म का केंद्र है। मदुरै मीनाक्षी मंदिर के लिए प्रसिद्ध है। यह नगर पांड्य राजाओं की राजधानी रहा है। मंदिर में एक विशाल पुष्करणी है जिसके मध्य में स्वर्ण कमल रखा हुआ है। मीनाक्षी मंदिर के अतिरिक्त मदुरै में तिरुमलैनायक महल, मांरि अम्मान तालाब देखने लायक हैं।

रामेश्वरम अपने आपमें एक द्वीप है जो पावन पुल द्वारा मुख्य भूमि से जुड़ा है। रामेश्वरम में रामेश्वर-धाम है, जहां राम ने सेतुबंध का निर्माण किया और शिवलिंग की स्थापना की जो रामनाथ के नाम से प्रसिद्ध है। यह अपने शिल्प सौंदर्य के लिए प्रसिद्ध हैं। रामेश्वरम में मूर्ति के साथ तीर्थ का भी माहात्म्य है। आस्थावान यात्री यहां के 24 तीर्थों में स्नान और श्रीराम द्वारा स्थापित भगवान रामनाथ के दर्शन को अपने जीवन की साध मानते हैं। रामायण में वर्णित गंधमादन पर्वत, जिस पर से हनुमान जी ने समुद्र को लांघा था, भी दर्शनीय है।

कन्याकुमारी भारत के दक्षिणी छोर पर तीन समुद्रों की संगम-स्थली है, जो सहस्राब्दियों से पर्यटकों को अपनी ओर आकर्षित करती आ रही है। कन्याकुमारी में रोज सुबह सूर्योदय का दृश्य देखने के लिए सैलानियों की भीड़ उमड़ती है। कन्याकुमारी के तट पर देवी कन्याकुमारी की सुंदर मूर्ति है। कन्याकुमारी के सागर तट पर लाल, बैंगनी, पीली, कत्थई रेत दिखाई देती है। कन्याकुमारी के दक्षिण सागर में एक मील की दूरी पर एक बड़ी शिला द्वीप की तरह उठी हुई है। इसे विवेकानंद शिला कहते हैं। स्वामी विवेकानंद ने सर्वधर्म सम्मेलन में भाग लेने के लिए अमेरिका जाने से पहले इस शिला पर बैठकर तीन दिनों तक तपस्या की थी। श्रीरामकृष्ण मठ की ओर से इस पर विवेकानंद स्मारक निर्मित है। इसी शिला पर तमिलनाडु सरकार ने संत तिरुवल्लुवर की 133 फुट ऊंची भव्य मूर्ति स्थापित की है। 133 की संख्या तिरुवल्लुवर रचित तिरुक्कुरल के 133 अध्यायों का प्रतीक है।

नीलगिरि पर्वत पर बसी ऊटी पर्वतों की रानी कही जाती है। इसे दक्षिण का दार्जिलिंग कह सकते हैं। यह समुद्रतट से 2200 मीटर की ऊंचाई पर स्थित है। हरियाली और तरह तरह के फल-फूलों से लदी ऊटी पर्यटकों की आंखों के लिए दावत सजाती है। यदि ऊटी को दक्षिण का दार्जिलिंग कहें तो कोडेकनाल दक्षिण का शिमला है। हरित वनस्पतियों के मध्य चमक रहे हीरक सरोवरों और झीलों-झरनों से पटा कोडेकनाल सैलानियों को रंगीन फूलों की घाटियों और सुस्वादु पलों के गुच्छों से स्वागत करता है। कोडेकनाल का सबसे बड़ा आकर्षण कुरिंजी पुष्प है जो बारह साल में एक बार खिलता है। तमिल साहित्य में पर्वतीय प्रदेश को 'कुरिंजी' कहते हैं और मुरुगन (कार्तिकेय) कुरिंजी के देवता हैं। कोडेकनाल में कुरिंजी आंडवर (कार्तिकेय) का मंदिर भी दर्शनीय है। यहां बेरिजम झील, पिल्लार चट्टान, गुणा गुफा, बीपर चोला झरना, कोकर्स वाक और सिल्वर केसकट झरना आदि

देखने लायक हैं। शिकारों पर झीलों की सैर सचमुच लुभावनी होती है।

कुट्रालम जलप्रपात है। सह्य पर्वत के घन-निबिड़ वनों की जड़ी बूटियों का सार खींचती हुई बहने वाले पांच जलधाराएं एक साथ मिलकर गिरते हैं तो दूर-दूर तक फुहार उड़ती रहती है। इसे तमिल में चारल कहते हैं। औषधि-गुण युक्त होने के कारण यहां कुछ दिनों तक नियमित रूप से नहाने पर कुछ रोग, विशेष करके मानसिक विकार दूर हो जाते हैं, ऐसी मान्यता हैं। इनके अतिरिक्त भी छोटे-बड़े अनेक पर्यटन स्थल तमिलनाडु को पर्यटन की दृष्टि से विशेष राज्य का दर्जा दिलाते हैं।

परिवहन : तमिलनाडु में सड़कों की कुल लंबाई करीब 61641 किमी है, जिसमें भूतल सड़कें 60,901 किमी हैं। रेलवे की दृष्टि से भी यह राज्य काफी विकसित है। यहां रेलवे लाइन की कुल लंबाई 3927 किमी है। चेन्नै, मदुरै, तिरुचिरापल्ली, सलेम, अरक्कोणम, कोयंबटूर और तिरुनेवेली यहां के मुख्य जंक्शन हैं। चेन्नै हवाई अड्डा दक्षिणी क्षेत्र का अंतरराष्ट्रीय हवाई अड्डा है। इसके अलावा तिरुचिरापल्ली, मदुरै, कोयंबटूर और सलेम में भी हवाई अड्डा है। चेन्नै तथा तूतीकोरिन राज्य के प्रमुख बंदरगाह हैं। इसके अतिरिक्त कुड्डालूर, नागापट्टनम सहित सात छोटे बंदरगाह हैं।

एच बालसुब्रह्मण्यम

अधिक जानकारी के लिए :
1. **तमिलनाडु : लोक संस्कृति और साहित्य :** एस एम एल लक्ष्मण चेट्टियार, 2. **A History of Tamil Literature :** Meenakshi Sundaram, 1965, 3. **A History of Tamil Literature :** C Jesudasan, H Jesudasan, 1961, 4. **Tamil :** David Shulman, 2016

तर्कणा

किसी प्रतिपाद्य को सिद्ध करने के लिए जो दलीलें दी जाती हैं, उन्हें तर्कणा (Reasoning) कहते हैं। तर्कणा सत्य का अनुसंधान करने का साधन न होकर किसी मान्यता को गलत या सही सिद्ध करने का साधन है। तर्कणा के दो पक्ष हैं–वैद्धिक विवाद में निर्णय देते वक्त निर्णय का आधार और सुनवाई के दौरान हुई बहस। तर्कणा में दोनों पर ध्यान दिया जाता है। उसके सारतत्वात्मक आधार को 'Rationale' कहते हैं। इसका मतलब है, वह सिद्धांत या आधार जो एक विशिष्ट निर्णय या विश्वास की तर्कयुक्त व्याख्या करे। यह 'क्यों', 'किसलिए' जैसे प्रश्नों का उत्तर देता है, किसी क्रियाकलाप या स्थापना को उचित ठहराता है। यह तार्किक रूप से सोचने, समझने या मत निर्धारित करने के लिए मन की शक्ति होता है। यह संभव को, व्यावहारिक को और औचित्य को गोचर करता है। ऐसी तर्कणा के ठोस, अच्छा, उचित, मुख्य, महत्वपूर्ण, न्यायसंगत, सामान्य, भिन्न, व्यावहारिक, स्पष्ट, वास्तविक, नैतिक, राजनीतिक, सामाजिक, आर्थिक, सांस्कृतिक, निजी, फलप्रद जैसे अनेक रूप होते हैं।

पश्चिम में तर्कणा के सारतात्विक रूप पर रिनेसां काल में जोर दिया गया। यह कहा गया कि विश्वास तर्क के साथ होना चाहिए–'ए रीजन फार बिलीविंग'। ऐसा टामस और कुछ दूसरे संत कहते थे। सोलहवीं-सतरहवीं सदी में तर्क की शक्ति के लिए विवेक के बदले 'उचित' शब्द का प्रयोग होने लगा। उसका विवेक से भेद दिखाया गया। अठारहवीं-उन्नीसवीं सदी के आदर्शवादी दार्शनिकों ने विवेक को अनुभवातीत शक्ति माना और तर्कणा से प्राप्त ज्ञान से अनुभव से प्राप्त ज्ञान को अलगाया। यह काम इमैनुएल कांट का है। हिंदी भक्ति साहित्य में कबीर तर्क और अनुभव दोनों को महत्व देते हैं, जबकि तुलसी तर्क की जगह भक्ति भावना में राह खोजते हैं।

तर्कणा में विचार को चेतन होकर संसक्त कर और उद्देश्यपरक बनाकर जोड़ा जाता है, निष्कर्ष निकाला जाता है, अनुमान लगाया जाता है। विचारों के बीच तार्किक संबंध जोड़ा जाता है। तथ्यों और मान्यताओं से न्याय खोज निकाला जाता है। यह विवाद की उचित दिशा का द्योतक होता है। यदि

इसका संबंध किसी कार्यवाई से होता है, तो उसे व्यावहारिक तर्कणा कहते हैं, अन्यथा वह शुद्ध या सैद्धांतिक तर्कणा कही जाती है। शुद्ध या सैद्धांतिक तर्कणा दर्शन में मिलती है। शुद्ध या अशुद्ध तर्कणा का प्रयोग एक विस्तृत निष्कर्ष तक पहुंचने के लिए होता है।

तर्कणा एक गतिशील प्रक्रिया है। इसलिए यह आजकल के संगणकों द्वारा निर्मित ज्ञान के लिए चौकठे की समस्या (फ्रेम प्राब्लम) उत्पन्न करती है। यह जगत के सामान्य बोध और विश्वासों पर अनेकानेक दबाव निर्मित करती है। सांस्कृतिक, ऐतिहासिक या इतर ज्ञान के स्टीरियो टाइप और लिखित रूप को संज्ञेय बनाते समय कथन-क्षमता (नैरेटिव कंपीटेंस) पर प्रश्न उठा देती है। व्यक्ति और मशीन को आमने-सामने कर एक बाहरी प्रश्नकर्ता के माध्यम से तर्कणा द्वारा ही यह परखा जाता है कि मशीन उस मनुष्य की बुद्धि को उद्दीपित कर रही है या नहीं।

श्रीप्रकाश मिश्र

अधिक जानकारी के लिए :
1. **Critic of Pure Reason :** Immanual Kant, 2. **Enquiries into Truth and Enterpretation :** David Donald, 3. **Theory of Logical Types :** A N Whitehead, Burtend Russel

तसव्वुफ

तसव्वुफ इस्लाम का आभ्यंतर पक्ष है। इसे समझने के लिए गालिब का यह शेर सहायक हो सकता है :

ये मसायल-ए-तसव्वुफ ये तेरा बयान गालिब
तुझे हम वली समझते जो न बादा-ख्वार होता

गालिब का मानना था कि इस्लामी ज्ञान और रहस्य की तमाम जानकारियों के बावजूद वे वली यानी महात्मा नहीं हो सकते, क्योंकि वे बादाख्वार (शराबी) थे। इस्लाम और तसव्वुफ में अंतर्विरोध देखा जाता है और उन्हें अभिन्न भी माना जाता है। इस्लाम की बुनियाद ही तसव्वुफ अर्थात खुदा की आंतरिक अनुभूति पर टिकी है। यह हृदय को शुद्ध करता है मगर इस्लाम के कट्टर सिद्धांतों की दृष्टि से तसव्वुफ इस्लाम से दूर हो जाता है।

तसव्वुफ का व्यापक अर्थ सूफियों के जीवन में देखने को मिलता है। सूफियों, मुख्यरूप से भारतीय सूफियों, का प्रत्यक्ष जीवन इस्लाम के कठोर सिद्धांतों से मेल नहीं खाता। सूफियों के दो संप्रदाय बने—बेशरा और बाशरा। महान विचारक अफलातून के अनुसार, जीव परम सत्ता से अलग होकर विरह में बेचैन रहता है। उसे शांति तभी मिलती है जब वह परम सत्ता में लीन हो जाता है। अपने समय के महान चिंतक गजाली, इब्न-ए-सीना आदि ने इसी विचार का प्रचार किया। ऐसे तसव्वुफ में विश्वास करने वाले ही सूफी कहलाए। उनका विश्वास है कि अस्तित्व केवल खुदा का ही शेष रहेगा और वह प्रत्येक वस्तु में है। दुनिया की हर चीज खुदा से निकलती है। खुदा या परमात्मा के बिना किसी वस्तु का कोई अस्तित्व नहीं है। उनका यह विश्वास भी है कि पुण्य-पाप में कोई अंतर नहीं है क्योंकि दोनों की सृष्टि परमात्मा ने की है।

सूफियों ने इस्लाम के आंतरिक पक्ष पर ज्यादा जोर दिया। इस आध्यात्मिक पृष्ठभूमि के बिना बाहरी कर्मकांडों को झूठा आडंबर समझा गया। सूफियों में दो धाराएं थीं—बाशरा और बेशरा। बाशरा वे सूफी थे जो तसव्वुफ के अंदरूनी पक्ष के साथ-साथ शरीयत को भी मानते थे, लेकिन बेशरा लोग शरीयत के कायल न थे। लेकिन मन की पवित्रता और भीतरी स्वच्छता के आधार पर अल्लाह से कुर्बत और इस कुर्बत को परम लक्ष्य मानने में दोनों एक थे। आगे चलकर तसव्वुफ का विकास स्वतःस्फूर्त रूप से हुआ। इसकी सुनिश्चित साधना प्रणाली विकसित हुई। इसके चार सोपान हैं—तरीकत, फरीरात, बका और फना। तसव्वुफ में जलाली और जमाली दो वर्ग थे। जलाली नरमपंथी और जमाली गरमपंथी थे। तसव्वुफ का विकास इस्लामी प्रभाव वाली अलग-अलग तरीके से हुआ। अरब में यह इस्लाम की

कट्टरपंथी व्याख्याओं के विरुद्ध एक मानवतावादी विचारधारा के रूप में ढला जबकि भारत में विभिन्न धर्मों, संप्रदायों का देश होने के कारण समन्वयवादी विचार के रूप में आकार ले सका।

सूफी साधक ईश्वर को निराकार मानते हैं और साकार भी। तसव्वुफ के ऐसे कई सोच हैं, जो इस्लाम के सिद्धांतों से टकराते हैं। अल्लामा मुहम्मद इकबाल ने अपने काव्य संकलन 'बाल-ए-जिबरील' के एक शेर (हुस्न भी हो हिजाब में, इश्क भी हो हिजाब में) या (खुद आशकार हो या मुझको आशकार कर) में कहा है, खुदा! यह कैसा रहस्य है कि सौंदर्य और प्रेम दोनों पर पर्दे पड़े हुए हैं। या तू खुद इस रहस्य से पर्दा उठा या फिर मेरे वजूद से पर्दा हटा दे। अर्थात सदियों से ईश्वर, अल्लाह और आदमी के बीच का जो भ्रम है, उससे पर्दा हटा।

तसव्वुफ के संदर्भ में यहां राबिया बसरा का उल्लेख जरूरी है। वह एक महान सूफी साधक थीं, जिनका देहांत 753 में जेरूसलम में हुआ। राबिया ने कहा था कि ऐ संदेशवाहक, मेरा हृदय ईश्वर के प्रेम से भरा पड़ा है। मैं कहां से दूसरा हृदय लाऊं कि नबी की महानता को जगह दूं। फिर इस हृदय में शैतान के प्रति भी नफरत की गुंजाइश कहां बचती है!

तसव्वुफ का मुख्य आकर्षण सौंदर्य और प्रेम है, जिसे इश्क-ए-हकीकी कहते हैं। सूफी इश्क-ए-मजाजी (दुनियावी प्रेम) में विश्वास नहीं करते। उन्हें संगीत प्रिय है। इसका उपयोग सूफी संत मजारों की जीवंतता बनाए रखने के लिए करते हैं। तसव्वुफ में बका और फना दो मूल मंत्र हैं। बका अर्थात अस्तित्व के लिए प्रयासरत रहना। फना अर्थात ईश्वर में लीन होना। यह सिर्फ लीन होना नहीं, मुक्त होना है। इन स्थितियों से गुजरने के लिए तसव्वुफ में पीर अर्थात गुरु का होना बहुत जरूरी है। पीर की पूजा को इतना महत्व दिया गया है कि जिसने किसी पीर को नहीं अपनाया, उसके बारे में कहा जाता है कि उसने शैतान को अपना पीर बनाया है। तसव्वुफ में पीर और मुर्शिद (गुरु-शिष्य) के बगैर साधना का कोई अर्थ नहीं है।

ईश्वर प्रेम के कारण शहीद कर दिए जाने वाले सूफी संतों में मंसूर अल हल्लाज का नाम सर्वोपरि है। मंसूर ने भावनाओं में बहकर अनल हक (अहं ब्रह्मास्मि) का नारा लगाया था जो इस्लामी नजरिए से कुफ्र था। इसकी खातिर सुन्नी हुकूमत ने मंसूर की गर्दन उड़ा दी। भारत में तसव्वुफ के पोषक सरमद एक पहुंचे हुए संत थे। औरंगजेब ने उन्हें दिल्ली के जामा मस्जिद की सीढ़ियों पर कत्ल करवा दिया। सरमद ने भी अपने वजूद में खुदा होने का दावा किया था।

सेराज खान बातिश

अधिक जानकारी के लिए :

1. **Poetics and polities of Sufism and Bhakti :** Kavita Punjabi (Ed.), 2011, 2. **Studies in Islamic Culture in the Indian Environment :** Aziz Ahmed, 2002, 3. **The Female Voice in Sufi Ritual :** Shemeen Burney Abbas, 2002

तांडव

भरत के नाट्यशास्त्र के अनुसार तण्डु मुनि से जिस नृत्य की शिक्षा मिली, वह तांडव कहा गया। यह भी माना जाता है कि इसका संबंध शिव से है। यह एक उग्र और संहारकारी नृत्य है, जो प्रलय लाता है। यह पुरुषों का नृत्य है, जबकि स्त्रियों का नृत्य लास्य है। नाट्यशास्त्र में नृत्य तांडव को सभी का प्रिय नृत्य बताकर उसे जन्म, विवाह और दूसरे मांगलिक कार्यों या मनोरंजन के लिए प्रस्तुत करने का निर्देश है। दक्षिण भारत की शैव परंपरा में इसका खास महत्व है। तांडव नृत्य के 12 रूप बताए गए हैं—आनंद तांडव, संध्या तांडव, श्रृंगार तांडव, त्रिपुर तांडव, ऊर्ध्व तांडव, मुनि तांडव, संहार तांडव, उग्र तांडव, भूत तांडव, प्रलय तांडव, भुजंग तांडव और शुद्ध तांडव। इस तरह यह एक भ्रामक धारणा है कि तांडव का संबंध सिर्फ विनाश से है और आनंद से नहीं है।

पुराणों में बताया गया है कि शिव परम आनंद से भरकर दिव्य भाव से तांडव नृत्य करते हैं। नटराज शिव का विराट रूप है, इसमें वे रेचकों और अंगहारों के साथ अपनी कला का प्रदर्शन करते हैं। इस रूप में वह कला के जनक हैं। उनके नृत्य में मृदंग, भेरी, झंझ्या,

पटह, डिंडिम आदि वाद्ययंत्रों का प्रयोग किया जाता है। एक समय बाद शिव को विभिन्न रेचकों और अंगहारों के साथ तांडव नृत्य करते देखकर पार्वती भी सुकुमार भाव से लास्य नृत्य करने लगती है। इस तरह शिव धारा से कला का एक खास संबंध स्थापित हो जाता है। कृष्ण नटवर हैं तो शिव नटराज हैं। विशाखदत्त ने 'मुद्राराक्षस' नाटक और धनंजय ने काव्यशास्त्र के ग्रंथ 'दशरूपक' में तांडव-रत शिव की स्तुति की है। तांडव का विध्वंसपरक अर्थ आमतौर पर अधिक प्रचलित है। यह वीरोचित भावना को दर्शाता है। लेकिन शास्त्रों में इसे आनंद में मग्न कर देनेवाली कला के रूप में भी देखा गया है। खासकर शैव परंपरा के ग्रंथों में दिखाया गया है कि आनंदमय लय में शिव का तांडव देखकर नारद आदि महर्षि ब्रह्मानंद के समान अनिर्वचनीय आनंद पाते हैं (बोधसार, शिवपूजाशतक)। तांडव नृत्य से सृष्टि, सृष्टि का कल्याण और संहार तीनों अर्थ का बोध होता है। 'कामायनी' में प्रसाद ने लिखा है, 'आनंदपूर्ण तांडव सुंदर, झरते थे उज्ज्वल श्रम सीकर'।

शंभुनाथ

अधिक जानकारी के लिए :

1. **संक्षिप्त नाट्यशास्त्र : भरत** : राधावल्लभ त्रिपाठी (सं.), 2. **Dance Dialects of India** : Ragini Devi, 1990, 3. **The Dance of Shiva** : Anand K Coomaraswamy, 1957

ताजमहल

दुनिया के सात अजूबों में एक गिना जाने वाला आगरा का 'ताजमहल' भारत की शान और प्रेम का प्रतीक चिह्न माना जाता है। स्थापत्य कला की जीती-जागती तस्वीर इस इमारत को मुगल बादशाह शाहजहां ने अपनी दूसरी पत्नी मुमताज की याद में बनवाया था। इसका निर्माण मुमताज की मौत के बाद 1632 में शुरू हुआ और 1653 के आसपास कोई इक्कीसवीं सालों में पूरा हुआ। लगभग बीस हजार शिल्पकारों और कारीगरों ने मिलकर इस इमारत की बारीक कारीगरी और जड़ाऊ काम के साथ-साथ बाग-बगीचों का निर्माण किया। इसका मुख्य गुंबद 60 फुट ऊंचा और 80 फुट चौड़ा है। इसके मुख्य वास्तुकार उस्ताद अहमद लाहौरी या उस्ताद ईसा थे। इस इमारत पर काम करने वाले दूसरे कारीगर थे—ईरान में शिराज के अमानत खान जो मुख्य सुलेखक थे। दिल्ली के चिरंजीलाल, जो कीमती पत्थरों के विशेषज्ञ थे, मुख्य सजावटी मूर्तिकार थे। मुहम्मद हनीफ राजगीरों के मुख्य पर्यवेक्षक थे। अब्दुल करीम मैमूर खान और मकरामत खान निर्माण स्थल पर दैनिक निर्माण का आर्थिक प्रबंध देखते थे। निर्माण स्थल पर 1000 से ज्यादा हाथियों को आवश्यक सामग्री, संगमरमर के ब्लॉक और अन्य सामान ढोने के काम में लगाया गया था। लगभग 28 प्रकार के कीमती पत्थरों का इस्तेमाल कब्र के अंदर जड़ाऊ के काम में किया गया। इन पत्थरों में अफगानिस्तान से लापीस लजुली, श्रीलंका से नीलम, तिब्बत से फिरोजा, चीन से जेड और क्रिस्टल, अरब से कार्नेलियन और पंजाब से जैस्पर शामिल हैं। राजस्थान के मकराना से सफेद संगमरमर लाया गया।

विद्वानों के अनुसार उस समय के हिसाब से ताजमहल के निर्माण की कुल लागत लगभग 3.2 करोड़ रुपए थी। 1920 में ताजमहल को राष्ट्रीय महत्व का स्मारक और 1983 में इसे यूनेस्को द्वारा विश्व धरोहर स्थल घोषित किया गया था। बाद में ताजमहल से प्रेरित कुछ अन्य इमारतें भी बनाई गईं, जैसे—महाराष्ट्र के औरंगाबाद में बीबी का मकबरा, बांग्लादेश में ढाका के पास सोनारगांव में 2008 में बनी ताजमहल की प्रतिकृति, विस्कॉन्सिन में त्रिपोली

मंदिर जो कोई धार्मिक इमारत नहीं है बल्कि मूरों की पुनरुद्धार वास्तुकला का उदाहरण है। अमेरिका के अटलांटा शहर में बना ट्रंप ताजमहल एक कैसीनो है। कहते हैं ताजमहल मांडू (मध्यप्रदेश) स्थित सुल्तान होशंगशाह के मकबरे की डिजाइन देखकर बनाया गया था क्योंकि इस मकबरे के द्वार पर एक लेख अंकित है, जिसके अनुसार शाहजहां ने अपने प्रमुख वास्तुकार को इस मकबरे की निर्माण शैली देखने माण्डू भेजा था। इस मकबरे के नीचे जिस प्रकार कब्र पर एक-एक बूंद पानी गिरता है, उसका अनुकरण भी ताजमहल से मिलता है। कला इतिहासकार वेन बेगले ने इसे मुमताज के प्यार की यादगार के बजाय ईश्वरीय सिंहासन और बहिश्त की प्रतिकृति माना है। बहिश्त के सांकेतिक चित्रण की शुरुआत हुमायूं के मकबरे से हुई थी, ताजमहल उसी की पराकाष्ठा है।

गौरतलब है कि शाहजहां को उनके बेटे औरंगजेब ने ताजमहल का निर्माण पूरा होने के बाद 1654 में गद्दी से हटा दिया था। शाहजहां ने 1666 में मृत्यु तक अपनी जिंदगी के आखिरी दस साल आगरा किले में एक कैदी के तौर पर यमुना नदी के पार अपने खोए प्यार की याद में बनवाई इमारत देखकर गुजारे। जब 1666 में शाहजहां की मौत हुई तो औरंगजेब ने उन्हें उनकी मुहब्बत मुमताज की कब्र के बगल में दफना दिया ताकि वे मरने के बाद भी एक साथ रह सकें।

यमुना नदी के किनारे सफेद पत्थरों से निर्मित स्थापत्य कला का प्रतिमान 'ताजमहल' न केवल भारत में, बल्कि पूरे विश्व में अपनी पहचान बना चुका है। प्यार की इस निशानी को देखने के लिए दूर देशों से हजारों सैलानी यहां आते हैं। दूधिया चांदनी में नहा रहे ताजमहल की खूबसूरती तमाम उपमाओं को पीछे छोड़ देती है।

इतिहास, चित्रकारी और स्थापत्य-कला में ताजमहल की जितनी प्रतिष्ठा है, उसके अनुरूप साहित्य में भी उसे उचित मान मिला है। उर्दू, हिंदी से लेकर भारत की लगभग सभी प्रमुख भाषाओं के साहित्य में ताजमहल को प्रेम के प्रतीक सहित कई अन्य रूपों में भी अभिव्यक्त किया गया है। शायद ही कोई ऐसी विधा बची हो, जिसमें ताजमहल का उल्लेख न हुआ हो। उर्दू शायरी में तो गालिब, मीर, कैफी आजमी, साहिर लुधियानवी से लेकर समकालीन शायरों तक ने ताजमहल का जिक्र प्रेम के संदर्भ में किया है।

साहिर ने प्रगतिवाद के जोश में लिखा था, 'एक शहंशाह ने बनवा के हसीं ताजमहल/हम गरीबों की मुहब्बत का उड़ाया है मजाक'। इसलिए महबूब ने माशूका से कहीं और मिलने को कहा—'मेरी मेहबूब कहीं और मिला कर मुझसे।' इसकी तीखी आलोचना करते हुए रामविलास शर्मा ने याद दिलाया था कि ताजमहल बादशाहों की नहीं, शिल्पियों और श्रमिकों की महान उपलब्धि है, हमें उसके उत्तराधिकार पर गर्व करना चाहिए, शर्म नहीं। सुमित्रानंदन पंत ने भी ताजमहल के प्रति कुछ ऐसे ही भाव व्यक्त किए थे, 'हाय! मृत्यु का ऐसा अमर अपार्थिव पूजन...। स्फटिक सौध में हो श्रृंगार मरण का शोभन।'

रवींद्रनाथ ठाकुर ने अपनी सुप्रसिद्ध कविता 'शाह जेहान' में ताजमहल को काल के कपोल पर आंसू की एक उजली बूंद (एक बिंदु नमनेर जल/कालेर कपोल तले शुभ्र समुज्ज्वल / ए ताजमहल) और एक सम्राट कवि का नया मेघदूत कहा था। केदारनाथ अग्रवाल अपनी कविताओं में 'ताजमहल' पर लिख चुके हैं। अज्ञेय की एक चर्चित कविता है 'ताजमहल की छाया में'। उन्होंने लिखा है, 'मुझमें यह सामर्थ्य नहीं है मैं कविता कर पाऊं/या कूंची में रंगों ही का स्वर्ण-वितान बनाऊं/साधन इतने नहीं कि पत्थर के प्रासाद खड़े कर/तेरा, अपना और प्यार का नाम अमर कर जाऊं।' इसी तरह हरिवंशराय बच्चन के यहां देखें, 'सज गई धरा/सज गया गगन का यह कोना/जमुना के तट पर अटक गया बहते-बहते/जैसे कोई टटके उजले पूजा के फूलों का दोना'। कवि को ताजमहल 'उजले फूलों का दोना' के रूप में दिखाई दे रहा है। बालस्वरूप राही ने 'सपने ताजमहल के हैं' शीर्षक से एक गीत लिखा था।

जयकौशल

अधिक जानकारी के लिए :

भारतीय स्थापत्य : श्रीरंग कुमार झा, 2003

ताड़का

राम कथा में ताड़का एक भयंकर राक्षसी है, जिसका वध राम के हाथों होता है। वाल्मीकि रामायण और कंब रामायण के अनुसार वह सुकेतु यक्ष की बेटी थी। सुकेतु ने अपनी तपस्या से ब्रह्मा को खुश करके वरदान में इस बेटी को पाया था। ताड़का के शरीर में हजार हाथियों की शक्ति थी। उसका स्वभाव बहुत कठोर था। उसका ब्याह सुंद दैत्य के साथ हुआ था। उसके दो बेटे थे—मारीच और सुबाहु।

एक बार किसी बात पर नाराज होकर अगस्त्य ऋषि ने सुंद का वध कर दिया। उन्होंने ताड़का और उसके बेटों को अपने शाप से भयंकर राक्षस बना दिया। राक्षसों के अत्याचार से तंग आ कर अगस्त्य के आश्रम के तपस्वी भागने लगे। तपोवन ताड़का-वन बन गया। वह ऋषि-मुनियों के यज्ञ में बाधा डालने लगी। ऋषि विश्वामित्र राम और लक्ष्मण को उस वन में लेकर आते हैं, ताकि वे इन राक्षसों के अत्याचारों से ऋषियों की रक्षा कर सकें। राम के बाणों से ताड़का मारी जाती है। रामचरितमानस (बालकांड) में तुलसीदास जी ने लिखा है, 'एकहिं बान प्राण हरि लीन्हा। दीन जानि तेहि निज पद दीन्हा।' सुबाहु भी मारा जाता है और राम के बाण के आघात से मारीच बहुत दूर जाकर गिरता है।

गीता दूबे

तात्या टोपे
(1814-1859)

महाराष्ट्र के पटोदा जिले में जन्मे तात्या टोपे का वास्तविक नाम रामचंद्र पांडुरंग यवलकार था। इनका जन्म महाराष्ट्र के पटौदा जिले के येवला गांव में हुआ। इनके पिता पांडुरंग भट्ट बाजीराव पेशवा की सेवा में थे। शुरू में वह ईस्ट इंडिया कंपनी के तोपखाने में नौकरी करते थे। उस समय बाजीराव द्वारा उन्हें भेंट की गई अनुपम टोपी वह बड़े चाव से पहना करते थे। इसी कारण उनके नाम से 'टोपे' जुड़ गया।

वह नाना साहब पेशवा के सलाहकार थे, एक कुशल सेनापति और माहिर कूटनीतिज्ञ भी थे। उनकी छापेमार युद्ध-कला की तरकीबों ने उन्हें दुनिया के बेहतरीन छापेमार योद्धाओं की पहली पंक्ति में ला खड़ा किया था।

वे 1857 के प्रथम स्वतंत्रता संग्राम के प्रमुख सेनानायकों में से एक थे। रानी लक्ष्मीबाई, नाना साहब पेशवा, राव साहब तथा बहादुरशाह जफर के विदा होने के बाद उन्होंने लगभग साल भर तक क्रांति की मशाल को मुस्तैदी के साथ जलाए रखा।

यह भी सच है कि कानपुर, बिठूर, ग्वालियर, झांसी, कोंच, कंकरोली सहित विभिन्न जगहों पर ब्रिटिश सेना के साथ लड़ाइयों में तात्या की हार ही हुई। फिर भी उनका और उनके साथियों का मनोबल कभी कम न हुआ। ग्वालियर में ह्यूरोज पर उनका हमला एक आश्चर्यजनक मिसाल माना जाता है।

नरवर के राजा मानसिंह द्वारा अंग्रेजों के साथ मिल कर तात्या के साथ विश्वासघात करने के कारण 8 अप्रैल 1859 को वे सोते हुए पकड़ लिए गए। 15 अप्रैल 1859 को शिवपुरी में उनका कोर्ट मार्शल हुआ और अगले तीन दिनों तक उन्हें किले में बंद रखा गया। उसके बाद 18 अप्रैल 1859 को

तात्या टोपे

एक खुले मैदान में हजारों लोगों की मौजूदगी में उन्हें फांसी पर लटका दिया गया।

पर्सी क्रॉस ने लिखा, 'भारतीय विद्रोह में तात्या सबसे प्रखर मस्तिष्क के नेता थे। अगर उनकी तरह कुछ और लोग होते तो अंग्रेजों के हाथ से भारत छीना जा सकता था।'

सुरेश शॉ

अधिक जानकारी के लिए :
भारत में अंग्रेजी राज : सुंदरलाल

तादात्मय

किसी व्यक्ति, वस्तु, प्रकृति या संस्कृति के साथ भावनात्मक निकटता स्थापित कर लेना तादात्म्य (Identification) है। यह आंशिक हो सकता है और पूर्ण भी। यह किसी व्यक्ति और संस्कृति की उपलब्धियों से हो सकती है। कोई अन्य प्राकृतिक परिवेश अपना-सा लगता है। खेल में किसी देश की हार-जीत अपनी हार-जीत हो जाती है। यह एक किस्म का भावनात्मक लगाव है जो माता-पिता, प्राकृतिक परिवेश, समाज के किसी वर्ग, स्त्री, आदिवासी, दलित या जातीय समुदाय, किसी खास भवन या जगह किसी भी खास चीज से हो सकता है। किसी ऐतिहासिक वस्तु या पारिवारिक धरोहर से तादात्म्य हो जाना संभव है, फिर उसे हमेशा बचा कर रखने की इच्छा होती है। किसी व्यक्ति का राजनीतिक नेता से तो किसी का किसी फिल्मी चेहरे से आंशिक तादात्म्य संभव है। व्यक्तित्व के निर्माण में तादात्म्य की श्रृंखलाओं की एक बड़ी भूमिका है।

साहित्य में देखा गया है कि भक्त कवियों ने अपने आराध्य देव से, छायावादी कवियों ने प्रकृति से, तो प्रेमचंद ने कृषक जीवन से तादात्म्य स्थापित कर लिया था। कोई उपन्यास पढ़ते समय या दर्शक नाटक देखते समय किसी खास चरित्र से तादात्म्य स्थापित कर लेता है। इस चीज के विरोध में ही ब्रेख्त ने 'एलियनेशन अफेक्ट' की अवधारणा दी, जिसमें दर्शक तादात्म्य स्थापित करने की जगह वस्तु, घटना या चरित्र से अपना विलगाव निर्मित करने के लिए खुद को सक्रिय करता है।

शंभुनाथ

तानसेन

(1506-1589)

हिंदुस्तानी संगीत की दुनिया का एक अद्वितीय नाम है। यह किंवदंती मशहूर है कि संगीत में तानसेन से बड़ा अब तक कोई गायक नहीं हुआ। तानसेन मुगल बादशाह अकबर के नौ रत्नों में से एक माने जाते हैं। उन्हें कई सांगीतिक उपाधियों एवं नामकरणों से अभिहित किया गया है, जिनमें 'कंठाभरण वाणीविलास' प्रमुख है। ऐसी मान्यता है कि तानसेन ने संगीत की शिक्षा स्वामी हरिदास से प्राप्त की थी। ऐतिहासिक साक्ष्यों के आधार पर एक उल्लेख काजी मेराज धौलपुरी के कथन में मिलता है, जिसमें उन्होंने कहा है कि 'ग्वालियर के सम्राट विक्रमाजीत सिंह तोमर ने ही इनको तानसेन की उपाधि प्रदान की थी।' इस कथन की पुष्टि के लिए उन्होंने फजल अली शाहकृत 'कुल्लियात ग्वालियर' और 'मुंतखवुत्तवारीख' जैसे ग्रंथों का उल्लेख किया है। धौलपुरी के ही अनुसार, अकबर के अलावा तानसेन दौलत खां के भी आश्रित थे। मुल्ला अब्दुल कादिर बदायूंनी के अनुसार, 'तानसेन इब्राहिम अली आदिल शाह अदली को गुरुवत समझता था।'

कहा जाता है कि तानसेन ने ही तोड़ी ठाट में गाई जाने वाली 'मियां की तोड़ी' राग का आविष्कार किया था। उत्तर भारतीय मुस्लिम गायक 'तोड़ी' को ही 'मियां की तोड़ी' कहते हैं। संभव है तानसेन ही इस राग को पहली बार प्रचलन में लाए। यह किंवदंती भी संगीत के इतिहास में मौजूद रही है कि उन्होंने 'दीपक राग' का प्रणयन किया था। बाद में इस राग की ऊष्मा से प्रकृति को निजात दिलाने के लिए 'मेघ राग' की भी सर्जना की, जिसे उन्होंने पहले ही अपनी दोनों पुत्रियों ताना और रीरी को सिखा दिया

था। दीपक राग गाने के कारण तानसेन के शरीर का ताप बुरी तरह बढ़ जाने पर ताना और रीरी ने 'मेघ राग' गाकर वर्षा कराई थी जिसके चलते तानसेन को जीवनदान मिला था।

तानसेन मूलतः ध्रुपद गायक थे। उन्होंने कई ध्रुव-पदों की रचना की थी। ऐसी मान्यता है कि अपने समय के श्रेष्ठ ध्रुपद गायक के रूप में मान्य तानसेन के समकालीन बैजू बावरा, बख्शू नायक और गोपाल नायक भी ध्रुपद गायकी के श्रेष्ठ कलावंत थे। सम्राट जहांगीर ने अपनी आत्मकथा 'जहांगीरनामा' में इस बात का उल्लेख किया है कि कलावंत तानसेन अद्वितीय था। अबुल फजल भी अपने ग्रंथ में तानसेन के संगीत की अत्यधिक प्रशंसा करता है। अब तक तानसेन के कुल 310 पद प्राप्त किए जा सके हैं, जो बड़हंस सांरग, गौरी, देसकार, यमन कल्याण, बिहाग, अड़ाना, मालकौंस और पूरिया धनाश्री में हैं। ज्यादातर बंदिशें ताल-चौताल, सूलफाख्ता, झपताल, दादरा या एकताल आदि में की गई हैं। निःसंदेह तानसेन संगीत के इतिहास में सूर्य की तरह प्रकाशमान और अमर हैं।

यतींद्र मिश्र

अधिक जानकारी के लिए :
1. **Tansen-The Magical Musician :** Ashok Davar, 1987, 2. **An Ethnomusicological Study of Music, Art and Culture in Mughal India :** Bonnie C Wade, 1998

तानाशाही

तानाशाही (Dictatorship) से मिलते-जुलते अन्य दो शब्द हैं सर्वसत्तावाद (Totalitarianism) और स्वेच्छाचारिता (Authoritarianism) हैं। तानाशाही शब्द इन दोनों की तुलना में अधिक व्यापक अर्थ व्यंजित करता है। यह लोकतांत्रिक व्यवस्था की गैर-मौजूदगी को दर्शाता है। यानी जिस राष्ट्र-राज्य की शासन व्यवस्था लोकतांत्रिक न हो और किसी एक व्यक्ति, एक पाटी या एक छोटे-से समूह के हाथ में शासन व्यवस्था हो, जो जनता के निजी और सार्वजनिक सभी व्यवहारों और पक्षों को नियंत्रित करता हो, और जहां शासन चलाने और अपना प्रतिनिधि चुनने में नागरिकों की प्रत्यक्ष और परोक्ष किसी तरह की भूमिका न हो, उस व्यवस्था को तानाशाही व्यवस्था कहते हैं।

तानाशाही एक ही तरह की व्यवस्था नहीं है। आधुनिक लोकतंत्र जनता को वयस्क मताधिकार के आधार पर अपनी सरकार चुनने का अधिकार होता है, उसे छोड़कर शेष सभी तरह की व्यवस्थाओं को उपर्युक्त अर्थ में तानाशाही व्यवस्थाएं कहा जा सकता है। इनमें लोकतंत्र-पूर्व की राजशाही व्यवस्थाएं शामिल हैं। कुछ अरब देशों में आज भी राजशाही शासन व्यवस्था कायम है।

तानाशाही शासन व्यवस्था उस राष्ट्र-राज्य के लिए भी प्रयुक्त होती है जहां लोकतांत्रिक ढंग से चुनकर आने वाली पार्टी संविधान द्वारा प्रदत्त जन-अधिकारों को बाहरी या आंतरिक खतरे का बहाना लेकर स्थगित कर देती है। मसलन, 1975 में संविधान में दिए गए आंतरिक आपातकाल के प्रावधान का इस्तेमाल कर जनता के बहुत-से अधिकारों को स्थगित कर दिया गया और विपक्षी पार्टियों के नेताओं और कार्यकर्ताओं को गिरफ्तार कर जेल में डाल दिया गया। इस कदम को तानाशाही कहा गया था। आपातकाल के उस 18 महीने के दौर को तानाशाही के दौर के तौर पर याद किया जाता है।

इटली में मुसोलिनी और जर्मनी में हिटलर चुनावों के द्वारा ही सत्ता में आए थे। लेकिन एक बार सत्ता में आने के बाद उन्होंने न सिर्फ लोकतांत्रिक अधिकारों और संगठनों को पूरी तरह खत्म कर दिया था, बल्कि हिटलर ने एक नस्लवादी शासन व्यवस्था भी स्थापित कर दी थी और यहूदियों के नागरिक अधिकार पूरी तरह छीन लिए गए थे। उनको अमानुषिक यातनाएं दी गईं और लगभग साठ लाख यहूदियों की हत्या कर दी गई। मुसोलिनी और हिटलर ने अपने पड़ोसी देशों पर हमला कर उनको अपने अधीन कर लिया। उनकी विस्तारवादी

नीतियों के कारण दूसरा विश्वयुद्ध हुआ। इन्हीं कारणों से मुसोलिनी और हिटलर के शासन को फासीवादी और नाजीवादी व्यवस्थाओं के नाम से जाना जाता है। ये तानाशाही के सबसे उग्र उदाहरण माने जाते हैं।

ऐसे शासन को भी जहां जनता द्वारा चुनी गई सरकार को उखाड़कर शासन की बागडोर सेना अपने हाथ में ले लेती है, तानाशाही शासन व्यवस्था नाम दिया जाता है। एशिया, अफ्रीका और दक्षिण अमरीका के कई देशों में समय-समय पर इस तरह की शासन व्यवस्थाएं स्थापित होती रही हैं। उन्हें प्रायः जन आंदोलनों द्वारा सत्ता से हटाया गया है।

इसी तरह सोवियत संघ और चीन आदि देशों में कम्युनिस्ट पार्टियों के नेतृत्व में हुई क्रांति के द्वारा जो शासन स्थापित किया गया, उसे भी तानाशाही शासन व्यवस्था कहा जाता है और इसका आधार कार्ल मार्क्स की उस अवधारणा को बनाया जाता है जिसके अनुसार समाजवादी व्यवस्था में 'सर्वहारा की तानाशाही' स्थापित की जाती है। सर्वहारा एक वर्ग है, न कि पार्टी या समूह। लेकिन सर्वहारा की तानाशाही की जगह जब एक ही पार्टी के हाथ में शासन व्यवस्था की बागडोर आ जाती है और अन्य पार्टियों और राजनीतिक समूहों को राजनीतिक क्रियाकलापों से बाहर कर दिया जाता है, तब समाजवादी व्यवस्था व्यवहार में अलोकतांत्रिक हो जाती है। और जब पार्टी की बागडोर उसके सर्वोच्च नेता के हाथ में सीमित हो जाती है, जैसे द्वितीय विश्वयुद्ध के दौरान सोवियत संघ की कम्युनिस्ट पार्टी की बागडोर स्टालिन के हाथ में केंद्रित हो गई थी, तो उसे भी तानाशाही व्यवस्था कहा गया। यह सही है कि समाजवादी व्यवस्थाओं में पूंजीवादी व्यवस्था वाले देशों की तरह का लोकतंत्र नहीं होता, लेकिन ये देश अपने को अलोकतांत्रिक देश नहीं मानते।

लोकतांत्रिक शासन व्यवस्थाओं की विशेषता यह है कि इनमें नागरिक स्वतंत्रताओं और अधिकारों जैसे वोट देने का अधिकार, अपने प्रतिनिधि चुनने का अधिकार, मानवाधिकार, संगठित होने का अधिकार, सरकार के विरुद्ध आंदोलन करने का अधिकार, अभिव्यक्ति की स्वतंत्रता, प्रेस की स्वतंत्रता, सभी नागरिकों को जाति, धर्म, नस्ल, रंग, लिंग, भाषा, क्षेत्र आदि के आधार पर बिना किसी तरह का भेदभाव किए सबको समान नागरिक मानने और कानून के समक्ष समान व्यवहार पाने का अधिकार होता है। यह आवश्यक नहीं है कि सभी लोकतांत्रिक शासन व्यवस्थाओं में इन सभी नागरिक अधिकारों का पूरी तरह से पालन होता हो। लोकतांत्रिक व्यवस्थाओं में भी उपर्युक्त में से कई अधिकारों को समय-समय पर कम या ज्यादा नागरिकों से छीन लिया जाता है। मसलन युद्ध, आतंकवाद, दंगे-फसाद या अन्य कारणों का बहाना लेकर संविधान द्वारा प्रदत्त नागरिक अधिकारों में कटौती की जाती है या ऐसे कानून बनाए जाते हैं जिनसे नागरिकों की स्वतंत्रता बाधित होती है। इसके लिए राष्ट्रवाद जैसी अवधारणाओं का इस्तेमाल भी किया जाता है। लोकतांत्रिक व्यवस्था जिस हद तक ऐसा करती है, उस हद तक वह तानाशाही व्यवस्था मानी जा सकती है।

तानाशाही के औपनिवेशिक रूप की चर्चा पूंजीवादी लोकतांत्रिक व्यवस्थाओं के संदर्भ में भी की जा सकती है। अठारहवीं-उन्नीसवीं सदी के दौरान इंगलैंड, फ्रांस, पुर्तगाल, स्पेन आदि विभिन्न यूरोपीय देशों में एक ओर लोकतांत्रिक व्यवस्था धीरे-धीरे मजबूत हो रही थी, दूसरी तरफ इन देशों ने एशिया, अफ्रीका और दक्षिण अमरीका में अपने उपनिवेश स्थापित किए और वहां के नागरिकों को उन लोकतांत्रिक अधिकारों से वंचित रखा जो उनके अपने देश के नागरिकों को उपलब्ध थे। द्वितीय विश्वयुद्ध के बाद धीरे-धीरे उपनिवेश स्वतंत्र होते गए लेकिन उसके बाद औपनिवेशीकरण का नया रूप सामने आया। उदाहरण के लिए, संयुक्त राज्य अमेरिका और अन्य विकसित पूंजीवादी देश, जहां नागरिकों को अपनी पसंद की सरकारें चुनने का अधिकार है, लेकिन यही देश इसी लोकतंत्र का सहारा लेकर अन्य देशों में राजनीतिक, आर्थिक और सैन्य दखलंदाजी करते हैं और उन पर अपने हितों को ही जबरन नहीं थोपते

बल्कि वहां ऐसे शासकों को सत्ता की बागडोर सौंपते हैं जो उनके हितों के लिए काम करें। राजनीतिक भाषा में ऐसे देशों को साम्राज्यवादी देश कहा जाता है, भले ही उनके अपने देश में लोकतंत्र हो। हालांकि नोम चॉमस्की का मानना है कि इन कथित लोकतांत्रिक देशों में शासक वर्ग जनता को राष्ट्रीय हित या बाहरी खतरे के नाम पर भ्रमित करते हैं और ऐसे कामों के लिए जनता से अनुमति हासिल कर लेते हैं जो दरअसल, देश के नहीं बल्कि शासक वर्ग के हित में होते हैं। इसे अप्रत्यक्ष तानाशाही कहा जाता है।

तानाशाही व्यवस्थाओं के विरुद्ध आमतौर पर जनता संघर्ष करती है और लेखक, कलाकार आदि अपने लेखन और कलाओं के माध्यम से अपना विरोध दर्ज कराते हैं। जार्ज आरवेल का प्रख्यात उपन्यास '1984' में जिस शासन का चित्र प्रस्तुत किया गया है, वह तानाशाही शासन ही है। इसी तरह हिटलर, मुसोलिनी आदि के शासन पर भी कई पुस्तकें और फिल्में बनी हैं। चार्ली चेप्लीन की फिल्म 'दि ग्रेट डिक्टेटर' और पिकासो की प्रख्यात रचना 'गुएर्निका' फासीवाद के विरुद्ध संघर्ष की प्रतीक रचनाएं हैं। भारत में भी आपातकाल के विरुद्ध लेखकों और कलाकारों ने अपनी रचनाओं के माध्यम से अपना विरोध दर्ज कराया था।

जवरीमल्ल पारख

अधिक जानकारी के लिए :
1. **फासीवाद :** अयोध्या सिंह, 2. **Dictatorship :** Carl Schmitt, 3. **Competitive Authoritarianism :** Steven Levitsky, 4. **Democracy and Power :** Noam Chomsky, 5. **The Judgement: Inside Story of the Emergency in India :** Kuldip Nayar

तार सप्तक की परंपरा

आधुनिक हिंदी कविता में आधुनिकता की अवधारणा का पहला बड़ा विस्फोट 'तार सप्तक' (1943) के माध्यम से सामने आया था जिसे देवीशंकर अवस्थी ने 'आधुनिक पद्य' का पहला संकलन कहा है। इसके बाद दूसरा सप्तक 1951 में और तीसरा सप्तक 1959 में निकला। इनके संपादक अज्ञेय थे, जिन्होंने छायावाद के बाद प्रयोगशीलता की विभिन्न धाराओं को सप्तक परंपरा में लगातार एकत्र किया।

तार सप्तक की योजना के पीछे एक लक्ष्य यह था कि युवा कवियों के आपसी सहयोग से एक काव्य संग्रह प्रकाशित हो, इसमें वे कवि शामिल किए जाएं जिनका कोई संग्रह अभी तक प्रकाश में न आया हो। अज्ञेय के शब्दों में दूसरा कारण सभी संग्रहीत कवि ऐसे होंगे जो कविता को प्रयोग का विषय मानते हैं–'जो यह दावा नहीं करते कि काव्य का सत्य उन्होंने पा लिया है, केवल अन्वेषी ही अपने को मानते हैं।' इस तरह अज्ञेय रूढ़ियों में बंधी कविता के नए आयामों की तरफ इशारा करते हुए तत्कालीन साहित्यिक आंदोलन प्रगतिवाद के समानांतर एक नए काव्य आंदोलन की नींव तैयार करते दिखाई देते हैं, हालांकि तार सप्तक के अधिकांश कवि उस समय प्रगतिशील आंदोलन से जुड़े हुए थे। यह काव्य आंदोलन एक बंधी-बंधाई विचारधारा के समानांतर एक नई बौद्धिकता को लेकर चलता है जिसमें शहरी जीवन की जटिलता, व्यर्थताबोध और अस्तित्वगत चिंताओं का स्वर प्रधान है। यह नए बिंबों और नए रूपकों के प्रयोग को काव्य का साध्य मानते हुए अज्ञेय के नेतृत्व में आगे बढ़ता है। वे कहते हैं ये कवि 'किसी एक स्कूल के नहीं हैं, किसी मंजिल पर पहुंचे हुए नहीं हैं, अभी राही हैं–राही नहीं, राहों के अन्वेषी।' इस तरह तार सप्तक को कविता की नई राहों के अन्वेषक के तौर पर पेश किया गया है।

तार सप्तक में शामिल कवि थे गजानन माधव मुक्तिबोध, नेमिचंद्र जैन, भारतभूषण अग्रवाल, प्रभाकर माचवे, गिरिजाकुमार माथुर, रामविलास शर्मा और स्वयं अज्ञेय। पश्चिम में इस तरह की काव्य प्रवृत्तियों का उदय एक दशक पहले ब्रिटेन में 'न्यू सिग्नेचर' (1932) के रूप में हो चुका था। इसमें स्टिफेन स्पेंडर, ऑडेन, लेहमान, एंपसन आदि कवियों की रचनाएं संगृहीत थीं। ये कवि भी अपने समय में

रूढ़ियों से विद्रोह करके सामने आए थे। तार सप्तक में देखा जा सकता है कि प्रत्येक कवि के व्यक्तित्व और जीवन दृष्टि की विशिष्टताएं प्रतिबिंबित हुई हैं। मुक्तिबोध, भारतभूषण अग्रवाल, नेमिचंद्र जैन, रामविलाश शर्मा और प्रभाकर माचवे ने अपने को मार्क्सवादी घोषित कर रखा था तो अज्ञेय कहते थे, 'आधुनिक युग का साधारण व्यक्ति यौन वर्जनाओं का पुंज है।' इस तरह तार सप्तक को विविधताओं से भरे गए काव्यांदोलन का प्रस्थान बिंदु माना जा सकता है।

रामविलास शर्मा ने आगे चलकर यहां तक कहा था कि 'राही नहीं, राहों के अन्वेषी' का नारा अज्ञेय ने सभी को सत्य से भटकाने के लिए दिया था ताकि वे आभिजात्यवादी पूंजीवादी मूल्यों की रक्षा कर सकें। इतना ही नहीं, व्यक्ति स्वातंत्र्य के नाम पर अज्ञेय ने व्यक्तिवाद का पोषण किया और 'कला कला के लिए' सिद्धांत के बीज बोए। विचारधारा से मुक्ति, सत्य के अन्वेषण की ललक, व्यक्तिवाद, बौद्धिकता का मुखौटा, प्रयोग का आग्रह, नए बिंब और जटिल प्रतीक ये सभी विशेषताएं कविता के साहित्यिक मूल्यों तक सीमित हैं। रामविलास शर्मा के उपर्युक्त मत की तरफ इशारा करते हुए ही अज्ञेय ने 'दूसरा सप्तक' (1951) की भूमिका में लिखा है, 'कम से कम एक ने तो न केवल एलान करके कविता छोड़ दी बल्कि क्रमशः कविता के ऐसे आलोचक हो गए कि उसे साहित्य क्षेत्र से ही खदेड़ देने पर तुल गए।' 'दूसरे सप्तक' का प्रकाशन इसका चिह्न है कि कविता में आधुनिक प्रवृत्तियों के उदय का सामान्यतः स्वागत किया गया और इन प्रवृत्तियों को व्यक्तिवाद या कलावाद में सीमित करके नहीं देखा गया।

अज्ञेय जब 'तार सप्तक' निकाल रहे थे, उनके सामने लेखक और पाठक के बीच संप्रेषण की समस्या मुख्य थी। उनकी दृष्टि में लेखक के सामने पहली समस्या 'अर्थवान शब्द की समस्या' है क्योंकि 'काव्य' सबसे पहले शब्द है और सबसे अंत में भी यही बात बच जाती है कि काव्य शब्द है। कवि शब्दों के माध्यम से बहुत कुछ संप्रेषित नहीं कर पाता है, क्योंकि 'व्यक्ति सत्य' को 'व्यापक सत्य' में तब्दील नहीं कर पाता। 'तार सप्तक' के कवि 'व्यक्ति सत्य' के जरिये 'व्यापक सत्य' कहना चाहते हैं। इसलिए अज्ञेय कहते हैं, 'जो व्यक्ति का अनुभूत है, उसे समष्टि तक कैसे उसकी संपूर्णता में पहुंचाया जाए। यही पहली समस्या है जो प्रयोगशीलता को ललकारती है।' 'तार सप्तक' में प्रयोगशीलता की प्रस्तावना से एक नई काव्य भाषा का जन्म होता है जो आगे चलकर नई कविता की भाषा बनती है।

1951 में प्रकाशित 'दूसरा सप्तक' के कवि थे भवानी प्रसाद मिश्र, शकुंत माथुर, हरिनारायण व्यास, शमशेर बहादुर सिंह, नरेश मेहता, रघुवीर सहाय और धर्मवीर भारती। ये सभी आगे चलकर हिंदी कविता के बड़े स्तंभ बने। इसका अर्थ है प्रयोगशील नई कविता की आधुनिक प्रवृत्तियों का विविध दिशाओं में विकास होता गया।

'दूसरा सप्तक' में नंददुलारे वाजपेयी के आरोप के जवाब में अज्ञेय ने जोर देकर कहा है, प्रयोग का कोई वाद नहीं है। हम वादी नहीं रहे, नहीं हैं। न प्रयोग अपने आप में इष्ट या साध्य है।' इसे विडंबना कहा जा सकता है कि सप्तक परंपरा को प्रयोगवाद के दायरे में रखकर ही देखा गया। 'दूसरा सप्तक' में भवानी प्रसाद मिश्र लिखते हैं, 'मैंने अपनी कविता में प्रायः वही लिखा है जो मेरी ठीक पकड़ में आ गया। दूर की कौड़ी लाने की महत्वाकांक्षा भी मैंने कभी नहीं की।' शमशेर बहादुर सिंह भवानी प्रसाद मिश्र से भिन्न धरातल पर खड़े हैं, 'अपनी कविता में मेरी खास कोशिश रही है कि हर चीज की हर भावना की जो एक अपनी भाषा होती है, उसको सीखूं।... कला का संघर्ष समाज के संघर्षों से एकदम अलग चीज नहीं हो सकती और इतिहास आज इन संघर्षों का साथ दे रहा है।' वह कविता में भावनाओं की सच्चाई की बात करते हुए विशिष्टता का भी पक्ष लेते हैं। उस सच्चाई का अपना खास रूप भी हमें मिलना ही चाहिए।

'तार सप्तक' से 'दूसरा सप्तक' के कवियों में एक समानता यह नजर आती है कि दूसरा सप्तक में बोलचाल की भाषा और समाज के संघर्ष पर बल

देते हुए भी, 'प्रयोग, विविधता और विशिष्टता' की प्रवृत्तियां बनी हुई हैं। 'तीसरा सप्तक' (1950) तक आते-आते अज्ञेय ज्यादा चयनवादी हो गए थे, क्योंकि उन्हें अपने प्रतिमानों पर ही खरा उतरना था। यह सप्तक भी आने के साथ चर्चित हो गया।

'तीसरा सप्तक' के कवियों ने ज्यादा साहस दिखाया। सर्वेश्वर दयाल सक्सेना ने अपने वक्तव्य में कहा, 'साधारण बोल-चाल की भाषा में जो कविताएं नहीं लिखी जा सकतीं, उन्हें मैं अभी नहीं लिख रहा हूं।...मैं विषय वस्तु को रूप-विधान से अधिक महत्व देता हूं।' केदारनाथ सिंह ने कहा, कविता में मैं सबसे अधिक ध्यान देता हूं बिंब विधान पर। प्राचीन काव्य में जो स्थान चरित्र का था, आज की कविता में वही स्थान बिंब अथवा 'इमेज' का है।' कुंवर नारायण ने कहा, सत्य का अर्थ अपने से बड़े सत्य में विकसित हो सकने की सक्रियता है। इस तरह तार सप्तक की परंपरा में जो नई कविता विकसित हो रही थी वह 'प्रयोग', 'बिंब' और 'रूप विधान' को महत्वपूर्ण मानते हुए भी 'विषय वस्तु' और 'व्यापक सत्य' की उपेक्षा नहीं कर रही थी। इसलिए ऐसे सभी कवियों ने प्रयोगशीलता की आधुनिक प्रवृत्तियों पर प्रयोगवाद, फ्रायडवाद, अस्तित्ववाद या व्यक्तिवाद का आरोप लगाने का विरोध किया।

तार सप्तक की महत्वपूर्ण श्रृंखला 'तीसरा सप्तक' पर आ कर रुकती है। हालांकि अज्ञेय ने हल्के-फुल्के ढंग से चौथा सप्तक (1979) भी निकाला था। तार सप्तकों का बड़ा अवदान अपने समय के कई महत्वपूर्ण कवियों को सामने लाने में ही नहीं है बल्कि इसने कविता की आधुनिक भावभूमि को उर्वर बनाने का महत्वपूर्ण कार्य भी किया है।

निशांत

तारा

तारा बाली की पत्नी थी। उनकी बुद्धिमता, प्रत्युत्पन्नमति, साहस तथा पति के प्रति कर्तव्यनिष्ठा को सभी पौराणिक ग्रंथों में सराहा गया है। रामकथा के एक रूपांतरण के अनुसार बाली जब गुफा में एक मायावी से युद्ध करता है, लंबे काल तक वापस नहीं लौटने पर सुग्रीव उसे मरा मान कर एक चट्टान से गुफा का द्वार बंद कर देता है। वह लौट कर किष्किंधा का राजा बन जाता है और तारा को, प्रथा के अनुसार, अपनी पत्नी बना लेता है। बाली जिंदा लौटकर जब यह देखता है, तो वह न सिर्फ सुग्रीव को पराजित कर अपने राज्य से निकाल देता है, बल्कि उसकी पत्नी रूमा को भी हड़प लेता है। किष्किंधा में राम-सुग्रीव मिलाप के बाद योजना बनती है और सुग्रीव बाली को चुनौती देता है। इस वक्त तारा बाली को चेताती है कि अगर सुग्रीव हार जाने के बाद दुबारा आया है तो इसके पीछे कोई छल है। उसने सुन रखा था कि वह राम का मित्र बन गया है। बाली उसकी राय नहीं मानता। वह सुग्रीव से लड़ता है और राम के बाण का शिकार होता है। तारा, बेटे अंगद के भविष्य को ध्यान में रखते हुए अपने पति के भाई सुग्रीव की सहगामिनी बन जाती है।

लक्ष्मण जब बहुत दिनों तक सुग्रीव को न पाकर किष्किंधा के अंतःपुर में धड़धड़ाते हुए गुस्से में प्रविष्ट होते हैं, तब तारा ही क्रोधी शेषनाग के अवतार लक्ष्मण को संभालने के लिए जाती है। कमनीय लज्जारहित तारा लक्ष्मण को क्रोध शांत करने के लिए कहती है। तारा निर्भीक होकर कहती है कि लक्ष्मण की भर्त्सना उचित नहीं है। वह विस्तार से बताती है कि सेना एकत्रित करने का कार्य सुचारु रूप से चल रहा है, आप क्रोधित न हों। (रामायण)। वह जब सुग्रीव की ढाल बन कर लक्ष्मण के सामने आई, इसके पीछे अपने पुत्र अंगद को राजकुमार बनाने की मंशा छिपी थी। तारा की मुख्य भूमिका वाल्मीकि रामायण में केवल तीन जगहों पर है, लेकिन उसका चरित्र एक अमिट छाप छोड़ता है। तारा का विलाप 'रामायण' और 'रामचरितमानस' में उल्लेखनीय स्थान पाता है, भले ही बाली के वध के बाद वह सुग्रीव से विवाह करती है।

मनीषा कुलश्रेष्ठ

ताराशंकर वंद्योपाध्याय
(1898–1971)

ताराशंकर वंद्योपाध्याय का जन्म बंगाल के बीरभूम जिले के लाभपुर गांव में हुआ था। कलकत्ता के सेंट जेबियर्स कॉलेज में पढ़ाई के दौरान गांधीवादी आदर्शों से प्रभावित होकर उन्होंने सत्याग्रह आंदोलन में भाग लिया। 1930 में उन्हें गिरफ्तार कर लिया गया तथा एक वर्ष के कारावास के बाद मुक्त किया गया। उन्हीं दिनों वे साहित्य सृजन में लग गए। 1932 में उनकी भेंट रवींद्रनाथ ठाकुर से शांतिनिकेतन में हुई। उसी वर्ष उनका प्रथम उपन्यास 'चैताली घूर्णी' प्रकाशित हुआ, जो राजनैतिक आंदोलन पर आधारित था।

1942 में वे फांसीवाद विरोधी लेखक एवं शिल्प संघ के अध्यक्ष बने थे। 1960 में वे राज्यसभा के सदस्य बने थे।

ताराशंकर के विशाल सृजन भंडार में कुल 65 उपन्यास, 53 कहानी संग्रह, 12 नाटक, 4 निबंध संग्रह, 4 आत्मकथाएं, 2 यात्रा-वृत्तांत एवं एक कविता संग्रह है। अपने जन्म स्थान की लाल मिट्टी के प्रति प्रेम और आवेग उनके साहित्य में सर्वत्र दिखता है। शरतचंद्र ने आंचलिकता के जिस बीज को अपने उपन्यासों में बोया था, ताराशंकर ने उसे ही बड़े जतन से एक हरे-भरे वृक्ष का आकार दिया। ग्रामीण बंगाल ताराशंकर के उपन्यासों एवं कहानियों में अपनी परंपरा, संस्कृति, रीति रिवाज, खान-पान, पोशाक, उत्सव-पर्व एवं भाषा के साथ जीवंत हो उठा है। उन्होंने एक शोषणमुक्त समाज की कल्पना की थी, जहाँ वंचित और शोषित लोग समान अवसर और आत्मसम्मान के साथ रह सकें।

ताराशंकर वंद्योपाध्याय

ताराशंकर को 'आरोग्य निकेतन' के लिए रवींद्र पुरस्कार, इसी उपन्यास के लिए साहित्य अकादमी पुरस्कार तथा 'गणदेवता' के लिए ज्ञान पीठ पुरस्कार मिला था। उनके कथा-साहित्य पर बांग्ला में कई फिल्में बनी हैं।

अवधेश प्रसाद सिंह

तिरुवल्लुवर
(100-200)

तिरुवल्लुवर तमिल के महान संत, दार्शनिक और कवि थे। माना जाता है कि पहली या दूसरी सदी में उनका जन्म तमिलनाडु के मायलापुर में एक निम्न जाति में हुआ था। 1730 में कोस्टांजो बेस्ची द्वारा उनकी कृति 'तिरुक्कुरल' के लैटिन भाषा में अनुवाद ने इस कृति के सौंदर्य को यूरोपीय बुद्धिजीवियों के रागक्ष उद्‌घाटित किया था। इसके बाद जर्मन, फ्रेंच, अंग्रेजी और विश्व की कई भाषाओं में इसके अनुवाद हुए।

नीतिशास्त्र के ग्रंथ तिरुक्कुरल को दोहों में रचा गया है। इसके तीन भाग हैं—अरम (धर्म), पोरुल (अर्थ) और इन्बम (काम)। पहले भाग में धर्म, गृहस्थी, संन्यास की महत्ता बताई गई है पर वल्लुवर वस्तुतः प्रवृत्ति मागी थे। इस खंड में दूसरों के साथ सम्मानपूर्वक अच्छे नैतिक व्यवहार की बातें हैं। दूसरे भाग में शासन विधान और सांसारिक मामलों की व्याख्या है और तीसरा भाग स्त्री-पुरुष के प्रेम संबंधों पर केंद्रित है। धर्म, अर्थ तथा कामभावना के तीन खंडों

तिरुवल्लुवर

में कुल 133 अध्याय हैं। प्रत्येक अध्याय में 10 दोहे या कुरल हैं। इस तरह तिरुक्कुरल में कुल 1330 कुरल हैं। तिरुवल्लुवर अपने कुरल में कहते हैं, 'बुद्धि ही आकस्मिक आक्रमणों से बचाव कर सकने में समर्थ है। बुद्धि ही मनुष्य को गलत-सही का भेद समझाती है, शुभ कामों की प्रेरणा देती है। बुद्धि ही मनुष्य को मिलजुल कर रहने की शिक्षा देती है और लोकरीति सिखाती है। बुद्धिमान मनुष्य ही भावी संकट को पहचानते की शक्ति रखता है। जिसके पास बुद्धि है, उसके पास सब कुछ है और मूर्ख के पास सब कुछ होने पर भी कुछ नहीं रहता, नष्ट हो जाता है।' वल्लुवर के अनुसार, लोभ के बिना परोपकार करना चाहिए। उनकी 'तिरुक्कुरल' के अलावा दो अन्य पुस्तकें–'गणना वेट्टीयन' औषधि शास्त्र से संबंधित है और 'पंचरत्नम' साहित्य शास्त्र संबंधित मानी जाती है। मायलापुर में तिरुवल्लुर का एक विशाल मंदिर है। कन्याकुमारी के दक्षिणी सिरे पर हिंद महासागर के पास उनकी 133 फुट ऊंची प्रतिमा लगी है। 133 फुट उनके 133 अध्यायों और उनकी खुली हुई तीन अंगुलियां अरम, पोरुल और इन्बम व्यंजित करती हैं। लंदन के 'स्कूल ऑफ ओरियंटल एंड अफ्रीकन स्टडीज' के सामने रसेल स्कवायर में भी उनकी एक विशाल आदमकद प्रतिमा है।

तिरुक्कुरल की महत्ता यह है कि इसमें सांप्रदायिक भावना से ऊपर उठकर संपूर्ण मानव समाज को ध्यान में रखकर आदर्श व्यक्ति के लक्षण बताए गए हैं। कुरुल के नपे-तुले शब्दों में गहरे अर्थ छिपे हैं।

निशांत

तिलका मांझी
(1750-1785)

तिलका मांझी देश की आजादी के प्रथम सेनानी हैं, जिन्होंने मंगल पांडे की शहादत से लगभग आठ दशक पहले अंग्रेजों के विरुद्ध संघर्ष किया था। लेकिन इतिहास के पन्नों पर उन्हें समुचित स्थान नहीं मिला है। उन्होंने 1772 में ही अंग्रेजों के खिलाफ विद्रोह का बिगुल फूंका था। तिलका मांझी के नेतृत्व में पहाड़िया आदिवासी जनजातियों ने अंग्रेजों की नींद उड़ा दी थी।

संयुक्त बिहार के समय सरकार द्वारा भागलपुर में स्थापित तिलका मांझी स्मारक चौक पर उनकी जन्म तिथि 11 फरवरी 1750 अंकित है। उन्हें लेकर यह विभ्रम रहा है कि तिलका मांझी संथाल आदिवासी थे या पहाड़िया। राजेंद्र प्रसाद सिंह की पुस्तक तिलका मांझी के अनुसार 1784 तक राजमहल पहाड़ी क्षेत्रों में संथालों की बसाहट शुरू नहीं हुई थी। अन्य तथ्यों से

तिलका मांझी

भी यह प्रमाणित होता है कि तिलका मांझी पहाड़िया आदिवासी थे।

उस समय राजमहल की पहाड़ी पर बसे पहाड़िया आदिवासियों ने न सिर्फ मुगलों से बल्कि अंग्रेजों से भी लोहा लिया था। अठारहवीं सदी में इस क्षेत्र में पहाड़िया विद्रोहों का सिलसिला थमने का नाम नहीं लेता था। ऐसे में राजा मानसिंह ने राजमहल (वर्तमान में झारखंड के साहेबगंज जिले में) को बंगाल की राजधानी बनाया। राजधानी बनाने के पीछे उनका मूल मकसद पहाड़ियाओं के विद्रोहों को पूरी तरह से कुचल देना था।

1763 में राजमहल के उधवानाला के पास मुगलों व अंग्रेजों की लड़ाई हुई थी। इसमें अंग्रेजों की जीत के बाद 1765 में मुगल सम्राट शाहआलम द्वितीय ने बंगाल, बिहार व उड़ीसा की दीवानी ईस्ट इंडिया कंपनी को दे दी। अंग्रेजों द्वारा प्रशासनिक तौर-तरीके में फेरबदल से बंगाल में जबर्दस्त आक्रोश पनपा। इन परिस्थितियों में राजमहल पहाड़ी पर बसे पहाड़िया आदिवासियों ने 1772 से ही अंग्रेजों के खिलाफ सशस्त्र विद्रोह शुरू कर दिया, जो 1783 तक चलता रहा। इसे दबाने के लिए 1772 में बंगाल के गवर्नर जनरल वारेन हेस्टिंग्स ने 800 सैनिकों का एक दल तैयार किया। कैप्टन ब्रुक के नेतृत्व में पहाड़िया विद्रोहियों पर तोपों से हमला किया गया, लेकिन उन्होंने गोरिल्ला युद्धनीति अपनाई और अपना संघर्ष जारी रखा।

ऐसे में वारेन हेस्टिंग्स ने सीधे युद्ध के बदले पहाड़िया आदिवासियों की ताकत कम करने के लिए उन्हें गिरफ्तार करने की रणनीति अपनाई। उस दौर में हजारों पहाड़ियाओं को गिरफ्तार किया गया। विद्रोह को शांत करने के लिए राजमहल व भागलपुर के प्रथम अंग्रेज कलेक्टर ऑगस्टस क्लीवलैंड ने पहाड़िया युवाओं को अपने सैन्य दस्ते हिल रेंजर्स में बहाल करना शुरू किया। धनुषधारी पहाड़ियाओं को बंदूकधारी बनाकर विद्रोह को दबाने के लिए उनके द्वारा ही इस्तेमाल की गई नीति अपनाई गई। तिलका मांझी को इसी हिल रेंजर्स का सरदार बनाया गया ।

गजेटियर में तिलका मांझी की जगह जौराह पहाड़िया नाम की चर्चा है। पर राजेंद्र प्रसाद सिंह की पुस्तक तिलका मांझी के अनुसार पहाड़िया समाज के एक विद्वान रामदुलाल देहरी ने बताया है कि गजेटियर में जिसे जौराह पहाड़िया कहा गया है उसका वास्तविक नाम जबरा पहाड़िया था, जो बाद में तिलका मांझी के रूप में चर्चित हुआ।

पहाड़िया भाषा में तिलका का अर्थ गुस्सैल और लाल-लाल आंखों वाला होता है। जबरा पहाड़िया इसी चरित्र को जीते थे। इसलिए उन्हें तिलका पुकारा जाता था। वह पहाड़िया समाज में ग्राम-प्रधान थे, जिसे मांझी कहकर संबोधित किया जाता है। इस तरह कालांतर में जबरा पहाड़िया ही तिलका मांझी के नाम से विख्यात हुए। कुछ जगह तिलका मांझी के अलावा तिलका मुर्मू नाम भी मिला है।

राजमहल व भागलपुर के अंग्रेज कलेक्टर ऑगस्टस क्लीवलैंड की हत्या तिलका मांझी ने ही अपने जहरबुझे तीर, जिसे गुलेल भी कहा गया है, से की थी। इसके साथ ही स्वतंत्रता की लड़ाई का शंखनाद हुआ। अंग्रेजों ने काफी मशक्कत के बाद तिलका मांझी को गिरफ्तार किया। प्रतिशोध की आग में जल रही अंग्रेजी सरकार ने न सिर्फ गिरफ्तारी की बल्कि रस्सी से घोड़े से बांध कर उन्हें सड़कों पर घसीटा। फिर कठोर यातनाओं के बाद भागलपुर के वर्तमान तिलका मांझी चौक पर बरगद के पेड़ पर उन्हें 1785 में फांसी की सजा दी।

भागलपुर में लंबे समय से तिलका मांझी के नाम पर मुहल्ला बसा हुआ है। यहां उनके नाम का हाट भी लगता है। भागलपुर विश्वविद्यालय का नाम बदलकर तिलका मांझी भागलपुर विश्वविद्यालय किया गया है। विश्वविद्यालय परिसर में तिलका मांझी की प्रतिमा 14 अप्रैल 2002 को स्थापित की गई। भागलपुर के क्लीवलैंड रोड का नाम बदलकर तिलका मांझी के नाम पर उसका नामकरण किया गया है।

जसिंता केरकेट्टा

अधिक जानकारी के लिए :

1. **तिलका मांझी** : राजेंद्र प्रसाद सिंह, 2. **तिलका मांझी की वीरगाथा** : आनंदिता

तिलोत्तमा

ब्रह्मा ने विश्वकर्मा से कहकर एक सुंदर नारी की सृष्टि कराई। संसार से तमाम सुंदर वस्तुओं से तिल-तिल चुनकर विश्वकर्मा ने जिस अप्सरा की सृष्टि की, उसका नाम तिलोत्तमा पड़ा। रचे जाने के बाद तिलोत्तमा ने देवताओं की प्रदक्षिणा की। वह इतनी सुंदर और सम्मोहक थी कि वह जिधर गई उधर ही देखने के लिए ब्रह्मा ने मुख कर लिया। इस तरह उसके चार दिशाओं में उनके चार मुंह बन गए। इंद्र की देह में एक हजार आंखें निकल आईं। यह सौंदर्य की अपूर्वता व्यक्त करने की प्राचीन मिथकीय शैली है।

ब्रह्मा ने तिलोत्तमा की सृष्टि इस उद्देश्य से कराई थी कि दैत्यराज निकंभ के पुत्र सुंद और उपसुंद ने उनसे अमरता का वरदान प्राप्त कर लिया था। वे कभी किसी दूसरे द्वारा मारे नहीं जा सकते थे। वे सिर्फ एक-दूसरे के द्वारा ही मारे जा सकते थे। इस वरदान के बाद दोनों ने मिलकर अत्याचार शुरू कर दिया। ब्रह्मा ने तिलोत्तमा को उनके पास भेजा। सुंद और उपसुंद दोनों उस पर मोहित हो गए। इस सुंदर अप्सरा को पाने के लिए दोनों ने युद्ध किया और आपस में लड़ मरे। महाभारत के आदि पर्व में यह कथा पांडवों को यह बताने के लिए सुनाई गई थी कि एक सुंदर स्त्री के लिए भाइयों में किस तरह आपस में लड़ाई हो सकती है। तिलोत्तमा किसी भी अतीव सुंदर सृष्टि के लिए एक विशेषण बन गई।

निर्मला तोदी

तीजन बाई
(1956-)

तीजन बाई को 'पंडवानी साधिका' कहा जाता है। वे छत्तीसगढ़ी बोली में मुग्धकारी शैली में महाभारत की कथा सुनाती हैं। पंडवानी यानी पांडवों की कथा। उनकी इस अप्रतिम योग्यता के लिए उन्हें

तीजन बाई

1988 में पद्मश्री सम्मान और 2003 में पद्मभूषण सम्मान मिल चुका है। बिलासपुर विश्वविद्यालय ने 2003 में उन्हें आनरेरी डी. लिट. की उपाधि दी। वे पढ़ी-लिखी बिल्कुल नहीं थीं, लेकिन उन्होंने अपनी लोकसांस्कृतिक प्रतिभा के कारण राष्ट्रीय ख्याति अर्जित कर ली।

पंडवानी गायकी का अनौपचारिक प्रशिक्षण उन्होंने उमेद सिंह देशमुख से लिया था। उन्होंने अपना पहला कार्यक्रम 13 साल की उम्र में दुर्ग जिले के चंद्रखुरी गांव में प्रस्तुत किया। इसके लिए उन्हें पारिश्रमिक के रूप में 10 रुपए मिले थे। महिला होकर स्टेज पर पंडवानी गाने के कारण उनकी पारधी जाति ने उन्हें जाति बाहर कर दिया था। पहले पंडवानी वेदमति शैली में गाई जाती थी। इसमें गायक या गायिका बैठ कर पंडवानी गाते थे। लेकिन तीजन बाई ने इसे कापालिक शैली में गाना शुरू किया। यह शैली प्रारंभ करने वाली वे पहली महिला थीं। यह स्टेज पर अगल-बगल रखे दो माइक्रोफोन के बीच टहलते हुए गा कर और बीच-बीच में बिना गाए महाभारत की कथा सुनाने की शैली है। उनके हाथ में एक तंबूरा रहता है, जो वे कभी बजाती नहीं, लेकिन नाटकीय अंदाज में उसे इस हाथ से उस हाथ में फेरती रहती हैं। विख्यात रंगकर्मी हबीब तनवीर उन्हें एक ऐसे कार्यक्रम में ले गए थे जहां तत्कालीन प्रधानमंत्री इंदिरा गांधी रुचि लेकर आई थीं।

1980 से उन्होंने विदेश यात्राएं शुरू कर दी थीं और इंग्लैंड, फ्रांस, स्विट्ज़रलैंड, जर्मनी, तुर्की,

ट्यूनीशिया, माल्टा, साइप्रस, रोमानिया, मारीशस आदि देशों में अपनी छाप छोड़ी थी। जिन लोगों ने उन्हें द्रौपदी चीरहरण, दुःशासन वध और भीष्म और अर्जुन के बीच युद्ध को गाते हुए सुना है, वे उन्हें भूल नहीं सकते। वे गाते हुए चेहरे पर दृश्य के भाव अद्‌भुत ढंग से प्रस्तुत करती रही हैं।

विनय बिहारी सिंह

तीर्थ

तीर्थ शब्द के अनेक अर्थ हैं जैसे—मार्ग, नदी घाट, पवित्र स्थान, पुण्य स्थान, मंदिर आदि। पवित्र स्थलों पर देवता निवास करते हैं, ऐसी भी धारणा है। सभी धर्मों में कुछ स्थानों को पवित्र माना गया है। इसलिए तीर्थ की अवधारणा एक धर्म या संस्कृति तक सीमित न होकर व्यापक है। इस्लाम में मोहम्मद साहब के जन्म एवं मृत्यु के स्थान मक्का एवं मदीना को तीर्थ माना जाता है। ईसाइयों के लिए येरुशलम पावन स्थान है। बुद्ध के अनुयायियों के लिए लुंबिनी, बौद्धगया, सारनाथ और कुशीनगर तीर्थ हैं। जैनों के मुख्य तीर्थ हैं—सम्मेद शिखर, पावापुरी, बनारस, महावीरजी, नागेश्वर, केसरियाजी, पालिथाणा, नाकोड़ा, भीनमाल आदि। सिख धर्म में स्वर्ण मंदिर, गुरु नानक देवजी का जन्म स्थान ननकाना साहिब, गुरुद्वारा हेमकुंट साहेब, पटना साहेब, आनंदपुर साहेब आदि तीर्थों की प्रमुख रूप से मान्यता है। एक धारणा यह भी है कि जैसे मनुष्य के शरीर के कुछ अंग पवित्र माने गए हैं, वैसे ही पृथ्वी के कुछ स्थान पवित्र हैं। हिंदुओं में गंगा के कुछ घाट उच्च तीर्थ हैं, जहां जाकर प्राचीन काल से तीर्थयात्री आध्यात्मिक आनंद पाते रहे हैं।

तीर्थ स्थानों की पवित्रता के अनेक कारण हो सकते हैं। जैसे प्राकृतिक विशेषता, जलस्थान की रमणीयता, किसी ऋषि या महापुरुष का वहां स्नान करना, तप करना या निवास करना आदि। संक्षेप में तीर्थ एक जलयुक्त रमणीय स्थान है जो अपने विलक्षण स्वरूप के कारण मनुष्य में पुण्य अर्जित करने की भावना जाग्रत करता है। इसलिए तीर्थ का मुख्य प्रयोजन मन की शुद्धि माना गया है। पांडवों को जब राज्य छोड़कर वनवास के लिए निकलना पड़ा, आरण्यक पर्व में नारद और लोमश ऋषि ने उन्हें सलाह दी कि वे उत्तर-दक्षिण-पूर्व-पश्चिम के तीर्थों में जाएं। इससे भौतिकता में डूबे उनके जीवन में कुछ आध्यात्मिक गुण आएंगे और स्थितियां उनके पक्ष में होंगी। वे बौद्धिक रूप से निखरेंगे।

प्राचीन साहित्य में कभी नैमिष, पुष्कर और कुरुक्षेत्र को सर्वोत्तम तीर्थ माना गया। कभी प्रयाग, काशी और गया को प्रमुख कहा गया है। सात प्रधान नगरों की भी तीर्थ रूप में मान्यता है—अयोध्या, मथुरा, माया (हरिद्वार), काशी, कांची, अवंतिका और द्वारका। बारह ज्योतिर्लिंगों को भी तीर्थ की मान्यता प्राप्त है। ये हैं—सोमनाथ, मल्लिकार्जुन, ओंकारेश्वर (परमेश्वर), केदार, भीमशंकर, विश्वेश्वर, त्र्यंबकेश्वर, वैद्यनाथ, नागेश्वर, रामेश्वर और घृष्णेश (शिव पुराण, 4.1.183.21-24)। बदरीनाथ, जगन्नाथ पुरी, रामेश्वरम और द्वारका को चार धाम की मान्यता प्राप्त है। उपर्युक्त तीर्थों के उपतीर्थ भी हैं।

धर्मग्रंथों में तीर्थों की यात्रा के नियमों का विस्तार से उल्लेख मिलता है। संक्षेप में, तीर्थ यात्रा का मुख्य उद्देश्य महापुरुषों के निकट जाना और मन को शुद्ध करना है। इससे पापों का क्षय होता है और पुण्य में वृद्धि होती है। इसलिए तीर्थ यात्रा को यज्ञों की अपेक्षा उत्तम माना गया है। इन यात्राओं का सामाजिक महत्व भी है। सभी वर्णों और जातियों वाले तथा किसी भी अवस्था वाले पुरुष और स्त्री तीर्थ यात्रा कर सकते हैं अर्थात तीर्थ यात्रा में किसी वर्ण, जाति, लिंग या अवस्था का प्रतिबंध नहीं है।

आमतौर पर भारतवासी यात्रा भीरु रहे हैं। खासकर स्त्रियों का पूरा जीवन पिता या पति के घर में ही बीतता रहा है। साधु-संत, व्यापारी या सैनिक ही एक स्थान से दूसरे स्थान पर ज्यादा जाते रहे हैं। तीर्थों ने प्राचीन काल में सभी को अवसर दिया कि वे जिंदगी में एकाध बार घर से बाहर निकलें।

ऐसे तीर्थों पर सभी लोग बिना भेदभाव के इकट्ठे होते रहे हैं और भारत की एकता का भाव बनता है। आज भले तीर्थ पर्यटन स्थल बन चुके हों, वहां भीड़, बाजार और शोर ज्यादा रहता हो, पर उनका महत्व घटा नहीं है।

सूर्यप्रकाश व्यास

अधिक जानकारी के लिए :
धर्मशास्त्र का इतिहास : पी वी काणे, खंड 3, 1958

तीर्थंकर

जैन धर्म में तीर्थंकर शब्द का प्रयोग उन सिद्ध पुरुषों के लिए किया जाता है, जिन्होंने धर्म रूपी 'तीर्थ' का प्रवर्तन किया है। 'तीर्थ' का अर्थ है, जिसके द्वारा संसार समुद्र पार किया जाए। तीर्थ शब्द का एक अर्थ धर्म भी है। ऐसा धर्म जिसका पालन कर व्यक्ति मोक्ष प्राप्त कर सकता है। अतः जिन्होंने धर्म का प्रवर्तन किया, उपदेश दिए और असंख्य जीवों को इस संसार से 'तार' दिया, वे तीर्थंकर कहलाए। जैन तीर्थंकर के लिए 'जिन', 'केवलज्ञानी', 'वीतराग' आदि शब्द भी प्रयोग किए जाते हैं।

तीर्थंकरों को जिन इसलिए कहा जाता है कि उन्होंने राग और द्वेष को जीत लिया है। उनका जीवन समत्व का प्रतीक होता है। समभाव राग और द्वेष के न रहने पर उत्पन्न होता है। उनके लिए न कोई शत्रु है और न मित्र, न कोई अच्छा है, न कोई बुरा। राग और द्वेष ही कर्म बंधन के प्रधान एवं मूल कारण हैं और इनका नाश ही 'मुक्ति' है। राग भाव के कारण ही द्वेष पैदा होता है। इसलिए तीर्थंकरों को 'वीतराग' कहा गया, अर्थात जिनका राग भाव समाप्त हो गया है। वे पूरे संसार को मित्रता की दृष्टि से देखते हैं और वनस्पति आदि स्थावर जीवों से लेकर समस्त प्राणी मात्र के प्रति प्रेम और करुणा का भाव रखते हैं।

तीर्थंकरों को केवल ज्ञानी इसलिए कहा जाता है क्योंकि उनको अनंत ज्ञान होता है। वे तप के माध्यम से केवल ज्ञान (आत्मज्ञान) प्राप्त करते हैं। वे सर्वज्ञ होते हैं। उनके लिए संसार का कुछ अज्ञेय नहीं है। केवल ज्ञान की प्राप्ति के बाद तीर्थंकर धर्म का आचरण करने वाले साधु, साध्वी, श्रावक और श्राविका से युक्त चतुर्विध धर्म-संघ की स्थापना करते हैं और धर्म का प्रचार करते हैं।

तीर्थंकर जब सभी संबंधों को त्यागकर चारित्र धर्म स्वीकार करते हैं तब उनका पहली प्रतिज्ञा होती है कि वे समभाव को प्राप्त करते हैं तथा हिंसा, असत्य, स्तेय, अब्रह्मचर्य और परिग्रह का परित्याग कर अपनी आत्मा को सभी पाप कर्मों से मुक्त करते हैं। तीर्थंकर स्वयं पंच महाव्रत आदि व्रत नहीं लेते। उनके व्रतों का समावेश सामायिक सूत्र में हो जाता है, क्योंकि पांच महाव्रत समभाव की साधना के ही सोपान हैं। उनका जीवन मिथ्या, अज्ञान, क्रोध, मान, माया, लोभ, रति, अरति, निद्रा, शोक, अलोक, चोरी, मत्सर, भय, हिंसा, राग, क्रीड़ा, हास्य नामक अठारह दोषों से मुक्त होता है। वे लोभ, मोह, काम, क्रोध, अभिमान, छल, इच्छा आदि कषाओं पर विजय प्राप्त करते हैं और अपने जीवन के अंत में मोक्ष या निर्वाण प्राप्त कर अनंत जन्म और मृत्यु के चक्र को समाप्त कर लेते हैं।

जैन धर्म की मान्यता है जब संसार में अत्याचार का राज्य होता है, लोगों में धार्मिक भावना क्षीण होकर पाप भावना जोर पकड़ लेती है और प्रजा दुराचारों से उत्पीड़ित हो जाती है तब संसार में तीर्थंकरों का अवतरण होता है। वे स्वयं संसार की मोह-माया त्यागकर वैराग्य की अखंड भावना अपनाते हैं, भयंकर कष्टों को झेलते हुए पहले स्वयं सत्य की पूर्णज्योति का दर्शन करते हैं, केवल ज्ञान प्राप्त करते हैं और अपने अद्वितीय तेजोबल से अज्ञान एवं अंधविश्वासों को छिन्न-भिन्न कर देते हैं। वे मानव जाति को धर्मोपदेश देकर उसे सत्य का दर्शन कराते हैं और सुख शांति का आध्यात्मिक साम्राज्य स्थापित करते हैं।

जैन ग्रंथों के अनुसार, निम्नलिखित भावनाएं तीर्थंकर नाम कर्म के कारण हैं—दर्शन विशुद्धि, विनय

संपन्नता, शील और व्रतों में अनतिचार, निरंतर ज्ञानोपयोग, संवेग अर्थात संसार से भयभीत होना, त्याग, तप, साधु-समाधि, वैयावृत्ति करना, अरिहंत आचाय और प्रवचन (शास्त्र) के प्रति भक्ति आदि।

तीर्थंकर की आत्मा पूर्ण विकसित होती है, वह सम्यक दर्शन, सम्यक ज्ञान और सम्यक चरित्र से परिपूर्ण होती है। उनमें अनंत आध्यात्मिक शक्तियां होती हैं। समत्व की साधना के बाद उनकी वाणी का उद्घोष होता है कि धर्म का द्वारा सभी के लिए खुला है। जाति-पांति एवं ऊंच-नीच के भेद-भाव गलत हैं। वे प्रत्येक जीव में परमात्मा का दर्शन करते हैं। वे मानते हैं कि सत्तागत स्वभाव या स्वरूप की दृष्टि से सभी जीव सिद्ध के समान हैं। सिद्धि के बाद सभी जीवों को समान रूप से परमात्मा का पद प्राप्त हो सकता है।

तीर्थंकर ईश्वर या देवता नहीं हैं। उनका पुनरागमन नहीं होता। क्योंकि जैन धर्म एक निर्माता के रूप में ईश्वर के अस्तित्व पर विश्वास नहीं करता, बल्कि यह मानता है कि प्राणियों के रूप में देवता, मनुष्यों से श्रेष्ठ है लेकिन वह पूरी तरह से प्रबुद्ध नहीं है।

जैन धर्म में 24 तीर्थंकर हुए हैं, जिनके नाम हैं—1. ऋषभनाथ, 2. अजितनाथ 3. संभवनाथ 4. अभिनंदननाथ 5. सुमतिनाथ 6. पद्मप्रभ 7. सुपार्श्वनाथ 8. चंद्रप्रभ 9. पुष्पदंत 10. शीतलनाथ 11. श्रेयांसनाथ 12. वासुपूज्य 13. विमलनाथ 14. अनंतनाथ 15. धर्मनाथ 16. शांतिनाथ 17. कुंथुनाथ 18. अरनाथ 19. मल्लिनाथ 20. मुनिसुव्रनाथ 21. नमिनाथ 22. नेमिनाथ 23. पार्श्वनाथ और 24. वर्धमान महावीर। इन 24 तीर्थंकरों ने अपने-अपने समय में धर्म मार्ग से अलग हो रहे जन-समुदाय को संबोधित किया और उसे धर्म मार्ग में लगाया। इसी से इन्हें धर्म मार्ग और मोक्ष मार्ग का नेता भी कहा गया है। इन तीर्थंकरों के उपदेशों को जिनशासन, जिनागम, जिनश्रुत, द्वादशांग, जिन प्रवचन आदि नामों से उल्लिखित किया गया है।

अवधेश प्रसाद सिंह

तीसरा जेंडर

तीसरा जेंडर या तृतीय लिंगी के रूप में उस मानव वर्ग को संवैधानिक मान्यता मिली है जो न पुरुष होते हैं और न स्त्री। उनमें से कुछ स्त्री-भावना संपन्न ज्यादा तो कुछ पुरुष-भावना संपन्न ज्यादा होते हैं। ये प्रायः स्त्री वेश में रहते हैं। 15 अप्रैल 2014 को सुप्रीम कोर्ट ने मानवाधिकार के मुद्दे के तहत इस वर्ग को वैधानिक रूप से तीसरा जेंडर माना और देश भर में किसी भी सरकारी कार्य का अंग बनने का नागरिक अधिकार दे दिया। ये अन्य पिछड़ा वर्ग में भी आ गए। अब ये पुलिस, शिक्षा, प्रशासन कहीं भी नौकरी पा सकते हैं और पूरे सम्मान के साथ काम कर सकते हैं। इस घटना से इनकी आर्थिक, राजनीतिक और सामाजिक समावेशिकता का मार्ग खुल गया है। इनकी सही जनसंख्या मालूम होना मुश्किल है। एक आंकड़े के अनुसार दुनिया में दो करोड़ लोग तृतीय लिंगी हैं जिनमें पांच लाख से ऊपर भारत में हैं।

आम तौर पर इस मानव वर्ग के लोगों को शिक्षण संस्थाओं और समाज में टेढ़ी नजर से ही नहीं देखा जाता, ये अक्सर अपने माता-पिता द्वारा भी अवहेलित होते हैं। इन्हें नकारात्मक ढंग से 'हिजड़ा' कह कर संबोधित किया जाता रहा है। इनमें कई लोग बच्चों के जन्म, शादी तथा शुभ अवसरों पर गाने-नाचने का काम करते रहे हैं, कई यौन कर्म और भिक्षावृत्ति करके जीवन यापन करते हैं। हालांकि महानगरों में कुछ ऐसे भी हैं जो काफी संपन्न, शक्ति संपन्न और संगठित हैं। वे आलीशान ढंग से जीने वाले होते हैं। उन्हें अपराध के आरोपों का भी सामना करना पड़ता है। इस मानव वर्ग में कुछ हैं जो काफी पढ़े-लिखे, कलाकार और सामाजिक कार्यकर्ता हैं। फिर भी ज्यादातर तृतीय लिंगियों को अभावग्रस्त और अपमान भरी जिंदगी से ही गुजरना पड़ता है। उन पर लोग हंसते हैं और ताने कसते हैं। उनको अब हर क्षेत्र में मिला समानाधिकार न केवल उनमें आत्मविश्वास और आत्मसम्मान का भाव पैदा

करेगा, बल्कि यह समाज को एक अधिक मानवीय जगह बनाने में सहयोग करेगा।

भारत में तृतीय लिंगियों को सम्मान से देखने की परंपरा रही है। द्रोणाचार्य का संकल्प था कि वे तृतीय लिंगियों पर अस्त्र नहीं उठाएंगे, इसलिए अर्जुन ने शिखंडी को सामने रखकर मारा। इससे पूर्व वन में अज्ञातवास के समय वह खुद भी तृतीय लिंगी का वेश धारण कर राजा विराट के महल में थे। उन्होंने कहा था, 'मैं अपने को तृतीय प्रकृति में अवस्थित करूंगा।' यह प्रकृति के प्रति आदर से भरा एक दार्शनिक विचार है। तृतीय लिंग या तीसरा जेंडर भी प्रकृति की एक अवस्था है, जो उतने ही सम्मान की अधिकारी है जितने अधिकारी पुरुष या स्त्रियां हैं। पाणिनी ने नपुंसक लिंग को मर्यादापूर्ण स्वतंत्र सत्ता दी थी। उनके अनुसार 'मन' नपुंसक लिंग है। चैतन्य महाप्रभु ने ईश्वर पर चिंतन करते हुए कहा कि वह न नर है और न नारी है। रामकथा के एक लोकप्रचलित प्रसंग के अनुसार, राम के वन जाने के मार्ग में जब प्रजा खड़ी हो गई थी, राम ने आदेश दिया कि सभी स्त्री और पुरुष घर लौट जाएं। स्त्री-पुरुष लौट गए। चौदह साल बाद राम जब अयोध्या में प्रवेश कर रहे थे, उन्होंने कुछ लोगों को उसी प्रकार खड़े देखा और पूछा, क्या बात है। उन्होंने जवाब दिया, आपने सिर्फ स्त्रियों और पुरुषों को लौटजाने के लिए कहा था, हम इन दोनों में नहीं आते। राम ने उनकी भक्ति से प्रसन्न होकर वरदान दिया कि वे हमेशा मंगल के सूचक माने जाएंगे।

तृतीय लिंगी के रूप में संवैधानिक स्वीकृति के बाद वे समान आदर के अधिकारी हो गए, जो यौनता के संबंध में एक नई धारणा की सूचना है।

शंभुनाथ

तीसरा रंगमंच

आधुनिक भारत में तीसरा रंगमंच (Third Theater) शहरी प्रोसेनियम थिएटर तथा ग्रामीण लोकरंगमंच के संश्लेष से बना है। इस तरह के वैकल्पिक रंगमंच की तलाश के पीछे नाट्यकला के आदिम-प्रश्न 'रंगकर्म क्यों और किनके लिए' की अवधारणा सक्रिय रही है। नाटक मूलतः दर्शकों के लिए मंचित किया जाता है। विचार करने पर लगेगा कि चित्रबंध रंगमंच में यह बोध अन्र्तनिहित है कि अभिनय दर्शक निरपेक्ष-सा है। इसीलिए दर्शकों को अभिनय-स्थल से दूर अंधेरे में बिठाया जाता है। विरोधाभास यह कि दर्शकों से पैसा लेकर उन्हीं के लिए खेला जाने वाला नाटक यह अहसास पैदा करना चाहता है कि जैसे दर्शक अनुपस्थित है और सभी घटनाएं वास्तविक रूप में घट रही हैं। इस तरह, दर्शकों की सक्रिय सहभागिता के अभाव में नाट्य सम्प्रेषण भी अधूरा रह जाता है। आखिरी कतार पर बैठे दर्शकों के लिए अभिनेताओं को अधिक जोर से बोलना पड़ता है, स्थूल रूप-सज्जा का सहारा लेना पड़ता है। अभिनय से भिन्न आलोक, रंग-विन्यास, दृश्य-बंध को प्रभावित करने का उपाय करना पड़ता है। इन सबके कारण एक ओर नाटक में कृत्रिमता आती है, दूसरी ओर वह इतना महंगा और खर्चीला हो जाता है कि उसका दर्शक समूह प्रायः उच्च वर्ग या उच्च मध्यवर्ग तक ही सीमित रह जाता है। यह एक बिडम्बना है कि विषमता और अन्याय पर आधारित समाज की चेतना को बदलने के लिए नाटक की सार्थकता जिस बहुजन स्तर के दर्शकों तक पहुंचने में है, ऐसे व्ययसाध्य नाटकों में प्रायः इस समूह के दर्शक प्रवेश ही नहीं कर पाते।

चित्रबंध रंगमंच की इन सीमाओं ने ही दुनिया के प्रायः सभी देशों में वैकल्पिक नाटक की जरूरत को जन्म दिया, ताकि अभिनेता और दर्शकों के बीच सहायक की जगह बाधक बनकर आने वाले उपकरणों और तत्वों को हटाकर, उनके बीच भावात्मक आदान-प्रदान को अधिकाधिक जीवंत, प्रभावी और फलदायी बनाया जा सके। इस दृष्टि से, नाट्य प्रयोगकर्ताओं की दृष्टि लोक नाटकों की ओर गई जिनकी सामग्री का आधुनिक रंगमंच और काल की आवश्यकताओं के अनुरूप उपयोग कर, नए प्रकार

के रंग शिल्प को उभारा जाने लगा। 'थियेटर-इन-द राउंड', 'क्लब थियेटर', 'इनविरान्मेंटल थियेटर', 'लिविंग थियेटर', 'पूअर थियेटर' जैसे बहुत-से प्रयोग भिन्न देशों में किए गए। प्रबुद्ध भारतीय नाट्य निर्देशकों ने विदेश में किए जाने वाले इन प्रयोगों के साथ, भारतीय लोक नाट्य के जात्रा, नौटंकी, स्वांग, रामलीला, रासलीला, भवई, यक्षगान जैसे अनेकानेक रूपों को भी अपनी दृष्टि में रखा। भारतीय लोक नाट्यों में नाटक उपकरण के नाम पर विशेष खर्चीला ताम-झाम जुटाए बिना ही दर्शकोंब के साथ अभिनेताओं के सीधे संबंध ने उन्हें प्रभावित किया। उन्हें लगा कि भारत में विकल्प नाटक की संभावना नागरिक-ग्रामीण रंगमंच के सार्थक, स्वस्थ समन्वय में ही है। इस दिशा में सर्वाधिक सार्थक प्रयोग करने वाले रंग चिंतकों में बादल सरकार का नाम सबसे महत्वपूर्ण है।

1967 में उन्होंने 'शताब्दी' नाट्य गोष्ठी की स्थापना की। एवम् इंद्रजीत, बाकी इतिहास, पगला घोड़ा, अंत नहीं, बल्लभपुर की रूपकथा, बड़ी बुआजी, कवि कहानी जैसे लोकप्रिय चित्रबंध नाटकों के लेखक-निर्देशिक के रूप में उनके अनुभव ने इस निष्कर्ष पर पहुंचाया कि सीमित साधनों की कोई भी संस्था शहरी चित्रबंध रंगमंच पर नाटक खेलकर स्वतंत्र नहीं रह सकती। वह किसी न किसी तरह पैसेवालों पर या सरकार की सहायता पर निर्भर रहने के लिए अभिशप्त है। यह निर्भरता नाटक के कथ्य और उद्देश्य को अनिवार्य रूप से प्रभावित करती है। नाटक को कलात्मक बनाने तथा किसी भी बाहरी दबाव से मुक्त रखने की उनकी प्रचेष्टा ने 'शताब्दी नाट्य गोष्ठी' को चित्रबंध नाटकों से पूरी तरह दूर कर, सहजता से उपलब्ध खुली जगह वाले आंगन को 'अंगन मंच' का रूप दिया। यही 'अंगन मंच' गांवों बस्तियों, पार्कों में मुक्त मंच में रूपांतरित हो गया। बादल सरकार ने 'शताब्दी' के घोषणा-पत्र में लिखा, 'शताब्दी द्वारा परिचालित 'अंगन मंच' नमनीय रूप से ऐसी अंतरंग नाट्य विद्या है जिसमें अभिनेता और दर्शक एक-दूसरे के बहुत निकट होते हैं। कभी-कभी घुले-मिले भी होते हैं, ताकि उनके बीच की दूरी और व्यवधानों को कम से कम किया जा सके।' अभिनेता और दर्शकों के एक ही धरातल पर रहने से उपजी अंतरंगता इसे 'अंतरंग रंगमंच' का परिचय भी प्रदान करती है। तीसरे रंगमंच की प्रस्तुति के रूप में, बादल सरकार के बेहद चर्चित और सफल नाटकों में स्पार्टाकस, जुलूस, भोमा, तीसवीं शताब्दी, हट्ट मेलार ओपारे, प्रस्ताव उल्लेखनीय हैं। 'मिछिल' के हिंदी नाट्य प्रयोग (एम के रैना द्वारा) 'जुलूस' ने संपूर्ण भारतीय रंगमंच को प्रभावित किया। उसने नुक्कड़ नाट्य आंदोलन की गति को तीव्र करने में निर्णायक भूमिका निभाई। उसके माध्यम से तीसरे रंगमंच की अवधारणा और मनो-शारीरिक रंग शैली को देशव्यापी विस्तार मिला।

तीसरा रंगमंच अपनी विविध विशेषताओं और प्रयोगों के कारण, भारतीय रंग आंदोलन को गहरे और व्यापक स्तर तक उद्वेलित करता रहेगा। यह रंगकर्म को वस्तु, रंगकर्मी को विक्रेता तथा दर्शक को खरीददार बनने से रोकता है। वह रंगकर्म को शुद्ध सौंदर्यवादी प्रदर्शन कला कला के लिए या व्यवसाय बनाने के बजाय कला को जीवन एवं समाज को बेहतर और जागरूक बनाने का माध्यम समझता है। सिनेमा और रंगकर्म की प्रतियोगिता को गलत, निरर्थक और अनुचित मानते हुए, रंगकर्म के मूल तर्क की तलाश करता है। परिणामस्वरूप रंगकर्म में अभिनेता, सादगी, सांकेतिकता, प्रतीकात्मकता, कलाकार-दर्शक की निकटता एवं साझेदारी तथा सहज एवं प्रत्यक्ष संप्रेषण की जरूरत को स्वीकारता है। दर्शकों में वर्ग-भेद नहीं करता। इन अपेक्षाओं को पूरा करने तथा रंगकर्म को मितव्ययी बनाने के दोहरे उद्देश्य से व प्रोसीनियम (चित्रबंध) मंच, (बड़े) प्रेक्षागृह, दृश्य-बंध, छाया-लोक, संगीत, चमत्कार पैदा करने वाले इलेक्ट्रिक उपकरणों, विज्ञापन, पोस्टर और प्रचार का निषेध करता है। कहानी के बजाय थीम और व्यक्ति-चरित्रों के स्थान पर वर्ग-पात्रों और अंततः समूह अभिनय को महत्व देता है। शारीरिक अभिनय पर अधिक और भाषा पर कम ध्यान देता

है। नृत्य, गीत, पैरोडी, रीतिबद्धता, गोलाकार गतियां, दिलचस्प संयोजन, दृश्य-बंध और मंच उपकरणों के लिए भी अभिनेताओं का कल्पनाशील प्रयोग संगीत की जगह अभिनेताओं की सबसे सार्थक-निरर्थक ध्वनियों, चीख-चिल्लाहट तथा शोर का इस्तेमाल करता है। एक ही अभिनेता से अनेक चरित्र करवाता है।

तीसरा रंगमंच एक व्यक्ति (नाटककार) द्वारा नाटक 'रचने' के बजाय संपूर्ण नाट्य-दल के सामूहिक प्रयास से उसे 'बनाने' की प्रक्रिया पर बल देता है। परस्पर समानता, विश्वास, टीम-वर्क, वर्क शॉप, प्रयोग और प्रशिक्षण को जरूरी मानता है। लचीलापन और इम्प्रोवाइजेशन की विशेषता इसकी जान है। दृश्य चाक्षुषता के मुकाबले तीव्र-सघन नाट्यानुभव को महत्व देता है। दर्शकों को प्रतिक्रिया करने के लिए उकसाता है या कभी-कभी बाध्य करता है। न्यूनतम खर्च में की जानेवाली तीसरे रंगमंच की प्रस्तुतियों की पहली प्रतिबद्धता सामाजिक-राजनीतिक-आर्थिक विषमताओं के कारण उत्पन्न अन्याय, अत्याचार और शोषण का विरोध कर सामान्य जन को जागरूक बनाने के महत उद्देश्य के प्रति है।

महेश जायसवाल

अधिक जानकारी के लिए :
1. **The First Man of the Third Theatre : Badal Sircar** : Pinaki Ray, 2. **Three Plays : Procession, Bhoma, State News** : Badal Sircar

तीसरी दुनिया

दूसरे विश्व युद्ध के बाद पूंजीवादी देश और समाजवादी देश एक प्रकार से दो शिविरों में बंट गए और उनके बीच शीत युद्ध की स्थिति बनी रही। 1955 में इंडोनेशिया के वांडुंग में एशिया और अफ्रीका के 29 देशों के प्रतिनिधि इकट्ठे हुए। बाद में यूरोप की ओर से यूगोस्लोविया ने भी इनका साथ दिया। इसी का नाम पड़ा तीसरी दुनिया (Third World)। 'तीसरी दुनिया' विधिवत रूप से गठित कोई देश-समूह नहीं है, बल्कि यह नाम गुटनिरपेक्ष आंदोलन की देन है, जिसके प्रभावशाली नेता थे भारत के जवाहरलाल नेहरू, मिस्र के अब्दुल नासिर और युगोस्लोविया के मार्शल टीटो। यह नाम वांडुंग सम्मेलन में एक फ्रेंच पत्रकार ने दिया, पर अंतरराष्ट्रीय स्तर पर स्वीकृत हुआ माओत्से तुंग द्वारा व्यवहार करने पर। तीसरी दुनिया के देश भी किसी न किसी बड़ी शक्ति के प्रभाव में थे और उनके बीच भी युद्ध होते रहते थे। संयुक्त राष्ट्र इन देशों में से कुछ को विकासशील देश कहता था और कुछ को अविकसित देश।

शीत युद्ध के दौर में लड़ाई हथियारों के इस्तेमाल की सीमा से निकल कर बहुत कुछ विचारों और मूल्यों के क्षेत्र में प्रवेश कर गई। तीसरी दुनिया में वे देश थे जो दूसरे विश्व युद्ध से पहले किसी साम्राज्यवादी देश का उपनिवेश थे, लेकिन उस काल में विदेशी ताकत से सीमित संघर्ष ही कर पाए थे। इन देशों का अपना शासक वर्ग औपनिवेशिक ताकत से इतना ही मुक्त हो पाया था कि वह प्रशासनिक अर्थ में स्वतंत्र था, यानी उसकी अपनी सरकार, न्याय प्रणाली और राजनीतिक व्यवस्था बन गई थी। इन देशों में भारत, मिस्र, दक्षिण अफ्रीका, नाइजीरिया, घाना आदि थे। एलेक बोहमर ने लिखा है, 'तीसरी दुनिया शब्द पूरी तरह सम्मानजनक न था, चूंकि उसमें ऐसे लोगों का प्रभुत्व था जो औपनिवेशिक काल में तत्कालीन शासन से पूरी तरह संघर्ष न कर पाए थे। बाद में यद्यपि यह धारणा बदली। इसके साथ महत्व और श्रेष्ठता का जुड़ाव हो गया।' (लिटररी थियरी एंड क्रिटिसिज्म, (संपा.) वाघ पैट्रिशिया)।

तीसरी दुनिया की अवधारणा समय के साथ नए अर्थ में दृढ़तर होती गई। अब इस श्रेणी के देश विश्व समाज के लिए राजनीतिक प्रतिद्वंद्वी बन गए। एक समय ये कॉमनवेल्थ देशों के रूप में पहचाने जाते थे, लेकिन धीरे-धीरे उनकी स्वतंत्र सत्ता प्रतिष्ठित होती गई। अब वे नाम भर के लिए कॉमनवेल्थ देश रह गए। उनकी आत्मनिर्भरता अर्थव्यवस्था से अधिक राजनीतिक और विचारधारात्मक क्षेत्र में नजर आने

लगी। भारत में 1947 से 1990 तक नीति निर्माण और सहयोग के लिए सोवियत रूस से बने संबंध स्वतंत्र पहचान का बायस बने थे। ये संबंध औपनिवेशिक निर्भरता की परिधि से बाहर स्वतंत्रता के सिद्धांत पर टिके थे। इस कारण भारत की विदेश नीति दोनों दुनियाओं के दबावों से काफी मुक्त थी और वह पश्चिमी देशों के साम्राज्यवाद की आलोचना करने में सक्षम थी।

1990 के बाद उभरा परिदृश्य पूरी तरह भिन्न है, जब पहले की तरह अमेरिका और रूस की दो दुनियाएं नहीं रह गईं हैं और दुनिया एकध्रुवीय हो गई है। नव उदारवादी आर्थिक नीतियों और निजीकरण के तर्क ने तीसरी दुनिया की अवधारणा को और उसमें अंतर्निहित स्वतंत्रता के तर्क को असमंजस में डाल दिया है। मसलन, तीसरी दुनिया की पारिभाषिक पहचान इनमें उपस्थित सार्वजनिक क्षेत्रों के हाथों बनी थी। अब निजीकरण ने सार्वजनिक क्षेत्रों को क्षीण कर दिया है, जिस कारण भारतीय उद्योग और व्यापार साम्राज्यवादी आर्थिक संस्थाओं और उपकरणों का अनुयायी बन गया है। इसकी सांस्कृतिक-साहित्यिक परिणति उन वादों और प्रवृत्तियों में नजर आती है, जिन्हें तीसरी दुनिया के कलाकार, संस्कृतिकर्मी और लेखक बिना पर्याप्त सोच-विचार के अपना रहे हैं।

कहा जा सकता है कि तीसरी दुनिया अदृश्य हुई है, मिटी नहीं है। इसका इतिहास इस दुनिया के देशों की लोकतांत्रिक व्यवस्था के सकारात्मक सूत्रों से ताकत ग्रहण करेगा। यहां के मध्य वर्ग में आवश्यक प्रश्नशीलता नजर आती है। साथ ही, विकास और प्रगति के मानदंड नई सोच और गतिकी से मुखातिब हैं।

आनंद प्रकाश

अधिक जानकारी के लिए :

1. **In Theory : Classes, Nations, Literatures :** Aijaz Ahmad, 1992, 2. **State of Emergency :** The Third World Invasion and Conquest of America : Pat J Bauer, 1981, 3. **The Third World in the Age of Globalization :** Asha Narayan Rao, 2000

तुक

तुक क्या है? छंदों को आधुनिक काल में कविता के पांवों की बेड़ी समझा गया है और तुकों को उसमें ठोंकी गई कील। जब छंद बेड़ी नहीं है, तो क्या तुक भी कोई सकारात्मक वस्तु है? यह वस्तुतः अनुप्रास है—अंत्यानुप्रास, जबकि कविता के चरण के बीच में भी तुक होती है, जिसे अंतस्तुक कहा जाता है, यथा, 'रुद्र' जी की ये पंक्तियां : 'मिला जो नेह-सलिल, खिला जड़ता में भी जीवन/कि जैसे शापित हुई सिल थी पद पर से श्रीतन'। इन पंक्तियों में स्पष्टतः 'सलिल' और 'सिल' अंतस्तुक हैं, जबकि 'जीवन' और 'श्रीतन' अंत्यानुप्रास।

साधारण भाषा में शब्द पारदर्शी होते हैं। हम उनकी ध्वनि की तरफ ध्यान नहीं देते और अर्थ जानने के लिए उत्सुक रहते हैं। कविता शब्दों की ध्वनि को आनंदपूर्ण बना देती है। जिस विधि से यह संभव होता है, उसे आवृत्ति कहते हैं, यानी तुक ('कली' और 'छली' में 'अली' ध्वनि की आवृत्ति है)। इसी से तुक मुख्यतः एक प्रगीतात्मक युक्ति है, संगीत के काफी निकट। यह कविता के ढांचे में लयात्मक ढंग से सर्जनात्मक कार्य संपन्न करती है। सर्वप्रथम दांते ने कहा कि कविता की लयात्मक रचना में तुक संगठनात्मक कार्य करती है। यह सिर्फ आलंकारिक नहीं होती, यह आवयविक और क्रियात्मक है।

तुक की सौंदर्यात्मक सार्थकता तभी है, जबकि वह नाना प्रकार के अर्थों को अपने भीतर समेटे। यह एकता में अनेकता के सिद्धांत का उदाहरण है। उसी से तुक-विधान के सौंदर्यात्मक प्रभाव की व्याख्या की जा सकती है। यदि ऐसा न हो तो उससे असहनीय ऊब पैदा होगी। तुक का सौंदर्यात्मक कार्य हमारे ध्यान को खींचना और हमारे मानस को शब्दों को सराहने और उनकी तुल्यता देखने के लिए बाध्य करना भी है।

तुक के संबंध में अत्यधिक महत्वपूर्ण बात यह है कि वह 'सार्थक' होती है। इस तरह वह कविता के संपूर्ण चरित्र से गहराई से जुड़ी होती है। तुक के द्वारा शब्द एक साथ लाए जाते हैं, उन्हें जोड़ा जाता

है या उनमें विरोध दिखलाया जाता है। इस तरह तुक के अर्थ-गत कार्य के अनेक पहलू हैं। तुकें एक बंद ढांचे का निर्माण कर सकती है या वे इतनी गौण बना दी जा सकती हैं कि उनका अस्तित्व मुश्किल से दिखलाई पड़ता है। तुक का एक सर्जनात्मक कार्य यह है कि वह कवि को कई बार उस दिशा में ले जाती है, जहां विलक्षण चित्र संभव होते हैं और अभिव्यक्ति विस्फोटकारी हो जाती है।

इसमें कोई शक नहीं कि तुकों के प्रयोग से कविता चुस्त बनती है। इनसे कविता में ऐसा तनाव आ जाता है, जैसा सितार के कसे हुए तारों में। कहा जा सकता है कि छंद यदि सितार के तार हैं, तो तुकें उसकी खूंटियां हैं, जिनके कसने से सितार के तार इस कदर चढ़ जाते हैं कि उंगलियों के हल्के स्पर्श से भी वे झंकृत हो उठते हैं। बीसवीं शताब्दी के उत्तरार्ध के आरंभिक दशकों में एक बार फिर तुक चलन में आई थी, बातचीत की लय के संयोग से कुछ अधिक ही सादगी के साथ। यह बात हम मुक्तिबोध की कविताओं में पाते हैं और श्रीकांत वर्मा तथा धूमिल की कविताओं में भी। कहने की आवश्यकता नहीं है कि खासतौर से धूमिल ने अपनी कविताओं में तुकों से कैसा चमत्कारी काम लिया। उन्होंने समकालीन जीवन और परंपरागत हिंदी कविता के छद्‌म को जिस चीज के द्वारा उघाड़कर रख दिया, उसमें तुक जैसी पुरानी चीज का बहुत ज्यादा योगदान था।

टेरी ईगल्टन का कहना है कि कविता की जितनी भी तकनीकी विधियां हैं, उनमें तुक सबसे सुपरिचित है। यह शायद इस बात का सूचक है कि हम द्वित्व, दर्पण के बिंब और घनिष्ठ संबंधों में बच्चों की तरह आनंद लेते हैं। इनमें कुछ जादू जैसी चीज, कभी-कभी अशांत करने वाली और भयोत्पादक चीज भी होती है। निःस्संदेह काव्यात्मक पुनरावृत्ति में एक आनंद है, वह हमें एक प्रकार की सुरक्षा भी प्रदान करती है। तुक में एकता और भिन्नता की एकता दिखलाई पड़ती है। 'रात' और 'प्रात' एक-दूसरे के निकट भी हैं और एक-दूसरे से भिन्न भी। तुक के पक्ष में अंतिम महत्वपूर्ण बात ईगलटन ने यह कही है कि यह भावना को नियंत्रित करती है। यदि तुक विधान जैसी चीज न होती, संसार की ढेर सारी भावनात्मक विस्फोट करने वाली कविताएं टूट-फूट जातीं और तब वे न सुंदर कृतियां बन पातीं और न पाठकों पर उनका कोई प्रभाव होता।

नंदकिशोर नवल

तुकाराम

वारकरी संप्रदाय के संत तुकाराम का जन्म पूना के निकट देहू नामक ग्राम में हुआ था। वे शिवाजी के समकालीन थे। देहू में शूद्र जाति के कुनबी लोगों की प्रधानता थी। तुकाराम इसी समुदाय से थे। तुकाराम के कुल को देहू गांव की महाजनी प्राप्त थी। इसलिए गांव में इस वंश की प्रतिष्ठा थी। इसे जाति आधार पर वेद के अध्ययन का अधिकार नहीं था, लेकिन विठोबा (विष्णु) के प्रति भक्ति इनके वंश में चली आ रही थी। तुकाराम के युवा होते ही पिता की मृत्यु के कारण उन पर पारिवारिक दायित्व आ गया। इनमें वणिक बुद्धि का अभाव था। इसलिए व्यवसाय में सफल न हो सके। अतः जीवन से वैराग्य उत्पन्न हो गया। गीता और भागवत में प्रतिपादित और वारकरी संप्रदाय में अनुपालित भागवत धर्म में इनकी निष्ठा थी। पंढरपुर के पांडुरंग के प्रति इनकी

तुकाराम

भक्ति आजीवन थी। तुकाराम की भक्ति में जातिगत भेदभाव, धार्मिक आडंबर, कर्मकांड और कोरे शास्त्र ज्ञान के लिए कोई गुंजाइश न थी। भक्ति के लिए इन्होंने कर्म तथा ज्ञान दोनों को आवश्यक माना था। तुकाराम ने लगभग पांच हजार अभंगों की रचना की है। हिंदी में भी इनकी रचनाएं प्राप्त होती हैं।

तुकाराम के जीवन के बारे में जानने के तीन स्रोत हैं–(i) खुद उनके कई अभंगों में उनके जीवन की झलक है। (ii) उनके 'अदृश्य' होने के लगभग सवा सौ साल बाद प्रकाशित महिपति ताहाराबादकर कृत 'भक्त लीलामृत' (1774) और (iii) उनके जीवन के आखिरी कुछ वर्षों में उनके साथ रही बहिणाभाई की कविताएं अन्य दो स्रोत हैं। उनके बारे में कई किवदंतियां प्रचलित हैं। मुख्य बात है कि मराठी भक्ति साहित्य में ज्ञानेश्वर के अभ्युदय के बाद पंडित परंपरा को तोड़ते हुए निम्न वर्गों के बीच से जिस वारकरी परंपरा का विकास हुआ उसमें तुकाराम एक शिखर की तरह दिखते हैं। ज्ञानेश्वर की तरह तुकाराम ने भी 'गीता' का मराठी में अनुवाद शुरू किया था, क्योंकि 'गीता' में उन्हें ऐसा बहुत कुछ मिला था, जो ब्राह्मण परंपरा को चुनौती देता था। 'गीता' के मराठी अनुवाद को पंडित समुदाय हेय दृष्टि से देखता था, क्योंकि इस राह से शूद्र पवित्र ज्ञान तक पहुंच जाते थे। तुकाराम जैसे संतों ने विट्ठल (विष्णु का स्थानीय कृष्ण रूप) की महिमा गाते हुए बहुदेववाद का उपहास किया। आम मराठी जन में विट्ठल लोकप्रिय हुए और खुद तुकाराम बड़े आदर से देखे जाने लगे।

वारकरी संप्रदाय के संतों ने ब्राह्मण परंपरा से जो विद्रोह किया, उसका चरम रूप तुकाराम में है। अतः समानता की भूमि पर सभी वर्णों के लोग तुकाराम की जन्मभूमि देहू से ज्ञानेश्वर की भूमि पंढरपुर की यात्रा के लिए आकर्षित होते गए। तुकाराम की खूबी है कि उन्होंने गृहस्थ के लौकिक जीवन की उपेक्षा न करते हुए ईश्वर की आध्यात्मिक भक्ति का संदेश दिया था। उनके मन में एक कशमकश भी रहती है, 'कहे तुका होता मन से संवाद/ अपना ही विवाद अपने से।' आत्मचिंतन, आत्मसंघर्ष और आत्मपरिष्कार संतों की खूबी थी। ब्राह्मण नारी बहिणाबाई ने शूद्र तुकाराम से मार्गदर्शन प्राप्त किया, जिसे लेकर हल्ला मचा और तुकाराम को कई तरह से तकलीफें झेलनी पड़ीं। फिर भी तुकाराम ने जाति प्रथा का विरोध जारी रखा। उन्होंने साधारण मनुष्य में पवित्रता देखी थी :

जो है पीड़ित दुखित
उन्हें हम कहें अपने,
साधु वही पहचानो
प्रभु उसी में जानो
मृदु अंतर्बाह्य। जैसे नवनीति।
जिसका ऐसा चित्त। वही संत।।

रामेश्वर भट्ट नाम के वैदिक ब्राह्मण ने तुकाराम की रचनाओं को निषिद्ध घोषित कर दिया। कहा जाता है कि उन्हें अपने अभंगों की बहियां इंद्रायणी नदी की धारा में डुबा देनी पड़ी। नदी के किनारे एक शिला पर तुकाराम तेरह दिनों तक अन्न-जल ग्रहण किए बिना पड़े रहे। वहीं उस शिला पर उन्होंने ईश्वर का अनुभव किया और पांडुलिपियां नदी में तैरने लगीं!

महाराष्ट्र की जनता पर व्यापक प्रभाव डालने वाले मराठी संतों में नामदेव के पश्चात तुकाराम का ही नाम आता है। बहिणा बाई के कथनानुसार ज्ञानेश्वर ने जिसकी नींव डाली, नामदेव ने जिसका विस्तार किया, एकनाथ ने जिस पर झंडा फहराया, उस भागवत धर्म रूपी प्रासाद पर तुकाराम कलश बनकर सुशोभित हुए। 1936 में प्रभात फिल्म्स ने वी दामले और एस फत्तेलाल के निर्देशन में 'संत तुकाराम' नामक मराठी फिल्म का निर्माण किया था। यह भारत की श्रेष्ठ फिल्मों में परिगणित होती है। विष्णुकांत पगनीस ने तुकाराम की भूमिका निभाई थी।

सुनीता गुप्ता

अधिक जानकारी के लिए :

1. **संत तुकाराम** : हरि रामचंद्र दिवेकर, 2. **तुकाराम** : भालचंद नेमाडे

तुलनात्मक भाषाविज्ञान

तुलनात्मक भाषाविज्ञान (Comperative Linguistics) भाषा के विकसित होने की प्रक्रिया पर प्रकाश डालता है। विभिन्न भाषाओं के उन्नयन से एक-दूसरे की जड़ तक पहुंचने में तुलनात्मक भाषाविज्ञान की महत्वपूर्ण भूमिका है। 'तुलनात्मक भाषाविज्ञान' में भाषाओं का आधार ऐतिहासिक छवि से भी किया जाता है। इस संबंध में रूसी विद्वान एफ एफ फॉर्तुनातोव ने अपनी पुस्तक तुलनात्मक भाषाविज्ञान में लिखा है, 'भाषाविज्ञान की समस्या—मानवीय भाषा का उसके इतिहास के बीच अनुसंधान पृथक-पृथक भाषाओं के बीच राज्य स्तरीय संबंधों के निर्धारण और उन भाषाओं के तुलनात्मक अध्ययन की मांग करता है, जिनका कि अतीत काल में अपना सामान्य इतिहास है, अर्थात जो जन्मना सजातीय हैं।' लेखक ने आगे लिखा है, 'भाषाशास्त्र में तुलनात्मक पद्धति है, यह पर्याप्त रूप से बतला देता है कि यह विज्ञान क्यों तुलनात्मक भाषाविज्ञान कहा जाता है, किंतु तुलनात्मक भाषाविज्ञान नाम से इस विज्ञान की भाषा या उसके इतिहास के बीच किसी अन्य वैज्ञानिक शोध से विभिन्नता का निर्देश नहीं देखना चाहिए। भाषा के विषय में केवल एक ही विज्ञान है—वह विज्ञान जिसका कि वस्तु विषय मानवीय भाषा का अध्ययन है।'

सामान्य रूप से देखा जाए तो भाषा विज्ञान का अध्ययन करते समय तुलनात्मक पद्धति का प्रयोग महत्वपूर्ण बन जाता है। इस प्रकार तुलनात्मक भाषा विज्ञान और भाषाविज्ञान में अटूट संबंध है। भाषा विज्ञान की अवधारणा उसके सभी घटकों को ध्यान में रख कर भाषा का विश्लेषण किया जाता है। भाषा की विभिन्न ध्वनियां अथवा भाषा के अन्य अवयव, सभी का संबंध तुलनात्मक भाषा विज्ञान से है। भाषा का विकास, भाषा की पद्धति, भाषा और बोलियां, ध्वनि विज्ञान इत्यादि का अध्ययन करने के लिए तुलनात्मक पद्धति का सहारा लेना अनिवार्य है।

कहना न होगा कि भाषा की समझ के लिए साथ ही भारतीय भाषाओं की समझ के लिए तुलनात्मक भाषाविज्ञान एक अनिवार्य विषय है। गोलोक बिहारी लाल के अनुसार, 'भाषाविज्ञान और तुलनात्मक भाषाविज्ञान एक दूसरे से इतने संबद्ध हैं कि एक का ज्ञान रखने वाला दूसरे से नितांत अनभिज्ञ नहीं हो सकता। तुलनात्मक भाषा विज्ञान भिन्न भाषाओं की प्राप्त सामग्री के तुलनात्मक अध्ययन से संबद्ध है। साथ ही उसमें एक ही भाषा की दो विभिन्न युगों में जो स्थितियां दिखती है, उनका भी तुलनात्मक दृष्टि से अध्ययन किया जाता है। इस प्रकार के तुलनात्मक अध्ययन से जो निष्कर्ष निकलते हैं वे संसार की भाषाओं के बीच वंशानुगत और ऐतिहासिक संबंध स्थापित करने में सहायक होते हैं।

कहा जाता है कि अठारहवीं-उन्नीसवीं सदी में तुलनात्मक भाषाविज्ञान की खोज का सूत्रपात हुआ था। इस कार्य में जर्मन विद्वानों का बहुमूल्य योगदान बताया गया है। पर बाद में 1726 में सर विलियम जोन्स ने संस्कृत भाषा के संबंध में महत्वपूर्ण खोजें की। इस खोज से नवीन दिशा प्रकाश में आई। इस प्रकाश में भाषा विज्ञानियों को अनुसंधान के नवीन मार्ग दिखे और भाषा अध्ययन के लिए तुलनात्मक पद्धति ने एक नवीन विज्ञान प्रदान किया। अंततोगत्वा यही अध्ययन ध्वनि विज्ञान तथा भाषा शास्त्र के क्षेत्र में इतना महत्वपूर्ण हो गया कि यह कहा जाने लगा कि 'बिना संस्कृत के ज्ञान के भाषाविज्ञान उसी प्रकार निराधार रहता है, जिस प्रकार बिना गणित के ज्योतिष शास्त्र।'

उन्नीसवीं सदी के तुलनात्मक भाषाविज्ञान में दो या दो से अधिक भाषाओं के शब्दों की लंबी सूची का तुलनात्मक अध्ययन किया जाता था पर यह पद्धति अनौपचारिक, व्यक्ति सापेक्ष और परीक्षण के लिए उपयुक्त न थी। बाद में एक ही भाषा की आंतरिक संरचना और शब्दों के बदलाव के अध्ययन की पद्धति का प्रयोग किया गया। बीसवीं सदी में लैक्सिकोलिंग्विस्टिक पद्धति का प्रयोग किया गया, जिसमें मौरिस स्वदेश जैसे भाषाविज्ञानी ने

विभिन्न भाषाओं की मूलभूत शब्दावली की एक छोटी शब्द सूची तैयार की। फिर उच्चारण समय के आधार पर उनका तुलनात्मक अध्ययन किया। 1950 में इसी पद्धति की शाखा के रूप में विकसित ग्लोटोक्रानोलॉजी (Glottochronology) में दो भाषाओं की आधारभूत शब्दावली के प्रतिशत के आधार पर उनके अलगाव के समय का गणितीय ढंग से अध्ययन किया गया। आजकल तुलनात्मक अध्ययन तथा लैक्सिकोलिंग्विस्टिक्स पर आधारित कंप्यूटराइज्ड सांख्यिकीय पद्धति का प्रयोग किया जाता है। इन सभी पद्धतियों की सीमाओं के कारण आलोचना भी की जाती है।

रामजन्म शर्मा

अधिक जानकारी के लिए :
1. **तुलनात्मक भाषाविज्ञान** - एफ एफ फॉर्तुनातोव, (अनु.) : केसरीनारायण शुक्ल, 2. **ध्वनि विज्ञान**-गोलोक बिहारीलाल, 3. **भाषा शिक्षण :** रवींद्रनाथ श्रीवास्तव, 4. **Dictionary of Historical and Comperative Linguisties** : R L Trask

तुलनात्मक शोध

तुलनात्मक शोध (Comparative Research) उतना ही पुराना है जितना मनुष्य का एक चीज की दूसरी चीज से तुलना करना। लेकिन द्वितीय विश्व युद्ध के बाद इसमें तेजी आई। वैश्वीकरण ने इसे और उन्नत बना दिया। यह शोध साहित्य/भाषा में किन्हीं दो रचनाओं/पाठों, लेखकों, काव्य आंदोलनों या किन्हीं अन्य साहित्यिक पक्षों को लेकर एक ही भाषा अथवा अन्य भाषा अथवा दो भाषाओं के स्तर पर किया जाने वाला शोध होता है। समाज विज्ञान में तुलनात्मक शोध का इस्तेमाल होता है। जैसे दुर्खीम, हॉबहाउस, व्हीलर आदि ने सामाजिक घटनाओं और परंपराओं के अध्ययन में इसका उपयोग किया है। इसका उद्देश्य दो विभिन्न आयामों के बीच साम्यता अथवा वैषम्य का अध्ययन किया जाना है। विषमता बताने के लिए साम्य की खोज और साम्य बताने के लिए विषमता की खोज जरूरी होती है। अठारहवीं-उन्नीसवीं सदी में यूरोप में तुलनात्मक शोधकार्य का व्यवस्थित रूप सामने आया था।

1928 में प्रकाशित मार्ग्रेट मीड की पुस्तक 'कमिंग ऑफ एज इन सामोआ' से सांस्कृतिक मानवविज्ञान में तुलनात्मक शोध की शुरुआत हुई थी। इस शोध में मीड ने सामोआ गांव के पोलिनेशियाई समाज के रहन-सहन की तुलना तत्कालीन अमेरिकी समाज से की। उन्होंने पाया कि सामोआ समाज के लोगों में एकपत्नीत्व (मोनोगेमी) और ईर्ष्या (जैलेसी) के लिए जगह नहीं है। बचपन से जवान होने का रास्ता सामोआ के लोगों में बहुत सरल और आसान था, जबकि अमेरिकी समाज में यह तनाव, अवसाद और उलझन भरा हुआ था।

तुलनात्मक शोध के प्रमुख भेद निम्नलिखित हैं—1. एक ही साहित्य के अंतर्गत तुलनात्मक शोध : जैसे—निराला और पंत के काव्य की तुलना, 2. एक साहित्य का अन्य साहित्यों पर प्रभाव : जैसे—हिंदी कथा साहित्य और विश्व कथा साहित्य, 3. दो या दो से अधिक साहित्यों का तुलनात्मक अध्ययन : जैसे—हिंदी और तमिल में रेडियो नाटक और 4. एक युग की साहित्यिक धारा का अध्ययन : जैसे हिंदी और बांग्ला के वैष्णव भक्ति साहित्य का अध्ययन।

तुनात्मक शोध की विशेषताएं इस प्रकार हैं—1. तुलनात्मक शोध में दो या दो से अधिक आयाम होते हैं, 2. इसकी सामग्री दो या दो से अधिक स्रोतों से प्राप्त करनी होती है और 3. तुलनात्मक शोध अतंतः सैद्धांतिक शोध में परिवर्तित हो जाता है। यदि हम किन्हीं दो वस्तुओं की तुलना करें तो तुलना का आधार सैद्धांतिक ही होगा। इस प्रकर से तुलनात्मक शोध में किन्हीं दो आयामों या तत्वों के आधार पर अध्ययन किया जाता है। साहित्य के क्षेत्र में तुलनात्मक शोध के प्रमुख भेद हैं—1. साहित्यिक प्रवृत्तियों की तुलना, 2. साहित्य के युगों की तुलना, 3. साहित्यिक कृतियों की तुलना और 4. साहित्यकारों की तुलना।

तुलनात्मक शोध में तुलनीय ग्रंथों के सभी तत्वों को अलग-अलग करना होता है। जैसे—

साहित्य में कथावस्तु, भाषा-शैली, पात्र, दर्शन, धर्म और मनोविज्ञान आदि तत्वों को अलग-अलग लेकर साम्य और वैषम्य का अध्ययन किया जाता है। तुलनात्मक शोध में प्रयोग की जाने वाली पद्धतियां हैं—1. विकासात्मक या ऐतिहासिक विधि और 2. विवरणात्मक या संरचनात्मक विधि। तुलनात्मक अध्ययन के प्रमुख तत्व हैं—1. समानता, 2. अभेद, 3. पार्थक्य और 4. वैषम्य।

भारत एक बहुभाषिक देश होने के कारण विविधता-संपन्न है, पर यहां के साहित्य के ऐतिहासिक-सामाजिक स्रोतों में समानता एक उल्लेखनीय तथ्य है। इसलिए तुलनात्मक शोध में भेद, पार्थक्य और वैषम्य दिखाते हुए भी समानताओं की ओर भी दृष्टि जाती है। हिंदी में कई उत्कृष्ट तुलनात्मक शोध हुए हैं जो भक्ति आंदोलन के अलावा आधुनिक साहित्य से भी संबंधित हैं।

अभिषेक अवतंस

तुलनात्मक साहित्य

तुलनात्मक साहित्य (Comparative Literature) एक से अधिक भाषाओं में रचित साहित्य का अध्ययन है और तुलना इस अध्ययन का मुख्य अंग है। सैद्धांतिक धरातल पर अठारहवीं शती की तुलनात्मक आलोचना से ही आधुनिक सौंदर्यशास्त्र का जन्म हुआ है। दरअसल सिद्धांत-अभिमुख काव्यशास्त्र और कृति-अभिमुखी साहित्यालोचन की तुलनात्मक तथा व्यतिरेकी (भिन्नता को विश्लेषित करने वाले) औजारों की जरूरत होती है ताकि सामान्यीकरण के साथ कृति में अंतर्निहित विशेषताओं का भी ज्ञान हो सके।

तुलनात्मक साहित्य एक ऐसी आलोचना की ओर निर्देश करता है जो राष्ट्रीय अथवा प्रांतीय सीमाओं के पार कर जाती है। एकक राष्ट्रीय साहित्य के अध्ययन में तुलना अनुषांगिक होती है मगर तुलनात्मक अध्ययन में तुलना व्यवस्थित रूप से होती है। इसके अलावा, तुलनात्मक आलोचना एक विस्तृत साहित्यिक अध्ययन से जुड़ी होती है और मानवीय ज्ञान के दूसरे क्षेत्रों को अपने में समेट कर एक बृहद परिप्रेक्ष्य को प्रकट करती है। इस प्रकार की आलोचना स्वाभाविक रूप से ऐतिहासिक सामान्यीकरण की ओर अग्रसर होती है।

यह पद्धति महत्वपूर्ण आलोचनात्मक प्रश्नों को उभारती है तथा चित्ताकर्षक ढंग से उसका उत्तर देने का प्रयत्न करती है जो एकक साहित्याध्ययन की पद्धति द्वारा संभव नहीं। यदि तुलनात्मक साहित्य का पद्धति-विज्ञान अंतरराष्ट्रीय संदर्भवाद तथा तुलनात्मक आलोचना के नियमों के आधार पर निर्मित तुलनात्मक और व्यतिरेकी तकनीकों के द्वारा साहित्य को एक सार्विक संवृत्ति के रूप में (जैसे महाकाव्य की परंपरा में काम करने वाले दूसरे देश-विदेश के लेखकों की तुलना में तुलसीदास का अध्ययन) प्रकाशित कर सके तो निश्चय ही आलोचना पद्धति उचित ठहराई जा सकती है, जैसा कि हैरी लेविन ने 'रिफ्राक्शन' में कहा है कि यदि यह पद्धति मनुष्य की सहजात प्रादेशिकता को प्रभावहीन करके तुलनात्मक साहित्य के द्वारा मनुष्य जो कुछ जानता है अथवा जो वह जान सकता है, उसको एक व्यापक भावात्मक रूप प्रदान कर सके तो इसके अस्तित्व को न्यायसंगत प्रमाणित करना बहुत ही सरल है। दरअसल तुलनात्मक साहित्य की पद्धति ने सांस्कृतिक वरिष्ठता को चुनौती दी है और साहित्य को एक सार्विक धरातल पर ला खड़ा किया है।

परिभाषा : रेमाक का कहना है कि तुलनात्मकता एक सांश्लेषिक मानसिक दृष्टि है जिसके द्वारा भौगोलिक एवं जातीय स्तर पर साहित्य का विश्लेषण संभव होता है। यदि एक ही भाषा में लिखित साहित्य के अंतर्गत दो समान या असमान रूपों या प्रवृत्तियों का तुलनात्मक अध्ययन किया जाए, जैसे मीराबाई के भक्तिमूलक गीतों के साथ महादेवी के रहस्यात्मक गीतों की तुलना, तो इसको तुलनात्मक साहित्य नहीं कहा जा सकता, क्योंकि इसमें सांश्लेषिक मानसिक दृष्टि के विस्तार की संभावना नहीं होगी।

यदि दो या इससे अधिक भाषाओं में रचित साहित्य के समान या असमान रूपों या प्रवृत्तियों का तुलनात्मक अध्ययन किया जाए, जैसे रवींद्रनाथ ठाकुर की मृत्युविषयक बांग्ला कविताओं के साथ गालिब की जीवन की निस्सारता से संबंधित उर्दू गजलों की तुलना, उसे तुलनात्मक साहित्य कहा जा सकेगा, मगर यह एक ही राष्ट्र की परिधि के बहुभाषिक साहित्य के आश्रय से निर्मित तुलनात्मक साहित्य होगा। मगर जब तुलना किसी एक राष्ट्र की परिधि को पार करके दूसरे राष्ट्रों की भाषाओं में लिखित साहित्य को अपने में समेट लेती है, जैसे मीरा, रवींद्रनाथ, शंकर कुरूप की रहस्यात्मक कविताओं की अर्थछवियों की ईरान के सूफी कवियों के रहस्यात्मक गीतों अथवा अंग्रेजी के रहस्यवादी कवि ब्लेक या डन की कविताओं के साथ तुलना की जाती है तो उसको निश्चय ही तुलनात्मक साहित्य कहा जाएगा।

तुलनात्मक पद्धति विज्ञान की राजनीति : तुलनात्मक साहित्य की सबसे बड़ी समस्या पद्धति-विज्ञान (methodology) है। कोई पद्धति उपलब्ध आधार सामग्री (data) की सहायता से तैयार होती है। पहले यह आधार सामग्री फ्रांसीसी तथा दूसरे यूरोपीय साहित्य से एकत्रित की गई थी जिसके आधार पर तुलनात्मक साहित्य की पद्धति तैयार हुई थी। एशिया और अफ्रीका के साहित्य के संदर्भ में देखा गया कि यह पद्धति उपयोगी नहीं है। इसका प्रयोग करते ही यूरोप केंद्रित निरंकुश प्रभुत्व को स्वीकार करना पड़ता है। यह यूरोपीय पद्धति विज्ञान की एक राजनीति है जिससे मुक्त रहना नितांत आवश्यक माना गया है।

साहित्यिक अध्ययन का एक कलात्मक पक्ष होता है और दूसरा समाजिक-सांस्कृतिक संदर्भ। भारत के एक प्रांत से लेकर दूसरे प्रांत तक सामाजिक-सांस्कृतिक संदर्भ एक जैसा नहीं है। विभिन्न देशों के बीच के सामाजिक-सांस्कृतिक संदर्भ में भिन्नता है। उदाहरण के रूप में, यूरोप की तुलना में भारत में कला और धर्म के बीच अंतर कम है। फिर भी तुलनात्मक साहित्य के कुछ वैश्विक नियम हैं। इन्हीं के आधार पर पद्धति विज्ञान का निर्माण किया जाता है।

तुलनात्मक साहित्य के दो मूलभूत नियम : दो मूलभूत नियम हैं : (1) साहित्येतिहास का अंतरराष्ट्रीय संदर्भवाद और (2) तुलनात्मक आलोचना।

साहित्येतिहास का अंतरराष्ट्रीय संदर्भवाद दो भिन्न देशों की साहित्यिक कृतियों अथवा घटनाओं के बीच विद्यमान द्वि-आधारी तथा अन्योन्य संबंध स्थापित करता है। भारतीय संदर्भ में द्वि-आधारी तुलनात्मक अध्ययन का अर्थ भारत की किन्हीं दो आधुनिक भाषाओं के साहित्य का अध्ययन है, जहां राष्ट्रीय परिधि को पार करने की आवश्यकता नहीं है। मगर तुलनात्मक भारतीय साहित्य के संदर्भ में राष्ट्रीय परिधि को पार करना और अंतरराष्ट्रीय संदर्भवाद को स्वीकार करना लाजिमी है, क्योंकि इसके बिना आधुनिक भारतीय साहित्य के पश्चिमी प्रभाव को सही रूप से आंकना और भारतीय विशिष्टिता का रेखांकन संभव नहीं है। दरअसल संस्कृतिपरक यथार्थवादी दृष्टि या दृष्टियों की सहायता से एक से अधिक साहित्यों के सादृश्य-संबंध, प्रभाव-सूत्रों और परंपराओं का अंतरराष्ट्रीय संदर्भवाद के आश्रय से ही तुलनात्मक अध्ययन हो सकता है। एकक साहित्य अध्ययन में भी दूसरे साहित्य के साथ तुलना का सहारा लिया जाता है। मगर एकक साहित्य की किसी विशेषता को उजागर करने के लिए अचेतन या यांत्रिक रूप से तुलना का प्रयोग किया जाता है, मगर तुलनात्मकतावादी आलोचक के लिए तुलना एक सचेतन एवं मूलभूत पद्धति है।

प्रत्येक तुलना को 'तुलनात्मक शोध' का अंग नहीं माना जाता है। उदाहरण के लिए, आधुनिकताबोध को प्रकट करने वाले प्रत्येक हिंदी, बांग्ला या मराठी नाटक में विसंगतिबोध ढूंढ़ निकालना मानो आधुनिकताबोध और विसंगतिबोध को एक-दूसरे का पर्याय मान लेना है। हर नई कविता को अस्तित्ववादी विचारधारा के साथ जोड़ना भी तुलनात्मक पद्धति के साथ अन्याय करना है।

आधुनिक साहित्य के प्रत्येक पक्ष, विधा, कथ्य या प्रवृत्ति में कुछ तुलनीय अंश अवश्य विद्यमान रहते हैं मगर तुलनात्मक पद्धति के लिए आवश्यक है कि तुलनात्मक विश्लेषण एवं तुलनात्मक विवरण का अंतर किया जाए। प्रत्येक विवरण अप्रत्यक्ष रूप से तुलनात्मक होता है मगर एक पद्धति या प्रतिमान के आधार पर किया गया विश्लेषण कुछ भिन्न होता है। इसलिए तुलनात्मक साहित्य की समस्याओं को समझते हुए तुलना की पद्धति में बहुत सावधानी बरतनी पड़ती है।

उपर्युक्त दो नियमों के आधार पर एक से अधिक साहित्यों के सादृश्य संबंध, प्रभाव-सूत्रों और परंपराओं का तुलनात्मक अध्ययन किया जा सकता है। अंतरराष्ट्रीय संदर्भवाद एवं तुलनात्मक आलोचना के मॉडल के आश्रय से तुलनात्मक अध्ययन का प्रसार करते हुए ही ऐसे अध्ययन की सिद्धि होती है, अर्थात कोई मॉडल अपने आप में आत्यंतिक नहीं है। तुलना 'साम्यमूलक' अथवा 'वैषम्यमूलक' हो सकती है, मगर दोनों ही स्थितियों में अध्ययन का गहरा तथा सुव्यवस्थित होना आवश्यक है।

अध्ययन की सादृश्य-संबंध पद्धति : अंतरराष्ट्रीय संदर्भवाद के आश्रय से दो साहित्यिक कृतियों का शैली, संरचना, मूड या विचार का सादृश्य-संबंध के आधार पर अध्ययन होता है। किसी एक पक्ष को लेकर भी सादृश्यमूलक अध्ययन किया जा सकता है। यह अध्ययन साम्यमूलक या वैषम्यमूलक हो सकता है। मगर इस प्रकार के तुलनात्मक विश्लेषण में तुलनीय कृतियां एक-दूसरे के प्रभाव से मुक्त होती हैं, उनमें कोई कार्य-कारण संबंध नहीं होता। इसलिए सादृश्य संबंधात्मक अध्ययन में तुलनात्मकतावादी आलोचक की सांश्लेषिक दृष्टि के पीछे किसी तथ्यात्मक औचित्य का विधान नहीं होता। दो बेमेल विषयवस्तुओं की सादृश्यमूलक अध्ययन प्रविधि को असादृश्यमूलक अध्ययन पद्धति (पॉलीजेनेटिक पद्धति) कहते हैं। हरभजन सिंह द्वारा 'ओडेसी', 'रामायण', 'सेवासदन' तथा 'त्यागपत्र' में 'सीता सिन्ड्रोम' के विवेचन को इसी प्रकार का अध्ययन कहा जाता है।

जेम्स जे वाई लिउ ने 'एलिजाबेथ एंड यॉन' (1955) में एलिजाबेथीय युग के नाटकों के साथ सुदूर-पूर्व के नाटकों का सादृश्यमूलक विवेचन करते हुए स्पष्ट किया है कि दोनों में ही मायावाद का विरोध है तथा जीवन का वह यथार्थ भी नहीं है जो रंगमंच में 'चौथी दीवार' को हटाकर दिखाया जाता है। यतंबल्ल के लिए इस प्रकार के अध्ययन का महत्व इसलिए है कि यहां प्रभाव-सूत्रों के विवेचन के स्थान पर समानांतरता के आधार पर नाटकों में अंतर्निहित उनकी संभाव्य शक्ति तथा उस प्रक्रिया को उद्घाटित किया जाता है जिसके द्वारा जीवन एक कलारूप में परिवर्तित हो जाता है। सादृश्यमूलक अध्ययन का एक और रूप है जहां एक जैसी ऐतिहासिक तथा सामाजिक पटभूमि के आधार पर दो लेखकों या कृतियों का विवेचन किया जाता है।

सादृश्यमूलक तुलनात्मक अध्ययन में कृतियों को एक-दूसरे के विरोध में खड़ा नहीं किया जाता। यहां तुलनात्मकतावादी आलोचक का एक विश्रांति-मूड होता है एवं उससे ही चिंतन का प्रसार संभव होता है एवं अध्ययन की समूची दृष्टि सृजनात्मक विधि के अंतर्गत आ जाती है। ऑस्कर वाइल्ड की भाषा में आलोचक स्वयं कलाकार बन जाता है क्योंकि वह इस बात को अच्छी तरह समझा देता है कि सबसे अधिक महत्वपूर्ण आलोचनात्मक क्रिया मूल्यांकन करना नहीं अभिज्ञान है।

सादृश्य-संबंध पद्धति पर आधारित अध्ययन के विरोध में कहा जाता है कि इसमें व्यक्तिवादिता एवं प्रभाववादिता को बहुत अधिक महत्व दिया जाता है, इस तरह यह कोई पद्धति ही नहीं बन पाती। यह बात कुछ हद तक सही हो सकती है मगर यह पद्धति नहीं है, ऐसी बात नहीं है। इससे साहित्य अध्ययन का स्वरूप संकुचित नहीं होता, बल्कि इस तरह के अध्ययन से साहित्य के बारे में विस्तृत दृष्टिकोण बन पाता है और साहित्य अध्ययन से संबंधित नए-नए प्रश्न उभरते हैं जिनके अध्ययन से तुलनात्मक साहित्य की स्वकीयता का परिचय मिलता है।

सादृश्यमूलक पद्धति की सहायता से विभिन्न

समाजों तथा परिस्थितियों में अभिव्यक्त होने वाले साहित्य का विवेचन होता है। इस विवेचन से उभरने वाले प्रश्नों–जैसे इन साहित्यिक अभिव्यक्तियों में समानता का क्या कारण है कैसे ये एक-दूसरे से भिन्न हैं? इन प्रश्नों का उत्तर दिया जाता है। इस प्रकार के अध्ययन से अन्य बहुत सारे प्रश्न उठते हैं। जैसे–क्या साहित्य में आवर्त्ती प्रतिकृतियां होती हैं, इस प्रकार के आवर्तन की प्रकृति क्या है? लेखकों का परिवेश (milieu) क्या अंतरराष्ट्रीय समाज का अहसास कराता है? क्या वह उस समाज का जहां वह काम करता है, अधिक सत्य होता है? क्या इस प्रकार की धारणा से कुछ फायदा है? लेखकों के अंतरराष्ट्रीय समाज की कल्पना निश्चय ही एक ऐसा निर्देश आधार प्रदान करती है जिसकी सहायता से व्यक्तिवादिता एवं प्रभाववादिता से मुक्त होकर साहित्यिक कृतियों के बीच सादृश्यपरक संबंध का अध्ययन किया जा सकता है।

असादृश्यमूलक अध्ययन पद्धति : इस पद्धति के अंतर्गत संसार की किसी भी दो असादृश्यमूलक वस्तुओं की तुलना हो सकती है। उदाहरणस्वरूप 'रामायण' की सीता के साथ प्रेमचंद के 'सेवासदन' की सुमन की तुलना अथवा शेक्सपीयर के 'मैकबेथ' के साथ रवींद्रनाथ के 'विसर्जन' नाटक के जयसिंह की तुलना। यह पद्धति तुलनात्मक साहित्य को विस्तार देती है, उसमें नए रंग भरती है। इस संदर्भ में यह आलोचना की जाती है कि तुलनात्मक साहित्य की परिधि का कोई अंत नहीं है। दुनिया की किसी भी साहित्यिक कृति, विचार या दृष्टि को इसमें समेटा जा सकता है और नतीजा यह निकलता है कि यह पद्धति अपरिचालनीय बन गई है।

तुलनात्मक अध्ययन की परंपरा पद्धति : अंतरराष्ट्रीय संदर्भवाद के साथ परंपरा-अध्ययन में उन दो कृतियों का सादृश्यमूलक अध्ययन होता है, जिनमें वे समानधर्मी कृतियां एक बड़े वर्ग का अंश होती हैं और समान ऐतिहासिक, कालानुक्रमिक तथा रूपात्मक बंधनों से बंधी होती हैं। इस पद्धति के अंतर्गत भाषाओं तथा साहित्यों में प्रतिफलित राष्ट्रीय चेतना का समांतरीय अध्ययन किया जाता है। प्रावर का कहना है कि इस प्रकार का अध्ययन तभी लाभदायक हो सकता है जब अध्ययन के क्षेत्र को सीमित करके किसी एक ऐतिहासिक काल के अथवा ऐतिहासिक दृष्टि से उभरते हुए किसी एक काव्य रूप के दो साहित्यों के संदर्भ में अध्ययन किया जाए।

उदाहरण के रूप में भारतीय साहित्य की भारतीयता एवं अमेरिकी ब्लैक पोयट्री की मूल चेतना के अध्ययन के स्थान पर दूसरे महायुद्ध के समय रचित भारतीय एवं ब्लैक पोयट्री का अध्ययन निश्चय ही अधिक तात्पर्यपूर्ण हो सकता है। विश्व साहित्य के संदर्भ में रवींद्रनाथ ठाकुर या सॉल बेलो जैसे बहुज्ञ लेखकों का अध्ययन करते हुए विभिन्न सामाजिक तथा सांस्कृतिक परंपराओं का प्रभाव-विवेचन भी विषय हो सकता है। हालांकि रेने वेलेक ने इस प्रकार के अध्ययन का विरोध करते हुए कहा है कि 'इसकी कीमत साहित्यिक विद्वता को सामाजिक मनोविज्ञान और साहित्यिक इतिहास में विलीन करके अदा करना पड़ती है।' वस्तुतः इस प्रकार के तुलनात्मक अध्ययन से साहित्य की विभिन्न राष्ट्रीय परंपराओं के बारे में सही और गलत धारणाओं का पता लग पाता है। मैथिलीशरण गुप्त ने 'मेघनाद वध' का अनुवाद करते हुए यह गलत धारणा फैलाई थी कि माइकेल मधुसूदन दत्त ने राम और लक्ष्मण की तुलना में रावण को पाश्चात्य परंपरा के व्यक्तिवादी प्रभाव के कारण अधिक महत्त्व दिया है। इस प्रकार परंपरा अध्ययन में राष्ट्रीयता या अंतरराष्ट्रीयता जटिल ढंग से एक-दूसरे के निकट आ जाती है। उन्नीसवीं शती के प्राच्य विद्वानों द्वारा किए गए संस्कृत साहित्य (उपनिषदादि) के अनुवादों के फलस्वरूप येट्स, इलियट आदि अंग्रेजी कवियों की कविता में भारतीय परंपरा के अनुप्रवेश का अध्ययन इसी दृष्टिकोण से किया गया है।

प्रभाव अध्ययन पद्धति : अंतरराष्ट्रीय संदर्भ में प्रभाव सूत्रों के तुानात्मक विवेचन के बारे में सामान्यतः दो धारणाएं प्रचलित हैं : एक, जहां किसी शक्तिशाली साहित्यिक व्यक्तित्व का प्रभाव बाढ़ की

तरह होता है और इसके फलस्वरूप उसके प्रभाव में डूब जाने वाले लेखक की असहाय वशीभूतता प्रकट होती है। दो, जहां प्रभाव किसी सान की तरह व्यक्ति की प्रतिभा को और चमका देता है। इस तरह का प्रभाव अध्ययन नकारने योग्य होता है, क्योंकि इस तरह के अध्ययन में प्रभावित लेखक हमेशा कोई साधारण लेखक होता है और तुलनात्मक साहित्य के अध्ययन में उसे भी स्थान मिल जाता है।

अध्ययन की इस पद्धति को प्रत्यक्षवादिता से जोड़कर इसका विरोध किया गया है (मैलोन)। कुछ आलोचकों के लिए किसी लेखक की उधारजीविता की बात करने का अर्थ उसकी मौलिकता को कम करना है। निश्चय ही कोई भी कृति दूसरी कृति के 'कारण' निर्मित नहीं होती। प्रभाव को 'अनुकरण' न मानकर 'प्रेरणा' मानने से प्रभाव-अध्ययन के विरोध में की गई आलोचना का उत्तर दिया जा सकता है। अंततः तुलनात्मक साहित्य में प्रभाव-सूत्रों का अध्ययन उसकी केंद्रीय पद्धति है (साइमन जियून)। यह तुलनात्मक पद्धति सिर्फ स्रोतों या मॉडलों की खोज नहीं करती, इसका मुख्य कार्य यह विश्लेषित करना होता है कि लेखक ने अपने मॉडल का प्रयोग कैसे किया है, कैसे उसने अपने मॉडल को नया रूप दिया है तथा उसमें कौन-सी नई बात जोड़ी है। आखिरकार साहित्यिक विद्वता का व्यवस्थित ढंग से प्रसारित होना तभी संभव है, जब साहित्यिक कृति की साहित्यिकता की खोज को आलोचना का मुख्य केंद्र बिंदु स्वीकार कर लिया जाए।

कभी-कभी प्रभाव ग्रहणकर्ता प्रभावसूत्रों को इस प्रकार आत्मसात कर लेता है कि प्रभाव डालने वाले का लेश मात्र पता नहीं चलता। इसीलिए क्लॉद गुइएं ने प्रभाव सूत्रों के अध्ययन को मनोवैज्ञानिक प्रतिभास (phenomenon) कहा है। वे प्रत्यक्ष और अप्रत्यक्ष की बात उठाते हुए कहते हैं कि पेत्रार्कीय सॉनेट लिखने के लिए रिनेसां कवि को पेत्रार्क को पढ़ने की जरूरत नहीं थी मगर इससे पेत्रार्क के अप्रत्यक्ष प्रभाव को नकारा नहीं जा सकता। एक खास साहित्यिक परंपरा में जीने वाले कवियों द्वारा ग्रहण किया गया यह प्रभाव वस्तुतः 'एक सामूहिक साझेदारी भाव' है। फ्लेचर का कहना है कि यदि हम प्रभावित लेखक को ऋणी प्रमाणित करते हैं तो उससे प्रभाव उत्सर्जक का थोड़ा परिचय मिलता है, मगर प्रभावित लेखक की मनोशरीरी दृष्टि के बारे में विस्तार से पता लग जाता है। उसकी सृजन प्रक्रिया से भी हम परिचित हो पाते हैं। यदि हम एक दफा यह पता लगा सकें कि निराला की कविता में ऐसे बहुत सारे तत्व हैं जो रवींद्र की कविता से मेल खाते हैं तो हम यह प्रमाणित कर सकेंगे कि निराला बांग्ला रचनाकारों की काव्य स्थितियों एवं चरित्रों को स्वीकारते थे तथा उन्हें उद्धृत करते थे तथा निराला पर रवींद्र के माध्यम से उपनिषद का प्रभाव पड़ा था। इस तरह रवींद्र को प्रभाव-उत्सर्जक तथा निराला को प्रभाव-ग्रहणकर्ता प्रमाणित करने पर भी इस प्रकार का अध्ययन रवींद्र की अपेक्षा निराला की काव्य प्रतिभा को ज्यादा उजागर करने के लिए होगा क्योंकि यह पद्धति यांत्रिक ढंग से मात्र तथ्यों का हवाला नहीं देगी बल्कि गहराई से रवींद्र की जगह उनकी पटभूमिका पर निराला की सृजन प्रक्रिया की ही आलोचना करेगी।

लिओन एडेल का कहना है कि इस तरह के अध्ययन में प्रभाव ग्रहणकर्ता की कल्पना शक्ति का महत्व उस खाद्य पदार्थ की अपेक्षा कहीं अधिक है जिस पर वह शक्ति निर्भरशील है। प्रभाव सूत्रों का अध्ययन तुलनात्मक आलोचना के क्षेत्र में तब तक चलता रहेगा जब तक हमारी यह धारणा बनी रहेगी कि आलोचनात्मक क्षण के लिए ऐतिहासिक चेतना आवश्यक है क्योंकि वर्तमान को अतीत के साथ जुड़ी प्रक्रियाओं के उत्पाद के रूप में आंकने पर ही वह बोधगम्य बन पाता है। यह कालक्रमिक दृष्टि प्रभाव-उत्सर्जक तथा प्रभाव-ग्रहणकर्ता की सृजनात्मक प्रक्रिया के प्रति हमें असंवेदनशील नहीं बनाती क्योंकि तुलनात्मक साहित्य में प्रभाव अध्ययन जहां विस्तार की दृष्टि से ऐतिहासिक है वहां गुरुत्व की दृष्टि से सामूहिक है। यह लेखकों के साहित्यिक कर्म के विश्लेषण के साथ युग की विशिष्ट शैली

का जिसे रोलां बार्थ ने 'एकरित्युर' (ecriture) कहा था, का भी ध्यान रखा जाता है।

स्वीकृति अध्ययन तथा संचारण पद्धति : तुलनात्मक पद्धति के अंतर्गत कृतियों की स्वीकृति के अध्ययन का भी प्रसार हुआ है। उलरिच वाइस्ट इन के अनुसार प्रभाव सूत्रों का अध्ययन मूलतः दो साहित्यिक कृतियों को लेकर किया जाता है। स्वीकृति-अध्ययन का क्षेत्र काफी विस्तृत है जहां कृतियों के पारस्परिक संबंधों से लेकर उनके आस-पास की परिस्थितियों, लेखक, पाठक, समीक्षक, प्रकाशक तथा प्रतिवेशी परिवेश सब कुछ अध्ययन का विषय बन जाता है। इस तरह स्वीकृति-अध्ययन साहित्यिक समाजशास्त्र अथवा मनोविज्ञान की दिशा में अग्रसर होता है। वाइनस्टाइन इस संदर्भ में काफ्का का उदाहरण देते हुए कहते हैं कि उनकी चिट्ठियां अथवा डायरियां पढ़ने से यह पता चलता है कि काफ्का का गुस्ताव फ्लाबेर के साथ व्यक्तिगत संबंधों के कारण एक मनोवैज्ञानिक निकटता थी। स्वीकृति-अध्ययन में प्रभावसूत्रों की खोज के स्थान पर इस दिशा में अध्ययन का प्रसार होता है। किसी एक विदेशी लेखक का दूसरे देश में विख्यात हो जाने से उस देश की साहित्यिक प्रवृत्ति को मोड़ देने में लेखक के योगदान, अनुवादक के योगदान की सीमाओं और शक्तियों के विश्लेषण और साथ-साथ समीक्षकों द्वारा की गई आलोचनाओं का विवेचन और फिर बिक्री के आधार पर जनरुचि की दिशा का परिचय आदि को साहित्यिक समाजशास्त्र के साथ जोड़कर इस अध्ययन का प्रसार होता है। जापानी हाइकू ने किस प्रकार हिंदी कविता जगत के मनोविज्ञान को उभारा, उसका विश्लेषण स्वीकृति अध्ययन के अंतर्गत ही किया जा सकता है।

इस प्रकार का अध्ययन द्विवेदी युग की एक खास मनोदृष्टि के संदर्भ में भी किया जा सकता है। द्विवेदीकालीन नैतिकता केवल रीतिकाल के प्रति प्रतिक्रिया नहीं थी वरन संपूर्ण विक्टोरियन युग के साहित्य की स्वीकृति भी थी जिसके फलस्वरूप नैतिकता के नाम पर हिंदी के कुछ लेखकों ने संकुचित दृष्टि का परिचय देना शुरू किया। द्विवेदीयुगीन साहित्य में उठे श्लील और अश्लील के प्रश्न को लेकर इस अध्ययन को आगे बढ़ाया जा सकता है।

फ्रेडरिक गुडोल्फ ने जर्मनी द्वारा शेक्सपीयर की स्वीकृति को लेकर विस्तार से विवेचन किया है; किस तरह जर्मन लेखक–लेसिंग, गेटे, शिलर आदि की विचारधाराओं को शेक्सपियर ने प्रभावित किया तथा शेक्सपियर के विभिन्न अनुवादों के दोषों के विवेचन के साथ ही शेक्सपियर द्वारा प्रयुक्त छंद ने कैसे जर्मनी के ब्लैंक वर्स को रूप प्रदान किया आदि। गुडोल्फ ने अपने अध्ययन में जर्मनी में शेक्सपियर के विस्तार का ही नहीं बल्कि जर्मन साहित्य के विकास में शेक्सपियर की विभिन्न विशिष्टताओं को कब, कैसे ग्रहण किया गया, उसका भी विवेचन किया है और साथ ही जर्मनी में शेक्सपियर की स्वीकृति के लिए उत्तरदायी उन अनुवादकों और मध्यस्थों (अंग्रेज हास्य अभिनेतागण) का भी आलोचनात्मक विवेचन किया जिन्होंने 17वीं शती में शेक्सपियर के कॉमेडियों के जर्मन रूपांतरणों का अभिनय करके शेक्सपियर की स्वीकृति में विशेष योगदान दिया था।

स्वीकृति अध्ययन के साथ संबद्ध अंतर-राष्ट्रीय मध्यस्थों (international mediators) का अध्ययन भी आजकल काफी महत्वपूर्ण होता जा रहा है। प्रावर ने इसे 'संचारण-अध्ययन' कहा है और रेमंड विलियम्स का हवाला देते हुए इसकी परिभाषा दी है, 'संचारण संस्थाओं एवं रूपों के सदृश है जिनके माध्यम से विचार, सूचना तथा अभिवृत्तियां स्थानांतरित अथवा स्वीकृत होती हैं।' 'पंचतंत्र', 'हितोपदेश' अथवा 'शुकसप्तशती' की विदेश में यात्रा के विभिन्न वर्गों की खोज एवं ईसप की कथाएं या 'तूतीनामा' के रूप में भारत में वापसी का संचारण-अध्ययन तुलनात्मक साहित्य की दृष्टि से महत्वपूर्ण है।

टी आर हेन ने अपनी पुस्तक 'द एपल एंड द स्पेक्ट्रोस्कोप' में यूरोप में विचार और साहित्य के संचारण के यात्रा-मार्ग का एक विस्तृत मानचित्र तैयार किया है। आधुनिक काल में विश्वविद्यालय के विद्वान

या अनुवादक बड़ी सफलता के साथ मध्यस्थ का काम कर रहे हैं। हिंदी के आलोचकों ने पाश्चात्य काव्यशास्त्र, मार्क्सवादी सौंदर्यशास्त्र, उत्तरऔपनिवेशिकता आदि की ओर सृजनात्मक लेखकों का ध्यान आकर्षित करते हुए हिंदी साहित्य में पाश्चात्य प्रभाव के संचारण अध्ययन का मार्ग सुगम किया है। विदेश में आर्थर वेले (Arthur Waley) ने यूरोपीय तथा सुदूर पूर्व साहित्य का अध्ययन करते हुए एक ऐसे मध्यस्थ का रूप धारण किया है कि ब्रेख्ट और एजरा पाउंड की रचनाओं में भी इसका लाभ पहुंचा है। संचारण-अध्ययन से समाजशास्त्रीय एवं सांस्कृतिक ऐतिहासिकों को भी लाभ पहुंचता है।

लेखकीय ख्याति के कारण स्वीकृति का तुलनात्मक अध्ययन : स्वीकृति अध्ययन के अंतर्गत संचारण विश्लेषण के अतिरिक्त किसी एक लेखक या कृति का ख्याति-विश्लेषण किया जाता है जिसे सौभाग्य अध्ययन भी कहा गया है। किसी एक विदेशी लेखक या कृति के दूसरे देश में किसी विवाद के कारण, नोबेल पुरस्कार मिलने के कारण या कठोर सत्ता का विरोध करने से ख्याति के बढ़ जाने पर वह कैसे दूसरे लेखकों या साहित्यिक परिवेश को प्रभावित करता है, इसकी अध्ययन ही ख्याति-अध्ययन है। वाल्टर मुश (Walter Musehg) ने अपने निबंध 'स्टडीज इन द ट्रैजिक हिस्ट्री ऑफ लिटरेचर' में जर्मन साहित्य को प्रभावित करते हुए अपनी ख्याति का प्रसार करने वाले शेक्सपियर के 'हेमलेट' का ऐसा अध्ययन किया है। वस्तुतः प्रभाव एवं स्वीकृति अध्ययनों को अलग मानने की जरूरत नहीं है। ये एक-दूसरे पर आश्रित तथा एक-दूसरे के पूरक होते हैं। कुल मिलाकर इसको प्रभाव-सूत्र का अध्ययन कहना ही ठीक है। इस प्रकार के तुलनात्मक अध्ययन में कल्पनाहीनता या यांत्रिकता की संभावना को देखते हुए इस पद्धति की काफी आलोचना हुई है।

संबंधपरक द्वंद्वात्मक अध्ययन पद्धति : अंतरराष्ट्रीय संदर्भवाद साहित्य को मानवीय ज्ञान के दूसरे क्षेत्रों के साथ जोड़ता है, जैसे—दर्शन, इतिहास, मनोविज्ञान, राजनीति, धर्म, समाजशास्त्र तथा ललित कलाएं। तुलनात्मक साहित्य जब हमें साहित्य के बारे में नाना प्रकार के प्रश्न पूछने के लिए उत्तेजित करता है तो ये प्रश्न हमें संस्कृति, संरचना, भाषिक क्रम, समाज के साथ साहित्य के संबंध, मानवीय कल्पना और बौद्धिक इतिहास से संबद्ध दूसरे प्रश्नों तक पहुंचा देते हैं। इस तरह साहित्य और ज्ञान के दूसरे क्षेत्रों के आपसी संबंध, पारस्परिक प्रभाव तथा समांतरीय अध्ययन का प्रसार हो जाता है। हिंदू पौराणिक तथा संस्कृत साहित्य के प्रभाव रवि वर्मा की चित्रकला में स्पष्ट दिखाई पड़ता है। इस आधार पर इसका अध्ययन किया जा सकता है। अध्ययन की इस पद्धति को 'संबंधपरक द्वंद्वात्मक पद्धति' का एक क्षेत्र माना जाता है जो अंतरराष्ट्रीय संदर्भवाद पर आधारित रहता है। रेमाक के अनुसार यह पद्धति समस्तरीय सक्षमता की जगह आंशिक रूप से अनुलंबीय सक्षमता को स्वीकारती है। इस प्रकार के अध्ययन के प्रसार के लिए निश्चय ही कार्यपद्धति में परिमार्जन आवश्यक हो जाता है।

वर्तमान संदर्भ में तुलनात्मक साहित्य : आज दलित और स्त्री-विमर्श के चलते तुलनात्मक साहित्य की विश्ववादी दलील काम नहीं कर पा रही है। रेने वेलेक और एत्यांबल जैसे विद्वानों के लिए वैश्विक पद्धति ही विधिसम्मत रही है और वे चाहते रहे हैं कि आधार सामग्री (data) को पद्धति के पास लाया जाए न कि पद्धति को आधार सामग्री (data) के पास लाकर नई स्थितियों में नई पद्धति का निर्माण किया जाए।

उपर्युक्त सार्वभौमतावादी विचारधारा के विरोध में पाश्चात्य देशों में सांस्कृतिक अध्ययन का प्रसार शुरू हुआ और वैश्विकता की जगह संस्कृति तथा साहित्य की स्थानीय विशिष्टताओं का महत्व बढ़ने लगा। अंतर-सांस्कृतिक अध्ययनों के आधार पर यह दावा किया जाने लगा कि ऐसे अध्ययनों से प्राप्त जानकारी सांस्कृतिक कैद से मुक्ति दिलाती है और साथ ही दूसरी संस्कृतियों से परिचय ज्ञान के क्षितिज का विस्तार होता है। फ्रेडरिक जेम्सन का नारा रहा है, 'हमेशा ऐतिहासिकीकरण करो'। साहित्यिक कृति और इतिहास के पारस्परिक संबंधों को स्पष्ट करते हुए यह

पद्धति कृति के माध्यम से प्रस्तुत समाज की जीवंत यथार्थता को इतिहास और राजनीति के साथ जोड़ती है। यह 'अस्मिता की राजनीति' को स्वीकृति देती है।

तुलनात्मक साहित्य में स्त्री और दलित विमर्श के विस्तार से केंद्र तथा हाशिए का द्वंद्व उभर कर सामने आया है। पहले सार्वभौमतावाद और अब भूमंडलीकरण के फलस्वरूप एकरूपतावादी दृष्टि के प्रसार को अवसर मिला था, क्योंकि भूमंडलीकरण विभिन्न भाषाओं और संस्कृतियों के विनियोजन (appropriation), समांगीकरण (homogenisation) और सहयोजन (co-option) को स्वीकार करते हुए एक प्रस्तरीय दृष्टि का प्रसार करता है। नए तुलनात्मक साहित्य की रचना में प्रस्तरीय दृष्टि के वर्चस्व को तोड़कर पहले-पहल शिशिर कुमार दास ने सन 1995 में दो खंडों में 'आधुनिक भारतीय साहित्य' की रचना कर स्पष्ट कर दिया कि भारतीय संदर्भ में साहित्य के इतिहास की परिरेखा (contour) को नए ढंग से पुनः अंकित करना पड़ेगा, क्योंकि कोटि (category) के रूप में भारतीय साहित्य में मौखिक, लोक, आदिवासी, स्त्री साहित्य और दलित रचनाओं को जोड़ना उसको एक संपूर्ण इकाई बनाने के लिए आवश्यक हो गया है। अतः अब वैश्विकता के स्थान पर बहुलतावादी संदर्भ में तुलनात्मक साहित्य की अध्ययन पद्धतियों का विस्तार हो रहा है, ताकि सांस्कृतिक विशिष्टताओं और मानवीकी आलोचनात्मक गहराई की सहायता से भूमंडलीकरण की विनियोजक योजना का विरोध किया जा सके तथा तुलनात्मक साहित्य के क्षेत्र में वैश्विकता के स्थान पर सामूहिकता को महत्व देकर एक नए तुलनात्मक साहित्य का प्रसार हो सके।

इंद्रनाथ चौधुरी

अधिक जानकारी के लिए :

1. **Guide to Literary Theory and Criticism :** John Hopkins, 2005, 2. **The Common Wealth, Comparative Literature and the World** : Alamgir Hashmi, 3. **What is World Literature** : David Damrosch, 4. **Death of a Discipline** : Gayatri Chakravorty Spivak

तेलंगाना

भारत के दक्षिणी भाग में डेकन पठार पर स्थित तेलंगाना देश के 29 राज्यों में एक है। इसके उत्तर एवं उत्तर-पश्चिम में महाराष्ट्र, उत्तर में छत्तीसगढ़, उत्तर-पूर्व में ओडीशा, पश्चिम में कर्नाटक तथा पूर्व एवं दक्षिण में आंध्र प्रदेश है। तेलंगाना भारत का 12वां सबसे बड़ा राज्य है, जिसका क्षेत्रफल 114840 वर्ग किलोमीटर है। 'तेलंगाना' शब्द का एक अर्थ 'तेलुगुभाषियों की भूमि' है। यह संस्कृत के त्रिलिंगा या त्रिलिंगा देसा से बना है, जिसका अर्थ होता है तीन लिंग वाला देश। मान्यता है कि शिव कालेश्वरम्, श्रीशैलम् तथा द्राक्षारम नामक तीन पहाड़ों पर लिंग के रूप में अवतरित हुए, जो परवर्ती काल में तेलिंगा, तेलुंगा या तेलुगु के नाम से प्रचलित हुआ। तेलिंगा शब्द ही बाद में तेलंगाना

के रूप में परिवर्तित हुआ, जिसमें तेलुगुभाषी लोगों की संख्या अधिक थी। तेलंगाना की आबादी 2011 की जनगणना के अनुसार 3,51,93,978 है।

तेलंगाना पहले आंध्र प्रदेश राज्य का हिस्सा था। अलग राज्य की स्थापना हेतु किए गए व्यापक आंदोलन के फलस्वरूप आंध्र प्रदेश के 23 जिलों में से 10 जिलों हैदराबाद, रंगारेड्डी, मेदक, नलगोंडा, महबूबनगर, वारंगल, करीमनगर, निजामाबाद, आदिलाबाद और खम्मम को शामिल कर 2 जून, 2014 को एक नए राज्य का गठन किया गया और इसकी राजधानी हैदराबाद बनाई गई, जो आंध्र प्रदेश और तेलंगाना दोनों की संयुक्त राजधानी है।

वर्ष 1948 के पूर्व तक यहां की राजभाषा उर्दू थी। किंतु भारत संघ में शामिल होने के बाद प्रारंभ में हैदराबाद की राजभाषा अंग्रेजी बना दी गई और बाद में भाषाओं के आधार पर राज्यों के पुनर्गठन के फलस्वरूप 1956 में हैदराबाद राज्य समाप्त हो गया और आंध्र प्रदेश का गठन हुआ, जहाँ की राजभाषा तेलुगु बनाई गई। इसके अतिरिक्त दक्कनी उर्दू भी प्रमुखता से बोली जाती है। इस समय राज्य की लगभग 77 प्रतिशत आबादी तेलुगु भाषा बोलती है। 12 प्रतिशत लोग उर्दू और 13 प्रतिशत लोग अन्य क्षेत्रीय भाषाएं बोलते हैं। यहां की उर्दू को हैदराबादी उर्दू कहा जाता है, जो दक्कनी उर्दू की एक बोली है।

पर्यावरण : तेलंगाना अर्ध-शुष्क क्षेत्र है और यहां की जलवायु मुख्यतः गर्म और शुष्क है। मार्च महीने से यहां गर्मी प्रारंभ होती है और मई महीने में उच्चतम तापमान 42 डिग्री तक चला जाता है। जून महीने में यहां मानसून आता है जो सितंबर तक रहता है। वार्षिक वर्षा उत्तरी तेलंगाना में 900 से 1500 मिमी और दक्षिणी तेलंगाना में 700 से 900 मिमी होती है। औसत वर्षा 755 मिमी होती है। सर्दी का मौसम नवंबर के अंत से प्रारंभ होकर फरवरी तक रहता है, जिस समय औसत तापमान 22-23 डिग्री सेल्सियस रहता है।

तेलंगाना में प्रवाहित होने वाली प्रमुख नदियां गोदावरी एवं कृष्णा हैं। इसके अतिरिक्त तुंगभद्रा, भीमा, डिंडा, किन्नेरासानी, मनैर, मंजिरा, पेनगंगा, प्रणहिता, पेड्डावगु, तालीपेरु, मुसी आदि नदियां भी यहां से प्रवाहित होती हैं। यहां का नागार्जुन सागर बांध देश के प्रमुख बांधों में से एक है। विश्व का सबसे ऊंचा बांध है। शुष्क पर्णपाती जंगल राज्य के अधिकांश हिस्से में पाया जाता है।

इतिहास : तेलंगाना का इतिहास दो हजार वर्षों से अधिक पुराना है। यहां ईसा पूर्व 230 से ई. सन 220 के बीच सातवाहन राजवंश ने शासन किया। सातवाहनों के बाद वकातका, विष्णुकुंडिया, चालुक्य, राष्ट्रकूट तथा पश्चिमी चालुक्य आदि राजवंशों ने यहां शासन किया।

तेलंगाना क्षेत्र का स्वर्णिम युग काकातिया राजवंश के काल में शुरू हुआ, जिसने 1083 से 1323 के बीच यहां शासन किया। इस वंश के सबसे प्रतापी शासकों में रुद्रमणि देवी तथा प्रतापरुद्र द्वितीय प्रमुख थे। मुहम्मद बिन तुगलक द्वारा 1323 में प्रतापरुद्ध को पराजित किए जाने के बाद इस वंश का शासन समाप्त हो गया। उसके बाद इस क्षेत्र पर 1326-1356 तक दिल्ली सल्तनत के मुसुनुरी नायकों, 1347 से 1512 तक बहमनी सल्तन, 1512 से 1687 तक कुत्ब शाही वंश, 1687 से 1724 तक मुगल साम्राज्य और 1724 से 1948 तक आसिफ जाही वंश का शासन रहा। इस बीच 1748 में आसिफ जाह प्रथम की मृत्यु के बाद यहां राजनीतिक अस्थिरता उत्पन्न हुई, जिसका फायदा उठाकर विदेशी औपनिवेशिक शक्तियों ने हस्तक्षेप शुरू किया और कई मामलों में अपना अधिकार जमा लिया। 1799 में आसफ जाह चतुर्थ ने ब्रिटिश सरकार के साथ संधि करके रक्षा एवं विदेश नीति अंग्रेजों को सौंप दी। इस प्रकार हैदराबाद अंग्रेजों के अधीन निजामों की रियासत था।

भारत की आजादी के बाद हैदराबाद के निजाम भारत के साथ शामिल नहीं होना चाहते थे, किंतु भारत सरकार ने 17 सितंबर, 1948 को फौजी कार्रवाई करके उसे भारत में शामिल कर लिया। वर्ष 1952 में हुए प्रथम प्रजातंत्रात्मक चुनाव में डॉ. बरगु रामकृष्ण राव मुख्य मंत्री बने। इस अवधि में तेलंगाना के लोगों द्वारा जोरदार आंदोलन प्रारंभ किया गया और मद्रास राज्य के नौकरशाहों को हटाकर मुल्की शासन की मांग की गई।

तेलंगाना क्षेत्र के लिए प्रथम विद्रोह 1946 एवं 1951 में प्रारंभ हुआ, जिसका नेतृत्व भारतीय कम्युनिस्ट पार्टी ने किया, जिसे स्थानीय किसानों एवं मजदूरों का समर्थन प्राप्त था। दिसंबर 1953 में भाषा के आधार पर राज्य पुनर्गठन आयोग की नियुक्ति हुई। तेलंगाना एवं आंध्र के नेताओं ने आपसी सहमति से 20 फरवरी, 1956 को आंध्र प्रदेश के नाम से एक

राज्य के निर्माण पर मुहर लगाई, जिसमें तेलंगाना के हितों का ध्यान रखने की शर्त स्वीकार की गई। किंतु बाद में तेलंगाना की उपेक्षा को मुद्दा बनाकर 1969, 1972 एवं 2009 में भारी आंदोलन किए गए और 9 दिसंबर, 2009 को भारत सरकार ने तेलंगाना राज्य के निर्माण की घोषणा की, किंतु तटीय आंध्र प्रदेश एवं रायलसीमा क्षेत्र में हुए हिंसात्मक विरोध के बाद इसे 23 दिसंबर 2009 को स्थगित कर दिया गया।

30 जुलाई 2013 को कांग्रेस कार्यकारिणी समिति ने अलग तेलंगाना राज्य के निर्माण का संकल्प पारित किया और उत्तरी-पश्चिम आंध्र प्रदेश के दस जिलों को शामिल कर तेलंगाना के निर्माण को स्वीकृति दी। अंततः 2 जून 2014 को नए तेलंगाना राज्य का गठन किया गया।

संस्कृति : तेलंगाना की संस्कृति पर फारसी रीति-रिवाजों का प्रभाव है, जो निजामों एवं मुगलों के प्रभाव से आया है। इसके साथ ही दक्षिण भारतीय परंपराओं एवं प्रथाओं का भी विशेष प्रभाव है। यह राज्य क्लासिकल संगीत, चित्रकारी एवं लोककलाओं, जैसे बड़ा कथा, छाया कठपुतली नाच, पेरिनी शिवा तांडव नृत्य, गुसादी नृत्य, कोलत्तम आदि की दृष्टि से समृद्ध है।

पर्व-त्योहार : तेलंगाना में कई हिंदू त्योहार, जैसे दीपावली, श्री रामनवमी, गणेश चतुर्थी, महाशिवरात्रि और मुस्लिम त्योहार, जैसे बकरीद, ईद-उल-फितर, आदि मनाए जाते हैं।

तेलंगाना के दो लोक पर्व हैं—बतकम्मा तथा बोनाल। बतकम्मा पंडुगा दशहरा के समय मनाया जाता है। बतुक और अम्मा से बने इस शब्द का अर्थ है जीवन दायिनी मां। यह त्योहार वर्षा के मौसम की समाप्ति पर मनाया जाता है। यह अमावस से दशहरा तक मनाया जाता है। इस पर्व में मूर्ति पूजा का महत्व नहीं है। इस पर्व का तेलंगाना की संस्कृति से गहरा संबंध है।

हिंदी का प्रचार-प्रसार : तेलंगाना राज्य के गठन के पूर्व आंध्र प्रदेश में हिंदी के प्रचार-प्रसार हेतु सर्वप्रथम हिंदी प्रचार सभा, हैदराबाद की स्थापना की गई। इसके माध्यम से राज्य में हिंदी का प्रचार-प्रसार किया गया।

दक्षिण भारत हिंदी प्रचार सभा द्वारा भी राज्य में हिंदी का प्रचार-प्रसार किया जा रहा है और हिंदी शिक्षण हेतु संगठित रूप से प्रयास करते हुए प्राथमिक, मध्यमा, राष्ट्रभाषा प्रवेशिका, विशारद, प्रवीण आदि परीक्षाओं का आयोजन किया जाता है।

यहां केंद्रीय सरकार के कार्यालयों में राजभाषा नीति के तहत हिंदी का प्रयोग सुनिश्चित किया जाता है। राज्य में केंद्रीय विद्यालय आदि हिंदी माध्यम के स्कूल भी हैं, जिनसे हिंदी के प्रचार-प्रसार में सुविधा मिल रही है। इसके अतिरिक्त निजी स्तर पर भी अनेक संस्थाएं हिंदी के प्रसार हेतु कार्य कर रही है और तेलुगुभाषियों को हिंदी का प्रशिक्षण आदि प्रदान कर रही हैं।

कला एवं हस्तशिल्प : तेलंगाना कला और हस्तशिल्प की दृष्टि से उल्लेखनीय राज्य है। बिदरी शिल्प के अंतर्गत धातु पर चांदी के काम, सोने के तरह-तरह के आभूषण, तांबे, लोहे पर पच्चीकारी, ढलाई, खुदाई आदि विशेष रूप से प्रसिद्ध है। इसी प्रकार बंजारा सुई क्राफ्ट भी काफी लोकप्रिय है, जिसमें सुई द्वारा सूती कपड़ों पर बंजारों द्वारा अनोखी सिलाई की जाती है। डोकरा धातु शिल्प भी यहां काफी प्रसिद्ध है, जिसमें धातु से मोर, हाथी, घोड़े, बर्तन और अन्य उपयोगी सामान बनाए जाते हैं। निर्मल कला के नाम से ख्यात चित्रकारी एवं लकड़ी के काम भी यहां ककातिया युग से प्रचलित है। तेलंगाना कांसे की ढलाई के लिए भी प्रसिद्ध है।

अर्थव्यवस्था : तेलंगाना की अर्थव्यवस्था का मुख्य आधार कृषि है। धान यहां की मुख्य फसल है। इसके अतिरिक्त यहां मक्का, कपास, गन्ना, आम, तंबाकू, सूर्यमुखी, मूगफली आदि फसल एवं फल उत्पन्न होते हैं।

खनिज की दृष्टि से तेलंगाना काफी समृद्ध

है। कोयला यहां का प्रमुख खनिज है, जो मुख्यतः सिंगनेरी से प्राप्त होता है।

सूचना प्रौद्योगिकी की दृष्टि से तेलंगाना काफी उन्नत है। हाईटेक सिटी हैदराबाद का सबसे बड़ा सूचना प्रौद्योगिकी केंद्र है। यह भारत का सबसे बड़ा सूचना प्रौद्योगिकी एवं जैव प्रौद्योगिकी निर्यातक राज्य है। इस राज्य में 68 विशेष अर्थव्यवस्था अंचल हैं।

तेलंगाना में वस्त्र, दवा, वाहन, खान एवं खनिज, बागवानी, मसाले, मुर्गीपालन आदि बड़े औद्योगिक क्षेत्र हैं। यहां अनेक बड़ी निर्माण इकाइयां भी हैं। डॉ. रेड्डी लेबोरेट्रीज यहां के प्रमुख स्वास्थ्य संबंधी उद्योगों में शामिल है।

रामागुंडम थर्मल पावर स्टेशन, हाईडल एवं थर्मल पावर प्रोजेक्ट आदि राज्य में बिजली की आपूर्ति में महत्वपूर्ण भूमिका निभाते हैं।

शिक्षा एवं स्वास्थ्य संस्थान : 2011 की जनगणना के अनुसार तेलंगाना की साक्षरता दर 66.46 प्रतिशत है। इसमें पुरुष साक्षरत दर 74.95 प्रतिशत तथा महिला साक्षरता दर 57.92 प्रतिशत है। कई सरकारी एवं निजी स्कूलों के अलावा राज्य में बहुत सारे उच्च शिक्षा संस्थान, विश्वविद्यालय एवं शोध संस्थान हैं। यहां टाटा इंस्टिट्यूट ऑफ फंडामेंटल रिसर्च, इलेक्ट्रोनिक्स कॉर्पोरेशन ऑफ इंडिया जैसे कुछ प्रसिद्ध शोध संस्थान हैं। राज्य स्वास्थ्य संबंधी संस्थानों की दृष्टि से भी काफी समृद्ध है। इनमें निजाम इंस्टिट्यूट ऑफ मेडिकल साइंस, फिवर होस्पीटल, दुर्गाबाई देशमुख, कंटिनेंटल होस्पीटल, अपोलो होस्पीटल, इंडियन हर्ट एसोसिएशन आदि प्रमुख हैं।

पर्यटन : तेलंगाना में अनेक दर्शनीय स्थल हैं, जिनमें ऐतिहासिक स्थल, स्मारक, किले, जलप्रपात, जंगल एवं मंदिर शामिल हैं। हैदराबाद में 500 साल पुरानी स्मृतियों को सहेजे 1591 में बनी चारमीनार यहां का पहला दर्शनीय स्थल है। यहां का गोलकुंडा किला देश में प्रसिद्ध बादशाही किलों में अग्रणी है। संग्रहालय सालारगंज भी प्रमुख दर्शनीय स्थान है। इसके अतिरिक्त हैदराबाद से 20 किमी दूर नेहरू ज्योलॉजिकल पार्क, 35 किमी दूर स्थित रामोजी फिल्म सिटी आदि पर्यटकों को आकर्षित करते हैं। इसी प्रकार नलगोंडा जिले में नागार्जुन सागर बांध, वारंगल जिले में ककातीय राजवंश के किलों का शिल्प एवं वास्तु कला, वरांगल किला, चौमल्ला महल, फलकनामा पैलेस, महबूबनगर की प्राकृतिक छटाएं तथा हजारों वर्ष पुराना पिल्लला मर्री नामक विशाल बरगद का वृक्ष, विशाखापट्टनम का समुद्री तट, यहां से 8 किमी दूर ऋषिकोंडा, कैलासगिरी पर्वत, रोप-वे, 52 किमी दूर पंचदाली नामक पर्यटन स्थल, 260 किमी दूर चित्रकूट जलप्रपात आदि पर्यटन स्थल प्रसिद्ध हैं। इनके अतिरिक्त अराकु वैली, भद्राचलम का राम मंदिर, हार्सेल हिल, विजयवाडा का डिजनीलैंड आदि तेलंगाना के प्रमुख दर्शनीय स्थल हैं।

तेलंगाना में कासु ब्रह्मानंद रेड्डी, महावीर हिरण वनस्थली तथा मृगवनी नामक तीन प्रमुख राष्ट्रीय उद्यान हैं। जंगली पशुओं के संरक्षण हेतु यहां एतुरुंगागरम, पखाल, केवल बाघ संरक्षण, किन्नेरासानी, मंजिरा, नागार्जुनसागर-श्रीशैलम बाघ संरक्षणालय आदि कई वनस्थल हैं।

यातायात : तेलंगाना यातायात की दृष्टि से पूरे देश एवं विदेशों से भी सड़क, रेल एवं वायुमार्ग के माध्यम से अच्छी तरह जुड़ा हुआ है। तेलंगाना राज्य सड़क परिवहन निगम बड़ा सरकारी संस्थान है, जो सभी शहरों एवं गांवों को जोड़ता है। रेलवे की दृष्टि से भी तेलंगाना काफी समृद्ध है। हैदराबाद एवं सिकंदराबाद प्रमुख रेल प्रमंडल हैं। वायुमार्ग के मामले में भी तेलंगाना काफी आगे है। राजीव गांधी अंतरराष्ट्रीय एयरपोर्ट, वारंगल एयरपोर्ट, निजामाबाद एयरपोर्ट एवं रामागुंडम एयरपोर्ट अन्य प्रमुख वायुपत्तन हैं।

अवधेश प्रसाद सिंह

अधिक जानकारी के लिए :

1. A Brief History of Telangana and Andhra Pradesh : Ratnakar Sadashivla

तेलुगु

तेलुगु आंध्र प्रदेश और तेलंगाना राज्यों की राजभाषा है। इसके अतिरिक्त केरल, कर्नाटक एवं महाराष्ट्र प्रांत में भी इस भाषा का प्रचलन रहा है। यह द्रविड़ परिवार की एक महत्वपूर्ण भाषा है। इसका उद्भव ईसा की दूसरी सदी से माना जाता है। आधुनिक भारतीय भाषाओं में तेलुगु का महत्वपूर्ण स्थान है। भारतीय संविधान की आठवीं अनुसूची में शामिल यह भाषा अत्यंत प्रौढ़ एवं वैज्ञानिक है तथा इसका साहित्य बहुत समृद्ध है। 2011 की जनगणना के अनुसार तेलुगु बोलने वालों

की संख्या 8,11,27,240 है। प्राचीन समय में तेलुगु भाषा के कई नाम प्रचलित रहे हैं—तेलुगु, तेनुगु और आंध्र। आंध्र शब्द तेलुगु के पर्यायवाची शब्द के रूप में तेलुगु के प्राचीन साहित्य में पाया जाता है। अत्यंत मधुर, कर्णप्रिय तथा शहद जैसी मिठास के कारण इसे 'तेनुगु' कहा जाता था। तेने का अर्थ तेलुगु में शहद होता है। तेलुगु भाषा और साहित्य बहुत रसप्रधान है।

भू-प्रकृति : आंध्र प्रदेश भारत के दक्षिण-पूर्वी समुद्र तट पर स्थित राज्य है। पहले इस राज्य का नाम केवल आंध्र था, जिसे 1 नवंबर 1956 से आंध्र प्रदेश के रूप में पुनर्गठित किया गया। इस राज्य का समुद्र तट 972 कि.मी. लंबा है, जो गुजरात के बाद भारत का सबसे लंबा समुद्र तट है। क्षेत्र के अनुसार यह भारत का आठवां सबसे बड़ा राज्य है, जिसका क्षेत्रफल 1,60,205 वर्ग किलोमीटर है। जनसंख्या की दृष्टि से यह दसवां सबसे बड़ा राज्य है, जिसकी आबादी 2011 की जनगणना के अनुसार 8,45,80,777 है। इनमें 4,24,42,146 पुरुष तथा 4,21,38,631 महिलाएं हैं। आंध्र प्रदेश 12.410' तथा 220 अक्षांश तथा 770 एवं 84.400' पूर्वी देशांतर के बीच स्थित है। 2 जुलाई 2014 को इस राज्य को दो भागों में विभाजित कर एक नए राज्य तेलंगाना का गठन किया गया। इसके उत्तर में महाराष्ट्र, छत्तीसगढ़ और ओडिशा, पूर्व में बंगाल की खाड़ी, दक्षिण में तमिलनाडु और पश्चिम में कर्नाटक राज्य है। आंध्र प्रदेश की वर्तमान राजधानी हैदराबाद है और प्रस्तावित राजधानी अमरावती है। इस राज्य में 13 जिले हैं। इसका सबसे बड़ा शहर विशाखापट्टनम है। आंध्र प्रदेश का मुख्य जातीय समूह तेलुगु है, जो मुख्यतः आर्य और द्रविड़ की मिश्रित जाति से संबंधित हैं। इस राज्य की प्रमुख नदियां हैं गोदावरी, कृष्णा, पेन्ना और तुंगभद्रा।

पर्यावरण एवं जलवायु : आम तौर पर आंध्र प्रदेश की जलवायु गर्म और नम है। राज्य की जलवायु का निर्धारण करने में दक्षिण-पश्चिम मानसून की प्रमुख भूमिका है। आंध्र प्रदेश में सर्दियां सुखद होती हैं। ग्रीष्म काल मार्च से जून तक रहता है। इन महीनों में तापमान काफी ऊंचा रहता है। तटीय मैदानों में गर्मियों का तापमान 20 डिग्री सेल्सियस और 40 डिग्री सेल्सियस के बीच रहता है। आंध्र प्रदेश में जुलाई से सितंबर उष्णकटिबंधीय वर्षा का मौसम होता है। इन महीनों के दौरान राज्य में भारी वर्षा होती है। कुल वर्षा का लगभग एक तिहाई अंश पूर्वोत्तर मानसून की वजह से होता है। अक्तूबर से लेकर फरवरी तक राज्य में सर्दी का मौसम रहता है। राज्य का तटीय इलाका काफी लंबा होने की वजह से सर्दियों में मौसम बहुत ठंडा नहीं होता। सर्दियों में तापमान आमतौर पर 13 डिग्री सेल्सियस से 30 डिग्री सेल्सियस के बीच रहता है।

आंध्र प्रदेश का इतिहास : आंध्र प्रदेश का इतिहास काफी प्राचीन है। पुराणों में उल्लेख है कि यहां

सातवाहनों का शासन था। पुराणों में 30 आंध्र शासकों का उल्लेख है। ऐतरेय ब्राह्मण और महाभारत में आंध्र का उल्लेख है। ईसा पूर्व 207-189 के बीच सिमुका के वंशजों ने वर्तमान आंध्र प्रदेश पर शासन किया और श्रीकाकुलम को अपनी राजधानी बनाया। सातवाहनों के पतन के बाद इक्ष्वाकु, पल्लव, आनंद गोत्रके, राष्ट्रकूट, विष्णुकुंडीना, पूर्वी चालुक्य एवं चोला शासकों ने यहां शासन किया। 1022 ईसवी के आसपास चालुक्य शासक राजराज नरेंद्र ने राजमंद्री पर शासन किया। बारहवीं और तेरहवीं सदी में काकतीय राजवंश का उदय हुआ। काकतीय वारंगल के छोटे प्रदेश पर शासन करने वाले राष्ट्रकूटों के प्रथम सामंत थे।

चौदहवीं शताब्दी के प्रारंभ में प्रलय विमा रेड्डी द्वारा आंध्र प्रदेश के तटीय क्षेत्रों में रेड्डी राजवंश की स्थापना की गई। 1323 में दिल्ली के सुल्तान ग़ियास-उद्दीन तुगलक ने आक्रमण कर वारंगल को कब्जे में ले लिया, किंतु 1326 में मुसुनूरी नायकों ने दिल्ली सल्तनत से वारंगल को छुड़ा कर उस पर पुनः कब्जा कर किया। 1336 में संगमा राजवंश के हरिहर राया तथा उनके भाई बुक्का राया ने विजयनगर साम्राज्य की स्थापना की, जो आंध्र प्रदेश और भारत के इतिहास में सबसे बड़ा साम्राज्य बना। उनका शासन 1646 तक बना रहा, हालांकि अंतिम समय में वे काफी कमजोर हो गए थे। इसके पूर्व 1347 में दिल्ली सल्तनत के खिलाफ विद्रोह करते हुए अला-उद्दीन बहमन शाह ने दक्षिण भारत में एक स्वतंत्र बहमनी राज्य की स्थापना कर ली थी।

सोलहवीं सदी के प्रारंभ से सतरहवीं सदी के अंत तक लगभग दो सौ वर्षों तक कुतुबशाही राजवंश ने आंध्र प्रदेश पर शासन किया।

औपनिवेशिक भारत में निज़ाम ने स्थानीय स्वायत्तता के बदले में ब्रिटिश शासन को आंध्र प्रदेश का एक बड़ा भाग सौंप दिया और हैदराबाद के आंतरिक प्रांतों पर अपना नियंत्रण बनाए रखा। इस बीच फ्रांसीसियों ने गोदावरी डेल्टा में यानम पर कब्जा किया और 1954 तक उसे अपने अधीन रखा।

1947 में भारत की स्वतंत्रता के बाद भी हैदराबाद के निजाम ने भारत से अपनी स्वतंत्रता बनाए रखना चाहा, लेकिन इस क्षेत्र के लोगों ने भारतीय संघ में शामिल होने के लिए आंदोलन शुरूकर दिया और 1948 में हैदराबाद राज्य को भारत गणराज्य का हिस्सा बनने के लिए मजबूर किया।

एक स्वतंत्र राज्य प्राप्त करने के प्रयास में और मद्रास राज्य के तेलुगु लोगों के हितों की रक्षा के लिए पोट्टी श्रीरामुलु ने आमरण उपवास किया। उनकी मौत के बाद नागरिक अशांति ने सरकार को मजबूर किया कि तेलुगु भाषी लोगों के लिए एक नए राज्य के गठन की घोषणा करें। 1 अक्तूबर 1953 को आंध्र ने राज्य का दर्जा पाया, जिसकी राजधानी कर्नूल बनी।

1 नवम्बर 1956 को आंध्र प्रदेश राज्य के निर्माण के लिए आंध्र राज्य का विलय हैदराबाद राज्य के तेलंगाना प्रांत से किया गया। हैदराबाद राज्य की विगत राजधानी हैदराबाद को नए राज्य आंध्र प्रदेश की राजधानी बनाया गया। 1954 में फ्रांसीसियों ने यानम पर अधिकार त्याग दिया, लेकिन संधि की एक शर्त यह थी कि जिले की अलग और स्पष्ट पहचान कायम रखी जाए, जो वर्तमान पुदुचेरी राज्य का गठन करने वाले अन्य दक्षिण भारतीय परिक्षेत्रों के लिए भी लागू था। अंततः 1 नवंबर 1956 को आंध्र प्रदेश का पुनर्गठन किया गया।

भाषा एवं बोलियां : तेलुगु भाषा अपनी प्राचीन शैली और मधुर प्रवाह के लिए विख्यात है। यह राज्य की राजभाषा है, जो 88.5 प्रतिशत जनसंख्या द्वारा बोली जाती है। भारत की सर्वाधिक बोली जाने वाली भाषाओं में तेलुगु का तीसरा स्थान है। राज्य में अन्य बोली जाने वाली भाषाएं हैं उर्दू, हिंदी तथा तमिल। इसके अतिरिक्त सावरा, कोया, जटपु, कोलमी, कोंडा, गडबा और खोंड / कोंध आदि बोलियां भी यहां प्रचलित हैं।

तेलुगु शब्द की व्युत्पत्ति के संबंध में अनेक मत हैं। त्रिलिंग से तेलुगु के विकास की कल्पना की गई है क्योंकि इसमें तीन लिंग होते हैं एवं तीन

लिंगवाची शब्द त्रिक्लिंग बना, जिसका संक्षिप्त रूप तेलुगु बना। तेलुगु लिपि दक्षिण ब्राह्मी का विकसित रूप है। चौथी एवं ग्यारहवीं शताब्दी के बीच प्रचलित चालुक्य लिपि से इसे विकसित माना जाता है। संस्कृत की प्रायः सभी ध्वनियों को व्यक्त करने के लिए इसमें लिपिचिह्नों की व्यवस्था है। इसमें ह्रस्व ए, ओ, दंत्य च, ज एवं शकट रेफ नाम से अधिक 'र' के अतिरिक्त अर्धबिंदु और 'ळ' भी हैं। संस्कृत वर्णमाला की अपेक्षा तेलुगु में छह अक्षर अधिक हैं। इसके अक्षर गोल एवं मोतियों की माला के समान सुंदर होते हैं।

तेलुगु 'अजंत भाषा' अर्थात स्वरांत भाषा है, जिसके कारण तेलुगु श्रुतिमधुर है और संगीत के लिए अत्यंत उपयुक्त है। बकालस कौंटी ने तेलुगु को इटालियन ऑफ द ईस्ट कहकर प्रशंसा की है।

तेलुगु में ए और ओ के ह्रस्व दीर्घ दो प्रकार के उच्चारण होते हैं। इनके चिह्न भी अलग-अलग हैं। इस भाषा में अंतिम ह्रस्व अकारांत का उच्चारण पूरा किया जाता है। आ के लिए एक विशिष्ट ध्वनि है परंतु इसका कोई अलग चिह्न नहीं है। साधारण लुंठित र के अतिरिक्त संघर्षी र भी है। थ वर्ण का उच्चारण प्रायः ध जैसा होता है, जैसे अर्थ को तेलुगु में अर्धमु भी लिखा और बोला जाता है।

तेलुगु में दो वचन होते हैं। हिंदी के हम के स्थान पर तेलुगु में मेमु तथा मनसु दो शब्द हैं। इसमें स्त्रीलिंग, पुल्लिंग के अतिरिक्त नंपुसकलिंग का भी प्रयोग होता है। अर्थ के अनुसार संज्ञा को तीन भागों में विभाजित किया जा सकता है। स्त्रीलिंग बनाने के लिए आलु और कत्त दो स्त्रीलिंग प्रत्यय जोड़े जाते हैं। पशु-पक्षियों में सामान्य पशुवाची शब्दों में नर तथा मादा के लिए क्रमशः मग तथा आड को प्रारंभ में जोड़ा जाता है, जैसे मग गुर्रमु (घोड़ा), आड गुर्रमु (घोड़ी)। अकारांत नंपुसक शब्दों के अंत में मु जोड़ते हैं, जैसे वन से वनमु, जल से जलमु, फल से फलमु आदि। संधि का तेलुगु में विशेष महत्व है और उसके अनेक नियम हैं। तेलुगु के क्रिया के रूपों में पुरुष तथा वचन भी समाहित रहते हैं, जैसे नेनु वच्चुचुन्नानु–मैं आता/आती हूं। मेमु वच्चुचुन्नानु–हम आते/आती हैं। सर्वनाम में हिंदी की तरह तू के लिए तेलुगु में नीवु का प्रयोग देवता, बालक, स्त्री, पुत्र आदि के लिए किया जाता है। आप का समानार्थी 'तमरु' है, जिसे विशेष आदर के लिए प्रयुक्त किया जाता है। तुम का समानार्थी शब्द 'मीरु' है।

तेलुगु भाषा पर संस्कृत का प्रभाव है। संस्कृत के अनेक शब्दों का प्रयोग तेलुगु भाषा में देखा जा सकता है। सी पी ब्राउन ने तेलुगु भाषा का एक कोश बनाया था, जो 'ब्राउन निघंटु' नाम से प्रचलित है।

तेलुगु साहित्य : तेलुगु साहित्य का इतिहास काफी प्राचीन है। आचार्य पिंगली लक्ष्मीकांतम ने तेलुगु साहित्य को दस कालखंडों में विभाजित किया है, जो अधिकांशतः मान्य है–1. पूर्व-नन्नया युग (ईसा पूर्व 200 से 1000 ईसवी तक), 2. नन्नया युग (10वीं सदी), 3. शिव कवि युग (12वीं सदी), 4. तिक्कन युग (13वीं सदी), 5. एर्रना युग (1300-1350), 6. श्रीनाथ युग (1350-1500), 7. रायल युग या प्रबंध युग (1500-1600), 8. दक्षिणांध्र युग (1600-1775), 9. क्षीण युग (1775-1875) तथा 10. आधुनिक युग (1875 से आज तक)।

तेलुगु के आदि कवि नन्नया के पहले का साहित्य बहुत अधिक नहीं है। उनके पहले के साहित्य का उल्लेख परवर्ती रचनाओं में मिलता है। इस युग के कवियों में श्रीपति पंडित, अय्यन भट्ट, चेतन भट्ट, गजांकुश का उल्लेख यत्र-तत्र मिलता है। उनका साहित्य मुख्यतः शिलालेखों एवं दान पत्रों आदि के रूप में उपलब्ध है, जिनमें गुडूरू, बेजवाड़ा, अद्धंक आदि लोकप्रिय हैं।

तेलुगु काव्य की वास्तविक शुरुआत नन्नया से होती है, जिसका रचनाकाल 11वीं सदी है। उनकी प्रमुख रचना महाभारत है, जिसमें तेलुगु का प्रयोग हुआ है। यह संस्कृत महाभारत का तेलुगु में अनुसृजन है। उन्होंने आदि, सभा और अरण्य पर्व के कुछ ही अंशों का काव्यानुवाद किया था जो उनकी कवि-प्रतिभा का उत्कृष्ट उदाहरण है।

उनके बाद अरण्य पर्व को छोड़ कर बाकी का अनुवाद तिक्कना सोमयाजी ने किया। एर्रना ने अरण्य पर्व का काव्यानुवाद किया। इन तीन कवियों को तेलुगु में कवित्रय कहा जाता है। एर्रना की अन्य रचनाएं हैं—एर्रना रामायणमु, हरिवंशमु आदि। इस युग में पालुकुरिकि सोमनाथ ने 'देशी कविता' शैली में बसव पुराण की रचना की। इन्होंने जैन पुराण की शैली में 'शिव भक्त' एवं 'शिव शैवमत' के प्रचारक बसवेश्वर की जीवनी को कथा वस्तु बनाई। आंध्र एवं कर्नाटक प्रांत में यह 'बसव पुराण' अत्यंत लोकप्रिय हुआ। इसे 'देशी पुराण' माना जाता है।

पुराण परंपरा में रंगनाथ रामायण की रचना 1240 में हुई। इसके रचनाकार हैं गोन बुद्ध रेड्डी। यह 'देशी काव्य' जनसाधारण एवं पंडितजनों में समान रूप से लोकप्रिय रहा है। सोलहवीं शताब्दी की कवयित्री मोल्ल ने तेलुगु में रामायण की रचना की, जिसको 'मोल्लरामायणमु' कहा जाता है। यह शास्त्रसम्मत काव्य शैली में होने के कारण पंडित समुदाय में सराही गई।

श्रीनाथ युग तेलुगु में अत्यंत प्रौढ़ काव्यों का युग माना जाता है। श्रीनाथ को तत्कालीन समाज में 'कवि सार्वभौम' का सम्मान प्राप्त था। उनका समय 1400-1500 के बीच माना जाता है। वे संस्कृत और तेलुगु भाषा के प्रकांड पंडित एवं सरस कवि थे। उन्होंने भगवान शंकर की लीलाओं का गुणगान करते हुए 'हर विलास' की रचना की। संस्कृत के नैषधीय चरित्र को ' शृंगार नैषधम' के नाम से तेलुगु में अनुसृजन किया। प्रसिद्ध सम्राट श्रीकृष्ण देवराय द्वारा लिखित प्रबंध काव्य 'अमुक्तमाल्यदा' तेलुगु के पांच महान प्रबंध काव्यों में सर्वश्रेष्ठ माना गया है।

कृष्णदेवराय के दरबार के अष्टदिग्गज कवियों में तेनाली रामकृष्ण अत्यंत महत्वपूर्ण थे। इनका पांडुरंग माहात्मयम् एक उत्कृष्ट प्रबंध काव्य है। इनको 'विकट कवि' माना गया। वह तेनाली राम के नाम से भी प्रसिद्ध हुए। उनकी बुद्धिमत्ता के कुछ किस्से बहुत लोकप्रिय हैं। इस काल में नंदी तिम्मना या मुक्कु तिम्मना ने 'पारिजातापहरणम्' की रचना की। इनका रचना काल 1500-1600 के मध्य माना जाता है।

अन्नमाचार्य (1408-1503) को 'पद कविता पितामह' कहा जाता है। वे तिरुपति के बालाजी वेंकटेश्वर मंदिर में भक्ति पदों का गायन करते थे। तेलुगु साहित्य और कर्नाटक संगीत में भरतनाट्यम, कुचिपुडि आदि नृत्य विधाओं में अन्नमाचार्य के पदों का विशेष प्रचार-प्रसार है। भक्ति एवं शृंगार संबंधी पदों की रचना के कारण इनकी भक्ति को मधुर भक्ति की कोटि का माना जाता है। उस काल में त्यागराज को साहित्य-संगीत और राग रागिनियों की सरसता और माधुर्य के कारण कर्नाटक संगीत में प्रतिष्ठा मिली। तेलुगु साहित्य में राम भक्ति पर आधारित काव्य की रचना कंचर्ल गोपन्ना (1621-1680) और त्यागराज (1767-1847) ने की थी। गोपन्ना ने भद्राचलम (तेलंगाना) में एक भव्य मंदिर का निर्माण कराया था। इन दोनों के तेलुगु पद कर्नाटक संगीत के मुख्य आधार हैं।

ताल्लपाक तिरुमलम्मा तेलुगु साहित्य में पहली कवयित्री मानी जाती हैं। उनका समय 1408-1500 के बीच माना जाता है। इन्होंने 'सुभद्राकल्याणम' काव्य की रचना की, जिसमें लगभग 1170 पद्य हैं। तरिगोंड वेंगमांबा (1730 के आसपास) ने भक्तिपरक रचनाएं कीं। जयदेव के गीत गोविंद से प्रभावित मुद्दुपलनि ने राधा माधव को केंद्र बनाकर राधिका सांत्वनमु नामक शृंगार काव्य की रचना की। यह बहुचर्चित काव्य है।

कुमारगिरि वेमा रेड्डी को तेलुगु साहित्य में 'वेमना' (1652 के आसपास) नाम से अपार ख्याति मिली। इन्होंने तेलुगु को साधारण जनता की सरल भाषा का रूप दिया। उनकी रचनाओं में लोकोक्तियां एवं कहावतें प्रचुर थीं। उन्होंने दोहा में अपनी बात कही। वेमना ने ईश्वर भक्ति के साथ समाज की कुप्रथाओं से विद्रोह व्यक्त किया है। उनकी तुलना कबीर से की जाती है। कवि पोतना (1450-1510) ने 'श्रीमद्भागवत' का तेलुगु में अनुसृजन किया। वे आम तेलुगु जन के बीच काफी लोकप्रिय थे।

तेलुगु साहित्य में आधुनिक युग प्रवर्तक साहित्यकार वीरेशलिंगम (1848-1919) प्रगतिशील विचारधारा के व्यक्ति थे। वे ब्रह्म समाज के अनुयायी थे। वे विधवा विवाह के पक्षधर तथा स्त्री चेतना के प्रचारक के रूप में विख्यात हैं। उन्हें तेलुगु गद्य का निर्माता माना जाता है। उनके 'राजशेखर चरित्र' (1878) को तेलुगु का प्रथम उपन्यास माना गया है। 1881 में पहला विधवा विवाह उन्होंने करवाया। लड़के-लड़कियों के लिए पहला सहविद्या पाठशाला शुरू की तथा 1874 में बालिकाओं के लिए प्रथम अलग पाठशाला की स्थापना की। तेलुगु में पहली 'आत्मकथा' लिखने का श्रेय उन्हीं को जाता है। 1876 में 'विवेकवर्धिनी' पत्रिका और 1883 में स्त्रियों के लिए पत्रिका निकालकर पत्रकारिता के क्षेत्र में भी उन्होंने महत्वपूर्ण कार्य किया।

तेलुगु नाटककारों में पहला नाम गुरजाडा अप्पाराव (1862) का है। उस समय की सामाजिक समस्या को लेकर लिखा गया 'कन्याशुल्कम्' उनका अत्यंत लोकप्रिय नाटक है।

तेलुगु प्रांत में ब्रह्म समाज की स्थापना एवं प्रचार प्रसार में रघुपति वेंकट रत्नम नायुडु की सेवाएं अविस्मरणीय हैं। हरिजन विद्यार्थियों को कॉलेज में प्रवेश दिलाकर, छात्रावास में सबके साथ भोजन और रहने का प्रबंध कराने का श्रेय उनको जाता है।

तेलुगु के उल्लेखनीय आधुनिक कवियों और उनकी रचनाओं में शामिल हैं–रायप्रोलु सुब्बाराव की तृणकंकणं, आंध्रावति, कष्टकमल, वनमाला, स्नेहलता देवी, तेलुगुतोट; देवुलपल्लि कृष्ण शास्त्री की अमृतवीणा, मेघमाला, कृष्ण पक्षम्, प्रवासम्, महती, उर्वशी और तिरुप्पावै कीर्तनलु आदि; गुर्रम जाषुवा की कोत्तलोकम्, ना कथा, मुसाफरुलु आदि; श्री श्री की महाप्रस्थानम्, खड्गश्रुति, शिप्राली आदि; करुणश्री की पुष्प विलापम्, कुंती कुमारी, पाकी पिल्ला आदि; आरुद्र की त्वमेवाहम्; शेषेंद्र शर्मा की शेष ज्योत्सना, मंडे सुर्युडु, रक्त रेखा, ना देशं ना प्रजलु, मेरी धरती मेरे लोग (हिंदी में), काल रेखा आदि; दशरथि कृष्णमाचार्य की अग्निधारा, महांध्रोदयम्, पुनर्नवम्, कविता पुष्पकम्, तिमिरंलो समरम्, रुद्रवीणा, गालिब गीतालु आदि; सी. नारायण रेड्डी की रचना विश्वंभरा, भूमिका, मिट्टी-मनुष्य-आकाश आदि।

तेलुगु के प्रमुख उपन्यासकारों में उन्नव लक्ष्मीनारायण (मालपल्ली, नायुकुरालु, भाव तरंगमुलु, स्वराज्य सोदे आदि), चलम् (मैदानं, स्त्री आदि), विश्वनाथ सत्यनारायण (वेयि पडगलु, रामायण कल्पवृक्ष आदि), अडविबापिराजु (पाकुडु राल्लु), दाशरथि रंगाचार्य (चिल्लर देवुल्लु), रंगनायकम्मा (बलिपीठ्य), वसिरेड्डी सीतादेवी (मरीयिका, मट्टि मनीषि), कौशल्या देवी (कल्पवृक्षम्), सुलोचना रानी, (बंगारु कललु), ओल्गा (मानवी) आदि शामिल हैं। कहानीकारों में प्रमुख हैं श्रीपाद सुब्रह्मण्य शास्त्री, चितादीक्षितुल, यागंटि सोमदाजुलु, राचकांड, विश्वनाथ शास्त्री, बंडारु अजय मांबा, इल्लिदल्ला सरस्वती आदि। नाटककारों में प्रमुख हैं चिलकमूर्ति, लक्ष्मीना सिंहय, कामेश्वर राव, गोल्लपूडि मारुतिराव आदि। विश्वनाथ सत्यनारायण को ज्ञानपीठ पुरस्कार से सम्मानित किया गया है। आधुनिक साहित्यिक पुनर्जागरण में आंध्रवासी साहित्यकार आगे रहे हैं।

1935 के बाद तेलुगु कविता में वामपंथी विचारधारा का आगमन हुआ। श्रीरंगम श्रीनिवासराव (श्री श्री) ने रोमांटिक धारा के विरुद्ध विद्रोह किया। साठ के दशक में दिगंबर कविता का आंदोलन भी हुआ। इस आंदोलन में अभ्युदय रचयितल संघम् (अरसम्) और विप्लव रचयितल संघम् (विरसम्) के नाम से दो प्रसिद्ध संगठन बने। 'विरसम' काव्य धारा को चलाने में प्रमुख हैं–वरवर राव, चलसानि प्रसाद, गदर आदि क्रांतिकारी रचनाकार।

आधुनिक दलित साहित्यकारों में तल्लाप्रगड सूर्या नारायण राव, उन्नव लक्ष्मीनारायण, महीधरा राममोहन राव, मल्लादि वसुंधरा देवी, सतीश चंदर, जूलूरु गौरीशंकर, वसंत कन्नाभिरान, कोंडेपूडि निर्मला, खादर मोहियुद्दीन, उमर अलीषा, इस्माइल, शेख खासिम, कोंडेपूडि सुब्बा राव, उत्पल सत्य

नारायणाचार्युलु, आर एस सुदर्शनमु, नागभैरव कोटेश्वर राव, यालंगड्डा वेंकट सुब्बा राव आदि उल्लेखनीय हैं।

सुधार आंदोलन : देश के सुधारवादी आंदोलन और राष्ट्रीय भावना से प्रभावित होकर कई तेलुगु लेखकों ने अपनी रचनाएं कीं, जिनमें बालविवाह, विधवा विवाह, नारी शिक्षा, छुआछूत की समस्या, वेश्या समस्या आदि के संबंध में समाज में जागृति लाने का प्रयत्न किया। कंदुकूरि वीरेशलिंगम पंतुलु, रघुपति वेंकटरत्नम् नायडू, गुरजाडा वेंकट अप्पाराव, चिकलमूर्ति लक्ष्मीनरसिंहम्, टी पट्टाभि रामारेड्डी, गिडुगु वेंकट राममूर्ति, रायप्रोलु सुब्बाराव, तुम्मल सीताराम मूर्ति आदि समाज सुधारक रचनाकारों ने स्त्री-शिक्षा और स्त्रीवादी आंदोलन को आगे बढ़ाया। उन्होंने सामाजिक असमानता, सामाजिक उपेक्षा, असंतुलित विकास को लेकर सामाजिक न्याय, सामाजिक सुधार और नाच-विरोध के लिए आंदोलन किया और विभिन्न रूढ़ियों, सामाजिक बंधनों, जाति-पांति के भेदभाव का खंडन किया। तेलुगु साहित्य में सामाजिक यथार्थ, वर्ग चेतना, आम जनता का दुःख-दर्द और मानवीय मूल्यों का स्वर प्रमुख रूप से उभर कर आया है।

आंध्र प्रदेश में हिंदी का प्रचार-प्रसार : आंध्र प्रदेश में हिंदी के प्रचार-प्रसार के लिए सर्वप्रथम हिंदी प्रचार सभा, हैदराबाद की स्थापना की गई। बी रामकृष्णराव के मुख्यमंत्रित्व काल में इस सभा को सरकारी सहायता प्रदान की गई। इस सभा का अपना भवन एवं प्रेस है। भारत सरकार ने इसे अखिल भारतीय हिंदी संस्था संघ के सदस्य के रूप में मान्यता दी है। सभा द्वारा हिंदी माध्यम से विद्यालयों का संचालन किया जाता है तथा पाठ्यपुस्तकों एवं मौलिक साहित्यिक कृतियों का प्रकाशन भी किया गया है। सभा द्वारा एक विवरण पत्रिका प्रकाशित की जाती है, जिसके संपादक धोंडीराव जाधव हैं। दक्षिण भारत हिंदी प्रचार सभा द्वारा भी राज्य में हिंदी का प्रचार-प्रसार किया जा रहा है। हिंदी शिक्षण के लिए संगठित रूप से प्रयास करते हुए प्राथमिक, मध्यमा, राष्ट्रभाषा प्रवेशिका, विशारद, प्रवीण आदि परीक्षाओं का आयोजन किया जाता है। आंध्र प्रदेश में हिंदी माध्यम के कई विद्यालय हैं।

संस्कृति : भारतीय सांस्कृतिक विरासत में आंध्र प्रदेश का योगदान उल्लेखनीय है। यहां सभी धर्मों और जातियों के लोग रहते हैं। यहां के संतों और भक्तों में निंबार्क, अरविंद मिशन की मां मीरा, श्री सत्य साई बाबा, स्वामी सुंदर चैतन्यानंदजी, संत काकय्या, रघु आदि उल्लेखनीय हैं। संत योगी पोतुलूरी वीर ब्रह्मेंद्र स्वामी के शिष्यों में ब्राह्मण, हरिजन और मुस्लिम शामिल थे। इन संतों ने आंध्र प्रदेश की संस्कृति को काफी प्रभावित किया। लोकगायकों द्वारा गायन, कठपुतली नाच और पौराणिक कथावाचन यहां की विशेषता है।

प्राचीन काल से इस क्षेत्र में वास्तुकला और चित्रकला अत्यंत विकसित है। भारतीय परंपरा में कुचिपुडी नृत्य शैली अनोखी है। यहां चेंचु, भागोतम, भामाकलापम, बुर्रकथा, वीरनाट्यम, बुट्ट बोम्मलु, डप्पु, तप्पेट गुल्लु, लंबाडी, बोनालु, धीम्सा, कोलाट्टम, चिंदु आदि अन्य नृत्य शैलियां भी हैं। कहानी सुनाना आंध्र की संस्कृति का एक विशेष पक्ष है।

कर्नाटक (दक्षिण भारतीय) संगीत ने आंध्र प्रदेश से बहुत कुछ ग्रहण किया है। कर्नाटक संगीत की त्रिमूर्ति त्यागराज, अन्नमाचार्य, क्षेत्रय्या सहित भद्राचल रामदास जैसी कर्नाटक संगीत की कई महान विभूतियां आंध्र प्रदेश की हैं। महान मैंडोलिन श्रीनिवास आंध्र प्रदेश के हैं। महान कर्नाटक गायक मंगलमपल्ली बालमुरलीकृष्ण तेलुगु के हैं, उन्होंने कर्नाटक संगीत के कई रागों का आविष्कार किया है। आंध्र में शास्त्रीय नृत्य पुरुष और महिलाओं दोनों द्वारा किया जा सकता है, वैसे अधिकांशतः महिलाएं इसे सीखती हैं।

कला के क्षेत्र में निर्मल चित्र उल्लेखनीय है, जिसे आम तौर पर काले रंग की पृष्ठभूमि में चित्रित किया जाता है। कलंकारी एक प्राचीन कला रूप है, जिसका संबंध हड़प्पा की सभ्यता से है। आंध्र प्रदेश

फिल्म बनाने वाले कुछ प्रमुख भारतीय राज्यों में से एक है।

आंध्र प्रदेश के व्यंजन, सभी भारतीय व्यंजनों में सबसे ज्यादा मसालेदार के रूप में विख्यात हैं। जाति, परंपराओं के आधार पर यहां के व्यंजन में भिन्नताएं हैं। अचार और चटनी, जिसे तेलुगू में पच्चडी कहा जाता है, आंध्र प्रदेश में विशेष रूप से लोकप्रिय है। यहां चावल से बना पट्टु और चावल मूंग के मिश्रण से बना पेसरट्टु लोकप्रिय है। टमाटर, बैंगन और अंबाडा (गोंगूरा) सहित व्यावहारिक तौर पर प्रत्येक सब्ज़ी से चटनी बनाई जाती है। हैदराबादी पाक शैली मुसलमानों से प्रभावित है, जो 14वीं सदी में तेलंगाना आए थे। ज्यादातर व्यंजन मांस-मछली से संबंधित हैं। हैदराबादी व्यंजनों में विशिष्ट और लोकप्रिय बिरयानी है।

पर्व-त्योहार : बथुकम्मा त्योहार दशहरा के समय मनाया जाता है। बथुकम्मा का अर्थ है–जीवन की रक्षा करने वाली मां'। पीतल की थाली को तरह-तरह के फूलों से सजाया जाता है। बीच में हल्दी से बनी गौरम्मा होती है। अष्टमी के दिन बथुकम्मा को लेकर स्त्रियां नदी के किनारे पहुंचती हैं और बथुकम्मा के चारों ओर गोलाकार बनाकर गीत गाती हुए नाचती हैं। यह त्योहार तेलंगाना में भी विशेष रूप से लोकप्रिय है। मकर संक्रांति भी एक प्रमुख पर्व है, जो तीन दिन मनाते हैं। इस दिन बेटी-दामाद को विशेष रूप से आमंत्रित किया जाता है। युगादि या तेलुगु नववर्ष प्रसिद्ध त्योहार है। इनके अतिरिक्त शिवरात्रि, होली, दीपावली, ईद-उल-फ़ित्र, ईदुल अज़हा, मुहर्रम, बोनालु, नवरोज, क्रिसमस जैसे त्योहार भी मनाए जाते हैं।

अट्लतद्दी एक मौसमी त्योहार है, जो किशोर युवतियों द्वारा मनाया जाता है। गोदावरी नदी के तट पर डूडू बसवन्ना त्योहार में संक्रांति के दौरान बैल को सजा कर घर-घर प्रदर्शन के लिए ले जाते हैं।

शिक्षा एवं स्वास्थ्य संस्थान : वर्ष 2014 के आंकड़ों के अनुसार आंध्र प्रदेश में साक्षरता दर 91.01 प्रतिशत है। पुरुष साक्षरता दर 80 प्रतिशत एवं महिला साक्षरता दर 60 प्रतिशत के आसपास है। आंध्र प्रदेश में लगभग 1330 कला, विज्ञान और वाणिज्य महाविद्यालय, 1000 एमबीए एवं एमसीए कॉलेज, 500 इंजीनियरिंग कॉलेज और 53 मेडिकल कॉलेज हैं। बिरला इंस्टिट्यूट ऑफ टेक्नॉलजी एंड साइंस, अंतरराष्ट्रीय सूचना प्रौद्योगिकी संस्थान, हैदराबाद केंद्रीय विश्वविद्यालय, उस्मानिया विश्वविद्यालय, एनटीआर स्वास्थ्य विज्ञान विश्वविद्यालय, नेशनल इंस्टिट्यूट ऑफ फैशन टेक्नॉलजी और द इंस्टिट्यूट ऑफ़ होटल मैनेजमेंट, कैटरिंग टेक्नोलॉजी एंड एप्लाइड न्यूट्रिशन आंध्र प्रदेश के प्रतिष्ठित संस्थानों में हैं।

कृषि एवं उद्योग : आंध्र प्रदेश की अर्थव्यवस्था का मुख्य स्रोत कृषि है। इसे 'भारत का धान का कटोरा' कहा जाता है। यहां की फसल का 77 प्रतिशत से ज्यादा हिस्सा चावल (धान) है। आंध्र प्रदेश भारत का सबसे अधिक मूंगफली पैदा करने वाला राज्य है। भारत में वर्जीनिया तंबाकू का लगभग 4/5 भाग का उत्पादन यहीं होता है। इसके अतिरिक्त गन्ना, वनस्पति तेल, कपास, काली मिर्च, सूरजमुखी, आम आदि फसलें उत्पन्न की जाती हैं। राज्य के क्षेत्रफल के 23 प्रतिशत हिस्से में घने वन हैं। वन उत्पादों में सागवान, यूकेलिप्टस, काजू, कैस्यूरीना और इमारती लकड़ी मुख्य हैं।

आंध्र प्रदेश एक खनिज समृद्ध राज्य है, जो खनिज संपदा के मामले में भारत में दूसरे स्थान पर है। यहां कोयला, चूना पत्थर, प्राकृतिक गैस और पेट्रोलियम के विशाल भंडार हैं। जल विद्युत उत्पादन के मामले में राज्य पहले स्थान पर है।

हैदराबाद को भारत में थोक दवा की राजधानी माना जाता है। फार्मास्यूटिकल क्षेत्र के शीर्षस्थ 10 कंपनियों में आधी इस राज्य से हैं। बुनियादी सुविधाओं के मामले में भी राज्य ने बहुत ही महत्वपूर्ण स्थान हासिल किया है।

आंध्र प्रदेश गुड़िया बनाने के लिए भी मशहूर है। गुड़ियों को लकड़ी, मिट्टी, सूखी घास और हल्के वज़न

वाली मिश्र धातुओं से बनाया जाता है। तिरुपति लाल लकड़ी की नक्काशियों के लिए मशहूर है। कोंडपल्ली गहरे रंगों वाली मिट्टी के खिलौनों के लिए प्रसिद्ध है। वैज़ाग में ईटिकोप्पक्का खिलौनों के लिए प्रसिद्ध है।

पर्यटन : पर्यटन की दृष्टि से भी आंध्र प्रदेश को 'भारत का कोहिनूर' कहा जाता है। तिरुपति में स्थित वेंकटेश्वर मंदिर एक प्रसिद्ध हिंदू मंदिर है। यह रायलसीमा इलाके में है। कई शताब्दियों पूर्व बना यह मंदिर दक्षिण भारतीय वास्तुकला और शिल्प कला का अद्‌भुत उदाहरण है। आंध्र प्रदेश कई धार्मिक तीर्थ केंद्रों का घर है। अन्नवरम में सत्यनारायण स्वामी का मंदिर, सिंहाचलम, मल्लिकार्जुन, श्रीशैलम; विजयवाड़ा में कनक दुर्गा मंदिर, श्री कालहस्ती शिव मंदिर, भद्राचलम श्री राम मंदिर; बसर में सरस्वती मंदिर, बिरला मंदिर, रामप्पा मंदिर, मुस्लिम मक्का मस्जिद भारत के प्रसिद्ध दर्शनीय स्थलों में हैं। हुसैन सागर झील पर बुद्ध की प्रतिमा आंध्र प्रदेश के अद्‌भुत धार्मिक स्मारकों में शामिल हैं। राज्य में अमरावती, नागार्जुन कोंडा, भट्टीप्रोलु, घंटशाला, नेलकोंडपल्ली, धूलिकट्टा, बाविकोंडा, तोट्लकोंडा, शालिगुंडेम, पावुरालकोंडा, शंकरम, फणिगिरि और कोलनपाका में कई बौद्ध केंद्र हैं। अरकु घाटी एक शांत पर्वतीय स्थल है जो विशाखापट्टनम में स्थित है। यहां की बोर्रा गुफा लोकप्रिय है। बेलम गुफाएं भारतीय उप महाद्वीप में दूसरी सबसे बड़ी गुफा-प्रणाली है, जिसकी लंबाई 3229 मीटर है। हार्सली पहाड़ी आंध्र प्रदेश का गर्मियों का प्रसिद्ध पहाड़ी सैरगाह है, जिसकी ऊंचाई 1265 मीटर है। हैदराबाद का चारमीनार, गोलकोंडा किला, चंद्रगिरि किला, चौमुहल्ला पैलेस और फलकनुमा पैलेस राज्य के कुछ दर्शनीय स्मारक हैं। आंध्र प्रदेश में कई संग्रहालय हैं, जिनमें गुंटूर शहर के पास अमरावती में पुरातत्व संग्रहालय। हैदराबाद का सालारजंग संग्रहालय, विशाखापट्टनम में विशाखा संग्रहालय है, विजयवाड़ा में विक्टोरिया जुबिली संग्रहालय प्रमुख हैं। इनके अतिरिक्त इट्टिपोतला, कुंतला के झरने और तालकोना में समृद्ध जैव-विविधता, कैलाशगिरि पहाड़ी की चोटी पर बगीचा, इंदिरा गांधी चिड़ियाघर, यारडा समुद्र-तट इस राज्य के कुछ पर्यटन स्थलों में शामिल हैं।

परिवहन : आंध्र प्रदेश में 1,46,944 कि.मी. लंबी सड़कों का संजाल है, जिसमें राज्यकीय राजमार्ग 42,511 कि.मी., राष्ट्रीय राजमार्ग 2949 कि.मी. और जिला सड़कें 1,01,484 कि.मी. हैं। यहां राज्य सड़क परिवहन निगम सभी शहरों और गांवों को जोड़ता है, जिसे सबसे बड़ा वाहनों का बेड़ा रखने और प्रतिदिन सबसे अधिक क्षेत्र में आवाजाही करने के लिए गिनीज़ बुक ऑफ़ वर्ल्ड रिकॉर्ड में शामिल किया गया है। इनके अलावा राज्य के प्रमुख शहरों और कस्बों को जोड़ते हुए कई निजी परिचालक हजारों बसें चलाते हैं।

राज्य में पांच हवाई अड्डे हैं—हैदराबाद में राजीव गांधी अंतरराष्ट्रीय हवाई अड्डा, विशाखापट्टनम, विजयवाड़ा, राजमहेंद्री और तिरुपति हवाई अड्डा। सरकार द्वारा अन्य छह शहरों में हवाई अड्डे शुरू करने की योजना है—नेल्लूर, वारंगल, कडपा, ताडेपल्लीगुडेम, रामगुंडेम और ओंगोल।

आंध्र प्रदेश के विशाखापट्टनम और काकीनाडा में दो प्रमुख बंदरगाह हैं और मछलीपट्टनम, निज़ामपट्टनम और कष्णपट्टनम में तीन छोटे बंदरगाह हैं। विशाखापट्टनम के निकट गंगावरम में एक और निजी बंदरगाह विकसित किया जा रहा है।

पी माणिक्यांबा 'मणि', नार्ल लावण्या

अधिक जानकारी के लिए :

1. **आंध्रों का इतिहास,** आंध्र प्रदेश हिंदी अकादमी, 2. **तेलुगु साहित्य का इतिहास :** खंडवल्लि लक्ष्मी रंजनमु, 3. **बीसवीं सदी का तेलुगु साहित्य :** आई एन चंद्रशेखर रेड्डी, 4. **History of Andhra Pradesh :** Durga Prasad, 5. **Ancient and Medieval History of Andhra Pradesh :** P Raghunadha Rao

तोलकाप्पियम : तमिल काव्यशास्त्र

तमिल का प्राचीन उपलब्ध ग्रंथ तोलकाप्पियम ही तमिल काव्यशास्त्र का आधार ग्रंथ माना जाता है। तोलकाप्पियम के तीन खंड हैं–एषुत्ततिकारम (वर्ण खंड), चोल्लतिकारम (शब्द खंड) और

पोरुलतिकारम (विषय खंड)। प्रत्येक खंड नौ इयल अर्थात प्रकरणों में विभक्त है। इस तरह तोलकाप्पियम में कुल 27 प्रकरण हैं। सूत्रों की संख्या व्याख्याकार इलंपूरणार के पाठ के अनुसार 1593 है। प्रथम, 'वर्ण खंड' में तमिल वर्णों का उनके उच्चारण स्थान और प्रयत्न सहित परिचय देने के साथ स्वर एवं व्यंजन संधियों की चर्चा भाषावैज्ञानिक दृष्टि से की गई है। द्वितीय, शब्द खंड में शब्द निर्माण की प्रक्रिया समझाने के बाद संज्ञा, क्रिया, प्रत्यय, विशेषण आदि का विवेचन करने से पहले ही पदबंधों या समस्त पदों से विशिष्ट अर्थ की निष्पत्ति की चर्चा की गई है। इस प्रकरण के 'उरिइयल' में कोश विज्ञान के आधारभूत तत्व मिलते हैं। तोलकाप्पियम के तृतीय खंड 'पोरुल अतिकारम' का आठवां प्रकरण 'चेय्युल इयल' तमिल काव्यशास्त्र की विशद चर्चा करता है। इसके रचयिता तोल्काप्पियर ने अपने पूर्ववर्ती साहित्यिक ग्रंथों के प्रकाश में जिन काव्य सिद्धांतों का निरूपण किया, उन्हीं की लीक पर चलते हुए संघकालीन कवियों ने काव्य रचना की थी।

तमिल काव्यशास्त्र की सबसे बड़ी विशेषता यह है कि इसमें साहित्य को 'अकम' और 'पुरम' नामक दो विभागों में बांटा गया है। अकम यानी आंतरिक विषय के अंतर्गत स्त्री-पुरुष का प्रेम और उनका दांपत्य जीवन समाहित है। विवाह पूर्व प्रेम 'कलडु' कहलाता है और विवाहांत पति-पत्नी का जीवन 'कर्पु'। अकम से इतर जीवन की सारी गतिविधियां, जैसे वीरता, युद्ध, राजनीति, दान-धर्म आदि 'पुरम' यानी बाह्य विषय में आती हैं। अकम वर्ग की कविताओं में नायक नायिका का नामोल्लेख वर्जित माना गया है, क्योंकि नाम का उल्लेख करने पर वह आंतरिक न रहकर बाह्य हो जाती है। इस परंपरा का पालन संघम कविताओं में भी हुआ है।

तिणै की कल्पना प्राचीन तमिल काव्यशास्त्र की दूसरी विशेषता है—तिणै भूभाग, आचरण आदि विभिन्न अर्थों में व्यवहृत है। भूभाग को कुरिंजी (पर्वतीय प्रदेश), मुल्लै (वन प्रदेश), मरुतम (कृषि योग्य प्रदेश), पाले (बंजर प्रदेश) और नेयतल (समुद्र तटीय प्रदेश) इन पांच भागों में विभक्त कर प्रदेश विशेष केअनुसार, वहां के पशु-पक्षी, निवासी, उपास्य देवता और वाद्य-यंत्र आदि का वर्णन किया जाता है। इन सबका प्रभाव लोगों की जीवन शैली पर कैसे पड़ता है, यह भी दिखाया जाता है।

तोलकाप्पियर साहित्य की सात विधाओं की चर्चा करते हैं—पाट्टु (कविता), उरै (भाष्य), नूल (ज्ञान से शास्त्र ग्रंथ), वाय्मोषि (मंत्रशास्त्र), पिचि (पहेलियां), अंगतम (व्यंग्य), मुतुचोल (कहावतें)। 'रस' के स्थान पर आठ मेय्प्पाडु अर्थात शरीरानुभाव की चर्चा है। रस निष्पत्ति में स्थायी भाव ही मेय्प्पाडु है। इनके साथ 32 व्यभिचारी भावों को भी गिनाया गया है। काव्य के निम्नलिखित दस दोष होते हैं जिनसे सुधी ग्रंथकार को बचना चाहिए—(1) पुनरुक्ति दोष, (2) परस्पर विरुद्ध बात कहना, (3) आवश्यकता से कम कहना, (4) आवश्यकता से अधिक कहना, (5) निरर्थक शब्दों का प्रयोग, (6) कथन में अस्पष्टता, (7) श्रुति-मधुर न होना, (8) अपनी ओर से गलत उद्देश्य से नई बात जोड़ना, (9) निंदनीय शब्दों का प्रयोग और (10) शब्द और अर्थ की दृष्टि से दुरूहता। काव्य को सुंदर बनाने के लिए बत्तीस प्रकार की युक्तियां हैं जिनमें प्रमुख हैं विषयों का सम्यक वर्गीकरण, संक्षेप में कहना, स्पष्ट अभिव्यक्ति आदि।

प्राचीन काव्यशास्त्र प्रमुख रूप से तीन तत्वों पर विचार करता है : कथ्य विषय, कविता का कलेवर यानी उसका रूप तथा उसकी अभिव्यक्ति प्रणाली। यदि कविता का विषय प्रेम से संबंध रखना हो, तो उस कविता के पात्रों की गतिविधियां कैसी होनी चाहिए, उनके संवाद की दिशा और दशा कैसी होगी, इसका स्पष्ट निर्धारण मिलता है। इसे 'कथन' नामक पारिभाषिक शब्द से सूचित किया गया है। नायक का कथन, नायिका का कथन, सखी का कथन, दाई मां का कथन। प्रत्येक के कथन का स्वरूप और सीमा निर्धारित है।

कविता का कथ्य विषय वीरता, युद्ध, दान-धर्म आदि से संबंधित हो तो वहां घटनाओं को

प्राथमिकता देते हुए उन्हें 'तुरै' या विभाग नामक पारिभाषिक शब्द से सूचित किया जाता है। प्रत्येक तिणै या भूभाग के अनुसार कथन और विभागों का बदलना भी काव्यशास्त्र में परिलक्षित होता है। यद्यपि प्राचीन तमिल काव्यशास्त्र में अकम और पुरम के सात-सात तिणै निर्धारित हैं, पर कालांतर में इनकी संख्या में बढ़ोत्तरी हुई। इस ऐतिहासिक विकास यात्रा को पुरप्पोरुल वेण्पा माले, इरैयनार अकप्पोरुल, नंबी अकप्पोरुल, मारन अकप्पोरुल आदि ग्रंथों में देख सकते हैं।

तोलकाप्पियर ने मात्रा, छंद, यति और चरण से शुरू करके अम्मै (सौंदर्य) तक काव्य के चौंतीस अंग गिनाए हैं। काव्यांगों के आधार पर रचित कविता वेण्पा, वंचिप्पा, कलिप्पा, आचिरियाप्पा, परिपाडल आदि गीत-वर्गों का रूप लेती है। आगे चलकर तुरे, विरुत्तम अदि रूपों में इनका विकास हुआ। 'वेण्पा' आदि को 'पा' और 'तुरे' आदि को 'पाइनम' कहते हैं। पाइनम के अंतर्गत तांडकम, कोवे, कलम्बकम आदि विभिन्न प्रकार जुड़ गए। दसवीं सदी में 'पा' विधा के विकास स्वरूप वेण्पा पाट्टियल, नवनीत पाट्टियल आदि में गीतों के लक्षण पर प्रकाश डाला गया है। आगे चलकर इनका विकास प्रबंधों और चिट्रिलक्कियंकल (लघु रचनाएं) के रूप में हुआ। यद्यपि लघु साहित्यिक रचनाओं की संख्या छियानवे बताई गई है, पर कालांतर में सैकड़ों लघु रचनाएं निर्मित हुईं।

काव्यरूप की चर्चा 'याप्पिलककणम' (छंद शास्त्र) में मिलती है। नट्रतत्तम, पलकाप्पियम, काकैपाडिनियम जैसी छंद शास्त्र की पुस्तकें अब उपलब्ध नहीं हैं। याप्पारुंकलम और याप्परुंकल कारिकैये दोनों छंद शास्त्र के श्रेष्ठ ग्रंथ हैं। काव्य रूपों के बारे में चर्चा करने वाले ये ग्रंथ चिंतन के स्तर पर दो सिद्धांतों का अनुसरण करते हैं–तोलकाप्पियर परंपरा और काकैपाड़िनियार परंपरा।

तोलकाप्पियम में कविता के अंग के तौर पर उपमा को सम्मिलित नहीं किया गया है। उपमा अलग से किया गया है। इसी प्रकार अन्य अलंकारों का उल्लेख भी तोलकाप्पियम में नहीं है। तोलकाप्पियर अन्य सारे अलंकारों को उपमा के अंदर मानते हैं। संस्कृत की तरह विभिन्न अलंकारों की व्याख्या करने की परंपरा तमिल में मध्य काल में शुरू हुई। 'चेन्तन दिवाकरम' नामक निघंटु में अनेक अलंकारों की सूची मिलती है। संस्कृत के दंडी के अलंकारशास्त्र के आधार पर निर्मित 'वीर चोषियम' नामक व्याकरण ग्रंथ में 'अलंकार प्रकरण' नामक एक अलग अध्याय है। मारन अलंकारम, कुवालयानंदम, चंद्रालोकम आदि में अलंकारों की विशद चर्चा मिलती है।

जहां तक अभिव्यक्ति का संबंध है, सफल कवि की अभिव्यंजना उसकी कल्पना में निहित होती है। यही कल्पना उपमा, रूपक आदि अलंकारों के जरिए प्रकट होती है। तोलकाप्पियर उपमा प्रकरण में तथा दंडी अपने अलंकारशास्त्र में इसी अभिव्यंजना की खोज करते हैं।

विख्यात तमिल विद्वान क प अरवाणन बताते हैं कि संघ काल में प्रचलित अक्वल छंद में 'पा' विधा संघ काल के अंत में किस प्रकार प्रबंध काव्य के रूप में परिणत हुई। शिलप्पधिकारम, मणिमेखलै, पेरुंकतै आदि में अक्वल छंद का ही विस्तार है। इसी युग में नीति काव्य की परंपरा भी विकसित हुई। तिरुक्कुरल इसका उदाहरण है। छठी शताब्दी से नौवीं शताब्दी तक के भक्ति युग में आलवार भक्तों ने नवधा भक्ति का आदर्श रखा, जिससे उत्तर के पुष्टिमार्गीय कवि भी प्रभावित हुए।

आधुनिक युग में कैलासपति, क शिव तंबी, क प अरवाणन आदि विद्वानों ने समकालीन कविताओं के काव्यशास्त्र पर विस्तार से लिखा है।

एच बालासुब्रह्मण्यम

त्रास-कामदी

त्रास-कामदी अंग्रेजी के 'Tragi-Comedy' के समतुल्य प्रयुक्त किया जाने वाला हिंदी पद है। हिंदी में 'ट्रेजेडी' के लिए दुखांत और 'कामेडी' के लिए सुखांत शब्द का प्रयोग किया जाता है। ये

दो भिन्न शैलियां हैं जिनमें रचना का अंत क्रमशः दुःखांत या सुखांत में होता है। इन दोनों का मिश्रण होने पर त्रास-कामदी की सृष्टि होती है। नाटक, उपन्यास, कहानी, लंबी कविता आदि विभिन्न विधाओं में इनकी विद्यमानता देखी जा सकती है। इनका विस्तार फिल्म और टेलीविजन में बड़े पैमाने पर देखा जा सकता है। इससे हास्य के दृश्यों में त्रासदी और त्रासदी के दृश्यों में हास्य प्रस्फुटित होता है। अरस्तू ने 'पोएटिक्स' में त्रासदी के वर्णन में द्वि-अंत (डुएल इंडिग) की चर्चा की है। अरस्तू का द्वि-अंत वास्तव में त्रास-कामदी की ओर ही संकेत है। द्वि-अंत का अर्थ है—सुखांत के साथ गांभीर्य (ए सीरियस एक्शन इन हैपी इंडिग)। जहां तक सबसे पहले 'त्रास-कामदी' शब्द के प्रयोग का संबंध है, रोमन कॉमिक नाटककार प्लोटस ने सबसे पहले इसका प्रयोग किया। प्लोटस ने अपने नाटक 'Amphitryon' कथावस्तु के संदर्भ में नाटक की भूमिका में इसे 'ट्रेजिकॉमोदिया' कहा था।

कामिदी का मूल भाव हास्य है, जो हास्यास्पद स्थितियों, हल्के-फुल्के मजाकिया संवाद और चारित्रिक विशेषताओं के दिग्दर्शन से संभव हो पाता है। त्रासदी के संबंध में अरस्तु के शब्दों में कहा जा सकता है कि 'त्रासदी किसी गंभीर स्वतःपूर्ण तथा निश्चित आयाम से युक्त कार्य-व्यापार की अनुकृति का नाम है'। यहां बताने की जरूरत है कि यूनानी परंपरा में नायक की मृत्यु त्रासदी का मुख्य लक्षण नहीं है। 'इडीपस रेक्स' नाटक के अंत में नायक की मृत्यु नहीं होती। यह परंपरा बाद में शुरू हुई, विशेषकर सोलहवीं तथा सत्रहवीं सदी के अंग्रेजी नाटकों से। त्रासदी रचना में मानव-जीवन के गंभीर पक्षों के प्रकाशन के द्वारा करुणा और त्रास भाव का उद्‌भावन होता है। इसमें मनुष्य के दुःखमय जीवन का चित्र होता है, भले अंत दुखांत हो या नहीं। कामदी का मूल भाव 'हास्य' है। इस प्रकार त्रासदी वाली रचनाओं को कामदी के तत्वों से युक्त करना ही त्रास-कामदी की रचना करना है। त्रासदी की समग्र गंभीरता को हल्का करना या फिर गंभीरता को हास्यकर होते दिखाना त्रास-कामदी का मूलभूत उद्देश्य है।

अन्विति के आग्रह से कहा जाता है कि त्रासदी को त्रासद तथ कामदी को हास्यप्रधान होना चाहिए। लेकिन किसी का भी जीवन न पूरी तरह त्रासद होता है और न सिर्फ हंसी-खुशी से भरा। इसलिए त्रास-कामदी की शैली साहित्य और कला जगत में लोकप्रिय हुई। प्रेमचंद 'गोदान' का आरंभ होरी और धनिया के जिस संवाद से करते हैं, वह त्रास-कामदी का एक अच्छा उदाहरण है। श्रीलाल शुक्ल के उपन्यास 'राग दरबारी' और 'विस्रामपुर का संत' त्रास-कामदी के अच्छे उदाहरण हैं। सिनेमा में भी त्रास-कामदी का प्रयोग होता है। हिंदी फिल्म 'जाने भी दो यारो' और 'मोहन जोशी हाजिर हो' इसी विधा की फिल्में हैं।

हरीश कुमार सेठी

अधिक जानकारी के लिए :

1. **The Name and Nature of Tragicomedy** : Vema A Foster

त्रासदी

ट्रेजेडी (Tragedy) अंग्रेजी शब्द है जिसके लिए हिंदी में त्रासदी शब्द का प्रयोग किया जाता है। त्रासदी को दुखांतिका भी कहते हैं। ट्रेजेडी नाटक का ऐसा रूप है जिसमें भय और पीड़ा के माध्यम से मानव जीवन की कहानी कही जाती है और जिसका अंत दुखद होता है लेकिन जिसका उद्देश्य दर्शकों का विरेचन करते हुए उन्हें आनंद प्रदान करना होता है। त्रासदी के बारे में प्लेटो ने भी विचार किया था। प्लेटो ने ट्रेजेडी और महाकाव्य (एपिक) की तुलना करते हुए ट्रेजेडी को महाकाव्य से निम्नकोटि का माना। प्लेटो की तरह अरस्तू ने भी काव्य के तीन भेद बताए हैं : 1. त्रासदी (ट्रेजेडी), 2. कामदी (कॉमेडी), और 3. महाकाव्य (एपिक)। लेकिन अरस्तू ने सबसे महत्त्वपूर्ण त्रासदी को ही माना। अरस्तू के युग के ग्रीक साहित्य में त्रासदी एक स्वतंत्र विधा के रूप में प्रतिष्ठित थीं हालांकि इसका लेखन

अरस्तू के पहले से चला आ रहा था। (देखिए-अरस्तू का साहित्य सिद्धांत)

(ट्रेजेडी का उदय ग्रीक नाट्य में हुआ था। यह सर्वप्रथम डायोनिस के सम्मान में गाया जाने वाला एक दुख भरा कोरस था। यह नाटक में आडिपस जैसे नाटकों के चरित्र में अवतरित हुआ।) अरस्तू ने त्रासदी के छह तत्व माने गए हैं : 1. कथावस्तु, 2. चरित्र, 3. विचार, 4. पदविन्यास, 5. दृश्य विधान और 6. गीत। उन्होंने कथावस्तु को सबसे अधिक महत्व दिया है। कथावस्तु में वे जीवन, कार्य व्यापार और घटना-तत्व पर विशेष बल देते हैं। अरस्तू ने कथावस्तु में नाटकीय युक्तियों पर विस्तार से चर्चा की है। उन्होंने तीन तरह की नाटकीय युक्तियों का उल्लेख किया है। ये हैं, महान त्रुटि (हमरशिया), अभिज्ञान (अनाग्नोरिसिस) और स्थिति विपर्यय (पेरिपेसेइया)। त्रासदी के नायक में कोई ऐसी त्रुटि होती है जिससे उसके जीवन में स्थिति विपर्यय घटित होता है। अभिज्ञान का तात्पर्य है ऐसे किसी तथ्य का सहसा उद्घाटित होना जो कथावस्तु को अप्रत्याशित मोड़ दे देता है। महान नायकों के चरित्रों का समावेश त्रासदी के लिए अनिवार्य होता है। अरस्तू का मानना है कि चरित्र चित्रण कथ्य के अनुरूप होना चाहिए। वे चरित्रांकन में औचित्य तथा एकरूपता जरूरी मानते हैं। उनका मानना है कि त्रासदी में नायक केंद्र में होता है। अतः उसे खल पात्र नहीं होना चाहिए, अन्यथा दर्शकों की सहानुभूति उसे नहीं प्राप्त होगी। त्रासदी के तीसरे तत्व विचार के अंतर्गत वे बुद्धि के साथ-साथ भावना को भी शामिल करते हैं। उनका मानना है कि त्रासदी का कथानक तर्कहीन नहीं होना चाहिए और न ही भावरहित होना चाहिए। चौथे तत्व पदविन्यास का संबंध वक्तत्व या संभाषण कला से है। उस दौर में ग्रीक साहित्य में संभाषण को बहुत महत्व दिया जाता था। उसका एक स्वतंत्र कला की तरह विकास हुआ था। दरअसल, पदविन्यास का संबंध भाषा के ओजपूर्ण उपयोग से है जिसमें तर्कशीलता और भावोद्रेक दोनों आवश्यक माने गए। पांचवा तत्व दृश्य-विधान है। दृश्य-विधान का संबंध त्रासदी की प्रस्तुति से है। दृश्य-विधान के अंतर्गत रंगमंच पर नाटक की प्रस्तुति के सभी साधनों और उपकरणों के उपयोग से है। इनके कुशलतापूर्ण उपयोग से ही ट्रेजेडी की कामयाब प्रस्तुति संभव है। त्रासदी के छठे और अंतिम तत्व के रूप में वे गीत का उल्लेख करते हैं जिसे वे त्रासदी का अनिवार्य तत्व मानते हैं। ग्रीक नाटकों में गायकों का समूह जिसे कोरस कहा जाता था, अवश्य होता था। कोरस गीतों के जरिए पहले घटी स्थितियों और आगे आने वाली स्थितियों का संकेत प्रस्तुत करते थे। इस तरह कोरस त्रासदी के दो दृश्यों के बीच सूत्र के रूप में काम करता था और कथानक के उन पक्षों को प्रस्तुत करता था जिन्हें दृश्यों के माध्यम से पेश करना संभव नहीं होता था।

अरस्तू ने त्रासदी को महाकाव्य से उच्चतर माना है। उनके अनुसार त्रासदी महाकाव्य की अपेक्षा सुगठित होता है और उसमें अधिक अन्विति दिखाई देती है। उसका प्रभाव भी इसीलिए महाकाव्य की अपेक्षा ज्यादा होता है। अरस्तू त्रासदी नाटक को इसलिए भी महत्वपूर्ण मानते थे कि यह त्रास और पीड़ा पहुंचाने वाले भावों का विरेचन करने का काम करता है।

अरस्तू के बाद भी पश्चिमी साहित्य में ट्रेजेडी की परंपरा बनी हुई थी। चॉसर ने 'द मांक्स टेल' में मध्य युग की त्रासदी का चित्र खींचा। सिडनी ने लिखा कि ट्रेजेडी महान घावों को खोल देती है, यह रोगों को साफ दिखा देती है जिससे राजा अत्याचार करने से डरते हैं कि उनका ऐसा ही हश्र हो सकता है। पश्चिम में आडिपस की ही परंपरा में एंटिगोने, रोमियो-जूलियट, एंटोनी-क्लियोपेट्रा, हेमलेट आदि ट्रेजिक चरित्र सामने आए। ट्रेजिक चरित्र मिलने के बावजूद वे श्रेष्ठ मानवीय गुणों से संपन्न थे। उनके साथ घटित त्रासदी उनके युग की राजतंत्रात्मक व्यवस्था का अनावरण करती थी, मन के द्वंद्व को व्यक्त करती थी और मनोव्यथा को उभारती थी। ग्रीक चरित्र पहले ट्रेजिक नायक जरूर थे, पर बाद में ट्रेजेडी के संबंध में धारणा बहुआयामी होती गई।

खुद शेक्सपियर के ऐसे नाटक सोफोक्लीज से काफी भिन्न थे, उसके चरित्र अपनी सीमाओं में मानवीय गतिविधियों का अर्थ खोजते हैं। आधुनिक युग में ट्रेजेडी साहित्य नए प्रश्न लेकर आया—क्या दुनिया में इतनी पीड़ाओं और बुराइयों के बीच भी जीवन का कोई अर्थ है? ट्रेजेडी साहित्य ने न कभी ट्रेजेडी का एक कारण बताया और न एक समाधान दिया। इसने इतना जरूर स्थापित किया कि सत्य पर आधारित बुद्धिसम्मत सोच ही चरम मानवीय मूल्य है। इसने समझौते की जगह खत्म कर दी। इब्सन ने यही कहा, 'ऑल आर नथिंग'। यह अतिवाद ही त्रासदी का जनक माना गया, क्योंकि इसने नायक को झुकने से बार-बार रोका। यह अतिवाद ही ट्रेजिक नायक के अस्तित्व का आधार बना, क्योंकि नायक कभी समझौतावादी नहीं हो सकता। वह अपने चुनाव रखता है। वह पूर्वनिर्धारित नियति से सतत मुठभेड़ करता है, जिसकी परिणति ट्रेजेडी में होती है।

फ्रायड ने ट्रेजेडी को अवचेतन की इच्छाओं की आपूर्ति की देन माना। जार्ज स्टीनर ने बुद्धिवाद के उदय को ट्रेजेडी की मृत्यु के रूप में देखा, क्योंकि लौकिक और वैज्ञानिक-भौतिकवादी दृष्टि ने ट्रेजेडी के आधिभौतिक आधारों को ध्वस्त कर दिया था, उसकी जगह लोकतांत्रिक न्याय ने ले ली थी—जहां क्षतिपूर्ति भी न्याय होगा, वहां ट्रेजेडी नहीं होगी। फिर भी आधुनिक युग में प्रेमचंद का 'गोदान' हो, धर्मवीर भारती का 'अंधायुग' हो या पीटर ब्रुक की 'महाभारत' पर बनाई गई फिल्म हो, इनमें ट्रेजेडी 'अच्छे-बुरे' या 'सादे-काले' का बोध दिए बिना भी नए विश्व की त्रासद दशाओं के चित्र उपस्थित करती हैं।

जवरीमल्ल पारख

अधिक जानकारी के लिए :

1. **A Short Introduction to the Ancient Greek Theater (revised) :** Graham Ley, 2. **Rethinking Tragedy:** Rita Felski (Ed.), 3. **The Essence of Tragedy** : Maxwell Anderson, 1970, 4. **The Death of Tragedy** : George Steiner, 1980

त्रि-आयामी (3-डी)

थ्री-डी (3-D) वस्तुतः थ्री-डाइमेंशनल यानी त्रि-आयामी का संक्षिप्त रूप है। यह मुख्य रूप से गणित में इस्तेमाल होने वाला तकनीकी शब्द है। जिस वस्तु में तीन आयाम यानी लंबाई, चौड़ाई और ऊंचाई या गहराई हो उसे त्रि-आयामी कहते हैं। इस लिहाज से लगभग हर दिखने वाली वस्तु त्रि-आयामी होती है। मगर चित्र में दिखाते समय आमतौर पर वस्तुओं का एक आयाम यानी गहराई दृश्यमान नहीं होता। इसलिए गणित में एकायामी और द्वि-आयामी चित्रों का भी जिक्र होता है। उदाहरण के लिए बिंदु और रेखा को एकायामी कहा जा सकता है। इसी तरह आयात या वर्ग को आमतौर पर उसकी लंबाई और चौड़ाई के आधार पर मापा जाता है। उसी वर्गाकार में ऊंचाई या गहराई दिखाई जाए तो वह त्रि-आयामी हो जाता है।

पिछले कुछ सालों से सिनेमा और मीडिया में त्रि-आयामी चित्रों का चलन बढ़ा है। अब ऐसे चित्र उभारने वाले टेलीविजन सेट भी बनने लगे हैं। अखबार, पत्रिकाओं, पुस्तकों आदि की छपाई में भी इस तकनीक का इस्तेमाल होने लगा है।

पहली बार इस तकनीक का इस्तेमाल 1890 में ब्रिटिश फिल्मकार विलियम फ्रेस ग्रीने ने किया था। थ्री-डी फिल्में बनाने के लिए उन्होंने बकायदा पेटेंट कराया। इसके तहत उन्होंने दो फिल्में बनाईं, जिन्हें देखने के लिए स्टीरियोस्कोप का इस्तेमाल करना पड़ता है। इस तरह चित्र दो हिस्सों में देखाई देते। इन फिल्मों का दर्शकों पर कुछ खास असर नहीं पड़ा।

1915 में एडविन एस पोर्टर और विलियम ई वैडल ने ऐसी फिल्म बनाने का प्रयोग किया। मगर यह वास्तव में थ्री-डी नहीं थी। थ्री-डी फिल्मों का चलन सही रूप में 1922 में शुरू हुआ। इस दौर में अमेरिका और फ्रांस में थ्री-डी फिल्में बनाने के लिए कई प्रयोग हुए। इसमें दो लैंस वाले कैमरे से लाल और हरी पट्टियों वाली दो समांतर फिल्में

बनाने का प्रयोग हुआ। इन फिल्मों को दो लेंस वाले प्रोजेक्टर पर चलाया जाता था, जिससे दर्शक को चित्रों की गहराई का आभास होता था। ऐसी फिल्मों को स्टीरियोस्कोपिक कहा गया। सिनेमा हाल में आज भी थ्री-डी फिल्में देखने के लिए विशेष चश्मा पहनना पड़ता है, जिससे आंखों पर चमक का प्रभाव कम हो जाता है और रंग परावर्तित होकर चित्रों में गहराई का आभास देते हैं। यही प्रक्रिया आज तक चल रही है।

एडविन एच लैंड ने थ्री-डी फिल्मों की चमक कम करने पर शोध शुरू किया। उन्होंने पोलोराइड प्रकाश किरणों के जरिए इसे नियंत्रित करने की तकनीक विकसित की। 1932 में उन्होंने पोलोराइड शीट को व्यावसायिक रूप से बाजार में उतारा। 1940 आते-आते पोलोराइड फिल्मों ने लोगों के मन पर अपना प्रभाव पैदा कर लिया था। मगर थ्री-डी फिल्मों का स्वर्ण युग शुरू होता है 1952 के बाद। इस साल आर्क ओबलर द्वारा लिखित और निर्देशित फिल्म 'बवाना डेविल' आने के बाद जैसे थ्री-डी फिल्मों के निर्माण में क्रांति आ गई। 1960 के दशक में आर्क ओबलर ने ही इसके तकनीकी पहलुओं में सुधार करके स्पेस विजन 3डी फिल्में बनाने का प्रयोग किया। इससे फायदा यह हुआ कि सिनेमा हाल में दो प्रोजेक्टर लगाने की झंझट से मुक्ति मिल गई। एक ही प्रोजेक्टर में विशेष लेंस के जरिए थ्री-डी फिल्में दिखाई जाने लगीं। फिर 1970 के दशक में अल्लान सिल्लिफैंट और आप्टिकल डिजाइनर क्रिश कोनडोन ने पैंतीस मिलीमीटर की एक ऐसी स्टीरियोविजन फिल्म का विकास किया, जिस पर त्रि-आयामी तस्वीरें खींची और दिखाई जा सकती थीं। मगर अब भी उनका वैसा प्रभाव नहीं बन पा रहा था, जैसा सिनेमा बनाने वाले चाहते थे।

इस दिशा में काफी हद तक कामयाबी मिली 1985 के बाद, जब त्रि-आयामी फिल्में बनाने के लिए कैमरे के अलावा डिजिटल तकनीक का सहारा लिया जाने लगा। डॉल्बी ध्वनि प्रभाव के साथ इन फिल्मों का प्रभाव ज्यादा बढ़ गया। आइमैक्स और डिज्नीलैंड कंपनियों ने थ्री-डी फिल्में बनाने की दिशा में डिजिटल तकनीक के मेल से अद्‌भुत प्रभाव पैदा करने में कामयाबी हासिल की। फिर इक्कीसवीं सदी के आते-आते थ्री-डी फिल्मों के निर्माण में तकनीकी विकास के चलते क्रांति-सी आ गई। बड़ी सिनेमा कंपनियों ने रहस्य-रोमांच से अलग मुख्यधारा की फिल्मों का भी निर्माण शुरू कर दिया। अब थ्री-डी फिल्मों का बाजार लगातार बढ़ रहा है। कुछ लोकप्रिय त्रि-आयामी फिल्में जिन्हें पूरी दुनिया में देखा गया उनमें प्रमुख हैं ; अवेतार (2009), आयरन मेन (2008), ट्रांसफार्मर्स (2011), एलिस इन वंडरलैंड (2010) आदि। भारत में भी 'छोटा-चेतन' नामक त्रि-आयामी फिल्म बनी है। अब टेलीविजन पर त्रि-आयामी तस्वीरें दिखाने का भी प्रयोग शुरू हो चुका है। अभी ज्यादातर घरों में एचडीएमआई केबल के जरिए थ्री-डी प्रभाव वाले चित्रों का आनंद लिया जाता है। इसमें 2-डी चित्रों को तकनीकी इस्तेमाल से त्रि-आयामी प्रभाव दिया जाता है। लेकिन जब पूरी तरह त्रि-आयामी चैनलों का प्रसारण शुरू हो जाएगा, तब इस तरह के टेलीविजन सेटों के बाजार को काफी प्रोत्साहन मिलेगा।

सिनेमा और टेलीविजन के बाद थ्री-डी तकनीक के चलते सबसे अधिक क्रांति छपाई के क्षेत्र में आई है। कंप्यूटर के इस्तेमाल से त्रि-आयामी छपाई खासी लोकप्रिय हुई है। इससे पाठ्य-पुस्तकों, बच्चों के लिए तैयार की जाने वाली पुस्तकों और खासकर चिकित्सा विज्ञान के क्षेत्र में काफी मदद मिली है। शल्य चिकित्सा के क्षेत्र में सहूलियत हुई है। विभिन्न उत्सवों के अवसर पर साज-सज्जा के मामले में नए-नए प्रयोगों को बल मिला है। मोबाइल सेट का चलन बढ़ने से त्रि-आयामी चित्र और पाठ तैयार करने के लिए तेजी से प्रयोग हो रहे हैं। डिजिटल दुनिया जिस तेजी से फैल रही है, उतनी ही तेजी से त्रि-आयामी तकनीक में भी विकास हो रहा है।

सूर्यनाथ सिंह

अधिक जानकारी के लिए :
1. **3D TV and 3D Cinema** : Besnard Mendiburu,
2. **Digital Cinematography** : David Stump,
3. **3D Cinematography Basics** : Geoff Boyle

त्रिगुणात्मक प्रकृति

भारतीय परंपरा में उपनिषदों के अनुसार मानव प्रकृति त्रिगुणात्मक है। ये तीन बुनियादी गुण हैं—सतोगुण (सत्व), रजोगुण (रज) और तमोगुण (तम)। मनुष्य में ये गुण बनते और तिरोहित होते हैं। इन गुणों के आधार पर मनुष्य को समझा गया है।

मनुष्य के सभी कार्य, सामाजिक आचरण, भावावेग, सोच-विचार रजोगुण हैं। इस गुण से भौतिक जीवन चलता है। यह वस्तुओं से लगाव, सेवाओं और इच्छाओं से भरा-पूरा होता है। आदमी को जितना मिलता है उससे वह ज्यादा चाहता है। इस तरह भौतिक बंधनों से भी ज्यादा बंधता जाता है। मनुष्य जब अपने जीवन में संपूर्ण सृष्टि से प्रेम, अखंडता और वैश्विकता का अनुभव करता है, करुणा से भरा होता है और उच्चतर चित्त धारण करता है तो यह सतोगुण है। उसे तब आत्मज्ञान होता है। वह बिना भेदभाव के सभी से प्रेम के आनंद में डूब जाता है। वह अपने आत्म को अपने 'शरीर' से ऊपर उठ कर देखता है और अपनी सही प्रकृति को पहचानता है। इसी भूमि पर उच्च कलाओं और साहित्य की रचना होती है या इनका आनंद उठाया जाता है। जब तक मनुष्य में उच्चतर आत्मबोध नहीं है और वह सिर्फ भौतिक लगावों और इच्छाओं के अधीन है, तब तक वह रजोगुण से ऊपर उठ नहीं पाता।

मनुष्य की प्रकृति जब अपने तमोगुणी लक्षणों के साथ प्रकट होती है, वह अपने शरीर और आत्म में फर्क नहीं कर पाता। वह अज्ञान के अंधकार से घिरकर सिर्फ भोगवाद में डूबा रहता है और अराजकता तथा कलह की सृष्टि करता है। वह अपनी प्रकृति के उच्चतर तत्वों से विच्छिन्न हो जाता है। वह भूल जाता है कि उसके पास संपूर्ण सृष्टि के प्रति उत्तरदायित्व से भरा एक 'आत्म' है, जिसे उपनिषदों में ब्रह्म कहा गया है। मनुष्य तब सोचता है कि वह सिर्फ 'शरीर' है और उसका लक्ष्य इसे अधिकाधिक भौतिक सुख देना है। इसके लिए वह सदा अतृप्त रहता है। वह नहीं सोच पाता कि वह चिरंतन है। उसे अपना जीवन सिर्फ अपनी मृत्यु तक दिखता है। इसलिए तमोगुण मनुष्य को एकाधिपत्यवादी बना देता है। तमोगुण मनुष्य के अज्ञान, निद्रा, आलस्य, मोह, माया या जड़ता की स्थिति है। यह अचेतन की इच्छाओं की गुलामी है।

सतोगुण, रजोगुण और तमोगुण सामान्य त्रिगुणात्मक प्रकृति है जो सभी लोगों में होती है। कोई गुण ज्यादा और कोई गुण कम हो सकता है। इस त्रिगुणात्मक प्रकृति को धर्म, राजनीति और बाजार प्रभावित करते हैं, वह निरपेक्ष नहीं है। प्राचीन युगों में इन्हीं गुणों के आधार पर मनुष्यों की श्रेष्ठता और निम्नता को समझने या देवता और दानव की कल्पना करने के प्रयास हुए थे।

कोई कर्म करने के लिए रजोगुण जरूरी माना गया। रजोगुण का जब तमोगुण से संबंध बढ़ जाता है तब अव्यवस्था पैदा होती है और जब सतोगुण से संपर्क बढ़ता है वह अपने शरीर और भौतिक स्वार्थपरता से ऊपर उठकर उच्चतर वैश्विक भावों के संपर्क में आता है। मनुष्य अपने जीवन का अर्थ अपनी प्रकृति के तीनों गुणों में संतुलन के बीच से ही ढूंढ़ सकता है। इसके लिए त्रिगुणात्मक प्रकृति का प्रबंधन जरूरी है। उसमें यह समझ होनी चाहिए कि कब किस गुण को प्रधानता दे।

शंभुनाथ

त्रिपिटक

त्रिपिटक बौद्ध धर्म के नियमों के तीन विशाल संग्रहों को कहते हैं। ये संग्रह मूलतः पालि भाषा में संकलित हैं : सुत्त पिटक, विनय पिटक

और अभिधम्म पिटक। भगवान बुद्ध के निर्वाण के बाद तीन संगीतियों में एकत्रित बुद्ध शिष्यों और भिक्षुओं ने इनका संकलन किया। सुत्त पिटक में बुद्ध के मुख्य उपदेशों का संग्रह है। ये यथासंभव सरल संकेत में हैं। बुद्ध बड़ी सरलता से प्रश्नोत्तर की शैली में गूढ़ विषयों को समझा देते हैं। बुद्ध के जीवन काल में धर्म और विनय के प्रचार की बात प्रमाणित है। धर्म नाम से प्रसिद्ध बुद्धवचनों को सुत्त कहा गया। विनय पिटक में भिक्षु और भिक्षुणियों के आचार-व्यवहार संबंधी नियम हैं। बुद्ध की मृत्यु के बाद उनके अनुयायी शिष्यों ने धर्म के दार्शनिक चिंतन के आधार पर एक नए साहित्य की उद्भावना की। इसका नाम अभिधम्म रखा गया। अशोक संगीति के समय ये तीनों भाग पृथक-पृथक नामों से संकलित हुए। प्रत्येक को एक पिटक या पिटारा कहा गया। इन्हीं तीनों को त्रिपिटक कहते हैं। लंबे समय तक इन्हें संघ में स्मृति परंपरा में ही जीवित रखा गया। श्रीलंका के वाट्टिगामनी के राज्यकाल (38 ईसा पूर्व) में इन्हें लिपिबद्ध किया गया।

सुत्त पिटक में चित्त विषयक उपदेश हैं। इसमें पंच निकाय या आगम हैं : दीघनिकाय, मज्झिमनिकाय, संयुक्त निकाय, अंगुत्तर निकाय और खुद्दक निकाय। दीघनिकाय के 34 सूत्रों में लंबे उपदेशों का संग्रह है, मज्झिमनिकाय में 152 मध्यमकाम सूत्रों आर्यसत्य, कर्म, ध्यान-समाधि, निर्वाण आदि का कथन है; संयुक्तनिकाय में 56 लघुकाम सूत्रों का संग्रह हैं, अंगुत्तरनिकाय में 11 निपात या विभाग हैं और खुद्दक निकाय में 15 ग्रंथ हैं, जिनमें धम्मपद, थेरगाथा, थेरीगाथा, जातक अधिक प्रसिद्ध हैं। विनय पिटक में बौद्ध भिक्षुओं के संघ के अनुशासन और आचार विषयक नियम हैं। इसके तीन भाग हैं—पातिमोक्ख, खंधक और परिवार। पातिमोक्ख को विभंग भी कहते हैं जिसके दो खंड हैं-भिक्खु विभंग और भिक्खुणी विभंग। इसमें उन घटनाओं का भी वर्णन है जिनकी वजह से नियम बने। विभंगों में घटनाओं को भंग करके सरल और बोधगम्य बनाया गया है। हर अमावस्या और पूर्णिमा के दिन भिक्षु एकत्र हो कर पातिमोक्खों का पाठ करते थे और पूछे जाने पर अपने सत-असत कर्मों को स्वीकार करते थे। भिक्षुगण नियमों के प्रतिकूल किए गए पापों को स्वीकार करते थे। प्रतिमोक्ष के एक संस्कृत, एक तिब्बती और कम से कम चार चीनी अनुवाद प्राप्त हुए हैं। खंधक (स्कंध) के दो खंड हैं—महावग्ग और चुल्लवग्ग। महावग्ग के प्रथम अंश में बुद्ध का जीवनचरित बड़े विस्तार से दिया गया है और शेष भागों में संघ के नियम, उपसोथ में भाग लेने के नियम, वर्षावास के नियम, पादुकाधारण, रथारोहण और वस्त्रों के व्यवहार के विधि-निषेधों का विवरण है। चुल्लवग्ग के आरंभिक भाग में प्रथम बौद्ध संगीति का विवरण है, शेष भागों में आसन, शौच, शयन, पंखा, मात्र, वस्त्र आदि का विषय है तथा संघ के भीतर मर्यादा के छोटे-छोटे उल्लंघनों के कारण हुए अपराधों का प्रतिविधान है। इनमें भिक्षुओं के आपसी बात-व्यवहार, झगड़े आदि की बातें हैं। इनमें भिक्षुणियों के भी नियम बताए गए हैं। 'परिवार' का अर्थ परिशिष्ट है। यह ग्रंथ बहुत बाद में बना। इसमें अनुक्रमणिका, परिशिष्ट आदि हैं जो प्रश्न और उत्तर के रूप में हैं। यह विनय के अन्य भागों का संक्षेप मात्र है और पढ़ने वालों की सुविधा के लिए बाद में बनाया गया है।

'अभिधम्म पिटक' का उद्देश्य है सुत्तपिटक में संकलित बुद्ध के उपदेशों का विशदीकरण और उनका शास्त्रीय विवेचन। इसमें बुद्ध के निर्वाण के बाद अतिरिक्त सिद्धांतों, पूरक उपदेशों और व्याख्याओं से बने दर्शन को स्थान दिया गया है। इसके सात विभाग हैं—धम्मसंगणि, विभंग, धातुकथा, पुग्गल-पञ्ञति (पुद्गल प्रज्ञप्ति), कथावस्तु, यमक एवं पट्टान (प्रस्थान)। सूत्तपिटक की मूलवस्तु की यह दार्शनिक और पांडित्यपूर्ण व्याख्या है। स्थविरवादी इसे बुद्धवचन जैसा ही प्रामाणिक मानते हैं। यह बौद्ध धर्म और दर्शन को समझने में उपयोगी है।

उदयराज

अधिक जानकारी के लिए :
1. **Nagarjuna in Context : Mahayana Buddhism and Early Indian Culture :** Joseph Walser, 2005,
2. **Buddhism in India :** Gail Omvedt, 2003

एक ही दिव्य बाण से त्रिपुर को भस्म कर तीनों दैत्यों को मार डाला, इससे वह महादेव कहलाए।

संजय जायसवाल

त्रिपुर

महाभारत की कथा के अनुसार मय नामक असुर ने द्युलोक अंतरिक्ष और भूलोक में क्रमशः सोने, चांदी और लोहे से तीन पुरों निर्माण किया। तीन पुरों में तारकासुर के तीन दैत्य पुत्र तारकाक्ष, कमलाक्ष और विद्युन्याली रहते थे। इन्होंने शिव से वरदान पा लिया था कि तीनों एक साथ ही मारे जा सकेंगे और तीनों ही तीन पुरों में इतने अलग-अलग रहने लगे कि कभी मारे नहीं जा सकें और तीनों पृथक-पृथक नगरों में हर तरह के सुख भोगें। तीनों पुर हजार साल में एख बार ही मिलेंगे और उस समय एक बाण से मारने वाला देवेश्वर ही उनके विनाश का कारण बन पाएगा। तीनों दैत्यों ने तीनों नगर में एक-एक ऐसा अमृत सरोवर बना लेने का वरदान भी पा लिया, जिससे स्नान करके मृत राक्षस जीवित किए जा सकेंगे। वरदान के बाद दैत्यों ने अत्याचार करना शुरु कर दिया। इससे देवता त्रस्त होकर शिव के पास पहुंचे। उन्होंने सभी देवताओं से शक्ति ली और मायावी ढंग से एक ही अस्त्र से त्रिपुर को ध्वस्त किया और तीनों राक्षसों का वध कर दिया। श्रीमद्‌भागवत की कथा के अनुसार शिव वध में असफल हो गए थे। इसलिए कृष्ण और ब्रह्मा गौ और बछड़ा बनकर तीनों पुर गए और उन्होंने सरोवरों का सारा अमृत पी लिया। इसके बाद शिव ने त्रिपुर को जला दिया। शिव पुराण की कथा के अनुसार विष्णु ने एक षड्यंत्र किया, जिसकी वजह से त्रिपुरवासी शिवभक्ति छोड़कर एक अधार्मिक ग्रंथ को मानने लगे। फलतः शिव ने पशुपतिशास्त्र द्वारा उन तीनों पुरों को आध्यात्मिक शक्ति से इकट्ठा किया, फिर

त्रिपुरा

भू-प्रदेश : त्रिपुरा भारत के उत्तर-पूर्व में स्थित सात राज्यों में एक है, जो क्षेत्र की दृष्टि से सबसे छोटा राज्य है। इसका क्षेत्रफल 10491.69 वर्ग किलोमीटर है। इसके उत्तर, दक्षिण एवं पश्चिम में बांग्लादेश की अंतरराष्ट्रीय सीमा लगभग 856 किमी तक फैली है और पूर्वी भाग में मिजोरम और असम राज्य है। यह 22.55 डिग्री एवं 24.32 डिग्री उत्तरी अक्षांश और 90.09 एवं 92.20 डिग्री पूर्वी देशांतर के बीच स्थित है। इसकी अधिकतम लंबाई 183.5 किमी तथा अधिकतम चौड़ाई 112.7 किमी है। इसकी भू-आकृति पहाड़ी, घाटी, चौरस मैदान और ढाल से निर्मित हुई है। इसकी चौड़ी घाटियों में अगरतला-उदयपुर-सरबम प्रमुख है। त्रिपुरा की राजधानी अगरतला है। त्रिपुरा में चार जिले हैं धलाई, उत्तरी त्रिपुरा, दक्षिणी त्रिपुरा और पश्चिम त्रिपुरा।

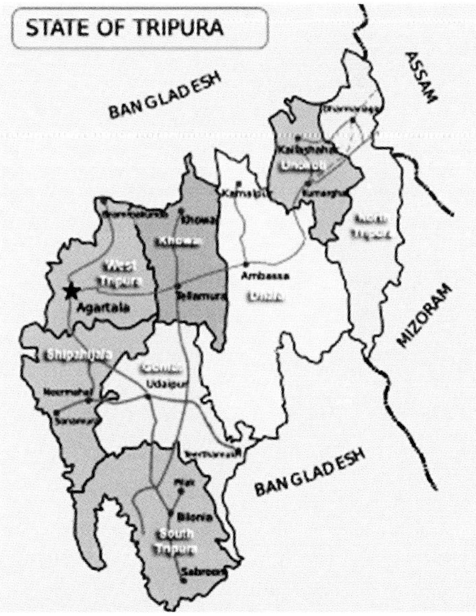

पूरे राज्य की आबादी लगभग 36 लाख है। यहां की मुख्य भाषाएं बांग्ला एवं कॉकबरक हैं। इसके साथ ही यहां मणिपुरी, हिंदी और अंग्रेजी भी बोली जाती हैं। त्रिपुरा की प्रमुख नदियां खोवाई, ढोलाई, मानु, जूरी, गोमती, मुहुरी और फेनी है।

जनजातियां : त्रिपुरा में लगभग उन्नीस जनजातियां पाई जाती हैं। इन्हें क्रमशः त्रिपुरी (देबबर्मा), रियांग, जमातिया, नोवातिया, मूरासिंह, उचई, कलई, रूपिनी, चाकमा, गारो, मॉग, लुशाई, डार्लंग, मलसुम, काईपेंग, रांगखॉल, हालाम, कूकी, मुंडा, लेप्चा आदि नामों से जाना जाता है। इनमें त्रिपुरी अथवा देबबर्मा सबसे बड़ी जनजातियां हैं। यह मुख्य रूप से राजधानी अगरतला, अमरपुर, कमलपुर, खोवाई, बिलोनिया और उदयपुर में रहती है। रियांग तीसरी सबसे बड़ी जनजाति है। आमतौर पर इन्हें 'ब्रू' के नाम से जाना जाता है। जमातिया जनजाति के लोग उदयपुर, सोनामुरा, बिलोनिया, अमरपुर, कैलाशहर और खोवाई में पाए जाते हैं। गारो जनजाति भी मंगोलियन है। रामायण, महाभारत में भी इनका उल्लेख मिलता है। कहते हैं, इनके पूर्व-पुरुष तिब्बत के टोरा नामक स्थान में रहा करते थे। आजकल यह जनजाति त्रिपुरा के अलावा प. बंगाल के रांगामाटी, कूचबिहार, असम के गुवाहाटी में, मेघालय के गारो पहाड़ एवं बांग्लादेश के मयमनसिंह जिले में पाई जाती है।

पर्यावरण : त्रिपुरा की जलवायु सामान्यतः उष्ण एवं आर्द्र है। मई-जून में औसत उच्चतम तापमान 35 डिग्री सेल्सियस और दिसंबर-जनवरी में औसत निम्न तापमान 15 डिग्री सेल्सियस होता है। औसत वर्षा 230 सें.मी. के आसपास होती है। आम तौर पर मानसून अप्रैल से शुरू होकर सितंबर तक रहता है। ग्रीष्म ऋतु मार्च से आरंभ होकर मई तक रहती है। इसके बाद वर्षा ऋतु आ जाती है जो तीन-चार महीने तक रहती है।

इतिहास : त्रिपुरा का इतिहास महाभारत काल से शुरू माना जाता है। चौदहवीं शताब्दी से यहां माणिक्य राजवंश का शासन था, जो इंडो-मंगोलियन समूह का था। ब्रिटिश काल में भी इसके अधिकांश भागों पर उन्हीं का स्वतंत्र शासन था। पंद्रहवीं एवं सोलहवीं शताब्दी में त्रिपुरा के शासक राजवंश में धर्म माणिक्य, धन्य माणिक्य, विजय माणिक्य और अमर माणिक्य रहे। यह राजवंश अपनी शक्ति एवं गरिमा में पराकाष्ठा पर था। 1870 में महाराजा वीर विक्रम माणिक्य राजसिंहासन पर बैठे। उन्होंने 1930 में अगरतला में हवाई अड्डे का निर्माण करवाया। भारत की आजादी के बाद 9 सितंबर 1947 को भारत और रीजेंट महारानी के बीच एक समझौते के फलस्वरूप त्रिपुरा भारतीय संघ में शामिल हुआ। 1 नवंबर 1956 को यह भारत का संघ राज्यक्षेत्र बना। 21 जनवरी 1972 को त्रिपुरा को पूर्ण राज्य का दर्जा प्राप्त हुआ।

भाषाएं एवं बोलियां : त्रिपुरा में बांग्ला, कॉकबरक, अंग्रेजी तथा हिंदी भाषाएं बोली जाती हैं। राज्य सरकार के कार्यालयों में मुख्यतः बांग्ला, अंग्रेजी के साथ कॉकबरक भाषा का प्रयोग किया जाता है। त्रिपुरा की आबादी में बंगाली लोगों की तादाद अधिक होने के कारण बाजारों में अधिकतर बांग्ला भाषा ही चलती है। इसके अलावा यहां की अधिकतर जनजातियां कॉकबरक भाषा का प्रयोग करती हैं। कॉकबरक दो शब्दों के योग से बना है–'कॉक' अर्थात 'भाषा' और 'बरक' अर्थात 'मनुष्य'। 1979 में कॉकबरक को राज्य की राजभाषा का गौरवपूर्ण पद प्रदान किया गया। तब से इसका सरकारी कार्यालयों में भी प्रयोग किया जाता है। इसे त्रिपुरा की द्वितीय राजभाषा के रूप में मान्यता प्राप्त है। इस जनजातीय भाषा में पिछले 100 वर्ष के अंदर साहित्यिक लेखन के प्रयास हुए हैं। इसकी फिलहाल दो लिपियां हैं 'बांग्ला लिपि और रोमन लिपि। कॉकबरक भाषा तिब्बतन भाषा परिवार के तिब्बत-बर्मन समूह के अन्तर्गत आती है। यह असम की 'बोडो' तथा 'डिमासा' भाषा से काफी मेल खाती है। इस भाषा में पुराने जमाने से ही साहित्य एवं इतिहास लेखन का क्रम चलता आ

रहा है। इस तरह से यह काफी समृद्ध भाषा है, जिसे भारतीय संविधान में भी जगह मिली है।

बांग्ला और कॉकबरक के अतिरिक्त त्रिपुरा में जिस भाषा का लोग अधिक प्रयोग करते हैं वह अंग्रेजी है। लेकिन अंग्रेजी यहां के शिक्षित एवं प्रबुद्ध समाज तक ही सीमित है। इन तीनों भाषाओं के अतिरिक्त यहां की अलग-अलग जनजातियां अपने भाषिक आदान-प्रदान के लिए अपनी जनजातीय बोलियों का प्रयोग करती हैं। इन बोलियों में चकमा, रियांग, हालाम, गारो, कूकी, लुशाई, मोग, मुण्डा, संथाल, उचई आदि हैं। ये सब बोलियां एक सीमित क्षेत्र में ही बोली जाती हैं। रांखोल, चकमा आदि जनजातियों की अपनी अलग भाषा है। चकमा एक मंगोलियन जनजाति है। पर इनकी भाषा भारतीय आर्यभाषाओं के समगोत्र है। इनकी भाषा में संस्कृत, पालि, प्राकृत, पैशाची के अतिरिक्त असमिया, बांग्ला एवं हिंदी के काफी शब्द मिलते हैं। यों चकमा की अपनी जातीय लिपि है, पर आम तौर पर इसे बांग्ला में ही लिखा जाता है। उचई जाति की मातृभाषा 'ब्रू' कहलाती है।

लोक जीवन : यहां की सभी जनजातियों का पारिवारिक ढांचा आम तौर पर पितृसत्तात्मक है। त्रिपुरा में प्रायः एकल परिवार पाए जाते हैं। संयुक्त परिवारों की संख्या काफी कम है। पिता परिवार का मुखिया और प्रायः सारे अधिकारों का मालिक होता है। प्रायः सभी जनजातियों में विवाह एक महत्वपूर्ण धार्मिक उत्सव है। शादियां आम तौर पर एक ही कुल में की जाती हैं ताकि कुल की मजबूती बनी रहे। उचई जनजाति पहले बौद्ध धर्मावलंबी एवं मूलतः यायावर प्रकृति के लोग थे। इनका पेशा झूम खेती एवं वन्य पशुओं का शिकार करना था। ये पेड़ों के ऊपर घर बनाकर रहते थे। उचई जनजाति में पूजा-पाठ की परंपरा भी कायम है। आजकल यह जनजाति बड़ी संख्या में ईसाई धर्मावलंबी हो गई है। त्रिपुरा की गारो जनजाति पूरी तरह पितृसत्तात्मक है। यह जनजाति मूलतः हिंदू थी, हालांकि आजकल इनमें ईसाई धर्म के प्रति भी आकर्षण देखा जा रहा है।

पर्व-त्योहार : धार्मिक दृष्टि से यहां की जनजातियां हिंदू, बौद्ध एवं ईसाई में बंटी हुई हैं। यहां मौजूद सारी जनजातियों में 'लाम्प्रावापथ' पूजा का इतना महत्व है कि यह प्रायः सभी शुभ अवसरों पर की जाती है, जैसे शादी, गृह प्रवेश, जन्म, बच्चे को पहली बार चावल खिलाने की रस्म, कोई सफलता मिलने पर या किसी खतरे अथवा बाधा के टलने पर। 'रियांग' के मुख्यतः तीन उत्सव हैं—बुइसू, गरिया और हॉजाईगिरि। हांगराई और माइलुमा-खुलुमा जैसे कुछ अन्य त्यौहार भी इनके द्वारा मनाए जाते हैं। इनके यहां सात दिनों तक चलने वाली गॉरिया पूजा मुख्य है। हलमों का 'बड़ी पूजा' एक प्रमुख धार्मिक त्योहार है।

कृषि और उद्योग : त्रिपुरा की बहुसंख्यक आबादी का मुख्य पेशा कृषि है। राज्य के कुल भौगोलिक क्षेत्र का लगभग 40 प्रतिशत भाग घाटियों से बना है। यहां की मिट्टी उर्वर जलोढ़ है। कृषि उत्पादों में धान, दाल और अन्य खाद्यान्न की वस्तुओं के अतिरिक्त कपास, पटसन, सरसों, तिल, शकरकंद, आलू, बैंगन, लौकी और अरम यहां अधिक होते हैं। यहां की झूम खेती प्रसिद्ध है। इसके अतिरिक्त शीरा, गुड़, केला, नाशपाती आदि प्रमुख उत्पाद भी हैं। तीन-चौथाई से अधिक कामगार कृषि से जुड़े हुए हैं। चाय उत्पादन यहां का बहुत ही संगठित उद्योग है। वर्तमान में करीब 56 चाय बागान हैं, जो 6,481 हेक्टेयर क्षेत्र में फैले हुए हैं। त्रिपुरा में लघु, मझोले और बड़े उद्योग का विकास अपेक्षाकृत कम हुआ है, परंतु विनिर्माण, प्रसंस्करण, सेवा एवं मरम्मत कार्य समेत घरेलू उद्योगों का विकास हुआ है। बुनाई इस राज्य का सबसे पुराना और विकसित कुटीर उद्योग है। हस्तशिल्प के प्रमुख उत्पादों में ओढ़नी, डुबरी, चादर, पर्दा, आसन, रिशा या रिहा शामिल है। रिहा अपने रुपहले रंग और बुनावट के लिए प्रसिद्ध है, जिसे बांस के रेशों से बनाया जाता है।

हाल के वर्षों में त्रिपुरा के बांस, बेंत और काष्ठ उत्पाद हस्तशिल्प काफी विकसित हुआ है।

यहां डेढ़ सौ सहकारी संस्थाओं के प्रबंधन में करीब 1,11,000 हथकरघा इकाइयां हैं। राज्य में रेशम उद्योग भी है। चीनी मिट्टी, ईंट, तारकोल, आभूषण, वनोत्पाद जैसे हस्तनिर्मित लुग्दी, अगरबत्ती, माचिस आदि भी यहां की विशेषता है। जड़ी-बूटी से बनी दवाओं, ग्रामोद्योग उत्पाद जैसे चमड़ा, रबड़ और कुटीर उद्योग के उत्पाद, गोबर गैस और एल्यूमिनियम उत्पाद भी यहां मिलते हैं। यहां वानिकी का विकास काफी हुआ है और वनरोपण एवं अन्य वन विकास संबंधी कार्यक्रमों के माध्यम से ग्रामीण इलाकों में बेरोजगारी दूर करने एवं लोगों के जीवन स्तर को सुधारने का कार्य किया गया है।

त्रिपुरा में हिंदी की स्थिति : त्रिपुरा में हिंदी बोलनेवालों की संख्या बहुत कम है। बाधाओं के बावजूद हिंदी अब यहां धीरे-धीरे फल-फूल रही है। भारत के आजाद होने के बाद यहां हिंदी का आगमन हुआ। 1961 से त्रिपुरा के हर विद्यालय में हिंदी शिक्षक की नियुक्ति, हर महकमे में हिंदी प्रचार केंद्र, राजधानी अगरतला में हिंदी निदेशालय के साथ हिंदी शिक्षक कॉलेज, छात्रावास आदि की स्थापना हुई। शिक्षा के क्षेत्र में धीरे-धीरे हिंदी का विकास हो रहा है। आज यहां के सरकारी विद्यालयों में तीसरी कक्षा से लेकर आठवीं कक्षा तक हिंदी एक वैकल्पिक विषय के रूप में पढ़ाई जाती है। केंद्रीय विद्यालय, नवोदय विद्यालय तथा कई निजी विद्यालयों में प्राथमिक से लेकर दसवीं कक्षा तक ठीक तरह से हिंदी की पढ़ाई होती है। कॉलेजों एवं विश्वविद्यालय के स्तर पर भी हिंदी पढ़ाई जाती है। 2006 में त्रिपुरा विश्वविद्यालय में हिंदी विभाग खोला गया। वर्ष 2009 से सुचारु ढंग से एम ए तथा पीएच डी. की पढ़ाई प्रारंभ हुई। वर्ष 2011 से अगरतला के सभी महाविद्यालयों में हिंदी ऑनर्स की पढ़ाई शुरू हुई।

पूर्वोत्तर के अन्य राज्यों की तरह यहां हिंदी के विकास में वनस्थली विद्यापीठ, राजस्थान का भी बड़ा योगदान रहा है। लड़कियों के लिए सुरक्षित वातावरण होने के कारण यहां के परिजन अपनी लड़कियों को उस संस्थान में पढ़ने के लिए भेजते हैं और वे वहां से अच्छी हिंदी सीखकर आती हैं और यहां के लोगों को भी हिंदी सिखाती हैं। त्रिपुरा में रमेंद्र पाल, मिलनरानी जमातिया, विनोद कुमार मिश्र, दिनेश कंडवाल आदि प्रमुख हिंदी लेखक हैं।

सुधार आंदोलन : त्रिपुरा में आधुनिक युग की शुरुआत वीरचंद्र माणिक्य के शासन काल से मानी जाती है। उसके शासन काल में राज्य में दासता और सती प्रथा का उन्मूलन हुआ। एक योग्य प्रशासक होने के नाते उसने ब्रिटिश शासन की तर्ज पर अपने प्रशासन तंत्र में कई सुधार किए। उसने राजा द्वारा उपयोग की जा रही सर्वोच्च न्यायिक शक्ति को समाप्त कर उसकी जगह दो न्यायाधीशों से मिलकर बनी 'खास अपील अदालत' का गठन किया। उसने योग्य स्थानीय अभ्यर्थियों को कानूनी पेशे से जोड़ने के लिए राज्य में विधि परीक्षा की प्रणाली शुरू की। इसके अलावा अच्छे प्रशासन के मकसद से राज्य को कई प्रशासनिक इकाइयों में उप-विभाजित किया। कानूनों को संहिताबद्ध किया और आबकारी स्टांप और रजिस्ट्रेशन जैसे कुछ नए विभाग बनाकर उनसे संबंधित कानूनों का निर्माण किया। उसके पुत्र राधाकिशोर माणिक्य ने स्वास्थ्य, कृषि, सार्वजनिक कार्य और पुलिस विभाग का गठन किया। उसके प्रशासन का लक्ष्य लोक कल्याण था। उसने खेतिहरों को शिक्षित, प्रोत्साहित एवं आधुनिक ढंग से खेती करने के लिए एक आदर्श कृषि फार्म की स्थापना की। एक अनूठे बदलाव के तहत उसने पुलिस महकमे को राजस्व उगाही के दायित्व से मुक्त कर दिया। नतीजा फलदायी रहा। उसके शासन काल में राजस्व दोगुना हो गया। उसने अस्पताल, स्कूल और संग्रहालय का निर्माण करवाया और विद्या-अध्ययन को बढ़ावा दिया।

पर्यटन स्थल : त्रिपुरा की राजधानी अगरतला एक दर्शनीय स्थल है। इसके अतिरिक्त उजयंत

पैलेस, कुंजवन पैलेस, जगन्नाथ मंदिर, चतुर्दश मंदिर, ब्रह्मकुंड, तीर्थमुख, जंपुई हिल, उनाकोटि तीर्थ, पंचअर्थल, त्रिपुरसुंदरी मंदिर, नीरमहल आदि प्रमुख दर्शनीय स्थल हैं। इसके साथ ही भुवनेश्वर मंदिर, सिपाहीजिला, कमलासागर, देवतामुरा एवं डंबूर झील भी पर्यटकों के लिए आकर्षण के केंद्र हैं। अगरतला में बौद्ध मठ भी है, जहां बौद्ध बड़ी श्रद्धा के साथ जाते हैं। पेचारथल, कंचनपुर, मानुबकुल, पिलक एवं बाक्सनगर भी दर्शनीय स्थानों में शामिल हैं।

यातायात : त्रिपुरा की परिवहन एवं संचार व्यवस्था अपनी भौगोलिक बनावट को देखते हुए थोड़ी कठिन है। यह राज्य राष्ट्रीय राजमार्ग द्वारा असम से जुड़ा है। यह एक मात्र सड़क है जो इसे शेष भारत से जोड़ती है। यह पहाड़ी इलाकों से गुजरती हुई असम के कछार जिले तक जाती है। यहां सड़कों की लंबाई कुल 7000 किमी है, 4000 के आसपास पक्की सड़कें हैं। इसके कुमारघाट को मीटर गेज रेल लाइन द्वारा असम के दक्षिणी छोर करीमगंज से जोड़ दिया गया है। उत्तर-पूर्व में अवस्थित धर्मनगर राज्य का एकमात्र ऐसा शहर है जो रेल मार्ग से जुड़ा है।

जय कौशल

अधिक जानकारी के लिए :

1. **आदिवासी जनजातीय लोककथाएं :** दिनेश कंडवाल,
2. **आदिवासी साहित्य यात्रा :** रमणिका गुप्त (संपा.)

त्रिशंकु

वाल्मीकि रामायण (बाल कांड) में त्रिशंकु की कथा है। त्रिशंकु सूर्यवंशीय राजा थे। वे सशरीर स्वर्ग जाना चाहते थे। पहले कुलगुरु वसिष्ठ और बाद में उनके बेटों से उन्होंने अपनी इच्छा पूरी करने के लिए कहा, लेकिन उन्होंने मना कर दिया। वसिष्ठ के बेटों ने गुस्से में उन्हें शाप देकर चांडाल बना दिया। उनके आग्रह से पसीज कर ऋषि विश्वामित्र ने उन्हें अपनी तपस्या के बल पर स्वर्ग भेजने का वचन दिया। विश्वामित्र ने यज्ञ शुरू किया और त्रिशंकु को अपने मंत्रों के सहारे स्वर्ग भेजने लगे, लेकिन इंद्र और दूसरे देवताओं ने उन्हें स्वर्ग में घुसने नहीं दिया। त्रिशंकु नीचे धरती की ओर मुंह किए हुए नीचे उतरने लगे। इस पर गुस्से में आकर विश्वामित्र ने आकाश के दाहिने तरफ एक दूसरा सप्तर्षिमंडल और नक्षत्रलोक बना दिया। त्रिशंकु धरती और आकाश के बीच झूलते रह गए।

आम बातचीत में त्रिशंकु उस आदमी को कहा जाता है, जो दो विरोधी स्थितियों के बीच फंसा हो। वह कोई ठीक फैसला नहीं ले पा रहा हो। कई बार त्रिशंकु संसद और त्रिशंकु विधान सभा की दशा बनती है, जब किसी भी राजनीतिक पार्टी को पूर्ण बहुमत नहीं मिलता। 'अज्ञेय' के एक निबंध संग्रह का नाम 'त्रिशंकु' है। मन्नू भंडारी की इस नाम से एक कहानी है। इसमें परंपरा और प्रगतिशीलता के बीच झूलते हुए आम आदमी की नियति पर व्यंग्य है।

गीता दूबे

थिंक ग्लोबली-एक्ट लोकली

'थिंक ग्लोबली-एक्ट लोकली' (Think Globally - Act Locally) का आशय है सोच का दायरा वैश्विक हो तथा कार्य का दायरा स्थानीय हो। बीसवीं सदी के उत्तरार्ध के कुछ घटना विकासों के कारण महसूस होने लगा कि अब लोग अपने आप को एक गांव, शहर, राज्य या देश से ही जोड़ कर नहीं देखें, बल्कि एक विश्व नागरिक समझें। इन घटना विकासों के तीन प्रमुख घटक थे। एक घटना पर्यावरण का संकट है। दूसरी घटना है, द्वितीय विश्वयुद्ध के बाद संयुक्त राष्ट्र संघ जैसे अंतरराष्ट्रीय संगठन का उदय, शांति और संप्रभुता के पक्ष में विश्व जनमत बनना। तीसरी घटना है, वैश्वीकरण के कारण विश्व की अर्थव्यवस्थाओं का एकीकरण और तकनीकी क्रांति।

उपर्युक्त घटना विकास के चलते पैदा हुए सवालों से जूझने के लिए कुछ ऐसे साझे वैश्विक अभियानों की आवश्यकता महसूस की जाती है, जो संप्रभु राष्ट्र-राज्यों और अंतरराष्ट्रीय संस्थाओं द्वारा मिल कर चलाए जा सकते हैं। पर्यावरण के सवाल पर अंतरराष्ट्रीय संधियां होती हैं, जहां राष्ट्रों की जिम्मेदारियां तय होती हैं। विभिन्न राष्ट्र-राज्य इनके आधार पर अपनी नीतियों का निर्धारण करते हैं, अपने देशों में कानून बनाते हैं। विश्व चिंताओं के संदर्भ में स्वयंसेवी संस्थाओं, जन संगठनों तथा जागरूक नागरिकों के कार्य करने का दायरा स्थानीय ही हो सकता है। पर यह जरूरी है कि उनका सोच वैश्विक हो, भले कार्य स्थानीय हो। इसी समझ की अभिव्यक्ति 'थिंक ग्लोबली-एक्ट लोकली' में होती है। यह समझ राष्ट्र-राज्य के दायरे में अधिक से अधिक लोगों को किसी अंतरराष्ट्रीय मुहिम से जोड़ने में मदद करती है तथा अंतरराष्ट्रीय समस्याओं को दूर करने के प्रयासों को व्यावहारिक बनाती है।

'थिंक ग्लोबली-एक्ट लोकली' वाक्यांश की उत्पत्ति प्रायः पर्यावरण के संदर्भ में मानी जाती है। एक मत के अनुसार, इस वाक्यांश का श्रेय डेविड ब्रावर को जाता है जिन्होंने 1969 में 'फ्रेंड्स ऑफ द अर्थ' नाम से एक संस्था की स्थापना की थी। यह वाक्यांश उसका नारा था। एक अन्य मत के अनुसार, इसका श्रेय रेने ड्यूबोस को जाता है जिन्होंने इसे 1972 में पर्यावरण पर संयुक्त राष्ट्र के सम्मेलन के सलाहकार के रूप में गढ़ा था। कनाडा के 'भविष्यवादी' फ्रैंक फेदर ने 'थिंक ग्लोबली-एक्ट लेकली' नाम के एक सम्मेलन की अध्यक्षता 1979 में की थी। उन्हें भी इस वाक्यांश की उत्पत्ति का श्रेय दिया जाता है। 'वैश्विक चिंतन-स्थानीय कार्य' की वैचारिक पृष्ठभूमि व्यापक है। काफी पहले से लोग इस ग्रह और इसमें रहने वाले जीवों की रक्षा के लिए प्रयास करते आ रहे थे। हिंदी के संत कवि कबीर, रैदास, पीपा आदि अपने को वैश्विक ही मानते थे और स्थानीय रूप से अपना कार्य करते थे। वैश्वीकरण के युग में एक बिंदु पर इसका उलट भी देखने को मिलता है, जब 'वैश्विक कार्य और स्थानीय चिंतन' के नए राजनीतिक रूप उभरते नजर आते हैं।

'वैश्विक चिंतन स्थानीय कार्य' अब एक महत्वपूर्ण वैश्विक अवधारणा है जिसे स्थानीय सरकारों, संस्थाओं, विभिन्न समूहों और जागरूक नागरिकों द्वारा अपनाया जा रहा है। इस समझ को स्टुअर्ट ग्राउअर ने 1989 के अपने सैन डिएगो विश्वविद्यालय के प्रकाशन, 'वैश्विक चिंतन-स्थानीय कार्य : स्थानीय समुदाय में अंतरराष्ट्रीय संसाधन के विकास द्वारा अधिक से अधिक शैक्षिक नेतृत्व का एक अध्ययन' के माध्यम से आगे बढ़ाया है। शिक्षा प्रणाली अब पर्यावरण के मुद्दों के महत्व को स्वीकार कर रही है। इसलिए स्थानीय स्तर पर इसे एक वैश्विक लक्ष्य समझ कर पूरा करने का अभियान जगह-जगह तेज हुआ है। ऐसे ही कई दूसरे वैश्विक

लक्ष्य हैं। कभी-कभी इस प्रसंग की अभिव्यक्ति 'ग्लोबल' तथा 'लोकल' शब्दों को मिला कर एक शब्द 'ग्लोकल' के रूप में की जाती है, जिसे कई कंपनियां 1980 और 1990 के दशकों में अपने विज्ञापन और ब्रांडिंग रणनीति में प्रयोग करती थीं। ग्लोकलाइजेशन व्यापार की दुनिया में एक उभरती हुई अवधारणा है।

'थिंक ग्लोबली' और 'एक्ट लोकली' अवधारणा का इस्तेमाल बहुराष्ट्रीय निगमों द्वारा अपने उत्पादों को विभिन्न देशों में बेचने के लिए किया जा रहा है। यह वैश्वीकरण का आर्थिक फल है। निगम अपने उत्पादों के विज्ञापन और उनकी पैकेजिंग को आवश्यकतानुसार स्थानीय रूपांतरणों का प्रयोग कर दुनिया के भिन्न-भिन्न बाजारों में बेचते हैं। इस प्रकार ये निगम वैश्विक स्तर पर अपना वर्चस्व बनाए रखने में सफल होते हैं।

विकास कुमार मिश्र

अधिक जानकारी के लिए :
1. **The Globalization Decade: A Critical Reader:** (Ed.) Leo Panitch, Colib Leys, Alan Zuege & Martijn Konings 2. **Think Global, Act Local**: Walter Stephen

थियोडोर एडोर्नो

(1903-1969)

फैंकफर्ट स्कूल के प्रमुख समाजशास्त्री, दार्शनिक, संस्कृतिविज्ञ और संगीत विशेषज्ञ थियोडोर लुडविग विजनग्रंड एडोर्नो (Theodor W. Adorno) का जन्म जर्मनी के फैंकफर्ट में 11 सितंबर 1903 को हुआ था। एडोर्नो फैंकफर्ट स्कूल के अग्रणी सदस्य थे। फेंकफर्ट के गेटे विश्वविद्यालय से संबद्ध इंस्टीट्यूट फॉर सोशल रिसर्च में कई मार्क्सवादी विचारक कार्य कर रहे थे। इनमें एडोर्नो के अलावा अर्नेस्ट ब्लॉक, वाल्टर बेंजामिन, मैक्स होर्खेमेर और हरबर्ट मार्क्यूज इस संस्थान से जुड़े प्रमुख विचारक थे। इसी संस्थान को फैंकफर्ट स्कूल

थियोडोर एडोर्नो

के नाम से जाना गया। इस स्कूल से जुड़े विचारकों का मानना था कि परंपरागत सिद्धांत से बीसवीं सदी के पूंजीवादी समाजों को नहीं समझा जा सकता। फैंकफर्ट स्कूल के विचारक पूंजीवाद के विरोधी तो थे ही, सोवियत समाजवाद से भी असंतुष्ट थे। लेकिन उनकी मुख्य लड़ाई फासीवाद के उभार के विरुद्ध थी। इन्होंने यूरोप में फासीवाद के उभार के कारणों को खोजने का प्रयास किया। उनकी इस कोशिश को ही 'क्रिटिकल थ्योरी' नाम दिया गया।

एडोर्नो के नाम में विजनग्रंड उन्हें अपने यहूदी पिता की ओर से मिला था और एडोर्नो मां की ओर से। इस प्रकार उन्होंने अपना नाम थियोडोर डब्ल्यू एडोर्नो अपना लिया था। इसी नाम से वे दुनिया भर में जाने गये। एडर्नो की मां को संगीत में गहरी दिलचस्पी थी और वे स्वयं अच्छी गायिका थीं। बचपन में संगीत की शिक्षा उन्हें अपनी मां और मौसी से मिली थी। संगीत में गहरी दिलचस्पी को उन्होंने आगे विकसित किया और उनके वैचारिक काम का एक महत्वपूर्ण हिस्सा संगीत पर भी है।

1932 में जब जर्मनी की संसद में हिटलर की पार्टी सबसे बड़ी पार्टी के रूप में उभरी और 1933 में हिटलर सत्ता में आया, फैंकफर्ट स्कूल से जुड़े

विचारकों के लिए मुश्किलें पैदा होने लगीं और एक-एक कर सभी विचारक जर्मनी छोड़कर चले गए। 1932 में एडोर्नो से अध्यापन का अधिकार छीन लिया गया। उनके घर की तलाशी ली गई और राइख चेंबर ऑफ लिटरेचर की सदस्यता भी यह कहते हुए नहीं दी गई कि यह सिर्फ आर्यों के लिए है। उन परिस्थितियों में उनके लिए जर्मनी में रहना मुश्किल हो गया था और 1934 में उन्होंने ऑक्सफोर्ड के मर्टन कालेज में प्रवेश ले लिया और वे ब्रिटेन पहुंच गए। अगले चार साल वे ब्रिटेन में रहे। इस दौरान वे अपने माता-पिता और अपनी प्रेमिका ग्रेटेल से मिलने के लिए कई बार जर्मनी गए। इसी दौरान इंस्टीट्यूट फॉर सोशल रिसर्च ने मैक्स होर्खेमेर की कोशिशों से नए सिरे से न्यूयार्क में काम करना शुरू कर दिया था। 1937 में ग्रेटेल भी ब्रिटेन पहुंच गई और उसी साल एडोर्नो और ग्रेटेल ने शादी कर ली। थोड़े दिनों बाद एडोर्नो को भी अमेरिका में काम मिल गया और 1938 में वे भी अमेरिका आ गए। पूरे द्वितीय विश्व युद्ध के दौरान एडोर्नो अमेरिका में रहकर ही अपना काम करते रहे और युद्ध की समाप्ति के कुछ सालों बाद 1949 में उन्होंने अमेरिका छोड़ दिया और कुछ अरसा बाद पश्चिम जर्मनी लौट आए। अगले बीस वर्षों तक वे जर्मनी में रहकर ही काम करते रहे। इंस्टीट्यूट फॉर सोशल रिसर्च दुबारा जर्मनी में स्थापित हो गया था और एडोर्नो उससे जुड़ गये थे। जर्मनी में काम करते समय उनकी ख्याति परवान चढ़ी। लेकिन जीवन के आखिरी वर्षों में उन्हें काफी विरोध का भी सामना करना पड़ा। 6 अगस्त 1969 में 66 वर्ष की अवस्था में स्विट्जरलैंड में हृदयाघात से उनका देहांत हो गया।

एक विचारक के रूप में एडोर्नो का कार्य क्षेत्र बहुत विस्तृत था। संगीत, समाजशास्त्र, दर्शनशास्त्र, सौंदर्यशास्त्र, संस्कृति, मनोविज्ञान और राजनीति इन सभी क्षेत्रों में उन्होंने उल्लेखनीय काम किया। अपने काम की वजह से उन्हें ख्याति भी मिली और गहरी आलोचना भी झेलनी पड़ी। चार दशकों से अधिक की अपनी बौद्धिक क्रियाशीलता में एडोर्नो ने कई महत्वपूर्ण पुस्तकें दी हैं। इनमें कुछ प्रमुख हैं : (होर्खेमेर के साथ) डाइलेक्टिक्स ऑफ एनलाइटेनमेंट (1947); मिनिमा मोरालिया : रिफलेक्शंस फ्रॉम ए डेमेज्ड लाइफ (1951), जार्गन ऑफ आथेंटिसिटी (1964); नेगेटिव डाइलेक्टिक्स (1966); प्रिज्म (1967); एस्थेटिक थियरी (1970) आदि।

एडोर्नो ने जिस क्षेत्र में भी काम किया उनका योगदान उल्लेखनीय है, लेकिन जिस अवधारणा के लिए उन्हें विशेष रूप से जाना जाता है वह है संस्कृति उद्योग की अवधारणा। इस पद का उपयोग एडोर्नो और होर्खेमेर की संयुक्त पुस्तक 'डाइलेक्टिक्स ऑफ एनलाइटेनमेंट' में पहली बार हुआ था। इस अवधारणा के पीछे कार्ल मार्क्स का यह विचार था कि पूंजीवाद ने उपभोक्ता वस्तुओं के प्रति ऐसी आसक्ति रची है जहां इस संसार में वस्तुएं ही मुख्य प्रेरक तत्व बन जाती हैं और जीवित मनुष्य केवल आर्थिक श्रेणियां बन कर रह जाते हैं। मार्क्स की इस अवधारणा को ही फैंकफर्ट स्कूल के विचारकों ने अपने-अपने ढंग से समझने और विकसित करने की कोशिश की। एडोर्नो के सामने भी सवाल यही था कि हमारे समय में विज्ञान, तर्क, प्रगति और संस्कृति का अर्थ आखिर इतना मनुष्य विरोधी क्यों हो गया है? इसी प्रश्न से जूझते हुए वे संस्कृति उद्योग की अवधारणा तक पहुंचे।

'संस्कृति उद्योग पर पुनर्विचार' नामक अपने निबंध में उन्होंने लिखा कि मौजूदा पूंजीवादी सभ्यता संस्कृति के सभी उपादानों को उपभोक्ता वस्तु में बदल देती है। उसके लिए हर कला रूप एक उत्पाद है जिसे बेचा और खरीदा जा सकता है। स्वयं उनके शब्दों में, संस्कृति उद्योग का संपूर्ण आचरण मुनाफे की मानसिकता को उसके नंगे रूप में सांस्कृतिक स्वरूप तक पहुंचा देता है। एडोर्नो का कहना है कि संस्कृति उद्योग हमें विश्वास दिलाता है कि उपभोक्ता ही राजा है क्योंकि वही यह निर्णय करता है कि उसके लिए क्या उपयुक्त है और क्या नहीं। लेकिन उपभोक्ता राजा नहीं है जैसा कि संस्कृति उद्योग हमें यकीन दिलाता है। यह उसका कर्ता भी

नहीं है बल्कि कर्म है। संस्कृति के क्षेत्र में काम करने वाले कलाकार, निष्पादक आदि संस्कृति उद्योग की दृष्टि में केवल माल है। एडोर्नो का यह भी मानना है कि संस्कृति उद्योग द्वारा इस्तेमाल होने वाली तकनीक का कला वस्तु के आंतरिक संघटन से, उसकी अंतर्वस्तु से कोई संबंध नहीं होता। उनके शब्दों में, संस्कृति उद्योग में तकनीक की अवधारणा कला के काम की तकनीक के साथ महज नाम के लिए एकरूप है। कला के काम में तकनीक वस्तु के आंतरिक संघटन के साथ ही जुड़ी रहती है। वह उसकी आंतरिक तर्कपद्धति के साथ जुड़ जाती है। इसके विपरीत संस्कृति उद्योग की तकनीक शुरू से ही यांत्रिक उत्पादन और वितरण की तकनीक होती है। इसलिए वह हमेशा ही उसकी अंतर्वस्तु से बाहर ही रह जाती है। एडोर्नो के लिए सबसे बड़ी चुनौती पूंजीवाद के साथ आई यह संस्कृति है जो मनुष्य को उपभोक्ता और कला को महज उत्पाद में तब्दील कर देती है। उनका संपूर्ण लेखन पूंजीवाद की इस सांस्कृतिक चुनौती का मुकाबला करने से उपजा है।

जवरीमल्ल पारख

अधिक जानकारी के लिए :
1. **संस्कृति उद्योग :** टी डब्ल्यू एडर्नो, 2. **अंधेरे समय में विचार :** विजय कुमार

थियोसॉफिकल सोसाइटी

थियोसॉफी ग्रीक भाषा के दो शब्दों 'थियोस' और 'सॉफिया' से बना है। सभी धर्मों और दर्शनों का आधार सत्य अर्थात थियोसॉफी है। थियोसॉफिकल सोसाइटी सभी धर्मों के भेदभाव से रहित आध्यात्मिक और सत्यान्वेषी साधकों की एक संस्था है। इसमें हिंदू धर्म की 'ब्रह्मविद्या', ईसाई धर्म की सहिष्णुता एवं सूफीवाद का प्रेम तत्व समाहित है। थियोसॉफी समाज दुनिया में सभी धर्मों के बीच समन्वय एवं एकता के लिए गठित किया गया था।

रूसी विदुषी हेलना पैट्रोव्ना ब्लैवेटस्की और अमेरिका के कर्नल हेनरी ऑलकॉट ने 17 नवंबर 1875 में न्यूयार्क में इस संस्था की स्थापना की थी। 1879 में इसका प्रधान कार्यालय मुंबई में स्थापित किया गया। 1882 में इसकी शाखा मद्रास प्रांत के अडयार में खोली गई। 1890 में अडयार की शाखा केंद्रीय हो गई। 1895 में इसकी प्रधान शाखा को बनारस लाया गया। मूलजी थेकरसे इसके पहले भारतीय सदस्य थे। इस संस्था ने प्रारंभ में आर्य समाज के साथ मिलकर भारत के सांस्कृतिक एवं धार्मिक पुनर्जागरण की योजना बनाई थी। इसके अडयार स्थित कार्यालय के पास 266 एकड़ भूमि है, जिसमें अनेक भवन और कार्यालय हैं। यहां का पुस्तकालय दुनिया के सर्वोत्कृष्ट पुस्तकालयों में से एक है। इसके प्रारंभिक अध्यक्ष थे—कर्नल ऑलकॉट, एनी बेसेंट, अरंडेल, जिनराज दास, नीलकंठन श्रीराम आदि। इसके प्रारंभिक सदस्यों में टॉमस अल्वा एडीसन भी थे, जिन्होंने ग्रामोफोन का आविष्कार किया था और ब्लैवेट्स्की की आवाज का प्रथम बार रिकॉर्ड बनाया गया था। इस संस्था की शाखाएं दुनिया के 55 देशों में हैं।

थियोसॉफिकल सोसाइटी का उद्देश्य है—जाति, धर्म, वर्ण, लिंग आदि के विभेद को दूर कर मानव जाति का एक केंद्र बनाना। धर्म, दर्शन एवं विज्ञान के अध्ययन को प्रोत्साहित करना। प्रकृति के अज्ञात नियमों तथा मनुष्य की अंतर्निहित शक्ति पर शोध करना। इसका मूल लक्ष्य सत्य की खोज है, मूल मंत्र शांति है तथा इसका आदर्श वाक्य है—सत्य से श्रेष्ठ कोई धर्म नहीं है। इसका मुख्य आधार एक सर्वव्यापी सत्ता है, जो सृष्टि का मूल स्रोत है। सृष्टि में विकास-क्रम निहित है। जीवन में कर्म ही सबसे महत्वपूर्ण है। पुनर्जन्म होता है। जीवनमुक्त सिद्ध पुरुषों का अस्तित्व होता है। मानव शरीर में एक और सूक्ष्म शरीर होता है। आत्मोन्नति के मार्ग के द्वारा ही मनुष्य अपने भविष्य का निर्माण करता है। विचार महत्वपूर्ण होते हैं और उनका प्रभाव मानव-जीवन पर पड़ता है।

यह संस्था व्यक्तिगत मोक्ष या व्यक्ति की जगह समाजसेवा पर बल देती है। बुद्ध को यह सबसे अधिक सम्मान देती है। विचार स्वातंत्र्य इसकी आधारशिला

है। विश्व बंधुत्व इसकी कामना है। इसके सदस्यों पर कोई भी मान्यता या राय लादी नहीं जाती। इस संस्था में किसी भी धर्म, दर्शन, गुरु, संस्था, मत के लोग सदस्य बन सकते हैं। इसने दुनिया के कई प्रसिद्ध और प्रबुद्ध लोगों को प्रभावित किया। इस संस्था द्वारा प्रचारित चिंतन पद्धति विज्ञान, धर्म और दर्शन के संश्लेषण द्वारा आत्मचेतना के विकास का मार्ग दिखाती है। सोसाइटी का लक्ष्य ऐसे मानव समाज का निर्माण करना है जिसमें सेवा, सहिष्णुता, आत्मविश्वास और समत्व भाव हो।

थियोसॉफिकल सोसाइटी ने भारत में स्वाधीनता संघर्ष के दौरान साम्राज्यवाद-विरोधी चेतना के निर्माण में योगदान दिया। लंबे समय तक इसकी अध्यक्ष रही एनी बेसेंट ने अखिल भारतीय कांग्रेस को गतिशील करने में अपना लंबा समय लगाया था। यह संस्था आज भी कार्यरत है और रामकृष्ण मिशन की तरह भारतीय समाज के दबे-पिछड़े वर्ग की उन्नति के लिए कार्य कर रही है।

भारत यायावर

अधिक जानकारी के लिए :
1. **The Theosophical Society : The History of a Spiritualist Movement :** Jeffrey D Lovoil, 2012,
2. **Theosophy and the Theosophical Society :** Annie Wood Besant

थिसारस

थिसारस सोलहवीं सदी का लैटिन शब्द है, जो वस्तुतः इसी उच्चारण के ग्रीक शब्द का लैटिनीकरण है। इसका अर्थ है खजाना या भंडार। उन्नीसवीं सदी तक यह किसी भी शब्दकोश या एन्साइक्लोपीडिया के लिए प्रयुक्त होता था। 1852 में रोजट का अंग्रेजी थिसारस आया, जो काफी लोकप्रिय हुआ। इसके बाद वेबस्टर और ऑक्सफोर्ड के थिसारस अधिक आधुनिक और व्यवस्थित रूप से आए। थिसारस उपयोगकर्त्ता को किसी अभिव्यक्ति के लिए एक से अधिक शब्दों के बीच से अभिप्रेत अर्थ के अनुसार सर्वाधिक उपयुक्त शब्द चुनने का अवसर देता है। कोश शब्द को अर्थ देता है, जबकि थिसारस अर्थ को, विचार को, एक नहीं अनेक शब्द देता है। हिंदी में पहला थिसारस 1996 में 'समांतर कोश' (अरविंद कुमार, कमल कुमार) नाम से नेशनल बुक ट्रस्ट द्वारा छापा गया।

समांतर कोश में 1973 से 1992 लगभग बीस साल तक काम करके साठ हजार कार्डों पर लगभग दो लाख साठ हजार शब्द या अभिव्यक्तियां या रिकार्ड दर्ज किए जा चुके हैं। एक शब्द या अभिव्यक्तियां या रिकार्ड का मतलब एक शब्द ही नहीं, एक पूरा वाक्यांश या मुहावरा भी है। थिसारस में शब्दों का संकलन अकारादि क्रम से न होकर कोटि क्रम से होता है, जैसे इंद्रिय के बाद ज्ञानेंद्रिय, कर्मेंद्रिय या फिर कड़वा स्वाद के बाद कसैला स्वाद, खट्टा स्वाद, चरपरा स्वाद, नमकीन स्वाद और मीठा स्वाद। यह शब्दों के अर्थ तो नहीं देता, लेकिन किसी एक शब्द के अनेक पर्यायों से शब्द का अर्थ समझ में आ जाता है। इस संदर्भ क्रम का लाभ अकारादि क्रम से बनी अनुसूची या अनुक्रम के बगैर नहीं उठाया जा सकता।

थिसारस उपयोग करने वालों की शब्द संख्या कई गुना बढ़ा देता है, बल्कि अभिव्यक्ति की राह में आनेवाली अनेक कठिनाइयों को दूर कर देता है। वास्तव में थिसारस या समांतर कोश और शब्द कोश एक दूसरे के विपरीत होते हैं। किसी शब्द की तलाश होती है तो लाख शब्दों को समाए होने के बावजूद शब्द कोश हमें वह शब्द नहीं दे सकता, जो वस्तुतः चाहिए, जबकि थिसारस यह काम बड़ी आसानी से कर देता है। थिसारस को एक प्रकार से पर्याय कोश भी कहा जा सकता है। थिसारस की सहायता से किसी भी ज्ञात शब्द के सहारे किसी भी अज्ञात या विस्मृत शब्द तक तत्काल पहुंचा जा सकता है। 'समांतर कोश' पहले दो खंडों में था और किसी भी शब्द का प्रयोग करने के लिए दोनों खंड देखना आवश्यक होता था। अतः बाद में इसे एक खंड कर 'बृहद समांतर कोश' नाम से प्रकाशित किया गया।

अरविंद कुमार

थेरीगाथा

बौद्ध त्रिपिटक साहित्य में सुत्तपिटक के अंतर्गत पांच निकाय—दीघ निकाय, मज्झिम निकाय, संयुक्त निकाय, अंगुत्तर निकाय और खुद्दक निकाय आते हैं। खुद्दकनिकाय की पंद्रह पुस्तकों में थेरगाथा और थेरीगाथाएं हैं। थेरगाथा में भिक्षुओं के तथा थेरीगाथाओं में भिक्षुणियों के आध्यात्मिक उद्गार हैं। पालि भाषा में मिली इन थेरीगाथाओं में 73 भिक्षुणियों के भावों पर आधारित कविताएं हैं। इन थेरियों ने बुद्ध के चरणों में बैठकर साक्षात उपदेश ग्रहण किया था और साधना की थी। इसलिए इन्हें 600 ईसा पूर्व की बुद्धकालीन नारियां माना गया है।

इन 73 भिक्षुणियों के नाम, जन्मस्थान और कुल का उल्लेख भी प्राप्त होता है। इनमें क्षत्रिय कुल की एक, राज कुल और शाक्य कुल की सात-सात, ब्राह्मण कुल की अठारह, वैश्य कुल की नौ, वेश्या तीन, दरिद्र कुल की दो, सुनारन, सरदार बहेलिया पुत्री और दासी पुत्री एक-एक, अन्य कुल की तेरह और अज्ञात कुल की दस स्त्रियां हैं। कुछ प्रमुख भिक्षुणियों के नाम हैं—महाप्रजापति गौतमी, शुक्ला, मुत्ता, सोमा, धीरा, विसाखा, सुमंगला माता, सुजाता, अंबपाली, पटाचारा, सुमेधा, शुभा आदि। इन भिक्षुणियों ने अपने जीवन का परिचय नहीं दिया है किंतु धम्मपाल (पांचवीं सदी) की टीका 'परमत्थदीपनी' से इनकी सामाजिक स्थिति और बुद्ध, धर्म और संघ की शरण में जाने के कारणों का विवरण प्राप्त होता है।

थेरीगाथा से पता चलता है कि ये स्त्रियां किस प्रयोजन से भिक्षुणी बनीं। मुख्य प्रयोजन हैं—आध्यात्मिक प्रगति और अर्हंतत्व प्राप्ति की तीव्र आकांक्षा, गृहस्थ और पारिवारिक जीवन की कठिनाइयों से मुक्ति की इच्छा, सांसारिक और सामाजिक जीवन के प्रति अनासक्ति, तथागत के प्रति श्रद्धा, स्वजनों की मृत्यु आदि। एक कन्या सुमेधा को रानी बनाकर काफी धन देकर उसका उपभोग करने का आग्रह किया जाता है। वह कहती है कि मैं प्रवज्या धारण करूंगी या मृत्यु का वरण करूंगी, क्योंकि मेरे ज्ञान चक्षु खुल गए हैं। मैं संसार की नश्वरता समझ गई हूं। सोनार कन्या शुभा कहती है, पूर्ण श्रद्धा से मैंने संसार का त्याग कर सद्धर्म को समझा है। सोने-चांदी से मिलने वाले सब भोगों को छोड़कर मैंने अकिंचनता में मन लगाया है। इस मार्ग में शोक नहीं है, मल नहीं है, अमंगल नहीं है। इन भिक्षुणियों ने सुंदर काव्यात्मक ढंग से अपनी भावनाओं का वर्णन किया है।

थेरीगाथाओं का एक प्रशंसनीय पक्ष प्राकृतिक सौंदर्य का वर्णन है। शुभा भिक्षुणी का वर्णन उसकी साधना की पृष्ठभूमि बताता है। वसंत की शोभा काव्य का सत्य है। नेत्र का वर्णन विज्ञान का सत्य है। इन दोनों सत्यों को एक दूसरे के सम्मुख रखा गया है। थेरीगाथाएं स्त्री जाति की स्वतंत्रता का दस्तावेज है। इन्हें विकारों व दोषों से मुक्ति तथा मानवीय सभ्यता का आख्यान कहा जा सकता है। ये भिक्षुणियां बुद्ध के हृदय से उत्पन्न कन्या के रूप में खुद को प्रस्तुत करते हुए गौरव का अनुभव करती हैं।

थेरीगाथा की कुछ काव्यात्मक पंक्तियां हैं, 'ओह सचमुच कितनी आजाद हूं मैं/ ओह यह आजादी कितनी गौरवपूर्ण है। मैं यहां चट्टान पर बैठ सकती हूं/ और मैं स्वच्छंदता से सांस ले सकती हूं।' थेरीगाथा में स्त्रियों के मुक्त आवागमन, उनकी शांति और स्वतंत्रता के गहन अनुभव के काव्यात्मक चित्र हैं। वे स्त्रियां अपने पीछे वह दुनिया छोड़ चुकी हैं जहां दुख और पराधीनता थी। वे अपने-अपने भाइयों 'अरहंत' के साथ हैं जो बुद्धि से सोचते हैं और उन्हें यौनिक दृष्टि से नहीं देखते। थेरी स्त्रियां चीजों को वैसे देखने लगीं जैसी वे हैं। वे प्रबुद्ध थीं। सोमा कहती है, 'मैं वैसे ही स्त्री हूं जैसे कोई पुरुष है—मैं जैसे पुरुष ही हूं।' भिक्षुणियों का प्रतिभा-स्तर भिक्खुओं से नीचे कहा गया, पर कोई भी थेरी बराबर की आध्यात्मिक ऊंचाई हासिल कर सकती थी। यह कम महत्वपूर्ण नहीं है कि उस वातावरण में थेरी अपने को भिन्न दृष्टि से देखने की मांग कर रही थी।

थेरीगाथा न केवल पालि बल्कि भारतीय

और विश्व साहित्य का अपूर्व ग्रंथ है। इसमें वैदिक परंपरा से हटकर नारी जीवन-दर्शन को और नारी की स्वतंत्रता को पहली बार प्रकट किया गया है। इसके माध्यम से स्त्रियों में वर्ण, कुल और आर्थिक स्तर के भेद को समाप्त करने का प्रयास किया गया है। इसमें बौद्ध धर्म के व्यावहारिक स्वरूप को दिखाया गया है। इसकी शैली संवादपरक, नाटकीय, सहज और प्रवाहमय है। इसमें काव्य से साधना का उत्कर्ष है। यह काव्य सच्चाई, निष्ठा, भावों की गहनता के साथ जीवन की विषमताओं पर विजय, विशुद्ध प्रेम, प्रसन्नता और उल्लास का है। वासना, शृंगार और जय-पराजय से ऊपर उठकर इसमें शांत रस की अभिव्यक्ति हुई है।

थेरीगाथा के अनुवादकों में मुख्य हैं : सी ए एफ डेविड्स, होए (अंग्रेजी), के ई न्यूमेन (जर्मन), विजय चंद्र मजुमदार (बांग्ला), विमल कीर्ति (हिंदी) आदि।

सूर्यप्रकाश व्यास

अधिक जानकारी के लिए :
पालि साहित्य का इतिहास : राहुल सांकृत्यायन

थ्रिलर

अंग्रेजी शब्द 'Thriller' का अर्थ है रोमांचकारी, लोमहर्षक, सनसनीखेज या आकस्मिक उत्तेजना का आनंद। फ्रांसीसी में इसके लिए 'polar' तथा पुर्तगाली और स्पेनिश भाषा में 'suspense' शब्द का प्रयोग किया जाता है। थ्रिलर को कहीं-कहीं लुगदी साहित्य समझा जाता है। हिंदी में इसके लिए सर्वाधिक प्रचलित एवं स्वीकार्य शब्द 'रोमांचक' है। किसी भी रचना को पढ़ने, कोई खास दृश्य देखने या आवाज सुनने से जब मनुष्य रोमांचित हो उठता है तो वह रचना 'थ्रिलर' या 'रोमांचक' मानी जाती है।

भारतीय काव्यशास्त्र में रोमांच का रसानुभूति के संदर्भ में उल्लेख हुआ है। इसमें रोमांच को 'आंगिक', 'वाचिक', 'आहार्य' और 'सात्विक' अनुभावों में से अंतिम अनुभाव के विभिन्न प्रकारों में एक माना गया है। आचार्य विश्वनाथ ने लिखा है कि 'हर्षाद्भुतभ्यादिभ्यो रोमांच रोमविक्रिया।' रोमांच की भले नाटक के संदर्भ में चर्चा हुई है, लेकिन अब इसका विस्तार साहित्य की अन्य विधाओं में हो चुका है। कथा साहित्य, महाकाव्य आदि में इसकी मौजूदगी विशेष तौर पर देखी जा सकती है। रोमांच का विस्तार साहित्य से इतर विधाओं में भी हुआ है। यह मुख्य रूप से फिल्म और टेलीविजन कार्यक्रमों में देखने को मिलता है।

रोमांच दर्शक, श्रोता या पाठक (काव्यशास्त्रीय शब्दावली में 'आश्रय') की वह बाह्य चेष्टा है, जो शृंगार, हास्य, करुण, वीर, रौद्र, भयानक, वीभत्स, अद्भुत और शांत रस को पैदा करने वाले रति, हास, शोक, उत्साह, क्रोध, भय, जुगुप्सा, विस्मय और निर्वेद स्थायी भावों के उद्बुद्ध हो जाने पर उत्पन्न होती है। रोमांच की स्थिति क्रियात्मक है। आश्रय को रोमांच की अभिव्यक्ति करने के लिए कोई विशेष चेष्टा नहीं करनी पड़ती। यह अनुभव अपने आप उद्बुद्ध होता है। विशेष बात यह है कि आश्रय इन अनुभावों को उद्बुद्ध होने से रोक नहीं सकता।

अनिश्चय (सस्पेंस), तनाव (टेंशन) और आवेश-उत्तेजना-क्षोभ (एक्साइटमेंट) आदि रोमांच के प्रमुख तत्व हैं। भय और एक्शन को अक्सर 'थ्रिलर' का पर्याय मान लिया जाता है। थ्रिलर कई प्रकार के होते हैं, जैसे मनोवैज्ञानिक थ्रिलर, अपराध थ्रिलर, कामुक थ्रिलर, रहस्य थ्रिलर आदि।

जिन रचनाओं में भय या आतंक की भावना को जगाकर रोमांच पैदा किया गया होता है, उन्हें थ्रिलर की श्रेणी में शामिल किया जाता है। थ्रिलर दर्शक को एक प्रकार से कुर्सी के एक कोने में दुबक कर नाटक या फिल्म देखने, पाठक को कथा साहित्य पढ़ने या श्रोता द्वारा इसी प्रकार सुनने की स्थितियां पैदा करता है। थ्रिलर से युक्त कथावस्तु मुख्य रूप से खलनायक-प्रधान होती है जिसमें खलनायक नायक के समक्ष समस्याएं-बाधाएं खड़ी करता है और नायक को उन्हें पार करना होता है।

पश्चिम में थ्रिलरयुक्त बहुत अधिक रचनाओं का सृजन हुआ है। खासकर अंग्रेजी कथा साहित्य में थ्रिलर रचनाओं का विशिष्ट स्थान है। इस प्रकार की रचनाओं में भय या आतंक की भावना को जगाकर पाठकों में रोमांच पैदा किया जाता है। भारतीय महाकाव्यों विशेषतः रामायण, महाभारत में युद्ध के प्रसंगों में ऐसे कई क्षण आते हैं जिन्हें रोमांचकारी कहा जा सकता है।

'थ्रिलर' को विधा के रूप में विशेष लोकप्रियता सिनेमा से मिली। ऐसी फिल्में लगातार बनती रही हैं जिन्हें थ्रिलर विधा की फिल्में कहा जा सकता है। थ्रिलर फिल्मों में रहस्य, उत्सुकता, भय, हिंसा, आकस्मिकता आदि के तत्व इस तरह इस्तेमाल किए जाते हैं कि दर्शक फिल्म के प्रत्येक दृश्य गहरी उत्सुकता और रोमांच के साथ देखता है। अल्फ्रेड हिचकॉक की फिल्में थ्रिलर विधा की श्रेष्ठ उदाहरण हैं। 'साइको', 'द बर्ड', 'वर्टिगो' उनकी प्रख्यात थ्रिलर फिल्में हैं। इसी तरह 1991 की फिल्म 'द साइलेंस ऑफ लैंब्स' एक महत्त्वपूर्ण और लोकप्रिय थ्रिलर फिल्म है। हॉलीवुड में थ्रिलर फिल्में लगातार बनती रही हैं। भारत में भी थ्रिलर फिल्में बनती हैं, हालांकि उनमें रूमानियत का तत्व हॉलीवुड की अपेक्षा ज्यादा रहता है।

हरीश कुमार सेठी

अधिक जानकारी के लिए :

1. **पाश्चात्य काव्यशास्त्र :** देवेंद्रनाथ शर्मा, 2. **An Illustrated History of the Horror Films :** Carlos Clarens

❑❑